全弁協叢書

条解 弁護士法

第5版

日本弁護士連合会調査室 編著

弘 文 堂

第５版にあたって

第４版が平成19年に上梓されて12年が経過した。日弁連調査室では平成26年に追補による補訂を行った後，第５版に向けた改訂作業を継続的に進めてきた。しかし，調査室の嘱託弁護士が通常業務の時間を割いて議論を繰り返し，少しずつ執筆を進めてきたこともあり，思いのほか時間がかかってしまった。

この間の弁護士法の改正は，本年６月に成立した成年被後見人等の権利の制限に係る措置の適正化等を図るための関係法律の整備に関する法律により，弁護士の欠格事由から成年被後見人及び被保佐人が除かれたこと（外国法事務弁護士についても同様の改正が行われた）等のほかは，他の法律の改正に伴う比較的小幅なものであったが（具体的な改正箇所は巻末附録の「弁護士法の改正経過」を参照いただきたい），一方，外国弁護士による法律事務の取扱いに関する特別措置法については，外国法事務弁護士法人制度を導入する改正法が平成26年に成立し，平成28年３月に施行されている。

第５版では，上記改正に関する記述を追加したほか，従前の記述のアップデートに努め，参考になる新しい判例，議決例，文献等もできるだけ盛り込んでいる。時間の制約等から十分な記述ができなかった部分もあり，この点は心残りではあるが，今後の改訂に委ねることとした。

本書は，日弁連調査室の嘱託の先輩が議論を重ねて書き継いできた実務的な注釈書であり，個々の弁護士等はもちろん弁護士会等においても活用されることを念頭においている。日々変化する実務上の諸問題にタイムリーに応え，本書の内容を維持発展できるよう，今後も一層努力したい。

最後に，出版の労をとっていただいた株式会社弘文堂の皆様，執筆を分担し議論した調査室の嘱託弁護士及び原稿の文言等のチェックを入念にしていただいた日弁連調査室事務局に改めて感謝の意を表する。

令和元（2019）年９月

日本弁護士連合会調査室
室長　　牧田　潤一朗

序

現行弁護士法制定の過程は，極めてドラマチックで，教訓的なものであった。憲法と裁判所法，検察庁法の施行（昭和22年5月3日）から遅れること2年余り，昭和24年6月10日，難産の末議員立法によって成立し，同年9月1日の施行にこぎつけた。

民主主義社会における新しい弁護士と弁護士会のあり方を追求し，官側の抵抗を克服し，GHQを説得して，この法律を実現する原動力となった先人・先輩の努力に改めて頭が下がる思いがする。

制定作業の早い段階で，臨時司法制度改正準備協議会において，弁護士会出身委員は「弁護士制度に関する意見」を提出しているが，この時既に，「弁護士の性格」について「現行弁護士法第1条に定められて居る様な私益代理の職業人としてのみではなく人権尊重・法律秩序の法的文化興隆につき重要な責任を分担する公共的性格を有すること。殊に法曹一元の母体であることの自覚に基づき学術品位の向上に努むべきことを明示すること」と，その方向性を明確にし，弁護士自治を実現し，弁護士会の事業，弁護士会の司法制度に対する直接参加，司法人事への発言権などが保証されるべきだとしていた。

引き続き設置された司法法制審議会，あるいは弁護士法改正準備委員会などでの審議を通じて，弁護士法改正要綱案，弁護士法改正答申案などが提案されていくのであるが，裁判所はじめ諸官庁との調整は難航し，紆余曲折を経つつ，日本弁護士連合会の前身である日本弁護士会連合会，衆議院法制局などの努力によって，第五国会の終了まぎわに劇的な成立を見ることになったものである。

産みの苦しみを思うだけでも，私たちはこの法律を大切にし，常に関心を払い，守り育てていかなければという思いに満たされる。

施行後40数年を経過し，この間，かつてのいわゆる弁護人抜き裁判特例法案問題，近くは国家秘密法制定に反対する総会決議無効確認訴訟など，弁護士自治に関する私たちの認識とこれを守りぬく姿勢を問われる事態に直面し，これを克服してきた。

他方，わが国の政治，経済はこの間激動し，社会構造の変化，国際化の進展の中で司法の相対的な立ち遅れと弁護士制度のあり方と実態を批判する声が強まっている。

昭和62年，「外国弁護士による法律事務の取扱いに関する特別措置法」が弁護士法に対する特別法として制定され，範囲を限定したものであれ，弁護士による法律事務独占の一角が修正された。

また，司法書士，税理士など周辺業務との境界をめぐる論議も多発しており，弁護士法の解釈，運用について新しい問題が次々と発生する状況にある。

弁護士法は，明治以来の司法の歴史的展開の中で，現在もそして将来も守りぬくべき本質的な価値を含んでいると同時に，時代の変遷に応じて解釈の変更，あるいは立法論についても一定の考慮をしなければならなくなる部分があることも否定できないであろう。

そのような時代に即応していくために，私たちは，弁護士法について，現在そして将来を見通した総合的な研究をしていかなければならないが，本書はいきなりそのような政策的，将来的課題に取り組むものではない。

弁護士法については，制定当時衆議院法制局にあって立法作業の中心にあった福原忠男氏（現在東京弁護士会所属弁護士）の『弁護士法』（第一法規刊）が唯一の，そして最も権威ある注釈書であるとされており，今なおその有用性は変わらない。

しかし，同書が立法者の意思を重点にその解釈論を展開しているのに対して，本書は，日本弁護士連合会調査室が，永年にわたって収集してきた判決例，集積してきた実例に関する検討の結果に基づき，実務的観点からこれらを分析して，現行弁護士法の現時点における解釈・運用の実態を，可能な限り客観的に集約しようとしたものである。

これは，福原注釈書を引継ぎ，さらに今後の弁護士法制の発展につなげる貴重な通過点として歴史的な意味をもつものである。この作業なくして将来の発展はありえないといっても過言ではないだろう。

ここまでのものに結実させた髙中正彦調査室室長を先頭とする調査室のメンバーの方々と，出版の労をとってくださった全国弁護士協同組合連合会に対して熱い感謝をささげる次第である。

私たちは，本書を座右に置き，そして活用することによって，関係者のご努力に対して報いたいと思う。

平成４（1992）年12月

日本弁護士連合会

事務総長　堀野　紀

はしがき

このたび，日本弁護士連合会調査室は，長い年月を費やして弁護士法の詳細な注釈書を完成するに至りました。

私ども弁護士は，内容の豊かな弁護士法の解説書を永年にわたり待ち望んで参りましたが，日弁連調査室の努力によりこのような立派な注釈書ができたことは，喜びに堪えません。この『条解弁護士法』の完成のために尽くしていただいた調査室の嘱託弁護士の方々に対して深甚なる敬意を表したいと存じます。

日弁連では，その刊行について，私どもの全国弁護士協同組合連合会に委嘱するとの意向を示されましたので，早速公刊の任を受諾することに致しました。全国弁護士協同組合連合会は，日弁連と協力し，先に『弁護士報酬規程コンメンタール』を刊行して「全弁協叢書」発行の第一歩を印し，その後も『誤判を語る』などの出版をして，大方の好評を博して参りましたが，今回はその第７冊目としてこの『条解弁護士法』を刊行する運びとなりました。

本書が『弁護士報酬規程コンメンタール』以上に，弁護士のみならず一般の市民に対しても裨益すること大であると確信しております。

さらに，弁護士の社会的評価が高まり，また，その社会的責任が強調されて，弁護士の活動に対する国民の目が厳しくなっているとき，弁護士の倫理高揚のためにも，弁護士各位が本書を座右の書として備えられることを心から願ってやみません。

平成４（1992）年12月

全国弁護士協同組合連合会

理事長　大西　保

刊行にあたって

ここに『条解弁護士法』を上梓する。

「弁護士は，基本的人権を擁護し，社会正義を実現することを使命とする」との規定を劈頭に掲げ，この使命達成を保障するため弁護士会及び日本弁護士連合会に諸外国にも類例を見ないとされる広範な自治権を付与した現行弁護士法が制定されてから，既に40有余年を経過した。

この間，弁護士は，右の崇高な使命を達成するための実践的な活動を行い，また弁護士会と日本弁護士連合会も，幾多の先人の労苦のもとに獲得した弁護士自治を守るための活動を続けてきた。過去の一時期には弁護士自治の危機という事態に直面したこともあるが，これも乗り越え，弁護士制度は，激動する現代社会の中でその地歩を固め，さらなる前進を図るべきときを迎えたといってよい。

司法に関する調査研究を任務とする日本弁護士連合会調査室では，これまでに弁護士業務の実態調査や弁護士懲戒制度に関する研究結果等を発表してきたが，このような基礎的調査研究のいわば総決算として，約半世紀に及ぶ弁護士法の施行実績を踏まえた注釈書の刊行を企画し，昭和59年から作業にとりかかった。まず，弁護士法に関する判例，主要文献の収集作業を行い，これを一応終えたところで，嘱託弁護士がそれぞれ担当条文の原稿を起案し，これを叩き台として調査室全体において幾度にも討議を加える方法で進めたのであるが，いざ議論をすると，解釈がいく通りにも分かれる箇所が次々に現われ，最終原稿の確定は容易に進捗しなかった。しかし，考え方が分かれる原因を示しておけば，必ずしも解釈の統一を図らなければならない必然はないと考え，ある部分については，見解を列挙するにとどめることとして，このたびようやく全部の条文についての解説を完成させたのであった。

周知のように，現行弁護士法に関する解説書としては，立法担当者である福原忠男氏の『弁護士法』（特別法コンメンタール）がほとんど唯一のものであるが，本書は，学問的意義は別として，弁護士法の実際の運用を十分に踏まえた実務的な注釈書としての意義は，ある程度認められるのではないかと考えている。そして，個々の弁護士はもちろん弁護士会等においても本書を活用され，弁護士法の解釈運用をするうえでの一助とされることを念願している。

ただ，嘱託弁護士がそれぞれの多忙な業務の合間をぬっての執筆・討議の産物であり，思わぬ考え違いや重要な判例・文献の見落としも多々あろうかと思われる。また，時間的な制約から，比較法的な研究がなされておらず，その余の本文解説中でも十二分な研究ができずに終わった部分が少なからず存する。これらは，遠くない将来における改訂の際に改めるつもりであるが，読者のご海容をお願いしたい。

なお，当然のことであるが，本書中意見にわたる部分は，調査室としての意見にとどまるのであって，日本弁護士連合会の公式見解ではないことをくれぐれもご留意下さるようお願いする。

本書は，企画から刊行まで10年を要するという調査室にとって前例のない大きな事業であったが，検討会議や原稿の整理等に多大のご助力をいただいた日弁連事務局の方々，出版の労をとって下さった全国弁護士協同組合連合会の野尻禮次郎，二宮忠両氏ほかの方々，株式会社弘文堂の丸山邦正氏に心から感謝の意を表する次第である。

平成４（1992）年12月

日本弁護士連合会調査室

室長　髙中　正彦

改訂にあたって

初版が上梓されてから３年が経過した。当初は増刷の予定で最小限度の補正作業にかかったが，日弁連の報酬等基準規程が全面改正されたことから，附録の差し替えを行ったところ，同じ附録である日弁連会則の改正及び外国弁護士による法律事務の取扱いに関する特別措置法の改正に伴う概要の改訂もせざるをえなくなった。その結果，附録の条文だけを最新のものに変更しながら，行政手続法の制定に伴う弁護士法の改正を盛り込まないわけには行かなくなり，急遽，新設された弁護士法43条の２と49条の２（従前の49条の２は49条の３に繰り下げられた）の解説を追加することとなった。

そんな訳で，今回は若干の判例の追加と新たな日弁連通知等に基づく表現方法の変更，及び不明確な表現の修正等最小限の改訂を行った。内容的には，今後更に充分な研究を尽くすべき箇所があるものと思われるが，不十分な点は，読者諸氏の忌憚のないご意見，ご叱正をいただき漸次改訂していきたい。

最後に，本書の刊行にあたって，多大なご協力をいただいた株式会社弘文堂の皆様，調査室嘱託弁護士，日弁連事務局の田子真澄氏に心から感謝の意を表する。

平成８（1996）年５月

日本弁護士連合会調査室
室長　有吉　眞

補訂にあたって

初版が上梓されて早６年，第２版が上梓されて２年を経過した。

本書は，調査室の先輩の努力の結晶であるが，これをメンテナンスして維持発展させていくのは我々後輩の責務であると認識している。

今回，第２版から２年を経過し，その後の弁護士法，日弁連会則及び会規の改正に伴う最低限の補訂を行う予定であったが，実際に作業に取りかかってみると，解釈について再考を要するものなどもあり，意外と補正箇所が増えた。

補訂作業をしてみると，もっと議論を深めて手を入れたい部分も多々あったが，今回は，時間の関係と補訂という性格上，次回の改訂作業に委ねることとした。

我々としては，今後も，本書に対するご意見，ご批判を寄せていただき，これを糧として本書をよりよいものにしていく所存である。

最後に，補正版発行にあたって，ご協力いただいた株式会社弘文堂の皆様，作業を分担した調査室嘱託及び日弁連事務局の野口かよみ氏に改めて感謝の意を表する次第である。

平成10（1998）年11月

日本弁護士連合会調査室

室長　山川　隆久

第3版にあたって

初版が上梓されて10年余が経過した。この間，平成8年に第2版，平成10年に第2版補正版がそれぞれ出版された。日弁連調査室では，当初，弁護士法人制度の新設に伴う弁護士法の改正部分に対応する解説を本書に付加することを改訂の狙いとした。しかしながら，第2版以後弁護士法関連の重要な判決がいくつか出されていること，第2版補正版以降民法，商法，その他の法令が改正されたことに伴う弁護士法の改正及びいわゆる外弁法の改正，更には日弁連会則等の改正がなされたこと，並びに弁護士法63条・64条で定める「懲戒の手続」に関する解釈変更がなされたこと等を踏まえ，本書を全面的に見なおし，改訂作業を行うこととした。

今回の改訂はきわめて多岐に渡っている。その主要なもの（弁護士法人関連を除く）を列挙すると，3条（職務範囲に関する記述を付加），5条3号（「法律学」の解釈についての新規判決の紹介と分析に関する記述を付加），11条（登録取消請求の時期に関する記述を付加），12条・55条（登録請求の進達拒絶の手続等についての新規判決の紹介及び資格審査手続規程の改正に伴う改訂），27条（損害保険会社の示談代行の問題点に関する記述を付加），30条（兼職禁止範囲等の法改正部分の改訂），31条（日弁連総会決議無効訴訟等についての新規判決の紹介），45条（いわゆる公設事務所設置支援事業と日弁連の目的との関係についての記述を付加），56条（弁護士倫理と懲戒事由，綱紀委員会の調査範囲に関する記述の付加・改訂），63条・64条（いわゆる非限定説に解釈変更したことに伴う改訂），72条（埼玉司法書士職域訴訟の紹介，いわゆる事件性についての記述の改訂，及び隣接士業の法令改正の紹介）及び73条（新規判決の紹介及びいわゆるサービサー法に関する記述付加）等である。これらの他，大部分の条文解説につき細かな修正を行うとともに，索引項目も追加した。

なお，本書中で見解を示す部分は，日弁連調査室で行われた討議の結果（従前の見解変更部分も含む）を表すにとどまり，日本弁護士連合会の公式見解ではないことをおことわりしたい。本書につき読者諸氏の忌憚のないご意見をいただきたく，お願いする次第である。

現在進行中の司法改革がスケジュール通りであれば，本書が店頭に並ぶ頃には新たな弁護士法改正案が審議されていることであろう。しかしながら，現時点においては法案の詳細が判明しておらず，本書に反映させることができなかった。これについては次回以降の改訂に委ねたい。

最後に，本書の刊行にあたって，出版の労をとっていただいた株式会社弘文堂の皆様，多忙な業務の間を縫って改訂作業を分担した調査室の各嘱託，及び，表記・文献・引用法令（会則）等のチェックを丹念に行っていただいた日弁連事務局の河西史恵氏に改めて感謝し，御礼申し上げたい。

平成15（2003）年３月

日本弁護士連合会調査室

室長　野村　吉太郎

第４版にあたって

第３版が上梓されて早４年が経過した。この間，司法制度改革が進み，これに伴い，弁護士法も大幅な改正がなされた。当初は平成15年改正を中心に改訂作業を進めていたが，新しい裁判例が出たために解釈変更する箇所が生じたり，会社法の制定等，弁護士法以外の立法や改正された日弁連の会則関係についても反映させる必要が生じた。また，第３版までは縦書きであったが，最近の傾向にならって本書も横書きとすることとした。

第４版について大きく変わったのは，主に次の点である。まず，平成15年の弁護士法の改正により，弁護士の資格の特例（５条関係），兼職と営業等の制限（30条関係），懲戒制度全般（第８章関係），非弁護士の法律事務の取扱等の禁止（72条但書関係）を全面的に書き改めた。また，会社法の制定に伴い弁護士法人（第４章の２関係）に関する規定も改正されたため，この点についても書き改めた。日弁連の会則に関しては弁護士法46条２項１号，33条の会則事項から弁護士報酬に関する事項が削られたことから報酬等基準規程が廃止されて新たに弁護士の報酬に関する規程が制定され，更には，弁護士倫理が廃止され，新たに弁護士職務基本規程が制定されたほか，弁護士の事務所名称に関する規程が制定されたため，これらに関連する事項についても改訂した。また，一般社団法人及び一般財団法人に関する法律が制定されたことに伴い，弁護士法人（第４章の２関係）と弁護士会（第５章関係）に関する規定も整備されたため（但し，施行日は平成18年６月２日から起算して２年６月を超えない範囲内において政令で定める日であり，平成19年３月の時点では施行されていない），この点も反映させることとした。また，弁護士会が会員に対して行う処分（改正前の弁護士法30条３項に基づく営業の不許可決定と国選弁護人推薦停止決定）について行政処分性を否定した裁判例や遺言執行者と利益相反に関する裁判例等が相次いで出たことから，この点も反映させることとした。

更に，外国弁護士による法律事務の取扱いに関する特別措置法も大幅に改正されたことから，同法の概要も書き改めた。

本書は，日弁連調査室の嘱託の先輩が議論を重ねて書き上げたものである。第４版の改訂作業においても，調査室嘱託が徹底的に議論をしてきた。議論の過程において，解釈論が分かれ，意見の一致を見なかった部分については，両論を併記した。また，平成15年に改正された弁護士法72条但書と他士業に関する法律との関係や弁護士法72条と３条との関係について極めて複雑な問題があることに気づいたが，時間の関係で，この問題を解決し，本書に反映させるには至らなかったのが残念である。今後の研究に委ねたい。

本書については，多くの方からご意見，ご批判をいただき，それらの点についても議論し，改訂作業に反映させているが，今後もいただいたご批判をもとに，よりよいものにしていきたい。

第４版の発行に当たっては，株式会社弘文堂の皆様，作業を分担した調査室嘱託，立法過程に関与した関係で助言をいただいた彦坂浩一氏及び献身的な協力をいただいた日弁連事務局の鈴木玲子氏に改めて感謝の意を表する次第である。

第４版の改訂作業中に調査室嘱託OBであり，日弁連のために尽力いただいた稲田耕一郎氏，矢澤昌司氏が相次いで急逝された。慎んで哀悼の意を表したい。

平成19（2007）年４月

日本弁護士連合会調査室

室長　市川　充

凡　　例

1　弁護士法の全条文について，立法趣旨，沿革，各文言の解釈，法的効果，関連法規，判例等を解説するものとした。また，読み易くするため，適当に小見出しを付した。

2　**関係法令**　　関係法令及び日弁連会則等関係法規は平成31年4月1日現在とした。

3　**条文の表記**　　弁護士法の条文については，成年被後見人等の権利の制限に係る措置の適正化等を図るための関係法律の整備に関する法律（令和元年法律第37号）による改正後のものとした（施行日は令和元年12月14日）。条文の表記については横書きにし，条文中の漢数字の表記は，算用数字に変換した。但し，号の表記については，原文どおりとした。

4　**法令名の略記**　　法令名については，次の略記をしたほかは，概ね有斐閣版『六法全書』巻末の「法令名略語」によっている。

法	弁護士法（昭和24年法律第205号）
平成15年改正前法	司法制度改革のための裁判所法等の一部を改正する法律（平成15年法律第128号）に基づく改正前の弁護士法
平成15年改正法	司法制度改革のための裁判所法等の一部を改正する法律（平成15年法律第128号）
旧弁護士法・旧法	弁護士法（昭和8年法律第53号）
旧々弁護士法・旧々法	弁護士法（明治26年法律第7号）
行審法	行政不服審査法（平成26年法律第68号。ただし平成26年改正前のものを示す場合は昭和37年法律第160号）
行訴法	行政事件訴訟法
弁護士職務経験法	判事補及び検事の弁護士職務経験に関する法律
会則	日本弁護士連合会会則
綱紀委員会規程	綱紀委員会及び綱紀手続に関する規程（会規第57号）
綱紀審査会規程	綱紀審査会及び綱紀審査手続に関する規程（会規第58号）
懲戒委員会規程	懲戒委員会及び懲戒手続に関する規程（会規第59号）

5　**判例の略記**

1　判例の引用にあたっては，次の略記方法を用いた。

〔例〕　最大判昭和42・9・27民集21巻7号1955頁は，最高裁判所昭和42年9月27日大法廷判決，最高裁判所民事判例集21巻7号1955頁を示す。

大　　判	大審院判決	東京控院判	東京控訴院判決
朝鮮高判	朝鮮高等法院判決	東京高判	東京高等裁判所判決
広島高松江支判	広島高等裁判所松江支部判決		
大阪地決	大阪地方裁判所決定	串本簡判	串本簡易裁判所判決

2　判例集等の略記は，次のとおりである。

民　集	最高裁判所（大審院）民事判例集
刑　集	最高裁判所（大審院）刑事判例集

民　録	大審院民事判決録	刑　録	大審院刑事判決録
高民集	高等裁判所民事判例集	高刑集	高等裁判所刑事判例集
下民集	下級裁判所民事裁判例集	下刑集	下級裁判所刑事裁判例集
行裁例集	行政事件裁判例集	刑裁月報	刑事裁判月報
高刑特報	高等裁判所刑事判決特報		
東高民時報	東京高等裁判所判決時報・民事		
東高刑時報	東京高等裁判所判決時報・刑事		
新　聞	法律新聞	評　論	法律学説判例評論全集
判　時	判例時報	判　タ	判例タイムズ
ジュリ	ジュリスト	金　法	金融法務事情

6　文献の略記

1　文献の引用については，しばしば引用した次のものにつき次の略記をした。このほかについては，適宜略した。

福　原　　福原忠男『増補弁護士法（特別法コンメンタール）』平２・第一法規
金　子　　金子要人『改正弁護士法精義』昭９・立興社
桜　田　　桜田勝義『判例弁護士法の研究』昭45・一粒社
田中・行政法上　　田中二郎『新版行政法（全訂第２版）上巻』昭49・弘文堂
黒川=坂田=髙木　　黒川弘務・坂田吉郎・髙木佳子『Ｑ＆Ａ弁護士法人法』平14・商事法務研究会

2　更に，弁護士の資格と懲戒に関しては，次の文献を略称して使用した。

議決例集ⅠからⅦまで　　日本弁護士連合会調査室編『弁護士資格・懲戒事件議決例集』第１集から第７集まで
議決例集ⅧからXⅧまで　　日本弁護士連合会編『弁護士懲戒事件議決例集』第８集から第18集まで

7　その他　　次の略記をした。

日弁連　　日本弁護士連合会

条解 弁護士法●目　次

第５版にあたって	日本弁護士連合会調査室室長	牧田潤一朗
序	日本弁護士連合会事務総長	堀野　紀
はしがき	全国弁護士協同組合連合会理事長	大西　保
刊行にあたって	日本弁護士連合会調査室室長	髙中　正彦
改訂にあたって	日本弁護士連合会調査室室長	有吉　眞
補訂にあたって	日本弁護士連合会調査室室長	山川　隆久
第３版にあたって	日本弁護士連合会調査室室長	野村吉太郎
第４版にあたって	日本弁護士連合会調査室室長	市川　充
凡　例		

序　説 ……… 1

【1】弁護士の歴史 (1)　【2】弁護士法制の歴史 (2)　【3】現行弁護士法の制定経過 (5)　【4】現行弁護士法の特色 (6)　【5】現行弁護士法制定をめぐる諸問題 (6)

第１章　弁護士の使命及び職務 ……… 9

第１条（弁護士の使命）……… 9

【1】本条の趣旨 (9)　【2】基本的人権の擁護と社会正義の実現 (10)
【3】誠実義務 (11)　【4】社会秩序の維持と法律制度の改善 (17)

第２条（弁護士の職責の根本基準）……… 18

【1】本条の趣旨 (18)　【2】深い教養の保持と高い品性の陶やの努力 (18)
【3】法令及び法律事務の精通 (21)

第３条（弁護士の職務）……… 22

【1】本条の趣旨 (22)　【2】沿革 (22)　【3】弁護士の職務の受動性 (23)
【4】職務範囲 (25)　【5】職務の有償性（弁護士報酬）(27)
【6】本条２項（弁理士業務又は税理士業務）(28)　【7】隣接職種との関係 (30)
【8】その他の問題 (33)

第２章　弁護士の資格 ……… 37

第４条（弁護士の資格）……… 37

【1】本条の趣旨 (37)　【2】法曹養成制度の歴史 (37)　【3】司法修習制度の意義 (38)　【4】司法修習生 (40)　【5】修習の終了 (41)　【6】国籍その他の

要件の排除 (41)　【7】司法修習生の修習を終えたものとみなされる者等 (42)

第5条（法務大臣の認定を受けた者についての弁護士の資格の特例）……… 43

【1】本条の趣旨 (45)　【2】沿革 (46)　【3】弁護士業務についての研修課程の修了及び法務大臣の認定 (48)　【4】司法修習生となる資格を得た後，5年以上簡易裁判所判事等の職にあった者 (51)　【5】司法修習生となる資格を得た後，7年以上企業法務等に従事した者 (65)　【6】5年以上特任検事の職にあった者 (75)　【7】通算規定 (77)

第5条の2（認定の申請）……… 78

【1】本条の趣旨 (78)　【2】本条の内容 (78)

第5条の3（認定の手続等）……… 79

【1】本条の趣旨 (79)　【2】本条の内容 (79)

第5条の4（研修の指定）……… 80

【1】本条の趣旨 (80)　【2】本条の内容 (81)

第5条の5（資料の要求等）……… 82

【1】本条の趣旨 (82)　【2】本条の内容 (82)

第5条の6（法務省令への委任）……… 83

【1】本条の趣旨 (83)

第6条（最高裁判所の裁判官の職に在つた者についての弁護士の資格の特例）……… 83

【1】本条の趣旨 (83)　【2】最高裁判所の裁判官の職に在った者 (84)

第7条（弁護士の欠格事由）……… 84

【1】本条の趣旨 (85)　【2】沿革 (85)　【3】資格を失う時期 (85)　【4】禁錮以上の刑に処せられた者 (85)　【5】弾劾裁判所の罷免の裁判 (87)　【6】特定の職業における懲戒の処分 (88)　【7】成年被後見人・被保佐人 (91)　【8】破産手続開始の決定を受けて復権を得ない者 (91)

旧第7条　削　　除……… 93

【1】削除に至る経緯 (93)　【2】削除された第7条の趣旨 (94)　【3】準会員 (95)

第3章　弁護士名簿……… 97

【1】弁護士名簿登録制度 (97)　【2】他業種の名簿制度 (97)

第8条（弁護士の登録）……… 98

【1】本条の趣旨 (98)　【2】弁護士となる (99)　【3】弁護士名簿 (99)　【4】登録 (99)　【5】登録免許税 (99)

第9条（登録の請求）……… 100

【1】本条の趣旨 (100)　【2】登録の請求 (100)　【3】登録の請求は，入会しよ

うとする弁護士会を経てなすべきこと (*101*) 【4】入会と登録 (*101*) 【5】虚偽の登録 (*102*)

第10条（登録換の請求）…… *102*

【1】本条の趣旨 (*102*) 【2】所属弁護士会の変更手続 (*102*) 【3】登録換え (*102*) 【4】新たに入会しようとする弁護士会を経て (*103*) 【5】所属弁護士会に対する登録換えの届出 (*103*) 【6】先日付の登録換え請求 (*104*)

第11条（登録取消の請求）…… *104*

【1】本条の趣旨 (*104*) 【2】その業務をやめようとするとき (*104*) 【3】所属弁護士会を経て，日本弁護士連合会に登録取消しの請求をなすこと (*105*) 【4】登録取消しの効果発生時期 (*105*) 【5】登録取消し請求の撤回可能時期について (*106*) 【6】登録取消し請求を所属弁護士会が拒絶することの可否 (*107*)

第12条（登録又は登録換えの請求の進達の拒絶）…… *107*

【1】本条の趣旨 (*108*) 【2】弁護士会の進達拒絶権 (*108*) 【3】弁護士会の進達拒絶事由 (*109*) 【4】弁護士会の秩序若しくは信用を害するおそれがある者 (*111*) 【5】心身に故障があり弁護士の職務を行わせることがその適正を欠くおそれがある者 (*120*) 【6】法7条3号に当たる者が，除名，業務禁止，登録の抹消又は免職の処分を受けた日から3年を経過して登録の請求をしたが，弁護士の職務を行わせることがその適正を欠くおそれがある者 (*121*) 【7】登録又は登録換えの請求前1年以内に当該弁護士会の地域内において常時勤務を要する公務員であった者で，その地域内において弁護士の職務を行わせることが特にその適正を欠くおそれがあるもの (*121*) 【8】資格審査会の議決 (*122*) 【9】進達拒絶の場合の通知 (*123*) 【10】みなし規定 (*123*)

第12条の2 …… *125*

【1】本条の趣旨 (*125*) 【2】沿革 (*126*) 【3】審査請求 (*126*) 【4】資格審査会の議決に基づくこと (*127*) 【5】審査請求の手続 (*127*) 【6】審査請求に対する裁決 (*128*) 【7】裁決の時期 (*130*) 【8】違法判断の基準時 (*131*)

第13条（弁護士会による登録取消しの請求）…… *131*

【1】本条の趣旨 (*131*) 【2】虚偽の申告 (*132*) 【3】心身の故障により弁護士の職務を行わせることがその適正を欠くおそれがあるとき (*133*) 【4】手続 (*133*) 【5】登録取消しの請求 (*133*) 【6】通知 (*135*)

第14条 …… *135*

【1】本条の趣旨 (*135*) 【2】手続 (*136*) 【3】処分及びその通知 (*136*) 【4】司法救済 (*136*)

第15条（登録及び登録換の拒絶）…… *137*

【1】本条の趣旨 (*137*) 【2】登録及び登録換えの拒絶事由 (*137*) 【3】日弁連における手続 (*137*) 【4】登録又は登録換えの拒絶の通知 (*138*)

第16条（訴えの提起）………… 139

【1】本条の趣旨 (139)　【2】沿革 (139)　【3】取消しの訴えを提起できる場合 (140)　【4】裁決主義の採用 (141)　【5】訴訟手続 (141)

第17条（登録取消しの事由）………… 142

【1】本条の趣旨 (142)　【2】沿革 (142)　【3】登録取消し事由 (143)
【4】弁護士名簿の登録取消しの意義 (147)

第18条（登録取消の事由の報告）………… 147

【1】本条の趣旨 (147)　【2】登録取消しの事由 (147)　【3】登録取消し事由の報告 (148)

第19条（登録等の通知及び公告）………… 148

【1】本条の趣旨 (149)

第4章　弁護士の権利及び義務………… 151

第20条（法律事務所）………… 151

【1】沿革 (152)　【2】弁護士の事務所設置義務 (152)　【3】法律事務所の名称 (153)　【4】事務所の設置場所 (155)　【5】複数（二重）事務所の禁止 (155)
【6】弁護士の執務場所 (162)

第21条（法律事務所の届出義務）………… 164

【1】本条の趣旨 (164)　【2】法律事務所の設置又は移転 (164)　【3】届出 (165)

第22条（会則を守る義務）………… 165

【1】本条の趣旨 (165)　【2】会則 (165)

第23条（秘密保持の権利及び義務）………… 166

【1】本条の趣旨 (166)　【2】沿革 (166)　【3】弁護士又は弁護士であった者 (168)　【4】職務上知り得た秘密 (168)　【5】保持の権利と義務 (169)

第23条の2（報告の請求）………… 171

【1】沿革 (171)　【2】本条の照会制度の趣旨 (172)　【3】照会制度の構造（弁護士会の照会権・審査権）(173)　【4】照会の要件及び問題点 (175)
【5】照会に対する報告義務 (179)

第24条（委嘱事項等を行う義務）………… 193

【1】本条の趣旨 (194)　【2】沿革 (194)　【3】辞することが許されない事項 (195)　【4】「辞することができない」の意義及び辞任の正当理由 (196)

第25条（職務を行い得ない事件）………… 198

【1】沿革 (198)　【2】各国法との比較 (199)　【3】本条の趣旨 (201)
【4】相手方の協議を受けて賛助し，又はその依頼を承諾した事件 (204)　【5】相手方の協議を受けた事件で，その協議の程度及び方法が信頼関係に基づくと認められるもの

(220)　【6】受任している事件の相手方からの依頼による他の事件　(222)
【7】公務員として職務上取り扱った事件　(224)　【8】仲裁手続により仲裁人として取り扱った事件　(229)　【9】弁護士法人の社員等　(229)　【10】職務行為の禁止　(231)　【11】本条違反の訴訟行為の効力　(234)　【12】本条違反の私法行為の効力　(241)

第26条（汚職行為の禁止）……242
【1】本条の趣旨　(242)　【2】受任している事件に関し　(243)　【3】相手方　(243)　【4】利益の収受・要求・約束　(244)　【5】本条違反の効果　(244)

第27条（非弁護士との提携の禁止）……245
【1】本条の趣旨　(245)　【2】第72条乃至第74条に違反する者　(245)　【3】事件の周旋を受け　(245)　【4】自己の名義の利用　(246)　【5】物損事故調査員（アジャスター）の問題　(246)　【6】本条違反の効果　(248)

第28条（係争権利の譲受の禁止）……248
【1】本条の趣旨　(248)　【2】沿革　(249)　【3】係争権利　(249)　【4】譲り受け　(251)　【5】本条違反行為の効力　(252)

第29条（依頼不承諾の通知義務）……254
【1】本条の趣旨　(254)　【2】沿革　(254)　【3】事件の依頼の不承諾　(255)　【4】不承諾の通知　(255)　【5】本条違反の効果　(255)

第30条（営利業務の届出等）……256
【1】沿革　(256)　【2】平成15年改正前法30条の立法趣旨　(258)　【3】改正法の立法趣旨　(258)　【4】第１項　(259)　【5】第２項，第３項，第４項　(262)

第４章の２　弁護士法人……263
【1】はじめに　(263)　【2】弁護士法人制度の目的　(263)　【3】弁護士法人制度成立までの経過　(263)　【4】弁護士法人制度の概要　(265)

第30条の２（設立等）……266
【1】本条の趣旨　(266)　【2】準則主義が採用された経緯　(267)

第30条の３（名称）……268
【1】本条の趣旨　(268)　【2】弁護士法人の名称と法律事務所の名称　(268)　【3】法人名称についての弁護士法上の規制　(270)　【4】日弁連の会規上の規制　(270)

第30条の４（社員の資格）……271
【1】本条の趣旨　(272)　【2】社員となる資格　(272)

第30条の５（業務の範囲）……272
【1】本条の趣旨　(272)　【2】法務省令で定める業務　(273)　【3】弁理士・税理士業務について　(274)　【4】営業行為について　(275)　【5】業務範囲外の行為の

効力（275）

第30条の６（訴訟関係事務の取扱い）……276

【１】本条１項（276）【２】本条２項（278）

第30条の７（登記）……278

【１】本条の趣旨（278）【２】登記の手続（278）【３】登記の効力（279）

第30条の８（設立の手続）……280

【１】本条の趣旨（280）【２】定款の作成（280）【３】絶対的記載事項（280）【４】相対的記載事項（283）【５】任意的記載事項（283）【６】定款作成後の手続（283）

第30条の９（成立の時期）……284

【１】本条の趣旨（284）【２】法人の成立による効果（284）

第30条の10（成立の届出）……284

【１】本条の趣旨（284）【２】届出の内容（284）【３】届出の方式（285）

第30条の11（定款の変更）……285

【１】本条の趣旨（285）【２】定款の変更（285）

第30条の12（業務の執行）……285

【１】本条の趣旨（286）【２】業務執行権（286）

第30条の13（法人の代表）……286

【１】本条の趣旨（287）【２】代表社員（287）

第30条の14（指定社員）……287

【１】指定社員制度の趣旨（288）【２】指定社員の選任（288）【３】指定の通知（289）【４】依頼者の催告権（289）【５】みなし指定（289）【６】一人法人の社員の責任（289）

第30条の15（社員の責任）……290

【１】社員の責任の内容（290）【２】特定事件の関与者の責任（291）【３】脱退した社員の責任（291）

第30条の16（社員であると誤認させる行為をした者の責任）……292

【１】本条の趣旨（292）【２】責任の内容（292）

第30条の17（社員の常駐）……292

【１】本条の趣旨（292）【２】常駐の内容（293）【３】常駐しないことの許可（294）

第30条の18（特定の事件についての業務の制限）……294

【１】本条の趣旨（295）【２】１号から３号まで（295）【３】社員等が相手方から受任している事件（296）【４】法25条１号から７号までに掲げる事件として社員の半数以上の者が職務を行ってはならないこととされる事件（296）【５】本条違反の行為の効力（298）【６】弁護士職務基本規程との関係（298）

第30条の19（他の弁護士法人への加入の禁止等）……298
【1】本条1項 (298) 【2】本条2項 (298) 【3】本条3項 (301) 【4】使用人たる弁護士への適用の有無等 (301) 【5】特許業務法人や税理士法人の社員を兼ねることの可否 (301)
第30条の20（弁護士法人の社員等の汚職行為の禁止）……302
【1】本条の趣旨 (302) 【2】罰則 (303) 【3】その他 (303)
第30条の21（弁護士の義務等の規定の準用）……303
【1】本条の趣旨 (303) 【2】法20条1項，同条2項 (303) 【3】法21条 (303) 【4】法22条 (303) 【5】法23条の2 (304) 【6】法24条 (304) 【7】法27条 (304) 【8】法28条 (304) 【9】法29条 (304) 【10】その他 (304)
第30条の22（法定脱退）……305
【1】本条の趣旨 (305) 【2】定款に定める理由の発生 (305) 【3】総社員の同意 (305) 【4】死亡 (306) 【5】7条各号（第2号を除く。）のいずれかに該当することとなったとき (306) 【6】11条の規定による登録取消しの請求をしたとき (306) 【7】57条1項2号から4号までに規定する処分を受けたとき又は13条1項の規定による登録取消しが確定したとき (307) 【8】30条の30第1項において準用する会社法859条の規定による除名 (307)
第30条の23（解散）……308
【1】本条の趣旨 (308) 【2】解散事由 (308) 【3】解散の届出 (309)
第30条の24（弁護士法人の継続）……309
【1】本条の趣旨 (310) 【2】弁護士法人の継続 (310)
第30条の25（解散を命ずる裁判）……310
【1】本条の趣旨 (311) 【2】解散命令 (311) 【3】保全処分 (313) 【4】解散判決 (314)
第30条の26（清算）……315
【1】本条1項 (315) 【2】本条2項 (315)
第30条の26の2（裁判所による監督）……315
【1】本条の趣旨 (316)
第30条の26の3（解散及び清算の監督に関する事件の管轄）……316
【1】本条の趣旨 (316)
第30条の26の4（検査役の選任）……316
【1】本条の趣旨 (317)
第30条の27（合併）……317
【1】本条の趣旨 (318) 【2】合併の手続 (318) 【3】合併の届出 (318) 【4】合併の効果 (318)
第30条の28（債権者の異議等）……319

【1】本条の趣旨　(320)　【2】債権者保護手続　(320)

第30条の29（合併の無効の訴え）……… 320

【1】本条の趣旨　(321)　【2】準用される会社法の規定　(321)

第30条の30（一般社団法人及び一般財団法人に関する法律及び会社法の準用等）……… 323

【1】本条の趣旨　(324)　【2】準用規定の内容　(324)

第5章　弁護士会……… 333

【1】本章の趣旨　(333)　【2】弁護士会の沿革　(333)　【3】弁護士会の自治権　(336)

第31条（目的及び法人格）……… 338

【1】本条の趣旨　(338)　【2】弁護士会の目的　(339)　【3】弁護士及び弁護士法人の指導，監督　(345)　【4】弁護士会の法人格　(347)

第32条（設立の基準となる区域）……… 348

【1】本条の趣旨　(348)　【2】弁護士会の支部　(349)　【3】弁護士会の設立義務者　(350)

第33条（会則）……… 351

【1】本条の趣旨　(351)　【2】沿革　(353)　【3】日弁連の承認　(354)
【4】会則の必要的記載事項　(356)

第34条（登記）……… 368

【1】本条の趣旨・沿革　(369)　【2】設立登記　(369)　【3】解散登記　(370)
【4】変更の登記　(370)　【5】登記の対抗力　(371)　【6】政令への委任　(371)

第35条（会長及び副会長）……… 371

【1】本条の趣旨　(371)　【2】沿革　(371)　【3】会長　(372)　【4】副会長　(372)　【5】法令によって公務に従事する職員　(373)

第36条（入会及び退会）……… 374

【1】本条の趣旨　(374)　【2】沿革　(374)　【3】当然の入会・退会　(374)

第36条の2（弁護士法人の入会及び退会）……… 375

【1】本条の趣旨　(376)　【2】当然入会　(376)　【3】地域外での法律事務所の設置又は移転と入会　(377)　【4】複数の弁護士会の会員となる場合　(377)　【5】法律事務所の移転又は廃止と退会　(377)　【6】一地域に2個以上の弁護士会がある場合　(378)　【7】入退会の届出　(378)

第37条（総会）……… 378

【1】本条の趣旨　(378)　【2】沿革　(379)　【3】総会　(379)　【4】総会の開催　(379)

第38条（総会の決議等の報告）……… 380

【1】本条の趣旨 (380) 【2】沿革 (380) 【3】報告事項 (380)

第39条（総会の決議を必要とする事項）……380

【1】本条の趣旨 (380) 【2】必要的決議事項 (381) 【3】その他の決議事項 (381)

第40条（総会の決議の取消）……381

【1】本条の趣旨 (381) 【2】決議の取消事由 (382) 【3】取消しの手続 (382) 【4】弁護士会の不服申立方法 (382)

第41条（紛議の調停）……383

【1】本条の趣旨 (383) 【2】沿革 (383) 【3】弁護士の職務に関する紛議 (383) 【4】調停 (384) 【5】調停の手続 (384)

第42条（答申及び建議）……385

【1】本条の趣旨 (385) 【2】沿革 (386) 【3】日弁連に対する答申 (386) 【4】官公署に対する建議・答申 (386)

第43条（合併及び解散）……387

【1】本条の趣旨 (387) 【2】合併・解散の手続 (388) 【3】合併により解散した弁護士会の会員の地位 (388)

第43条の2（清算中の弁護士会の能力）……388

【1】本条新設の経緯 (389) 【2】本条の趣旨 (389)

第43条の3（清算人）……389

【1】本条新設の経緯 (389) 【2】本条の趣旨 (389)

第43条の4（裁判所による清算人の選任）……390

【1】本条新設の経緯 (390) 【2】本条の趣旨 (390)

第43条の5（清算人の解任）……390

【1】本条新設の経緯 (390) 【2】本条の趣旨 (390)

第43条の6（清算人の職務及び権限）……390

【1】本条新設の経緯 (391) 【2】本条の趣旨 (391)

第43条の7（債権の申出の催告等）……391

【1】本条新設の経緯 (391) 【2】本条の趣旨 (391)

第43条の8（期間経過後の債権の申出）……391

【1】本条新設の経緯 (392) 【2】本条の趣旨 (392)

第43条の9（裁判所による監督）……392

【1】本条新設の経緯 (392) 【2】本条の趣旨 (392)

第43条の10（解散及び清算の監督等に関する事件の管轄）……392

【1】本条新設の経緯 (392) 【2】本条の趣旨 (392)

第43条の11（不服申立ての制限）……392

【1】本条新設の経緯 (393) 【2】本条の趣旨 (393)

第43条の12（裁判所の選任する清算人の報酬）……… *393*

【1】本条新設の経緯（*393*）　【2】本条の趣旨（*393*）

第43条の13　削　除 ……… *393*

【1】本条削除の経緯（*393*）　【2】本条の趣旨（*393*）

第43条の14（検査役の選任）……… *394*

【1】本条新設の経緯（*394*）　【2】本条の趣旨（*394*）

第43条の15（行政手続法の適用除外）……… *394*

【1】本条の趣旨（*394*）　【2】行政手続法の適用関係（*395*）　【3】弁護士法に基づく弁護士会の処分（*396*）　【4】弁護士法に基づかない弁護士会の処分（*397*）

第44条（弁護士会連合会）……… *401*

【1】本条の趣旨（*401*）　【2】弁護士会連合会の性格（*402*）　【3】弁護士会連合会の目的（*402*）

第6章　日本弁護士連合会 ……… *403*

第45条（設立，目的及び法人格）……… *404*

【1】本条の趣旨（*404*）　【2】日弁連の設立（*404*）　【3】日弁連の目的（*405*）　【4】日弁連に認められる事務（*406*）　【5】日弁連の機構（*407*）　【6】法人格（*411*）

第46条（会則）……… *411*

【1】本条の趣旨（*411*）　【2】会則の必要的記載事項（*411*）　【3】弁護士会の会則記載事項との異同（*416*）　【4】会則制定変更手続（*416*）　【5】会則の委任による規定（*417*）

第47条（会員）……… *417*

【1】本条の趣旨（*417*）　【2】日弁連の会員（*417*）　【3】強制加入制度（*417*）

第48条（調査の依頼）……… *418*

【1】本条の趣旨（*418*）　【2】調査依頼事項（*418*）　【3】調査依頼先（*418*）

第49条（最高裁判所の権限）……… *419*

【1】本条の趣旨（*419*）　【2】最高裁判所の規則制定権と弁護士法（*419*）

第49条の2（行政手続法の適用除外）……… *420*

【1】本条の趣旨（*420*）　【2】行政手続法の適用関係（*420*）

第49条の3（審査請求の制限）……… *422*

【1】本条の趣旨（*422*）　【2】日弁連の処分（*422*）

第50条（準用規定）……… *423*

【1】本条の趣旨（*423*）　【2】準用の内容（*423*）

第7章 資格審査会 …… 425
【1】資格審査会制度の趣旨 (425) 【2】沿革等 (425) 【3】会則等への委任 (426)
第51条(設置及び機能) …… 426
【1】本条の趣旨 (426) 【2】資格審査会の設置 (427) 【3】資格審査会の権限 (427)
第52条(組織) …… 429
【1】本条の趣旨 (430) 【2】資格審査会の組織 (430) 【3】委員会の長 (430)
【4】資格審査会の委員 (430) 【5】任期 (432)
第53条(予備委員) …… 432
【1】本条の趣旨 (432) 【2】予備委員の設置 (433) 【3】予備委員の選任,任期 (433) 【4】予備委員の代理 (433)
第54条(会長の職務及びその身分等) …… 434
【1】本条の趣旨 (434) 【2】会長の職務 (434) 【3】会長,委員等の身分 (436)
第55条(審査手続) …… 436
【1】本条の趣旨 (436) 【2】資格審査会の調査権限 (437) 【3】当事者への通知,陳述・資料提出権 (437) 【4】日弁連の資格審査会の審査手続 (438)

第8章 懲 戒 …… 441
【1】懲戒制度の目的 (441) 【2】沿革 (442) 【3】懲戒手続の概要 (443)
【4】懲戒手続の特色 (444) 【5】懲戒処分の法的性格 (446)

第1節 懲戒事由及び懲戒権者等 …… 448

第56条(懲戒事由及び懲戒権者) …… 448
【1】本条の趣旨 (448) 【2】懲戒事由 (448) 【3】懲戒処分 (453)
【4】懲戒処分の効力発生時期 (454) 【5】弁護士法人と懲戒 (457)
第57条(懲戒の種類) …… 459
【1】本条の趣旨 (460) 【2】沿革 (460) 【3】弁護士に対する懲戒処分 (461)
【4】弁護士法人に対する懲戒処分 (468)
第57条の2(弁護士法人に対する懲戒に伴う法律事務所の設置移転の禁止) …… 477
【1】本条の趣旨 (477) 【2】弁護士法人が業務停止処分を受けた場合 (477)
【3】退会命令の場合 (477)
第58条(懲戒の請求,調査及び審査) …… 478

【1】本条の趣旨　(479)　【2】懲戒請求の性質　(480)　【3】懲戒請求者　(480)　【4】弁護士会による懲戒手続開始の求め　(481)　【5】対象弁護士等　(483)　【6】懲戒請求の方式　(485)　【7】綱紀委員会の調査　(487)　【8】綱紀委員会の議決　(490)　【9】綱紀委員会の議決後の手続　(493)　【10】懲戒委員会の審査と議決　(494)

第59条（懲戒を受けた者の審査請求に対する裁決）…… 497

【1】本条の趣旨　(497)　【2】行審法との関係　(498)　【3】審査請求の要件と手続　(498)　【4】審査請求の審理　(500)　【5】審査請求の効果・効力停止　(501)　【6】日弁連懲戒委員会の議決　(502)　【7】裁決　(503)

第60条（日本弁護士連合会の懲戒）…… 505

【1】本条の趣旨　(506)　【2】日弁連の懲戒の補充性　(507)　【3】手続開始の要件　(507)　【4】日弁連の綱紀委員会　(510)　【5】日弁連の懲戒委員会　(512)

第61条（訴えの提起）…… 513

【1】本条の趣旨　(513)　【2】沿革　(514)　【3】行政訴訟としての取消しの訴え　(515)　【4】出訴権者　(516)　【5】被告　(518)　【6】出訴期間　(518)　【7】管轄　(518)　【8】執行停止　(519)　【9】審理　(520)　【10】判決　(522)　【11】判決後の手続　(524)

第62条（登録換等の請求の制限）…… 525

【1】本条の趣旨　(525)　【2】沿革　(526)　【3】懲戒の手続の意義　(526)　【4】登録換え・登録取消しの請求の禁止　(528)　【5】本条により登録換え・登録取消しが制限されるか否かを判断する「基準日」について　(528)

第63条（除斥期間）…… 529

【1】本条の趣旨　(529)　【2】沿革　(530)　【3】除斥期間　(530)　【4】3年の根拠　(530)　【5】懲戒の事由があったとき（除斥期間の始期）(530)　【6】懲戒の手続の開始の意義　(532)　【7】3年経過の効果　(533)

第2節　懲戒請求者による異議の申出等 …… 535

第64条（懲戒請求者による異議の申出）…… 535

【1】本条の趣旨　(535)　【2】異議申出制度　(536)　【3】異議申出人　(536)　【4】異議の申出手続における対象弁護士等　(538)　【5】異議の申出の方式・期間　(539)　【6】異議の申出の理由　(543)　【7】異議の申出事案の手続の流れ　(545)

第64条の2（日本弁護士連合会の綱紀委員会による異議の審査等）…… 546

【1】本条の趣旨　(547)　【2】日弁連の綱紀委員会での異議の審査　(547)　【3】異議の申出に対する議決　(548)　【4】日弁連の綱紀委員会の議決後の手続　(549)

第64条の3（綱紀審査の申出）…… 550

【1】本条の趣旨　(550)　【2】綱紀審査の申出　(551)　【3】綱紀審査の申出の取

下げ（552）　【4】綱紀審査の申出期間（552）　【5】発信主義（553）

第64条の4（綱紀審査等）……553

【1】本条の趣旨（554）　【2】綱紀審査会の議決（554）　【3】綱紀審査会の議決後の手続（556）　【4】審査期間（557）　【5】不服申立て（557）

第64条の5（日本弁護士連合会の懲戒委員会による異議の審査等）……557

【1】本条の趣旨（558）　【2】日弁連の懲戒委員会での異議の審査（558）　【3】異議の申出に対する議決（559）　【4】日弁連の懲戒委員会の議決後の手続（562）　【5】懲戒処分の効力（563）　【6】日弁連の決定に対する不服申立て（564）

第64条の6（懲戒の処分の通知及び公告）……564

【1】本条の趣旨（564）　【2】対象弁護士等に対する通知（564）　【3】懲戒請求者等への通知（565）　【4】公告（569）　【5】公表（572）　【6】懲戒処分歴の開示（573）

第64条の7（懲戒の手続に関する通知）……574

【1】本条の趣旨（575）　【2】弁護士会がする通知（575）　【3】日弁連の会規が定める弁護士会がする通知（576）　【4】日弁連がする通知（578）　【5】日弁連の会規による官公署への通知（579）

第3節　懲戒委員会……583

第65条（懲戒委員会の設置）……583

【1】本条の趣旨（583）　【2】懲戒委員会の設置（583）　【3】懲戒委員会の任務（583）　【4】審査手続（584）

第66条（懲戒委員会の組織）……584

【1】本条の趣旨（584）　【2】懲戒委員会の委員数（585）　【3】調査員・書記（585）

第66条の2（懲戒委員会の委員）……586

【1】本条の趣旨（586）　【2】委員の選任，構成（586）　【3】委員の任期，補欠（587）　【4】委員の身分（587）　【5】兼任（587）　【6】除斥・忌避・回避（588）

第66条の3（懲戒委員会の委員長）……588

【1】本条の趣旨（588）　【2】委員長の選任等（588）　【3】委員長の職務（589）　【4】委員長の身分（589）

第66条の4（懲戒委員会の予備委員）……589

【1】本条の趣旨（589）　【2】予備委員（589）　【3】任期，身分及び除斥・忌避・回避（590）

第66条の5（懲戒委員会の部会）……590

【1】本条の趣旨（591）　【2】部会の設置（591）　【3】部会の構成員（591）

【4】部会長の選任及び職務　(592)　【5】部会の議決　(592)

第67条（懲戒委員会の審査手続）……592

【1】本条の趣旨　(592)　【2】審査の開始　(592)　【3】審査の公開・非公開 (593)　【4】審査の方法　(593)　【5】記録の閲覧・謄写　(595)

第67条の2（懲戒委員会の議決書）……595

【1】本条の趣旨　(596)　【2】議決書の内容　(596)　【3】議決書と通知　(598)　【4】議事録の作成　(598)

第68条（懲戒手続の中止）……598

【1】本条の趣旨　(599)　【2】旧法との比較　(599)

第69条（懲戒委員会の部会に関する準用規定）……600

【1】本条の趣旨　(600)　【2】準用の内容　(600)

第4節　綱紀委員会……602

第70条（綱紀委員会の設置）……602

【1】本条の趣旨　(602)　【2】綱紀委員会の設置　(602)　【3】各弁護士会の綱紀委員会　(603)　【4】日弁連の綱紀委員会　(606)

第70条の2（綱紀委員会の組織）……608

【1】本条の趣旨　(608)　【2】綱紀委員会の委員の数　(608)　【3】調査員・書記 (609)

第70条の3（綱紀委員会の委員）……609

【1】本条の趣旨　(610)　【2】委員の選任，構成　(610)　【3】委員の任期，補欠 (611)　【4】委員の身分　(611)　【5】兼任　(612)　【6】除斥・忌避・回避 (612)

第70条の4（綱紀委員会の委員長）……612

【1】本条の趣旨　(612)　【2】選任　(613)　【3】任務　(613)　【4】委員長に事故のあるとき　(613)　【5】法令により公務に従事する職員　(613)

第70条の5（綱紀委員会の予備委員）……613

【1】本条の趣旨　(614)　【2】予備委員の設置及び人数　(614)　【3】予備委員の指名　(614)　【4】予備委員の選任方法，任期，補欠及び身分　(615)

第70条の6（綱紀委員会の部会）……615

【1】本条の趣旨　(616)　【2】部会の設置　(616)　【3】部会の組織　(616)　【4】部会長　(617)　【5】部会の議決　(617)

第70条の7（綱紀委員会による陳述の要求等）……617

【1】本条の趣旨　(617)　【2】綱紀委員会の調査権限　(617)　【3】対象弁護士等の権利　(618)

第70条の8（綱紀委員会の議決書）……619

【1】本条の趣旨　(619)　【2】議決書の内容　(619)　【3】議決書と通知　(621)
【4】議事録の作成　(621)
第70条の9（綱紀委員会の部会に関する準用規定）……621
【1】本条の趣旨　(622)　【2】準用の内容　(622)

第5節　綱紀審査会……624

第71条（綱紀審査会の設置）……624
【1】本条の趣旨　(624)　【2】綱紀審査会の事務局　(624)
第71条の2（綱紀審査会の組織）……624
【1】本条の趣旨　(624)　【2】会議の招集　(624)　【3】除斥・忌避・回避　(625)
第71条の3（綱紀審査会の委員）……625
【1】本条の趣旨　(626)　【2】綱紀審査会の委員の選任　(626)　【3】綱紀審査会の委員の任期　(626)　【4】綱紀審査会の委員の身分　(626)　【5】秘密保持義務　(626)
第71条の4（綱紀審査会の委員長）……626
【1】本条の趣旨　(627)　【2】委員長の選任，職務及び身分等　(627)
第71条の5（綱紀審査会の予備委員）……627
【1】本条の趣旨　(628)　【2】予備委員の設置　(628)　【3】予備委員の代理　(628)　【4】予備委員の選任，任期等　(628)
第71条の6（綱紀審査会による陳述の要求等）……629
【1】本条の趣旨　(629)　【2】陳述，説明又は資料の提出要求　(629)　【3】調査嘱託　(630)　【4】対象弁護士等の意見の提出　(630)　【5】議事の非公開　(630)
【6】記録の閲覧・謄写　(630)
第71条の7（綱紀審査会の議決書）……630
【1】本条の趣旨　(631)　【2】議事録　(631)

第9章　法律事務の取扱いに関する取締り……633
【1】本章の趣旨　(633)　【2】非弁護士取締りの歴史　(633)　【3】諸外国の立法例　(637)
第72条（非弁護士の法律事務の取扱い等の禁止）……638
【1】本条の趣旨　(638)　【2】本条の構造　(638)　【3】本条の成立要件　(641)
【4】本条違反行為の効力　(660)　【5】隣接職種の法改正の動向　(665)
【6】隣接職種とその他の諸問題　(668)
第73条（譲り受けた権利の実行を業とすることの禁止）……676
【1】本条の趣旨・沿革　(676)　【2】禁止の対象　(677)　【3】禁止行為　(678)
【4】本条に関連する問題　(681)　【5】本条違反の効果　(685)　【6】罰則　(686)

【7】債権管理回収業に関する特別措置法 (686)

第74条（非弁護士の虚偽標示等の禁止）…… 687

【1】本条の趣旨 (688)　【2】沿革 (688)　【3】他法との比較 (689)
【4】各項の解釈 (690)　【5】外国弁護士との関係 (693)

第10章　罰　則 …… 697

第75条（虚偽登録等の罪）…… 697

【1】本条の趣旨 (697)　【2】構成要件 (699)　【3】未遂 (700)　【4】本条1項と2項の関係 (700)

第76条（汚職の罪）…… 701

【1】本条の趣旨 (701)　【2】収賄罪との比較 (701)　【3】本条の要件 (701)

第77条（非弁護士との提携等の罪）…… 702

【1】本条の趣旨 (702)　【2】教唆犯の成否 (703)　【3】営業犯 (704)

第77条の2（虚偽標示等の罪）…… 704

【1】本条の趣旨 (705)　【2】沿革 (705)

第77条の3 …… 705

【1】本条の趣旨 (705)　【2】電子公告調査機関，調査記録簿等 (706)

第78条（両罰規定）…… 706

【1】本条の趣旨 (707)　【2】過失責任性 (707)　【3】報酬目的 (708)

第79条（過料）…… 708

【1】本条の趣旨 (708)　【2】本条1号 (709)　【3】本条2号 (709)

第79条の2 …… 710

【1】本条の趣旨 (711)　【2】各号の説明 (711)

附　則 …… 715

第80条（施行の日）…… 715
第81条（従前の弁護士資格者）…… 715
第82条（弁護士試補の特例）…… 716
第83条（弁護士の欠格事由の適用）…… 717
第84条（従前の弁護士名簿の登録）…… 717
第85条（従前の登録又は登録換の請求）…… 718
第86条（従前の弁護士の事務所）…… 718
第87条（従前の弁護士名簿等の引継）…… 719
第88条（現存の弁護士会及び弁護士会連合会）…… 719
第89条（同じ区域内の弁護士会の特例）…… 720

第90条（日本弁護士連合会設立の準備手続）…… 720
第91条（弁護士及び弁護士試補の資格の特例に関する法律の適用）…… 721
第92条（法律事務取扱の取締に関する法律の廃止）…… 721

その後の改正法附則 …… 723

外国弁護士による法律事務の取扱いに関する特別措置法の概要 …… 739

【1】外国法事務弁護士制度新設及び改正の経緯 (739) 【2】外国法事務弁護士制度の概要 (743) 【3】外国法事務弁護士となる資格等 (744) 【4】外国法事務弁護士名簿の登録等 (745) 【5】外国法事務弁護士による法律事務の取扱い (748) 【6】外国法事務弁護士の権利・義務 (753) 【7】外国法事務弁護士法人 (762) 【8】外国法事務弁護士及び外国法事務弁護士法人の懲戒 (764) 【9】外国法事務弁護士及び外国法事務弁護士法人の日弁連及び所属弁護士会における地位 (766)

附 録
一 弁護士法の改正経過 …… 808
二 旧法令 …… 783
1 明治九年代言人規則 (783)
2 明治一三年代言人規則 (781)
3 旧々弁護士法（明治二六年）(778)
4 旧弁護士法（昭和八年）(774)

あとがき …… 811
事項索引・判例索引 …… 巻末
執筆者紹介 …… 巻末

序　説

【1】 弁護士の歴史

1　わが国における弁護士制度は，明治時代にフランスの制度に倣って作られた代言人制度に始まるといわれる。

明治政府は，近代的司法制度の整備を急ぎ，江藤新平が司法卿に就任するや，明治5年8月3日に「司法職務定制」（太政官無号達）を制定し，それまで府県が握っていた司法事務を司法省が統括する司法裁判所に管掌させた。そして，司法職務定制第10章において，証書人（公証人に相当する），代書人（司法書士に相当する）と並べて，代言人について初めて規定され，その43条は，代言人の職務は，民事訴訟について「自ラ訴フル能ハサル者ノ為ニ之ニ代リ其訴ノ事情ヲ陳述シテ冤枉無カラシム但シ代言人ヲ用フルト用ヒサルトハ本人ノ情願ニ任ス」とした。しかし，代言人の資格等に関する規定は存せず，職業として公認したものとは見られなかったのである（なお，明治6年7月17日太政官第247号達「訴答文例並附録」において代言人の役割を具体的に規定した）。そのため，江戸時代から存在していた公事師（公事師については，滝川政次郎『公事師・公事宿の研究』に詳しい）と称する者がそのまま代言人として活動し，さらに口舌の徒も代言人となったもののようである。なお，代言人の語は，フランスの「アヴォカ」を直訳したものとされる。

2　しかし，その後社会の発展に伴い，職業的な代言人を認め，これを政府の監督下に置くことの必要性が認識され，また明治8年に大審院の設立が決定して司法制度が一応確立したため，訴訟代理に関する規則の制定が急がれることとなった。そして，明治9年，「代言人規則」（明治9年2月22日司法省布達甲第1号）が制定された。そこでは，代言人は免許制となり，訴訟代理における「代書人・代言人」の区別が廃止された。しかし，免許が各裁判所単位の1年制であること，多額の免許料の納付が代言人の大きな負担となったのである（なお，明治10年12月「司法省附属代言人」という特権的地位が認められたが，同14年に廃止された）。その後，代言人規則は明治13年に全面的に改正され，代言人免許が大審院・各裁判所共通となり，代言人組合の設立と組合加入強制等の制度が新たに導入された。しかし，反面，検事による監督が依然強く残されていたのであった。

いずれにせよ，この代言人規則による代言人が，わが国における弁護士の活動の出発点をなすものである。

代言人は，当初民事訴訟に限って認められたが，その後明治15年の治罪法の施行により，刑事訴訟についても認められることとなった。なお，明治８年に「別局裁判規則」が制定された際，刑事訴訟の被告人の弁護を行う「弁護官」が置かれたが，これが刑事事件についての弁護が公式に許された最初といわれている。

3　そして，明治22年２月に明治憲法が公布され，その翌年には裁判所構成法（明治23年法律第６号），民事訴訟法（同年法律第29号），刑事訴訟法（同年法律第96号）が制定公布されて，わが国の司法に関する制度も漸く整備されるに至ったが，これらの法律中に初めて「弁護士」という名称が使用され，弁護士が行うべき職務が規定されていたのである。なお，弁護士という名称は前記の弁護官を先例とし，官吏でないので官を士に改めたものと見られている（福原・６頁）。

弁護士法も，裁判所構成法の制定と同時に成立を予定していたが，政府部内の意見が分かれ，また帝国議会に提出した弁護士法案もなかなか通過せず，第４回帝国議会で漸く可決成立をみたのであった。

4　弁護士の歴史に関する参考文献

ここでは，弁護士の歴史について詳細に論ずることができないので，次の文献を参照されたい。

奥平昌洪「日本弁護士史」，東京弁護士会編「弁護士史」，同「東京弁護士会百年史」，日弁連編「日本弁護士沿革史」，同「弁護士百年」，大野正男編「弁護士の団体（講座現代の弁護士２）」，リチャード・W・ラビノヴィッツ「日本弁護士の史的発達」（自由と正義８巻９号），江藤价泰「明治初期の『弁護士』制度について」（兼子還暦記念(下)）等。

【２】 弁護士法制の歴史

現行の弁護士法は，昭和24年６月10日法律第205号として制定公布されたものであるが，この法律ができるまでに，弁護士に関する法制は次のとおりの変遷を重ねている。

1　代言人規則（明治９年２月22日司法省布達甲第１号）

前述したように，わが国の弁護士制度に関する最初の法令であるが，その内容を要約すると次のとおりであった。

まず，代言人となるについては司法卿（司法大臣）の免許状を要するものとし，その免許には，所管地方官の検査に合格することが要件とされた（このため「免許代言人」と呼ばれる）。この検査は，代言人試験と呼ばれたが，全国的に一定の水準を保つものではなかったため，時宜により司法省が施行することとされた。

また，免許を得た者は，司法省及び専ら代言を行う裁判所に備えた代言人名表に登録され，代言人の住居は，当該裁判所の所在地区内に限ることとされた。

更に，免許は1年限りのものとされ，引き続き職務を行うには満期に再度免許を受けることが必要であった。また，免許には免許料の支払が必要とされ，その額も高額であった。

そして，裁判所における行為についての規定，懲戒に関する規定も置かれ，代言人の権限は，大幅に限定されていたのであった。

2　代言人規則（明治13年5月13日司法省布達甲第1号）

前記の代言人規則の制定後，社会の需要が高まるとともに，一部の代言人に私利私欲に走るものがいたため，その監督を厳しくする必要があるとして，ほぼ全面的に改正がなされた。

改正されたのは，所管地方官による検査を廃止して，司法省所轄の全国統一の試験を行うこととしたこと，代言人の監督を検事に行わせることとして，職務に関する取締りを強化したこと，代言人は各地方裁判所の本支庁所轄毎に一つの代言人組合を作ることとし，組合の機関として議会を置くものとしたこと等の点である。

代言人組合は，検事の監督の徹底を期するものであって，代言人を規律する権限を認め，その取締りの規則に違反した者を検事に告発することが義務付けられていた。

また，代言人の職務が，法令によって許された民事訴訟において原告又は被告の委任を受けてその代言をすることであると規定された。刑事訴訟については，前述したように，治罪法によって初めて認められるに至った。

3　弁護士法（明治26年3月4日法律第7号）・**「旧々弁護士法」**

明治憲法の公布に伴い，裁判所構成法，民事訴訟法，刑事訴訟法も制定され，それらの条文中には弁護士という名称が使用されていて，弁護士の行うべき職務に関する規定も存在したのであるが，政府部内において論議があったため，弁護士法はそれらの法律と同時に成立するところとはならなかった。

そして，明治23年11月の第1回帝国議会に，政府提案の弁護士法案が上程されたが，その法案では，地方裁判所，控訴院，大審院と各審級裁判所毎に弁護士名簿を備えるものとし，弁護士は名簿に登録された後に職務を行うことができることとしていた。また，職務範囲についても，地域制限，審級制限の規定を設け，地方裁判所の名簿に登録された者は当該地方裁判所とその管区内の区裁判所で職務を行い，控訴院の名簿に登録された者は当該控訴院とその管区内の地方裁判所において職務を行うことができるものとし，大審院の名簿に登録された者は，全国いずれの裁判所においても職務を行うことができるというものであった。

これに対しては，当時の代言人側から強い反対があり，政府も法案を撤回したのであった。その後，第2回帝国議会にも，弁護士法案が上程されたが，流案となってしまった。

そのような中で，衆議院議員鳩山和夫らが議員提出の弁護士法案を用意して第4回帝国議会に提出したので，政府もこれに対抗して直ちに弁護士法案を提出した。この政府案には，従前と同様，弁護士の職務の地域的制限に関する規定を置いていたのであるが，審議過程で削除され，部分的な修正を加え，明治26年3月に漸く成立した。

この旧々弁護士法は，明治26年5月1日から施行され，昭和11年3月の全面的改正まで効力を持ったものであって，わが国の弁護士制度の基礎を作ったものといわれている。旧々弁護士法は，1878年（明治11年）に制定されたドイツ帝国弁護士法を参考にしているとされる。

旧々弁護士法の特色は，①弁護士の職務範囲について，通常裁判所又は特別裁判所で法律に定めた職務を行うとして，裁判所の活動に限定したこと，②免許制を廃止して登録制を採用し，弁護士試験規則による試験に合格した者が弁護士名簿に登録されることによって弁護士になれるものとしたこと，③審級的制限として，登録後3年を経過しない弁護士は，大審院で職務を行えないものとしたこと，④弁護士の監督を，従前の検事から地方裁判所検事局の検事正にしたこと，等にある。

その後，この旧々弁護士法に対して，次のように改正の動きがあった。

まず，審級的制限につき，明治33年1月の第14回帝国議会に，衆議院議員安藤亀太郎外3名が旧々弁護士法12条の削除案を提出したところ，可決され，撤廃された。

次に，弁護士の職務範囲についてこれを裁判所外の活動にも拡張する改正案が，衆議院議員岡田泰蔵外11名から明治45年の第28回帝国議会と大正2年の第30回帝国議会に提出されたが，成立するに至らなかった。また，大正10年の第44回帝国議会，翌11年の第45回帝国議会には，衆議院議員鵜沢総明外から同様の改正案が提出されたのであるが，これも成立には至らなかった。

更に，職務範囲の拡張と併せて，弁護士会の法人化の問題があったが，これまた成案には至らなかったのであった。

4　弁護士法（昭和8年5月1日法律第53号）・「旧弁護士法」

上記のように，旧々弁護士法に対しては議員の側から改正案が上程されていたのであるが，大正11年10月，政府も，弁護士法の改正問題について漸く動き出し，司法省内に「弁護士法改正準備委員会」を設置し，弁護士法の改正案を審議させた。同委員会は，昭和2年10月，「弁護士法改正要綱」を答申したが，結局成案を得るまでには至らなかった。

そこで，政府は昭和8年2月，独自に「弁護士法改正法律案」を作成して第64回帝国議会に提出したところ，衆議院，貴族院でそれぞれ修正を加えられたが，同年

3月25日，両議院を可決通過し，ここに従来の弁護士法を大幅に改正した弁護士法が生まれたのであった。

この旧弁護士法の特色は，次の点にあった。すなわち，①弁護士の職務の範囲を拡張し，裁判所以外の一般の法律事務まで行うものであることを明らかにしたこと，②弁護士の資格取得について，弁護士試補としての実務修習を要件とし，考試を経て初めて弁護士となれるものとしたこと，③弁護士資格から男子たることを削って，女子も弁護士になれるものとしたこと，④外国の弁護士となる資格を有する者に対し，外国人又は外国法に関する法律事務を行うことを認めたこと，⑤弁護士名簿を司法省の本省に備えるものとしたこと，⑥弁護士名簿の登録請求手続につき，所属地方裁判所検事局経由を改め，入会しようとする弁護士会を経由するものとしたこと，⑦弁護士の権利義務に関する規定を厳重にし，二重事務所を禁止すると共に，秘密保持の権利についても明文化したこと，⑧弁護士会に法人格を与えたこと，⑨弁護士会に対する監督権を，検事正から司法大臣に改めたこと，等である。これらについては，必要に応じて，各条文の解説中で触れることとする。

【3】 現行弁護士法の制定経過

第2次世界大戦の敗戦により，わが国の法体制は根本的な変革を余儀なくされ，昭和21年6月の第90回帝国議会では新憲法草案の審議も始まり，同年7月には内閣に臨時法制調査会が設置された。そして，内閣総理大臣から，憲法改正に伴って制定・改正を要する重要法律の要綱に関する諮問がなされたことから，司法省内に「司法法制審議会」が設けられ，民法，刑法等の基本法の改正要綱を作成するとともに，従来の裁判所構成法についても，裁判所法と検察庁法の二つに分けて要綱案が策定されたのであった。裁判所法と検察庁法は，昭和22年4月の第92回帝国議会で成立を見て，新憲法と同時に施行することができたのであるが，弁護士法については，取り残された形となってしまったのである。

そこで，弁護士側から改正の要望が出され，司法省も昭和21年9月「弁護士法改正準備委員会」を司法省内に設けることとなり，改正案の作成に入った。この委員会の委員の半数は弁護士に振り当てられ，委員長にも弁護士が就任して，同年12月には早くも改正答申案を提出するに至った。しかし，この答申案に対しては，裁判所側に強い反対があったほか，司法省，弁護士会の意見も容易にまとまらなかったのである。そうして，昭和22年6月の第1回国会に弁護士法改正案を提出するという政府の当初予定も困難となった。

このような中で，弁護士会側で議員立法の形による弁護士法改正の動きがおこり，弁護士出身議員が多かった衆議院司法委員会がこれを受け，衆議院法制局が関係省庁等との連絡を取りつつ，答申案を条文化する作業を進め，漸く昭和24年5月，第

５回国会の後半になって，改正法案を衆議院に上程するに至ったのである。

衆議院では，直ちに改正案の議決をしたのであるが，参議院の法務委員会では数箇所の改正を加え，参議院の議決を経たうえで衆議院に回付された。そのときは，会期は４日を残すだけであったため，両院協議会を開催する時間的余裕がなく，結局会期最終日の前夜遅く，憲法59条２項に基づく再議決の方法で衆議院の原案どおり可決したのである。ここにおいて，新憲法にふさわしい内容の現行弁護士法が誕生したのである。

なお，福原・20頁以下，390頁以下「弁護士法制定当時の思い出」を参照。

【４】 現行弁護士法の特色

現行弁護士法は，旧弁護士法の改正という法形式をとっているが，次の点において旧弁護士法とは著しく異なった特色を有している。

1　弁護士の使命及び職責の根本基準に関する規定を冒頭に設けたことである。それまでの弁護士法には，このような規定は存在しなかったのみならず，外国の立法例中にも，このような規定を置いているものは，ほとんどないといわれている。

2　弁護士に高度の自治権が認められたことである。すなわち，現行弁護士法は，弁護士又は弁護士会に対する監督権を行政庁や裁判所に一切認めないし，全国の弁護士と弁護士会で組織する日本弁護士連合会が弁護士の登録に関する事務と弁護士名簿の管理に関する事務を行うこととし，更に弁護士に対する懲戒の権限を弁護士会又は日本弁護士連合会に与えていること等である。

【５】 現行弁護士法制定をめぐる諸問題

現行弁護士法の制定過程において主として問題となった点は，次のとおりである（福原・23頁以下参照）。

1　裁判所規則との関係

憲法77条１項は，「訴訟に関する手続，弁護士，裁判所の内部規律及び司法事務処理に関する事項」について，最高裁判所が規則を制定できる権限を有するものとしているが，この規定を根拠として，弁護士に関する事項を法律で定めることは憲法違反であるとする主張がなされた。裁判所の規則制定権は，イギリス，アメリカ等で発達したものであるが，それが裁判所に固有の権限を認めたものであるから，法律で憲法所定の事項を定めることはできないとしたのである。

更に，弁護士に関する事項について，法律との競合的所管事項であるという考えに立ったとしても，その優劣について同等とする見解も主張された。この見解によれば，法律と規則は，その制定の順序により前法と後法の関係となり，規則によって法律の規定が効力を失うこととなる。

しかし，まず，弁護士に関する事項が法律と規則の競合的所管事項かどうかについては，憲法は，国会を国の唯一の立法機関として（41条），立法は法律の形式によることを原則としていること，規則事項でも，例えば刑罰を科するときは「法律の定める手続」によることとされていること（31条）からすれば，規則事項を法律で定め得るとすることが憲法の趣旨であるとする見解が有力に主張された。

更に，規則と法律の優劣についても，法律は，国権の最高機関で国の唯一の立法機関である国会が定めるのに対し，規則はその適正妥当な制定の手続に関して憲法上の保障がないことに照らせば，法律の規定が規則に優位するものと解すべきであるとの見解が述べられた。

そして，最高裁判所も，規則と法律の競合的所管を認め，訴訟に関する手続について，刑事訴訟，民事訴訟のいずれも法律によって規定することができるとしている（最判昭和30・4・22刑集9巻5号911頁，最大決昭和33・7・10民集12巻11号1747頁）。従って，弁護士法についても，同様の立場と解されるのである。

このようにして，裁判所規則と弁護士法の関係に関する議論は，一応の決着を見た。

なお，清宮四郎『憲法Ⅰ（第3版）』435頁，宮澤俊義『全訂日本国憲法』617頁等を参照。

2　弁護士の監督

次に問題となったのは，弁護士の監督を誰がなすべきか，ということである。

弁護士の監督について，旧々弁護士法では検事正が，旧弁護士法では司法大臣が行うものとされたが，現行弁護士法の立案過程では，監督権を最高裁判所長官が有するものとする案が有力に主張された。その根拠として，憲法77条が弁護士に関する事項について最高裁判所に規則制定権を認めているのは，弁護士に対する監督権が最高裁判所にあることを前提としているものとされたのであった。これに対し，法務庁（現法務省）は，従前の弁護士法のとおり，弁護士の監督権は法務総裁（現法務大臣）が有するとすべしとの案を主張した。そして，折衷案として，弁護士の訴訟手続等については最高裁判所が監督権を有し，弁護士会又は日本弁護士連合会の事務に関しては法務大臣が監督権を有するとの案も主張された。いずれにしても，弁護士に対する国家的監督を何らかの方法で維持する必要があるとの見解が強く主張されたのであった。

しかし，弁護士は，基本的人権の擁護と社会正義の実現を使命とするものであるとすれば，時に，裁判所，検察庁その他の国家機関と対立して，その非違を質すべき職責を有するのであるから，その職務の遂行について国家機関の監督に服するというようなことはあってはならない。このような見地から，弁護士は国家機関のいずれからも監督を受けないものとされたのであった。

現行法のような弁護士の自治は，他に例をみないものである。

3　弁護士会への強制加入制

弁護士の団体への強制加入については，既に明治13年の代言人規則に規定（5条）があり，代言人は必ず代言人組合に加入しなければならないものとされ，旧々弁護士法（24条）でも，弁護士は弁護士会に加入した後でなければ職務を行うことができないものとされた。これは，検事正の監督が弁護士会を通じて弁護士各人にまで行き届くことを狙った規定であった。そして，旧弁護士法では弁護士会の監督権が司法大臣に移ったが，弁護士会の強制加入を当然の前提としていた。

ところが，現行法の制定過程において，強制加入制度は，憲法21条の保障する結社の自由及び同法22条の保障する職業選択の自由の関係で問題となった。

明治憲法においても結社の自由の規定（29条）があったが，法律の範囲内という限定があったため，強制加入制は問題とされなかった。しかし，新憲法では，公共の福祉の観点から強制加入制の合憲性を理由付けなければならなかったのである。そこで，弁護士の職務の適正を確保するという公共の福祉の要請に基づき，弁護士に対して弁護士会と日本弁護士連合会に対する二重の強制加入制を採用し，その監督を通じて弁護士自治の徹底を期することとしたものであって，弁護士自治と強制加入制とは，表裏一体の関係にあるものという説明がなされ，合憲論を理由づけたのであった。

最高裁判所も，弁護士会及び日本弁護士連合会への強制加入制度の合憲性を認めた（最判平成4・7・9判タ804号82頁，同旨東京高判平成元・4・27行裁例集40巻4号397頁）。

第1章　弁護士の使命及び職務

本章は，弁護士に関する基本的事項を規定するものであり，その使命（1条），職責の根本基準（2条）及び弁護士の職務範囲（3条）を定めている。

わが国では，弁護士について，地域別又は審級別の差別を一切設けず，弁護士は日本全国において，またあらゆる裁判所において職務活動を行うことができることとなっている。本章の規定を旧弁護士法と比較してみると，1条及び2条に相当する条文は旧弁護士法にはなく，弁護士の職務に関する規定が冒頭に置かれていた。現行弁護士法において，1条及び2条のような規定が新たに設けられたことは，弁護士のあるべき像を明らかにし，その活動に大いに期待することを表明したものといえるであろう。

また，平成13年6月に弁護士法の一部が改正され，弁護士法人制度が創設されたが，弁護士法人について，法30条の2第2項で弁護士の使命を定めた1条が準用され，法30条の5で弁護士法人の業務の範囲につき3条に規定する業務を行うことができると定めていることから，弁護士と同様に，その活動が大きく期待されているものといえよう。

（弁護士の使命）

第1条　弁護士は，基本的人権を擁護し，社会正義を実現することを使命とする。

2　弁護士は，前項の使命に基き，誠実にその職務を行い，社会秩序の維持及び法律制度の改善に努力しなければならない。

【1】 本条の趣旨

本条1項は，弁護士の使命が基本的人権の擁護と社会正義の実現にあることを，2項は，その使命を達成するための行動目標を規定するものである。

本条は，弁護士法人にも準用されているので（法30条の2第2項），弁護士法人の使命及びその使命を達成するための行動目標も，弁護士と同様である。

【2】 基本的人権の擁護と社会正義の実現

1　弁護士に関する法制は，明治9年の代言人規則から数えて5回の変遷を経ているが，明確に弁護士の使命を規定したものは，本条が初めてである。また，外国の立法例をみても，類似の規定は見当たらない。

裁判官，検察官をはじめ国や自治体の公務員については，憲法99条に憲法尊重擁護義務が明定され，基本的人権の擁護について改めて法律に規定するまでもないところ，弁護士は公務員ではないので，特別に弁護士法で国民の基本的人権を擁護する使命を有することを明らかにして，弁護士の意識の高揚と自覚を促し，また一般国民にもこのことを十分に認識させることが重要であるとされたため，冒頭に本条1項のような規定を設けたものとされる（福原・40頁）。

このような規定が置かれた立法経過を見ると，弁護士法が議員立法として成立したことが大きく影響していると思われる。すなわち，当初策定された弁護士法草案には本条のような規定がなかったのであるが，草案を当時の東京三弁護士会において検討している中で，第二東京弁護士会から弁護士の使命を劈頭（へきとう）に規定すべきことが提唱され，それが本条のような体裁となったとのことである（法学セミナー149号72頁以下「弁護士法の制定過程」における真野毅氏の発言を参照。ただし，立法過程では，本条の表現が余りに大上段に構えているとする意見も出され，原案の修正がなされている（福原・390頁以下「弁護士法制定当時の思い出」を参照））。

なお，この議員立法として成立した経過に鑑み，本条を厳しく批判する見解がある（三ケ月章「弁護士」『岩波講座・現代法6 現代の法律家』204頁以下参照。これに対する反論は，福原・41頁以下参照）。

2　基本的人権の擁護

ここに「基本的人権」とは，憲法11条及び97条にいう基本的人権と同義であると解される。すなわち，それは「侵すことのできない永久の権利」（憲法11条）であり，「人類の多年にわたる自由獲得の努力の成果」であって，「過去幾多の試錬に堪へ，現在及び将来の国民に対し，侵すことのできない永久の権利として信託されたもの」（同法97条）である。基本的人権の内容については，憲法第3章に規定する国民の権利が中心となる。

そして，この基本的人権を「擁護」するとは，基本的人権が侵害され，又は侵害されようとしている場合に，侵害された人権を回復，救済し，又は未然に侵害のおそれを排除することをいう。

3　社会正義の実現

「正義」とは何かは，法哲学上の難問である。過去様々な立場から，「正義」に関する意見が述べられてきたが，アリストテレスが行った正義概念の多義性に基づく分析が参考となろう。

すなわち，それによると，正義の意味は，およそ次の３つに分かれる。

① 広義の正義＝法的正義　法に正しく適合すること，つまり法の規定をその本旨に従って忠実に実現し，又は遵守すること。

② 狭義の正義＝配分的正義・匡正（きょうせい）的正義　「各人に彼のものを」又は「等しきものは等しく，等しからざるものは等しからざるように取り扱え」という定式によって表現され得るもので，種々の社会関係や制度の構成を制約する，形式的な構成原理を示す意味での正義。

③ 実質的正義　社会関係又は制度の正当性を判定する実質的な価値基準としての正義。

③の実質的正義に関しては，その究極的な倫理価値はあるのか，それはどのようにとらえられるのか，をめぐって議論がなされていることは周知のところである（詳細については，加藤新平『法哲学概論』437頁以下及びそこに掲記された文献を参照）。

しかし，本条にいう「正義」は，更に「社会正義」となっているので，意味内容が複雑である。

立案過程で「正義」とか「社会的正義」にしなかった理由について，特別な意味が多少あるとの意見があるが（前掲法学セミナー72頁），おそらく，「社会規範」等の用語における「社会」と同様，人が社会生活を送るうえでの「正義」を念頭に置いているものと思われる。このようにみると，本条の「正義」は，上記の３つの意味の全てを併せ持つことを前提としたうえで，社会生活に即したものとして理解することが相当であろう。なお，福原（44頁）は，「『社会正義』とは，一の政治的理念であって，国民各人が国の政治の上において，絶対的に自由平等であることを内容とする」としている。

そして，社会正義を「実現する」とは，上記の意味の正義が達せられるように行動することをいうものである。ここでは，基本的人権を「擁護する」の語の対として使用されているものとされる（福原・44頁）。

4　使命とする

ここに「使命とする」とは，前記の基本的人権の擁護と社会正義の実現を目指して職務行為を行うべきものとする趣旨である。もちろん，弁護士の職務行為自体が基本的人権の擁護と社会正義の実現という結果を直接もたらさなければならないとするものではないが，職務行為を行うに際しては，基本的人権の擁護と社会正義の実現ということを目指して行動することが要求されるのである。

【3】 誠実義務

本条２項は，１項に規定された弁護士の使命を尽くすための行動目標を規定するものである。その目標としては，①職務の誠実な遂行，②社会秩序の維持，③法律制度の改善の３つを掲げている。

そこで，まず①の誠実義務について概説する。

1 沿　革

弁護士に対して誠実義務を明定したのは，旧法が最初である。旧法20条は，「弁護士ハ誠実ニ其ノ職務ヲ行ヒ職務ノ内外ヲ問ハズ其ノ品位ヲ保持スベシ」と規定したのであるが，そもそもこのような規定が置かれることになったのは，旧法制定審議の際，弁護士の成功謝金に関する契約が不当であるとの意見が出され，弁護士と依頼者との報酬契約を弁護士会に届け出る案が提出されるに至り，これに反対した弁護士会側委員から弁護士の誠実義務に関する規定を設ければ足りると主張されて，上記規定ができたとのことである（金子・222頁参照）。

そして，この旧法20条の表現の一部が，本条にも取り入れられたものである。

なお，旧法の規定は，ドイツ帝国弁護士法28条の「弁護士はその職務を誠実に実行し，且つ，職務の内外を問わず職務の要求する尊敬に相当する行動を為すの義務を有す」という規定に倣ったものとされる（福原・45頁）。

2 性　格

弁護士が，法律事件の依頼を受けてこれを処理する法律関係は，民法上の委任契約（民法643条以下）であり（20頁），その契約上の義務として，弁護士は，善管注意義務を負っている（同法644条）。そこで，その善管注意義務と本条の誠実義務の関係をどのように解すべきか，また，本条の誠実義務は，法的義務を規定したものかそれとも倫理的義務にとどまるものか，が問題となる。

この点につき，福原（45頁）は，「弁護士は，もともと受任者として委任の本旨に従い，法律専門家として善良な管理者の注意をもって，委任事務を処理すべきであるが，そこにさらに誠実さが加えられることが要請されていて，職務上一般人以上の高度の道義に律せられることになる」とし，伊藤眞氏は，「誠実義務は，受任者たる弁護士が，法律家という専門家に属するところから，通常の善管注意義務が加重されたもの」であるとする（「弁護士と当事者」『講座民事訴訟３』123頁）。更に，加藤新太郎氏は，誠実義務は，第一に弁護士・依頼者間の信認関係に由来する忠実義務（依頼者の最善の利益のために誠心誠意執務を行うべき義務）として現れ，第二に弁護士の能力が水準よりも高い場合には当該弁護士を基準とするという意味で，善管注意義務を加重するものとして機能するとする（詳細は，『弁護士役割論（新版）』345頁以下）。

これらは，いずれも本条の誠実義務が法的義務であって，その違反は法的責任（民事上の責任）を発生させ得るものと理解するものである。

これに対し，鈴木重勝氏は，法律専門家である弁護士に対して，善管注意義務は専門知識に基づいて当該事案を客観的にも最善に最適時に処理すべき義務として具体化されているはずであって，受任者が素人である場合に比べると，極めて加重された義務ではあるが，事案の種類・状況に応じて要求される注意の程度に軽重の差が生じてくるだけであって，その際に「誠実義務」によって加重も拡大もされる必要はないとする（「弁護士の民事責任」『判例研究取引と損害賠償』256頁）。これは，委任契約から生ずる善管注意義務を加重した誠実義務を否定し，独自の法的義務として認めない考えである。

思うに，後説にも相当の理由があるが，弁護士の公共的性格を考慮すると，前説の方が相当であろう。

なお，弁護士の公共的責任から，依頼者だけでなく第三者に対する関係においても，誠実義務が発現することがあるとの見解にも留意する必要がある（小林秀之氏「弁護士の専門家責任」『別冊 NBL28 号』78頁参照。加藤氏は，誠実義務は，依頼者に対する関係だけでなく弁護士業務のあり方全般を規律するルールであり，弁護士は第三者に対する関係においても，その公共的役割に由来する一般的損害発生回避義務を負っているとする。詳細は，前掲『弁護士役割論（新版）』361頁以下）。

3　裁判例

ここで，弁護士の義務に関して述べた主要な裁判例を掲げる。必ずしも，本条の誠実義務について判示をしたものではないものもあるが，便宜上ここで述べることとする。

① 東京高判昭和36年11月29日東高民時報12巻11号223頁

「弁護士は，特約その他別段の事由がない限り自己の受任した事件につき敗訴の判決を受けたときは，上訴についての特別の受任があると否とを問わず，職務上の注意をもって判決理由を検討し適宜の措置を執るべく，その判決に明らかな判断の遺脱があり上訴を相当とするものについては，上訴の特別の受任を受けたときは上訴の手続を執り，上訴の委任がないため原審限りで委任が終了すべき場合には委任者に判決理由検討の結果を知らせて，本人が権利擁護に必要な措置を執る機会を失わせないようにするのが通常の弁護士職務執行の態度である。」

② 東京高判昭和38年２月25日行裁例集14巻２号366頁

「弁護士は，その使命および職責にかんがみ，依頼者の委任の趣旨に従ってことを処理し，その委任外のことについては依頼者の意思に反してこれを処理することの許されないのはもちろん，常に依頼者との連絡にこと欠かないようにし，随時事件処理の経過その他必要な事柄を報告了知させるなど，いやしくも依頼者をして弁護士に対する不信の念を抱かせないように努め，これがために特にその言動に慎重でなければならない。」

③ 東京地判昭和38年11月28日下民集14巻11号2336頁

「控訴審において被告人のための弁護人は，第1次的には訴訟記録について法定の控訴理由の有無を調査すべく，かかる調査が控訴審における弁護人の弁護活動，したがってまたその義務の中核をなすものということができる。しかしながら，この義務はいわば弁護人としての調査義務の最少限をなすものであって，法は右の事実以外にも例外的に第1審弁論終結前に取調を請求することのできなかった証拠によって証明することのできる事実も控訴理由とすることができるものとし，刑の量定については第1審判決後の事情も考慮されるものとしているから，弁護人の調査活動の範囲も，場合によっては当然訴訟記録以外に及ぶべきである。殊に，訴訟記録について綿密な調査を行ってもなお適当な控訴理由を発見することができなかった場合には，弁護人としては当然上記のような例外的事実または事情の有無を考慮すべく，訴訟記録上かかる事実または事情発見の手がかりとなるようなものが全く存在しない場合には，少なくとも被告人自身につきこれらの点の調査を実施することが弁護人の義務として要求せられるものである。以上の各場合の控訴理由の有無の判断にあっては，極力自己の主観的見解を避け，被告人にとって最も有利な観点から観察，判断すべきものである。」

④ 東京地判昭和40年4月17日判タ178号150頁

「金銭債権取立ての委任を受けた弁護士が代理人となって，本人の同意を得られないことが予想されるような和解契約を締結することは，特段の事情のない限り委任の本旨に反し，善良な管理者の注意をもって委任事務を処理しなかったものというべきである。」

⑤ 東京地判昭和45年3月27日下民集21巻3・4号484頁

「（依頼者が第1審でほぼ全面的に敗訴し，仮執行の結果，高額の売掛金債権の取立てを受け，工場の操業停止のやむなきに至り，そのための損害が累積している場合）被告らから和解による解決の依頼を受けた原告〔弁護士―編者注〕としては，たとえ控訴審で勝訴の見込みをもっていたとしても，右敗訴の第1審に自ら関与していたことや被告らの窮状に思いを致し，いたずらに自己の主観的確信にこだわることなく，被告らのために早期かつできるかぎり有利な和解の成立を図るように努めるべきであり，まして被告らから再三にわたる和解の依頼を受けた以上，これに従い右の努力をすべき受任者としての義務がある。」

⑥ 東京地判昭和46年6月29日判時645号89頁

「訴訟当事者から訴訟委任を受けた弁護士は，委任者に不利益な第1審判決がなされその判決正本の送達を受けたときは，遅滞なく委任者に通知して控訴期間内に控訴するか否かを判断し適切な処置をとる機会を与え，出張等により不在となるときは不在中に判決正本の送達がなされても委任者に連絡ができるよう事務員等に適切な指示を与え，また万一控訴期間内に連絡を取る方法がない場合は，控訴申立てに対する特別授権がある限りは，とりあえず控訴を申し立てその後において委任者に控訴を維持するかどうかを諮るなど委任者をして控訴期間を経過して控訴の機会を失わしめることのないよう適切な処置をとることが，受任者たる弁護士の当然なすべき委任契約上の義務である。」

⑦　東京地判昭和49年12月19日下民集25巻９～12号1065頁

「第１審の訴訟委任を受けた弁護士は，控訴審の訴訟委任を受けた他の弁護士からの照会に応じて敗訴の第１審判決の送達を受けた日を回答する場合，右送達の時から控訴期間が進行を始めることに鑑み，控訴期間満了の日の判断を誤らせ控訴期間の徒過により適法な控訴の途を失わせることのないように，十分調査のうえ送達の効力の生じた日を正しく回答すべき注意義務があり，この義務は特段の事由のない限り，弁護士事務所の事務員についても同様であり，同事務員がこの注意義務を怠り誤った回答をしたため，控訴期間を徒過させ適法な控訴の途が閉ざされたことによる委任者の受けた精神的苦痛に対して，弁護士は事務員の使用者として慰藉料支払の義務がある。」

⑧　東京地判昭和62年６月18日判時1285号78頁

「委任関係の各当事者に債務不履行がない場合でもいつでも契約を解除することができることを原則とする委任契約の性質及び不当な中途解任の場合に弁護士の報酬請求権を確保することを目的とするいわゆるみなし報酬規定の趣旨に鑑みると，特約によるみなし報酬規定にいう『弁護士の責に帰することのできない事由』に該当するためには，単に受任者たる弁護士において善管注意義務違反がないというだけでは足りず，依頼者側の報酬の支払を免れる意図などの背信的事情の有無，依頼者との平素の信頼関係，仕事の達成度ないし寄与度等を勘案したうえで中途解任に合理的理由がないことを必要とし，依頼者の解任の動機が誤解や主観に基づくものであるとしてもそれなりの真摯な理由によるものであり，弁護士においてその不信事由を解消するための説明，説得の余地があると認められる限り，みなし報酬規定に基づく成功報酬の請求はできないものと解するのが相当である。弁護士としては，かかる依頼者の紛争解決を受任している限り，多大の困難と負担を伴うにせよ，その力量と人格のすべてをかけて可能な限りその意向を汲みとり，あるいは説得しつつ法律的客観的合理性の見地から依頼者の正当な利益を最大限に擁護しこれを実現してゆく職責があり，またこのようにしてこそ右のような特殊な紛争，特殊な依頼者〔親族間の紛争―編者注〕の場合にあってもその信頼関係が維持されるものというべきである。」

⑨ 東京地判昭和62年10月15日判タ658号149頁

「弁護士は社会正義を実現すること等の使命に基づき，誠実にその職務を行い，社会秩序の維持に努力しなければならないとされている（弁護士法１条）のであるから，自己の受任した法律事務に関連して違法な行為が行われるおそれがあることを知った場合には，これを阻止するように最大限の努力を尽すべきものであり，これを黙過することは許されないものであると解される。そして，これは単に弁護士倫理の問題であるにとどまらず，法的義務であるといわなければならない。」

⑩ 大阪地判平成５年９月27日判時1484号96頁

「依頼者の法律相談を受けた弁護士が，依頼者の事件依頼を受任しない場合には，速やかにその旨を依頼者に通知するとともに，他の弁護士に法律相談することを勧めたり，依頼者が自ら事件を解決するための方策を教えるなどして，依頼者が当該事件について速やかに何らかの法的措置を講じたり，解決できるようにするために助言・指導（アドバイス）をする義務があるというべきである。そして，弁護士が右義務に違反し，その結果依頼者に不測の損害を与えた場合には，弁護士は，法律相談契約上の善管注意義務違反による債務不履行として右損害を賠償する義務を負うというべきである。」

⑪ 大阪地判平成17年10月14日判時1930号122頁

「弁護人に選任された弁護士は，その資格及び権限に基づいて謄写した訴訟に関する書類及び証拠物（刑事記録）について，上記の守秘義務に反しない限り，法令及び法律事務に精通する者としての識見に基づく判断と責任において，これを弁護活動に活用することにより，上記使命を実現することが求められているのであって，被疑者ないし被告人との間の上記義務の内容として，当然にその一部又は全部を被疑者ないし被告人に閲覧させ又は交付すべき義務を負うものと解することはできず，この理は，当該弁護士が私選弁護人であると国選弁護人であるとを問わないものというべきである。」

⑫ 最判平成25年４月16日民集67巻４号1049頁

「（債務整理に係る法律事務を受任した弁護士が，当該債務整理について，特定の債権者に対する残元本債務をそのまま放置して当該債務に係る債権の消滅時効の完成を待つ方針を採る場合において，上記方針は，債務整理の最終的な解決が遅延するという不利益があるほか，上記債権者から提訴される可能性を残し，一旦提訴されると法定利率を超える高い利率による遅延損害金も含めた敗訴判決を受ける公算が高いというリスクを伴うものである上，回収した過払金を用いて上記債権者に対する残債務を弁済する方法によって最終的な解決を図ることも現実的な選択肢として十分に考えられたなどの事情の下においては，）債務整理に係る法律事務を受任した被上告人〔弁護士―編者注〕は，委任契約に基づく善管注意義務の一環として，時効待ち方針を採るのであれば，A〔委任者―編者注〕に対し，時効待ち方針に伴う上記の不利益やリスクを説明するとともに，回収した過払金をもってD〔債権者―編者注〕に対する債務を弁済するという選択肢があることも説明すべき義務を負っていたというべきである。」

⑬　広島高判平成29年6月1日判時2350号97頁

「被控訴人は，弁護士として，依頼者である控訴人との間で，本件委任契約を締結しており，同契約に基づく委任事務の遂行に当たっては，専門家としての善管注意義務（民法644条）を負っていたものである。そして，上記の善管注意義務は，平均的弁護士の技能水準を基準とすべきものである。（中略）保証状の発行は，海難事故に関し慣行として認められているものであるから，これを思い立ち，その交渉をするに当たっては，海事事件についての相当の知識が必要になる。しかし，弁護士として海事事件に係る法律問題について受任した以上は，文献に当たり，あるいは専門的知識のある者に協力を求めるなどして，依頼者に不利益にならないように海事関係の知識を身に付ける必要があるのであって，そのことは，平均的弁護士の技能水準を前提にしても，当然に行うべき事柄である。」

なお，弁護士の提出した訴訟委任状が偽造であっても，その点の調査をしなかった裁判官に過失はないとした理由で，「弁護士が自己の訴訟代理権を主張してこれにそう委任状を提出している場合には，裁判所としては，その代理権につき依頼者たる本人に対して一々確認しなくとも，その真偽を疑わせるような特段の事情のない限り，真正の代理権が存在するものとして取り扱えば足りる」（最判昭和41・4・22民集20巻4号803頁）とされているのは，弁護士は誠実義務を尽くすものであるとされていることから導かれるものといえる（福原・46頁）。

【4】 社会秩序の維持と法律制度の改善

1　社会秩序の維持

ここに「社会秩序」とは，憲法の規定する議会制民主主義体制下における社会生活上の秩序を意味する。そして，弁護士は，この社会秩序を「維持」しなければならないのである。従って，上記の内容の社会秩序を破壊する行為をすることは許されない。もとより，裁判制度を否定するような言動も，許されるところではない。

2　法律制度の改善

ここに「法律制度」とは，憲法下において効力を有する法律が定めている諸制度をいう。そして，法律制度の「改善」とは，このような諸制度のうち妥当性を欠くものについて，より良い制度を作るべく努力をすることをいうものである。

前述の誠実義務が，弁護士の日常行う職務活動に直結した義務であるのに対し，社会秩序の維持と法律制度の改善の義務は，職務の遂行を通じて，国家社会の進展に寄与すべき義務というべきものであり，国家社会に尽くすべき努力目標を規定したものと解される（福原・51頁）。

（弁護士の職責の根本基準）

第2条 弁護士は，常に，深い教養の保持と高い品性の陶やに努め，法令及び法律事務に精通しなければならない。

【1】 本条の趣旨

本条は，弁護士が法１条に定めた使命を果たすべく，その職責を遂行するに際しての根本基準を定めるものである。

本条のような精神規定は，旧法にもなく，わずかに20条が「弁護士ハ誠実ニ其ノ職務ヲ行ヒ職務ノ内外ヲ問ハズ其ノ品位ヲ保持スベシ」と定めて，職務の内外を問わない品位の保持義務を弁護士に課していたのみであった。本条は，旧法20条の趣旨を更に一歩進めているものである。

本条前段は，精神的規定であって，その違反があったとしても，そのことのゆえをもって直ちに懲戒を受けるものではないが，後段については，その違反の程度が著しい場合には，懲戒処分の対象となり得る。

なお，会則12条は，本条の趣旨を受けて，「弁護士は，法律学その他必要な学術の研究に努めるとともに，絶えず人格を錬磨し，強き責任感と高き気品を保たなければならない」と規定している。

【2】 深い教養の保持と高い品性の陶やの努力

1 深い教養の保持

ここに「教養」とは，単なる学殖，多識をいうものではなく，文化に関する広い知識を身に付けることによって養われるところの精神的豊かさ，たしなみをいうものと解される（福原・52頁は，「人間生活をより高く洗練されたものにする修行」とする）。

従って，弁護士が職業上必要とされる法律学上の知識を有しているだけでは足りず，政治，経済，社会の各分野はもとより，文学，芸術，科学等の文化生活に必要な各方面にわたって，豊かな知識と理解力が必要になるのである。

そして，弁護士は，常時，上記の教養をより深いものにして身に付けるべく努力しなければならないのである。

2　高い品性の陶や

(1)　ここに「品性」とは，道徳的側面から見た人の性格をいい，弁護士は，その品性をより高めるべく，薫陶努力することが必要なのである。もちろん，天賦の品性は弁護士間で千差万別であるが，本条ではそれをさらに高いところに昇華させることが要求される。そして，弁護士は，その職務を行うについて外形的にも内容的にも品性を陶やし，品位を保持すべきことが要求されているものというべきである。

この規定を受けて，弁護士法は，弁護士の品位を保持するため，20条から30条にかけて権利義務に関する定めを置いているが，これらの規定を遵守しさえすれば品性の陶やが完了することになるわけではないのは当然である。

更に，弁護士会及び日弁連に対して弁護士の品位保持を図るべき職務を負わせ（法31条１項・45条２項），弁護士に対しても，品位を失うべき非行があったときは懲戒を受けることとして（法56条１項），本条の趣旨を全うすることとしている。

(2)　弁護士の品位に関するものとして，「広告」の問題がある。

弁護士の広告については，従前，日弁連が制定する弁護士倫理８条において，「弁護士は，学位または専門の外，自己の前歴その他宣伝にわたる事項を名刺，看板等に記載し，または広告してはならない」と規定し，これが，弁護士の広告は，原則として全て禁止されるべきであるとの趣旨と解されていた。

しかし，その後広告の一部解禁を求める声が出てきたため，日弁連では昭和62年３月に会則改正を行い，「弁護士は，自己の業務の広告をしてはならない。但し，本会の定めるところに従つて行う場合は，この限りでない（１項)。前項の広告に関し必要な事項は，会規及び規則をもつて定める（２項)」との規定（会則29条の２）を新設し，この会則に基づき，弁護士の業務の広告に関する規程と弁護士の業務の広告に関する規則が制定された。

この規程では，広告することができる事項が，氏名・住所，事務所の名称・所在地，電話番号等12項目に限定され（３条。なお，特例が６条，７条にある)，また広告を載せることのできる媒体も，名刺・封筒，看板，挨拶状，職業別電話帳等７種類に限定された（４条)。

また，弁護士倫理についても，平成２年３月２日に「弁護士は，品位をそこなう広告・宣伝をしてはならない」(10条）と改められた。

更に，その後，インターネットの急速な普及をはじめとする情報化社会の進展あるいは外部環境の著しい変化などにより，弁護士の広告に関する規制が時代の要請に適合しなくなったこと，何よりも弁護士個人に関する情報があまりにも不足しているという現状とそれに対する利用者である国民の不満や批判が高まったことから，平成12年３月24日，「弁護士は，自己の業務について広告をすることができる。但し，本会の定めに反する場合は，この限りでない（１項)。前項の広告に関し必要な事項は，会規をもって定める（２項)」(会則29条の２）との会則改正が行われ（同年10月１日施行)，原則自由としたうえで，市民の利益が害されるおそれがあるなど規制することに合理的理由があると認められる場合に例外的に規制する制度に改められた。

この会則改正に伴い，外国特別会員基本規程29条についても同様の改正が行われ，また，従来の弁護士の業務の広告に関する規程・規則は廃止され，新たに弁護士の業務広告に関する規程（現在は，弁護士等の業務広告に関する規程）及び外国特別会員の業務広告に関する規程（現在は、外国法事務弁護士等の業務広告に関する規程）が設けられた。

これら各規程では，広告事項及び広告媒体いずれについても原則自由とした上で，事実に合致していない広告，誤導又は誤認のおそれのある広告，誇大又は過度な期待を抱かせる広告，訴訟の勝訴率の表示等一定の事項の広告を禁止し（各規程３条・４条)，また，面識のない者に対する訪問又は電話による広告等一定の広告方法について禁止している（各規程５条から７条まで）(その他の規制については各規程を参照)。

前記各規程の解釈及び運用をより明確化するため，弁護士及び外国特別会員の業務広告に関する運用指針が，平成12年５月８日に制定された。なお，この運用指針は，平成18年３月の一部改正により，弁護士及び弁護士法人並びに外国特別会員の業務広告に関する運用指針となった。平成17年４月１日から施行された弁護士職務基本規程９条においても，「弁護士は，広告又は宣伝をするときは，虚偽又は誤導にわたる情報を提供してはならない（１項)。弁護士は，品位を損なう広告又は宣伝をしてはならない（２項)」との規定が置かれている。前記指針は，平成24年３月15日には全部改正され，表題も「業務広告に関する指針」と改められ，弁護士情報提供ウェブサイトにおける周旋と広告の関係について詳細な規定が設けられるなどした。また，平成23年４月１日から施行された債務整理事件処理の規律を定める規程18条においても，債務整理事件に関する業務広告を行うときは，報酬基準を表示するよう努めること等広告に関する規定が定められている。その後も情報技術の進歩は急速に進み，それに伴いインターネット広告の手法も多様化・高度化し，法72条の周旋に該当するおそれのある広告形態も増加している。このような事態に対応するため，平成30年１月18日に，弁護士情報提供ウェブサイトへの掲載に関する指針が制定された。これは，従前，弁護士及び弁護士法人並びに外国特別会員の業務広告に関する運用指針に規定されていた弁護士情報提供ウェブサイトにおける周旋と広告との関係に関する内容を整理・再検討し，独立の指針としたものである。

情報技術の進歩は今後も続くことが予想され，個人データの集積・分析技術の進歩とAI（人工知能）技術の進化によって，インターネットを経由した弁護士情報の提供と周旋との関係はますます複雑な問題を生じさせるものと思われる。

(3) 更に，弁護士の品位に関するものとして，法律事務所等の名称等に関する規程及び外国法事務弁護士事務所の名称に関する規程（現在は，外国法事務弁護士事務所等の名称等に関する規程）が，平成18年３月３日に制定された（同年６月１日施行）。また，前記規程の解釈及び運用を明確化するため，法律事務所等の名称等に関する規程及び外国法事務弁護士事務所の名称に関する規程の解釈及び運用の指針（現在は，法律事務所等の名称等に関する規程及び外国法事務弁護士事務所等の名称等に関する規程の解釈及び運用の指針）が，平成25年３月14日に制定された。

【３】 法令及び法律事務の精通

ここに「法令」とは，弁護士がその職務を遂行するに際して一般的に必要とされる法律等をいい，わが国において効力を有する法律，政令，条例等のほか，効力を失った旧規定や外国における法令も含まれるものと解される。もちろん，１人の弁護士がわが国において効力を有する法令全てについて精通することすら，現在の膨大な法令数を見る限り極めて困難といってよい。しかし，弁護士は，自分のできる限りにおいて，法令に精通するための努力をしなければならないのである。

次に，「法律事務」とは，弁護士の職務に関する諸手続全般をいうものと解され，法律の専門家として，その職責を果たすうえで遺漏なきを期すべきことが要請されている。

弁護士が法律や法律制度に精通すべきことに関しては，既に明治13年の代言人規則14条が代言人組合規則に規定する事項として「法律ヲ研究スル事」をあげていたことから明らかなように，弁護士に当然求められる事柄とされていたものである。

（弁護士の職務）

第3条　弁護士は，当事者その他関係人の依頼又は官公署の委嘱によつて，訴訟事件，非訟事件及び審査請求，再調査の請求，再審査請求等行政庁に対する不服申立事件に関する行為その他一般の法律事務を行うことを職務とする。

2　弁護士は，当然，弁理士及び税理士の事務を行うことができる。

【1】 本条の趣旨

本条は，弁護士の職務範囲について規定する。すなわち，弁護士は，当事者等の依頼又は官公署の委嘱に基づき，訴訟事件，非訟事件，行政不服申立事件その他一般の法律事務を行うことを職務とする職業である。

なお，本条2項は，弁護士の職務範囲の中に，弁理士及び税理士の事務が含まれていることを注意的に規定したものである。

【2】 沿　　革

弁護士の職務内容については，次のとおり法令の変遷がある。

まず，明治9年の代言人規則8条は，「代言人ハ訴庭ニ於テ其訴答往復書中ノ趣意ヲ弁明シ裁判官ノ問ニ答フル者トス」とされ，また明治13年代言人規則1条も「代言人ハ法令ニ於テ代言ヲ許サレタル詞訟ニ付テ原告又ハ被告ノ委任ヲ受ケ其代言ヲ為ス者トス」と規定されていて，専ら裁判所の法廷における活動がその職務であるとされていた。そして，旧々法1条も，これを受け継いで，「弁護士ハ当事者ノ委任ヲ受ケ又ハ裁判所ノ命令ニ従ヒ通常裁判所ニ於テ法律ニ定メタル職務ヲ行フモノトス但シ特別法ニ因リ特別裁判所ニ於テ其ノ職務ヲ行フコトヲ妨ケス」とされ，裁判所内における活動に職務範囲が限定されていた（大判大正4・6・17刑録21輯828頁は，弁護士の職にある者が，債権取立の委任を受けたとしても，それは弁護士の職務範囲に属さない，としたが，大判昭和6・11・18刑集10巻609頁に至って，弁護士が給付請求の委任を受けた事件について，任意の履行を求めるため裁判外で相手方と交渉する行為が弁護士の職務範囲に属することは，一種の慣習である，とされている）。

これを広げたのが，旧法であって，同法1条では「弁護士ハ当事者其ノ他ノ関係人ノ委嘱又ハ官庁ノ選任ニ因リ訴訟ニ関スル行為其ノ他一般ノ法律事務ヲ行フコトヲ職務トス」と定められ，弁護士の職務が裁判所の法廷活動のみではなく，広く一般の法律事務を行うことがその職務であるとされたのである（立法過程において，職務範囲の拡張の是非をめぐって議論がたたかわされたが，その経緯については，金子・101頁以下参照）。

本条は，この旧法の表現を基本的に引き継ぐとともに，訴訟に関する行為を更に細分化して規定したものである。

【3】 弁護士の職務の受動性

まず，弁護士の職務活動は，基本的には当事者その他関係人の依頼や官公署の委嘱があって初めて開始されるものであり，弁護士が自主的に活動を開始することは少ない。その意味で受動的な性格を有するものである。

1 当事者その他関係人の依頼

⑴ 弁護士と依頼者との関係は，一般的には委任関係であり（大判昭和5・3・4新聞3126号10頁，福原・55頁，桜田・9頁。なお，福原忠男『弁護士法（加除式）』285頁は，委任類似の無名契約とみるべきであるとする），その関係は，民法643条以下によって律せられるべきものである。従って，弁護士は善良な管理者としての注意をもって法律事務を処理する義務を負担し（民法644条），事件処理の状況について報告をする義務がある（同法645条。大判昭和12・12・24新聞4237号7頁）。また，弁護士と依頼者は，何時でも委任契約を解除することができるが，やむを得ない事由がない限り，相手方のために不利な時期に解除したときには，損害の賠償をしなければならない（同法651条）。

なお，委任契約は，必ずしも事件の当事者との間でなされる必要はなく，例えば親族，知人，使用者等であってもよい。本条が「当事者その他関係人」という表現をとったのは，そのためである。

なお，弁護士と依頼者との関係については，上記のとおり一般的には委任関係と解されるが，これが委任関係以外の関係，特に雇用関係であることがあり得るかという問題がある。いわゆるインハウス・ロイヤー等の組織内弁護士の活動を法3条の職務と見るべきかという論点とも関わる問題である。自由・独立を旨とする弁護士の職務と雇用関係という形態が整合するのか，弁護士の職務の他人性（本書651頁参照）との関係をどう解するか等，理論的に難しい問題を含む。

⑵ 弁護士の行為に関して不法行為責任が成立するか，という問題があるので，ここで概観する（いわゆる弁護過誤一般について論ずることは，本書の責務ではないので，加藤新太郎『弁護士役割論（新版）』，髙中正彦『判例弁護過誤』を参照）。

㈠ 依頼者の使用者責任　まず，弁護士が職務の遂行につき相手方に損害を与えた場合，その依頼者を弁護士の使用者とみて，民法715条による使用者責任を依頼者に問い得るか，という問題を検討するに，弁護士の職務行為は，独立性を有し，依頼者の指揮監督に服する関係がないので，使用者責任を問うことができないと解するべきである（同旨，東京地判昭和38・1・19下民集14巻1号37頁，福原・55頁）。大判大正12年6月7日民集2巻386頁や大阪地判昭和41年11月29日判タ200号157頁は，依頼者本人に対して使用者責任を認めているが，妥当でない。ただし，組織内弁護士が組織の一員としての立場で行う行為については，使用者責任を認めるべきであろう。

(ロ) 弁護士の不法行為責任　弁護士の行為が独立して不法行為を構成する場合の要件につき，東京高判昭和54年7月16日判時945号51頁は，「代理人の行為について，これが相手方に対する不法行為となるためには，単に本人の訴等の提起が違法であって本人について不法行為が成立するというだけでは足りず，訴等の提起が違法であることを知りながら敢えてこれに積極的に関与し，又は相手方に対し特別の害意を持ち本人の違法な訴等の提起に乗じてこれに加担するとか，訴等の提起が違法であることを容易に知り得るのに漫然とこれを看過して訴訟活動に及ぶなど，代理人としての行動がそれ自体として本人の行為とは別箇の不法行為と評価し得る場合に限られるものと解すべきである。殊に弁護士である代理人についてそのような不法行為が成立するか否かを判断するに当っては，元来弁護士は社会正義の実現の責務を負っている（弁護士法1条参照）とはいえ，当事者の権利の擁護を図り，本人の意図するところの実現に寄与するようその意を体して行動することもまた重要な職責であることに鑑み，弁護士の正当な訴訟活動を不当に制限する結果とならないよう慎重な検討を加えねばならない」と判示しているが，正当である。

2　官公署の委嘱

官公署の委嘱による場合も，後述する国選弁護等を別にすれば，弁護士と委嘱者たる官公署との間には，委任契約が成立する。そこで，地方公共団体が弁護士に対して一般法律事務の調査研究を委嘱した場合に，それが辞令交付の形式をとったとしても，その性質は法律事務の委任契約であって，雇用契約ではないと解される（東京地判昭和15・9・27評論29巻諸法797頁）。

(1) 国選弁護人・国選付添人　官公署の委嘱によるものとして代表的なのが，この国選弁護人である。国選弁護人は，憲法37条3項，刑事訴訟法36条以下の規定によって，貧困その他の事由によって弁護人を付することのできない被疑者・被告人のために国が付する弁護人であり，被疑者・被告人自身が選任するいわゆる私選弁護人のように被疑者・被告人と直接の委任契約関係に立つものではないが，それと同様善良な管理者としての注意義務をもって弁護活動を行うべき法律上の義務を被疑者・被告人に対する関係で負担するものであり，弁護人として尽くすべき義務の内容，範囲は国選であると私選であるとによってなんら異なるものではない（東京地判昭和38・11・28下民集14巻11号2336頁）。国選付添人（少年法22条の3・22条の5）も同様である。

(2) 指定弁護士制度　次に，官公署の委嘱による特殊な場合として，指定弁護士制度がある。

(イ) 刑事訴訟法268条1項に基づき，裁判所が指定する弁護士　これは，刑法193条から196条まで，破壊活動防止法45条並びに無差別大量殺人行為を行った団体の規制に関する法律42条及び43条に定める公務員の職権濫用罪について，準起訴手続による審判を行うに関して，その公訴維持にあたる検察官の職務を行う者であって，必ず弁護士の中から指定されるべきものとされている。

(ロ) 検察審査会法41条の9，41条の11に基づき，裁判所が指定する弁護士

これは，検察審査会が検察審査会法41条の7第1項の起訴議決をしたときに，起訴議決に係る事件について公訴を提起し，及びその公訴の維持をするために検察官の職務を行う者であって，必ず弁護士の中から指定されるべきものとされている。なお，指定弁護士ではないが，検察審査会法39条の2は，検察審査会の審査に当たり，法律に関する専門的な知見を補う必要があると認めるときは弁護士の中から審査補助員を委嘱することができると規定している。

（注） 国の利害に関係のある訴訟についての法務大臣の権限等に関する法律（昭和22年法律194号）は，国，行政庁等が当事者又は参加人となる訴訟において，法務大臣又は行政庁が，所部の職員等でその指定するものに訴訟を行わせることができる旨定めている（2条1項，5条1項等)。このように法務大臣等が訴訟の追行のために指定した職員を指定代理人という。

そして，弁護士が職員等の地位にある場合には，当該弁護士が指定代理人となることも考えられる。しかし，このような場合は，指定代理人が弁護士であっても，訴訟事件の処理については弁護士の職務としてではなく，職員たる地位に基づいてその職務として遂行するものであると解されている（京都地決昭和51・9・9判タ351号340頁，神戸地決昭和55・4・18判時975号131頁)。したがって，指定代理人として行う訴訟事件の処理は，本条の官公署の委嘱による場合には該当しないものと考えられる。

なお，この法律では，所部の職員等を指定することとは別に，弁護士を訴訟代理人に選任することも認められているが（3条，5条3項等)，この場合は通常の訴訟事件の委任であり，本条の職務に該当する。

(3) 破産管財人その他　更に，弁護士は，裁判所から破産管財人，会社更生法上の管財人，民事再生法上の管財人，監督委員等に選任されることがあるが，これは裁判所の決定等によって委嘱が行われるものであって，弁護士と裁判所（国）との間に直接の委任関係が成立するものではない。なお，遺言執行者，後見人，保佐人，補助人等についても同様である。

【4】 職務範囲

本条は，弁護士の職務範囲について，①訴訟事件に関する行為，②非訟事件に関する行為，③審査請求，再調査の請求，再審査請求等行政庁に対する不服申立事件に関する行為，④その他一般の法律事務，の4つを規定しているが，①から③まで

の行為は「一般の法律事務」の例示と認められる。要するに，弁護士の職務内容は，一般の法律事務を行うことである，といってよい。

1　訴訟事件に関する行為

ここに訴訟事件に関する行為とは，民事，刑事，行政等の訴訟事件について裁判所を中心としてなされる各種の行為をいう。これは，前述したように，従前弁護士の職務の中心的なものとされたが，現在でも基本的に変化はないといえよう。

2　非訟事件に関する行為

非訟事件の本質に関しては，学説が複雑多岐に分かれているが（兼子一『民事訴訟法体系』40頁，三ケ月章『民事訴訟法（第３版）』（法律学講座双書）14頁，新堂幸司『新民事訴訟法（第５版）』23頁等），判例は，概ね，既存の権利を確認する裁判がなされるときは純然たる訴訟事件であり，裁判所が裁量によって一定の法律関係を形成する裁判をする場合は，非訟事件であるとしている（最大判昭和35・７・６民集14巻９号1657頁，最大決昭和40・６・30民集19巻４号1089頁，最大決昭和40・６・30民集19巻４号1114頁）。ここでは，これらの判例に従って非訟事件の理解をしておくが，このような本質を有する非訟事件全般を広く指すものと解される。すなわち，非訟事件手続法に規定されている民事非訟事件及び公示催告事件や会社法868条以下に規定されている非訟事件のほか，非訟事件手続法を準用している事件（借地借家法における借地非訟事件等）も含まれるものである。

そして，この非訟事件に関する行為とは，上記の非訟事件に関連する事項の処理を行うことをいう。

3　審査請求，再調査の請求，再審査請求等行政庁に対する不服申立事件に関する行為

審査請求，再調査の請求，再審査請求とは，行審法に定める行政不服申立手続であるが，あくまで例示であって，広く行政庁に対する不服申立てが弁護士の職務となっている。

例えば，公職選挙法関係の異議の申出，審査の申立て（202条・206条），弁護士法関係の異議の申出（14条・64条），その他特許審判，海難審判，公正取引委員会の審判等もここに含まれるものである。

4　その他一般の法律事務

本条は，前述した訴訟事件等に関する行為に続けて「その他一般の法律事務」という文言を用いて，法律に規定する事項に関連する事務全般を弁護士の職務としている。「一般の法律事務」には登記申請代理業務も含まれる（埼玉司法書士会職域訴訟控訴審判決・東京高判平成７・11・29判時1557号52頁）。

「一般の法律事務」の表現は，旧法１条にあったものをそのまま使用しているも

のであるが，旧法の解釈においては，法律の適用，解釈に関する事項，具体的には法律問題の鑑定，会社設立事務，債権取立等の法律事務を指すものと解されていた（金子・101頁以下。なお，旧法の草案では，当初「法律に関する事務」と表現されていたが，これを縮めたのが「法律事務」であって，旧法制定当時にも語義が曖昧であるとの批判があったため，本条制定に際して，例示を入れることとして明確化を図ったとされる。福原・58頁）。

この点，本条と法72条の規定の仕方の差異に着目し，本条の「一般の法律事務」に該当する行為であっても，法72条の適用を受けないものがある，すなわち，本条によって弁護士の職務とされている行為の全部について，弁護士が独占的に取り扱うことができるわけではない，とする説がある（福原・58頁）。これは，法72条の「一般の法律事件」の意義につき「事件性」を必要とする前提に立つ考え方であるが（福原・288頁），後述するように（647頁），法72条について「事件性」ということを考えることは相当でない。従って，この説には賛成しがたい。

また，前記の説からは，大阪高判昭和43年2月19日高刑集21巻1号80頁が本条と法72条について，「両者の内容は全く同一であり，同法72条本文で弁護士でない者が取り扱うことを禁止されている事項は，弁護士の職務に属するもの総てに亘る」と判示していることについて，「両者の規定に微妙な，しかも重要な相違点のあることを看過しているもの」であると批判されているが（福原・290頁），この批判が上記の「事件性」必要説に立ったものである以上，賛成することができない。

しかしながら，近時の最高裁決定（最決平成22・7・20刑集64巻5号793頁）では，弁護士資格を有しない者が不動産の立退交渉を行った事案に係る弁護士法違反被告事件に関して，被告人側が「その他一般の法律事件」に関するものではないとの主張を行ったことに対し，「立ち退き合意の成否，立ち退きの時期，立ち退き料の額をめぐって交渉において解決しなければならない法的紛議が生ずることがほぼ不可避である案件に係るものであったことは明らかであり，弁護士法72条にいう『その他一般の法律事件』に関するものであったというべきである」としており，事例判断と解されるものの，事件性必要説に親和的な立場であるとも理解しうる判示をしている点には注意が必要である。

【5】 職務の有償性（弁護士報酬）

1　ここで，弁護士の報酬請求権について述べる。

前述したように，一般に弁護士と依頼者との関係は委任契約関係と解されるから，民法648条1項によれば，弁護士は特約がない以上報酬の請求をすることができないことになる。

しかし，弁護士が報酬の点に触れないで事件の依頼を受けた場合であっても，弁護士は報酬請求権を有するものと解される（ただし，報酬契約がなければ報酬請求権が発生しないとする判決がある。名古屋高判昭和31・8・8判時86号13頁)。

問題は，その根拠であり，次の3説がある。

A説　事実たる慣習（民法92条）であるとする説（大判明治45・7・1民録18輯679頁，東京地判昭和10・7・18評論24巻諸法683頁）

B説　暗黙の合意があるとする説（東京地判大正7・5・8新聞1241号17頁，福岡地判昭和5・8・7新聞3166号5頁，東京地判昭和12・12・28評論27巻民373頁，奈良地葛城支判昭和25・12・26下民集1巻12号2066頁，神戸地洲本支判昭和30・3・28判時47号16頁，静岡簡判昭和37・9・3判時316号21頁，福岡高判昭和38・7・31判時352号65頁，東京地判平成19・8・24判タ1288号100頁）

C説　当然であるとする説（大判大正7・6・15民録24輯1126頁，東京控院判大正9・4・6評論9巻民291頁）

上記のうちでは，B説が実態に最も即していると思われ，妥当であろう。A説は，弁護士報酬を支払うことが事実たる慣習とまでいえるか疑問であるし，C説は理論的説明になっていない。

2　弁護士報酬に関する規程

弁護士報酬については，平成15年改正前法33条2項8号が，報酬の標準を弁護士会の会則の必要的記載事項とし，同法46条2項1号は，弁護士会が定める弁護士報酬の標準に対する基準となるものを示すべく，報酬の標準を日弁連会則の必要的記載事項としていた。そこで，弁護士会では報酬基準の規定を制定し，日弁連でも「報酬等基準規程」を制定していた。

しかし，報酬自由化の流れから平成15年改正法により弁護士報酬に関する上述の条項が削除され，報酬等基準規程も廃止されるに至った。しかし，弁護士報酬の適正化の観点から，「弁護士の報酬に関する規程」が平成16年4月1日から施行されている。

同規程では，「弁護士等の報酬は，経済的利益，事案の難易，時間及び労力その他の事情に照らして適正かつ妥当なものでなければならない」（2条）とされ，また，弁護士及び弁護士法人に対し，報酬基準の作成・備え置き義務（3条），委任契約書作成義務（5条）等を課している。弁護士職務基本規程にも同様の規定（24条・30条）が設けられている。さらに，一部の債務整理事件の高額な弁護士報酬が社会問題化したことを受けて，債務整理事件処理の規律を定める規程9条以下において，債務整理事件の弁護士報酬について詳細に定められた。

【6】　本条2項（弁理士業務又は税理士業務）

1　本条2項は，弁護士は，弁理士又は税理士としての登録手続をとることなく，弁護士という資格のままで，当然に弁理士及び税理士の事務を行うことができるとしている。これは，弁理士の業務（特許，実用新案，意匠若しくは商標又は国際出願若しくは国際登録出願に関する特許庁における手続及び特許，実用新案，意匠又は商標に関する異議申立て又は裁定に関する経済産業大臣に対する手続についての代理並びにこれらの手続に係る事項に関する鑑定その他の事務など。弁理士法4条）及び税理士の業務（租税に関し，税務代理，税務書類の作成，税務相談，財務書類の作成・会計帳簿の記帳の代行その他財務に関する事務など。税理士法2条。なお，本法制定時は，税務代理士法が施行されており，同法1条は，所得税，法人税，営業税その他命令をもって定める租税に関し他人の委嘱により税務官庁に提出すべき書類を作成し又は審査の請求，訴願の提起その他の事項（行政訴訟を除く）につき代理をなし若しくは相談に応ずるを業とすると定めていた）は，いずれも，本条に規定した「一般の法律事務」に該当するものと解されるので，そのように規定したものである。

2　この点は，本条制定の過程においても，大蔵省主税局，特許庁等から相当に強い反対論が述べられて論議の対象となったものであるが，前記のような理由によって本条制定に至ったのであった。

ところが，昭和26年に税務代理士法を全面改正して税理士法を制定するに際し，「弁護士は，所属弁護士会を経て，国税局長に通知することにより，その国税局の管轄区域内において，随時，税理士業務を行うことができる」との規定（51条1項）を新設し，弁護士法にはない制約を加えている（いわゆる通知税理士。税理士法案は，当初，本条2項の削除と弁護士が税理士業務を行うについての税理士名簿登録の義務付けを予定していたのであるが，税理士業務は本来弁護士の業務であること，税理士法により国税庁長官の監督を受けるのは不当であること，等の理由により，このような修正が衆議院大蔵委員会でなされ，それが上記51条1項になったものである。日本税理士会連合会編『新税理士法要説（6訂版）』19頁）。この点，依頼者の相続問題に関連して依頼者と税務職員との納付協議の場に同席しようとした弁護士が，税理士法51条の通知をしていないこと等を理由に同席を拒絶されたため，当該措置が違法であるとして国家賠償請求をした事案で，一審（大阪地判平成23・4・22判時2119号79頁）では，弁護士法3条1項に定める個別の法律事務を受任し，その処理の過程で，税務官公署に対する不服申立てや税務官公署に対してする主張又は陳述を行おうとする場合には，税理士法51条の通知等をしなくても納税の公正や適切，あるいは納税者の利益や信頼が直ちに損なわれるものではなく，弁護士法3条2項等により認められる代理権限が否定されるものではないから，弁護士は，弁護士の固有の権限として，受任した法律事務に不随して税理士の事務を行うことができると判断されたのに対して，控訴審（大阪高判平成24・3・8訟務月報59巻6号1733頁）では，弁護士が当然税理士の事務を行うことができる旨を定める弁護士法3条2項の規定は，税理士法による制約を受け，弁護士が現実に税理士業務を行うには，税理士法の手続規定に従い，同法18条の税理士の登録を受けるか同法

51条１項による通知を要し，この点は弁護士が受任した法律事務の一環として当該行為を行う場合であっても変わりがないと判断された例がある。更に，そもそも税理士法52条には「この法律に別段の定めがある場合を除くほか」という除外規定はあるものの，弁護士法など「他の法律に別段の定めがある場合は，この限りでない」との除外規定はなく，また弁理士法においては一切の除外規定がないまま，税理士でない者，弁理士でない者の税理士業務，弁理士業務の禁止規定を置いていることは問題である（税理士法52条，弁理士法75条〔次項で述べるとおり，税理士・弁理士となる資格があっても，所定の登録をしなければ税理士・弁理士ではない〕)。

3　なお，本条２項は，弁護士がそのままの資格で弁理士業務又は税理士業務を行うことができることを規定したにとどまり，弁理士又は税理士たる身分を取得することまでも認めたものではない。従って，弁理士名簿又は税理士名簿に登録の手続をとってその身分を取得しない限り，弁理士又は税理士と称することはできない。この点，弁理士法７条２号は，弁護士法により弁護士となる資格を有するものは，弁理士となる資格を有すると定め，また，税理士法３条１項３号も，弁護士（弁護士となる資格を有するものを含む）は，税理士となる資格を有するものと規定している。

【7】 隣接職種との関係

弁護士は，前述した弁理士，税理士の事務のほかに，一定の隣接職種の事務を行うことができることになっている。そこで，主な職種について検討する。

1　司法書士の事務

司法書士は，他人の依頼を受けて，業として，①登記又は供託に関する手続について代理すること，②法務局又は地方法務局に提出し，又は提供する書類又は電磁的記録を作成すること，③法務局又は地方法務局の長に対する登記又は供託に関する審査請求の手続について代理すること，④裁判所若しくは検察庁に提出する書類又は筆界特定の手続若しくは筆界特定の申請の却下に関する審査請求の手続において法務局若しくは地方法務局に提出し若しくは提供する書類若しくは電磁的記録を作成すること，⑤①から④までの事務について相談に応じること，⑥簡易裁判所における訴額140万円を超えない訴訟等の手続について代理すること，⑦紛争の目的の価額が140万円を超えない民事に関する紛争について相談に応じ，又は仲裁事件の手続若しくは裁判外の和解について代理すること，⑧筆界特定によって得られる利益の額が140万円を超えない筆界特定手続について相談に応じ，又は代理することができる（司法書士法３条１項各号)。但し，⑥から⑧までの業務は一定の研修課程を修了し，必要な能力を有するとして法務大臣の認定を受けた司法書士会の会員（いわゆる認定司法書士）でなければ行うことができない（同条２項)。

⑦については，司法書士法３条１項７号の「紛争の目的の価額」の意味について，

「債権者が主張する残元金額」と解する債権額説と「債務者が弁済計画の変更によって受ける経済的利益の額」と解する受益額説の争いが見られた。また，特定の債務者に対して複数の債権が存する場合に，「紛争の目的の価額」を「個別の債権ごとに算定した額」と解する個別説と「特定の債務者に対する全ての債権について合算した額」と解する総額説の争いも見られたが，最判平成28年６月27日民集70巻５号1306頁は「債務整理を依頼された認定司法書士は，当該債務整理の対象となる個別の債権の価額が法３条１項７号に規定する額を超える場合には，その債権に係る裁判外の和解について代理することができないと解するのが相当である。」と判示し，債権額説及び個別説を採用した。

以上の司法書士の業務のうち⑥から⑧までの業務は，もともと弁護士の業務であったものを司法書士に一部解禁したものであるから，弁護士も行えることは当然であるが，それ以外の業務も全て本条に定める「一般の法律事務」に該当するものと解されるから，弁護士は当然に司法書士の業務を行うことができる（登記申請代理業務につき同旨，浦和地判平成６・５・13判時1501号52頁）。なお，司法書士法73条１項は，司法書士会に入会している司法書士又は司法書士法人でない者は，同法３条１項１号から５号までに定める業務を行ってはならないとし，他の法律に別段の定めがある場合を例外としているが，本条は，他の法律における別段の定めにあたると解すべきである（前掲浦和地判平成６・５・13）。

このように弁護士は司法書士の業務を行うことができるが，司法書士法に定める登録手続をしなければ，司法書士と称することはできない（司法書士法８条・73条３項）。

2　行政書士の事務

行政書士は，①官公署に提出する書類その他権利義務又は事実証明に関する書類の作成（行政書士法１条の２），②１条の２の規定により行政書士が作成することができる官公署に提出する書類を官公署に提出する手続など当該官公署に提出する書類に係る許認可等に関して行われる聴聞又は弁明の機会の付与の手続等において当該官公署に対してする行為（法72条に反するものを除く）についての代理，③１条の２の規定により行政書士が作成した官公署に提出する書類に係る許認可等に関する審査請求，再調査の請求，再審査請求等行政庁に対する不服申立ての手続について代理し，及びその手続について官公署に提出する書類を作成すること，④１条の２の規定により行政書士が作成することができる契約その他に関する書類を代理人として作成すること，⑤１条の２の規定により行政書士が作成することができる書類の作成についての相談を業務とするものである（同法１条の３）。これらのうち，権利義務に関する書類の作成，提出，その相談は，本条の「一般の法律事務」に該当するものであるから，弁護士は当然に行うことができると解される。また，事実証明に関する書類についても，法律上の権利義務に関係を有するものであれば，その作成等は「一般の法律事務」に該当することになろう。さらに，本条は「行政庁に対する不服申立事件に関する行為」を弁護士の職務として挙げており，③はこれに該当するものであるから，弁護士は当然にこれを行うことができる。

なお，行政書士法２条は，弁護士となる資格を有する者は行政書士となる資格を有するとしている。従って，所定の登録（同法６条）をすることによって，行政書士の身分を取得することができる。

3　公認会計士の事務

公認会計士は，①財務書類の監査又は証明，②財務書類の調製，財務に関する調査・立案，財務に関する相談を業務とするものであるが（公認会計士法２条），これらは「一般の法律事務」に該当するものとは直ちには解されない。

なお，この点に関して，弁護士が現物出資の対象財産について会社法207条９項４号に基づき価額証明を行った行為を，「弁護士が弁護士法に規定される弁護士の資格に基づいて遂行した同法３条に規定される業務」と解した裁判例がある（大阪高判平成28・２・19判時2296号124頁）。

4　土地家屋調査士の事務

土地家屋調査士は，他人の依頼を受けて，①不動産の表示に関する登記について必要な土地又は家屋に関する調査又は測量，②不動産の表示に関する登記の申請手続又はこれに関する審査請求の手続についての代理，③不動産の表示に関する登記の申請手続又はこれに関する審査請求の手続について法務局又は地方法務局に提出し，又は提供する書類又は電磁的記録の作成，④筆界特定の手続についての代理，⑤筆界特定の手続について法務局又は地方法務局に提出し，又は提供する書類又は電磁的記録の作成，⑥①から⑤までの事務についての相談，⑦土地の筆界が現地において明らかでないことを原因とする民事に関する紛争に係る民間紛争解決手続についての代理，⑧⑦の事務についての相談を行うことを業とする（土地家屋調査士法３条１項）。ただし，⑦及び⑧については一定の研修課程を修了し，必要な能力を有するとして法務大臣の認定を受けた土地家屋調査士会の会員でなければ行うことができず，⑦については弁護士が同一の依頼者から受任している事件に限り行うことができるとされている（同条２項）。

これらのうち調査，測量（①）はもとより，表示登記の申請手続（②の一部）は，多分に技術的なものであって，権利義務の発生，変更等も間接的な形にとどまると解されるから，これらに関する書類・電磁的記録の作成（③の一部），相談（⑥の一部）をも含めて本条の「一般の法律事務」に該当しないものというべきである。なお，弁護士は，土地台帳又は家屋台帳に関する登録申請手続を代理できないとする行政先例がある（昭和34年12月26日法務省民事局長回答・法曹時報12巻２号255頁）。

以上に対し，筆界をめぐる民間紛争解決手続の代理（⑦）は，弁護士との共同受任が求められていること（土地家屋調査士法３条２項）から，「一般の法律事務」に該当することは明らかであり，その前提をなす相談（⑧）も同様である。表示登記の申請に関する審査請求の手続（②の一部），その書類・電磁的記録の作成（③の一部），筆界特定手続の代理（④），その書類・電磁的記録の作成（⑤），これらについての相談（⑥の一部）については，非調査士等の取締りについて定める土地家屋調査士法68条が，「ただし，弁護士若しくは弁護士法人が同項第２号から第５号までに掲げる事務（同項第２号及び第３号に掲げる事務にあつては，同項第１号に掲げる調査又は測量を必要とする申請手続に関する審査請求の手続に関するものに限る。）若しくはこれらの事務に関する同項第６号に掲げる事務を行う場合……は，この限りでない」としていることから，本条の「一般の法律事務」に該当するものと解される。

5　その他

以上のほかに，弁護士は，海事代理士法所定の海事代理士の業務（国土交通省の機関，法務局，都道府県・市町村の機関等に対して船舶法・船舶安全法・船員法・海上運送法等に基づく申請・届出・登記その他の手続並びにその書類の作成。同法１条）を行うことができると解され，また海難審判法21条２項に基づき，海難審判法施行規則第４章の定める登録手続をすることにより，海事補佐人たる身分を取得するものとされている。

【8】　その他の問題

弁護士の職務範囲に関しては，次のような問題が発生している。

1　労働委員会規則（昭和24年中労委規則第１号）

労働委員会規則35条４項は，地方労働委員会の審査手続について，当事者は地方労働委員会会長の許可を得て，他人に代理させることができると規定しているところ，弁護士が不当労働行為救済申立事件等を代理するについて，地方労働委員会会長の許可が必要であるとの運用がなされたことがあった。これに対しては，日弁連でも，弁護士が救済事件等の代理をすることは当然本条の職務に該当するから，地方労働委員会会長の許可は不要であり，弁護士は上記規則35条４項の「他人」に該当しないものと主張し，運用を改めるよう求めたことがあった（詳細は，大和哲夫他『労働委員会規則（特別法コンメンタール）』215頁以下参照）。

上記については，日弁連のとる解釈が正しく，地方労働委員会会長の許可を要する扱いは，不当と解さなければならない（福原・61頁）。

2　地方教育行政の組織及び運営に関する法律（昭和31年法律第162号）

次に，地方公務員について教育委員会がなした不利益処分決定に対し，人事委員会又は公平委員会に不服申立てをした案件について，弁護士が教育委員会の代理人になるに際し，改正前の地方教育行政の組織及び運営に関する法律17条，20条〔いずれも現行法13条１項―編者注〕に基づき，教育長又はその事務局職員のみが代理できるだけであるとの解釈のもとに，弁護士の代理を認めない運用がなされたことがあるが，これも不当である。この代理は，本条の職務の範囲内である（福原・61頁）。

3　人事院規則13-2

国家公務員の行政措置要求制度の手続において，弁護士による代理を認めないことによって，職員の権利が不当に制限されるとは言い難いなどとして，人事院が弁護士による代理を認めなかったことは違法ではなく，本条は，弁護士が行うことのできる職務の範囲を一般的に定めたものにすぎず，同条が定める職務に属する事柄について弁護士による代理行為を必ず許さなければならないことまでを規定したものとは解し得ないとした裁判例がある（東京地判平成２・７・12判時1360号155頁）。しかし，行政措置要求のためには複雑な事実関係の解明や法律的知識の活用等が必要な場合もあり，また本条の趣旨を限定的にとらえる見解は，国民の権利の実現を確保するために弁護士に依頼する権利を合理的な理由なく制限するものとして不当であると言わざるを得ない。

4　出入国管理及び難民認定法に関する事務取扱い

出入国管理及び難民認定法（以下「入管法」という）７条の２に規定される在留資格認定証明書の交付申請は，当該外国人の本人申請を原則とし，例外的に同条２項で「当該外国人を受け入れようとする機関の職員その他の法務省令で定める者を代理人としてこれをすることができる」とされている。ところが，これまで上記の法務省令である入管法施行規則（以下「規則」という）６条の２第２項，別表第４は，代理人として当該外国人の受入先関係者等を挙げるが，弁護士を挙げていなかった。そこで在留資格認定証明書の交付申請の代理はこれらの者に限定され，弁護士による代理に親しまないのではないかとの疑問があった。

しかし，入管法に基づく在留資格認定証明書の交付申請手続は，外国人の入国手続という法律に規定する事項に関連する事務であるから，本条により弁護士の職務範囲であるということができる。また，在留資格認定証明書の申請内容の真偽は，入国管理局の書面審査によるものであって，代理人の資格によって在留資格認定の内容が変化するものではない。当該外国人を受け入れようとする機関の職員が例示されたのは，これらの者が代理をすれば，受入れの事情を直接確認できることの便宜を考慮したものにすぎず，弁護士の代理権を排除するものではないと思料される。

その後，規則が改正され（平成16年12月10日法務省令第85号），地方入国管理局長が相当と認めるときは，弁護士会を経由して届け出た弁護士が，当該外国人又はその代理人に代わって，申請書及び資料を提出できることになった（規則６条の２第４項２

号)。同様に，在留外国人による資格外活動の許可（入管法19条2項）の申請についても，地方入国管理局長が相当と認めるときは，弁護士会を経由して届け出た弁護士が，当該外国人に代わって，申請書及び資料を提出できることとされた（規則19条3項2号)。

なお，上陸許可，在留許可，在留期間の更新，就労資格証明書の申請，在留資格の変更，永住許可の申請等入管法上の諸手続についても，「一般の法律事務」に該当するので，弁護士が取り扱い，代理人となることができる。

第2章　弁護士の資格

本章は，弁護士の資格に関して9か条の規定を置いているが，その基本となるのは，4条の規定であり，司法修習生の修習を終えることを弁護士の資格の基本としている。そして，5条及び6条は，4条の特例を定め，5条の2から5条の6までは，5条の特例についての手続を定め，更に7条は，弁護士の欠格事由を規定している。

旧法（2条）は，日本国民であって成年者であること，弁護士試補として実務修習を終えて考試を経たことの2条件を弁護士資格の基本としていたが，本法では戦後新たに発足した司法修習制度がこれに代わったものである。

なお，昭和30年8月の弁護士法の改正までは，7条で外国の弁護士となる資格を有する者の特例が規定されていたが，同改正法により削除されるに至っている。

現在，外国弁護士の日本国内での法律事務の取扱いについては，「外国弁護士による法律事務の取扱いに関する特別措置法」が規定している。

（弁護士の資格）
第4条　司法修習生の修習を終えた者は，弁護士となる資格を有する。

【1】 本条の趣旨

本条は，現行弁護士法における弁護士の基本的な資格を定めたものである。すなわち，弁護士の資格は，原則として司法修習生の修習を終えることによって取得する。

弁護士の基本的な資格は，後に詳述するように判事・検事となるための基本的な資格と同一である。そして，昭和22年5月3日に最高裁判所に司法研修所が設置されて以来，本条の下での法曹養成制度が運営されてきた結果，弁護士についても，司法修習終了者が弁護士のほとんどを占めるに至っている。

本条はまさに，我が国の弁護士制度の基本的条件の一つを定めた条項であると言えよう。

【2】 法曹養成制度の歴史

法曹養成制度の歴史を述べるについては，法曹資格のための試験と，これに合格した者に対する修習制度の両面から考察することが必要である。

まず，法曹資格の前提となる資格試験については，明治23年の裁判所構成法に基づき，翌24年に制定された判検事登用試験が，判事・検事となるための資格試験の初めである。一方，弁護士となるための資格試験は，明治26年の旧々法に基づき，同年制定された弁護士試験規則による弁護士試験制度をその初めとしている。そして，大正12年には，高等文官試験司法科試験の制度が設けられ，判事・検事と弁護士は同一の試験を経ることとなった。

このような資格試験の下で判事・検事又は弁護士の資格を得た者の修習については，上記と同様の二元的制度が司法研修所の設立に至るまで続いた。すなわち，判事・検事のための前述の試験に合格した者は，司法官試補に任命され，裁判所，検事局において，1年6か月以上修習をしていわゆる第2回試験に合格すれば，判事又は検事に任命されることとなっていたのである。そして，昭和14年には，司法省に「司法研究所」が設けられ，その機能の一部として，司法官試補の修習が含まれることとなった。すなわち，それまでの裁判所及び検事局における実務修習に，中央機関における東京での統一的指導という修習が付加されたのである。

これに対して，弁護士となる者のための修習制度の歴史は浅く，昭和8年の旧法による弁護士試補の制度を初めとしている。

この制度においては，1年6か月間弁護士事務所における実務修習が必要とされることとなったが，その内容については，無給のうえ，司法官試補の修習のように計画性を持ったものではなかったと言われている（兼子一＝竹下守夫『裁判法（第4版）』402頁）。そして，弁護士となる者のための中央の修習機関は，戦後の司法研修所の設立に至るまで実現することはなかったのである。戦後，現在の法曹養成制度となったが，同制度の下では，裁判官，検察官又は弁護士となろうとする者は，まず司法試験を受験し，これに合格した後，統一的な司法修習を経て，裁判官，検察官又は弁護士となる資格を与えられる。その後，司法制度改革の中で法科大学院制度が導入され，司法試験受験資格を得るためには法科大学院を終了するか又は司法試験予備試験に合格することを要することとされたが，司法試験に合格した後統一的な司法修習を経て法曹資格が付与されるという制度の根幹は現在に至るまで変わりがない。

【3】 司法修習制度の意義

1 統一的修習

司法修習制度の意義は，上記の歴史に照らしても明らかなとおり，判事，検事，弁護士が統一的に修習を受けることにある。このことは「明治年代以来引き続いて判事，検事と弁護士との間に多少とも認められていた格差を払拭」したものとも評されている（福原・65頁）。

このような統一的修習制度は，世界中にも類例がないものとされている。そして，司法修習を終了して，裁判官，検察官又は弁護士のいずれの途を選ぶかは，修習生の自由な意思に委ねられたのである。このことは，「現行法曹養成制度は，統一・平等・公正な修習を原則とするすぐれた法曹教育制度」との評価も得ている（日本弁護士連合会編『司法修習白書』８頁）。

2　法曹一元制度の基礎

法曹一元制度は，元来イギリス及びアメリカにおいて発展してきた制度であるが，その内容は必ずしも一律明確なものではない。例えば，臨時司法制度調査会設置法２条１項１号は「裁判官は弁護士となる資格を有する者で裁判官としての職務以外の法律に関する職務に従事したもののうちから任命することを原則とする制度」としているが，日弁連が昭和29年３月20日に理事会承認をした「法曹一元要綱」では，「全ての判事，検事を相当期間弁護士経験のある者の中から選任する制度」として提言されている。いずれにしても，法曹一元制度は，裁判官の任用についてのいわゆるキャリア・システム，すなわち裁判官が当初から裁判官として採用され，その経歴自体の中において養成，訓練されるという制度に対する概念である。

法曹一元制度は，民主的な司法を実現するための制度として，我が国においても第２次世界大戦以前から有力に提唱されている。戦後においても，上記の日弁連要綱のほかに，日本法律家協会が昭和36年６月７日に「法曹一元を実現する具体的要綱」を発表している。しかしながら，臨時司法制度調査会は，昭和39年８月の意見書で「法曹一元の制度は，……一つの望ましい制度である」としながらも，「この制度が実現されるための基盤となる諸条件はいまだ整備されていない」として，この制度の実現にはむしろ消極的な考えを表明している。

法曹一元制度が，一つの望ましい制度として，その実現の時期やそのための方策につき意見は分かれていても，大方の賛意を得ている状況の下で，現行司法修習制度は「いわゆる法曹一元の基礎を確立した」もの（福原・65頁）と言えるであろう。すなわち，司法修習制度は，判事，検事，弁護士の同質性を要請すべき法曹一元制度の基盤となるべきものである。従って，ときに問題とされるいわゆる分離修習については，このような視点からの批判的検討が必須というべきであろう。

なお，平成13年６月12日の司法制度改革審議会意見書においては，直接法曹一元制度の是非は論じられなかったものの，Ⅲ「司法制度を支える法曹の在り方」第５「裁判官制度の改革」１．「給源の多様化，多元化」として，「多様で豊かな知識，経験等を備えた判事を確保するため，原則としてすべての判事補に裁判官の職務以外の多様な法律専門家としての経験を積ませることを制度的に担保する仕組みを整備すべきである」「特例判事補制度については，計画的かつ段階的に解消すべきである。このためにも判事を増員するとともに，それに対応できるよう，弁護士等からの任官を推進すべきである」「弁護士任官等を推進するため，最高裁判所と日本弁護士連合会が，一致協力し，恒常的な体制を整備して協議・連携を進めることにより，継続的に実効性のある措置を講じていくべきである」とされ，同第6「法曹等の相互交流の在り方」として，「法律専門職（裁判官，検察官，弁護士及び法律学者）間の人材の相互交流を促進することにより，真に国民の期待と信頼に応えうる司法（法曹）をつくり育てていくこととすべきである」と提言され，漸次弁護士任官等の推進が実行に移されている。

【4】 司法修習生

1 司法修習生

司法修習生とは，裁判官，検察官又は弁護士にふさわしい品位と能力を備えるべく法律の理論と司法の実務を修習する者であって，その採用，修習，試験，罷免等については，裁判所法第4編第3章に規定されている。司法修習生は，司法試験に合格した者の中から最高裁判所が命ずる（裁判所法66条）。

なお，かつて司法修習生は，公務員ではないが，給与，手当について公務員に準じた待遇を受けることとされていた（司法修習生の給与に関する規則・昭和55年最高裁規則第2号）。

その後，この待遇については，平成16年から導入された法科大学院制度に伴う司法試験合格者の大幅な増加を起因として，平成16年法律第163号による裁判所法の改正により，平成23年11月1日から貸与制に変更された。しかし，さらにその後，平成29年4月19日の同法改正により，一定の修習給付金（基本給付金・住居給付金・移転給付金）が支給されることとなった。

2 司法試験

司法修習生採用の基礎となる司法試験は，司法試験法（昭和24年法律第140号）に基づいて行われる。この試験は「裁判官，検察官又は弁護士となろうとする者に必要な学識及びその応用能力を有するかどうかを判定すること」を目的とする国家試験である（同法1条1項）。

司法試験は，平成17年実施の試験までは，第1次試験と第2次試験に分けられていたが（以下「旧司法試験」という），平成14年法律第138号による司法試験法の改正により，平成18年実施の試験からは，両者の区別はなくなり，法科大学院の課程を修了した者又は司法試験予備試験に合格した者のみが，一定の期間内において（前者については，その修了の日後の最初の4月1日から5年を経過するまで，後者については，その合格の発表の日後の最初の４月１日から５年を経過するまでの期間内），３回の範囲で司法試験を受けることができるとされた（以下「新司法試験」という）（司法試験法４条）。

但し，上記改正法の附則により，平成18年から同23年までの間においては，新司法試験を行うほか，旧司法試験も行われることとなった（同法附則７条）。さらに，その後平成26年法律第52号による改正で，受験回数の制限は撤廃されている（受験期間の制限については従前どおり）。

司法試験の実施等の事務をつかさどるため，法務省に司法試験委員会が置かれている（司法試験法12条）。司法試験の合格者は，司法試験考査委員の合議による判定に基づき司法試験委員会が決定する（同法８条）。

【５】 修習の終了

司法修習生は，少なくとも１年間修習をした後試験に合格したときに，司法修習生の修習を終えたものとされる（裁判所法67条１項）。そして，この修習と試験に関する事項は，最高裁判所がこれを定めるものとされており（同条３項），司法修習生に関する規則（昭和23年最高裁規則第15号）のほか，いくつかの規則が定められている（なお，司法修習期間は，司法修習制度発足以来２年間であったが，平成10年の法曹養成制度改革により，１年６か月間に改められ，さらに，平成13年６月12日に出された司法制度改革審議会意見書に沿った司法制度改革の中で，平成14年法律第138号により，平成18年４月１日以降新司法試験に合格して採用された司法修習生については１年間に短縮された）。

上記の修習後の試験とはいわゆる２回試験であって，最高裁判所に常置される司法修習生考試委員会がこれを行う。

【６】 国籍その他の要件の排除

１ 国籍要件等の歴史及び諸外国の法制

旧法においては，弁護士資格の要件として「帝国臣民ニシテ成年者タルコト」が定められていた（２条１項１号）。また，旧々法においては，「日本臣民ニシテ民法上ノ能力ヲ有スル成年以上ノ男子タルコト」をその要件としていた（２条第１）。

現行法においては，法７条の欠格事由に該当する場合を除いて，上記のごとき諸要件を全て排除している。そして，司法修習生の修習の終了のみを弁護士資格付与の基礎としたのである。

国籍や年齢，あるいは居住等の付随的要件を全て要求しないという意味では，法は最も進歩的な制度を採用しているものと評されよう。諸外国の法制を見ると，イギリスやドイツでは，国籍は弁護士資格の要件ではないとされている。アメリカでも同様である（1973年６月25日連邦最高裁判決413Ｕ・Ｓ・717は，司法試験を受験する資格として「米国市民権」を要求することは，合衆国連邦憲法14条のイクォール・プロテクション条項に違反するとした）。ただ，フランスでは，法廷における訴訟代理等の法律事務を独占しているアヴォカについて，国籍が要件とされている。

このように，弁護士資格の要件としての国籍の占める重要性は著しく低下しているものといえよう。むしろ，自国の弁護士資格を有しない外国弁護士が，いかなる条件の下に弁護士としての活動が許されるか，あるいは，外国弁護士に対して特定の資格を創設して特定の外国法に関する業務を認めるか，等の側面から問題が論じられるようになっているものである。この問題は，わが国においては，昭和61年に外国弁護士による法律事務の取扱いに関する特別措置法が制定されて一応の結論が出されているが，今後も世界的規模で，議論が続けられる問題であろう。

2　司法修習生の国籍要件

弁護士資格の要件としての日本国籍保有の撤廃には，従前は大きな制約があった。司法修習生の国籍要件がそれである。平成21年より前の司法修習生採用選考要項の第２項は，選考を受けることができない者として，禁錮以上の刑に処せられた者，成年被後見人又は被保佐人（準禁治産者を含む）及び破産者で復権を得ない者（(2),(3)及び(4)）のほかに，「日本の国籍を有しない者（最高裁判所が相当と認めた者を除く）」（(1)）をあげていた。上記の(2)から(4)までの条件は，当時の裁判所法，弁護士法等の関連条項に照らして合理性が認められていたものの，国籍要件には強い反対が唱えられていた。

法律上の明文の規定の欠如にもかかわらず国籍要件が課されている根拠としては，司法修習生が国家公務員に準じるものであることが指摘されていた。修習の費用が国によって賄われること，兼職の禁止，守秘義務等がその主要な理由であった。これに対して，上記国籍要件については，弁護士資格から国籍要件を除いた法の趣旨に著しく反するとの立場から反対が唱えられていたのである。

この問題は，昭和51年から52年にかけての金敬得氏の司法修習生採用に関する過程で，広く議論がなされたものである（原後山治＝田中宏編『司法修習生＝弁護士と国籍』を参照）。結論として，最高裁は同氏を司法修習生に採用したが，金氏は日本で出生した在日韓国人であったので，上記の取扱いが最高裁の従前の立場をどのような限度で変更したものかは必ずしも明らかではなかった。しかしながら，その後最高裁は明確に従前の取扱いを改め，平成21年11月から修習を始める司法修習生の上記選考要項から国籍要件を削除している。

【７】 司法修習生の修習を終えたものとみなされる者等

弁護士となる基本的な資格は，司法修習を終えることであるが，次のように，司法修習を終えたものとみなされる場合等がある。

第１に，現行法制定当時，従前の規定により弁護士となる資格を有する者は，その資格を得たときに，司法修習生の修習を終えたものとみなされる（法81条）。従って，司法研修所の司法修習生を経ないで，弁護士となる資格を有する。

第2には，昭和26年法律第221号弁護士法の一部を改正する法律によって，司法修習生と読み替えられることとなった弁護士試補がある（法91条）。この者は，司法修習生と認められ，弁護士試補として実務修習を行い考試を経れば，司法修習を終えたこととなる。

第3は，沖縄の復帰が実現されたことに伴い，沖縄の法令の規定による弁護士となる資格を有する者で，現行法の規定によっては弁護士となる資格のない者について，司法試験管理委員会が行う選考に合格した者は，司法修習生の修習を終えたものとみなされる（沖縄の弁護士資格者等に対する本邦の弁護士資格等の付与に関する特別措置法（昭和45年法律第33号）2条4項）。なお，同法7条により法3条の法律事務を行う者は，沖縄弁護士（沖縄弁護士に関する政令（昭和47年5月8日政令第169号）参照）として沖縄弁護士会及び日弁連に入会し，特別会員となる（会則97条の2，特別会員規則）。ちなみに，沖縄が復帰した昭和47年当時の特別会員の数は23名であったが，令和元年9月1日現在では7名となっている。なお，いわゆる沖縄外国人弁護士については95頁の解説参照。

（法務大臣の認定を受けた者についての弁護士の資格の特例）

第5条 法務大臣が，次の各号のいずれかに該当し，その後に弁護士業務について法務省令で定める法人が実施する研修であつて法務大臣が指定するものの課程を修了したと認定した者は，前条の規定にかかわらず，弁護士となる資格を有する。

一 司法修習生となる資格を得た後に簡易裁判所判事，検察官，裁判所調査官，裁判所事務官，法務事務官，司法研修所，裁判所職員総合研修所若しくは法務省設置法（平成11年法律第93号）第4条第1項第35号若しくは第37号の事務をつかさどる機関で政令で定めるものの教官，衆議院若しくは参議院の議員若しくは法制局参事，内閣法制局参事官又は学校教育法（昭和22年法律第26号）による大学で法律学を研究する大学院の置かれているものの法律学を研究する学部，専攻科若しくは大学院における法律学の教授若しくは准教授の職に在つた期間が通算して5年以上になること。

二 司法修習生となる資格を得た後に自らの法律に関する専門的知識に基づいて次に掲げる事務のいずれかを処理する職務に従事した期間が通算して7年以上になること。

イ　企業その他の事業者（国及び地方公共団体を除く。）の役員，代理人又は使用人その他の従業者として行う当該事業者の事業に係る事務であつて，次に掲げるもの（第72条の規定に違反しないで行われるものに限る。）

(1)　契約書案その他の事業活動において当該事業者の権利義務についての法的な検討の結果に基づいて作成することを要する書面の作成

(2)　裁判手続等（裁判手続及び法務省令で定めるこれに類する手続をいう。以下同じ。）のための事実関係の確認又は証拠の収集

(3)　裁判手続等において提出する訴状，申立書，答弁書，準備書面その他の当該事業者の主張を記載した書面の案の作成

(4)　裁判手続等の期日における主張若しくは意見の陳述又は尋問

(5)　民事上の紛争の解決のための和解の交渉又はそのために必要な事実関係の確認若しくは証拠の収集

ロ　公務員として行う国又は地方公共団体の事務であつて，次に掲げるもの

(1)　法令（条例を含む。）の立案，条約その他の国際約束の締結に関する事務又は条例の制定若しくは改廃に関する議案の審査若しくは審議

(2)　イ(2)から(5)までに掲げる事務

(3)　法務省令で定める審判その他の裁判に類する手続における審理又は審決，決定その他の判断に係る事務であつて法務省令で定める者が行うもの

三　検察庁法（昭和22年法律第61号）第18条第３項に規定する考試を経た後に検察官（副検事を除く。）の職に在つた期間が通算して５年以上になること。

四　前３号に掲げるもののほか，次のイ又はロに掲げる期間（これらの期間のうち，第１号に規定する職に在つた期間及び第２号に規定する職務に従事した期間については司法修習生となる資格を得た後のものに限り，前号に規定する職に在つた期間については検察庁法第18条第３項に規定する考試を経た後のものに限る。）が，当該イ又はロに定める年数以上になること。

イ　第１号及び前号に規定する職に在つた期間を通算した期間　５年

ロ　第２号に規定する職務に従事した期間に第１号及び前号に規定する職に在つた期間を通算した期間　７年

【1】 本条の趣旨

本条は，法4条が「司法修習生の修習を終えた者は，弁護士となる資格を有する」と画一的に弁護士となる資格を規定したのに対し，法6条とともにその例外（特例）事由を認め，更に，複数の例外（特例）事由にまたがる場合の年限に関する通算規定を設けている。

このような例外的な弁護士となる資格が認められる理由は，これらの特例に該当する者が，司法修習生の修習を終えていないものの，これを終えた者と同等の法律専門家・実務家としての実質を有すると考えられるためである。

他面，法4条の資格に基づく，「画一的な弁護士と多少その出身を異にし，その従事した職域における法律的知識と経験を生かして特殊の能力を発揮することにより，弁護士職全体としての職能の充実を期待しうるものであることを想定している」（福原・69頁）とも説かれている。

平成15年改正法により，特例に該当する者の範囲が，国会議員，企業法務の従業者，法務担当の公務員及び特任検事にも拡がったことに鑑みると，後者の要請が一層強まったと見ることができる。

ところで，平成15年改正前法のものであるが，この弁護士となる資格の特例の趣旨について，最判昭和43年12月6日民集22巻13号2908頁は，「元来弁護士となる資格は，司法修習生の修習を終えた者であることを原則とし（弁護士法4条参照），弁護士法5条各号は，これに対する特例を認めたものと解されるが，その1号が最高裁判所の裁判官の職に在つた者，その2号が司法修習生となる資格（裁判所法66条参照）を得た後5年以上簡易裁判所判事，検察官その他一定の法律専門の公職に在つた者を掲げるところからみるも，法はこれにいずれも相当高度の法律的素養を具えることを要求していることは明らかであり」としている。

上記の最高裁判決にいう，「相当高度の法律的素養」を「司法修習生の修習を終えた者と同等の法律実務家としての実質」と同趣旨と解する限り，本書及び日弁連の立場と相違するものではない。上記最高裁判決の判例批評（磯崎辰五郎「判例批評」民商法雑誌61巻5号58頁）もそのように解しているし，東京高判平成10年7月9日判タ1024号269頁（最決平成11・1・22上告棄却により確定）も「相当高度の法律的素養の備え，少なくとも司法修習生の修習を終えた者と同等の法律専門家，実務家としての能力を有することを要求しているとみるべきである」と述べている。

これに対し，平成11年及び12年に出された二つの東京高裁判決は，多少異なった解釈を取っている。まず，東京高判平成11年9月30日（公刊物未登載）は，平成15年改正前法5条3号の趣旨について，「法5条3号は法4条の特例的規定であり，司法修習生の修習の終了という要件によることなく，これとは別に弁護士資格を付与しようとするものであって，その資格要件も……形式的要件〔相当高度の法律学研究の人的，物的施設を具えていると認められる大学の学部等において，５年以上法律学を担当する教授又は助教授の職として在職した者という形式的要件―編者注〕により実質的能力を推定しようとするものであるから，右規定は，別個の資格要件を定めたもので，特に法４条と共通の実質的能力要件を定めたものとして解釈すべきではない。また，右の形式的な資格要件によれば，この要件を充たす者については，実定法一般に通ずる基本的な法律的思考様式が体得されていると推認することができるも，必ずしも弁護士として必要な実質的能力が既に獲得されているとまでも合理的に期待し得るものではなく，法は，右の形式的要件から高度の法律的素養を推認し，実務における修練によって弁護士として必要な知識や実質的能力を向上することを期待したうえで，そのことのみで弁護士資格を付与しようとするものと解される。したがって，法５条３号の『法律学』を弁護士の職務に必要な基本的実体法又は手続法あるいはこれらの習得を前提とするものと明らかに認められる法律学でなければならないとする必要はない。また，同様の理由から，右の形式的資格要件を充たす者が司法修習生の修習を終えた者と同等の法律実務家としての実質的能力（素養）を有していなければならないと解することもできない」と述べている。

更に，東京高判平成12年１月27日（公刊物未登載，最決平成12・９・26により確定）は，「法５条３号の規定する資格付与の趣旨を，直ちに司法修習を終えた者と同程度の能力を有することによるものと解することはできず，むしろその推定される高度の法律的素養から，実務における修練によって比較的容易に法律実務家としての能力を獲得し得ると期待できるという趣旨であると解するのが相当である」としている。

上記の平成11年９月30日と同12年１月27日の二つの高裁判決の判示するところからすれば，平成15年改正前法５条３号の趣旨は，本書の前記の立場と多少相違することとなる。平成15年改正前法５条３号に該当する者は，弁護士登録をすることにより，単独で，依頼者から事件を受任し法律事務を取り扱うことができるのであるから，弁護士資格取得後の「実務における修練によって比較的容易に法律実務家としての能力を獲得し得る」という程度の能力で弁護士資格を認めてしまっては，十分な実務能力を有さない弁護士に法律事務を取り扱うことを認めてしまうことにもなりかねず，依頼者保護の観点からも，上記各高裁判決の判示は疑問である。

【2】 沿　革

1　旧々法及び旧法

本条のような弁護士となる資格に関する特例は，旧々法及び旧法にも存在していた。

まず，旧々法では，①判事検事たる資格を有する者，弁護士であってその請求によって登録を取り消した者，②法律学を修めた法学博士・帝国大学法律科卒業生・旧東京大学法学部卒業生・司法省旧法学校正則部卒業生・司法官試補であった者が弁護士試験を要せずに弁護士となる資格を有するものとされた（4条。その後，大正3年に，①判事検事たる資格を有する者，②法律学を修めた法学博士と改正された）。

また，旧法では，①判事又は検事の資格を有する者，②3年以上専任行政裁判所長官又は専任行政裁判所評定官であった者，③3年以上陸軍法務官又は海軍法務官であった者が弁護士となる資格の特例とされた（4条）。

2　現行弁護士法

昭和24年6月10日公布（同年9月1日施行）された現行弁護士法では，弁護士となる資格に関する特例について，当初は，次のような規定となっていた。

（弁護士の資格の特例）

第5條　左に掲げる者は，前條の規定にかかわらず，弁護士となる資格を有する。

一　最高裁判所の裁判官の職に在つた者。

二　司法修習生となる資格を得た後，5年以上簡易裁判所判事，検察官，裁判所調査官，裁判所事務官，法務府事務官又は司法研修所若しくは法務府研修所の教官の職に在つた者。

三　5年以上別に法律で定める大学の学部，専攻科又は大学院において法律学の教授又は助教授の職に在つた者。

四　前2号に掲げる職の2以上に在つて，その年数を通算して5年以上となる者。但し，第2号に掲げる職については，司法修習生となる資格を得た後の在職年数に限る。

その後，昭和25年の改正により同条2号に「裁判所書記官研修所の教官」が追加され，昭和26年の改正により同号に「衆議院若しくは参議院の法制局参事」が追加され，昭和27年の改正により同号に「（衆議院若しくは参議院の）法制局参事官」が追加された（以上のほか，組織名称の変更等により，随時，「法務府事務官」は「法務事務官」に，「法務府研修所の教官」は「法務研修所の教官」，「法務総合研究所の教官」，更には，「法務省設置法第3条第35号及び第36号（後に第4条第36号又は第38号に変更，更に第4条第35号又は第37条に変更，その後第4条第1項第35号又は第37号に変更）の事務をつかさどる機関で政令で定めるものの教官」に，「法制局参事官」は「内閣法制局参事官」に，「裁判所書記官研修所の教官」は，「裁判所職員総合研修所の教官」に，それぞれ変更された）。

更に，平成15年改正法により，司法修習生となる資格を得た後に衆議院議員又は参議院議員の職にあった期間が通算して5年以上になる者，司法修習生となる資格を得た後に自らの法律に関する専門的知識に基づいて企業法務等に従事した期間が通算して7年以上になる者，又はいわゆる特任検事の職にあった期間が通算して5

年以上になる者が，その後に弁護士業務についての所定の研修の課程を修了し，これらの要件該当性を法務大臣が認定した者にも弁護士となる資格が付与されることとなった。

更にその後，平成16年の弁護士法の改正（平成16年法律第9号，以下同じ）により，法律学の教授又は助教授の職にあった者についても，特例の適用を受けるためには，司法修習生の資格を得た後に5年間当該職にあったことが必要となり，かつ，弁護士となる資格の特例のうち，最高裁判所の裁判官の職にあった者を除いては，いずれの特例についても，それらの職に一定期間あったこと及びその後弁護士業務についての所定の研修の課程を修了し，かつ，これらの事実が法務大臣により認定されることが弁護士となる資格付与のための要件となった。

なお，平成16年の改正弁護士法が施行される平成16年4月1日に，改正前の規定に従って弁護士となる資格を有する者の弁護士となる資格については，改正前の規定に従うこととされた（同改正法附則3条1項）。

平成17年に学校教育法が改正され（平成17年法律第83号），大学に置かなければならない職として助教授に代えて准教授が設けられたことから，本条1号にあった「法律学の教授若しくは助教授」との表記が「法律学の教授若しくは准教授」に改められた。

【3】 弁護士業務についての研修課程の修了及び法務大臣の認定（本条各号列記以外の部分）

1 趣 旨

上記のとおり，平成15年改正前法は，特例により弁護士となる資格が付与される場合は，いずれの場合であっても，所定の職に一定期間あった後に弁護士業務についての所定の研修の課程を修了すること，並びに職歴該当事実及び研修課程修了事実を法務大臣が認定することは要件として必要とされていなかった。

しかしながら，平成15年改正法により，まずは，司法修習生となる資格を得た後に衆議院議員又は参議院議員の職にあった期間が通算して5年以上になる者，司法修習生となる資格を得た後に自らの法律に関する専門的知識に基づいて企業法務等に従事した期間が通算して7年以上になる者又はいわゆる特任検事の職にあった期間が通算して5年以上になる者については，その後に弁護士業務についての所定の研修の課程を修了すること，並びに当該職歴該当事実及び当該研修課程を修了した事実を法務大臣が認定することが要件とされ，さらには，平成16年の弁護士法の改正により，最高裁判所の裁判官の職にあった者を除き，特例により弁護士となる資格が付与される全ての場合について，所定の職に一定期間在ったこと及びその後弁護士業務についての所定の研修の課程を修了したこと並びにこれらの事実を法務大臣が認定することが要件とされるに至った。

これは，上記各資格者は，司法試験又は特任検事になるための検察官特別考試に合格し，かつ，その後，法律に関係する業務に一定期間携わり，一定の法律知識及び法律的素養はあるものの，司法修習生の修習を終えていないため，弁護士という法律実務家として必要な実務的能力・技能は必ずしも十分でなく，このようなままで弁護士となる資格を与えることは，不適当と考えられたため，弁護士業務についての一定の研修の課程を修了することが必要とされたのである。

そして，弁護士となる資格というのは，国家資格であることから，国家機関である法務大臣が，法律に関係する業務に一定期間携わったこと及び当該研修の課程を修了することの認定機関とされたのである。

当該認定の手続については，法5条の2ないし5条の6で規定している。

2　研修実施機関

本条で定める弁護士業務についての研修を実施する機関は，「法務省令で定める法人」である。

具体的には，「弁護士となる資格に係る認定の手続等に関する規則」(平成16年3月8日法務省令第13号) 1条により，「日本弁護士連合会」と定められている。

3　研修内容

研修については，「法務大臣が指定するものの課程」であることが必要である。

「法務大臣は，研修の内容が，弁護士業務を行うのに必要な能力の習得に適切かつ十分なものと認めるときでなければ」本条の研修の指定をしてはならないとされている (法5条の4第1項)。

但し，具体的な研修内容については，研修実施機関である日弁連に広範な裁量が与えられているものと解される。詳細は，法5条の4第1項の解説を参照。

4　研修課程修了の認定

既に述べたとおり，法務大臣が指定する弁護士業務についての研修課程を修了したと認定するのは法務大臣であり，日弁連が認定するのではない。

しかしながら，研修内容について日弁連に広範な裁量が与えられていることと同様，研修課程修了の認定についても，日弁連の判断が尊重されるものと解される。

その他，研修課程修了の認定の詳細については，法5条の2及び5条の3の解説を参照。

5　弁護士となる資格の認定と弁護士名簿の登録

以上のとおり，本条各号の職歴要件該当性及び弁護士業務の研修課程の修了の認定権限，すなわち，特例による弁護士となる資格の付与の権限は，法務大臣に委ねられている。

しかしながら，弁護士となる資格の付与と弁護士名簿への登録は別の問題である。弁護士となるには，弁護士となる資格を有するだけでは足りず，更に日弁連に備えた弁護士名簿に登録されなければならないが（法８条），弁護士会及び日弁連は，弁護士会の秩序又は信用を害するおそれがある者，心身に故障があり弁護士の職務を行わせることがその適正を欠くおそれがある者その他法12条１項及び２項で規定する事由に該当する者からの弁護士名簿への登録請求の進達又は登録を拒絶することができるのである（法12条１項２項・15条１項）。

したがって，法務大臣により本条の特例の要件が認定され，弁護士となる資格を付与されたとしても，弁護士会及び日弁連は，法12条１項及び２項の要件該当性について，独自に判断して，弁護士名簿への登録請求の進達又は登録を拒絶することができるのである。

問題は，弁護士会及び日弁連は，法務大臣の認定があるにもかかわらず，本条各号の職歴要件に該当していない又は弁護士業務の研修課程を修了していないと判断した場合に，このことを理由に，弁護士名簿への登録請求の進達又は登録を拒絶することができるかである。

この点に関し，平成15年の改正法以前は，弁護士となる資格がないことを理由として，弁護士会及び日弁連は，登録請求の進達又は登録を拒絶できると解されていた（東京高判昭和40・１・29行裁例集16巻１号103頁）（110頁**注１**参照）。

しかしながら，上述のとおり，平成15年改正法では，本条各号の職歴要件該当性及び弁護士業務の研修課程の修了の認定は法務大臣の権限とされた。そこで，このような改正があった後にもなお，弁護士会及び日弁連は，上記各事実該当性がないとして登録請求の進達又は登録を拒絶できると解するべきであるか。

この点，法律により認定権限が法務大臣に付与された以上，弁護士会及び日弁連が，法務大臣の判断は誤っているとして登録請求の進達又は登録を拒絶することは，法律の定めを無視し，また，認定処分という行政処分の公定力を無視するもので許されないとする見解もあろう。

これに対して，法務大臣の誤った認定のもと登録請求する者は，「弁護士会の秩序若しくは信用を害するおそれがある者」に該当するから法12条１項又は15条１項の規定に基づき，登録請求の進達又は登録を拒絶できるとする見解も考えられる。

もっとも前者の見解に立ったとしても，法務大臣の認定に重大かつ明白な瑕疵がある場合には，当該認定処分に拘束される理由はなく（最大判昭和31・７・18民集10巻７号890頁，最判昭和36・３・７民集15巻３号381頁等），弁護士会及び日弁連は，当該認定処分は無効であり，登録請求者は，本条の要件に該当する者ではないとして，登録請求の進達又は登録を拒絶することは可能と解する（**注１**）。

そして，登録請求者が，日弁連の判断に不服のある場合には，最終的には，裁判所の判断を仰ぐことになる（法16条）。

（注1） 法務大臣の本条の要件該当性の認定処分に公定力があるとすると，重大かつ明白な瑕疵がない以上は，その認定処分に瑕疵があったとしても，取消訴訟によらなければその効果を否定できないことになる（いわゆる「行政行為の瑕疵」の問題）。誤って認定の申請が却下された場合には，当該認定申請者が取消訴訟の原告となり，当該誤謬が是正されることが期待できるが，誤って認定された場合には，当該認定申請者による当該誤謬の是正を期待することはできない。この場合の誤謬を是正することを期待できるのは弁護士会と日弁連しかないと解されるが，果たして弁護士会と日弁連に原告適格はあるのだろうか。平成16年の行訴法の改正により，取消訴訟の原告適格の範囲が拡がったが，それでも弁護士会と日弁連に原告適格が認められるか否かは不明である。もし，原告適格が認められないというのであれば，事実上，このような法務大臣の認定の誤りは是正できないことになる。そうだとすると，このような場合には，弁護士会と日弁連が登録請求を拒絶することで対処するよりほかないのではないだろうか。

【4】 司法修習生となる資格を得た後，5年以上簡易裁判所判事等の職にあった者（本条1号）

1 趣 旨

司法修習生は，司法試験に合格した者の中から最高裁判所がこれを命じ，少なくとも1年（過去の修習の期間については41頁参照）間修習をした後試験に合格したときは，司法修習生の修習を終え（裁判所法66条・67条），弁護士となる資格を有するに至る（法4条）。本号はこの原則に対し，司法試験に合格した者が5年以上にわたって所定の法律専門職にあり，かつ，その後弁護士業務についての所定の研修課程を修了したと認定された者については，修習を終えた後に試験に合格した者と同価値とみなして弁護士となる資格を与えることとしたものである。

なお，既述のとおり，平成15年改正前法までは，司法試験に合格した者が，5年以上にわたって本号で定める法律専門職のうち，衆議院又は参議院の議員及び法律学の教授・助教授を除いた職にあれば，それだけで，弁護士となる資格を付与されたのであったが，同年の改正により，衆議院又は参議院の議員が弁護士となる資格の特例の対象者に加えられたことに伴い，これらについては弁護士業務についての所定の研修課程を修了することが必要とされ，さらに，平成16年の改正により，本号で定める全ての法律専門職について弁護士業務についての一定の研修課程を修了することが必要とされた。

これは，司法試験に合格し，その後，5年以上にわたって法律専門職に在ったとしても，司法修習生の修習を修了した者と異なり，実際に弁護士業務を行うために必要な実務的能力・技能という点においては，必ずしも十分なものを備えているとは限らないことから，これらの者については，弁護士業務についての所定の研修課程を修了することを弁護士となる資格付与の要件としたのである。

但し，平成16年の改正弁護士法の施行日である平成16年4月1日現在で，当該改正前法5条の要件を充たしているものについては，「なお従前の例による」とされた（同改正法附則3条1項）。

以下，各職について検討する。

2 簡易裁判所判事

簡易裁判所は下級裁判所の一つであり，これには簡易裁判所判事が置かれる（裁判所法2条・32条）。簡易裁判所判事の任命資格は裁判所法44条に定めるとおりであるが，このほかに同法45条，簡易裁判所判事選考規則（昭和22年最高裁規則第2号）に基づいて選考され，任命される場合がある。

なお，かつて，司法修習生となる資格を得ていない者であっても一定期間，簡易裁判所判事の職にあった者に弁護士となる資格を付与すべきであるとの立法論的提言がなされたことがあった（昭和39年8月の臨時司法制度調査会意見書）。これに対しては，判事・検事・弁護士が等しく司法試験及び司法修習を終えることを共通の資格要件とする我が国の法曹養成制度の根幹を乱すとの立場から，強い反対意見が述べられ（昭和39年12月19日付日弁連臨時総会決議），具体的な立法には至らなかった。その後更に，平成13年6月12日の司法制度改革審議会意見書の「弁護士制度の改革」の個所に「特任検事，副検事，簡易裁判所判事の経験者の有する専門性の活用等を検討し……」と謳われたことから，政府の司法制度改革推進本部に設けられた法曹制度検討会において，簡易裁判所判事経験者に新しい限定的な弁護士資格を付与することについて議論された。しかしながら，最終的には，今後の法曹人口の増加，司法ネットの整備，簡易裁判所における訴訟代理権の付与を受けた司法書士の職務遂行状況等を見極めながら考えていく問題ではないかと取りまとめられ，その導入は見送られることとなった。

3 検察官

検察官とは，検察権を行使する国家機関であり，検事総長，次長検事，検事長，検事及び副検事の5種類がある（検察庁法3条・4条）。検察官の任命資格は，同法18条，19条及び20条に定められている。

検察庁に置かれる一般的な職員である検察事務官（同法27条），検察技官（同法28条）は検察官ではない。

なお，簡易裁判所判事のところで述べたことと同様，司法修習生となる資格を得ていない者であっても副検事経験者に対して新しい限定的な弁護士資格を付与することについて議論されたが，これについても同様の理由で見送られた。

4　裁判所調査官

裁判所調査官は，最高裁判所，各高等裁判所及び各地方裁判所に置かれ，裁判官の命を受けて，事件（地方裁判所においては，知的財産又は租税に関する事件に限る）の審理及び裁判に関して必要な調査をつかさどる者である（裁判所法57条）。

5　裁判所事務官

裁判所事務官は，上司の命を受けて裁判所の事務をつかさどる裁判所の職員であり，各裁判所に置かれる（裁判所法58条）。なお，弁護士法上は，裁判所書記官（同法60条）は，裁判所事務官に含まれるものとされている（福原・70頁）。

6　法務事務官

法務事務官は，法務省及びその所管各庁の事務をつかさどる，同省及び同各庁に置かれる職員である。なお，中央省庁等改革関係法及び同法施行法（平成11年法律第160号。以下「改革関係法等」という）の施行前における従前の法務事務官及び旧法務省設置法3条35号及び36号の事務をつかさどる機関で政令で定めるものの教官の在職は，本条の規定の適用については，それぞれ，改革関係法等の施行後における法務事務官及び法務省設置法4条36号又は38号の事務をつかさどる機関で政令で定めるものの教官の在職とみなす（中央省庁等改革関係法施行法1319条）。その後，法務省設置法4条36号又は38号は同条35号又は37号に改正され，更に同条1項35号又は37号に改正された。なお，検察事務官（検察庁法27条）は，上記の法務事務官に含まれる（福原・70頁）。

7　司法研修所，裁判所職員総合研修所又は法務総合研究所の教官

司法研修所とは，裁判官の研究及び修養並びに司法修習生の修習に関する事務を取り扱うために，最高裁判所に置かれる機関である（裁判所法14条）。弁護士との関係で最も重要な機能は，言うまでもなく司法修習生に対する司法修習の指導である。

裁判所職員総合研修所は，裁判所書記官，家庭裁判所調査官その他の裁判官以外の裁判所の職員の研究及び修養に関する事務を取り扱わせるため，最高裁判所に置かれる機関である（同法14条の2）。平成16年4月1日から，従来の裁判所書記官研修所の機能が拡大し，その名称が変更されたものである。

なお，同日前における裁判所書記官研修所教官の在職は，本条の規定の適用については，裁判所職員総合研修所教官の在職とみなすとされている（裁判所法の一部を改正する法律（平成16年3月31日法律第8号）附則2条）。

法務省設置法4条1項35号又は37号の事務をつかさどる機関で政令で定めるものとは，具体的には法務総合研究所である（弁護士法第5条第1号の機関を定める政令，法務省組織令64条〔平成12年政令第248号〕）。

上記の三つの機関は，いずれも司法の分野における教育及び研究に携わる我が国における代表的な公的機関であり，その教官は，各々の根拠法規により置かれた職である（裁判所法55条・56条の2，法務総合研究所組織規則17条（平成13年法務省令第7号））。

8　衆議院又は参議院の議員

衆議院議員とは，衆議院を組織する議員，参議院議員とは，参議院を組織する議員である（憲法42条・43条）。

平成15年改正前法までは，衆議院又は参議院の議員（以下「国会議員」という）については，弁護士となる資格の特例の対象ではなかった。

国会議員を弁護士となる資格の特例の対象とすることについては，国会議員のお手盛りではないか，地方議会の議員には認められないことと不均衡ではないかといった批判もあったが，国会議員は，国権の最高機関で国の唯一の立法機関である国会において，法律に国民のニーズを反映させるという大局的な視点から，法律案の立案，審議という高度な識見，能力を要する職務を行っていることから，特例の対象とされることとなった。

なお，当初国会に提出された法律案では，国会議員の特例については，弁護士業務についての所定の研修の課程を修了することは要件とされていなかったが，国会で当該要件を付加する旨の修正案が提出され，当該修正案が可決された。

9　衆議院法制局参事，参議院法制局参事又は内閣法制局参事官

国会の衆議院及び参議院には，議員の法制に関する立案に資するため，法制局が置かれる（国会法131条）。そして，各法制局には，法制局長1人，参事その他必要な職員が置かれ，法制局の参事は，法制局長の命を受け事務を掌理するものとされている（同条6項）。

次に，内閣法制局とは，内閣法制局設置法に基づいて，内閣に設置される機関であって，閣議に付される法律案等の審査，法律案等の立案その他法制一般に関する事務に携わる機関である。参事官は上記の事務をつかさどるものとして内閣法制局に置かれる職員である（同法1条・3条・5条3項）。

10　法律学の教授又は准教授

⑴　沿　　革

法律学の教授又は准教授（平成17年の学校教育法の改正により，大学には助教授に代えて准教授という職が設けられたが，以下では便宜上助教授と表記することがある）についての弁護士となる資格の特例の制度の源は，旧々法4条に認めることができる。すなわち，同条は「左ニ掲クル者ハ試驗ヲ要セスシテ弁護士タルコトヲ得」と定め，その第2は，「法律学ヲ修メタル法学博士，帝国大学法律科卒業生，旧東京大学法学部卒業生，司法省旧法学校正則部卒業生及司法官試補タリシ者」をあげていた。上記規定は，大正3年には「法律学ヲ修メタル法学博士」のみに改められ，さらに，昭和8年には，旧法によってこれも削除されるに至っているが，他面，旧法には，「判事又ハ検事タル資格ヲ有スル者」は弁護士資格を有すると定めており，旧裁判所構成法65条は，「3年以上帝国大学法科教授……タル者ハ此ノ章ニ掲ケタル試験及考試ヲ経スシテ判事又ハ検事ニ任セラルルコトヲ得……」と定めていたため（この点は旧々法4条1号も同じ定めをしている），一定の学問的業績の蓄積をもって弁護士となる資格付与の基礎とするという，前述の旧々法の特例は，その範囲を狭められつつも存続してきたわけである。

このような沿革を経て，平成15年改正前法5条3号は，従前の，学者等に対する特例としての弁護士となる資格付与という制度を継受したものである。ところが，平成15年改正前法5条3号がこの制度を採用するに際しては，資格を付与すべき学者等の範囲を著しく拡大することになった。すなわち，戦後の民主化という考え方に従って，帝国大学の教授にのみ認められていた上記特例が，広く国公私立大学の教授，更に助教授にまで及ぼされることとなったからである。

平成15年改正前法5条3号制定当時，あるいは旧々法や旧法の下では，本制度あるいはその前身としての制度が，弁護士制度の中で果たした役割は小さいものであったと解される。しかしその後，司法試験がその合格の難易度において国家試験中でも1，2を争うものとなり，平成15年改正前法5条3号は司法試験の「迂回路」であるとの批判を受けるようになってきた（福原・73頁）。

実際，日弁連あるいは弁護士会の資格審査会における平成15年改正前法5条3号案件は増加し，同号については，立法論としてこれを廃止すべきであるとの意見も唱えられてきた。

そのような中，平成15年の法改正に当たって，衆議院で次のような附帯決議が行われた。

> 「政府及び関係機関並びに最高裁判所は，本法の施行に当たり，次の事項について格段の配慮をすべきである。（中略）六　法科大学院を中核とする新たな法曹養成制度が構築されることや，本法によって新たに特例措置を講ずる者に対しては研修を課することとしたことにかんがみ，5年以上一定範囲の大学等の法律学の教授，助教授の職にあった者等に対して弁護士資格を付与する制度について，引き続き適切な見直しを行うこと」

同様の附帯決議は，参議院においても行われた。

このような経緯を経て，平成16年の法改正により，5年以上一定範囲の大学等の法律学の教授，助教授の職にあった者についても，それだけでは弁護士となる資格を付与することはやめ，司法試験に合格し，その後5年間当該職にあり，かつ，その後，弁護士業務についての一定の研修課程を修了したと法務大臣に認定されてはじめて弁護士となる資格が付与されることとなった。

但し，平成16年改正法により，一定の範囲の大学等の法律学の教授又は助教授の職にある者の既得権あるいは期待権を害することは適当ではないとの判断から，同改正法が施行される平成16年４月１日現在，当該改正前の弁護士法に従えば弁護士となる資格を有する者についての弁護士となる資格については，「なお従前の例による」とされた（平成16年改正法附則３条１項。なお，平成15年改正法により，同改正前の５条３号は，６条１項２号となった）。また，同日前に当該職にあった者については，同日までに当該在職期間が５年以上になっていなくとも，平成20年３月31日までに当該在職期間が５年以上になれば，その旨及びその後に弁護士業務について研修の課程を修了したと法務大臣から認定されることを条件として弁護士となる資格が付与されることとなった（同法附則３条２項）。更に，平成20年３月31日までに当該在職期間が５年以上にならない者についても，平成16年改正法の施行日（平成16年４月１日）前の当該在職期間及び同日後，平成20年３月31日までの当該在職期間は，司法修習生となる資格を得た後に本条１号に規定する職にあった期間，司法修習生となる資格を得た後に本条２号に規定する職務に従事した期間又は検察庁法18条３項に規定する考試を経た後に本条３号に規定する職にあった期間（同条４号において通算する場合における期間を含む）に通算することができるとされた（同法附則３条３項）。

⑵ 要　　件

法律学の教授又は准教授が特例として弁護士となる資格を付与される要件は，次のとおりである。

① 学校教育法（昭和22年法律第26号）による大学であること
② 法律学を研究する大学院の置かれていること
③ 法律学を研究する学部，専攻科又は大学院であること
④ 法律学の教授又は准教授であること
⑤ 司法修習生となる資格を得た後の在職期間が通算５年以上になること
⑥ ①から⑤までの要件を充足した後に弁護士業務についての一定の研修課程を修了したこと
⑦ ①から⑤までの要件に該当すること及び⑥の研修課程を修了したと法務大臣が認定したこと

ところで，従前は，司法修習生となる資格を得ていない者，すなわち，司法試験に合格していない者に対して弁護士となる資格を付与するという特例であったのに対し，平成16年改正以降は，司法試験には合格したが，司法修習を終えていない者について弁護士となる資格を付与するという特例に変更されたのであり，しかも，

弁護士業務についての研修の課程を修了することも特例の要件とされたのである。そこで，上記要件の解釈について，平成16年改正前法と同様に解釈すべきかどうか問題となる（この問題は，後述のとおり，特に「法律学」の範囲をどのように解するかに影響を及ぼすことになる）。

この点，平成16年改正法は，従来の制度とは異なり，新たに，司法試験合格後の法律学の教授・准教授についての特例を設けたのであるから，従前のとおりの厳格な解釈をする必要はないとの見解（**注2**）もある。この見解は，多様な背景をもつ者に弁護士となる資格を付与しようという平成15年及び16年の法改正の趣旨に適うものでもある。

しかし他方で，平成16年改正法による法律学の教授・准教授の特例は，「司法修習生となる資格を得た後に」との要件を除いては，その要件の文言はほとんど平成16年改正前法と同じことから，平成16年改正前法の同制度が引き継がれたと解することも可能であり，そうだとすると従前の解釈と全く無関係に解釈するのも適切ではないとも言い得る。

また，５年間一定の法律学の教授・准教授の職にあったという要件は，弁護士業務の研修課程の修了と併せて，司法修習生の修習を終了するという要件を補うものであるから，これと同程度の実質が必要であるとも言い得る。

従来は，この弁護士となる資格の要件該当性の判断は，第１次的には，弁護士の登録請求の際に弁護士会及び日弁連が行っていたが（110頁**注１**参照），平成16年改正法では，上記要件該当性の判断権者は，法務大臣となると規定された（本条各号列記以外の部分）。この点について，平成16年４月１日に法務省大臣官房司法法制部審査監督課から発行された「認定申請の手引」によれば，法務大臣は，従来の解釈を踏襲している（**注3**）。

以下，従来の解釈に従って上記①から⑤までの要件について解説する。

①　学校教育法（昭和22年法律第26号）による大学であること

平成16年改正法までは，この要件は，「別に法律で定める大学」と規定され，当該法律として「弁護士法第５条第３号に規定する大学を定める法律（但し，平成15年改正法以降は「弁護士法第6条第１項第２号に規定する大学を定める法律」と名称変更）」（昭和25年法律第188号。以下「大学指定法」という）があり，同法によれば，上記にいう大学とは，ⓐ学校教育法による大学で法律学を研究する大学院の置かれているもの及びⓑ旧大学令による大学であると定められていたが，平成16年の法改正により現行法の表現に改められた。

なお，大学指定法は，平成16年改正法附則２条により廃止された。

②　法律学を研究する大学院の置かれていること

一般的には，法律学を研究する大学院とは，国立大学であれば法律学研究科を置いてある大学院を指し，その他は，その実体が社会的評価において法律学を研究している大学院と言い得る程度の高いものであるべきであるとされている（福原・72頁）。そして，最判昭和43年11月15日民集22巻12号2578頁は，「法律学を研究する大学院」の基準について，その「実体が法律学またはその特定部門（例えば，公法学，私法学，民事法，刑事法）の研究を目的とする研究科が設けられ，その所定の課程の修了者には，法学博士または法学修士の学位が授与できるような大学院がこれにあたる」としている。

本要件の立法趣旨としては，法律学を研究する大学院が置かれているほどの大学であるなら，法律学研究に関する人的物的施設も整っているのが普通であるから，司法試験合格後，そのような大学の学部等において５年以上法律学の教授・助教授の職にあった者は，司法修習生の修習を終了していなくとも，一般的に言って，弁護士となるにふさわしい力を持っているものとして扱うに値するとしたものである。この意味で本要件は，「その基準を個々の教授，助教授の学識の程度いかんに求めることは容易でないので，その大学の格式に基準をおく」こととしたものであるとされている（福原・71頁）。

また，大学院における科目の名称にとらわれることなくその実質においてみるべきものであり，更に，法律学の研究以外に主たる目的があったり，他の目的と併存することがあっても，必ずしも不可となすべきものではない（日弁連資格審査会昭和37・11・28議決―議決例集Ⅲ４頁）。また，博士課程がなく，修士課程のみが設置されている大学院も，上記のごとき実質を有すれば上記要件を満たし得ると解される（昭和43年３月15日付日弁連事務総長回答）。

③　法律学を研究する学部，専攻科又は大学院であること

本特例の要件として，更に上述の要件を満たす大学の「法律学を研究する学部，専攻科若しくは大学院」において，教授・准教授の職にあることが必要であるが，ここで「法律学を研究する学部，専攻科若しくは大学院」とは，法律学を主要科目としている学部，専攻科又は大学院に限るものと解されている。具体的には，学部は法学部，法経学部，法文学部等（学校教育法85条），専攻科は法律専攻科（同法91条１項），大学院は法律学研究科等（同法100条）がこれに該当するものとされている。

すなわち，「法は『法律学を研究する大学院』が設けられていることを，その大学が法律学研修の施設として人的にも物的にも充実していることを認定する基準とし，そこに教授または助教授として在職した者に高度の法律的素養を具えることを推認し，これに弁護士たる資格を認めたのである」。そして，「このような資格の認められるのは，右のような法律学研修の施設にあたる学部等において，その研修の

課程をなす授業科目を担当する教授，助教授の職に在つた者に限らるべきは当然であつて，このような施設とは関係のない他の学部等において法律学の分野に属する科目を担当する教授，助教授があつたにしても，そのような者にまで弁護士資格を認めることは法の趣旨に副わないものといわなければならない」のである（最判昭和43・12・6民集22巻13号2908頁）。

本要件に関する具体例として，大学の農学部で農業法を担当した教授については，農学部が上記の学部等にあたらないとされたものがある（前掲最判昭和43・12・6）。また，大学の人文科学研究所は，形式的にみて，学部，専攻科及び大学院にあたらないし，平成15年改正前法5条3号が，別科や研究所その他の研究施設を除外していることからみても，そこでの在職は弁護士となる資格の基礎たり得ないとしたものがある（日弁連資格審査会昭和27・12・11決定―議決例集Ⅲ1頁）。同様の観点からみると，大学の教育学部や経済学部，あるいは文学部で教授・准教授の職にあることは，弁護士となる資格の基礎たり得ないと解される（なお，名称にとらわれずその実情により判断したものとして，日弁連資格審査会昭和58・10・25議決―議決例集Ⅴ18頁参照）。

④　法律学の教授又は准教授であること

教授とは，大学において「専攻分野について，教育上，研究上又は実務上の特に優れた知識，能力及び実績を有する者であつて，学生を教授し，その研究を指導し，又は研究に従事する」ものをいい（学校教育法92条6項），准教授とは，大学において「専攻分野について，教育上，研究上又は実務上の優れた知識，能力及び実績を有する者であつて，学生を教授し，その研究を指導し，又は研究に従事する」ものをいい（同条7項），それぞれの資格は，大学設置基準（昭和31年10月22日文部省令第28号）14条及び15条で定めている。

このほか，学校教育法は名誉教授について定めているが（106条），名誉教授は，「当該大学に学長，副学長，学部長，教授，准教授又は講師として勤務した者であつて，教育上又は学術上特に功績のあつた者」に対して授与される称号であり，明らかに教授・准教授とは別の制度であるから，ここでいう「教授」には該当しないと解される。

また，客員教授・客員准教授という称号が用いられることがあるが，これは，常時勤務の教員以外の職員等に対して各大学が定める基準によって付与される称号であり，現行法上は，学校教育法及び大学設置基準等法令（**注4**）に基づく教員の資格の一つではないことから，ここでいう「教授」・「准教授」に該当するかは疑問である。

⑤　司法修習生となる資格を得た後の在職期間が通算5年以上になること

前述の平成16年改正法附則3条の適用のある場合を除き，あくまでも司法修習生となる資格を得た後に，本号所定の法律学の教授又は准教授としての在職期間が5年以上になることが必要であり，単に法律学の教授又は准教授の在職期間を5年以上有していても，それが司法修習生の資格を得た後の期間でなければ本号の特例の適用はない。

また，従来本号所定の大学院がなかった法学部に，その後当該大学院が設置された場合には，当該大学院が設置されてから5年の在職期間が必要となるのであり，当該大学院設置前の法律学の教授又は准教授の在職期間は考慮されない（東京高判平成16・1・29・公刊物未登載)。

また，同一時期に本号所定の大学及び大学院の法律学の教授又は准教授の職の地位を複数兼ねていたとしても，これらの期間を合算して通算期間を算定することが許されないことは当然である（前掲東京高判平成16・1・29)。

（注2） この点，平成15年7月に開かれた法曹制度検討会（第19回）において，委員から，「司法試験合格と研修という二重のしばりがかかることを考えると，日弁連の『法律学』の解釈は狭いのではないかと思う。法制史学，法哲学，比較法学等の基礎法学も重要であり，その点については十分に御検討いただきたい」とか，「これまでの日弁連の資格審査基準は，司法試験合格も研修もなしが前提となっていたが，改正となって司法試験合格と研修が前提とされれば，『法律学』の内容も解釈として緩やかになっていくと思う」といった意見が出され，座長の取りまとめにおいても，「『法律学』という言葉を従来よりは含みのある概念として運用されるであろう，あるいは，そうすべきだとの御意見が大方だと思う」とされた。

（注3） 法務省大臣官房司法法制部審査監督課が平成16年4月1日に発行した「認定申請の手引」には，「法律学」の意義について「これまでの判例等に照らしますと，憲法，民法，商法，刑法，民事訴訟法，刑事訴訟法，行政法，破産法，国際私法，労働法といった基本的実体法及び手続法と，これらを前提とする実定法を研究の対象とする学問がこれに当たると解されますが，法律実務家として不可欠な実定法の分野について法律実務家としての能力を獲得することを期待できない法学分野や，その研究により高度の法律的素養を推認することができない法律学は『法律学』には当たらないと解されます。例えば，形式的に法律学とは解されない法医学，刑事学，行政学，社会学，政治学等の周辺科学，法律学の概念に含まれるものの法律学の哲学的側面，歴史的側面のみを研究の対象とする法哲学，法制史等の学問，一般教養課程における法学等は『法律学』には当たらないと解されます」と記載されている。

（注4） 過去には，国立学校設置法施行規則30条の4第1項が「国立大学又は国立短期大学の学長は，常時勤務の教員以外の職員で当該大学若しくは短期大学の教授若しくは研究に従事する者又は前条第1項〔勤務の契約による外国人の教員—編者注〕の規定により教授若しくは研究に従事する外国人のうち，適当と認められる者に対

しては，客員教授又は客員助教授を称せしめることができる」と規定していたが，当該規則は，平成16年４月１日に廃止されている。

(3) 法律学

以上のとおり，本号の適用を受けるには，学校教育法による大学で「法律学」を研究する大学院の置かれているものの「法律学」を研究する学部，専攻科若しくは大学院における「法律学」の教授若しくは准教授の職に在った期間が通算して５年以上になることが必要であるが，ここにいう「法律学」には，すべての法学分野の学問や学科を含むものではない。

もっとも，その範囲をどう考えるかについては解釈に争いがあり，また，既述のとおり，平成16年改正法により，法律学の教授又は准教授の弁護士となる資格の特例についても，司法修習生となる資格を得た後の特例にすぎなくなり，かつ，弁護士業務についての一定の研修の課程を修了することも義務付けられることとなったことから，今後，この「法律学」の解釈はさらに流動的となると言わざるを得ない。

以下では，平成16年の弁護士法改正前の議論について紹介する。

従前の本書及び日弁連の立場では，「大学の学部，専攻科又は大学院において一定の期間法律学の教授又は助教授の職に在つた者は，実定法一般に通ずる基本的な法律的思考様式を体得しその学殖，識見等において法律専門家たるにふさわしい筈であるばかりでなく，その専攻の分野のみでなく実定法一般あるいは少くともその相当な範囲について法律実務家として必要とされる程度の知識を有するに至つているものと考えられる」ので，それらの者に弁護士となる資格を付与するのが平成15年改正前法５条３号の法意であるから，「その実質的内容が前記の法意に適合するもののみがこれに該当するものと解するのが妥当」（東京高判昭和40・１・29行裁例集16巻１号103頁が説くところでもある）ということになる。

これに対して，平成11年及び12年に出された二つの高裁判例（45頁参照）のように立法趣旨を捉える立場からは，「法５条３号〔平成15年改正前法５条３号，以下判旨引用部分について同じ―編者注〕の趣旨は，その形式的要件を具える者は，高度の法律的素養を具え，弁護士となり得る資質を具える者であると推定し，その専攻する分野のみならず，法律実務家として不可欠な実定法の分野について法律実務家能力を獲得し得るものと推定するものであるから，その観点で見れば，およそ右のような期待ができない法学分野の学問や学科を，法５条３号の『法律学』から除外するのも……，一概に法５条３号の趣旨に反するということはできない」（東京高判平成12・１・27・公刊物未登載）ということになる。

上記の立法趣旨や「法律学」の意義についての理解の違いは，具体的には，平成15年改正前法５条３号の「法律学」に該当しない分野の広狭となって現れる。従前の本書や日弁連の立場では，実定法一般あるいは少なくともその相当な範囲について法律実務家として必要とされるような実質的内容を持つもののみが「法律学」に該当することとなる。これに対し，平成11年及び12年の高裁判決の立場からは，「高度の法律的素養を推認することができない法律学」（東京高判平成11・9・30・公刊物未登載）と，その法律的素養をもってしても「法律実務家として不可欠な実定法の分野で法律実務家能力を獲得し得る」とはおよそ期待できない法学分野（前掲東京高判平成12・1・27）のみが「法律学」から除外されることとなろう。

もっともその後，「……形式的な資格要件を充たす者について，相当高度の法律的素養を具えることを推認して弁護士資格を付与するということは，これらの者が弁護士の職務を行うのに必要な実質的要件を具えていると推認することにほかならない。しかし，弁護士の職務を行うについては，実定法一般に通ずる基本的な法律的思考様式を体得し，その学殖，識見において法律専門家たるにふさわしいばかりでなく，その専攻の分野のみでなく実定法一般あるいは少なくともその相当な範囲について法律実務家として必要とされる程度の知識を有するに至っていることが求められているというべきであるから，改正前法５条３号にいう『法律学』についても，人的，物的施設の具わった大学の学部等において講ぜられている法律学であれば，いかなるものであっても，それに該当するということはできず，法律学研究についての相当高度な専門的なものであることが要求されるとともに，弁護士としての職務を行うのに必要とされるものでなければならないというべきであり，そのためには基本的実体法又は手続法，あるいはこれらの習得を前提とするものと認められる法律学であることを要すると解するのが相当である」（東京高判平成16・6・29・公刊物未登載）とか，「……人的物的施設の具わった大学の学部等において講ぜられる法律学であっても，その実質，内容には多種多様なものが含まれ得るのであり，旧５条３号が，弁護士となる資格についての特例を設けた趣旨からすれば，形式的に人的物的施設の具わった大学の学部等において講ぜられる法律学であれば，いかなるものであってもこれに当たるとしたものと解することはできず，やはり，上記のような実質的内容を伴うものであることを予定しているものと解すべきである」（東京高判平成17・2・22・公刊物未登載）と判示する高裁判決が出されている。

平成15年改正前法５条３号の立法趣旨や「法律学」の意義をどのように解するにせよ，法医学，刑事学，行政学，社会学あるいは政治学等の周辺科学が，同号にいう「法律学」に該当しないことは異論ないであろう。次に，法律学の範疇に入る科目の中でも，法哲学あるいは法制史学等のごとく，専ら法律学の哲学的側面ないしは歴史的側面のみを研究の対象とする学問は，「法律学」に該当しないと解される（前掲東京高判昭和40・1・29）。すなわち，原則として，いわゆる実定法を対象とすることが要件となろう。

次に，過去の日弁連資格審査会の議決例から具体例を見ると，「税法学」（昭和48・10・8議決―議決例集Ⅲ12頁，昭和56・7・21議決―議決例集Ⅴ7頁），「国際取引法」（昭和50・6・26議決―議決例集Ⅳ1頁，昭和63・5・24議決―議決例集Ⅵ11頁），「行政法」（昭和54・4・18議決―議決例集Ⅳ12頁），「海法」（昭和51・12・21議決―議決例集Ⅳ3頁），「英米公法，同私法」（昭和53・7・19議決―議決例集Ⅳ5頁），「経済法」（昭和54・5・18議決―議決例集Ⅳ14頁），「国際（公）法」（平成2・3・27議決―議決例集Ⅵ14頁）などが，「法律学」に該当すると認められている。

他方，「法律学」に該当しないと判断された事例には次のようなものがある。

第1の事案は，前述の判例で扱われた「農業法律」である。ここでは，資格審査会は，登録申請者が大学の農学部で担当した「農業法律」は，司法試験法，弁護士法の精神等を考慮して解すべきものであるとしたうえ，法律学には該当しないとしている（昭和35・3・31決議―議決例集Ⅲ3頁）。

第2の事案は，登録請求者の講じた「工業所有権法」，「税法」及び「民事法演習」が法律学にあたらないとされたものである（昭和54・2・21議決―議決例集Ⅳ7頁）。この事案においては，工業所有権法と税法について，法律学としては限られた特殊な領域を扱うものであり，これらの法を学問的に考察したからといって当然には前記基本的実体法又は手続法の習得を前提にしているとはいえないとし，登録請求者のこれらの法に関する研究及び講義内容，著書を検討したうえ，法律学に該当しないとしている。更に，民事法演習については，形式的には基本的実体法又は手続法の習得を前提とする講座であるとしながら，その時間数，学生数，教材の有無，取り扱うテーマ等を検討した結果が，体系的な法律学の講義を前提としているとはいえないとして，法律学にあたらないとした。

第3の事案は，登録請求者の講じた「刑事政策学」が法律学に該当しないものとされたものである（昭和54・6・27議決―議決例集Ⅳ21頁）。この事案では，刑事政策の研究の前提として，刑法，刑事訴訟法を習得している場合であっても，それだけでは足りず，相当高度にこれを習得して刑事政策を専攻，担当することが必要であり，この要件が充足されていないとされた（もっとも，この事案は，一般的，形式的に刑事政策は法律学に該当しないとの理由も可能であったと解される）。

第4の事案は，ある大学の法学部教授が，法学部経営法学科，経営学部及び経済学部で担当した「法律実務・商法」及び法学部法律科で担当した「法律演習」が法律学に該当しないとされたものである（昭和54・9・19議決―日弁連編『弁護士の資格及び登録制度について』20頁）。

なお，「法律学」の要件に関連して，教授・准教授として大学に採用される際の専門科目と異なる科目についても，「法律学」の教授又は准教授に該当すると解することができるかという問題がある。

この点について，「大学の教授，助教授で，専攻する研究分野が複数あることはまれではないのであり，特に一つの研究分野が新しく発展したものである場合，法分野横断的なものである場合など……には，伝統的な一つの分野の研究から出発して当該新しい分野の研究に及び，双方を専攻分野とすることが多いことを考えると，大学への採用の際の専門科目と異なる科目であっても，その実質を考慮して，改正前法５条３号の『法律学』に当たるものと判断することを妨げるものではない」とする高裁判例もあるが（東京高判平成16・６・29・公刊物未登載（最決平成18年７月６日上告不受理により確定）），このような判断は疑問である。この判決の論理によると，例えば「法制史」の教授が「憲法」の講座を時折担当している場合にも，本号の適用に関しては，「憲法」という「法律学」の教授ということになるが，法はそのようなことは想定していないと解される。

⑷ 平成16年改正法前における日弁連審査基準について

平成15年改正前法５条３号について，日弁連では，昭和50年９月20日の理事会で次のような「法５条３号の審査基準」を承認している。

法５条３号の審査基準

「弁護士法５条３号に定められた教授又は助教授とは，公法・民事法・刑事法等の基本的な法律学を研究することを目的とし，それに必要な人的，物的施設を備え，これに基き実質的に研究機能を果している大学院のある大学及び旧大学令による大学で，法律学の研究を目的とする学部，専攻科又は大学院において，弁護士の職務を行うのに必要な基本的実体法又は手続法（現段階においては，憲法，民法，商法，刑法，民事訴訟法，刑事訴訟法，行政法，破産法，国際私法，労働法を指す。），あるいは，これらの習得を前提とするものと明らかに認められる法律学の教授又は助教授の職に５年以上在った者をいう」

この審査基準は，日弁連の司法制度調査会の作成にかかるものであるが，その目的は平成15年改正前法５条３号の解釈を明確にするとともに，全国的に判断の不統一が生じないようにするというものであった。この目的のため，日弁連はさらに次のような取扱いを定めている。

第１に，各弁護士会は，平成15年改正前法５条３号による登録の請求があったときは，速やかに日弁連に対し請求者の氏名，資格要件及び請求日を通知するとともに，日弁連はこの旨を各弁護士会に通知する（昭和48年７月21日理事会申し合わせ）。第２に，各弁護士会が平成15年改正前法５条３号に基づく登録請求の進達を拒絶した場合は日弁連に連絡がなされるものとする（昭和50年11月20日付日弁連会長依頼）。第３

に，平成15年改正前法5条3号に基づく登録請求の進達を受けたときは，日弁連は常に実質的な審査を行うものとし，さらに，弁護士会から前述のごとき登録請求進達拒絶の通知を受けた場合は，日弁連はその旨を各弁護士会に通知する（昭和50年9月20日理事会決議）。

この日弁連審査基準は，あくまでも平成16年の弁護士法改正以前の法律学の教授・助教授に関する特例についての審査基準であり（従って，平成16年改正弁護士法附則3条1項により弁護士となる資格を取得する者に対しては適用がある。但し，同条2項により弁護士となる資格を取得する者については，その認定権限が法務大臣にあるため適用はないと解される），平成16年の弁護士法改正後の法律学の教授又は准教授の弁護士となる資格の特例について直接適用されるものではなくなった。

平成16年の弁護士法改正後の法律学の教授又は准教授の弁護士となる資格の特例は，司法修習生となる資格を得た後の特例にすぎなくなり，かつ，弁護士業務についての一定の研修の課程を修了することも義務付けられ，さらには，当該特例により弁護士となる資格を有するか否かの認定は法務大臣の権限となった。そこで，今後も，当該特例に該当するための「法律学」の要件について，日弁連で基準を設ける必要があるのかなど検討を要するところである。なお，法律学の意義等について，法務省が従来の日弁連の解釈をほぼ踏襲していることについては前出60頁（注3）のとおりである。

【5】 司法修習生となる資格を得た後，7年以上企業法務等に従事した者（本条2号）

1 本号の趣旨

本号の特例は，平成13年6月12日の司法制度改革審議会意見書に「企業法務等の位置付けについて検討し，少なくとも，司法試験合格後に民間等における一定の実務経験を経た者に対して法曹資格の付与を行うための具体的条件を含めた制度整備を行うべきである」と謳われ，また，平成14年3月29日閣議決定による規制改革推進3か年計画（改定）にも「企業法務等の位置付けについても検討を行い，少なくとも，司法試験合格後に民間等における一定の実務経験を経た者について法曹資格の付与を行うための具体的条件を含めた制度整備を行う」と謳われたことなどを受けて設けられた弁護士となる資格の特例である。

すなわち，近年の情報化，国際化の進展等，企業等を取り巻く環境が大きく変化する中で，企業法務担当者又は法務担当公務員の果たす役割は，事業活動をめぐって生ずる様々な法的紛争の解決を図るというだけではなく，あらかじめ紛争の発生を予測してこれを防止する見地などから様々な事業活動の企画や実施に参画するなど，ますます広範かつ高度なものとなっている。このような企業法務等において様々な法律に関する実務経験を経て，高度の専門的能力を備えた者につき，その経験や専門性を活用する道を開いておくことは，多様なバックグラウンドを有する層の厚い法曹の確保という司法制度改革の趣旨に適い，これにより多様で広範な国民の要請に十分応えることにつながる。このようなことから，司法試験合格後，所定の法律関係事務に従事し，かつ所定の研修課程を修了したと認定された者に対して弁護士となる資格を付与しようというものである。

2　本号の要件

本号の特例は，大きく分けて企業で法務を担当する者と国又は地方公共団体で法務を担当する公務員に分かれる。

⑴　企業法務担当者（本号イ）　　企業法務を担当する者が本号の特例を受ける要件は次のとおりである。

①　企業その他の事業者（国及び地方公共団体を除く）の役員，代理人又は使用人その他の従業者として行う当該事業者の事業に係る事務を処理する職務に従事したこと

②　上記事務が次に掲げるものであること（法72条の規定に違反しないで行われるものに限る）

ｉ　契約書案その他の事業活動において当該事業者の権利義務についての法的な検討の結果に基づいて作成することを要する書面の作成

ii　裁判手続等（裁判手続及び法務省令で定めるこれに類する手続をいう。以下，同じ）のための事実関係の確認又は証拠の収集

iii　裁判手続等において提出する訴状，申立書，答弁書，準備書面その他の当該事業者の主張を記載した書面の案の作成

iv　裁判手続等の期日における主張若しくは意見の陳述又は尋問

ｖ　民事上の紛争の解決のための和解の交渉又はそのために必要な事実関係の確認若しくは証拠の収集

③　司法修習生となる資格を得た後に上記職務に従事したこと

④　自らの法律に関する専門的知識に基づいて上記職務に従事したこと

⑤　上記職務従事期間が通算して７年以上になること

⑥　①から⑤までの要件を充足した後に弁護士業務についての一定の研修課程を修了したこと

⑦　①から⑤までの要件に該当すること及び⑥の研修課程を修了したと法務大臣が認定したこと

以下，上記①から⑤までの要件について解説する。

①　企業その他の事業者（国及び地方公共団体を除く）の役員，代理人又は使用人そ

の他の従業者として行う当該事業者の事業に係る事務を処理する職務に従事したこと

弁護士の職務の本質が，客観的な見地から，事実や証拠を調査・検討し法律判断を行うことにあることから，自己以外の権利義務の帰属主体のために行う事務であることが必要である。従って，例えば，個人事業主が，自らの事業のために事務を処理する場合は本要件に該当しない。

「企業」は「事業者」の例示であり，事業を行う者であれば，大企業・中小企業，営利・非営利，個人・法人を問わず，ここにいう「事業者」に含まれる。また「事業」とは，社会生活上の地位に基づいて一定の目的をもって反復継続的になされる行為及びその総体というべきであり，趣味等個人的な活動は除かれると解される。

なお，国及び地方公共団体も事業者ではあるが，本号ロで国又は地方公共団体の公務員についての特例の定めがあることから，ここでの「事業者」からは「国及び地方公共団体を除く」とされている。

本号でいう「事業者」は，国内の事業者に限られるのか，あるいは国外の事業者も含まれるのか。この点，処理される事務が本号イに掲げる事務であれば，その事務が国内で処理されることと，国外で処理されることとは，場所的な違いがあるに過ぎないのであるから，国外の事業者を一律に排除する理由はないと解される。このように解することは，国際化等の進展を背景に，多様なバックグラウンドを持つ者に弁護士となる資格を付与しようという改正法の趣旨にも合致する。

少なくとも，国内の事業者に関する本号イで定める事務が外国で処理されたからといってその期間が除外される理由はない。

上述のとおり，自らの事業ではなく，「役員」，「代理人」又は「使用人」その他の「従業者」として事業者の事業に係る事務を処理する職務に従事することが必要である。「使用人」は「従業者」の例示である。このように役員であるか，代理人であるか，あるいは使用人であるかは問うていない。

「事業者の事業に係る事務」とある以上，当該事業者の事業とは関係のない事務が含まれないことは当然である。但し，一般的に言って事業者の事業の範囲は広範にわたるものであるから，事業者の委任又は指揮命令に基づき行われた事務であるにもかかわらず，事業者の事業と関係のない事務と判断されることは稀であろう。

② 上記事務が次に掲げるものであること（法72条の規定に違反しないで行われるものに限る）

弁護士となる資格の付与の特例を定めるのであるから，弁護士の職務と相当な関連性を有し，かつ，高度の専門的知識・能力が得られるような実務経験であることが必要であることから一定の職務に限定された。

法72条に違反して，違法に法律事務を取り扱った場合に，本号の実務経験に該当しないことは当然である。このことを注意的に規定したのが括弧書である。

従って，法人格が異なる者は他人であり，かつ，法72条の「法律事務」には，いわゆる事件性の要件は必要ないとの立場からは，仮に具体的な紛争となっていない問題であっても，親会社の法務担当者が子会社の法務を有償で取り扱うことは同条違反に該当し，本号で規定する実務経験に該当しないと解される場合があり得る(法72条の解説652頁参照)。

ここでの事務には，外国法に関するものも含まれるのか。この点については，日本の弁護士となる資格を付与する制度についての議論なのだから，評価の対象はあくまでも日本の法体系に関連する実務経験であることが前提であるとの見解もある。しかしながら，国際化等の進展を背景に，多様なバックグラウンドを持つ者に弁護士となる資格を付与しようという法の趣旨，また，弁護士法は，外国法に関する法律事務についても弁護士が独占する法律事務の範囲としていること（それゆえに弁護士法の例外として「外国弁護士による法律事務の取扱いに関する特別措置法」が制定されている），弁護士となる資格に係る認定の手続等に関する規則（平成16年３月８日法務省令第13号）３条１項６号は，「外国における裁判手続又は前各号に掲げる手続に相当する手続」を本号イ⑵の法務省令で定める手続の一つとして掲げていることなどから，本号イで定める事務には，後述の日本法に関する事務を想定していることが明らかなものを除き，外国法に関する事務も含まれると解する。

なお，以下の全ての事務を処理することは必要なく，いずれかの事務を処理するものであれば足りる。

ⅰ　契約書案その他の事業活動において当該事業者の権利義務についての法的な検討の結果に基づいて作成することを要する書面の作成（本号イ⑴）

「契約書案」は「事業活動において当該事業者の権利義務についての法的な検討の結果に基づいて作成することを要する書面」の例示である。「契約書案」のほか，法的問題点を検討して作成された意見書，社内基準，マニュアル等が考えられ，必ずしも外部文書に限らず，内部文書もここに含まれる。

また，前述のとおり，本号イは，外国法に関する事務も対象となるのであるから，日本文か否かを問わず，外国法による検討の結果に基づいて作成される書面もここに含まれると解する。

なお，後述のとおり，法的文書の作成は専門的知識に基づくことが必要であるから，定型的な契約書の空欄部分を補充する程度の契約書案の作成等はここには含まれない。

ⅱ　裁判手続等（裁判手続及び法務省令で定めるこれに類する手続をいう。以下同じ）の

ための事実関係の確認又は証拠の収集（本号イ(2)）

「裁判手続」とは，日本国内の判決，決定，命令手続等，裁判所に係属する事件のことである。後述する本号イ(5)の場合と異なり，民事上の紛争に関する裁判に限定されていないので，刑事訴訟手続，行政訴訟手続を含め，全ての裁判手続が含まれる。

また，「法務省令で定めるこれに類する手続」とは，弁護士となる資格に係る認定の手続等に関する規則3条1項各号で定める次の手続である。

- 海難審判法（昭和22年法律第135号）に定める海難審判所の審判の手続
- 労働組合法（昭和24年法律第174号）に定める中央労働委員会又は都道府県労働委員会の審問の手続
- 土地収用法（昭和26年法律第219号）に定める収用委員会の裁決手続
- 公害紛争処理法（昭和45年法律第108号）に定める公害等調整委員会の裁定委員会の裁定の手続
- 行政庁の処分（行政手続法（平成5年法律第88号）2条1項の「処分」をいう）その他公権力の行使に対する審査請求，再調査の請求及び再審査請求その他の不服の申立てに対する行政庁の手続（不服の申立てを受けた行政庁から付議され又は諮問された審議会等における審議等の手続を含む）
- 外国における裁判手続又は前各号に掲げる手続に相当する手続
- 仲裁手続

後述のとおり，「事実関係の確認」又は「証拠の収集」も自らの法律に関する専門的知識に基づいて行うことが必要であるから，単に登記簿を調べたり，これを取得するだけの事務はここには含まれないと解される。

iii 裁判手続等において提出する訴状，申立書，答弁書，準備書面その他の当該事業者の主張を記載した書面の案の作成（本号イ(3)）

「裁判手続等」の意味については，本号イ(2)のところで述べたことと同様，「裁判手続」及び「法務省令で定めるこれに類する手続」のことである。

「訴状」，「申立書」，「答弁書」及び「準備書面」は，「当該事業者の主張を記載した書面」の例示であり，裁判手続等に関する法律的な主張を記載した書面であればこれに当たり，また，これらの書面「案」を作成すれば足りる。従って，当該書面案が現実に裁判所等に提出されるか否かは要件ではない。

これらの書面に対し，いわゆる陳述書，すなわち，事実の立証のために作成される自ら経験した事実を記載した書面は，「当該事業者の主張を記載した書面」ではなく，また，自らの法律に関する専門的知識に基づいて作成するわけではないから，ここでいう書面には当たらないと解される。

iv　裁判手続等の期日における主張若しくは意見の陳述又は尋問（本号イ(4)）

「裁判手続等」の意味については既に述べたことと同じである。

「期日」とは，口頭弁論期日，弁論準備手続期日，進行協議期日，証人尋問期日，審尋期日，審問期日，審判期日等，裁判手続等において主張立証活動を行う期日を広く意味する。

「主張若しくは意見の陳述又は尋問」とは，いわゆる主張立証活動から，証拠の提出行為を除いたものである。

ここでいう「尋問」は，自らの法律に関する専門的知識に基づき事業者の従業者として行うことが必要であるから，国民の義務として出頭し，かつ，単に事実を供述するだけの証人として自らが尋問を受ける場合は，ここでいう「尋問」には当たらないと解される。

証拠の提出行為自体は，法律的に高度かつ専門的な事務とは言い難いことから除外されているので，立証活動として書証，検証物等を提出する行為自体は，ここでいう「主張若しくは意見の陳述又は尋問」には当たらない。但し，証拠の採用を求めるために意見を述べる行為は「意見の陳述」に該当するし，また，証拠提出行為の前提となる証拠の収集行為が上記ⅱで述べた要件に該当することがあることは別論である。

v　民事上の紛争の解決のための和解の交渉又はそのために必要な事実関係の確認若しくは証拠の収集（本号イ(5)）

「民事上の紛争」とあることから，文言上刑事に関する紛争はここには含まれないことは明らかである。

これに対して，行政事件に関する紛争は，民事上の紛争に該当するとの見解がある。しかしながら，本号イ(2)ないし(4)の「裁判手続等」には行政事件に関する手続が明確に含まれているにもかかわらず，ここでは敢えて「民事上の紛争」としていること，行政事件の解決のための和解の交渉という事態を想定しにくいことなどから，疑問がないわけではない。

紛争には特に限定が付されていないことから，当該事業者の外部との紛争は勿論のこと，例えば労使問題，セクハラ問題等内部的な紛争もここに含まれる。但し，従業員の個人的債務の交渉に当たるなど，当該事業者の従業員の個人的な問題については，そもそも事業者の事業に係る事務ではないから，ここに含まれないことは言うまでもない。

③　司法修習生となる資格を得た後に上記職務に従事したこと

本号の特例を受けるためには，司法修習生となる資格を得た後に，上記職務に従事することが必要であり，司法修習生となる資格を得る前に従事していたとしても，その期間については何ら考慮されない。

④　自らの法律に関する専門的知識に基づいて上記職務に従事したこと

「自らの」法律に関する専門的知識に基づくことが必要であり，例えば会社の顧問弁護士の契約書案を清書するなど，「他人の」法律に関する専門知識に基づいて事務を処理する場合は含まれない。

また，法律に関する「専門的知識」に基づくことが必要であるから，例えば，定型的な契約書の空欄部分を補充するだけの事務や，単に登記事項証明書を取得して調べるだけの事務は該当しないと解される。

⑤　上記職務従事期間が通算して７年以上になること

法は，「……事務のいずれかを処理する職務に従事した期間……」と定め，「事務を処理した期間」とは定めなかった。従って，実際に当該事務を処理していた期間が７年間必要なのではなく，当該事務を処理する職務に従事していた期間が７年間になれば足りる。なお，当該事務を処理する職務に従事していたか否かは，「法務部」等の肩書の有無ではなく，その内実により判断されることは当然である。従って，当該事務を処理する部署に在籍はしているが，全く実態がない場合，例えば，籍はあるが外国留学中などのような場合には，これを経験期間に算入することはできないと解される。同様に産休等で長期休業中の者についてもその休業中の期間は算入できないと解される。非常勤職員であったり，営業等を兼務していた場合については，その勤務の実態を見て判断することになろう。

職務従事期間については，立法の段階では，５年や10年という案も出されていたが，最終的に７年となった。

７年の職務従事期間は，本号イ⑴から⑸までの事務を処理する職務に従事した期間が通算して７年となればよく，また，複数の事業者での職務従事期間を通算することも，後述する法務担当公務員としての従事期間を通算することも可能である。但し，同一時期の複数の職務従事期間を合算することができないことは，通算して７年間という期間を要件としている以上，当然である。

⑵　法務担当公務員（本号ロ）　　法務担当公務員が本号の特例を受ける要件は次のとおりである。

①　公務員として行う国又は地方公共団体の事務を処理する職務に従事すること

②　上記事務が次に掲げるものであること

i　法令（条例を含む）の立案，条約その他の国際約束の締結に関する事務又は条例の制定若しくは改廃に関する議案の審査若しくは審議

ii　本号イ⑵から⑸までに掲げる事務

iii　法務省令で定める審判その他の裁判に類する手続における審理又は審決，決定その他の判断に係る事務であって法務省令で定める者が行うもの

③　司法修習生となる資格を得た後に上記職務に従事すること

④　自らの法律に関する専門的知識に基づいて上記職務に従事したこと

⑤　上記職務従事期間が通算して7年以上になること

⑥　①から⑤までの要件を充足した後に弁護士業務についての一定の研修課程を修了したこと

⑦　①から⑤までの要件に該当すること及び⑥の研修課程を修了したと法務大臣が認定したこと

以下，上記①から⑤までの要件について解説する。

①　公務員として行う国又は地方公共団体の事務を処理する職務に従事すること

ここで「国又は地方公共団体」とは，日本国及び日本国の地方公共団体を指し，外国及び外国の地方公共団体又はこれに類似する団体はここには含まれない。これらの団体等は，本号イの「その他の事業者」に該当すると解される。

国家公務員又は地方公務員として国又は当該地方公共団体の事務を処理する職務に従事することが必要である。

従って，公務員ではない者が，国又は地方公共団体から委嘱を受けて国又は地方公共団体の事務を処理する場合はここに含まれない。

また，例えば独立行政法人などにおいて，「機構の役員及び職員は，刑法（明治40年法律第45号）その他の罰則の適用については，法令により公務に従事する職員とみなす」との規定が設けられ（例えば，独立行政法人都市再生機構法10条，独立行政法人日本貿易振興機構法11条等），その役員及び職員がみなし公務員とされることがあるが，あくまでも刑法その他の罰則の適用についての規定であるから，本号ロの公務員には該当しないと解する。このような場合には，本号イの企業その他の事業者の従業者として本号イの要件該当性を検討すれば足りる。

なお，国会議員及び地方議会議員も広義では公務員であるから，本号ロの公務員に含まれると解される。但し，国会議員は，本条1号で5年国会議員であれば弁護士となる資格の特例が認められるのであるから，結局，本号ロの要件該当性が問題となるのは，地方議会議員の場合に限られるであろう。

また，裁判所調査官，裁判所事務官，法務事務官等，国家公務員の中でも法律専門職については，本条1号の対象となる。

②　上記事務が次に掲げるものであること

i　法令（条例を含む）の立案，条約その他の国際約束の締結に関する事務又は条例の制定若しくは改廃に関する議案の審査若しくは審議（本号ロ(1)）

「法令（条例を含む）」とは，法律，政令，省令，条例のほか，衆議院・参議院の議院規則，地方公共団体の規則，国家行政組織法３条に基づくいわゆる３条委員会の規則も含む概念である。

「立案」とは，法令の案を作ることをいい，実際に法令が制定改廃されることを要しない。

具体的には，法令の制定・改廃と直接関連する事務を行っていればよく，法令案を具体的に検討し起案することはもちろん，法令案を内部で審査することも含まれる。

これに対して，既存法令の解釈や実施に関する事務や，中・長期的な政策の策定に関する事務はここに含まれない。

「条約その他の国際約束の締結に関する事務」とは，条約の立案，他国又は国際機関等から示された条約案の検討及びこれらに関する交渉をいい，これらの事務処理は日本国内で行われることに限られるものではないことは当然である。

「条例の制定若しくは改廃に関する議案」とは，条例の制定・改廃に関する議会の議案のことであり，この「審査」とは，議会の委員会での審理を，「審議」とは，議会の本会議での審理のことをいい，いずれも地方議会議員の職務である。

ii　本号イ(2)から(5)までに掲げる事務（本号ロ(2)）

本号イ(2)から(5)までの解説参照。

iii　法務省令で定める審判その他の裁判に類する手続における審理又は審決，決定その他の判断に係る事務であって法務省令で定める者が行うもの（本号ロ(3)）

本号イ(2)が裁判手続等における当事者の立場からの主張立証行為を規定したのに対し，本号ロ(3)は，判断者側の行為を規定したものである。

ここで法務省令とは，「弁護士となる資格に係る認定の手続等に関する規則（平成16年３月８日法務省令第13号）」３条２項及び３項のことをいい，具体的には次のとおり定めている。

本号ロ(3)の法務省令で定める手続	本号ロ(3)の法務省令で定める者
地方自治法（昭和22年法律第67号）に定める国地方係争処理委員会又は自治紛争処理委員の審査の手続	国地方係争処理委員会の委員又は自治紛争処理委員
地方自治法に定める選挙管理委員会の署名簿の署名に関する異議又は審査の手続	選挙管理委員会の委員
公職選挙法（昭和25年法律第100号）に定める選挙管理委員会の選挙の効力に関する異議又は審査の手続	選挙管理委員会の委員

破壊活動防止法（昭和27年法律第240号）に定める公安審査委員会の破壊的団体の規制の手続	公安審査委員会の委員長又は委員
無差別大量殺人行為を行った団体の規制に関する法律（平成11年法律第147号）に定める公安審査委員会の規制措置の手続	公安審査委員会の委員長又は委員
海難審判法（昭和22年法律第135号）に定める海難審判所の審判の手続	海難審判所の審判官
労働組合法（昭和24年法律第174号）に定める中央労働委員会又は都道府県労働委員会の審問の手続	中央労働委員会又は都道府県労働委員会の委員
土地収用法（昭和26年法律第219号）に定める収用委員会の裁決手続	収用委員会の委員
公害紛争処理法（昭和45年法律第108号）に定める公害等調整委員会の裁定委員会の裁定の手続	裁定委員会の裁定委員
行政庁の処分（行政手続法（平成５年法律第88号）２条１項の「処分」をいう）その他公権力の行使に対する審査請求，再調査の請求及び再審査請求その他の不服の申立てに対する行政庁の手続（不服の申立てを受けた行政庁から付議され又は諮問された審議会等における審議等の手続を含む）	審査請求，再調査の請求及び再審査請求その他の不服の申立てについて，裁決及び決定その他の処分に係る事務を行う者（不服の申立てを受けた行政庁から付議され又は諮問された審議会等の委員長及び委員を含む）
仲裁手続	仲裁人

「審理又は審決，決定その他の判断に係る事務」とは，上記手続において，判断者の審理及び判断等をする行為を広く捉えたものである。

③　司法修習生となる資格を得た後に上記職務に従事したこと

本号の特例を受けるためには，司法修習生となる資格を得た後に，上記職務に従事することが必要であり，司法修習生となる資格を得る前に従事していたとしても，その期間については何ら考慮されないことは本号イと同様である。

④　自らの法律に関する専門的知識に基づいて上記職務に従事したこと

「自らの」法律に関する「専門的知識」に基づいて上記職務に従事することが必要であることも本号イと同様である。従って，例えば法令案の単なる清書などでは本号の要件には該当しない。

⑤　上記職務従事期間が通算して７年以上になること

実際に当該事務を処理していた期間が７年間必要なのではなく，当該事務を処理する職務に従事していた期間が7年間になれば足りることは，本号イと同様である。

そこで例えば，地方議会議員の職務は，条例の審査・審議の事務を処理する職務であるから，議会が開会している期間のみならず，閉会している期間も含め，議員の職にあった期間の全てが経験期間に算入される。

また，「法案の立案」についても，公務員であって法令の立案をその職務とする官職にあった者は，その職にあった期間は，具体的に立案事務を行っていた期間のみならず，その官職にあった期間の全てが原則として経験期間に算入される。

また，職務の肩書ではなく，その内実により判断されること，本号ロ(1)から(3)までの事務を処理する職務に従事した期間が通算して7年となればよく，また，同一時期のものを除き，複数の地方公共団体又は国での職務従事期間を通算することも，本号イの企業法務担当者としての従事期間を通算することが可能であることも，本号イと同様である。

【6】 5年以上特任検事の職にあった者（本条3号）

1 本号の趣旨

本号の特例は，平成13年6月12日の司法制度改革審議会意見書に「特任検事，副検事，簡易裁判所判事の経験者の有する専門性の活用等を検討し，少なくとも，特任検事へ法曹資格の付与を行うための制度整備を行うべきである」と謳われたことなどを受けて平成15年改正法により新たに設けられた弁護士となる資格の特例である。

特任検事は，3年以上副検事として在職した上，政令の定める特別の試験に合格した者から任命され，司法修習を経た検事と全く同一の権限を有し，民商事法の解釈を要する経済事犯等の事件を含め，捜査，公判実務を十分に経験しており，従って，5年間の在職期間を有する特任検事は弁護士にふさわしい能力を十分に備えているものと認められ，また，こうした特任検事の経験を社会において活用するという目的で本号の特例が設けられた。

昭和39年8月の臨時司法制度調査会意見書でも，特任検事に弁護士資格を付与すべきであるとの立法論的提言がなされたことがあり，この時には，判事・検事・弁護士が等しく司法試験及び司法修習を終えることを共通の資格要件とする我が国の法曹養成制度の根幹を乱すといった強い反対の意見が述べられる（昭和39年12月19日付日弁連臨時総会決議）などして実現には至らなかった。

平成15年改正法の制定の際にも，日弁連は強く反対し，また，国会の審議においても，民事事件を取り扱えるのか，法務省のお手盛りではないかとの意見も強かったが，最終的に，新たな特例として制度化されるに至った。

なお，当初国会に提出された法律案では，弁護士業務についての所定の研修課程を修了することを要件としていなかったが，国会で当該研修課程を修了することを要件とする旨の修正案が提出され可決された。

本号の特例は，最高裁判所の裁判官の職にあった者についての特例（法６条）を除き，司法修習生となる資格，すなわち，司法試験の合格を経ないで弁護士となる資格が与えられる唯一の特例である。

2　本号の要件

本号の特例を受ける要件は次のとおりである。

① 検察庁法（昭和22年法律第61号）18条３項に規定する考試を経た検察官（副検事を除く）であること

② 上記検察官の職にあった期間が通算して５年以上になること

③ ①及び②の要件を充足した後に弁護士業務についての所定の研修課程を修了したこと

④ ①及び②の要件に該当すること並びに③の研修課程を修了したと法務大臣が認定したこと

以下，上記①の要件について解説する。

検察庁法18条３項に規定する考試とは，検察官特別考試（昭和25年政令第349号検察官特別考試令）のことをいい，その試験科目は，平成19年４月１日からは，憲法，民法，商法，民事訴訟法，刑法，刑事訴訟法，検察の実務である。

検察官特別考試の実施機関として，検察官・公証人特別任用等審査会が置かれ（検察官特別考試令２条），その委員は12人以内で組織され，最高裁判所事務総長，日弁連の会長の推薦する弁護士１人，学識経験のある者につき法務大臣が任命する（検察官・公証人特別任用等審査会令１条１項・２条１項）。また，検察官特別考試における問題の作成及び採点を行わせるため必要があるときは，審査会に試験委員を置くことができるとされ（同令１条２項），必要な専門的知識のある者のうちから，検察官特別考試の執行ごとに，法務大臣が任命する（同令２条２項）と定められている。

検察官には，検事総長，次長検事，検事長，検事及び副検事（**注５**）の５種類があるが（検察庁法３条），３年以上副検事の職にあって，この検察官特別考試に合格した者は，検事に任命することができるとされ（同法18条３項），この規定により副検事から検事に任命された者を一般的に「特任検事」（**注６**）と呼称するが，本号は，この特任検事であることがその要件となっている。

なお，本号の要件に該当するのは，上記５種類の検察官のうち副検事を除いたものであるから，特任「検事」として任命された後，さらに検事長，次長検事，検事総長に任命されたとしても，その職にあった期間は本号の特例の対象となることはもちろんである。

（注5） 副検事とは，主として，検察庁法18条2項に基づき，3年以上一定の要件を満たす検察事務官等の政令で定める公務員の職にあった者で政令（検察官・公証人特別任用等審査会令（平成15年12月3日政令第477号））で定める審議会（検察官・公証人特別任用等審査会）の選考を経た者の中から任命され，区検察庁の検察官のみにこれを補することとされている（同法16条2項）。

（注6） 特任検事は，司法修習生の修習を終えた法曹資格を有する検事（検察庁法18条1項1号）と比べて，法令上の権限はもとより，実際に担当する職務内容についても，何ら変わるところはない。

【7】 通算規定（本条4号）

1 本号の趣旨

本号は，本条1号から3号までで定める弁護士となる資格の特例を受けることができる職にあり，または職務に従事した期間が，各号にまたがっている場合にそれらの期間を通算することを認めるものである。

特に本条1号及び3号の当該職にあった期間と2号の当該職務に従事した期間が，前者は5年，後者は7年と異なることから，本号により，それらを通算する場合の期間について明確にしている。

なお，本条1号に規定する職にあった期間及び2号に規定する職務に従事する期間については，司法修習生となる資格を得た後のものに限り，また，本条3号に規定する職にあった期間については，検察官特別考試を経た後のものに限ると本号柱書の括弧書に規定されているが，そもそも，本条1号及び2号については，司法修習生となる資格を得た後に当該職にあり，又は当該職務に従事することが要件とされ，また，本条3号については，検察官特別考試を経た後に検察官の職にあったことが要件であるから，当該括弧書の規定は注意的に確認したものに過ぎない。

2 本号の内容

本条1号及び3号に規定する職にあった期間については，通算して5年以上の年数となれば，その後に所定の弁護士業務についての研修課程を修了し，法務大臣の認定を受ければ，弁護士となる資格が付与される（本号イ）。

本条2号に規定する職務に従事した期間と本条1号及び3号に規定する職にあった期間については，通算して7年以上の年数となれば，その後に所定の弁護士業務についての研修課程を修了し，法務大臣の認定を受ければ，弁護士となる資格が付与される（本号ロ）。

（認定の申請）

第５条の２ 前条の規定により弁護士となる資格を得ようとする者は，氏名，司法修習生となる資格を取得し，又は検察庁法第18条第３項の考試を経た年月日，前条第１号若しくは第３号の職に在つた期間又は同条第２号の職務に従事した期間及び同号の職務の内容その他の法務省令で定める事項を記載した認定申請書を法務大臣に提出しなければならない。

２　前項の認定申請書には，司法修習生となる資格を取得し，又は検察庁法第18条第３項の考試を経たことを証する書類，前条第１号若しくは第３号の職に在つた期間又は同条第２号の職務に従事した期間及び同号の職務の内容を証する書類その他の法務省令で定める書類を添付しなければならない。

３　第１項の規定による申請をする者は，実費を勘案して政令で定める額の手数料を納めなければならない。

【１】 本条の趣旨

本条は，法５条による弁護士となる資格の特例を受けようとする者について，資格の付与を受けるための申請手続等を定めるものである。

【２】 本条の内容

１　本条１項は，法５条により弁護士となる資格の付与を受けようとする者は法務大臣宛に認定申請書を提出すること及び当該認定申請書の記載事項について定めている。

本項の法務省令として，「弁護士となる資格に係る認定の手続等に関する規則」（平成16年３月８日法務省令第13号）が定められ，同規則４条が，認定申請書の記載事項等について規定している。

２　本条２項は，１項の認定申請書の添付書類について定めている。

本項の定める法務省令は，前述した１項の法務省令と同じであり，同規則５条が当該認定申請書の添付書類（司法修習生となる資格を取得したことを証する書類，履歴書，戸籍抄本等）について規定している。

３　本条３項は，申請の手数料について定めている。

本項でいう政令として，「弁護士法第５条の２第３項の手数料の額を定める政令」（平成16年２月４日政令第17号）が定められ，手数料の額は，申請１件につき１万9800円と規定している。

４　なお，認定申請の実務については，法務省大臣官房司法法制部審査監督課作成による「認定申請の手引」が公刊されている。

（認定の手続等）

第5条の3 法務大臣は，前条第1項の規定による申請をした者（以下この章において「申請者」という。）が第5条各号のいずれかに該当すると認めるときは，申請者に対し，その受けるべき同条の研修（以下この条において単に「研修」という。）を定めて書面で通知しなければならない。

2 研修を実施する法人は，申請者がその研修の課程を終えたときは，遅滞なく，法務省令で定めるところにより，当該申請者の研修の履修の状況（当該研修の課程を修了したと法務大臣が認めてよいかどうかの意見を含む。）を書面で法務大臣に報告しなければならない。

3 法務大臣は，前項の規定による報告に基づき，申請者が研修の課程を修了したと認めるときは，当該申請者について第5条の認定（以下この章において単に「認定」という。）を行わなければならない。

4 法務大臣は，前条第1項の規定による申請につき認定又は却下の処分をするときは，申請者に対し，書面によりその旨を通知しなければならない。

5 前条第1項の規定による申請に係る処分（申請者が第5条各号のいずれにも該当しないことを理由とする却下の処分を除く。）又はその不作為についての審査請求については，行政不服審査法（平成26年法律第68号）第2章第4節の規定は，適用しない。

【1】 本条の趣旨

本条は，法5条により弁護士となる資格の付与を受けようとする者が，法5条の2の規定に従って法務大臣に認定申請書を提出した後の，法務大臣及び所定の研修を実施する法人（日弁連）のとるべき手続について規定している。

【2】 本条の内容

1 法務大臣は，法5条により弁護士となる資格の付与を受けようとする者から認定申請書の提出があった場合には，当該申請者が同条の要件に該当するか否かについて審査し，これに該当すると判断したときは，当該申請者に対し，その受けるべき所定の弁護士業務についての研修を定めて，その旨を書面で通知しなければならない（本条1項）。

これに対して，法5条の要件に該当しないと判断した場合には，却下処分をすることになる。

2 研修についての通知を受けた認定申請者は，当該通知内容に従って研修を受けることになる。研修実施法人（日弁連）は，当該申請者が研修の課程を終えたときは，遅滞なく，当該研修の課程を修了したと法務大臣が認定してよいかどうかの意見を含んだ当該申請者の研修の履修状況を書面で法務大臣に報告する（本条2項）。

具体的な報告の方法及び内容については，「弁護士となる資格に係る認定の手続等に関する規則」（平成16年３月８日法務省令第13号）７条が規定している。

３　法務大臣は，研修実施法人（日弁連）からの報告書をもとに認定申請について判断し，修了したと認めるときは認定を行わなければならない（本条３項）。認定する場合も，却下の処分をする場合も，いずれの場合においても，当該申請者に対して書面によりその旨の通知をしなければならない（本条４項）。

本条４項は，理由の通知の有無については特に規定していないが，却下の処分をする場合は，行政手続法８条１項により理由も示さなければならないと解される。

研修の課程を修了したかどうかの判断権者は法務大臣にあるが，直接研修の実施に当たっている研修実施法人（日弁連）の意見を尊重しなければならない。

なお，認定の申請を却下する処分又はその不作為については審査請求をすることができるが，申請者が第５条各号のいずれにも該当しないことを理由とする却下の処分の場合を除いて，行審法第２章第４節の規定（行政不服審査会等への諮問）は適用されない（本条５項）。

（研修の指定）

第５条の４　法務大臣は，研修の内容が，弁護士業務を行うのに必要な能力の習得に適切かつ十分なものと認めるときでなければ，第５条の規定による研修の指定をしてはならない。

２　研修を実施する法人は，前項の研修の指定に関して法務大臣に対して意見を述べることができる。

３　法務大臣は，第５条の研修の適正かつ確実な実施を確保するために必要な限度において，当該研修を実施する法人に対し，当該研修に関して，必要な報告若しくは資料の提出を求め，又は必要な意見を述べることができる。

【１】　本条の趣旨

本条は，法５条各号列記以外の部分で定める弁護士業務についての研修を法務大臣が指定するための要件を定め，また，研修の指定について，研修実施法人（日弁連）が法務大臣に意見を述べることができる旨及び研修の適正かつ確実な実施を確保するために，法務大臣が研修実施法人（日弁連）に対し報告若しくは資料の提出を求め，又は意見を述べることができる旨規定している。

本条の制定に係る平成15年の法改正にあたり，衆議院では，「弁護士資格の特例を拡充することとなる者に課する研修については，司法修習の理念に基づき，司法書士に簡易裁判所での訴訟代理権を付与するに当たって課される特別研修にかんがみ，弁護士実務に必要な理論的且つ実践的な能力を涵養するために，十分な内容及び時間を確保するよう努めること」との附帯決議が付され，また，参議院においても同様の附帯決議が付されている。

同様に，平成16年の法改正の際にも，衆議院において，「政府は，本法の施行に当たり，弁護士資格の特例制度において課される研修については，司法修習の理念を損なうことのないよう，内容の充実を図るとともに，十分な時間の確保に努めるよう，格段の配慮をすべきである」との附帯決議が付され，参議院においても同様の附帯決議が付されている。

【2】　本条の内容

1　法務大臣が法5条の研修の指定ができるのは，「研修の内容が，弁護士業務を行うのに必要な能力の習得に適切かつ十分なものと認めるとき」でなければならない（本条1項）。

いかなる内容の研修であれば，同項の要件に該当するかであるが，抽象的に言えば，弁護士業務を行う際に求められる基本的な能力であって，企業法務，公務員等の実務経験では一般的には身に付けることが困難と思われる事項についての研修であることが必要である。具体的には，集合研修及び実務研修を実施し，前者においては，刑事民事の訴訟実務・要件事実・弁護士倫理等に関する講義・演習，訴状・準備書面・弁論要旨・契約書等の起案等が，後者については，法律事務所での実務研修等が行われることになろう。

法務大臣は，上記要件のほか，研修の実施に関する計画（日程，場所，講師，カリキュラムの内容，収支計画等）が，その適正かつ確実な実施のために適切なものであるかどうか，研修実施法人が計画の実施に関する計画を適正かつ確実に遂行するに足りる専門的能力及び経理的基礎を有するものかどうかについても研修の指定にあたって審査することになろう。

なお，法務省令（弁護士となる資格に係る認定の手続等に関する規則（平成16年3月8日法務省令第13号）1条）により研修実施法人として定められている日弁連は，「弁護士法第五条の規定による弁護士業務についての研修に関する規則」を定め，同規則に従って研修を実施している。

同規則によれば，研修は集合研修と実務研修に分かれ，前者は，日弁連が指定する場所において行う講義及び起案講評による研修，後者は，日弁連会長が委嘱する弁護士の法律事務所において行う研修とされ（同規則4条），平成30年度においては，研修を修了するためには，集合研修は合計60時間，実務研修は合計144時間の研修を受けることが必要とされている。

2　本条1項の研修の指定の要件該当性の判断は，法務大臣が行うものであるが，この判断が適切になされるように，研修実施法人（日弁連）に，研修の指定に関して法務大臣に対して意見を述べる権限を付与した（本条2項）。

3　研修実施法人（日弁連）による弁護士業務に関する研修の課程を修了することは，法5条による弁護士となる資格の特例を受けるための要件であり，研修実施法人（日弁連）の恣意により当該研修が実施されてはならないことは当然である。

そこで，これを担保するものとして，法務大臣は，研修実施法人（日弁連）に対し，報告若しくは資料の提出を求め，又は意見を述べることができると規定された（本条3項）。

但し，当該報告若しくは資料の提出を求め，又は意見を述べることができるのは，あくまでも「研修の適正かつ確実な実施を確保するために必要な限度において」「当該研修に関して」「必要な」範囲で行えるに過ぎない。

（資料の要求等）

第5条の5　法務大臣は，認定に関する事務の処理に関し必要があると認めるときは，申請者に対し必要な資料の提出を求め，又は公務所，公私の団体その他の関係者に照会して必要な事項の報告を求めることができる。

【1】　本条の趣旨

本条は，法務大臣が，法5条の要件該当性の認定をするにあたり，申請者に対し必要な資料の提出を求めることができること及び公務所，公私の団体その他の関係者に対し必要な事項の報告を求めることができることを規定する。

【2】　本条の内容

申請者に対して提出を求めることができる資料及び公務所，公私の団体その他の関係者に報告を求めることができる事項は，いずれも「認定に関する事務の処理に関し必要がある」もの，すなわち，法5条の要件該当性の判断に資する資料及び報告が対象となる。

具体的には，例えば，申請者に対して法5条各号の職歴を証明する資料の提出を求め，あるいは，申請者が勤務していた企業や官公署に勤務の態様，職務の内容等について報告を求めることなどが想定される。

報告を求めることができる対象者は，「公務所，公私の団体その他の関係者」と規定されており，法23条の２のいわゆる弁護士会照会の対象である「公務所又は公私の団体」とは異なり，「その他の関係者」との文言が付加されていることから，結局，認定に関する事務の処理に関し必要な事項の報告をすることのできる全ての者が対象者となる。

（法務省令への委任）
第５条の６　この法律に定めるもののほか，認定の手続に関し必要な事項は，法務省令で定める。

【１】 本条の趣旨

本条は，法で定める事項を除き，法５条による弁護士となる資格の認定の手続に関して必要な事項は法務省令に委任されることを明らかにしたものである。

本条を受け，「弁護士となる資格に係る認定の手続等に関する規則」（平成16年３月８日法務省令第13号）が定められている。

同規則は，法５条から５条の３までが個別に委任している事項のほか，手数料の納付方法（同規則６条），認定を受けた者の官報公告（同規則８条）及び認定の申請前の予備審査（同規則９条）について定めている。

（最高裁判所の裁判官の職に在つた者についての弁護士の資格の特例）
第６条　最高裁判所の裁判官の職に在つた者は，第４条の規定にかかわらず，弁護士となる資格を有する。

【１】 本条の趣旨

本条は，法５条とともに，弁護士となる資格の特例を定めるものであるが，最高裁判所裁判官の職にあったということのみで弁護士となる資格が付与されるものであり，法５条１号及び２号と異なり，司法修習生の資格を得ること，すなわち，司法試験に合格することも必要なく，また，法５条１号から３号までと異なり，弁護士業務についての所定の研修の課程を修了することもなく，かつ，法務大臣の認定も必要なく弁護士となる資格が付与される。

【2】 最高裁判所の裁判官の職に在った者

最高裁判所は，長たる裁判官（最高裁判所長官）とその他の裁判官（最高裁判所判事）でこれを構成するものとされており（憲法79条，裁判所法5条1項），最高裁判所判事の数は現在14名である（裁判所法5条3項。長官を含め最高裁裁判官は15名）。

そして，最高裁判所の裁判官の任命資格は，「識見の高い，法律の素養のある年齢40年以上の者」との定めがあり（裁判所法41条1項），そのうち少なくとも10人は，裁判所法41条に定める一定の期間（高裁長官及び判事については通算して10年，その他については20年），一定の法律専門家（高裁長官，判事，簡裁判事，検察官，弁護士，別に法律で定める大学の法律学の教授又は准教授）としての職に在ったことを要する。最高裁判所の裁判官の人選は全て内閣で決められることになっており（長官は内閣の指名で天皇が，その他の裁判官は内閣が任命する。憲法6条2項・79条1項），「最高裁判所の裁判官の職に在つた」ということは，「司法修習生の修習を終えた」こととその内容を相当異にするものであることは否めない。

しかしながら，最高裁判所は，上告及び訴訟法で特に定める抗告について裁判権をもつ（裁判所法7条）ほか，規則制定権（憲法77条1項），法律等の違憲審査権（同法81条），下級裁判所の裁判官の指名権（同法80条1項），司法行政監督権（裁判所法80条1号）等の権能を有する。

最高裁判所裁判官は，かかる権能の行使の担い手として高度の法律的職責に携わってきたものであり，この職にあったことのみで，特に弁護士となる資格が付与されることとされたのである。

（弁護士の欠格事由）

第7条 次に掲げる者は，第4条，第5条及び前条の規定にかかわらず，弁護士となる資格を有しない。

一 禁錮以上の刑に処せられた者

二 弾劾裁判所の罷免の裁判を受けた者

三 懲戒の処分により，弁護士若しくは外国法事務弁護士であつて除名され，弁理士であつて業務を禁止され，公認会計士であつて登録を抹消され，税理士であつて業務を禁止され，又は公務員であつて免職され，その処分を受けた日から3年を経過しない者

四 破産手続開始の決定を受けて復権を得ない者

【1】 本条の趣旨

法4条が弁護士となる資格の本則を，法5条及び6条がその特例をそれぞれ規定したのに対し，本条は，いわば弁護士の消極的資格要件を定めたものである。すなわち，ここに定める要件に該当する者は，法4条，5条又は6条により弁護士となる資格を有するとされていても，結局その資格は認められないのである。

本条の各号のいずれかに該当する者は，新規に弁護士名簿への登録（法8条）がなされることはなく，また，既に登録されている者が本条各号（第2号を除く）のいずれかに該当するに至ったときは，当然にその登録を取り消されることとなる（法17条）。

【2】 沿　革

弁護士の欠格事由については，旧々法，旧法も，次のように定めていた。

まず，旧々法では，①重罪を犯した者（国事犯であって復権したときを除く），②不敬罪・偽造罪・偽証罪・賄賂罪・誣告罪・窃盗罪・詐欺取財罪・費消罪・贓物に関する罪・遺失物埋蔵物に関する罪・家資分散に関する罪等を犯した者，③公権停止中の者，④破産若しくは家資分散の宣告を受け復権を得ない者又は身分限の処分を受け債務の弁償を終えない者を規定していた（5条）。

また，旧法は，①禁錮以上の刑に処せられた者，②懲戒の処分によって免官・免職させられた者，弁護士法によって除名させられた者，弁理士法若しくは計理士法によって業務を禁止させられた者であって，免官・免職・除名又は業務禁止後2年を経過しない者，③禁治産者又は準禁治産者，④破産者であって復権を得ない者を欠格事由としていた（5条）。

【3】 資格を失う時期

現に弁護士の登録がなされた弁護士である者が本条所定の欠格事由（1号・3号・4号）に該当するに至った場合，当該弁護士はいずれの時点から弁護士でなくなるのか問題となる。弁護士法は，公証人法16条や国家公務員法76条のように，法の定める欠格事由に該当することになったときに「当然失職する」と明定していないのであるから，法17条の下で，弁護士名簿の登録の取消しがなされるまで，弁護士としての活動が許されるとの説も考えられる。

しかし，法17条の趣旨は「登録の取消を以て失職の要件とし登録の取消に至るまでその職を保たしめようとしたものではなく単に失職の公示方法としたもの」であると解すべきであり，本条各号の「欠格事由の発生と同時に当然その職を失う」と解するのが相当である（大阪高判昭和27・5・30高民集5巻7号292頁）。

【4】 禁錮以上の刑に処せられた者（1号）

1 「禁錮以上の刑に処せられた」の意義

ここにいう禁錮以上の刑とは，禁錮，懲役及び死刑である（刑法9条・10条）。

禁錮以上の刑に処する確定判決を受けたことをもって足り，刑の執行を現に受けることは要件とされていないので，刑の執行を猶予された場合も刑に処せられたことにあたるのである（刑法25条1項1号の解釈に関し，最判昭和24・3・31刑集3巻3号406頁参照）。

2 資格を失う時期

「禁錮以上の刑に処せられた」とは，「禁錮以上の刑に処する確定判決を受けた」ことであり，判決の確定をもって当然に，かつ同時に，弁護士となる資格を失うものと解される。

3 刑の言渡しの失効と資格の回復

禁錮以上の刑に処する確定判決があった場合でも，後にかかる判決の刑の言渡しが効力を失った場合は，その時以後その者は，禁錮以上の刑に処せられたことがないものとみなされる。その例として，確定判決について「刑の全部の執行猶予の言渡しを取り消されることなくその猶予の期間を経過したとき」（刑法27条），大赦又は特赦があって，有罪の言渡しの効力を失った場合（恩赦法3条・5条），刑の執行が終わり，又はその執行の免除を得た後，罰金以上の刑に処せられることなく10年を経過した場合（刑法34条の2）がある。このような場合，弁護士となる資格は当然に復活することになる。

但し，刑の言渡しがその効力を失うことにより，弁護士となる資格が回復した場合であっても，新たな弁護士登録の申請にかかる審査において，「禁錮以上の刑に処せられた」事実自体は，法12条1項との関係で登録進達拒絶の理由となる可能性がある。禁錮以上の刑に処せられたことが「弁護士会の秩序若しくは信用を害するおそれ」に当然には該当しないものの，犯罪の内容，受刑中及び受刑後の生活態度，その人の社会的信用状態，社会的影響の鎮静化の程度等によっては，登録請求の進達の拒絶や登録の拒絶がなされることもあり得ると解される。

4 少年時の刑事罰

少年法60条は，「少年のとき犯した罪により刑に処せられてその執行を受け終り，又は執行の免除を受けた者は，人の資格に関する法令の適用については，将来に向つて刑の言渡を受けなかつたものとみなす」と定めている（1項）。そして，本条は上記にいう「人の資格に関する法令」にあたると解される（旧々法等につき，大判大正15・6・23刑集5巻8号281頁，東京高判昭和27・2・21高刑特報29号51頁）。

従って，例えば，少年のときに犯した罪により刑に処せられてその刑の執行を受け終わった者は，本号に該当しないことになる。

【5】 弾劾裁判所の罷免の裁判（2号）

1 趣 旨

憲法78条は，「裁判官は，裁判により，心身の故障のために職務を執ることができないと決定された場合を除いては，公の弾劾によらなければ罷免されない」と定めている。そして憲法64条は，上記の「公の弾劾」として，「国会は，罷免の訴追を受けた裁判官を裁判するため，両議院の議員で組織する弾劾裁判所を設ける（1項）」ものとし，「弾劾に関する事項は，法律でこれを定める（2項）」ものとしている。これを受けて裁判官弾劾法2条は，罷免の理由として，「職務上の義務に著しく違反し，又は職務を甚だしく怠つたとき（1号）。その他職務の内外を問わず，裁判官としての威信を著しく失うべき非行があつたとき（2号）」を挙げている。

このように，罷免された裁判官は，厳格な身分保障を受けていたにもかかわらず，その意に反して免官（罷免）されるほどの職務懈怠又は非行のあった者であるから，弁護士たる資格も有しないものとされているのである。

2 罷免の裁判

罷免の裁判とは，裁判官弾劾裁判所（裁判官弾劾法3条）が行う，裁判官の罷免を可とする裁判であって，これには理由が付され，その理由には罷免の事由及びこれを認めた証拠を示さなければならない（同法33条）。裁判官は罷免の裁判の宣告により当然に罷免され，別段の罷免行為は不要とされている（同法37条）。

しかしながら，裁判官弾劾法は，罷免の裁判の宣告の日から5年を経過し相当とする事由があるとき，又は，罷免の事由がないことの明確な証拠を新たに発見し，その他資格回復の裁判をすることを相当とする事由があるときは，罷免の裁判を受けた者の請求により資格回復の裁判をすることができると定めている（同法38条1項）。そして，資格回復の裁判があったときは，罷免の裁判を受けた者がその裁判を受けたため他の法律の定めるところにより失った資格を回復するので（同条2項），弁護士となる資格も回復することとなる。

3 最高裁判所裁判官の国民審査による罷免

最高裁判所の裁判官については，特殊な罷免の手続として，国民審査の制度が定められている（憲法79条2項）。裁判官の罷免は，執務不能と裁判された場合（同法78条，裁判所法48条），前述の公の弾劾による場合，そしてこの国民審査による場合しかない。そこで，最高裁判所の裁判官が国民審査の結果罷免されたときは，本条2号及び最高裁判所裁判官国民審査法35条2項の趣旨からして，罷免の日から5年間は弁護士となる資格も剥奪されたものとして取り扱うのが相当であろうとの見解がある（福原・78頁）。

しかし，国民審査による罷免は，弁護士となる資格とは無関係と解するべきである。第1の理由は，本条が弁護士資格を有しない者を限定列挙的に定めているという文理上のものである。同じ憲法中の一の罷免制度にのみ言及して，殊更に他の罷免制度に言及しなかったという点が重視されるべきである。第2の理由は，国民審査制度の趣旨目的に関するものである。国民審査は，最高裁判所の裁判官の内閣による任命に対する事後審査という面と，国民罷免制度（リコール）という面を併有するとされている（法学協会『註解日本国憲法下巻（改訂版合本)』1176頁)。しかし，任命に関する国民審査も実質はいわゆる解職の制度と解されるのであり（最大判昭和27・2・20民集6巻2号122頁)，解職の理由はいかなる意味でも限定されるものではなく，前述の弾劾裁判所による罷免とはその性質を異にするものである。

従って，本号が国民審査による罷免をも含むと解するのは相当でない。

4 民事調停官及び家事調停官の解任

平成15年の民事調停法及び家事審判法の改正により，いわゆる非常勤裁判官制度，すなわち，民事調停官及び家事調停官の制度が導入された。

民事調停官及び家事調停官は，いずれも「弁護士で5年以上その職にあったもののうちから，最高裁判所が任命する」とされており（民事調停法23条の2第1項，家事事件手続法250条1項)，弁護士が，その身分のままで，従来民事調停又は家事調停において裁判官又は家事審判官が行っていた権限等を行使するものである（民事調停法23条の3第2項，家事事件手続法251条2項)。

ところで，この民事調停官及び家事調停官は，いずれも「職務上の義務違反その他民事調停官（家事調停官）たるに適しない非行があると認められたとき」は解任されると規定されている（民事調停法23条の2第5項3号，家事事件手続法250条5項3号)。

しかし，民事調停官及び家事調停官は，裁判官の権限を行使するものの，裁判官とはみなされず，従って，弾劾裁判所の罷免の裁判の対象とはならないことから，解任されたとしても本条2号に該当せず，弁護士となる資格を喪失しないと解するべきである。

このような事態が生じ，それが，弁護士としての品位も害するものと認められる場合には，別途懲戒処分により対処するほかないであろう。

【6】 特定の職業における懲戒の処分（3号）

1 趣　　旨

本号に定める弁護士，外国法事務弁護士，弁理士，公認会計士及び税理士は，その資格の得喪，業務の内容が法律で明定された高度の専門職である。また，公務員は，国民全体の奉仕者であって，その任免は法律によって厳格に規定されている（国家公務員法33条，地方公務員法27条等)。

すなわち，本号は，上記のごとき専門職従事者又は公務員が，自らの職をその意に反して失わしめられるほどの懲戒処分を受けたということが，各々の場合に定められた懲戒の理由，そして手続に鑑みると，少なくとも3年間は弁護士となる資格を新たに付与し，又はこれを維持させることは相当でないと考えているのである。

2　各専門職における懲戒処分

まず，弁護士及び外国法事務弁護士においては除名である。これは法57条1項4号及び外国弁護士による法律事務の取扱いに関する特別措置法52条1項4号に定める除名であって，被懲戒者の弁護士及び外国法事務弁護士たる身分を一方的に奪う処分で，懲戒処分中最も重いものである。

次に，弁理士においては，業務の禁止である。これは弁理士法32条3号に定める「業務の禁止」であって，同じく被懲戒者の弁理士たる身分を一方的に奪う処分である。同法によれば，業務禁止より3年間は弁理士たる資格を有しないとされている（8条6号）。

第3に，公認会計士においては，登録の抹消である。これは公認会計士法29条3号に定める「登録の抹消」であって，同じく被懲戒者の公認会計士たる身分を一方的に奪う処分である。同法によれば，登録抹消の処分の日から5年を経過しない者は公認会計士となることができないとされている（4条6号）。

最後に，税理士においては，業務の禁止である。これは税理士法44条3号に定める「税理士業務の禁止」であって，被懲戒者の税理士たる身分を一方的に奪うことにおいて前述の各処分と同様のものである。同法によれば，業務禁止の処分を受けた日から3年を経過しない者は，税理士となる資格を有しないとされている（4条7号）。

以上要するに，各法律において，各専門職としての身分を一方的に奪う重い懲戒処分について，弁護士となる資格の否定という効果を与えたものである。

3　公務員における懲戒免職

公務員は法定の事由によるのでなければ，その意に反して，降任，休職又は免職されることはない（国家公務員法75条，地方公務員法27条2項）。そして，上記の免職には，いわゆる分限免職と懲戒免職がある。分限免職を含む分限処分は，公務員が職務を十分に果たし得ないことを理由とする処分であるのに対し，懲戒処分は，公務員の義務違反に対して，その使用主である国又は地方公共団体が，公務員法上の秩序を維持するため使用主として行う制裁である。すなわち，公務員の法律上かつ道義上の責任を明らかにする意味での懲戒処分としてなされた免職処分をいうものである。具体的には，国家公務員法82条，地方公務員法29条に定める免職がこれに該当する。

懲戒処分としての免職は上記のような意味をもつので，憲法68条2項に定める内閣総理大臣による国務大臣の罷免のごときは，ここにいう免職にはあたらない。また，国会や地方議会における議員の懲罰による除名も，同様に上記にいう免職には該当しないと解される。なぜなら，議会の議員と議会とは，使用者と被使用者の関係にあるものではなく，むしろ議員は議会の構成員であるから，懲戒と懲罰とはその本質を異にするものであり，また，懲戒処分は，その理由を法律等で厳格に定められて，その適法性が最終的には裁判所による審査に服するのに対し，議会の懲罰は政治性の強いものだからである。このような懲罰の性格ゆえに，国会法123条，地方自治法136条は，議会が除名した議員で再び当選した者を拒むことができないとしているのである。

4　資格喪失の期間

前述のごとき懲戒の処分を受けた者は，「処分を受けた日」から３年間は弁護士となる資格を有しないこととなる。そして，３年を経過すると，弁護士となる資格は当然に回復するものである。但し，上記の期間の経過によって弁護士となる資格が回復した場合であっても，新たな弁護士登録の申請にかかる審査において，「懲戒を受けた」事実が法12条１項との関係で，登録請求進達拒絶事由となり得ることは，刑事罰の場合と同様である。

なお，「処分を受けた日」の意義については，弁護士法その他の関連法の解釈によることになる。弁護士法に基づく懲戒処分については，いわゆる「告知時説」に従うことになる（最大判昭和42・９・27民集21巻７号1955頁。懲戒処分の効力発生時期について解釈上の変遷があったことについては，144頁以下，454頁以下参照）。すなわち，除名の処分が懲戒を受ける弁護士に告知されたときが「処分を受けた日」にあたる。

税理士については，昭和55年の税理士法改正以前は，同法がいわゆる「確定時説」に基づいているものと理解されていた（最判昭和50・６・27民集29巻６号867頁）。しかし，昭和55年に，税理士法の懲戒処分の効力発生時期について，「処分が確定した」との文言がすべて「処分を受けた」との文言に改められ，同法の懲戒処分の効力発生時期も，告知時である旨が明らかとなった（税理士法26条１項３号・４条７号・28条１項・60条３号）。

弁理士と公認会計士については，特に判例はない。そして，弁理士法及び公認会計士法の関連条項の文言自体は，弁護士法の場合と同じく，必ずしも明確な回答を与えるものではない。しかしながら，弁護士法における前記最高裁判例の趣旨に鑑み，また，税理士法改正の趣旨に照らすならば，弁理士及び公認会計士の懲戒処分についても同様の解釈がなされるであろう。従って，弁理士に対しては業務禁止，公認会計士に対しては登録抹消の処分がそれぞれ告知された日をもって３年の期間の起算日とすべきものである。

公務員に対する懲戒処分は行政処分であるから，公務員が免職の処分を受けた日とは，当該公務員に対する処分告知の日であることはもちろんである。

平成15年の公認会計士法の改正により，公認会計士の資格の欠格事由が，従来，登録抹消処分の日から3年を経過しない者であったものが，5年に伸長された（同法4条6号）。ところが当該改正に対応して弁護士法は改正されなかったため，本号の適用にあたっては，登録抹消処分の日から3年を経過すれば，公認会計士となる資格は回復しなくても弁護士となる資格は有するという不均衡が生じることになった。

【7】 成年被後見人・被保佐人（旧4号・削除）

旧本条4号は，民法に定める制限行為能力者（未成年者，成年被後見人，被保佐人，被補助人）のうち成年被後見人及び被保佐人を当然に弁護士となる資格を有しないものとしていた。

しかし，成年後見制度の利用の促進に関する法律（平成28年法律第29号）に基づく措置として，成年被後見人又は被保佐人であることを理由に不当に差別されないよう，法令等により定められている成年被後見人又は被保佐人に係る欠格条項の適正化を図る必要があるとされ，この要請を受けて，令和元年6月に成立した成年被後見人等の権利の制限に係る措置の適正化等を図るための関係法律の整備に関する法律（令和元年法律第37号）により，旧本条4号は削られた（施行日は令和元年12月14日。これに伴って，従前の本条5号が本条4号に繰り上げられた）。今後，成年被後見人又は被保佐人については，個別の事情に応じて，法12条及び法13条により対応することとなる。

なお，未成年者については，税理士法（4条），弁理士法（8条），司法書士法（5条），公認会計士法（4条）ではいずれも欠格事由とされているものの，弁護士法はこれをあげていない。従って，未成年者も弁護士となる資格は有し得るものと解される。

【8】 破産手続開始の決定を受けて復権を得ない者（4号）

1 趣　旨

破産手続開始の決定を受けた者（以下「破産者」という。破産法2条4項参照）は，破産手続開始の決定によって破産財団に属する財産に対する管理処分権を失うものであるが（破産法34条・78条），弁護士の職務は，依頼者の深い信頼を基礎にして初めて成り立つものであるから，破産者が弁護士となる資格を有するものとすると，職務の公正を担保することが困難である。そこで，本号は「破産手続開始の決定を受けて復権を得ない者」を弁護士となる資格を有しない者として規定したのである。なお，旧々法及び旧法においても同様の欠格事由が規定されていた。

本号は従前本条5号であったが，令和元年6月に成立した成年被後見人等の権利の制限に係る措置の適正化等を図るための関係法律の整備に関する法律（令和元年法律第37号）により号の繰り上げがなされた結果本号となった。また，併せて「破産者であつて」との文言が「破産手続開始の決定を受けて」へと改正されている。

2　資格喪失の期間

その者が破産手続開始の決定を受けたときから，復権を得るまでの間，弁護士となる資格を有しないものである。

この「破産手続開始の決定を受けたとき」とは，破産手続開始の決定がなされたときか，又は当該決定が確定したときかは，法文上明らかではない。このことは，法17条1号に基づく弁護士名簿の登録取消しの時期にも関連する問題である。

破産法30条1項は，「裁判所は，破産手続開始の申立てがあった場合において，破産手続開始の原因となる事実があると認めるときは，……破産手続開始の決定をする」と規定し，さらに同条2項は，「前項の決定は，その決定の時から，効力を生ずる」と規定している。しかしながら，これらの規定は，破産手続における破産手続開始決定の効力発生時期を定めたものに過ぎず，破産に関し他の法令に定める効力についてまで，破産手続開始決定時より効力を生じると解すべき必然性はなく，その効力の発生時期は，それぞれ当該法令制定の趣旨に鑑み解釈すべきものである（大判昭和8・7・24民集12巻2264頁）。

弁護士法が破産手続開始の決定を受けたことを欠格事由とした前述の趣意，そして，破産手続開始決定は口頭弁論を必要とせず（破産法8条），申立債権者の債権の存在，破産の原因たる事実の存在についても疎明で足り（同法18条2項），また，破産手続開始決定に対しては即時抗告が許されていて（同法33条），抗告審で破産手続開始決定が取り消されることもある等のことに鑑みると，破産手続開始決定の確定をもって，資格喪失時期と解すべきである（同旨，昭和59年4月9日付日弁連会長通知）。

次に，「復権を得たとき」とは，①免責許可の決定が確定したとき（同法255条1項1号），②破産法218条1項の規定による破産手続廃止の決定が確定したとき（同項2号），③再生計画認可の決定が確定したとき（同項3号），④破産手続開始決定後，詐欺破産罪について有罪の確定判決を受けることなく10年を経過したとき（同項4号），⑤申立てによる復権の決定が確定したとき（同法256条・255条1項後段）である。

但し，復権を得れば，請求により直ちに弁護士名簿に登録されるとは限られないことは，禁錮以上の刑の言渡しが効力を失った場合と同様である（86頁参照）。

旧第７条　削　　除

【1】 削除に至る経緯

1　平成15年法律第128号「司法制度改革のための裁判所法等の一部を改正する法律」による弁護士法改正前の７条は「削除」となっていた。

これは，昭和30年法律第155号「弁護士法の一部を改正する法律」により「削除」となったものであるが，その前には，次のように規定されていた。

(外国の弁護士となる資格を有する者の特例)

第７条　外国の弁護士となる資格を有し，且つ，日本国の法律につき相当の知識を有する者は，最高裁判所の承認を受けて，第３条に規定する事務を行うことができる。但し，前条に掲げる者については，この限りでない。

2　外国の弁護士となる資格を有する者は，最高裁判所の承認を受けて，外国人又は外国法に関し，第３条に規定する事務を行うことができる。但し，前条に掲げる者については，この限りでない。

3　最高裁判所は，前２項の承認をする場合には，試験又は選考をすることができる。

4　第１項又は第２項の承認を受けた者には，第１条，第２条，第20条第３項及び第23条乃至第29条の規定を準用する。

5　最高裁判所は，必要と認める場合には，第１項又は第２項の承認を取り消すことができる。

6　最高裁判所が第１項又は第２項の承認をし，又はこれを取り消す場合には，日本弁護士連合会の意見をきかなければならない。

なお，前記改正法施行の際，現に改正前の７条１項又は２項に規定する最高裁判所の承認を受けている者については，なお従前の例によるものとされた（同法附則３項）。この結果，削除前の７条の下で最高裁判所の承認を得ていた外国弁護士は，「準会員」（会則98条）としてその後も法３条に規定する事務を行うことができることとなったのである。

この削除の理由は，第１に，現行弁護士法は外国人であっても弁護士資格を付与し得ることになっており，外国人弁護士制度は必要がないこと，第２に，弁護士の取り扱う事務は警察，検察，裁判等の重大な国務に関するものであり，諸外国の法制上もかかる外国人弁護士制度は採り入れていないこと，というものであった（第22回国会参議院法務委員会会議録第23号，昭和30年７月29日）。

2 旧7条の前身

削除前の7条は，旧法6条に範をとるものである。同法6条は次のように定めていた。

第6条 外国ノ弁護士タル資格ヲ有スル外国人ハ相互ノ保証アルトキニ限リ司法大臣ノ認可ヲ受ケ外国人又ハ外国法ニ関シ第一条ニ規定スル事項ヲ行フコトヲ得但シ前条〔欠格条項〕ニ掲グル者ハ此ノ限ニ在ラズ

〔第2項＝準用規定・略〕

司法大臣必要ト認ムルトキハ第一項ノ認可ヲ取消スコトヲ得

なお，昭和4年1月に発表された旧弁護士法改正法律案の第1次司法省案では，上記の相互主義の要件は含まれていなかったものの，旧法6条として確定する過程でこの要件が付加されたものである。

3 外国法事務弁護士制度

しかるに，その後の国内外の情勢の変化により，昭和61年，新たに外国弁護士による法律事務の取扱いに関する特別措置法が制定され（昭和61年法律第66号），外国法事務弁護士の制度が認められることとなったので，現在のところ，外国人弁護士については，基本的には二つの制度が併存することとなっている。なお，外国法事務弁護士制度については，739頁以下を参照されたい。

【2】 削除された第7条の趣旨

1 原 則

削除前の7条は，外国の弁護士となる資格を有する者につき，その者が日本の法律について相当の知識を有するときは法3条に定める法律事務を，そのような知識を有しないときは外国人又は外国法に関して法3条に定める法律事務を，それぞれ最高裁判所の承認を受けて，行うことができるというものであるが，旧法の規定と比較すると，次の2点において異なっている。

第1に，外国弁護士資格者は，外国人である必要はないことである。第2には，相互主義が採用されていないから，当該資格を付与した国が，日本人に対して同様の待遇を認めていることも必要とされていないことである。

なお，削除前の7条2項に「外国人又は外国法に関し」とある中の「外国」とは，必ずしもその者の属する外国に限定されるものではないと解釈されていた（昭和24年5月16日参議院法務委員会会議録第14号1頁参照）。そして，日本人の依頼を受けて，外国人又は外国法に関する法律事務を行うことも認められていたのである。

2 最高裁判所の承認及びその取消し

旧7条において，外国弁護士資格者の承認及びその取消しは最高裁判所に委ねられていた。これを受けて，外国弁護士資格者承認等規則（昭和24年9月1日最高裁規則第22号）が定められた。前述の弁護士法の一部を改正する法律（昭和30年法律第155号）附則３項の規定により，旧７条１項又は２項に規定する最高裁判所の承認を受けている者については，同日以降も従前の例によるものとされ，同規則が適用される。

同規則は，旧７条の下での承認，そのための試験又は選考，承認の取消し等の全体にわたって定めを置いているが，これによれば，承認は，試験に合格し又は選考を経た者について与えられ，特に同条２項の承認をするについては，承認を受ける者が事務を行うことができる外国人又は外国法を指定するものとされていた（同規則５条の２）。そして，承認をする場合及びこの取消しをする場合は日弁連の意見を聞くほか，承認・取消しを行った場合は，日弁連に通知をし，かつ官報にて公示をするものとされていた（同規則７条・12条）。

3　業務に対する規制

旧７条４項は，同条の承認を受けた外国弁護士資格者について，第４章（弁護士の権利及び義務）の多くの規定並びに弁護士の使命及び職責に関する１条及び２条が準用される旨を定めていた。外国弁護士が本法上の弁護士と同様に一定の法律事務を取り扱うことから要請されたものである。

【3】 準会員

旧７条中の外国弁護士に対する業務の規制のほかに，上記最高裁規則８条の４は，弁護士会及び日弁連がこれらの者に関する事項について準則を定め得るものとしていた。これを受けて，会則98条は，かかる外国弁護士資格者で入会した者，及び沖縄の復帰に伴う特別措置に関する法律（昭和46年法律第129号）65条に基づき最高裁判所の承認を受けた者（いわゆる沖縄外国人弁護士）を準会員としており，準会員に関する細目を定めるものとして，準会員規則（昭和25年５月27日制定，規則第11号）がある。

ちなみに，準会員の数は，昭和25年当時には24名であり，昭和30年には53名に達したが，令和元年９月１日現在，該当者はいない。

第3章　弁護士名簿

【1】 弁護士名簿登録制度

現行法は，旧々法，旧法と同様，一定の有資格者の申請に基づいて名簿に登録を行い，これによって弁護士としての活動ができることとする弁護士名簿登録制度を採用している。名簿登録制度に対するのは免許制度であり，国家機関による資格の審査，員数・配置の調整等を受けたうえで弁護士たることを認可されるものである。代言人規則がこの免許制を採用していたことは，序説で述べたとおりである。

名簿登録制度は，登録された者に対する監督を前提とするものであって，弁護士を自由放任の職業とせず，一定の監督の下に置くことを予定しているが，問題は，誰が名簿に基づく監督を行うかということである。旧々法では，各地方裁判所に名簿を備え，登録は所属地方裁判所の検事局を経由して司法大臣に請求書を差し出し，司法大臣の命令により地方裁判所検事局が行うものとされ，また，旧法では弁護士名簿は司法省に備え，登録は弁護士会を経由して司法大臣が行うものとされていたが，本法では，弁護士自治を採用し，弁護士名簿は自治的機関である日弁連に備え付けることとし，弁護士に対する監督は，最終的に日弁連が行うものとしたのである。

従って，同じ弁護士登録制度を採用したといっても，旧々法，旧法と現行法とでは，その理念が全く異なっていることに注意しなければならない。

【2】 他業種の名簿制度

一定の職業について監督の必要上作成される名簿としては，医師についての医籍（医師法5条），歯科医師についての歯科医籍（歯科医師法5条），公認会計士についての公認会計士名簿（公認会計士法17条），弁理士についての弁理士登録簿（弁理士法17条），税理士についての税理士名簿（税理士法18条），司法書士についての司法書士名簿（司法書士法8条）等がある。これらの名簿は，いずれも監督官庁に備え付けられるものとされていたのであり（医籍，歯科医籍については，現在もそのようになっている），弁護士名簿が自治的機関である日弁連に備え付けられるものとされたことは，画期的なことといえよう。

その後，弁理士登録簿については，昭和35年の改正で特許庁から弁理士会の備付に改められ（旧弁理士法6条），税理士名簿については，昭和36年の改正で国税庁から日本税理士会連合会の備付に改められた（税理士法19条）。また，公認会計士名簿についても，昭和41年の改正で大蔵省から日本公認会計士協会の備付に改められている（公認会計士法18条）。更に，司法書士名簿についても，昭和60年の改正で法務局又は地方法務局の長から日本司法書士会連合会の備付に改められている（司法書士法8条）。しかし，これらの職種に対する監督権は，依然として経済産業大臣（弁理士），財務大臣（税理士），内閣総理大臣・金融庁長官（公認会計士），法務大臣（司法書士）にあるのであって，単に名簿の管理に関する事務が同業者の団体に付与されたにすぎない。従って，日弁連が弁護士名簿の備付をする制度とは，その基本理念において大いに異なるものがある。

（弁護士の登録）
第8条　弁護士となるには，日本弁護士連合会に備えた弁護士名簿に登録されなければならない。

【1】 本条の趣旨

本条は，弁護士となるには弁護士名簿に登録されなければならないこと，すなわち弁護士について名簿登録制度を採用すること，及びその弁護士名簿は日弁連に備え付けるものであることを規定する。

「弁護士となる」とは，弁護士となる資格を有する者（法4条・5条・6条）が実際に弁護士としての職務（法3条）を行うことができる状態になること（いわば弁護士の身分の取得）であり，そのためには弁護士名簿に登録されなければならないのであり，それをもって足りる。国家機関による免許，認可，任命等は一切必要としない。

そして，その弁護士名簿が日弁連に備え付けられるのは，現行法が弁護士自治を採用して国の行政庁及び裁判所による監督を排除し，日弁連が弁護士及び全国の弁護士会の監督にあたることとされた結果である。

すなわち，国家権力の増大とともに，時として認められる不正不当な権力の行使に対しても，これに対抗して社会正義の実現を図ることが弁護士の重要な責務であることが認識せられ，その公共性に鑑み，国の行政庁及び裁判所による監督を排除する前提として，弁護士名簿を日弁連に備え付けるものとしたのである。なお，旧法では，弁護士名簿は司法省に備えるものとされ（8条），また，旧法立案の際，司法省案に宣誓義務に関する規定があったが，賛否両論が対立して成案に至らなかったようである。旧々法では地方裁判所に備え付けられるものとされていた（8条）。

【2】 弁護士となる

「弁護士となる」については，弁護士として登録されることが唯一の条件である。なお，弁護士会の中には会則等において，新たに入会する弁護士に対して宣誓をさせることを規定しているものがある。本法の立案段階でも宣誓の必要性が問題とされたが，規定を置くまでには至らなかったとのことである（福原・88頁）。

宣誓については，一般職国家公務員について服務の宣誓を求める例（国家公務員法97条）が存するが，宣誓の内容如何によっては憲法上の思想信条の自由との関係で問題となる。しかし，弁護士について，弁護士法，弁護士会会則の規定を遵守することを内容とする程度であれば，思想・信条の自由を侵害するとまではいい得ないと解される。

【3】 弁護士名簿

弁護士名簿は，弁護士に関する事項を記載し，又は記録した名簿であり，具体的にいかなる事項を記載すべきかは，これを備え付ける日弁連の定めるところに任されている。

現行会則上は，①弁護士の氏名，本籍及び生年月日，②職務上の氏名，③弁護士の事務所及び住所，④所属弁護士会の名称，⑤登録番号，⑥登録年月日，⑦登録換えの年月日，⑧登録事項変更の年月日及びその事由，⑨懲戒の処分，⑩登録取消しの年月日及びその事由を記載し，又は記録することになっている（会則18条）。なお，現在の弁護士名簿は，電磁的記録によって調製されている（会則17条2項）。

【4】 登　録

登録とは，弁護士名簿に所定の事項が表示されることであり，弁護士名簿に登録されれば，直ちに弁護士となる。登録後に弁護士名簿が滅失したとしても弁護士たることに影響はない。

反対に，弁護士となる資格を有する者であっても登録前は弁護士でないのであるから，弁護士としての職務を行うことは法72条に違反する。また，そのような者の「弁護届」は無効と解すべきである（大判大正12・5・26刑集2巻452頁）。

【5】 登録免許税

弁護士名簿への登録については，会則23条に定める登録料（現在3万円。但し，司法修習終了後引き続き登録する者は1万円。なお，弁護士が裁判官に任官し，退官後，弁護士名簿に登録するときは，登録料を免除することができ，弁護士職務経験法に基づく者については，登録料の免除又は猶予をすることができる）を納付するほかに，登録免許税法別表第1の32の㈢の定めるところにより登録免許税（現在6万円）を納付することになっている。

「登録税は，登録申請者が登録を受けた場合それによりなんらかの利益を享受するであろうことに着眼して国の財政収入の目的から課される一種の租税」とされ，

「登録税債権の成立には弁護士名簿への登録という事実が存在すれば足りそれが行政機関によりなされることは必要でないと解すべきであるから，弁護士登録が日弁連によって行われるようになった今日でも，弁護士登録という事実が存するかぎり課税の根拠が失われたものとはいえない」（野間繁・ジュリ別冊租税判例百選122頁。同旨，東京地判昭和38・11・28行裁例集14巻11号1936頁）とされる。

しかし，登録申請者の立場からすれば，行政機関が登録機関であった当時は登録税を納付すれば足りたのに，日弁連が登録機関となったために登録税と登録料を二重に負担しなければならない結果となり，実質的には二重課税になるものとして疑問の余地があるとする見解がある（福原・88頁）。

（登録の請求）

第9条　弁護士となるには，入会しようとする弁護士会を経て，日本弁護士連合会に登録の請求をしなければならない。

【1】　本条の趣旨

本条は，弁護士となる資格を有する者が新たに弁護士となる場合に事前になすべき手続，すなわち弁護士となる資格を有する者が弁護士となるためには日弁連に登録の請求をしなければならないこと及びその登録の請求は，その者が入会を希望する弁護士会を通じてなすべきことを定める。

【2】　登録の請求

登録の請求は，日弁連に対し，自己が弁護士となる資格を有すること（法4条・5条・6条）及び欠格事由がないこと（法7条）を証明して，弁護士名簿に登録されるべきことを請求する意思表示である。

登録請求は，書面をもってすることと定められている（会則19条，登録取扱規則2条）。

日弁連に対して提出すべき書類は，次のとおりである。

①登録請求書，②履歴書，③戸籍謄本（但し，戸籍抄本又は氏名，本籍及び生年月日の記載を証明する戸籍記載事項証明書をもって代えることができる），外国籍の者については外国人住民に係る住民票の写し，④弁護士となる資格を証明する書面，⑤法7条各号のいずれにも該当しない旨の証明書，⑥法12条1項各号及び2項に掲げる事項に関する書面。

このうち④は，法4条，5条，6条及び81条等により認められる弁護士の資格を証明するものである。司法試験の合格証明は法務省が行い，法５条の認定は法務大臣が行うものである。なお，弁護士が裁判官に任官し，退官後，弁護士名簿に登録の請求をするとき及び弁護士職務経験法に基づく登録請求をするときは，④の提出を要しない。

⑤について，法７条１号の禁錮以上の刑に処せられた者でないことの証明は，秘密保持のため個人からの申請は受け付けられないので，予め当該弁護士会の会長より市町村長宛身元証明書交付申請書を発行してもらったうえで，これによってその交付を受ける手続をとることとなっている。もっとも，司法修習を終え又は判事・検事退官後３か月以内の登録申請の場合にはこの証明書を要しないとする取扱いである。法７条２号（弾劾裁判所の罷免の裁判），３号（懲戒処分）の点は，本人の自証する文書を提出すれば足りるが，４号（破産手続開始決定を受けた者）の点については，市町村長の発行する身分証明書を添付する。

⑥については，本人の自証する文書の提出を要する。

【3】 登録の請求は，入会しようとする弁護士会を経てなすべきこと

登録の請求は，請求者が入会しようとする弁護士会を経てなさなければならない。これにより弁護士会に対し，請求者が弁護士となる資格を有し，かつ，何らの欠格事由にも触れないことを精査させることができ，弁護士会は，その独自の判断を経て，日弁連に対しその者の登録請求の進達をすることとなる。

また，弁護士となるための登録の請求が入会しようとする弁護士会を経てなさなければならないことから，弁護士となるためには，全国の弁護士会のいずれかに入会しなければならないことになる。

【4】 入会と登録

1　弁護士名簿への「登録」と弁護士会への「入会」とは別個のものである。しかし，それぞれ両者は密接不可分に関連しており，弁護士名簿に登録されると自動的に入会を希望した弁護士会に入会してその会員となる（法36条）。

登録の請求が，入会しようとする弁護士会を経てなされることによって，弁護士会は，請求者に関する前記の事実を知ることができ，入会の許否についても判断することができることになる（法12条）。

2　弁護士会が登録請求者（入会希望者）に対し，不適当な者をチェックするために紹介者を求めたり（入会紹介者制度），あるいは自治団体たる弁護士会の財政を維持するために入会金を求めることがあるが，不当な登録請求の進達拒絶又は入会拒絶とならない限り合理的な理由があると解される。現に多くの弁護士会で，入会紹介者や入会金を求めている。

【5】 虚偽の登録

弁護士となる資格を有しない者が，その資格について虚偽の申告をし，弁護士名簿に登録をさせた場合には，法75条1項の罰則の適用を受ける（詳細は，法75条1項の解説参照）。

（登録換の請求）

第10条 弁護士は，所属弁護士会を変更するには，新たに入会しようとする弁護士会を経て，日本弁護士連合会に登録換の請求をしなければならない。

2 弁護士は，登録換の請求をする場合には，所属弁護士会にその旨を届け出なければならない。

【1】 本条の趣旨

弁護士は，懲戒の手続に付されている場合を除き（法62条），自由にその所属弁護士会を変更することができるのであって，本条は，既に法9条によって登録済みの弁護士が所属弁護士会を変更する場合の手続を規定する。

【2】 所属弁護士会の変更手続

弁護士が所属弁護士会を変更する場合の手続は，次のとおりである（なお，登録取扱規則3条参照）。

① まず，所属弁護士会に対し登録換えの請求をする旨届け出て（本条2項），その受理された旨を証する書面（弁護士名簿登録換え届書）を得る。

② 次に，新たに入会しようとする弁護士会に対し，日弁連宛の弁護士名簿登録換え請求書を提出する（本条1項）。請求書には，本条2項に規定する届出に関する書面及び法12条2項に掲げる事項に関する書面を添付する（会則20条）。本条2項に規定する届出に関する書面とは，上記の弁護士名簿登録換え届書であり，法12条2項に掲げる事項に関する書面とは，新たに入会しようとする弁護士会の地域内で公務員として常勤したことの有無等に関する書面であり，本人の誓約書を提出させている。

③ 弁護士会は，登録換えの請求の進達を拒絶すべき事由の有無を審査し，その事由がないと判断した場合には日弁連に対し，登録換えの請求の進達をする。

【3】 登録換え

「登録換え」とは，所属弁護士会の変更をいう。弁護士は，既に，日弁連に備えた弁護士名簿に登録されているのであり，その登録自体を変更するわけではない。登録の内容となっている所属弁護士会を変更する結果，登録事項（会則18条）を変更するにすぎない。

旧々法においては，弁護士が登録換えをすることは所属地方裁判所を変更する場合であったので，その場合には，司法大臣に対して登録換え請求書を新たに所属しようとする地方裁判所検事局を経由して，提出することとされていたが（弁護士名簿登録規則（司法省令第5号）1条），旧法においては，弁護士は地方裁判所所属ではなくて，弁護士会所属となったため，登録換えは所属弁護士会を変更することになり，この場合弁護士は新たに加入しようとする弁護士会を経由して，弁護士名簿を備え付けた司法省の長たる司法大臣に対する登録換え請求書を提出し，その進達方を依頼することとしたのである（10条）。「登録換え」という用語を本条で用いているのは，そのなごりと思われる。

【4】 新たに入会しようとする弁護士会を経て

新たに入会しようとする弁護士会を経て登録換えの請求をなすべきものとした趣旨は，登録請求の場合と同様，弁護士が新たに入会しようとする弁護士会が，入会希望の弁護士について法12条所定の事由の有無を調査し，登録換えの進達拒絶権を行使し得る機会を確保させようとしたことにある。

【5】 所属弁護士会に対する登録換えの届出

弁護士が登録換えの請求をする場合には，事前に現在所属している弁護士会に対しその旨を届け出なければならない（本条2項）。「登録換の請求をした場合には」ではなく，「登録換の請求をする場合には」という文言になっているのは，事前に届け出ることを要請した趣旨である。

旧法では，「前項ノ登録換アリタルトキハ弁護士ハ直ニ旧所属弁護士会ニ之ヲ届出ヅベシ」（10条2項）として，事後に届出をなすべき旨を定めていた。旧法では，弁護士が登録換えをした場合に，新たに加入すべき弁護士会においては，自ら登録換えの請求の進達をなし，かつ登録換えを終わったときは司法大臣からその旨の通知を受けるので，自己の会員となったことを知り得るのであるが，旧所属弁護士会では何時脱退したのであるか知る機会がないから，その登録換えをした弁護士から直ちにその旨を届け出させることとしたのであった。

現行法では，弁護士会に懲戒権があり，また「懲戒の手続に付された弁護士は，その手続が結了するまで登録換又は登録取消の請求をすることができない」（62条1項）ものであり，これを確保するために所属弁護士会への事前の届出を要求したのであって，単に事務手続の便宜のためではない。

但し，法12条は，新たに入会しようとする弁護士会において登録換え請求の進達を拒絶し得る旨を規定する一方で，現に所属している弁護士会の届出の拒絶に関する規定はなく，このような法律の規定の仕方からすると，届出を受けた（現在の）所属弁護士会には，その受付を拒絶する権限はない。所属弁護士会は，法62条により登録換えが制限される弁護士から登録換えの届出がなされた際には，新たに入会しようとする弁護士会に対して速やかに当該弁護士が懲戒手続に付された弁護士である旨を報告し，新たに入会しようとする弁護士会において，登録換えの進達を拒絶することになる（平成13年６月29日付日弁連会長通知）。なお，法62条により登録換えが制限されるか否かを判断する基準日については，528頁参照。

【６】 先日付の登録換え請求

将来の特定の日を希望してなされる登録換え請求（いわゆる先日付の登録換え請求）については，公設事務所に赴任する場合などにおける事務手続の便宜上，合理的期間の範囲内（運用上６か月）で認める取扱いがされている。先日付の登録換え請求の場合であっても，登録換えの効力発生日は日弁連が承認した日となるため，当該弁護士が指定した特定の日は単なる希望日にすぎない。法62条に抵触する登録換え請求は不適法である。

（登録取消の請求）

第11条 弁護士がその業務をやめようとするときは，所属弁護士会を経て，日本弁護士連合会に登録取消の請求をしなければならない。

【１】 本条の趣旨

本条は，弁護士が一切の業務をすることを廃止し，弁護士であることをやめようとする場合の手続を定めたものである。旧法では，「弁護士所属弁護士会ヲ退会セントスルトキハ其ノ弁護士会ヲ経由シテ司法大臣ニ登録取消ノ請求ヲ為スベシ」と規定し（11条），業務を廃止する場合を「退会」と称していた。現行法では退会命令を懲戒処分の一つとしたので（57条１項３号），これと区別するため退会という文言を使用していない。

【２】 その業務をやめようとするとき

弁護士は，いつでも本人の意思によって弁護士であることをやめることができる。但し，懲戒の手続に付された場合は，その手続が結了するまで登録取消しの請求をすることができない（法62条）。

また，将来の特定の日を希望してなされる登録取消し請求（いわゆる先日付の登録取消し請求）については，弁護士任官をする場合などにおける事務手続の便宜上，合理的期間の範囲内（運用上6か月）で認める取扱いがされている。

弁護士が業務をやめても，弁護士たる身分を保持しようとするのであれば，登録取消しの請求が必要となるわけではない。

【3】 所属弁護士会を経て，日本弁護士連合会に登録取消しの請求をなすこと

登録及び登録換えの請求の場合に弁護士会を経由しているのであるから，登録取消しの場合にも弁護士会を経由することとしたのである。

登録取消しの請求をする弁護士は，日弁連会長宛の弁護士名簿登録取消し請求書を提出する（登録取扱規則5条）。この取消し請求に際しては，弁護士記章を返還しなければならない（弁護士記章規則5条1項6号）。

日弁連は，上記の請求を受けた場合は，法17条2号に従ってこの者の登録を取り消すこととなる。登録が取り消された（登録取消しの効果が発生した）場合，その者は，当然に所属弁護士会を退会することとなる（法36条2項）。

【4】 登録取消しの効果発生時期

登録取消しの効果の発生時期については，①登録取消し請求の所属弁護士会への到達時とする説，②日弁連への到達時とする説，③登録取消し請求が日弁連で承認された時，具体的には，日弁連常務理事会で承認議決された時（主査理事の決裁に委任されていたときは，その決裁時）とする説，④弁護士名簿からの登録取消し時とする説が考えられる。この点，平成13年6月29日付日弁連会長通知は，登録換えの場合は登録換え請求書が新たに入会しようとする弁護士会に提出された日，登録取消しの場合は登録取消し請求書が所属弁護士会に提出された日を基準日として，法62条の「懲戒の手続に付された弁護士」からの請求か否かを判断すべきとし，①説に立っている。なお，各説について，その根拠を以下紹介する。

①説は，本条は所属弁護士会をもって登録取消し請求の受付機関として定めたものと解し，従って，受領権限ある機関に登録取消し請求の意思表示が到達したにもかかわらず，いつまでも弁護士としての身分を認めるのは相当でないとするものである。この見解は，②以下の説に対しては，登録取消し時が，所属弁護士会の進達の時期によって（②説），日弁連の承認の時期によって（③説），あるいは弁護士名簿からの登録取消しの時期によって（④説），不当に遅れるおそれがあると批判する。

これに対して，②説は，登録取消し請求は，法文上（本条・17条）日弁連に対して行うものであって，所属弁護士会はそれを経ることとされているにすぎないことを根拠とするものである。

③説は，登録取消し請求が所属弁護士会に提出され，更に日弁連に到達しても，適式ではないこともあり得るから，常務理事会の承認をもって登録取消しの効果が

発生すると解すべきとするものである。日弁連の従前からの取扱いにおいては，この承認時点をもって登録取消し日としている。しかし法は，日弁連に承認・不承認の処分行為を行う権限を与えておらず，常務理事会の議決は単に登録取消しの事実を確認するにすぎないとの批判が考えられる。

なお，最大判昭和42年9月27日民集21巻7号1955頁が，「法17条1号，3号等の場合における弁護士名簿の登録の取消」は「弁護士としての身分又は資格を失っているという事実を公に証明する」形式的意義の行為にすぎないとしている（法17条の解説参照）ので，欠格事由が生じたとき（法17条1号）や退会命令・除名，弁護士会による登録取消し請求が確定した場合（同条3号）の弁護士名簿からの取消しは，これによって弁護士としての身分又は資格そのものを失わしめる行為ではなく，例えば，退会命令・除名の場合にはその告知時に弁護士としての身分を失うことになる。弁護士自らが登録取消し請求をする場合の弁護士としての身分を失う時期についても，上記判例との整合性に留意することが必要となろう。

上記①説から③説は，いずれも，登録取消し請求による取消しにおいても，弁護士名簿からの登録取消しは，法17条1号及び3号の場合と同様，弁護士としての身分又は資格を失っている事実を公に証明する形式的行為にすぎないという立場にたつものであって，上記判例については，法17条1号及び3号の場合に限ってそのように解釈すべきだと判示するものではないと解するのである。

これに対して，④説は，法17条1号及び3号の場合には，弁護士名簿からの登録取消しは，弁護士としての身分又は資格を失っているという事実を公に証明する形式的意義の行為にすぎないが，それは，欠格事由が生じたときや除名・退会命令の懲戒処分がなされたときなどには，弁護士としての身分又は資格を直ちに喪失させることが妥当であることによるものであって，弁護士自らの意思により登録取消しをする場合にまでそのように解する必要はなく，法36条2項からしても，弁護士名簿登録取消し時に効果が発生すると解するのが妥当であるとするものである。

将来の特定の日を希望してなされる登録取消し請求（いわゆる先日付の登録取消し請求）の効力発生時期については，当該特定の日と解するのが相当である。弁護士はいつでも本人の意思によって弁護士をやめることができるのであって，将来の特定の日に登録を取り消すことが本人の意思であるからである。

【5】　登録取消し請求の撤回可能時期について

一旦した登録取消し請求を何時の時点まで撤回することができるかについては，前記の取消しの効果発生時期と同様の4説（①説から④説）の考え方のほかに，⑤登録取消しが日弁連の外部に公表された時までとする説（更に，官報公告時までとする説と，それ以外の手段でも何らかの形で公表された時までとする説に分かれる）の5説があり得る

(取消しの効果発生時期と撤回可能時期は一致する必要がないと解する場合には，⑤説も考えられるからである)。

登録取消し時期と撤回可能時期とを一致させるべき論理的必然性はないとしても，取消しの効果発生後の撤回を認めることは法律関係安定の見地からして好ましくないと解する場合には，両者を一致させる解釈を取るべきであろう。これに対し，弁護士自らの意思により登録を取り消す場合には，不都合のない限り広く撤回を認めるべきであると解する立場も考えられる。

【6】 登録取消し請求を所属弁護士会が拒絶することの可否

登録及び登録換えの請求については，法12条により，弁護士会に進達拒絶権が認められているが，登録取消し請求は，弁護士がいつでも本人の意思によってなし得るものであり，弁護士会の判断を要しない。このため，所属弁護士会に登録取消し請求について進達拒絶権を認める規定は置かれていない。したがって，弁護士会は，登録取消しの請求を拒絶することはできない（なお，登録取消し請求と資格審査会との関係につき428頁参照)。なお，法62条に抵触する登録取消し請求は，不適法である。法62条により登録取消しが制限されるか否かを判断する基準日については，528頁を参照。

（登録又は登録換えの請求の進達の拒絶）

第12条 弁護士会は，弁護士会の秩序若しくは信用を害するおそれがある者又は次に掲げる場合に該当し弁護士の職務を行わせることがその適正を欠くおそれがある者について，資格審査会の議決に基づき，登録又は登録換えの請求の進達を拒絶することができる。

一 心身に故障があるとき。

二 第7条第3号に当たる者が，除名，業務禁止，登録の抹消又は免職の処分を受けた日から3年を経過して請求したとき。

2 登録又は登録換えの請求前1年以内に当該弁護士会の地域内において常時勤務を要する公務員であつた者で，その地域内において弁護士の職務を行わせることが特にその適正を欠くおそれがあるものについてもまた前項と同様とする。

3 弁護士会は，前2項の規定により請求の進達を拒絶する場合には，登録又は登録換えを請求した者に，速やかに，その旨及びその理由を書面により通知しなければならない。

4　弁護士会が登録又は登録換えの請求の進達を求められた後3箇月を経てもなお日本弁護士連合会にその進達をしないときは，その登録又は登録換えの請求をした者は，その登録又は登録換えの請求の進達を拒絶されたものとみなし，審査請求をすることができる。

【1】 本条の趣旨

本条は，弁護士となろうとする者が弁護士名簿への登録を請求し，又は弁護士が登録換えの請求をする場合に，その者が入会しようとする弁護士会が日弁連に対し登録請求の進達の手続をとるに際し，登録等の請求をする者に一定の拒絶事由があれば登録等請求の進達を拒絶することができる旨を規定したものである。

本条は，旧法12条の「弁護士会ハ会ノ秩序又ハ信用ヲ害スル虞アル者ノ登録若ハ登録換ノ請求ノ進達ヲ拒絶シ又ハ退会ヲ命ズルコトヲ得」との規定を引き継いだものであり，弁護士会の秩序・信用を保持し，弁護士会ないし弁護士全体に対する社会の信用を確保する目的で規定されている。

このように，登録又は登録換えの請求が弁護士会を経て日弁連に進達されるものとし，その進達を拒絶する権限を当該弁護士会に認める方式を採用したのは，旧法において司法大臣に登録等の請求をするについて弁護士会を経由することを定めた方式にならったものといえる（福原・96頁）。

【2】 弁護士会の進達拒絶権

1　弁護士会に登録等の進達拒絶権を付与したのは，「会員として不適格なことが当初から明らかな者を入会させること自体が，弁護士会ひいては弁護士全体の品位を失墜させるおそれがあり，入会を拒絶する権限を一切認めないのであれば，弁護士会の存在理由の大半は失われる」からであるとされる（福原・97頁）。すなわち，弁護士会は，弁護士及び弁護士法人の品位を保持し，弁護士及び弁護士法人の事務の改善進歩を図るため，弁護士及び弁護士法人の指導，連絡及び監督に関する事務を行うことを目的とするものであるから（法31条1項），その指導，監督を徹底させるためには，最初から会員として不適格な者を入会させないことが必要とされたものである。

2　しかし，他方で法が，弁護士について登録制度を採用し，弁護士会への強制加入制度をとっていることからすると，弁護士会の進達拒絶権は憲法の保障する職業選択の自由を侵害するものであるとの見地から，立法過程では削除案も主張されたとのことである（前掲福原97頁。なお，旧法当時にも，その12条が「弁護士会ハ会ノ秩序又ハ信用ヲ害スル虞アル者ノ登録若ハ登録換ノ請求ノ進達ヲ拒絶シ又ハ退会ヲ命ズルコトヲ得」と規定していたことについて，すでに旧憲法下の職業選択の自由との関係で問題が指摘されていた）。

削除案は，法の定めた弁護士の資格を有する者であれば，ともかくも入会をさせ，しかる後に不都合があれば，懲戒権を発動して除名や退会命令にすればよいとするものである。

3　しかしながら，事後的な懲戒権の行使では，弁護士会に対する秩序破壊行為や信用失墜行為を未然に阻止するには十分でないこと，職業選択の自由というも，合理的な理由に基づく制約に服するは当然であること等からすると，当該弁護士会の会員としての適格に欠ける者の進達を拒絶することによって事前に排除することは，合理性がある。また，弁護士は，基本的人権の擁護と社会正義の実現を使命とする公共的性格を帯びた職業であり，その団体である弁護士会も，公共的任務を負うものと解されるが，そのような団体の構成員としての適格を当初から欠くと認められる者は，これを排除するのが当然である。

【3】 弁護士会の進達拒絶事由

1　弁護士会が前記【2】の進達拒絶権を有するとすることが適当か否かについては，旧法制定当時にも議論された。法が一定の要件を具備する者について弁護士となる資格を有すると規定しながら，他方において登録制度をとり，かつ弁護士会への強制加入制度を採用し，その入会にあたって特定の事由がある場合には登録請求の進達を拒絶することができるとして，その者が弁護士となることを拒否するのでは，弁護士となる資格を有する者に対する権利の制限になる（職業選択の自由の侵害）と考えられたからである。しかし，法は前述のような弁護士の品位を保持し，弁護士会の秩序・信用を確保する必要から弁護士会の進達拒絶権を認めたのである。弁護士会の進達拒絶権は議論のあるところであったため，本条は，進達拒絶の事由を列挙してできる限り明確にするよう努め，また進達を拒絶するについては資格審査会の議決を必要とするとして厳格な手続を定めた。

2　進達拒絶の事由として，本条は次の四つを規定する。

① 弁護士会の秩序若しくは信用を害するおそれがある者（1項本文前段）

② 心身に故障があり，弁護士の職務を行わせることがその適正を欠くおそれがある者（1項1号）

③ 法7条3号に当たる者が，除名，業務禁止，登録の抹消又は免職の処分を受けた日から3年を経過して請求をなしたものの，弁護士の職務を行わせることがその適正を欠くおそれがある者（1項2号）

④ 登録又は登録換えの請求前1年以内に当該弁護士会の地域内において常時勤務を要する公務員であった者で，その地域内において弁護士の職務を行わせることが特にその適正を欠くおそれのあるもの（2項）

3　弁護士会が上記四つの場合に登録等の請求の進達拒絶権を有するということ

は，これらの場合に該当するか否かについての実質的審査権があることを意味する。

問題なのは，請求者についての弁護士となる資格（法４条・５条・６条）の有無及び欠格事由（法７条）の存否についても弁護士会に審査権限があるか，という点である。

この点について，平成15年の法改正前までは，法に明文はないものの，これを肯定するのが相当とされていた（福原・98頁）（注１）。

しかしながら，平成15年改正法により，法５条で定める弁護士となる資格の有無は，法務大臣が認定するものと明文で規定された。

そこで，このような法改正後もなお，従前と同様に解釈すべきであろうか。

この点，法務大臣が，法により与えられた権限に基づき弁護士となる資格の認定という行政処分を行い，公定力が生じている以上，これが取り消されない限りは，弁護士会がこれに反する判断をすることはできないのであるから，結局，弁護士会は，法５条の弁護士となる資格の有無について審査権限はないとも考えられる。他方，法務大臣が誤って弁護士となる資格の認定をした場合には，その認定の対象となった者は，「弁護士会の秩序若しくは信用を害するおそれがある者」として本条１項に基づき，弁護士会は登録請求の進達を拒絶できるとも考えられる。

いずれにせよ，法務大臣の認定に，重大かつ明白な瑕疵がある場合には，当該認定処分に拘束されるいわれはないから（いわゆる行政行為の瑕疵の問題），少なくとも，その限りにおいては，審査することができると解すべきである（その他法５条の解説参照）。なお，法５条の弁護士となる資格以外のもの，すなわち法４条及び６条の弁護士となる資格の有無並びに法７条の欠格事由の存否については，条文の位置を除き，何ら改正されていないことから，従来の解釈と同様，弁護士会に審査権限があると解される。

次に，法４条，６条及び７条の事由の有無について弁護士会に審査権限があるとした場合，本条に基づき資格審査会の議決を要するとすべきかが問題となる。思うに，法４条，６条及び７条の事由の有無は，客観的に明らかであるし，法は，本条所定の事由がある者について登録又は登録換えの請求の進達を拒絶する場合に限って，資格審査会の議決に基づくことを要求しているに過ぎないと考えられるから，資格審査会の議決を経なければ違法となるものではないと解される。

（注１） 東京高判昭和40年１月29日行裁例集16巻１号103頁は，弁護士会は本条１項及び２項所定の事由がある場合に限り請求の進達を拒絶し得るのであり，平成15年改正前法５条３号所定の資格の有無については審査の権限はないとの主張に対し，「〔平成15年改正前法―編者注〕第４条又は第５条各号所定の弁護士の資格を有しない者，あるいは同法第６条各号所定の欠格事由がある者から登録請求があつた場合に

は，これを許容し得ないことはもちろんであるから，被告連合会としてはもし弁護士会からそのような登録請求の進達を受けた場合にはこれを拒絶すべきが当然であるし，また弁護士会としても登録請求を単に被告連合会へ中継するのみでなく，弁護士法第12条により前記同条列挙の事由の存否につき実質的審査をなしたうえその進達をなすか否かを決する権限を与えられているのであるから，右法条所定の進達拒絶事由の存否のみでなく，さらにその前提要件である請求者についての法定の積極的資格の有無及び消極的資格としての欠格事由の存否についても審査をなすべきであり，もしその点についての要件に欠缺があり登録請求が拒絶されるべきものであることが明らかとなつたならば，被告連合会への進達を拒絶すべきものと解するのを相当とする」と判示している。

4　なお，令和元年6月に成立した成年被後見人等の権利の制限に係る措置の適正化等を図るための関係法律の整備に関する法律（令和元年法律第37号）により弁護士法が改正され，「成年被後見人又は被保佐人」であること（旧7条4号）が弁護士の欠格事由から削除された（施行日は令和元年12月14日）。これに伴い，改正法施行後は，成年被後見人又は被保佐人であるからといって一律に弁護士となる資格を失うことはない。個別の事情に応じて，心身に故障があり弁護士の職務を行わせることがその適正を欠くおそれがある者については，本条の規定に従い登録の請求の進達を拒絶することにより対応することとなる。

【4】 弁護士会の秩序若しくは信用を害するおそれがある者

1　これは，旧法が「会ノ秩序又ハ信用ヲ害スル虞アル者」（12条）と規定していたのを受け継いだものである。

その意義については，まず，「弁護士会の秩序を害するおそれがある者」とは，その者の過去及び現在における言動や環境等からみて，弁護士会の指導監督に服することが期待できず，弁護士会における秩序や統制が乱されるおそれがある場合をいい，「弁護士会の信用を害するおそれがある者」とは，過去に犯罪歴や著しい非行歴があって，その者の入会自体が弁護士会会員の体面を損じ，弁護士会がもつ社会的信用を落とすおそれがある場合をいうものと解される（福原・98頁）。なお，旧法12条の規定について，「弁護士会の秩序を害するおそれのある者」とは，弁護士会の統制に服せざるがごとき者，例えば弁護士会内を攪乱する目的をもって入会したような者を指し，「弁護士会の信用を害するおそれのある者」とは，弁護士たる体面を傷つけるごとき行為をする者，例えば懲戒訴追を免れる目的をもって一旦登録を取り消した者が再び弁護士として登録を受けようとするがごとき者を指すと解されていた（金子・184頁）。

2　「弁護士会の秩序若しくは信用を害するおそれがある」ということの意味を1のように解すると，次に問題となるのが，具体的にどのような場合に上記のおそれを認めることができるかということである。

本条１項各号列挙の事由が客観的に認め得る事実を前提としているのに対し，本事由はそれがなく概括的であることについては，旧法当時から議論があったが，列挙例をもって全てをつくすことはできず，また将来いろいろな事案が発生した場合に対処することはできないため，時代により実例を積み重ねて補うことになろう。

具体的には次のような事例がある。

⑴ 判　　例　　本条１項前段に関する判例には，次のものがある。

① 東京地判昭和31年10月23日行裁例集７巻10号2505頁

××弁護士会に対して弁護士名簿登録請求の進達手続を求めた者が，弁護士会が臨時総会を開いて入会の拒否を決することとしながら，登録請求者の居住地に関係の深い会員が欠席していたので１か月後の定時総会まで留保としたことに対し，「貴会入会並びに登録申請について然く延引する理由，関係議事録謄写送付方に関し依頼申し候，遅滞なく履行なきにより惹起すべき責任並びに損害はこれを訴追する用意がある旨申し添え候」なる内容証明郵便を送付したことが，「非妥協的なはげしい性格の持主であつて，自己の主張に固執するあまり団体生活において他と協調する態度に乏しく延いては常軌を逸したような行動もとりかねないものであることがうかゞい知られる」とされ，本条１項前段に該当するとした。

② 東京高判昭和50年１月30日行裁例集26巻１号87頁

二重事務所の禁止に違反したこと，再登録請求の際罰金刑に処せられたことを履歴書に記載しなかったこと，訴訟事件の処理について，依頼者の納得を得ないで和解を成立させ，かつ報酬をとったことの事実があっても，登録換え請求の場合は，新規登録の場合と異なって，弁護士の資格そのものが問題となるものではないから，本条１項前段に該当するかどうかの判断に当たっては，登録換えの請求を認容することが特に弁護士会の秩序，信用を害するおそれがあるか否かを基準とすべきである。そして，本件では，そのおそれはないと認められるとして，登録換え請求進達拒絶処分を取り消した。

③ 東京高判昭和53年２月21日行裁例集29巻２号165頁

詐欺，横領等の罪により，懲役２年執行猶予４年の判決と懲役10月執行猶予３年の判決が昭和40年４月24日に確定し，いずれも執行猶予期間の満了によってその効力を失ったが，その犯罪事実は33回に亘る詐欺・横領及び業務上横領の事案であり，被害総額も宝石を除いて2448万円に達し，殊に業務上横領の事件は，いずれも政治家としての地位に関連して行われたものであって，その後は政治家を断念して自粛自戒の生活を行っていること，時間の経過に鑑みると，本条1項前段に該当しないとした。

④ 東京高判平成3年9月4日行裁例集42巻8・9号1431頁

検事総長の官職を詐称したとして軽犯罪法違反により拘留29日に処せられ，また職権を濫用して××刑務所長らに義務のないことを行わしめたとして公務員職権濫用罪により懲役10月，執行猶予2年の判決を受け，更に裁判官弾劾裁判所の判決で裁判官を罷免されたが，その後，資格回復の決定を受け，また懲役刑についても特赦を受けていたとしても，証拠によれば，政治問題あるいは政治的な事柄に関する関心と執着が強く，常に自分が正義であると自負し，自己の価値尺度に反する悪に対する糾弾行動には積極果敢であって，時に短絡であり，その思考と行動の様式の基本は，現在でも，上記刑事事件実行当時と少しも変わっていないと認められるから，弁護士登録を行えば，単に弁護士会内部の秩序を乱すにとどまらず，国民が期待し，求めている弁護士ないしは弁護士会の信用そのものが害されるおそれが極めて大きいとして，本条1項前段に該当するとした。

⑤ 東京高判平成9年7月29日（公刊物未登載）

④の同一人物について，××弁護士会常議員会内の入会申込審査小委員会における言動や，同会資格審査会委員の職務執行に対する言動について，上記平成3年判決が原告は，「常に自分が正義であると自負し，自己の価値尺度に反する悪に対する糾弾行動には積極果敢であって，時に短絡的であり，その思考と行動の様式の基本は，現在においても，前記刑事事件実行当時と少しも変わっていない」と指摘したことは，現在もなお原告に当てはまると判示し，更に「原告は，過去の刑事事件について，各裁判内容を自己に対し確定した法的所与，公的判断として異議なく受容すること，また，各事件の社会的道義的責任についてこれを真摯に自覚し，心から反省し，裁判所を始め法曹界その他の一般社会が裁判官の地位にある者に対し寄せる信頼を裏切ったことについての反省，遺憾，謝罪の気持ちは極めて強く，この点についての原告認識，心情にはいささかのゆらぎもない旨記述した書面を提出しているけれども，前認定に係る原告の××弁護士会常議員会の入会申込審査小委員会における言動や，同弁護士会の資格審査会委員の職務執行に対する非難の内容をみると，原告の述べる悔悟や反省が表面的なものであって真摯なものとはいえず，結局のところ，原告が，前記各刑事被告事件について，平成2年7月の審査請求棄却裁決当時と同様の認識ないし心境をなお維持していることを窺知し得るものというべきであって，その後6年半を経過した本件のみなし棄却裁決当時においてもなお，平成2年の裁決及びその取消請求を棄却した判決において指摘された登録拒絶

事由に係る原告の事情には，有意の変化はないというほかはない」と判示した。

⑥ 東京高判平成25年1月31日（公刊物未登載）

④と同一人物からの6回目の登録請求に対して，弁護士の職業の重大性，高度の公共性に鑑みれば，登録の請求をした者が弁護士の使命，職責に反するような行為を行った場合において，社会の相当数の者が当該行為に関する記憶を有し，当該行為に対する否定的感情を抱いており，その者が弁護士となることに強い違和感を覚える蓋然性があると認められるときには，登録の請求を受けた弁護士会は，登録の請求をした者が当該行為の後に社会的に大きく貢献した実績を有することその他その者が弁護士の使命及び職責を果たすことができることを裏付ける根拠があるときは別として，「弁護士会の秩序若しくは信用を害するおそれがある者」に該当するとして進達を拒絶できると解し，弁護士会及び日弁連が同人からの進達を拒絶すべきものと判断したことに違法はないと判示した。

⑵ 議決例　本条1項前段関係の日弁連の資格審査会の議決例には，次のものがある。

① 昭和25年6月17日議決（議決例集Ⅲ 14頁）

弁護士として受任中の刑事事件につき，地方検察庁の元上司であったことを利用して，担当検事を宴席に招き被疑者と同席させようとしたこと，地方検察庁次席検事を退官する際，闇屋と称する有力者十数名から料理店に招かれて宴を開いたこと，検察庁時代，地方裁判所支部に出張の際，在住弁護士に同僚の礼を尽くさず，昼食は同支部所在地の検察庁でとるのを例としていたことの事実があるときは，当該弁護士会への登録換えは，同弁護士会の秩序・信用を害するおそれがある。

② 昭和37年3月29日議決（議決例集Ⅲ 21頁）

依頼者に旅費を請求する際，ビール2ダースを裁判所書記課に中元とする旨の請求書を交付したこと，登録換えを請求している弁護士会の隣県の弁護士会会長から懲戒請求され，同県下の事件を辞任することを条件に懲戒を免れながら，事後早々一旦辞任した当該事件を更に受任したこと，登録換えを請求している弁護士会の地域での損害賠償請求事件に対処するため，依頼者に債権者の特定しない約束手形を作成するよう指示し，これにより不当に和解調書を作成して配当要求に利用しようとしたことの事実があるときは，その登録換請求人は，本条1項前段に該当する。

③ 昭和40年3月22日議決（議決例集Ⅲ 24頁）

詐欺・弁護士法違反，脅迫事件で懲役1年執行猶予2年の判決（昭和37年4月

5日確定）を受け，同一行為につき退会命令の懲戒処分を受け，刑事処分の確定により登録を抹消された者は，刑の執行猶予期間が満了したとしても，当該期間を終えて間もなく弁護士の登録を許すことは，特段の事情のない限り一般弁護士並びに弁護士会の信用を害するおそれがあるので，本条1項前段に該当する。

④　昭和41年7月21日議決（議決例集Ⅲ 30頁）

③と同一のケース。前記のほか，弁護士在職中会費を滞納し，退会後も放置していたこと，横領の事実が一部無罪となったことから，その横領被害者に対して損害賠償請求訴訟を提起し，その損害が他の有罪となった詐欺等の起訴事実に何等の関係がないかのように主張し，また他の有罪の起訴事実が被害者の偽証のみによって有罪となったとの主張をしたものの，いずれも事実に反することが判決上明らかであるから，このような主張をすることは一般社会人をして不信感を抱かせ，弁護士の信用を失墜させるおそれがあること等の事実があれば，その後に事故がなく，滞納会費を納入し，年齢も65歳で他に転職が困難であることなどの同情すべき事実があっても，特段の事情のない限り，一般の弁護士並びに弁護士会の信用を害するおそれがあるので，登録請求は認められない。

⑤　昭和41年10月25日議決（議決例集Ⅲ 38頁）

現に生活の本拠を置いている地域の弁護士会への登録換え請求につき，再登録請求の際，宅地建物取引業法違反（無許可業務）により罰金3万円に処せられた事実を秘匿して再登録を受けたこと，登録換えの正規の許可を受けずに，勝手に届出の事務所を無視して新住所を事務所として表示し，二重事務所の禁止の規定に違反した事実があれば，このような法律無視・違反を放置すると弁護士会の弁護士に対する指導・連絡，監督の任務を十分果たすことは困難であるから，結局弁護士会の信用を害するおそれがあり，本条1項前段に該当する。

⑥　昭和47年7月18日議決（議決例集Ⅲ 62頁）

法曹資格を有する外国人のうち在留資格，在留期間等からみて，日本国における居住の安定性と継続性に欠ける者は，日弁連ないし所属弁護士会が指導，連絡及び監督を行うことが困難であり，弁護士会の秩序若しくは信用を害する状態を防止する手段がないので，登録請求は認められない。また，二つの弁護士会に二重に入会申込をすることは，本条1項前段に該当する。

⑦　昭和54年10月24日議決（議決例集Ⅳ 24頁）

298万余株の株券についての有価証券虚偽記入，同行使の罪，被害額4億円余の詐欺罪及び7回に亘る公正証書原本不実記載罪により懲役3年執行猶予3

年の判決を受けたことは，種々の情状を考慮しても余りに犯罪の規模が大きく，社会に及ぼした影響も多大で，弁護士資格を有しながら犯した犯罪行為であったがゆえに，弁護士会はじめ法曹界に対する社会の信用を著しく損ねており，しかも刑の執行猶予期間経過後から登録請求までは僅か２年10か月，審査請求の議決まででも４年６か月しか経過していないときは，犯罪行為により生じた社会的影響及び失われた弁護士の信用は未だ充分回復されたとはいえないので，本条１項前段に該当する。

⑧　昭和55年７月23日議決（議決例集Ｖ　１頁）

裁判所から強制管理人に選任されてその業務に従事中64回に亘り保管中の現金・小切手合計2532万円を着服し，前後６回に亘り友人から現金650万円と約束手形額面合計1288万円，他と共謀の上百貨店支店長から310万円相当のダイヤ指輪２個，２回に亘り友人の会社役員から額面合計500万円余の約束手形10通をそれぞれ騙取し，業務上横領・詐欺により懲役２年10月執行猶予３年の判決（昭和50年７月14日確定）を受けたが，上記刑事被告事件の起訴前に自ら弁護士登録を取り消して身辺整理したうえ，自己の家屋を売却して被害弁償にあて，同僚弁護士の協力を得て被害者と全面的に示談をしたこと，当時の新聞報道も起訴時に１回と判決時に小さく１回されただけであること，事件後転居して一社員として真面目に勤務し，その間地域の問題について研究，著述する等していること，事件発生以来９年間の行動，現在の心境，生活態度，並びに執行猶予期間満了後２年間を経過していることを考えると，本条１項前段に該当しない。

⑨　昭和58年４月26日議決（議決例集Ｖ 16頁）

司法修習生の修習終了後大麻取締法違反等の罪により懲役１年６月執行猶予２年の刑に処せられた者であるが，昭和54年２月17日の判決確定後４年を経過したこと，この間は法律事務所に勤務して反省をしたこと，実害がなく，社会的波紋も沈静化していること，登録後は元弁護教官の事務所に入り，その指導監督を受けることが期待でき今後の業務及び生活環境に不安を感じさせないこと，開業予定地には元教官，友人もいて指導援助ができること，地元弁護士会も受け入れを決定していること等の場合には本条１項前段に該当しない。

⑩　昭和59年６月20日議決（議決例集Ｖ 22頁）

短期間に反復して12の道路交通法違反を繰り返し，懲役５月，罰金２万5000円に処せられ，３年間の執行猶予のついた判決（昭和47年７月17日）を受けるとともに，依頼者あるいは相手方との紛議の非行により業務停止10月の懲戒処分を受けた直後，自らの請求で登録を取り消した者について，短期間に同種の違反を繰り返したことが遵法精神の欠如に疑念を抱かせ，再び弁護士として執務すると依頼者や相手方との紛議を起こすのではないかとの疑念もあるが，事件後10年以上を経過したこと，自動車の運転をしないという保証があること，紛議のもととなった借財も返済されたこと，50歳の時に登録を取り消して後は事業家として努力したこと等の事情があることによれば，弁護士として復帰させても本条1項前段には該当しない。

⑪ 昭和61年7月7日議決（議決例集Ⅵ 1頁）

司法研修所のいわゆる2回試験に際し，事前の注意にもかかわらず書込のある六法全書を持ち込んだことは，弁護士としての資質につき疑いを抱かせ弁護士の信用を害するおそれがある者として非難されるべきであるが，司法修習生考試委員会の合格判定を受けていること，書込六法の持込に関して当時修習生に反規範意識の鈍化があったこと，後悔と反省を重ねていること，マスコミにも取り上げられる等相当の社会的制裁を受けていること等に照らすと，今後弁護士会の秩序や信用を害するおそれがあるとは断じがたい，として登録請求を認容。

⑫ 平成2年11月27日議決（議決例集Ⅵ 25頁）

恐喝・同未遂事件により懲役2年執行猶予4年の判決を受け（昭和62年1月21日確定），その後恩赦により懲役1年10月執行猶予3年に減刑された者につき，時日の経過により上記事件の社会的影響が鎮静化していること，本人の反省・謹慎が具体的に見られること，年齢（70歳），経済的に苦しい生活状況，広く宗教活動をしていること等から見て，再び同種の非行を惹き起こすおそれはほとんどないので，執行猶予期間満了直後であっても，本条1項前段に該当しない。

⑬ 平成3年9月24日議決（議決例集Ⅵ 32頁）

自己が受任した刑事事件に関して証拠偽造，偽証，犯人隠避を犯し，検察庁で取調を受けたが，弁護士会を退会して2年間は再登録を行わずに謹慎生活に入ったこと，弁護士名簿登録の取消しは，懲戒逃れの目的とは認められないこと，登録取消し後は法律関連業務に関与せず教育産業に就職したこと，再登録後は××事務所に所属して民事事件のみを受任すると述べていること，上記事件に対する反省・自戒と今後の誠実・適正な弁護士業務の遂行の決意を披瀝していること，修習同期生も指導・助言に努めると述べていること等から見ると，再び同様の不祥事を起こすことはないと認められるから，本条1項前段に該当しない。

⑭ 平成3年9月24日議決（議決例集Ⅶ 27頁）

犯人隠避，証拠偽造，偽証などに関わり起訴猶予処分となった一方で，新聞等で報道され自ら登録取消しをした後，４年余を経過しての登録請求に対し，非行の動機は私利私欲の為に行ったものではなく悪質極まる行為とまではいえないし，非行からの経過期間を踏まえ，その間における本人の反省，謹慎の具体的状況ないし社会的影響の鎮静化の有無，程度等を考察勘案して，本条１項前段の弁護士会の秩序若しくは信用を害するおそれはないとして，登録請求が認容された事例。

⑮ 平成７年７月25日議決（議決例集Ⅶ 35頁）

飲酒酩酊の上，ある弁護士に対する個人的感情から同弁護士の事務所玄関に植木鉢等を投げて一部破損し，懲戒請求がなされ，自ら登録取消しをした後，１年を経過しての登録請求について，事件の内容とその影響，請求者が行為に及んだ背景事情，刑事事件の処分（告訴取消し），本事件からの経過期間とその間の請求者の反省・謹慎の情況，本事件の影響の鎮静化の度合，登録請求が認容された場合に予想される弁護士活動の状況等を検討の結果，請求者には本条１項前段に該当する事由はないとされた事例。

⑯ 平成８年６月25日議決（議決例集Ⅶ 42頁）

著書における無断引用の問題をめぐって大学から休職を命じられ，辞任を求められていることは，大学教授としての職歴に信を置き，弁護士に相応しい人格，識見があると推定している弁護士法の前提を充しているか否かにも重大な疑念を抱かせ，弁護士名簿登録請求の資料として提出した履歴書にも法学部長就任時期や期間について事実と異なる記載をし，休職を命じられたことが記載されておらず，本条１項に掲げる弁護士会の信用を害するおそれがある者に該当するとされた事例。

⑰ 平成９年１月27日議決（議決例集Ⅶ 55頁）

裁判官弾劾裁判の判決により罷免されて法曹資格を喪失後，同裁判所の決定により法曹資格を回復した者につき，裁判官在任中に犯した刑事事件について，自己の非行としての認識や自覚を欠き，現在真摯に反省しているものと認めることはできず，更に，弁護士会の進達拒絶処分の出た後には，信用を重んじる弁護士の言動とはかけ離れた各種の言動を行っており，本条１項前段に該当する事由があるとして，再度なされた登録請求を認めなかった事例。

⑱ 平成11年２月23日議決（議決例集Ⅶ 92頁）

昭和52年に除名処分（着手金受領事件放置７件，300万円横領，会費滞納）を受けたが，懲戒申立時の被害弁償を終了し，会費も完納し，既に懲戒処分から21年もの歳月が経過しており，懲戒事件及び被害感情は沈静化している。また，他の弁護士の請願・協力があり，法６条〔現行法７条―編者注〕の要件上も問題がないこと等の事情からすれば，請求者を弁護士の職に復帰させたとしても，それによって弁護士会の秩序若しくは信用を害するおそれ等はないとして，登録請求を認めた事例。

⑲　平成11年３月23日議決（議決例集Ⅶ 98頁）

地検検事正在職中に，自己の妻に対する税務調査につき，地検名の封筒に検事正名義で抗議し，検察庁から戒告の懲戒処分を受けたが，既に請求人は検察庁から戒告の懲戒処分を受け，直ちに辞職しており，反省していること，及び入所予定法律事務所の弁護士よりも確約書が提出される等の事情を総合考慮すれば，請求人の弁護士登録を認めても，それによって弁護士会の秩序若しくは信用を害するおそれはないとして登録請求を認めた事例。

⑳　平成11年７月27日議決（議決例集Ⅶ 101頁）

巨額脱税事件に関与し，そのため平成５年３月に弁護士会会長より懲戒請求された後，登録を取り消したが，基本的人権を擁護し社会正義を実現することを使命とする弁護士は，その職務執行に当っては違法・不当な行為にわたることがあってはならず，なお弁護士会の秩序若しくは信用を害するおそれが十分あるとして登録請求を拒絶した事例。

㉑　平成14年10月29日議決（弁護士資格事件議決例集（第１集）20頁）

出資法に違反する疑いが極めて強い商法に積極的に荷担し，自らの請求により登録を取り消した者が，その４か月後に行った登録請求について，同商法により多数の者が被害を受け，その救済も図られていないとの事情は，当該事情について懲戒手続の除斥期間が経過していたとしても，審査対象となり得るとして，審査請求を棄却した事例。

㉒　平成16年６月22日議決（前掲36頁）

約25年前に数千万円の預り金を返還しないとして懲戒請求された者が，弁護士会の綱紀委員会に手続が係属している間に自らの請求により登録を取り消した後23年を経過して行った登録請求について，現時点においても上記懲戒事由について真摯に反省している態度がうかがわれないなどとして，審査請求を棄却した事例。

㉓　平成18年３月14日議決（前掲76頁）

弁護人としての行為について犯人隠避罪で懲役１年６月執行猶予３年の判決を受けて登録を取り消された後，破産宣告及び免責決定を受けた者が行った登録請求について，上記刑事事件が国民の刑事司法に対する信頼を危うくする事件であったことに対する反省が十分であるとは認められず，免責後３年も経過しない時期に弁護士業務を再開することは社会的に納得を得られないとして，弁護士会の信用を害するおそれがあるとして，登録請求が拒絶された事例。

㉔ 平成19年３月26日議決（前掲88頁）

昭和62年に非弁提携により業務停止４月，昭和63年に業務懈怠により業務停止６月，平成９年に依頼者に対する恐喝により業務停止１年６月の懲戒処分を受け，平成12年９月に非弁提携により懲役１年６月執行猶予３年の判決を受けた者が行った登録請求について，非弁提携の被害弁償及び弁護士会の信用回復がされたとは認められず，また，上記行為の素地であった弁護士としての自覚の希薄さが改善されたと認めることはできないとして，審査請求を棄却した事例。

【5】 心身に故障があり弁護士の職務を行わせることがその適正を欠くおそれがある者

本条１項各号列挙の事由は，本法で新たに加えられたものであるが，これらは前段の例示規定ではなく，別個の拒絶事由である。これらの各事由は，弁護士会の秩序・信用維持の立場よりは，むしろ直接的にその請求者自体に弁護士の職務を行わせることが適正を欠くか否かを論ずる観点から規定したとされる（福原・100頁）。

「心身に故障があるとき」とは，精神的又は身体的な機能の欠陥が，依頼者，裁判所等に対し弁護士としての職責を全うできない程度に著しい場合をいう。

この点に関する裁判例として「脳梗塞症の後遺症である失語症と右上下肢麻痺は，各種訓練の結果その障害の程度が軽度にまで恢復したというものの，なお，会話，歩行，日常動作及び書字などに多くの制約の存することは否定しえないことであつて，そのため弁護士として自ら出廷或いは現地に赴いて証人尋問の衝に当たるような極めて困難な事柄に属するものと考えられるが，判断力には異常がなく，文字の理解も良好であるというのであるから，自ら弁護士としての職務を遂行しようとする意思と熱意の存する限り，適当な介添人を付するなどして身体的障害を補い，例えば契約書の作成，助言など年令とその身体的な能力に応じ，弁護士としての職務を行なうことは必ずしもできないものではなく，また，原告に右のような職務を行なわせることが，その適正を欠くと認めるに足りる証拠もない」とした例（東京高判昭和53・２・21行裁例集29巻２号165頁）がある。

聴力・視力に障害のある者についても，判断力が正常で文字の理解等が良好で適当な介添人により身体的障害を補える場合には，特にその者に弁護士の職務を行わせることが適正を欠くと認められる事情がない限り，本条１項１号に該当しないと考えられる。

なお，前述のとおり，令和元年６月に成立した成年被後見人等の権利の制限に係る措置の適正化等を図るための関係法律の整備に関する法律（令和元年法律第37号）

により弁護士法が改正され，「成年被後見人又は被保佐人」であること（旧7条4号）が弁護士の欠格事由から削除された（施行日は令和元年12月14日）。改正法施行後は，成年被後見人又は被保佐人についても，個別の事情に応じて，心身に故障があり弁護士の職務を行わせることがその適正を欠くおそれがある者に当たるか否かを判断する必要が生じる。仮にこれに当たると判断されれば，本条に規定する手続に従い，その登録の請求の進達を拒絶することとなる。

【6】 法7条3号に当たる者が，除名，業務禁止，登録の抹消又は免職の処分を受けた日から3年を経過して登録の請求をしたが，弁護士の職務を行わせることがその適正を欠くおそれがある者

法7条3号に規定する除名等の懲戒処分を受けた者は，その処分を受けた日から3年を経過しない間は欠格者であるが，その期間経過後であっても，その懲戒処分の理由となった事実の重要性との関係上，3年の時の経過があってもなおその者に弁護士の職務を行わせることが適正を欠く場合があり得ることを考慮して，一律に登録を許すというのではなく，登録請求の進達をするか否かを実質的に審査させることとしたのである。

法7条について3号のみをとりあげ，他の各号について規定しなかったのは，他の各号に該当する者は，単に期間が経過したのみでは弁護士となる資格は回復せず，そもそも弁護士となる資格を有しないため，登録請求をしても当然にその進達を拒絶することとなるからである（前出108頁）。

ただ，たとえば法7条1号に該当する者であっても，刑の執行猶予の言渡しを取り消されることなく猶予期間を経過したとき等の場合には，弁護士たる資格が復活することになり，この場合には，その者の登録請求について，過去におけるその者の犯罪の内容等，犯罪からの経過期間，本人の反省・謹慎の具体的状況，社会的影響の鎮静化の有無・程度等を総合的に検討し，「弁護士会の秩序若しくは信用を害するおそれ」があるか否かを判断すべきである。

「弾劾裁判所の罷免の裁判を受けた者」（法7条2号）も同様であって，弾劾裁判所の資格回復の裁判により弁護士となる資格を回復するが（裁判官弾劾法38条），登録請求にあたっては，上記のような法7条1号に該当した者と同様の実質審査を受けることとなるのである（同旨，東京高判平成3・9・4行裁例集42巻8・9号1431頁）。

【7】 登録又は登録換えの請求前1年以内に当該弁護士会の地域内において常時勤務を要する公務員であった者で，その地域内において弁護士の職務を行わせることが特にその適正を欠くおそれがあるもの（2項）

これは，主として裁判官，検察官が，その勤務地においてある程度の世間的な名声を博しておいてから辞職し，直ちに弁護士を開業し，在官当時の影響力を微妙に働かせて活動する向きがないとはいえなかったところから考慮され，あわせてその在官中の職務の公正を担保するために必要と考えられて規定されたものである（福原・101頁）。

この規定は，当初は，本条1項3号とされ，判事・検事がその就職先において2か年以内に入会申出をしたときは入会拒絶ができるという案文であったが，常時勤務を要する公務員全般に拡張し，年限を1年に短縮し，これを1項3号とせず2項として独立させたうえ，要件を重くし「弁護士の職務を行わせることが特にその適正を欠くおそれがあるもの」と限定したものである（第5回国会参議院法務委員会会議録）。

「常時勤務を要する公務員」とは，国家公務員法，地方公務員法その他の法令の規定により，常時勤務の義務を負う公務員を指すのであり，一般職たると特別職たるとを問わない。本条2項の立法趣旨からみると，当該地域の住民に対し影響力の大きい公職にあった者を主眼にするであろうが，もちろんそれに限定されるものではない。

「また前項と同様とする」とは，資格審査会の議決に基づき，登録又は登録換えの請求の進達を拒絶することができるということであり，ここでは登録換えの場合も対象となり得るのである。

【8】 資格審査会の議決

登録又は登録換えの請求の進達を拒絶する場合には，資格審査会の議決に基づくことを要する。これは，弁護士となる資格を得ながら不当に登録又は登録換えの請求の進達，従って入会を拒絶されることのないようにしたものであり，しかも資格審査会の委員は，裁判官・検察官及び学識経験のある者を加えて公正を期したのである（前掲法務委員会会議録）。

この議決書には理由を付さなければならない。本条1項は「弁護士会は，弁護士会の秩序若しくは信用を害するおそれがある者又は次に掲げる場合に該当し弁護士の職務を行わせることがその適正を欠くおそれがある者について，資格審査会の議決に基づき，登録又は登録換えの請求の進達を拒絶することができる」と規定するが，法第7章は資格審査会の設置及び機能，組織，予備委員，会長の職務及びその身分，審査手続などを規定するに止まり，議決に関する書類については何らの定めもない。そのため，従来は，弁護士会の資格審査会が本件登録請求の進達を拒絶する旨の議決をした際作成された議決書に，進達拒絶の実質的理由の記載がないからといって，これが違法であるということはできないと解され（前掲東京高判昭和53・2・21），請求の進達を拒絶する場合，登録又は登録換えを請求した者に対し速やかに拒絶する旨のみ通知すれば足りた。

しかし，行政手続法の施行に伴う関係法律の整備に関する法律（平成5年11月12日法律第89号。平成6年施行）33条により本条3項が改正され，請求の進達を拒絶する場合には登録又は登録換えを請求した者に対し，拒絶する旨及びその理由を書面により通知すべき義務が課された。従って，上記通知書の根拠となる議決書にも理由を付することが必要となった。

【9】 進達拒絶の場合の通知

弁護士会が登録又は登録換えの請求の進達を拒絶する場合には，その請求をした者に対し速やかにその旨及びその理由を書面により通知する義務がある（本条3項）。審査請求をする機会を速やかに与え，弁護士となる資格を有しながら弁護士となれない期間をできるだけ少なくする趣旨である。この通知の内容等は規定されていないが，拒絶の理由を告知し，審査請求をする場合における防御の機会を与えることが公正である。なお，行政手続法の施行に伴う関係法律の整備に関する法律（前掲平成5年法律第89号）33条により，進達を拒絶する場合には，その理由を書面により通知することが本法において義務づけられたので注意する必要がある。

【10】 みなし規定

1　本条4項は，弁護士会が登録又は登録換えの請求を受けたにもかかわらず，その進達をすることなく漫然と日を送っている場合の救済規定である。従って，弁護士会は，請求の進達を求められたならば，3か月以内に進達するか，あるいはこれを拒絶する決定をしなければならないことになり，請求者が不安定な状態のままいつまでも放置されることのないよう保護されるわけである。また，同項は，当初14条2項に規定されていたものであるが，行審法（昭和37年法律第160号）の制定に際して改正され，従来，日弁連に対する「異議の申立」とされていたものを，同法によって法令用語の統一が図られて「審査請求」と改められ，本条に移されたものである。

2　登録又は登録換えの請求をした者は，弁護士会が登録又は登録換えの請求の進達を求められた後3か月を経過しても日弁連に進達しない場合には，いつでもその登録又は登録換えの請求の進達を拒絶されたものとみなすことにより，日弁連に対し審査請求することができる。

3　「みなす」とは，通常，性質の異なるものをある一定の法律関係について同一のものとして，同一の法律効果を生じさせることと解されている（民法86条3項・721条等）。これに関し，請求者が登録又は登録換えの請求の進達を拒絶されたものとみなして日弁連に対し審査請求をした場合，原弁護士会の資格審査会は審査を継続できるのか問題となる。この点，原弁護士会はみなし進達拒絶によって審査対象適格を失うので，原弁護士会の資格審査会において審査は継続できないとする見解がある。東京高判平成９年７月29日（公刊物未登載）は，法16条２項による日弁連のみなし棄却裁決についてであるが，傍論で，みなし棄却裁決がなされた以上は日弁連に係属中であった審査請求は終了する旨判示しているようにも読める（注２）。

しかし，他方において，本条４項があくまでも請求者の保護のために設けられた規定であることからすれば，請求者が登録又は登録換えの進達を拒絶されたものとみなして日弁連に対し審査請求をしたからといって，実際に拒絶処分があったことにはならないから，原弁護士会は審査請求がなされた後も日弁連において審査請求の結論が出るまでは登録又は登録換えの請求に関する手続を継続することができるとする見解もある（注３）。

（注２） 東京高判平成９年７月29日は，日弁連に対する審査請求について法16条２項に基づいて登録拒絶の裁決があったものとみなし，当該裁決の取消しを求めて提訴し，さらにその後，同一の事案についてなされた審査請求を棄却する旨の日弁連の裁決も違法であるとして，併せてその取消しを求めた事件に関するものであるが，「原告は……みなし棄却裁決の取消訴訟を提起したので，被告〔日弁連—編者注〕に係属中であった審査請求の行政争訟は，みなし棄却裁決をもって，裁決対象適格性を喪失して法律上終了し，被告が審査請求に対する裁決をし得る法理上の余地は全くなくなった。ところが，被告は，右みなし棄却裁決後で，かつ，右取消訴訟が却下等の決定を受けないで有効に裁判所に係属中……原告の審査請求を棄却する旨の裁決をし……た。しかし，審査請求という行政争訟においては，裁決対象適格性を保持した審査請求自体が審査庁に有効に係属していることが，裁決のための争訟要件であるところ，被告は，……被告に係属していないのに裁決をしたものであって，右裁決は……違法である」から取消しを求めるとの原告の主張に対し，「原告が被告に対してした審査請求には理由がなく，これを棄却したものとみなされた裁決に違法の廉はないので，その裁決の取消を求める原告の請求は理由がないと判断すべきことは，先に説示したとおりであるから，被告が，右みなし棄却裁決の後に，同一の審査請求に対する裁決をしたことについて，原告が主張するような手続上の違法があるとしても，最早原告には右裁決の取消によって回復すべき法的利益がなく，右取消の訴えには訴えの利益がないものというべきである」と判示している（傍点編者）。この事案は，日弁連のみなし棄却裁決（法16条２項）に関するものであり，本条の弁護士会のみなし進達拒絶に関するものではないが，参考となる。

（注３） この見解をとった場合，みなし進達拒絶を理由とする審査請求の後に原弁護士会により進達がなされたときには，既に係属していた日弁連における審査請求は，不服申立ての利益を失い，却下されることになる。これに対して，みなし進達拒絶を理由とする審査請求の後に原弁護士会が進達を拒絶したときには，これに対してさらに審査請求ができるのか，できるとすれば，先行する審査請求とはどのような関係に立つのか。すなわち，二つの審査請求を併合して一つの請求として処理すべ

きか，あるいは，二つの審査請求として別個に処理すべきか，また，別個に処理する場合には，どちらの審査請求について実体判断をして，どちらの審査請求について却下をすべきなのか（一見先行する審査請求について実体判断すべきとも思えるが，原弁護士会で十分に審査をして結論を出した後行の手続の方が審理が充実しており，こちらについて実体判断をすべきともいえる）など困難な問題が残ることになる。

第12条の2 日本弁護士連合会は，前条の規定による登録又は登録換えの進達の拒絶についての審査請求（同条第4項の規定による審査請求を含む。）に対して裁決をする場合には，資格審査会の議決に基づかなければならない。
2 日本弁護士連合会は，前項の審査請求に理由があると認めるときは，弁護士会に対し登録又は登録換えの請求の進達を命じなければならない。
3 第1項の審査請求については，行政不服審査法第9条，第17条，第2章第3節及び第50条第2項の規定は，適用しない。
4 第1項の審査請求に関する行政不服審査法の規定の適用については，同法第11条第2項中「第9条第1項の規定により指名された者（以下「審理員」という。）」とあるのは「日本弁護士連合会の資格審査会」と，同法第13条第1項及び第2項中「審理員」とあるのは「第11条第2項の資格審査会」と，同法第44条中「行政不服審査会等から諮問に対する答申を受けたとき（前条第1項の規定による諮問を要しない場合（同項第2号又は第3号に該当する場合を除く。）にあっては審理員意見書が提出されたとき，同項第2号又は第3号に該当する場合にあっては同項第2号又は第3号に規定する議を経たとき）」とあるのは「弁護士法（昭和24年法律第205号）第12条の2第1項の議決があったとき」とする。

【1】 本条の趣旨

本条は，弁護士会が法12条1項又は2項に該当するとして登録請求若しくは登録換えの請求の進達を拒絶した場合に，その請求の進達を拒絶された者が，日弁連に対して審査請求をすることができること，日弁連は，審査請求に対して裁決する場合には，資格審査会の議決に基づかなければならないこと（法12条4項の規定による審査請求の場合も同じ），日弁連は，審査請求に理由があると認めるときは，弁護士会に対して登録・登録換えの請求の進達を命ずる裁決をすべきことを定める。

本条3項及び4項は，平成26年の行審法改正に伴い新設されたもので，3項は行審法の審理員及び審理手続に関する規定の適用除外を，4項は審理員及び行政不服審査会等に関する行審法の規定について，日弁連の手続に合わせた読み替えを定めたものである。

【2】沿　革

1　旧法13条は，弁護士会のなす進達拒絶に対する不服申立てについて，次のとおり規定していた（その後昭和22年法律第195号「法務庁設置に伴う法令の整理に関する法律」13条により「司法大臣」を「法務総裁」に改正）。

第13条　前条ノ規定ニ依リ登録若ハ登録換ノ進達ヲ拒絶セラレ又ハ退会セシメタル者ハ司法大臣ニ不服ノ申立ヲ為スコトヲ得

前項ノ場合ニ於テ司法大臣ハ審査委員会ニ諮問シテ登録若ハ登録換ノ請求ノ進達ヲ命ジ又ハ退会ノ命ヲ取消スコトヲ得

司法大臣に「不服ノ申立」をすることができるとしたのは，「訴願」としたのでは行政訴訟を提起できるかとの疑問を生ずること，また弁護士会の進達拒絶は行政処分とはいい得ないことから，単に不服申立てとする方が適切だったため，とされる（金子・189頁）。

なお，司法大臣は，不服申立てにつき慎重公正に決定するため，審査委員会に諮問してその答申を得て決定するべきこととしていたが，その答申に拘束されるものではなかった（金子・前掲）。

2　現行法制定当初は本条はなく，不服申立てについて，その14条1項は「前2条の規定により登録若しくは登録換の請求の進達を拒絶され……た者は，その通知を受けた後30日以内に日本弁護士連合会に異議の申立をすることができる」と規定していた。この異議申立ての制度は，「苟くも弁護士資格を有する者が弁護士会入会を不当に拒絶されることのないように，登録を拒絶された場合には，異議の申立はもちろん，最後には裁判所に訴えを提起することを認めまして，以て個人の権利侵害の虞れのないように工夫をいたされておるのでございます」（参議院法務委員会での提案理由説明）との理由にあるように，第1段階の救済規定であった。

3　昭和37年に訴願制度の全面的改正についての検討の結果，行審法（昭和37年法律第160号）及び行政不服審査法の施行に伴う関係法律の整理等に関する法律（昭和37年法律第161号）が施行されたが，本条は行政不服審査法の施行に伴う関係法律の整理等に関する法律21条に基づき，追加されたものである。

【3】審査請求

弁護士会が，法12条により登録又は登録換えの請求の進達を拒絶し（1項・2項），あるいは，進達を求められた後3か月を経ても進達しないときに（4項），登録又は登録換えの請求をした者は，行審法の定めるところにより，日弁連に対して審査請求をすることができる。これを受けた日弁連は，資格審査会の議決に基づき，裁決をしなければならない。その意味で，本条は，日弁連が弁護士会の「上級行政庁」（行審法4条）であること及び弁護士会の進達拒絶が行審法1条2項の「処分」であることを前提としたうえで，裁決をするには資格審査会の議決に基づくことを要するとする点で，行審法の特則をなす規定ということができる。また，行審法のいくつかの規定の適用除外を認めている点でも特則をなしている。

【4】 資格審査会の議決に基づくこと

日弁連が審査請求に対して裁決する場合には，資格審査会の議決に基づかなければならない。「議決に基づき」とは，資格審査会の議決に日弁連が拘束されることをいい，日弁連がこれと異なる裁決をすれば違法となる。資格審査会の組織・手続等については，特に1章を設けて規定している（法第7章）。

【5】 審査請求の手続

審査請求の手続については，法第7章に資格審査会の規定があるが，それ以外については，行審法の定めるほかは，日弁連の自律に任せられている。日弁連は，法46条に基づき，資格審査手続規程（以下この章において「規程」という）を制定して，手続を規定している。

1 審査請求の方式

審査請求は，審査請求書正本及び副本各1通を，登録若しくは登録換えの進達を拒絶した弁護士会又は日弁連宛に提出して行う（規程28条1項）。

2 審査請求書の記載事項

規程には，記載事項に関する規定はないが，行審法上，次のとおり記載事項が定められている（行審法19条2項）。

① 審査請求人の氏名又は名称及び住所又は居所
② 審査請求に係る処分の内容
③ 審査請求に係る処分があったことを知った年月日
④ 審査請求の趣旨及び理由
⑤ 処分庁の教示の有無及びその内容
⑥ 審査請求の年月日

3 補　正

審査請求が不適法であって補正することができるものであるときは，日弁連は，相当の期間を定めて，その補正を命じなければならない（行審法23条）。

4 審査請求書の送付

審査請求書の提出を受けた弁護士会は，直ちに審査請求書の正本を日弁連に送付する（規程28条2項）。

日弁連が審査請求書の提出を受けたときは，直ちに当該弁護士会に対して，審査請求書の副本を送付する（同条３項）。

5　審査の請求

日弁連は，審査請求を受理したときは，速やかに，資格審査会に対して，事案の審査を請求することを要する（規程29条）。

6　審査手続

資格審査会の審査手続については，法55条の解説を参照されたい。

7　審査請求の取下げ

裁決があるまでは，審査請求人は，いつでも書面をもって審査請求を取り下げることができる（規程30条１項・２項）。

取下書の提出を受けた日弁連は，その旨を速やかに，当該弁護士会に通知することを要する（同条３項）。

8　裁　　決

日弁連は，資格審査会の議決に基づいて，後述の裁決をする（本条１項）。

9　裁決書の送達

日弁連は，裁決書の謄本を，審査請求人及び当該弁護士会に送達することを要する（規程31条５項）。

裁決は，審査請求人に裁決書の謄本を送達することによって，その効力を生ずる（行審法51条１項・２項）。

【６】　審査請求に対する裁決

1　日弁連は，審査請求について審理し裁決しなければならない。裁決は，審査庁たる日弁連の判断の表示であって，却下の裁決，棄却の裁決及び認容の裁決の３種に分かれる。

① 「却下の裁決」は，要件審理の結果，適法要件を欠く不適法な審査請求に対して本案の審理を拒絶する裁決である（行審法45条１項）。日弁連は，「本件審査請求を却下する」との主文を掲げる。

② 「棄却の裁決」は，審査請求に理由がないとして原処分を是認する裁決である（行審法45条２項）。日弁連は，「本件審査請求を棄却する」との主文を掲げる。

③ 「認容の裁決」は，審査請求に理由があるときになされる裁決である。

行審法は，処分（事実行為を除く。）についての審査請求が理由があるときは，審査庁は，裁決で，当該処分の全部又は一部を取り消す旨（46条１項）を規定しているが，法は更に，「審査請求に理由があると認めるときは，弁護士会に対し登録又は登録換えの請求の進達を命じなければならない」（本条２項）としている。

行審法46条１項は，当該処分を変更するか否かは審査庁の任意としているところ，本条２項は，処分の変更を義務的とし，更にその内容について弁護士会に対し登録又は登録換えの請求の進達を命じなければならないとするものであって，行審法の規定の特則となるものである（東京高判平成９・２・27判時1649号99頁）。従って，認容裁決の主文は，「○○弁護士会のなした××××の登録（登録換え）請求の進達を拒絶した処分を取り消す。○○弁護士会は，日本弁護士連合会に対して××××の登録（登録換え）請求の進達をせよ」ということになる（規程31条４項）。

この点に関し，原処分に手続的な瑕疵がある場合，例えば，原処分の前提となった資格審査会が法定の学識経験のある者を委員として含まない構成により議決したような場合や，法55条１項所定の手続保障を請求者に与えていなかったような場合，日弁連は，審査請求に理由があるとして本条２項により登録又は登録換えの請求の進達を命じなければならないか，は問題である。この場合には，登録又は登録換えの請求の進達を命ずる裁決をせず，行審法に従って原処分を取り消すとの裁決をすべきものと解するのが相当である（規程31条３項。前掲東京高判平成９・２・27も同旨）。

本条２項は，弁護士の使命及び職責（法１条及び２条）に照らして厳格な登録審査手続制度を設け，かつ，日弁連が弁護士名簿の登録に関する最終的な権限を有することとしたことから，日弁連において，当該登録又は登録換えの請求には法12条１項又は２項所定の拒絶事由がないと判断できるのに，処分庁である弁護士会が誤って進達を拒絶したような場合には，その処分を取り消したうえ，処分庁である弁護士会に改めて登録又は登録換えの請求を審査させるまでもなく進達を命じるべきであるとの趣旨に基づくものと解される。従って，処分庁である弁護士会のした処分に手続上の瑕疵があって，その処分を取り消すべきものと判断されるときにも，原処分の取消しと併せて，必ず進達を命じなければならないものとすると，その登録請求・登録換え請求に法12条１項又は２項所定の拒絶事由がある場合でも登録進達を命じなければならないという事態に陥り，弁護士の使命及び職責に照らして設けられた厳格な登録審査手続制度の趣旨及び目的に著しく反することとなって妥当でない（前掲東京高判平成９・２・27）。すなわち，本条２項は，実体的理由がある場合の裁決を規定しているものであり，手続的瑕疵がある場合については，行審法の規定に従うものとしていると考えられる（もっとも，前掲東京高判平成９・２・27は，弁護士会の処分に際して，法55条２項の手続保障規定が遵守されていなかったという事案であったところ，同項の手続保障の規定は専ら申立人の利益のための規定であるとの理由で，請求者において，その手続上の瑕疵について責問権を放棄したうえ，実体上の拒絶事由がないことを主張して，進達を拒絶した処分庁の処分の取消しを求める場合に，日弁連の資格審査会において，法12条１項又は２項所定の拒絶事由がないとの議決に至れば，日弁連は，本条２項に従い，原処分の取消しと併せて，弁護士会に対して進達を命じることができる，と判示している）。

なお，「差し戻す」との裁決をすべきものとする説もあるが，法，行審法の規定からみて，適当ではない。

前掲東京高判平成9年2月27日の事案は，弁護士会の処分に手続的な瑕疵があった場合に，日弁連が，弁護士会のなした原処分を「取り消す。本件弁護士名簿登録請求は○○弁護士会へ差し戻す」との裁決をしたものであった。すなわち，「取消し」に加えて，更に「差戻し」の裁決をしたものであったが，上記東京高判は，「取消し」によって，当該原処分の取消しを求める審査請求に対する日弁連の処分は完結したものであり，上記の「差戻し」部分については，処分庁である弁護士会が当然に改めて処分を行わなければならないという法の趣旨解釈を確認的注意的に宣明したもの，あるいは本条2項の規定の適用がないことを注意的に表明したものと解されると判示している（日弁連がした裁決のうち「差戻し」の部分は本来無用のものであるが，それが故に裁決全体が違法無効となるものではない）。

2　法12条4項による審査請求の場合

この場合は，弁護士会が請求人の登録又は登録換えの請求の進達を実際にはまだ拒絶していないのに，審査請求人はこれを拒絶されたものとみなして審査請求に及んだものであるから，結局，その審査請求の趣旨は，本条2項により日弁連が弁護士会に対して登録又は登録換えの請求の進達を命じることを求める点にある。従って，日弁連は，請求人の登録又は登録換えの請求の全般にわたり実質的審査をする必要がある。その裁決の主文は，審査請求が不適法であるとき（3か月を経過していない等）は「本件審査請求を却下する」であり，審査請求を棄却する場合は「本件審査請求を棄却する」とするのが例である。

審査請求を認容する場合は，みなされた進達拒絶処分を取り消す旨の主文を掲げることが必要とも考えられるが，現実には取消しの対象となる処分がないのであるから，「請求者の弁護士名簿登録（登録換え）の請求を日本弁護士連合会に対して進達せよ」との裁決をすることになろう。

【7】 裁決の時期

1　法及び行審法は，裁決をいつまでにしなければならないかについて規定をしていない。しかし，簡易迅速な権利救済制度である審査請求の処理は，特に規定がなくとも一定の制約を受けているものと解され，裁決は相当の期間内になすべきものである（行審法3条・16条参照）。

但し，裁決期間の定めのない場合について審査請求後不相当に長期間裁決を出さなかったとしても，そのことゆえに裁決自体が違法となるものではないと解される（長崎地判昭和44・10・20行裁例集20巻10号1260頁，東京地判昭和44・10・30判時599号20頁，東京地判昭和44・12・24行裁例集20巻12号1743頁，京都地判昭和43・9・20税務訴訟資料53号442頁，東京高判昭和43・1・25行裁例集19巻1・2号84頁等）。

2　なお，後述するように，法16条2項は，日弁連が審査請求を受けた後3か月を経ても裁決しない場合について，審査請求をした者は，その審査請求を棄却されたものとみなして取消しの訴えを提起することができる旨を定めている。

【8】 違法判断の基準時

裁決において審査請求の対象とされる処分の適法・違法及び当・不当を判断する場合に，処分時を基準とするか，裁決時を基準とするかが問題となる。この点行審法の審査請求は，事後審査制度の一環として位置づけられるものと解されることを強調すれば処分時となろう。判例・学説も，処分時説が大勢である（南=小高『全訂注釈行政不服審査法』272頁，小早川光郎ほか『条解行政不服審査法』233頁参照）。他方，弁護士の登録に関しては，審査請求人に弁護士会の秩序又は信用を害するおそれがあるか否かを判断し進達拒絶の当否を定めるに際し，審査請求人の処分後の行動をも参酌して処分の正当性を認定することができると解される（福原・112頁）との考え方もある。

（弁護士会による登録取消しの請求）

第13条　弁護士会は，弁護士が第12条第1項第1号，第2号及び第2項に掲げる事項について虚偽の申告をしていたとき，又は心身の故障により弁護士の職務を行わせることがその適正を欠くおそれがあるときは，資格審査会の議決に基き，日本弁護士連合会に登録取消しの請求をすることができる。

2　弁護士会は，前項の請求をした場合には，その弁護士に，速やかに，その旨及びその理由を書面により通知しなければならない。

【1】 本条の趣旨

本条は，登録又は登録換えの請求をした者について，弁護士会がその請求を進達し，日弁連が弁護士名簿に登録した後になってその者が法12条1項1号，2号及び2項に掲げる事項のいずれかについて，請求の際に虚偽の申告をしていたことが判明した場合や，心身の故障により弁護士の職務を行わせることが適正を欠くおそれがある場合の手続を定める。

虚偽の申告がなく事実が判明していれば，弁護士会は法12条によりその者の登録又は登録換えの請求の進達を拒絶できたはずであるから，虚偽の申告をしていたことがわかった場合には，事後的に弁護士会に対して登録を済ませた弁護士の登録取消しを請求する権限を与えたものである（本条1項前段）。

本条１項後段は，平成11年の成年後見制度の導入に伴う改正の際に，挿入された部分であり，弁護士登録後に，法12条１項１号の事由が発生し，それにより弁護士の職務を行わせることが適正を欠くおそれがあるときは，弁護士会に登録取消し請求をする権限を与えたものである。

令和元年６月に成立した成年被後見人等の権利の制限に係る措置の適正化等を図るための関係法律の整備に関する法律（令和元年法律第37号）により弁護士法が改正され，「成年被後見人又は被保佐人」であること（旧７条４号）が弁護士の欠格事由から削除された（施行日は令和元年12月14日）。この結果，改正法施行後は，成年被後見人又は被保佐人であって弁護士の職務を行わせることがその適正を欠くおそれがある者に関しては，登録時には法12条に基づき登録請求の進達を拒絶することにより，登録後にそのような状態に当たることとなった場合には，本条に基づき弁護士会より登録取消請求をすることにより，それぞれ対応することとなる。

【２】 虚偽の申告

「虚偽の申告」の対象となる事項は，法12条１項については，１号，２号所定の事項，すなわち心身に故障があること，法７条３号にあたる者が，除名，業務禁止，登録抹消又は免職の処分を受けた日から３年を経過して請求したことであって，法12条１項本文記載の弁護士の職務を行わせることがその適正を欠くおそれがあることは含まないと解される。同条２項についても，対象となる事項は，「登録又は登録換えの請求前１年以内に当該弁護士会の地域内において常時勤務を要する公務員であった」か否かの事実であって，当該弁護士会の地域内において弁護士の職務を行わせることが特にその適正を欠くおそれがあることは含まれないと解すべきである。

なお，登録の請求をした者が，弁護士となる資格（法４条・５条・６条）を偽り，又は欠格事由（法７条）のあることを秘して弁護士名簿に登録を受けた場合のことについては，法は何らの規定も置いていない。しかし，弁護士名簿への登録は，何らかの権利を創設的に設定するものではないのであるから，この場合，その登録は無効であって，当然に抹消されるものであり，本条の手続によることを要しないと解される（福原・105頁）。

虚偽の意味については，客観的事実に反することをいうのか（客観説），登録等請求者の主観的認識に反することをいうのか（主観説），という問題がある。両説は，登録等請求者が主観的な認識なくして，客観的事実に反する申告をした場合，「虚偽の申告」をしたといえるか否かの違いとなってあらわれる。

思うに，本条は，法12条が定める弁護士会の進達拒絶権の行使を補充する意味を有するものであり，法12条１項１号，２号及び２項所定の事実の存否自体を問題としていると解されること，法文も「虚偽の申告をしていたとき」と規定して，主観的認識のいかんを問わないような表現となっていることからすれば，客観説が妥当であり，客観的事実と異なる申告があった場合には，弁護士会はこの権限を行使できると解すべきである。

【3】 心身の故障により弁護士の職務を行わせることがその適正を欠くおそれがあるとき

「心身の故障」の意義については，法12条の解説を参照されたい（120頁）。弁護士の職務を行わせることがその適正を欠くおそれがあるか否かの判断に際しては，本条が事後的な取消しであることに鑑み，法12条の場合よりもより慎重にする必要があろう。

【4】 手　　続

弁護士会が，登録取消しの請求をするには，資格審査会の議決に基づかなければならない。資格審査会の議決を要求したのは手続の慎重を期したためであり（当該弁護士には，法55条２項の手続保障が与えられる），資格審査会で登録取消しの請求をする旨の議決があった場合には，弁護士会は，その議決に拘束され，必ず日弁連に登録取消しの請求をしなければならない。

【5】 登録取消しの請求

本条による弁護士会の登録取消し請求は，弁護士会が日弁連に対し弁護士名簿から当該弁護士の登録を取り消すことを求めるものであるが，その効果の発生時期すなわち本条による登録取消し請求により当該弁護士が身分を失う時期については，いつの時点と捉えるべきであろうか。弁護士名簿からの取消しを行うのは，法17条３号により，取消しが確定したとき（不服申立ての手段が尽きたとき）であることは疑いないが，最大判昭和42年９月27日民集21巻７号1955頁が，法17条１号，３号等の場合における弁護士名簿の登録の取消しは弁護士としての身分又は資格を失っているという事実を公に証明する形式的意義の行為にすぎないとしている（法17条の解説参照）ので，実体的な効力発生時期は，それ以前の時点であると解さざるを得ない。

本条による取消し請求は，法12条１項１号，２号及び２項に掲げる事項について当該弁護士が虚偽の申告をしていた場合や，心身の故障により弁護士業務を行わせることに支障がある場合になされるのであって，そのような者に弁護士業務を継続させることは好ましくなく早期に弁護士としての身分を失わせるべきである。手続保障の面では，弁護士会において資格審査会の議決に基づくことが必要とされ（本条１項），資格審査会においては，法55条２項により当該弁護士に陳述・資料提出の機会が与えられている。以上のことからすれば，弁護士会が日弁連に登録取消し請求をしたことを当該弁護士に通知したとき（通知が当該弁護士に到達したとき）をもって，登録取消しの効力発生時期と解すべきであろう。

但し，以上のように解することは，弁護士会の登録取消し請求に処分性（行審法又は行訴法にいう処分）を認めることにつながるものであるが（なお，髙中正彦『弁護士法概説（第４版）』92頁は，処分性を否定する），処分性の有無についての議論は，理論的には難問であり，将来の研究を待ちたい。

参考までに，本書第２版補正版では，この点について，次のように述べていた。

「弁護士会の登録取消しの請求は，日弁連に対して弁護士名簿から当該弁護士の登録を取り消すことを求めるものであるが，それが行政不服審査法又は行政事件訴訟法にいう『処分』に当たるものかどうか，が問題となる。『処分』に該当するとすれば，弁護士会の登録取消しの請求がなされた場合，当該弁護士は行審法に基づく審査請求（同法５条），行訴法に基づく取消訴訟（同法３条２項）ができることとなる。

これを処分としない説は，上記両法にいう処分とは『行政庁が，法令に基づき優越的立場において国民に対し権利を設定し，義務を課し，その他具体的に法律上の効果を発生させる行為』をいうものとされる（行審法につき，東京地判昭和41・４・26行裁例集17巻４号432頁等，行訴法につき，最判昭和30・２・24民集９巻２号217頁等）が，登録取消し請求だけでは当該弁護士たる身分に変動をもたらすものではなく，法17条に基づき日弁連における登録取消し手続がなされてはじめて弁護士たる身分を喪失するものであること，法14条で行審法とは異なる『異議の申出』という特別の不服申立方法を規定していること（法12条の２では行審法の適用を明文で規定している），法14条２項では，異議の申出に理由あるとき，差し戻すこととしているが，処分であれば取消しと規定するはずであること，法16条は，異議の申出に対する日弁連の処分について，取消しの訴えの提起を認めていること等を理由とする。

これに対し，処分とする説は，登録取消し請求を受けた者が法14条の異議の申出をしない限り，日弁連は法17条に従って当然登録を取り消すことになるが，そうなると，何の処分もないのに（法17条の登録取消しは，公証行為と解釈されている）登録が取り消されるという不合理があること，そして，弁護士会の登録取消し請求だけでも弁護士たる身分に変動をもたらすものであること，処分でないとすると，本条の請求だけでは弁護士の身分に変動がないから，何故に異議の申出ができるかの説明がつかないこと，弁護士名簿の登録事務は日弁連の所管であり，弁護士会は登録等の『進達』をなしうるのみであるが，この進達が処分と認められる以上，本条の『登録取消しの請求』も同様に解すべきであること，を理由とする。」

【6】 通　　知

弁護士会が日弁連に対し，登録取消しの請求をした場合には，当該弁護士に対し速やかにその旨及びその理由を書面により通知しなければならない（本条2項）。この通知は，法14条の異議の申出をするための前提資料とするものであるから，取消し請求をする理由を付した書面で通知するのが相当であり，行政手続法の施行に伴う関係法律の整備に関する法律（平成5年法律第89号）に基づく改正により，この点が明文で明らかにされた。

第14条　前条の規定により登録取消しの請求をされた者は，その通知を受けた日の翌日から起算して3箇月以内に日本弁護士連合会に異議を申し出ることができる。

2　日本弁護士連合会は，前項の申出を受けた場合においては，資格審査会の議決に基き，その申出に理由があると認めるときは，弁護士会に登録取消の請求を差し戻し，その申出に理由がないと認めるときは，これを棄却しなければならない。

3　日本弁護士連合会は，前項の処分をした場合には，異議の申出をした者に，速やかに，その旨及びその理由を書面により通知しなければならない。

【1】 本条の趣旨

本条は，弁護士が登録又は登録換えの請求をする際に，法12条1項1号，2号及び2項に掲げる事項について虚偽の申告をしていた等として，弁護士会が日弁連に対し登録取消しの請求をした場合に，その弁護士の重大な利害に関することとしてその者のために付与された救済手続を定めるものである。

現行法制定当初は，登録又は登録換えの請求の進達を拒絶された者及び登録取消しの請求をされた者に対する救済手続は，同一の条文（14条）に規定され，その方式は「異議の申立て」であったが，行政不服審査法の施行に伴う関係法律の整理等に関する法律（昭和37年法律第161号）21条により改正され，登録又は登録換えの請求の進達を拒絶された者に対する救済方法は，「審査請求」（法12条の2）とし，登録取消しの請求をされた者に対しては，特に「異議の申出」ができることとしたのである。

なお，平成26年の行審法改正に伴う改正で申出期間が60日から3か月に伸長されている。

【2】 手　　続

法13条により弁護士会から登録取消しの請求をされた者は，その通知を受けた日の翌日から起算して3箇月以内に日弁連に異議を申し出ることができる（本条1項）。

この「異議の申出」は，平成26年改正前の行審法（昭和37年法律第160号）にいう異議申立てとは異なり，現行法が特別に定めた不服申立制度であると解される（福原・108頁）。

そして，日弁連は，資格審査手続規程を定め，異議の申出に関する手続を規定している（規程第4章）。

【3】 処分及びその通知

1　処　　分

日弁連は，異議の申出を受けたときは，その異議の申出の理由の有無について資格審査会の審議に付し，資格審査会の議決に基づいて次の処分をする（本条2項）。

① 資格審査会が異議の申出は不適法である旨の議決をしたときは，速やかに決定で異議の申出を却下する（規程35条1項）。

本条は，却下の処分について規定していないが，不適法な異議の申出については，理由の有無を審議することなく却下すべきである。

② 資格審査会が異議の申出に理由がない旨の議決をしたときは，速やかに決定で異議の申出を棄却する（本条2項，規程35条2項）。

③ 資格審査会が異議の申出に理由がある旨の議決をしたときは，速やかに決定で当該弁護士会に登録取消しの請求を差し戻す（本条2項，規程35条3項）。

ここで「差し戻す」と定められた趣旨は，通常の用語例とは異なり，原弁護士会に対して再度の考慮を求めるという趣旨ではなく，登録取消しの請求を拒絶する旨の処分を意味すると解すべきではないかと思われる。

2　処分の通知

日弁連は，1で述べた処分をした場合，異議の申出をした者に速やかに，その旨及び理由を書面により通知することを要する（本条3項）。日弁連は，決定書の謄本を，異議の申出をした者及び当該弁護士会に，速やかに送達することを要することとされている（規程36条・31条5項）。

【4】 司法救済

異議の申出を棄却（却下を含む）された者は，東京高等裁判所に対し，その取消しの訴えを提起して裁判所の司法救済を求めることができる（法16条）。

（登録及び登録換の拒絶）

第15条　日本弁護士連合会は，弁護士会から登録及び登録換の請求の進達を受けた場合において，第12条第１項又は第２項に掲げる事由があつて登録又は登録換を拒絶することを相当と認めるときは，資格審査会の議決に基き，その登録又は登録換を拒絶することができる。

2　日本弁護士連合会は，前項の規定により登録又は登録換えを拒絶する場合には，登録又は登録換えを請求した者及びこれを進達した弁護士会に，速やかに，その旨及びその理由を書面により通知しなければならない。

【1】　本条の趣旨

本条は，日弁連が弁護士会から登録又は登録換えの請求の進達を受けた場合において，登録又は登録換えの請求をした者に法12条１項又は２項に掲げる事由があって登録又は登録換えを拒絶することを相当と認めるときに，その者の登録又は登録換えを拒絶する権限を日弁連に付与した規定である。日弁連が弁護士名簿の備付及び管理について全責任を負うものであることから，これは当然のことといえよう（福原・109頁）。

【2】　登録及び登録換えの拒絶事由

日弁連が登録及び登録換えの拒絶をすることができるのは，法12条１項又は２項に掲げる事由があって登録又は登録換えを拒絶することを相当と認めるときである。

法12条１項に掲げる事由とは，①弁護士会の秩序若しくは信用を害するおそれのあること，又は②心身に故障があるか，法７条３号に該当して，除名，業務禁止，登録抹消又は免職の処分を受けた日から３年を経過して請求をなし，弁護士の職務を行わせることがその適正を欠くおそれのあることである。また，同条２項に掲げる事由とは，登録又は登録換えの請求前１年以内に当該弁護士会の地域内において常時勤務を要する公務員であった者で，その地域内において弁護士の職務を行わせることが特にその適正を欠くおそれがあることである。その意義については，法12条の解説を参照されたい。

【3】　日弁連における手続

1　弁護士会から登録請求の進達があった場合，この事務は，会則59条の３に従って，常務理事会の所轄すべき事項となるが，日弁連においては常務理事会の議決を経て事案に応じて次のような取扱いをするのが例である。

まず，①司法修習終了後１年未満の者，②裁判官・検察官の定年退官後１年未満の者，③公証人の罷免年齢に達し，退職後１年未満の者，④弁護士職務経験法の規定により弁護士名簿の登録を受けようとする者については，常務理事会から委任を受けた登録担当主査理事の決裁に従って，登録がなされる。しかし，これらに該当しない者又はこれらに該当する者の請求であっても，主査理事において必要性を認めた場合は，常務理事会に付議されることとなる。ここで承認された者については登録がなされることになるが，特に審査が必要と認められた場合，又は平成16年法律第9号による改正前の法6条1項2号の規定による登録請求の場合は，資格審査会に審査の請求がなされ，この議を経て，日弁連会長が登録又は登録拒絶をすることとなる。登録の拒絶をするには，必ず資格審査会の議決を経なければならない。

2　登録換えについては，主査理事の決裁によるが，必要性を認めた場合は常務理事会に付議されること等は，上記と同じである。

3　本条は，日弁連が登録又は登録換えを拒絶することができる事由を前記のように規定しているが，登録又は登録換えの請求をした者に弁護士となる資格がない場合，又は法7条に定める欠格事由がある場合については規定していない。

しかし，資格がない者，欠格事由がある者の登録又は登録換えを拒絶できないとすることは不合理といわなければならない。従って，日弁連は当然，このような者の登録又は登録換えを拒絶することができると解すべきである。

次に，拒絶をする場合に，資格審査会の議決に基づくことを要するか，ということが問題となる。

法は，法12条1項又は2項に掲げる事由があるかどうかの判断についてのみ，資格審査会の議決を経ることを要求しているものと考えられるので，資格審査会の議決に基づくことを要しないと解すべきである。

以上の点については，法12条の解説（109頁以下）を参照されたい。

【4】 登録又は登録換えの拒絶の通知

日弁連が登録又は登録換えを拒絶する場合には，請求者及び進達した弁護士会に速やかにその旨及びその理由を書面により通知しなければならない（本条2項）。

この通知は，当該登録又は登録換えを請求した者については，法16条に基づく登録又は登録換え拒絶処分の取消しの訴えを提起するか否かの判断をさせるためである。従って，理由を付した書面でなされるべきである（福原・108頁）。

進達をした弁護士会に対しても通知をするのは，その者が入会しないことになったことを明確にするためである。

（訴えの提起）

第16条　第12条の規定による登録若しくは登録換えの請求の進達の拒絶についての審査請求を却下され若しくは棄却され，第14条第１項の規定による異議の申出を棄却され，又は前条の規定により登録若しくは登録換えを拒絶された者は，東京高等裁判所にその取消しの訴えを提起することができる。

2　日本弁護士連合会が第12条の規定による登録若しくは登録換えの請求の進達の拒絶についての審査請求若しくは第14条第１項の規定による異議の申出を受けた後３箇月を経てもなお裁決若しくは第14条第２項の処分をせず，又は登録若しくは登録換えの請求の進達を受けた後３箇月を経てもなお弁護士名簿に登録若しくは登録換えをしないときは，審査請求若しくは異議の申出をし，又は登録若しくは登録換えの請求をした者は，その審査請求若しくは異議の申出を棄却され，又は登録若しくは登録換えを拒絶されたものとみなし，前項の訴えを提起することができる。

3　登録又は登録換えの請求の進達の拒絶に関しては，これについての日本弁護士連合会の裁決に対してのみ，取消しの訴えを提起することができる。

【1】 本条の趣旨

本条は，弁護士になろうとする者が，登録若しくは登録換えを拒絶され，又は審査請求等を放置された場合の第２段階の救済方法として，裁決の取消しの訴え又は処分の取消しの訴えについて規定する。

【2】 沿　　革

旧法では，登録又は登録換えの進達の拒絶に対しては，司法大臣に不服の申立てができただけであり（13条），これ以上に行政訴訟を起こすことはできなかった（金子・189頁）。

そこで，本法の制定に際して，弁護士資格を有する者に対し不当な権利侵害のおそれがないよう，その保護を厚くして，裁判所に訴えを提起する途を開いた。本法制定当時の本条は次のように規定されていた。

（訴の提起及び手続）

第16条　第14条に規定する異議の申立を棄却され，前条の規定により登録又は登録換を拒絶された者は，その処分につき違法又は不当を理由としてその通知を受けた後30日以内に東京高等裁判所に訴を提起することができる。

2　日本弁護士連合会が第14条第１項若しくは第２項の異議の申立を受けた後３箇月を経てもなお同条第３項の処分をせず，又は登録若しくは登録換の請求の進達を受けた後３箇月を経てもなお弁護士名簿に登録若しくは登録換をしないときは，異議の申立をなし又は登録若しくは登録換の請求をした者は，その申立を棄却され又は登録若しくは登録換を拒絶されたものとみなし，その後30日以内に前項の訴を提起することができる。

3　前２項の訴は，日本弁護士連合会を被告として提起しなければならない。

4　裁判所は，必要と認める場合には，職権で決定をもつて，訴訟の結果について利害関係のある弁護士会を訴訟に参加させることができる。

5　裁判所は，必要と認める場合には，職権で証拠調をすることができる。但し，その証拠調の結果について当事者の意見をきかなければならない。

6　第１項及び第２項の訴訟については，本条によるの外，民事訴訟法（明治23年法律第29号）の定めるところによる。

その後，行政事件訴訟に関する法令の全般にわたる検討の結果，昭和37年10月１日，行訴法（昭和37年法律第139号）及び行政事件訴訟法の施行に伴う関係法律の整理等に関する法律（昭和37年法律第140号）が施行され，上記の16条は，行政事件訴訟法の施行に伴う関係法律の整理等に関する法律15条により改正され，現行の規定になったものである。

【3】 取消しの訴えを提起できる場合

本条に定められた取消し訴訟によって救済を受けられるのは，次の六つの場合である。

①　弁護士会が法12条に基づき登録又は登録換えの請求の進達を拒絶した場合の審査請求に対して，日弁連が却下又は棄却の裁決をしたとき（１項前段）

②　日弁連が①の審査請求を受けてから３か月を経ても裁決をしないときにおいて，審査請求を棄却されたものとみなしたとき（２項前段）

③　法14条１項により，弁護士会から登録取消しの請求をされた者の異議の申出に対して，日弁連が棄却（却下を含む）の処分をしたとき（１項中段）

④　日弁連が，法14条１項の異議の申出を受けてから３か月を経ても同条２項の処分（差戻し又は棄却の処分）をしないときにおいて，異議の申出を棄却されたものとみなしたとき（２項中段）

⑤　法15条により，日弁連が，登録又は登録換えを拒絶したとき（１項後段）

⑥　登録又は登録換えの請求の進達を受けてから３か月を経ても日弁連が登録又は登録換えをしないときにおいて，登録又は登録換えを拒絶されたものとみなしたとき（２項後段）

①から⑥までに述べた審査請求若しくは異議の申出をした者又は登録・登録換えの請求をした者は，東京高等裁判所に対してその裁決又は処分の取消しの訴えを提

起することができる。

なお，本条で認められる訴訟は，取消しの訴えであり，積極的に弁護士名簿への登録を求める訴えができるものではない。「行政庁が行政処分をすることはその行政権の行使によるものでただ裁判所は行政庁が為した行政処分の効力に争がある場合に，その行政処分によつて権利を侵害せられた者の請求を待つてその争（すなわち法律上の争）につき判断を与えることができるだけであつて更に進んで行政庁に対し行政処分を為すべきことを命ずることは，憲法上の三権分立の建前から裁判所の権限の範囲に属しないものであるからである」（東京地判昭和31・10・23行裁例集7巻10号2505頁。なお，この判例は旧法下のものである）。

【4】 裁決主義の採用

登録又は登録換えの請求の進達を拒絶された場合については，これについての日弁連の裁決に対してのみ取消しの訴えを提起することができる（本条3項）。すなわち，登録又は登録換えの請求の進達を弁護士会に拒絶された者は，日弁連に対して審査請求をなし，その却下又は棄却の裁決を待って取消しの訴えを提起すべきものとされる。行訴法は，原則として審査請求と取消訴訟の自由な選択を認め（自由選択主義），例外的に法律の定めがある場合に限り審査請求を経るべきものとの建前（審査請求前置主義）をとっているが（8条），本条は，審査請求前置主義に立ったうえで，原処分に対する取消しを認めず，裁決に対する取消しのみを認める裁決主義を採用しているものである（裁決主義については，田中・行政法上318頁参照）。

なお，裁決取消訴訟は，行政庁が未だ裁決をしない間は，これを提起することはできないのであるが，本条2項前段及び中段は，一定の期間内に裁決をしなかったときは，棄却の裁決があったものとみなし，この「みなし裁決」に対して，取消訴訟を提起することができるとしたものである。

【5】 訴訟手続

この取消訴訟の手続については，行政庁の公権力の行使に関する不服の訴訟に該当するものとして，行訴法が適用される。

この訴えは，日弁連が存在する地である東京都を管轄区域とする東京高等裁判所の専属管轄とされている。その理由は，「実質的に，日本弁護士連合会が弁護士会の上級行政庁的立場で関与した事項であって，その機構と手続において準司法的機能を一応果たしているものと認められ，かつ，事案の性質上迅速に処理され確定されること及び全国的に統一された判断が示されることが望まれるから」（福原・112頁）である。

取消訴訟における処分の違法判断の基準時につき，処分時の法規及び事実状態を基準とすべきであるとする説（処分時説）と判決時（最終口頭弁論終結時）の法規及び事実状態とする説（判決時説）との対立があるが，判例は処分時説を採用し，学説もこれに従うものが多い（田中・行政法上348頁）。処分時説が妥当と解される（但し，福原・112頁は，判決時説を採用するもののごとくである）。

なお，「会ノ秩序又ハ信用ヲ害スル虞」があるとしてなされた弁護士名簿の登録拒絶処分の適否を判断するについて，拒絶された者の処分時後の行動を参酌してその者に処分当時すでに上記のおそれがあったものとし，拒絶処分が処分当時適法に行われたことを認定することは妨げないとした旧法下の裁判例がある（東京高判昭和25・5・16行裁例集1巻7号1096頁）。

（登録取消しの事由）

第17条 日本弁護士連合会は，次に掲げる場合においては，弁護士名簿の登録を取り消さなければならない。

一 弁護士が第7条各号（第2号を除く。）のいずれかに該当するに至つたとき。

二 弁護士が第11条の規定により登録取消しの請求をしたとき。

三 弁護士について退会命令，除名又は第13条の規定による登録取消しが確定したとき。

四 弁護士が死亡したとき。

【1】 本条の趣旨

本条は，弁護士に一定の事由ある場合には，弁護士名簿の登録について権限を有する日弁連が弁護士名簿の登録を取り消すべきことを定める。

【2】 沿　革

旧法15条は，弁護士名簿の登録の取消しにつき，次のとおり規定し，司法大臣が弁護士名簿の登録を取り消すべきことを定めていた。

第15条 左ノ場合ニ於テハ司法大臣ハ弁護士名簿ノ登録ヲ取消スベシ

一 弁護士国籍ヲ喪失シタルトキ

二 弁護士第5条各号ノ一ニ該当スルニ至リタルトキ

三 第11条ノ規定ニ依リ登録取消ノ請求アリタルトキ

四 弁護士退会セシメラレ又ハ除名セラレタルトキ

五 弁護士死亡シタルトキ

六 総会ノ決議ニ因リ弁護士会解散シタルトキ

また，旧々法においては，登録取消しの規定を設けず，弁護士名簿登録規則（明治26年4月10日司法省令第5号）3条において，次のとおり規定し，登録の場合と異なり，司法大臣の命令をまたずに地方裁判所検事局限りで登録取消しをすることとしていた。

第3条　弁護士名簿ノ登録ハ司法大臣ノ命令ニ因リ地方裁判所検事局ニ於テ之ヲ為ス

2　登録ノ取消ハ弁護士ノ請求ニ因リ又弁護士死去シタルトキハ弁護士会長ノ申告ニ因リ又弁護士法第5条ニ該当シ又ハ除名セラレタル者アルトキハ受訴裁判所検事ノ通知ニ因リ地方裁判所検事局ニ於テ之ヲ為ス

本法において，日弁連が登録取消しの権限を有することとなったのは，弁護士に対する監督権行使の方法が従前の国家機関による監督方法の基盤である名簿登録の形式を受け継ぎながらも，実質的にはその監督を弁護士が自律的に行うこととする弁護士自治制度を採用したことに由来する。

【3】 登録取消し事由

弁護士名簿の登録を取り消すべき事由は，弁護士に法7条各号（第2号を除く）のいずれかに該当する欠格事由が発生したとき（本条1号），弁護士が業務をやめるため，登録取消しの請求をしたとき（本条2号），弁護士が退会命令若しくは除名の懲戒処分を受け，又は法13条に基づく登録取消しの請求があり，これが確定したとき（本条3号），死亡したとき（本条4号）である。

旧法では，このほかに，本人が日本国籍を失った場合も，登録を取り消される事由としていたが（15条），現行法は国籍を登録の要件としていないので，日本国籍を失ったとしても，弁護士としての身分に変動をきたすものではない。

また，弁護士会の解散（法34条3項）の場合も，現行法上登録取消し事由ではない。

1　本条1号

「弁護士が第7条各号（第2号を除く。）のいずれかに該当するに至つたとき」とは次のとおりである。

⑴　まず，法7条1号の「禁錮以上の刑に処せられた者」とは，刑法25条と同様であって，その刑を言い渡した判決が確定したことを意味し（大判大正14・5・30刑集4巻331頁），執行を受けたことは必要でない。従って，執行猶予の言渡しがあった場合も含まれる。本条の関係でも，禁錮以上の刑に処する判決の確定をまって登録を取り消すべきである。

⑵　次に，法7条3号の懲戒の処分により除名され，その処分を受けた日から3年を経過しない者ということについては，除名の懲戒処分を受けたことが登録取消し事由となるものである。

ところで，本条1号は，弁護士が法7条3号に該当するに至ったとき，すなわち弁護士が懲戒処分により除名されたときと規定するのに対し，本条3号は，同じ除名の懲戒処分について，これが「確定」したときと規定しているため，日弁連は，弁護士について除名が効力を発生したときに弁護士名簿の登録を取り消すのか，あるいは当該除名処分について不服申立手段が尽きて確定したときに登録を取り消すのか，について見解が分かれる。

弁護士に対する懲戒は，旧々法（34条）及び旧法（58条）においては，判事懲戒法（明治23年法律第68号）が準用され，二審制の懲戒裁判所による裁判手続がとられ，同法46条は「懲戒裁判所ノ裁判ハ確定ノ後ニ非サレハ之ヲ執行スルコトヲ得ス」と規定していたため，第1審で懲戒処分（判決）の言渡しがあっただけでは弁護士たる身分を失うことなく，その確定に至って弁護士名簿の登録が取り消されることとされていた。現行法でも，懲戒の効力発生について前記の観念を受け継いで，本条3号は「確定」の語を使用していると認められる。

その後，昭和37年に行審法（昭和37年法律第160号）が制定されたのに伴い，懲戒処分を受けた弁護士は上級庁たる日弁連に対し，審査請求をすることができるとされ（法59条），弁護士の懲戒処分も一般行政庁の行う懲戒処分と同様に扱われることとなったが，日弁連は，弁護士の懲戒処分については，上記のような沿革を有する別個の性質のものとして行審法（昭和37年法律第160号）1条2項にいう「他の法律に特別の定めがある場合」にあたるとして，昭和40年12月24日「弁護士に対する『懲戒処分の効力発生時期』について」と題する通知（議決例集Ⅰ296頁）を発し，実務の取扱いを変更しなかった。

この取扱いに対しては早くから反対があり，例えば，大阪高判昭和27年5月30日高民集5巻7号292頁は，「現に弁護士の職に在る者が弁護士法第6条〔現在の法7条―編者注〕所定の所謂欠格事由に該当するに至つた場合において同法はその失職の時期について公証人法第16条国家公務員法第76条のような明確な規定を設けていないけれども，裁判官（日本国憲法第78条裁判所法第48条）検察官（検察庁法第25条）若くは人事官（国家公務員法第8条）のような特別の身分保障がありその罷免については単に欠格事由の発生のみに留らず更に他の特定の機関の審判を要する官職と異り弁護士についてはこのような身分保障がないばかりでなく弁護士法第1条乃至第3条に規定するようにその職務の公共性と社会性とに鑑み寧ろ公証人及び一般国家公務員と同じく欠格事由の発生と同時に当然その職を失うものと解するを相当とする。勿論弁護士法第8条によれば弁護士となるには日本弁護士連合会に備えた弁護士名簿に登録されなければならないのであつて登録によつてその職を得ると同じように一見して登録の取消によつてその職を失うようにも見えるけれども同法第17条によれば弁護士が同条所定の欠格事由の一に該当するに至つた場合において日本弁護士連合会は本人又は所属弁護士会の請求をまつまでもなく当然直ちにその者の弁護士名簿の登録を取消さなければならないのであつてその間日本弁護士連合会は何等考慮の余地なく又は他の審査機関の判定をも要しないのであつて当然機械的に登録を取消さなければならないのである。従つて此の規定の趣旨は登録の取消を以て失職の要件とし登録の取消に至るまでその職を保たしめようとしたものではなく単に失職の公示方法としたものであると解するを相当とする」と判示していた。

このような中で，最大判昭和42年９月27日民集21巻７号1955頁は，業務停止処分に関する事案であったが，弁護士に対する懲戒処分は広い意味での行政処分に属し，他の一般の行政処分と同様告知時に効力が生ずるという解釈を全員一致で採用し，本条について次のように判示した。

「もつとも，法17条には，弁護士について退会命令，除名等が確定したときは，日弁連は，弁護士名簿の登録を取り消さなければならないと規定されているので，これらの懲戒については，その確定をまつてはじめてその効力が生ずるものとなし，したがつて，業務の停止という懲戒についても，規定の有無にかかわらず，同様の趣旨で，それが確定しなければその効力が生じないとする見解がないわけではない。しかし，法17条は，弁護士名簿の登録に関する日弁連の事務処理について，登録を取り消さなければならない場合を明示するとともに，弁護士の使命および職務の重要性にかんがみ，退会命令，除名等の処分があつても，それが確定し，もはや争いの余地がなくなつたのちでなければ，登録の取消をさせないように配慮した趣旨の規定にすぎないと解すべきである。けだし，法17条１号，３号等の場合における弁護士名簿の登録の取消は，これによつて弁護士としての身分または資格そのものを失わしめる行為ではなく，弁護士としての身分または資格を失つているという事実を公に証明する行為なのである。したがつて，たとえば弁護士が法６条〔現在の法７条―編者注〕の定める欠格事由に該当するに至つたような場合には，直ちに弁護士としての身分または資格を失うのであつて，仮りに弁護士名簿の登録が取り消されないままに残つていたとしても，もはや弁護士ではあり得ず，弁護士の職務を行なうことはできないのである（公証人法16条，国家公務員法76条参照）。要するに，法17条は，審査法１条２項および行政事件訴訟法１条にいう特別の定めにはあたらないのであるから，これを根拠として，懲戒は確定しなければ効力を生じないとすることはできない（なお，昭和８年法律第53号の旧弁護士法施行当時における弁護士の懲戒手続には，明治23年法律第68号判事懲戒法が準用され，同法46条の規定により，懲戒裁判所による懲戒の裁判は，確定の後でなければこれを執行することができないものとし，同法51条の定めるところにより，必要のある場合には懲戒裁判手続の結了に至るまで職務を停止することを決定することができるものとしていた。これは，懲戒が裁判の形式をとつて行なわれたことに伴う結果であつて，当時と懲戒の手続・構造を異にする現在の法制のもとにおいて，旧法時代の考え方を類推することは許されない)」

この判決により日弁連もこれまでの見解を改め，昭和43年1月20日の理事会において，「懲戒処分は，当該会員にこれを告知した時直ちに効力を発生する」ことを承認した（但し，名簿の登録取消し手続は，確定すなわち不服申立手段の尽きたときに行うことに変更がない)。従って，本条1号において掲げる法7条3号の場合とは，弁護士の除名以外の他職者についての手続を指すものと解すべきであろう。

(3) 法7条4号は「破産手続開始の決定を受けて復権を得ない者」であるが，本条の関係では，破産手続開始の決定を受けたことである。

破産の場合は，不服申立ての方法として即時抗告のみが認められている（破産法33条1項)。即時抗告には，原則として執行停止の効力があるが（民訴法334条1項)，破産手続開始の決定の効力は即時に発生するものとされ（破産法30条2項)，執行停止の効力はないと解されている（斎藤秀夫他編『注解破産法（第3版)』下巻22頁)。

しかし，破産法が破産手続開始の決定の効力を即時に生じさせるのは，破産手続開始の効果を迅速に発生させ，破産管財人が破産財団の保全を図らなければならないためであるから（斎藤秀夫他編『注解破産法（第3版)』下巻38頁)，本条の登録の取消しの関係でも同様に解すべき必然性はない。そして，本条の関係では，他の登録取消し事由と同じく，破産手続開始の決定が確定したとき，すなわち不服申立手段が尽きたときに登録を取り消すべきである。日弁連の実際の取扱いも同様である。

(4) なお，令和元年6月に成立した成年被後見人等の権利の制限に係る措置の適正化を図るための関係法律の整備に関する法律（令和元年法律第37号）により，改正前の法7条4号が削除された（施行日は令和元年12月14日)。これにより，「成年被後見人又は被保佐人」であることは，弁護士の欠格事由ではなくなった。

2 本条2号

2号は，「弁護士が第11条の規定により登録取消しの請求をしたとき」，すなわち弁護士がその業務をやめようとして，所属弁護士会を経て登録取消し請求をしたときである。その詳細については，法11条の解説を参照されたい。

3 本条3号

3号は，「弁護士について退会命令，除名又は第13条の規定による登録取消しが確定したとき」であるが，退会命令，除名の懲戒処分については，「確定」によって効力を生ずるものでないことは前述したとおりである。本号の「確定」とは不服申立手段が尽きたときである。

4 本条4号

４号は，「弁護士が死亡したとき」であるが，この場合は，日弁連が死亡の事実を知ったら直ちに登録を取り消すことになる。

【４】 弁護士名簿の登録取消しの意義

旧々法時代の「弁護士名簿登録規則」のもとにおける取扱い以来，弁護士の身分又は資格は，「弁護士名簿の登録の取消しによって当然に消滅する」（大判昭和６・４・９刑集10巻121頁）との解釈がとられてきたが，前記の最大判昭和42年９月27日により，弁護士名簿の登録取消しは，本条１号及び３号の場合には，単に「弁護士としての身分又は資格を失っているという事実を公に証明する」形式的意義の行為にすぎないものとされている。

（登録取消の事由の報告）
第18条　弁護士会は，所属の弁護士に弁護士名簿の登録取消の事由があると認めるときは，日本弁護士連合会に，すみやかに，その旨を報告しなければならない。

【１】 本条の趣旨

弁護士としての身分は，弁護士名簿への登録によって取得され，また，この身分を喪失したときは，弁護士名簿の登録が取り消される。弁護士名簿の登録及び登録取消しは，弁護士の身分の得喪を把握する基本的な手続であり，弁護士の身分の得喪を正確に把握することは，弁護士の活動の公正を確保し，弁護士制度を維持，確立するために必要である。

そこで，本条は，弁護士会は所属会員である弁護士に対する第１次的な監督機関であるから，所属会員について，登録取消しの事由があることを認めたときは，弁護士名簿を備えて管理する日弁連に対し，速やかにその旨を報告させることにして，弁護士名簿の登録取消しを迅速かつ的確に処理することを期しているのである。

【２】 登録取消しの事由

弁護士名簿の登録取消しの事由は，法17条各号に定められており，①弁護士が法７条各号（２号を除く）のいずれかに該当するに至ったとき（１号），②弁護士が法11条の規定により登録取消しの請求をしたとき（２号），③弁護士について退会命令，除名又は法13条の規定による登録取消しが確定したとき（３号），④弁護士が死亡したとき（４号）の各事由である。

【3】 登録取消し事由の報告

1 登録取消し事由のうち，弁護士が法7条1号に該当するに至ったときとは，禁錮以上の刑に処する裁判の確定したことを要するものであり，同条4号の事由についても，破産手続開始の決定の確定を要するものである。また，法13条の規定による登録取消しも，その確定を要するものである。

更に，法7条3号の定める各懲戒処分，弁護士に対する退会命令は，当該懲戒処分の告知によって弁護士の身分は喪失するのであるが，当該懲戒処分が確定した段階に至って弁護士名簿の登録が取り消されることとなる。

このように，登録取消し事由については，その発生と確定とを区別すべきものがある。そして，本条に基づく報告の義務が発生するのは，登録取消し事由が確定した段階であると解される。けだし，登録取消し事由が未確定の段階での報告だけでは，その後確定しない場合もあり得るので，弁護士名簿の登録取消しを的確に処理することができないからである。

但し，本条は，弁護士名簿の登録取消しを迅速・的確に行うことを担保する趣旨であるから，登録取消し事由の発生したことを認めたときは，確定前に予備的に日弁連に報告しておくことは差し支えない。ちなみに，福原・117頁は，「本条の趣旨から考えれば，本条に基づく報告としては，右の段階（弁護士としての資格喪失を争う余地のなくなった段階）に至る以前にいわゆる確定を待つことなく事由が生じたならばこれを予備的に報告し，かつ，右の段階に及んで確定的な報告をすべきである」としている。

2 弁護士会が登録取消し事由がある旨を日弁連に報告する場合の手続要領は，適宜の方法でよいと解されるが，実際には書面による報告をすることとなっている（会則22条2項，登録取扱規則6条）。

なお，報告内容としては，①当該弁護士の氏名，②当該弁護士の登録番号，③登録取消し事由，④登録取消し事由該当又は確定年月日等を明らかにする必要がある（同規則第5号書式参照）。

（登録等の通知及び公告）

第19条 弁護士名簿の登録，登録換及び登録取消は，すみやかに，日本弁護士連合会から当該弁護士の所属弁護士会に通知し，且つ，官報をもつて公告しなければならない。

【1】 本条の趣旨

弁護士名簿の登録，登録換え及び登録取消しは，弁護士たる身分の得喪及び弁護士会の構成員の変動にかかわることであり，弁護士としての活動の基本に関することである。従って，当該弁護士の所属弁護士会への通知が必要であるし，また，一般国民に周知させることも必要である。

そこで本条は，日弁連に対し，弁護士名簿の登録，登録換え及び登録取消しを当該弁護士の所属弁護士会に通知し，かつ，特に官報をもって公告することを義務づけるものである。

本条は，当該弁護士への通知を規定していないが，日弁連は，会則24条に従って，弁護士名簿の登録，登録換え，登録取消しを当該弁護士にも通知している。

第4章　弁護士の権利及び義務

【1】　本章は，全部で12条に亘り弁護士の権利及び義務に関する規定を置いている。但し，既に解説したように，弁護士の根本的な権利・義務については第1章に規定されている。また，弁護士が個別的な職務を行うに際しての具体的な権利義務については，民事訴訟法，刑事訴訟法その他の法令に規定が置かれている。このようにみると，本章の規定は，弁護士の職務の遂行に関する総則的全般的な権利・義務を規定したものといえるであろう。

なお，本章の規定を見ると，弁護士の権利を直接に規定したのは，23条の秘密保持の権利と23条の2の照会申出権だけであり，その余はいずれも弁護士の義務について規定している。旧法では，秘密保持の権利の規定のみであったから，章名を弁護士の権利及び義務とうたう必要がない等と批判されたが，そのような体裁になったのも，もともと法が弁護士に対する取締りを重点として立法されたことが影響しているものと認められる（福原・119頁）。

【2】　本章の規定のうち，旧法になかったものは，20条1項（法律事務所），23条の2（報告の請求），26条（汚職行為の禁止），27条（非弁護士との提携の禁止）であるが，このうち26条と27条は，弁護士の品位の保持を趣旨としたものであって，弁護士の地位をより高め，国民の信頼に応えるようにさせる目的があるといえる。また，23条の2により照会申出権が規定されたのは，弁護士の職務の公共的性格が認識され，その重要性が認められたものといえるであろう。

なお，20条1項及び2項，21条，22条，23条の2，24条並びに27条から29条までの規定は，弁護士法人について準用される（法30条の21）。

（法律事務所）

第20条　弁護士の事務所は，法律事務所と称する。

2　法律事務所は，その弁護士の所属弁護士会の地域内に設けなければならない。

3　弁護士は，いかなる名義をもつてしても，2箇以上の法律事務所を設けることができない。但し，他の弁護士の法律事務所において執務することを妨げない。

【1】 沿　革

1　本条1項は，本法で新設された規定である。

「法律事務所」という文言は，廃止された「法律事務取扱ノ取締ニ関スル法律」3条において使用されていたが，そこでは，弁護士の事務所が従来から法律事務所と称されていた慣例に基づいて，弁護士でない者が法律事務所その他これに類する名称を使用することを禁止していた。本条1項は，上記規定を踏襲して，「法律事務所」を弁護士の事務所の名称として規定したものである。

2　本条2項は，旧法18条1項に「弁護士ノ事務所ハ所属弁護士会ノ地域内ニ之ヲ設クベシ」とあったのを口語化したものである。本条1項及び2項は弁護士法人に準用されている（法30条の21）。

なお，旧々法では，弁護士は各地方裁判所毎に登録され（7条・8条），その裁判所毎に設立される弁護士会が所属裁判所検事正の監督を受けるとされていた（18条・19条）ことから，弁護士の事務所所在地については「弁護士ハ所属地方裁判所又ハ其ノ管内区裁判所所在ノ地ニ事務所ヲ定メ之ヲ所属地方裁判所検事局ニ届出ヘシ」（17条）とされていた。ところが，旧法で，弁護士会が法人として認められ（29条），司法大臣の監督下に置かれる（34条）こととされたのに伴い，上記旧法18条1項のように改められたのである。

3　本条3項は，旧法18条2項に「弁護士ハ如何ナル名義ヲ以テスルモ二個以上ノ事務所ヲ設クルコトヲ得ズ但シ他ノ弁護士事務所ニ於テ執務スルコトヲ妨ゲズ」とあったのを口語化したものである。

旧々法では，事務所の設置場所を原則として所属地方裁判所又はその管内区裁判所の所在地に制限していた（17条）のみで，2個以上の法律事務所の設置を許し，更に管轄外に設置することまで認めていた（25条「弁護士ハ其ノ所属地方裁判所管轄外ニ事務所ヲ設ケ職務ヲ行ハムトスルトキハ其ノ職務ヲ行フヘキ地方裁判所所在ノ弁護士会会則ヲ遵守スヘシ」）。旧法はこれを改め，法律事務所単一主義を採用した。その改正の過渡的な取扱いとして，旧々法で認められていた2個目の事務所を他の弁護士との共同事務所に限定してその設置を認める案が出されたが，それでは単一主義の原則が貫かれないとの反対があり，結局単一主義と矛盾しないように修正され，前記のような但書が定められたものである。

【2】 弁護士の事務所設置義務

本条は，弁護士が必ず事務所を設置しなければならないとする体裁をとっていない（ちなみに，税理士法40条1項は「税理士（税理士法人の社員（財務省令で定める者を含む。第4項において同じ。）を除く。次項及び第3項において同じ。）及び税理士法人は，税理士業務を行うための事務所を設けなければならない」として，事務所設置義務を明定している）。また，弁護士業務を現実に行うことが，弁護士の登録及び登録維持の要件ともされていない。そこで，弁護士が必ず事務所を設置しなければならないかが問題となるが，積極に解するのが相当である。

弁護士は，日弁連に備えた弁護士名簿に登録して，必ず弁護士会に入会しなければならないが（法8条・9条），法律事務所は，所属弁護士会の地域内に設けなければならないとされているので（本条2項），弁護士が所属する弁護士会を特定する指標は弁護士の事務所の設置場所によることとなる。また，法律事務所の設置・移転について所属弁護士会・日弁連に届け出なければならないとされているのも（法21条），弁護士が所属弁護士会及び日弁連の指導・連絡・監督を受けることとされているからであり（法31条1項・45条2項），この指導・連絡・監督の実施にあたって弁護士の事務所が存在することは必要不可欠である。

以上の点に鑑みると，法は，弁護士に対して事務所設置を義務づけていると解される。そして，この義務は現実に弁護士業務を行っているか否かを問わないと解するべきであるから，弁護士の登録をしながら現実に弁護士業務を行っていない者も，事務所を設置しなければならないと認められる。

【3】 法律事務所の名称

1　本条1項は，「法律事務所と称する」と規定しているが，事務所に名称を付する場合には必ず「法律事務所」という文言を使用することが必要か，という問題がある。

この点については，本条1項は，その体裁から見て，弁護士の事務所の一般名称が「法律事務所」であることを規定したにとどまると考えるのが素直であること，弁護士法人については，法30条の3が「弁護士法人は，その名称中に弁護士法人という文字を使用しなければならない」として「弁護士法人」という文言の使用を義務づけていることや，外国弁護士による法律事務の取扱いに関する特別措置法では，「外国法事務弁護士の事務所は，外国法事務弁護士事務所と称さなければならない」（45条1項）として「外国法事務弁護士事務所」という文言の使用を義務づけていること，「外国法事務弁護士法人は，その事務所の名称中に当該外国法事務弁護士法人の名称を用いなければならない」（50条の10第1項）として「外国法事務弁護士法人」という文言の使用を義務づけていることからみると，法は，弁護士に対して「法律事務所」という文言を使用することを義務づけていないと解するのが相当である。

しかし，「法律事務所」の文言使用は弁護士及び弁護士法人のみに認められており（法74条），一般人が弁護士と非弁護士とを識別する指標となるべきものであるから，「法律事務所」という文言の使用を，弁護士会の会則等で義務づけることは可能であると解されていた。そして，法律事務所等の名称等に関する規程（平成18年6月1日施行）が制定され，法律事務所の名称について規制されるに至り，事務所名称を付するか否かは任意であるものの，付する場合には，原則として，「法律事務所」の文字を用いなければならないものとされた（3条）。

2　法律事務所等の名称等に関する規程の趣旨は，以下のとおりである。

(1)　第1に，法74条1項の趣旨は，一般人が弁護士，弁護士法人でない者を弁護士又は弁護士法人と誤信する等して不測の損害を被ることを防止することにあるところ，こうした同条の趣旨を全うするためには，弁護士，弁護士法人は，事務所名称中に必ず「法律事務所」の文字を使用することによって，一般人がかかる誤信等をしないようにする必要があるという点である。

(2)　第2に，弁護士大増員時代を迎え，今後弁護士の思考や価値観等の多様化が一段と進むことが予想され，事務所名称にもさまざまなものが現れ，他の法律事務所と誤認，混同を生じたり，ときには品位を欠く等の不適切な事務所名称が現れるようになることも懸念されることから，事務所名称について一定のルールを設け，一般人が法律事務所の誤認，混同を生じることがないようにしたり，その他不適切な名称を防止，排除するための措置等を講じる必要があるという点である。

3　規程の概要

このような趣旨を前提に，法律事務所等の名称等に関する規程は次のような規定を置いている。

(1)　事務所名称を付するか否かを任意とし，義務化しない（3条「付するときは」）。

(2)　事務所名称を付するときは日弁連への届出義務を課する（10条1項）。

(3)　届け出た事務所名称以外の使用を認めない（10条2項）。

(4)　事務所名称中には「法律事務所」の文字を用いなければならない。但し，外国法事務弁護士に雇用される弁護士及び弁護士法人又は外国法事務弁護士法人の使用人である弁護士は，例外とする（3条）。

(5)　事務所名称に使用できる文字は，日本文字，ローマ字，アラビア数字等に限定する（4条）。

(6)　複数の事務所名称を付することを禁止する（6条）。

(7)　所属弁護士会の地域内にある他の弁護士又は弁護士法人の事務所名称と同一の名称を事務所名称としてはならない（5条）。

(8)　不正の目的をもって他の弁護士，弁護士法人等と誤認されるおそれのある事務所名称を付してはならない（7条）。

(9) 共同事務所の他の弁護士が事務所名称を付しているとき，又は弁護士法人と事務所を共にするときは，当該他の弁護士又は弁護士法人と同一の事務所名称を付さなければならない（9条）。

(10) 品位を損なう名称を付してはならない（8条）。

【4】 事務所の設置場所

法律事務所は，弁護士がその業務を反復・継続して行う場所として設定した活動の本拠である。

弁護士は，日弁連及び地方裁判所の管轄区域毎に設けられている弁護士会（但し東京は三つ）に入会しなければその業務を行うことができないから（法8条・9条・72条），弁護士は，その活動の中心地にある弁護士会に入会し，その地域内で適宜法律事務所を設けることになる。本条2項は，法律事務所の設置場所を，その弁護士の所属弁護士会の地域内に限定しているが，それは，弁護士会が指導・連絡・監督（法31条1項）をなすために必要だからである。法律事務所を他の弁護士会の地域内に移転する場合は，所属弁護士会を変更（登録換え）する必要がある。

所属弁護士会の地域内に設置されるべき法律事務所は，弁護士の職務上の本拠でなければならない。従って，法律事務所を所属弁護士会の地域外に設置する場合にとどまらず，所属弁護士会の地域外にある自宅での執務が主である場合も本条2項違反となる（所属弁護士会の地域内に法律事務所を設置せず，所属弁護士会の地域外にある自宅で職務を行っていた例：東京高判昭和32・2・12行裁例集8巻2号297頁，所属弁護士会の地域内に法律事務所を設置し，所属弁護士会の地域外にある自宅執務が主であった例：東京高判昭和38・2・25行裁例集14巻2号366頁，東京高判昭和50・1・30行裁例集26巻1号87頁）。なお，本条2項違反は，多くの場合，本条3項違反を伴うこととなる。

但し，所属弁護士会の地域外に設けられた法律事務所における受任行為及びこの受任に基づく訴訟行為については，有効と解するべきであろう（最判昭和23・6・15民集2巻7号148頁）。

【5】 複数（二重）事務所の禁止

1 立法の経過

旧々法では，前述のとおり事務所複数主義が採られていたが，これは当時，弁護士の数が極めて少なかったという事情によるといわれる。旧々法制定当時（明治26年）の弁護士数は，全国で1600名余にすぎず，地方裁判所管内の弁護士数が10名以下の所が10か所以上，20名以上の所が17か所という状態であったから，管外に事務所を設置することが認められていても他管内に客員として出張事務所を有する者は50名余で，1弁護士会に平均1名余にすぎなかったとされる（金子・203頁）。

その後，弁護士数は増加し，他方，出張事務所の事務員・代行者が社会に及ぼす弊害が指摘されるようになり，昭和８年の旧法への改正にあたり，事務所複数主義から単一主義に改められた。単一主義を採用するに至った理由として次の４点が挙げられていた（金子・前掲203頁）。

① 弁護士は各地で過剰状態にあるので，法律事務所単一主義をとっても依頼者に不便をかけることはない。旧々法制定当時1600名余であった弁護士は7000名余（うち職務に従事する者5800名余）に増えており，10名未満の地方裁判所管内は１か所（樺太地方裁判所管内）のみである。

② 弁護士間の極端な自由競争を防止する必要がある。旧々法制定当時に比べ，弁護士数は3.6倍に増加したが，第１審民事事件数は2.4倍に増えたにすぎず，弁護士数の過剰状態を来たしている。そのため弁護士が手段を選ばず事件を奪い合うようになりかねない。事務所単一主義を採り，各地に弁護士の分布を促し，過剰状態を緩和し，極端な自由競争と品位低下を防止するべきである。

③ 複数の事務所の設置を許すことは訴訟遅延の原因となる。弁護士が複数の事務所を設けると，出張所所在地の管轄裁判所に係属する事件を受任することになるが，受任事件が各地の裁判所に係属することから弁論期日の衝突競合が生じ，訴訟の進行を遅延させる。

④ 複数の事務所の設置を許すことは非弁護士培養の温床となる。弁護士が出張事務所を設けた場合，常時直接自らの指揮監督下に置くことは難しく，事務員等に事務を扱わせざるを得ず，依頼者も弁護士不在のときには事務員に一応相談することになる。このようなことが繰り返されると，弁護士でない者が独立して法律事務を扱うようになる。「法律事務取扱ノ取締ニ関スル法律」により非弁護士の活動を取り締まるとともに，非弁護士の発生原因を除去することが必要である。

本法の制定過程において，参議院法務委員会の審議に際しては，事務所複数説がかなり強く主張され，主たる事務所と従たる事務所の２個に限って認めようとする案，又は２個目の事務所は他の弁護士と共同し，かつ，その事務所所在地の弁護士会の承認を条件とする案等が提示された。しかし，これらは弁護士会の自治統制の見地からして，それぞれの事務所の所在地の弁護士会に重複して会員となるのか，懲戒権はどちらの弁護士会が行使することとなるのか等の点を定めるについて，錯雑した規定が必要となり，また留守事務をとらせるため非弁護士の活動を誘発するおそれがあるとしてこれを否決したのであった（福原・123頁以下）。こうして，旧法の事務所単一主義が本法でも踏襲されたのである。

2　複数事務所禁止の趣旨

上記１のような経過等に鑑みると，複数事務所が禁止される趣旨としては，①弁護士間の過当競争を防止し，弁護士の品位を保持すること，②非弁護士の温床となることを防止すること，③弁護士会の指導・連絡・監督権を確保することの３点にあるということができるであろう。但し，弁護士法人による従たる法律事務所の設置が認められた現在においては，①の趣旨は薄れている。

ちなみに，東京高判昭和50年１月30日行裁例集26巻１号87頁は，複数事務所を禁止する実質的理由を，「弁護士が２箇以上の法律事務所を設置して法律事務の執務を行えば，責任の所在が不明確となり，ひいては非弁護士と提携する弊害を招く虞がある」ことに求めている。

なお，法律事務所の集団化・共同化が進んでいることに照らせば，一定の条件の下に複数事務所を認めても，非弁護士活動を誘発することを防止できるし，事務所単一主義の下では，裁判所所在地から遠隔地や過疎地域等で法律事務所を設けることは困難であり，法律事務所の偏在のために市民の弁護士へのアクセスは保障され難いとして，複数事務所禁止の再検討を求める見解もある（小島武司「近隣法律事務所設置の提唱」民商法雑誌65巻３号３頁）。

3　複数事務所の判断基準

⑴　弁護士が設けることのできる法律事務所は１個に限られる。弁護士は，所属弁護士会の地域内に法律事務所を設け，日弁連及び所属弁護士会に届け出なければならないから，必ず１個の法律事務所を設けているわけであるが，本条３項は，これと別個の法律事務所を設けることを禁止しているのである。従って，複数の弁護士が共通の法律事務所を設けている場合でも，全員につき当該事務所が自己の法律事務所となるから，それと別個の法律事務所を設けることは複数事務所を設置することになり，許されない。

⑵　ところで，どのようなものを法律事務所というのか，その内容について本条は何ら規定していない。しかし，法律事務所とは「弁護士の事務所」のことであり（本条１項），そこにおいて弁護士が法律事務を取り扱う施設である。また，法律事務所は弁護士の所属弁護士会の地域内に設置されなければならず（本条２項），日弁連及び所属弁護士会に届け出なければならない（法21条）とされているように，法律事務所は，弁護士の職務関係における活動の本拠であり，弁護士の職務上の住所ともいうべき意味も有している。他方，弁護士の執務場所について法は何の制限もしていないから，弁護士が法律事務を取り扱う場所は自己の届出事務所内に限られていない。そこで，どのようなものが本条３項で禁止される複数事務所の設置になるかについて検討されなければならないが，これについては実質的側面と形式的側面の二つの面から考察する必要がある。

⑴　まず，実質的側面から検討すると，届出事務所と別個に，法律事務を行うべき場所としての実体を有する場合は，法律事務所という表示がなされていると否

とにかかわらず，複数事務所の禁止に違反する。弁護士の職務活動の本拠と認められる事務所を複数設置することはもちろん，必ずしも弁護士の職務活動の本拠とはいえなくても，依頼者が出入りし，その場所のみで法律事務処理を行う機能を有している施設を届出事務所とは別個に設置すれば，複数事務所の設置になると考えられる。

問題となるのは，例えば，弁護士の自宅のように，その施設自体の本来の用途に照らしても，また，その外観からしても，法律事務所とは判断できないような場所でも，本条3項で禁止される法律事務所たり得るかということであるが，このような場所であっても，弁護士の職務活動が主として行われているというのであれば，本条3項で禁止される法律事務所たり得ると解される。けだし，弁護士が本来の法律事務所とは別の場所で主として執務している状態は，本来の法律事務所に弁護士が不在がちとなることを意味しており，このことこそが複数事務所を禁止した理由だからである。ちなみに，届出事務所を職務上の本拠としていないで自宅執務が主であった事例について，「届出事務所は職務上の本拠として設けられるものであるからその補助的な意味において自宅で執務するのは格別，……届出事務所は実際には職務上の本拠でなく，却て所属弁護士会の地域外にある自宅執務が主とされているようなことは，前記法条〔本条2項・3項本文―編者注〕の法意に副うものとはいわれない」とした裁判例がある（東京高判昭和38・2・25行裁例集14巻2号366頁）。また，弁護士再登録時，所属弁護士会の地域内に法律事務所を設けた旨の届出をしたが，そのわずか後に所属弁護士会の地域外に自宅住所を移し，同所において法律事務の執務をしたことは，本条2項及び3項に違反するとした裁判例もある（東京高判昭和50・1・30行裁例集26巻1号87頁）。

(ロ) 次に，形式的側面について検討すると，その表示方法等の外観から判断して届出事務所とは別個に法律事務所が設置されたとみられる場合も，それが法律事務を行うべき場所としての実体が存すると否とにかかわらず，複数事務所の禁止に抵触する。法律事務所は，弁護士の職務上の住所として職務関係の連絡先に特定されていることから，それが外観からも単一でなければならないとするのが本条2項，3項の趣旨と解されるからである。

ちなみに，前掲東京高判昭和38年2月25日は，「弁護士法第20条は，弁護士は所属弁護士会の地域内に法律事務所を設けなければならないものとし，いかなる名義をもつてしても2個以上の法律事務所を設けることができない旨を定めているが，その趣旨は，弁護士の法律事務所は，その職務上の本拠としてこれを所属弁護士会の地域内に設け且単一明確にしておかなければならないのであり，そのことが弁護士会の秩序を保持し弁護士の品位を維持するに欠くことのできないものであることを明かにしたものということができる」としたうえで，弁護士が依頼者に対し，事務所として届出事務所（浦和市所在）と東京都中央区兜町の東京ビル３階とを並べて刻んだゴム印類を押捺した封筒を使用し，名刺に事務所として他の弁護士の事務所（東京都台東区所在）を印刷したものを使用した行為自体が本条に違反するとしている。また，日弁連懲戒委員会昭和38年10月26日議決（議決例集Ⅰ22頁）は，「いやしくも，一般人の目に，弁護士が法律事務を取り扱うものと思料されるような表札を一定の場所にかかげておくような行為は，それ自体において弁護士法にいう『法律事務所を設ける』行為に該当するものと解するのが相当である。何となれば，かような行為は，おのずからこの場所に法律上の依頼事件を誘致する結果を生じ，その弁護士は，この場所において法律事務を取り扱うに至ることが自然の帰結だからである」としている。

(ハ) 以上のとおり，本条３項で禁止される複数事務所の設置とは，実質的側面と形式的側面の二つの面から考察する必要があり，届出事務所とは別個に，①法律事務所の表示がなされると否とにかかわらず，法律事務を行うべき場所としての実体が存する場合，又は②法律事務を行うべき場所としての実体が存するか否かを問わず，法律事務所の表示等の外観から判断して法律事務所が設置されたと見られる場合，のいずれもが複数事務所の禁止に違反すると解される。

4 法律事務所の個数の判断基準

(1) 法律事務所が複数か単一かという個数の判断は，どのようになされるのであろうか。

近時，事務機器の普及や共同化に伴う人員増等を背景事情として，従前の届出事務所が手狭となり，同一の法律事務所でありながら，事務所スペースが複数に分離して設けられるという事態（分室等と呼ばれる）が生じてきたことから，この問題が意識されるに至っている。

法律事務所の個数を数えるにあたり，いかなるものをもって１個の法律事務所とするかについても法律上には何ら規定がないが，本条３項で禁止される複数事務所の設置に該当するか否かは，実体面と表示等の外観面とで判断されることに照らせば，法律事務所の個数を数えるにあたっても，同様の判断がなされることになろう。

(2) **法律事務所の単一性・実質的側面**　法律事務所の個数を数える際の単一性（１個か２個か）の判断基準については，次の２説が考えられる。

① 物理的単一性説　物理的に法律事務所の個数を考える立場で，一定の区画された空間（スペース）をもって１個の法律事務所とする。従って，区画が異なれば，別個の法律事務所ということになる。

② 機能的単一性説　法律事務所としての機能を中心に考える立場であって，

物理的に1個と考えられる法律事務所に加えて，区画を異にするも，本来の法律事務所に付帯ないし付属するものとして設けられ，それによって全体として1個の法律事務所としての機能を全うできる場合には，これをも含めて全体としてなお1個の法律事務所であるとする。

例えば，付帯的ないし付属的なものとして，書庫室，起案室，会議室等を設けたときは，その付帯・付属施設だけでは法律事務所としての機能を有しないから，本来の法律事務所に付随するものとして全体で1個の法律事務所とされる。付帯的ないし付属的なものでなければならないから，それ自体で法律事務所として機能するもの（例えば，依頼者が出入りし，その場所のみで法律事務処理が受けられれば，それ自体が独立した法律事務所である）は，別個の法律事務所であるとされる。

上記の2説を検討するに，本条3項の複数事務所禁止の趣旨からすると，物理的単一性説は厳格に過ぎるであろう。依頼者が一般的には出入りすることがない等，独立した法律事務所として機能することなく，本来の法律事務所に付帯・付属した施設として設置されるのであれば，非弁護士活動の温床となるといった弊害も一般的には考えられず，また，弁護士間の過当競争を招くといった事態や弁護士会の指導・連絡・監督に支障をきたす事態も予想されないから，これをもって別個独立の法律事務所と評価する必要はないと解される。また，近時の都市におけるビル供給不足の一方，設備の革新，弁護士業務内容の充実・拡大，構成員の増大等に応じて法律事務所のスペースを拡張する必要が生じている現実に対応できるという点からしても，機能的単一性説が妥当である。

⑶　法律事務所設置の表示・形式的側面　　本条3項が禁止する複数法律事務所の設置行為とは，届出事務所とは別個の実質的内容を伴った法律事務所を設置する場合だけでなく，届出事務所とは別個に設けられる場所が法律事務所の実質的内容を伴わなくても，表示等からして法律事務所を設置した外観を呈する場合も含まれると解される。けだし，それ自体として法律事務所として機能するかのごとき外観（例えば「○○法律事務所」と表示すること）を呈する場合には，それ自体で独立した法律事務所を開設したものと解されるからである。

従って，機能的に観察して全体として1個の法律事務所であるとされるためには，届出事務所とは別に新設されたものが付帯的ないし付属的であることが実質的に要求されるだけでなく，形式的にも（表示という外観上からも）付帯的ないし付属的であることが必要である。

5　複数事務所に関するその他の問題

⑴　本条3項で禁止される複数の法律事務所は，その名義・名目がいかなるものであってもこれに該当する。

弁護士が税理士，弁理士等を兼業している場合でも，届出法律事務所と別の場所に税理士事務所，特許事務所等を設けることは，その設置が単独でなされるものであれ，他の有資格者と共同でなされるものであれ，さらに他の有資格者が設置した事務所に勤務する形態であれ，許されない。法律事務所が，これらの事務所をも兼ねる必要がある。なお，法３条２項で，弁護士は当然に弁理士及び税理士の事務を行うことができるとされているが，この場合でも，弁理士，税理士の登録をしなければ「弁理士」「税理士」と称したり，「特許事務所」「税理士事務所」等の事務所名称を使用することはできない（弁理士法76条，税理士法53条・51条２項）。

一方，弁護士が公認会計士を兼業する場合，公認会計士の事務は，法３条１項の法律事務に該当するものとは直ちには解されないことから，届出法律事務所と別の場所に公認会計士事務所を設置しても本条３項に抵触するものではない（前述第３条の解説参照）。従来本書の立場は，届出法律事務所以外の場所に公認会計士事務所を設置することは当然に本条３項に抵触するというものであったが，改める。もっとも，届出法律事務所とは別の場所に設置した公認会計士事務所で法律事務を行うことは本条３項に抵触し許されない。

それでは，弁護士が，税理士又は弁理士の登録をして法律事務所と同一の場所に事務所を開設し，事務所には法律事務所の表示のほかに税理士事務所又は弁理士事務所の表示をすることができるか。弁護士が税理士登録をすると税理士事務所の設置が義務づけられる（税理士法40条１項）が，他方，本条３項により二重事務所の設置が禁止されているので法律事務所と税理士事務所又は弁理士事務所を同一の場所に置かざるを得ないことになる。従来本書の立場は，法律事務所と同一の場所に税理士事務所や弁理士事務所の表記を法律事務所とは別に掲げることは，形式上二つの事務所が存在することになるから禁止されるというものであった。

しかし，法律事務所と税理士事務所が同一の場所にある以上，弁護士は常駐することになるので，別の場所に事務所を設けた場合に生じ得る非弁護士の温床となることはないと思料される。また，税理士事務所等の表示があっても，届出上の住所に法律事務所の表示がされていれば弁護士会の指導・監督権を確保することは可能である。弁護士が法律事務所内で税理士業務又は弁理士業務を行うという点においては登録をせずに税理士業務又は弁理士業務を兼業する場合と実態に差はない。従って，法律事務所と同一の場所に税理士事務所又は弁理士事務所を設置することは本条３項の趣旨に反せず，許されるものと解する。

⑵　日本の弁護士が，日本の事務所を登録したまま外国で自ら法律事務所を設置したり，外国の法律事務所に雇用されたりして法律事務を行うことは，本条３項に違反するか。

思うに，法は，わが国の司法制度として，弁護士という特定の資格者に法律業務を行わせることを規定した国内法であるから，国外の法律業務について何らの効力をもち得ないことは当然のことである。国外の法律業務をどのように規制するかは，当該外国の主権に関わるものであり，法の関与すべきものではない。外国の法律に基づき適法に法律業務を行うことのできる者（有資格者）が当該外国で法律業務を行うのは，その者が日本の弁護士であったとしても，日本の弁護士として行うものではなく，当該外国の有資格者として行っているものである。従って，外国において日本の弁護士が，当該外国の法律に基づき適法に法律業務を行うべくその業務の本拠として事務所を設けても，それは，本条3項が全く関知しないものというべきであると解される。これをもって，本条は国外においてはその適用がないということもできるし，また，国外における上記のような事務所は，本条が規定する「法律事務所」ではないということもできるものである。ちなみに，昭和30年法律第155号による削除前の法7条は，外国弁護士について，外国と日本国内の双方に「法律事務所」を有することを当然の前提としていた。

このことは，日本の弁護士が，国外において当該外国の有資格者として日本法を取り扱う場合についても同様に解される。但し，この場合については，形式的にはともかく，実質的に見れば，日本の弁護士としての業務であることを理由に，本条の適用があるとする見解もある。

(3) 企業内弁護士等の組織内弁護士が，当該組織の事業所の外に法律事務所を開設できるかという問題がある。組織内弁護士が国選弁護事件等当該組織の事務以外の法律事務を行う場合，守秘義務の遵守等の観点から，組織の事業所外に別途法律事務所を設ける需要がある。この点，組織内弁護士が当該組織に対して提供している事務の多くは，法務部員等無資格者であっても行い得るものである（一般に法律事務の他人性を欠くため無資格者であっても従事可能と整理されている）。この点から，組織内弁護士が行っている活動を法3条の職務ではないとして，当該組織の事業所は弁護士の職務活動の本拠ではなく，組織の事業所外に別途法律事務所を設けることも，本条3項との関係で問題を生じないと解されてきた。しかしながら，組織内弁護士が当該組織に対して提供している事務を法3条の職務と見るのであれば，通常，業務時間のほとんどを当該組織の事業所で執務しているであろうことを考えると，当該事業所内に弁護士の職務活動の本拠，すなわち法律事務所があると解され，当該組織の事業所の外部に別の法律事務所を設けることは，本条3項に抵触するのではないかという問題が生じる。今後，さらなる検討を要する。

【6】 弁護士の執務場所（3項但書）

1 立法の経過

事務所複数主義を採っていた旧々法が改正される際，第1次司法省案においては，依頼者に対する弁護士利用上の便宜の点に重点を置き，

第18条 弁護士ノ事務所ハ所属弁護士会ノ地域内ニ之ヲ設クベシ
弁護士ハ如何ナル名義ヲ以テスルモ二箇以上ノ事務所ヲ設クルヲ得ズ但シ弁護士会ノ許可ヲ得タル者ハ此ノ限ニ在ラズ

とされていたが，その後，依頼者の不便ということよりも，むしろ非弁護士の発生跳梁の弊害及び弁護士間の自由競争の防止こそが現下の緊急事にして社会情勢に適合した立法であるという議論に制されて，第2次司法省案では，但書が削除されたのである。

ところが衆議院において，事務所を単一にする要は委任事務の管理宜しきを得せしめ，且つ非弁護士潜入の弊を断つにあり，他の弁護士事務所に於いて共同執務することはその弊害を防止し得て何ら憂えるに足らないから，これを制限する必要はないという理由で，事務所単一主義の規定に「但シ他ノ弁護士事務所ニ於テ共同シテ執務スル場合ハ此ノ限ニ在ラズ」という但書を付する修正案が通過した。

衆議院でのこの修正に対し，貴族院においては，①事務所単一主義と但書とは矛盾し，極端な場合には弁護士事務所は弁護士数の幾何級数倍となる，②但書は，事務所の設置場所を所属弁護士会の地域内に限定したこととも矛盾し，極端な場合には全国各地方裁判所管内に共同事務所を設置することとなることから，法改正の根本目的に相反する，との批判がなされ，衆議院の修正は，弁護士が事務所所在地以外の場所に出張する場合，他の弁護士事務所において継続的に執務することができれば足りることであって，敢えて事務所として2個以上を設置する必要はないとの理由により，但書を「但シ他ノ弁護士事務所ニ於テ執務スルコトヲ妨ゲズ」と修正をなし，衆議院もこれを容認して，可決成立をみたのであった。

2 趣 旨

⑴ 上記1のような立法経過に鑑み，但書の解釈につき，単に「共同事務所」が「執務場所」に変わっただけで，実益からいえばその効用に変わりはないとする見解（金子・218頁）もあるが，この解釈は貴族院での修正の趣旨を没却するものというべきである。現行の但書についても，同様であって，弁護士の執務場所について法が何の制限もしていないことからすれば，「当然のことを規定したにすぎない」（福原・124頁）と解するのが相当である。

⑵ 弁護士の執務場所については，特段の制約はない。弁護士は，法律事務所以外でも，法廷で弁論をなすことはもとより，調査・交渉・討論・原稿書き等のため諸官公署へ赴き，相手方あるいはその代理人を訪問し，旅館に宿泊し，自宅で下調べを行ったりする。すなわち，弁護士にとっては，そのあるところ常にいつでも執

務場所になるのである。従って，弁護士の執務場所が他の弁護士の法律事務所であることもあり，但書が他の弁護士の法律事務所での執務を禁止していないのもこの趣旨で理解しなければならない。

なお，弁護士の執務場所が他の弁護士の法律事務所である場合には，複数事務所の禁止に照らし，他の弁護士の法律事務所が単なる執務場所というのにとどまらず法律事務取扱いの本拠になっていたり，あるいは自己の法律事務所と認識されるような表示を掲げたりしてはならない。

（法律事務所の届出義務）

第21条 弁護士が法律事務所を設け，又はこれを移転したときは，直ちに，所属弁護士会及び日本弁護士連合会に届け出なければならない。

【1】 本条の趣旨

本条は，法律事務所の設置及び移転について，弁護士に届出義務を課した規定である。弁護士は，所属弁護士会及び日弁連の指導，連絡及び監督を受けることとされているので（法31条1項・45条2項），この指導・連絡・監督を受ける前提として，法律事務所の所在を明確にする必要があるために，法律事務所の届出が必要とされたものである。本条は弁護士法人に準用されている（法30条の21）。

なお，旧法（19条）では，司法大臣及び所属弁護士会に届け出る義務が規定されていたが，本法では，司法大臣が日弁連に改められている。

【2】 法律事務所の設置又は移転

弁護士の事務所は法律事務所と称し（法20条1項），法律事務所は，所属弁護士会の地域内に設けなければならないが（同条2項），法律事務所は，弁護士がその業務を行うための場所として設定された活動の本拠であり，その所在場所は弁護士の職務上の住所というべきものである。従って，弁護士が職務活動を行うためには，法律事務所を設置することが必要なものと解される（前出152頁）。

そこで，弁護士が法律事務所を設置することについては，弁護士の職務活動を行う前提として要求されているものと考えられ，現実問題としては，弁護士名簿への登録請求の段階で法律事務所の設置予定場所の届出がなされることになる。この見地から，弁護士名簿の登録事項として法律事務所の所在場所があり（会則18条3号），また，登録請求書中にも法律事務所の記載が要求されている（登録取扱規則2条）。なお，自宅を活動本拠として弁護士業務を行う場合には，自宅が法律事務所になり，また他の弁護士の法律事務所に勤務する場合には，その事務所が当該勤務弁護士の法律事務所になるものである。

次に，移転の場合については，所属弁護士会の地域内に法律事務所を設けなければならないとされていることから（法20条2項），届出が要求されるのも，同一弁護士会の地域内における移転に限られるものである。同一弁護士会の地域外に法律事務所を移転する場合は，移転先の地域における弁護士会に登録換えをする必要があるのであって，移転の届出の問題ではない。

【3】 届　　出

設置又は移転の届出は，所属弁護士会と日弁連の両方にしなければならない。但し，実際の手続としては，複写式の用紙を用いることにより，所属弁護士会に届け出ると，当該弁護士会から日弁連に対して届出書類が送付される扱いとなっている。

また，届出は，法律事務所の設置又は移転があったときから，直ちに行わなければならない。「直ちに」は，「すぐに」の意味である。

更に，届出をする事項は，事務所の所在場所ないし移転した先の事務所の所在場所である。この所在場所については，弁護士会及び日弁連の指導・連絡・監督権の行使のために必要な範囲で記載されていなければならない（登録取扱規則2条から4条まで）。

（会則を守る義務）

第22条　弁護士は，所属弁護士会及び日本弁護士連合会の会則を守らなければならない。

【1】 本条の趣旨

弁護士は，所属弁護士会の会員であるとともに，日弁連の会員であるから（法36条・47条），会則を守る義務があることは，団体の構成員として当然の事理である。なお，旧法22条でも，所属弁護士会の会則遵守義務を規定していた。本条は弁護士法人に準用されている（法30条の21）。

【2】 会　　則

所属弁護士会の会則に違反することは，懲戒の事由となるものであるから（法56条），その意味で，会則の定めは，単なる訓示規定ないし精神規定にとどまるものではない。

所属弁護士会の会則の必要的記載事項は，法33条2項各号に列挙されているが，このほかの任意的記載事項についても，これを守る義務があることはもちろんである。

また，日弁連の会則の必要的記載事項についても，法46条２項に定められているが，このほかの任意的記載事項についても遵守義務がある。なお，本条の会則とは，形式的意味のそれのみを指すのではなく，会則に制定根拠をもつ下位規範（会規・規則等）も，実質的意味の会則として遵守義務がある。

（秘密保持の権利及び義務）

第23条　弁護士又は弁護士であつた者は，その職務上知り得た秘密を保持する権利を有し，義務を負う。但し，法律に別段の定めがある場合は，この限りでない。

【１】 本条の趣旨

本条は，弁護士又は弁護士であった者に対し，職務上知り得た秘密を保持する権利と義務があることを規定する。

依頼者は，法律事件について，秘密に関する事項を打ち明けて弁護士に法律事務を委任するものであるから，職務上知り得た秘密を他に漏らさないことは，弁護士の義務として最も重要視されるものであり，また，この義務が遵守されることによって，弁護士の職業の存立が保障されるともいえる。

この弁護士の秘密保持の権利と義務は，法１条２項に規定された誠実義務の一内容とみられるものである。

なお，弁護士の秘密保持義務については，刑法の秘密漏示罪（134条１項）により，刑罰をもって裏づけがなされている。

また，弁護士の秘密保持の権利については，証言拒絶権（刑訴法149条，民訴法197条１項２号），押収拒絶権（刑訴法105条），文書提出命令の拒絶権（民訴法220条４号ハ）やこれらと同様の諸規定（議院証言法４条２項，通信傍受法15条）により制度的に保障されている。

【２】 沿　　革

本条は，旧法21条を受け継いだものであるが，旧法の規定の制定経緯は次のとおりである（金子・224頁以下）。

１　大正11年10月に司法省内に設置された弁護士法改正調査委員会が昭和２年10月に司法省に答申した弁護士法改正綱領20条には，「弁護士又ハ弁護士タリシ者ハ其ノ職務上知得タル秘密ヲ保持スル権利ヲ有シ義務ヲ負フ」とされていたが，この規定については，弁護士法の中にかかる規定を設けることの是非につき議論があった。消極説は，秘密保持義務についてその違反は刑法134条で処罰されるし，職務上知り得た秘密について証言を拒否する権利が他の法律で定められているから（民訴法197条，旧刑訴法187条，陸軍軍法会議法237条，海軍軍法会議法237条等），これを更に拡張する規定を設ける必要はない，と主張した。これに対し，積極説は，他の法律の規定では，裁判所から文書の開示を要求された場合や裁判所外での審問拒絶，押収開示の拒絶の権利は保障されず，弁護士がその職務上知り得た秘密保持の権利の保障が不十分であるとして，「……職務上知得タル人ノ秘密ニ関シ審問ヲ受ケ文書ノ開示ヲ求メラルルコトナシ」という規定を設けるべきである，と主張した。前記改正綱領20条は，両説の妥協の産物であったのである。

2　ところが，第64回帝国議会に提出された改正弁護士法案では，上記改正綱領20条の規定は削除された。これは，民事訴訟法，刑事訴訟法，刑法，陸・海軍軍法会議法等の規定により，依頼者その他の秘密及び弁護士の依頼者に対する依頼関係の保障は充分であるとされたためである。なお，改正弁護士法案20条には，旧々法にはなかった「弁護士ハ誠実ニ其ノ職務ヲ行ヒ職務ノ内外ヲ問ハズ其ノ品位ヲ保持スベシ」とのドイツ帝国弁護士法28条と同趣旨の規定が新設されていたが，ドイツ帝国弁護士法28条のように，依頼者に対する秘密保持の義務をこの規定の中に含ましめると解された様子もなく，これが綱領20条を削除した理由とされていない。

3　これに対しては，弁護士会から上記削除条項の復活を求める強い意見が出された。その理由としてあげられたのは，①民事訴訟法では黙秘義務を免除されたとき（197条２項），刑事訴訟法では本人の承諾があるとき（旧法187条但書，現行法149条但書），いずれも証言拒否権がないとされているので，依頼者本人の意思によって権利義務の存否が左右されることになり，弁護士道維持の目的を達することができない，②民事訴訟法，刑事訴訟法等の規定だけでは，秘密保持の権利は証人として法廷に立つ場合のみに限定されるので，裁判所外においてもこれを認める必要がある，③改正弁護士法案第３章は「弁護士ノ権利及義務」とされているが，改正綱領20条を削除すれば，全11条中に権利を規定したものが絶無となり，弁護士の地位向上という立法精神に背く，というものであった。

これを反映して，衆議院弁護士法案特別委員会においては，全会一致をもって改正綱領20条を復活すべきであるとする修正意見が出された。

しかし，政府は，依頼者本人の承諾がある場合まで弁護士に秘密開示を拒絶できる固有の権利を認めることは行きすぎであるとして，弁護士の秘密保持の権利を制限する他の法律の規定がある場合には，その制限の範囲内においてのみ秘密保持の権利を有することを明らかにしなければ修正意見に同意できない，と主張した。その結果，「但シ他ノ法令ニ別段ノ規定アル場合ハ此ノ限ニ在ラズ」との但書を付加することとして，改正綱領20条が復活し，旧法21条が制定されたものである。

【3】 弁護士又は弁護士であった者

秘密保持の権利義務を有するのは，弁護士又は弁護士であった者である。

弁護士であった者とは，過去に弁護士たる身分を有していた者である。弁護士であった者に対しても，秘密保持の権利義務を認めたのは，秘密の保護を万全のものとする趣旨である（刑法，民訴法，刑訴法と同様である）。

なお，弁護士の使用人が秘密を漏らした場合は，弁護士が漏らしたとはいえないが，民事上の過失責任を問われる可能性がある。弁護士職務基本規程19条では，「弁護士は，事務職員，司法修習生その他の自らの職務に関与させた者が，その者の業務に関し違法若しくは不当な行為に及び，又はその法律事務所の業務に関して知り得た秘密を漏らし，若しくは利用することのないように指導及び監督をしなければならない」と規定し，弁護士の事務職員等に対する指導監督を明定している。

【4】 職務上知り得た秘密

1 「職務上知り得た」とは，弁護士が職務を行う過程で知り得たということである。職務行為を離れて知り得た秘密に関しては，本条による秘密保持の権利義務はない（大阪高判平成19・2・28判タ1272号273頁）。例えば，弁護士会の会務活動を行って知った秘密については，これを漏らしたとしても，本条違反とはならない。

「職務上知り得た」と言い得る範囲の検討にあたっては，医師が鑑定人としての業務の過程で知った秘密が刑法134条1項の秘密漏示罪における人の秘密といえるか否かが争われた事案において，最決平成24年2月13日刑集66巻4号405頁が「医師が，医師としての知識，経験に基づく，診断を含む医学的判断を内容とする鑑定を命じられた場合には，その鑑定の実施は，医師がその業務として行うものといえる」とし，当該鑑定の過程で知り得た秘密は刑法134条1項の秘密に該当する旨判示していることも参考になる。

なお，職務行為を行うどの段階で知り得たか，その原因が何かについては問うところではない。

2 ここに「秘密」とは，一般に知られていない事実であって，本人が特に秘匿しておきたいと考える性質をもつ事項（主観的意味の秘密）に限らず，一般人の立場からみて秘匿しておきたいと考える性質をもつ事項（客観的意味の秘密）をも指すものと解される（前掲大阪高判平成19・2・28，大阪高判平成22・5・28判時2131号66頁）。例えば，依頼者と弁護士との間の委任関係の存否に関する事実は，依頼者が法的紛争の当事者となっていることやその紛争の現状に関わる事実であって，一般人の立場から見て秘匿しておきたいと考える性質を持つ事実に該当する（前掲大阪高判平成22・5・28）。

3　本条の「秘密」の意義に関しては，弁護士職務基本規程23条が「弁護士は，正当な理由なく，依頼者について職務上知り得た秘密を他に漏らし，又は利用してはならない」と規定していることとの関係で，大きく分けて，依頼者の秘密に限定する説（限定説）と依頼者の秘密に限定されないとする説（非限定説）の対立がある。

この点，日弁連の綱紀委員会は，「弁護士の守秘義務は，その職務上の最も基本的かつ重大な義務であり，守秘義務の対象・範囲は依頼者はもとより第三者の秘密やプライバシーにも及ぶことは当然とされている」として，離婚事件の相手方が勤務先に送付しないよう求めているにもかかわらず，相手方の勤務先の相手方の電子メールアドレスに事件に関する電子メールを送信したことは，勤務先のサーバーの管理者によって管理・チェックされている限りにおいて，本条の守秘義務違反に該当すると評価している（平成23・11・16議決—議決例集XIV155頁）。また，前掲最決平成24年２月13日は，医師に関する事案であるが，刑法134条１項の秘密漏示罪における「人の秘密」には，鑑定対象者本人の秘密のみならず，同鑑定を行う過程で知り得た鑑定対象者本人以外の秘密も含まれるとしている。

本条の解釈として考えるに，本条が文言上依頼者の秘密に限定していないことからすると，必ずしも依頼者の秘密に限定されるとは解されない。そして，少なくとも弁護士の職務であるが故に取扱うことができる情報については，その職務に対する信頼を維持する観点から，依頼者以外の秘密をも含むものと解される（最高裁判所判例解説刑事篇（平成24年度）89頁以下（前掲最決平成24年２月13日の調査官解説）参照）。もっとも，限定説の説くように，守秘義務の本質は，依頼者の弁護士に対する信頼を保護するところにある。よって，依頼者と同様の信頼関係があるわけではない者の秘密をどの程度保護すべきかについては，後述する「正当な理由」の解釈の広狭に影響し，個別具体的事案に応じて検討する必要があると解される。

【５】 保持の権利と義務

1　秘密保持の権利・義務は，本条但書により，法律に別段の定めがある場合にはないとされるから，その意味で制限的なものである。そして，法律に別段の定めがある場合とは，民事訴訟法197条２項，刑事訴訟法105条但書，149条但書等の場合がこれにあたるものと解される。

2　秘密保持義務に違反したというためには，「正当な理由」がないのに秘密を第三者に漏らしたことが必要と解される。刑法の秘密漏示罪（刑法134条）では正当な理由がないことが犯罪成立要件とされているが，本条に関しても，正当な理由がある場合には，秘密を漏らしても本条違反でないと解するべきである（同旨，仙台高判昭和46・2・4下民集22巻1・2号81頁。同判決は,「弁護士が秘密保持義務に違反するためには,職務上知りえた秘密があること,その秘密を正当な事由がないのに未だ知らない第三者に知らしめることの二要件を必要とし,その要件の有無は一般的,抽象的に判断できるものではなく,個別的,具体的に判断すべき性質のものであるから,刑事事件の弁護人が当該事件の被害者から訴訟委任を受けた場合であつても,右弁護士に前記二要件が当然に随伴するということはできないので,右受任行為が直ちに弁護士法23条に違反するとはいえないし,またそのおそれがあるということもできない」と判示している)。

この関係で,問題となるのが,民事訴訟法や刑事訴訟法上,証言又は押収を拒絶することができる場合において,この拒絶の権利を行使しなかったとき,本条の秘密保持義務に違反するかという点であるが,肯定的に解すべきである。けだし,弁護士について証言拒絶権及び押収拒絶権が保障されているのであるから,その権利を適正に行使しないことは正当な理由がないこととなるというべきだからである。

なお,証言拒絶権の行使をせずに証言した場合,刑法上の秘密漏示罪が成立するかについては見解が分かれるが,秘密を守られることによる本人の利益と弁護士が証言をすることによって得られる司法上の利益とを比較衡量し,後者が優越している場合には,違法性がないと解するのが相当であろう(斎藤秀夫他編『注解民事訴訟法(第2版)(7)』438頁参照)。

3　秘密保持の権利・義務に関連し,依頼者の本人特定事項の確認及び記録保存等に関する規程及び依頼者の本人特定事項の確認及び記録保存等に関する規則において,一定の本人特定事項の確認及び記録保存義務並びにこれらの義務の履行状況に関する年次報告書提出義務が課されている。その経緯は次のとおりである。

マネー・ローンダリングの防止等を目的とする政府間機関である金融活動作業部会(FATF)は,平成15年の勧告において,日本を含む加盟国に対し,弁護士等に①依頼者の身元確認義務,②記録保存義務,③疑わしい取引の報告義務を課すことを求めた。日弁連は,①②の義務は受け入れて平成19年3月に上記規程の前身である依頼者の身元確認及び記録保存等に関する規程を制定する一方,③の報告義務は弁護士自治を支える秘密保持の権利・義務を損なうことから,導入に反対した(いわゆるゲートキーパー問題)。その結果,犯罪による収益の移転防止に関する法律(平成19年法律第22号)では,弁護士等には③の報告義務は課されないこととされた。

その後,FATFの第3次対日相互審査・声明や新たな勧告を経て,マネー・ローンダリング対策はより厳格化された。犯罪による収益の移転防止に関する法律が数次にわたり改正され,これに伴い,日弁連の依頼者の本人特定事項の確認及び記録保存等に関する規程及び同規則も改正された。

さらに,平成29年12月にも依頼者の本人特定事項の確認及び記録保存等に関する規程及び同規則の改正が行われ，①依頼者の本人確認や記録保存等の義務の履行状況について，毎年１回，所属弁護士会に対して年次報告書を提出することが義務付けられるとともに（同規程11条），②弁護士会は，年次報告書の提出状況，提出内容その他の事情に鑑み，相当と認める場合に，弁護士等に対し，同規程及び規則の実施状況について，改善を図るため助言をし（同規程12条１項），助言の対象となった弁護士等に対し，助言に対する対応状況の報告を求めることができる旨規定された（同条２項）。

（報告の請求）

第23条の２　弁護士は，受任している事件について，所属弁護士会に対し，公務所又は公私の団体に照会して必要な事項の報告を求めることを申し出ることができる。申出があつた場合において，当該弁護士会は，その申出が適当でないと認めるときは，これを拒絶することができる。

２　弁護士会は，前項の規定による申出に基き，公務所又は公私の団体に照会して必要な事項の報告を求めることができる。

【1】 沿　革

本条の照会制度は，昭和26年の弁護士法一部改正によって新設されたものであるが，それまで弁護士にこのような照会に関する権限がなかったことからすれば，画期的な制度といえよう。本条は弁護士法人に準用されている（法30条の21）。

昭和24年の第５回国会における弁護士法案の審議では，弁護士の事実調査・証拠収集の権限につき，次のような経過があった。

すなわち，衆議院から参議院に送付された当初の法案では，本条に相当するような規定はなかったのであるが，参議院法務委員会でいくつかの修正案が検討され，その結果，23条の規定を「職務上の権利及び義務」と改め，「弁護士は，その職務を執行するため必要事実の調査及び証拠のしゅう集を行うことができる。但し，相手方は，正当な理由がある場合には，これを拒むことができる」との１項を加入する修正案が参議院で可決され，衆議院へ回付された。

ところが，衆議院では，弁護士にこのような権利まで認めることは相当でないとして，参議院による修正案に同意せず，原案を再議決したため，上記の規定案は成立に至らなかったのであった。

しかしながら，参議院における修正案については，弁護士側の根強い要求もあって，２年後の昭和26年第10回国会において弁護士法一部改正案が審議された際，再び参議院により本条の照会制度の規定が追加修正され，衆議院に回付されたところ，衆議院でもこの修正案に同意し可決したので，本条が新設されるに至った。

第５回国会における参議院の修正案と比較すると，本条では，①個々の弁護士が直接照会権を有するのではなく，照会権を有する弁護士会が，会員弁護士の照会申出の必要性・相当性を判断したうえで照会をなすこと，②弁護士自ら相手方に赴き事実調査・証拠収集をするのではなく，弁護士会が発した照会に対する回答を，弁護士会を経由して得ることができるにすぎないこと，③照会先を公務所又は公私の団体に限定し，照会事項も受任している事件についてのものに限定していること，④但書としてあった「相手方は，正当な理由がある場合には，これを拒むことができる」という条項が削除されていること等の相違がある。これは，個々の弁護士が直接相手方に出向いて事実調査・証拠収集をなし得るとすれば，検察官に類似する権限を付与するものであるし，憲法に定める令状主義に照らしても行き過ぎである，との批判を考慮した結果であった。

なお，追加修正案として提案された本条の参議院法務委員会における審議では，照会先である公務所及び公私の団体の報告義務の有無，強制力，罰則を設けることの当否等が議論されているが，わが国の法制では一つの規定を設けると，官公署はその規定に従って行動することになっているとの認識から，強制力・罰則を設けることはかえって不適当だとされた（飯畑正男『照会制度の実証的研究』７頁以下）。

【２】 本条の照会制度の趣旨

１　本条は，弁護士が受任している事件について，所属弁護士会に対し，公務所又は公私の団体に照会して必要な事項の報告を求め，訴訟資料等を収集することができることを定めたものである。すなわち，「弁護士法23条の２の照会は，弁護士が受任事件について，訴訟資料を収集し，事実を調査する等その職務活動を円滑に執行処理するために設けられた規定であって，弁護士が，基本的人権を擁護し社会正義を実現することを使命とするものであることに鑑み，右照会の制度もまた公共的性格を有し，弁護士の受任事件が訴訟事件となった場合には，当事者の立場から裁判所の行う真実の発見と公正な判断に寄与するという結果をもたらすことを目指すもの」（大阪高判昭和51・12・21下民集27巻９～12号809頁，判時839号55頁）である。

２　本条と類似の立法例は，刑事訴訟法197条２項，民事訴訟法186条，検察審査会法36条，国会法104条等にも見られる。但し，弁護士会のような機関が照会の適否の審査をするような形式を採用していない。

なお，弁護士に対して明文規定でこのような照会に関する権限を認めているのは，おそらくわが国独自の制度と思われる（法務省司法法制調査部『諸外国における弁護士法』，

小山昇「第7回国際民事訴訟法国際会議」民訴雑誌30号270頁以下を参照)。

【3】 照会制度の構造 (弁護士会の照会権・審査権)

1 本条の照会制度は，第1に，個々の弁護士からその所属する弁護士会に対する照会方の申出，第2に，この申出を受けた弁護士会から公務所又は公私の団体に対する照会（報告の請求）という二段階構造をとり，しかも弁護士会が弁護士の照会申出の適否を審査し，適当と認められるものを照会先に送付して報告を求めることとしている。すなわち，個々の弁護士は照会申出権があるにとどまり，照会権限は弁護士会が有するのである（大阪地判昭和62・7・20判時1289号94頁参照)。

2 弁護士会は，照会申出が適当でないと認めるときは，これを拒絶することができるが（本条1項後段)，その審査手続は弁護士会の自律に委ねられている。いかなる照会申出が適当でないとされるのかについては，本条に規定された照会の要件及び照会制度の趣旨に照らして判断される。

なお，照会申出を拒絶するときは，弁護士会は照会申出人に対し，その旨及び理由を告知するのが相当である。

3 照会申出が拒絶された場合に，照会申出人が不服を申し立てることができるか，については，法は何ら規定していない。

⑴ まず，不服申立ての問題を考える前提として，照会申出の拒絶が行審法，行訴法の「処分」に該当するかどうかを検討しなければならない。もし，「処分」に該当するとすれば，行審法に基づく審査請求，行訴法に基づく抗告訴訟（取消訴訟）が可能となるからである。しかし，両法にいう処分とは，公権力の行使にあたる行為のうち，その行為によって直接国民の権利義務を形成し又はその範囲を確定することが法律上認められているものをいうが（最判昭和30・2・24民集9巻2号217頁，田中・行政法上234頁，326頁参照)，弁護士は本条によって直接の照会の権限を持つものでないこと，弁護士会の審査はその自律にまかされていることは前述したとおりであり，照会の申出の拒絶は，弁護士と弁護士会の内部的な行為と見るべきものであって，弁護士の権利義務を形成し又はその範囲を確定するものとはいえないと解される。従って，行審法又は行訴法に基づく不服申立てはできないと考えるべきである。なお，弁護士会のする行為の行政処分性については397頁参照。

⑵ 次に，弁護士会の照会申出拒絶に対し，照会申出人は日弁連に対してこの処置の取消し（指導監督権の発動）を求めることができるか。

日弁連は，弁護士会の指導・連絡・監督に関する事務を行うものであるが（法45条2項)，他方，本条は照会申出の適否の審査を弁護士会の権限とし，日弁連には審査権を認めていない。このようなことから見ると，日弁連の弁護士会に対する指導・連絡・監督の権能は，照会制度の運用に関する一般的なものにとどまるのであって，個々の照会申出の適否を審査することまでは及ばないと解される。ちなみに，弁護士会の照会申出拒絶処分につき同弁護士会会員である照会申出人が日弁連に不服申立てをしたことに対し，日弁連が「弁護士会の照会申出拒絶処分が同弁護士会『照会手続申出規則』に違反しない以上，……監督権を発動しない」とした先例があるが，これは日弁連に個々の照会申出の適否の審査権がないことを前提としたものである。

(3)　更に，弁護士会の照会申出拒絶に対し，裁判所にその取消しを求めて出訴することができるか。

前述したように，照会申出の拒絶は行訴法の「処分」とは解されないのであり，本条は，照会申出の適否の判断を弁護士会に委ねているのであるから，弁護士会のなした照会申出拒絶に対する不服は，そもそも司法審査の対象にならないと解される。従って，このような訴えが提起されたときは，裁判所はこれを却下すべきである。

照会申出拒絶処分等の取消しを求めた訴訟につき，札幌高判昭和53年11月20日判タ373号79頁は，「裁判所は，日本国憲法に特別の定のある場合を除いて一切の法律上の争訟を裁判する権限を有するものであるが（裁判所法第３条第１項），法律上の紛争といつても，その範囲は広汎であり，その中には事柄の特質上裁判所の司法審査の対象の外におくのを適当とするものもあるのであつて，例えば，一般市民社会の中にあつてこれとは別個に自律的な法規範を有する特殊な団体における法律上の紛争のごときは，それが一般市民法秩序と直接関係を有しない内部的な問題にとどまる限り，その自主的，自律的な解決に委ねるのを適当とし，裁判所の司法審査の対象にならないものと解するのが相当である」として，訴えを却下した原審判決を支持している。

照会申出拒絶処分を不服とする照会申出人が，日弁連に対し不服を申し立て，その却下処分，弁護士会に対し監督権を発動・行使しない旨の決定又は回答，あるいは何らの応答もしない不作為の違法・不当を主張して裁判所に出訴することも，同様に不適法であり，却下を免れない。前掲札幌高判昭和53年11月20日は，「日本弁護士連合会は，弁護士の使命及び職務にかんがみ，その品位を保持し，弁護士事務の改善進歩を図るため，弁護士会の指導，連絡及び監督に関する事務を行なうことを目的とする（弁護士法第45条第２項）が，弁護士が所属弁護士会の処置を不服として被控訴人日本弁護士連合会に監督権の行使を求める申立てをしても，それは，同被控訴人の弁護士会に対する監督権の行使を促すだけのものにすぎず，監督権を行使するかどうかは同被控訴人の自主的な判断に委ねられているものであることは明らかである。それゆえ，弁護士が被控訴人日本弁護士連合会の監督権を行使しないという回答に不服があつたとしても，法律に特に出訴を認める規定がないかぎり，それも亦裁判所の司法審査の対象になるところの法律上の争訟がある場合には当たらないものと解するのが相当である」と判示している。

【4】 照会の要件及び問題点

1 照会申出人

照会の申出をすることができるのは，当該弁護士会の会員であり，弁護士の職務を行うことのできる者でなければならない。従って，当該弁護士会の会員でない者，会員であっても業務停止の懲戒処分を受けその期間が満了していない者は，照会申出ができない。

なお，弁護士法人（法30条の21），沖縄特別会員（沖縄弁護士に関する政令10条），外国法事務弁護士（外国弁護士による法律事務の取扱いに関する特別措置法50条１項），外国法事務弁護士法人（同法50条の13第２項）も，その所属弁護士会に対して照会申出を行うことができる。

2 受任事件の存在と開示

⑴ 本条の照会申出をなすにあたっては，照会申出人に「弁護士として受任している事件」，すなわち弁護士が法３条に定める事件を受任していることが必要である。

受任事件は，民事・刑事・家事・行政等の別を問わず，また必ずしも訴訟手続に限られず，示談交渉・契約締結・法律相談・鑑定等も含まれる。また，現に受任していることを要するから，辞任・解任により委任関係が終了した後は受任事件が存在しないことになる。依頼者の死亡の場合も，訴訟事件の代理権は別として，受任事件がないことになる。更に，弁護士がその地位において，依頼者から受任し，又は官公署から委嘱されて受任したものであること（法３条）を要するから，当該弁護士が当事者本人となっている事件，民事調停委員・家事調停委員として行う事件，弁護士会・日弁連・それらの各種委員会の役員・委員として行う事件は，本条の受任事件たり得ない。

問題となるのは，破産管財人（破産法74条），会社更生手続における管財人（会社更生法67条），後見人（民法839条以下），後見監督人（同法848条以下），不在者の管理人（同法25条以下），相続財産管理人（同法952条），遺言執行者（同法1006条・1010条）等が弁護士である場合において，それぞれの事件が本条の受任事件といえるかである。これらはいずれも，その事件の訴訟において自ら当事者又は当事者に準ずる地位にあるが，前記の者にとって当該訴訟事件は，性質上他人間の事件であって，その実質において訴訟代理人として行うところと差異がないから，これらの事件についても本条の照会申出ができると解するのが相当である（飯畑・前掲書61頁）。

また，企業内弁護士等の組織内弁護士による照会申出が認められるかという問題もある。組織内弁護士が日常行っている業務が法３条の職務かという論点にも関わる問題である。しかし，いずれにせよ，組織内弁護士が当該組織から日常業務とは別に事件を受任することも可能であり，そのような受任事件の存在が認められる以上，照会申出を否定する理由はないであろう。むしろ，組織内弁護士であるが故の問題は，照会の結果得られた情報の管理の点にある。一般に，弁護士会照会等弁護士であるが故に認められた証拠収集手段を行使して得られた情報については，そのまま依頼者に交付することが許容されない場合がある。この点は組織内弁護士であっても変わりがない。通常，組織に所属する者が保持する情報は当該組織の管理下にあるべきものと思われるが，弁護士会照会の結果得られた情報については，当該組織内弁護士が独立して管理しなければならず，当該組織にそのまま交付したり，その管理に委ねたりすることは許されないことがある。外部の独立した弁護士と同様の方法で当該情報を管理することが求められる。退職時にも当該情報を当該組織に残置することはできず，持ち出した上で管理を継続することになろう。照会申出権を認めることの反面，このような制約は甘受せざるを得ない。

⑵　また，照会申出にあたっては，弁護士会が照会をするのが適当か否かの審査をするため，受任事件を開示することが要求される。

受任事件の開示は，照会申出の適否を審査するに必要な事項を明らかにすれば足りる。問題となるのは，この受任事件の開示が弁護士の守秘義務（法23条，刑法134条１項）に抵触しないかという点である。本条の照会申出は，弁護士が依頼者の代理人として訴訟事件その他法律事件の処理・解決のため必要な事実を調査し証拠を収集する目的でなされるものであり，また，弁護士会が照会申出の適否を審査するという制度になっていることから，その目的を達するに必要な限度での受任事件の開示は正当な理由があるものと認められ，法23条及び刑法134条１項に抵触しないと解される（飯畑・前掲書64頁は，刑法35条により違法性が阻却されるとする）。

照会の方法としては，大別して，照会申出書の副本を照会先に送付するいわゆる「副本方式」と照会事項のみを照会先に送付するいわゆる「目録方式」があるところ，照会の必要性，相当性を判断する材料を照会先に提供し円滑な回答を促すためには照会理由を照会先にも示す必要があるから，副本方式によることが相当である。

もっとも，副本方式による場合であっても照会申出人が負う守秘義務や関係者のプライバシー等との関係は問題となりうる。照会申出書の記載に配慮を加えたり，照会申出書とは別に照会先送付用の書面を作成する等事案に応じた工夫が必要になることもあろう。

3　照会先

⑴ 照会先は，公務所又は公私の「団体」でなければならない。従って，個人に対して本条に基づく照会はできない。本条が個人を除外したのは，公務所又は公私の団体の報告は一般的に信用性が高いと認められること，また，資料の保管，回答の手続等が一般に整備されていて報告義務を課しても不合理ではないと考えられることによるものと思われる。

問題となるのは，実質的に団体と目すべき1個の社会的組織体，例えば，法律事務所，特許事務所，税理士事務所，公認会計士事務所，司法書士事務所，個人医院等であるが，これらは，いずれも1個の組織体として社会的機能を営んでおり，その報告は信用性が認められるとともに，これらに対して報告義務を課することに社会的妥当性が認められるから，私的団体として照会先となるものと解してよいであろう（飯畑・前掲書67頁以下）。

また，照会先は受任事件の当事者以外の第三者であることを要するか，すなわち受任事件の相手方でもよいか，という問題があるが，現在の民事訴訟制度の下では，受任事件の相手方の手中にある資料の収集・取得は，別途の手段があるから（当事者照会，文書提出命令，検証，証拠保全等），受任事件の相手方を照会先とすることはできないと解するのが妥当であろう（飯畑・前掲書68頁）。

⑵ 「公務所」とは，公務員がその職務を行う制度上の組織体であって（刑法7条2項は「この法律において『公務所』とは，官公庁その他公務員が職務を行う所をいう」としているが，これと同義である），国家機関であると，地方自治体の機関であるとを問わない。

「公の団体」は，公務所を除いた，公共的目的により設置又は設立され，かつ公共的に維持・管理されている団体をいう。

「私の団体」は，公共的目的を有せず，又はこれを有するとしても公共的に維持・管理されることのない種類の団体をいう。どの程度の組織体をいうのか，本条が個人に対する照会を認めていないところから問題になるが，社会的存在として，個人と区別される程度に団体としての実体を有していれば，法人格の有無は問わないと考えられる。本条による報告を義務づけることが，個人と対比して妥当と解されるものであれば，私の団体と考えてよい。

公務所・公私の団体は，日本のそれに限られるべきか，外国（在日外国公館を含む）のそれも含まれるかは，法文上明らかでない。しかし，外国の公務所・公私の団体が条約上の取決めなしに直ちに本条による報告義務を負うと解されるかは，疑問であり，消極に解すべきである。外国の公務所・公私の団体に対して照会する必要があるときは，当該外国に置かれているわが国の外交機関（大公使館等）宛に照会し，これらの外交機関の調査結果の回答を得ることにより目的を達する途があるので，それによるべきである。なお，民事訴訟法186条が「外国の官庁若しくは公署」に対しても調査の嘱託をすることができるとしていることから，本条の解釈においても積極に解すべきであるとする見解もある（飯畑・前掲書69頁）。

4　照会を求める事項

照会を求める事項については，法は，受任している事件について「必要な事項」と規定していて，特段の制限をしていない。

しかし，照会事項は，照会先に対して報告を求める事項であるから，その事項について照会先が所管していること，取り扱ったこと，処理する権限又はその地位にあることのいずれかが必要である。

また，照会によって求める報告事項は，事実に限られるか，意見でもよいかであるが，新法令や先例のない登記実務取扱い等について行政庁の公権的解釈を求める場合のように，意見も許される。但し，照会先の報告義務は，手元の資料の限度で報告書を作成することができる範囲内で認められるものであるから，改めて研究をしたうえでなければ回答できないような事項について照会を求めることは許されないであろう。なお，写し・コピー等の送付を求めることも報告の一態様としてできると解される。

照会事項が適当と認められないときは，弁護士会はその照会申出を拒絶する。照会事項が適当と認められない場合とは，照会事項が照会先の所掌事務に属さない場合，照会先と照会事項との間に整合性を欠く場合や，民事事件における被告本人の供述の信用性を弾劾する証拠とするために，供述人の前科・犯罪歴の報告を求める照会申出のように，報告することが権利侵害となる場合等である。また，照会事項を具体的に特定していなければ報告できないから，そのような特定を欠く照会も適当でない。

5　照会を求める事由の開示

照会を求める事由が明らかでなければ，弁護士会は，照会申出の適否を判断することができない。照会を求める事由とは，換言すれば，照会により，照会先から一定の事項の報告を受けるべき必要性である。従って，開示の程度は受任事件や報告を求める事項との関係で一様ではないが，単に「訴訟資料とするため」とか「事件処理上の必要による」というのでは，照会を求める事由の記載としては不適当であり，弁護士会が照会申出の適否を判断できる程度に具体的でなければならない。

照会を求める事由を弁護士会に開示することが，弁護士の守秘義務に違反することにならないか，という問題があるが，受任事件の開示と同様，弁護士会の審査のために必要な限度でなされる場合には正当な理由があるものとして守秘義務に違反しないと解される。また弁護士会から照会先に対する開示についても，許容されるものと解される。照会先が，照会の必要性，相当性を検討し，回答の適否を判断するために必要だからである。しかしながら，受任事件の開示の場合以上に照会申出人が負う守秘義務，関係者のプライバシー等との関係に配慮が必要となろう。

6　その他

弁護士会が会則その他の定めにより，照会申出につき手数料納付義務や一定の書式によること等を定めている場合には，それに従う必要がある。

【5】 照会に対する報告義務

1　報告義務

本条2項は，弁護士会が公務所等に対して「必要な事項の報告を求めることができる」という規定の仕方をしていることから，報告を求められた公務所等にはこれに応ずる法律上の義務があるのか，ということが論じられてきた。

当初は消極に解する見解が見られたが，この問題に関する判例は次のとおりであって，いずれも公務所等に報告義務を認めている。

① 岐阜地判昭和46年12月20日判時664号75頁

不動産強制競売申立事件に関して相手方たる債務者の所有不動産を調査するため，弁護士の申出により，所属弁護士会がA市に照会して報告を求めたところ，A市長は，昭和38年3月15日付内閣法制局一発第6号自治省税務局長宛の通達を根拠に，税務行政執行上支障があるので報告できないと回答したので，弁護士が国を被告として，照会申出に要した書類作成費用の損害賠償を求めたものであるが，判決は，報告義務を認めたが，それが私人たる依頼者やその代理人である弁護士の利益を擁護する目的によるものではないとして，原告の請求を棄却した。

〔判旨〕「(本条の) 規定の趣旨は，基本的人権を擁護し，社会正義を実現することを使命とする (弁護士法第1条) 弁護士の職務の公的性格の特殊性に鑑み，弁護士の右使命の遂行を容易ならしめることを目的としたものであって，照会を受けた公務所又は公私の団体は自己の職務の執行に支障なき限り弁護士会に対して協力し，原則としてその照会の趣旨に応じた報告をなす義務を負うと解すべきである。」

② 京都地判昭和50年9月25日判時819号69頁

裁判所及び労働委員会において労働者の解雇事件が係争中，会社側の代理人弁護士が，中央労働委員会・地方裁判所に提出するためとして，所属弁護士会を通じてA市内の区役所に当該労働者の前科・犯罪歴について照会を求めたところ，同区長は当該労働者の前科を報告したので，この報告をもとに，会社側は，経歴詐称を理由にして当該労働者を解雇し，当該労働者の前科を摘示・公表した。そこで，当該労働者が，同区長の報告は違法な公権力の行使であり，それによって名誉・信用・プライバシーが侵害されたとして，A市を被告として損害賠償を求めた。

〔**判旨**〕「この照会を受けた公務所等としては単なる私人からの照会とは異り，権威ある弁護士会からの法律に基づく照会である以上，それが不法不当な目的に供されることが判明できるとか他に根拠がある場合はともかく，然らざる限りそれに応ずるのが当然であり，不法不当な目的に供されることが判らないのに容易にこれを拒絶できるとあっては折角法律で設けられた同条の窓口を狭くし弁護士の活動を不便にすることは明らかであるから，公務所等はこの照会に対し正当な事由がない限りこれに応ずる法律上の義務があるといわねばならない。」

③ 大阪高判昭和51年12月21日下民集27巻9～12号809頁（前掲②の控訴審判決）

〔**判旨**〕「弁護士法23条の2の照会は，弁護士が受任事件について，訴訟資料を収集し，事実を調査する等その職務活動を円滑に執行処理するために設けられた規定であって，弁護士が，基本的人権を擁護し，社会正義を実現することを使命とするものであることに鑑み，右照会の制度もまた公共的性格を有し，弁護士の受任事件が訴訟事件となった場合には，当事者の立場から裁判所の行う真実の発見と公正な判断に寄与するという結果をもたらすことを目指すものである。その権限は，相手方としては公務所又は公私の団体に限定され，かつ，直接個々の弁護士には与えられておらず，弁護士の申出がある場合に，弁護士の指導，連絡，監督に関する事務を行う公的機関としての性格を有する弁護士会が行使し，照会申出について，必要性，相当性を判断し，適当でない場合は右申出を拒絶し，その他の場合は必要事項の報告を求めるものとして，法は，右権限の重要性に鑑みその構成につき慎重な配慮を加えているのである。

右のような目的と手続のもとになされた照会に対しては，相手方は，自己の職務の執行に支障のある場合及び照会に応じて報告することのもつ公共的利益にも勝り保護しなければならない法益が他に存在する場合を除き，照会の趣旨に応じた報告をなすべき義務があると解するのが相当である。」

なお，本件においては区長は報告を拒絶すべきであったとして，損害賠償請求を一部認容した。

④ 最判昭和56年4月14日民集35巻3号620頁（前掲③の上告審判決）

〔**判旨**〕「本件において，原審の適法に確定したところによれば，A弁護士会が訴外弁護士の申出によりA市B区役所に照会し，同市C区長に回付された被上告人の前科等の照会文書には，照会を必要とする事由としては，右照会文書に添付されていた訴外弁護士の照会申出書に『中央労働委員会，A地方裁判所に提出するため』とあつたにすぎないというのであり，このような場合に，市区町村長が漫然と弁護士会の照会に応じ，犯罪の種類，軽重を問わず，前科等のすべてを報告することは，公権力の違法な行使にあたると解するのが相当である」と判示したが，公務所の報告義務を否定したものではなく「前科等の有無が訴訟等の重要な争点となつていて，市区町村長に照会して回答を得るのでなければ他に立証方法がないような場合には，裁判所から前科等の照会を受けた市区町村長は，これに応じて前科等につき回答をすることができるのであり，同様な場合に弁護士法23条の２に基づく照会に応じて報告することも許されないわけのものではない……。」

⑤ 広島高岡山支判平成12年５月25日判時1726号116頁

弁護士の申出により所属弁護士会が金融機関に対し預金元帳の写しの送付を求めたところ，金融機関が預金の取引経過表及び取引時の伝票の写しを送付したことにつき，金融機関が当該預金者に対して不法行為に基づく損害賠償義務を負うかが争われた事案について，判決は，第１審判決を取り消して，金融機関の違法性と担当者の過失を否定して預金者の損害賠償請求を棄却した。

〔判旨〕「預金取引についての情報も完全に秘匿されるべきものではなく，これに優越する利益が認められる場合には，必要な範囲内で公開されることは許され，銀行の従業員の守秘義務も免除されると解される。そして，右秘匿の要請に優越する利益が認められるか否かの判断に際しては，同じくプライバシーであっても，特に慎重な取扱いが要請される前科等の情報の場合とは自ずから相違があることを前提とすべきである。

ところで，弁護士法23条の２の照会制度は，基本的人権の擁護，社会正義の実現という弁護士の使命の公共性を基礎とし，捜査機関に関する刑訴法197条２項にならって設けられた（ただし，行き過ぎとなることをおそれて，個々の弁護士が直接照会権を有するのではなく，個々の弁護士の申出に基づき，弁護士会が適否を審査して照会することとされた）ものであるから，相手方には報告義務があるということができる。そして，右照会制度の目的は，弁護士が，受任している事件について事実を解明し，法的正義の実現に寄与することにあると解されるところ，かかる公共的性格に照らすと，照会の相手方が銀行であり，照会事項が預金取引に関するものであっても，右照会制度の目的に即した必要性と合理性が認められる限り，相手方である銀行はその報告をすべきであり，また，当該報告したことについて不法行為の責めを負うことを免れるというべきである。」

⑥　大阪高判平成19年1月30日判時1962号78頁

〔判旨〕「同法23条の2所定の照会の制度は，上記のような弁護士法の各規定の下で，弁護士が，受任している事件を処理するために必要な事実の調査及び証拠の発見，収集を容易にし，これによって当該事件の適正な解決を図ることが意図されているもので，我が国の司法制度を維持するための一つの制度であると解される。そして，その適正な運用を確保する趣旨から，照会する権限を弁護士会に付与し，その権限の発動を個々の弁護士の申出にかからせるとともに，個々の弁護士の申出が23条の2の照会の制度の趣旨に照らして適当でないか否かの判断を当該弁護士会の自律的判断に委ねたものと解される。

このようにみてくると，弁護士法23条の2所定の照会を受けた公務所又は公私の団体は，照会に応じずに報告をしなかった場合についての制裁を定めた規定がないものの，当該照会により報告を求められた事項について，照会をした弁護士会に対して，法律上，報告する公的な義務を負うものと解するのが相当である。」

⑦　岐阜地判平成23年2月10日金法1988号145頁

弁護士の申出により所属弁護士会が消防署の救急活動に関して弁護士会照会を行ったところ，消防署長が照会に応じない旨回答したことにつき，回答拒否が違法であることの確認，回答の義務付け並びに弁護士及びその依頼者への国家賠償法に基づく損害賠償を求めた事案について，違法確認及び回答義務付けの訴えは不適法として却下した一方，照会先の回答義務を認め，弁護士及び依頼者への損害賠償を認めた。

〔判旨〕「弁護士法23条の2に定める弁護士照会の制度は，弁護士が基本的人権を擁護し，社会正義を実現することを使命とする（弁護士法1条1項）ことに鑑み，弁護士が，受任している事件を処理するために必要な事実の調査及び証拠の発見収集を容易にし，当該事件の適正な解決に資することを目的として設けられたものである。このような弁護士法23条の2の規定の趣旨からすれば，弁護士照会を受けた公務所又は公私の団体は，自己の職務の執行に支障がある場合又は照会に応じて報告することの持つ公共的利益にも勝り保護しなければならない法益が他に存在する場合を除き，当該照会に対して報告する法的義務を負い，その義務は公的性格の強い弁護士会に対する公的義務であると解するのが相当である。

したがって，弁護士照会に対し報告する上記法的義務の存在は，申出弁護士ないしその依頼者が，公務所又は公私の団体に対して，照会への回答を求める権利を有することを意味するものではないと言うべきであるが，弁護士法23条の2がその照会の主体を弁護士会としたのは，所属弁護士による照会の必要性，相当性の判断を，弁護士を監督する地位にある弁護士会の自律的判断に委ねることをもって，弁護士照会制度の適正かつ慎重な運用を担保する趣旨であり，同制度によって情報を得ることにより自己の権利の実現ないし法的利益を享受する実質的な主体は，申出をした弁護士及びその依頼者であるというべきである。

以上によれば，弁護士照会の被照会者が，照会に対する回答・報告を正当な理由なく怠り，申出弁護士の業務の遂行の利益や，依頼者の裁判を受ける権利ないし司法手続により紛争を解決する利益が侵害されたと評価しうる場合には，被照会者は，これにつき損害賠償責任を負うことがありうるものというべきである。」

なお，本件の控訴審である名古屋高判平成23年7月8日金法1988号135頁でも概ね同様の判断がなされたが，弁護士の損害は訴状等の文書作成費用相当損害金であったところ民事訴訟法61条以下の規定により定められるべきなどとして否定され，依頼者の損害賠償のみ認容する結論が維持されている。

⑧　名古屋高判平成27年2月26日判時2256号11頁

依頼者から強制執行を受任した弁護士がその準備として執行の相手方の住居所を確認するため転居届に係る情報につき当時の郵便事業株式会社に対し，弁護士会照会を行ったところ，同社が回答を拒否したことに対し，依頼者及び弁護士会が不法行為の基づく損害賠償請求を求めた事案である。

〔判旨〕「23条照会は，依頼者の私益を図る制度ではなく，事件を適正に解決することにより，国民の権利を実現するという公益を図る制度として理解されるべきである。したがって，照会先である公務所又は公私の団体は，23条照会により報告を求められた事項について，照会をした弁護士会に対し報告をする公法上の義務を負うものと解するのが相当である。

もっとも，23条照会の対象とされた情報について，照会先において，当該情報を使用するに当たり，個人の秘密を侵害することがないよう特に慎重な取扱いをすることが要求される場合もあり得るところである。したがって，23条照会については，照会先に対し全ての照会事項について必ず報告する義務を負わせるものではなく，照会先において，報告をしないことについて正当な理由があるときは，その全部又は一部について報告を拒絶することが許されると解される。」

なお，本件では，23条照会により依頼者が受ける利益は23条照会の制度が適正に運用された結果もたらされる事実上の利益にすぎないこと等を理由として，依頼者の損害賠償請求は否定したが，弁護士会については，照会事項の一部について，報告を拒絶することが許される正当な理由を欠くとした上で，本件拒絶により，本件照会が実効性を持つ（報告義務が履行される）という法的保護に値する利益が侵害され，国民の権利を実現するという目的を十分に果たせなかったとしてその損害賠償請求の一部を認容した。

⑨ 最判平成28年10月18日民集70巻7号1725頁（前掲⑧の上告審判決）

〔判旨〕「23条照会の制度は，弁護士が受任している事件を処理するために必要な事実の調査等をすることを容易にするために設けられたものである。そして，23条照会を受けた公務所又は公私の団体は，正当な理由がない限り，照会された事項について報告をすべきものと解されるのであり，23条照会をすることが上記の公務所又は公私の団体の利害に重大な影響を及ぼし得ることなどに鑑み，弁護士法23条の2は，上記制度の適正な運用を図るために，照会権限を弁護士会に付与し，個々の弁護士の申出が上記制度の趣旨に照らして適切であるか否かの判断を当該弁護士会に委ねているものである。そうすると，弁護士会が23条照会の権限を付与されているのは飽くまで制度の適正な運用を図るためにすぎないのであって，23条照会に対する報告を受けることについて弁護士会が法律上保護される利益を有するものとは解されない。

したがって，23条照会に対する報告を拒絶する行為が，23条照会をした弁護士会の法律上保護される利益を侵害するものとして当該弁護士会に対する不法行為を構成することはないというべきである。」

⑩ 名古屋高判平成29年6月30日判時2349号56頁（前掲⑨の差戻審）

〔判旨〕「23条照会は，依頼者の私益を図る制度ではなく，事件を適正に解決することにより国民の権利を実現し，弁護士の受任事件が訴訟事件となった場合には，当事者の立場から裁判所の行う真実の発見と公正な判断に寄与する結果をもたらすという公益を図る制度として理解されるべきであるから，23条照会を受けた公務所又は公私の団体は，照会事項を報告すべき法的義務があるとともに，23条照会が公法の性質を有する弁護士法により認められた公益を図る制度であることに照らせば，その義務は公法上の義務であると解される（なお，後述するとおり，23条照会を受けた者に報告をしないことについて正当な理由があるときは，照会先は，その全部又は一部について報告を拒絶することが許されると解される。）。」

以上のとおり判示し，一部の事実（郵便物についての転居届の提出の有無，転居届の届出年月日及び転居届記載の新住所（居所））について，弁護士会から郵便事業会社に対する報告義務確認請求を認容した。

⑪ 最判平成30年12月21日民集72巻6号1368頁（前掲⑩の上告審）

〔判旨〕「弁護士法23条の2第2項に基づく照会（以下「23条照会」という。）の制度は，弁護士の職務の公共性に鑑み，公務所のみならず広く公私の団体に対して広範な事項の報告を求めることができるものとして設けられたことなどからすれば，弁護士会に23条照会の相手方に対して報告を求める私法上の権利を付与したものとはいえず，23条照会に対する報告を拒絶する行為は，23条照会をした弁護士会の法律上保護される利益を侵害するものとして当該弁護士会に対する不法行為を構成することはない（最高裁平成27年（受）第1036号同28年10月18日第三小法廷判決・民集70巻7号1725頁）。これに加え，23条照会に対する報告の拒絶について制裁の定めがないこと等にも照らすと，23条照会の相手方に報告義務があることを確認する判決が確定しても，弁護士会は，専ら当該相手方による任意の履行を期待するほかはないといえる。そして，確認の利益は，確認判決を求める法律上の利益であるところ，上記に照らせば，23条照会の相手方に報告義務があることを確認する判決の効力は，上記報告義務に関する法律上の紛争の解決に資するものとはいえないから，23条照会をした弁護士会に，上記判決を求める法律上の利益はないというべきである。本件確認請求を認容する判決がされれば上告人が報告義務を任意に履行することが期待できることなどの原審の指摘する事情は，いずれも判決の効力と異なる事実上の影響にすぎず，上記の判断を左右するものではない。

したがって，23条照会をした弁護士会が，その相手方に対し，当該照会に対する報告をする義務があることの確認を求める訴えは，確認の利益を欠くものとして不適法であるというべきである。」

2　報告拒絶の正当理由

本条による照会を受けた公務所等の報告義務を認めても，いかなる場合にも報告を拒絶できないというわけではない。本条による照会請求は，弁護士の受任事件を契機として，裁判における真実の発見と公正な判断に寄与するものであり，その意味で公共的性格を有するものであるが，他方，保護されるべき他の基本的人権や利益と衝突する可能性も少なくない。従って，本条による照会を受けた公務所等は，正当な理由があるときは，報告を拒絶することが許されると解される。

そこで，いかなる場合に報告を拒絶できる正当な理由があると解すべきかが問題となるが，「正当な理由」とは，照会に応じて報告することのもつ公共的利益にも優越して保護しなければならない法益が他に存在する場合をいうとするのが妥当である。

このように解すると，前掲岐阜地判昭和46年12月20日や前掲大阪高判昭和51年12月21日が，照会を受けた公務所等の職務の執行に支障がある場合をも一般的に「正当な理由」に該当するとしていることは疑問である。「正当な理由」を，相対立する利益又は法益の調整という観点から把握せずに，公務所等の職務の執行という利益が，具体的な照会内容や照会の必要性とかかわりなく，一律に，裁判における真実の発見と公正な判断の確保という照会の公共的利益に優先するとすることは，妥当でない。

「正当な理由」の判断において照会制度のもつ公共的利益と対比して考慮される他方の利益又は法益の具体例としては，個人の名誉やプライバシー，公務員等の秘密保持義務，捜査の密行性，信書の秘密，預金者の秘密保護，円滑なる職務執行等が考えられる。しかし，前述のとおり，「正当な理由」の判断は，結局，これらの利益・法益と照会の公共的利益との比較衡量の問題であるから，照会内容や照会の必要性と切り離して，これらの利益・法益があるという理由だけで一律かつ抽象的にこれらの利益・法益が照会によって実現される公共的利益に優先すると判断することは許されない。換言すれば，「正当な理由」の判断は，照会事項及び照会の必要性を基礎として具体的になされる必要がある。

ちなみに，前掲最判昭和56年４月14日では，前科等に関する個人の名誉・信用等保護という法益との調整が問題になったが，「前科及び犯罪経歴（以下「前科等」という。）は人の名誉，信用に直接にかかわる事項であり，前科等のある者もこれをみだりに公開されないという法律上の保護に値する利益を有するのであつて，市区町村長が，本来選挙資格の調査のために作成保管する犯罪人名簿に記載されている前科等をみだりに漏えいしてはならないことはいうまでもないところである。前科等の有無が訴訟等の重要な争点となつていて，市区町村長に照会して回答を得るのでなければ他に立証方法がないような場合には，裁判所から前科等の照会を受けた市区町村長は，これに応じて前科等につき回答をすることができるのであり，同様な場合に弁護士法23条の２に基づく照会に応じて報告することも許されないわけのものではない」として，特段の事情のある場合には，前科というプライバシーも照会の公共的利益の前に譲歩する場合のあることを判示している。

次に，「正当な理由」の具体的内容に関して問題となった事例を検討する。

①　税金（所得税，相続税，住民税等）　税金に関する照会については，特定人の総収入・課税所得・納付税額等に関するものはもとより，確定申告の有無についてすら報告を拒絶されているのが通例である。そして，報告拒絶の理由としては，法律上の根拠として国家公務員法100条１項，地方公務員法34条１項，国税通則法127

条，地方税法22条等であり，行政上の根拠として行政通達等（自治省税務局長宛内閣法制局第一部長回答昭和38年３月15日内閣法制局一発第６号等）があげられている。

回答が拒絶されるのは，前記のとおり各照会先が秘密漏示罪という刑罰法規によって抑制されること，他方，弁護士会照会に対して拒否回答をしても刑罰の制裁を受けないことに主な原因があると思われる。

この回答拒絶理由に対しては，次のような反論がなされよう。すなわち，①本条の照会制度は公共的性格を有し，司法の公正な運営に資するために認められたものであり，照会を受けた公務所等には法律上の報告義務がある。公務員の守秘義務がこの報告義務より常に優先するとする合理的な理由はなく，個別的・具体的に両者の優劣を勘案し，報告義務が守秘義務より優先するときは，報告者について秘密漏示罪は成立しない。②照会事項によっては守秘義務の対象となる秘密に該当しないものもある。例えば，納税金額については一定の額を超えるとその額及び氏名・住所が公示されていたが（所得税法233条），このことは所得金額が本来的な秘密事項というわけではないと考えることができる（飯畑・前掲書203頁）。もっとも，平成18年法律第10号により，所得税法233条は削除されたので，これはもはや適切な例といえない。③所得税法等にいう秘密は納税者の秘密であり，徴税主体の秘密ではないと解されるところ，確定申告の有無については，所得税に関する調査等の事務によって知り得た事項ではなく，所得税法にいう秘密に該当せず，税務署は回答義務があると解される。

ところで，上記行政通達（自治省税務局長宛内閣法制局第一部長回答昭和38年３月15日内閣法制局一発第６号）は，前掲岐阜地判昭和46年12月20日の事案において，報告拒絶の根拠とされたものであるが，この通達は「弁護士法第23条の２第２項の規定により，弁護士会が公務所に対し必要な事項の報告を求めることができるとされているのは，同条の明文から直ちにうかがいうるように，その事項が弁護士の『受任している事件』について必要とされるからにほかならないが，弁護士は，弁護士法第３条第１項の規定により明らかなとおり，当事者その他関係人の依頼又は官公署の委嘱によって事件を受任するのであるから，右にいう『必要な事項』は，結局のところ，事件の依頼者又は委嘱者の利益のために必要とされるものといわなければならないのであり，したがって，……市町村長が地方税法第22条にいう『その事務に関して知り得た秘密』に該当する事項を弁護士会に報告するものとすれば，事件の依頼者又は委嘱者の利益のために，当該私人の秘密を犠牲にすることとなるわけである。もとより，事件の委嘱者は，官公署であり，また，事件の依頼者が公共の利益をはかることを目的とする法人であることもあり，事件の依頼者又は委嘱者の利益がすべてそのために当該私人の秘密を犠牲にすることが絶対に正当視され得ないものであるともいいえないであろう。しかしながら，弁護士の受任している事件の依頼者には，いかなる者もなりうることを考えるとき，弁護士の受任している事件の依頼者の利益のうちには，そのために，地方税法第22条にいう『秘密』を犠牲にすることは，とうてい正当視され得ないものがきわめて数多く存在することは，何人も否定しえないであろう。してみれば，弁護士法第23条の2の規定が，地方税法第22条にいう『その事務に関して知り得た秘密』に該当する事項について，弁護士会の求めに応じて報告することを許容しているものと認めることは，困難であり，……地方税法第22条に規定する犯罪が成立するものと解するのを相当とする」（内閣法制局意見年報第10巻17頁）としている。

この見解は，本条の照会制度を「結局のところ，事件の依頼者又は委嘱者の利益のために必要とされるもの」とし，その公共的性格を看過している点で誤っていると言わなければならない。前掲岐阜地判昭和46年12月20日も，前記通達の存在を認定しつつ，前述の如く，「（本条の）規定の趣旨は，基本的人権を擁護し，社会正義を実現することを使命とする（弁護士法第１条）弁護士の職務の公的性格の特殊性に鑑み，弁護士の右使命の遂行を容易ならしめることを目的としたものであって，照会を受けた公務所又は公私の団体は自己の職務の執行に支障なき限り弁護士会に対して協力し，原則としてその照会の趣旨に応じた報告をなす義務を負うと解すべきである」と判示している。

ちなみに，国税局の税務職員が査察調査の結果を公表したことにつき，それが社会通念上相当と認められる限度を超えたものではないとの理由で，国家公務員法上の守秘義務に違反しないとした裁判例がある（東京高判昭和59・6・28判時1121号26頁）。

② 名寄帳　土地名寄帳及び家屋名寄帳は，地方税法387条，同施行規則14条に基づき市町村に備えられるもので，土地名寄帳では，土地の所在・地番・地目・地積・価格及び課税標準額が，家屋名寄帳では，家屋の所在・家屋番号・床面積及び価格が，納税義務者毎にまとめられている。そこで，特定人の所有不動産の内容を調査するには名寄帳は最適の資料と考えられ，特に強制執行・保全処分の対象不動産の発見，相続財産の確定等について，照会の必要性が認められる。

ところが，これについては，地方公務員法34条１項（守秘義務），同法60条（罰則），地方税法22条（秘密漏えいに関する罪），行政通達（前掲内閣法制局一発第６号，自治省税務局固定資産税課長の北海道総務部長宛回答昭和42年９月23日自治固第94号）等を根拠に報告を拒絶する例が少なくない。

しかしながら，名寄帳に記載されている事項は，不動産登記簿の登記事項という公示された情報を特定の納税者毎にまとめたものに過ぎず，秘密性の程度が低いから，守秘義務の対象にならないと考えられよう。裁判例でも，報告義務を認めたものがある（前掲岐阜地判昭和46・12・20）。

なお，所有者本人の閲覧請求権を否定する福岡高判昭和56年６月18日判タ455号115頁，最判昭和57年１月19日判時1031号115頁があるが，本条で定められている照会請求は，本人の請求権を代わって行使するものではなく，また公益性のあるものであるから，これとは別問題であり，これらの判例を根拠にして報告拒絶を正当化することはできない（前田正道編『法制意見百選』708頁以下参照）。

③　郵便・通信　　郵便・通信の秘密に関する照会には，照会先において「通信の秘密」を守る義務があることを理由に報告拒絶される例が多い。その根拠としては，郵便については郵便法８条１項が信書の秘密を規定していること，同条２項が在職中郵便物に関して知り得た他人の秘密についての守秘義務を規定していることが挙げられる。また，電気通信については電気通信事業法４条１項が通信の秘密を規定していること，同条２項が在職中電気通信事業者の取扱中に係る通信に関して知り得た他人の秘密についての守秘義務を規定していることが挙げられる。

しかしながら，㋑発信人と受信人との間には相互に「通信の秘密」はないから，発信人と受信人との間の事件につき，発信人又は受信人のためになされる照会においては，通信に関する事項であっても「通信の秘密」事項ではない。㋺電話番号のみにより特定された電話加入につき，その設置場所・加入者の氏名及び住所等を照会事項とする場合，その照会事項は，東日本電信電話株式会社又は西日本電信電話株式会社において備付の帳簿に記載されるべき事項であり，利害関係人は同社に対し，その証明を請求することができる（電気通信事業法施行規則68条３項）とされているので，秘密に該当しないと解される。

この点，前掲最判平成28年10月18日の補足意見は，転居届に係る情報に関して，「信書の秘密ないし通信の秘密には該当しないものの，郵便法８条２項にいう『郵便物に関して知り得た他人の秘密』に該当」し，郵便事業会社はこれに関し守秘義務を負うとしつつ，「この場合，23条照会に対する報告義務の趣旨からすれば上記報告義務に対して郵便法上の守秘義務が常に優先すると解すべき根拠はない。各照会事項について，照会を求める側の利益と秘密を守られる側の利益を比較衡量して報告拒絶が正当であるか否かを判断するべきである」と述べている。

また，前掲名古屋高判平成29年６月30日も，郵便法８条２項と本条の正当事由との関係について以下のように判示している。

「23条照会の制度は，事件を適正に解決することにより，国民の権利を実現するという司法制度の根幹に関わる公法上の重要な役割を担っているというべきである。そうすると，照会先が法律上の守秘義務を負っているとの一事をもって，23条照会に対する報告を拒絶する正当な理由があると判断するのは相当でない。

被控訴人は，郵便法８条２項の守秘義務が，憲法21条２項後段を受けて定められていることを殊更に強調するが，国民の権利の実現や司法制度の適正な運営もまた，憲法上の要請にほかならない。したがって，報告を拒絶する正当な理由があるか否かについては，照会事項ごとに，これを報告することによって生ずる不利益と報告を拒絶することによって犠牲となる利益との比較衡量により決せられるべきである。」

なお，検察官・司法警察職員等の捜査官憲から刑事訴訟法197条２項に基づきなされた，郵政省（当時）の取扱中に係る郵便物の差出人又は受取人の居所・氏名及び差出個数等通信文の意味内容以外の事項の照会に対して報告することは，通信の当事者の承諾がない限り，郵便法９条〔現行法８条―編者注〕に違反する，と解されている（昭和28年１月30日法制局一発第８号郵政大臣官房文書課長宛法制局第一部長回答・法制局意見年報１巻83頁）。

④　前科等　　前掲の京都地判昭和50年９月25日，大阪高判昭和51年12月21日，最判昭和56年４月14日のいずれにおいても，特定人の前科等についての照会に対する報告義務それ自体は肯定しており，問題は，いかなる場合に報告を拒絶するべきか，あるいは拒絶できるかという点にある。

これについて，上記最判は，「前科及び犯罪経歴（以下「前科等」という。）は人の名誉，信用に直接にかかわる事項であり，前科等のある者もこれをみだりに公開されないという法律上の保護に値する利益を有するのであつて，市区町村長が，本来選挙資格の調査のために作成保管する犯罪人名簿に記載されている前科等をみだりに漏えいしてはならないことはいうまでもないところである。前科等の有無が訴訟等の重要な争点となつていて，市区町村長に照会して回答を得るのでなければ他に立証方法がないような場合には，裁判所から前科等の照会を受けた市区町村長は，これに応じて前科等につき回答をすることができるのであり，同様な場合に弁護士法23条の２に基づく照会に応じて報告することも許されないわけのものではない」としている。

なお，自治省行政課長の愛知県総務部長宛回答（昭和36年１月31日自治丁行発第７号）では，市町村長の調製保存する犯罪人名簿は，選挙資格を調査するためのものであり，警察，裁判所のほか都道府県知事，市町村長等の行政庁が法律上の資格調査のために行う照会に対しては格別，一般の身元照会等には回答しないとの立場で，本条による照会に対しても回答を拒絶するべきものとしている。

⑤　矯正処遇　　拘置所に収容されている刑事被告人に関する面会や差入れにつき，検察官が刑事訴訟法197条２項に基づき拘置所長宛になした照会に対する報告義務について，法務省矯正局長通知（昭和36年10月23日矯正甲第910号）によれば，報告

義務があるとしたうえで，照会事項について回答することが施設の管理運営に著しい支障を生じ，又は不当に関係人の人権若しくは名誉を侵害するおそれがある等の理由により，相当でないと認められるときは回答の限りではないとしており，更に，刑事訴訟法279条又は刑事事件に関する本条に基づく照会についても理論上同趣旨に解すべきものとしている。

⑥　預金　　金融機関は取引先に対して守秘義務を負うとするのが通説的見解である（田中誠二『新版銀行取引法（四全訂版）』41頁，西原寛一『金融法』76頁等）。その根拠としては，商慣習説，信義則説，契約説，不法行為説等があるとされる。

そこで，本条の報告義務と金融機関の守秘義務の関係が問題となるが，報告拒絶の正当な理由の判断基準に則して考えれば，取引先（預金者）の秘密に属することであっても，その照会内容に具体的必要性と合理性があるときは，報告義務が守秘義務に優先するといえよう。前掲の広島高岡山支判平成12年5月25日も，預金情報の秘匿により保護されるプライバシーに優先する利益が認められる場合には，必要的な範囲で預金者の情報を公開することは許されるとしている。従って，相続預金について一部の相続人からの申出による本条の照会の場合は，保護されるべき秘密の主体が存在しないから，報告拒絶の正当理由はないと解されるが，債権者が債務者の預金に（仮）差押手続をなす前提として預金内容の照会をしてきた場合は，それに対する回答が（仮）差押手続の必要条件ではないことからして，金融機関としては慎重に対処すべきことになろう（上野隆司「弁護士会からの預金照会と守秘義務」金法1229号）。

3　個人情報保護法との関係

平成17年4月より個人情報保護法が全面的に施行されたことにより，官公署や公私の団体による個人情報の取扱いは慎重となり，個人情報保護法（行政機関の保有する個人情報の保護に関する法律及び独立行政法人等の保有する個人情報の保護に関する法律を含む）を理由として回答を拒絶する例がみられる。

そこで，個人情報保護法と本条の照会請求との関係が問題となる。個人情報保護法23条1項各号列記以外の部分は，個人情報取扱事業者は原則として本人の同意なく個人データを第三者に提供してはならない旨規定しているが，他方で同項1号は法令に基づく場合は本人の同意なくして個人データを第三者に提供することができる旨規定している。本条に基づく照会制度が弁護士が受任している事件について事実を解明し法的正義の実現に寄与することにあり，公共的性格を有することからすると，本条の照会は個人情報保護法23条1項1号の「法令に基づく場合」に該当すると解される。従って，本条の照会がなされた場合に，個人情報保護法23条1項各号列記以外の部分のみを理由に個人データの提供を拒絶することはできない。

個人情報保護法に対する誤解等に起因して，必要な個人情報の提供が行われないなどの過剰反応に対応するため，内閣府，総務省等15省庁で構成する個人情報保護関係省庁連絡会議は，平成18年2月28日，個人情報保護法23条1項各号に規定する本人の同意を得なくても個人データを第三者に提供できる場合等について，内閣府が法解釈や運用基準を明確化し，関係省庁が分野ごとのガイドラインやその解説等の必要に応じた見直し等を行い，これらを周知徹底することを申し合わせた。その中では，「法令に基づく場合」として，本条に基づく照会が一例として挙げられている。また，平成27年の個人情報保護法の改正により設置された個人情報保護委員会が作成した「個人情報の保護に関する法律についてのガイドライン（通則編）」（平成28年11月（平成31年1月一部改正））にも同旨の記載がある。同様に，行政機関の保有する個人情報の保護に関する法律8条1項及び独立行政法人等の保有する個人情報の保護に関する法律9条1項の「法令に基づく場合」の「法令」には本条が含まれると解すべきであるから，行政機関や独立行政法人等は同法のみを理由に保有個人情報の提供を拒絶することはできない。また，地方公共団体の個人情報保護条例についても同様の観点から解釈がなされるべきであろう。

4　報告義務の履行強制

照会先たる公務所等が「正当な理由」がないのに回答を拒絶した場合でも，本条は報告義務を強制する直接・間接の手段について規定していない。

しかし，報告義務が法的義務とされながら，その不履行に対処する方法がないというのでは，法的義務というに値しないし，不当な回答拒否という違法状態が放置されてよいはずがない。従って，弁護士会としては，照会先に対して，報告義務があることを強力に説得すべきである。

なお，前掲岐阜地判昭和46年12月20日は「右報告義務は右の目的のための協力義務に基づくものであって弁護士または依頼者個人の利益を擁護するためのものではなく，報告義務者が報告を拒否した結果弁護士の職務活動が阻害されることがあるにしても，そのために生じた損害を賠償する義務まで負うものとはとうてい解せられない」として，照会申出をした弁護士からの損害賠償請求も否定している。

また，名古屋地判平成25年2月8日金融法務事情1975号117頁は，「弁護士会照会は，依頼者から事件を受任した弁護士の申出により行われるものであり，上記した弁護士の営業上の利益に関係することからすれば，一切，不法行為法上違法となる余地がないとするのも相当でなく，被侵害利益の要保護性，被侵害利益の侵害の程度やその態様，被告の負担や報告によって予想される不利益の程度等の事情のいかんによっては，被照会者が，不法行為法上も報告義務を負い，これに反して報告をしないことが，権利や法律上保護される利益を侵害するものとして違法と評価される場合もあるものと解される。」と判示し，弁護士会照会に対する報告の拒否が不法行為に該当する余地を認めていたが（結論としては請求棄却），同控訴審判決（名古屋高判平成25・7・19金融・商事判例1430号25頁）では，弁護士は，弁護士会照会制度の運用による反射的利益を享受する立場にすぎず，正当理由なく報告義務の不履行がなされた場合であっても，弁護士の法的利益を違法に侵害することにはならないとされている。さらに，前掲大阪高判平成19年1月30日及び東京高判平成22年9月29日判時2105号11頁は，照会申出をした弁護士の依頼者からの損害賠償請求を否定している。

照会を行った弁護士会からの損害賠償請求については，前掲名古屋高判平成27年2月26日では認められたが，その後上告審判決（前掲最判平成28・10・18）では否定されている。

その他の手段として，弁護士会から照会先に対する報告義務の確認請求があり得る。これについては，前掲名古屋高判平成29年6月30日は，弁護士会の当事者適格，確認の利益を認めた上で，照会事項ごとに，報告することによって生ずる不利益と報告を拒絶することによって犠牲となる利益を比較衡量することにより報告拒絶の正当事由の有無を判断し，結論として，郵便物についての転居届の提出の有無，転居届の届出年月日及び転居届記載の新住所（居所）については報告拒絶の正当理由が認められないとして，報告義務の確認請求を認容した。報告義務の確認請求は，損害賠償請求のように直接的効果をもたらすものではないが，具体的事案において，報告拒絶の正当事由の有無まで考慮した上で報告義務の存否が明らかにされるものであるから，相当程度の実効性を持つものと考えられていた。

この点，前掲最判平成30年12月21日は，「23条照会をした弁護士会が，その相手方に対し，当該照会に対する報告をする義務があることの確認を求める訴えは，確認の利益を欠くものとして不適法であるというべきである。」とした。もっとも，報告義務については最高裁判所も「正当な理由がない限り，照会された事項について報告をすべきものと解される」旨判示しており（前掲最判平成28・10・18），前掲最判平成30年12月21日もこの点を変更するものではない。従って，本条の照会制度がより実効性ある制度として機能，発展していくよう，報告義務の履行の確保に向け，今後，さらなる検討を要する。

（委嘱事項等を行う義務）

第24条　弁護士は，正当な理由がなければ，法令により官公署の委嘱した事項及び会則の定めるところにより所属弁護士会又は日本弁護士連合会の指定した事項を行うことを辞することができない。

【1】 本条の趣旨

本条は，弁護士は，法令に基づいて官公署の委嘱した事項及び所属弁護士会・日弁連が会則の定めるところによって指定した事項を行うことを正当な理由のない限り辞することができないとした規定であって，弁護士の職務の公共的性格を示すものといわれる（福原・129頁）。

外国の立法例の中には，弁護士に対して，官公署の委嘱事項等の引受義務を課するうえに，一般の依頼者の事件についても，一度その依頼を受けたからには重大な事由がなければこれを放棄し得ない旨を規定するものがあるが，本法では，それは当然に弁護士の善管注意義務（民法644条）ないし誠実義務（法1条2項）の内容たるべきものと考えて，特段の規定を置いていない。本条は弁護士法人に準用されている（法30条の21）。

【2】 沿　革

1　旧々法13条では，「弁護士ハ正当ノ理由ヲ証明スルニ非サレハ裁判所ノ命シタル職務ヲ行フヲ辞スルコトヲ得ス」と規定していたところ，旧法23条では，「弁護士ハ正当ノ理由アルニ非ザレバ法令ニ依リ官庁ノ命ジタル事項及会則ノ定ムル所ニ依リ所属弁護士会ノ指定シタル事項ヲ行フコトヲ辞スルコトヲ得ズ」と改められている。

弁護士が辞することを許されない事項として，旧々法が単に「裁判所ノ命シタル職務」としていたのに対し，旧法では裁判所のみならず「官庁ノ命ジタル事項」に拡張し，さらに「所属弁護士会ノ指定シタル事項」を加えたのであるが，その背景事情としては，陸・海軍軍法会議においても弁護士を官選弁護人に選任する（陸軍軍法会議法367条，海軍軍法会議法369条）ようになっていたほか，官公庁から弁護士が各種委員に命じられていたことがあった。そして，旧法への改正にあたり，弁護士の職務範囲を拡張して「官庁ノ選任」（旧法1条）云々としたことに符合させ，また，弁護士会の職能が増大したところに伴い弁護士会のなすべき活動を会員に分担させる必要があることから，所属弁護士会の指定事項を加えたのであるが，弁護士の引受義務の限界を示すものとして，官庁命令事項については法令の定め，弁護士会の指定事項については会則の定めによることとしたものであった（金子・231頁）。

2　本条も，基本的には旧法23条を踏襲したものであるが，現行法により日弁連が組織されたことに伴い，指定の主体に所属弁護士会だけでなく日弁連を加えたのである。

【3】 辞することが許されない事項

本条により，辞することができないとされた事項は，次の事項である。

1 法令により官公署の委嘱した事項

(1) 裁判所の委嘱例

① 民事訴訟上の救援として当事者に付添いを命ぜられた場合（民訴法155条）

② 刑事訴訟上の国選弁護人に選任された場合（刑訴法36条から38条まで・289条・290条）

③ 少年法上の国選付添人（少年法22条の3・32条の5）

④ 公務員の職権濫用の罪についての告訴人又は告発人の請求により，審判に付する決定があった事件の公訴維持にあたる者として指定された場合（刑訴法268条）及び検察審査会において起訴議決がなされた事件について公訴の提起及びその維持に当たる者として指定された場合（検察審査会法41条の9第1項）

⑤ 人事訴訟において訴訟代理人として選任された場合（人訴法13条）

(2) 最高裁判所・法務省の所管にかかる委員会等の委員選任例

① 司法試験委員会委員（司法試験法13条）

② 最高裁判所規則制定諮問委員会委員及び幹事（同委員会規則・昭和22年最高裁規則第8号）

③ 司法修習委員会委員及び幹事（同委員会規則・平成15年最高裁規則第11号）

④ 司法研修所教官（司法研修所規則・昭和22年最高裁規則第11号）

⑤ 簡易裁判所判事選考委員会委員（同判事選考規則・昭和22年最高裁規則第2号）

⑥ 検察官・公証人特別任用等審査会委員（同審査会令・平成15年政令第477号）

(3) その他の委員会委員選任例　　法制審議会委員（同会令・昭和24年政令第134号），税制調査会特別委員（同会令・平成25年政令第25号），工業所有権審議会委員（同会令・平成12年政令第294号）等のように，法文上「学識経験のある者」と規定されていて，その中に弁護士を含めて選任される例については，法令により官公署の委嘱するものに該当すると解する説もあるが（福原・131頁），本条の「法令により官公署の委嘱した事項」に該当するのは，当該法令において，委員等の被選任資格として「弁護士」と規定されているものに限られると解する説もある。前説は，弁護士の職務の公共的性格を重視するのに対し，後説は，本条の「法令により」とあるのは「弁護士」に対して委嘱することが明文で規定されていることを前提とすると解さなければ，一般の国民としては委員等に就任するか否かの自由を有するのに，弁護士であることの故にその自由が当然になくなることの合理的説明ができないとする。

いずれの説をとるかによって，前記の各種委員等のほかに，被選任資格が法令上弁護士に限定されていない破産管財人（破産法74条），会社更生法上の管財人（会社更生法67条），民事再生法上の管財人・保全管理人（民事再生法64条・79条），会社法上の検査役（33条・207条・284条・306条・358条等）等が「官公署の委嘱した事項」として辞する自由があるか否かの結論が違ってくる。両説とも理由があり，難しい問題であるが，前説によったとしても，「正当な理由」を広く解すれば，実際の不都合はほとんどないであろうと思われる。

2　会則で定める弁護士会・日弁連の指定する事項

弁護士会又は日弁連の会則（その委任に基づく下位規範を含む）に根拠規定を有し，これに基づいて指定する事項である。どのような事項を指定するかは，弁護士会又は日弁連の自治に任されているが，会内の各種委員会の委員，法律扶助活動等がこれにあたるであろう。

【4】「辞することができない」の意義及び辞任の正当理由

1　「辞する」とは，当初からその受任を拒絶し，又は中途においてこれを放棄することをいう。

2　「正当の理由」とは，辞することがやむを得ないと認めるに足る合理的理由をいうものと解される。例えば，長期の病気，出張等がこれにあたると考えられるが，本条の立法趣旨に鑑みれば，相当に重大なものでなければならないであろう（福原・131頁）。繁忙については，厳格に考えるべきであり，軽々に正当の理由があるとは認められないというべきである。

3　国選弁護人の辞任

この関係で，特に問題となったものに刑事事件における国選弁護人の辞任問題がある。国選弁護人に選任されることは，本条にいう「法令により官公署の委嘱した事項を行うこと」に該当すると解するのが通説であるが，いかなる場合が国選弁護人を辞任することができる「正当な理由」にあたるかが問題となる（詳細は，岡部泰昌「国選弁護人の選任」『公判法大系１』218頁以下，同書掲記の文献参照）。

この問題は，国選弁護人は辞任の申出によってその地位を離れるのか，あるいは裁判所の解任命令によってはじめてその地位を離れ，辞任の申出は解任行為を求める申立てにすぎないと解するかの対立に根ざすものであったが（岡部・前掲書218頁），国選弁護人は本条の「正当な理由」があるときは辞任することができ，裁判所もこれを解任しなければならないとする点ではほぼ共通しているので，正当な理由とは何か，が問題の核心をなしている。

そして，正当な理由としては，①弁護人の長期の病気，旅行等の場合，②被告人から暴行を受けた場合，③裁判所又は被告人から著しい侮辱行為を受けた場合，④

被告人が弁護人に対して不正行為を慫慂した場合，⑤職務の誠実・公正を疑われるような事由がある場合については，ほぼ争いがない（岡部・前掲書219頁）。

しかし，被告人との信頼関係の喪失が正当な理由となるか，については見解が対立している。信頼関係の喪失というような曖昧な理由が正当理由になるとすれば，弁護人の恣意による辞任が可能となり，被告人もこれを理由に弁護人の選り好みをする途を開くことになるとして否定する説（熊谷弘「裁判所からみた国選弁護」自由と正義22巻5号9頁），信頼関係は，私選弁護，国選弁護を問わず基本的要因であるとして，これを肯定する説（鴨良弼「国選弁護人の法的性格」ジュリ487号98頁），信頼関係の断絶と目すべき客観的事由がある場合（弁護人に対する黙秘，辞任要求，懲戒申立て，著しい名誉毀損行為）に正当理由があるとする説（八塩弘二「国選弁護解任問題について」自由と正義22巻5号53頁）等に分かれた。また，日弁連は，被告人に十分にして実質的な弁護を保障するためには，被告人と弁護人との間に信頼関係が存在することが不可欠であり，信頼関係が破壊された場合は，いずれの側に責任があるにせよ，その原因がいかなる理由によるにせよ，もはや十分かつ実質的な弁護は期待できないとの見解を採用している（自由と正義24巻5号65頁）。

思うに，国選弁護を真に被告人の弁護を受ける権利を保障するための制度とするには，被告人と弁護人との間に信頼関係が存在することが必要不可欠というべきであり，信頼関係の喪失は本条の「正当な理由」に該当すると解すべきである。

そして，いかなる場合に信頼関係が喪失したと認められるかについては，当該弁護人と被告人間の客観的事情をもとに，十分かつ実質的な弁護を期待できないといえるかどうかを判断して決すべきである。

なお，判例は，国選弁護人が辞任するについての正当理由の有無の判断は，選解任権を有する裁判所がすべきものであるとし（東京高判昭和50・3・27高刑集28巻2号132頁），また，国選弁護人は，辞任の申出をした場合であっても，裁判所が申出について正当な理由があると認めて解任しない限り，その地位を失うものではないが，被告人が国選弁護人を通じて正当な防禦活動を行う意思がないことを自らの行動によって表明したものと評価すべき事情のもとでは，裁判所が国選弁護人の辞意を容れて解任してもやむを得ないとする（最判昭和54・7・24刑集33巻5号416頁）。

刑事訴訟法の改正により平成18年10月から被疑者国選弁護制度も実施されているところ，被疑者国選弁護人も，国選弁護人であることに違いはなく，また解任の規定が準用されており（刑訴法38条の3第4項），国選弁護人と同様に解することができる。

（職務を行い得ない事件）

第25条 弁護士は，次に掲げる事件については，その職務を行つてはならない。ただし，第3号及び第9号に掲げる事件については，受任している事件の依頼者が同意した場合は，この限りでない。

一 相手方の協議を受けて賛助し，又はその依頼を承諾した事件

二 相手方の協議を受けた事件で，その協議の程度及び方法が信頼関係に基づくと認められるもの

三 受任している事件の相手方からの依頼による他の事件

四 公務員として職務上取り扱つた事件

五 仲裁手続により仲裁人として取り扱つた事件

六 第30条の2第1項に規定する法人の社員又は使用人である弁護士としてその業務に従事していた期間内に，その法人が相手方の協議を受けて賛助し，又はその依頼を承諾した事件であつて，自らこれに関与したもの

七 第30条の2第1項に規定する法人の社員又は使用人である弁護士としてその業務に従事していた期間内に，その法人が相手方の協議を受けた事件で，その協議の程度及び方法が信頼関係に基づくと認められるものであつて，自らこれに関与したもの

八 第30条の2第1項に規定する法人の社員又は使用人である場合に，その法人が相手方から受任している事件

九 第30条の2第1項に規定する法人の社員又は使用人である場合に，その法人が受任している事件（当該弁護士が自ら関与しているものに限る。）の相手方からの依頼による他の事件

【1】 沿　革

本条は，沿革的に見ると，旧々法14条及び旧法24条に相当する。

まず，旧々法14条は，次のとおり規定していた。

第14条 弁護士ハ左ニ掲クル訴訟事件ニ付キ其ノ職務ヲ行フコトヲ得ス

第一 相手方ノ協議ヲ受ケテ之ヲ賛助シ又ハ委任ヲ受ケタル事件

第二 判事検事奉職中取扱ヒタル事件

第三 仲裁手続ニ依リ仲裁人ト為リテ取扱ヒタル事件

これが旧法24条においては，次のとおり新たに第2号が追加され，また，「判事検事」が「公務員」に改められ，弁護士の職務活動に対する制約が一段と強化されるに至った。

第24条　弁護士ハ左ニ掲グル事件ニ付其ノ職務ヲ行フコトヲ得ズ

一　相手方ノ協議ヲ受ケテ賛助ヲ為シ又ハ其ノ委嘱ヲ承諾シタル事件

二　相手方ノ協議ヲ受ケタル事件ニシテ其ノ協議ノ程度及方法ガ信頼関係ニ基クモノト認メラルルモノ

三　公務員トシテ職務上取扱ヒタル事件

四　仲裁手続ニ依リ仲裁人トシテ取扱ヒタル事件

本条は，旧法24条に新たに「受任している事件の相手方からの依頼による他の事件」（3号）を付加したものであるが，その他は旧法24条をほぼそのまま受け継いでいる。

その後，弁護士法人が認められることになったことに伴い，弁護士が弁護士法人の社員，使用人である（であった）こととの関係で職務を行い得ない事件について，本条には新たに6号から9号までの規定が追加され，弁護士法人の社員又は使用人である弁護士（以下「社員等」という）が行ってはならない職務が定められた。また，同様の趣旨から弁護士法人が職務を行い得ない事件について法30条の18が規定された。

このうち，本条1号と同趣旨で，弁護士法人の社員等について本条6号，弁護士法人について法30条の18第1号が設けられ，本条2号と同趣旨で，弁護士法人の社員等について本条7号，弁護士法人について法30条の18第2号が設けられ，本条3号と同趣旨で，弁護士法人の社員等について本条9号，弁護士法人について法30条の18第3号が設けられた。また，本条8号は，弁護士法人の成立によって新たな類型として登場したものであり，これと同趣旨から弁護士法人については法30条の18第4号が設けられた。ちなみに，法30条の18第5号は，これらとは別に新たに設けられた類型である。

【2】　各国法との比較

1　旧々法14条は，ドイツ帝国弁護士法31条を継受したものとされる。

ドイツ帝国弁護士法31条は，次のように規定していた（福原・134頁）。

弁護士は，以下の場合にはその職務の執行を拒絶しなければならない。

①　職務上の義務に違反する行為について依頼を受けたとき。

②　同一の訴訟事件において，既に相対立する利益のために相手方の依頼を承諾しているとき。

③　裁判官として裁判に加わった係争事件を依頼されたとき。

また，ドイツ連邦共和国弁護士法43条a第4項は，「弁護士は，相反する利益をともに代理してはならない」と規定しており，同法45条1項は，次のように規定している（森勇編『弁護士の基本的義務』（中央大学出版部）500頁参照）。

弁護士は，以下の場合は，その活動をしてはならない。

① 弁護士が，裁判官，仲裁人，検察官，公務員，公証人，公証人職務代行又は公証人の管理人として，既に同一の事件に関与していた場合

② 弁護士が，公証人，公証人職務代行又は公証人の管理人として，証書を作成し，その証書の法的効力若しくは解釈が争われているか，又はそれに基づき執行が行われる場合

③ 弁護士が，倒産管財人，相続財産管理人，遺言執行者，財産管理人又はそれと同種の役割を担う者として既に関与した事件において，その弁護士が管理していた財産の帰属者を相手方とする場合

④ 弁護士が，その弁護士としての活動外又は59条a第1項の意味におけるその他の活動外において，業務上同一事件に既に関与していたとき。ただし，当該の職業活動を終えたときは，別とする。

なお，ドイツにおいては利益相反禁止違反となる行為を行った弁護士は，弁護士裁判所によって戒告，譴責，2万5000ユーロ以下の課徴金，弁護士会からの除名等の懲戒処分を受ける（同法113条・114条）。

更に，同国刑法356条は，「弁護士又はその他の訴訟補佐人が，その資格において自己に委託された事項に関し，義務に反して，同一の法律問題につき，双方の当事者に助言を与え，又は補佐をしたときは，3月以上5年以下の自由刑に処する。前項に記載した者が，対立当事者と協定して，自己の当事者の不利益に行動したときは，1年以上5年以下の自由刑に処する」と刑事罰も規定している。

これに対し，わが国では本条違反の行為に対して，懲戒処分（法56条）はなされるものの，刑事罰の適用はない。

2 比較法上看過し得ないものとしてアメリカ法曹協会が制定する弁護士倫理に係る規範がある。かつては「弁護士倫理規範」（Cannons of Professional Ethics）が定められていたが，これが単なる改正では時代の要請に見合わなくなったため，真に法曹の職業倫理，責任についてのより体系的な規範として定立すべく，「弁護士責任規範」（Code of Professional Responsibility. 1970年1月1日発効。以下「規範」という）が制定された（詳細は，尾崎行信「諸外国における職務倫理・アメリカのばあい」自由と正義29巻1号63頁以下）。

このうち本条に関連するものを要約すると，第5規範は，弁護士は依頼者のために独立して職業的判断を行うべきであるとしたうえで，その「倫理条項」（Ethical Considerations）5—14から5—20において複数の依頼者の利益に関し弁護士の倫理的目標を掲げ，また「懲戒規定」（Disciplinary Rules）5—105から5—106において弁護士の独立した職業的判断が他の依頼者の利益によって損われる場合には，他の

当事者から受任し又は受任関係を継続することを拒絶すべきことその他を定めている。第9規範は，弁護士は職務上不適切と思われることすらも回避しなくてはならないこととし，「倫理条項」9—1から9—7において弁護士が法律制度及び法律職に対する公衆の信頼を増進させるべき倫理的目標を掲げ，「懲戒規定」9—101において弁護士は自己が裁判官の職にあったときの行動に対する功績によって事件の依頼を引き受けてはならず，また，自己が公職にあったとき実質的な責任を負っていた事項について事件の依頼を引き受けてはならないとして，不適切と見られる外観だけでも回避するよう定めている（法務大臣官房司法法制調査部「アメリカ法曹協会による新裁判官行為典範及び弁護士責務典範」司法制度調査資料第33巻，第二東京弁護士会調査室訳『アメリカ法曹協会弁護士責任規範』を参照）。

その後，さらに抜本的な改正作業が行われ，1983年には「ABA 法律家職務模範規則」（The ABA Model Rules of Professional Conduct）が制定されるに至っている。同規則は，従前の弁護士倫理典範を，体裁や構成に至るまで根本的に改めたものである。なお，「モデル・ルールズ」とされていることから分かるとおり，同規則はそのままでは法的拘束力を直ちに持つものではなく，あくまでモデルであり，各州において正式に採用されてはじめて法的拘束力を獲得するに至るものであるが，実際には，大きな影響力を有しており，この規則をめぐって解釈，研究が繰り広げられている（以上につき，ロナルド・D・ロタンダ〔当山尚幸ほか訳〕「第4版アメリカの法曹倫理——事例解説」〔彩流社，2015年〕25頁以下参照）。

【3】 本条の趣旨

本条の趣旨は一般に，①当事者の利益の保護，②弁護士の職務執行の公正の確保及び③弁護士の品位の保持にあるといわれ，判例は，本条各号の趣旨が①から③までのいずれに該当し，又は重点をおくものであるかを各号毎に把握しようとする傾向にある（判例のこの解釈態度が，本条各号違反の場合の訴訟行為の効力についての問題と関連していることは後述参照）。

本条は，基本的人権の擁護と社会正義の実現という重大な使命（法1条）を負わされた弁護士の職責に反する行為の典型を掲げてこれを行うことを禁止しているものであり，その立法趣旨は，①から③までの趣旨を通じてこのような使命を負わされた弁護士に対する国民の信頼を確保しようとすることにあると考えるべきである。

1　1号についてその職務行為を禁止する趣旨は，弁護士が同号所定の事件について職務を行うことが，さきに当該弁護士を信頼して協議又は依頼した相手方の信頼を裏切ることになり，このような行為は弁護士の品位を失墜させるのでこれを未然に防止することにある（最大判昭和38・10・30民集17巻9号1266頁，以下この判決を「大法廷判決」という。なお，旧々法14条1号につき同旨，大判昭和9・12・22民集13巻2231頁等，旧法

24条1号につき同旨，大判昭和17・5・8新聞4775号3頁等)。なお，受任事件の相手方の遺言執行者に就任し，遺言執行行為として受任事件の訴えの取下げ等を行ったことは，遺言執行者への就任が外国法に準拠したものであっても1号に違反するとした裁判例がある（東京高判平成6・8・24行裁例集45巻8・9号1739頁)。

2　2号の行為が禁止された趣旨も，1号と同じに解すべきである。2号についての判例は少ないが，その趣旨は弁護士の品位保持と当事者の保護にあることは明らかであるとした下級審判決がある（東京高判昭和41・7・12東高民時報17巻5号147頁)。

3　3号の行為が禁止されたのは，受任事件の相手方から，別の事件の依頼を受けてこれについて職務執行を行うことを許せば，当初の受任事件の依頼者の利益を害するおそれが多分にあり，ひいては弁護士の職務執行の公正に疑惑を招来し，弁護士の品位と信用を傷つけるおそれがあるからである。しかし，本条但書において受任事件の依頼者の同意がある場合は禁止が解かれることになっていることからみると，本条の他の各号に比して①の要請が②及び③の要請よりも強いといい得る。

3号においてその利益を保護されるべき当事者とは，受任事件の依頼者を指すのは当然であろう（最判昭和41・9・8民集20巻7号1341頁)。

なお，この最高裁判決は「3号は，もつぱら，『受任している事件』の依頼者の利益の保護を目的とする」と判示するが，これは3号違反により弁護士が他の事件について職務を行った場合でも他の事件の相手方は何ら不利益を蒙るおそれがなく，他の事件についての当該弁護士の訴訟行為は有効である旨の結論を導き出すために強調されたものというべきであり，3号の趣旨が①のほかに②，③にもあることを全く否定する趣旨ではないと考えられる。

4　4号の行為が禁止された趣旨は，将来弁護士として事件の依頼を受けることを予定して公職にある間に事件の処理に手心を加え，あるいは公職在任中の縁故等を誇張することにより，事件依頼者に対して過大な信用をもたせる弊害があるばかりでなく，公職にあって処理した事件について，立場をかえて弁護士として依頼者のためにその処理を失当として非難すること，又は反対に，公職在任中の処理にこだわって，弁護士としてもその処理に無理をおかすようなことがあっては弁護士としての品位，信用を失墜することになりかねないから，といわれている（矢野邦雄『最高裁判所判例解説民事篇昭和42年度』96頁以下）が，この中で公務員の職務執行の公正担保というのは，4号の直接の趣旨というよりその反射的効果として認められるものと解される。

①から③までのいずれに重点が置かれているかについては，①を主眼としたものと解する立場（最判昭和42・3・23民集21巻2号419頁）と②及び③に重点を置いたものとする立場（「大法廷判決」における横田正俊意見，高松地判昭和48・12・25訟務月報20巻5号52

頁）とがある。また，４号においてその利益を保護されるべき当事者とは，相手方当事者とする立場（前掲最判昭和42・3・23），相手方当事者のみならず事件依頼者をも指すと解する立場がある（前掲横田意見）。

5　5号の趣旨も４号とほぼ同じである。

6　6号及び７号は，弁護士法人の社員等であったときに当該弁護士法人の事件で当該社員等が関与した事件（その後当該法人を脱退した場合と現在も社員等である場合の両者を含む）についての規定である。

弁護士が社員等としてその業務に従事していた期間内に，その法人が相手方の協議を受けて賛助し，又はその依頼を承諾した事件であって，自らこれに関与した事件を取り扱うことや，その法人が相手方の協議を受けた事件で，その協議の程度及び方法が信頼関係に基づくと認められるものであって，自らこれに関与した事件を取り扱うことは，弁護士法人を信頼して協議又は依頼をした相手方の信頼を裏切り，また弁護士の品位を害する。そこで，６号及び７号は，①から③までの観点から，かかる行為を禁止した。しかし，６号及び７号については，弁護士法人のすべての事件ではなく，自己が関与していない事件については相手方の信頼を裏切ることも考えにくいことから，禁止されない。

なお，６号及び７号の禁止は，現に当該弁護士法人の社員等だけでなく，脱退した後であっても，弁護士法人に在籍中の事件であれば適用されることに注意すべきである。

7　8号及び９号は，弁護士法人の受任事件との関係で，社員等が職務を行い得ない事件を規定したものである。

弁護士法人が相手方から受任している事件を，社員等が（弁護士法人としてではなく）個人として受任して職務を取り扱うことは，双方代理となるものではないが，これを認めることは，当該弁護士法人との利害衝突を招き，弁護士法人の依頼者に不測の損害を与え，弁護士の品位，信用を害するおそれがある。そこで，８号は，①から③までの観点から，そのような行為を禁止した。

同様に，弁護士法人が受任している事件（当該弁護士が自ら関与しているものに限る）の相手方からの依頼による他の事件を，社員等が（弁護士法人としてではなく）個人として受任して職務を取り扱うことを認めることは，弁護士法人との利害衝突を招き，弁護士法人の依頼者に不測の損害を与え，弁護士の品位，信用を害するおそれがある。そこで，９号は，①から③までの観点から，そのような行為を禁止した。

但し，９号については，３号と同様に，弁護士法人に対して依頼している者が，関与中の弁護士が個人として相手方からの依頼による別の事件の処理をすることに同意をすれば差し支えないことになる（本条但書）。また，弁護士法人の受任している事件の相手方からの依頼による他の事件であっても，当該弁護士が，弁護士法人の受任事件に関与していなければ，当該受任事件の依頼者の同意を得ることなく，自然人たる弁護士として職務を行っても9号に違反することにはならない（競業の問題としては法30条の19第2項による）。

弁護士と弁護士法人との関係における職務（業務）を行い得ない事件を法律上どのように規律するかについては，倫理的観点からかなり議論のあったところであるが，法律上の規定としては，本条及び法30条の18として規定するところとなった（法30条の18の解説を参照）。日弁連ではこの点について，廃止前の弁護士倫理27条に加えて，更に厳しい倫理上の規制を具体的，類型的に定めるかどうかが議論され，その結果，弁護士職務基本規程が制定されるに至ったが，本条6号から9号までの規定については，同規程63条が同一内容の定めを置き，弁護士倫理27条に相当するものとしては，表現は異なるものの，規制内容としては同様と考えられる同規程64条が置かれるにとどまった。なお，弁護士法人の業務を行い得ない事件については，法30条の18よりも厳しい規制内容を含むものも規定された（同規程65条・66条）が，詳細については法30条の18の解説を参照。

【4】 相手方の協議を受けて賛助し，又はその依頼を承諾した事件（本条1号）

1 「相手方」の意義

⑴ 「相手方」とは，民事訴訟における原告と被告との関係を典型的なものとするが，民事・刑事を問わず，同一案件における事実関係において利害の対立する状態にある当事者をいう（福原・138頁）。裁判例も「現に相反する利害をもつ当事者間において或法律行為をなす場合，或は一定の紛争を前提とする法律上の利害相反する当事者を指すものというべきである」（水戸地中間判昭和34・5・27訟務月報5巻10号1365頁）としている。

⑵ ここでいう相反する利害関係は実質的なものでなければならない。例えば，形式上は利害対立するように見えても実質的な争いのない場合には，当事者を害することも弁護士としての品位を害することもないから，かかる当事者は本号にいう「相手方」にあたらないと解される。

裁判例は，自己破産の申立人と破産申立てをする債権者とは，本号にいう相手方ではないとし（東京高決昭和39・3・13東高民時報15巻3号51頁），その理由として「自己破産の申立人は債権〔財産―編者注〕の公平な分配を求めることを目的し，このことは債権者のなす破産申立と同一であるから」，実質上両者間に利害相反関係は存しないとしている（同旨，桜田・42頁）。しかしながら，この事案は，破産会社が先に弁護士を代理人として自己破産の申立てをなしたが，その申立てを取り下げた後，同会社の債権者が同一弁護士を代理人として破産申立てをなしたというものであり，同弁護士に対する申立ての報酬は破産会社が支払っているというものである。従って，破産会社が申立てを取り下げた経緯によっては本号に違反する場合もあり得るものと解される。

他方，破産管財人が提起した否認訴訟等において，従前破産者との間で再生手続開始の申立て等の委任契約を締結した弁護士が，同訴訟の被告の訴訟代理人に就いて訴訟行為を行った事案につき，最決平成29年10月５日民集71巻８号1441頁は，本件訴訟において上記被告と対立する当事者は破産管財人であるのに対し，本件委任契約の依頼者は破産者であるが，破産手続開始の決定により，破産者の財産に関する管理処分権が破産管財人に帰属することになることからすると，本件において弁護士法25条１号違反の有無を検討するに当たっては，破産者とその破産管財人とは同視されるべきと判断した上で，当該訴訟は「相手方の…依頼を承諾した事件」に当たり同号に違反すると判示をした。同決定は，当該弁護士の受任内容及び破産管財人に破産者の財産に関する管理処分権が帰属すること等から，実質的な利害相反関係を認めたものと解される。

⑶　共有物分割訴訟（いわゆる形式的形成訴訟）のように，形式上は訴訟事件であるがその実質が非訟事件であるからといって，利害の対立がないと即断することはできない。

裁判例は，85名の共有する土地について，共有者甲から同人ほか75名の代表者として残余の者を相手方とする分割に関する事件の依頼を受け，その後甲が他の共有者と当該分割に関して意見が対立し分割に反対の態度をとったため，改めて共有者乙から同人ほか70名の代表として甲をも相手方とする当該分割に関する事件の依頼を受けた場合に，後者の受任行為は本号にあたるものとした（東京高判昭和38・１・31行裁例集14巻１号165頁）。この判決は，共有地分割請求の訴えにおいては分割の方法を主張することは訴えの要件ではないのみならず，当事者がこれを主張しても裁判所は申立てに拘束されることなく，民法の規定に従って分割を実現するものであるから，利害対立はないとする主張に対し，「共有者間に分割の方法について争があり，利害の衝突が起り得る」から本号にあたるものとした。

⑷　本号の「相手方」と認めるべきか否かが問題とされてきたものに，民訴法47条，49条による訴訟参加の場合がある。

旧民訴法下のものであるが，これについて判例は，訴訟参加を申し出た者とその訴訟の原告・被告との間に実質的な利害相反関係があるか否かによってこれを決している。すなわち，民訴法47条４項により当事者参加をした場合に，その訴訟の被告が参加人の主張事実を争わず，原告のみを相手方とするときは，被告訴訟代理人と参加人の代理人が同一人であっても，旧法24条1号に違反しないとし（大判昭和14・9・2評論28巻民訴384頁），他にも，訴訟係属中その訴訟の目的たる権利の譲渡を受けたとする者が，民訴法49条，47条により訴訟参加をなす場合において，譲受人たる参加人と前主たる原告との間に権利の譲渡につき争いがなく参加申立てにおいても原告を相手方としないときは，原告の代理人として本訴訟を追行してきた弁護士が更に参加人たらんとする者の委任を受けその代理人として参加申立てをしても，その弁護士の行為は依頼者の信頼を裏切るものではなく，また，弁護士の品位を汚すものともいえないから，本号に違反しないとしている（最判昭和37・4・20民集16巻4号913頁，前掲大判昭和17・5・8）。また，民訴法47条4項による当事者参加申立てと同時に，従前の原告が訴訟から脱退したときは，従前の原告と参加人とは利害相反しない立場にあるから，脱退した原告の代理人であった弁護士が参加人の代理人として参加申立ての訴訟行為をしても，本号に違反しないとし（京都地判昭和31・10・24下民集7巻10号2992頁），更に，弁護士が丁の代理人として乙に対して訴訟遂行中，甲が当該訴訟に独立参加をした場合に，丁が乙に対する請求を取り下げ，また甲も丁に対する請求を取り下げたため，丁が当該訴訟を離脱した後は，丁の代理人であった弁護士が新たに乙の代理人として甲に対する訴訟に関与しても本条各号に違反しないとした（東京高判昭和29・1・21下民集5巻1号49頁）。

上記の諸例の場合はいずれも当事者間に実質的な利害関係がないから，「相手方」にあたらないとされたのであるが，これと異なり，民訴法47条，49条の参加をした者と従前の原・被告間に実質的な利害関係の対立がある場合には「相手方」にあたり，本号に抵触するとされている（大判昭和7・6・18民集11巻1176頁，大判昭和8・4・12新聞3553号10頁，大判昭和15・12・24民集19巻2402頁）。例えば，手形金請求事件の原告代理人たる弁護士が，手形金債権を譲り受けた者の代理人として民訴法47条の訴訟参加の申立てをした事案で，原告は自己の請求を依然維持しており，原告と参加人とは利害相反する関係にあるから，原告代理人が参加人代理人として訴訟参加の申立てをすることは，本条（1号）に違反する（名古屋高判昭和30・7・19下民集6巻7号1526頁）。また，原告の訴訟代理人たる弁護士が権利承継人の代理人となり，被承継人をも参加申立ての相手方として当事者参加の申立てをすることは，本条1号に違反し（東京地判昭和31・8・10新聞20号10頁），民訴法47条4項により原告・被告双方を相手方として訴訟参加した者の代理人が，原告訴訟代理人と同一人であるときは本条1号に違反するとする（福岡高判昭和32・7・18高民集10巻5号299頁。その他として京都地判昭和44・6・3判時576号72頁）。

(5)「相手方」と認めるべきか否かが問題とされる場合として，更に権利の承継がなされた場合がある。

これについての判例をみると,「相手方」にはあたらないとした事例が多い。

例えば,甲の乙に対する調停事件につき,甲の代理人となった弁護士が,後に当該調停に基づく契約上の債権を譲り受けた丙に対し,乙を代理して請求異議の訴えを提起することは,本条1号,2号に違反しないとするものがある(最判昭和40・4・2民集19巻3号539頁)。その理由は,請求異議は乙の丙に対するものであり,弁護士は甲から依頼を受けたものであるが,丙からは協議を受けたことも協議を受けて賛助若しくは依頼を承諾したこともないからである,としている(同旨,桜田・50頁)。

同様に,即決和解の一方当事者甲の代理人であった弁護士が,甲から当該和解に基づく権利を譲り受けた丙に対し,相手方当事者乙を代理して請求異議の訴えを提起するとともに,強制執行停止決定を申請することは,本条に違反しないとするものがある(大阪高決昭和36・9・4下民集12巻9号2192頁)。

更に,弁護士が,甲から丁に対する建物の所有権登記抹消手続請求事件を依頼されたものの解任された後,甲から所有権を譲り受けた乙が丁に対し同一建物の所有権登記抹消手続請求事件を提起したことにつき,丁を代理することは,「乙は甲に代位して丁に請求するという関係にあるけれども,丁の相手方は乙であって甲ではないから」本号にあたらない,また,同一事件において,弁護士は原審において丙の代理人として丁に対し上記建物の所有権移転登記請求をなしたが,その係属中,乙が甲を代位して当事者参加するに及んでその訴えを取り下げ,乙も丙に対する訴えを取り下げ,丙は本件訴訟から離脱することになったが,原審において丁が敗訴した後,今度は丁の代理人として乙に対し控訴を提起したことについて,上記取下げ後においては,丙は丁の相手方ではなくなったものといわなければならないから,弁護士がかつて丁の相手方だった丙の代理人であったことは,本件(控訴審)において丁の代理人として訴訟行為を行う妨げとはならないとした判決がある(東京高判昭和29・1・21下民集5巻1号49頁)。

上記の各事例は,弁護士の倫理上の当否はともかく,現在係争中の事件の相手方と当該弁護士が依頼を承諾した者とは同一人ではないから,本条違反にはならないとの結論は正当である。

これに対し,請負契約について注文者から委任を受け法律事務を処理中の弁護士が,相手方たる請負業者から報酬債権を譲り受けた者の代理人となり,上記注文者を被告として報酬支払請求訴訟を提起する行為は,本条1号に違反するとするものがある(大阪地判昭和30・9・29判時70号22頁)。これはまさに相手方の協議を受けて賛助し,又はその依頼を承諾した事件につき受任した場合に該当する(反対,桜田・51頁)。

(6) なお,この「相手方」の意義につき,争議の相手方を意味し(大判昭和12・

7・不明判決全集4巻14号24頁)，「相手方」には，当該紛争関係を相続によって承継したと解すべき相手方の被相続人から協議を受けて受任した事件につき，被相続人が死亡したため相続によりその地位を包括的に承継した場合における相続人をも含むものと解すべきであるとした裁判例がある（青森地判昭和40・10・9判タ187号185頁)。

この点，平成15年頃の日弁連の懲戒実務においては，平成30年改正前民法1015条を根拠として，遺言執行者は相続人の代理人であるから，少なくとも執行終了までの間は，個々の相続人から遺留分減殺請求事件等を受任することは利害相反に該当し許されないとの解釈が採られていた。東京高判平成15年4月24日判時1932号80頁は，日弁連がそのような解釈に立って廃止前の弁護士倫理26条2項に違反するとした懲戒処分の取消請求訴訟に対し，請求を棄却した判決である。

もっとも，上記懲戒事案の解釈は従前の日弁連関係の各種文献等（例えば，「自由と正義」1997年6月号等）に掲載されていた解釈とは異なるものであり，当時としては，必ずしも弁護士一般の感覚に適合していないとの指摘も考えられたであろう。

また，上記判決の事案は，遺産の全部を1人の相続人に相続させる旨の遺言の遺言執行者に就任した弁護士が，他の相続人からの遺留分減殺請求調停において，全遺産を相続した相続人である相手方の代理人に就任したが，申立人代理人の指摘を受けて，第1回調停期日の前に辞任したというものであった。

この事案の日弁連の懲戒委員会の議決書記載の懲戒理由では，前述のとおり，少なくとも執行終了までの間は，個々の相続人から遺留分減殺請求事件等を受任することは利害相反に該当すると述べられていた。ところで，遺産の全部を1人の相続人に相続させる旨の遺言は，執行行為に裁量の余地がなく，更にいうとそもそも執行行為をする必要がないから実質的な利害相反は生じないとの議論が従前からあった。当該事案でも，執行行為が終了するまでの間とは具体的にどういう期間のことをいうのかが問題となったのだが，判決では，そのような議論には触れずに「遺言執行者は，特定の相続人ないし受遺者の立場に偏することなく，中立的立場でその任務を遂行することが期待されているのであり，遺言執行者が弁護士である場合に，当該相続財産を巡る相続人間の紛争について，特定の相続人の代理人となって訴訟活動をするようなことは，その任務の遂行の中立公正を疑わせるものであるから，厳に慎まなければならない」と判示する。

これに対しては，「利害相反」とは，実体的に利害が相反する場合であり単に形式的に利害が相反するだけで，これにあたるとはいえないとされているとの考えから，上記判決のような理解をすると利害相反該当性の判断がかなり形式的に傾くことは否めず，第1回調停期日前に代理人を辞任している本件では，調停申立人にどのような実害があったのか必ずしも明らかでなく，実体的な利害相反があったといえるかはなお議論の余地があろうとの指摘がなされていたが，現在では，むしろ遺言執行者の任務遂行の中立公正がより厳格に求められる傾向にある。

さらに近時の日弁連の懲戒委員会の議決例の中には，遺産相続を巡って相続人間に深刻な対立があり遺言執行者選任への反対もある場合において遺言執行者が一部の相続人の代理人を兼務することについて「遺言執行の終了の如何を問わず，中立，公正さを求められる遺言執行者の職務，職責からいって，代理人としての訴訟活動は慎むべき」とし，両者の地位の兼併問題を解消しなかった行為は「遺言執行者の職務の中立，公正さを疑わしめ，遺言執行者たる弁護士に対する信頼，信用を害する虞を引き起こした」として，弁護士職務基本規程５条，６条の規定に照らし非行に当たるとした例が出されている（平成21・1・13議決―議決例集 XII 3 頁。日弁連懲戒委員会平成18・1・10議決―議決例集 IX 3 頁も同旨）。当該判断はその後の日弁連の綱紀委員会の議決例（平成21・8・28議決―議決例集 XV163頁）でも踏襲され，同事案の審査請求における日弁連懲戒委員会の議決例（平成26・8・18議決―議決例集 XVII40頁）でも維持されている。

一方，「本件公正証書遺言では，その内容からして遺言執行者に裁量の余地はなく，遺言執行者の職務に同規程〔弁護士職務基本規程―編者注〕57条が適用又は類推適用されるとしても，本件では審査請求人である遺言執行者と懲戒請求者を含む各相続人との間に実質的にみて利益相反の関係は認められない」として裁量の有無を考慮し実質的に判断して利益相反を否定する例（平成22・5・10議決―議決例集 XIII 19頁）もある。当該判断はその後の日弁連懲戒委員会の議決例（平成27・10・19議決―議決例集 XVIII60頁）でも踏襲されているが，同議決は「相続人間の相続を巡る紛争において，遺言執行者たる弁護士が一部の相続人の代理人となることは許されず，たとえ遺言執行行為が終了した後であっても，遺言執行者としての職務の公正さを疑わしめ，遺言執行者に対する信頼を害するおそれがあり，ひいては弁護士の職務の公正さを疑わしめるおそれがあるため，懲戒処分を免れない場合があることは，既に当委員会が議決しているところである（当委員会平成18年１月10日議決―『弁護士懲戒事件議決例集第９集』３ページ）。しかしながら，具体的事案に即して実質的に判断したときに，遺言の内容からして遺言執行者に裁量の余地がなく，遺言執行者と懲戒請求者を含む各相続人との間に実質的にみて利益相反の関係が認められないような特段の事情がある場合には，非行に当たらないと解すべきである（当委員会平成22年５月10日議決―『弁護士懲戒事件議決例集第13集』19ページ）」としている。

以上のように弁護士職務基本規程違反に該当するかどうかは個別具体的な事情によるものの，当事者間に深刻な争いがあり話し合いによっては解決することが困難な状況にあった場合に，遺言と相続財産を巡る相続人間の紛争について，特定の相続人の代理人となって訴訟活動をすることは，遺言執行終了前であれば，弁護士の信用と品位の保持，職務公正の確保（弁護士職務基本規程5条・6条）を害すると判断される可能性や利害相反（同規程第27条・28条）と判断される可能性があり，遺言執行終了後であっても弁護士の品位の保持，職務公正の確保を求める同規程5条・6条に違反すると判断される可能性は否定できない。従って，遺言執行者が特定の相続人からの依頼を受任するに際しては相当慎重な判断が求められる。

このような状況の中，平成30年7月6日，民法及び家事事件手続法の一部を改正する法律（平成30年法律第72号）が成立し，遺言執行者の権利義務や行為の効果等の明確化等が行われた。このため，遺言執行者の問題については，今後，改正内容を踏まえながら，懲戒手続等における議論・判断を注視していく必要がある。

なお，成年後見人であった弁護士が被後見人の死後に一部の相続人の代理人として遺産分割に関与することについては，日弁連綱紀委員会が「成年後見人の職務と遺言執行者の職務との間には類似する面があり，遺言執行者に課せられる規範は大筋で成年後見人にも妥当する」と述べた上で具体的事案について「成年後見人として知り得た事実を一部相続人の利益に利用して相続人間の紛争に関わることとなり，成年後見人の職務の公正さを疑わせる」と議決した例（日弁連綱紀委員会平成22・9・22議決—議決例集XIII 191頁）もある。もっとも，当該議決がなされた事案は，その後日弁連懲戒委員会の議決（日弁連懲戒委員会平成25・2・12議決—議決例集XVI 3頁）により懲戒処分が取り消されている。同議決は，「遺言執行者については相続人の代理人とみなすとされている（民法1015条）が，成年後見人は被成年後見人に対して善管注意義務を負う立場である」「成年後見人の職にあった者が，相続人間の紛争について特定の相続人の代理人になることは，その段階においては，成年被後見人は死亡して存在せず，形式的にみて関係者間の利益相反に該当するとはいえず，それだけで直ちに中立性・公正さが害されるわけではない」「このように，遺言執行者と成年後見人とは利益相反の問題において法的には異なった立場であり，成年後見人の職にあった者が一部相続人の代理人になることをもって，当然に遺言執行者に類似した中立性・公正さの侵害と捉えることはできない」としている。同議決が指摘するように遺言執行者と成年後見人の立場には違いがある。しかし，成年後見人はその職務の公正に対する社会的信頼を確保するために行動すべきであるから，成年後見人の行為が非行に該当するかどうかは，弁護士の信用と品位の保持，職務公正の確保（弁護士職務基本規程5条・6条）の観点から，具体的な事案において慎重に判断されるべきである。

(7) また，この「相手方」の意義について，協同組合の組合員の提起した協同組合理事らに対する代表訴訟につき当該理事らから受任した弁護士が，当該代表訴訟と請求の基礎を同じくする別訴において，協同組合の委任を受けて訴訟行為を行っていたとしても，組合が訴え提起しない場合に組合員が独立して訴訟を提起するという代表訴訟の趣旨に照らせば，組合員らを「相手方」とみるのは相当でないとして，同組合員は本号にいう相手方にあたらないとする裁判例がある（大阪地判平成6・3・1判タ893号269頁）。

これと関連して，株主代表訴訟が提起された場合，会社の顧問弁護士が，被告となった取締役の代理人となることが許されるかについては議論があった（平成17年改正前商法267条，会社法847条）。この点については，上記の裁判例とは別に，株主の取締役に対する責任追及の途を拡げて株主の権利の充実を図ろうとする商法（会社法）の趣意からするならば，株主代表訴訟においては，被告取締役と会社との間は，同訴訟に関しては利害相反関係にあり，会社の顧問弁護士としては，被告取締役の代理人となることは，特別の事情のない限りは差し控えるべきであると解する見解が有力に主張されていた（日弁連弁護士倫理に関する委員会編『注釈弁護士倫理』116頁）。

この見解は，株主代表訴訟において被告取締役と会社との間に利害相反関係があることが前提になっている。ところが，株主代表訴訟において会社が取締役を補助するために訴訟に参加することが許される場合がある旨の判断が最高裁によってなされ（最決平成13・1・30民集55巻1号30頁），平成13年法律第149号による商法改正により一定の場合には株主代表訴訟において，取締役に責任がないと考える会社が取締役側に補助参加することが認められた（平成17年改正前商法268条8項・266条9項，株式会社の監査等に関する商法の特例に関する法律19条1項・18条の3第1項但書）。その後制定された会社法849条においても同旨の規定が置かれたことから，上記のような解釈をとるのが妥当なのかが問題となる。会社が取締役側に補助参加することが認められた以上，取締役側と会社との間には利害相反関係がないから，株主代表訴訟において，一定の場合には，会社の顧問弁護士が被告取締役の代理人となることも許されると解することも可能である。反対に，会社に補助参加する途が開けた以上，会社の顧問弁護士は，会社の代理人となるべきであって，取締役の代理人となるべきではないとする見解もあり得よう。いずれの見解が妥当であるかは，今後の検討課題である。

2 「協議を受けて」の意義

「協議を受けて」とは，当該具体的事件の内容について，法律的な解釈や解決を求める相談（法律相談）を受けることをいう。協議を受ける場所等は問わないが，「受けた」といい得るためには主体的に協議を受けたことが必要と解すべきである。

従って，訴訟の対象たる土地に関連はするが，訴訟の内容や対策について相談するのではなく，土地の買入申込みに関する取扱方を相談したにすぎないときは，当該具体的事件の内容について相手方の協議を受けたことにはならないし（日弁連懲戒委員会昭和43・7・27議決―議決例集Ⅱ75頁），バスの中で雑談的に話を聞いたというだけでは事件解決のための協議を受けたとは認められない（同昭和45・5・23議決―議決例集Ⅱ132頁）。

また，単に離婚及び財産分与請求訴訟の提起前，原告の代理人が被告と交渉し，その真意を原告に伝達した等の事実があっただけでは，その後原告の代理人として訴訟を提起することは本号及び本条2号に違反するとはいえない（最判昭和30・8・9最高裁判所裁判集民事19号313頁）。一方当事者のために他方当事者と交渉中たまたま相手方から法的解釈等に関する相談を受けたとしても，本号にいう協議を受けたことにはならないからである。本事件では，原告の代理人が被告の真意を原告に伝達した結果，原告において一旦離婚を翻意し被告方に戻った事実を認定しているが，なお本号に違反しないとしたものである。

同様に，甲に対する告訴事件につき，告訴人乙を代理して甲と示談契約を締結した弁護士が，乙の提起した甲に対する附帯私訴事件の訴訟代理人を受任しても，相手方甲の協議を受けてこれに賛助した事件につき，職務を行った場合にあたらない（大判大正4・6・12刑録21輯807頁。同旨，桜田・52頁）。

3　「賛助」の意義

⑴「賛助」するとは，協議を受けた当該具体的事件について，相談者が希望する一定の結論（ないし利益）を擁護するための具体的な見解を示したり，法律的手段を教示し，あるいは助言することをいう。相談者が希望する一定の結論（利益）は，積極的（能動的）であることを要しない。請求を受けるか否かについて請求を受けることがないというように，消極的権利関係を明確化することであってもよい。しかしながら，賛助であるためには，相談者の利益を擁護するための助言である必要があり，法律相談の結果，相談者の希望する一定の結論に反対した（例えば，法的に成り立たない，違法である，不当である等）場合は，賛助したことにはならないと解される（但し，賛助にならなくとも，その協議の程度及び方法が信頼関係に基づくと認められれば本条2号に該当することがある）。

どの程度の段階に至れば「賛助」したことになるのかを詳しく判示した最高裁の判例がある。すなわち，「弁護士が依頼者から法律事件の協議（相談）を受けた場合，何等かの理由で途中からその協議を謝絶し，又は終りまで協議を受けたがこれに対し何等意見を述べなかつたときのごときは，右法条にいわゆる『相手方の協議を受けて賛助し』に該当しないものというべきである。だが……法律事件の協議に対し，事情を聴取した結果具体的な法律的手段を教示する段階に達すれば，一般的にいつて右法条にいわゆる『賛助し』に該当するものと認めるを相当とする。なぜならば，通常弁護士が依頼者の相談に対し，ある具体的な法律的手段を教示することは，当該事件は対策としてその手段方法を採ることによつて有利に解決さるべきことの意見を陳述するに外ならないからである」と判示している（最判昭和33・6・14新聞100号15頁）。

具体的な法律的手段を教示する段階とは，事案に応じて判断するほかないが，判例上「賛助し」たとは認められなかった事例として，「被控訴人……の訴訟代理人である弁護士甲は本訴提起前である昭和21年12月末日より昭和22年1月頃までの間において，控訴人から，本件土地に関する当事者間の紛争についてその原因及び経過を述べて弁護士としての意見を求められたのに対し，楽観的な意見を述べ，かつその際控訴人から訴訟になつたときは宜しく頼むと申出たのに対して，承知した旨を答えた事実が認められる。しかし……本件係争事件について，被控訴人からその解決方を甲府警察署の人事相談部に願出で，控訴人も同人事相談部に出頭した際，その帰途に偶々，同弁護士の事務所の前を通りかゝり，他に知合の弁護士もないまゝに，初対面ではあるけれども一応同弁護士の意見を聞いてみようと思いつき，同弁護士を訪れ約30分間にわたつて，右紛争問題についてその意見を聞いたのであるが，別に鑑定料を支払わず，唯いずれ裁判沙汰になつた際には依頼する旨を述べておいたに過ぎないものである経緯を窺うに足りる。……以上認定したような経緯と状況とを背景として考えるときは，これらは畢竟するに，いずれも儀礼的な言葉のやりとりの域を出でなかつたものとみるのが，むしろこの場合の真相に合致するものと解すべきである。従つてかゝる程度において同弁護士が意見を開陳し，又は依頼を承諾した場合にあつては，……相手方の協議を受けて賛助し又はその委嘱を承諾した場合には該当しない」とするものがある（東京高判昭和26・3・31下民集2巻3号455頁）。微妙な限界事例ではあるが，判示は正当である（同旨，桜田・53頁）。

同様に，訴訟事件についてその相手方から相談を受けても，その話合いが事件解決のための協議の段階にまで至らず婉曲に拒絶したものであれば，反対当事者の代理人となっても本条各号のいずれにも該当しない（日弁連懲戒委員会昭和45・5・23議決―議決例集Ⅱ127頁）。

(2)「賛助し」たと認められた事例としては，甲の委任を受け，乙に対する甲所有の不動産に関する詐欺事件の告訴申立てをした弁護士が，乙から不動産を買い受けた丙が甲を被告として提起した当該不動産に関する訴訟について，丙の訴訟代理人を受任する行為は，旧々法14条1号に違反するとするもの（長崎控院判大正12・2・27評論13巻諸法213頁），また，弁護士が甲乙間の山林の境界争いに関し，甲から相談を受け，その対策として所有権確認の訴えの提起及び立木伐採搬出禁止の仮処分申請等の手段を教示した以上，後に乙から当該事件に関し委任を受け，これを代理して甲を被告として所有権確認等の訴えを提起することは本号に違反するとするものがある（東京高判昭和31・5・10行裁例集7巻5号1185頁）。この事案は，境界の争いを伴う立木の伐採搬出を差し止めるために所有権確認の訴えを提起し伐採搬出禁止の仮処分を求めることは広く一般に行われるところであるから，弁護士がこれに言及したからといって賛助にはあたらないとした主張に対し，「いやしくも具体的事件について相談を受けてその対策について意見を開陳した以上，たとい原告〔弁護士―編者注〕の教示した方法が周知のものであつたとしても，賛助たるに妨げないものであつて，弁護士が無料法律相談所において，また新聞紙の法律相談欄において，相談を受け意見を開陳した場合であつても，もし当事者を特定明示し，具体的事件について具体的処理方法を教示したとするならば，当然賛助したものとなる」としている。

更に，当事者の一方から相談を受けて所有権確認訴訟の提起及び仮処分申請の準備をしたが，事情変更によりその申請に及ばなかった弁護士が，その後他方の当事者から訴訟委任を受け，その代理人となって仮処分の申請をすることは本号に違反するとするものがある（福島地平支判昭和37・10・23判タ139号132頁）。

(3) なお，「賛助し」たと認めるためには，依頼者と弁護士との間に具体的な信頼関係の存在は必要ではない（前掲東京高判昭和31・5・10，日弁連懲戒委員会昭和32・11・5議決―議決例集Ⅰ223頁）。本条2号において明文で信頼関係の存在を要求しているのは賛助又は依頼の承諾が未だなされていない場合だからであるが，本号の場合はこれと異なり，賛助，承諾がなされた以上，たとえ依頼者が弁護士に対して信頼の念を抱いていなかったとしても，弁護士が依頼者の利益に反する行為に出ることは弁護士の品位を汚すことになるのであるから，信頼関係の存在を必要としないのである。

この点につき，前掲日弁連懲戒委員会昭和32年11月5日議決は「いやしくも弁護士が特定依頼当事者間の具体的事件に対する処理方針について，法律上の判断を求められ，その依頼当事者のためにそれについての具体的意見を開陳した以上，たとえその判断が本人の受け容れ難いものであり，或いはその教示した方法が調停和解等によることをすすめたものであっても，又依頼者が弁護士に対し，いかなる程度の信頼の念を抱いたかに関わりなく，弁護士としては最早その事件について依頼者の反対当事者のため職務を行うことができないものと解すべきである」としている。

(4) また，「賛助」があったとするには金員の受領の有無は関係ないが，これを弁護士が受領した場合には賛助の事実が一層明らかになるとされており（議決例集Ⅰ222頁参照），更に，賛助の事実がある限り賛助した時期と反対当事者から事件の依頼を受けた時期との間に相当年限を経過したからといって，職務を行い得ないことに変りはないとされている（議決例集Ⅰ224頁参照）。

4 「依頼を承諾した」の意義

「依頼を承諾した」とは，事件を受任することの依頼に対する承諾をいい，本号前段との比較からみて，協議を受けることの依頼を承諾しただけではあたらないというべきであろう。但し，事件の受任の依頼を承諾した場合にはそれだけでこれに該当し，必ずしも事件の内容の協議を受けることまでは要しないと解される。すなわち後段は，協議を受けることは必要としないと解される。受任の依頼を一旦承諾した場合には，それだけで弁護士の信用に疑念を抱かせるに十分だからである。

協議を受けた場合に事件の受任の依頼を承諾したといえるかどうかは比較的明らかであるが，協議を受けない場合に事件の受任の依頼を承諾したといえるか否かの判定は難しい場合があろう。しかし，書面を作成した場合はもちろん，既に金員を受領している場合，あるいは従来からの信頼関係によって受任を承諾した場合等あり得ないことではない。

事件の受任の依頼とその承諾は，相手方からの実質的な依頼と承諾であることが必要である。ちなみに，丙が乙に対して提起した建物明渡請求控訴事件につき，不動産の真の所有者甲から委任を受けてその登記名義人乙の名で控訴した弁護士が，その控訴事件を取り下げた後，改めて甲の代理人として乙を被告とする建物所有権移転登記抹消登記請求の訴えを提起した事例で，弁護士は乙から協議を受けて賛助したり，依頼を承諾したものではないから本号に違反しないとした裁判例がある（福岡高宮崎支判昭和60・9・4判タ593号119頁）。

5 「事件」の意義

⑴ 本号が適用されるためには，当該弁護士の関与した事件が一方の当事者とその相手方との間において同一でなければならない。事件の同一性は，相反する利益の範囲によってこれを判断すべきである。訴訟物が同一か否か，手続が同質か否かは問わない。

裁判例も，同一事件と見るべきかどうかは，単に訴訟物を同じくするかどうかによってだけでなく，その基礎をなす紛争の実体を同一とみるべきかどうかにより決すべきであるとしている（青森地判昭和40・10・9判タ187号185頁。なお，日弁連懲戒委員会昭和53・11・6議決―議決例集Ⅳ126頁）。

なお，事件の同一性がない場合は本号の問題とはならないが，弁護士職務基本規程28条2号に違反する場合がある。

⑵ 同一事件は，民事事件相互だけでなく刑事事件相互についてもいえる。

共同被告人である共犯の間にあっても，その主導的地位，利得の多寡その他情状の点で差異のあるものは利害関係が同一ではなく，また汚職事件のような場合は，贈賄者と収賄者とは明らかに相反する関係にあるから，特段の事由のない限り，それら双方の弁護人となることは許されないと解される（福原・137頁）。

(3) 相反する利益は，一方で刑事手続，他方で民事手続に現われることもある。

例えば，甲の委任を受け，乙に対する甲所有の不動産に関する詐欺事件の告訴申立てをした弁護士が，乙から不動産を買い受けた丙が甲を被告として提起した当該不動産に関する訴訟について，丙の訴訟代理人を受任する行為は，旧々法14条1号に違反するとするもの（前掲長崎控院判大正12・2・27），被告人の依頼で私選弁護人となった弁護士が，公訴事実の内容となった事実に基づき提起された被告人に対する損害賠償請求事件について，原告から訴訟委任を受けることは，同一事件に関与したことになり，本号違反になるとした裁判例がある（東京地判昭和32・5・15下民集8巻5号965頁）。

また，会社の顧問であった弁護士が，当該会社の法人税法違反事件等において会社及びその実行行為者双方の刑事事件の私選弁護人を務めたが，刑事事件終了後，当該会社が実行行為者に対して提起した損害賠償請求訴訟で当該実行行為者の訴訟代理人として活動をした事案につき，事件の同一性があるとして，本号に違反するとした例がある（日弁連綱紀委員会平成21・8・25議決例集XII167頁。日弁連懲戒委員会平成23・3・14議決例集XIV26頁）。

これに対し，業務上過失致死事件の被告人の弁護人となった弁護士が，被告人の使用者を相手方とする当該事故に起因する損害賠償請求事件につき被害者の相続人の訴訟代理人となることは本号及び本条2号に違反しないとするものがある（仙台高判昭和46・2・4下民集22巻1・2号81頁。反対，福原・137頁）。この判決の主たる理由とするところは，「刑事事件は……専ら国家対被告人の関係であつて，被告人と利害の相反する当該事件の被害者との関係の規律（利害の調整）を目的とするものではなく，それは民事事件の領域に属するものであるから，右刑事事件と民事事件たる右被害者から被告人に対する損害賠償請求事件がともに同一の交通事故をめぐる事件であつても，両事件が同一事件であると目することはできない」というにあり，裁判例はこの理由から，刑事事件の弁護人が被害者からその被告人本人を相手方とする民事事件について委任を受けても，当然には本号及び本条2号に違反するものではないとする。しかし，刑事事件の弁護人は当該事件について紛争の実体を知悉しており，被告人との信頼関係に基づいて事件を受任していることは当然であるから，社会的実体を同じくする両刑事・民事事件は同一事件と解すべきものであり，両者を別個の事件とすることは無理がある。従って，これは本号の解釈を誤った議論と思われ，上記理由中の例示はまさに同一事件と解すべきものである。そして，本事例では被告人の使用者が「相手方」か否かが問題となるものと解される。上記裁判例も他方で,「弁護士の刑事事件における事情聴取や依頼者(被告人)に対する教示の範囲, 程度, 方法等によつて〔民事事件について―編者注〕同条1号前段の『賛助し』に, あるいは2号の『協議を受けた』と同視しうる場合のあることおよび右刑事事件の係属中, 被告人が当該事件の加害者であることを原因として, その被告人に対し損害賠償請求等の訴を提起することが同条3号の趣旨にてらし問題となることは, おのずから別問題である」とし, 刑事事件と切り離した民事事件について, 本号及び本条2号の適用の有無を検討しようとしている。この考えによれば, 使用者を相手方とする損害賠償事件についても, その民事事件について使用者から協議を受けて賛助した事実あるいは信頼関係の有無によって判断することになろう。従って, 被告人に対する民事損害賠償事件については, 本号に違反すると解すべきであるし, 使用者に対する民事損害賠償事件については, 刑事事件についての使用者との信頼関係如何により本号及び本条2号を問題とするのが妥当であろう。全く同様の事件で, 弁護士が使用者より当該事故につき協議を受け, 又はその依頼により被告人の弁護人となったことを認めることができないから, 使用者と弁護人との間に信頼関係が生じるものとはいえず, 被害者の遺族の委任を受けても本号に違反しないとした裁判例がある(青森地判昭和44・11・13判タ241号143頁)。

(4) このほかに, 事件が同一か否かが争点となった事例として, 債権譲渡人の代理人として債務者に債権譲渡通知をした弁護士が, 債権譲受人の代理人として譲渡人に関係のない訴訟を追行しても, 旧々法14条1号に違反しないとするもの(大判昭和14・8・30評論29巻民6頁), 受遺者の委任により遺言者に対する準禁治産宣告の申立てを追行中の弁護士が, 遺言者から相談を受けて公正証書遺言作成の証人として立ち会った公正証書遺言の効力が争われた事例につき, 準禁治産宣告申立てと公正証書遺言作成とは異なる事案であるとしたもの(東京地判昭和59・4・27判時1145号75頁), また, 旧法24条1号及び2号の規定は, 弁護士が同一事件の当事者双方のために職務を行った場合に適用されるものであり, 別個の二つの破産事件について, 甲事件の債務者と乙事件の債務者からそれぞれの事件について委任を受けた弁護士が, 両事件を一括して和解をさせ, その結果, 甲事件の債務者の振出しにかかり, 同事件の債権者が所持している手形を同人が裏書のうえ, 乙事件の債権者に譲渡することとなっても, 当該弁護士の行為は同条項に違反して職務を行った場合にあたらないとするもの(大判昭和16・月日不詳評論30巻諸法758頁)がある。

他に違反しないとされた事案としては, 前訴において審理判断の対象とされた主たる事項が, 本件土地及び建物が甲の所有に属するかどうかという点であり(所有権を問題とすることなく当該土地と建物を売却しその代金を当事者が分配することで和解成立), 本訴における審理判断の対象が当該和解に基づく売買契約につき当事者に同意義務があるかどうかということであるとして，本件訴訟は前訴と同一事件若しくは紛争を同じくするものとはいうことはできず，従って前訴に関与した弁護士の行った本件訴訟行為は本条２号に違反しないとしたもの（東京高判昭和51・11・15東高民時報27巻11号257頁）があるが，他方，甲から委託を受け甲の代理人として乙との貸金請求事件の和解に関与した弁護士が，別件で甲の提起した当該和解調書の債権の不存在確認の事件で乙の代理人となることは，旧法24条１号に違反するとしたもの（大判昭和13・３・29法学７巻1414頁）がある。

また，委任関係の直接の理由が記録閲覧の権限の委任であって，それを超えて事件処理についての委任関係があったとは認められない場合は，未だ当該記録閲覧の受任弁護士と委任者との関係が本号又は本条２号の関係にあったとはいえないとしたもの（日弁連懲戒委員会昭和50・９・13議決―議決例集Ⅳ60頁），更に，甲事件（申請人Ｄ，利害関係人Ａ，被申請人Ｃ）の和解調書に「同様の原因で他の債権者から訴えの提起があり，Ｃが敗訴して損害を被ったときは，Ｄ・ＡらはＣに対しその支払いをする」旨の記載があったところ，同事件でＡの代理人であった弁護士がその後Ｂを代理してＣに対し同様の原因で訴え（乙事件）を起こした事案で，乙事件の訴え提起によって甲事件の利害関係人であるＡは損失を蒙る関係にあるが，乙事件と甲事件は同一の事件ではないから，本条各号にあたらないとしたもの（日弁連懲戒委員会昭和56・10・５議決―議決例集Ⅴ132頁）がある。

さらに，甲→乙→丙と所有権が移転したとして，丙が乙，甲に対し，土地所有権移転登記手続を求める事件につき，乙，甲の訴訟代理人となった弁護士が，乙が甲に対し同一の土地ほか一筆の土地の所有権移転登記手続を求める訴訟において，甲の訴訟代理人を受任することは，両事件が同一の紛争というに妨げないのであるから，本号に違反するとするもの（東京地判昭和41・６・29判時462号３頁）もある。

既に紹介した事例であるが，請負契約について注文者から委任を受け法律事務を処理中の弁護士が，相手方たる請負業者から報酬債権を譲り受けた者の代理人となり，注文者を被告として報酬支払請求訴訟を提起する行為は，相手方の協議を受けて賛助し，又はその依頼を承諾した場合に該当するとともに，債権の譲受人は単に譲渡人の権利を承継するにすぎず，当該債権の同一性には何らの変更をきたさないから，事件も同一であるというべく，本号に違反するとされる（大阪地判昭和30・９・29判時70号22頁。反対，桜田・51頁）。

また，甲及び乙より土地開発事業に関する委託業務報酬の請求を受けていた丙から，甲及び乙を相手方とする減額交渉等を受任した弁護士が，丙より依頼をうけて上記減額交渉に実質的に関与した丁から，当該関与について丙に対する報酬の支払請求交渉等を受任し，丙に対する受任通知を送付した事案において，弁護士が委任を受けた内容は，当事者を異にしており双方代理にはあたらないものの，基礎をなす紛争の実体の同一性，依頼者である丙と丁が利害対立の関係にあること，丁の立場で交渉にあたることが丙の弁護士に対する信頼を裏切ることになるのは明らかであること等を理由として，本号に違反するとした例がある（日弁連綱紀委員会平成25・9・25議決例集XVI160頁）。

6　双方代理との関係

⑴　弁護士が，当事者双方の代理人としてした行為は，原則として本人に対して効力を生じない（民法108条参照）。当該弁護士の行為が委任義務違反となること，ひいては法1条に規定する誠実義務違反となることは明らかである。本号において相手方の「協議を受けて賛助し，又は依頼を承諾した事件」について職務を行うことを禁じたのは，上記のような双方代理に至らない場合であっても，一方当事者の事件依頼を承諾しておきながら他方当事者のために職務を行うことは，先に依頼を承諾した当事者の利益を害するとともに，弁護士の信用，品位を汚すことになるから，これを防止するためである。

従って，委任の終了後であろうと，当事者の許諾があろうと，あるいは，当事者双方に損害を加えるおそれがあると否とにかかわらず本号違反となり得る（大判昭和8・4・12新聞3553号10頁，東京高判昭和38・1・31行裁例集14巻1号165頁）。

なお，「相手方」の意味については，すでに述べたように，本条の趣旨から判断して利害相対立する相手方をいうものと解され，形式上は利害対立するように見えても実質的な争いのない場合には，本号にいう「相手方」にあたらないというべきである。この点につき，弁護士が登記申請の双方代理をしても，特段の事由のない限り，依頼者の利益を害することも弁護士の品位を汚すこともないから，本号に違反しないとする判例がある（最判昭和43・3・8民集22巻3号540頁）。同様に，落札者たる地位が甲から乙に譲渡された事案で，この譲渡契約を実現させる手続を弁護士に両名が依頼したので，両者立会いのもと譲渡に必要な関係書類を弁護士が作成した事案で，「『甲から乙への地位の譲渡は，この両者間で基本的に締結せられ，その実現の手続等に弁護士が関与して，右譲渡を完成成立せしめたものである以上』，双方代理又は弁護士法第25条に違反して無効であるとはいえない」とした裁判例がある（新潟地判昭和40・6・15訟務月報11巻10号1450頁）。また，弁護士が，依頼者から相手方への債権譲渡及びその後の相手方から依頼者への再譲渡の両方について第三債務者への通知代理人となっていたケースについて，本号に該当するか否かは当事者に実質的な利益相反関係があるかどうかにより判断されるとして，債権譲渡通知自体は，譲受人と譲渡人の間に新たな利害関係を発生させ，実質的利益相反を生じるものではないとして，本号の適用を否定した裁判例がある（東京地判平成8・5・29判タ

926号184頁）。

一方，実質的に利害対立がある以上，当事者の許諾があろうと，あるいは，当事者双方に損害を加えるおそれがあると否とにかかわらず本号違反となり得る。

⑵　債務者の代理人として裁判上の和解をした弁護士が，後に債権者から当該和解調書に基づく強制執行の委任を受けることは本号に違反するとした裁判例がある（名古屋高決昭和26・11・24高民集４巻13号401頁）。事案は，甲・乙の争いに弁護士が示談の斡旋をなした結果，裁判上の和解をすることになったが，乙が所用のため裁判所に出頭できなかったので，同弁護士が乙の代理人となったものであるが，既に和解条項は特定されて弁護士には何ら自由裁量の権限はなく，また乙は私法上の和解に基づいて裁判上の和解をなす債務があり，弁護士はその債務の履行をなしたにすぎないから，同弁護士が後に債権者から当該和解調書に基づく強制執行の委任を受けることは本号に違反しないとする主張に対し，「先に当事者の一方から訴訟上の委任を受けた事件については，其委任の終了後であつても更に相手方から委任を受けて其職務を行うことは絶対に許されないものと解さなければならない。故に苟くも当事者の一方から委任を受けて訴訟上の行為をした以上は，たとへ……其の委任内容が特定せられていて自由裁量の権限がなかつたものであり且私法上の契約により定められた義務の履行に過ぎなかつたとしても同一事件について相手方から委任を受けることは出来ないものであ」るとした（反対，桜田・51頁）。

⑶　本号は審級を異にする場合であっても適用がある（台湾高判昭和８・11・18新聞3653号18頁，大判昭和13・12・16民集17巻2457頁）。第１審で訴訟委任を受けた弁護士が，相手方の訴訟代理人としてなした控訴申立ては本号に違反して無効であるとした判例がある（前掲大判昭和13・12・16）。相手方の「依頼を承諾した」とは，相手方の訴訟復代理人であった場合もこれにあたる（前掲台湾高判昭和８・11・18，東京控院判昭和９・５・７新聞3718号14頁）。復代理人は，相手方本人から直接委任を受ける者ではないが，本人の代理人にほかならないからである。

【５】　相手方の協議を受けた事件で，その協議の程度及び方法が信頼関係に基づくと認められるもの（本条２号）

1　前述のとおり，本号に相当する規定は旧々法にはなく，旧法において初めて設けられたものである。本号も，弁護士が依頼者との間の信頼関係にその職務の基盤を置くものであるところから規定されたものである。

「協議の程度及び方法が信頼関係に基づくと認められるもの」と規定されているのは，本条１号と異なり，賛助・依頼の承諾という要件を欠く場合の要件の補充をしたものであるが，反面，弁護士の数の少ない地方において，悪質な当事者が相手方当事者の代理人となることを防止するため，自己の依頼する弁護士以外の弁護士にも予め一応の相談をして相手方の代理人となることを封じ込めるというような不都合な事態の生ずることを防止するためである，ともいわれている（福原・141頁）。

2 「相手方」の意義については，本条1号と同じである。

なお，弁護士がある目的物件に関する紛争事件について協議を受けた場合でも，協議を受けた者と異なる第三者を相手方として職務行為を行うことは，何ら本号に違反しない（東京地判昭和41・10・19訟務月報12巻12号1630頁）というのも本条1号と同様である。

「協議を受けた」及び「事件」についての意義も，本条1号と同じである。

3 「協議の程度及び方法が信頼関係に基づくと認められるもの」であることが本条1号と異なる要件であることは前述のとおりである。

本号は委任契約締結前の信頼関係を問題とし，また本条1号と違って賛助に至らない段階での信頼関係を問題とするものである。従って，これだけではあまりにも漠然としているが，本号が「協議の程度及び方法が信頼関係に基づく」と規定し，「又は」とされていないことからすれば，本条1号にも比するほどの強い信頼関係を予定しているものと解される。

「協議の程度」とは，協議の内容，深さに着目するものであり，「協議の方法」とは，例えば回数，時間，場所，資料の有無等の協議の態様に着目するものである。但し，「及び」とされているからといって，必ずしも程度，方法ともに強い信頼関係に基づかなければならないとまで解しなければならないものではなく，程度と方法を全体としてみて，それが本条1号にも比するほどの強い信頼関係に基づくものと判断されればよいと解される。

4 本号についての裁判例には次のものがある。

本号に違反するとされた事例として，独立訴訟参加人の代理人である弁護士が，被参加人の一方から以前に相談を受けた事件について，参加人の代理人として参加申立てをしたことに対し，「参加申出の1ケ月以前すでに相手方（被参加人）からも相談を受けており，これまでその相手方（被参加人）の代理人であったにもかかわらず，訴訟参加人の参加申立当日に相手方（被参加人）代理人たることの辞任届けを提出している」として本号に違反するとしたものがある（東京高判昭和33・12・24東高民時報9巻13号255頁）。

また，共同相続人間の遺産分割調停事件において共同相続人の一部から訴訟委任を受け，他の共同相続人に対する調停に関与したため，共同相続財産の一部の土地が被相続人の生前既に第三者に売却されていたことを知っていた弁護士が，この事実につき，委任を受けた共同相続人らから内情を明らかにされて信頼関係に基づく協議を受けていた事実があるのに，後に当該第三者から訴訟委任を受け訴訟代理人として共同相続人らに対し所有権移転登記手続請求訴訟を提起したことは，本号に違反するとしたもの（東京高判昭和41・7・12東高民時報17巻5号147頁―前掲議決例集Ⅱ42頁），不動産引渡訴訟の受任に先立ち，当該依頼者の債権者から別件の貸金の返還等の依頼を受け，債権の保全手続を行った弁護士が前記訴訟に勝訴した後，前記貸金等債権の回収を図り，訴訟の目的物であった不動産の引渡しの請求等をした場合，当該訴訟事件は本号等の「事件」に該当し，訴訟事件の受任及び報酬契約の締結が公序良俗に反し，無効であるとしたものがある（東京地判平成5・11・25判時1499号77頁）。

本号に違反しないとされた事例として，建物賃貸借契約の締結に際し，賃貸人の側に立って関与し，その後賃借人の顧問となり顧問料の支払を受けていた弁護士が，賃貸人の訴訟代理人として当該建物の明渡訴訟を提起した事例がある（東京地判昭和26・8・24下民集2巻8号1027頁）。この事例は紛争の目的たる家屋について賃借人からの協議を受けていなかったこと，当該弁護士は賃貸人会社設立の当時その監査役であって，本件賃貸借契約締結には賃貸人側の者として関与し，契約解除の問題についても賃借人からの交渉に対し終始賃貸人側に立って交渉に応じ，顧問会社からは事件について何ら協議を受けていないという事情から，本号に違反しないとされたものであるが，疑問が残る。

【6】 受任している事件の相手方からの依頼による他の事件（本条3号）

1　前述のとおり，本号に相当する規定は旧法，旧々法にはなく，本法において初めて設けられたものである。その立法趣旨は，本条1号，2号と比べると，受任している事件の依頼者の利益保護を図ることが，弁護士の職務執行の公正の確保及び品位の保持の要請よりも強いと解される。但し，弁護士の職務執行の公正の確保や品位の保持という要請も，もちろん立法趣旨に含まれており，それによって弁護士の職務上の信用の維持を図ろうとしていることを軽視するものではない。例えば，係争中の事件について，相手方の弁護士の活動を封じるため，その事件とは全く関係のない事件であっても，これをその弁護士に依頼して多額の報酬等を提供するようなことがあれば，その弁護士の職務の執行は疑惑をさしはさまれる余地があり，ひいては弁護士の信用と品位を傷つけるおそれがあることは容易に察せられる。但し，本号は現在受任している事件の依頼者の利益保護を主として目的とするから，その依頼者が同意した場合は職務行為の禁止が解除される旨の但書が存在する。

なお，本条に違反した場合の効果について，判例は相対的無効説によっているが，本号に違反して甲から事件の委任を受けた弁護士が，甲の同意を得ることなく，事件の相手方乙の依頼による他の事件についてその職務を行った場合でも，他の事件の相手方が甲以外のものであるときは，当該弁護士がした乙の依頼による事件の訴訟行為は有効と解すべきであるとする（東京高決昭和34・3・18判時186号15頁，最判昭和

41・9・8民集20巻7号1341頁)。

この最高裁判決は，弁護士が甲から委任を受け乙を相手方として土地所有権確認の訴え（甲事件）を提起したが，当該訴訟の係属中，同弁護士は乙の依頼を受け丙を相手取り同じ土地の所有権が乙に帰属すると主張して建物収去土地明渡を求める訴え（乙事件）を提起した事案である。これが本号に違反することは明らかであるが，弁護士の本号違反の職務行為により不利益を蒙るおそれのある者は「受任している事件」の依頼者（甲）であって「他の事件」の相手方（丙）ではなく，本号はもっぱら「受任している事件」の依頼者（甲）の利益の保護を目的とするものと解すべきだからであるとして，弁護士の乙事件における訴訟行為を有効としたものである。

2 「受任している事件」とは，現に受任している事件をいい，過去において受任しすでに終了した事件を含まない（最判昭和40・4・2民集19巻3号539頁，議決例集Ⅱ74頁)。

3 本号の「相手方」とは，現に受任している事件の相手方当事者本人をいう。従って，相手方が法人の場合，その社員は「相手方」にあたらないというべきであろう。

強制和議事件において，破産者に対する相手方は破産者の債務者ではなく破産債権者であるから，強制和議の申立代理人たる弁護士が，破産者の債務者の代理人として破産管財人を被告とする訴えを提起しても本号に違反しないとする裁判例がある（東京地判昭和34・1・21判時175号27頁)。

なお，任意競売事件においては，競落人は競売物件の所有者の相手方にあたるとする裁判例がある（東京高決昭和42・4・17下民集18巻3・4号386頁)。この事案は，競売事件の債務者兼所有者が同事件に関する一切の行為を弁護士に委任し，同弁護士は競売手続停止の仮処分申請をなし，更に抵当権設定登記抹消手続請求の本訴を提起したが，その後同弁護士が本件競売期日に第三者である競落人の代理人として競買申出をしたというものである。競落人は仮処分事件及び本訴事件の相手方ではないし，競売事件そのものの相手方とも当然にはいえない関係であるが，「競落人が競売により売却物件の所有権を取得する関係については，私法上の売買に関する規定の適用を受けるものであつて，所有者と競落人とは，私法上の売買における売主，買主と同様の利害対立の関係にある……この場合における競落人は，弁護士法第25条第3号にいう『受任している事件の相手方』にあたるものと解するのが相当である。してみると，弁護士が……競買の申出をしたのは……『受任している事件の相手方からの依頼による他の事件』につきその職務を行つた場合にあたる……競買の申出は……無効のものとしなければならない」とした。

4　受任している事件の相手方からの「依頼」による事件であることが要件とされている。従って，相手方からの「紹介」によるが依頼者が第三者である場合は，本号にはあたらない。

5　相手方からの依頼による「他の事件」であることが要件である。他の事件ではなく，既に受任している事件そのものであるときは本号ではなく，双方代理あるいは本条1号に該当する。「他の事件」については何ら制限はない。

被告訴人から現に刑事事件を受任しているのに，告訴人から依頼を受け他の民事事件あるいは刑事事件を受任することは，もちろん本号に該当する。

6　受任している事件の依頼者が同意した場合は，職務禁止を解かれるのであるが，同意の時期が問題となる。本号は，職務行為の禁止を定めるものであるから，依頼者の同意は事前に得る必要があると解される。本号に違反する職務行為遂行途中において同意があった場合については，同意後の行為が許されることになり，直ちに同意前の行為に関する本号違反が解消されるわけではないと解すべきである。

【7】 公務員として職務上取り扱った事件（本条4号）

1　本号は，旧々法では「判事検事奉職中取扱ヒタル事件」としていた。主として弁護士となる資格を有する裁判官，検察官がその職にあった当時その職務上取り扱った事件について，退官後，弁護士となってこれに関与することを禁ずるものであった。

旧法では，範囲を広げて公務員一般を対象とし，一層弁護士事務の公正たるべきことを期し，それがそのまま本号に引き継がれている。

その趣旨は，将来弁護士として事件の依頼を受けることを予定して公職にある間に事件の処理に手心を加え，あるいは公職在職中の縁故等を誇張して事件依頼者に対し過大な信用をもたせる弊害があるばかりでなく，公職の立場で取り扱った事件について立場をかえて弁護士として依頼者のためにその処理を失当として非難すること，又は反対に，公職在職中の処理にこだわって弁護士としての処理に無理をおかすことがあっては，弁護士としての品位，信用を失墜させるから，このようなことがないよう配慮したものであるとされており（矢野邦雄『最高裁判所判例解説民事篇昭和42年度』96頁），また，特に判事・検事等は当該事件の内容を当事者双方の面から知悉することができるため，退官後これを利用して事件を行うことは，弁護士としての品位，信用を失墜させることも考慮されたものである。

なお，公務員の職務の公正の担保ということについては，本号の直接の趣旨ではなく，その反射的効果とみるべきである。

2　ここにいう「公務員」には，国家公務員法，地方公務員法上の公務員が含まれ，一般職，特別職の別は問わない。また，常勤，非常勤の別も問わない。従って，調停委員，参与員，教育委員会・選挙管理委員会・人事委員会・公平委員会・農業委員会・労働委員会の各委員等もこれにあたる。

以上のほかに，更に法令に基づき公務に従事する者一般についても本号にいう「公務員」に含まれると解すべきであろうか。これを肯定する見解もある（福原・144頁）。

思うに，公務に従事する者一般にまで広げることは公務員の範囲をあまりに広げることになり問題であるが，本号が判事・検事から公務員に公職の範囲を広げた経緯及び本号の立法趣旨からみれば，公証人は，裁判官，検察官と同様に職務の性質上法律事件について当事者から知識，情報を得る立場にあるから含まれると解釈すべきであろう。同様に，労働関係調整法に定める斡旋員，建設業法に定める建設工事紛争審査会委員も含まれると解する。

3 「公務員として職務上取り扱った事件」と弁護士が受任した事件とは同一でなければならない。この点で判例，先例上問題となったものが多い。

(1) 本号に違反するとされた事例としては，調停主任判事として関与した者が，当該調停の無効確認訴訟の代理人となることは，旧法24条3号に違反するとするものがある（名古屋高金沢支判昭和31・12・5下民集7巻12号3562頁，大阪高判昭和25・4・1下民集1巻4号463頁）。また，裁判官として刑事再審事件の審理にあたった者が，退職後当該刑事事件につき捜査官の違法行為等を理由とする損害賠償請求事件の訴訟代理人となることは，本号に違反するとするものがある（高松地判昭和48・12・25訟務月報20巻5号52頁）。後者の事例は，刑事再審事件と民事損害賠償請求事件とで形式的には同一性がないとみられるが，「形式的に同一である場合でも，右在職中の職務の内容等から考え事件の実質に関与していなかった如き場合には，未だ右法条〔本号—編者注〕に該当しないと云うべきである反面，前件と後件とが，その件名を異にし或いは刑事々件と民事々件と云うが如く形式的には同一性がないとみられる場合でも，両事件が共に同一の社会的事実の存否を問題とする如き場合に於ては」本号に違反すると判示している。なお，裁判官として証人尋問等を行い関与した土地明渡請求事件と係争土地を同じくするが別件の所有権の帰属をめぐる訴訟に，訴訟代理人として関与し職務を行うことは本号に違反するとする議決例がある（日弁連懲戒委員会昭和47・9・16議決—議決例集Ⅲ78頁）。

(2) 同一事件かどうかの判断では，更に，紛争の同一性，その者がその事件に実質的に関与していた程度等が問題となっている。

裁判所書記官の例では，弁護士が，かつて裁判所書記官として在職中に取り扱った事件における当事者の訴訟代理人となっても，その訴訟がさきの事件と請求原因を異にする場合には，その受任行為は本号に抵触するものではないとしたもの（仙台地決昭和39・6・3下民集15巻6号1297頁)，また，強制執行停止決定の申立代理人たる弁護士が，さきにその事件の債務名義である判決正本につき裁判所書記官として執行文を付与した事実があった場合は，形式的には本号に該当するが，「裁判所書記官による執行文付与の手続は債務名義に執行力が現存するか否かの形式的要件の調査に基づく公証をなすに止まり，何ら事案の実質に関与するものではないから……形式的には弁護士法第25条第4号違反に該当しても，弁護士としての職務執行の効力を否定すべき道理はない」として上記申立ては有効としたものがある（札幌高決昭和40・2・17高民集18巻1号88頁)。

調停委員の例では，弁護士である遺言執行者が，かつて遺言の目的となった財産の一部である家屋の明渡調停事件に裁判所の調停委員として関与したことがあっても，本号に違反しないとするものがある（大阪高決昭和38・12・25判時363号28頁)。これは弁護士が遺言者と知り合ったのは，遺言の目的となっている物件以外の家屋に関する遺言者と家屋の占拠者との調停事件に調停委員として関与したためであり，またその頃，同弁護士は本件遺言の目的となっている物件中の一部の家屋に関する相続人とその賃借人との調停事件に調停委員として関与したことは認められるが，同弁護士がこのような関係で知り合った遺言者から遺言執行人に指定され就任したとしても，調停委員として職務上取り扱った事件について，弁護士としてその職務を行うものとはいえないから本号に違反するものではないとしている。また，調停委員として遺産分割事件に関与し調停を成立させた弁護士が，相続人全員から当該調停事件において除外されていた物件を遺産として取り戻すべく，訴訟を受任して第三者に訴えを提起した場合，前記調停において係争物件を第三者名義になっているから遺産ではないとして深く調査をなさず，単にこれを除外し調停が行われたにすぎないときは，職務上取り扱った事件とはいえないが，調停にあたり遺産かどうかにつき争議が起こり，登記所，その他官庁等につき実地調査まで行われ，調停委員会においても調査検討を加えその結果除外したときは，職務上取り扱った事件の範疇に入るとするものがある（日弁連懲戒委員会昭和32・5・21議決―議決例集Ⅰ228頁)。

公証人の例では，弁護士が，公証人であった当時に作成した公正証書遺言を執行するために訴訟事件の代理人となっても，本号にあたらないとした判決がある（東京高判昭和46・3・9判タ264号351頁)。その理由として「本訴請求は右遺言の成否，効力を問題とするものではなく，右遺言が有効に成立していることを前提として，遺言執行者が右遺言を執行するため，遺贈物件についてなされている前記所有権移転登記および共有持分権移転登記の抹消登記手続を求めるものであるから，本訴は(弁護士）が公証人として取扱つた右事件とは異る」としている。訴訟事件の相手方が遺言の効力を争う場合は本号違反となることもありえよう。

教育委員会委員の例としては，市立中学校の生徒が市立中学校教諭から暴行を受けたことを理由として国家賠償法に基づき市に対して起こした損害賠償を求める訴訟事件につき，市の代理人となった弁護士が市の教育委員会委員であり，その定例会において当該暴行事件について報告を受けこれを承認していたことがあっても，「公務員として職務上取り扱った事件であっても，その事案の処理〔国賠事件―編者注〕に実質的に関与していない限り，弁護士として当該事件を受任することは何ら妨げないと解するのが相当というべきである」とし，「定例会においては，……損害賠償請求権の存否について審議し又はその処理について審議したものではなく，ただ，右暴行事件の概要の報告を受け，今後における生徒の指導にあたる方針について説明を受け，これを承認したにすぎない」から本号にあたらないとした（東京高決昭和58・10・7判時1101号45頁）。しかし，この場合，定例委員会において損害賠償請求権の存否について審議していなくとも，暴行事件の存否を問題としたような場合は，なお本号に違反する可能性もあろう。

なお，本号の適用については，「本号が置かれている趣旨からは，その適用はかなり厳格にすべきものであり，何らかの形で本人の意思がその事案の処理に関連をもった場合はもちろん，事案処理の内情を知りうる立場にあった場合もこれに含まれるものと解する」との見解もある（福原・145頁）。

このほかに，司法修習生の例として，修習のため，検察官の捜査活動のうち被告人からの事実上の事情聴取，供述調書の原稿作成とその浄書に関与した場合に，同じく修習のため同被告人の国選弁護事件について，弁論要旨の作成とその浄書に関与したとしても，これらの各行為は検察官又は弁護士の指導のもとに修習の目的で事件を取り扱ったものであって，弁護活動に関与することは避けることが望ましいが，本号違反となるものではない，としたものがある（大阪高判昭和59・10・16判時1138号161頁）。

⑶　地労委の公益委員である弁護士が自ら関与した救済命令に対してなされた無効確認訴訟につき，弁護士として地労委から委任を受けて訴訟代理をすることは，本号に違反するとするものがある（京都地決昭和51・9・9判タ351号340頁）。その理由としては「弁護士が被告〔行政庁〕の訴訟代理をなす場合であつても，その公務員として職務上取扱つた事件についてこれをなすときは，自らその処理に関与したことにこだわつてその処理をあくまで維持すべく弁護士の職務の遂行に無理をおかすおそれがあり，また，訴訟委任を受けて弁護士の職務として訴訟代理をなすときは，……弁護士は公務員としての給与のほかに弁護士報酬を得ようとするものと見られることも免れ難いのであ」るから，これらはいずれも本号に違反するという。

上記京都地決昭和51年9月9日は傍論で，指定代理人（国の利害に関係のある訴訟についての法務大臣の権限等に関する法律5条）は，「それが弁護士であつたとしても，指定にかかる訴訟事件の処理については，弁護士の職務としてではなく……，行政庁の職員たる地位に基づいてその職務としてこれを遂行するのであり，その訴訟代理権は職員たる地位を離れてはありえないものであるし，弁護士としての訴訟委任をうけた場合の報酬請求権が発生するわけでもないから」本号の適用はないとしている。これは，救済命令に対してなされた無効確認訴訟について指定代理人として関与することは，行政庁の職員として当事者の立場で関与するから，問題はないとするものである。同様に，地労委公益委員として不当労働行為救済申立事件の審査に関与した弁護士が，当該申立てを棄却する旨の命令の取消しを求める訴訟において，地労委の指定代理人になることは，本号に抵触しないとするものがある（神戸地決昭和55・4・18判時975号131頁）。

これに対し，地労委の公益委員として不当労働行為救済申立事件の合議に関与した弁護士が，同事件の救済命令の取消しを求める訴訟につき，地労委から訴訟委任を受けてその訴訟代理人として訴訟行為をなすことは，形式的には一応本号の禁止規定に抵触するように解されるが，形式的に当該禁止規定に抵触する全ての訴訟行為を無効と解すべきではなく，本条の立法の趣旨・目的に鑑み実質的に禁止理由が存する場合にのみ訴訟行為を禁止し，その抵触行為を無効と解すべきであり，それにより本条の目的を達し得るものというべきであるとした裁判例がある（横浜地決昭和63・2・8労働判例525号72頁）。この裁判例は，救済命令取消訴訟において公益委員である弁護士が労働委員会の訴訟代理をなすことは，労働委員会の立場に立って同委員会の判断の正当性を主張することであるから，当事者の一方に偏することはなく，また自己が関与した判断と矛盾する立場に立つものでもないから，弁護士の職務の公正さないし品位を害することはなく，関係当事者の利益を害することもない，また訴訟代理は非常勤である公益委員としての通常の職務に含まれるものではないから，弁護士報酬を受けることが報酬の二重取りであって弁護士の品位を害するとはいえないとし，公益委員である当該弁護士を指定代理人に指定することができる（労働委員会規則46条）ことをもってしても，以上の結論を左右するものではないとして，本号に違反しないとしている。

ところで，最判昭和29年6月15日民集8巻6号1105頁が，選挙管理委員会のした訴願裁決の効力を争う訴訟において，同委員会委員長として被告を代表して訴訟を追行してきた者〔弁護士〕が委員長を辞任後，同委員会委員として新委員長から委任を受けて当該訴訟を代理する場合，たまたま同人が弁護士であったとしても本号に違反しないと判示したと指摘するものがあるが（福原・144頁），同判決は，地方自治法193条，153条1項の「委任」及び「臨時代理」の趣旨から，選挙管理委員会の委員は委員長の委任があれば委員長を代理できるから，当該弁護士も委員であることを理由に，訴訟代理を行っても有効であると述べるにとどまり，私法上の代理行為に関する本号には直接言及してはいない。ただこの場合も，判例は，弁護士として委任を受けた場合は本号に違反するとしているようである（最判昭和42・3・23民集21巻2号419頁。なお，桜田・96頁，法曹時報19巻6号1191頁以下（最高裁判所判例解説・矢野邦雄）を参照）。

【8】 仲裁手続により仲裁人として取り扱った事件（本条5号）

本号の立法趣旨は，本条4号とほぼ同じである。

「仲裁手続」とは，仲裁法に定める仲裁手続をいい，国際取引や建築工事の紛争等でよく利用されているものである。

同手続における仲裁廷には，当該事件の内容を当事者双方あるいは証人等によって知悉することができる権限（仲裁法32条・34条・35条）が与えられており，仲裁人はその構成員であるから，裁判官に準ずる立場にある者として，本条4号の場合と同様の趣旨のもとに本号が設けられたものであって，旧々法から同様の規定がある。

「仲裁人」とは，仲裁法に定める仲裁人である。

「仲裁手続により仲裁人として取り扱った事件」の場合だけを要件とし，それ以外は含まれない。

仲裁人に関する事例ではないが，労働関係調整法に定める斡旋員として労働争議に関与した弁護士が，労働組合の設立無効確認請求訴訟の原告代理人となっても，旧法24条2号から4号までに違反しないとするものがある（函館地判昭和22・11・28判例総覧民事編2巻485頁）。しかし，前述のように，斡旋員は前号の公務員に含まれると解釈されるから，事件の同一性の有無によっては前号に違反するものと解される。

【9】 弁護士法人の社員等（本条6号から9号まで）

本条6号から9号までの規定は，平成13年弁護士法改正により新たに弁護士法人制度が導入されたことに伴い規定された。弁護士が個人として協議を受け，又は受任しているわけではないが，当該弁護士が所属する弁護士法人が協議を受け，又は受任している事件等に関して，本条1号から5号までと同様の趣旨から，一定の範囲で当該弁護士法人に所属する弁護士の職務行為を禁じるものである。

6号では，弁護士法人の社員又は使用人弁護士として業務に従事していた間に，当該弁護士法人が相手方から協議を受けて賛助し，又はその依頼を承諾した事件であって，当該弁護士が自ら関与していたものについて，職務を行うことが禁じられる。このような行為は，弁護士法人を信頼して協議し，又は依頼した相手方の信頼を裏切り，弁護士の品位を保持できないことから禁じられるものであるが，当該事件に自ら関与していない弁護士については，必ずしも相手方の信頼を害しないので，禁止対象から除外されている。なお，本号の禁止は，弁護士法人に在職している間のみならず，弁護士法人を離れた後も継続する。

7号も6号と同趣旨であるが，弁護士法人が相手方に対して賛助し，又は相手方から受任している状態にまでは至っていなくとも，弁護士が当該弁護士法人在職中に，当該弁護士法人が相手方の協議を受け，その程度及び方法が信頼関係に基づくと認められる程度に至っている場合には，やはり当該事件について以後の職務行為を禁じるものである。6号同様，当該弁護士が自ら当該事件に関与していない場合は，信頼を害することがないので，禁止対象から除外される。本号も6号同様，弁護士法人在職中のみならず退職後も，職務行為が禁じられる。

8号は，現に弁護士法人の社員又は使用人弁護士である場合には，自らが当該業務に関与しているか否かに関わらず，当該弁護士法人が相手方から受任している事件については，職務を行うことを禁じるものである。本号の規律は，当該弁護士法人の社員又は使用人弁護士である間に限られ，退職後の職務行為は禁止されない。ただし，自らが当該事件に関与していれば，6号により退職後も職務行為が禁じられる。

9号は，現に弁護士法人が受任している事件の相手方からの依頼により，社員又は使用人弁護士が別の事件を受任することを禁じるものである。このような行為を許すとすれば，依頼者の信頼を損なうものであることから禁止されるものであるが，当該弁護士が弁護士法人が受任している事件に関与していなければ信頼を害しないので，禁止の対象から除外される。また，本条3号の場合と同様，本号は受任している事件の依頼者の信頼を保護するものと解されることから，受任している事件の依頼者の同意があれば，禁止が解除される。

本条6号から9号までにいう「第30条の2第1項に規定する法人の社員又は使用人」には，弁護士法人の従たる法律事務所の社員又は使用人も含まれる。

また，弁護士法人の社員等については，社員等として弁護士法人の事件を行う場合のほかに，他の社員の承諾を得て自然人たる弁護士として職務を行う場合（法30条の19第2項）があるが，その両方に本条が適用される。

なお，弁護士法人が職務を行い得ない事件は法30条の18に規定されているが，同条5号では，本条1号から7号までに掲げる事件として社員の半数以上の者が職務を行ってはならないこととされる事件について弁護士法人が業務を行ってはならないこととされるため，例えば，5名の社員がいる弁護士法人の1名の社員につき，本条1号から7号までに掲げる事由がある事件であっても，弁護士法人としては，法30条の18の規定上は当該事件を受任できることとなる。しかしながら，このような場合であっても，当該弁護士は，本条により当該事件に関与することは禁止されることとなる。

【10】 職務行為の禁止

1 弁護士は本条各号に該当する事件について，その「職務」を行ってはならない。ここに「職務」とは，法3条に規定する職務と同義であり，法律事務を行うこと全般を指すものと解される。なお，弁護士が直接行わなくても，履行補助者たる事務員が行えば「職務」を行ったことにあたる（日弁連懲戒委員会昭和38・10・26議決―議決例集Ⅰ221頁）。

判例は，甲乙間に成立した示談に基づき甲から乙に示談金を交付するにつき，甲の代理人が便宜上乙の代理人として当該金員を受け取る行為は，旧々法14条1号にいう弁護士の職務を行ったときにあたらないとし（大判昭和9・7・5法学4巻226頁），また，被控訴人の代理人が控訴人の作成した控訴権放棄書を控訴人に託されて裁判所に提出しても，これは単なる事実行為であり控訴権の放棄をなすべきか否かの意思決定を委ねられたものではないから，旧法24条1号に違反しないとする（最判昭和27・7・29民集6巻7号684頁）。

なお，既に紹介したように，弁護士が登記申請の双方代理をしても，特段の事由のない限り，依頼者の利益を害するものでもなく，弁護士の品位を汚すものともいえないから，本条1号に違反しないとする判例（最判昭和43・3・8民集22巻3号540頁）も，同趣旨のものである。この理由として判決は，「登記申請行為は，国家機関たる登記所に対し一定内容の登記を要求する公法上の行為であつて，民法にいわゆる法律行為ではなく，また，すでに効力を発生した権利変動につき法定の公示を申請する行為であり，登記義務者にとつては義務の履行にすぎず，登記申請が代理人によつてなされる場合にも代理人によつて新たな利害関係が創造されるものではないのであるから，……民法108条……に違反するものではなく，また……特段の事由のないかぎり，依頼者の信頼を裏切り，その利益を害するのものでもなく，弁護士の信用品位を汚すものともいえないから弁護士法25条1号に違反しない」とするが，特段の事由が認められないことを認定しつつ本条1号に違反しないとしているから，すべての登記申請の双方代理を適法としているわけではない。

2 他方，公正証書作成に際し，両当事者の代理を兼ねることが本条1号に該当するか否かについては，判例は，たとえそれが既に当事者双方の間に成立していた契約と同一内容の公正証書を作成する場合といえども，相手方の代理人として公正証書の作成に関与したことは本条1号に該当するとする（最判昭和32・12・24民集11巻14号2363頁，名古屋高判昭和30・11・19下民集6巻11号2405頁。反対，桜田・59頁）。

この両判例は，甲からの依頼を受けた弁護士Aが相手方である乙の代理人となって，甲とAとで公正証書を作成した事案である。そして上記最判は，弁護士Aは乙の代理人となって公正証書を作成する以前に，予め甲からの依頼を受けて，乙とその内容事実について協議して契約を成立させたこと，本件公正証書の内容は，当該契約条項と同趣旨のものであることを認定しつつ，受任している事件の依頼者〔甲〕の同意があったとしても，乙の代理人となってその職務を行ってはならないから本条1号に違反した本件公正証書は無効とする（反対，桜田・59頁）。

3　判例上しばしば問題となったのは，即決和解申立ての際，相手方代理人を選任する行為が，本条1号の相手方の依頼を承諾した事件について職務を行ったことになるのか否かである。

まず，即決和解申立てのため，一方の代理人たる弁護士が相手方の委任を受け，その代理人を選任する行為は，委任事項が確定し，かつ本人（当初の依頼者）の許諾がある場合でも本条1号（旧々法14条1号，旧法24条1号を含む）に違反するとした判例が大勢を占める（大判昭和9・12・22民集13巻2231頁，大判昭和13・12・19民集17巻2482頁，大判昭和14・8・12民集18巻903頁，東京区判昭和10・12・28新聞3958号9頁，東京地判昭和11・2・6評論25巻諸法311頁，東京地判昭和12・2・16評論26巻諸法508頁，東京控院判昭和14・11・25法律新報573号20頁，名古屋高判昭和29・12・24高民集7巻12号1127頁，大阪高判昭和36・1・28下民集12巻1号128頁）。

しかし，下級審の裁判例には本条1号に違反しないとするものもある（京都簡判昭和28・12・26下民集4巻12号2004頁，東京地判昭和36・8・29下民集12巻8号2055頁，大阪地判昭和38・6・4判時347号54頁，東京地判昭和52・9・2判時886号74頁，日弁連懲戒委員会昭和49・11・9議決—議決例集Ⅳ37頁）。

結論が二様に分かれるのは，まず本条1号（旧々法14条1号，旧法24条1号を含む）の立法趣旨の捉え方の相違によるものである。すなわち，同号の立法趣旨を，当事者の利益保護に重点を置いて理解すると後者の結論へと導かれ，弁護士の信用・品位保持に重きを置いて理解すると前者の結論となる。

前掲大判昭和9年12月22日は，原審が，「一方の当事者より事件の委任を受け，その代理人として相手方と折衝したる結果，和解調い，然る後これを裁判上の調書に記載する手続に付き相手方の委任を受けることは〔旧々—編者注〕弁護士法14条の違法行為に該当せざるものと解するを相当とする。けだし，相手方の代理人となりてかかる行為を行なうことは初めの依頼者の信頼を裏切るものにあらず，またこれがため初めの依頼者に損害を及ぼすおそれなきをもってなり」と判示したことに対し，上告人が，「原審が裁判外の和解をもって債務名義の効果を擬制し，当事者の利害関係を確定済みのものなりとし，したがって，これを裁判上の調書に記載する手続に付き相手方の委任を受けることは違反行為に該当しないとしたことは，正に和解の効力の発生時期に関し裁判外の和解を裁判上の和解と混同したるものであり，また,〔旧々—編者注〕弁護士法14条の法意は必ずしも当事者の利害消長を考慮して立法せられたものだけにあらず,弁護士の風紀に関し厳格に規定せられたるものであるから,委任の終了後なると,当事者の許諾あると,あるいは不測の損害を加えるおそれあると否とを問わず絶対にこれを禁止したものと解すべきである」と主張したことに対して,「〔旧々—編者注〕弁護士法14条は,訴訟当事者の利益保護の目的を有すると同時に,又,弁護士をして誠実にその職務を執行せしめてその風紀を維持し品位を汚すことなからしむるの律意にいでたること勿論なるが故に,既に相手方たるべき者より協議を受けてこれに賛助し又は委任を受けたる事件については委任者に損害を及ぼすおそれなしとするも絶対にこれが委任を受けてその職務を行なうことを得ざるものといわざるを得ず」と厳しく判示したものである。

前掲東京区判昭和10年12月28日も「尤も既に委任事項の内容の確定したる場合において委任するも何ら委任者の利益保護に欠けるところなきが故に斯かる行為は民法108条の精神に抵触せずといえども,〔旧々—編者注〕弁護士法第14条はその趣旨が,当事者の利益を目的とするほか,弁護士をして誠実に職務を行なわしめ品位を汚すことなからしめんとするにあるに鑑みるときは,弁護士は本人の許諾あり且つ委任事項のあらかじめ確定したる場合といえどもかかる行為はなし得ない」と判示している。

但し,前掲大判昭和13年12月19日は,大判昭和9年12月22日の判例では代理人選任行為を無効となしたるにとどまり,その行為によって選任された代理人の職務行為は無権代理行為であり,その職務行為までをも無効となすものではないことは明らかであるとして,当初の依頼者の追認により和解契約は完全な効力を有するとする。

これに対し,前掲京都簡判昭和28年12月26日は本件和解以前に同趣旨の和解が裁判外において成立しており,本件和解はそれに基づいてできたことが認められるから,本件和解は後日の紛争を回避してこれを確実にする目的をもってなされたものと見るべきであり,それ故に,弁護士の相手方の代理人の選任は,最初の依頼者の代理人として最初の依頼者のために誠実に職務を執行する方法として採らねばならぬ義務であって,最初の依頼者の信頼関係を裏切るものとはいえないことはいうまでもなく,また,弁護士として品位をけがす行為ともいえないとし,前掲東京地判昭和36年8月29日も同趣旨のことを判示している。

結論が分かれるのは,一つは本条1号の立法趣旨の捉え方の相違によるものであるが,他方裁判上の和解を成立させる行為をどのようにとらえるかという実質論も反映されているようにも解される。既に成立している裁判外の和解の義務の履行にすぎないと解するのか,裁判上の和解は執行力を伴うものとして単なる義務の履行とは異なる新たな権利義務の発生とみて，実質的利害関係があるものとしてとらえるのか，によって結論は異なってくる。先にみた公正証書の判例の動向からすれば，代理人の選任行為を本条違反とする判例が大勢を占めることは自然である。

思うに，本条は，重い使命を課せられた弁護士に対する信頼を保護するために必要最小限の職務禁止事項を各号に定めたものであるから，その解釈にあたっても弁護士に対して寛大に解するべきではなく，信頼が保護されるか否かの見地にたってなすべきである。相手方当事者の許諾があり，かつ，和解条項が事前に定められているとしても，双方当事者の利害関係はいまだ対立していると考えるべきであり，相手方当事者の代理人を選任する行為は弁護士の信用を失わしめるおそれがある。また，即決和解の実務においてこのような方法がしばしば行われているようであるが，これをもって本条1号に違反しないという根拠とすべきではなく，むしろ避けるのが妥当というべきであろう（反対，桜田・56頁）。

【11】　本条違反の訴訟行為の効力

1　学説及び判例

本条違反の訴訟行為の効力については，本条の立法趣旨の解釈と関連して論じられ，旧々法14条，旧法24条の時代から学説が対立し，判例も分かれていた。

⑴　まず，学説の対立から見ると，前記【3】で述べた立法趣旨，①当事者の利益保護，②弁護士の職務執行の公正の確保，及び③弁護士の品位の保持のうち，②と③を強調して本条（又は旧々法14条若しくは旧法24条―以下同じ）違反の行為は公の秩序（民法90条）に反するものとして絶対に無効であるとする「絶対的無効説」（末川博『判例民法の理論的研究』1巻54頁，佐々木吉男・ジュリ別冊民訴判例百選50頁等），追認によって無効が治癒されるとする「追認説」（中島弘道『日本民事訴訟法』第1編367頁），事実審の口頭弁論終結までの相手方の異議の申出により無効となるとする「相対的無効説」（異議説ともいう。宮崎澄夫・民商9巻5号971頁，有泉亨・判民昭和13年度149事件，桜田・60頁，新堂幸司『新民事訴訟法（第5版）』170頁，菊井＝村松『全訂民事訴訟法1（補訂版）』506頁，青山善充・ジュリ判例展望315頁），本条は弁護士に対する職務上の訓示規定であり，違反は懲戒の原因になるが訴訟行為の効力には直接関係ないとする「有効説」（兼子一『民事訴訟法体系』126頁，永沢信義・民商50巻6号937頁）に大別される（青山・前掲，上田徹一郎他編『注釈民事訴訟法⑵』345頁参照）。

⑵　判例は概ね，初期の絶対的無効説から追認説を経て，相対的無効説へと変遷をみている。

すなわち，旧々法14条違反による訴訟参加申出（民訴法47条4項）について，本人の許諾の有無を問わず無効であるとし（大判昭和7・6・18民集11巻1176頁。但し，「適法なる代理人によらざることに帰し」として，無権代理のような表現をしている），同条違反による訴訟参加（民訴法47条４項）の申立てにつき，上記立法趣旨①から③までを説いて，委任の終了なると当事者の許諾あるとあるいはこれらのものに不測の損害を加うるおそれあると否とを問わず，絶対に禁止したるものとして却下し（大判昭和８・４・12新聞3553号10頁），同条違反による起訴前の和解（民訴法275条）について，絶対的無効の立場を明らかにし（大判昭和９・12・22民集13巻2231頁），同条違反による控訴提起について，これを無効とし（大判昭和13・３・29法学７巻1414頁），旧法24条違反による控訴提起も，同じく無効とし（大判昭和13・12・16民集17巻2457頁），その後も大審院判例の主流を形成してきた（大判昭和14・８・12民集18巻903頁，大判昭和16・５・20法学11巻98頁等）。

しかし，その間においても，旧々法14条違反の行為により選任された弁護士による裁判上の和解につき，本人の追認により完全な効力を有するに至るとし（大判昭和13・12・19民集17巻2482頁），同条に違反して参加人・被参加人の双方を代理する行為は無効であるが，その後審理の更新に際し，適法な訴訟代理人が従前の弁論の結果を陳述したときは追認されたものとして有効になるとし（大判昭和15・12・24民集19巻2402頁），判例は，動揺の兆しをみせはじめた。また，同じ訴訟参加（民訴法47条４項）について，被参加人の弁護士が参加人の代理人となった事案について，被参加人が参加人の主張を争わずその間に対立関係がないときは，旧法24条に違反しないとする判決も現れた（大判昭和17・５・８新聞4775号３頁）。

当事者の利益を実質的に判断して同条違反の有無を決しようとする立場は，明らかに前掲大判昭和８年４月12日の絶対的無効説の立場と異質のものである。

最高裁になると，本条１号違反の訴訟行為の効力につき「同法又は訴訟法上直接の規定がないので，同条及び訴訟法の立法目的に照してこれを定めるの外はない。思うに，弁護士が訴訟手続において同条違反の行為を行おうとするときは，相手方はこれにつき異議を述べ，裁判所に対しその行為の排除を求めることができるものと解すべきことはむしろ当然であるが，同条違反の訴訟行為であつても，相手方がもし何らの異議を述べなかつたときは，訴訟法上完全に効力を生じ，相手方は後日に至り当該行為が弁護士法の禁止規定に違反することを理由としてその無効を主張することは許されないものと解するのが相当である。けだし，同条の規定は，弁護士の品位の保持と当事者の利益の保護とを目的とするところ，その立法目的達成のためには，同条違反の訴訟行為を無効とすることが必ずしも必要と解せられないばかりでなく，もしこれを無効とするときは，当該弁護士を信頼してこれに訴訟行為を委任した当事者をして不測の損害を被らしめ，かえつて同条の立法目的に背馳し，ひいては訴訟法が弁護士による訴訟代理の制度を定めた法意にも副わない結果を招来するおそれがあるからである」（最判昭和30・12・16民集９巻14号2013頁）として，相対的無効説の立場をとるものが出現するに至り，絶対的無効説をとった従来の大審院の主流と訣別したかのようにみえた。

ところが，最高裁は，その後本条1号に違背する行為により作成された公正証書の執行力について，これを無効であるとし（最判昭和32・12・24民集11巻14号2363頁），絶対的無効説に立つかのような判示をした。

(3) 判例が以上のように混乱をきたしているところに，最大判昭和38年10月30日民集17巻9号1266頁（以下，この判決を「大法廷判決」という）が出現した。この判決は，本条1号違反の訴訟行為の効力の問題について初めて統一的見解を示したものであるばかりでなく，その多数意見，少数意見が従来の学説，判例の対立をほぼ全てにわたり論じているという点において，極めて重要なものであった（萩澤清彦・民訴雑誌14巻197頁。なお，同175頁から209頁までは戦前，戦後の判例の分析が詳細である。青山・前掲315頁以下）。

まず，多数意見は，本条1号の趣旨及び違反行為の効力について「弁護士がかかる事件につき弁護士としての職務を行うことは，さきに当該弁護士を信頼して協議又は依頼をした相手方の信頼を裏切ることになり，そして，このような行為は弁護士の品位を失墜せしめるものであるから，かかる事件については弁護士の職務を行うことを禁止したものと解せられる。従つて，弁護士が右禁止規定に違反して職務を行つたときは，同法所定の懲戒に服すべきは勿論であるが（同法56条参照），かかる事件につき当該弁護士のした訴訟行為の効力については，同法又は訴訟法上直接の規定がないので，同条の立法目的に照して解釈により，これを決定しなければならない。思うに，前記法条は弁護士の品位の保持と当事者の保護とを目的とするものであることは前述のとおりであるから，弁護士の遵守すべき職務規定に違背した弁護士をして懲戒に服せしめることは，固より当然であるが，単にこれを懲戒の原因とするに止め，その訴訟行為の効力には何らの影響を及ぼさず，完全に有効なものとすることは，同条立法の目的の一である相手方たる一方の当事者の保護に欠くるものと言わなければならない。従つて同条違反の訴訟行為については，相手方たる当事者は，これに異議を述べ，裁判所に対しその行為の排除を求めることができるものと解するのが相当である。しかし，他面相手方たる当事者において，これに同意し又はその違背を知り若しくは知り得べかりしにかかわらず，何ら異議を述べない場合には，最早かかる当事者を保護する必要はなく，却つて当該訴訟行為を無効とすることは訴訟手続の安定と訴訟経済を著しく害することになるのみならず，当該弁護士を信頼して，これに訴訟行為を委任した他の一方の当事者をして不測の損害を蒙らしめる結果となる。従つて，相手方たる当事者が弁護士に前記禁止規定違反のあることを知り又は知り得べかりしにかかわらず何ら異議を述べることなく訴訟手続を進行せしめ，第２審の口頭弁論を終結せしめたときは，当該訴訟行為は完全にその効力を生じ，弁護士法の禁止規定に違反することを理由として，その無効を主張することは許されないものと解するのが相当である」とした。

これに対し，奥野裁判官の意見は，訴訟行為は無効であるが，相手方はその違法を当然知っているわけであり，それにもかかわらず何ら異議を述べることなく訴訟手続を進行せしめ，第２審の口頭弁論を終結せしめた場合は，「相手方たる当事者は黙示的にその違法を許容したものと認めるのが相当である」から，「訴訟代理に関する違法は補正され」，無効を理由に上告することは民訴法395条１項４号，２項（旧民訴法）の類推により許されないとする。

山田裁判官の意見は，当該訴訟行為が違法であることを前提にしつつ，上告審に至って初めて無効を主張することは，「訴訟当事者に課せられている訴訟が公正適法に遂行されることに協力すべき責任に著しく違反する行為であるばかりでなく，信義誠実の原則，殊に禁反言の法理に照し，裁判所としては到底採用することが出来ない」としている。

更に，横田裁判官の意見は，本条違反は単に懲戒の原因となるに止まるとして，有効説の立場に立つ。その理由とするところは，①本条違反の訴訟行為を無効とすると，本条各号の事件の依頼者に不測の損害（時効による権利の喪失等）を与えることになる，②多数意見のいう異議を述べない場合の効果について，訴訟法的な理由付けが明らかでなく，異議の遡及効の有無についてもあいまいであり，本条１号，２号について本文但書が適用されないことに反するし，また③奥野意見の違法の補正は，相手方が同意しても本条１号，２号の行為はなしえぬとする私見（横田説）に反するし，本条が訴訟代理人の資格に関する問題であるとすれば，職権調査事項であり絶対的上告理由となり，違反に関する主張を第２審の口頭弁論終結時までに制限する理由はない，要するに，本条違反行為は弁護士会内部の規律の問題として，懲戒手続により適切に処理され，是正されるべきものであるとするにある。

石坂裁判官は，前掲最判昭和32年12月24日を引用して無効説の立場から反対意見を述べている。

大法廷判決後，本条４号違反事件について，同号の立法趣旨につき相手方当事者の保護に重点を置いたうえ，同判決を引用して同趣旨の判示をしたものが現われ（最判昭和42・３・23民集21巻２号419頁），また，本条３号違反が問われた事件について，同号はもっぱら受任している事件の依頼者の利益の保護を目的とするものと解するべきであるとし，同号で利益が保護されるべき当事者は誰かを判断し，利害関係を有する当事者のみが行為の瑕疵を主張し得ると解する点において，大法廷判決を更に具体的に展開した判決がなされるに至った（最判昭和41・９・８民集20巻７号1341頁。

なお，萩澤・前掲202頁，203頁)。

また，本条4号と同趣旨の旧弁理士法8条2号（現31条4号）違反事件についての訴訟行為の効力についても，大法廷判決と同様の判決がなされている（最判昭和44・2・13民集23巻2号328頁。但し，違反行為の異議を述べ終始その効力を争っているとして無効とした)。

大法廷判決自体は前述のとおり三つの意見，一つの反対意見が付されていたが，判例の流れは漸く安定するに至ったとみられる。

(4) 大法廷判決が，判例の混乱に一応の終止符をうったこと，とりわけ大審院時代の主流であった絶対的無効説に訣別をしたことには，それなりの意義があったというべきである。そして，上記判決の立場を評して，当事者の利益も損なわず，裁判所はいつでも違法行為を排除し得るから妥当な見解といい得るとしてこれを支持する立場（菊井＝村松・前掲508頁，桜田・85頁，青山・前掲319頁，伊藤眞『講座民事訴訟3』134頁等）が有力である。

絶対的無効説の立場に立つ判例は，本条の立法趣旨が弁護士の職務執行の公正の確保及び弁護士の品位の保持にあることを強調して，訴訟行為の絶対無効を主張したのであったが，この説においては，事件依頼者に不測の損害を与えたり，訴訟経済上の見地からも不当な結果を生ずる等の欠陥があった。そこで，これを克服すべく追認説が考えられたが，これも，弁護士法違反により無効とする以上追認による治癒の余地はなく，論理的整合性を欠くとの批判を免れない。

こうして大法廷判決は，本条の立法趣旨について，当事者の利益保護を強調することによって相対的無効説を導き，絶対的無効説に対抗したのである。

大法廷判決は，結論としては訴訟行為を有効として扱い，具体的事件処理の面においてそれなりの有用性を発揮したのであるが，その論理を全ての場合に貫くと，絶対的無効説と同様に不当な結果を生ずるおそれがある。つまり，この立場では，当事者の利益保護を大前提に理論を構成したため，異議権を有する者（従ってまた，それを喪失する者）を画定する必要を生じ，本条1号においてその利益を保護されるべき当事者とは，先に当該弁護士と信頼関係に立った相手方である旨判示せざるを得なかったのであるが，そのため，当該弁護士に現在事件を依頼している当事者の利益は擁護されず，公平の見地からみて妥当でない結果を生ずるという可能性を内蔵することになった。例えば，先に相手方から協議を受けて賛助したことのある弁護士に対し，時効期限の迫った事件を依頼した当事者は，その弁護士が代理人となってなした訴提起行為を無効とされる結果，時効が成立して思わぬ損害を蒙ることとなる。しかも，相手方当事者は，時効期間の満了するまで待ってから異議を申し出ることも可能なのであるから（大法廷判決の立場では，第2審の口頭弁論終結時までに異議を述べればよい)，その場合には一層不当な結果を生ずることになる。このことは，時効に限らず，控訴期間，除斥期間等についても生じ得るのであり，当事者の利益保護を目的としながら，その結果が一方当事者を不当に優遇することになるのは妥当ではない。

(5) そこで，本条は，弁護士がその職務を行うにつき遵守すべき職務規律を定めたものであり，その違反は懲戒の原因とはなっても，訴訟法上の効力には何ら影響がないと解する有効説が主張されている。

有効説は概ね次のようにいう。

① 絶対的無効説が，本条の立法趣旨の公益性を強調して本条違反の訴訟行為を無効と解したのはそれなりに理由があったが，公益的規定であるから必ずその違反行為を無効としなければならないという論理的必然性はなく，逆に全く有効と解することも可能である。どちらの説に与するかは，いずれが具体的事件の処理に妥当な結果を導き，また論理的説得力を有するかにかかる。

相対的無効説では，当事者の利益保護を強調して，相手方当事者のみの利益を保護すべく，訴訟行為の効力を相手方当事者の異議にかからしめるのであるが，その訴訟法的理由づけが不明確である。仮に，異議により訴訟行為が無効となる理由を，当該弁護士の訴訟代理人たる資格の欠缺というところに求めた場合（大法廷判決の奥野意見参照)，これは職権調査事項であり，その資格の欠缺は絶対的上告理由となるのであるから，異議の有無にかかわらず絶対的無効と解するほかはない。また，民訴法上の一種の責問権と捉えても（青山・前掲320頁)，無効とする法的根拠としては問題が残る。結局，相対的無効説の立場では，その訴訟法上の根拠は説明できない。その故にこそ，当事者の保護という立法趣旨を強調するが，これは本条の立法趣旨の一つにすぎず，このように結論づけることは相当でない。

そして，相対的無効説は，本条違反の訴訟行為をなした弁護士の当該訴訟行為について異議を述べて無効とする利益を有する者を相手方当事者に限定したが，その利益を有する者は，必ずしも相手方当事者だけとは限らず，起訴前の和解等について依頼者の側から争う実益がないとはいえないし，本条4号，5号違反の行為についても，依頼者側から争う実益のある場合は十分考えられる。

② 更に，大法廷判決の立場では，異議の申立ては第2審口頭弁論の終結までになされなければならないというが，それは如何なる根拠に基づくものか，不明である。代理人の資格に関するものであれば絶対的上告理由（民訴法312条2項4号）であって，期間の制限に付されることはないはずであり，また，責問権の放棄，喪失に類似する考え方に立つなら，遅滞なく異議を述べなくてはならず（民訴法90条。なお，青山・前掲320頁は「違反の事実を知ったときは遅滞なく述べるべきもの」とする)，いずれにせ

よ第２審の口頭弁論終結時までということにはならない（萩澤・前掲199頁）。

また，異議は，訴訟事件については第２審の口頭弁論終結時までに申し出るべきであるとしても，起訴前の和解，公正証書の作成等本条違反が最も多く問題にされる場合には，一体何時までに異議を申し立てることが必要なのか，必ずしも明らかでない（永沢・前掲936頁，青山・前掲321頁は，「行為の効力を問題にしうる最初の機会」とする）。

③　絶対的無効説も相対的無効説も，本条違反の訴訟行為を無効とすることによって相手方当事者の利益保護を図ろうとしているが，本条に違反した弁護士のなした訴訟行為を無効としてこれを排除しても，事件の依頼者は既に当該弁護士から相手方の事情を聞いているであろうし，然らずとしても少なくとも事件記録からある程度の事情は察知できる場合も多いであろう。従って，違反訴訟行為を排除した後も，再び同様の訴訟行為を繰り返すことは可能であるし，実際には排除前と何ら変わるところはないから，結局相手方当事者の利益保護の目的を達することはできない。

また，事件依頼者に代理人が複数ついている場合に，その中の１人について本条違反行為があったときには，代理人の共同名義で行われた訴訟行為の効力はどう解するべきか問題が残る。無効と解することは文理解釈上できないと思われるが（東京高判昭和56・３・31判時1002号93頁），これを有効とすれば，前記両説の狙いとする相手方当事者の保護は達成できないことになる。

④　以上により，本条各号違反の訴訟行為の効力は有効であり，違反行為は本法の懲戒事由に該当するものとして弁護士会の懲戒に委ねるとするのが本条の立法趣旨にも合致し，また理論的な問題点も生じない。有効説に反対する論者は，相手方の保護に欠けることを指摘するが，現行法上弁護士会には自治が確立され，弁護士会による懲戒の制度が整備されている（第８章参照）。本条違反の問題は，弁護士会内部の規律の問題として懲戒手続により処理されることが相当であり，この懲戒手続が適切に運用されることにより，又は当該弁護士の反省により違反状態が是正され，その結果当事者の利益も保護されることが期待される（前掲横田意見。有効説に対する最大の批判として，弁護士倫理の現状及び懲戒制度の機能がまだ十全とはいえないことがあげられる〔例えば，青山・前掲319頁〕。しかし，この批判はあたらないと考える）。

また，本条違反により損害を蒙った当事者は，不法行為（事件依頼者の場合は，債務不履行としても把握され得る）を原因として当該弁護士に対し損害賠償の請求をなすことも可能であり，この理論と慣行が成熟していないとする批判（桜田・68頁）はあたらない。

２　異議の申立て手続

⑴　相対的無効説に立つと解される前掲最大判昭和38年10月30日は，本条違反の

訴訟行為について，相手方たる当事者は，これに異議を述べ，裁判所に対しその行為の排除を求めることができるものと解するとの判示をしたものの，その異議に関する具体的な手続については明らかにしていなかった。その後，最決平成29年10月5日民集71巻8号1441頁が登場し，異議の具体的な手続について明らかにした。両判決により認められた本条（1号）違反の手続については，次のとおりである。

ア 本条1号に違反する弁護士が訴訟代理人として訴訟行為を行った場合，相手方である当事者は，裁判所に対し，同号に違反することを理由として，同訴訟行為を排除する旨の裁判（決定）を求める申立権を有する（前掲最決平成29・10・5）。

イ 本条に違反する弁護士の訴訟行為を排除する旨の裁判を求める申立ては，第二審の口頭弁論終結までにしなければならない（前掲最大判昭和38・10・30）。

ウ 当事者は，その訴訟代理人の訴訟行為が排除されるか否かについて利害関係を有することは明らかであるから，同号に違反することを理由として自らの訴訟代理人の訴訟行為を排除する旨の決定に対して，民訴法25条5項の類推適用により，即時抗告をすることができる。

これに対し，決定により訴訟行為を排除するものとされた訴訟代理人は，当事者を代理しているにすぎず，訴訟行為が排除されるか否かについて固有の利害関係を有さず，自らを抗告人とする即時抗告をすることはできない（前掲最決平成29・10・5）。ただし，訴訟行為を排除するものとされた弁護士が，当事者の代理人として即時抗告をすることは認められると解されるべきであろう（判タ1444号107頁参照）。

エ 以上の手続は，本条1号に違反する弁護士が訴訟復代理人として訴訟行為を行った場合も同様である（前掲最決平成29・10・5）。

⑵ 排除される訴訟行為の範囲について，前掲最決平成29年10月5日の第1審（長崎地決平成28・10・20）では，上記申立てにより排除される訴訟行為は，同申立て以降の訴訟行為に限られると判断している。

⑶ なお，これらの手続が本条の1号以外の各号違反の場合に適用されるかについては，前掲最決平成29年10月5日は何ら述べていないため，個別具体的に判断する必要があると解される。

【12】 本条違反の私法行為の効力

本条違反の私法行為の効力については，法72条違反の私法行為の効力に準じて，有効説，無効説が考えられるところである。なお，ある債務者から債務整理を委任され債権者との間で和解金を支払い抵当権を抹消させる旨の和解を成立させながら抵当権を抹消せず，自己の報酬請求権を担保するため，自己に抵当権を移転させ，辞任後，その相手方である債権者のために，辞任する前に債務者から得た知識を提供して従前の依頼者に対する抵当権実行の競売手続の申立てや貸金返還請求訴訟を提起させるなどしたことが不法行為になるとして，損害賠償が認められた裁判例がある（東京地判平成４・１・31判時1435号75頁）。

（汚職行為の禁止）
第26条　弁護士は，受任している事件に関し相手方から利益を受け，又はこれを要求し，若しくは約束してはならない。

【１】　本条の趣旨

１　本条は，弁護士の汚職行為を禁止する規定である。このような規定は，旧法にもなく，現行法に至って初めて規定された。そして，本条違反の行為については，法76条に処罰規定（３年以下の懲役に処せられる）があるので，本条は刑罰の構成要件を定めた規定でもある。

本条の立法趣旨について，最判昭和36年12月20日刑集15巻11号1902頁は，「基本的人権の擁護と社会正義の実現を使命とする弁護士の職責に鑑み，その職務執行の公正と誠実性を担保しようとするにあるもの」としている。

職務の公正と誠実性の確保が立法目的であるから，現実に職務の公正（なお，ここにいう公正とは，中立的な意味をもつものではなく，依頼を受けた一方当事者との関係における職務の公正さをいうものである）を害したことは本条の要件ではないことはもちろんである（前掲最判）。

また，当該弁護士の依頼者が利益の授受等を承諾したとしても，本条違反の成否に関係がない。

２　本条は，刑法の汚職罪に類似する規定となっているが，汚職罪と比較すると，贈賄罪に該当する規定を欠いている。従って，事件の相手方が弁護士に対して利益供与行為に及んだとしても，その相手方本人は処罰されるものではない。

本条の立案過程においては，この点を不均衡であるとする声もあったのであるが（参議院の審議），本条は，あくまで弁護士の職務の公正を維持するための必要限度において刑罰規定を設けたものであって，一般人にまで処罰の対象を広げる必要はないとして，贈賄罪に該当する規定を置かなかったのである（福原・148頁）。なお，もし事件の相手方の弁護士が，相手方本人を教唆して弁護士に対して利益供与行為をさせたような場合には，その教唆した弁護士は法58条に基づき懲戒されることがあり得よう（参議院法務委員会会議録昭和24年５月16日における鍛冶良作委員の発言参照）。

３　本条違反行為の主体は，「弁護士」に限られる。従って，本条は，（真正）身分犯の規定である。

【2】 受任している事件に関し

1　受任している事件

(1)「受任している事件」とは，弁護士が現に受任して処理している事件をいう（前掲最判昭和36・12・20，仙台高判昭和30・12・8高刑特報2巻追録1302頁）。将来受任を予定されている事件や過去に受任して処理を終えた事件は含まれない。従って，処理を終えた事件について，後日相手方から利益の供与を受けたとしても本条違反とはならない。しかし，弁護士が依頼者から委任を受け委任状に記載された事項は，相手方に対する損害賠償請求事件に関する裁判上裁判外の一切の行為のほか弁済の受領も含むことが明らかであるから，たとえ当該事件につき和解契約が成立しても，かかる契約の履行としての弁済の受領を完了するまでは，当事者間の対立関係が全く解消したものとはいえず，その委任は終了しないとした裁判例がある（前掲仙台高判）。委任の終了の判断にあたっては，契約の趣旨の解釈のほかに，当事者本人間の実質的利害対立が消滅したか否かということも，十分に斟酌されなければならないであろう。

(2) また，受任している「事件」とは，弁護士が法3条に基づいて行う職務全般をいうものであり，争訟になっている事件に限定されるものではない。従って，例えば，顧問契約を締結している場合についても，事件を受任しているといえることがあると考えられる。

(3) なお，官公署の委嘱による場合，例えば，国選弁護人，破産管財人等については，委嘱する当事者が国等であり，被告人や破産者は事件を弁護士に依頼しているわけではない。従って，利害の対立している一方当事者の利益を害することを禁止する本条の趣旨からすれば，上記の場合には，本条の適用はないものと考えられる。但し，別途他の関係法令により処罰を受けることがあるのは，別論である（破産法273条参照）。

2　関　　し

利益は受任している事件に関して授受されなければ，本条違反とはならない。

「関し」とは，利益と弁護士の受任事件との間に対価的関連性があることをいう。その関連性は，弁護士の個々の職務行為との間にある必要はないが，そもそも対価的関連性のない利益であれば，本条違反とならないというべきである。

【3】 相手方

ここに，「相手方」とは，依頼を受けている事件の当事者と実質的に利害が対立する者をいうと解される。事件の相手方本人はもちろん，実質的に見てこれと同視し得る程度に利害対立状況にある者も相手方たり得る（名古屋高判平成23・7・27高等裁判所刑事裁判速報集（平23）号225頁)。法人たると自然人たるとを問わない。

【4】 利益の収受・要求・約束

1 「利益」とは，人の需要若しくは欲望を満たすに足りる一切の利益をいい，報酬，謝礼たる性質を有するものはもちろん，弁護士が裁判外の和解のために出張するのに要した日当，旅費等の実費弁償の性質を有するものも含まれる（前掲最判昭和36・12・20，前掲仙台高判昭和30・12・8）。必ずしも，財産的利益に限らず，饗応はもちろん，地位の供与（例えば，顧問会社の紹介等），情交等でもよい（刑法上の賄賂の概念が参考となろう。団藤重光『刑法綱要各論（第3版)』137頁参照)。

2 利益を「収受」するとは，利益を受け取ることをいい，「要求」とは，相手方に対して利益の交付を求めることをいい，「約束」は，相手方と弁護士が利益授受の合意をすることをいう。利益を要求してその約束をし，収受をしたとしても，包括した1個の本条違反の罪となる（団藤・前掲140頁参照)。

【5】 本条違反の効果

1 まず，本条に違反した弁護士の私法上の行為の効力について検討するに，本条の公益的性格を重視し，弁護士の職務の公正を，その行った行為の効力を奪うことによって確保しようとする見地に立って，これを無効とする考えもあり得る。

しかし，本条の違反については，違反者たる弁護士を処罰すれば足り，当該弁護士が処理して形成された私法上の法律関係を無効にすることは，かえって関係当事者の法的安定を著しく害するものというべきである。実際にも，事件の相手方が利益を供与しておいて，後日その行為の無効を主張することを許すのは，事件当事者間の公正・信義に反するであろう。従って，有効であると解するのが相当である。

2 次に，訴訟行為の効力については，最判昭和31年11月15日民集10巻11号1438頁が「相手方の弁護士に弁護士法26条に違反した行為があつたからといつて，それによつてなされた本件調停が当然無効のものであるということはできない」として，有効説を採用する。

訴訟行為については，訴訟手続の安定という要請があるので，これとの関係を考慮して効力の有無を考えなければならない。前述のように，本条は，弁護士の職務の公正の確保を目的とするものであって，当事者間の紛争解決を目的とする訴訟手続とは別次元の問題である点を考えると，訴訟手続を安定させるためには，有効説が相当である（三ケ月章『民事訴訟法（第3版)』法律学講座双書，新堂幸司『新民事訴訟法（第5版)』等における訴訟行為の無効の解説を参照)。

（非弁護士との提携の禁止）

第27条　弁護士は，第72条乃至第74条の規定に違反する者から事件の周旋を受け，又はこれらの者に自己の名義を利用させてはならない。

【1】 本条の趣旨

本条は，法72条から74条までの規定に違反する者から事件の周旋を受けること，及びこれらの者に対して自己の名義を利用させることを禁止する規定である。

法72条から74条までの規定は，後述するとおり，非弁護士による法律事務の取扱いを取り締まる規定であり，違反者に対しては刑罰をもって臨んでいるが，本条は，弁護士に対して，上記の者と結託することを禁止しているものであって，その立法趣旨は，法72条から74条までの規定に違反する行為を直接，間接に助長する弁護士の行為を禁止して，同条の違反行為を防止しようとすることにある。なお，本条は弁護士法人に準用されている（法30条の21）。

本条違反の行為については法77条１号に処罰規定（２年以下の懲役又は300万円以下の罰金に処せられる）があるので，本条は刑罰の構成要件を定めた規定となっている。

なお，本条違反とされた事例として，東京高判昭和38年１月31日行裁例集14巻１号165頁がある。

【2】 第72条乃至第74条に違反する者

法72条ないし74条に違反する者とは，次の者である。

① 弁護士又は弁護士法人でないのに，報酬を得る目的で，業として，訴訟事件その他一般の法律事件に関して，鑑定，代理等の法律事務を取り扱う者（法72条前段違反）

② 弁護士又は弁護士法人でないのに，報酬を得る目的で，業として，前記法律事件に関する法律事務の取扱いを周旋する者（法72条後段違反）

③ 他人の権利を譲り受けて，訴訟等の手段によって，その権利を実行することを業とする者（法73条違反）

④ 弁護士又は弁護士法人でないのに，弁護士又は法律事務所の標示又は記載をする者（法74条１項違反）

⑤ 弁護士又は弁護士法人でないのに，利益を得る目的で，法律相談その他法律事務を取り扱うことを標示又は記載した者（法74条２項違反）

⑥ 弁護士法人でないのに，その名称中に弁護士法人又はこれに類似する名称を用いた者（法74条３項違反）

【3】 事件の周旋を受け

1　ここに「周旋」とは，訴訟事件の当事者等と弁護士との間に介在し，両者間における委任関係その他の関係成立のための便宜を図り，その成立を容易ならしめる行為をいう（法72条の「周旋」について，同旨，名古屋高金沢支判昭和34・2・19下刑集1巻2号308頁）。現実に，委任契約等の契約関係が成立しなくとも，本条の違反となる。また，周旋は，弁護士のほうから依頼していなくともよい。従って，法72条から74条までの規定に違反している者であるということの認識があれば，自ら積極的に周旋を依頼していなくとも，本条違反となるものである。

2　周旋を「受け」とは，受諾する意思表示をすることである。意思表示は，明示であると黙示であるとを問わない。周旋を受けても，これに対して受諾の意思表示をしない以上，本条違反とはいえない。

【4】 自己の名義の利用

自己の名義を利用させるとは，「弁護士某」という名義のほか，氏名だけの利用でもよい。「○○法律事務所」という表示についても，名義の利用といい得ると解する。但し，弁護士に，自己の名義を利用させることの認識がなければならないのはもちろんであるから，弁護士でない者が勝手に名義を使用していることを知っただけでは本条違反とはならない。しかし，知った後もこれを容認して放置して黙認したと認められる場合には，本条違反となる。

実際上本条違反と考えられる事案は，大量に処理する催告書，内容証明郵便等に，弁護士の氏名を記載し，更に弁護士の印鑑を預けて押捺させるような場合であろうが，そのような場合に限定されるものではなく，名義の利用は1回だけでもよい。また，利用の形態も，書面による事案が多いと思われるが，それに限られるものではなく，例えば，口頭の電話等でもよい。更に，名義の利用には通常対価が伴うであろうが，そのことは要件ではない。無報酬であっても，本条違反の成否に関係がない。

【5】 物損事故調査員（アジャスター）の問題

昭和57年に，交通事故による物損のうち軽微なものについて，損害保険会社が示談代行をすることを含む新種保険（SAP）が発売され，弁護士は，保険事故の調査会社（保険会社とは別法人である）の従業員である物損事故調査員（アジャスター）を自己の補助者として事故の調査，損害額の調査，示談の提示等をさせることができることとなった。これは，日弁連が，日本損害保険協会（以下「損保協会」という）と昭和57年に対物賠償保険の事故処理に関する協定書を締結して認めたものである。

しかし，物損事故調査員が弁護士の指示を受けることなく自ら示談交渉をすることは，法72条に違反するものといえるから，日弁連では，物損事故調査員を使用する弁護士の執務基準を決定している（昭和58年2月19日理事会決定）。

この執務基準決定に至るまでの経緯は次のとおりである。

1　昭和49年３月１日，損保会社は家庭用自動車につき，対人・対物・家族搭乗者の三つの保険をセットにして補償し，対人事故について損保会社の社員が被保険者に代わって被害者との示談交渉を行うという内容のFAPを発売した。FAPの保険金額は最低2000万円で，その中で対人賠償の一事故あたりの保険金額を無制限とするものであった。昭和50年３月１日，損保会社は更に業務用自動車についても同様の示談代行保険（CAP）を発売した。

2　更に，昭和56年４月，損保協会から日弁連に対し，対物賠償についても対人賠償と同様に示談代行を行うことができることを内容とする自家用自動車総合保険（SAP）を発売したい旨の申入れがなされた。損保協会の主張は，対人賠償についてと同様に被害者から直接請求を保険会社になし得ることとしているから他人性はなく，自らの債務についての処理だから非弁性はないというものであった。ところが，SAPにおける対物示談代行は，損保会社が自社の従業員ではなく，物損事故調査員（アジャスター。原則として損保会社100％出資の専門調査会社の従業員）に示談代行させるというものであり，中小の損保会社数社が共同で調査員を使う場合には完全に法72条に抵触するという問題があった。

3　そこで，日弁連は，昭和56年６月８日，大蔵大臣宛に要望書を提出するとともに，損保協会と折衝を重ねた結果，昭和57年７月26日付で，損保協会との間に協定を締結し，細則を定め，保険会社からの依頼を受けて事故処理を行うのは弁護士であることを明らかにし，アジャスターは弁護士の指示に従いその補助者として業務を行い，関与し得る事故処理の範囲は，請求損害額30万円以下の物損事故に限定された。その後，この協定及び細則の運用結果をふまえ，平成３年３月27日，各条項の具体的な運用方法を確認する確認書が締結された。

4　なお，損害賠償保険に付される生活賠償責任担保特約（自動車事故以外の日常生活における偶然な事故により，契約者が法律上の損害賠償責任を負った場合，相手方への賠償金を無制限で支払い，被保険者の同意を得て相手方との示談交渉を行うもの）は自動車事故に起因する物損事故に限られていないので，日弁連と損保協会との間の協定の対象外のものである。自動車事故については損害の内容，賠償額，過失割合等につき判例等の累積，損保会社自体のデータ，ノウハウの蓄積があり，支払基準の公正が確保でき，中立的第三者機関の活用も期待できるところ，日常生活上の事故については，その内容が交通事故の場合ほど定型的ではなく賠償額，過失割合等支払基準も確立されていないことから，これをSAPと同列に論ずることはできない。

5　自家用自動車総合保険以外の保険に，オプションとして家族傷害総合担保特約，個人賠償責任総合担保特約，借家人賠償責任総合担保特約を付したものがある。これらは，国内で発生した損害賠償事故について損害を補償するほか，契約者の希望があり，かつ，被害者の同意が得られた場合に保険会社が契約者に代わって示談交渉を行うものであるが，これらの特約も生活賠償責任担保特約と同様の問題がある。

【6】 本条違反の効果

本条に違反する弁護士又は弁護士法人の行った行為（訴訟行為・私法行為）の効力については，次のとおり考えるべきである。

1 私法行為の効力

本条の公益的性格を根拠とし，本条に違反する行為の効力を奪わなければその目的が達せられないと解すれば，これを無効とすることも考えられるが，本条違反の弁護士又は弁護士法人を処罰すれば立法目的が達せられるし，実際的にも，当該弁護士又は弁護士法人の相手方となった者については，自らの関知しない取締法規違反を理由に，一度築いた法律関係を無効とされたのでは，法的安定性の見地からも好ましくないといえよう。従って，有効と考えるのが相当である。

2 訴訟行為の効力

訴訟行為については，訴訟手続の安定という観点からの考慮が必要となる。そうすると，ここでも，有効説のほうが妥当というべきである（法25条及び26条の解説を参照）。

（係争権利の譲受の禁止）
第28条 弁護士は，係争権利を譲り受けることができない。

【1】 本条の趣旨

本条は，弁護士が事件に介入して利益をあげることにより，その職務の公正，品位が害せられることを未然に防止することを目的とする規定である（最判昭和35・3・22民集14巻4号525頁，福原・151頁，桜田・260頁参照。なお，「濫訴の傾向を助長することを未然に防止すること」も立法趣旨であるといわれるが（前掲判例・文献），【3】で述べるように，「係争権利」の意義について，現在訴訟その他の紛争処理手続に係属中の事件に限定する説をとれば，そもそも「濫訴」という問題が発生しないと考えられる）。なお，本条は弁護士法人に準用されている（法30条の21）。

そして，本条違反行為は，法77条2号により処罰（2年以下の懲役又は300万円以下の罰金に処せられる）の対象となっている。なお，係争に至る以前に，将来訴訟その他の手段によって権利の実行を予想して譲り受ける行為は，それが業としてなされる場合には，法73条によって処罰の対象となる。

なお，東京地判平成17年３月15日判時1913号91頁は，弁護士が主体となり，特定の貸金業者に対して不当利得返還請求権を有している不特定多数の債務整理事件の依頼者に，当該貸金業者に対して貸金債務を負担している不特定多数の債務整理事件の依頼者に対して不当利得返還請求権を譲渡させ，権利の実現を訴訟等の手段を用いて実行することは，弁護士法73条及び28条の趣旨等に抵触し，その債権譲渡は公序良俗に反し無効であるとしている。

【2】 沿　革

本条は，旧法25条と同一内容の規定であるが，その前身は代言人規則にまでさかのぼることができる。

1　明治９年代言人規則14条５号

「他人ノ貸借取引等ノ詞訟ヲ買取リ自己ノ利ヲ図ル者」は，「其軽重ヲ量リ裁判官直チニ之ヲ罰スルヲ得」とされた。

2　明治13年代言人規則22条６号

「他人ノ詞訟ヲ買取リ自己ノ利ヲ図ル者」は，「軽重ヲ量リ……懲罰ス可シ」とされている。

3　旧々法15条

「弁護士ハ係争権利ヲ買受クルコトヲ得ス」とされ，権利の買受けだけが禁止され，無償譲渡等は対象外であった。なお，当時俗に「カレコレ屋」なる者がいて，紛争の権利を買い取って自ら当事者となって利益をあげることを業としていたものがいたようである（長島毅『弁護士法』（現代法学全集）46頁参照）。

4　旧法25条

「弁護士ハ係争権利ヲ譲受クルコトヲ得ズ」と改められ，無償取得についても，禁止されることとなった。無償による譲渡のほうが弁護士による濫訴の弊や品位の失墜が著しいとの理由によるものである（金子・239頁参照）。

【3】 係争権利

「係争権利」とは，係争の対象となった権利であって，現に訴訟，調停その他の紛争処理機関に係属中の事件に限定されるのか，それともそれに限らず広く紛争中の権利一切を包含するものであるのか，２説に分かれる。前者を「制限説」，後者を「非制限説」と名付け，判例学説を検討する（なお，制限説の中でも，訴訟中の権利に限定するか，訴訟以外の紛争処理手続中の権利でもよいか，の争いがあったが，訴訟に限定する説を主張する者は現在見当たらず，この争いは過去のものになったといってよいであろう）。

1　まず，判例をみると，その主流は，制限説である。

すなわち，大判大正２年６月４日民録19輯401頁は「係争権利とは訴訟の目的と為りたる権利にして現に其訴訟中に係るものを指称し権利実行の為めに申立てられたる競売の目的と為りたるものは訴訟の目的物に非さるを以て」，競売物件を譲り受けても違反ではないとし，東京控院判昭和14年10月10日新聞4515号7頁も，係争権利の意義を同旨に判示して，弁護士が訴訟の対象でない債権の譲渡を受けた行為を違反でないとし，更に，大判昭和17年11月19日評論32巻諸法152頁も，係争権利の意義について同旨を述べ，弁護士が裁判進行中でない債権の譲渡を受けた行為を旧法25条違反ではないとしている。

なお，最高裁判決にはこの点を明言したものはない。前掲最判昭和35年3月22日は，土地賃貸借の解除に関して紛争中の土地の一部を買い受けることの予約をした弁護士の行為に関する事案につき，断定をさけており（「違反するとしても」としている），また，最決昭和37年2月21日刑集16巻2号162頁は，裁判所の競売手続実行中の抵当権付債権の譲渡を受ける行為は，本条に違反するとしているだけで，裁判所に係属することを要件とするものか否か判然としない。

下級審判決では制限説が圧倒的に多い。鳥取地米子支判昭和31年1月30日下民集7巻1号171頁は，現に調停の目的となっている山林を買い受けた行為につき，本条違反で無効とし，大阪地判昭和31年11月20日下民集7巻11号3316頁は，訴訟提起前に小切手の交付を受けて，振出日の補充と支払呈示をした行為は，本条違反ではないとしている。また，東京高判昭和32年8月24日東高民時報8巻9号197頁は，前掲最判昭和35年3月22日の原審であるが，最高裁と同旨であり，更に，大阪高判昭和33年5月19日下民集9巻5号852頁は，前掲大阪地判昭和31年11月20日の控訴審判決であるが，第1審と同様の立場に立っている。

足立簡判昭和35年1月16日下民集11巻1号40頁は，係争権利には，調停事件として係属する権利も含むと解すべきであるが，現に裁判所に事件として係属する権利でなければならないとして，将来の係争を予想して土地を買い受けた行為を本条違反ではないとした。大阪地判昭和35年3月7日判タ107号67頁は，係争権利は，当事者間に広く如何なる形でもいささかも争いが存し又はそのおそれがある一切の権利をいうものではないから，銀行から担保物件たる不動産を譲り受けても，本条違反ではないとしている。更に，東京地判昭和51年4月28日判時837号55頁は，仮処分事件の継続中における譲渡かどうかが証拠上判明しない事件について，訴訟に限定されないものの，裁判所にその権利に関する事件が係属していなければならないものとして，不動産の譲受行為を本条違反とはしていない。

以上に対し，非制限説に立つのは，次の裁判例であり，数は少ない。

まず，東京地判昭和28年8月22日下民集4巻8号1188頁は，本条は，弁護士の使命と職務とに鑑みて，弁護士がある法律関係の係争状態（もとより，現に訴訟の係属することを要しない）にあることを知りながら，特定的にこれを承継することによって，進んで自ら当事者の立場に立つことを禁止したものと解すべきであるから，弁護士が手形の隠れた取立委任裏書を受ける行為は，本条違反であるとする。

また，福岡高判昭和34年３月27日高刑集12巻５号459頁も，抵当権実行の競売申立てを委任された弁護士が，抵当権付債権の譲渡を受けた行為をして，本条違反としている。なお，同判決は，訴訟係属中の権利に限定すれば本条の存在理由がなくなるとして非制限説に立ちつつも，権利の譲受中著しく弁護士の品位を傷つけ，一般弁護士の社会的評価をも損うが如きものに限るべきであるとする。

更に，東京高判昭和49年７月18日下民集25巻５～８号586頁は，訴訟終了後であっても債務名義を利用する状況下にある以上，訴訟の目的であった土地を岳父名義で譲り受ける行為は，本条に違反するとしている。

２　学説は，二つに分かれる。

まず，制限説に立つのは，福原（151頁），桜田（266頁）である。前者は，用語のうえからも，事実問題としても非制限説は広きに過ぎるとし，後者は，刑罰法規である本条の解釈は，罪刑法定主義の見地から厳格でなければならないとして，制限説を採用している。

これに対して，非制限説を主張するのは，谷口安平氏である（民商法雑誌43巻３号95頁）。同氏は，法文上係争権利という広い用語が使用されていることと，弁護士業務が裁判所を離れて裁判前に関与することが多くなっていることから，係争権利とは，現に訴訟で問題になっているものに限らず，もっと広く，いやしくもその存否，内容について当事者間に疑問のある権利，又は当事者間の争いと密接な関係のある権利等を含み，その紛争が訴訟の訴訟物であることも必要でなく，譲り受けの相手方も依頼者に限らず，紛争の相手方や第三者でもよいと解すべきであるとしている。

３　どちらの説が妥当であろうか。

この問題は，結局，罪刑法定主義の精神を重視して処罰の範囲を限定的に解すべきか，それとも弁護士業務の実態を前提として，本条の実効性をより高める方向で解釈すべきか，の争いに帰着する。

そして，係争といってもどこまでの範囲をいうのか明白でないこと，本条から洩れる弁護士の行為は品位を失うべき非行として懲戒等で対処すればよいこと，前述した本条の沿革をみても裁判前の権利譲渡は予定していないと認められること等に照らすと，制限説が妥当であると解される。

【４】　譲り受け

前述した立法趣旨に鑑みると，本条の「譲り受け」は，有償，無償を問わない。また，その契約形式のいかん（売買，交換，贈与，信託譲渡等）や，譲受人の形式的名義のいかんも問うところではない（前記の判例を参照。予約であったり，岳父名義であっても本条違反としている）。

しかし，その譲り受けは，弁護士自らの計算においてなされることを要するものと解されるから，弁護士が他人の代理人として，他人の計算において係争権利を譲り受けることは本条の禁止するところではない（大判昭和13・7・15新聞4348号7頁）。

【5】 本条違反行為の効力

違反行為については，私法上の行為の場合と訴訟行為の場合とに分けて検討する必要がある。

1 私法行為の効力

弁護士が本条に違反して係争権利の譲渡を受ける行為は，直ちに私法上の効力が否定されるものではなく，他人間の法的紛争に介入し，司法機関を利用して不当な利益を追求することを目的として行われたなど，公序良俗に反するような事情があれば無効となり得る（最決平成21・8・12民集63巻6号1406頁，最判昭和49・11・7最高裁判所裁判集民事113号137頁）。

本書は，従前，本条は強行法規であり，本条に違反した行為を無効と解していたが改める。

2 訴訟行為の効力

本条違反の訴訟行為の効力が問題とされることがある。

この点，前掲最判昭和35年3月22日は，「たとえ弁護士が同条に触れる取引行為をしたとしても，その場合に右取引行為の私法上の効力が否定されまたその弁護士が同法77条所定の刑罰を受けるのは別論として，右取引行為の目的となつた権利に関する訴訟委任およびこれに基く訴訟行為が同28条により直ちに無効とされるものではないと解するのを相当とする」としている（なお，この判決の事例は，現実の譲渡ではなく，訴訟提起前に弁護士との間で売買予約が行われ，それに基づく所有権移転登記請求権仮登記があっただけのものである。）。

学説では，本条違反の訴訟行為の効力につき有効説が多数とされ（福原・152頁，桜田・273頁，谷口・前掲100頁），その理由としては，本条は法25条の直接的禁止（「職務を行つてはならない」と規定）と異なり，間接的禁止（「譲り受けることができない」と規定）となっていること，訴訟行為を無効とすることは弁護士を信頼して事件を依頼した当事者に不測の損害を与え，究極的に当事者の利益保護を目的としている法の趣旨に反する結果となること（桜田），私法上の効力を無効とするだけで十分であって，訴訟行為を無効としても弁護士の制裁にもならず，弁護士の品位が保持されるものでもないこと（谷口）などが挙げられてきた。

この点，前記有効説の理由付けにも挙げられているとおり，本条は，あくまで係争権利の「譲受け」を禁止する規定であり，譲り受けた権利に基づく訴訟行為を禁止する規定ではない。従って，訴訟行為が直接本条に違反する場面は少ない。あえて考え得るとすれば，訴訟上の和解や請求の認諾が本条違反の内容を含む場合があるが，この点については，訴訟上の和解や請求の認諾の有効要件の一つとして，その内容が強行法規や公序良俗に反しないものであることが挙げられている（伊藤眞『民事訴訟法（第4版補訂版）』456，466頁）。前述のとおり，本条違反の行為の私法上の効力について，本条違反の行為といえども直ちに無効となるものではなく，公序良俗に反する場合に無効となるとの考え方からすれば，係争権利の譲受けが公序良俗に反し，その私法上の効力が否定されるような場合には，訴訟上の和解や請求の認諾も無効になるものと解される。

一方，弁護士が係争中の権利を譲り受けて以後訴訟を追行する場合の当該弁護士の訴訟行為については，直接本条に違反するものではない。この点，一般に，自称権利者の権利取得過程に公序良俗違反等の瑕疵があり，その権利取得が無効とされる場合であっても，自称権利者の行う訴訟行為自体が無効となるものではない。この場合，当該自称権利者が無権利者であるとして請求棄却の判断が下される。これとの対比で言えば，弁護士による係争権利の譲受けが公序良俗違反により無効とされる場合であっても，当該弁護士の訴訟行為自体が無効となるものではなく，単に弁護士の権利譲受けが無効であり，当該弁護士は無権利者であるとして，その請求を棄却すれば足りるものと解される（注）。このように解したとしても，本条の趣旨が害されることはない。

前掲最判昭和35年3月22日については，本条違反の訴訟行為の効力について有効説を採ったと解されているが，訴訟委任やこれに基づく訴訟行為が直接本条に違反するものではないことからその効力を有効としたものとも解し得る。

なお，訴訟遂行中の弁護士が，相手方から権利を譲り受け，以後かつての依頼者に対して訴訟行為を行うような場合に関して，例外的に訴訟行為自体を禁じる必要性も考えられる（谷口・前掲100頁は，当初の依頼者に不利益となる訴訟行為を無効と解する余地があるとする）。しかし，このような場合には，本条違反というよりは，実質的に法25条に違反する訴訟行為として，その効力を検討すれば足りるものと思われる。

（注） 裁判所で係争中の権利につき譲渡が行われた場合（制限説に立つ場合本条違反が問題となるのは主としてそのような場合である），譲受人の弁護士が訴訟を承継し，譲渡人（従来の原告）は訴訟から脱退することが予想される。この場合，後に係争権利の譲渡が無効とされ，譲受人たる弁護士の請求を棄却する判決が出された場合，当該判決の効力が係争権利の譲渡人に如何なる影響を及ぼすかという問題がある。この点は訴訟脱退の際の判決効を如何に考えるかの問題に関わる。

（依頼不承諾の通知義務）
第29条 弁護士は，事件の依頼を承諾しないときは，依頼者に，すみやかに，その旨を通知しなければならない。

【1】 本条の趣旨

弁護士は，法24条の場合を除いては，一般の事件の依頼を引き受けなければならない義務はない。しかし，弁護士に対して事件を依頼しようとする者は，当該弁護士を信頼してこれを行うものであるから，依頼を承諾しない場合は，速やかにその旨を通知して，その依頼者が他の弁護士に依頼する等の方法をとる機会を与えるようにしなければならないものとした規定である。本条は弁護士法人に準用されている（法30条の21）。

なお，福原（154頁）は，弁護士に対する一定範囲の事件受託の強制制度の必要性を説き，「本条では，事件の依頼があった場合において，これを引き受けるか否かの通知を発する義務を課することによって，その個々の事件に即して，当該弁護士が自発的な献身をし，その他の良心的な措置に出ることを期待しているものということができる」としている。

【2】 沿　革

1　本条は，旧法26条に「弁護士ハ事件ノ委嘱ヲ承諾セザルトキハ速ニ其ノ旨ヲ委嘱者ニ通告スベシ若通告ヲ怠リタルトキハ之ガ為生ジタル損害ヲ賠償スル責ニ任ズ」と定めていたのを踏襲し，通告をしないときの損害賠償義務を削除したものである。

その旧法の規定は，旧々法16条が「弁護士ハ訴訟事件ノ委任ヲ承諾セサルトキハ速ニ其ノ旨ヲ委任者ニ通告スヘシ若通告ヲ怠リタルトキハ之カ為メ生シタル損害ノ責ニ任ス」と定めていたところを，「訴訟事件」を更に広い「事件」に，「委任」を「委嘱」に改めたものであった。

そして，その旧々法の規定も，当時のドイツ帝国弁護士法30条の「弁護士は，職業上の依頼を受けこれを承諾し得ざるときは，遅滞なく拒絶の通知をすべし。これに違反したるときは，遅滞により生じたる損害を賠償すべき義務を負うべきものとす」とあったのに対して，若干の字句修正を加えて制定されたものであった（福原・153頁）。

なお，ドイツ連邦共和国弁護士法44条も，「弁護士は，職務上依頼を受け，その依頼を引き受ける意思をもたないときは，遅滞なく拒否の意思を表明しなければならない。弁護士は，この表明を自己の責に帰すべき事由により遅滞したときは，これによって生じた損害を賠償しなければならない」と定めている（日弁連編『弁護士

――独立の司法機関』248頁参照)。

2　本条が，旧法にあった損害賠償義務を取り入れなかったのは，民法709条以下の一般的処理で十分と考えられたこと，及び旧法当時から根強くあった批判や削除論を考慮したためではないかと思われる。

すなわち，旧法における損害賠償義務を負わせる規定は，弁護士に対して過酷であり，かつ弁護士を侮辱するものであるとか，どの程度に至れば委嘱となるのかが不明確であるうえ，依頼不承諾の通知を出すことは弁護士の習慣に反するものである等といわれていたのであった。

また，狡猾な依頼者が，弁護士を無報酬又は僅少な費用で利用しようとして，期日の切迫した時期に乗じて手紙等で依頼をなし，着手金等の費用を払わずして弁護士に所要の手続をなさしめるような行為に及ぶ弊害が考えられるとし，この観点から「弁護士ハ費用及手数料ヲ受クルニ非サレバ委嘱事務ヲ処理シ又ハ委嘱事務ニ関シテ受取リタル書類ヲ返還スル義務ナシ」との規定を設けるべきだとする建議をする弁護士会もあったとのことである（金子・240頁以下参照)。

【3】 事件の依頼の不承諾

本条が弁護士に通知義務を課しているのは，事件の依頼を承諾しない場合に限っている。従って，事件の依頼を受諾するときは，本条の通知は不要である。

ここに「事件」とは，法3条に定める弁護士の職務に関する事件全般をいい，承諾しないことについては，これを正当と認める理由が必要なわけではない。この点は，司法書士が，正当な理由がある場合でなければ依頼（簡裁訴訟代理等関係業務に関するものを除く）を拒めないものとされ（司法書士法21条)，また，医師が，正当な事由がない限り診察治療を拒めないものとされる（医師法19条）のと異なっている。

従って，弁護士は，法24条の場合を除いては，自由に事件の依頼を受諾しないことができる。

【4】 不承諾の通知

事件の依頼を承諾しないときは，速やかに，承諾しない旨を依頼者に対して通知しなければならない。この通知は，書面，口頭等どのような形式によってもよい。通知は，事件の依頼を承諾しない趣旨が判ることを要し，またそれで足りる。承諾しない理由については，通知する必要はない。

「すみやかに」とは，一義的には決定できないが，弁護士が依頼を承諾しない意思を決定したときからできるだけ早くという意味である。

【5】 本条違反の効果

本条に違反した弁護士の行為については，処罰規定がない。但し，懲戒の理由となることはあり得る。

なお，前述したように，通知をしなかったことによる損害賠償義務の規定はなくなっているが，通知の懈怠が民法709条以下の不法行為の要件を満たせば，依頼者の被った損害を賠償しなければならないのは当然である（福原・153頁）。

（営利業務の届出等）

第30条 弁護士は，次の各号に掲げる場合には，あらかじめ，当該各号に定める事項を所属弁護士会に届け出なければならない。

一 自ら営利を目的とする業務を営もうとするとき 商号及び当該業務の内容

二 営利を目的とする業務を営む者の取締役，執行役その他業務を執行する役員（以下この条において「取締役等」という。）又は使用人になろうとするとき その業務を営む者の商号若しくは名称又は氏名，本店若しくは主たる事務所の所在地又は住所及び業務の内容並びに取締役等になろうとするときはその役職名

2 弁護士会は，前項の規定による届出をした者について，同項各号に定める事項を記載した営利業務従事弁護士名簿を作成し，弁護士会の事務所に備え置き，公衆の縦覧に供しなければならない。

3 第1項の規定による届出をした者は，その届出に係る事項に変更を生じたときは，遅滞なく，その旨を所属弁護士会に届け出なければならない。届出に係る業務を廃止し，又は届出に係る取締役等若しくは使用人でなくなつたときも，同様とする。

4 弁護士会は，前項の規定による届出があつたときは，直ちに，営利業務従事弁護士名簿の記載を訂正し，又はこれを抹消しなければならない。

【1】沿　革

1 本条は営利業務の届出について規定したものであるが，従来は，以下のとおり公務就任及び営業等が制限されていた。

2 **旧々法6条**

第6条 弁護士ハ報酬アル公務ヲ兼ヌルコトヲ得ス但シ帝国議会議員，府県会常置委員ト為リ又ハ官庁ヨリ特ニ命セラレタル職務ヲ行フハ此ノ限ニ在ラス

2 弁護士ハ商業ヲ営ムコトヲ得ス但シ弁護士会ノ許可ヲ得タルモノハ此ノ限ニ在ラス

3　旧法27条

第27条　弁護士ハ報酬アル公務ヲ兼ヌルコトヲ得ズ但シ帝国議会若ハ地方議会ノ議員ト為リ又ハ官署若ハ公署ヨリ特ニ命ゼラレ若ハ嘱託セラレタル職務ヲ行フハ此ノ限ニ在ラズ

2　弁護士ハ所属弁護士会ノ許可ヲ受クルニ非ザレバ商業其ノ他営利ヲ目的トスル業務ヲ営ミ若ハ之ヲ営ム者ノ使用人ト為リ又ハ営利ヲ目的トスル法人ノ業務執行社員，取締役若ハ使用人ト為ルコトヲ得ズ

4　現行法施行時の法30条

（兼職及び営業等の制限）

第30条　弁護士は，報酬ある公職を兼ねることができない。但し，国会若しくは地方公共団体の議会の議員その他常時勤務を要しない公務員となり，又は官公署より特定の事項について委嘱された職務を行うことは，この限りでない。

2　弁護士は，所属弁護士会の許可を受けなければ，営利を目的とする業務を営み，若しくはこれを営む者の使用人となり，又は営利を目的とする法人の業務執行社員，取締役若しくは使用人となることができない。

5　平成15年改正前法30条

（兼職及び営業等の制限）

第30条　弁護士は，報酬ある公職を兼ねることができない。ただし，衆議院若しくは参議院の議長若しくは副議長，内閣総理大臣，国務大臣，内閣官房副長官，内閣危機管理監，内閣官房副長官補，内閣広報官，内閣情報官，内閣総理大臣補佐官，副大臣（法律で国務大臣をもつてその長に充てることと定められている各庁の副長官を含む。），大臣政務官（長官政務官を含む。），内閣総理大臣秘書官，国務大臣秘書官の職若しくは国会若しくは地方公共団体の議会の議員，地方公共団体の長その他公選による公職に就き，一般職の任期付職員の採用及び給与の特例に関する法律（平成12年法律第125号）第５条第１項（裁判所職員臨時措置法（昭和26年法律第299号）において準用する場合を含む。）に規定する任期付職員，自衛隊法（昭和29年法律第165号）第36条の４第１項に規定する任期付隊員若しくは地方公共団体の一般職の任期付職員の採用に関する法律（平成14年法律第48号）第５条第１項に規定する特定任期付職員若しくは一般任期付職員となり，若しくは常時勤務を要しない公務員となり，又は官公署より特定の事項について委嘱された職務を行うことは，この限りでない。

2　弁護士は，前項但書の規定により常時勤務を要する公職を兼ねるときは，

その職に在る間弁護士の職務を行つてはならない。

3　弁護士は，所属弁護士会の許可を受けなければ，営利を目的とする業務を営み，若しくはこれを営む者の使用人となり，又は営利を目的とする法人の業務執行社員，取締役，執行役若しくは使用人となることができない。

【2】 平成15年改正前法30条の立法趣旨

平成15年改正前法30条の立法趣旨は以下の点にあった。

1　第1項，第2項の立法趣旨

平成15年改正前法30条1・2項において公職就任が制限されていた趣旨は，第1に，弁護士は国民の側にあってその職責を果たすことを本質とする職業であるから，その職務が公正かつ誠実に遂行されるためには，権力の行使から距離を置くべきであること，第2に，兼職によって弁護士の事務遂行に障害が発生するおそれがあるので，これを防止することという2点にあると解される（公職禁止の趣旨については，金子・245頁，福原忠男・司法研修所『弁護士法解説』54頁，福原・156頁を参照）。

2　第3項の立法趣旨

平成15年改正前法で営利業務が許可制であった趣旨は，弁護士が営利の目的のための事業等に携わることを何らの制約なくして認める場合には，弁護士の品位と信用の保持に十全を期し難くなるおそれがあるため，弁護士会の許可を要するとすることによって，これを保持し，また，弁護士の品位と信用の保持についての弁護士会の指導・監督を遺漏なきように期そうとしたものであった。旧々法6条，旧法27条も同趣旨である。

【3】 改正法の立法趣旨

今日は，平成15年改正前法時代と異なり，国際化の進展，社会情勢の変化，価値観の多様化，様々な分野の複雑化・専門化その他時代背景に基づく新たな問題が顕出している。そのため，法曹需要が増大し，弁護士の活動領域の拡大が強く望まれるようになった。

すなわち，基本的人権の擁護と社会正義の実現を使命とする弁護士が，個人や法人の代理人，弁護人としての活動にとどまらず，今日の諸問題に積極的に対応し，公的機関，国際機関，特定非営利活動法人（NPO），民間企業，労働組合など社会の隅々に進出して多様な機能を発揮し，法の支配の理念の下，その健全な運営に貢献することが社会から大きく期待されているのである（「司法制度改革審議会意見書　Ⅲ　司法制度を支える法曹の在り方　第3弁護士制度の改革　2弁護士の活動領域の拡大」参照）。

公職については，近時，国及び地方公共団体の立法機関並びに行政機関における業務の複雑化，専門化により法律事務の専門家である弁護士が関与する必要性が高まっているばかりか，弁護士が公職に就任することによって公権力の適切な行使が期待できる。

また，営利業務については，弁護士が営利業務に携わることが必ずしも弁護士の品位と信用の低下をもたらすものではなく，今日の企業活動においては，社会の国際化，高度化，複雑化に伴い，独禁法，PL 法，知的財産法等の各種法律問題が発生しており，これらに対して，各企業が事前・事後に適切に対応することが極めて重要な課題となっているほか，コンプライアンス経営及び企業倫理の確保も一層強く求められており，むしろ弁護士がこれらのニーズに的確に対応することへの期待も飛躍的に増大している。

そこで，平成15年改正法は，公職就任制限及び営利業務の事前許可制を撤廃し，営利業務については，営利業務従事弁護士の状況を把握し，弁護士会が倫理研修の充実，綱紀・懲戒の適切な運用等によって弁護士倫理の遵守を図るために，届出制とした。

なお，常時勤務を要する報酬のある公職を兼ねるときは所属弁護士会に届け出る旨会則で規定されているが（会則28条の 3），これは常勤の公務員の場合，弁護士の職務の独立性及び事務遂行につき問題があることが従来より指摘されていたことから，事後的に適正な監督ができるようにする趣旨である。

【4】 第1項

本項は営利業務の届出制について規定したものである。届出を要するのは次の場合である。

1　自ら営利を目的とする業務を営もうとするとき

「営利を目的とする業務」とは，商業のみではなく，工業あるいは漁業等であっても営利を目的とするものであれば，これに含まれる。その判断は，業種によっては定型的に認められるものであるが，農業や漁業等の業種については，自家用の飯米や野菜を生産する程度であれば，営利を目的とするものとはいえないし，小規模の山林地主で冠婚葬祭の費用のために立木を伐採するようなことも，同様に解してよいと思われる（国家公務員法103条，地方公務員法38条を参照。橋本勇『新版逐条地方公務員法（第 1 次改訂版）』683頁）。また，単に企業に出資するだけであれば，直ちに「自ら営利を目的とする業務を営もうとするとき」に当たるものではないが，出資の割合や経営への関与の実態などから，弁護士が実質的に当該企業を経営しているといい得る場合には，なお「自ら営利を目的とする業務を営もうとするとき」に該当する。

なお，その業務を行うことによって弁護士業務が物理的に制約されることは要件ではない。

2　営利を目的とする業務を営む者の取締役，執行役その他業務を執行する役員又は使用人となろうとするとき

⑴ 「者」とは，自然人のみならず法人，権利能力なき社団も含まれる。

ここでいう「法人」とは，営利すなわち専ら構成員の私益を目的とし，団体の利益を何らかの形式で構成員に分配することを目的とする一切の法人をいい，会社法に基づいて設立される株式会社，合名会社，合資会社及び合同会社をはじめ，旧有限会社法に基づく特例有限会社も当然に含まれる。

なお，「営利を目的とする法人」に該当するか否かの判断は，その法人の設立根拠となる法令が当該法人を営利目的としているか，非営利目的としているかによるのであって，その法令により非営利法人とされているものは，その社会的活動実態の如何にかかわらず「営利を目的とする法人にはあたらない」（昭和57年９月17日付日弁連事務総長回答）。

⑵ 「取締役」とは，株式会社及び特例有限会社の取締役をいい（会社法348条１項，旧有限会社法25条），社外取締役も含まれる。「執行役」とは，会社の執行役（会社法402条）をいう。「その他業務を執行する役員」とは，持分会社における「業務を執行する社員」（会社法590条・591条）及び法人が業務を執行する社員である場合の「職務執行者」（同法598条）をいう。

⑶ 「使用人」とは，実質的な支配従属関係の下にある使用人をいい，従業員はもとより，いわゆる執行役員もこれに当たる。必ずしも雇用関係にあることを要せず，また報酬を得ることも不要である。弁護士業務の一つである会社の顧問については，弁護士が会社の外部にあって独立の立場で就任するものであり，実質的に当該法人の支配従属関係の下にあるとはいえないから，使用人には該当しない。

3　所属弁護士会への届出

⑴ 届出制となったことから，所属弁護士会は当該営利業務の内容を理由に届出を拒否したり，条件等をつけることはできない。

もっとも，営利業務に関しその品位を失うべき非行があったと認められる場合は，事後的に懲戒の対象となる（法56条）。

⑵ 営利業務の届出の要否についての具体例は，次のとおりである。

①　中小企業等協同組合法に基づく信用協同組合の理事等　　信用協同組合，農業協同組合，水産業協同組合，森林組合，消費生活協同組合等の各種協同組合は，実質的には営利企業類似の行為を行っている部分もあるが，それぞれを規制する法律で営利を目的としないものとされているので，これらの理事は「営利を目的とする業務」にはあたらず，届出は必要ない。

②　医療法人，学校法人，社会福祉法人，宗教法人の理事等　　医療法人は，医療法39条に基づき設立される法人であるが，同法54条により剰余金の配当が禁止されている等非営利性が認められる。裁判例も，医療法人につき，「いわゆる営利法

人ではなく，さりとていわゆる公益法人そのものでもなく，いわば両者の中間に位し，むしろ公益を目的とする事業を行うと判示しており（東京地判昭和46・7・15行裁例集22巻7号963頁。その他，東京高判昭和49・10・17行裁例集25巻10号1254頁），「営利を目的とする業務を営む者」に当たらないので，届出は必要ない。私立学校法3条に定める学校法人は，公共的性格が強く（私立学校法1条），収益を目的とする事業を行うことができるものの，収益事業は，学校教育に支障のない限りでその収益を私立学校の経営に充てるために認められているにすぎず（同法26条1項），「営利を目的とする業務を営む者」に当たらず，届出は必要ない。社会福祉法人及び宗教法人についても同様に，届出は必要ない（社会福祉法26条，宗教法人法6条）。

③　商工会議所の役員　　商工会議所は，商工会議所法によって営利を目的としてはならないとされており，「営利を目的とする法人」には当たらず，届出は必要ない。

④　株式会社の監査役　　本条1項は明文上監査役を含めていないばかりか，監査役は業務を執行する役員ではないから，同項の適用はなく，届出は必要ない。

⑤　株式会社の清算人，更生会社の取締役　　営利を目的とする法人であっても，解散によって清算手続に入った法人は，既に営利の目的を喪失し，法人も清算事務の執行という目的の範囲内において存続するに過ぎないから，「営利を目的とする業務を営む者」には当たらない（平成2年8月9日付日弁連事務総長回答参照）。これに対し，更生会社は事業の維持更生を図るものであるから，「営利を目的とする業務を営む者」に当たり，その取締役は届出が必要である。

⑥　株式会社の発起人　　そもそも発起人の行為は営利業務ではないから，営利を目的とする業務を営む者の役員等には当たらず，届出は必要ない。

⑦　一般社団法人，一般財団法人の役員　　一般社団法人及び一般財団法人は，営利を目的としないものであるから（一般法人法11条2項・153条3項2号），届出は必要ない。

⑧　隣接士業　　司法書士業務，税理士業務は，営利を目的とする業務には当たらないので，届出は必要ない。税理士法人の使用人についても同様である（平成16年3月26日付日弁連事務総長回答）。その他，行政書士，社会保険労務士，公認会計士の各業務を行う場合も同様と解される。

⑨　取締役職務代行者及び仮取締役　　取締役職務代行者（民事保全法23条2項参照），仮取締役（会社法346条）については，いずれも裁判所が選任及び解任の専権を有し，弁護士会の届出あるいは届出の取消しということを受け容れる余地の見出し難いこと，また，取締役職務代行者の法律上の地位は仮処分によって創設された一種の公職と解されており，仮取締役の地位も適法な取締役会が開催できない場合等

の不都合を解消するために後見的に定められた暫定的なものと解される等の理由から，営利を目的とする法人の仮取締役であっても，弁護士会への届出は要しない（平成4年6月24日付日弁連事務総長通知参照）。

⑩　特定非営利活動法人の役員　　特定非営利活動法人は，特定非営利活動促進法により営利を目的としないものとされているので，「営利を目的とする法人」には当たらず，届出は必要ない。

⑪　その他　　アパート経営，駐車場経営，経営コンサルタント等は，弁護士の職務の範囲内ではなく，「営利を目的とする業務」であるから，届出が必要である。

4　届出事項（営利業務の届出等に関する規程2条）

⑴　自ら営利を目的とする業務を営もうとするとき

①　商号

②　当該業務内容

⑵　営利を目的とする業務を営む者の取締役，執行役その他業務を執行する役員又は使用人になろうとするとき

①　その業務を営む者の商号若しくは名称又は氏名

②　本店若しくは主たる事務所の所在地又は住所

③　業務の内容

④　取締役等になろうとするときはその役職名

なお，営利を目的とする業務を営む者が法人である場合は，当該法人の登記事項証明書を添付しなければならない（営利業務の届出等に関する規程3条）。

【5】　第2項，第3項，第4項

本条2項は，弁護士会が，営利業務従事弁護士の名簿を作成すること，同名簿を弁護士会事務所に備え置くこと，同名簿を公衆の縦覧に供することを義務化した規定である。弁護士会が届出のあった弁護士の営利業務従事状況を把握し，監督権の行使及び一般市民が営利業務従事弁護士について監視可能な状態に置くことができるようにする趣旨である。

本条3項は，届出事項に変更があった場合，届け出た業務を廃止又は届出に係る取締役等若しくは使用人でなくなった場合の届出義務を規定したものである。

本条4項は，変更届出があった場合の，弁護士会の名簿の訂正又は抹消義務を規定したものである。いずれも本条2項と同様の趣旨である。

第4章の2　弁護士法人

【1】　はじめに

平成13年6月1日，第151回国会において，弁護士事務所の法人化を可能にする，弁護士法の一部を改正する法律が成立し，同月8日公布され，平成14年4月1日から施行された。

【2】　弁護士法人制度の目的

弁護士法人制度の目的は，弁護士業務の基盤を拡大強化することにより，複雑多様化する法律事務に対応し，国民の利便性の一層の向上を図ることにある。すなわち，弁護士事務所を法人化することにより，受任・雇用・財産保有等の弁護士事務所をめぐる法律関係を明確化するとともに，事務所の永続性を確保し，これにより，弁護士業務の共同化・分業化・総合化等を促進してその基盤を拡大強化し，高度に専門化した質の高い多様な法律サービスを安定的に提供することを可能にすることによって，社会の変化に伴い，複雑多様化する法律事務に的確に対応し，国民の利便性を一層向上させようとするものである。

また，法人が受任主体となることにより，委任契約は担当弁護士の死亡等による影響を受けず，依頼者が安心して継続的に法人に事務処理を委ねておくことができるようになることから，事務所の資産と弁護士の個人資産が分別され，経営が合理化されること等と併せ，依頼者の地位は安定・強化されることになる。

更に，弁護士法人制度は，飛躍的に増加する弁護士人口を吸収する環境整備を進め，幅広く国民に密着した少額事件等から高度の専門性・国際性を要する複雑・困難な大規模事件に至るまで，的確に対応することが可能になるとともに，組織的バックアップや弁護士が特定の事件に専従することが容易になることから，裁判の充実・迅速化にも資するものと期待される。また，公職への就任をはじめとする弁護士の活動領域の拡大の基礎となるとともに，従たる法律事務所の設置による弁護士へのアクセス拡充や弁護士過疎問題への対応等さまざまなメリットを期待することができるのである（黒川＝坂田「弁護士法の一部を改正する法律（弁護士法人制度）の概要」NBL716号35頁）。

【3】　弁護士法人制度成立までの経過

1　昭和39年の臨時司法制度調査会意見書で，「弁護士活動の共同化」及び「弁護士の大都市偏在化」が取り上げられたことを契機に，昭和40年代以降，弁護士事務所の法人化問題について，弁護士，弁護士会等による検討と各種構想・試案の公表等の取組がなされてきた。

2 日弁連は，平成6年1月，弁護士業務対策委員会（現在の弁護士業務改革委員会）に対し，弁護士事務所法人化問題を含む「弁護士業務改革6ケ年計画」の策定諮問をした。同委員会は，法務法人法（試案）を策定し，各弁護士会に対する意見照会等を経て，平成9年11月答申書を日弁連会長宛に提出した。

これを受けて，日弁連は，この答申書を会内討議資料として更に全会的な意見の集約を図るため，法律事務所法人化問題協議会を設置し，同協議会は，各弁護士会に対する意見照会，集中的な全体討議等の結果，平成10年11月「法律事務所の法人化に関する意見書」を取りまとめた。

日弁連は，この意見書を理事会において審議し，同年12月，「法律事務所法人化問題に関する基本方針」を決議するとともに，これに基づいて行う法務省との意見交換をバックアップすることなどを目的・任務として，法律事務所法人化問題検討ワーキンググループを設置した。

3 他方，政府による取組として，平成9年3月，「規制緩和推進計画の再改定について」（閣議決定）において，法律事務所法人化が規制緩和等の具体的措置として盛り込まれて以降，その後の改定，再改定においても，引き続き分野別措置事項に掲げられていた。

更に，司法制度改革審議会においても，法曹の圧倒的多数を占め，国民と司法の接点を担っている弁護士について，その執務体制や専門性の未発達など，弁護士のあり方について検討する必要があるとされた（平成11年12月21日「司法制度改革に向けて―論点整理」）。

4 このような状況を踏まえ，日弁連と立案を担当する法務省との間で，あるべき弁護士事務所の法人化を実現するという共通の目的のために，平成11年1月，法律事務所法人化問題に関する意見交換会が設置された。同意見交換会における議論に基づき，日弁連と法務省間の議論の到達点を集約すべく，平成12年3月17日の理事会において「基本方針」が決議され，更に，同年6月17日の理事会において，「従たる事務所に関する基本的考え方」が承認された。

5 以上の経過を踏まえ，日弁連は，平成13年2月9日の臨時総会で，弁護士事務所法人化立法に向けて，次の事項を基本方針として承認した。

法律事務所の法人化に関する基本方針（平成13年2月9日）

日本弁護士連合会は，弁護士が法人組織によって法律事務を取り扱う道を開くことにより，高度に専門化した多様な法律サービスを安定的に供給することを可能にし，多様化する国民の法的需要にこたえるなどその利便性の向上に資することを目的として以下の基本原則に沿った法律事務所法人制度の実現にとり組む。

1　弁護士法人（仮称。以下同じ。）の設立のあり方については，準則主義によるものとする。

2　社員は弁護士に限るものとする。

3　社員の対外的責任については，無限責任制を基本としつつ，受任業務遂行に関与しない社員の有限責任制の導入をはかるものとする。

4　弁護士法人が主たる事務所とは別に従たる事務所を設置することを認める。この場合，従たる事務所には，その地域の弁護士会の会員たる社員弁護士が常駐しなければならず，当該弁護士会は，従たる事務所の指導・監督権を有するものとする。ただし，当該弁護士会が当該法律事務所の周辺における弁護士の分布状況その他の事情を考慮して常駐しないことを許可したときは，常駐することを要しない。

5　弁護士法人は，自然人たる弁護士に準じて，弁護士会及び日本弁護士連合会の会員となり，その監督に服するものとする。

6　弁護士法人の行いうる業務は，自然人たる弁護士が行いうる業務及びその附帯業務を基本とする。

7　弁護士法人についても，自然人たる弁護士と同様に，弁護士法に定められた権利と義務に関する規定を準用することを基本とする。

8　その他の具体的諸条件については，理事会の定めるところによる。

更に，同年3月16日の理事会において，上記第8項の具体的諸条件につき，16項目の基本的考え方を決議した。

6　平成13年2月9日の臨時総会で承認された基本方針に基づき，日弁連は法務省と意見交換を継続し，法務省において，この協議の結果を踏まえて法案を取りまとめ，平成13年3月6日，内閣提出法案として国会に提出され，衆・参両院において，いずれも原案どおり全会一致で可決・成立に至ったのである。

【4】 弁護士法人制度の概要

弁護士法人制度の概要は次のとおりである。

1　設　　立

弁護士法人の社員は弁護士に限り，設立の方式については，準則主義による。

2　業務範囲

弁護士法人は，法3条に規定する業務を行うほか，定款で定めるところにより，法務省令で定める業務の全部又は一部を行うことができる。但し，一定の訴訟関係事務については，法人が受任主体となるものの，法人自体が訴訟代理人等となるものではなく，社員又は使用人である弁護士に行わせる事務の委託を受ける。

3 業務執行

原則として，全社員が，業務執行権限・代表権限を有するが，特定の事件について業務執行を担当する社員を指定することができる。指定がされた場合，指定事件については，指定を受けた社員（指定社員）のみが，業務執行権限・代表権限を有する。

4 社員の対外的責任

弁護士法人がその債務を完済できない場合には，原則として，全社員が無限連帯責任を負うが，指定がされた場合において，指定事件について依頼者に対して負担した弁護士法人の債務については，指定社員（指定社員であった者を含む）のみが，連帯してその弁済の責めに任ずる。

指定の前後を問わず，指定を受けずに指定事件に係る業務に関与した社員は，その関与にあたり注意を怠らなかったことを証明した場合を除き，指定社員と同一の責任を負う。

5 従たる法律事務所

弁護士法人は従たる法律事務所を設けることができる。

6 弁護士法人の監督

弁護士法人は，弁護士会及び日弁連の会員になるものとし，これらの監督を受ける。

なお，弁護士法人が弁護士会や日弁連にどのような権利義務を有するかは，各会則の定めるところによる。

（設立等）

第30条の2 弁護士は，この章の定めるところにより，第3条に規定する業務を行うことを目的とする法人（以下「弁護士法人」という。）を設立することができる。

2 第1条の規定は，弁護士法人について準用する。

【1】 本条の趣旨

弁護士法の例外として，弁護士は弁護士のみを社員として弁護士業務を行うことを目的とする弁護士法人を設立することができることを認めた規定である。株式会社や中間法人などによって弁護士のみが集まって法人を設立した場合においても，本章の規定による法人でなければ弁護士業務を行うことはできず，本章の規定によらない法人の場合は，弁護士業務を行えば，法72条違反となることを意味する。

弁護士法人については最低社員数の定めはなく，いわゆる一人法人の設立も許容されている（法30条の14第７項を参照。ちなみに，弁理士の特許業務法人の設立を定めた弁理士法43条１項には「社員になろうとする弁理士が，共同して定款を定めなければならない」とあり，２名以上の社員を前提にしている)。これは，現在わが国の弁護士事務所の多くが，１人の経営弁護士が勤務弁護士を雇用する，いわゆる親弁型事務所であり，これら親弁型事務所においても法人化の要望が強いことから，そのような実状等を考慮しつつ，法人化により弁護士個人と事務所の資産の区別を図るとともに，弁護士業務の一層の共同化を可能とする途を開き，その業務提供基盤の拡大・強化を図るため，一人法人の設立を認めることとしたものである（黒川＝坂田＝髙木・45頁参照)。

本条２項は，弁護士法人も，弁護士と同じく基本的人権の擁護と社会正義の実現を使命とすることを明らかにしたものである。法１条の重要性に鑑み，法30条の21でまとめて準用するのではなく，弁護士法人の設立根拠を定めた規定の次に特別に設けられた。

【2】 準則主義が採用された経緯

弁護士法人については，法定の要件を満たせば，許認可等を問題としないで，当然に法人格を付与する準則主義が採用された。

法人の設立に関する方式には，準則主義のほか，法人の設立を強制する強制主義，特別法を制定して国の特別な管理下に置く特許主義，法定の要件を具備させた上，主務官庁の許可を要するものとする許可主義，法定の要件を具備させた上，主務官庁の認可を必要的とする認可主義などがあり，日弁連が認可する方式も検討されたが，いずれも採用されなかった。弁護士法人は，弁護士のみを社員として設立されるものであり，こうした資格者のみによって設立され，設立後も法人及び社員個人に対して懲戒権を裏付けとする監督が及んでいる法人について，さらに設立行為に実質審査を要するとすることは必要ではない。むしろ，許認可等の煩雑な手続を不要とすることによって弁護士法人の設立を促進するとともに，関係者の利益保護のために最低限の法的措置を講じるために準則主義をもって足りると考えられた。

ちなみに，特許業務法人（弁理士法37条以下）や監査法人（公認会計士法34条の２の２以下）についても準則主義が採用されている。これに対し，医療法人については，都道府県知事の認可を要する（医療法44条)。

（名称）

第30条の3 弁護士法人は，その名称中に弁護士法人という文字を使用しなければならない。

【1】 本条の趣旨

弁護士法人の名称としては，法務法人，法律事務法人，弁護士法人などが検討された。法務法人という名称は法務省との関係について誤解を招くおそれがあり，また，法律事務という用語は，その示す範囲が非常に広汎で，その一部については司法書士等の他の専門職も業務としているため，それらの名称が必ずしも弁護士による法人を示すものとは受け止められないおそれがあり，弁護士法人とされた。

なお，ここにいう「名称」は弁護士法人の法人としての名称を指す。法人としての名称と事務所の名称との相違等については後述【2】を参照されたい。以下，本条の解説においては，「法人としての名称」を「法人名称」，「法律事務所としての名称」を「事務所名称」という。

【2】弁護士法人の名称と法律事務所の名称

本条が規制するのは，弁護士法人の法人名称のみである。従って，弁護士法人が設置した法律事務所の事務所名称中に「弁護士法人」という文字を使用する必要はない。

ところで，平成13年の弁護士法改正により弁護士法人制度が導入された当時，弁護士法人がすなわち法律事務所であって，主たる法律事務所については，法人名称とは別に事務所名称を観念してはいなかった。

これは，次のような理由による。

① 弁護士法人制度の目的は，弁護士事務所を法人化することにより，受任・雇用・財産保有等の弁護士事務所をめぐる法律関係を明確化するとともに，事務所の永続性を確保することなどにあるのであって，従来，法人格を有さず，契約主体となることもできなかった弁護士事務所を法人化して，これを可能ならしめようとするのが法の趣旨である。従って，法律事務所が法人化したものが（主たる）法律事務所である以上，法人名称とは別に主たる法律事務所の事務所名称を観念することはできないし，その必要もない。

② 弁護士法人制度は，自然人たる弁護士と並んで，弁護士法人という法律事務の受任主体を設けたのであって，弁護士法人は，自然人たる弁護士がそうであるように，法律事務所の設立主体となるとの考え方は，弁護士個人の氏名とは別に法律事務所の名称があるのと同様，法人名称とは別に主たる法律事務所の事務所名称を

観念することにつながるが，弁護士法の規定は，そのような法制を採っていないものと理解しうる。例えば，医療法人は，まさに病院等の開設主体と考えられているが，医療法における医療法人の位置づけと，弁護士法における弁護士法人の位置づけは全く異なる。すなわち，医療法39条1項は，「病院……を開設しようとする社団又は財団は，この法律の規定により，これを法人とすることができる」と規定し，医療法人が病院の開設主体であることが明確になっている（なお，法30条の2第1項は，「弁護士は，この章の定めるところにより，第3条に規定する業務を行うことを目的とする法人（以下「弁護士法人」という。）を設立することができる」と規定する）。また，医療法44条2項は，医療法人の定款又は寄附行為の必要的記載事項として，法人の名称（同項2号）とともに，「その開設しようとする病院……の名称及び開設場所」（同項3号）を定めており，この点でも，医療法人が病院の開設主体であることは法文上明らかとなっている（なお，同号により，医療法人の名称と病院の名称とが別であることも明らかになっている）。これに対して，弁護士法人の定款の必要的記載事項としては，（法人の）名称（法30条の8第3項2号），法律事務所の所在地（同項3号）といった規定のされ方となっており，弁護士法人をもって法律事務所の設置主体と捉える立場を法文上採用していない。

③　弁護士法人をもって法律事務所の設置主体と捉えるとすれば，単に名称の問題に止まらず，複数の自然人たる弁護士が共同して事務所を設置するように，弁護士法人と「その社員でも使用人でもない弁護士」とが共同で事務所を設ける（事務所を共にする）ことも可能となるとの解釈が導き出される余地があるが，かようなことが認められた場合に想起されうる問題，例えば，弁護士法人と，当該法人とともに共同事務所を設置する（その社員等でない）弁護士との間の利害相反などの問題について，法は何らの手当もしていないばかりか，弁護士法人制度の立法化にあたって，この点については何らの議論すらされておらず，かかるケースを法が予定しているとは考えがたい。

ところが，平成15年の「外国弁護士による法律事務の取扱いに関する特別措置法」（以下本条の解説において「特別措置法」という）の改正により新設された同法49条の5が，法人名称とは別に「事務所の名称」を観念していると理解される上に，弁護士法人と「その社員でも使用人でもない弁護士」とが共同で事務所を設ける（事務所を共にする）ことが可能であることを前提としていると解されることから（ということは，弁護士法人をもって法律事務所の設置主体と理解していることとなる），弁護士法人については，法人名称と事務所名称を別個に観念せざるを得ないこととなった。結局，上記特別措置法の改正法の趣旨と弁護士法を併せて解釈すれば，弁護士法は弁護士法人をもって，自然人たる弁護士と並んで法律事務所の設置主体としたと解さざるを得ないこととなろう。

【3】法人名称についての弁護士法上の規制

前記のとおり，本条により，弁護士法人は法人名称中に「弁護士法人」の文字を使用しなければならない。弁護士法による弁護士法人の法人名称・事務所名称に関する規制としては，本条が存在するのみである。法20条1項は，「弁護士の事務所は，法律事務所と称する」と規定し，同項は弁護士法人についても準用されるが（法30条の21），法20条1項の解説で述べたとおり，同項は法文の定め方として「称する」とされているにすぎず，「法律事務所」の文字を用いることは法律上義務づけられてはいないと解される（なお，後述のとおり，日弁連の会規上の規制があるが，いずれにせよ，法人名称中に「法律事務所」の文字を用いることは強制されていない）。もちろん，「法律事務所」の文字を用いることも認められる（「甲野弁護士法人」も「弁護士法人甲野法律事務所」も可能である）。

【4】日弁連の会規上の規制

⑴　日弁連では，従前，弁護士法人の名称に関する規程を設けて，弁護士法人の同一名称等に関して規制していたが，平成18年，新たに，法律事務所等の名称等に関する規程を制定した。同規程の施行（平成18年6月1日施行）に伴い，従前の弁護士法人の名称に関する規程は廃止された。

新規程では，前記のとおり従前は別個に観念されていなかった法人名称と事務所名称とを概念上峻別して（1条・2条・11条・13条・19条等），規制している。

⑵　法人名称に関する規制の概要　　弁護士法人は，法人名称としては登記された法人名称以外の使用が禁止され（同規程11条），社員の氏のみを用いる場合など一定の例外を除いて他の弁護士法人の法人名称又は事務所名称と同一の名称を法人名称とすることが禁止されている（同規程12条）。

また，（自然人たる）弁護士の事務所名称に関する規定が法人名称に準用される結果，法人名称の使用文字については，別に規則で定めるところにより，日本文字のほか，ローマ字，アラビア数字その他の符号を用いることができる（同規程20条1項・4条）。同様に，弁護士法人が不正の目的をもって他の弁護士，弁護士法人，外国法事務弁護士又は外国法事務弁護士法人と誤認されるおそれのある法人名称を用いることは禁止され（同規程20条1項・7条），品位を損なう法人名称の使用も禁止された（同規程20条1項・8条）。

⑶　弁護士法人の事務所名称に関する規制の概要　　弁護士法人は，法人名称とは別に，その法律事務所に必ず名称を付けて日弁連に届け出ることとされた（同規程19条。なお，法人名称とは別に事務所名称を付する必要があるものの，同規程17条，18条の場合を除いて法人名称と事務所名称が一致しても構わない）。弁護士法人は，その一の事務所に

複数の事務所名称を付することは禁止され（同規程13条），一定の例外を除いて，所属弁護士会の地域内にある他の弁護士法人の法人名称又は他の弁護士・弁護士法人の事務所名称と同一の名称を事務所名称とすることも禁止されている（同規程14条）。従たる法律事務所の事務所名称は，弁護士法人の従たる事務所であることを示すために，当該弁護士法人の法人名称又は主たる法律事務所の事務所名称に従たる法律事務所であることを明示した文言（「○○支所」など）を付加した名称とすることとされている（同規程15条。なお，同規程18条２項に注意）。

前記のとおり，特別措置法の改正により，弁護士法人をもって，自然人たる弁護士と並んで法律事務所の設置主体と解さざるを得ないこととなったため，事務所名称の点からの手当が必要となった。弁護士法人がその社員・使用人でない弁護士と事務所を共にするときは，同一の事務所名称を付することとされ（同規程16条），その場合，社員・使用人でない弁護士が「弁護士法人」の文字を用いることを避ける必要があるので（法74条３項），事務所名称中には「弁護士法人」の文字を用いてはならない（同規程17条）。

また，（自然人たる）弁護士の事務所名称に関する規定が弁護士法人の事務所名称に準用される結果，一定の例外を除いて，事務所名称中には，法人名称の場合とは異なり，「法律事務所」の文字の使用が強制される（同規程20条２項・３条１項）。その他，事務所名称の使用文字（同規程４条），不正の目的をもってする誤認されるおそれのある事務所名称の使用禁止（同規程７条），品位を損なう事務所名称の使用禁止（同規程８条），届出事務所名称以外の事務所名称の使用禁止（同規程10条２項）の規定が準用されている（同規程20条１項）。

（社員の資格）

第30条の４　弁護士法人の社員は，弁護士でなければならない。

２　次に掲げる者は，社員となることができない。

一　第56条又は第60条の規定により業務の停止の懲戒を受け，当該業務の停止の期間を経過しない者

二　第56条又は第60条の規定により弁護士法人が除名され，又は弁護士法人の業務の停止の懲戒を受けた場合において，その処分を受けた日以前30日内にその社員であつた者でその処分を受けた日から３年（弁護士法人の業務の停止の懲戒を受けた場合にあつては，当該業務の停止の期間）を経過しないもの

【1】 本条の趣旨

本条1項は，弁護士以外の者は弁護士法人の社員となることはできないことを定めた。これは，弁護士法人が弁護士という身分を有する者についてだけ法律事務を取り扱うことを認めた法3条及び72条の原則の特例として位置づけられ，弁護士のみが社員である法人でなければ法律事務を取り扱うことは適切ではないとされたためである。従って，外国法事務弁護士は弁護士法人の社員となることはできない。弁理士，税理士，公認会計士，司法書士，行政書士等その他の資格者についても同様である。

本条2項は，弁護士法人の社員となる資格を定めるもので，公認会計士法34条の4第2項，弁理士法39条2項とほぼ同様の規定である。

【2】 社員となる資格

弁護士法人の社員となることができない者として，弁護士会又は日弁連から業務停止の懲戒処分を受け，その期間が経過していない者（本条2項1号），及び弁護士会又は日弁連から除名又は業務停止の懲戒処分を受けた弁護士法人についてその処分を受けた日以前30日内にその社員であった者で，除名の懲戒処分の場合はその処分を受けてから3年を経過していないもの，弁護士法人の業務停止の懲戒処分の場合は業務停止期間中のもの（同項2号）を定めた。

本条2項2号は，新たに弁護士法人の社員となる際に適用があるものであり，弁護士法人が除名又は弁護士法人の業務停止の懲戒処分を受けた場合に，全社員がこの規定により社員としての資格を失うものではない。なお，弁護士法人設立後に弁護士法人の社員弁護士が，除名，退会命令又は業務停止の懲戒処分を受けた場合は，法30条の22第6号の規定により，脱退することになる。

（業務の範囲）

第30条の5 弁護士法人は，第3条に規定する業務を行うほか，定款で定めるところにより，法令等に基づき弁護士が行うことができるものとして法務省令で定める業務の全部又は一部を行うことができる。

【1】 本条の趣旨

弁護士法人は，法3条に規定する「一般の法律事務」を行うことができるほか，法務省令で定める業務について，定款に定めることによって行うことができることを明らかにしたものである。

【2】 法務省令で定める業務

法務省令で定める業務（弁護士法人及び外国法事務弁護士法人の業務及び会計帳簿等に関する規則（平成13年法務省令第62号）1条各号）及び該当する具体例は，次のとおりである。

① 当事者その他関係人の依頼又は官公署の委嘱により，管財人，管理人その他これらに類する地位に就き，他人の事業の経営，他人の財産の管理若しくは処分を行う業務又はこれらの業務を行う者を代理し，若しくは補助する業務

該当する具体例

（裁判所が選任）

破産法上の破産管財人（74条）・保全管理人（91条），会社更生法上の保全管理人（30条）・管財人（67条），金融機関等の更生手続の特例等に関する法律上の保全管理人（22条）・管財人（44条），民事再生法上の管財人（64条）・保全管理人（79条），民事執行法上の管理人（94条），民事保全法上の管理人（47条5項，民事執行法94条），民事執行法上の船舶保管人（116条），民事保全法上の船舶保管人（48条3項，民事執行法116条）・保管人（24条），外国倒産処理手続の承認援助に関する法律上の承認管財人（32条）・保全管理人（51条），民法上の相続財産管理人（952条），企業担保法上の管財人（21条）

（内閣総理大臣が選任）

金融機能の再生のための緊急措置に関する法律上の金融整理管財人（8条），保険業法上の保険管理人（242条）

（裁判所の許可を得て管財人・保全管理人が選任）

会社更生法上の保全管理人代理（33条）・管財人代理（70条）・法律顧問（71条），民事再生法上の管財人代理（71条）・保全管理人代理（82条），外国倒産処理手続の承認援助に関する法律上の承認管財人代理（40条）・保全管理人代理（54条）

（内閣総理大臣の承認を得て管財人が選任）

金融機能の再生のための緊急措置に関する法律上の金融整理管財人代理（11条5項による会社更生法70条の準用），保険業法上の保険管理人代理（242条6項による会社更生法70条の準用）

（当事者の指定又は裁判所の選任）

民法上の不在者財産管理人（25条・26条）・遺言執行者（1006条・1010条），信託法上の信託管理人（123条）・信託監督人（131条）

（管財人が選任）

企業担保法上の補助者（30条3項）

（当事者の指定）

商法上の船舶管理人（697条）

② 当事者その他関係人の依頼又は官公署の委嘱により，後見人，保佐人，補助人，監督委員その他これらに類する地位に就き，他人の法律行為について，代理，同意若しくは取消しを行う業務又はこれらの業務を行う者を監督する業務

該当する具体例

民法上の成年後見人（８条・843条）・保佐人（12条・876条の２）・補助人（16条・876条の７）・未成年・成年後見監督人（848条・849条）・保佐監督人（876条の３）・補助監督人（876条の８），民事再生法上の監督委員（54条）

③ 当事者その他関係人の依頼又は官公署の委嘱により，他人の業務及び財務の状況，変態設立事項，資産の価格その他の法律事務に関連する事項について，調査してその結果を報告し，又は証明する業務

該当する具体例

（裁判所が選任）

会社更生法上の調査委員（125条），金融機関等の更生手続の特例等に関する法律上の調査委員（72条），民事再生法上の調査委員（62条）

（関係人の依頼）

会社法33条10項３号の証明書の作成など変態設立事項についての調査・証明業務，ＳＰＣの特定資産についての価格調査など，いわゆるデューデリジェンス（適正評価）業務，法律関係調査に含まれないような各種事実関係調査（不法行為，特許権侵害の事実関係調査，債務者の所在調査など）

④ 弁護士又は弁護士法人の業務に関連する講演会の開催，出版物の刊行その他の教育及び普及の業務

該当する具体例

弁護士・司法修習生・弁護士事務所の事務員等に対する研修・教育，法律実務に関する講演会・セミナー等の開催，法律図書の出版・販売，法律事務に関するソフトウェアの開発・販売など

⑤ 法律事務に附帯し，又は密接に関連する業務

該当する具体例

法律関係文書の翻訳・法律事務と関連するが，法律事務それ自体とはいえないような各種コンサルタント業務など

【３】 弁理士・税理士業務について

弁理士・税理士業務については，法30条の２第１項及び３条２項により法人の業

務範囲となると解されるが，弁護士法人がこれらの業務を行う場合は，疑義のないよう定款で定めておいたほうがよい。但し，税理士業務については，「弁護士法人（弁護士法に規定する社員の全員が，第1項の規定により国税局長に通知している法人に限る。）は，所属弁護士会を経て，国税局長に通知することにより，その国税局の管轄区域内において，随時，税理士業務を行うことができる」（税理士法51条3項）とされている。弁護士法人がこの規定により税理士業務を行う場合には，一定の場合において税理士法人とみなされる（同条4項）。

弁理士法では弁護士法人に関する規定はない。一方，同法75条では，弁理士又は特許業務法人以外の者は報酬を得て特許代理等の業務をすることができない旨規定するので，形式的には法3条2項と衝突することになる。しかし，実際には同項を前提として弁護士資格のままの特許申請代理も特許庁では受理されているようであるし，弁護士法人も同様の扱いとなろう。

その他の隣接職種との関係については，法3条の解説（30頁以下）参照。

【4】 営業行為について

弁護士法人には，法30条の営利業務の届出等の規定は準用されておらず，弁護士法人が本条に規定する業務の範囲に属さない営業を行うことを予定していない。従って，例えば弁護士法人が所有するビルを一般に賃貸するといった賃貸業を行うことは認められない。

なお，弁護士法人が事務所を賃借したり，事務所の備品についてリース契約を締結したりすることは，本条に規定する業務に付随するものと認められる。

【5】 業務範囲外の行為の効力

法人が本条に違反して業務範囲外の行為を行った場合，当該行為は対内的にも対外的にも無効である。法人の権利能力は法令の規定に従い定款によって定めた目的の範囲内で認められ（民法34条），権利能力の範囲外の行為を行ったものといえるからである。

では，法人が定款に定めのない事項を行った場合の行為の効果はどうなるか。これは，定款で定めた業務範囲，すなわち民法34条の「目的の範囲」の意味をどのように考えるかの問題であるが，これについては，「目的の範囲」とは法人の権利能力の範囲を意味するものと解されているため（大判昭和16・3・25民集20巻347頁等），目的の範囲外の権利取得，義務負担は一律に当然無効になり，従って，当該行為は対内的にも対外的にも無効である。ただ，このように解すると，法人の行為に対して関わった利害関係人の利益が保護されないおそれがあるため，民法34条の「目的の範囲」とは法人の行為能力の範囲を意味するものと解し，取引の安全を図るべきであるとする考え方も有力に主張されている。

（訴訟関係事務の取扱い）

第30条の6　弁護士法人は，次に掲げる事務については，依頼者からその社員又は使用人である弁護士（以下「社員等」という。）に行わせる事務の委託を受けるものとする。この場合において，当該弁護士法人は，依頼者に，当該弁護士法人の社員等のうちからその代理人，弁護人，付添人又は補佐人を選任させなければならない。

一　裁判所における事件（刑事に関するものを除く。）の手続についての代理又は補佐

二　刑事に関する事件の手続についての代理，刑事に関する事件における弁護人としての活動，少年の保護事件における付添人としての活動又は逃亡犯罪人引渡審査請求事件における補佐

2　弁護士法人は，前項に規定する事務についても，社員等がその業務の執行に関し注意を怠らなかつたことを証明しなければ，依頼者に対する損害賠償の責めを免れることはできない。

【1】　本条1項

訴訟関係事務については，弁護士法人が法人として受任をした事件であっても，実際に法廷などにおいて活動するのは，社員又は使用人が所属する法人ではなく，それぞれ法人の社員又は使用人としての個々の弁護士であることを定めた規定である。なお，弁護士の業務分野には，国選弁護事件など自然人たる弁護士が裁判所から選任されて業務を行うものがある。委任契約によらないこれら裁判所からの選任行為に基づく業務で，選任の対象が法令上自然人に限定されているものは，現行法の規定ないし解釈の下では，弁護士法人は受任主体となり得ないので，本条の適用はない。

弁護士法人が法律事務の受任主体となって業務を行うことを認めるならば，新規立法において弁護士法人自体が訴訟代理人又は弁護人となって訴訟活動を行うことができるようにすることも考えられた。しかし，民事訴訟における訴訟代理人や刑事訴訟における弁護人については，訴訟法の規定がいずれも自然人を前提としたものとなっており，また法解釈としても自然人に限られるというのが一般である（民訴法54条1項，刑訴法31条1項・38条1項等）。そのため，弁護士法人制度に係る立法によって，これら民事訴訟法，刑事訴訟法等の諸規定を変更したものではないことを注意的に明らかにしたのが本条である。

すなわち，本条1項に定める民事事件，家事事件，行政事件等の刑事事件を除く

裁判上の事件における訴訟代理や補佐（1号），及び私選刑事弁護事件における弁護人や付添人（2号）の事務の場合は，事件の処理について責任を負うのは法人であるという意味で法人が受任主体でありながら，その業務遂行にあたっては，弁護士法人自体が訴訟代理人又は弁護人になるのではなく，法人の社員等が訴訟代理人，弁護人となる。これを法人の側からみて正確に言うと，依頼者から「社員等に行わせる事務の委託」を受けることになるので，本条1項はその旨を規定したものである。従って，例えば裁判所に提出する委任状や弁護人選任届については，法人の社員等の自然人たる弁護士を表示することになる。この法文のような表現になったのは，先に特許業務法人の存在を規定した弁理士法41条にならったものである。

弁護士法人が受任した訴訟関係事務についての法律関係を整理すると以下のようになる。

① 弁護士法人と依頼者との関係　依頼者が委任契約の委任者，弁護士法人が受任者となる。委任契約の内容は，弁護士法人が依頼者に対し，訴訟関係事務を当該法人の担当社員弁護士等に適正に行わせる義務を負い，依頼者はその対価として報酬を支払うことである。委任の本旨に従った訴訟追行等がなされなかった場合は弁護士法人が債務不履行責任を負うことになる。

② 弁護士法人と担当社員弁護士等との関係　担当社員弁護士は，弁護士法人の業務執行権限と代表権限を有しているので，当該法人を代表して受任した委任契約の内容を法人の代表者として業務執行権に基づいて遂行するということになり，弁護士法人との関係で善管注意義務を負う（法30条の30第1項，会社法593条1項）。他方，弁護士法人から雇用契約によって使用されている担当弁護士は，当該法人の履行補助者として，法人の指揮・命令を受け，業務を遂行することになる（ただ，使用人たる弁護士につき，弁護士の独立性の観点から純然たる雇用契約でないと解される余地もあり，このように解すると，使用人たる担当弁護士は，委任類似の責任を負うにすぎないことになる）。

③ 担当社員弁護士等と依頼者との関係　担当社員弁護士等と依頼者とは直接的な契約関係には立たないが，訴訟関係事務の代理権授与（単独行為か否かについては争いがある）については，依頼者から直接担当社員弁護士等に代理権授与がなされ，当該弁護士が直接の代理人ないし弁護人になるという授権関係が発生する。従って，授権弁護士は，依頼者との関係では委任契約上の善管注意義務は負わず，不法行為責任を負うことがあり得るに過ぎないが，弁護士法人との関係では善管注意義務を負うことになり，依頼者に対する契約上の善管注意義務は弁護士法人が負うことになる。

なお，弁護士法人が特定の事件について業務を担当する社員を指定した場合については，法30条の14の解説参照。

【2】 本条2項

訴訟関係事務について本条1項の法文が，依頼者から社員等に行わせる事務の委託を受けることとされていること，依頼者から授権されるのは法人ではなく自然人たる社員等であること，弁護士の職務が独立性の高いものであること等から，弁護士法人の側からみて，担当する社員等の選任が終了してしまうと法人の業務として何も残らず，結局，社員等の選任及び監督について選任者たる弁護士法人に過失がなければ責任を負わなくてもよい（講学上，履行代行者の選任及び監督責任と呼ばれるもの）との誤解を生じるおそれがある。

しかし，弁護士法人における訴訟関係事務の遂行においては，社員等は当該法人が受任した委任契約の内容を法人の代表者として業務執行権に基づいて遂行し（社員弁護士），又は履行補助者として遂行するもので（使用人たる弁護士），社員等は履行代行者の地位にあるものではない。前述のごとく弁護士法人は，依頼者に対し依頼の趣旨に従って善管注意義務を負うものであるから，本条2項は，弁護士法人が社員等が業務遂行に関し注意を怠らなかったことを証明しなければ責任を免れることができないこと，すなわち弁護士法人が社員等の業務遂行に関して依頼者に対し債務不履行責任を負うという当然のことを規定したものであり，証明責任の転換を規定したものではない。

（登記）

第30条の7 弁護士法人は，政令で定めるところにより，登記をしなければならない。

2 前項の規定により登記をしなければならない事項は，登記の後でなければ，これをもつて第三者に対抗することができない。

【1】 本条の趣旨

弁護士法人は，主たる法律事務所の所在地において設立の登記をすることによって成立する（法30条の9）。すなわち登記が成立要件となっていることから，本条は，弁護士法人は政令に従い登記をしなければならないことを定めるとともに，登記事項については，登記が対抗要件であることを定めている。

【2】 登記の手続

弁護士法人の登記は，監査法人，特許業務法人の場合と同様，組合等登記令（昭和39年3月23日政令第29号）により登記する必要がある（本条1項）。従って，登記事項としては，①目的及び業務，②名称，③社員の氏名及び住所，④事務所の所在場所，⑤存続期間又は解散の事由を定めたときは，その期間又は事由，⑥代表権を有する者の氏名，住所及び資格，⑦合併の公告の方法についての定めがあるときは，その定め，⑧電子公告を合併の公告の方法とする旨の定めがあるときは，電子公告関係事項である（組合等登記令2条2項）。

以上のうち，④の事務所の所在場所については，主たる法律事務所と従たる法律事務所のすべてを登記しなければならない。⑥のうち，「資格」とは，代表権を有する資格のことをいい，弁護士法人の場合は，「代表社員」と登記される。また，⑤から⑧までについては，絶対的登記事項ではなく，相対的登記事項である。そして，登記所（法務局）には，「弁護士法人登記簿」が備えられる。なお，弁護士法人の所属弁護士会は登記事項でない。

設立の登記は，定款の作成，認証その他設立に必要な手続が終了した日から2週間以内に主たる法律事務所の所在地において行う（同令2条1項）。設立と同時に，従たる法律事務所を他の登記所の管轄区域内に設立した場合には，主たる法律事務所の所在地で設立登記をした後2週間以内に，従たる法律事務所の所在地において同様の事項を登記しなければならない（同令11条1項1号）。弁護士法人成立後に従たる法律事務所を設けたときは，主たる法律事務所の所在地においては2週間以内に従たる法律事務所を設けたことを登記し，その従たる法律事務所の所在地においては3週間以内に上記の登記事項を登記し，他の従たる法律事務所の所在地においては3週間以内にその従たる法律事務所を設けたことを登記しなければならない（同令3条1項・11条）。但し，主たる法律事務所又は従たる法律事務所の所在地を管轄する登記所の管轄区域内において新たに従たる法律事務所を設けたときは，その従たる法律事務所の所在場所を登記すれば足りる（同令11条2項ただし書）。

【3】 登記の効力

登記をしなければならない事項については，登記をしなければ第三者に対抗できず（本条2項），従って，目的及び業務，名称，社員の氏名及び住所，事務所の所在場所，存続期間又は解散の事由，代表権を有する者の氏名，住所及び資格，合併の公告の方法についての定め，電子公告関係事項については，定款の絶対的記載事項であるか相対的記載事項であるかにかかわらず，登記事項である以上，登記が対抗要件となる。

（設立の手続）

第30条の8 弁護士法人を設立するには，その社員になろうとする弁護士が，定款を定めなければならない。

2 会社法（平成17年法律第86号）第30条第1項の規定は，弁護士法人の定款について準用する。

3 定款には，少なくとも次に掲げる事項を記載しなければならない。

一 目的

二 名称

三 法律事務所の所在地

四 所属弁護士会

五 社員の氏名，住所及び所属弁護士会

六 社員の出資に関する事項

七 業務の執行に関する事項

【1】 本条の趣旨

本条は，弁護士法人を設立するには，社員となろうとする弁護士が定款を定めなければならず，定款について公証人の認証を受けなければ効力を生じないことを定めている。

【2】 定款の作成

社団にとって定款は，法人の組織及び活動に関する基本的準則であって，財団法人における寄附行為と同じく，法人の設立にあたって必ず作成する必要がある。本条1項も同様のことを定める。

定款の作成とは，弁護士法人の組織及び活動に関する根本的規則を定めることである。定款の記載事項には，それが定款に記載されなければ定款の無効のみならず，弁護士法人の設立自体の無効を来たす絶対的記載事項，定款に記載しなくても定款の効力に影響を及ぼさないが，定款に記載しなければ弁護士法人の法律関係としての効力が認められない相対的記載事項及び定款に記載しなくても定款の効力に影響を及ぼさず，弁護士法人の法律関係としての効力が認められないというものでもないが，便宜上記載される任意的記載事項がある。

【3】 絶対的記載事項

絶対的記載事項（本条3項）は，次のとおりである。

1 目的（1号）

弁護士法人の目的は，法30条の5が定める範囲で自由に定めることができ，法3

条に定める弁護士の職務のほか，法務省令，すなわち弁護士法人及び外国法事務弁護士法人の業務及び会計帳簿等に関する規則1条で定める業務，例えば後見人，後見監督人業務や，研修，講演などの業務を行うことができる。具体的な業務については，法30条の5の解説を参照。

弁護士法人には，営利業務の届出制度を定めた法30条が準用されていないが，これは，法30条の5によって弁護士法人の業務範囲，すなわち権利能力の範囲が限定され，営利を目的とする業務はそもそもこの範囲外であるとされたことによる。

なお，弁護士法人が，法律事務所として使用するためのビルの賃借などを，法30条の5が定める弁護士法人の業務に付随する業務として，当然に行うことができることは，法30条の5の解説で述べたとおりである。

2　名称（2号）

弁護士法人の名称の選択は，原則として自由であるが，名称中に必ず「弁護士法人」という文字を使用しなければならない（法30条の3）。これは義務規定である。なお，詳細については法30条の3の解説参照。

3　法律事務所の所在地（3号）

弁護士法人の法律事務所の所在地については，主たる法律事務所及び従たる法律事務所のすべてを記載しなければならない。所在地は，所在の場所ではないので，最小行政区画（例えば，○○県××市・東京都及び政令指定都市の場合は，東京都○○区，○○市××区）を記載すれば足りる。

4　所属弁護士会（4号）

弁護士法人は，成立の時に，主たる法律事務所の所在する地域の弁護士会の会員になるので（法36条の2第1項），定款には入会を予定する弁護士会を記載する。また，弁護士法人は，所属弁護士会の地域外に新たに法律事務所，すなわち，従たる法律事務所を設け，又は移転したときは，新所在地においてその旨の登記をした時に，当該従たる法律事務所の所在する地域の弁護士会の会員となるが（同条2項），これは弁護士法人の設立と同時に主たる法律事務所の所在する地域外に従たる法律事務所を設ける場合も同様であるから，この場合には，従たる法律事務所の所在する地域の弁護士会も所属弁護士会として定款に記載する必要がある。

なお，その所在地が東京都であるときは，東京都内の3弁護士会のうち，所属しようとする弁護士会（但し，社員の少なくとも1名が所属する弁護士会に限る（法30条の17））を記載する。

5　社員の氏名，住所及び所属弁護士会（5号）

弁護士法人の社員は，弁護士でなければならず（法30条の4第1項），その弁護士たる社員の氏名，住所及び所属弁護士会を記載する。

なお，弁護士法人については，一人法人の導入が許容されたため，弁理士法（43条１項）や公認会計士法（34条の７第１項）に規定されているように，「共同して」定款を定めなければならない旨の規定が置かれなかった。

社員でない使用人たる弁護士は，定款記載事項ではない。

6　社員の出資に関する事項（６号）

弁護士法人には，活動の基礎となる財産が当然に必要であるから，社員は出資義務を負う。出資に関する事項には，出資の目的及びその価格と評価の標準を含む。出資の目的とは，出資の対象を意味し，金銭，動産，不動産その他の財産あるいは労務及び信用たるを問わないが，定款には，その種類だけでなく，その客体も具体的に記載しなければならない（例えば，現物出資の対象たる不動産の所在場所・面積など）。出資の価格とは，金銭出資の場合はその額，金銭以外の出資の場合は金銭に見積もった価格をいい，弁護士法人が特定事件について業務を担当する社員を指定したときの被指定社員でない限り，社員は無限責任を負うため，金銭以外の出資の価格は社員間の合意で決めることになり，第三者の評価を受ける必要はない。評価の標準とは，労務及び信用を目的とする出資を見積もる場合における，その評価の方法をいい，例えば，「信用この価格の標準○○○○円」というように記載する。労務及び信用を如何に評価するかは社員間の契約による。

これらの事項を定款に記載することとしたのは，社員の持分の払戻し，利益の配当，法人解散の場合の残余財産分配又は法人債権者に対する各社員の負担割合を定める等の必要からである。但し，社員の持分の払戻しを除き，利益の配当，法人解散の場合の残余財産の分配又は法人債権者に対する各社員の負担割合を出資金に応じて定めるか否かは社員間の契約事項であり，社員間でその割合などは自由に決定することができる。

なお，社員の出資に関する事項は登記事項ではない。

7　業務の執行に関する事項（７号）

弁護士法人の業務を執行する権限は，原則として弁護士法人の社員全員にあるが，合名会社の場合と同様に，定款で定めることにより，社員の業務執行権限を制限することができる（法30条の12）。例えば，特定の社員のみが業務執行権を有する，業務執行社員を多数決で決定するなどの条項を定めることができる。

業務の執行とは，弁護士法人の本来の業務である法律事務や弁護士法人の経営に関する法律行為，例えば契約締結などの行為のみならず，帳簿の記入，事件の管理，使用人の管理・監督などの事実行為も含む。しかし，弁護士法人の経営に関する事務の執行であっても，定款変更（法30条の11第１項），持分譲渡（法30条の30第１項，会社法585条１項），解散（法30条の23第１項２号），合併（法30条の27）等の弁護士法人の組織や存立自体に関する行為は業務の執行に含まれず，これらは総社員の同意が必要とされる事項であるが，定款で総社員の同意を必要としない旨定めることは可能である。しかし，定款でこのような規定を設ける場合には，そのこと自体について総社員の同意が必要であると解される（法30条の27の解説参照）。

【4】 相対的記載事項

定款の相対的記載事項，すなわち定款に記載しなければ効力を生じない事項としては次のような事項がある。

①弁護士法人の業務の範囲としようとする，法３条に規定する業務のほか法令等に基づき弁護士が行うことができるものとして法務省令で定める業務の全部又は一部（法30条の５），②代表社員に関する定め（法30条の13第２項），③社員の脱退の事由（法30条の22第１号），④解散の事由（法30条の23第１項１号），⑤解散の場合における法人財産の処分方法（法30条の30第２項，会社法668条１項），⑥利益配当を請求する方法その他利益配当に関する事項（法30条の30第１項，会社法621条２項），⑦損益分配に関する定め（法30条の30第１項，会社法622条１項）

【5】 任意的記載事項

定款の任意的記載事項，すなわち定款に記載しなくても定款の効力に影響を及ぼさず，また，定款に記載することがその効力を認められるために必要でもない事項としては，配当期，公告方法のほか，通常定められるものとしては，決算期，利益の処分に関する事項等がある。これらについては，強行規定又は公序良俗に反しない限り任意にこれを定款に定めることができる。

【6】 定款作成後の手続

以上に掲げた事項を定款に定めたときに，弁護士法人の定款については，会社法26条１項や575条１項などが準用されていないことから，法律上は定款に社員の署名や記名・捺印は要求されていない。しかし，公証人の定款認証にあたっての定款作成の真正は，定款に押捺されている社員の実印の印鑑証明書の提出によって行われるのが通常であり，定款の社員の署名がなく，あるいは記名がされているのみで押印がない場合などは，公証人が定款の作成の真正を確認できないこととなり，定款の認証を受けられないおそれがあるため（公証人法62条の３），定款には社員の全員が実印をもって署名又は記名・捺印することが望ましい（黒川＝坂田＝髙木・96頁）。

なお，弁護士法人の定款には，会社法30条１項が準用されているので（本条２項），公証人の認証を受けることが効力要件となる。

（成立の時期）
第30条の９　弁護士法人は，その主たる法律事務所の所在地において設立の登記をすることによつて成立する。

【１】 本条の趣旨

本条は，弁護士法人の設立方式について準則主義によることを明らかにしたものである。準則主義が採用された理由については法30条の２の解説を参照。

【２】 法人の成立による効果

弁護士法人は，登記により法人として成立し，登録手続を要することなく，成立と同時に日弁連及び弁護士会へ当然に入会する（法36条の２第１項・47条）。

弁護士法人に入会審査という制度を採らなかった理由については法36条の２の解説を参照。

（成立の届出）
第30条の10　弁護士法人は，成立したときは，成立の日から２週間以内に，登記事項証明書及び定款の写しを添えて，その旨を所属弁護士会及び日本弁護士連合会に届け出なければならない。

【１】 本条の趣旨

本条は，弁護士法人はその成立時に主たる法律事務所の所在する地域の弁護士会及び日弁連に審査手続を経ることなく当然に入会するとされているため（法36条の２第１項・47条），弁護士法人成立後に所属弁護士会及び日弁連に届出させることにより，弁護士法人に対する弁護士会等による監督が確保されることを目的とするものである。

【２】 届出の内容

弁護士法人は，設立登記によって成立したときは，成立の日から２週間以内に成立した旨を所属弁護士会及び日弁連に届け出なければならない。また，従たる法律事務所を所属弁護士会以外の地域に設け，又は移転したときは，その旨の登記をした時にその地域の弁護士会の会員となり（法36条の２第２項），本条と同様に，入会後２週間以内に当該地域の弁護士会に届出をしなければならない。

また，同時に，弁護士法人の社員及び使用人である弁護士の登録事項にも当然にそれぞれ変更が生じることになるため，併せて弁護士の登録事項変更の手続が必要となる（会則21条・18条3号）。

【3】 届出の方式

届出に際しては，登記事項証明書と定款の写しを添付する。弁護士法人の社員の所属弁護士会等は登記事項証明書の記載からは明らかでなく，また，弁護士会による指導監督のためには，法人の内部規則についても把握しておく必要があることなどから，定款の写しを提出させることとした。

その他，届出の様式等については，弁護士会及び日弁連の会則・会規等の定めるところによる。

（定款の変更）

第30条の11 弁護士法人は，定款に別段の定めがある場合を除き，総社員の同意によつて，定款の変更をすることができる。

2 弁護士法人は，定款を変更したときは，変更の日から2週間以内に，変更に係る事項を所属弁護士会及び日本弁護士連合会に届け出なければならない。

【1】 本条の趣旨

弁護士法人は，定款を変更することができるが，法30条の10の届出に際しては定款の写しを添付することとなっていることに鑑み，その変更があったときにも所属弁護士会及び日弁連に届け出させるものである。

【2】 定款の変更

定款の変更の手続については，原則として総社員の同意が必要である。但し，定款に異なる定めをすることは可能である。定款を変更したときは，変更の日から2週間以内に，変更にかかる事項を所属弁護士会及び日弁連に届け出なければならない。

社員の変更は，社員が定款の絶対的記載事項であるから，定款の変更は必要であり，また，新たに従たる法律事務所を設けることも，法律事務所の所在地及び所属弁護士会を追加し変更することであるから，定款の変更が必要である。

（業務の執行）

第30条の12 弁護士法人の社員は，定款で別段の定めがある場合を除き，すべて業務を執行する権利を有し，義務を負う。

【1】 本条の趣旨

弁護士法人の組合的性格に鑑み，弁護士法人の社員は，原則としてすべて業務を執行する権利を有し，また義務を負うこととした。

【2】 業務執行権

持分会社の場合（会社法590条）と同じく，定款で別段の定めがない限り，各社員弁護士は業務執行の権利と義務を負う。弁護士法人は弁護士である資格者により構成される法人であることから，当初は，弁護士が独立して職務を行うのと同じように，すべての社員弁護士が業務執行権を有するものとし，定款をもってしても業務執行権を奪うことができないものとすることも検討された。しかし，法人の業務や事件の扱い方には様々な事情があり得ることなどから一律に定めるのではなく，持分会社と同様，定款で定めることにより，業務執行権を持たない社員を置くことが可能となった。

業務執行権を有しない社員がどのような場合に考えられるのかについては，例えば社員が高齢になったとき業務執行は行わないが，退職まで社員としての地位は残すといったことが考えられるであろう。

なお，ここでいう業務執行には受任業務に関するものとそうでないもの（例えば，事務所の賃貸借契約の締結，従業員に対する給料の支払等）双方を含む。

（法人の代表）

第30条の13 弁護士法人の業務を執行する社員は，各自弁護士法人を代表する。

2 前項の規定は，定款又は総社員の同意によつて，業務を執行する社員中特に弁護士法人を代表すべき社員を定めることを妨げない。

3 弁護士法人を代表する社員は，弁護士法人の業務に関する一切の裁判上又は裁判外の行為をする権限を有する。

4 前項の権限に加えた制限は，善意の第三者に対抗することができない。

5 弁護士法人を代表する社員は，定款によつて禁止されていないときに限り，特定の行為の代理を他人に委任することができる。

【1】 本条の趣旨

弁護士法人の組合的性格に鑑み，原則として，弁護士法人の業務執行権を有する社員は，各自が弁護士法人を代表することとした。

【2】 代表社員

弁護士法人の社員は，法30条の12により定款で別段の定めがなされていない限り，業務執行権を有し，業務を執行する社員は各自が弁護士法人を代表する。

ただ，定款又は総社員の同意によって，弁護士法人を代表する社員を特に定めることができ，この代表社員は，各自が単独で代表権を行使することができる。監査法人，特許業務法人においても同様である。代表権を有する者は登記事項であり（法30条の7第1項，組合等登記令2条2項4号），登記がなければ第三者に対抗できない（法30条の7第2項）。代表社員を定めその旨の登記をした場合には，対外的な弁護士法人の法律行為は，その者によって行われることとなる。また，代表社員の権限は，弁護士法人の業務一切に及び，この権限に加えた制限は，善意の第三者に対抗できない。

弁護士法人の社員は，定款によって禁止していないときに限り特定の行為の代理を他人に委任することができる。平成18年改正によって本条5項が新設された。改正前法30条の30第1項において準用されていた民法55条（平成18年6月2日法律第50号により削除）を明文化したものである。

なお，法30条の14の指定事件については，当該受任事件に関しては当該指定社員のみが業務執行権を有し代表権を有することとなる。

（指定社員）

第30条の14 弁護士法人は，特定の事件について，業務を担当する社員を指定することができる。

2 前項の規定による指定がされた事件（以下「指定事件」という。）については，指定を受けた社員（以下「指定社員」という。）のみが業務を執行する権利を有し，義務を負う。

3 指定事件については，前条の規定にかかわらず，指定社員のみが弁護士法人を代表する。

4 弁護士法人は，第1項の規定による指定をしたときは，指定事件の依頼者に対し，その旨を書面により通知しなければならない。

5 依頼者は，その依頼に係る事件について，弁護士法人に対して，相当の期間を定め，その期間内に第1項の規定による指定をするかどうかを明らかにすることを求めることができる。この場合において，弁護士法人が，その期間内に前項の通知をしないときは，弁護士法人は，その後において，指定をすることができない。ただし，依頼者の同意を得て指定をすることを妨げない。

6　指定事件について，委任事務の結了前に指定社員が欠けたときは，弁護士法人は，新たな指定をしなければならない。その指定がされなかつたときは，全社員を指定したものとみなす。

7　社員が1人の弁護士法人が，事件の依頼を受けたときは，その社員を指定したものとみなす。

【1】 指定社員制度の趣旨

弁護士法人は，各社員が業務執行の権利義務を負い，法人の責任財産をもってその債務を支払えないときは社員全員が無限連帯責任を負うのが原則である。しかし，弁護士業務においては，取り扱う事件が多種多様であり，しかも高い専門性を要する事案もあること等から，個々の弁護士の専門的能力や依頼者との個人的信頼関係等を考慮し，特定の事件につき，その処理を特定の弁護士に任せることが妥当である場合がある。また，実質的に一部の社員しか関与していない事件の業務執行について全社員に無限責任を負わせるのは酷であるし，かえって業務に支障が生ずるおそれもある。そこで，弁護士法人は，特定の事件について業務を担当する社員を指定することができ（本条1項），指定を受けた社員のみが業務執行の権利義務を有し（本条2項），弁護士法人を代表する（本条3項）こととしたのが「指定社員」の制度である。

指定社員制度は，依頼者と弁護士との個人的信頼関係を尊重するとともに，指定社員が当該事件の責任者であることを明示し，もって，法人内においては，具体的業務執行に関与していない社員の有限責任を確保し，他方，依頼者に対しては，依頼事件について責任をもって業務遂行を行う社員弁護士を明示して事件に関する責任の所在を明確にしたものである。

【2】 指定社員の選任

社員の指定は，原則として，特定の事件ごとに業務執行権を有する社員の過半数で決する。指定を受ける社員自身が業務執行権を有することは要件とされていないが，弁護士であっても使用人に過ぎない者は指定社員にはなり得ない。指定の時期について定めはないが，指定がなければ社員全員が依頼者に対して無限責任を負う。指定を変更した場合は，新たな社員が指定されるまでは従前の指定社員のみが無限責任を負う。

【3】 指定の通知

弁護士法人が特定事件につき社員を指定したときは，当該事件の依頼者に対し書面で通知しなければならない（本条4項）。書面の様式は問わないが，通知には事件名と指定社員の氏名に加え，指定社員制度の内容も併記する必要があると解される。指定が書面で通知されない場合は，本条2項及び3項に定める効果は生じない。委任事務の終了前に指定社員が欠けたときは，弁護士法人は新たな指定をしなければならず，その指定をしないときは，全社員が指定されたことになる。

【4】 依頼者の催告権

依頼者は，弁護士法人に対して，相当の期間を定めて指定をするかどうかを明らかにすることを求めることができ，これに対して弁護士法人が，その期間内に何らの通知をしないときは，指定制度を採用しないものと考えられ，その後は，依頼者の同意がなければ指定をすることはできず全社員が責任を負う（本条5項）。この催告権は，依頼者の地位を安定強化させ，その保護を図るとともに，受任業務の終了間際に社員を指定し，責任を当該社員に限定するような濫用的な指定を防止するために設けられた。

依頼者の催告については，書面でなされることは要件とされていないので，口頭で足りると解される。

【5】 みなし指定

指定事件について，委任事務の結了前に指定社員が欠けた場合に，弁護士法人が新たな指定をしないときは，全社員が指定されたものとみなされる（本条6項）。指定がない間に一部の社員が事件に関与し指定社員としての責任を負う場合（法30条の15第6項）にも，新たな指定なき以上，全社員が無限連帯責任を負うものと解すべきである。

なお，複数の指定社員のうちの1人が欠けた場合には，残った指定社員のみが無限責任を負うことになる。

【6】 一人法人の社員の責任

一人法人の社員は他の社員を指定できない以上，社員として原則どおりの責任を負うのは当然である。元々一人法人であったものが，事件受任後社員が加入や合併により増員したときは，増員した社員がさらに指定を受けない限り，元々の社員のみが責任を負う（本条7項）。新たな社員の加入や合併による弁護士業務の基盤の拡大強化を妨げないように配慮したものである。

（社員の責任）

第30条の15 弁護士法人の財産をもつてその債務を完済することができないときは，各社員は，連帯してその弁済の責めに任ずる。

2 弁護士法人の財産に対する強制執行がその効を奏しなかつたときも，前項と同様とする。

3 前項の規定は，社員が弁護士法人に資力があり，かつ，執行が容易であることを証明したときは，適用しない。

4 前条第1項の規定による指定がされ，同条第4項の規定による通知がされている場合（同条第6項又は第7項の規定により指定したものとみなされる場合を含む。）において，指定事件に関し依頼者に対して負担することとなつた弁護士法人の債務をその弁護士法人の財産をもつて完済することができないときは，第1項の規定にかかわらず，指定社員（指定社員であつた者を含む。以下この条において同じ。）が，連帯してその弁済の責めに任ずる。ただし，脱退した指定社員が脱退後の事由により生じた債務であることを証明した場合は，この限りでない。

5 前項の場合において，指定事件に関し依頼者に生じた債権に基づく弁護士法人の財産に対する強制執行がその効を奏しなかつたときは，指定社員が，弁護士法人に資力があり，かつ，執行が容易であることを証明した場合を除き，同項と同様とする。

6 第4項の場合において，指定を受けていない社員が指定の前後を問わず指定事件に係る業務に関与したときは，当該社員は，その関与に当たり注意を怠らなかつたことを証明した場合を除き，指定社員が前2項の規定により負う責任と同一の責任を負う。弁護士法人を脱退した後も同様とする。

7 会社法第612条の規定は，弁護士法人の社員の脱退について準用する。ただし，第4項の場合において，指定事件に関し依頼者に対して負担することとなつた弁護士法人の債務については，この限りでない。

【1】 社員の責任の内容

弁護士法人の社員の責任については，無限責任とするか有限責任とするかにより，合名会社方式，有限会社方式，その選択を可能とする方式などが検討されたが，最終的には，合名会社方式，すなわち無限責任方式によることとなった。社員に無限責任を負わせることとした趣旨は，弁護士法人が基本的には社員個人の人的信用を基礎とする法人であるからであり，社員に責任を負わせることによって依頼者その他の債権者の保護を図り，弁護士法人の信用能力の高揚を図ろうとする政策判断である（黒川＝坂田＝髙木・127頁）。

一般債務に関する社員の責任や指定事件の指定社員の責任は，弁護士法人の財産をもって債権者に対する債務を完済できないとき又は弁護士法人の財産に対する強制執行が効を奏しなかったときに生ずる2次的な無限連帯責任である（本条1項・2項）。従って，弁護士法人に弁済の資力があり，かつ，執行も容易であることを証明したときは社員は免責される（本条3項）。これは，保証人の検索の抗弁権に類似する。

特定の事件につき指定社員として指定され，依頼者に所定の方法で通知がなされていたときは，指定社員のみが連帯して本条1項及び2項の責任を負う（本条4項本文・5項）。これにより，事実上一部有限責任制度を実現し，数多くの弁護士が社員として参入しやすい条件を提供することにより，弁護士法人における業務提供基盤の拡大・強化を容易にしたのである（黒川＝坂田＝髙木・128頁）。

弁護士法人から脱退した者及び指定社員でなくなった者も責任を免れないが，自己が脱退した後の事由により生じた債務であることを証明できた場合にはその債務を免れる（本条4項但書）。

【2】 特定事件の関与者の責任

実際に特定の事件を処理しているにもかかわらず同事件につき別の者を指定社員にしておき，万一の場合に責任を免れるというような指定制度の濫用を防止するため，指定を受けていなくても指定事件に関与した社員については，指定社員と同様の責任を負うこととされる。但し，関与にあたり注意を怠らなかったことを立証した場合には免責される（本条6項）。

ここにいう「関与」の有無は，当該関与者に責任を負わせるのが妥当か否かという観点から具体的事案ごとに判断するほかないが，単に指定社員に一般的アドバイスをした程度では足らず，事件の処理に実質的な影響を与える行為をすることが必要であると思料される。

【3】 脱退した社員の責任

社員の責任について会社法612条（退社した社員の責任）が準用される（本条7項）のは，特許業務法人，監査法人と同様で，脱退した社員は脱退の登記前に生じた弁護士法人の債務につき責任を負う。この責任は脱退の登記後2年の経過によって消滅する（会社法612条2項）。但し，脱退した指定社員が指定事件の依頼者に対して負担する弁護士法人の債務の責任追及期間は2年に限定されない。しかし，この場合でも，脱退後の事由により生じた債務であることの証明がなされたときは責任を負わない（本条4項但書）。

（社員であると誤認させる行為をした者の責任）
第30条の16　社員でない者が自己を社員であると誤認させる行為をしたときは，当該社員でない者は，その誤認に基づいて弁護士法人と取引をした者に対し，社員と同一の責任を負う。

【1】　本条の趣旨

社員でない者が自己を社員であると誤認させながら，社員でないことを理由に責任を免れることは不合理であることから，当該社員でない者は，社員と同一の責任を負うこととした。会社法589条１項と同趣旨の規定である。

【2】　責任の内容

社員でないにもかかわらず自己を社員であると誤認させる行為をした者は，その誤認に基づいて弁護士法人と取引した者に対し，法30条の15に定める社員の責任と同一の責任を負う。

ここでいう「取引」とは，事件の受任に限らず，債権債務を発生させる一切の行為（例えば，事務所の賃貸借契約の締結等）を含む。また，「誤認させる行為」の有無については，具体的事案ごとに判断するほかないが，作為による場合や，自己が社員であることを明示した場合に限られない。

（社員の常駐）
第30条の17　弁護士法人は，その法律事務所に，当該法律事務所の所在する地域の弁護士会（その地域に２個以上の弁護士会があるときは，当該弁護士法人の所属弁護士会。以下この条において同じ。）の会員である社員を常駐させなければならない。ただし，従たる法律事務所については，当該法律事務所の所在する地域の弁護士会が当該法律事務所の周辺における弁護士の分布状況その他の事情を考慮して常駐しないことを許可したときは，この限りでない。

【1】　本条の趣旨

非弁の温床となることを防止し，かつ弁護士会による指導，監督の実効性を確保するために，弁護士法人の法律事務所には，主たる法律事務所であれ従たる法律事務所であれ，当該地域の弁護士会の会員たる社員弁護士が常駐しなければならないこととされた。使用人たる弁護士が常駐しても本条の要件は満たされない。常駐弁護士を社員弁護士とするのは，法律事務所（主・従）に対する適正な監督を確保するには責任ある社員弁護士とするのが望ましいことなどによる。

ここにいう「常駐」とは，当該弁護士が業務を反復継続して行う場所としたとみることのできる程度の執務状態を指し，当該事務所で執務する弁護士法人の使用人等を指揮・監督し，その地域の弁護士会からの連絡が遅滞なく当該弁護士に伝わる程度に日常的に執務していることを意味するものと解される（黒川＝坂田＝髙木・150頁）。なお，「常駐」の解釈について，平成13年12月20日，日弁連理事会において次の事項を確認した。

弁護士法人規程に関する常駐等の確認事項（平成13年12月20日理事会決議）（抄）

第１　弁護士法第30条の17の「常駐」の解釈指針

1　社員は，当該事務所を，弁護士名簿上の事務所として登録していなければならない。

2　社員は，当該事務所を，弁護士及び弁護士法人の業務活動の本拠としていなければならない。そのためには，少なくとも以下の基準を満たしていることが必要である。

⑴　社員は，弁護士法人の各事務所における所在時間を比較して，当該事務所を中心として執務しているものと認められなければならない。

⑵　当該事務所において，その業務が，当該社員によって遂行されていると認められる体制がとられていなければならない。

⑶　社員は，当該事務所の業務の遂行状況及び使用人である弁護士及び職員などの勤務状況を基本的に把握していなければならない。

⑷　社員は，当該事務所を維持するに要する費用の管理状況を基本的に把握していなければならない。

⑸　社員との連絡が，当該事務所において，容易に取れなければならない。

さらに，本条は，「社員」を常駐させなければならないと規定するのみで，当該社員の業務執行権の有無については明示的に触れていないが，いわゆる名ばかり社員を常駐させることで本条の趣旨を没却することがないようにする趣旨から，日弁連の弁護士法人規程15条２項では，「業務執行権を有する社員」が常駐しなければならない旨規定し，常駐する社員の業務執行権を求めている。

【２】　常駐の内容

本条の趣旨が法20条３項と同様のものであることからすれば，社員が常駐する事務所が当該社員の執務場所であり，常駐しなければならないのは，当該法律事務所の所在する地域の弁護士会の会員たる社員（例えば，都内に複数の法律事務所がある場合，本条及び法36条の２第５項により，弁護士法人が東京弁護士会の会員であれば常駐する社員も東京弁護士会の会員でなければならず，第一東京弁護士会又は第二東京弁護士会の会員が常駐しても本条の要件は満たされないことになる）である。

【3】 常駐しないことの許可

弁護士法人の従たる法律事務所には，弁護士過疎地域等における公益的活動の基盤となることも期待されるところ，これらの地域については，社員が常駐しない事務所であってもこれを設ける必要性が認められることから，周辺における弁護士の分布状況その他の事情を考慮して当該法律事務所の所在する地域の弁護士会が許可したときは常駐義務が解除されることとした（本条但書）。

弁護士会における常駐しないことの許可（非常駐許可）の基準については，日弁連理事会において次の事項を確認した。

弁護士法人規程に関する常駐等の確認事項（平成13年12月20日理事会決議）（抄）

第2　弁護士法第30条の17の非常駐許可基準

1　弁護士法人の従たる法律事務所が所在する地域が弁護士過疎・偏在対策事業に関する規則（規則第155号）第2条第2号の第一種弁護士過疎地域に該当すること。

2　弁護士法人の従たる法律事務所が所在する地域が1に規定する地域以外の地域である場合において，当該地域において弁護士に対する需要があり，かつ，社員の常駐が困難であると認められる事由があること。

（特定の事件についての業務の制限）

第30条の18　弁護士法人は，次の各号のいずれかに該当する事件については，その業務を行つてはならない。ただし，第3号に規定する事件については，受任している事件の依頼者が同意した場合は，この限りでない。

一　相手方の協議を受けて賛助し，又はその依頼を承諾した事件

二　相手方の協議を受けた事件で，その協議の程度及び方法が信頼関係に基づくと認められるもの

三　受任している事件の相手方からの依頼による他の事件

四　社員等が相手方から受任している事件

五　第25条第1号から第7号までに掲げる事件として社員の半数以上の者が職務を行つてはならないこととされる事件

【1】 本条の趣旨

弁護士が職務を行い得ない事件について定めた法25条に対応する，弁護士法人に関する業務制限の規定である。これは，法人に関する規定であって，法人の社員等については，法25条が適用される。

本条1号から3号までは法25条の各号と全く同一の規定であり，同条とパラレルに理解することができる。法25条は「職務」，本条は「業務」，と用語を異にしているが，自然人たる弁護士について「職務」，弁護士法人については「業務」と使い分けているだけで，趣旨が異なるものではない。また，社員等が相手方から受任している事件については弁護士法人は業務を行い得ないこととし（本条4号），それ以外の事件については社員の半数を基準として規定することとされた。

法25条4号（公務員として職務上取り扱った事件）及び5号（仲裁手続により仲裁人として取り扱った事件）に相当する規定は置かれなかった。弁護士法人自体が公務員となることは現行法上はないので4号に相当する規定を置く必要がなく，また，5号に相当する規定が置かれなかったのは，法人が仲裁人となることは予定されていないことによる。

本条の趣旨は，①当事者の利益の保護，②弁護士法人の業務執行の公正の確保，及び③弁護士法人の品位の保持であり，自然人たる弁護士についての法25条の趣旨と同様である。

【2】 1号から3号まで

法25条1号から3号までの解釈と変わるところはない。

各号の適用場面は次のとおりである。

1号　Aを当事者とする甲事件について，X弁護士法人が，Aの相手方であるBの協議を受けて賛助し，又はその依頼を承諾していた場合には，X法人は甲事件の業務（Aから依頼されて行う甲事件の事務処理）を行うことはできない。

2号　Aを当事者とする甲事件について，X弁護士法人が，Aの相手方であるBの協議を受けて（賛助又はその依頼を承諾してはいないものの），その協議の程度及び方法が信頼関係に基づくものと認められる場合には，X法人は甲事件の業務（Aから依頼されて行う甲事件の事務処理）を行うことはできない。

3号　X弁護士法人が，甲事件をAから受任している場合に，甲事件の相手方であるBから依頼されて，甲事件とは別の乙事件の業務を行うことはできない。但し，Aが同意した場合には，乙事件の業務を行うことができる（但書）。

なお，実際に職務を担当するのが社員でなく使用人たる弁護士であっても，弁護士法人として事務処理を行う限り，各号の適用がなされるのはもとよりである。

【3】 社員等が相手方から受任している事件（4号）

1 社員等すなわち，「弁護士法人の社員又は使用人である弁護士」が相手方から受任している事件について，当該弁護士法人がその業務をすることを禁止するものであり，特定の事件について，弁護士法人の社員等が原告側代理人と被告側代理人として相争うことを防止するための規定である。例えば，X弁護士法人の使用人である弁護士Sが，Aから依頼を受けて甲事件を受任している場合には，X弁護士法人が，Aの相手方であるBから依頼を受けて甲事件の業務を行うことはできない。なお，法人自体が相手方（上記の例ではA）から受任している事件は，当然に本条1号に該当するので，本号の適用場面ではない（X弁護士法人がBから依頼を受けて甲事件の業務を行い得ないのは本号の効果ではなく，1号の適用によるものである）。

本条5号と異なり，社員等の1人でも相手方から受任している事件については，法人が業務を行うことはできない。法25条1号に掲げる事件，すなわち，「相手方の協議を受けて賛助し，又はその依頼を承諾した事件」については，本条5号により，社員の半数以上が職務を行ってはならないこととされる場合に，法人が業務を行うことを禁止されるのであるが，単に協議を受けて賛助し，又は依頼を承諾したのみにとどまらず，受任している事件の場合には，たとえその受任している社員等が1人であったとしても，法人が業務を行うことが禁止される。

また，本号の場合には，「社員」ではなく「社員等」とされており，使用人たる弁護士が受任している事件であっても法人がそれについて業務を行い得ないことに注意を要する。

2 「相手方」や「事件」等の解釈については，法25条1号における解釈を参照されたい。

3 本号の場合には，たとえ相手方及び依頼を受ける当事者（すなわち，前記の例ではA及びB）の同意を得ても，禁止は解除されない。

【4】 法25条1号から7号までに掲げる事件として社員の半数以上の者が職務を行ってはならないこととされる事件（5号）

1 特定の事件につき，法25条1号から7号までの規定によって職務遂行を禁止される弁護士が社員の半数以上に至った場合には，弁護士法人の意思決定が歪められ法人の利益が害されるおそれがあることを考慮し，弁護士法人として当該事件を受任することができないこととしたものである（黒川＝坂田＝髙木・163頁）。本条4号（社員等が相手方から受任している事件）の場合を除き，弁護士法人の社員等としての関与事件の業務を弁護士法人が行い得るか否かは，社員の半数以上が法25条1号から7号までの適用により職務を行い得ないとされているか否かによる。これは，特許業務法人の例にならったものである（弁理士法48条1項4号）。法25条1号から7号までは，自然人たる弁護士について職務を行い得ない事件を列挙したものであるが，これに該当する社員が半数以上となる弁護士法人も当該事件の業務を行ってはならないとされた。社員の半数以上が職務を行えない状態となる場合には，他の社員あるいは使用人たる弁護士が実際の法律事務を担当したとしても，①当事者の利益を害するおそれが高く，②弁護士法人の業務執行の公正さや③弁護士法人の品位が損なわれるおそれも高いと考えられるからである。

弁護士法人の社員等としての関与事件との関係で，弁護士法人が業務を行い得ない事件をどのように規定するかについて議論があり，社員（あるいは社員等）の１人にでも法25条１号から７号までの事由があるときは，法25条及び本条の趣旨である，①当事者の利益の保護，②弁護士及び弁護士法人の職務執行・業務執行の公正の確保，並びに，③弁護士及び弁護士法人の品位の保持が害され，あるいはそのおそれが高いとして，すべて弁護士法人の業務を制限し，厳格な規定とすることも考えられた。しかしながら，法人という業務形態においていかなる場合を絶対的に禁止するかについて，事件や法人の業務遂行態様等に応じて様々な事情のあり得ることから明確な規定を設けることが立法的に困難であるという面があること，また，本条違反が，訴訟行為等の効力にも影響することがあり得ると解されることから（最大判昭和38・10・30民集17巻９号1266頁参照），法律上の規定としては，特許業務法人の例にならった。

社員の半数を基準とするのは，本号の要件をあまり厳しくすると，弁護士法人の合併を困難にし，かつ社員が弁護士法人間を移動すること（ある弁護士法人を脱退して他の法人に加入すること）を困難にすることになりかねないし，また，社員の半数が事件に関与していなければ，事件を受任するか否かを含め法人内部の意思決定の問題として公正な判断がなされると考えられるからである（公正に判断がなされることにより，本条の趣旨である前記①から③までの確保が見込まれる）。

2　本号は，「社員」と規定し，「社員等」と規定していない。社員のみの数を基準とし，使用人たる弁護士については，法25条１号から７号までの事由があっても，その数にかかわらず，法律上は，法人の業務が制限されることはない（なお，本条４号は，「社員等」とされている）。使用人たる弁護士については，法25条１号から７号までの事由があっても，社員が事件に関与していなければ，法人内部の意思決定が公正になされると判断されたものと解される。

3　社員の半数以上に法25条３号に該当する事由があっても，受任中の事件の依頼者の同意があることにより，当該社員が職務を行い得ることとなった場合（その結果，職務を行い得ない社員が半数に満たなくなった場合）は，法人も業務を制限されない。

【5】 本条違反の行為の効力

法25条における解釈論を参照されたい。

【6】 弁護士職務基本規程との関係

弁護士職務基本規程は，弁護士法人の業務を行い得ない事件として65条と66条の二つの規定を設けた。同規程65条は，条文の体裁と若干の要件は異なるものの，実質的には本条と同趣旨のものである。また，同規程66条は，本条にはない事由を新たに業務を行えないものとして規定した。これは，弁護士に対する補完的利益相反規定である同規程28条と同様のものを弁護士法人に対しても規定したものである。

（他の弁護士法人への加入の禁止等）

第30条の19 弁護士法人の社員は，他の弁護士法人の社員となつてはならない。

2 弁護士法人の社員は，他の社員の承諾がなければ，自己又は第三者のために，その弁護士法人の業務の範囲に属する業務を行つてはならない。ただし，法令により官公署の委嘱した事項を行うときは，この限りでない。

3 弁護士法人の社員が前項の規定に違反して自己又は第三者のためにその弁護士法人の業務の範囲に属する業務を行つたときは，当該業務によつて当該社員又は第三者が得た利益の額は，弁護士法人に生じた損害の額と推定する。

【1】 本条1項

1 本項は，弁護士法人の社員が他の弁護士法人の社員となることを禁止したものである。立法趣旨は，①二つ以上の弁護士法人の社員を兼ねることを認めれば弁護士法人間で対立があったときに，適切な処理が期待できない（髙中正彦『弁護士法人制度解説』31頁），②恒常的な利益相反状況と精力の分散を防止し，弁護士法人制度の健全な発展を図る（判タ1060号9頁），③二重事務所の禁止の趣旨からして，弁護士が複数の法人の社員となることは複数事務所を持つことを認めるのと同様の危険があるからである。

2 本項は，上記①②③の公益的見地から定められたものであるから，他の社員の同意があっても禁止は解除されない。

【2】 本条2項

1 弁護士法人の社員は，他の社員全員の承諾がない限り，自然人たる弁護士として弁護士法人の業務範囲の業務を行ってはならないことを規定しているもので，いわゆる競業避止義務を定めたものであり，当該弁護士法人の利益保護を目的としたものである。弁護士が取り扱う業務は多岐にわたり，中には非常に高度の専門性を要するものや，事件の性質上依頼者との個人的信頼関係を有する弁護士でないと処理できないものなども含まれているため，社員の個人受任を認めるべき必要性が高い。加えて，法人の社員等の競業避止義務規定は本来的に法人の利益保護のために設けられていることに鑑み，監査法人等と異なり，社員による競業を全面的に禁止せず，他の社員の承諾があれば自己又は第三者のために弁護士法人の業務の範囲に属する業務を行うことができることとしたものである。従って，本条1項と異なり，他の社員の承諾があれば競業避止義務を負わない。

法令により官公署から委嘱された事項については，所属する弁護士法人の業務の範囲に属する場合であっても，他の社員の承諾を要しない（本項但書）。その趣旨については，①そのような業務は，公益的見地から委嘱を受けるものであって，弁護士の公益的活動が他の社員の意思によって制約されることは相当でないからとするもの，②本項本文は，経済的利益に関する競業について定めたものであるところ，弁護士の公益的活動はそのような意味での競業禁止を定める必要がない，などの説が考えられる。

2 「他の社員の承諾」とは，他の社員全員の承諾を意味するが，本項が前記のとおり，法人の利益保護等を目的とする規定であることに鑑みると，定款で別段の定めをすることにより，この要件を緩和することも可能である（その意味で任意規定である）。

3 「弁護士法人の業務の範囲に属する業務」とは，弁護士法人の業務と競争関係が生ずるかどうかによって判断される。従って，現に行っている業務はもちろん，将来行うことを予定する業務も含まれると解される（高中・前掲書31頁）。

4 「自己又は第三者のために」とは，自己又は第三者の名においてという意味ではなく，自己又は第三者の計算において，すなわちその経済的効果（通常は弁護士報酬になろう）が自己又は第三者に帰属するという意味に解するのが相当である（高中・前掲書32頁）。

5 本項但書が強行法規か否かについては説が分かれよう。例えば，定款をもって，法令により官公署から委嘱された事項についても他の社員の承諾なくしてはなし得ない旨を規定した場合の効力如何である。定款無効であるとする説と，本項但書違反として直ちに定款無効とまではいえないが，法24条の委嘱事項等を行う義務との関係で，そのような定款の効力・適用範囲の制限が認められるとする説とに分かれよう。前述の本項但書の趣旨について，①説を採った場合には前説につながりやすいし，②説の場合は後説につながりやすいといえよう。いずれにせよ，この問題は，単に弁護士法人における社員の公益活動に対する制約の問題に止まらず，個人事務所における勤務弁護士の公益活動に対する制約の可否なども絡む問題であって，弁護士のいわゆるプロボノ活動の義務化の流れともあいまって，今後の検討課題となるものであろう。

なお，国選弁護人については，弁護士法人が選任されることはないが（法30条の6の解説参照），社員弁護士が自然人たる弁護士としてこれらの選任を受けることも本項但書の「官公署の委嘱」に含まれる。

6　本条違反の行為の効力，例えば競業避止義務に違反してなされた和解の効力などには，本項が影響を与えることはないと解される。

7　法人の社員たる弁護士が個人として事件を受任した場合，これを法人として受任したのではないことを明確にすべきかについて法は特段規定していない。しかし，依頼者，裁判所，事件の相手方等に対しては個人としての受任か法人としての受任かを明確にしておくのが望ましい。そこで，日弁連会則27条3項は，「弁護士法人の社員又は使用人である弁護士は，個人として業務を受任して行うときは，その旨を明らかにして行わなければならない」と規定している。社員等が個人で受任した事件の表示方法については，平成13年12月20日理事会において，「社員等は，依頼者との受任契約の締結にあたり，個人受任事件であることを表示し，また，事件の相手方に対しても，個人受任事件であることを明確に表示しなければならない」との指針が決議され，その後平成19年3月15日の理事会で全部改正されている（弁護士法人規程に関する表示等の確認事項）。

これによると，法人受任の場合の表示は，

①　弁護士法人の名称と法律事務所の名称が同じ場合

（例：いずれの名称も「弁護士法人ひまわり法律事務所」の場合）

（送達場所）東京都○○区○○町○丁目○番○号
弁護士法人ひまわり法律事務所

（法人受任）訴訟代理人弁護士　○○○○

②　弁護士法人の名称と法律事務所の名称が異なる場合

（例：弁護士法人の名称は「弁護士法人ひまわり」，法律事務所の名称は「あさがお法律事務所」の場合）

（送達場所）東京都○○区○○町○丁目○番○号
弁護士法人ひまわり　あさがお法律事務所

（法人受任）訴訟代理人弁護士　○○○○

となり，個人受任の場合の表示は，

①　弁護士法人の名称と法律事務所の名称が同じ場合

（例：いずれの名称も「弁護士法人ひまわり法律事務所」の場合）

（送達場所）東京都○○区○○町○丁目○番○号
弁護士法人ひまわり法律事務所

（個人受任）訴訟代理人弁護士　○○○○

② 弁護士法人の名称と法律事務所の名称が異なる場合

（例：弁護士法人の名称は「弁護士法人ひまわり」，法律事務所の名称は「あさがお法律事務所」の場合）

（送達場所）東京都○○区○○町○丁目○番○号
あさがお法律事務所

（個人受任）訴訟代理人弁護士　○○○○

となる。

【3】 本条3項

競業避止義務は，社員弁護士の弁護士法人に対する義務である。従って，競業避止義務に違反した当該社員弁護士は，弁護士法人に対し損害賠償義務を負う。しかし，弁護士法人に生じた損害額を確定することは困難であることから，本項は，競業避止義務に違反する業務により当該社員又は第三者が得た利益の額を，弁護士法人に生じた損害の額と推定した。会社法594条2項と同様の規定である。

また，競業避止義務に違反した当該社員弁護士は，本項による損害額の推定を受けるほか，他の社員の決議をもって，当該弁護士法人からの除名又は代表権の消滅を裁判所に請求されることがある（法30条の30第1項，会社法859条・860条）。

【4】 使用人たる弁護士への適用の有無等

本条は，1項から3項までのいずれも，使用人たる弁護士には適用はない（法文上，「社員等」とされていない）。使用人たる弁護士は弁護士法人の指揮命令下にあることが理由とされる（高中・前掲書32頁）。但し，使用人たる弁護士が複数の法人の使用人となること（あるいは，他の法人の社員となること）は，複数の法律事務所に所属すること（法20条3項）を意味するから，その意味で禁止される。同様に，弁護士個人として法律事務所を維持しながら，弁護士法人の社員等となることも法20条3項により禁止される。

法人と使用人たる弁護士との契約により，使用人たる弁護士に競業避止義務を負わせることは可能である。

【5】 特許業務法人や税理士法人の社員を兼ねることの可否

弁護士法人の社員及び使用人たる弁護士が，特許業務法人あるいは税理士法人の社員となることができるかについては次のような問題がある。

まず，特許業務法人の社員は弁理士であることが要件とされ（弁理士法39条1項），同様に税理士法人の社員は税理士であることが要件とされているから（税理士法48条の4第1項），弁護士がこれらの法人の社員を兼ねるには弁理士や税理士の登録をしていることが前提である。

弁理士業務や税理士業務は，法3条の業務に含まれているから，弁理士登録をしている弁護士が弁理士業務を行ったり，税理士登録をしている弁護士が税理士業務を行うことは，弁護士業務との関係では弁護士法人の業務と競業することになるし，弁理士業務や税理士業務との関係でも特許業務法人や税理士法人の業務と競業することになる。従って，弁護士業務との関係では，本条2項の要請により他の社員の承諾が必要となる。他方，弁理士法は他の社員の承諾があれば社員の競業を認めているが（55条1項，会社法594条），税理士法は競業を全面的に禁止している（48条の14）。従って，税理士法により，弁護士法人の社員等が税理士法人の社員を兼ねることはできない。

弁理士の場合は，弁護士法人の社員と特許業務法人の社員の承諾があれば，弁護士法人の社員は特許業務法人の社員を兼ねることができそうである。しかし，弁護士法人と特許業務法人の事務所が異なる場合には，前記のとおり法20条3項の複数事務所の禁止に抵触することになるから，結論として弁護士法人の社員等が特許業務法人の社員を兼ねることはできないと解すべきである（この結論を疑問とするものとして，黒川＝坂田＝髙木・175頁）。

（弁護士法人の社員等の汚職行為の禁止）

第30条の20　弁護士法人の社員等は，その弁護士法人が受任している事件に関し，相手方から利益の供与を受け，又はその供与の要求若しくは約束をしてはならない。

2　弁護士法人の社員等は，その弁護士法人が受任している事件に関し，相手方から当該弁護士法人に利益を供与させ，又はその供与の要求若しくは約束をしてはならない。

【1】 本条の趣旨

本条1項は，弁護士法人の社員又は使用人である弁護士は，弁護士法人が受任している事件について，相手方から利益を受けてはならないし，利益の供与を要求・約束してはならないことを規定している。弁護士法人の職務の公正と誠実性の確保を目的とするものである。本条2項は，弁護士法人に利益を受けさせる汚職も本条

１項と同様であるから許されないことを規定している。弁護士についての法26条に対応する規定であり，同条の解説を参照されたい。

【２】 罰　則

本条に違反した弁護士は３年以下の懲役に処せられる（法76条）。

【３】 その他

社員たる弁護士が個人として事件を受任した場合において，その個人受任事件に関して相手方から所属弁護士法人に利益の供与をなさしめた行為については，処罰をする規定がないが，そのような行為は，品位を失うべき非行として懲戒の対象となり得る。

（弁護士の義務等の規定の準用）

第30条の21 第20条第１項及び第２項，第21条，第22条，第23条の２，第24条並びに第27条から第29条までの規定は，弁護士法人について準用する。

【１】 本条の趣旨

弁護士の義務等の規定について，弁護士法人への準用について定める。準用される条文は以下のとおりである。

【２】 法20条１項（法律事務所の名称），同条２項（法律事務所の設置場所）

１　法20条１項及び２項が準用されることにより，弁護士法人の事務所は「法律事務所」と称することとされるが，法律上は義務づけられているわけではない（法20条１項の解説参照）。

また，当該弁護士法人の所属する弁護士会の地域内に法律事務所を設けなければならず，これは主たる法律事務所及び従たる法律事務所のいずれにも適用がある。

２　法20条３項（二重事務所の禁止）は準用されておらず，逆に従たる法律事務所に関する規定が設けられていることから，弁護士法人は従たる法律事務所を設置することができる。

【３】 法21条（法律事務所の届出義務）

弁護士法人は，法律事務所を設けたとき又は移転したときは，直ちに所属弁護士会と日弁連に届け出なければならない。なお，法律事務所の設置・移転は定款変更を伴うので，法30条の11第２項による届出義務と重なる。

【４】 法22条（会則を守る義務）

弁護士法人は，所属弁護士会及び日弁連の会則を遵守しなければならない。法人の所属弁護士会の地域外に従たる法律事務所を設置したことにより，その地域の弁護士会にも所属するに至ったときは，当該弁護士会の会則についても遵守義務が課される。

所属する弁護士会の間で会則・会規・規則の規制内容に相違がある場合の適用範囲等については，具体的ケースに即して判断するほかないと解される（例えば，所属弁護士会によって，預り金の処理に関する規則の規制内容に差異がある場合には，主たる法律事務所における預り金は，主たる法律事務所の所属弁護士会の規則に従って処理し，従たる法律事務所における預り金は，従たる法律事務所の所属弁護士会の規則に従って処理することになろうが，従たる法律事務所において受任した事件についての預り金も主たる法律事務所で預かるようなときには，脱法的であるか否かなどが問われることになろう）。

【5】 法23条の2（報告の請求）

弁護士法人は，受任している事件について，所属弁護士会に対し，公務所又は公私の団体に照会して必要な事項の報告を求めることを申し出ることができる。

【6】 法24条（委嘱事項等を行う義務）

弁護士法人は，正当な理由がなければ，法令により官公署の委嘱した事項及び会則の定めるところにより所属弁護士会又は日弁連の指定した事項を行うことを辞することができない。

【7】 法27条（非弁護士との提携の禁止）

弁護士法人は，法72条から74条までに違反する者から，事件の周旋を受け，又はこれらの者に対して自己の名義を利用させてはならない。違反した場合には，当該弁護士法人は300万円以下の罰金に，社員・使用人たる弁護士は，2年以下の懲役又は300万円以下の罰金に処せられる（このほかに懲戒事由となることはもとよりである）。

【8】 法28条（係争権利の譲受の禁止）

弁護士法人は，係争権利を譲り受けてはならない。違反した場合には，当該弁護士法人は300万円以下の罰金に，社員・使用人たる弁護士は，2年以下の懲役又は300万円以下の罰金に処せられる（このほかに懲戒事由となることはもとよりである）。

【9】 法29条（依頼不承諾の通知義務）

弁護士法人は，事件の依頼を承諾しないときは，依頼者に対し，速やかにその旨を通知しなければならない。

【10】 その他

弁護士法人には，秘密保持の権利義務を定める法23条が準用されていない。自然人たる弁護士に秘密保持の権利義務を定めれば足りるとの趣旨と解される（法人の秘密保持という法制が我が国ではないといわれている）。なお，弁護士法人が依頼者の秘密を漏らせば（法人の社員等あるいは非弁護士の使用人が漏らした場合），当該弁護士法人が依頼者から民事上の責任を追及され得るのは当然であり，法23条の準用がなされていないことによって変わるものではない。

（法定脱退）

第30条の22　弁護士法人の社員は，次に掲げる理由によつて脱退する。

一　定款に定める理由の発生

二　総社員の同意

三　死亡

四　第7条各号（第2号を除く。）のいずれかに該当することとなつたとき。

五　第11条の規定による登録取消しの請求をしたとき。

六　第57条第1項第2号から第4号までに規定する処分を受けたとき又は第13条第1項の規定による登録取消しが確定したとき。

七　第30条の30第1項において準用する会社法第859条の規定による除名

【1】　本条の趣旨

弁護士法人の社員の脱退には，法定脱退と任意脱退（会社法の持分会社に関する規定が準用されている。法30条の30第1項，会社法606条）があり本条は前者について定めたものである。本条各号の事由があるときは，当該社員は当然に脱退することになる。

【2】　定款に定める理由の発生（1号）

例えば，定款中で定年の定めをしている場合に，社員が定年に達したときなどである。

【3】　総社員の同意（2号）

1　任意脱退との違い

法30条の30第1項は会社法606条を準用しており，弁護士法人においては，定款で存続期間を定めず，又は社員の終身の間法人が存続することを定めたときは，各社員は，6か月前までに予告することによって，会計年度の終わりに脱退することができる（会社法606条1項）。また，やむを得ない事由があるときは，定款で法人の存続期間を定めているかどうかを問わず，6か月前までの予告も要することなく，会計年度の途中でもいつでも脱退することができる（同条3項）。本号は，総社員の同意がある場合には，前記のような要件にかかわりなく脱退を認めるものである。

2　数人の社員から同時に脱退の申出があった場合

数人の社員から同時に脱退の申出があった場合における「総社員の同意」とは，

脱退の申出をした社員自身を除くその他の社員全員の同意をいうとする見解と，脱退の申出をした社員すべてを除く残存社員の全員の同意をいうとする見解とが考えられる（高中・前掲書24頁）。前説は，会社法施行前の合資会社につき判例の採るところであり（最判昭和40・11・11民集19巻8号1953頁），脱退の申出をした社員も，脱退の効力発生までは社員としての地位にあることを理由とする（高中・前掲書24頁）。後説は，この同意は会社法606条（会社法施行前の商法84条）の要件を満たさない脱退の申出を容認する同意であるから，残存社員のみが利害関係を有することを理由とする（上柳克郎他編『新版注釈会社法(1)』311頁）。

【4】 死亡（3号）

弁護士法人の社員が死亡した場合，その相続人は持分の払戻請求権，法人債権者に対する責任等死亡社員の有した権利義務を相続するにとどまり，社員たる地位は承継されない。

持分会社においては，社員持分の相続を認めることなどを定款で定めれば，そのような定めは有効であるが（会社法608条1項），弁護士法人においては，社員資格が弁護士に限定されているから（法30条の4第1項），そのような定めは無効である。弁護士が相続人であるときに限って社員の地位の相続を認める旨を定款で定め得るかについては，有効と解する説もある（高中・前掲書24頁，黒川＝坂田＝髙木・186頁）。しかし，一人法人において社員が欠けた場合については，法が手当（法30条の24）を置いていることに鑑みると，相続人が弁護士であっても社員の地位の相続をそもそも認めないのが法の趣旨とも考えられる。また，相続人たる弁護士が当該法人以外の弁護士法人や法律事務所に所属しているときは，相続の発生により突如として二重事務所の問題が生じ，ときには利益相反状態に陥ることにもなる。従って，少なくとも社員の地位を相続することになる弁護士である相続人の承諾は必要であろう。もっとも，社員の地位の相続を認めることに支障となる問題を回避し得るような形の定款（例えば，相続人たる弁護士が同一の弁護士法人に所属している場合に限り相続を認めるような定款）については，検討の余地もあり得る。

【5】 7条各号（第2号を除く。）のいずれかに該当することとなったとき（4号）

社員が法7条の欠格事由に該当したときは，当然に弁護士としての登録が取り消されるから，脱退事由となる。弁護士法人の社員を弁護士に限ることから当然の規定である。

【6】 11条の規定による登録取消しの請求をしたとき（5号）

登録取消し請求により弁護士でなくなるのであるから，社員資格を失う。

【7】 57条1項2号から4号までに規定する処分を受けたとき又は13条1項の規定による登録取消しが確定したとき（6号）

1　法57条1項3号（退会命令），4号（除名）の懲戒処分を受けたとき，又は法13条1項に基づく弁護士会による登録取消し請求を受けてそれが確定したときは，いずれも，弁護士の登録を取り消されるのであるから，社員資格を失い，これらが法定脱退事由となるのは当然である。

2　懲戒処分のうち，登録が取り消されるものではない業務停止（法57条1項2号）についても法定脱退事由とされている。業務停止期間が満了した後に新たに社員として加入することは妨げられない。

【8】 30条の30第1項において準用する会社法859条の規定による除名（7号）

1　会社法859条が準用されることにより，社員が，①出資義務を履行しなかったとき，②法30条の19に定める他の弁護士法人への加入禁止・競業避止義務に違反したとき，③業務の執行にあたって不正の行為をし，又は権利なくして業務の執行に関与したとき，④弁護士法人を代表するにあたり，不正の行為をし，又は権利なくして弁護士法人を代表したとき，⑤その他重要な義務を尽くさなかったときには，他の社員の過半数の決議に基づき訴えをもって当該社員の除名（弁護士会による懲戒処分の除名とは異なる）を請求することができる。除名判決が確定すると，その社員の社員たる地位を剥奪する効力が生ずる。

2　社員が2人の弁護士法人において，ある社員が他の社員の除名の請求ができるか。会社法施行前の商法上の解釈では，肯定・否定の両説があり，大審院は否定説を採っている（上柳他編・前掲書322頁）が，最近の下級審の判決では，肯定説もある（山形地酒田支判平成3・12・17判時1425号127頁）。大審院の判例は，一人会社が認められていないことを前提に，この場合の除名を認めることは解散を当然に導くことになることをも否定説を採る理由の一つに挙げていた。肯定説を採った山形地裁酒田支部の判決は，大審院の事案が，社員が1人になった場合でも新たな社員を加えて会社を存続できるとする会社法施行前の商法95条2項が規定された昭和13年商法改正前のものであることを理由に，もはや現行法のもとでは妥当しない旨を述べている。一人法人が認められている弁護士法人においても，この点は考慮して解釈する必要があろう。

3　被除名者が一度に数人いる場合，被除名者を除いた社員の過半数による一括決議でよいのか，それとも被除名者毎にその者を除く他の社員の過半数の個別決議によるのか，説が分かれる（上柳他編・前掲書323頁参照）。

（解散）

第30条の23 弁護士法人は，次に掲げる理由によつて解散する。

一 定款に定める理由の発生

二 総社員の同意

三 他の弁護士法人との合併

四 破産手続開始の決定

五 解散を命ずる裁判

六 第56条又は第60条の規定による除名

七 社員の欠亡

2 弁護士法人は，前項第3号及び第6号の事由以外の事由により解散したときは，解散の日から2週間以内に，その旨を所属弁護士会及び日本弁護士連合会に届け出なければならない。

【1】 本条の趣旨

本条は，弁護士法人の解散理由（1項）及び解散の届出（2項）について定める。解散事由を法定した趣旨は，解散を命じる裁判や除名の懲戒を受けた場合など公益上の観点から法人格を剥奪すべき場合を明示するとともに，本条1項に規定する理由以外によっては解散しないことを明確にするためであると説明されている（黒川＝坂田＝髙木・187頁）。

【2】 解散事由（1項）

1 定款に定める理由の発生（1号）

弁護士法人においては，定款で解散事由を定めることができる。存続時期を定めた場合の存続時期の満了などが該当する。

2 総社員の同意（2号）

弁護士法人は，（定款にその旨の定めがなくても）社員全員の同意によって解散することができる。

3 他の弁護士法人との合併（3号）

弁護士法人は他の弁護士法人と合併することができる（法30条の27）が，合併の方法には吸収合併と新設合併とがある。吸収合併の場合は，吸収法人が当然に存続し，消滅法人は当然に解散して，清算手続を要せず直ちに消滅する。新設合併の場合は，新法人が設立され，合併当事者たる法人は，当然に解散し，清算手続を要することなく消滅する。

4 破産手続開始の決定（4号）

弁護士法人が破産手続開始の決定を受けたときは，当然に解散する。

5　**解散を命ずる裁判**（5号）

ここにいう「解散を命ずる裁判」は，解散命令（法30条の25第1項，会社法824条）と解散判決の双方を指す（法30条の25第2項，会社法833条2項）。解散命令においては，その裁判のあったときに，解散判決においては，解散判決の確定によって，弁護士法人は当然に解散する。

6　**56条又は60条の規定による除名**（6号）

弁護士法人が（主たる法律事務所の所在地の）所属弁護士会（法56条）又は日弁連（法60条）から，除名の懲戒処分を受けると，当然に解散する。

7　**社員の欠亡**（7号）

社員の欠亡は解散事由であるが，社員の死亡によって欠亡するに至った場合には，法30条の24に基づき継続することもあり得る。

社員が，業務停止，退会命令又は除名の懲戒処分を受けたときは，法定脱退事由に該当し，直ちに社員の資格を失う（法30条の22第6号）。一人法人の社員が上記懲戒処分を受けると，社員の欠亡を生じ，弁護士法人は解散する。

【3】　解散の届出（2項）

弁護士法人は，合併（本条1項3号）と除名（同項6号）による場合を除き，解散したときは，解散の日から2週間以内に，その旨を所属弁護士会と日弁連に届け出なければならない。合併については，法30条の27第3項に届出義務の規定があり，除名については，届出がなくても当然に知り得るので，本項では除外されている。

なお，所属弁護士会及び日弁連に対する届出とは別に，解散の登記も必要である（法30条の7，組合等登記令7条・8条）。但し，破産手続開始の決定があったときは，破産法による登記がなされることになる（破産法257条1項）。

（弁護士法人の継続）

第30条の24　清算人は，社員の死亡により前条第1項第7号に該当するに至つた場合に限り，当該社員の相続人（第30条の30第2項において準用する会社法第675条において準用する同法第608条第5項の規定により社員の権利を行使する者が定められている場合にはその者）の同意を得て，新たに社員を加入させて弁護士法人を継続することができる。

【1】 本条の趣旨

社員の死亡により社員の欠亡に至った場合には，清算人は，当該社員の相続人（法30条の30第2項，会社法675条において準用する同法608条5項の規定により社員の権利を行使する者が定められている場合にはその者）の同意を得て，新たに社員を加入させて弁護士法人を継続することができる。持分会社においては，会社解散にあたって一定の場合には会社を継続させることができるとする規定があるが（会社法642条），弁護士法人の場合は，社員の死亡により社員の欠亡に至った場合に法人を継続することができるものとした。

弁護士法人においては，社員1人での設立が認められたことにより，唯一の社員が死亡して解散に至る事態が頻繁に生じ得ることから，依頼者保護等の徹底を期するため設けられた規定である。この規定によって，一旦解散した弁護士法人は将来に向かって解散前の状態に戻り，再び業務を行うことができる。

これにより，例えば唯一の社員である弁護士が死亡した場合において，勤務弁護士が社員として当該法人を引き継ぐことが可能となり，依頼者の地位が安定強化されることに加え，蓄積されたノウハウや法律業務の人的・物的基盤が雲散霧消することが防止され，法律サービスの質の向上にも資するものと考えられる。

【2】 弁護士法人の継続

弁護士法人の継続は，社員の死亡の場合に限られており，社員が除名・退会命令・業務停止の懲戒処分を受けた場合（法30条の22第6号）は対象外である。

（解散を命ずる裁判）

第30条の25 会社法第824条，第826条，第868条第1項，第870条第1項（第10号に係る部分に限る。），第871条本文，第872条（第4号に係る部分に限る。），第873条本文，第875条，第876条，第904条及び第937条第1項（第3号ロに係る部分に限る。）の規定は弁護士法人の解散の命令について，同法第825条，第868条第1項，第870条第1項（第1号に係る部分に限る。），第871条，第872条（第1号及び第4号に係る部分に限る。），第873条，第874条（第2号及び第3号に係る部分に限る。），第875条，第876条，第905条及び第906条の規定はこの項において準用する同法第824条第1項の申立てがあつた場合における弁護士法人の財産の保全について，それぞれ準用する。

2 会社法第833条第2項，第834条（第21号に係る部分に限る。），第835条第1項，第837条，第838条，第846条及び第937条第1項（第1号リに係る部分に限る。）の規定は，弁護士法人の解散の訴えについて準用する。
3　法務大臣は，第1項において準用する会社法第824条第1項の規定による解散命令を請求しようとするときは，あらかじめ，日本弁護士連合会の意見を聴くものとする。

【1】 本条の趣旨

弁護士法人は，設立の方式が準則主義によるものとされたことから，これによって生じる弊害を是正するため，会社や特許業務法人等と同様に会社法824条を準用して，裁判所が公益を維持するため，法務大臣，社員，債権者その他の利害関係人の請求により弁護士法人の解散を命じることができるとされた。

また，弁護士法人は総社員の同意によって解散することができるが（法30条の23第1項2号），解散について総社員の同意を得ることが困難であり，しかも自分だけが脱退しただけでは社員の正当な利益が保護されないような場合，会社法833条2項を準用して各社員は，弁護士法人を被告として，解散請求訴訟を提起することができるとされた。

本条1項において準用される会社法824条1項の規定により法務大臣が弁護士法人の解散命令を請求しようとするときは，あらかじめ日弁連の意見を聴くものとされた（本条3項）。これは，弁護士法人による業務遂行の実情については，日弁連が最もよく把握し得る立場にあることから，日弁連の意見を可能な限り尊重し，解散命令請求にかかる法務大臣の判断の慎重を期すとともに，日弁連等による自発的な指導・監督の機会を付与しようとしたものである。

弁護士法人は，解散を命じる裁判によって解散する（法30条の23第1項5号）が，この解散を命じる裁判には，解散命令（会社法824条）及び解散判決（同法833条2項）の両者が含まれる。前者は，弁護士法人の法人格が形骸化し又は濫用されるなどにより公益を害するに至ったときに，非訟事件手続により法人格を剥奪するものである。後者は，弁護士法人が解散について総社員の同意が得られず，自治的能力を喪失した場合に，社員の訴えによって裁判所が判決をもって解散を命ずるものである。

【2】 解散命令

1　解散命令の要件は，①弁護士法人の設立が不法な目的に基づいてなされたとき，②弁護士法人が正当な理由がないのにその成立の日から1年以内にその業務を開始せず，又は引き続き1年以上業務を休止したとき，③業務を執行する社員が，法令若しくは定款で定める弁護士法人の権限を逸脱し若しくは濫用する行為又は刑罰法令に触れる行為をした場合において，法務大臣から書面による警告を受けたにもかかわらず，なお継続的に又は反覆して当該行為をしたときのいずれかにおいて，公益を確保するため弁護士法人の存立が許されないものと認められる場合である（会社法824条１項）。

会社法824条１項は，「公益を確保するため会社の存立を許すことができないと認めるとき」に解散を命じることができると規定しているが，これは「法人格を剥奪する以外の方法，業務執行社員の解任，損害賠償，刑罰，営業停止，免許の取消その他の制裁を科することによって，公益を維持しうるに足る場合は，解散命令を発しえない（以上の措置をとりえないか，それだけでは足りないときの，最後の手段ともいえる）」と解されている（上柳他編・前掲書175頁）。従って，解散命令は，法人格を剥奪する以外の方法で公益を維持し得る場合には発動され得ないものであり，弁護士会や日弁連の監督により是正される場合には発動の余地はない（黒川＝坂田＝髙木・195頁同旨）。

解散命令を裁判所に請求できるのは，法務大臣，社員，債権者その他の利害関係人である。利害関係人とは，当該弁護士法人の存立について直接法律上の利害関係を有する者をいう（平成18年改正前の商法58条に関する札幌高函館支決昭和43・４・２下民集19巻３・４号173頁参照）。弁護士会又は日弁連がここでいう利害関係人に含まれるか否かは必ずしも明確ではないが，個々の弁護士法人に対して指導監督すべき立場にあることに鑑みれば，弁護士会又は日弁連は利害関係人に含まれると解すべきであろう。但し，懲戒制度が弁護士自治の観点から構築されていることに照らすと，弁護士会又は日弁連としては，まずは懲戒手続の選択を考えるべきであって，安易に解散命令の請求に及ぶことは避けるべきである。

法務大臣は公益の代表者として解散命令請求権を行使するものであり，ここから直ちに認可官庁や監督官庁とされるものでないことはいうまでもない。この点は，監査法人，特許業務法人，銀行等のように，他に認可官庁や監督官庁がある法人についても法務大臣による解散命令請求権が与えられていることからも明らかである。しかしながら，法務大臣が弁護士法人に対する解散命令請求権を有するということは，弁護士自治に対して大きな脅威となる契機を孕むものである。そこで，法務大臣が解散命令の請求をしようとするときは，あらかじめ日弁連の意見を聴くものとされ，弁護士自治を守るための担保措置が講じられたのである。この趣旨からすれば，法文上は「聴くものとする」とされるが，意見を聴くことは義務的なものであり，かつ法務大臣は日弁連の意見に拘束はされないものの，その意見を十分に尊重しなければならないと解されるべきである。形式的に日弁連の意見を聴けば足りるというものではないというべきである。

解散命令は形成的効力を有し，その裁判がなされたときは，弁護士法人は当然に解散したこととなる。

2　解散命令について準用される会社法の規定及びその概要は以下のとおりであ

る。

⑴　官庁等の法務大臣に対する通知義務（826条）　裁判所その他の官庁，検察官又は吏員は，職務上会社法824条１項の解散命令の申立事由又は同項３号の警告をすべき事由の存在を知ったときは，法務大臣にその旨を通知しなければならない。

⑵　非訟事件の管轄（868条１項）　解散命令申立事件は，弁護士法人の主たる法律事務所の所在地を管轄する地方裁判所の管轄に属する。

⑶　陳述の聴取（870条１項10号）　裁判所は，解散命令の裁判にあたり，当該弁護士法人の陳述を聴取しなければならない。

⑷　理由の付記（871条本文）　裁判所は，解散命令の裁判にあたり，理由を付さなければならない。

⑸　即時抗告（872条４号）　申立人及び当該弁護士法人は，解散命令の裁判に対し，即時抗告することができる。

⑹　原裁判の執行停止（873条本文）　上記⑸の即時抗告は，執行停止の効力を有する。

⑺　非訟事件手続法の適用除外（875条）　解散命令申立事件については，非訟事件手続法40条（検察官の立会い）の規定は適用されない。

⑻　最高裁判所規則（876条）　会社法に定めるもののほか，解散命令申立事件の手続に関して必要な事項は，最高裁判所規則に委ねられる。

⑼　法務大臣の関与（904条）　裁判所は，解散命令の裁判にあたり，法務大臣に意見を求めなければならない。

⑽　裁判による登記の嘱託（937条１項３号ロ）　解散命令が確定した場合，職権でその旨の登記がなされる。

【３】　保全処分

１　裁判所は，解散命令の申立てがあった場合，決定があるまでの間，弁護士法人の財産に関し，必要な保全処分を命ずることができる（本条１項，会社法825条）。これは，弁護士法人の財産の散逸を防止する趣旨である。

２　保全処分について準用される会社法の規定及びその概要は以下のとおりである。

⑴　非訟事件の管轄（868条１項）　前記【２】２⑵参照。

⑵　陳述の聴取（870条１項１号）　管理人の報酬決定につき，当該管理人及び弁護士法人の陳述を聴取しなければならない。

⑶　理由の付記（871条）　前記【２】２⑷参照。但し，管理人の選任又は解任の裁判及び管理人に対し管理の計算を命ずる裁判については，理由の付記は

不要とされている（同条但書，874条2号・3号）。

(4) 即時抗告（872条1号・4号） 前記【2】2(5)参照。なお，保全処分の裁判に対しては，利害関係人も即時抗告することができる。

(5) 原裁判の執行停止（873条） 上記【2】2(6)参照。但し，管理人の報酬決定に関する裁判については，執行停止の効力はない（同条但書）。

(6) 不服申立ての制限（874条2号・3号） 管理人の選任又は解任についての裁判及び管理人に対し管理の計算を命ずる裁判については，不服を申し立てることができない。

(7) 非訟事件手続法の適用除外（875条） 上記【2】2(7)参照。

(8) 最高裁判所規則（876条） 上記【2】2(8)参照。

(9) 会社財産に関する保全処分についての特則（905条・906条） 保全処分に関する裁判については，非訟事件手続法26条1項の適用が排除され，裁判及び抗告の費用は弁護士法人の負担となる。また，利害関係人は，裁判所書記官に対し，管理人の報告又は管理の計算に関する資料の閲覧等の請求をすることができる。

【4】 解散判決

1 本条2項で準用される会社法833条2項は，解散請求の要件として「やむを得ない事由」の存在を掲げるが，これは，社員相互間に激しい不和対立が生じ，また中心的社員が死亡したため，社員間の信頼・結合関係が破綻し，弁護士法人の存続又は目的の達成が著しく困難又は不可能となったような場合をいう。

解散判決が確定すると弁護士法人は当然に解散し，清算人が就任する（法30条の30第2項，会社法644条1号・647条）。なお，弁護士法人の清算人は，弁護士に限られる（法30条の26）。

2 解散請求事件について準用される会社法の規定及びその概要は以下のとおりである。

(1) 被告（834条21号） 解散請求事件については，当該弁護士法人が被告となる。

(2) 訴えの管轄（835条1項） 解散請求事件は，弁護士法人の主たる法律事務所の所在地を管轄する地方裁判所の管轄に専属する。

(3) 弁論等の必要的併合（837条） 複数の解散請求事件等の弁論及び裁判は併合しなければならない。

(4) 認容判決の効力が及ぶ者の範囲（838条） 解散判決は，第三者に対しても効力を有する。

(5) 原告が敗訴した場合の損害賠償責任（846条） 解散請求事件の原告が敗

訴し，原告に悪意又は重過失があるときには，原告は弁護士法人に対し損害賠償責任を負う。

(6) 裁判による登記の嘱託（937条1項1号リ） 解散判決が確定した場合，職権でその旨の登記がなされる。

（清算）

第30条の26 弁護士法人の清算人は，弁護士でなければならない。

2 清算人は，清算が結了したときは，清算結了の登記後速やかに，登記事項証明書を添えて，その旨を当該弁護士法人の所属弁護士会及び日本弁護士連合会に届け出なければならない。

【1】 本条1項

清算人は弁護士に限定される。これは，弁護士法人が既に受任していた事件については，清算人が「現務の結了」としてその事務を処理することができるため（法30条の30第2項，会社法649条1号），社員を弁護士に限定したのと同様の資格法制上の要請に基づくものである。

現務とは解散当時いまだ結了しない事務であり，結了とはその事務を完了することである。従って，解散前から弁護士法人が受任していた事件については，清算人が清算業務としてこれを受け継ぐことになる。

【2】 本条2項

清算人は，清算が結了したときは，清算結了の登記後速やかに，登記事項証明書を添えて，その旨を所属弁護士会と日弁連に届け出なければならない。弁護士法人は，原則として清算の結了時に法人格が消滅し，所属弁護士会と日弁連を退会するので，その届出は報告的届出である。

（裁判所による監督）

第30条の26の2 弁護士法人の解散及び清算は，裁判所の監督に属する。

2 裁判所は，職権で，いつでも前項の監督に必要な検査をすることができる。

3 弁護士法人の解散及び清算を監督する裁判所は，日本弁護士連合会に対し，意見を求め，又は調査を嘱託することができる。

4　日本弁護士連合会は，前項に規定する裁判所に対し，意見を述べることができる。

【1】　本条の趣旨

本条は，弁護士法人の解散及び清算について，裁判所の監督に属すること，その監督の方法及び裁判所の監督について日弁連が意見を述べることを定めたものである。

本条は，一般社団法人及び一般財団法人に関する法律及び公益社団法人及び公益財団法人の認定等に関する法律の施行に伴う関係法律の整備等に関する法律（平成18年法律第50号）により，従来，法30条の30第2項（民法82条の準用），法30条の30第4項及び5項で定められていた規定が，本条にまとめられたものであり，当該改正前と比べて実質的な変更はない。

（解散及び清算の監督に関する事件の管轄）

第30条の26の3　弁護士法人の解散及び清算の監督に関する事件は，その主たる法律事務所の所在地を管轄する地方裁判所の管轄に属する。

【1】　本条の趣旨

本条は，弁護士法人の解散及び清算の監督に関する事件の管轄裁判所について定めたものである。

本条は，一般社団法人及び一般財団法人に関する法律及び公益社団法人及び公益財団法人の認定等に関する法律の施行に伴う関係法律の整備等に関する法律（平成18年法律第50号）により，従来，法30条の30第2項（非訟事件手続法35条2項の準用）で定められていた規定が，本条とされたものであり，当該改正前と比べて実質的な変更はない。

（検査役の選任）

第30条の26の4　裁判所は，弁護士法人の解散及び清算の監督に必要な調査をさせるため，検査役を選任することができる。

2　前項の検査役の選任の裁判に対しては，不服を申し立てることができない。

3　裁判所は，第1項の検査役を選任した場合には，弁護士法人が当該検査役に対して支払う報酬の額を定めることができる。この場合においては，裁判所は，当該弁護士法人及び検査役の陳述を聴かなければならない。

【1】 本条の趣旨

本条は，裁判所が，弁護士法人の解散及び清算の監督に必要な調査をさせるため検査役を選任できること及び当該検査役の報酬額の決定方法について定めたものである。

本条は，一般社団法人及び一般財団法人に関する法律及び公益社団法人及び公益財団法人の認定等に関する法律の施行に伴う関係法律の整備等に関する法律（平成18年法律第50号）により，従来，法30条の30第2項（非訟事件手続法40条の準用）で定められていた規定が，本条とされたものであり，当該改正前と比べて実質的な変更はない。

また，非訟事件手続法及び家事事件手続法の施行に伴う関係法律の整備等に関する法律（平成23年法律第53号）により，本条4項が削除されたが，同項の規定内容は法30条の30第2項（会社法872条4号の準用）で規定されているので，当該改正前と比べて実質的な変更はない。

（合併）

第30条の27　弁護士法人は，総社員の同意があるときは，他の弁護士法人と合併することができる。

2　合併は，合併後存続する弁護士法人又は合併により設立する弁護士法人が，その主たる法律事務所の所在地において登記をすることによつて，その効力を生ずる。

3　弁護士法人は，合併したときは，合併の日から2週間以内に，登記事項証明書（合併により設立する弁護士法人にあつては，登記事項証明書及び定款の写し）を添えて，その旨を所属弁護士会及び日本弁護士連合会に届け出なければならない。

4　合併後存続する弁護士法人又は合併により設立する弁護士法人は，当該合併により消滅する弁護士法人の権利義務を承継する。

【1】 本条の趣旨

弁護士法人は，総社員の同意があるときは，他の弁護士法人と合併することができる（本条1項）。弁護士法人は，弁護士法人以外の法人との合併は認められないので，特に明文で定めたものである。従って，弁護士法人は，特許業務法人や税理士法人等の異業種の法人と合併することはできない。

合併の方法には，吸収合併と新設合併とがある。新設合併の場合は，合併によって設立された法人が，主たる法律事務所の所在する地域の弁護士会（2個以上の弁護士会があるときは，当該弁護士法人が定款に記載した弁護士会）の会員になる（法36条の2第1項）。

【2】 合併の手続

弁護士法人が合併をするには，総社員の同意が要件となる。もっとも，弁護士法人の本質に反せず，かつ公序良俗に反しないものである限り，定款で本条1項と異なる内容を定めることもできると解される。従って，例えば定款で，合併をするには総社員の3分の2以上の同意をもって足りると定めることも可能である。しかし，定款の規定により合併につき総社員の同意を要しないこととすると，合併に反対する社員にとっては，その意思に反して合併がされることになり，その社員たる地位に重大な影響を受けることになる。法は，このようなことを予想して合併には総社員の同意を要するとしているのであるから，定款でこれと異なる規定を設ける場合には，そのこと自体について総社員の同意が必要であると解すべきである（合資会社に関する東京地決平成元・8・29判時1330号123頁参照）。

弁護士法人が合併する場合には，会社の場合と異なり合併契約書（会社法749条1項・751条1項・753条1項・755条1項）の作成は義務づけられていない。しかし，合併の基本的条件，例えば合併期日，合併後の社員の出資割合，吸収合併における解散法人の社員の受入内容等について契約書が交わされるのが通常であろう。

合併後存続する弁護士法人又は合併によって設立した弁護士法人は，その主たる法律事務所の所在地において登記をし，この登記によって合併は効力を生じる（本条2項）。

【3】 合併の届出

弁護士法人は，成立の届出（法30条の10）と同様，合併をしたときは，合併の日から2週間以内に，吸収合併の場合は登記事項証明書を，新設合併の場合は登記事項証明書と定款の写しをそれぞれ添えて，その旨を所属弁護士会と日弁連に届け出なければならない（本条3項）。

【4】 合併の効果

合併によって，吸収合併の場合は当事者である法人の一部が，新設合併の場合は当事者である法人の全部が解散する（法30条の23第1項3号）。そして，存続法人又は新設法人は，解散した弁護士法人の権利義務を包括的に承継する（本条4項）。従って，当事者である法人が締結していた依頼者との委任契約も，当然に存続法人又は新設法人に引き継がれる。

法30条の14による指定の効果も，当然に引き継がれると解すべきであろう。従って，指定事件については，従前の指定社員が指定社員としての責任を負担することになるが，指定がなされていなかった事件については，合併後も指定がなされていない事件として取り扱われ，合併後の全社員が責任を負うことになる。なお，一人法人については，当該社員を指定したものとみなされるため（同条7項），合併前に一人法人が受任していた事件については，合併後は，従前の一人法人の社員が指定された事件として取り扱われる。

（債権者の異議等）

第30条の28　合併をする弁護士法人の債権者は，当該弁護士法人に対し，合併について異議を述べることができる。

2　合併をする弁護士法人は，次に掲げる事項を官報に公告し，かつ，知れている債権者には，各別にこれを催告しなければならない。ただし，第3号の期間は，1箇月を下ることができない。

一　合併をする旨

二　合併により消滅する弁護士法人及び合併後存続する弁護士法人又は合併により設立する弁護士法人の名称及び主たる事務所の所在地

三　債権者が一定の期間内に異議を述べることができる旨

3　前項の規定にかかわらず，合併をする弁護士法人が同項の規定による公告を，官報のほか，第6項において準用する会社法第939条第1項の規定による定款の定めに従い，同項第2号又は第3号に掲げる方法によりするときは，前項の規定による各別の催告は，することを要しない。

4　債権者が第2項第3号の期間内に異議を述べなかつたときは，当該債権者は，当該合併について承認をしたものとみなす。

5　債権者が第2項第3号の期間内に異議を述べたときは，合併をする弁護士法人は，当該債権者に対し，弁済し，若しくは相当の担保を提供し，又は当該債権者に弁済を受けさせることを目的として信託会社等（信託会社及び信託業務を営む金融機関（金融機関の信託業務の兼営等に関する法律（昭和18

年法律第43号）第１条第１項の認可を受けた金融機関をいう。）をいう。）に相当の財産を信託しなければならない。ただし，当該合併をしても当該債権者を害するおそれがないときは，この限りでない。

6　会社法第939条第１項（第２号及び第３号に係る部分に限る。）及び第３項，第940条第１項（第３号に係る部分に限る。）及び第３項，第941条，第946条，第947条，第951条第２項，第953条並びに第955条の規定は，弁護士法人が第２項の規定による公告をする場合について準用する。この場合において，同法第939条第１項及び第３項中「公告方法」とあるのは「合併の公告の方法」と，同法第946条第３項中「商号」とあるのは「名称」と読み替えるものとする。

【1】 本条の趣旨

本条は，弁護士法人が合併する場合における債権者保護手続を定めるものである。

【2】 債権者保護手続

合併をする弁護士法人は，債権者保護のために，合併をする旨，弁護士法人の名称及び主たる法律事務所の所在地並びに合併に異議がある場合には一定の期間内に異議を述べることができる旨を官報に公告し，かつ，知れている債権者には各別に催告しなければならない（本条２項）。但し，合併する弁護士法人が，定款で公告方法について日刊紙掲載又は電子公告の方法によることを定め，当該公告方法及び官報により公告をする場合には各別の催告は不要とされる（本条３項）。

債権者が期間内に異議を述べなければ当該合併について承認したとみなされる（本条４項）。債権者が期間内に異議を述べた場合には，合併により当該債権者を害するおそれがない場合を除き，合併をする弁護士法人は，弁済若しくは相当の担保提供又は相当の財産の信託をしなければならない（本条５項）。

以上のほか，弁護士法人の合併の公告については，本条６項により，会社法における電子公告に関する規定が準用される。

（合併の無効の訴え）

第30条の29　会社法第828条第１項（第７号及び第８号に係る部分に限る。）及び第２項（第７号及び第８号に係る部分に限る。），第834条（第７号及び第８号に係る部分に限る。），第835条第１項，第836条第２項及び第３項，第837条から第839条まで，第843条（第１項第３号及び第４号並びに第２項ただし書を除く。）並びに第846条の規定は弁護士法人の合併の無効の訴えについて，同法第868条第6項，第870条第2項（第6号に係る部分に限る。），第870条の2，第871条本文，第872条（第5号に係る部分に限る。），第872条の2，第873条本文，第875条及び第876条の規定はこの条において準用する同法第843条第4項の申立てについて，それぞれ準用する。

【1】 本条の趣旨

弁護士法人の合併の無効は，訴えをもってのみ主張することができる（本条，会社法828条1項7号・8号）。本条は，弁護士法人の合併無効の訴えについて，所要の会社法の規定を準用するものである。

【2】 準用される会社法の規定

1　合併無効の訴え

本条により準用される合併無効の訴えに関する会社法の規定及びその概要は，以下のとおりである。

(1) 合併無効の訴え（828条1項7号8号・同条2項7号8号）　弁護士法人の合併無効の訴えは，合併の効力が生じた日から6か月以内にすることを要する。訴えを提起することができるのは，合併をする弁護士法人の社員等であった者又は合併後存続する若しくは合併により設立する弁護士法人の社員等，破産管財人若しくは合併について承認しなかった債権者に限られる。

(2) 被告（834条7号・8号）　弁護士法人の合併無効の訴えにおける被告は，合併後存続する弁護士法人又は合併により設立する弁護士法人である。

(3) 訴えの管轄（835条1項）　弁護士法人の合併無効の訴えは，被告となる合併後存続する弁護士法人又は合併により設立する弁護士法人の主たる法律事務所の所在地を管轄する地方裁判所の管轄に専属する。

(4) 担保提供命令（836条2項・3項）　弁護士法人は，債権者の提起にかかる合併無効の訴えについて，訴えの提起が悪意によるものであることを疎明して，担保を立てるべきことを申し立てることができる。

(5) 弁論等の必要的併合（837条）　同一の弁護士法人に対する複数の合併無効の訴えは，必要的併合事件となる。

(6) 認容判決の効力が及ぶ者の範囲（838条）　合併無効の認容判決は，第三者に対しても効力を有する。

(7) 無効判決の効力（839条・843条1項1号2号・同条2項本文3項4項）　合併無効の認容判決が確定した場合，当該弁護士法人の合併は，将来に向かって効力を失う（839条）。

合併の効力が生じた後に合併後の弁護士法人が負担した債務については，合併前の弁護士法人が連帯して弁済する責任を負う（843条1項1号・2号）。他方，合併の効力が生じた後に合併後の弁護士法人が取得した財産については，合併前の弁護士法人の共有に属する（同条2項）。これらの場合において，合併前の弁護士法人間の負担部分及び共有持分については，合併前の各弁護士法人の協議により定まるが（同条3項），協議が調わない場合には，各弁護士法人の申立てにより，裁判所がこれを定める（同条4項）。なお，この申立てについて準用される会社法の規定は，後述2参照。

(8) 原告が敗訴した場合の損害賠償責任（846条） 合併無効の訴えについて原告が敗訴した場合，原告に悪意又は重過失があるときは，原告は，当該弁護士法人に対して連帯して損害賠償責任を負う。

2 負担部分，共有持分を定める申立て

上記1のとおり，合併無効の判決が確定した場合，合併の効力が生じた後に合併後の弁護士法人が負担した債務は合併前の各弁護士法人の連帯債務に，所有した財産は合併前の各弁護士法人の共有に属する。この場合の，負担部分，共有持分については，一次的には合併前の各弁護士法人間の協議により定まるが，協議が調わない場合には，各弁護士法人の申立てにより，裁判所がこれを定める。本条により準用される負担部分，共有持分の決定を求める申立てに関する会社法の規定及びその概要は，以下のとおりである。

(1) 管轄（868条6項） 負担部分，共有持分の決定を求める申立ての管轄は，合併無効の訴えの第1審受訴裁判所の管轄に属する。

(2) 陳述の聴取（870条2項6号） 裁判所は，負担部分，共有持分の決定にあたり，各弁護士法人の陳述を聴取しなければならない。

(3) 申立書の写しの送付等（870条の2） 裁判所は，負担部分，共有持分の決定を求める申立てがあったときは，申立人を除く弁護士法人に対し，申立書の写しを送付しなければならない。裁判所は，申立てについての裁判をするときは，相当の猶予期間を置いて，審理を終結する日を定め，申立人及び他の弁護士法人に告知しなければならず，審理を終結したときは，裁判をする日を定め，申立人及び他の弁護士法人に告知しなければならない。

(4) 理由の付記（871条本文） 裁判所は，負担部分，共有持分の決定にあたり，理由を付さなければならない。

(5) 即時抗告（872条5号・872条の2） 各弁護士法人は，負担部分，共有持分を定める裁判に対し，即時抗告することができる。

裁判所は，抗告人を除く各弁護士法人に対し，抗告状の写しを送付しなければならない。裁判所は，審理を終結する日，裁判をする日を定め，抗告人及び他の弁護士法人に告知しなければならない。

(6) 原裁判の執行停止（873条本文） 上記(5)の即時抗告は，執行停止の効力を有する。

(7) 非訟事件手続法の適用除外（875条） 負担部分，共有持分の決定を求める申立てについては，非訟事件手続法40条（検察官の立会い）の規定は適用されない。

(8) 最高裁判所規則（876条） 会社法に定めるもののほか，負担部分，共有持分の決定を求める申立てに関して必要な事項は，最高裁判所規則に委ねられる。

（一般社団法人及び一般財団法人に関する法律及び会社法の準用等）

第30条の30 一般社団法人及び一般財団法人に関する法律（平成18年法律第48号）第４条並びに会社法第600条，第614条から第619条まで，第621条及び第622条の規定は弁護士法人について，同法第581条，第582条，第585条第１項及び第４項，第586条，第593条，第595条，第596条，第601条，第605条，第606条，第609条第１項及び第２項，第611条（第１項ただし書を除く。）並びに第613条の規定は弁護士法人の社員について，同法第859条から第862条までの規定は弁護士法人の社員の除名並びに業務を執行する権利及び代表権の消滅の訴えについて，それぞれ準用する。この場合において，同法第613条中「商号」とあるのは「名称」と，同法第859条第２号中「第594条第１項（第598条第２項において準用する場合を含む。）」とあるのは「弁護士法（昭和24年法律第205号）第30条の19第１項又は第２項」と読み替えるものとする。

2 会社法第644条（第３号を除く。），第645条から第649条まで，第650条第１項及び第２項，第651条第１項及び第２項（同法第594条の準用に係る部分を除く。），第652条，第653条，第655条から第659条まで，第662条から第664条まで，第666条から第673条まで，第675条，第863条，第864条，第868条第１項，第869条，第870条第１項（第１号及び第２号に係る部分に限る。），第871条，第872条（第４号に係る部分に限る。），第874条（第１号及び第４号に係る部分に限る。），第875条並びに第876条の規定は，弁護士法人の解散及び清算について準用する。この場合において，同法第644条第１号中「第641条第５号」とあるのは「弁護士法第30条の23第１項第３号」と，同法第647

条第３項中「第641条第４号又は第７号」とあるのは「弁護士法第30条の23第１項第５号から第７号まで」と，同法第668条第１項及び第669条中「第641条第１号から第３号まで」とあるのは「弁護士法第30条の23第１項第１号又は第２号」と，同法第670条第３項中「第939条第１項」とあるのは「弁護士法第30条の28第６項において準用する第939条第１項」と，同法第673条第１項中「第580条」とあるのは「弁護士法第30条の15」と読み替えるものとする。

3　会社法第828条第１項（第１号に係る部分に限る。）及び第２項（第１号に係る部分に限る。），第834条（第１号に係る部分に限る。），第835条第１項，第837条から第839条まで並びに第846条の規定は，弁護士法人の設立の無効の訴えについて準用する。

4　破産法（平成16年法律第75号）第16条の規定の適用については，弁護士法人は，合名会社とみなす。

【1】 本条の趣旨

本条は，弁護士法人につき，本法に直接規定がないものについて，一般社団法人及び一般財団法人に関する法律，会社法及び破産法の一部規定を準用するものである。

【2】 準用規定の内容

1　弁護士法人についての準用（本条１項）

⑴　法人の住所（一般社団法人及び一般財団法人に関する法律４条）　弁護士法人の住所は，その主たる法律事務所の所在地にあるものとする。

⑵　持分会社を代表する社員等の行為についての損害賠償責任（会社法600条）　弁護士法人は，代表社員が職務を行うについて第三者に加えた損害を賠償する責任を負う。

⑶　計算等

①　会計原則（会社法614条）　弁護士法人の会計は，公正妥当な会計慣行に従うものとする。

②　会計帳簿（会社法615条・616条）　弁護士法人は，法務省令で定めるところにより会計帳簿を作成しなければならず（615条１項），かつ会計帳簿及び重要な資料を10年間保存しなければならない（同条２項）。裁判所は，弁護士法人が訴訟当事者である場合，申立て又は職権により，会計帳簿の全部又は一部の提出を命ずることができる（616条）。なお，会社法615条１項が委任する法務省令（弁護士法人及び外国法事務弁護士法人の業務及び会計帳簿等に関する規則）で

は，会計帳簿の電磁的記録による作成を認めるほか，資産評価に関する詳細な規定を設けている（同規則2条）。

③　計算書類（会社法617条から619条まで）　弁護士法人は，法務省令（弁護士法人及び外国法事務弁護士法人の業務及び会計帳簿等に関する規則）で定めるところにより，成立の日における貸借対照表，各事業年度に係る計算書類を作成し（617条1項・2項），10年間保存しなければならない（同条4項）。なお，弁護士法人及び外国法事務弁護士法人の業務及び会計帳簿等に関する規則が定める弁護士法人の計算書類としては貸借対照表のみであるが（同規則3条），弁護士法人のその他の計算書類（損益計算書，社員資本等変動計算書，個別注記表）については，会社計算規則の適用がある。計算書類の作成については，電磁的記録によることが認められる（617条3項）。

弁護士法人の社員は，営業時間中，計算書類が書面をもって作成されているときは当該書面の，電磁的記録をもって作成されているときは当該電磁的記録に記録された事項を紙面又は映像面に表示する方法により表示されたものの閲覧又は謄写を請求することができる（618条1項1号・2号，弁護士法人及び外国法事務弁護士法人の業務及び会計帳簿等に関する規則4条）。弁護士法人は，計算書類の閲覧又は謄写について定款で別段の定めを置くことができるが，事業年度終了時の閲覧又は謄写の請求を制限することは定款の定めをもってしてもできない（618条2項）。また，裁判所は，弁護士法人が訴訟当事者である場合，申立て又は職権により，計算書類の全部又は一部の提出を命ずることができる（619条）。

④　利益の配当（会社法621条・622条）　弁護士法人の社員は，弁護士法人に対し，利益の配当を請求できる（621条1項）。弁護士法人は，利益の配当に関する事項を定款で定めることができる（同条2項）。損益分配の割合につき定款に定めがない場合には，その割合は，各社員の出資の価額に応じて定める（622条1項）。

2　弁護士法人の社員についての準用（本条1項）

(1)　社員の責任等

①　社員の抗弁（会社法581条）　社員は，弁護士法人の債務を弁済する責任を負う場合，弁護士法人の抗弁をもって債権者に対抗することができ（1項），また，弁護士法人が債権者に対し相殺権，取消権又は解除権を有するときには債務の履行を拒むことができる（2項）。

②　社員の出資に係る責任（会社法582条）　社員は，金銭出資を怠った場合，利息を支払うほか損害を賠償しなければならず（1項），債権を出資の目的と

した場合に当該債権の弁済がなされなかったときは，当該債権の弁済をする責めを負うほか，利息を支払い，損害を賠償しなければならない（2項）。

③　持分の譲渡等（会社法585条1項4項・586条）　持分の譲渡については他の社員全員の承諾を要するが（585条1項），定款で別段の定めをすることを妨げない（同条4項）。持分の全部を譲渡した社員は，その旨の登記をする以前に生じた弁護士法人の債務について，従前の責任の範囲内で弁済する責任を負うが（586条1項），当該責任は，登記後2年以内に請求又は請求の予告なき債権者に対しては，登記後2年の経過により消滅する（同条2項）。

(2)　業務を執行する社員

①　業務を執行する社員と持分会社との関係（会社法593条）　業務を執行する社員は善管注意義務（1項），法令及び定款の遵守義務（2項），忠実義務（同項）及び職務執行の報告義務（3項）を負う。また，委任に関する規定（民法646条から650条まで）が準用される（4項）。

②　利益相反取引の制限（会社法595条）　業務を執行する社員が自己又は第三者のために弁護士法人と取引をしようとする場合（1項1号），弁護士法人が業務を執行する社員の債務を保証することその他利益相反する取引をしようとする場合（同項2号）には，当該社員以外の社員の過半数の承認を要する（同項本文）。但し，定款で別段の定めを置くことができる（同項但書）。

③　業務を執行する社員の持分会社に対する損害賠償責任（会社法596条）　業務を執行する社員は，任務懈怠によって生じた損害について，弁護士法人に対して連帯して賠償責任を負う。

④　持分会社と社員との間の訴えにおける会社の代表（会社法601条）　弁護士法人と社員との間の訴え提起にあたり，弁護士法人を代表する者が存在しない場合，当該社員以外の社員の過半数をもって，当該訴えについて弁護士法人を代表する者を定めることができる。

(3)　社員の加入及び脱退

①　加入した社員の責任（会社法605条）　弁護士法人の成立後に加入した社員は，加入前に生じた弁護士法人の債務についても責任を負う。

②　任意退社（会社法606条）　弁護士法人の存続期間を定款で定めない場合又は社員の終身の間弁護士法人が存続することを定款で定めた場合，社員は6か月前までに予告することにより，事業年度の終了時に脱退することができる（1項）。任意脱退に関する事項は，定款で別段の定めを置くことができる（2項）。また，各社員は，やむを得ない事由がある場合には，いつでも脱退することができる（3項）。

③　持分の差押債権者による退社（会社法609条1項・2項）　社員の持分を差し押さえた債権者は，6か月前までに弁護士法人及び当該社員に予告することにより，事業年度の終了時に当該社員を脱退させることができる（1項）。当該社員が，債権者に対し，弁済し，又は相当の担保を提供した場合には，予告の効力は失われる（2項）。

④　退社に伴う持分の払戻し（会社法611条）　脱退した社員は，出資の種類を問わず，持分の払戻しを受けることができる（1項本文）。

⑤　商号変更の請求（会社法613条）　弁護士法人がその名称中に脱退した社員の氏又は氏名を用いている場合，脱退した社員は，弁護士法人に対し，氏又は氏名の使用をやめることを請求することができる。

3　弁護士法人の社員の除名並びに業務を執行する権利及び代表権の消滅の訴えについての準用（本条1項）

(1)　持分会社の社員の除名の訴え（会社法859条）　弁護士法人は，社員に以下の事由がある場合，当該社員以外の社員の過半数の決議に基づき，訴えをもって当該社員の除名を請求することができる。

①　出資を履行しない場合（同条1号）

②　法30条の19第1項及び2項に定める他の弁護士法人への加入の禁止等に違反した場合（同条2号）

③　業務執行又は弁護士法人を代表するにあたり不正の行為をし，又は代表権がないのに業務の執行に関与した場合（同条3号・4号）

④　重要な義務違反がある場合（同条5号）

(2)　持分会社の業務を執行する社員の業務執行権又は代表権消滅の訴え（会社法860条）　弁護士法人は，業務を執行する社員に以下の事由がある場合，当該社員以外の社員の過半数の決議に基づき，訴えをもって当該社員の業務執行権又は代表権の消滅を請求することができる。

①　出資を履行しない場合（1号・859条1号）

②　法30条の19第1項及び2項に定める他の弁護士法人への加入の禁止等に違反した場合（1号・859条2号）

③　業務執行又は弁護士法人を代表するにあたり不正の行為をし，又は代表権がないのに業務の執行に関与した場合（1号・859条3号4号）

④　重要な義務違反がある場合（1号・859条5号）

⑤　著しく不適任な場合（2号）

(3)　被告（会社法861条）　弁護士法人の社員の除名の訴え及び業務執行権又は代表権消滅の訴えの被告は，対象となる社員又は業務執行社員である。

⑷　訴えの管轄（会社法862条）　弁護士法人の社員の除名の訴え及び業務執行権又は代表権消滅の訴えは，主たる法律事務所の所在地を管轄する地方裁判所に専属する。

4　弁護士法人の解散及び清算についての準用（本条2項）

⑴　清算の開始

①　清算の開始原因（会社法644条1号・2号）　弁護士法人は，解散した場合（但し，合併の場合及び破産手続開始の決定により解散した場合であって破産手続が終了していない場合を除く。解散事由については法30条の23参照）及び設立無効判決が確定した場合，清算をしなければならない。

②　清算持分会社の能力（会社法645条）　清算弁護士法人は，清算の目的の範囲内において，清算結了まで存続するものとみなす。

⑵　清算人

①　清算人の設置（会社法646条）　清算弁護士法人には，1人又は2人以上の清算人を置かなければならない。

②　清算人の就任（会社法647条）　清算弁護士法人の清算人には，原則として，定款で定める者又は社員（業務執行社員を定款で定めた場合にはその社員）の過半数の同意によって定める者がなる。これらの者を欠く場合，業務執行社員が清算人となる。業務執行社員も欠く場合には，裁判所が清算人を選任する。

なお，法30条の23第1項5号から7号まで（解散命令，除名処分，社員の欠亡）を清算の開始原因とする場合には，裁判所が清算人を選任する。また，設立無効判決が確定した場合にも，裁判所が清算人を選任する。

いずれの場合にも，清算人の資格は，弁護士に限られる（法30条の26第1項）。

③　清算人の解任（会社法648条）　裁判所が選任した清算人を除き，清算人は，定款に別段の定めがある場合を除き，社員の過半数をもっていつでも解任することができる。また，重要な事由のある場合には，裁判所は，清算人を解任することができる。

④　清算人の職務（会社法649条）　清算人は，現務の結了，債権の取立て及び債務の弁済並びに残余財産の分配の各業務を行う。

⑤　業務の執行（会社法650条1項・2項）　清算人は，清算弁護士法人の業務を執行する。清算人が2人以上ある場合，定款に別段の定めがある場合を除き，清算人の過半数をもって決定する。

⑥　清算人と清算持分会社との関係（会社法651条1項・2項）　清算弁護士法人と清算人との関係は，委任に関する規定に従う。

⑦　清算人の清算持分会社に対する損害賠償責任（会社法652条）　清算人は，

清算弁護士法人に対し，任務懈怠による損害につき連帯して賠償責任を負う。

⑧ 清算人の第三者に対する損害賠償責任（会社法653条） 清算人は，職務を行うについて悪意又は重過失のあったときは，第三者に生じた損害につき連帯して賠償責任を負う。

⑨ 清算持分会社の代表（会社法655条） 清算人は，清算弁護士法人を代表する。清算人が2人以上ある場合には，各自清算弁護士法人を代表するが，清算弁護士法人は，会社法647条2項から4項までの規定により裁判所が清算人を選任した場合を除き，代表清算人を定めることができる。

⑩ 清算持分会社についての破産手続の開始（会社法656条） 清算弁護士法人の債務超過が明らかとなった場合，清算人は直ちに破産手続開始の申立てをしなければならない。破産手続開始決定後，破産管財人に事務を引き継いだ場合，清算人の任務は終了する。

⑪ 裁判所の選任する清算人の報酬（会社法657条） 裁判所は，会社法647条2項から4項までの規定により裁判所が選任した清算人の報酬額を定めることができる。

(3) 財産目録等

① 財産目録等の作成（会社法658条） 清算人は，就任後遅滞なく清算弁護士法人の財産状況を調査し，法務省令（弁護士法人及び外国法事務弁護士法人の業務及び会計帳簿等に関する規則5条・6条）で定めるところにより財産目録及び貸借対照表を作成し，各社員にその内容を通知しなければならない。

② 財産目録等の提出命令（会社法659条） 裁判所は，訴訟当事者に対し，財産目録及び貸借対照表の提出を命ずることができる。

③ 条件付債権等に係る債務の弁済（会社法662条） 清算弁護士法人は，条件付債権，存続期間が不確定な債権その他その額が不確定な債権に係る債務を弁済することができる。この場合，清算弁護士法人は，債権評価のための鑑定人の選任を裁判所に申し立てなければならない。

④ 出資の履行の請求（会社法663条） 清算弁護士法人の現存財産が債務完済に足りない場合において，出資義務を履行していない社員があるときは，定款の定めにかかわらず，清算弁護士法人は，当該社員に出資させることができる。

⑤ 債務の弁済前における残余財産分配の制限（会社法664条） 清算弁護士法人は，債務の弁済後でなければ残余財産の分配をすることができない。但し，存否又は額に争いがある債権に係る債務について，弁済に必要な財産を留保した場合には，この限りでない。

⑷ 残余財産の分配（会社法666条） 残余財産の分配の割合は，定款に定めがない場合，各社員の出資の価額に応じて定める。

⑸ 清算事務の終了等（会社法667条） 清算弁護士法人は，清算事務終了後遅滞なく，清算に係る計算につき社員の承認を受けなければならない。社員が１か月以内に計算につき異議を述べない場合，当該社員は計算の承認をしたものとみなされる。

⑹ 任意清算

① 財産処分の方法（会社法668条） 弁護士法人は，定款又は総社員の同意により，法30条の23第１項１号又は２号（定款で定める解散事由の発生，総社員の同意）を清算開始原因とする場合における，財産処分の方法を定めることができる。財産処分の方法が定められた場合，上記⑵から⑸までに記載した準用規定は適用されない。

② 財産目録等の作成（会社法669条） 清算弁護士法人は，財産処分の方法を既に定めている場合には解散の日から，新たに定めた場合にはその日から，２週間以内に財産目録及び貸借対照表を作成しなければならない。

③ 債権者の異議（会社法670条） 弁護士法人が財産処分の方法を定めた場合，債権者は，清算弁護士法人に対し，当該財産処分の方法につき異議を述べることができる。財産処分の方法を定めた清算弁護士法人は，債権者の異議申出の機会を確保するため，財産処分の方法に従い清算する旨及び債権者が一定の期間内に異議を述べることができる旨を官報に公告し，かつ，知れている債権者には各別の催告をしなければならない。但し，定款で公告方法について日刊紙に掲載する方法又は電子公告による旨定めている清算弁護士法人が，官報のほか当該方法で公告するときには，各別の催告を要しない。

④ 持分の差押債権者の同意等（会社法671条） 弁護士法人が財産処分の方法を定めた場合に，社員の持分を差し押さえた債権者があるときは，清算弁護士法人がその財産を処分するには，当該債権者の同意を得なければならない。

⑺ 帳簿資料の保存（会社法672条） 清算人は，清算結了の登記の時から10年間，清算弁護士法人の帳簿並びにその事業及び清算に関する重要な資料（帳簿資料）を保存しなければならない。定款又は社員の過半数をもって帳簿資料を保存する者を定めた場合，その者が保存義務を負う。裁判所は，利害関係人の申立てにより，帳簿資料を保存する者を選任することができる。

⑻ 社員の責任の消滅時効（会社法673条） 法30条の15の規定による社員の責任は，解散登記後５年以内に請求又は請求の予告をしない債権者に対しては，解散登記後５年の経過により消滅する。但し，期間経過後においても残余財産が

ある場合，債権者は，清算弁護士法人に対して弁済を請求することができる。

(9) 相続及び合併による退社の特則（会社法675条） 清算弁護士法人の社員が死亡した場合，当該社員の相続人は，当該社員の持分を承継する。

(10) 清算持分会社の財産処分の取消しの訴え（会社法863条・864条） 清算弁護士法人が会社法670条（前記(6)③参照）又は671条1項（前記(6)④参照）の規定に違反して行った財産の処分について，債権者又は差押債権者は，訴えをもって当該行為の取消しを請求することができる。但し，当該行為が，債権者又は差押債権者を害しない場合は，この限りでない。財産処分の取消しの訴えの被告は，当該行為の相手方又は転得者とする。

(11) 非訟

① 非訟事件の管轄（会社法868条1項） 弁護士法人の解散又は清算に関する非訟事件は，弁護士法人の主たる法律事務所の所在地を管轄する地方裁判所の管轄に属する。

② 疎明（会社法869条） 弁護士法人の解散又は清算に関する許可の申立てをする場合，その原因となる事実を疎明しなければならない。

③ 陳述の聴取（会社法870条1項1号・2号） 裁判所は，清算人の報酬額の決定にあたり清算弁護士法人及び当該清算人の，清算人解任の裁判にあたり当該清算人の陳述を聴取しなければならない。

④ 理由の付記（会社法871条） 裁判所は，弁護士法人の解散又は清算に関する非訟事件の裁判にあたり，理由を付さなければならない。但し，清算人の報酬額の決定（会社法870条1項1号）並びに会社法874条1号及び4号の裁判については，この限りでない。

⑤ 即時抗告（会社法872条4号） 清算弁護士法人及び清算人は清算人の報酬額の決定に，解任清算人は清算人解任の裁判に対し，即時抗告することができる。

⑥ 不服申立ての制限（会社法874条1号・4号） 清算人等の選任及び許可の申立てを認容する裁判に対しては，不服を申し立てることができない。

⑦ 非訟事件手続法の適用除外（会社法875条） 弁護士法人の解散又は清算に関する非訟事件については，非訟事件手続法40条（検察官の立会い）の規定は適用されない。

⑧ 最高裁判所規則（会社法876条） 会社法に定めるもののほか，弁護士法人の解散又は清算に関する非訟事件の手続に関して必要な事項は，最高裁判所規則に委ねられる。

5 弁護士法人の設立無効の訴えについての準用（本条3項）

⑴ 会社の組織に関する行為の無効の訴え（会社法828条1項1号・2項1号）　弁護士法人の設立の無効は，設立の日から2年以内に限り訴えをもってのみ主張できる。弁護士法人の設立無効の訴えを提起できるのは，設立する弁護士法人の社員又は清算人である。

⑵ 被告（会社法834条1号）　弁護士法人の設立無効の訴えの被告は，設立する弁護士法人である。

⑶ 訴えの管轄（会社法835条1項）　弁護士法人の設立無効の訴えは，弁護士法人の主たる法律事務所所在地の地方裁判所の管轄に専属する。

⑷ 弁論等の必要的併合（会社法837条）　同一の弁護士法人に対する複数の設立無効の訴えは，必要的併合事件となる。

⑸ 認容判決の効力が及ぶ者の範囲（会社法838条）　設立無効の認容判決は，第三者に対しても効力を有する。

⑹ 無効判決の効力（会社法839条）　設立無効の認容判決が確定した場合，当該弁護士法人の設立は，将来に向かって効力を失う。

⑺ 原告が敗訴した場合の損害賠償責任（会社法846条）　設立無効の訴えについて原告が敗訴した場合，原告に悪意又は重過失のあるときは，原告は，当該弁護士法人に対して連帯して損害賠償責任を負う。

6 弁護士法人の破産手続開始の原因（本条4項）

破産法16条の適用について，弁護士法人は合名会社とみなされる。その結果，債務超過は，破産手続開始の原因とならない。弁護士法人の社員が無限責任を負う（法30条の15第1項）ためである。

第5章　弁護士会

【1】 本章の趣旨

弁護士会は，弁護士及び弁護士法人を構成員として組織され，弁護士及び弁護士法人の指導，連絡及び監督に関する事務を行うことを目的とする公的法人である。本章は，かかる弁護士会の設立，目的，会則，機関，会員たる弁護士及び弁護士法人の入退会その他の事項を定めている。

【2】 弁護士会の沿革

1　わが国における弁護士会の沿革をふり返ってみると，まず，明治13年の代言人規則に基づき，代言人組合が設立されていることが注目される。

この代言人組合は，互に風儀を矯正すること，名誉を保存すること，法律を研究すること，誠実をもって本人の依頼に応ずること等の目的をもって規則を定め，契約を固くすべきものとされ，各地方裁判所本支庁所轄毎に設立すべきこととされ（14条），代言人組合への強制加入制度が採用されていた（5条）。

しかし，代言人組合の自治には大幅な制限が課せられていた。すなわち，懲罰の条件に該当する代言人があるときは，それを検事に告発すべきこととされ（17条），代言人組合は，各裁判区の広狭遠近により検事の見計をもって分合することがあるべきものとされていたこと（14条），代言人組合が臨時会を開こうとするときは，必ず検事の認可を受けるべきものとされたこと（18条），代言人組合の定める規則及びその改正増補は，検事の照閲を経るべきものとされていたこと（14条）等から明らかなように，むしろ自治権は基本的部分において否定されていたといってよい。

2　次に，明治26年に旧々法が制定され，同法18条により，弁護士は，その所属地方裁判所毎に弁護士会を設立すべきものとされた。

弁護士は，弁護士会に加入しなければ職務を行うことができないとされていたが（24条），弁護士は，弁護士名簿に登録されることを要し（7条），弁護士名簿は各地方裁判所に備えられ，弁護士はその氏名を登録した地方裁判所の所属とされていたのであって（8条1項・2項），弁護士会は，基本的に裁判所に従属するものであったのである。

そして，弁護士会の自治権にも大きな制限があり，弁護士会は，所属地方裁判所検事正の監督を受け（19条），弁護士会の会則は，検事正を経由して司法大臣の認可を受けるべきものとされ（23条1項），検事正は，弁護士会の会場に臨席することができ，また，会議の結果を報告させることができ（29条），弁護士会の会議にして法律命令及び弁護士会会則に違うものあるときは，司法大臣は，その議決を無効とし又はその議事を停止することができるとされた（30条）等さまざまな規制が定められていた。

更に，弁護士の懲戒については，弁護士会長は，常議員会又は総会の決議によって懲戒を求めるため検事正に申告をなし（31条1項），検事正は，弁護士会長の申告により又は職権をもって懲戒訴追を検事長に請求すべきこととされ（同条2項），懲戒事件は，管轄控訴院において懲戒裁判所を開くべきものとされ（32条），懲戒処分については，判事懲戒法の規定を準用するものとされていたのであって（34条），弁護士会には懲戒権能は認められていなかったのである。

なお，旧々法は，大正12年に一部改正され（大正12年法律第51号），18条1項但書が追加されて，所属弁護士の数が寡少であって弁護士会を組織するに適さないとき，司法大臣の認可を受けて他の地方裁判所所属弁護士と合同して弁護士会を設立し得る旨規定されるとともに，同条2項が追加され，一の弁護士会に属する弁護士が300名以上にして内100名以上の同意があるときは，司法大臣の認可を受けて別に弁護士会を設立することができる旨が規定された。この改正により，大正12年5月21日，東京弁護士会の会員の一部が第一東京弁護士会を設立し，その後更に大正15年3月30日，第二東京弁護士会が設立され，現在に至っている。

3　ところで，旧々法は，全国的な弁護士団体の設立には触れていなかったため，旧々法制定当時から，全国的な統一的職業団体の設立を望む声が高まり，明治30年2月15日，「日本弁護士協会」が創立された。

日本弁護士協会は，毎月評議員会を開催し，司法制度の改善に関する事項を討議，議決し，その経過，結論を録事に掲載することをはじめとして，旧法制定まで活発に弁護士法改正活動を行い，また人権擁護活動も行っていた。

日本弁護士協会は，法令に基づき設立された弁護士会ではなく，あくまで任意団体であったところに特徴があるが，会員中には衆議院議員になったものが多く，社会的に有力な団体とされた（大野正男「職業史としての弁護士および弁護士会の歴史」『講座現代の弁護士2弁護士の団体』57頁以下参照）。

日本弁護士協会は，大正14年5月24日，会員の一部が分裂して「帝国弁護士会」を設立し，その後昭和19年2月17日，第2次世界大戦の激化にともなって「大日本弁護士報国会」が結成されると同時に解散し，昭和22年に再度設立されたが，やがて自然消滅するという変遷をたどっている（大野・前掲73頁参照）。また，帝国弁護士会も，昭和24年に解散している。

4　旧々法は，弁護士会の自治権に大きな制約を課していたこと等から，明治45

年に改正案が帝国議会に提出されたのをはじめ，その改正運動が続けられていたところ，昭和８年に旧法が制定されるに至った。

旧法では，弁護士会は，地方裁判所の管轄区域毎に設立すべきものとされ（30条本文），同法29条により，弁護士会は法人とされ，ここに，初めて法人格を取得した。しかし，弁護士は，弁護士名簿に登録されることを要し（７条），弁護士名簿は司法省に備えられ（８条），入会しようとする弁護士会を経由して司法大臣に登録又は登録換えの請求をすべきものとされ（９条・10条），弁護士名簿に登録又は登録換えを受けた者は，当然その入会しようとする弁護士会の会員となるとされており（35条），弁護士ひいては弁護士会の政府への従属性が濃厚であった。

弁護士会の自治権の制限も，旧々法下の制限と基本的には同様に規定されており，自治権の獲得は，現行法の制定まで待たざるを得なかったのである。旧法においては，弁護士会は，司法大臣の監督を受けるとされ（34条），弁護士会会則の制定，変更は司法大臣の認可を受けるべきものとされ（31条１項・４項），司法大臣は，弁護士会の総会又は役員選挙の場所に臨席し又は所部の官吏をして臨席させることができるとされていた（42条）等，さまざまな制約が規定されていた。

そして，弁護士の懲戒については，検事長が，司法大臣の命により又はその認可を受けて懲戒開始の申立てをなし（53条１項），弁護士の懲戒は，所属弁護士会の地域を管轄する控訴院における懲戒裁判所が行い（54条），懲戒には判事懲戒法を準用するものとされ（58条），弁護士会は，司法大臣又は検事長に懲戒を求めるため申告をなすことができるにとどまっていた（53条２項）。

但し，弁護士会は，会の秩序又は信用を害するおそれがある者の登録若しくは登録換えの請求の進達を拒絶し，又は退会を命ずることができるとされた（12条）。この限度では自治権は伸長したといえるが，一方で，進達を拒否され又は退会させられた者は，司法大臣に不服申立てができ，司法大臣は，進達を命じ又は退会の命を取り消すことができるとされていたのであって（13条），やはり不完全な制度にとどまっている。

なお，弁護士会に属する弁護士が300名以上ある場合において，その中の100名以上の者は同一地方裁判所の管轄区域内に別に弁護士会を設立することができるとされ（30条但書），旧々法の改正により設けられた同法18条２項の制度が受け継がれた。

ところで，旧法52条は，「弁護士会ハ共同シテ特定ノ事項ヲ行フ為規約ヲ定メ司法大臣ノ認可ヲ受ケ聯合会ヲ設立スルコトヲ得」と定め，この規定に基づいて，昭和14年10月31日，「日本弁護士会連合会」が設立されている。同連合会は，旧法に基づく弁護士会によって組織され，各弁護士会は会長が代表し，その目的は司法の改善発達を図ることにあった。

同連合会は，現行法施行により旧法52条が失効し，かつ現行法上特別の根拠規定がないので，現行法施行とともに消滅した（日弁連編『日本弁護士沿革史』314頁以下参照）。

5　現行法は，昭和24年6月10日法律第205号として公布されたが，これは日本国憲法の制定を頂点とする第2次世界大戦後における司法制度の改革の一環をなすものであり，弁護士会制度も，旧法までの内容を一新するに至った。

現行法における弁護士会制度の詳細は，各条の解説に譲るとして，要点としては，第1に，弁護士会に高度な自治権が認められ，行政機関の監督を受けず，また裁判所，検察官からも独立したものとなったこと，第2に，弁護士の資格審査及び懲戒は，所属弁護士会及び日弁連が行うことになったこと，第3に，全国的な弁護士団体として日弁連の設立が義務づけられ，弁護士及び弁護士会が当然その会員となるものとされたこと等があげられ，弁護士自治の原則を徹底させることとなった。

わが国における弁護士会の沿革をふり返ってみた場合，それは，弁護士会の自治権獲得の歴史であるといっても過言ではなく，現行法において，弁護士会は，遂に高度な自治権を獲得するに至ったのである。

【3】 弁護士会の自治権

1　現行法において，弁護士会は，ようやく高度な自治権を獲得するに至り，ほぼ完全な自治権を有するに至ったともいわれる。

一般に，弁護士自治とは，弁護士の資格審査や弁護士の懲戒を弁護士階層の自律に任せ，またそれ以外の弁護士の職務活動や規律を，裁判所，検察庁又は行政官庁の監督に服せしめない原則をいうものとされるが（兼子一＝竹下守夫『裁判法〔第4版〕』372頁参照），その用語は，必ずしも一義的に使用されているともいえず，弁護士に関する諸々の規律を弁護士自身に委ねる制度を広く指称する意味で使用されることもある（第二東京弁護士会編『弁護士自治の研究』1頁参照）。ただ，弁護士自身の規律に委ねるといっても，個々の弁護士に自己又は他の弁護士を規律する権能を認め得るわけではなく，弁護士の構成する団体，すなわち弁護士会に弁護士に関する諸々の規律を委ねることを意味するものである（第二東京弁護士会編・前掲書1頁，第一東京弁護士会編『弁護士自治権に関する研究』806頁参照）。

従って，弁護士自治における権能である自治権は，個々の弁護士にではなく，弁護士会に認められるものである。

弁護士自治の内容は，①弁護士会による弁護士資格試験の施行，②弁護士会による弁護士実務修習の施行，③弁護士資格の付与と登録を弁護士会が行うこと，④弁護士に対する監督と懲戒を弁護士会が行うこと，⑤強制加入制の弁護士会が設立されること，に要約することができる（第二東京弁護士会編・前掲書8頁，9頁参照）。現行法上は，上記内容のうち③から⑤までは，ほぼ完全に実現されているといえる（第二東京弁護士会編・前掲書９頁参照）。現行法において，弁護士会に高度な自治権が認められるに至ったといわれる所以である。

2　弁護士自治の根拠については諸論があり，説明の仕方も多様であるが，概ね次のように要約することができる。

(1)　政策的根拠　　近代法治国家においては，法律及び裁判に関する諸制度が整備され複雑化，技術化するにつれ，弁護士の役割が増大し，裁判の適正及び司法運営の円滑を図るために，弁護士の職務が国の司法制度にとって欠かせないものとなる。そして，適正な裁判制度の確立のためには，弁護士の資質を一定水準以上に保つことが必要となるが，それには，弁護士法制として「資格の授与」及び「監督権の行使」という二つの機能が極めて重要である。この二つの機能は，本来国家の行政作用の範囲に属するものと考えられる。しかし，弁護士が法務大臣又は裁判所の監督に服することになれば，十分な弁護活動ができなくなり，その結果裁判の適正が保障されなくなる危険性が高い。そこで，弁護士の監督権を国家から弁護士会に移すことが，裁判の適正という見地からみて合目的的である（第二東京弁護士会編・前掲書４頁，第一東京弁護士会編・前掲書44頁参照）。

(2)　制度論的根拠　　近代民主主義国家において三権分立主義がとられているように，司法作用においても，国家の法務行政機関である法務省及び公益の代表者としての訴追機関である検察庁と，被訴追者の権利を擁護する弁護士の団体である弁護士会，裁判権の行使を担当する裁判所の三者が，その役割分掌と職権行使において相互に不羈独立であってこそ，民主的司法運営の発展が期待される。このような法曹三者間の相互抑制機能を果たす制度的保障の一つとして，弁護士会の自治が要求される（第一東京弁護士会編・前掲書45頁参照）。

(3)　本質的根拠　　弁護士の使命は，基本的人権の擁護と社会正義の実現にあるが（法１条１項），国家権力と国民の基本的人権とが衝突する場合，弁護士は国家権力と対決することにならざるを得ない。しかし，弁護士が裁判所や法務大臣の監督に服していたのでは，その職業的使命を全うすることができない。弁護士の職務の遂行の保障を通じて，基本的人権の擁護と社会正義の実現を期するためには，弁護士自治は必須のものである（兼子＝竹下・前掲書372頁，第二東京弁護士会編・前掲書５頁，第一東京弁護士会編・前掲書45頁参照）。

3　弁護士自治に関する上記の諸論のうち，(1)の論と(2)の論は，弁護士自治は制度として法政策的に選択されたものであるという観点を強調するものであり，(3)の論は，弁護士自治は弁護士という職業に必然的に伴うものであるという観点を強調するものであるといえる。しかし，いずれの根拠にしても，基本的人権の擁護と社会正義の実現という現行法の定める弁護士の使命を実現するための制度的な保障として，弁護士自治が必要かつ合目的的であるという点においては共通するものがある。そして，このような弁護士自治は，ひいては国民から付託されたものであるといえよう。

現行法における弁護士自治について，その根拠を一義的に捉えることは困難であり，また適切でもなく，むしろ，弁護士の使命を実現するための制度的な保障としての機能や内容との関連で，多角的に検討することが肝要であると思われる。

4　現行法は，弁護士の弁護士会への強制加入制度を定めている（法８条から11条まで・36条）。

強制加入制度は，旧々法及び旧法においても規定されていたが，両者においては，弁護士会は，所属地方裁判所検事正又は司法大臣の監督を受けることとされており（旧々法19条，旧法34条），そこでの強制加入制度は，国家が弁護士会を通じて弁護士を監督するための手段として採用されていたものである。しかし，現行法における強制加入制度は，弁護士会に高度な自治権を認めたことにより，その自治権の徹底を期するうえで必要不可欠の制度としての意味を有するのである。

現行法における強制加入制度については，憲法21条（結社の自由），22条（職業選択の自由）に違反するかが問題とされた。しかるに，現行法は，弁護士の使命実現の制度的保障として，弁護士会に高度の自治権を定めているのであり，かかる自治権を徹底させるためには，弁護士会に所属しない弁護士を許容することはできないのであって，強制加入制度は不可欠な要件となるのである。従って，現行法における強制加入制度は，弁護士会の自治権に不可欠のものとして，公共の福祉の要請に合致し，違憲でない（最判平成４・７・９判タ804号82頁）。

なお，弁護士法人についても強制加入制度がとられている（法36条の２）。

（目的及び法人格）

第31条　弁護士会は，弁護士及び弁護士法人の使命及び職務にかんがみ，その品位を保持し，弁護士及び弁護士法人の事務の改善進歩を図るため，弁護士及び弁護士法人の指導，連絡及び監督に関する事務を行うことを目的とする。

2　弁護士会は，法人とする。

【１】 本条の趣旨

本条は，１項で弁護士会の目的を定め，弁護士会が弁護士及び弁護士法人の指導，連絡及び監督の権限を有することを明らかにし，２項では弁護士会に法人格が与えられるものであることを定めている。

【2】 弁護士会の目的

1 弁護士会の目的について直接規定する条項としては，本法中本条1項が存するだけであるが，本条1項のみでは，必ずしも弁護士会の目的の範囲は明確ではない。そのためか，弁護士会の目的は，文字どおり，弁護士及び弁護士法人の指導，連絡及び監督に関する事務のみに限られるとして，極めて狭く解釈する見解もあり，弁護士会の目的の範囲については十分検討を要するところである。

(1) 弁護士会の目的の範囲は，単に本条1項だけでなく，弁護士法，弁護士会の会則，会規等の弁護士法秩序全体の中で考察される必要がある。けだし，弁護士会の目的を本条1項の文言だけに捉われて，弁護士及び弁護士法人の指導，連絡及び監督であると解するだけでは，何のための，何についての指導，連絡及び監督を意味するのかが不明確であって，これでは，弁護士会が現実に行っているさまざまな活動との関連において，的確に弁護士会の目的を理解することにはならないからである。また，本条1項には「弁護士及び弁護士法人の使命及び職務にかんがみ，その品位を保持し，弁護士及び弁護士法人の事務の改善進歩を図るため」という指導，連絡及び監督の指標が明文で規定されていることも，十分に勘案しなければならないからである。

(2) 法1条は，1項において，弁護士の使命として，基本的人権の擁護と社会正義の実現とを挙げ，2項において，弁護士は，その使命に基づき，誠実に職務を行い，社会秩序の維持及び法律制度の改善に努力しなければならないという努力目標を規定し，更に，法3条では，弁護士の職務について定めているが，弁護士の職務は，同条に列挙されているもののほか，弁護士の使命に基づいて行うべき一切の業務を含むものと解される。これらの規定との関連においては，法1条1項，2項に示された弁護士の使命及び努力目標を指導理念とし，法3条に規定する弁護士の職務との関連性に留意しながら，弁護士会の目的を理解するべきである。

(3) また，弁護士会には，弁護士の資格審査，登録に関する事項並びに弁護士及び弁護士法人の懲戒に関する事項を行う権限（法9条・12条・13条・56条2項等）や弁護士の職務又は弁護士法人の業務に関する紛議につき調停をする権限（法41条），官公署に対し建議及び答申をなす権限（法42条2項）が法によって与えられているほか，法33条2項により，弁護士会は，同項各号に掲げられた事項をその会則に記載しなければならないことになっているが，このことは，弁護士会は，会則に記載したうえ，これらの事項を行う権限を有することを意味する。更に，弁護士会は，法33条1項の規定に基づき，それぞれ会則を定めるとともに，その会則を実施するための下位規範として会規，規則等を定めているが，このような弁護士法秩序の中で各種委員会等を設置し，その活動を通じて，弁護士及び弁護士法人の使命，努力目標を達成することを予定している。これは，弁護士会自体が，弁護士法ないし弁護士法秩序の中で，個別にいくつもの権限を与えられていることを意味し，これらの権限の行使も，当然弁護士会の目的の範囲に含まれると理解すべきである。

(4) 以上のように検討してくると，弁護士会の目的は，弁護士及び弁護士法人の使命及び努力目標を指導理念とし，弁護士の職務及び弁護士法人の業務との関連性に留意しつつ，弁護士会が現にさまざまな権限を行使しながら活動している現実に即して理解するのが相当である。そうすると，弁護士会の目的には，弁護士及び弁護士法人に対する直接的な指導，連絡及び監督そのものはもちろんのこと，弁護士及び弁護士法人の使命及び努力目標達成に資するべき事務ないし活動であって，直接的又は間接的に弁護士及び弁護士法人の指導，連絡及び監督にとって有益なものを広く含むと解すべきであろう。

2 弁護士会の目的ないし権能に関連して，最決昭和36年12月26日刑集15巻12号2058頁は，「弁護士法1条は，弁護士の使命が，基本的人権の擁護並に社会正義の実現にある旨を規定し，同31条は，弁護士の使命及び職務にかんがみ，その品位を保持し，弁護士の指導，連絡及び監督に関する事務を行うことをも弁護士会の目的とする旨並に弁護士会を法人とする旨を規定して居り，更に同法42条2項は，弁護士会が弁護士事務その他司法事務に関して官公署に建議し得る旨をも規定して居る。而して告発とは，犯人または告訴権者以外の第三者において，捜査機関に対し，犯罪事実を申告し，犯人の訴追を求める刑事訴訟法上の意思表示である。されば，弁護士会が本件の如き人権侵害による犯罪の成立を信ずるにつき合理的な理由ある場合，弁護士会自身これを告発し，その事件を裁判所の審判に付することを請求することは，弁護士法が弁護士会の目的として必ずしもこれを明示して居らないとしても，前記の如き弁護士会の目的と極めて密接な関係を持つものであつて，弁護士会の権能に属するものと解すべきである」と説示している。

この最高裁決定は，弁護士会の目的の意義ないし範囲について直接詳論するものではないが，少なくとも，弁護士会の目的を弁護士の指導，連絡及び監督そのものに限定し狭く解する立場に与するものではないことは明らかである。むしろ，弁護士会の目的ないし権能を，弁護士の使命（法1条）や弁護士会の建議権（法42条2項）等に照らしながら合目的的に解釈するべきことを示唆しているとみられる。

3 弁護士会と政治活動

(1) 近時，弁護士の使命実現のために弁護士，弁護士法人及び弁護士会が取り組むべき人権擁護活動その他の活動は，益々広汎なものとなっているが，これらの活動のなかには政治的色彩を帯びるものもあり，そのために弁護士会の目的の範囲との関係が問題となる。

ところで，弁護士会の個々具体的な行為・活動自体は，全く政治性を帯有しない無色透明なものではあり得ないといってよい。例えば，特定の法令の制定・改正に反対若しくは賛成したり，具体的な施策ないし政策に反対若しくは賛成したりするための宣言や諸活動は，具体的な宣言であり活動である以上は，一定の政治的主張であり政治的な活動であるという側面を有し，多かれ少なかれ一定の政治性を帯びることは否定できない。しかし，弁護士会の具体的な行為ないし活動が政治性を帯有するからといって，すべて弁護士会の目的の範囲外であるとすることは不合理である。

また，一般に，政治活動とは，「公選による公職に就き又はその候補者となること，政治上の主義・施策を推進し，支持し，又はこれに反対すること，特定の政党や公職の候補者を推薦し，支持し，又はこれに反対すること等」と考えられる（有斐閣『新法律学辞典（第３版）』823頁。政治資金規正法３条，人事院規則14－７政治的行為参照）が，政治活動という用語は，社会的影響を有するあらゆる活動について使用され，特別の約束のもとで使用される場合を除くと，その内容は極めて不明確無限定である。従って，政治活動という用語をもって，弁護士会の活動等の許容範囲に関する基準とすることは適当ではない。

そこで，弁護士会の行為ないし活動については，弁護士及び弁護士法人の使命や努力目標を達成する観点から，積極的にその必要性又は有益性を肯定し得るものであるか否かを，具体的に検討するほかないといわざるを得ないであろう。

(2) 上記の考えに対しては，弁護士及び弁護士法人の使命や努力目標と弁護士会の目的とは無関係であるとの批判があり得るが，弁護士会は，弁護士及び弁護士法人によって組織された団体であって，弁護士及び弁護士法人の使命や努力目標の達成ないし職務遂行に資するために存在し，かつ機能すべきものであることは当然であって，弁護士会の活動が一定の政治性を帯びる場合に，その適法性について検討するについても，弁護士及び弁護士法人の使命や努力目標を指導理念とするべきことは，何ら不当なことではないと考えられる。

また，弁護士会が，一定の政治性を帯有しあるいは政治的行為と評価されるものであっても，弁護士及び弁護士法人の使命や努力目標に鑑みて，これを適法になし得る余地を認めると，強制加入制度の下で弁護士会に加入し，多数決原理によって少数派とされた弁護士の思想信条の自由（憲法19条）を侵害する結果となって不当であるとの批判もあり得る。しかし，弁護士会が強制加入制度を採用しているのは，前述したように，弁護士自治の原則を徹底するために必要かつ合理的な措置であり，しかも，団体の意思形成は，強制加入制度を採用しているか否かにかかわらず，民主的に行おうとすれば，どうしても多数決原理に従わざるを得ないのである。

弁護士会という団体が，その機関決定に基づいて行う活動等が，会員である個々の弁護士の思想信条を拘束するものであるか否かは，当該活動等の具体的内容に即して個別に検討する必要があり，政治性を帯びる活動が当然に個々の弁護士の思想信条の自由を侵害するわけではない。弁護士会の行う宣言決議や建議等は，仮に反対の立場にある弁護士があっても，その思想信条を拘束するものではなく，また，反対の立場に立つ弁護士が，その立場に立脚した活動を推進することを妨げるものではないのである。

なお，弁護士会の目的の範囲内の活動であると積極的に評価し得る活動であっても，他面において著しく政治性の高いものであるような場合には，いわば限界事例として，特別の検討を要するであろう。しかし，このような場合でも，弁護士会の実績を踏まえ，弁護士の使命又は努力目標を指導理念として判断されるべきである。

(3) 以上の点に関して，防衛秘密を外国に通報する行為等の防止に関する法律案（いわゆるスパイ防止法案）を国会に提出することに反対する日弁連総会決議の無効確認等を求めた裁判において，東京地判平成4年1月30日判時1430号108頁は，「被告〔日弁連―編者注〕は，国内の弁護士全員を強制加入させている団体（法人）であって，このような多数の構成員から成る団体においては，団体内部の意思決定機関において，多数決により団体の運営ないし活動方針が決定されているのであって，団体の行っている運動に顕現されている意見が会員個人の意見と必ずしも一致していないことは周知のことである。したがって，被告が被告の名において本件法律案に反対の意見を表明し対外的・対内的に活動を行うことが，取りも直さず会員である原告ら個人個人も同法律案に反対していることを意味するとは，必ずしも一般に考えられてはおらず，原告らがその意に反する思想，信条を開示させられていることにはならないというべきである」と判示し，原告の請求を却下ないし棄却している。上記事件は控訴及び上告されたものの，いずれも棄却となり確定しているが（東京高判平成4・12・21及び最判平成10・3・13），控訴審判決の理由中で，次のように判示しているのが参考となる。

すなわち，「法人は，本来その定められた目的の範囲内で行為能力を有するものであり，その活動は目的によって拘束されるものである。特に，被控訴人〔日弁連―編者注〕のような強制加入の法人の場合においては，弁護士である限り脱退の自由がないのであり，法人の活動が，直接あるいは間接に会員である弁護士個人に利害，影響を及ぼすことがあることを考えるならば，個々の会員の権利を保護する必要からも，法人としての行動はその目的によって拘束され，たとえ多数による意思決定をもってしても，目的を逸脱した行為に出ることはできないものであり，公的法人であることをも考えると，特に特定の政治的な主義，主張や目的に出たり，中立性，公正を損うような活動をすることは許されないものというべきである。被控訴人は，弁護士法に定めるところによると，『（弁護士の）品位を保持し，弁護士事務の改善進歩を図るため，弁護士及び弁護士会の指導，連絡及び監督に関する事務を行うことを目的とする』（同法45条２項）というのであって，そこに定める目的は，（中略）弁護士及び弁護士会に向けた内部的活動であり，外部に向けられた行為としては，『弁護士事務その他司法事務に関して官公署に建議し，又はその諮問に答申することができる』（同法50条，42条２項）との規定があるだけである。しかし，弁護士は，『基本的人権を擁護し，社会正義を実現することを使命とし』（同法１条１項），『社会秩序の維持及び法律制度の改善に努力しなければならない』（同条２項）とされているところ，弁護士に課せられた右の使命が重大で，弁護士個人の活動のみによって実現するには自ずから限界があり，特に法律制度の改善のごときは個々の弁護士の力に期待することは困難であると考えられること，被控訴人が弁護士の集合体である弁護士会と弁護士の集合体であり，その上部組織であることを考え合わせると，被控訴人が，弁護士の右使命を達成するために，基本的人権の擁護，社会正義の実現の見地から，法律制度の改善（創設，改廃等）について，会としての意見を明らかにし，それに沿った活動をすることも，被控訴人の目的と密接な関係を持つものとして，その範囲内のものと解するのが相当である」と判示している。更にその後も，いわゆる安保法制の改正に反対する旨の文書を日弁連又は弁護士会が開設するホームページに掲載することが違法であるとして，日弁連及び弁護士会並びにその役職者らに対して，文書の削除や損害賠償等を求めた事件においても，同様の判断が示されている（東京地判平成29・２・27公刊物未登載，東京高判平成29・９・27公刊物未登載）。

⑷　同じく強制加入団体である税理士会に関して，最判平成８年３月19日民集50巻３号615頁は，「税理士会が政党など規正法上の政治団体に金員の寄付をすることは，たとい税理士に係る法令の制定改廃に関する政治的要求を実現するためのものであっても，法〔税理士法―編者注〕49条２項〔現６項―編者注〕で定められた税理士会の目的の範囲外の行為であり，右寄付をするために会員から特別会費を徴収する旨の決議は無効であると解すべきである」と判示し，その理由として「税理士会は，税理士の使命及び職責にかんがみ，税理士の義務の遵守及び税理士業務の改善進歩に資するため，会員の指導，連絡及び監督に関する事務を行うことを目的として，法が，あらかじめ，税理士にその設立を義務付け，その結果設立されたもので，その決議や役員の行為が法令や会則に反したりすることがないように，大蔵大臣の前記のような監督に服する法人である。また，税理士会は，強制加入団体であって，

その会員には，実質的には脱退の自由が保障されていない（中略）。税理士会は，以上のように，会社とはその法的性格を異にする法人であり，その目的の範囲についても，これを会社のように広範なものと解するならば，法の要請する公的な目的の達成を阻害して法の趣旨を没却する結果となることが明らかである。（中略）法が税理士会を強制加入の法人としている以上，その構成員である会員には，様々の思想・信条及び主義・主張を有する者が存在することが当然に予定されている。したがって，税理士会が右の方式〔多数決原理―編者注〕により決定した意思に基づいてする活動にも，そのために会員に要請される協力義務にも，おのずから限界がある。特に，政党など規正法上の政治団体に対して金員の寄付をするかどうかは，選挙における投票の自由と表裏を成すものとして，会員各人が市民としての個人的な政治的思想，見解，判断等に基づいて自主的に決定すべき事柄であるというべきである。（中略）そうすると，前記のような公的な性格を有する税理士会が，このような事柄を多数決原理によって団体の意思として決定し，構成員にその協力を義務付けることはできないというべきであり（中略），税理士会がそのような活動をすることは，法の全く予定していないところである」と判示している。本件判決は税理士会に関するものであり，活動範囲の異なる弁護士会にも直ちに適用されるか否かは議論があるが，同じく強制加入団体に関する判例として参考になる。

他方，司法書士会が行った，阪神淡路大震災復興支援のための拠出金として3000万円を寄付する旨及びこのため会員から登記申請１件当たり50円の復興支援特別負担金徴収を行う等の決議について，最判平成14年４月25日判時1785号31頁は，「司法書士会は，司法書士の品位を保持し，その業務の改善進歩を図るため，会員の指導及び連絡に関する事務を行うことを目的とするものであるが（司法書士法14条２項〔現52条２項－編者注〕），その目的を遂行する上で直接又は間接に必要な範囲で，他の司法書士会との間で業務その他について提携，協力，援助等をすることもその活動範囲に含まれるというべきである」として3000万円拠出金を寄付することにつき権利能力の範囲内としたうえで，さらに「本件拠出金の調達方法についても，それが公序良俗に反するなど会員の協力義務を否定すべき特段の事情がある場合を除き，多数決原理に基づき自ら決定することができるものというべきである。これを本件についてみると，被上告人がいわゆる強制加入団体であること（同法19条〔現73条－編者注〕）を考慮しても，本件負担金の徴収は，会員の政治的又は宗教的立場や思想信条の自由を害するものではなく，また，（中略）社会通念上過大な負担を課するものではないのであるから，本件負担金の徴収について，公序良俗に反するなど会員の協力義務を否定すべき特段の事情があるとは認められない」と判示している。

【3】 弁護士及び弁護士法人の指導，監督

弁護士会が弁護士及び弁護士法人の指導監督を行うことは，本条1項に明文の根拠を有すると同時に，そもそも弁護士自治の根幹をなすものであって，弁護士会の指導監督が適切に機能することは，弁護士自治の適正な実現にとって極めて重要である。但し，弁護士会の指導監督によって，弁護士及び弁護士法人の個別の弁護活動を阻害するようなことがあってはならず，指導監督の対象たる事項，方法，限界等については，慎重な検討が必要である。

1 指導監督の対象

弁護士会は，弁護士の品位を保持し，また弁護士及び弁護士法人の事務の改善進歩を図ることを目標として，弁護士及び弁護士法人の職務遂行に関して一般的な指導監督を行うことができることは，本条1項から明らかである。

これに対し，弁護士の受任事件の処理に関して個別具体的に指導監督することについては，弁護権（ないし職務の独立性）を損なう危険性を伴うので，安易な指導監督は許されないというべきである。しかし，もとより受任事件に関する弁護活動としてであればいかなる行為も許されるというわけではなく，明らかに違法な弁護活動，実質的に弁護権を放棄したと認められる行為，あるいは職業的専門家である弁護士及び弁護士法人としての良識から著しく逸脱した行為等については，弁護士会の指導監督による是正の特別の必要性が認められる場合に，指導監督権の行使ができるものと解される（福原・165頁参照）。

この点に関して，大阪高判平成21年7月30日（公刊物未登載）は，「弁護士法31条1項にいう『指導』，『監督』の意味については，⑴弁護士の基本的人権を擁護し，社会正義を実現するための活動の適正な遂行を保障するためには，弁護士の活動について高度の独立性を認める必要があること，⑵弁護士には，職務上知り得た事実についての守秘義務が認められていること（弁護士法23条，刑法134条1項），⑶弁護士法は，弁護士会に対し，所属弁護士に対する監督を全うさせるための特別な権能として，懲戒権を与えているが，懲戒権の行使は，弁護士会内の独立委員会である綱紀委員会及び懲戒委員会の判断に基づいて，弁護士会の恣意に流されることなく，適正かつ公正に行われることが厳格に規定されていることを総合して考慮すると，弁護士会は，所属弁護士の受任事件の処理に関して，違法又は不当な点が存在する疑いがあり，その点が懲戒事由に該当すると思料するときは，原則として，懲戒手続によって指導監督を行うべきであって，それ以外には，専ら，所属弁護士の具体的な業務執行や事件処理にわたらない範囲での研修や研究等の一般的な指導監督をすることができるにとどまるというべきであり，所属弁護士の受任事件の処理に関して懲戒手続以外に個別具体的に指導監督権を行使することは，例えば，明らかに

違法な弁護活動，実質的に弁護権を放棄したと認められる行為，あるいは職業的専門家である弁護士としての良識を著しく逸脱した行為などが存在し，懲戒手続を待っていたのでは回復し難い損害の発生が見込まれるとか，あるいは，懲戒手続によるのみでは回復し難い損害の発生を防止することができないなど，特段の事情が存在する場合に限って，しかも当該違法又は不当な行為を限止し，又はこれを是正するために必要な限度でしか許されないと解するのが相当である」と判示している。

更に，懲戒は職務の内外を問わず品位を失うべき非行があれば処分が行われるが(法56条１項)，本条１項も品位を保持するために弁護士及び弁護士法人を指導監督することを目的とする旨定めていることから，弁護士の日常生活についても，実情に応じて指導監督の対象となし得るものと解される(福原・165頁)。但し，私人としての諸権利やプライバシー等の侵害にならないよう，十分配慮する必要があることは当然である。

2　指導監督の方法

⑴　弁護士会の指導監督のあり方として重要なことは，弁護士及び弁護士法人の弁護活動を不当ないし不必要に規制し，弁護権(ないし職務の独立性)を侵害し，ひいては被告人の防禦権や依頼者の権利等を損なってはならないということである。従って，指導監督を行うには，必要に応じて厳正に事実を調査し，十分な論議と批判を尽くすことが必要であり，そのような活動を組織するための具体的な機関を設置したり，既存の機関の活用を図ることも必要であろう。

なお，日弁連の弁護士等の業務広告に関する規程12条１項及び２項，多重債務処理事件にかかる非弁提携行為の防止に関する規程５条及び６条並びに預り金等の取扱いに関する規程９条及び10条は，違反行為についての弁護士会の調査権限を認め，弁護士及び弁護士法人に調査協力義務を課している。また，依頼者の本人特定事項の確認及び記録保存等に関する規程11条及び12条では，弁護士等に年次報告書の提出義務を課すとともに，弁護士会に対しては，弁護士等に対し助言を行う権限，報告を求める権限を認めている。

⑵　弁護士会が行う指導監督は，弁護士会の会長の権限と責任においてなされるが(法35条１項)，弁護士会の会長は，指導監督を要する事案について，関連委員会に諮問する等の方法により必要な事情調査や具体的な指導監督の方法につき十分な論議と批判を経て，指導監督を行うのが相当である。なお，関連委員会等における論議と批判を通じて，自主的に弁護士及び弁護士法人の弁護活動が是正されることは望ましいことであるが，このことは弁護士会内の相互批判による是正の問題であって，委員会等に指導監督権限があるわけではない。

また，弁護士及び弁護士法人の職務遂行に関する一般的な指導監督については，主として新入弁護士会員に対する研修，研修委員会による弁護士倫理，弁護士業務のあり方等についての日常的研鑽や，司法問題，司法研究，業務改革，綱紀その他の関連委員会における研究及び研究成果の発表等を通じて，実現されている。

(3) 弁護士及び弁護士法人の担当事件の処理に関して具体的な指導監督を行う場合の方法については，弁護士会の実情に応じ，できるかぎり会員相互の論議と批判を求め，弁護士会内の民主的かつ適正な論議と批判に立脚して，必要な措置をとるべきである。

弁護士の日常生活についての指導監督も，それが，日常生活上の一定の行動を規制又は是正する等の具体的措置をとる場合には，上記と同様の方法によるべきである。

3 指導監督の限界

弁護士会の指導監督の内容としては，弁護士及び弁護士法人の行為を規制するもの，権利や利益を擁護するもの，社会的活動を助成するもの等が考えられるところ，特に行為を規制するものについては，その限界について留意すべきである。

指導監督の限界とは，見方をかえれば，弁護活動その他の諸活動の適法又は適正な限界を画することにほかならない。弁護士会の行う指導監督は，適法又は適正とされる限界から逸脱した行為を是正し，また，そのような行為を未然に防止するためのものと考えられるから，原則として，法令，弁護士職務基本規程等に照らし適法又は適正な範囲内とみられる諸活動に干渉するような指導監督は許されないと解される。

【4】 弁護士会の法人格

弁護士会は，弁護士及び弁護士法人を構成員とする団体であり，社団たる法人である。弁護士会が初めて法人格を取得したのは，旧法29条1項の規定による。

なお，現行法では，強制設立，強制加入に加えて，国の有する懲戒権を行使する権能が認められており，その公的性質が更に顕著であるので，公法人であることに疑いを容れる余地はないとの見解がある（福原・166頁から167頁まで。また，金子・254頁は，旧法29条1項につき，弁護士会は法律によって法人とされ，法律によって目的を定められた公法人であることが明らかであり，公益的私法人ではないとする）。

しかし，法人を公法人と私法人とに区別することは，その区別の基準が必ずしも明確であるとはいえず，また区別する実益にも乏しい。法人については公共的性格の濃淡を考慮しながら，それぞれの法律関係について，その取扱いを検討することが適当と考えられる（我妻栄『新訂民法総則（民法講義Ⅰ）』143頁参照）。従って，懲戒権の行使その他の法律関係については，弁護士会が公共的性格の極めて強い法人であることを考慮しながら（そのことをもって「公法人」というならば用語の問題である），検討することが相当であろう。

なお，弁護士会が行った懲戒処分について，国を相手として国家賠償を求めた事案につき，弁護士会は，国家賠償法1条にいう「公共団体」に該当し，弁護士会がその会員たる弁護士に対して行う懲戒処分は，同条にいう「公権力の行使」にあたり，また，弁護士会の懲戒委員会の委員は，同条にいう「公権力の行使に当る公務員」にあたるとの裁判例がある（東京地判昭和55・6・18下民集31巻5～8号428頁。但し，同裁判例においては，弁護士会の懲戒権は，現行法においては弁護士の完全な自治制度採用の一環として弁護士会の独自の権能と認められ，しかも，その権限の行使にあたっても，弁護士の自治的懲戒制度を採用して，行政庁その他の国の機関の監督を受けないものとされていることや，懲戒を国の公権力の行使とみなす趣旨の規定の存しないこと等からみて，懲戒権の行使を「国の」公権力の行使と認める余地はないとし，請求を棄却している）。その後も，同旨の判決が繰り返し出されており，東京高判平成19年11月29日判時1991号78頁は，「弁護士会が行う懲戒手続は国家賠償法1条1項にいう『公共団体の公権力の行使』と解することができ，また，綱紀委員会及び懲戒委員会は弁護士会の懲戒権行使に関わる機関として法律上設置されたものであり，その委員長及び委員は国家賠償法1条1項にいう『公共団体の公権力の行使にあたる公務員』に該当するというべきである」と判示している（その他，資格審査会の議決に基づく登録請求の進達拒絶に関して京都地判平成21・11・19判時2077号120頁，大阪高判平成22・5・12判タ1339号90頁）。

（設立の基準となる区域）

第32条　弁護士会は，地方裁判所の管轄区域ごとに設立しなければならない。

【1】　本条の趣旨

本条は，弁護士会が必要的に設立されるものであること及びその設立の基準について規定している。

この点につき，旧々法では，弁護士は，その所属地方裁判所毎に1個の弁護士会を設立するべきものとされたが（18条），後に改正が行われ（大正12年法律第51号），所属弁護士の数が寡少で弁護士会を組織するのに適しないときは，司法大臣の認可を受け，他の地方裁判所所属弁護士と合同して弁護士会を設立すること（同条1項但書），また，一つの弁護士会に属する弁護士が300名以上あり，そのうちの100名以上の同意があるときは，司法大臣の認可を受けて，別の弁護士会を設立することができるものとされた（同条2項）。この改正により，実際，東京地方裁判所所属の弁護士によって，東京弁護士会の他に新たに2個の弁護士会（第一東京弁護士会と第二東京弁護士会）が設立され，その結果東京には3個の弁護士会が併存することとなった。また，旧法においては，弁護士会は，地方裁判所の管轄区域毎に1個の弁護士会を設立すべきものとし，例外として，旧々法18条2項と同様に，1個の弁護士会に所属する弁護士が300名以上ある場合に，そのうち100名以上の者は同一地方裁判所の管轄区域内に別に弁護士会を設立することができるものとされた（30条）。

しかし，現行法においては，設立の基準は，裁判所法及び下級裁判所の設立及び管轄区域に関する法律に定める地方裁判所の管轄区域を単位とし，その区域内に1個の弁護士会を設立すべきものとした。所属弁護士の数が少ない場合に，他の地方裁判所の管轄区域内の弁護士と合同して弁護士会を設立したり，同一の地方裁判所の区域内に複数の弁護士会を設立したりする例外的な措置は認めず，「一地方裁判所管内に一弁護士会」という原則を貫くこととしたのである。

なお，現行法施行の際現に同一の地方裁判所の管轄区域内にある2個以上の弁護士会は，本条の規定にかかわらず，存続し得ることが経過措置として認められた（法89条）。これは，東京における三弁護士会鼎立の現状を維持し得ることとしたものである。但し，法89条2項は，併せて，上記の2個以上の弁護士会は，何時でも合併又は解散することができる旨を規定している。

【2】 弁護士会の支部

弁護士会の中には，支部，部会又は地区会等の名称による組織（以下「支部等」という）が存在するところがある。

支部等は，一般的には，弁護士会の地域内の一部区域内に事務所を設けている弁護士及び弁護士法人によって構成されている自治的組織と認められる。

ところで，現行法において法人格を認めているのは，弁護士会（31条2項）及び日弁連（45条3項）だけであり，現行法以外の法令で支部等に法人格を認める規定もないので，支部等が独自に法人格を取得し得るものでないことは明らかである。しかし，支部等のなかには，弁護士会の会則，会規又は規則中にその存立の根拠規定を有し，自らの組織運営に関して，規約等をもって，組織，役員，代表の方法，総会の運営，財産管理のあり方等，団体（社団）としての主要な点を定めているものがあり，このような支部等は，それ自体，団体としての社会的実体を有しているものと認められる。

本条は，同一の地方裁判所の管轄区域内に一つの弁護士会を設立することを義務づけており，その趣旨からみて，地方裁判所の管轄区域内に地域を分けて併存的に複数の弁護士会を設立することも，重畳的に数個の弁護士会を設立すること（例えば，地方裁判所の管轄区域全域の弁護士を構成員とする弁護士会とともに，一部区域の弁護士を構成員とする弁護士会をも設立する場合）も禁止しているものと解される。

また，弁護士会は，日弁連から指導，連絡及び監督を受けることとされており（法45条2項），具体的にも，弁護士会は，会則を定め，会則中の一定の事項を変更するには日弁連の承認を必要とし（法33条1項・3項），総会の決議並びに役員の就任及び退任を日弁連に報告しなければならないとされ（法38条），日弁連は，弁護士会の総会決議が公益を害するときその他法令又はその弁護士会若しくは日弁連の会則に違反するときは，その決議を取り消すことができるとされ（法40条），弁護士会は，日弁連から諮問又は協議を受けた事項につき答申をしなければならないとされている（法42条1項）。なお，会則31条によれば，弁護士会は，その会規及び規則の制定・変更，官公署に対する建議，諮問の答申についても，日弁連に報告しなければならないこととなっている。

このような現行法及び会則の各規定に鑑みれば，支部等は，たとえ，それ自体が団体としての社会的実体を有している場合でも，弁護士会から独立した団体ではあり得ず，弁護士会から全面的に指導，監督を受けるものであって，その限りにおいて存立し，活動し得るものと解すべきである。

【3】 弁護士会の設立義務者

本条の文理上，弁護士会の設立義務者が何人であるかは判然としない。しかし，特定の地方裁判所の管轄区域内において，将来，弁護士又は弁護士法人として職務を行おうとする者に設立義務があるものと解される。弁護士となるには，入会しようとする弁護士会を経由して日弁連に弁護士名簿の登録を請求しなければならず（法9条），また，所属弁護士会を変更するには，新たに入会しようとする弁護士会を経由して日弁連に登録換えの請求をしなければならず（法10条1項），弁護士名簿に登録又は登録換えを受けた者は，当然，入会しようとする弁護士会の会員となり（法36条1項），弁護士法人が成立したときはその旨を所属弁護士会及び日弁連に届け出なければならず（法30条の10），更に，弁護士及び弁護士法人は，所属弁護士会の地域内に法律事務所を設けなければならない（法20条2項・30条の21）とされていること等に鑑みて，このように解さざるを得ない。

もっとも，現実の問題としては，法88条の規定により，本法施行の際，全国に現存する弁護士会が本法に規定する弁護士会とみなされるので，新たに弁護士会の設立を必要とする地域はないのであるが，将来，地方裁判所の管轄区域が変更されたときは，新しく弁護士会を設立しなければならない場合が生じることとなる。

（会則）

第33条 弁護士会は，日本弁護士連合会の承認を受けて，会則を定めなければならない。

2 弁護士会の会則には，次に掲げる事項を記載しなければならない。

一 名称及び事務所の所在地

二 会長，副会長その他会の機関の選任，構成及び職務権限に関する規定

三 入会及び退会に関する規定

四 資格審査会に関する規定

五 会議に関する規定

六 弁護士名簿の登録，登録換え及び登録取消しの請求の進達並びに第13条の規定による登録取消しの請求及びその実施のために必要な手続に関する規定

七 弁護士道徳その他会員の綱紀保持に関する規定

八 懲戒並びに懲戒委員会及び綱紀委員会に関する規定

九 無資力者のためにする法律扶助に関する規定

十 官公署その他に対する弁護士の推薦に関する規定

十一 司法修習生の修習に関する規定

十二 会員の職務に関する紛議の調停に関する規定

十三 建議及び答申に関する規定

十四 営利業務の届出及び営利業務従事弁護士名簿に関する規定

十五 会費に関する規定

十六 会計及び資産に関する規定

3 前項に掲げる事項を変更するときは，日本弁護士連合会の承認を受けなければならない。

【1】 本条の趣旨

1 全 般

弁護士会は，弁護士及び弁護士法人の使命及び職務にかんがみ，その品位を保持し，弁護士及び弁護士法人の事務の改善進歩を図るため，弁護士及び弁護士法人の指導，連絡及び監督に関する事務を行うことを目的として，設立されている法人である（法31条）。

法人である以上，当然のことながら，その組織，運営等に関する基本的規範が必要となる。そこで，本条１項は，弁護士会は会則を定めなければならないと規定している。本条にいう会則とは，実質的には，法人たる弁護士会の組織，運営等に関

する基本的規範をいうものと解される。また，本条にいう会則の制定改廃は，弁護士会の構成員たる会員弁護士の総意に直接基づいて行われるべきである（法39条参照）。

ところで，本条2項は，弁護士会の会則に記載しなければならない事項として，16項目にわたる主要な事項を定めている。これらの事項には，法人としての組織に関する基本的事項だけでなく，弁護士，弁護士法人ないし弁護士会の公共的性格あるいは弁護士自治に関する事項等も含まれており，本条は，これら重要な事項についての規定を会則中に記載させることにより，弁護士会がその責務を適正に実現することを企図している。

2　平成15年改正について

平成15年改正前法は「弁護士の報酬に関する標準を示す規定」を弁護士会の会則の必要的記載事項としていた（33条2項8号）が，平成15年改正法は「弁護士の報酬に関する標準を示す規定」を弁護士会の会則の必要的記載事項から除き，平成15年改正前法の本条2項14号に相当する事項を本条2項8号に定めた。そして平成15年改正法は，弁護士の営利業務への関与についての規制が許可制から届出制に改められたことに伴い（30条），「営利業務の届出及び営利業務従事弁護士名簿に関する規定」を会則の必要的記載事項として本条2項14号に定めた。

⑴　弁護士の報酬に関する標準を示す規定の削除について

㈠　削除に至る経過　　平成15年改正前法は「弁護士の報酬に関する標準を示す規定」を弁護士会の会則の必要的記載事項としていた（なお平成15年改正前法33条2項8号は同法46条2項1号で準用され，日弁連会則の必要的記載事項でもあった）。このように「弁護士の報酬に関する標準を示す規定」が弁護士会及び日弁連の会則の必要的記載事項とされていた理由は，弁護士報酬の適正・妥当性を確保すること及び国民が弁護士をより利用しやすくするため弁護士報酬についての予測可能性を確保することにあると説明されていた。

しかし，一方の要請である弁護士報酬の適正・妥当性の確保に関しては，かねてから，むしろこのような規定が弁護士間の公正な競争を阻害し，依頼者である国民の，より低廉な価格によるサービスの受益機会の障害となっているとの指摘もあったところであり，近年では，規制緩和の時代的要請を背景に，平成12年12月，政府の規制改革委員会が「公正有効な競争の確保や合理性の観点」を理由として上記規定の削除を建言し，平成13年6月12日の司法制度改革審議会意見書も「規制改革推進3か年計画（平成13年3月30日閣議決定）において『報酬規定を会則記載事項から削除する』と定められていることを踏まえ，適切な対応がなされるべきである」とするに至っていた。

そして，もう一方の要請である弁護士報酬についての予測可能性の確保に関しては，個々の弁護士に自らの弁護士報酬基準の作成，備置，受任時の説明義務を課すことや，弁護士会又は日弁連による弁護士報酬に関する統計数値の広報等によって，達成することも不可能ではない。

このようなことから平成15年改正法は「弁護士の報酬に関する標準を示す規定」を弁護士会及び日弁連の会則の必要的記載事項から削除した。

なお，隣接法律専門職種についても，規制緩和政策の一環として報酬規定の撤廃が推進され，行政書士，弁理士，税理士，社会保険労務士，司法書士，土地家屋調査士及び公認会計士の報酬規定が各業法の改正により会則記載事項から削除された。

(ロ) 弁護士報酬についての予測可能性の確保　以上の経過によって「弁護士の報酬に関する標準を示す規定」は弁護士会及び日弁連の会則の必要的記載事項から削除されたが，このような法改正によって，従来の報酬規程を存続させることが独占禁止法8条4号に違反するのではないかとの疑義も生じた。

しかし，利用者にとって弁護士報酬の多寡は重要な関心事項であるから，これについての予測可能性を確保することが望ましいことは言うまでもない。

そこで日弁連は，従来の報酬規程を廃止するとともに，会則において「弁護士の報酬は，適正かつ妥当でなければならない」と定めたうえ（87条1項），会則の委任（同条2項）に基づき，新たに「弁護士の報酬に関する規程」（平成16年2月26日会規第68号）を定めた。同規程は，弁護士・弁護士法人に対し，報酬基準の作成・備置義務（3条），依頼者から申出があったときの報酬見積書の作成・交付の努力義務（4条），受任前の報酬等説明義務（5条1項），報酬に関する事項を含む委任契約書の作成義務（同条2項），更には，弁護士の報酬に関する自己の情報を開示及び提供する努力義務（6条）を課している。

これらにより，利用者は弁護士に業務を依頼する前に報酬予定額を知ることができ，これを他の弁護士の報酬予定額と比較することなどにより，自己のニーズに見合った弁護士を選択することが可能になる。

(2) 営利業務の届出及び営利業務従事弁護士名簿に関する規定の新設　この趣旨については【4】14の解説を参照。

【2】 沿　革

わが国の弁護士制度は，明治9年代言人規則に始まるといわれている。しかし，同規則においては，代言人の団体は制度化されていなかった。

そして，明治13年代言人規則において，代言人は組合を作り，規則を定めるべきこととされた（14条）。しかし，規則は，「一　互ニ風儀ヲ矯正スル事，二　名誉ヲ保存スル事，三　法律ヲ研究スル事，……八　相当謝金ノ額ヲ定ムル事」の目的をもって定めるべきこととされ，この規則の制定，改正増補は検事の照閲を経ることが要件とされていた。その後，旧々法が公布され，同法においては，弁護士会は，その会則を定め，検事正を経由して司法大臣の認可を受けるべきものとされ（23条1項），また，会則には，「会長副会長常議員ノ選挙及其ノ職務，総会，常議員会及其ノ議事ニ関スル規程，弁護士ノ風紀ヲ保持スル規程並ニ謝金及手数料ニ関スル規程其ノ他会務ノ処理ニ必要ナル規程」を設けるべきものとされた（26条）。

更に，旧法においては，弁護士会の会則の制定，変更は司法大臣（昭和22年法務総裁に改正）の認可を受けるべきものとされた（31条）。また，会則に記載すべき事項として，14項目にわたる事項が定められていた（39条）。

旧法におけるまでは，代言人組合や弁護士会は，その規則又は会則の制定・変更についても，直接国家機関の監督に服していたのである。現行法において，弁護士会は，その会則の制定・変更に日弁連の承認を受けるべきものとされ，ようやく国家機関による監督を脱するに至った。

【3】　日弁連の承認

1　趣　　旨

弁護士会は，その会則を制定するには，日弁連の承認を得なければならない（本条1項）。また，会則に記載されている事項のうち，本条2項に掲げる必要的記載事項を変更するときも，日弁連の承認を受けなければならない（本条3項）。

日弁連は，弁護士，弁護士法人及び弁護士会を指導，連絡及び監督する権限を与えられており（法45条2項），この権限の一内容として，弁護士会の会則の制定又は必要的記載事項の変更について，日弁連の承認を要することとしたのである。日弁連は，この承認を通じて，全国の弁護士会の会則の内容を調整し，弁護士会を指導，監督するとともに，間接的に個々の弁護士及び弁護士法人に対する指導，監督の役割をも果たすことになる。

なお日弁連の承認は，常務理事会の議決に基づいて行われる（会則59条の3第2号）。

2　承認の対象

弁護士会は，その会則を定めるには日弁連の承認を受けなければならない。換言すれば，会則の制定は，日弁連の承認の対象である。そして，会則に規定してある必要的記載事項に関する規定を変更することも，承認の対象となる。

他方，会則に規定してある事項の変更であっても，必要的記載事項以外の変更であれば，当然には日弁連の承認を受ける必要はない。もっとも，弁護士会の会則中に当該会則の変更については日弁連の承認を得なければならない旨の規定を置いている場合には，必要的記載事項以外の事項の変更についても，当該会則上の義務として日弁連の承認が必要となると解される。この場合の日弁連の承認は，日弁連の弁護士会に対する一般的な指導，監督権限の行使に関するものである。また，日弁連の承認の有無は，当該会則上の変更の要件を具備するか否かの問題である。

変更とは，現に存在する規定を廃止すると同時に新たな規定を制定するのが通例であるが，現存規定の部分的改正，新設規定の単なる追加あるいは現存規定の単なる廃止の場合をも包含すると解される。

ところで，弁護士会が定める立法の形式としては，法は「会則」とのみ規定しているが，弁護士会は，法の定める会則以外に「会規」又は「規則」を制定できる旨会則中に規定し，概ね「会規」は総会の決議により，「規則」は常議員会の決議により制定又は変更できることとされている。そして，弁護士会は，必要的記載事項に関する規定をも前記「会規」又は「規則」中に規定する例が見受けられる。この場合，立法形式の相違を理由に承認の対象とならないとすれば，会規及び規則は，単に日弁連に対して報告されるにとどまる（会則31条）。

しかし，本条は，弁護士会及びその会員にとって極めて重要な事項を会則の必要的記載事項として規定しているのであるから，このような立法形式の相違を理由に，承認の対象ではないとすることは相当でない。従って，本条2項に列挙された事項の制定・変更は，会則以外のものでもすべて日弁連の承認を必要とするものと解すべきである（昭和53年11月27日付日弁連会長通知「弁護士法第33条の解釈基準に関する件」参照）。

なお，会費に関し，会則にその金額を明示せず，具体的金額の決定については委任規定を置き，総会の決議に委ねている弁護士会もあるが，その場合には，会費の額を定める総会決議自体が日弁連の承認の対象となると解される。

3　承認にあたり検討する事項

弁護士会から日弁連に対し承認申請してきた会則制定・変更案が，法令や日弁連会則等に抵触する内容を有する場合，日弁連がその承認を拒絶できるのは当然であるが，更に，日弁連は，その指導，監督権に基づき，その制定・変更案を修正するよう指導することは可能であり，また責務でもあると解される。

この見地から，弁護士会からの承認申請について，日弁連は，その会則制定・変更案が法令や日弁連会則等に適合しているか否かといった内容面における妥当性に検討を加えることはもとより，更に当該弁護士会の他の規定との整合性，法令作成における体裁上の諸約束及び用字・用語等の用法が遵守されているか，というような形式上の問題点についても検討を加えているのが実情である（日弁連における承認の検討手続要領については，日弁連調査室編『会則改正手続マニュアル第2版』25頁以下を参照）。

4　承認の効力

法は，単に弁護士会の会則の制定・変更につき，日弁連の承認を受けなければならないと規定するだけで，その承認の法的効力については言及していない。そして，一般に，「承認」の法的効力は場合により異なるものとされているので，日弁連の承認を受けないまま会則の制定・変更がなされた場合，その効力については見解の分かれる余地がある。

しかしながら，前述のとおり，法は，日弁連に対し弁護士会を指導，監督する権限を付与していること，旧々法23条１項の司法大臣の認可並びに旧法31条の司法大臣の認可について，両法の解釈としては効力要件と解されていたようであること，仮に，日弁連の承認がなくとも弁護士会の会則制定・変更が有効であるとすれば，日弁連の弁護士会に対する指導，監督が有名無実化する危険があること等からすれば，日弁連の承認は効力要件と解すべきである。

日弁連の承認を会則制定・変更の効力要件と解する以上，制定・変更された会則の効力が発生するのは承認日以降であるから，制定・変更された会則の施行日は，日弁連の承認日より以降にしなければならない。

承認の効力発生時期は，原則として日弁連が承認をなした日である。但し，日弁連は，従前，「一部修正することを条件として承認する」という議決の方式をとっていた。この議決は「承認する」という議決とは異なり，後日，常務理事会の議決で指示されたとおりの修正がなされたうえで再度承認申請があったときは，再び常務理事会の審議にかけずに直ちに承認し，かつその承認は，常務理事会が「一部修正することを条件として承認する」との議決をした日になされたこととして扱う（常務理事会の当初の議決があった日付で承認印を押している）ものであった。しかし，現在では日弁連と弁護士会の間で事前検討手続を経て承認申請がなされているため，常務理事会で一部修正を条件とする承認を決議することはなくなっている。

【４】 会則の必要的記載事項

１ 第１号（名称及び事務所の所在地）

⑴ 趣　旨　弁護士会は，全国の地方裁判所の管轄区域毎に設けられ，また，従来の沿革から同一の地方裁判所の区域内にあっても引き続き複数併存することが許容された例（東京・第一東京・第二東京各弁護士会）があるから，それぞれ固有名称を付して他と区別すべきである。

また，弁護士会は，法人として権利義務の主体となり，かつ弁護士会と会員との関係，日弁連あるいは他の弁護士会等との連絡交渉をする関係上，その本拠を明らかにしておく必要がある。

⑵ 規定すべき事項　弁護士会の「名称」については，地方裁判所の名称や都道府県名と合致させることが実際上便宜かもしれないが，必ずしもその必要はない。それぞれの弁護士会の沿革に裏づけられた名称でも差し支えない。

「事務所の所在地」は，番地若しくは住居表示をできるだけ正確に記載することが適当である。弁護士会によっては，支部の事務所を設置しているところもあるが，これは，本号にいう事務所ではないと解される。

2　第2号（会長，副会長その他会の機関の選任，構成及び職務権限に関する規定）

(1)　趣　　旨　　弁護士会は法人であり，その意思決定や執行行為は機関によって行われる。従って，機関の選任，構成及び職務権限は，弁護士会の組織，運営の基本的事項であって，これらを会則の必要的記載事項としたのである。

(2)　規定すべき事項　　(イ)　本号における「機関」とは，具体的にどのようなものを含むかは，必ずしも明らかではない。

弁護士会がその目的を達するために設けた組織をすべて本号の「機関」に含めるとすれば，会長，副会長，理事，監事，総会，常議員会等のほか，各種委員会等のすべてが含まれることになる。更に，弁護士会の個々の会員も，例えば会長等の選挙権を有する場合には，その限度で組織としての地位を有することになり，本号の「機関」に含める必要があろう。

しかし，本号は，弁護士会の基本的規範である会則の必要的記載事項の一つであり，本号に関する会則の制定・変更には日弁連の承認を要するのであるから，このような弁護士会の組織をすべて「機関」に含めるのは相当ではなく，弁護士会の組織として基本的に重要なものに限定されると解すべきであろう。

そして，弁護士会の組織として基本的に重要なものとは，一般的には，弁護士会の対外的又は対内的な行為を執行する権限を有する組織，意思決定の権限を有する組織及び監査の権限を有する組織をいうものと解される。

会長は執行・代表機関，副会長は執行機関，総会，資格審査会，懲戒委員会及び綱紀委員会は意思決定機関（議決機関）として本号の機関に含まれる。

これらの組織は，法が弁護士会の機関として規定しているものであるが，弁護士会がその他にどのような組織を設けるか否かについては，法は弁護士会の自主的判断に委ねているものと解される。

現在，各弁護士会が設置している組織のうち，常議員会は意思決定機関として，また，監事は会計監査に関する職務を執行する権限を有する監査機関として，本号の機関に含めるのが相当である。

問題となるのは，弁護士会が自主的に設置する委員会である。これらの委員会については，弁護士会の会長その他の機関の諮問機関として活動するものであるときは，会長その他の機関の補助的組織として機能し，委員会自体の意思決定や具体的な行為が弁護士会の意思決定や執行行為とは認められないから，かかる委員会は本号の機関には該当しないと解される。但し，委員会の行為が弁護士会の執行行為と認められる場合，換言すれば，弁護士会の一定の執行行為を自ら行い得る権限を与えられた委員会は，弁護士会の執行機関として本号の機関に含めるのが相当であろう。また，委員会の行う意思決定が，その弁護士会の意思決定と認められたり，あるいは弁護士会の執行行為を拘束する場合には，かかる委員会は，意思決定機関として本号の機関に該当するというべきであろう。

(ロ)　本号は，会則中に会の機関の「選任」，「構成」及び「職務権限」に関する規定を設けるよう求めている。

会長らの選任方法については，法は会員による直接選挙によるべきことを規定していないので，直接選挙制を会則に規定せず，他の選任方法を規定することもできる。

総会については，法に定める審議事項以外の審議事項，開催時期，招集手続等について規定する必要がある。法23条の2に基づく照会に関する規定は，弁護士会の「職務権限」に関する事項であるから，本号により規定しなければならない。

3　**第3号**（入会及び退会に関する規定）

(1)　趣　　旨　　団体の構成員に関する加入及び脱退についての規定は，当該団体の存立の根本をなすものである。法人である弁護士会においても，その会員である弁護士の入会及び退会についての規定は，弁護士会の組織に関する基本的事項として，会則に規定される必要がある。弁護士法人の入退会については法36条の2の解説参照。

なお，日弁連の備える弁護士名簿に登録又は登録換えを受けた者は，当然，入会しようとする弁護士会の会員となり，登録換えを受けた場合には，これによって旧所属弁護士会を退会するのであり，更に，法11条に規定する請求により弁護士名簿の登録取消しを受けた者は，当然，所属弁護士会を退会するのであって（法36条），弁護士名簿の登録，登録換え及び登録取消しと弁護士会への入会及び退会は，密接不可分の関係にある。しかし，両者は概念としては区別されるべきものであるし，弁護士会は所属弁護士に対する指導監督権限を行使するうえにおいても，その会員たる弁護士の連絡先，本人であることを確認するための資料等を把握しておく必要もあり，入会及び退会に関する規定も極めて重要である。

(2)　規定すべき事項　　入会については，入会申込みのための必要書類，その必要的記載事項，入会金，入会申込みに対する処理手続等について，退会については，退会のための必要書類，その必要的記載事項等について，それぞれ必要な規定を設けるべきである。

4　**第4号**（資格審査会に関する規定）

(1)　趣　　旨　　資格審査会は，その置かれた弁護士会の請求により，登録，登録換え及び登録取消しの請求に関して必要な審査を行う機関である（法51条2項）。

これらの請求は，弁護士会への入会及び退会と密接不可分の関係にあり，資格審査会は弁護士会の最も重要な機関の一つである。弁護士会の内部機関である資格審査会が弁護士の資格審査を行うことは，弁護士自治の根幹にも関わることである。法は，弁護士の資格審査について，法定の機関として資格審査会を設置することとし，第7章に資格審査会に関する基本的な事項について規定しているが，弁護士会は，本号により，資格審査会に関して，更に必要な規定を会則に定めなければならない。

(2) 規定すべき事項　資格審査会に関する基本的規定は法第7章にあるので，会則には，法の規定に沿って，更に必要な規定を定めるべきである。

組織については，法は「委員若干人」(法52条1項) とのみ規定し，人数は弁護士会の自主的決定に委ねているので，弁護士会は，その実情に応じて適当な人数を会則に記載すべきである。但し，弁護士，裁判官，検察官及び学識経験のある者の各々から1名以上選任する必要があると解される。各々の人数比について制限はない。

予備委員についても，弁護士，裁判官，検察官及び学識経験のある者の各々から1名以上選任する必要があるが，人数は委員の数より少なくても差し支えない。

審査手続に関しては，招集手続，定足数，表決数等議事に関する事項，当事者，関係人及び官公署に対する手続等を規定しておく必要がある。

5　第5号 (会議に関する規定)

(1) 趣　旨　弁護士会は，多数の会員から構成される団体であり，また，公益的性格の強い団体である。このような弁護士会の意思は，種々の会議によって形成・決定されることから，会議は弁護士会にとって極めて重要な役割を果たしていることに鑑み，会議に関する規定を会則の必要的記載事項としたのである。

本号は，法文上は必ずしも明確ではないが，本条2項各号のいずれかに該当する会議体について，その会議に関する規定を会則に記載すべきことを定めていると解される。弁護士会に設置される会議体はさまざまであり，そのすべてについて会議に関する規定を会則中に規定することは，個々の会議体毎に規定するにせよ，あるいは通則的に規定するにせよ，極めて困難である。

また，本条2項，3項は，必要的記載事項に関する規定の制定，変更の承認を通じて，日弁連の弁護士会に対する指導監督を実現する趣旨であるが，弁護士会のあらゆる会議体のあり方まで，日弁連が承認手続を通じて指導監督する必要があるとは解し難い。

そこで，弁護士会における会議体として重要なものは，本条2項各号のいずれかに該当するものであるから，これらの会議体に限り，その会議に関する事項を必要的記載事項とすることで，必要かつ十分であると解される。

⑵ 記載すべき事項　会議に関する規定とは，主として会議体の議事に関する規定をいうものと解される。

具体的には招集，議案の提出，定足数，表決数，議長の選任・権限，会議の公開の有無等に関する規定である。

なお，議事に関する事項は，詳細は，極めて細目的なものにも及ぶところ，そのすべてを会則に記載することは実際上著しく困難であるので，必要的記載事項としては，基本的な規定を記載すべきものと解される。

6　第6号（弁護士名簿の登録，登録換え及び登録取消しの請求の進達並びに第13条の規定による登録取消しの請求及びその実施のために必要な手続に関する規定）

⑴ 趣　旨　弁護士名簿の登録，登録換え及び登録取消しの各請求は，入会しようとする弁護士会あるいは所属弁護士会を経て行わなければならない（法9条・10条1項・11条）。

弁護士会は，法第2章，12条1項及び2項，62条等の規定に照らし，これら各請求について，その進達の可否を検討し，的確に進達手続を処理すべき地位にある。

弁護士会の行う登録，登録換え及び登録取消し請求の進達又は進達の拒絶は，弁護士会への入会及び退会と密接不可分の関係にある。法13条の規定による登録取消しの請求も，退会と密接不可分の関係にある。

そこで，本号に定める事項は，弁護士会の組織に関わる重要事項として，必要的記載事項とされたものである。

なお，令和元年6月に成立した成年被後見人等の権利の制限に係る措置の適正化等を図るための関係法律の整備に関する法律（令和元年法律第37号）により，本号の「よる登録取消しの請求」の下に「及びその実施のために必要な手続」との文言が加えられた（施行日は令和元年12月14日）。これは，同法により弁護士の欠格事由から「成年被後見人又は被保佐人」（改正前の法7条4号）が削除されたことに伴い，改正法施行後は，成年被後見人又は被保佐人についても，必要に応じて法13条の登録取消し請求により対応することとなるが、その適切な運用を図るため，弁護士に心身の故障があり職務の適正を欠くおそれがある一定の場合に本人等に届出義務を課す等の規定を，弁護士会の会則において整備する必要があることを明示する趣旨で上記文言が追加されたものである。

⑵ 規定すべき事項　本号に関する基本的な規定は，法第3章に定められているので，それに沿って，弁護士会が，進達，進達拒絶，登録取消しの請求等に関する手続を的確に処理し得るよう，必要な規定を設けるべきである。

また，前述のとおり，弁護士に心身の故障があり職務の適正を欠くおそれがある一定の場合に本人等に届出義務を課す等の規定も置くこととなる。

なお，本号の規定と入会及び退会に関する規定とは，密接不可分の関係にあるが，概念的には，両者は区別されるべきものである。

7　第7号（弁護士道徳その他会員の綱紀保持に関する規定）

(1)　趣　　旨　　弁護士・弁護士法人は，基本的人権の擁護と社会正義の実現を使命とする（法1条1項・30条の2第2項）。このような重要な使命を達成するため，弁護士・弁護士法人には，職務の自由と独立が確保されていなければならず，弁護士・弁護士法人及び弁護士会には高度の自治が保障されている。その結果，弁護士・弁護士法人の社会的責任は一層重大なものとなり，とりわけ弁護士・弁護士法人の職務に対する誠実さと品位の保持が強く要求され，弁護士・弁護士法人はその地位にふさわしい自律的行動が要請される。

そこで，法は，自ら弁護士道徳及び綱紀保持に関するいくつかの規定を設けると共に，更に弁護士会がその会則中に弁護士・弁護士法人の自律的行動の指針となるべき規定を設けることを要求している。

(2)　規定すべき事項　　本号にいう弁護士道徳，綱紀保持に関する規定とは，いずれも弁護士・弁護士法人が自律的に遵守すべき方針・規律を意味し，どちらかというと前者は一般的抽象的規律，後者は具体的規律を指称すると解されるが，両者を明確に区別することは困難である。

また，本号に関する規定としては，弁護士・弁護士法人がその職務を遂行するにあたって遵守すべき職業的な規律が主たるものであるが，一般的な市民倫理を排除するものではない。法56条1項は，「職務の内外を問わずその品位を失うべき非行があつたときは，懲戒を受ける」と規定しており，弁護士の職務に対する誠実さと品位を保持するうえで重要な市民倫理も，本号に関する規定に含まれると解される。

8　第8号（懲戒並びに懲戒委員会及び綱紀委員会に関する規定）

(1)　趣　　旨　　法は，弁護士・弁護士法人の重い使命に鑑み，弁護士・弁護士法人がいかなる国家機関からも不当な干渉を受けることなく，その職務に専念できるよう弁護士自治の原則を確立し，弁護士会に弁護士・弁護士法人に対する懲戒権を保持させて完全な自律的機能を与えている。一方，法は，懲戒権行使の公正を担保するため，懲戒に関する第8章中に懲戒事由及び懲戒権者等（第1節），懲戒請求者による異議の申出等（第2節），懲戒委員会（第3節），綱紀委員会（第4節），綱紀審査会（第5節）を規定し，更に，必要な規定を弁護士会会則に定めることを企図したのである。

なお，平成15年改正前法は「懲戒，懲戒委員会及び綱紀委員会に関する規定」を本条2項14号に掲げていたが，前記のとおり，「弁護士の報酬に関する標準を示す規定」（旧8号）を会則の必要的記載事項から削除したことを受けて，「懲戒並びに懲戒委員会及び綱紀委員会に関する規定」を８号に掲げたものである。

⑵　規定すべき事項

(イ)　綱紀委員会　　法は，懲戒請求権の濫用による弊害を防止するため，懲戒委員会の審査の前に綱紀委員会の調査を経るという制度を設けた（法58条２項・３項）。綱紀委員会は，懲戒請求事由について速やかに調査を遂げて，懲戒委員会に事案の審査を求めることが相当か否かを判断し，これを弁護士会に報告することで法58条２項の調査に関する任務を終えるのであり，それ以上に訴追機関的役割を担うものではない。

綱紀委員会は上記の機能のほかに，弁護士会の会員の綱紀保持に関する事項をつかさどる（法70条２項）こととされている。綱紀保持に関する事項とは，弁護士会からの諮問に応じて綱紀保持に関する一般的資料の収集，あるいは綱紀懲戒事例に関する記録の調査・研究等を行うことをいう。

なお，平成15年改正法は日弁連に綱紀審査会を新設し（法71条），綱紀審査会が対象弁護士等の所属弁護士会の綱紀委員会に対し必要な調査を嘱託することができる旨を規定した（法71条の６第２項）。かかる嘱託に応じる調査も綱紀委員会の機能の一つである（法70条２項）。

法は，綱紀委員会の構成・運営について法70条の２から70条の９まで８か条の規定を置いているが，その他の事項については各弁護士会の自治に委ねたものと解される。弁護士会は，懲戒権行使の公正・妥当を保持するべく，綱紀委員会の構成・運営等に関する規定を明確かつ適正に定めておく必要がある。

綱紀委員会に関して規定すべき事項は，綱紀委員会の組織・構成，委員会の招集方法，定足数，議決方法，除斥・忌避・回避に関する事項，調査期日，調査の方法，記録閲覧等に関する事項，議決の通知に関する事項等である。

(ロ)　懲戒委員会　　懲戒権を行使する主体は弁護士会であるが，懲戒権の行使がその恣意に流されることなく適正かつ公正になされることを期するため，懲戒についての実質的判断は，弁護士会の他の機関から独立した懲戒委員会が行うこととされている。従って，懲戒委員会の独立性を失わしめるような組織，審査等は許されない。

懲戒委員会は，審査を遂げると懲戒処分をなすべきか否か，処分するとした場合はその処分内容を議決し，その結果を弁護士会に報告しなければならない。

懲戒委員会が懲戒の手続に付された弁護士・弁護士法人（対象弁護士等）を懲戒することを相当と認める議決をしたときは，弁護士会はこれに拘束され，速やかに対象弁護士等を懲戒しなければならない。この場合，弁護士会は対象弁護士等に懲戒の処分の内容及びその理由を書面により通知しなければならない（法64条の６第１項）。

そして，懲戒は，懲戒の処分が懲戒を受ける弁護士に告知されたときに，その効力を生ずると解される（最大判昭和42・9・27民集21巻7号1955頁）。

このような懲戒委員会のあり方に沿うように，懲戒委員会の構成・運営等に関する規定を明確かつ適正に定めておく必要がある。

懲戒委員会に関して規定すべき事項は，懲戒委員会の組織・構成，委員会の招集方法，定足数，議決の方法，除斥・忌避・回避に関する事項，審査期日，審査の方法，記録閲覧等に関する事項，議決の通知に関する事項，懲戒の方式等である。

(ハ) 懲　　戒　　懲戒権を行使する主体は弁護士会である。懲戒に関する規定とは，弁護士会が懲戒権を行使するために必要な手続全般及びそれに付随する必要事項に関する規定である。

懲戒請求の手続，弁護士会が自ら綱紀委員会に懲戒事由の調査を命ずる手続，綱紀委員会の調査手続並びに弁護士会，関係人，日弁連等に対する調査結果の報告・通知手続，懲戒委員会の審査手続並びに弁護士会，関係人，日弁連等に対する審査結果の報告・通知手続，懲戒の方式，懲戒処分の日弁連・裁判所・検察庁への通知，懲戒処分の公表等に関する規定等が考えられる。但し，法第8章に定める規定と抵触するような内容の規定を設けることはできないのは当然である。

なお，懲戒に関する規定は，綱紀委員会及び懲戒委員会に関して規定すべき事項と内容的に重複することも多いといえよう。本号は，全体として，弁護士会の懲戒権行使に必要な機関，手続その他の制度的必要事項を会則中に規定すべきことを要請しているものである。

9　第9号（無資力者のためにする法律扶助に関する規定）

(1) 趣　　旨　　無資力者のための法律扶助は，法の下の平等を定めた憲法14条や，何人にも裁判を受ける権利を保障した同法32条等の精神に関連し，無資力者の人権保障に寄与する重要な制度である。

そこで，本号は，無資力者のための法律扶助を，公共的性格を有する弁護士会の使命に加える見地から，この制度を会則の必要的記載事項としたものである。

(2) 規定すべき事項　　無資力者とは，経済的に貧困である者をいう。法律扶助制度の目的からして，その対象である無資力者の範囲は，生活保護を受けているか，これに準ずる状態にある者に限定される必要はない。

法律扶助は，訴訟の追行に関する援助（狭義の法律扶助）と，訴訟外の，若しくは訴訟に至る前提としての法律相談ないし法律助言とに分けることができる（財団法人法律扶助協会編『法律扶助の歴史と展望』28頁）。もっとも，法律扶助としての援助の具体的内容は，さまざまなものがあり得るであろう。狭義の法律扶助においては，裁判費用の立替え及び担当弁護士の斡旋等が考えられる。訴訟外の，若しくは訴訟に至る前提としての法律相談ないし法律助言に関する援助としては，相談費用の無料化又は相談費用の立替え，鑑定・調査費用の無料化又は貸与及び担当弁護士の斡旋等が考えられる。

このような法律扶助の具体的内容を定める規定，法律扶助の実施に必要な組織及びその運営に関する規定が，本号に関するものである。

なお，現在は，総合法律支援法（平成16年法律第74号）の下，日本司法支援センター（法テラス）が民事法律扶助において大きな役割を果たしている。同法により，日弁連及び弁護士会は，民事法律扶助を含む総合法律支援の実施及び体制の整備のために必要な支援をするよう努めるものとされている（同法10条１項）。

10　第10号（官公署その他に対する弁護士の推薦に関する規定）

⑴　趣　　旨　　弁護士及び弁護士法人は，基本的人権を擁護し，社会正義を実現することを使命とし，この使命に基づき，誠実にその職務を行い，社会秩序の維持及び法律制度の改善に努力すべきものとされている（法１条・30条の２第２項）。このような公共的性格を有するものであるため，官公署等から弁護士の推薦を求められた場合，弁護士会は適任の弁護士を推薦するべきである。

これに加えて，弁護士及び弁護士法人が法律事務を独占したことにより（法72条），国民の弁護士への依頼をできる限り容易にすることも必要である。

そこで本号は，弁護士の推薦を弁護士会の重要な事務として，これを会則の必要的記載事項としたのである。

⑵　規定すべき事項　　「官公署」とは，国及び地方公共団体の機関の総称であって，公的な機関を意味するものである。また，「その他」とは，私的な団体及び個人を意味すると解される。

本号は，官公署，私的団体，個人等からの依頼に応じて，適任の弁護士を推薦するための制度ないし手続に関する規定を弁護士会が定めておくことを要請するものである。弁護士を推薦する制度ないし手続自体，適正なものでなければならない。弁護士の推薦に関する委員会（弁護士推薦委員会等）の設置，運営に関する規定，弁護士推薦手続の具体的内容を定める規定等が本号に関するものである。

11　第11号（司法修習生の修習に関する規定）

⑴　趣　　旨　　司法修習生の修習に関する全般的な権限と責務は，最高裁判所に属するが（裁判所法14条・66条から68条まで），弁護士会も法曹の一翼を担うものとして，修習に関する権限を持ち，責務を負っている。弁護士会の権限・責務は主として弁護実務修習に関する事項について発揮されるが，それに限られるわけではなく，修習全般について意見を述べることができる。

本号は，司法修習生の修習が将来の法曹を養成する重要な事柄であることから，これに関する規定を会則の必要的記載事項とするものである。

⑵ 規定すべき事項　弁護士会は，主として弁護実務修習について司法修習生の指導，監督にあたるのであるから（司法修習生に関する規則5条・7条・8条），そのために必要な規定を置くべきである。弁護実務修習の指導弁護士の選任，指導弁護士の義務，司法修習委員会の設置，同委員会の運営，職務内容等について規定しておくべきである。

12　第12号（会員の職務に関する紛議の調停に関する規定）

⑴ 趣　旨　本号は，法41条の規定に関連し，弁護士会が所属弁護士の職務及び弁護士法人の業務に関する紛議調停に関する規定を会則中に定めることを要請するものである。

紛議調停の制度は，弁護士会が紛議の当事者双方の言い分を聴いたうえ，実情に即した円満な解決を図るため公正妥当な斡旋をしようとするものであり，弁護士会の自治的紛争解決制度である。

⑵ 規定すべき事項　弁護士会は，紛議調停制度の内容に即して，これを実施するための組織（例えば紛議調停委員会）やその運営，調停手続に関する規定を会則に定めるべきである。

13　第13号（建議及び答申に関する規定）

⑴ 趣　旨　法42条1項は，弁護士会が，日弁連から諮問又は協議を受けた事項につき，答申しなければならないことを定め，同条2項は，弁護士会が，弁護士及び弁護士法人の事務その他司法事務に関して官公署に建議し，又はその諮問に対して答申することができることを定めている。

本号は，法42条に関連し，弁護士会が建議及び答申をなすことは，弁護士及び弁護士法人の使命や弁護士会の公共的性格に関連する重要な活動であることから，会則中に建議及び答申に関する規定を置くことを求めている。

⑵ 規定すべき事項　建議及び答申に関する実体的規定は法が定めているので，会則中には，建議・答申をなすための手続規定を置くべきである。

建議及び答申は弁護士会の意見を外部に向かって発表するものであるから，重要な建議，答申については，総会若しくは常議員会の議を経るべきことにする等，慎重を期すべきであろう。

14　第14号（営利業務の届出及び営利業務従事弁護士名簿に関する規定）

⑴ 趣　旨　平成15年改正法は弁護士の営利業務を届出制とし，弁護士会に営利業務従事弁護士名簿の作成，備置及び公衆の縦覧に供することを義務づけた（法30条1項・2項）。平成15年改正前法は弁護士の品位と信用の保持に十全を期すとの立場から，弁護士の営利業務への関与を許可制の下に置いていたが，社会の国際

化，高度化，複雑化に伴い発生する各種法律問題への適切な対応，遵法経営や企業倫理の確立が求められる今日，弁護士の専門的知見に対するニーズは著しく高まっていること，弁護士の品位と信用の保持については事後規制である懲戒手続を適切に運用することで対応できると考えられることなどから，営利業務の事前許可制を撤廃し，営利業務従事弁護士の状況を把握し，弁護士会が倫理研修の充実，懲戒手続の適切な運用等によって弁護士倫理の遵守を図るために届出制を採用した。本号はこの改正を受けて，営利業務の届出及び営利業務従事弁護士名簿に関する規定を会則の必要的記載事項としている。

(2) 規定すべき事項　営利業務の届出について規定すべき事項としては，届出の方式，添付すべき書類，届出事項についての調査，届出内容が事実と異なる場合の対処等が考えられ，営利業務従事弁護士名簿について規定すべき事項としては，縦覧の時間，場所，費用等が考えられる。なお，これらの具体的規律を会則自体で定めるのではなく，会則の規定をもって会規等の下位規範に委ねることも可能である。

ところで，営利業務の届出等については日弁連が「営利業務の届出等に関する規程」（平成15年11月12日会規第55号）を定めているから，弁護士会が営利業務の届出等について定める場合，同規程をも参酌すべきである。同規程によれば，営利業務に従事しようとする弁護士は，あらかじめ弁護士会に所定の事項を記載した営利業務従事届出書を提出しなければならず（同規程２条），また，従事先が法人である場合，営利業務従事届出書に当該法人の登記事項証明書を添付しなければならない（同規程３条）。さらに同規程７条によれば，弁護士会は，所属の弁護士に対し，営利業務を行っているにもかかわらずその届出をしなかった場合若しくは届出に係る事項に変更があったにもかかわらずその変更に係る事項の届出をしなかった場合には，当該事項を届け出，又は営利業務に関し虚偽の届出をしていた場合には届出に係る虚偽の事項を訂正するよう勧告することができ（１項），届出事項に関し同規程に違反すると疑うに足りる相当の理由があるときは弁護士に対し届出事項に関して報告を求めることができ（２項），報告を求められた弁護士は弁護士会に対し速やかに報告しなければならない（３項）ものとされている。

15　第15号（会費に関する規定）

(1) 趣　　旨　弁護士会は，弁護士・弁護士法人の職責の不羈独立を堅持するため，その会員である弁護士・弁護士法人自ら負担する会費を主たる収入として運営されるべきものであって，会費は基本的財源である。しかるに，会費の負担は，弁護士会の構成員として，会員である弁護士・弁護士法人の当然の義務であるが，個々の会員にとっては，直接その経済的利害に関わる重要事項であるから，弁護士会の財政的要求と会員の経済的利害との調和を図る必要がある。

そこで，本号は，会費の額その他の内容を会則中に規定させることにより，会員に対し，会費の額や納入義務を周知させるとともに，会費の額その他の内容を決定するには総会の決議を要することとし，会員の総意を反映させることにしたのである。

⑵ 規定すべき事項

㈠ 本号における会費は，弁護士会の存立及び運営に必要な財源を確保するため，会員である弁護士・弁護士法人に納付義務を課して強制的に徴収する一切の金員をいうものと解される。このような実質を有する金員であれば，名称の如何を問わず，本号の会費に該当する。本号の会費に該当するのは，次のようなものである。

① 会則上「会費」とされているものは，弁護士会がその通常ないし一般の運営費に充てるために会員から徴収するもので，会員が本来的に負担するものである。弁護士会が支部を設け，会員は当然に支部会費を負担するとされている場合には，その支部会費もこの会費に該当する。

② 特別会費は，弁護士会が特定の目的のため，あるいは特別の必要がある場合に，会費とは別に，特別に徴収するものである。臨時会費，負担金，拠出金等と称されているものも，通常，特別会費である。

③ 手数料・寄付金については，弁護士会が，会員の国選弁護事件の報酬，法律相談センター等の法律相談や紹介事件の報酬等から一定の額又は割合による金額を「手数料」として，あるいは破産事件や会社更生事件の管財人としての報酬から一定割合による金額を「寄付金」として徴収する例があり，これが強制的になされる場合にはやはり本号の会費に該当する。但し，弁護士会による事務取扱いに対する対価として相当と認められる金員については，本号の会費には該当しないといえよう。

④ 会債は，会員に対し，その引受けを義務づけている場合には，将来一定の時期に償還されるものであっても，本号の会費に該当する。

㈡ 会費の額如何は，弁護士会の会員にとって，直接その経済的利害に関わる最も重要な事項であり，また，本号は，会費に関する事項を弁護士会会則の必要的記載事項とし，会費の額その他の内容の決定には，会員の総意を反映させることとしている。

そこで，会費の額の規定の方法としては，会則の規定上会費の限度が判然と了知できるように規定するか，会員が会費額の決定について直接参加する機会を保障するように規定する必要があると解すべきである。

具体的には，①会則中に会費の額を確定金額をもって規定する方法，②会則中に会費の上限を明示的に規定し，その限度内で会費の具体的な額を決定する弁護士会の機関を規定する方法，②会費の額は総会又は総会決議に基づく会規で定めると規定する方法は，いずれも上記の解釈に沿うものである。

特別会費については，必要に応じて徴収するという性質上，その額を会則に予め規定することはできないので，会則中には，その額は，使途，期間等とともに総会において決定すると規定しておくべきである。

なお，会費の減免に関する規定，納付期限，月の中途における入退会の場合の会費徴収の取扱い等に関する規定も本号に該当すると解される。

16　第16号（会計及び資産に関する規定）

⑴　趣　　旨　　本号は，弁護士会の会計及び資産の取得・処分・管理に関し，必要な規定を会則に定めることによって，弁護士会の適正な経理・財務の実現を図る趣旨である。

⑵　規定すべき事項　　「会計」に関する規定は，その性質上細目に亘る面があり，すべてを会則に規定することは困難であるが，会則には会計年度，予算・決算の作成・承認，経費の支弁に充てる収入等の基本的事項について規定する必要がある。

弁護士会が行う共済事業の給付金額等に関する規定は本号に該当する。

「資産」に関する規定としては，資産の管理者，重要な資産の処分の手続等基本的な事項に関して会則に定めておくべきである。

（登記）

第34条　弁護士会は，その所在地において設立の登記をすることによつて成立する。

2　弁護士会の設立の登記には，次に掲げる事項を登記しなければならない。

一　名称

二　設立の基準となる地方裁判所の名称及び管轄区域

三　事務所の所在場所

四　会長及び副会長の氏名及び住所

五　第43条第３項において準用する第30条の28第２項の公告を時事に関する事項を掲載する日刊新聞紙に掲載する方法によりする旨の会則の定めがあるときは，その定め

六　第43条第３項において準用する第30条の28第２項の公告を電子公告（会

社法第2条第34号に規定する電子公告をいう。イにおいて同じ。）によりする旨の会則の定めがあるときは，その定め及び次に掲げる事項

イ　電子公告により公告すべき内容である情報について不特定多数の者がその提供を受けるために必要な事項であつて法務省令で定めるもの

ロ　第43条第3項において準用する第30条の28第6項において準用する会社法第939条第3項後段の規定による会則の定めがあるときは，その定め

3　弁護士会が解散したときは，2週間以内に解散の登記をしなければならない。

4　第2項に掲げる事項に変更を生じたときは，2週間以内に変更の登記をしなければならない。

5　弁護士会において登記すべき事項は，登記の後でなければ，これをもつて第三者に対抗することができない。

6　この法律に規定するものの外，弁護士会の登記の手続に関して必要な事項は，政令で定める。

【1】 本条の趣旨・沿革

本条は，弁護士会の登記について定める。弁護士会は法人とされ（法31条2項），権利義務の主体となるので，対外的に損害を及ぼしたりすることのないように，弁護士会の組織を公知させる必要がある。また，弁護士会の設立につき，弁護士法の要求する組織を備えているかどうかを確認する必要もある。このため，現行法では，弁護士会につき，所定の事項を登記すべきものとした。

旧法においては，弁護士会に法人格は与えられていたが（29条1項），登記は要求されていなかった。但し，司法大臣において，弁護士会の名称，事務所の所在地及び設立の年月日を告示し，名称又は事務所の所在地の変更も告示すべきものとされていた（32条）。その告示とは，官報に公示するということであった（金子・261頁）。

【2】 設立登記

1　弁護士会は，設立の登記をすることによって成立する。一般に，法人の設立登記を法人の成立要件とする主義と対抗要件とする主義とがあるが，本条1項は，弁護士会の設立登記をその成立要件とすることを明らかにしている。

弁護士会の合併によって新たに弁護士会を設立する場合も，設立の登記が必要であり，この場合は，合併後2週間以内に登記しなければならない（法43条・89条2項3項，弁護士会登記令（昭和24年政令第321号。以下本条の説明において「登記令」という）2条）。

2　設立登記における必要的登記事項は，①名称，②設立の基準となる地方裁判

所の名称及び管轄区域，③事務所の所在場所，④会長及び副会長の氏名及び住所である。これらのほか，⑤会則上，合併の公告を時事に関する日刊紙に掲載する旨定めるときはその定め，⑥会則上，合併の公告を電子公告による旨定めるときはその定め等も登記事項となる。

設立の基準となる地方裁判所の管轄区域については，対応する地方公共団体の名称を登記する。会長及び副会長の住所については，法律事務所の所在地ではなく，自宅の住所を登記する。

なお，設立登記申請書の添付書類については，登記令7条1項，2項参照。

【3】 解散登記

弁護士会が解散したときは（法43条・89条2項3項），2週間以内に解散の登記をしなければならない（本条3項）。合併によって消滅する弁護士会についても，合併後2週間以内に解散の登記をしなければならないことになっている（登記令2条）。

解散の登記の申請書には，解散の事由を証する書面を添付しなければならない（登記令10条）。

解散した弁護士会について清算人が就職したときは，2週間以内に清算人の氏名及び住所を登記しなければならず（登記令3条1項），また，清算が結了したときは，清算結了の登記を要し，清算が結了したことを証する書面を添附しなければならない（登記令12条）。

【4】 変更の登記

弁護士会の設立登記事項に変更を生じたときは，2週間以内に変更の登記をしなければならない（本条4項）。

弁護士会が事務所を他の登記所の管轄区域内に移転したときは，2週間以内に，旧所在地においては移転の登記をし，新所在地においては，本条2項に掲げる事項を登記することが必要である（登記令1条）。

弁護士会が合併したときは，2週間以内に，合併後存続する弁護士会については変更の登記をしなければならない（登記令2条）。なお，この場合の変更登記申請の添付書類については，登記令7条2項，8条2項参照。

清算人の登記事項について変更が生じたときも，本条4項が準用され，2週間以内に変更の登記を要する（登記令3条2項）。

変更の登記の申請には，原則として登記事項の変更を証する書面を添附する必要があるが，会長又は副会長の氏，名又は住所の変更については不要である（登記令8条1項）。清算人の氏，名又は住所の変更についても，変更を証する書面の添附を要しないことになっている（登記令11条2項但書）。

【5】 登記の対抗力

弁護士会において登記すべき事項は，登記した後でなければ，第三者に対抗することができない（本条5項）。弁護士会の登記は，登記事項に関しては，第三者に対する対抗要件としての効力を有するものである。

【6】 政令への委任

弁護士法に規定するもののほか，弁護士会の登記の手続に関して必要な事項の規定は，政令に委任されている（本条6項）。そして，本条6項及び法50条の規定に基づき制定されているのが登記令である。

登記令において，弁護士会の事務所の所在地を管轄する法務局若しくは地方法務局若しくはこれらの支局又はこれらの出張所が管轄登記所とされ，各登記所に弁護士会登記簿を備えることが定められている（6条）。

登記期間の計算については，登記事項のうち日弁連の承認を要するものについては，その承認書の到達したときから起算すると定められている（登記令5条）。

登記令には，登記手続に関して添付書類その他の必要事項が規定されているほか，商業登記法の条文が相当数準用されている（15条）。

（会長及び副会長）

第35条 弁護士会の代表者は，会長とする。

2 会長に事故のあるとき又は会長が欠けたときは，副会長がこの法律及び会則に規定する会長の職務を行う。

3 会長及び副会長は，刑法（明治40年法律第45号）その他の罰則の適用については，法令により公務に従事する職員とみなす。

【1】 本条の趣旨

本条は，弁護士会の会長・副会長の職務権限に関する規定である。会長・副会長の選任，構成及び職務権限は弁護士会の会則の必要的記載事項とされており（法33条2項2号），選任・構成等に関しては，法33条の解説に譲る。

なお，会長・副会長は，公的性格を有する弁護士会の役員として重要な職責を有することに鑑み，刑法その他の罰則の適用については，法令によって公務に従事する職員とされている。

【2】 沿　革

旧法では，弁護士会の代表者は1人とするとし，代表者に差支えがある場合にその代行者を置くことを妨げないとしていたが（33条），これは，弁護士会の執行機関について，民法等の法人一般に採用されている理事制度を採用するか，それとも１人の代表者を置く制度にするかの議論があり，結局後者の制度を採用した結果であった（金子・263頁）。また，旧々法では，会長を必要的に置くほか，副会長，常議員を任意的に置くことができる旨を定めていた（20条・22条）。

本法では，会長，副会長を必要的に置くこととしている。

【３】 会　長

弁護士会の代表者は会長である。会長の職務は，法及び弁護士会の会則に規定され（法33条２項２号・本条１項・52条２項），会長は，弁護士会の事務一切を統理する権限を有している（福原・176頁）。

但し，会長といえども，懲戒事件については，綱紀委員会及び懲戒委員会における具体的事件の審査に関与することはできないと解される（懲戒委員会における具体的事件の審査に，理事者が故なく出席して意見を述べることは，当該審査の公正を疑わしめるものとして，許されないと解するのが相当であるとした裁判例がある。東京高判昭和42・８・７行裁例集18巻８・９号1145頁）。

【４】 副会長

副会長は，会長を補佐することを職務とする。副会長の職務も法及び弁護士会の会則に規定される（法33条２項２号・本条２項）。

副会長は，会長に事故のあるとき又は会長が欠けたときは，会長の職務を代行する（本条２項）。

「事故のあるとき」とは，病気，怪我，海外出張等により，会長が一時的に職務を行えない場合である。また，除斥，忌避，回避事由があって資格審査会の会長としての職務を行えない場合等，会長の職務を一部行えない場合も含まれる。

「欠けたとき」とは，会長が，死亡，辞任等により欠けた場合である。この場合には，補欠ないし後任の会長が選任されるまでの間，一時的に副会長が会長の職務を行うことになる。

副会長が会長の職務を行う場合には，会長の本来の職務だけでなく，その地位に付随して行うこととされている職務全般を行う。本条２項が，単に「会長の職務を行う」とせずに，「この法律及び会則に規定する会長の職務を行う」と規定しているのは，この趣旨である。

副会長が会長の職務を代行する方法としては，副会長のうちの１人が単独で行うことも，副会長の全部又は一部が共同で行うことも可能と解される。いずれにせよ，弁護士会の会則等により，代行の方法についてあらかじめ具体的に定めておくことが望ましい（例えば，あらかじめ会長の指定する順序とするとか，弁護士名簿の登録番号の順序によるものとする等)。

会長の職務を代行する副会長については，登記事項とはされていない。しかし，会長の職務を代行する副会長の権限を対外的に表示する方法については，検討を要するところである。

【5】 法令によって公務に従事する職員

会長及び副会長は，刑法その他の罰則の適用については，法令により公務に従事する職員とみなされる（本条3項)。弁護士会の会長及び副会長は，法務行政の一部を担うものであるから，これに鑑みいわゆるみなし公務員となされたものである。平成15年改正前法では，「会長及び副会長は，法令によつて公務に従事する職員とする」と規定されていたが，同年の改正によりみなし公務員規定の表記が一般的な用例の表記に合わせ改められた。平成15年改正法が意味するところは，従前と変わるところはない。すなわち，この規定は，刑法の適用上，公務員であるとしたものであるから，会長・副会長の職務執行に対する暴行・脅迫は，公務執行妨害罪を構成し（刑法95条)，会長・副会長の印章・署名を使用してその作成する文書を偽造すれば，公文書偽造罪になる（同法155条)。更に，会長・副会長がその職務に関して賄賂を収受したり，約束したりすれば収賄罪が成立することとなる（同法197条)。また，刑法7条2項の規定により，会長・副会長の職務を行う場所は「公務所」となるので，そこで用いられている文書を毀棄すれば，公用文書等毀棄罪（同法258条）となるものである。

しかし，ここにいう「公務員」とは，あくまで刑事法上の関係における特別な取扱いを規定するにとどまるものであるから，これを他に推し拡げることはできない。例えば，国家公務員法の諸規定は，会長・副会長に対しては関係がなく，公職選挙法89条1項の公務員の立候補制限の規定も，会長・副会長に適用されるものではない。

会長・副会長の行うすべての職務が，本条3項により刑法の適用上「公務」として保護され，あるいはその責任を加重されるか否かは検討を要する。

公法人の職員について，特に公務員とみなす旨の規定がおかれている場合が少なくないが，これらの公法人の職員の職務のすべてが本来の公務であるといえるわけではなく，刑法の適用にあたっては当該公法人の具体的性格を検討した上で，その職員の職務が果たして「公務」といえるかどうかを判断すべきであろう（団藤重光編『注釈刑法(1)』48頁)。

（入会及び退会）

第36条 弁護士名簿に登録又は登録換を受けた者は，当然，入会しようとする弁護士会の会員となり，登録換を受けた場合には，これによつて旧所属弁護士会を退会するものとする。

2 第11条に規定する請求により登録取消を受けた者は，当然，所属弁護士会を退会するものとする。

【1】 本条の趣旨

本条は，弁護士の弁護士会への入会・退会に関する規定であるが，当然に入会又は退会するとあるように，弁護士の弁護士会への強制加入制を定めたものである（福原・177頁）。

【2】 沿　革

旧々法においては，弁護士となるには，各地方裁判所に備えられた弁護士名簿に登録されることが必要とされ（7条・8条1項），弁護士名簿の登録は，所属地方裁判所の検事局を経由して司法大臣に請求書を差し出すべきものとされていた（9条1項）。しかし，弁護士会への入会は，職務を行うことの要件とされており，弁護士名簿の登録がなされただけでは，当然には，弁護士会に入会することとはされていなかった（24条）。

旧法では，弁護士となるには，司法省に備えた弁護士名簿に登録されることが必要とされていた（7条・8条）。しかし，弁護士名簿の登録，登録換え，登録取消しの請求は，入会しようとする弁護士会又は所属弁護士会を経由して行うべきものとされ（9条・10条・11条），弁護士名簿に登録又は登録換えを受けた者は，当然，入会しようとした弁護士会の会員となり，登録換えの場合には，旧所属弁護士会を退会することとされた（35条）。また，同法11条による請求によって登録を取り消されたときは，当然，所属弁護士会を退会したものとされた（36条）。従って，弁護士名簿の登録，登録換え，登録取消しと弁護士会への入退会は直結していたものである。現行法は，この制度を踏襲したものである。

【3】 当然の入会・退会

1 弁護士となるには，日弁連に備えた弁護士名簿に登録されなければならないが（法8条），日弁連に対する登録の請求は，入会しようとする弁護士会を経て行わなければならず（法9条），また，所属弁護士会を変更するには，新たに入会しようとする弁護士会を経て，日弁連に登録換えの請求をしなければならない（法10条）。

このように，入会しようとする弁護士会を経由する手続によって弁護士名簿に登録され又は登録換えとなった者は，当然，入会しようとする弁護士会の会員となり，登録換えの場合には，それによって旧所属弁護士会を，当然，退会したこととされる。

2　弁護士がその業務をやめようとして，法11条に規定する登録取消しを受けたときは，当然，所属弁護士会を退会したこととなる。

本条2項は，法11条による登録取消しをした者についてのみ規定しているが，法17条1号，3号及び4号の事由による弁護士名簿の登録取消しを受けた者についても，当然，所属弁護士会を退会したこととなると解される。弁護士名簿の登録を取り消された者は弁護士ではなくなるのであって，登録取消し事由のいかんにかかわらず，当然に，所属弁護士会を退会するものと解さざるを得ない。

なお，懲戒処分である退会命令，除名による登録取消しについては，これらの処分が確定したときに日弁連における登録取消しの手続が行われるが，これらの処分の効力は告知時に生ずると解されるので（前掲最大判昭和42・9・27），告知時に所属弁護士会を退会したことになると考えるべきである。

3　本条は，弁護士名簿の登録，登録換え又は登録取消しの場合には，「当然」入会しようとする弁護士会の会員となり，あるいは所属弁護士会を退会すると規定し，何らの手続もとる必要がないかのようである。しかし，ここに「当然」というのは，特別の入会・退会の意思表示を必要とせず，しかも入会又は退会するか否かの自由を認めないとの趣旨すなわち強制加入制を採用する趣旨であって，入会・退会の書類提出等の手続を全く不必要とするものではない。各弁護士会は，会則中に，入会及び退会に関する規定を設けなければならないことになっているので（法33条2項3号），実際には会則所定の入会又は退会手続を履践することになる。

（弁護士法人の入会及び退会）

第36条の2　弁護士法人は，その成立の時に，主たる法律事務所の所在する地域の弁護士会（2個以上の弁護士会があるときは，当該弁護士法人が定款に記載した弁護士会）の会員となる。

2　弁護士法人は，所属弁護士会の地域外に法律事務所を設け，又は移転したときは，法律事務所の新所在地においてその旨の登記をした時に，当該法律事務所の所在する地域の弁護士会（2個以上の弁護士会があるときは，当該弁護士法人が定款に記載した弁護士会）の会員となる。

3　弁護士法人は，その法律事務所の移転又は廃止により，所属弁護士会の地域内に法律事務所を有しないこととなつたときは，旧所在地においてその旨の登記をした時に，当該弁護士会を退会するものとする。
4　弁護士法人は，その法律事務所の所在地に2個以上の弁護士会がある場合に限り，定款を変更することにより，所属弁護士会を変更することができる。
5　弁護士法人は，同一の地域にある複数の弁護士会に所属することはできない。
6　弁護士法人は，第2項又は第4項の規定により，新たに弁護士会に入会したときは，入会の日から2週間以内に，登記事項証明書及び定款の写しを添えて，その旨を当該弁護士会及び日本弁護士連合会に届け出なければならない。
7　弁護士法人は，第3項又は第4項の規定により，所属弁護士会を退会したときは，退会の日から2週間以内に，その旨を当該弁護士会及び日本弁護士連合会に届け出なければならない。

【1】 本条の趣旨

弁護士法人は，弁護士業務を行うことを目的とするものであり，法律事務の受任主体となって，弁護士と同様の職責を担う存在であるから（法30条の2・30条の5・30条の6），当該弁護士法人に所属する弁護士のみならず弁護士法人そのものにも，弁護士会及び日弁連の指導監督を及ぼす必要がある。そのため，弁護士法人についても強制加入制度を採用することとし，弁護士法人は，弁護士会の会員（本条）及び日弁連の会員（法47条）となることとしたものである。

【2】 当然入会

1　弁護士法人は，準則主義によって設立されるため，成立前に弁護士会の審査を行うとすれば，この準則主義に矛盾するし，逆に設立後に入会審査を行うとすれば，既に成立している弁護士法人に対する監督が入会の時までは及ばないこととなってしまう。そこで，むしろ成立と同時に監督が及ぶようにするのが適当であることから，弁護士法人は，成立と同時に，何らの手続をとることなく当然に，主たる法律事務所の所在する地域の弁護士会の会員となるとされたものである。

2　弁護士法人の所属弁護士会

弁護士については，弁護士会による指導，連絡，監督を実効性あるものにするため，法律事務所をその所属弁護士会の地域内に設けなければならない（法20条2項）。弁護士法人についても，この趣旨から主たる法律事務所の所在する地域の弁護士会の会員になるとしたものである。

弁護士法人が成立したときは，2週間以内に所属弁護士会及び日弁連に届け出なければならない（法30条の10）。本条1項により，弁護士法人は，成立と同時に，主たる法律事務所の所在する地域の弁護士会の会員となるが，東京都には3個の弁護士会が存在することから，東京都の場合には当然入会の弁護士会が決まらないことになる。そこで，その地域に2個以上の弁護士会があるときは，当該弁護士法人が定款に記載した弁護士会の会員となることとしたものである。

【3】 地域外での法律事務所の設置又は移転と入会

弁護士法人が，所属弁護士会の地域外に，従たる法律事務所を設置した場合や，主たる法律事務所を移転した場合には，当該事務所の所在する地域の弁護士会の会員となる。会員となる時は，法律事務所の新所在地において設置又は移転の登記をした時である。主たる法律事務所を地域外に移転した場合，当該事務所に常駐する社員たる弁護士の最低1名は移転先の地域の弁護士会の会員でなければならない。

また，従たる法律事務所を所属弁護士会の地域外に設置した場合でも，従たる法律事務所の所在する地域の弁護士会が非常駐許可をした場合を除いては，従たる法律事務所には最低1名の社員たる弁護士が常駐しなければならない（法30条の17）。新たに設置又は移転した地域に2個以上の弁護士会があるときは，当該弁護士法人が定款に記載した弁護士会がその弁護士法人の所属弁護士会となる。

【4】 複数の弁護士会の会員となる場合

主たる法律事務所と従たる法律事務所が，弁護士会の地域を異にする場合には，弁護士法人は，それぞれの地域の弁護士会の会員となることになる。これにより，一つの弁護士法人が複数の弁護士会の会員となり，各弁護士会からそれぞれ指導監督を受けることになり，複数の弁護士会の会則，会規が一つの弁護士法人に適用される結果となる。そこで，各弁護士会の会則，会規に差異がある場合には，どちらの弁護士会の会則，会規が当該弁護士法人に対して適用されることになるのかという問題が生じるが，この点は法30条の21の解説参照。複数の弁護士会に所属することにより，複雑な監督関係を生ぜしめることになるが，弁護士法人のそれぞれの事務所に対して，その地域の弁護士会が会規を適用し，監督を及ぼすためにはやむを得ない仕組みである。

【5】 法律事務所の移転又は廃止と退会

法律事務所の移転又は廃止により所属弁護士会の地域内に法律事務所が存しなくなり，その旨の登記がされたときは，弁護士法人は，その弁護士会から当然に退会する。弁護士法人は，入会に際しなんらの審査手続をせずに登記と同時に当然に事務所の所在する地域の弁護士会に所属するのであるから，退会についてもこれと同様に，所属弁護士会の地域から法律事務所が存在しなくなったときは，当然に退会するものとしたものである。

【6】 一地域に2個以上の弁護士会がある場合

1 法律事務所の所在地に2個以上の弁護士会がある場合には，弁護士法人は，定款変更によって所属弁護士会を変更することができる。本条1項及び2項で，一地域に2個以上の弁護士会があるときには，弁護士法人の所属弁護士会は，定款の記載を基準としたことから，定款変更により所属弁護士会の変更ができるとしたものである。

2 弁護士法人は，同一の地域にある複数の弁護士会に所属することはできない。これは，同一地域内においても複数の弁護士会に所属し，ここから当該弁護士法人が連絡，指導，監督を受けることとなると，その関係が複雑となり，かえって監督が徹底しなくなるおそれがあるためである。法30条の17及び本条5項によって，東京都内に複数の事務所を設置する弁護士法人については，すべての事務所に，弁護士法人の所属弁護士会の会員である社員たる弁護士が最低1名常駐する必要がある（法30条の17の解説参照）。

【7】 入退会の届出

新たに弁護士会に入会し，又は退会した場合には，いずれも2週間以内に当該弁護士会及び日弁連に届け出なければならない。入退会の効力は，登記によって当然に生じるから，ここでの届出は創設的届出ではなくて，報告的届出である。弁護士会及び日弁連は，弁護士法人の法律事務所の設置，移転，廃止等につき常に把握できるものではないから，弁護士法人に対し一定期間内の届出義務を課したものである。入会の届出にあたっては，登記事項証明書及び定款の写しを添付することを要するものである。

（総会）

第37条 弁護士会は，毎年定期総会を開かなければならない。

2 弁護士会は，必要と認める場合には，臨時総会を開くことができる。

【1】 本条の趣旨

弁護士会の総会は，弁護士会の最高の意思決定機関である。このことは，法33条2項2号及び5号，38条から40条まで，43条1項等の諸規定や総会という用語等に鑑みれば，明らかである。本条は，総会について，定期総会と臨時総会の開催について規定する。

【2】 沿　革

旧々法においては，総会開会の日時，場所及び議題は検事正に届け出るべきこととされ（27条），検事正は，総会に臨席することができ，また総会の結果を報告させることができた（29条）。更に，司法大臣は，法律，命令及び弁護士会会則に違反する総会の議決を無効とし，又は議事を停止することができるものとされていた（30条）。

旧法においても，弁護士会は，総会の日時，場所及び議題を予め司法大臣に申告すべきこと（41条），司法大臣は，総会に臨席し又は所部の官吏をして臨席させることができること（42条），弁護士会は，遅滞なく総会の決議を司法大臣に申告すべきこと（43条），更に，司法大臣は，総会が法令若しくは会則に違反し，又は公益を害するときは，その決議を取り消し，その議事を停止することができるものとされていた（45条）。

現行法においては，上記のような国家機関による直接の監督制度は廃止され，弁護士会の総会は，その決議について日弁連の指導・監督を受けるのみとされている。

【3】 総　会

総会は，弁護士会の最高の意思決定機関であり，弁護士会の所属弁護士の総意を形成するものであるから，所属弁護士全員が公正かつ平等に議事に参加し得るものでなければならない。

総会に関する規定としては，本条のほかに法38条から40条まで及び43条１項があるが，これらの条文だけでは，総会のあり方は必ずしも明確ではない。しかし，総会という用語からして，会員全員の総意を諮る議決機関と解されるのであって，そのあり方については，弁護士会の会則の必要的記載事項（法33条２項２号・５号）として，所要の規定（招集方法，議決方法等に関する規定）を設けなければならないことになっている。

【4】 総会の開催

本条は，弁護士会の総会の開催に関して定めている。弁護士会は，１項により，毎年定期総会を開催しなければならない。定期総会開催の時期については限定されていないし，必ず予算・決算の承認をしなければならないものでもない。また，定期総会の回数についても，必ずしも年１回に限られるものではない。

２項により，弁護士会は，必要によって，随時，臨時総会を開催することができる。臨時総会を開催するか否かは，通常，弁護士会の執行機関によって決定されるが，所属弁護士の一部の者からの請求による開催を認める規定を会則に置くものが多い。実際にも，ほとんどの弁護士会では重要な案件がある都度臨時総会を開いている。

（総会の決議等の報告）
第38条 弁護士会は，総会の決議並びに役員の就任及び退任を日本弁護士連合会に報告しなければならない。

【1】 本条の趣旨

本条は，日弁連の弁護士会に対する指導監督権行使の前提として，弁護士会に総会決議並びに役員の就任及び退任を日弁連に報告することを義務づけたものである。

なお，本条に関連して，会則31条は，総会決議及び役員の就退任のほか，弁護士会の会規及び規則の制定・変更，官公署に対する建議，官公署の諮問に対する答申についても，日弁連に報告しなければならない旨規定している。

【2】 沿　革

本条と類似の規定は，旧々法（27条）では検事正による，旧法（43条）では司法大臣による監督権行使に関する規定として設けられており，しかも，総会の日時，場所，議題等を事前に司法大臣に申告すべきこと（旧法41条），また総会又は役員選挙の場所に司法大臣又は所部の官吏が臨席し得ること（旧法42条）が規定されており，監督の程度は著しく弁護士会の自治を制限するものであった。

【3】 報告事項

本条により弁護士会に報告が義務づけられるのは，総会の決議，役員の就任・退任である。

総会の決議については，その内容を問わない。これを報告事項としたのは，法40条によって，日弁連が決議を取り消すか否かの判断をする前提としてである。

役員の就任・退任を報告させるのは，弁護士会に対する指導連絡監督権の行使を便宜ならしめるためである。役員としているから，会長，副会長（法35条）に限らず，弁護士会の会則上の役員すべてを報告しなければならないと解される。

なお，この報告の履行を強制する方法はないから，日弁連としては報告を指導することとなろう。

（総会の決議を必要とする事項）
第39条 弁護士会の会則の変更，予算及び決算は，総会の決議によらなければならない。

【1】 本条の趣旨

本条は，総会の決議によらなければならない事項として，弁護士会の会則の変更と予算及び決算をあげている。本条と同様の規定は，旧法44条にもあり，本条はこれを引き継いだものである。

【2】 必要的決議事項

弁護士会の会則は，弁護士会の基本法規であり，その変更並びに予算及び決算は，弁護士会の存立ないし運営にとって最も重要な事柄である。このような事項については，弁護士会の最高の意思決定機関である総会において，会員の総意に基づいて決議されるべきことを明らかにしている。本条は，総会が弁護士会における最高の意思決定機関であるべきことを表明している規定である（福原・180頁）といえよう。

会則の変更は，法33条2項各号に掲げる事項の変更にかかるときは，日弁連の承認を受けなければならず（同条3項），日弁連の承認を得られなければ，このような会則変更は効力を生じないと解される（法33条3項の解説参照）。

【3】 その他の決議事項

総会の必要的決議事項とされるものは，本条に定めるほか，合併及び解散がある（法43条1項）。

なお，弁護士会は，通常，その会則において，総会の決議事項を定めており，会規の制定改廃，役員の選任，諮問又は建議に関する事項，委員会委員の選任その他会務運営上の重要な事項を決議事項としている。

（総会の決議の取消）

第40条 弁護士会の総会の決議が公益を害するときその他法令又はその弁護士会若しくは日本弁護士連合会の会則に違反するときは，日本弁護士連合会は，その決議を取り消すことができる。

【1】 本条の趣旨

本条は，日弁連に与えられた弁護士会に対する指導監督権を行使する一方法として，日弁連に対し弁護士会の総会決議を取り消す権限を与えたものであって，弁護士会に対して，その総会決議を日弁連に報告すべきことを定めた法38条に呼応する規定である。

本条は，弁護士自治が認められた現行法において新設された規定であり，それ以前は，司法大臣が，法令・会則に違反したとき又は公益を害するときに，弁護士会の会議の決議を取り消し，又は議事の停止等をなし得るものとされていた（旧々法30条，旧法45条）。なお，旧法の制定過程においては，行政官庁による弁護士会の解散命令の規定を置くことの可否が議論され，反対論が強く主張されたために削除となった経緯がある（金子・314頁以下）。

【2】 決議の取消事由

日弁連が弁護士会の総会決議を取り消し得る事由としては，決議が，①公益を害するとき，②法令に違反するとき，③当該弁護士会の会則に違反するとき，④日弁連の会則に違反するとき，の四つが掲げられている。

上記のうち，公益を害するときとは，公共的利益に反する内容の決議をいうと解されるが，旧法当時において積極的な意義をもったものと認められ，それが現行法に引き継がれているにすぎないと見るべきである。次に，法令に違反するときとは，憲法を筆頭とするわが国の法律，命令，規則に違反する決議であり，弁護士法違反に限定されないことはもちろんである。弁護士会又は日弁連の会則に違反するときとは，形式的意味の会則違反だけでなく，会則の委任に基づく会規・規則違反も含まれるものと解される。

しかし，法令違反と会則違反については，極めて軽微な違反であって実害のないものについてまで総会決議を取り消すべきものとすると，弁護士会に対する日弁連の過度な干渉となり得るおそれがある。従って，公益を害するといい得る程度の実質的違反に限って，決議の取消事由となるものと解するのが相当であろう（福原・181頁）。

【3】 取消しの手続

日弁連の決議取消しは，弁護士会に対する指導監督権（法45条２項）に基づくものと考えられるから，取消しの手続は，適宜の方式でよい。

しかし，日弁連は，上記の取消事由があると認められる場合に，総会決議を取り消し得るのみであって，それ以外に，修正その他の措置をとることは認められていない。

なお，現在まで，日弁連が本条に基づき，実際に弁護士会の総会決議を取り消した例はない。

【4】 弁護士会の不服申立方法

日弁連が本条に基づき弁護士会の総会の決議を取り消した場合，弁護士会は，裁判所に出訴して不服申立てをすることができるか。肯定説（福原・181頁）もあるが，否定的に解すべきである。けだし，法は，本条による総会決議の取消しに対する不服申立方法について何らの規定も設けておらず，また，本条による総会決議の取消しは，現行法により広汎な自治権限を有することとなった弁護士会ないし日弁連の自治に委ねられるべきいわば内部的なものであって，裁判によりその解決を図るべき問題ではないと解されるからである。

ちなみに，日弁連会長の選任にあたり一部の会員が会長候補者の調整をした等として，会員からなされた役員選任行為無効確認請求に対し，「会長選任については，立候補や選挙運動に関する制限規定はなく，弁護士である以上何人といえども会長に立候補し，あるいは，その推薦をなし得るのであるから会長候補者を１人にしぼるということは本来無意味なはずである。もとより，かようにいうことは一部の有力な弁護士の恣意により年度毎の会長が事実上決定されることを適当とする趣旨ではない。しかし，これを排除することは，会則その他の規程から明らかなように，広汎な自治権限を有する全弁護士の自覚と努力にまつべきものであつて裁判によりその解決をはかるべき問題ではない」として棄却した裁判例（東京地判昭和35・2・19下民集11巻2号375頁）がある。

（紛議の調停）

第41条　弁護士会は，弁護士の職務又は弁護士法人の業務に関する紛議につき，弁護士，弁護士法人又は当事者その他関係人の請求により調停をすることができる。

【1】 本条の趣旨

本条は，弁護士の職務又は弁護士法人の業務に関して紛議が生じた場合，裁判所その他の外部の機関にその解決を求めるのとは別に，弁護士会が自主的に紛議の当事者双方の主張を聴いたうえ，実情に即した円満な解決を図るため，公正妥当な調停（和解の斡旋）をなし得ることとした規定である。

【2】 沿　革

本条と同様の規定は，旧法46条にもあり，「弁護士会ハ弁護士ト委嘱者トノ間ニ紛議ヲ生ジタルトキハ当事者ノ請求ニ因リ其ノ調停ヲ為スコトヲ得」と規定していた。この規定ができるについては，弁護士の成功報酬契約の可否が問題となり，次いで，弁護士が依頼者に対して報酬に関する訴訟を提起するときは所属弁護士会の承認を要するとすべきであるとの主張もなされた。そこで，紛議の調停を弁護士会が行うことができるとの規定を置いて解決を見たという経緯がある（金子・318頁，福原・182頁）。

【3】 弁護士の職務に関する紛議

弁護士の職務又は弁護士法人の業務に関する紛議とは，弁護士又は弁護士法人とその依頼者との間の紛争のみならず，弁護士と弁護士，弁護士法人と弁護士法人あるいは弁護士と弁護士法人（一方は，他の弁護士会の所属会員であってもよいと解される）

との間の紛争も含まれる。旧法46条は，「弁護士ト委嘱者トノ間ニ紛議ヲ生ジタルトキ」と規定し，調停の対象を所属会員と委嘱者間の紛争に限定し，弁護士間の紛議については対象としないと解されていたが（金子・320頁），本条は，調停の対象を旧法の規定よりも拡張したものである。

従って，弁護士又は弁護士法人がその職務又はその業務に関し，依頼者及び相手方弁護士ないし弁護士法人以外の利害関係人との間に紛争を生じた場合でも，本条の調停の対象となるものと解してよい。

紛議の内容としては，弁護士報酬，各種保証金その他の預り金等をめぐる金銭的問題のみならず，事件処理手続に関する責任問題，預かった書類の取扱い等にかかわる問題，その他弁護士の職務ないし弁護士法人の業務に関する紛争を広く包含する。

しかし，紛議は，弁護士の職務又は弁護士法人の業務に関係するものでなければならないから，職務又は業務とは無関係の私的な紛争については，この調停を利用することはできない。

【4】 調　　停

弁護士会の調停は，紛議の当事者に対して和解の斡旋をなすにすぎないものである。そして，弁護士会は，当事者に和解を強制したり，公権的に解決基準を定立し得るものではない。当事者の納得が得られず，和解に至らない場合は，調停は不成立とならざるを得ない。

弁護士会の調停により，当事者間に和解が成立したときは，当該和解は，私法上の和解契約（民法695条・696条）としての効力を有するが，それ以上の法的効力（例えば強制執行力等）は認められない。

弁護士会の調停が不成立に終わった場合には，一般の民事事件又は刑事事件として取り扱われることとなる。一般の法律事件として裁判所その他の外部の機関による解決手続と弁護士会の調停手続とは何ら抵触するものではなく，両手続が並行して行われることも差し支えない。

なお，法50条は，日弁連について本条を準用していない。また，弁護士会の調停が不成立に終わった場合に，日弁連に対して救済を求めることもできない。これは，日弁連に対して個々の紛議の実情に即した和解の斡旋を行うことを期待するのは困難であると考えられるからである。

【5】 調停の手続

調停の手続について法は何ら規定しておらず，弁護士会の自律に任せている（法33条２項12号により弁護士会の会則の必要的記載事項となっている）。

弁護士の職務又は弁護士法人の業務に関する紛議は弁護士又は弁護士法人の品位

に関することが多いこと，本条による弁護士会の調停は弁護士自治の原則に基づくものであることからして，弁護士会が調停をなすにあたっては，当事者双方の主張を十分聴いたうえ，条理に適った解決がなされるよう手続を進めるべきであり，そのためには適正な手続規定が整備される必要がある。

実際には，弁護士会に紛議調停委員会を設置して，裁判所の行う調停手続に準じた手続をとっている会が多い。

なお，弁護士及び弁護士法人も職務又は業務に関する紛議を生じたときは，できる限り弁護士会の調停を求めることが相当である。弁護士職務基本規程では，「弁護士は，依頼者との信頼関係を保持し紛議が生じないように努め，紛議が生じたときは，所属弁護士会の紛議調停で解決するように努める」(26条)，「弁護士は，他の弁護士等との間の紛議については，協議又は弁護士会の紛議調停による円満な解決に努める」(73条) と定められている。

(答申及び建議)

第42条 弁護士会は，日本弁護士連合会から諮問又は協議を受けた事項につき答申をしなければならない。

2　弁護士会は，弁護士及び弁護士法人の事務その他司法事務に関して官公署に建議し，又はその諮問に答申することができる。

【1】 本条の趣旨

弁護士会及び日弁連は，いずれも弁護士及び弁護士法人の使命及び職務にかんがみ，その品位を保持し，弁護士及び弁護士法人の事務の改善進歩を図るため，弁護士及び弁護士法人の指導，連絡及び監督に関する事務を行うという共通の目的を有しており (法31条・45条)，相互に協力し合うべき関係にある。また，日弁連は，弁護士会の指導，連絡及び監督に関する事務を行う上級機関ともされている (法45条)。このような弁護士会と日弁連の関係に鑑み，本条1項は，弁護士会には日弁連から受けた諮問又は協議に対して答申すべき義務があることを定めている。

更に，弁護士会は，基本的人権の擁護と社会正義の実現を使命とする弁護士及び弁護士法人を構成員とする公的法人であり，弁護士及び弁護士法人がその使命を果たし得るように活動しなければならない。そこで，弁護士会が官公署に対して建議し，又はその諮問に対して答申することは，法曹の一翼を担う公的法人として活動していくうえで重要であると認め，本条2項は，弁護士会が官公署に対して建議し，その諮問に答申することができることを定めた。

【2】 沿　革

旧々法28条では，「司法上若ハ弁護士ノ利害ニ関シ司法大臣又ハ裁判所ニ建議スル事項」を弁護士会は決議することができる旨規定されており，旧法38条では，弁護士会は，官庁から諮問を受けた事項について答申をなすべきこと，また，司法事務，弁護士の利害に関する事項について官庁に建議をなすことができる旨規定されていた。

これらの規定は本条の沿革をなすものであるが，建議，答申の内容やその提出先を制限しようとする趣旨が看取されるものである。

これに対し，本条２項は，法曹の一翼を担う公的法人としての弁護士会の活動をできるだけ充実したものとすることを期待し，建議，答申の内容やその提出先をより拡大しているものといえよう。

【3】 日弁連に対する答申

弁護士会は，日弁連から諮問又は協議を受けた事項について答申をしなければならない義務を負う。諮問又は協議の名目でなくとも，照会等実質的に弁護士会の意見を求めるような場合は，答申義務があるというべきである。諮問又は協議する事項には，格別限定がないから，弁護士及び弁護士法人の事務その他の司法事務以外の事項でもよい。

なお，答申の義務の履行を強制する方法はないから，日弁連としては答申を促すための指導をするほかない。

現実にも，日弁連から弁護士会に対する諮問又は協議事項は近年益々増加しており，弁護士会もこれに応じて様々な答申を寄せている。

【4】 官公署に対する建議・答申

ここに建議とは意見を具申することをいい，答申とは，官公署からの諮問に対して回答をすることをいうが，いずれも弁護士会の意見を外部に向かって発表する行為である。

なお，建議又は答申という名称を使用せずに，例えば意見書という名称であっても，その内容が諮問事項や弁護士及び弁護士法人の事務その他司法事務に関する弁護士会の意見を外部に発表するものであるときは，本条にいう建議又は答申にほかならない。

弁護士会が建議又は答申を行うことは，社会的にも大きな影響力と責任を伴うものであるから，弁護士会は，建議又は答申の内容については，慎重な検討を経るべきである。実際，多くの弁護士会が，重要な建議，答申について総会若しくは常議員会の議を経るべきことを会則中に定めている。

弁護士会は，官公署に建議し，若しくはその諮問に答申したときは，速やかに日弁連に報告しなければならないことになっている（会則31条）。

（合併及び解散）

第43条　地方裁判所の管轄区域が変更されたためその区域内に在る弁護士会が合併し又は解散する必要があるときは，その弁護士会は，総会の決議により合併し又は解散する。

2　合併後存続する弁護士会又は合併により設立する弁護士会は，当該合併により消滅する弁護士会の権利義務を承継する。

3　第30条の28の規定は，弁護士会が合併をする場合について準用する。この場合において，同条第３項中「定款」とあるのは「会則」と，同条第６項中「同法第939条第１項及び第３項」とあるのは「同法第939条第１項中「定款」とあるのは「会則」と，同項及び同条第３項」と読み替えるものとする。

4　弁護士会が合併したときは，合併により解散する弁護士会に所属した弁護士又は弁護士法人は，当然，合併後存続し又は合併により設立する弁護士会の会員となる。

5　第10条第１項の規定は，前項の場合に弁護士について準用する。

【1】　本条の趣旨

1　弁護士会の設立は，地方裁判所の管轄区域によっているが（法32条），本条は，地方裁判所の管轄区域が変更されることにより弁護士会が合併又は解散する必要が生じた場合に，弁護士会がとるべき措置について規定したものである。すなわち，本条は，二以上の地方裁判所の管轄区域が一の地方裁判所の管轄区域とされた場合のための規定である。

これに対し，一の地方裁判所の管轄区域とされていた地域が，複数の地方裁判所の管轄区域に分割された場合は，法32条の問題となるのであって，分割された管轄区域に従って，新たに弁護士会を設立しなければならない。

合併後存続する弁護士会又は合併により設立する弁護士会は，合併により消滅する弁護士会の権利義務を承継する（本条２項）。

2　本条は，必要的合併，解散に関する規定であり，弁護士会の任意の解散は，法89条の場合以外には認められていない。前述したように，弁護士会は，弁護士及び弁護士法人の指導・連絡・監督を目的とする公的法人であるから，任意の解散は法の全く予定しないところである。

3　なお，旧法50条は，合併とともに総会の決議を弁護士会の解散事由として挙げていた。しかし，立案当時の政府委員答弁では，実際に起こり得ることではないと説明され，解散する弁護士会とその後に設立される弁護士会との関連に関する経過措置がなかったことからすれば，旧法当時においても，総会の決議で自由に解散できるとは解されていなかったものと認められる（福原・185頁）。

【2】 合併・解散の手続

合併の手続については，弁護士法人の合併に関する法30条の28が準用されている（本条3項）。

合併する弁護士会は，合併決議の日から2週間以内に債権者に対して，合併に異議があるならば一定期間内（1か月を下ることができない）にこれを述べるべき旨を公告し，かつ，知れたる債権者には各別に催告しなければならない（法30条の28第2項）。但し，弁護士会が公告の方法について，会則上，時事に関する日刊紙に掲載する方法又は電子公告による旨定め，官報のほか，当該方法で公告する場合には，各別の催告を要しない（同条3項）。そして，上記期間内に債権者から異議が述べられないときは，合併を承認したものとみなされ，異議が述べられたときは，各弁護士会は弁済をするか，相当の担保を供するか，債権者に弁済を受けさせることを目的として信託会社等に相当の財産を信託しなければならない（同条4項・5項）。

また，合併をしたときは，2週間以内に，合併後存続する弁護士会については変更の登記を，合併によって消滅する弁護士会については解散の登記を，合併によって設立した弁護士会については設立の登記をしなければならない（法34条6項，弁護士会登記令2条）。

解散については，法43条の2から43条の14までの規定による。

【3】 合併により解散した弁護士会の会員の地位

本条4項は，合併により解散した弁護士会の会員の所属に関する規定であり，当該弁護士及び弁護士法人は当然，合併後存続する弁護士会又は新たに設立された弁護士会の会員となることを明らかにしている。

もっとも，その場合，本条5項により法10条1項が準用されているため，解散した弁護士会の弁護士である会員は，新たに所属する弁護士会を経て日弁連に登録換えの請求をしなければならない。

（清算中の弁護士会の能力）

第43条の2 解散した弁護士会は，清算の目的の範囲内において，その清算の結了に至るまではなお存続するものとみなす。

【1】 本条新設の経緯

本条から法43条の14までの規定は，いずれも，一般社団法人及び一般財団法人に関する法律及び公益社団法人及び公益財団法人の認定等に関する法律の施行に伴う関係法律の整備等に関する法律（平成18年法律第50号）229条により，追加された条文である。

それ以前は，弁護士会の解散に関して，民法総則の法人の解散に関する規定が準用されていた（平成18年改正前の43条4項）が，上記の平成18年法律第50号により，民法からそれらの規定が削除されたため，弁護士会の解散に関する規定として新設・整備されたものである。

【2】 本条の趣旨

弁護士会は解散決議をしても，清算の範囲内では清算結了までは存続するものとみなされる。

（清算人）

第43条の3 弁護士会が解散したときは，破産手続開始の決定による解散の場合を除き，会長がその清算人となる。ただし，定款に別段の定めがあるとき，又は総会において会長以外の者を選任したときは，この限りでない。

2 次に掲げる者は，清算人となることができない。

一 死刑又は無期若しくは6年以上の懲役若しくは禁錮の刑に処せられ，復権を得ない者

二 6年未満の懲役又は禁錮の刑に処せられ，その執行を終わるまで又はその執行を受けることがなくなるまでの者

【1】 本条新設の経緯

本条新設の経緯については，法43条の2の解説を参照されたい。

【2】 本条の趣旨

本条は，弁護士会が解散した場合の清算人の就任・資格について定める。本条1項は，定款に別段の定めがあるときや総会において会長以外の者を選任したときを除いて，会長が清算人になることを定める。本条2項は，清算人の欠格事由を定めるものである。

（裁判所による清算人の選任）
第43条の4　前条第1項の規定により清算人となる者がないとき，又は清算人が欠けたため損害を生ずるおそれがあるときは，裁判所は，利害関係人若しくは検察官の請求により又は職権で，清算人を選任することができる。

【1】　本条新設の経緯

本条新設の経緯については，法43条の2の解説を参照されたい。

【2】　本条の趣旨

本条は，法43条の3の規定によっては清算人となる者がいない場合，又は清算人が欠けたため損害を生ずるおそれがある場合に，利害関係人及び検察官の請求により，裁判所が清算人を選任することができることを定めたものである。

（清算人の解任）
第43条の5　重要な事由があるときは，裁判所は，利害関係人若しくは検察官の請求により又は職権で，清算人を解任することができる。

【1】　本条新設の経緯

本条新設の経緯については，法43条の2の解説を参照されたい。

【2】　本条の趣旨

本条は，裁判所は，弁護士会の清算人につき，重要な事由があるときは，利害関係人・検察官の請求又は職権により解任することができることを定める。

（清算人の職務及び権限）
第43条の6　清算人の職務は，次のとおりとする。
　一　現務の結了
　二　債権の取立て及び債務の弁済
　三　残余財産の引渡し
2　清算人は，前項各号に掲げる職務を行うために必要な一切の行為をすることができる。

【1】 本条新設の経緯

本条新設の経緯については，法43条の２の解説を参照されたい。

【2】 本条の趣旨

本条は，清算人の職務の内容及びその権限について定めたものである。

（債権の申出の催告等）

第43条の７ 清算人は，その就職の日から２箇月以内に，少なくとも３回の公告をもつて，債権者に対し，一定の期間内にその債権の申出をすべき旨の催告をしなければならない。この場合において，その期間は，２箇月を下ることができない。

2 前項の公告には，債権者がその期間内に申出をしないときは清算から除斥されるべき旨を付記しなければならない。ただし，清算人は，知れている債権者を除斥することができない。

3 清算人は，知れている債権者には，各別にその申出の催告をしなければならない。

4 第１項の公告は，官報に掲載してする。

【1】 本条新設の経緯

本条新設の経緯については，法43条の２の解説を参照されたい。

【2】 本条の趣旨

弁護士会の清算人は，その就職の日から２か月以内に少なくとも３回の官報公告をして，債権者に対し一定の期間内（２か月を下ることができない）に債権の申出をすべき旨の催告をすることを要する（本条１項・４項）。公告には，その期間内に申出をしないときはその債権者が清算から除斥されることを付記しなければならない（本条２項本文）。但し，知れたる債権者については各別に催告をし（本条３項），清算から除斥することはできない（本条２項但書）。

（期間経過後の債権の申出）

第43条の８ 前条第１項の期間の経過後に申出をした債権者は，弁護士会の債務が完済された後まだ権利の帰属すべき者に引き渡されていない財産に対してのみ，請求をすることができる。

【1】 本条新設の経緯

本条新設の経緯については，法43条の2の解説を参照されたい。

【2】 本条の趣旨

法43条の7の規定に基づいてなされた公告に定められた期間経過後に債権申出をした債権者は，債務完済後の財産についてのみ請求することができるにとどまる。本条はこの趣旨を定めたものである。

（裁判所による監督）
第43条の9 弁護士会の解散及び清算は，裁判所の監督に属する。
2 裁判所は，職権で，いつでも前項の監督に必要な検査をすることができる。

【1】 本条新設の経緯

本条新設の経緯については，法43条の2の解説を参照されたい。

【2】 本条の趣旨

弁護士会の解散・清算は，裁判所の監督に服し，裁判所は何時でも監督に必要な検査をすることができる。

（解散及び清算の監督等に関する事件の管轄）
第43条の10 弁護士会の解散及び清算の監督並びに清算人に関する事件は，その事務所の所在地を管轄する地方裁判所の管轄に属する。

【1】 本条新設の経緯

本条新設の経緯については，法43条の2の解説を参照されたい。

【2】 本条の趣旨

本条は，弁護士会の解散及び清算の監督等に関する裁判の管轄について定めたものである。

（不服申立ての制限）
第43条の11 清算人の選任の裁判に対しては，不服を申し立てることができない。

【1】 本条新設の経緯

本条新設の経緯については，法43条の2の解説を参照されたい。

【2】 本条の趣旨

本条は，清算人選任の裁判（法43条の4）に対して不服申立てができない旨を定める。

（裁判所の選任する清算人の報酬）

第43条の12 裁判所は，第43条の4の規定により清算人を選任した場合には，弁護士会が当該清算人に対して支払う報酬の額を定めることができる。この場合においては，裁判所は，当該清算人の陳述を聴かなければならない。

【1】 本条新設の経緯

本条新設の経緯については，法43条の2の解説を参照されたい。

【2】 本条の趣旨

裁判所が，法43条の4の規定により清算人を選任した場合，清算人報酬についても定めることができる。この場合，当該清算人の陳述を聴いて定めることを要する。

第43条の13 削除

【1】 本条削除の経緯

法43条の13は，即時抗告の規定であったが非訟事件手続法及び家事事件手続法の施行に伴う関係法律の整備等に関する法律（平成23年法律第53号）により削除された。

【2】 本条の趣旨

裁判所による清算人の選任については不服申立てが制限されているが（法43条の11），清算人の解任及び清算人報酬の決定の裁判に対しては即時抗告をなし得る。

本条は，非訟事件手続法及び家事事件手続法の施行に伴う関係法律の整備等に関する法律により削除された。これは，非訟事件手続法（平成23年法律第51号）が終局決定により権利又は法律上保護される利益を害された者の不服申立ての方法について，通常抗告を廃止して即時抗告に一本化したことに伴い，規定を置く必要性を失うことになったためである。削除前の本条の規定内容は，非訟事件手続法66条で規定されているので，当該改正前と比べて実質的な変更はない。

（検査役の選任）

第43条の14 裁判所は，弁護士会の解散及び清算の監督に必要な調査をさせるため，検査役を選任することができる。

2 第43条の11及び第43条の12の規定は，前項の規定により裁判所が検査役を選任した場合について準用する。この場合において，同条中「清算人の」とあるのは，「弁護士会及び検査役の」と読み替えるものとする。

【1】 本条新設の経緯

本条新設の経緯については，法43条の2の解説を参照されたい。

【2】 本条の趣旨

裁判所は，弁護士会の解散及び清算の監督に必要な調査をさせるため，検査役を選任することができる（本条1項）。

法43条の11及び法43条の12の規定は，検査役が選任された場合に準用されるが，この場合，同条中「清算人の」とあるのは「弁護士会及び検査役の」と読み替えられる（本条2項）。すなわち検査役の報酬決定の際に陳述を聴取されるのは当該弁護士会及び検査役である。

検査役の解任及び報酬額の決定の裁判に対して即時抗告をなし得ることは清算人の場合と同様である。

（行政手続法の適用除外）

第43条の15 弁護士会がこの法律に基づいて行う処分については，行政手続法（平成5年法律第88号）第2章，第3章及び第4章の2の規定は，適用しない。

【1】 本条の趣旨

本条は，本法に基づき弁護士会が行う処分について，行政手続法第2章，第3章及び第4章の2の適用を除外する規定である。

平成5年に行政手続法（平成5年法律第88号）及び行政手続法の施行に伴う関係法律の整備に関する法律（平成5年法律第89号。以下本条の説明において「整備法」という）が制定されたが，本条（平成18年改正前法43条の2）は，整備法33条に基づき，同じく日弁連の処分について適用除外を定めた法49条の2と併せて追加された。その後平成27年4月1日施行の行政手続法の一部を改正する法律（平成26年法律第70号）により，従前の行政手続法第2章及び第3章に加え，同法第4章の2の適用も除外された。

行政手続法は，処分，行政指導及び届出に関する手続並びに命令等を定める手続に関し，共通する事項を定めることによって，行政運営における公正の確保と透明性の向上を図り，もって国民の権利利益を保護することを目的として定められた法律であるが（1条1項），本来，弁護士会及び日弁連が法に基づき行う処分についても，行政庁の処分に関する事前手続の一般法である行政手続法が適用されるはずである。そこで，行政手続法の制定過程においては，法に基づき弁護士会及び日弁連が行う処分についても行政手続法との整合性が個々的に検討されたが，弁護士会及び日弁連が法に基づき行う処分については，弁護士自治に基づき独自の手続体系にあること，登録，懲戒等の処分に関する手続については行政審判類似の慎重な手続が弁護士自治により会則等において定められていること等から，行政審判その他適用除外となっている他の行政手続との関係からもその適用を除外された。更に，整備法は，33条で，法12条3項，13条2項，14条3項，15条2項中，「すみやかに，その旨を」通知しなければならないとの部分を，「速やかに，その旨及びその理由を書面により」通知しなければならないと改めた。

なお，独自の手続体系等にあるとして整備法によって適用除外とされた分野についても，臨時行政改革推進審議会の「公正・透明な行政手続法制の整備に関する答申」（平成3年12月12日）において，「行政運営の公正の確保と透明性の向上を図る観点から現行手続規定について必要な見直しが行われ，手続の一層の整備，充実が図られることが望まれる」との指摘がなされている。

【2】 行政手続法の適用関係

1　行政手続法は，処分，行政指導及び届出に関する手続並びに命令等を定める手続に関して一般法として定められたものである。処分については，申請に対する処分及び不利益処分について，第2章，第3章でそれぞれ規定され，申請に対する処分については，審査基準，標準処理期間，申請に対する審査・応答，理由の提示，情報の提供，公聴会の開催等が，不利益処分については，処分基準をできる限り具体的なものとすることと，理由の提示等を定めた通則的規定とともに，聴聞，弁明の機会について定めた。これらの規定は，弁護士会が本法に基づいて行う処分については適用されないこととされている。また，平成27年4月1日施行の行政手続法の一部を改正する法律により，同法で新設された処分等の求めについての第4章の2も適用されない。

なお，行政手続法上の処分については，同法上「行政庁の処分その他公権力の行使に当たる行為をいう」（2条2号）と規定され，行審法，行訴法におけるのと同様の定義がなされている（但し，行政手続法上は，行政機関間の処分のように，行審法，行訴法にいう処分にはあたらないと解されるものについても処分とした上で行政手続法の適用を除外している)。行審法，行訴法にいう処分とは，公権力の行使にあたる行為のうち，その行為によって直接国民の権利義務を形成し，又はその範囲を確定することが法律上認められているものをいう（最判昭和30・2・24民集9巻2号217頁，田中・行政法上234頁，326頁参照）と解されている。

2　行政指導については，行政手続法上は，行政機関が行うものと定義されているところ（2条6号），日弁連は，行政手続法で定義されるところの行政機関（同条5号）には含まれないので，第4章の行政指導に関する規定の適用はないこととなる。

3　届出については，行政手続法上，「行政庁に対し一定の事項の通知をする行為（申請に該当するものを除く。）であって，法令により直接に当該通知が義務付けられているもの（自己の期待する一定の法律上の効果を発生させるためには当該通知をすべきこととされているものを含む。）をいう」と定義されている（2条7号）。行政手続法は，処分を行う主体を行政庁とし，行政庁については，特に定義規定を置いていない。弁護士法に基づき弁護士会が行う処分については，弁護士会は行政手続法上の行政庁と解されるので（なお，これと異なる見解に立つ近時の裁判例について後述【4】を参照），弁護士会に対する上記の通知行為については届出と解され，行政手続法第5章の届出に関する規定（同章は37条の1条からなる）の適用があることになる。同法37条は，「届出が届出書の記載事項に不備がないこと，届出書に必要な書類が添付されていることその他の法令に定められた届出の形式上の要件に適合している場合は，当該届出が法令により当該届出の提出先とされている機関の事務所に到達したときに，当該届出をすべき手続上の義務が履行されたものとする」と規定し，届出が法令の定めに従って適式になされたときは，行政庁において当該届出を受ける受けない等の意思や判断の介在する余地のないことを明らかにしている。

弁護士法上届出という用語を用いて規定されているものは，弁護士会に対するものとしては，登録換えの請求に関する10条2項及び法律事務所の届出に関する21条，営利業務の届出等に関する30条，その他30条の10，30条の11第2項，30条の23第2項，30条の26第2項，30条の27第3項に各規定があるが，弁護士会に対する諸種の通知行為についても，行政手続法上の届出と解されるものについては，その適用があると解される。

【3】 弁護士法に基づく弁護士会の処分

弁護士会が本法に基づいて行う処分については，弁護士自治及び次に述べるような各処分の特質から行政手続法の適用除外が認められている。

1　現行法上，弁護士会が本法に基づいて行う処分としては，次のようなものが考えられる。

①　登録又は登録換えの請求の進達の拒絶（12条1項・2項）

② 公私の団体に対する照会及び報告要求（23条の2第2項）

③ 従たる法律事務所の非常駐許可（30条の17）

④ 資格審査会による説明等の要求（55条1項）

⑤ 懲戒処分（56条2項）

⑥ 懲戒委員会による説明等の要求（67条3項）

⑦ 綱紀委員会による説明等の要求（70条の7）

2 このうち，登録又は登録換えの請求の進達の拒絶及び懲戒処分については，弁護士法及び各弁護士会の会則会規上，資格審査会あるいは懲戒委員会において慎重な審査手続が規定され，処分を受ける者にとって行政手続法が要求しているものと同程度の手続保障が確保されているため，従来法12条3項で「すみやかに，その旨を通知しなければならない」となっていた部分を「速やかに，その旨及びその理由を書面により通知しなければならない」と若干改正するだけで，行政手続法の適用除外の対象とされることとなった。

次に，公私の団体に対する照会及び報告要求，資格審査会による説明等の要求，懲戒委員会による説明等の要求並びに綱紀委員会による説明等の要求については，適用除外を定めた行政手続法3条1項各号のうちの14号の「報告又は物件の提出を命ずる処分その他その職務の遂行上必要な情報の収集を直接の目的としてされる処分」と同様に，その性質上，処分の理由について相手方に争わせる意味がないこと等から，適用除外の対象とされることとなったものであろう。

なお，平成15年改正前までは弁護士が営利業務を営むことは弁護士会の許可制であったが，この改正前の営業許可及びその取消しについては，日弁連の通達によって，各弁護士会は，営業許可の審査に関する規定を整備し，全国的にみても許可を求める者にとって行政手続法が定めるのと同程度の手続保障がなされるに至ったため，行政手続法の適用除外の対象とされていた。

3 弁護士会の行う登録取消しの請求（法13条1項）を処分と解するかどうかについては説が分かれることについては既に述べたが（134頁），行政手続法の制定に際しては，これを不利益処分と解しつつ，資格審査会による慎重な審査手続が定められていることから行政手続法の適用除外の対象とされることとなった経緯がある。

また，照会申出人に対する照会申出の拒絶が処分に該当しないことについては既に述べた（173頁）。

【4】 弁護士法に基づかない弁護士会の処分

1 従来本条の反対解釈から，弁護士会が会則等により弁護士法に基づかない何らかの処分を定める場合は，行政手続法の適用があることとなると解されていた（本書第3版）。**(注)**

2　このような見解に対し，近時は本条を反対解釈すべきではなく，弁護士会の行為を行政府のした行政処分とすべきではないという裁判例が見られる（東京地判平成14・1・22判時1809号16頁）。この裁判例は，平成15年改正前法30条3項に規定していた営業許可に関するもの（営業不許可処分について取消しを求める抗告訴訟）であり，弁護士法に基づく処分に関するものであるが，本条や法49条の3の反対解釈をすることを否定して，「同業者団体の行為自体を行政処分として取消訴訟の対象とし得るのは，当該事務を委任した法律において，その旨の明文の定めがある場合に限られる」とした。この裁判例は，弁護士会の処分に関し行審法の適用を否定したものであるが，弁護士会の行為を行政処分でないとしていることからすると，この裁判例の立場からは行訴法の適用も否定されることになろう。

更にその後，弁護士法ではなく，弁護士会の規則に基づく国選弁護人の推薦停止の決定についての裁判例があらわれた。この裁判例は，弁護士会が規則に基づいてした国選弁護人の推薦停止決定の取消しを求めた抗告訴訟において，次のように判示し，本条の反対解釈はすべきではないとした上で，弁護士会の決定について行審法の適用がないとした（東京地判平成16・2・26判タ1160号112頁）。

「イ　弁護士会は，弁護士の『品位を保持し，弁護士事務の改善進歩を図るため』，弁護士の指導，連絡及び監督に関する事務を行うものであるところ（弁護士法31条1項），その業務の目指すところからして，本質的には弁護士という共通の職業に就いている者らがその共通の利益を維持増進することを目的として結集しているもので，いわゆる同業者団体の一種であるということができる。同業者団体は，一般に，その存立の目的からして，公益の実現といった行政作用を行うものではなく，この点において，専ら公益の実現を目的として設立される公共組合とはその本質を異にするものといわざるを得ない。このことは，当該同業者団体について法律によって強制加入制度がとられていても，そのことによって団体の存立目的に変化がない以上，別異に解すべき理由とはならない。もっとも，同業者団体も，その活動に当たって構成員に一定の規律の保持を求め，それに違反する構成員に制裁を与えることから，権力的な作用を行っているようにみえないでもないが，そのような行動は，本来的にはあくまで団体の目的達成のために行われる自治的活動であって，そのことによって同業者団体を公権力の主体とみることはできない。また，同業者団体がその機能を果たすことによって，その構成員らの従事する職業の健全性が保たれ，広く国民一般がその利益を享受することもあるが，それは，当該団体の活動による副次的効果にすぎず，このことによって当該団体の目的が公益の実現にあるとみることもできない。

他方，特定の職業について，法律により，一定の資格要件を備えた者のみに従事することを認めるために許可制を採用し，その資格にふさわしい業務を行うよう種々の義務を課すとともに，これに違反した者には業務を停止させるなどの措置を採るとの制度が設けられることがあるが，このような制度は，当該職業の性質を考慮して公益を保護するために採用されるものであり，この制度に基づく許可，監督及び制裁は，いずれも公権力の発動としての性質を有するものであって，本来は国の機関である行政庁が行うべき事務であるが，法律により，その全部又は一部を当該職業についての同業者団体に委任することも可能である。このようにして委任を受けた同業者団体は，その委任の範囲内で公権力の行使を行うことになるが，同業者団体は，公共組合とは異なり，上記のように本来は公権力の主体ではないのであるから，その行為が当然に行政処分となるわけではなく，これに不服のある者は，委任庁に対して監督権の発動を求め，これに対する委任庁の裁決等になお不服がある場合にのみ当該裁決等の取消しを求めて出訴し得るとの制度がとられるのが通常であり（司法書士法6条の5等），同業者団体の行為自体を行政処分として取消訴訟の対象とし得るのは，当該事務を委任した法律において，その旨の明文の定めがある場合に限られると解すべきである。

ウ　このような観点から検討するに，弁護士法においては，16条において，日本弁護士連合会により，①同法12条による登録若しくは登録換えの請求の進達の拒絶についての審査請求を却下され若しくは棄却され，②同法14条1項による登録取消請求に係る異議の申出を棄却され，又は③同法15条により登録若しくは登録換えを拒絶された者が，東京高等裁判所に①の裁決，②の決定又は③の拒絶の取消しの訴えを提起することを認め，また，同法62条〔現在の法61条－編者注〕において，④同法56条による懲戒についての審査請求を却下され若しくは棄却され，又は⑤同法60条により懲戒を受けた者が，④の裁決又は⑤の懲戒の取消しの訴えを提起することを認めているが，これら以外の弁護士会の行為について抗告訴訟の提起を認めた規定はない。このように弁護士会による国選弁護人推薦停止の決定については，同決定に関する不服申立てを定めた規定や日本弁護士連合会が同決定につき一定の行為をすることを前提としてその取消しを求める訴訟の提起を認めた規定もないから，同決定を行政処分として取り扱う旨の法令上の根拠はないということができ，したがって，その行為は抗告訴訟の対象となる処分とはいえない。

その上，同決定については，国の機関に対する監督権の発動を求める途もないことや，同決定が法律上の根拠に基づくものでないことによれば，同決定自体，同業者団体一般が行う自治的活動の一環として行われているものと解するのが相当であり，国からの委任に基づいて公権力を行使しているものではないと解すべきである。

エ　この点について，弁護士法43条の2〔現在の本条－編者注〕は，弁護士会が弁護士法に基づいて行う処分について行政手続法第2章及び第3章の規定を適用しないことを定めていること，日本弁護士連合会が弁護士法に基づいてした処分については行政不服審査法による不服申立てをすることができないことを規定した弁護士法49条の3の反対解釈として，弁護士会が弁護士法に基づいてした処分については行政不服審査法による不服申立てをすることができると解することができること，さらに，弁護士法16条及び62条〔現在の法61条－編者注〕が，前記のとおり，弁護士会の行為に対する審査請求についての裁決に対し取消訴訟を提起できることを規定していることからすれば，同法に基づく弁護士会の行為一般が，審査請求の前提となる原処分として行政庁の処分であるかのようにみえないでもない。

しかし，弁護士法49条の3について反対解釈を行うこと自体が，前記のような弁護士会の性質に照らして疑問がある上，立法者が一般的に同法に基づく弁護士会の行為を行政処分と考えていたとすれば，あえて同法12条4項及び同法12条の2が同法12条1項又は2項に基づく登録又は登録換えの請求の進達の拒絶について行政不服審査法に基づく審査請求ができることを定め，同法16条3項が同審査請求に対する裁決に対してのみ取消しの訴えの提起を認め，同法59条が同法56条により弁護士会がした懲戒について行政不服審査法に基づく審査請求をすることができることを前提とし，同法62条〔現在の法61条－編者注〕が同審査請求に対する裁決に対してのみ取消しの訴えの提起を認めるという個別の規定を設ける必要はないはずである。むしろ，これら個別の不服申立て及び取消訴訟の提起に関する規定を置いているのは，前記のような弁護士会の性質に照らし，弁護士会への公権力行使の委任の範囲を明らかにするとともに，その行為に対する不服申立ての方法を明示することを意図したものであって，弁護士法は，これらの規定に係る弁護士会の行為についてのみ行政不服審査法の不服申立て及び取消訴訟の対象となることを明らかにしたものと解される。

したがって，弁護士法に基づく弁護士会の行為について行政庁のした処分と同視する余地があるとしても，それは，上記のとおり個別に行政不服審査法に基づく不服申立て及び取消訴訟の提起を許した規定のある行為に限られるというべきであり，弁護士法43条の2〔現在の本条－編者注〕の規定はこのような解釈の妨げとなるものではない。

オ　よって，国選弁護人推薦停止に係る弁護士会の決定については，その行為の性質からしても，また行政不服審査法に基づく不服申立て及び取消訴訟の提起を許した規定がないことからも，これを行政庁のした行政処分として抗告訴訟の対象となることはないものというほかない。

このように解した場合，国選弁護人推薦停止決定を受けた者は，これを取消訴訟において争うことはできないが，仮に，それによって法的な不利益が生じるならば，その者は，民事訴訟においてそのような不利益が生じていない法的地位の確認を求めたり，損害賠償請求訴訟を提起することができると解されるのであって，推薦停止決定を受けた者の保護に欠けることはない」

(注) この見解を前提に，弁護士会が会則会規等により弁護士又は弁護士法人に対し何らかの処分を行う場合，この処分が法33条２項各号のいずれかに該当することを理由として，あるいはこの処分が法31条１項に規定された指導連絡監督権に基づくものであることを理由として，この処分も弁護士法に基づいて行う処分であって行政手続法の適用除外の対象となると解することができるかどうかが議論されていた。

この点については，行政手続法の本来の立法趣旨は，行政庁の処分等の審査や処理の基準を明確にすること等により，行政運営における公正の確保と透明性の向上を図り，もって国民の権利利益の保護に資するというものであること，そもそも弁護士会が弁護士法に基づいて行う処分について行政手続法の適用除外が認められたのも，ただ単に弁護士自治の観点だけからではなく，前述したように各処分の特質を上記の立法趣旨に照らして十分検討したうえでなされたものであることを理由に，弁護士会が会則等により行う各種の処分について，法33条２項各号のいずれかに該当すること，あるいは法31条１項に基づくものであることを理由として，その審査や処理の基準に関し行政手続法が定めるのと同程度の手続保障がなされているかどうかを問わず，一律に行政手続法の適用除外の対象となると解するのは相当ではないと解されていた。

(弁護士会連合会)

第44条 同じ高等裁判所の管轄区域内の弁護士会は，共同して特定の事項を行うため，規約を定め，日本弁護士連合会の承認を受けて，弁護士会連合会を設けることができる。

【1】 本条の趣旨

本条は，旧法52条で設立を認められていた弁護士会連合会と同じく，各弁護士会が単独で行うより共同して行うほうがその目的達成のためより有益と考えられる事項を処理するため，同一高等裁判所管轄区域内の複数の弁護士会が規約を定め，日弁連の承認を受けて，弁護士会連合会を設立できることとしたものである。

旧法では，弁護士会が同じ高等裁判所の管轄区域内にあることは要件とはされていなかったが，本法では，これを要件とし，更に旧法では規約の認可を司法大臣が行うものとしたが，本法では日弁連が規約の承認を行うものとしている。

本条に基づき，現在，北海道弁護士会連合会，東北弁護士会連合会，関東弁護士会連合会，中部弁護士会連合会，近畿弁護士会連合会，中国地方弁護士会連合会，四国弁護士会連合会及び九州弁護士会連合会の8会が設けられている。これら連合会はブロックの通称で呼ばれ，それぞれの地域性はあるが，組織や活動は概ね同様であり，会自体の独自の活動のほか，日弁連と各弁護士会との間にあって日弁連役員や委員等の推薦を行ったり，日弁連から各弁護士会への諮問，協議の仲介等重要な役割を果たしている。また，弁護士会連合会では，年1回定期大会を開催して宣言や決議を行い，またこれに併せてシンポジウム等を開催している。

弁護士会連合会の活動の詳細については，会史が出版されているので（『関弁連60年』，『東北弁護士会連合会史』，『道弁連五十年の歩み』，『四弁連会誌』，『五〇年のあゆみ』（九弁連）等），これらを参照されたい。

【2】 弁護士会連合会の性格

本条は，弁護士会連合会に法人格を与えていないが，これは，一定地域の弁護士会の機能のうち一部分の特定の事項に限り共同して行うための組織であるところから，これに権利義務の主体たる地位を与えるまでの必要を認めなかったためとされている（福原・192頁）。

その法的性格については，組合とみるべきか法人格なき社団とみるべきか，法文上は必ずしも判然としない。しかし，少なくとも現存の各弁護士会連合会は，概ね団体としての組織を備え，代表者の選任方法，会の運営，財産管理等団体としての主要な点が確定しており，構成員の変更にかかわらず団体が存続し得るものであることからすれば，法人格なき社団と解するべきであろう（なお，福原・186頁は，組合とする。また，金子・329頁も，旧法下の弁護士会連合会について，組合と解している）。

次に，日弁連が弁護士会連合会を指導できるか否かについても明文の規定はないが，設立にあたって日弁連による規約の承認が必要とされていること，その構成員は日弁連の会員たる弁護士会のみであること，及び前記の設立の趣旨等に鑑みると，積極に解すべきであろう（日弁連の規約承認は，設立時だけであり，その後の変更には不要とされているが，規約の変更は，日弁連に対して報告しなければならないことになっている。会則32条・31条。昭和60年4月9日付日弁連事務総長の各弁護士会連合会宛通知参照）。

【3】 弁護士会連合会の目的

弁護士会連合会の目的は，「特定の事項を行う」ことである。特定の事項とは，法33条2項の会則規定事項のうち，複数の弁護士会が共同して行うことが一層その目的達成に資すると認められる事項をいうものと解される（福原・186頁）。なお，旧法52条における特定の事項とは，弁護士会の目的とする事項中のある事項であり，最も良い例は弁護士試補の修習に関する事項であろうとされている（金子・328頁）。

第6章　日本弁護士連合会

1　現行法の特色の一として，弁護士自治を採用したことがあげられる。旧法下では，弁護士又は弁護士会に対する監督権を司法大臣又は法務総裁が有し，弁護士の登録や懲戒に関する権限も，弁護士会には与えられていなかったのであるが，本法によって，弁護士及び弁護士法人に対する監督権及び懲戒権並びに弁護士の登録に関する権限は弁護士会に与えられ，更に，その上級機関として全国の弁護士会，弁護士及び弁護士法人をもって組織する日本弁護士連合会という自治機関を設けるものとされたのである。

2　日本全国を区域とするような組織については，既に旧法の制定審議の際にも論議がなされていた。すなわち，全国的組織たる日本弁護士会を作り，これに弁護士試験の実施，弁護士試補の実務修習，弁護士の懲戒等の権限を与えるものとし，各地の弁護士会は日本弁護士会の権限に抵触しない範囲で活動をなすものとする意見が主張された。しかし，そのような全国的規模の組織は，当時の弁護士の分布状況からみて時期尚早であるとか，全国的組織としたときには，その総会に広く遠隔の地方からの会員が集まって開催することは困難であり，いきおい大都市及びその付近の弁護士のみ出席することにならざるを得ないが，そうなると限られた弁護士の意見で全国の弁護士又は弁護士会を律する結果となって不都合である等の反対意見が強く主張され，結局全国規模の弁護士会を創立することにはならなかったのであった（福原・188頁）。

3　ただ，このような立法の動きとは別に，任意的団体として，全国的な団体を組成する動きは，旧々法制定時からあった。すなわち，旧々法は，代言人規則を引き継いで，各地の地方裁判所毎に弁護士会を設立することとしたものの，全国的な弁護士団体については，触れるところがなかったのであるが，明治29年3月，当時の有力な弁護士が集まって創立委員となり，翌明治30年2月，日本弁護士協会を創立した。創立当時の会員は，約600名であり，当時の全弁護士数の半数近くに達していた。日本弁護士協会は，毎月評議員会を開き，主として司法制度の改善について討論，議決をしていたが，会員中には衆議院議員となった者が多く，政府に対して圧力を加える力を持ち得たのであった。

しかし，大正12年5月，東京弁護士会が分裂して第一東京弁護士会が設立されたことに伴い，大正14年5月，第一東京弁護士会に参加した弁護士の多くが日本弁護士協会から退会し，帝国弁護士会を設立した。

ここにおいて，全国的な弁護士の団体は二分され，その状態は現行法に基づく日本弁護士連合会の設立まで続いたのである。なお，日本弁護士協会は，太平洋戦争の激化に伴い，大日本弁護士報国会を結成して一旦解散し，昭和22年に再度設立されたが，その後自然消滅した。帝国弁護士会も，昭和22年に全日本弁護士会と名称変更したが，昭和24年に解散した。

また，昭和14年10月，旧法52条により，全国の弁護士会が日本弁護士会連合会を設立しているが，その目的は「司法ノ改善・発達」ということに限定されていたし，個々の弁護士も会員となっていなかったのである。日本弁護士会連合会は，ほとんど注目されるような活動をしないまま終っている（大野・前掲57頁以下を参照）。

（設立，目的及び法人格）

第45条　全国の弁護士会は，日本弁護士連合会を設立しなければならない。

2　日本弁護士連合会は，弁護士及び弁護士法人の使命及び職務にかんがみ，その品位を保持し，弁護士及び弁護士法人の事務の改善進歩を図るため，弁護士，弁護士法人及び弁護士会の指導，連絡及び監督に関する事務を行うことを目的とする。

3　日本弁護士連合会は，法人とする。

【1】 本条の趣旨

本条は，日弁連に関する基本事項を定めたものであり，1項は，日弁連が設立されなければならないこと及びその設立義務は全国の弁護士会に課せられていることを，2項は，日弁連の目的が弁護士，弁護士法人及び弁護士会の指導，連絡及び監督に関する事務を行うことであることを，3項は，日弁連が法人であることを，それぞれ規定している。

【2】 日弁連の設立

日弁連は必ず設立されなければならないが，本条1項は，その設立義務を全国の弁護士会に負わせている。

ところで，法33条1項をみると，弁護士会の会則の制定については，日弁連の承認が必要とされ，日弁連の承認があって弁護士会の基本規定たる会則の効力が生ずるものと解されるところ（前出355頁），本条では，その弁護士会が承認機関である日弁連を設立しなければならないとしており，矛盾した関係となっている。しかし，この点については，附則を置いて解決している。すなわち，法88条は，本法施行の際に現存した旧法下の弁護士会をそのまま現行法に基づく弁護士会とみなすこととし，また法90条は，日弁連の設立に必要な準備手続を，現行法施行日前に行うことができるものとしているのである。

なお，日弁連の会員は，弁護士，弁護士法人と弁護士会であるところ（法47条），本条では日弁連の設立義務を弁護士及び弁護士法人には負わせていない。これは，本法において重要な役割を担う日弁連を早急に設立する必要があったため，弁護士会のみに義務を負担させたものといわれている（日弁連編『日本弁護士沿革史』308頁）。

【3】 日弁連の目的

日弁連の目的は，法１条及び３条に定める弁護士の使命及び職務，並びに法30条の２第２項及び30条の５に定める弁護士法人の使命及び業務に鑑み，弁護士及び弁護士法人の品位を保持し，弁護士及び弁護士法人の事務の改善進歩を図るため，弁護士，弁護士法人及び弁護士会の指導，連絡及び監督に関する事務を行うことである。

これは，法31条が定める弁護士会の目的とほぼ同一であり，異なるのは，全国の弁護士会に対する指導，連絡及び監督に関する事務が追加されている点である。前述のように，旧法では，弁護士会は司法大臣の監督を受けていたが（34条），現行法では，日弁連が司法大臣に代わることとなったものである。

ところで，この日弁連の目的に関する規定については，大きく分けて次の二つの考え方が対立するといわれる。

①日弁連は，弁護士，弁護士法人及び弁護士会に対する指導，連絡及び監督に関する事務に限って目的となし得るものであり，日弁連の指導，連絡及び監督も，弁護士及び弁護士法人の「品位保持」と「弁護士及び弁護士法人の事務の改善進歩」に関する事項に限定されるとするものである。そして，法１条（30条の２第２項）に定める基本的人権の擁護と社会正義の実現という使命は，あくまで個々の弁護士及び弁護士法人の使命であって，日弁連はそれをサポートするものであるとする。これは，本条の文理を忠実かつ限定的に解釈するものである。

これに対し，②法１条（30条の２第２項）に定める使命は個々の弁護士及び弁護士法人の職務活動によってのみでは達成することが困難であり，弁護士及び弁護士法人の総力を結集して初めて達成が可能であるから，日弁連は，個々の弁護士及び弁護士法人の職務に必要な助言を与えると共に，より困難・重要な問題については，日弁連が独自に積極的な活動をなし得るものとする。そして，会則２条が「本会は，基本的人権を擁護し，社会正義を実現する源泉である」と規定し，更に，会則74条が人権擁護委員会と司法制度調査会を常置の委員会としていることも，このような考え方に基づくものであるとする。

思うに，①の考え方は，文理に素直ではあるものの，法１条（30条の２第２項）の趣旨の実現，日弁連の現実の諸活動の必要性を顧みないものというべきである。従って，②の考え方に立って，日弁連の目的を解釈するのが相当であろう（なお，児玉公男「日本弁護士連合会の社会的機能」『講座現代の弁護士２弁護士の団体』176頁以下を参照。日弁連の実際の活動については，日弁連編『日弁連二十年』『日弁連三十年』『日弁連四十年』『日弁連五十年史』『日弁連六十年』に詳しい）。

また，日弁連は，弁護士過疎地域の解消を目的として日弁連ひまわり基金を創設し，公設事務所や法律相談センターに対して資金援助をしている。後者の考え方からすれば，こうした日弁連の活動も当然に日弁連の目的に含まれると解される。

その他，日弁連の目的に関する議論は，弁護士会の目的に関する議論と共通する点が多いので338頁以下参照のこと。

【４】 日弁連に認められる事務

現行法上，日弁連に認められる主要な弁護士及び弁護士法人の事務その他の事務は，次のとおりとなっている。

１　弁護士名簿に関する事務

①　名簿の備置・管理（８条）

②　登録（９条・19条）及びその拒絶（15条）

③　登録換え（10条・19条）及びその拒絶（15条）

④　登録取消し（11条・13条・17条から19条まで）

⑤　登録又は登録換えの進達拒絶についての審査請求に対する裁決（12条４項・12条の２）

⑥　登録取消しの請求についての異議申出に対する裁決（14条）

⑦　登録・登録換え又は登録取消しについての訴えに対する応訴（16条）

２　弁護士に対する指導・連絡・監督

①　法律事務所の設置又は移転の届出を受けること（21条）

②　指定した事項の委嘱（24条）

③　その他の弁護士に対する指導・連絡・監督（本条２項）

３　弁護士法人に対する指導・連絡・監督

①　成立の届出を受けること（30条の10）

②　定款変更の届出を受けること（30条の11第２項）

③　法律事務所の設置又は移転の届出を受けること（30条の21・21条）

④　指定した事項の委嘱（30条の21・24条）

⑤　解散，清算，合併の届出を受けること（30条の23第２項・30条の26第２項・30条

の27第３項）

⑥　法務大臣の解散命令請求に対する意見（30条の25第３項）

⑦　清算についての裁判所に対する意見（30条の26の２第４項）

⑧　弁護士会の入退会の届出を受けること（36条の２第６項・７項）

⑨　その他の弁護士法人に対する指導・連絡・監督（本条２項）

4　弁護士会に対する指導・連絡・監督

①　会則制定・変更の承認（33条１項・３項）

②　総会の決議等の報告聴取（38条）

③　総会決議の取消し（40条）

④　諮問又は協議を求めること（42条１項）

⑤　弁護士会連合会設置に際しての規約の承認（44条）

⑥　その他の弁護士会に対する指導・連絡・監督（本条２項）

5　官公署その他に対する調査の依頼（48条）

6　官公署に対する建議又は官公署の諮問に対する答申（50条・42条２項）

7　懲戒に関する事務

①　弁護士会の懲戒を受けた者の審査請求に対する裁決（59条）

②　懲戒（60条）

③　懲戒請求者の異議の申出に対する決定（64条の２・64条の５）

④　日弁連に異議の申出をした者の綱紀審査の申出に対する決定（64条の４）

⑤　懲戒についての訴えに対する応訴（61条）

8　その他

①　無資力者のためにする法律扶助に関する事務（46条・33条２項９号）

②　弁護士の推薦に関する事務（46条・33条２項10号）

③　司法修習生の修習に関する事務（46条・33条２項11号）

【５】日弁連の機構

ここで，日弁連の機構について，概説する（平成31年４月現在）。

1　役　　員

役員として，会長，副会長，理事（常務理事を含む），監事が置かれている（会則56条）。

⑴　会長は，日弁連を代表し，会務を統理する（会則57条１項）。会長は昭和49年度までは代議員会で選ばれていたが，昭和50年度からは会員の投票による直接選挙によって選ばれている（会則61条１項）。

⑵　副会長は，会長が欠けたとき又は会長に事故があるときは，あらかじめ会長が指定した順序により，その指定がないときは，その弁護士の登録番号の順序によ

り，「会長職務代行者」として，会長の職務を行う（会則57条２項・３項)。副会長は，会長を補佐して会務の執行にあたり，会長とともに理事会，常務理事会の構成員である（会則58条１項・59条の２第１項)。現在の定数は15人である（会則56条１項２号)。

なお，平成30年度から，男女共同参画の観点に基づき，理事者に占める女性会員の割合を高めることを目的として，副会長のうち２人以上は女性が選任されなければならないとする積極的改善措置（いわゆるクオータ制）が導入されている（会則56条２項)。

⑶　理事は，定数が71人であり（会則56条１項３号)，理事会において会務を審議する（会則58条１項)。理事の互選により，常務理事会において会務を審議する常務理事若干人が選任される（会則56条３項，現在は39人)。

⑷　監事は，日弁連の財務を監査する（会則60条)。定数は５人である（会則56条１項４号)。

2　意思決定機関

これには，総会（会則33条)，代議員会（会則42条)，理事会（会則58条）及び常務理事会（会則59条の２）がある。

⑴　総会は，日弁連の最高意思決定機関であり，次の事項を審議する（会則34条)。

①　予算の議決及び決算の承認に関する事項

②　会則及び会規の制定・変更に関する事項

③　資格審査会・懲戒委員会・綱紀委員会・綱紀審査会の委員及び予備委員の選任に関する事項

④　法律又は会則の規定による付議事項

⑤　理事会又は代議員会において付議することを相当と認めた事項

⑵　代議員会は，各弁護士会からそれぞれ３人及びその所属する弁護士である会員数100人に達する毎に１人の割合（100人に達しないときは１人を，また最終の100人に達しない部分についても１人を加える）で選任された代議員によって構成され（会則43条)，副会長，理事及び監事の選任，選挙管理委員会の委員の選任，会則・会規の規定による付議事項，総会において特に委任された事項及び理事会において代議員会に付することを相当と認めた事項を審議する（会則42条２項)。

⑶　理事会は，会長・副会長及び理事によって構成され（会則58条１項)，次の事項を審議する（会則59条)。

①　日弁連の運営に関する重要事項

②　総会及び代議員会に付する議案に関する事項

③　日弁連の規則制定及び変更に関する事項

④　弁護士会の総会の決議の取消しに関する事項

⑤　名誉会員に関する事項

⑥　総会又は代議員会において理事会に委任した事項

⑦　その他会長において必要と認めた事項

(4)　常務理事会は，会長・副会長及び常務理事によって構成され（会則59条の２第１項），次の事項を審議する（会則59条の３）。

①　日弁連の運営に関する事項

②　弁護士会の会則の承認及び弁護士会連合会の設立の承認に関する事項

③　弁護士会に対する諮問及び協議に関する事項

④　弁護士名簿の登録，登録換え及び登録取消しに関する事項

⑤　弁護士の資格審査に関する事項

⑥　弁護士及び弁護士法人の懲戒に関する事項

⑦　外国の弁護士となる資格を有する者の弁護士事務を行う承認の取消しについての意見具申に関する事項

⑧　外国法事務弁護士となる資格を有する者の承認及び承認の取消し並びに特定外国法の指定及び指定の取消しについての意見具申に関する事項

⑨　外国法事務弁護士名簿の登録，登録換え及び登録取消しに関する事項

⑩　外国法事務弁護士及び外国法事務弁護士法人の懲戒に関する事項

⑪　弁護士会における司法修習生の修習に関する事項

⑫　最高裁判所に対する報告及び官公署の調査に関する事項

⑬　理事会において委任した事項

⑭　その他会長において必要と認めた事項

3　委員会

日弁連には，次の委員会がある。

(1)　法及び外国弁護士による法律事務の取扱いに関する特別措置法により設置を義務づけられた委員会として，資格審査会（法51条）・懲戒委員会（法65条）・綱紀委員会（法70条）・綱紀審査会（法71条），外国法事務弁護士登録審査会（外国弁護士による法律事務の取扱いに関する特別措置法37条）・外国法事務弁護士綱紀委員会（同法58条）・外国法事務弁護士懲戒委員会（同法55条）がある。

(2)　会則74条による常置委員会として，人権擁護委員会・司法修習委員会・司法制度調査会・弁護士推薦委員会・選挙管理委員会の５委員会がある。

(3)　会則82条による理事会の議決により設置される特別委員会がある。日弁連の委員会活動は，近時益々活発になっており，平成31年４月１日現在73に及ぶ特別委員会が設置されている。

4　事務機構

⑴　事務総長は，会長の命を受けて日弁連の事務を掌理し，事務次長以下の事務局の職員を指揮監督する（会則82条の２第２項）。

事務次長は，若干名が置かれ（同条１項，現在は弁護士６人及び職員１人），事務総長を補佐して，日弁連の会則又は規則で定める事務をつかさどる（同条４項）。

事務総長及び事務次長は，会長とともに日弁連の会務執行の中枢をなし，その任免は会長が理事会の議を経て行う（同条５項）。

⑵　事務総長の下で，事務局の職員が日弁連の事務処理にあたっている。なお，日弁連の業務は，総務部，審査部，法制部，人権部，業務部，企画部に分かれ，総務部には総務課・情報システム･施設管理課・経理課・人事課，審査部には審査第一課・審査第二課・審査第三課，法制部には法制第一課・法制第二課，人権部には人権第一課・人権第二課，業務部には業務第一課・業務第二課・業務第三課，企画部には企画課・広報課・国際課がそれぞれ置かれている（事務局職制に関する規則10条）。

⑶　調査室は，室長及び嘱託若干名で構成され，司法に関する調査研究のほか，弁護士会の会則等の改正についての検討，会長・事務総長からの諮問に対する答申及び委員会活動への協力等を行っている（会則82条の４，調査室規程）。

広報室は，室長並びに嘱託及び幹事若干名が置かれることとなっており，日弁連新聞の編集及び各種広報活動等を行っている（会則82条の４，広報室規程）。

国際室は，室長並びに嘱託，参与及び幹事各若干名で構成され，外国への広報，国際機関や外国法曹団体との連絡等を行っている（会則82条の４，国際室規程）。

人権救済調査室は，室長及び嘱託若干名で構成され，日弁連の人権擁護活動に関し，人権救済申立事案の整理及び処理，その他人権諸問題についての調査，研究及び各種資料作成等を行っている（人権救済調査室規則）。

日本司法支援センター対応室は，室長及び嘱託若干名で構成され，日本司法支援センターについて日弁連として取り組むべき課題に関し，施策立案のための調査及び研究，弁護士会との連絡等を行っている（日本司法支援センター対応室規則）。

研修・業務支援室は，室長及び嘱託若干名で構成され，弁護士向け研修の企画立案，弁護士の業務分野の調査及び研究，弁護士及び弁護士業務に関する情報提供等を行っている（研修・業務支援室規則）。

司法調査室は，平成28年１月１日に司法改革調査室，法曹養成対策室，情報統計室及び立法対策室を統合して設置したもので，室長及び嘱託を置くことになっており（副室長若干名及び幹事若干名を置くことが可能），司法制度，立法課題及び法曹養成制度に関する調査，研究等を行うとともに，統計調査，弁護士白書の編集及び刊行等も行っている（司法調査室規則）。

刑事調査室は，平成30年8月1日に，従来の司法調査室から独立する形で設置された室であり，室長及び嘱託を置くとされ（副室長，参与，幹事各若干名を置くこともできる），刑事司法制度及び刑事司法に係る立法課題に関する調査，研究及び資料の作成等の業務を行っている。

【6】 法人格

本条3項は，日弁連に対して法人格を与える規定である。

日弁連は，前述したとおり，法31条1項に定める弁護士会の目的を包含し，更に，弁護士会に対する上級機関として，その指導連絡監督権を有しているものであるから，弁護士会にも増して公的法人としての性格が顕著に認められる。従って，弁護士会に対して法人格を認めたこと（同条2項）と同様，日弁連にも法人格を認めたものである。

なお，本条3項が「法人」と規定しているのは，現行法制定当時においては，公法人，私法人ともすべて法人とのみ規定するのが例であったからとされる（福原・192頁）。

（会則）

第46条 日本弁護士連合会は，会則を定めなければならない。

2 日本弁護士連合会の会則には，次に掲げる事項を記載しなければならない。

一 第33条第2項第1号から第5号まで，第7号から第11号まで，第13号，第15号及び第16号に掲げる事項

二 弁護士名簿の登録，登録換え及び登録取消しに関する規定

三 綱紀審査会に関する規定

【1】 本条の趣旨

一般に，団体は，活動をするために必要な組織や運営に関する基本的規範を定めなければならないことは，明文の規定をまつまでもなく，当然のことと見られるが，本条は，日弁連が本法によって設立を義務づけられた公的性格を有する法人であるため，その基本的規範を会則という形式で明定すべきことを定め，更に会則中に必ず規定しなければならない事項を列挙したものである（なお，法33条の解説を参照）。

【2】 会則の必要的記載事項

本条は，日弁連会則の記載事項につき，2項1号で，法33条2項に規定する弁護士会の会則記載事項の大部分を引用しているが，日弁連の会則のみに記載する事項として，本条2項2号で弁護士名簿の登録等に関する事項を，本条2項3号で綱紀

審査会に関する事項をあげている。

以下各記載事項について解説する。

1　名称及び事務所の所在地（法33条２項１号に掲げる事項）

名称は，現行法が規定するとおり「日本弁護士連合会」という名称である（会則１条）。また，事務所の所在地については，弁護士会のような制限（地方裁判所の管轄区域ごと・法32条）はない。そして，会則９条は，「事務所を東京都千代田区霞が関１丁目１番３号に置く」と定めている。事務所の所在地を記載事項としたのは，日弁連が法人として権利義務の主体となり，また弁護士会との連絡等を行う関係からである。

2　会長，副会長その他会の機関の選任，構成及び職務権限に関する規定（法33条２項２号に掲げる事項）

日弁連は法人であり，その意思決定や執行のための機関は必須のことである。機関としては，代表機関，執行機関，議決機関等に分けられるが，まず代表機関については，法50条が準用する法35条により，日弁連の代表者は会長とされている。そして，会長に事故あるとき又は会長が欠けたときは，副会長が会長の職務を行うが，この副会長は，執行機関にあたるものである。その他に，本法の予定する機関としては，総会（50条・37条），資格審査会（51条），懲戒委員会（65条），綱紀委員会（70条），綱紀審査会（71条）があるが，これはいずれも議決機関（意思決定機関）である。

このほかにどのような機関を設置するかは，日弁連の自治に委ねられている。そして，現行会則は，議決機関として，代議員会（42条），理事会（59条），常務理事会（59条の３）を，執行機関として，常務理事（58条３項）を，監査機関として，監事（60条）を，それぞれ置くこととしている。更に，法定の委員会のほかに，人権擁護委員会，司法修習委員会，司法制度調査会，弁護士推薦委員会，選挙管理委員会を常置委員会として置き（会則74条），また必要に応じて，特別委員会を置くこととしている（会則82条）。このうち，会長の諮問機関としての性格しか持たない委員会は，本条にいう機関（議決機関）に該当しない。

そして，本条は，これらの機関の選任，構成，職務権限に関する規定を置くべきものとしているが，現行会則も，これを受けて規定を設け，特に選任については，会則の委任により，会長選挙規程及び役員選任規程を別途定めている。

3　入会及び退会に関する規定（法33条２項３号に掲げる事項）

弁護士，弁護士法人及び弁護士会は，当然，日弁連の会員となり（法47条），また会員たる地位を失ったときは，当然に退会となるのであって，特別に入会又は退会の手続をとる必要はない。そこで，会則５条は，上記の趣旨を明らかにする規定を置いている。

4　資格審査会に関する規定（法33条2項4号に掲げる事項）

資格審査会は，登録，登録換え，登録取消しの請求に関して必要な審査をする弁護士法上の必要的機関であるが（法51条），法が定める基本的規定（第7章）に従って，会則に議事，議決方法に関する規定を置かなければならない。

現行会則では，65条から67条の2までに基本的規定を置き，詳細は資格審査手続規程で定めている。

5　会議に関する規定（法33条2項5号に掲げる事項）

法33条2項各号に規定する議決機関（会議体）について，その議事運営に関する規定を置くべきものとする規定であるが，現行会則は，各種の議決機関について基本的規定を置き，総会・代議員会・理事会・常務理事会については，別途に議事規程を定めている。

6　弁護士道徳その他会員の綱紀保持に関する規定（法33条2項7号に掲げる事項）

弁護士道徳は，弁護士が遵守しなければならない方針・規律を意味するが，現行会則は，弁護士道徳と題する章名の下に10条から16条にかけて規定を置いている。従前，弁護士の道徳的実践的規範を定めるものとしては弁護士倫理（平成2年3月2日臨時総会決議）があったが，これに代わり会規として弁護士職務基本規程（平成16年11月10日会規第70号）が制定された（平成17年4月1日施行。弁護士倫理は同日廃止）。また，会規として，昭和54年5月に刑事法廷における弁護活動に関する倫理規程（会規22号）を定めており，その後も本号に関係する多くの会規が制定されている（倫理研修規程（会規42号），弁護士等の業務広告に関する規程（会規44号），債務整理事件処理の規律を定める規程（会規93号），依頼者の本人特定事項の確認及び記録保存等に関する規程（会規95号）等）。

7　懲戒並びに懲戒委員会及び綱紀委員会に関する規定（法33条2項8号に掲げる事項）

法は弁護士自治を採用し，弁護士及び弁護士法人の懲戒権限を弁護士会・日弁連に委ね，懲戒に関する第8章中に懲戒事由及び懲戒権者等（第1節），懲戒請求者による異議の申出等（第2節），懲戒委員会（第3節），綱紀委員会（第4節），綱紀審査会（第5節）を規定しているが，ここでは更に手続の細目を定める規定を会則に置くべきことが要求されている。そこで，会則は，第8章において懲戒処分の公告，公表，通知等（68条から68条の4まで），懲戒委員会の組織，運営等（69条から69条の5まで），綱紀委員会の組織，運営等（70条から70条の4まで），綱紀審査会の組織，運営等（71条から71条の4まで），弁護士・弁護士法人の懲戒手続への協力義務（72条）を規定したうえ，さらに73条で「この章に規定するもののほか，懲戒に関し必要な事項は，会規で定める」と規定する。これを受けて懲戒委員会及び懲戒手続に関する規程（平成15年11月12日会規第59号），綱紀委員会及び綱紀手続に関する規程（平成15年11月12

日会規第57号），綱紀審査会及び綱紀審査手続に関する規程（平成15年11月12日会規第58号），懲戒処分の公告及び公表等に関する規程（平成15年11月12日会規第60号），懲戒処分歴の開示に関する規程（平成20年12月５日会規第87号）等が定められている。

8　無資力者のためにする法律扶助に関する規定（法33条２項９号に掲げる事項）

無資力者すなわち経済的に困窮している者に対する法律扶助は，日弁連の社会的責務であるとの見地から，会則の必要的記載事項としたものと認められる。

会則88条は，弁護士会は，無資力者の依頼によって法律相談・訴訟扶助をしなければならないとし，弁護士会がこうした依頼を受けたときは，所属会員の中から適当な者を選任して，事件の処理をさせるべきものとしている。会則89条は，これに要する費用は弁護士会の負担としている。また，会則89条の２は，日弁連が，無資力者のためにする法律扶助に関し，法律援助事業を行うものとしている。

なお，現在は，総合法律支援法（平成16年法律74号）に基づき，日本司法支援センター（法テラス）が民事法律扶助業務を行っている。また，同センターは，日弁連からの委託援助事業として，刑事被疑者弁護援助事業，少年保護事件付添援助事業，犯罪被害者法律援助事業その他の援助事業も行っている。これらの援助事業の手続に関する規程や同センターとの間の協働関係について定める規程なども本号に当たり得る。

9　官公署その他に対する弁護士の推薦に関する規定（法33条２項10号に掲げる事項）

弁護士は公共的性格を有するものであり，官公署等の公的機関やその他の私的団体等から弁護士の推薦を求められた場合には，日弁連は責任をもって推薦すべきである。また，弁護士及び弁護士法人が法律事務処理を独占したことにより（法72条），国民の弁護士に対する依頼をできるかぎり容易にする措置を講ずべきは当然のことと認められる。そこで，ここでは，官公署その他から弁護士の推薦を依頼された場合について，日弁連の手続を規定することが要求されている。

会則74条，78条は，弁護士推薦委員会を規定し，公正妥当な推薦手続を期している。

10　司法修習生の修習に関する規定（法33条２項11号に掲げる事項）

日弁連は，弁護実務修習について直接司法修習生の指導にあたるものではないが，これにあたる弁護士会の指導方法等をできるかぎり差のないようにするため，日弁連においても，司法修習生に関する事項を会則中に規定すべきこととしたものである。その結果，会則74条，76条において司法修習委員会を設けることとしたほか，更に83条から86条までの規定を置き，日弁連は，修習を担当する弁護士会の修習指導の実施に必要な指導監督をするものとしている（会則83条）。

11　建議及び答申に関する規定（法33条２項13号に掲げる事項）

弁護士会は，日弁連から諮問又は協議を受けた事項について答申しなければならない義務を負い，また弁護士会・日弁連は，弁護士及び弁護士法人の事務その他司法事務に関し，官公署に建議又は答申することができることになっているが（法42条2項・50条），本号はこれらに関する手続規定を会則中に置くべきことを定めている。

会則は，弁護士会に対する諮問・協議に関する事項が常務理事会の審議事項であるとするほか（59条の3），建議，答申に関しては，通例，日弁連の運営に関する重要事項として，理事会の審議によっている（59条）。

12　会費に関する規定（法33条2項15号に掲げる事項）

本号は，日弁連の会員たる弁護士会並びに弁護士及び弁護士法人から徴収する会費について，会則に規定することを定めるものである。ここにいう会費とは，名称の如何を問わず，会員から強制的に徴収される金員一切を指すものと解される。

現行会則95条は，弁護士である会員に対して，会費納入義務を規定し，また会則95条の3は，特別会費の納入について規定している。なお，会費の増額について，日弁連が会則を改正する議決をすることについては，弁護士自治の趣旨から，司法判断を控えるべきであり，当該会則改正は憲法77条に違反するものではないとする裁判例がある（大阪高判平成元・2・28判タ703号235頁）。

13　会計及び資産に関する規定（法33条2項16号に掲げる事項）

日弁連の適正な会計処理・資産管理のため，必要な規定を会則中に定めるべきものとした。そこで，会則90条以下に基本的規定を置き，更に会計及び資産に関する規程を別途定めている。

14　弁護士名簿の登録，登録換え及び登録取消しに関する規定（本条2項2号）

法33条2項6号では，弁護士会の会則規定事項として，弁護士名簿の登録・登録換え・登録取消しの請求の進達及び弁護士会による登録取消しの請求及びその実施のために必要な手続に関する規定を定めているが，日弁連は，弁護士名簿を備え（法8条），弁護士会の進達又は請求を受けて，登録，登録換え，登録取消しを行うものであるから，特に本条2項2号で規定したものである。

そこで，上記に関する手続について会則に規定を設けることが要求されるが，会則17条以下は，その定めを置いている。

15　綱紀審査会に関する規定（本条2項3号）

平成15年改正法は日弁連に綱紀審査会を置いた（その趣旨等については法71条の解説を参照）。そこで，本条2項は日弁連に対し会則で綱紀審査会に関して定めることを求めている。これを受けて日弁連は会則71条以下に綱紀審査会に関する定めを置いている。

【3】 弁護士会の会則記載事項との異同

本条と法33条とを比較すると，次の4点において異なっている。

1　弁護士名簿の登録・登録換え及び登録取消しの請求の進達並びに第13条の規定による登録取消しの請求及びその実施のために必要な手続に関する規定

この点は，前述したとおりである。

2　会員の職務に関する紛議の調停に関する規定

本条2項は，法33条2項12号を準用していないが，これは，日弁連が全国的規模の組織であって，弁護士に対する第1次的指導連絡監督機関は，その所属弁護士会とされていること，個々の弁護士の具体的な職務に関する紛議についてまで関与することは，日弁連の機構上も困難であること等の理由による（福原・195頁）。

3　綱紀審査会に関する規定

この点は，前述したとおりである。

4　営利業務の届出等に関する規定

平成15年改正法は営利業務に従事しようとする弁護士に対し所属弁護士会への届出を義務づけ（法30条1項），弁護士会に対し営利業務従事弁護士名簿の作成，備置等を義務づけた（同条2項）。このように営利業務の届出は弁護士会に対して行われ，営利業務従事弁護士名簿の作成，備置等は弁護士会が行うものとされているので，本条2項は法33条2項14号を準用していない。

【4】 会則制定変更手続

1　本条は，会則の制定と記載事項についてのみ規定し，弁護士会の会則改正のように他の機関の承認等を一切要しないこととしている。そして，法50条による法39条の準用に基づき，会則改正は総会の決議によらなければならない。しかし，総会の決議要件等については，法に規定がなく，日弁連の自治に委ねたものと解される。会則99条1項は，会則改正は，理事会において出席者の3分の2以上の賛成をもって発議し，総会において出席した弁護士会及び弁護士である会員の3分の2以上の賛成をもって議決しなければならないとしている。

2　なお，会長選挙に関連した事件につき，①会則の改正に関する発議権は会則99条によれば理事会に専属し，一般会員にはないと解すべきである，②日弁連の代議員選出の具体的方法については会則上何らの規定もないから，どのような方法で選出するかは各弁護士会に一任されているものと解すべきである，③日弁連会長選挙にあたって，多額の運動費が使われたとしても，それだけでは会長選任行為を無効ならしめるものではない，④日弁連会長選任にあたって，会員の一部の者が会長候補者の調整をしたとしても，その選任の効力には影響がない，という裁判例がある（東京地判昭和35・2・19下民集11巻2号375頁）。

【5】 会則の委任による規定

本条は，会則の必要的記載事項をあげているが，そのすべてについて会則中で詳細な規定を置くことは困難である。そこで，会則の委任に基づき，総会の議決に基づく会規（会則34条。なお，これは「規程」と称するのが例である），理事会の議決に基づく規則（会則59条）を定めて，会則を補っている。

会規，規則の詳細については，『日本弁護士連合会関係法規集』があるので参照されたい。

（会員）

第47条 弁護士，弁護士法人及び弁護士会は，当然，日本弁護士連合会の会員となる。

【1】 本条の趣旨

本条は，日弁連が弁護士，弁護士法人と各弁護士会を会員とするものであること，及び会員になるか否かの選択を認めないとする強制加入制度をとることを規定する。

【2】 日弁連の会員

日弁連は，各弁護士会の結合体としての性格を有すると同時に，登録・懲戒等の場面において個々の弁護士や弁護士法人と直接の関係をもつ場合があり，その場合には会と会員という立場におくことが法律関係を明確にするので，弁護士会とともに弁護士及び弁護士法人をも会員とする構造をとったとされている。その他の理由として，弁護士会のみを会員としたのでは，日弁連の運営につき一般の弁護士の関心が薄くなるおそれがあること，また，日弁連の財政はすべて会員の拠出にまつこととされているので，日弁連の財政を確保するための配慮があったこと等があげられている（福原・214頁）。

【3】 強制加入制度

会員の強制加入制度は，弁護士会及び日弁連が自治制をとった当然の帰結でもある。すなわち，現行法により，弁護士は国家機関の監督を受けず，弁護士会又は日弁連の指導，監督しか受けないこととなったため，もし入会を強制しなければ，個々の弁護士の身分上の監督をする機関がないこととなり，自由放任の状態を生む弊害を生ずるおそれがあるし，また弁護士会の指導監督の不統一からくる弊害も予想されるので，日弁連への加入を強制したものである。このように，法が強制加入制をとり憲法の定める結社の自由（21条）及び職業選択の自由（22条）に対する制約をしたのは，弁護士自治と深く関わっているからである。

現行法制定にあたっては，序説で述べたように，強制加入制の合憲性が議論されたのであるが，やがて強制加入制度は，司法書士（司法書士法57条・昭和31年の改正時15条の3），税理士（税理士法49条の6・昭和31年の改正時49条の7），公認会計士（公認会計士法46条の2・昭和41年の改正）にも導入され，違憲論議は過去のものとなったといってよい（最判平成4・7・9判タ804号82頁は，弁護士会及び日弁連への強制加入制度について，憲法22条に違反しないと判示している）。

（調査の依頼）

第48条 日本弁護士連合会は，弁護士，弁護士法人及び弁護士会の指導，連絡及び監督に関する事務について，官公署その他に必要な調査を依頼することができる。

【1】 本条の趣旨

現行法は，弁護士，弁護士法人及び弁護士会に対する指導，連絡及び監督に関する権限を日弁連に与えた結果（45条2項），その事務を遂行するために，日弁連が官公署その他に調査を依頼する必要を生ずることが予想される。本条は，その場合の調査依頼の根拠規定である。

【2】 調査依頼事項

日弁連が調査を依頼できる事項は，弁護士，弁護士法人及び弁護士会の指導，連絡及び監督に関する事項についてである。日弁連は，弁護士，弁護士法人及び弁護士会の指導，連絡及び監督に関する事務を行うことを目的とするものであるから（法45条2項），本条により調査依頼できる事項は，日弁連の目的に属する事項全般ということができる。その例としては，弁護士及び弁護士法人の業務の具体的取扱方法等がある。

【3】 調査依頼先

本条は，民事訴訟法186条（調査の嘱託）及び刑事訴訟法197条2項（捜査上の照会）とほとんど同じ規定となっているが，依頼先について，民訴法では裁判所が必要な調査を「官庁若しくは公署……その他の団体」に嘱託できるとし，刑訴法では捜査機関が「公務所又は公私の団体」に必要な事項の報告を求めることができるとしているのに対し，本条は，「官公署その他」に必要な調査を依頼することができるとなっていて，団体に限定する文言がない。従って，例えば，「公私の団体」でない私人に対しても依頼できることとなる。

民訴法による調査の嘱託や刑訴法による捜査上の照会については，正当な理由がない限りこれに応ずる義務があると解されているが（斎藤秀夫他編『注解民事訴訟法（第２版）(7)』314頁，伊藤栄樹他編『注釈刑事訴訟法（新版）』第３巻83頁），本条についても，調査依頼がされた場合，相手方は正当な理由がない限り調査の依頼を拒否できないと解するのが相当である（福原・216頁）。

しかし，拒否された場合については，履行を強制する方法はない。

なお，最高裁判所も本条の照会先に含まれるから，その点で，本条は法49条と対応関係にあるものと解される（現行法制定時の国会での提案説明は，次のようになされている。「……48條では，日本弁護士連合会の職責と睨み合せまして，その弁護士或いは弁護士会の指導は，連絡，監督事務について官公署その他に必要な調査依頼の権限があるということを規定し，更に49條では，これと対照的に最高裁判所が必要と認める場合に，日本弁護士連合会を通じて，その弁護士或いは弁護士会に関する調査をするとか，或いは弁護士連合会そのものの行う事務についても報告を求められるということを規定した」（第５回国会参議院法務委員会会議録第13号昭和24年５月12日３頁））。

（最高裁判所の権限）

第49条　最高裁判所は，必要と認める場合には，日本弁護士連合会に，その行う事務について報告を求め，又は弁護士，弁護士法人及び弁護士会に関する調査を依頼することができる。

【1】　本条の趣旨

最高裁判所は，憲法77条１項により，弁護士の職務と密接な関係のある訴訟手続に関する事項や直接弁護士に関する事項について規則を制定する権限を有するものであるが，その権限を適切に行使するための資料を収集するため，日弁連に対してもその行う事務について報告を求め，又は広く弁護士，弁護士法人及び弁護士会に関する事項について調査を依頼する必要を生ずることが予想される。本条はそのような場合における調査，報告依頼の根拠規定である。

従って，本条を根拠として最高裁判所が日弁連の上級機関であると解したり，この報告や調査によって事実上日弁連の活動に影響を与えることができるとするような解釈をとることは許されない。

もっとも，法48条の場合と同じく，本条に基づく調査，報告依頼があった場合，日弁連は正当な理由がない限り，これを拒否できないと解される。

【2】　最高裁判所の規則制定権と弁護士法

前述のとおり，最高裁判所は，憲法上弁護士に関する事項についても規則制定権を有するのであるが，規則と本法との関係が問題とされた。この点については序説（6頁）を参照されたい。

（行政手続法の適用除外）

第49条の2 日本弁護士連合会がこの法律に基づいて行う処分については，行政手続法第2章，第3章及び第4章の2の規定は，適用しない。

【1】 本条の趣旨

本条は，本法に基づき日弁連が行う処分について，行政手続法第2章，第3章及び第4章の2の適用を除外する規定である。

平成5年に行政手続法（平成5年11月12日法律第88号）及び行政手続法の施行に伴う関係法律の整備に関する法律（同法律第89号。以下本条の説明において「整備法」という）が制定されたが，本条は，整備法33条に基づき，同じく弁護士会の処分について適用除外を定めた法43条の15（平成18年改正前法43条の2）と併せて追加された。

当初は第2章及び第3章のみを適用除外とするものであったが，その後平成26年の行政手続法の改正（平成26年法律第70号）に伴い，「処分等の求め」（行政手続法第4章の2）の手続が設けられたが，これに関する規定も適用しないこととするため，第4章の2が適用除外の対象に加えられた。

なお，行政手続法の目的，適用除外とされた経緯等については，法43条の15の解説を参照されたい。

【2】 行政手続法の適用関係

1 行政手続法は，処分，行政指導，処分等の求め及び届出に関する手続並びに命令等を定める手続に関する一般法として定められたものである。処分については，申請に対する処分及び不利益処分について，第2章，第3章でそれぞれ規定され，申請に対する処分については，審査基準，標準処理期間，申請に対する審査・応答，理由の提示，情報の提供，公聴会の開催等が，不利益処分については，処分基準をできる限り具体的なものとすることと，理由の提示等を定めた通則的規定とともに，聴聞，弁明の機会について定めた。また，処分等の求めについては，第4章の2に規定され，法令に違反する事実がある場合に，その是正のためにされるべき処分又は行政指導がなされていないと思われるときに，処分又は行政指導をする権限を有する行政庁又は行政機関に対してその旨を申し出て，処分又は行政指導をすることを求めることができること，申出は一定の事項を記載した申出書を提出してしなければならないこと，申出があったときは，必要な調査を行い，その結果に基づき必要があると認めるときは，処分又は行政指導をしなければならないことが定められている。これらの規定は，日弁連が本法に基づいて行う処分については適用されないこととされている。

なお，行政手続法上の処分については，同法上「行政庁の処分その他公権力の行使に当たる行為をいう」（2条2号）と規定され，行審法，行訴法におけるのと同様の定義がなされている（但し，行政手続法上は，行政機関間の処分のように，行審法，行訴法にいう処分にはあたらないと解されるものについても処分とした上で行政手続法の適用を除外している）。行審法，行訴法にいう処分とは，公権力の行使にあたる行為のうち，その行為によって直接国民の権利義務を形成し又はその範囲を確定することが法律上認められているものをいう（最判昭和30・2・24民集9巻2号217頁，田中・行政法上234頁，326頁参照）と解されている。

日弁連が本法に基づき行う処分については，登録及び懲戒に関する処分がある（法49条の3参照）。その他，弁護士会に対する関係での，会則制定・変更の承認（法33条1項・3項），総会決議の取消し（法40条），弁護士会連合会設置に際しての規約の承認（法44条）などについても，行政手続法上は処分とも考えられる。

従来，日弁連が行う処分で本法に基づかないものについては，本条の反対解釈から行政手続法の適用があると解されていた。この点について否定的な裁判例があることについては，法43条の15の解説を参照。

2　行政指導については，行政手続法上は，行政機関が行うものと定義されているところ（2条6号），日弁連は，行政手続法で定義されるところの行政機関（同条5号）には含まれないので，同法第4章の行政指導に関する規定の適用はないこととなる。

3　届出については，行政手続法上，「行政庁に対し一定の事項の通知をする行為（申請に該当するものを除く。）であって，法令により直接に当該通知が義務付けられているもの（自己の期待する一定の法律上の効果を発生させるためには当該通知をすべきこととされているものを含む。）をいう」と定義されている（2条7号）。行政手続法は，処分を行う主体を行政庁とし，行政庁については，特に定義規定を置いていない。弁護士法に基づき日弁連が行う処分については，日弁連は行政手続法上の行政庁と解されるので（なお，これと異なる近時の裁判例について398頁を参照），日弁連に対する上記の通知行為については届出と解され，行政手続法第5章の届出に関する規定（同章は37条の1条からなる）の適用があることになる。行政手続法37条は，「届出が届出書の記載事項に不備がないこと，届出書に必要な書類が添付されていることその他の法令に定められた届出の形式上の要件に適合している場合は，当該届出が法令により当該届出の提出先とされている機関の事務所に到達したときに，当該届出をすべき手続上の義務が履行されたものとする」と規定し，届出が法令の定めに従って適式になされたときは，行政庁において当該届出を受ける受けない等の意思や判断の介在する余地のないことを明らかにしている。

本法上届出という用語を用いて規定されているものは，日弁連に対するものとしては，法律事務所の届出（21条）及び弁護士法人に関する届出（30条の10・30条の11第2項・30条の23第2項・30条の26第2項・30条の27第3項）があるが，日弁連に対する諸種の通知行為についても，行政手続法上の届出と解されるものについては，その適用があると解される。

（審査請求の制限）

第49条の3　この法律に基づく日本弁護士連合会の処分又はその不作為については，審査請求をすることができない。

【1】 本条の趣旨

本条は，本法に規定する日弁連の処分について，行審法による不服申立てを禁止する規定である。法12条，12条の2，59条の規定から明らかなように，本法に規定する弁護士会の処分については，行政庁の処分その他公権力の行使にあたる行為に関する不服申立ての一般法である行審法が適用されることとなっている。そして，弁護士会の処分については，上級機関たる日弁連に対する審査請求を認めている。しかし，日弁連については，これ以上の上級機関がなく，その処分に対する不服申立ての途を開く必要を認めることができない。そこで，本条が設けられたものとされる（福原・219頁）。

なお，平成26年の行審法改正前は，行審法上，異議申立ての手続があったため，本条によって異議申立てまでが禁止されるかについて争いがあった。しかし，平成26年の行審法改正により，異議申立ての手続自体が廃止され，不服申立手続は審査請求に一元化されている。

【2】 日弁連の処分

日弁連が弁護士法に基づいて行う処分と認められるのは，次のものである。

1　弁護士名簿に関する処分

① 登録（9条）

② 登録換え（10条）

③ 登録取消し（11条・13条・17条）

④ 登録又は登録換えの進達拒絶についての審査請求に対する裁決（12条の2）

⑤　法13条1項による登録取消しの請求についての異議申出に対する裁決（14条）

⑥　登録又は登録換えの拒絶（15条）

但し，④～⑥の場合については，東京高等裁判所に対して取消訴訟を提起できることとなっている（16条）。

2　懲戒に関する処分

①　懲戒処分（60条）

②　弁護士会から懲戒を受けた者の審査請求に対する裁決（59条）

③　懲戒請求者の異議の申出に対する決定（64条の2・64条の5）

④　異議申出人の綱紀審査の申出に対する決定（64条の4）

①と②の場合については，東京高等裁判所に対し取消訴訟を提起できることとなっている（61条）。

3　弁護士会に対する処分

①　弁護士会の会則制定・変更の承認（33条1項・3項）

②　弁護士会の総会決議の取消し（40条）

③　弁護士会連合会設置に際しての規約の承認（44条）

（準用規定）

第50条　第34条，第35条，第37条，第39条及び第42条第2項の規定は，日本弁護士連合会に準用する。

【1】　本条の趣旨

本条は，弁護士会に関する規定中，日弁連にも同様の規定を設ける必要があるものについて，一括して準用することを定めている。

【2】　準用の内容

準用の結果は次のとおりである。

1　まず，法34条の準用により，日弁連は，その所在地で名称，事務所の所在場所，会長・副会長の氏名及び住所，合併の公告方法についての定め，電子公告関係事項を登記事項とする設立登記をすることによって成立し，これらの事項に変更を生じたときは，2週間以内に変更の登記をしなければならない。そして，この登記は，第三者に対する対抗要件とされる。但し，日弁連は地方裁判所の管轄区域を設立基準とするわけではないので，同条2項2号の準用は意味がなく，また，日弁連が解散することは考えられないので，同条3項の準用も無意味である。

2　次に，法35条の準用により，日弁連の代表者は会長であり，会長に事故あるとき又は会長が欠けたときは，副会長が会長の職務を行うこととされ，会長，副会長は，刑法その他の罰則の適用について，法令により公務に従事する職員とされる。

現在，副会長は，会則により15人と定められている（56条1項2号）。

副会長は，会長を補佐するものとして，正副会長会で会務を審議するほか，理事会及び常務理事会に出席して会務を審議する（会則58条1項・59条の2第1項）。会長・副会長は理事ではないことから，（常務）理事会において議決権を有するか否かについて否定的な見解もあるが，会長・副会長も（常務）理事会の構成員であること（会則58条1項・59条の2第1項），（常務）理事会における議決は，出席理事ではなく，出席者の過半数で決するとあること（会則58条2項・59条の2第2項）から，議決権を有するものと考えるべきである。

3　更に，法37条の準用により，日弁連は，毎年定期総会を開かなければならない。定期総会は，従前毎年5月に開催することとされていたが，平成31年3月の総会で毎年6月に開催することと変更された（会則33条2項）。また，必要がある場合は臨時総会を開くこともできる。これまで会則改正等について，たびたび臨時総会が開かれている。

4　法39条の準用により，日弁連の会則変更，予算及び決算は総会の必要的決議事項となる。

5　最後に，法42条2項の準用により，日弁連は官公署に対し建議し，又はその諮問に答申することができる。現実にも，この建議，答申の数は多く，近時は日弁連の活動が活発になるに伴って，その数も増加している。

6　なお，詳細については，当該条文の解説を参照されたい。

第7章　資格審査会

【1】 資格審査会制度の趣旨

現行法は，広く弁護士会及び日弁連に自治権を付与して，弁護士の登録についても弁護士会及び日弁連にその権限を委ねている。すなわち，弁護士となるには，日弁連に備えた弁護士名簿に登録されることを要し（法8条），それには，入会しようとする弁護士会を経て，日弁連に登録の請求をしなければならない（法9条）。また，その所属弁護士会を変更し，あるいはその業務をやめようとするときは，所属弁護士会を経て，日弁連にそれぞれ登録換え又は登録取消しの請求をしなければならない（法10条・11条）。更に，所属弁護士会及び日弁連は，一定の事由がある者に対しては，登録又は登録換えの請求の進達あるいは登録又は登録換えを拒絶することができるし（法12条・15条），虚偽の申告によって登録を受けた者等に対しては，弁護士会がその登録の取消しを請求することができる（法13条）。

このように法は，弁護士の身分の問題について，弁護士会及び日弁連に弁護士自治の立場から強力な権限を付与しているのであるが，それだけに，この権限の行使は適正かつ慎重になされなければならない。特に，弁護士の登録・登録換えの請求の進達を弁護士会が拒絶する場合は，弁護士の利益，職業選択の自由が不当に侵されないようにすることが求められる。そこで，法は，弁護士会及び日弁連が登録に関して有する権限の適正かつ慎重な行使を保障するために，資格審査会制度を設けたものである。

資格審査会は法定の必要的機関であって，また，弁護士会及び日弁連から独立して弁護士の資格等を審議するという意味で，独立の機関でもある。これらの点で，資格審査会は綱紀委員会や懲戒委員会に似た機関といえる。

【2】 沿革等

資格審査会は，現行法によって新しく設けられた機関である。すなわち，旧法では，「弁護士タラントスル者ハ其ノ入会セントスル弁護士会ヲ経由シテ司法大臣ニ登録ノ請求ヲ為スベシ」と規定し（9条），登録換えも，同様な手続によってなされることになっていたが（10条），一定の事由があるときは，弁護士会は，資格審査会のような機関の議決に基づくことなく，登録若しくは登録換えの請求の進達を拒絶し，又は退会を命ずることができるとされていた（12条）。そして，登録若しくは登録換えの請求の進達を拒絶され，又は退会させられた者は，司法大臣に不服の申立てができるとしたが（旧法13条１項），この場合に，司法大臣は，審査委員会に諮問して登録若しくは登録換えの請求の進達を命じ，又は退会の命を取り消すことができた（同条２項）。しかし上記の審査委員会は，現行の資格審査会とはその構成，権限等を異にしている。すなわち審査委員会は，司法大臣の監督に服し，司法大臣の諮問に応じて単に旧法13条１項の規定による不服申立ての審査を行って答申をするにすぎないものとされ，また，弁護士審査委員会官制（昭和11年勅令第269号）が制定されていて，その構成は司法次官を会長とし，委員の半数を司法省内の官吏，半数を弁護士からそれぞれ任命するものとされていたのであった。

この審査委員会制度は，弁護士会で進達を拒絶した者に対して司法大臣が進達を命じ弁護士名簿に登録すると，弁護士会が同一の理由で退会を命ずる事態が予想され，かくては再不服申立てを経て再度司法大臣の退会の命の取消しということになりかねないところ，このような対立状態を未然に回避すること，不服申立てについて慎重公正に取り扱う必要があることから設けられたものとされるが，司法大臣は，審査委員会の答申に拘束されなかったのである（金子・189頁）。

なお，各国の弁護士制度についても，現行法の資格審査会制度に類似した立法例は見当たらないといわれている（福原・223頁）。

【３】 会則等への委任

法は，前述のような資格審査会の重要性に鑑みて，日弁連の会則に資格審査会に関する規定を置くものと定めた（法33条２項４号・46条２項１号）。これを受けて，会則には，65条から67条の２にかけて資格審査会に関する規定が設けられている。また各弁護士会の会則にも，同様の規定が置かれている。資格審査会の審議手続等について，更に会則より下位の会規・規則に詳細な定めを置く弁護士会も多い。日弁連の資格審査会については，資格審査手続規程が設けられている。

（設置及び機能）

第51条 各弁護士会及び日本弁護士連合会にそれぞれ資格審査会を置く。

２ 資格審査会は，その置かれた弁護士会又は日本弁護士連合会の請求により，登録，登録換及び登録取消の請求に関して必要な審査をする。

【１】 本条の趣旨

本条は，資格審査会が各弁護士会及び日弁連に常置される必要的法定機関であること（１項）と資格審査会の権限（２項）についての規定である。

更に，本条２項は，資格審査会が，弁護士会又は日弁連の請求をまって活動を開始する機関であること，また各弁護士会又は日弁連の他の機関から独立して活動する機関であることをも示したものと解される。

【２】 資格審査会の設置

本条１項は，資格審査会を「置く」と規定しているが，設置は必要的であり，これを置かないことは許されない。

【３】 資格審査会の権限

１ 資格審査会の審査に付される場合

⑴ 本条２項は，資格審査会の権限について規定する。前述のとおり，資格審査会は，弁護士会又は日弁連の請求をまって活動を開始する。従って，登録，登録換えの請求について何ら問題のないものは，資格審査会の審査に付されることはない。

⑵ 法は，弁護士会又は日弁連が資格審査会の審査に必ず付し，その議決に基づかなければならない場合として，次の事由を定めている。

① 弁護士会

㈠ 登録・登録換えの請求の進達の拒絶（法12条１項・２項）

㈡ 弁護士会による登録取消しの請求（法13条１項）

② 日弁連

㈠ 登録・登録換えの進達拒絶（法12条４項のみなし拒絶を含む）についての審査請求（法12条の２第１項）

㈡ 弁護士会による登録取消し請求についての異議の申出（法14条２項）

㈢ 登録・登録換えの拒絶（法15条１項）

㈣ 弁護士及び弁護士試補の資格の特例に関する法律（昭和21年法律第11号）１条に定める審査委員会の職務（法91条）

⑶ このほか日弁連会則は，資格審査会の任務として次の事項を掲げている。

① 外国の弁護士となる資格を有する者（沖縄の復帰に伴う特別措置に関する法律（昭和46年12月31日法律第129号）65条に定める者を含む）の弁護士事務を行うについての調査その他弁護士の資格に関する事項の審査（会則65条３項）

② 日弁連が弁護士会から進達された弁護士名簿の登録及び登録換えの請求における必要な審査（会則65条２項）

この場合，平成15年改正前法５条３号（平成16年改正前法６条１項２号）に基づく登録請求の進達については，すべて日弁連の資格審査会の審査に付されることとされていた（昭和50年９月20日理事会決議，法５条１号の解説参照）が，弁護士法の一部を改正する法律（平成16年３月31日法律第９号）の経過措置を定める附則３条２項に基づく大学教授・准教授（平成16年４月１日から平成20年３月31日までに５年の経験要件を満たすことになる者。日弁連の研修を条件とする）の弁護士登録請求については，その資格要件の認定権限が法務大臣にあるものと規定されたので，法12条1項及び2項に該当する特段の事情がなければ，原則として弁護士会では資格審査会の審査を経ないものとされており，これは日弁連においても同様である。そして，平成16年法律第9号により改正された法5条1号における大学教授・准教授の弁護士登録請求については，法務大臣に資格要件の認定権限があることはより一層明らかであるので，その取扱いは同様となる。

(4) 上記の場合のような明文規定の存在は，これ以外に，弁護士会又は日弁連が，資格審査会の審査を行わせることを否定するものであろうか。本条の規定及び資格審査会の趣旨からすれば，弁護士会又は日弁連が，その請求により資格審査会に審査を行わせることを否定する必要はない。しかし，この場合の資格審査会の議決には，明文規定の場合と異なって，弁護士会又は日弁連に対する拘束力はないというべきであろう。

(5) 弁護士会が登録又は登録換えの請求の進達の拒絶をする場合，そもそも請求者に弁護士となる資格がない場合（法4条・5条・6条）や欠格事由がある場合（法7条）にも，資格審査会に付しその議決に基づくことが必要かという問題については，法12条の解説を参照されたい。

(6) ところで，本条2項の登録取消し請求には，弁護士自らがする登録取消し請求（法11条）も含まれるか，について争いがある。懲戒処分を免れるために，懲戒請求がなされる前に登録取消し請求がなされる場合の対応が問題となったものであるが，このような事態を防ぐ必要性から，これを肯定する見解がある（福原・225頁）。しかし，資格審査会の議決に基づき進達を拒絶できる旨の明文規定を欠く以上，消極的に解さざるを得ない。

すなわち弁護士会の資格審査会について法は，9条，10条，11条において登録の請求，登録換えの請求，登録取消しの請求の規定を置いた後に，12条において登録又は登録換えの請求の進達の拒絶について資格審査会の議決を要する規定を置くのみで，登録取消しの請求の進達の拒絶については，何ら規定はない。また，法13条においては，弁護士会から登録取消しの請求をする場合の議決の必要性を規定するのみで，その余については，資格審査会の議決に基づくことを何ら規定していない。また，日弁連の資格審査会についても法は，15条において，弁護士会から登録又は登録換えの請求の進達を受けそれを拒絶する場合を規定するのみであって，弁護士会から登録取消しの請求の進達を受けそれを拒絶する場合については，規定していない。従って，法は，弁護士自らがする登録取消しの請求を資格審査会の議決に基づき拒絶できる場合を予定していないものと解さざるを得ない。

なお，前記肯定説が，資格審査会の議決に基づき登録取消し請求を拒絶できるとせず，資格審査会の審査いかんによっては登録取消しの請求を進達しないとする解釈であるとしても，法12条4項のような審査請求の救済手続が認められていない以上，やはり消極的に解することになろう。

従来は，日弁連の資格審査会について，弁護士会からの登録取消し請求の進達についても日弁連の資格審査会が審査し得る旨の規定が会則中にあったが，昭和52年の改正で削除された（同年改正前の会則66条）。その理由としては，法15条には登録取消し請求の拒絶の規定がないこと等からみて，日弁連の資格審査会に審査の権限は与えられていないと考えられたからである（日弁連編『日弁連三十年』396頁）。

2　資格審査会の議決の拘束力

弁護士会・日弁連は，前記の明文規定のある場合には，資格審査会の議決に拘束される。このことは，法が「議決に基づき」と定めている規定の文言や（法12条から15条まで），資格審査会が弁護士会・日弁連とは独立した地位にあって，登録請求等についての審査を特に法から授権されていることから認められる。従って，資格審査会の議決が登録又は登録換えの請求の進達を拒絶することを相当とした場合は，弁護士会は請求の進達を拒絶することとなるが，資格審査会の議決が登録又は登録換えの請求の進達を拒絶することを不相当とした場合は，弁護士会は請求の進達を拒絶することはできない。

なお，拘束力のない場合については，前述した。

（組織）

第52条　資格審査会は，会長及び委員若干人をもつて組織する。

2　会長は，その資格審査会の置かれた弁護士会又は日本弁護士連合会の会長をもつてこれに充てる。

3　委員は，弁護士，裁判官，検察官及び学識経験のある者の中から会長が委嘱する。但し，弁護士会の資格審査会においては，裁判官又は検察官である委員はその地の高等裁判所若しくは地方裁判所又は高等検察庁検事長若しくは地方検察庁検事正の推薦に基き，その他の委員はその弁護士会の総会の決議に基き，日本弁護士連合会の資格審査会においては，裁判官又は検察官である委員は最高裁判所又は検事総長の推薦に基き，その他の委員は日本弁護士連合会の総会の決議に基かなければならない。

4　委員の任期は，2年とする。但し，補欠の委員の任期は，前任者の残任期間とする。

【1】 本条の趣旨

本条は，資格審査会の組織について規定し，会の構成，会長，委員の委嘱方法，委員の任期を明らかにしている。

【2】 資格審査会の組織

資格審査会は，会長及び若干人の委員で構成する（本条1項）。

法は，委員の員数については，各弁護士会又は日弁連の会則に委任している（法33条2項4号・46条2項1号）。懲戒委員会及び綱紀委員会も同様な定めをしているが（法66条・70条の2），これらは，各弁護士会の規模等を考慮したものである。

ちなみに，日弁連の資格審査会の委員は，11人である（会則66条）。

【3】 委員会の長

資格審査会は，各弁護士会及び日弁連に常置される機関であるが，この機関の長には，各弁護士会又は日弁連の会長自らがあたるものとされている（本条2項）。

法が，各弁護士会又は日弁連の会長自ら資格審査会の会長の任にあたるものとしたのは，弁護士名簿の登録又は登録換えは，新たに弁護士となり，その会の会員となる者を決定することとなるのであるから，会の代表者自らがその適格審査に関与し，その責に任ずるようにするのが適切と考えたためである（福原・226頁）。弁護士会又は日弁連から同じく独立した機関とされている懲戒委員会や綱紀委員会については，委員長は委員の互選によるものとし，特に弁護士会又は日弁連の会長をその委員会の委員長としていないが，この相違は，綱紀委員会，懲戒委員会が弁護士の非行を審査するいわば裁判的な性格を持ち，委員会の独立性が強く要求されるのに対し，資格審査は入会にあたっての適格審査であるから，独立性を保ちつつ，むしろ会の代表者である会長自らがそれに関与することが相当と考えられたためであろう。

【4】 資格審査会の委員

1　資格審査会の委員は，弁護士，裁判官，検察官及び学識経験のある者の中から，会長が委嘱する。このうち，弁護士である委員及び学識経験のある者である委員は，弁護士会若しくは日弁連の総会の決議に基づき，裁判官及び検察官である委員は，当該地の裁判所若しくは検察庁の長の推薦に基づいて，会長がそれぞれ委嘱することとされる（本条3項）。なお，ここにいう会長とは，弁護士会又は日弁連の会長のことである。

委員の中に弁護士以外の者を加えたのは，弁護士自治に基づいて付与された弁護士名簿の登録に関する権限の適正かつ慎重な行使を，外部委員を加えることによって担保しようとしたことによる。ここに学識経験のある者とは，学問上の見識と豊かな生活経験のある者を指すと解される。特に専門の特定はないから，必ずしも法律を専門とする必要はないであろう。

法は，委員となる者の身分以外のことを定めてはいないから，資格審査会の委員の員数だけでなく，その構成比についても，各弁護士会又は日弁連の会則に委任していると解される（法33条2項4号・46条2項1号）。

ちなみに，日弁連の資格審査会の構成は，委員11人のうち，弁護士である委員が8人，裁判官，検察官，学識経験者である委員が各1人とされている（会則66条）。

2　委員は，弁護士，裁判官，検察官及び学識経験のある者の四者すべてから委嘱されなければならないか，という問題があるが，①本条3項但書が，四者それぞれについて具体的な委嘱の方式を定めていること，②予備委員は，当該委員と同じ資格を有することが必要とされていること（法53条3項），③資格審査会は，弁護士自治の原則により弁護士の登録，登録換え及び登録取消しについて付与された権限を適正かつ慎重に行使させるために設けられたものであり，その審査の公正を担保するために弁護士以外の委員を加え，更には法曹三者以外の者を加えた構成をとっていること等の点に鑑みると，法は，四者すべてから委員を委嘱することを要請していると解すべきである。

従って，現職の裁判官又は検察官を，学識経験のある者として委嘱することは許されないと解される（福原・226頁）。

この点で，例えば，学識経験のある者が委嘱されていない委員で構成された資格審査会においてなされた決議の効力如何が問題となるが，この場合は資格審査会の構成に瑕疵があるといわざるを得ず，その決議も違法となると解すべきである。

3　高等裁判所所在地の弁護士会の資格審査会の裁判官又は検察官である委員は，その地の高等裁判所又は高等検察庁検事長の推薦に基づくことを要すると解すべきであろうか。本条3項は，「若しくは」と規定しているだけであり，またその地の地方裁判所又は地方検察庁検事正の推薦に基づいて委嘱を行う弁護士会があることとの権衡からすれば，地方裁判所又は地方検察庁検事正の推薦に基づく場合でも，必ずしも違法とはいえないが，できればその地の高等裁判所又は高等検察庁検事長の推薦に基づくことが相当である（反対，福原・227頁）。

4　弁護士である委員が弁護士をやめ，又は裁判官若しくは検察官である委員が退官等してその身分を離れたときは，当然にその委員たる地位を失うものであり，原則として速やかに補欠の委員を委嘱することを要する（福原・227頁）。

5　日弁連の資格審査会の委員が，日弁連の理事若しくは常務理事を兼ねることは相当か，という問題がある。資格審査会の委員と日弁連の理事若しくは常務理事との兼任を禁止する明文の規定は存在せず，かえって日弁連会長は資格審査会の会長になる旨定められていることからすれば，兼任を違法と断定することはできない。しかし，資格審査会制度が設けられた趣旨及び資格審査会には弁護士以外の委員を加え，弁護士である委員の選任も総会の議決に基づくとされていること（会則34条3号），特に，常務理事会の審査事項には弁護士の名簿登録等に関する事項が含まれており（会則59条の3第4号），登録請求の進達があった場合には，まず常務理事会に付議され，特に審査が必要と認められた場合に資格審査会に審査の請求がなされるという関係にあることからすれば，兼任は避けることが相当である。

弁護士会の資格審査会の委員が，会長以外の役員を兼ねることについても同様に解される。

【5】 任　　期

本条4項は，任期について定める。この2年の任期は法定のものであるから，会則等で短縮することは許されない。但し，委員の重任については，特に禁止するものとは解されない。

補欠の委員は，前任者の委員の地位を引き継ぐのであるから，任期を前任者の残任期間とする本条4項但書は当然のことを規定したものである。

資格審査会の委員が任期途中で死亡した場合，補欠委員の選任を要するか，あるいは予備委員をもって充てるべきか，という問題がある。法53条に定める予備委員は，委員の欠員の補充を即時になし難い事情を考慮して置かれるものであるから，残任期間が極めて短期間で補欠委員の選任の手続中に任期が満了するというような特段の事情がない限り，委員が欠けたときは，直ちに補欠の委員を選任する必要があると解すべきである。但し，補欠委員の選任手続中に緊急に資格審査会の議事を開くときは，予備委員をもって充てることも許されると解すべきであろう。

（予備委員）

第53条　資格審査会に予備委員若干人を置く。

2　前条第3項及び第4項の規定は，予備委員に準用する。

3　委員に事故のあるとき又は委員が欠けたときは，会長は，同じ資格を有する予備委員の中からその代理をする者を命ずる。

【1】 本条の趣旨

本条は，資格審査会に予備委員を置くことを定める。資格審査会の所管する事項は弁護士の身分に関する事項であるから，速やかに審査を遂げることが要請されるが，その委員の委嘱は法52条3項に規定する手続を踏まなければならないため，委員の欠員の補充も即時になされ難い事情を慮ったものである。

【2】 予備委員の設置

本条1項は，「置く」と規定しているが，資格審査会に予備委員を置くことは必要的であり，これを置かないことは許されない。また，予備委員の人数については「若干人」とされるから，何名でもよい。人数を明定しなかったのは，資格審査会の委員数が若干人とされていること（法52条1項）に対応したものであって，具体的な予備委員の数を会則に委ねた趣旨である。ちなみに，日弁連の資格審査会においては，委員と同じ資格を有する同数の予備委員が置かれており（会則66条），弁護士会でも，委員と同数の予備委員を置く規定を設けているものがある。但し，必ずしも同数である必要はないと解される。

【3】 予備委員の選任，任期

予備委員については，法52条3項及び4項が準用される。従って，予備委員も，弁護士，裁判官，検察官，学識経験のある者の四者すべてから，それぞれの手続に従って委嘱されなければならない。予備委員の任期も，委員の任期と同様，2年とされる。

【4】 予備委員の代理

1　予備委員が委員を代理する場合は，その身分を同じくする委員に事故のあるとき，又はその委員が欠けたときである。そして，予備委員は委員になるものではなく，予備委員の資格のままで正委員を代理する。但し，法文には「代理」とあるが，私法上の代理のように委員の授権のもとに委員の職務を行うものではなく，委員の職務を予備委員の資格で代行するものと解される。従って，委員の意向に従って権限を行使する必要があるわけではない。

ただ，本条3項は，会長が委員の代理をする予備委員を「命ずる」としているから，会長の命令行為がないかぎり，資格審査会の議事，議決に加わることはできない。会長の命令の方式については規定がなく，適宜の方法で行うことになろう。

資格審査会の定足数の関係では，当然ながら，正委員を代理する予備委員の数も含めて数えることになる。

なお，複数の予備委員が選任されている場合で，予備委員を任命する際に予め正委員の職務を行う順序を定めていないときは，資格審査会の会長が，同じ資格を有する者の中から正委員の職務を代理する予備委員を任命すれば足りる。

2　「事故のあるとき」とは，通常，比較的長期にわたる欠席の場合を予想するものであるが，必ずしもそのように限定して解釈する必要はなく，例えば，一時的な病気や出張等により出席できない場合もこれに含まれると解してよい。「欠けたとき」とは，委員が死亡，辞任した場合等をいう。

日弁連の資格審査手続規程2条から4条までは，委員の除斥，忌避，回避について規定しているが，この場合も「事故のあるとき又は欠けたとき」に該当し，予備委員が代理することになる。このような規定を置いていない弁護士会の資格審査会についても，上記の趣旨に基づいて運用すべきであろう。

資格審査会の会長に事故のあるとき又は欠けたときは，その置かれている弁護士会又は日弁連の副会長が代理する（法35条2項・50条・52条2項，会則57条2項3項，資格審査手続規程5条）。

（会長の職務及びその身分等）

第54条　会長は，会務を総理する。

2　会長，委員及び予備委員は，刑法その他の罰則の適用については，法令により公務に従事する職員とみなす。

【1】 本条の趣旨

本条は，資格審査会の会長の職務権限を規定するとともに（1項），資格審査会の公的性格を考慮して，資格審査会の会長，委員等を刑法7条にいう公務員に擬しているものである（2項）。

【2】 会長の職務

1　ここに「会務を総理」とは，必ずしも表現が明確でないが，資格審査会の最高責任者として，資格審査会の会務を統括し，資格審査会の運営を円滑ならしめることを意味するものと解される。

2　なお，日弁連の資格審査会は，会則及び資格審査手続規程（以下本条の説明において「規程」という）により，以下のとおり運営されている。

(1)　招　集　　資格審査会は会長が招集する（規程1条の2）。

(2)　定数，議決　　資格審査会は，会長及び委員6人以上の出席がなければ，会議を開き，議決をすることができない（会則67条1項）。また，資格審査会の議事は，出席した委員の過半数で決し，可否同数のときは，会長の決するところによる（同条2項）。

(3)　議事録の作成　　資格審査会を開催したときは，議事録を作成し，出席した会長及び委員2名以上がこれに署名押印することを要する（規程19条）。

(4)　議決等の報告　　資格審査会が議決をしたときは，速やかに書面により，議決の結果及び理由を日弁連に報告することを要する（規程18条1項）。

⑸ 議決後の措置　⑴ 日弁連は，資格審査会が登録又は登録換えをすべき旨の議決をしたときは，速やかに弁護士名簿の登録又は登録換えをし（規程25条），資格審査会が登録又は登録換えを拒絶すべき旨の議決をしたときは，速やかに登録又は登録換えを拒絶し，その旨を当事者及び登録又は登録換えの請求の進達をした弁護士会に通知する（規程26条）。

⑵ 日弁連は，資格審査会が法12条の2第1項の審査請求に対して，不適法である旨の議決をしたときは，速やかに，裁決でその審査請求を却下し（規程31条1項），理由がない旨の議決をしたときは，速やかに裁決で棄却しなければならない（同条2項）。また，資格審査会が手続の違法又は不当を理由として審査請求に理由がある旨の議決をしたときは，速やかに，裁決で登録又は登録換えの請求の進達を拒絶した処分を取り消さなければならない（同条3項）。更に資格審査会が手続の違法又は不当以外の事由で審査請求に理由がある旨の議決をしたときは，速やかに裁決で，登録又は登録換えの請求の進達を拒絶した処分を取り消し，当該処分をした弁護士会に対して登録又は登録換えの請求の進達を命じなければならない（法12条の2第2項，規程31条4項）。

日弁連は，上記裁決書の謄本を，審査請求人及び登録又は登録換えの請求の進達を拒絶した弁護士会に送達することを要する（規程31条5項）。

⑶ 日弁連は，資格審査会で法14条の異議の申出に対して，不適法である旨の議決をしたときは，速やかに決定で異議の申出を却下し（規程35条1項），理由がない旨の議決をしたときは，速やかに決定で異議の申出を棄却しなければならず（法14条2項，規程35条2項），また，理由がある旨の議決をしたときは，速やかに決定で登録取消しの請求をした弁護士会に，登録取消しの請求を差し戻さなければならない（法14条2項，規程35条3項）。

日弁連は，上記の処分をしたときは，異議の申出をした者に，速やかに，その旨を通知しなければならない（法14条3項，規程36条・31条5項）。

⑹ 文書の送達　文書の送達は，送達すべき者に交付し，又は配達証明取扱いの書留郵便によって行う（規程21条1項）。

文書の送達は，これを受けるべき者の所在が知れないとき，その他文書を送達することができないときは，公示の方法によってする（同条2項）。公示の方法による送達は，日弁連がその文書を保管し，いつでもその送達を受けるべき者に交付する旨を日弁連の掲示場に掲示し，かつ，その旨を官報に掲載してなす。この場合，その掲示を始めた日の翌日から起算して14日を経過した時に，その文書の送達があったものとみなされる（同条3項）。

なお，審査に関する文書の作成，送達その他の事務は，事務局職員の中から日弁連の事務総長の指名を受けた資格審査会の書記が，資格審査会の命により行う（規程20条）。

【3】 会長，委員等の身分

本条2項は，資格審査会の会長，委員等を刑法その他の罰則の適用についてはみなし公務員と規定する。これは刑法の適用上，公務員とする趣旨である。

従って，上記委員の職務執行に対する暴行・脅迫は，公務執行妨害罪を構成する（刑法95条）ほか，委員の印章，署名を使用してその作成する文書を偽造すれば，公文書偽造罪を構成し（同法155条），資格審査会で用いられている文書の毀棄は，公用文書等毀棄罪になる（同法258条）。一方，委員がその職務に関して賄賂を収受，約束等するときは，収賄罪が成立することとなる（同法197条）。

また，弁護士会の資格審査会が弁護士名簿登録請求の進達を拒絶する旨の議決をすること及び弁護士会がこれを受けて登録請求の進達を拒絶する旨の決定をすることは，いずれも国家賠償法1条1項にいう「公共団体の公権力の行使」に該当し，弁護士会の会長及び資格審査会の会長が進達拒絶に関与した行為は，「公共団体の公権力の行使に当る公務員」としての行為に該当するから，会長が個人として不法行為責任を負うことはない（大阪高判平成22・5・12判タ1339号90頁）。

（審査手続）

第55条 資格審査会は，審査に関し必要があるときは，当事者，関係人及び官公署その他に対して陳述，説明又は資料の提出を求めることができる。

2 資格審査会は，登録の請求，登録換の請求若しくはこれらの進達を拒絶することを可とし，又は第13条の規定による登録取消の請求を可とする議決をする場合には，あらかじめ，当事者に対してその旨を通知し，且つ，これに関して陳述及び資料の提出をする機会を与えなければならない。

【1】 本条の趣旨

本条は，資格審査会の調査権限を規定するとともに（1項），当事者に対する防禦権行使の機会の付与について定める（2項）。

前述のとおり，資格審査会は，弁護士の登録という弁護士の身分に関して重大な影響を及ぼし得る機関であるから，その審査は，慎重かつ適正になされなければならない。そのためには，資格審査会自らに当事者その他から資料の提出を求める等の権能が付与されることが望ましい。また，当事者に不利益な議決をする場合には，当事者に対して弁明や立証の機会を与え，もって審査手続の公正さを担保することが要請される。本条は，そのような趣旨から，資格審査会にその審査に関して必要な措置をとることができる法的根拠を与えるとともに，当事者に対して不利な議決をする場合においては，予め防禦権行使の機会を与えなければならないことを義務づけているのである。

【2】 資格審査会の調査権限

1 資格審査会は，審査に関して必要があるとき，当事者，関係人，官公署その他に対して，陳述，説明又は資料の提出を求めることができる（本条1項）。当事者とは，弁護士名簿の登録請求等をした者をいい，関係人とは，当事者と法律上の利害関係を有する者をいう。官公署とは，官公庁，地方自治体等を含むものであり，「その他」とは，公私の団体及び個人の双方が含まれる。

2 この調査の権限については，法48条の調査依頼権限よりも強いものとする見解がある（福原・230頁）。条文の文言及び本条が法48条と比較して具体的な調査方法を規定していることに着目したものと思われるが，後述するように，陳述，説明，資料提出の求めに応じない場合の強制方法及び罰則を欠いている現状においては，直ちにそのように解し得るかは疑問なしとしない。

3 資格審査会から資料の提出等を求められた当事者等は，これらの求めに応ずる義務を負うものと解される。しかし，これらの者が応じない場合，これを強制する方法はない。また，義務違反に対する制裁も定められていない。ただ，求められた相手方が当事者であれば，当事者がこれらの求めに正当な理由なくして応じない場合は，事実上その者の不利益に帰することはあり得る。なお，弁護士が，正当な事由がないにもかかわらず資格審査会の求めに応じない場合は，懲戒事由となる余地がある（法56条参照）。

ところで，資格審査会が官公署に対して資料（例えば戸籍謄本，登記事項証明書等）の提出を求めた場合に，その資料の交付について手数料納付の定めがあるとき，その手数料を納付する義務を負うか，という問題がある。これに対しては，本条の規定を理由として納付義務を免れるとする見解があるが（福原・231頁），行政先例は，反対の見解をとっている（昭和33年2月1日付法務省民事局長回答）。官公署は，資格審査会に対して調査に応ずる義務を負っている以上，資格審査会の手数料納付義務は免れると解すべきであろうか。

【3】 当事者への通知，陳述・資料提出権

資格審査会が，当事者に不利益な議決をする場合，すなわち，弁護士会の資格審査会が登録，登録換えの進達を拒絶し（法12条1項・2項），若しくは弁護士会による登録取消し請求をそれぞれ可とする議決をする場合（法13条1項），又は日弁連の資格審査会が登録，登録換えの請求を拒絶する議決をする場合（法12条の2第1項・15条

1項）には，予め，当事者に対してその旨を通知し，かつ，これに関して陳述及び資料の提出をする機会を与えなければならない（本条2項）。ここに「その旨」とは，資格審査会において審査中であることを指し，例えば，登録の請求等の進達を拒絶するという資格審査会の意向を指すものではない（昭和49年2月12日付日弁連事務総長回答）。従って，当事者に対しては，資格審査会において審査中である旨を通知すれば足りる。また，「これに関して」陳述及び資料の提出の機会を与えることを要するという場合の「これに関して」についても，登録の請求等に関してという意味に解釈するのが相当である（前掲回答）。

なお，同様に「その旨の通知」とは，議決の結果を予め告知するという趣旨ではなく，議決をなすべき旨の告知と解すべきであるとした議決例がある（日弁連資格審査会昭和25・6・17議決―議決例集Ⅲ14頁）。

本条2項の手続保障について，東京高判平成9年2月27日判時1649号99頁は，専ら申立人の利益のための規定であるから請求者は手続上の瑕疵について責問権を放棄することも可能であると解している。

【4】 日弁連の資格審査会の審査手続

ここで，日弁連の資格審査会における審査手続を概観する。

1 審査の開始

資格審査会は，審査を開始するに当たっては，審査開始通知書を，当事者及び登録若しくは登録換えの請求の進達若しくは進達の拒絶（法12条4項の規定により請求の進達を拒絶されたものとみなす場合を含む）又は法13条の規定による登録取消しの請求をした弁護士会に送達しなければならない（資格審査手続規程6条2項）。

この審査開始通知書には，当事者に代理人選任権（同規程8条），証拠書類等の提出権（同規程10条）及び陳述申立権（同規程16条）のあることを記載しなければならない（同規程6条3項）。

2 審査の方法

⑴ 審査の方式　　審査は非公開で，書面によってなされる（同規程7条）。

当事者は，弁護士又は弁護士法人を代理人に選任することができる（同規程8条1項）。なお，代理人の選任及び解任については，その氏名又は名称，事務所（弁護士法人にあっては，主たる法律事務所の名称及び所在場所）及び所属弁護士会（弁護士法人にあっては，主たる法律事務所の所在する地域において所属する弁護士会）を，資格審査会に，書面で届け出なければならない（同条2項）。

⑵ 調　　査　　資格審査会は，審査に関し必要があるときは，当事者，関係人及び官公署その他に対して陳述，説明又は資料の提出を求めることができるのであるが（本条1項），資格審査手続規程は，調査の方法について，より具体的な規定を

設けている。すなわち，資格審査会は，適当と認める者に参考人としてその知っている事実を陳述させ，又は鑑定を求めることができる（同規程11条）ほか，書類その他の物件の所持人に対し，その物件の提出を求め（同規程12条），関係人及び官公署その他に照会して，必要な事項の報告を求め（同規程13条），更に，必要な場所又は物について検証することができる（同規程14条）。また，資格審査会は，当事者を審尋することができる（同規程15条）。審査に関し必要があるときは，委員の1人又は数人を調査委員に指定し，事案を調査させることもできる（同規程17条）。

なお，資格審査会の調査の求めに対して，相手方が正当な理由がないのに応じない場合についての罰則は，特に定められていない。

当事者は，証拠書類又は証拠物を資格審査会に提出することができる（同規程10条）ほか，書面又は口頭で意見を述べることもできる（同規程16条）。

このほか，日弁連は，登録又は登録換えの請求の進達又は進達の拒絶をした弁護士会及び法第13条の規定による登録取消しの請求をした弁護士会に対し，事案に関する記録の提出を求めることができる（同規程9条）。

なお，当事者及びその代理人は，証拠書類，証拠物並びに参考人の陳述，鑑定及び検証の結果を記載した書面を閲覧し，かつ，謄写することができるが，その日時及び場所については，会長の指示に従うことを要する（同規程22条）。

第8章　懲　　戒

【1】 懲戒制度の目的

1　弁護士及び弁護士法人は，基本的人権を擁護し社会正義を実現することを使命とし（法1条・30条の2第2項），深い教養の保持と高い品性の陶や、が求められ（法2条），その職務は法律事務全般に及んでいる（法3条・30条の5）。この弁護士及び弁護士法人の使命と職務を全うし，弁護士及び弁護士法人に対する信頼を維持し向上させるためには，弁護士及び弁護士法人に対する指導監督が充分に行われなければならない。その保障方法として懲戒制度がある。

弁護士法が，弁護士名簿の登録事務という行政事務を自治組織である日弁連の所管としたのは，弁護士及び弁護士法人が職責上時として国家機関に対立する批判者の立場に立つことがあるので，弁護士及び弁護士法人の正当な活動を確保し，基本的人権を守るため，国家機関からの独立が要請されるからである。

本章の定める懲戒制度も，上記と同様の要請により，弁護士会及び日弁連に弁護士及び弁護士法人に対する懲戒権を付与し，もって弁護士及び弁護士法人に対する監督権を全うしようとしたものであり，弁護士及び弁護士法人が弁護士法や会則に違反したり，弁護士会の秩序・信用を害したり，品位を失うべき非行があった場合に，その弁護士及び弁護士法人を懲戒するものとし，この懲戒制度の適正な運用により，弁護士及び弁護士法人の使命と職務を全うし，弁護士及び弁護士法人に対する信頼を維持し向上させることを目的としている。

2　現行法制定以前は，後述のとおり，弁護士に対する監督権が検事あるいは司法大臣等国家機関の下に置かれ，弁護士に対する懲戒が弁護士の使命遂行にとって極めて大きな脅威となっていた。このような歴史に対する反省が背景となり，弁護士の自治的団体である弁護士会・日弁連が弁護士に対する監督権，懲戒権を有する弁護士自治制度が誕生したのである。

3　弁護士及び弁護士法人に対する懲戒権行使が弁護士会・日弁連に委ねられていることは，次の理由に基づくものと考えられている。

第1に，弁護士及び弁護士法人は，基本的人権の擁護・社会正義の実現という使命を有し，弁護士は憲法上も国家機関による不当な侵害から基本的人権を防禦する任務が規定されており（34条・37条3項），国家機関が基本的人権を侵害するおそれのある場合には，国家機関と鋭く対立することもあり得る。従って，弁護士及び弁護士法人と対立関係に立ち得る国家機関に懲戒権行使を委ねることは好ましくなく，弁護士の職務及び弁護士法人の業務に対する国家機関の監督を排除するため，その自治的団体に懲戒権行使の権限を認めたものである。

第2に，訴訟において適正な裁判を実現し，またこれに対する国民の信頼を確保するには，裁判所や検察官その他の国家機関の監督に服さない弁護士及び弁護士法人の存在が好ましいということもある。

更に第3には，弁護士会及び日弁連は，厳しい資格要件を備えた弁護士によって構成され，その社会的信頼により自治能力も培われてきたので，懲戒権限を行使するにふさわしい団体であると考えられたものと解される。

【2】 沿　革

1　明治9年代言人規則時代

懲戒権は裁判官個人が有し，直ちに自判することができ，代言人には弁明の機会すら保障されないという全くの糺問手続であった。懲戒事由としては，訟庭において国法を誹議し，官吏を侵凌すること，訟庭において臆察詐偽の弁をなすこと，相手方を悪言凌罵し面目名誉を汚すこと，謝金の前収や過当な謝金を貪ること，他人の詞訟を買い取り自己の利益を図ること，詞訟を教唆すること，故なく時日を遷延し訴訟本人を妨害することがあげられていた。そして，懲戒の種類としては，譴責・停業（1月以上1年以下）・除名の3種類があった（14条）。

2　明治13年代言人規則時代

明治9年の代言人規則の不備な点を整備して，明治13年，代言人規則が全面改正された。懲戒事由は改正前と概ね同様であったが，証拠を捏造すること，営業をなすこと，議会（代言人組合の会議体）の定めた取締規則に違反することを新たに定めている（22条）。懲戒の種類は，譴責・停業（1月以上1年以下）・除名の3種類で変わっていない（23条・25条）。法文上懲戒権者は明示されていないが，改正代言人取扱手続（明治13年5月13日司法省丙第8号達9）6条の文言から考えるとき，懲戒権者は裁判官であったと解される。

3　旧々法時代

懲戒制度は代言人規則時代と比べ一段と整備され，懲戒事由としては，弁護士法違反と弁護士会会則違反の行為とされたが（31条），なお，弁護士会会則は検事正を経由して司法大臣の認可を要するとされていた。懲戒の種類は，譴責・過料（100円以下）・停職（1年以下）・除名の4種類となった（33条）。手続的には，弁護士会会長が，常議員会又は総会の決議により懲戒を求めるため検事正に申告し，検事正は，会長の申告により又は職権をもって懲戒訴追を検事長に請求すべきものとされていた（31条）。そして，判事懲戒法が準用され（34条），懲戒裁判所は控訴院と大審院に置かれて，裁判手続に準じて行われていた。

4　旧法時代

旧法により，弁護士会は法人となり，司法大臣の監督下に置かれることとなった。懲戒制度として基本的に変更はないが，検事長が，司法大臣の命により又はその認可を受けて懲戒開始の申立てをなし，弁護士会は，会則の定めるところにより懲戒を求めるため司法大臣又は検事長に申告をすることとされ（53条），裁判手続は，旧々法同様に判事懲戒法が準用されていた（58条）。

懲戒の訴追に伴う効果として，次のとおり新たに退会・登録換えを制限し，除斥期間を設けた。

第56条　懲戒ノ訴追ヲ受ケタル弁護士ハ其ノ裁判確定スルニ至ル迄弁護士会ヲ退会シ又ハ弁護士名簿ノ登録換ヲ請求スルコトヲ得ズ

弁護士会ハ懲戒ノ訴追ヲ受ケタル弁護士ヲ退会セシムルコトヲ得ズ

第57条　懲戒ノ事由アリタル時ヨリ三年ヲ経過シタルトキハ懲戒開始ノ申立ヲ為スコトヲ得ズ

【3】 懲戒手続の概要

弁護士又は弁護士法人は，弁護士法又は所属弁護士会若しくは日弁連の会則に違反したとき，所属弁護士会の秩序又は信用を害したとき，その他職務の内外を問わずその品位を失うべき非行があったときに懲戒を受けるが（法56条1項），その懲戒に関する手続の概要は次のとおりである。

1　弁護士又は弁護士法人に対する懲戒権は，第1次的には所属弁護士会が行使する。①弁護士（弁護士法人）について懲戒の事由があると思料する者は，誰でもその弁護士（弁護士法人）の所属する弁護士会に懲戒請求ができる（法58条1項）。②弁護士会は，この請求があったとき，あるいは弁護士会自身がその弁護士（弁護士法人）に懲戒事由ありと思料したときは，弁護士会の綱紀委員会にその調査をさせなければならない（同条2項）。③綱紀委員会では，事案について懲戒事由に該当する事実があるか否かを調査して，懲戒委員会に事案の審査を求めることが相当かどうかの議決をなし，この議決を弁護士会に報告する。④綱紀委員会の議決が「懲戒委員会に事案の審査を求めることを相当」とするときは，弁護士会は懲戒委員会に事案の審査を求めなければならない（同条3項）。⑤④以外の議決の場合には，懲戒委員会の審査に付することはできない。⑥懲戒委員会では，懲戒するか否か，懲戒する場合にはどのような内容とするかについて議決を行い，この議決を弁護士会に報告する。⑦弁護士会はこの議決に拘束され，議決のとおり弁護士（弁護士法人）を懲戒し（同条5項），又は懲戒しない旨の決定をする（同条6項）。

2　弁護士会の懲戒処分を受けた弁護士又は弁護士法人は，これに不服であれば，行審法に基づき日弁連に審査請求を行うことができ（法59条），また，執行停止（効力停止）の申立てをすることもできる（行審法25条，懲戒委員会規程46条1項）。

懲戒請求した者は，弁護士会が当該弁護士又は弁護士法人を懲戒しなかったとき，相当期間内に懲戒手続を終えないとき，又は懲戒処分が不当に軽いと思料するときは，日弁連に対して異議の申出をすることができる（法64条1項）。日弁連に対する異議の申出が弁護士会の綱紀委員会の議決に基づく決定に対するものである場合で，日弁連が綱紀委員会の議決に基づき異議の申出を棄却又は却下した場合，異議の申出をした者は日弁連に対して綱紀審査の申出をすることができる（法64条の3）。

3　日弁連は，審査請求に対する審査（法59条），異議の申出に対する審査（法64条の2・64条の5）又は綱紀審査の申出に対する審査（法64条の4）を行うほか，日弁連が自らその弁護士又は弁護士法人を懲戒することを相当と認めるときは，懲戒権を行使することができる（法60条）。日弁連がこれらにより処分するには，懲戒委員会の審査を求めて（但し，事案を原弁護士会に送付する場合を除く。法64条の2第2項・64条の4），その議決に基づいてしなければならない（法59条・60条・64条の5第4項）。

4　日弁連に対する審査請求が却下，棄却され，あるいは日弁連において懲戒された弁護士又は弁護士法人は，東京高等裁判所にその取消しを求めて出訴することができるし（法61条1項），また，執行停止の申立てもできる（行訴法25条）。なお，日弁連に異議の申出をした懲戒請求者は，日弁連の処分に対して出訴することはできない。

【4】 懲戒手続の特色

現行の自治的懲戒手続の特色としては，次の5点をあげることができる。

第1に，懲戒の実質的判断を懲戒委員会に委ねることとしたことである。懲戒委員会は，弁護士会に設けられた一機関であるが，弁護士会内部においては，弁護士会の他の機関から独立した機関であり，弁護士会はその判断に拘束される。これは，懲戒権の行使が弁護士会の恣意に流されることなく，適正かつ公正な判断によって行われることを期するものである。

第2は，綱紀委員会及び懲戒委員会の構成員として，弁護士のほかに裁判官，検察官及び学識経験のある者をも加えたことである。平成15年改正前法では，懲戒委員会においては裁判官等の弁護士以外の委員がその構成員に含まれていたが，綱紀委員会においては弁護士のみが構成員（参与員を除く）となっていた。しかし，懲戒に関する判断が弁護士独自の利害という狭い観点から行われて，同僚裁判となってしまうことを避け，公正な判断を期すためには，懲戒委員会のみならず，綱紀委員会においても弁護士以外の委員を構成員に含めることが望ましいため，平成15年改正法では，綱紀委員会においても弁護士以外の委員を構成員に含めるものとされた

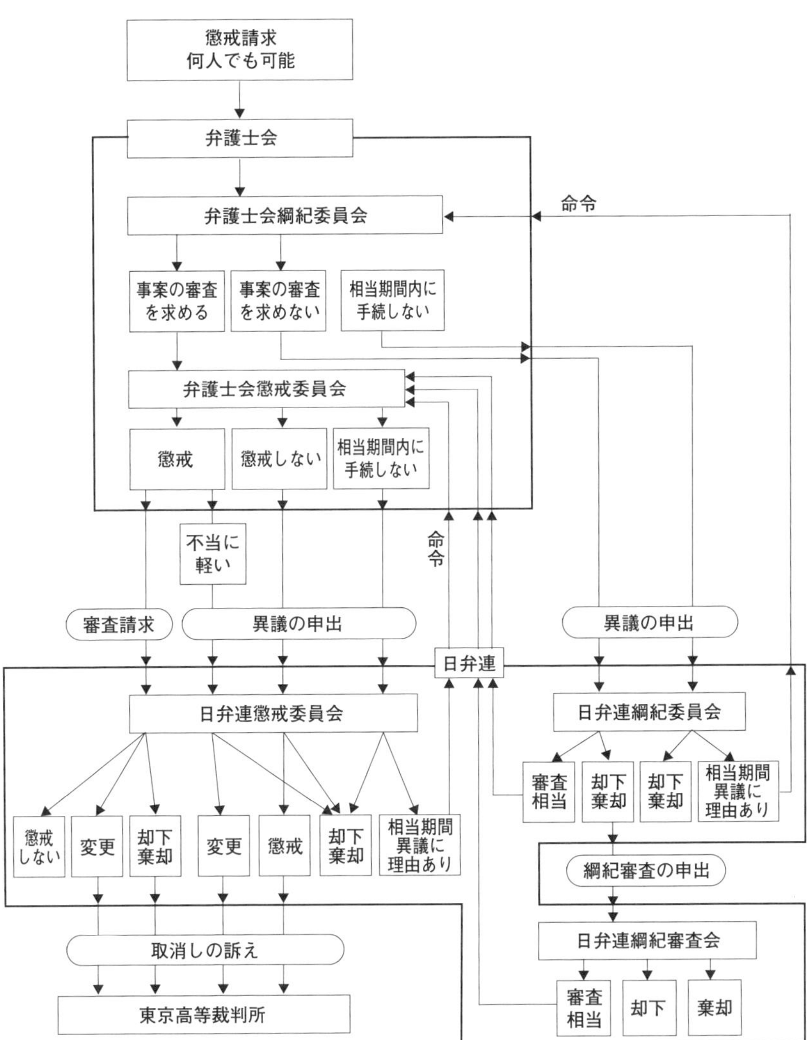

【注】 1．日弁連及び弁護士会の請求に基づく手続は除く。
2．各委員会の議決に基づく日弁連及び弁護士会の決定は除く。

(70条の3第1項・2項)。

第3は，広く何人にも懲戒の請求をすることを認めたことである。これは，弁護士会が個々の弁護士（弁護士法人）の職務の内外に及ぶ行動全般を把握しておくことは到底不可能であるということと，国の司法制度において重要な役割を果たす弁護士（弁護士法人）の懲戒制度を弁護士会と日弁連の自治に委ねたことから，弁護士会による懲戒権発動を国民の監視下に置いてその適正を図るためである。また，懲戒請求者に日弁連に対する異議の申出を認めたのも，弁護士（弁護士法人）に対する懲戒制度の運用を国民の監視下に置く趣旨に基づくものである。更に，平成15年改正法では，国民の意見を反映させて懲戒の手続の適正を確保するため，学識経験のある者（弁護士，裁判官若しくは検察官である者又はこれらであった者を除く）で構成される綱紀審査会が設けられた（法71条）。

第4は，第3に関連し，懲戒の請求があった場合に，直ちに懲戒委員会による審査手続に付さず，その予備的な調査を綱紀委員会にさせることとした点である。これは，根拠のない懲戒請求がなされた場合にも直ちに懲戒委員会の審査に付されたのでは，名誉と信用を害される等著しい不利益を被るおそれがあるからである。

第5には，弁護士（弁護士法人）に対する懲戒権は，まずその弁護士（弁護士法人）の所属する弁護士会が行使するものとし，更に日弁連が自ら弁護士（弁護士法人）を懲戒することを適当と認めるときは日弁連も懲戒権の行使ができることとした。これは，各弁護士会の自主性を重んじるとともに，懲戒制度の運用が弁護士会によって均衡を失することのないよう配慮したものである。

なお，懲戒を受けた弁護士（弁護士法人）については，日弁連の判断について不服であれば東京高等裁判所に出訴できることとして，懲戒処分の当否が最終的には司法機関によって判断されることとなっている（法61条）。

【5】 懲戒処分の法的性格

1　弁護士（弁護士法人）に対する懲戒処分の法的性格については，弁護士法が，懲戒権という公の権能を弁護士会及び日弁連に与え，この権能に基づく広い意味での行政処分に該当するものと解される。

最大判昭和42年9月27日民集21巻7号1955頁は，「弁護士法は，弁護士の使命および職務の特殊性にかんがみ，弁護士会および日本弁護士連合会に対し，公の権能を付与するとともに，その自主・自律性を尊重し，その一環として，その会員である弁護士に一定の事由がある場合には，弁護士会または日弁連が，自主的に，これに対する懲戒を行なうことができるものとしている。この意味において，弁護士会または日弁連が行なう懲戒は，弁護士法の定めるところにより，自己に与えられた公の権能の行使として行なうものであつて，広い意味での行政処分に属する」とし，弁護士会によって懲戒された弁護士（弁護士法人）が日弁連に対して，行審法による審査請求をなし得ること（法59条），日弁連の処分に対して行政訴訟を提起し得ること（法61条）も，懲戒処分が一種の行政処分であることを示しているものとしている。また，東京地判昭和55年６月18日下民集31巻５～８号428頁は，「懲戒は，弁護士法の定めにより弁護士会に付与された公の権能の行使として行なうものであり」，懲戒処分は「国家賠償法１条にいう『公権力の行使』にあたる」としている。同じく，憲法31条に規定する「その他の刑罰」には，特殊な身分関係に伴う制裁である弁護士会の懲戒処分は当然には含まれないものと解するのが相当であるとした裁判例がある（東京高判平成元・４・27行裁例集40巻４号397頁）。

2　また，懲戒は，一般に人が一定の組織に組み込まれているところでは，その内部秩序を維持するため行う制裁であるのに対し，刑罰は，国家社会の秩序を維持するため，これを侵害する行為に対し国家権力により科せられる制裁であり，その性質を異にする。同一の行為が両者の秩序に違反する場合には，懲戒と刑罰が併科されることもあり得る。弁護士（弁護士法人）の懲戒についても，この理は異ならない。

判例も，「弁護士法に規定する懲戒はもとより刑罰ではないのであるから被告人が弁護士法に規定する懲戒処分を受けた後更らに同一事実に基いて刑事訴追を受け有罪判決を言渡されたとしても二重の危険に曝されたものということ」はできないとし，また，「懲戒と刑罰の両罰を許した規定がないから弁護士法の懲戒処分を刑罰と同様に解し一事不再理の原則を適用すべきである」との主張に対して，「刑罰ではないのであるから規定の有無にかかわらず懲戒と刑罰とが一事不再理の関係に立つものということはできない」（最判昭和29・７・２刑集８巻７号1009頁）としている。

第1節　懲戒事由及び懲戒権者等

（懲戒事由及び懲戒権者）

第56条　弁護士及び弁護士法人は，この法律又は所属弁護士会若しくは日本弁護士連合会の会則に違反し，所属弁護士会の秩序又は信用を害し，その他職務の内外を問わずその品位を失うべき非行があつたときは，懲戒を受ける。

2　懲戒は，その弁護士又は弁護士法人の所属弁護士会が，これを行う。

3　弁護士会がその地域内に従たる法律事務所のみを有する弁護士法人に対して行う懲戒の事由は，その地域内にある従たる法律事務所に係るものに限る。

【1】 本条の趣旨

本条1項は，弁護士及び弁護士法人に対する懲戒の制度を設けること及びその懲戒の事由を定め，本条2項は，懲戒権がその弁護士又は弁護士法人の所属する弁護士会により行使されるものであることを定めている。なお，平成15年改正前法56条2項では，懲戒が「懲戒委員会の議決に基づいて」行われると規定されていたが，懲戒が懲戒委員会の議決に基づいて行われることは法58条5項で規定されるので，本条2項ではその部分が削除された。

弁護士及び弁護士法人に対する懲戒権は，法60条により日弁連にも付与されているが，その性格は補充的・2次的と考えられるから，本条による弁護士会による懲戒が弁護士及び弁護士法人に対する懲戒の第1次的なものと解されている。

本条3項は，弁護士法人の従たる法律事務所に関する懲戒事由につき，従たる法律事務所のある地域内の弁護士会が独自の懲戒権を有することを定めたものである。

【2】 懲戒事由

1　懲戒事由の種類

⑴　本条1項は，①この法律（弁護士法）に違反したとき，②所属弁護士会又は日弁連の会則に違反したとき，③所属弁護士会の秩序又は信用を害したとき，④その他職務の内外を問わずその品位を失うべき非行があったときの四つを懲戒事由として規定している。

本条1項の解釈として，懲戒事由となるのは品位を失うべき非行であり①から③まではその例示であるという考え方と，①から④まではすべて懲戒事由として同列であり，④は他と比べて抽象的包括的に表現されているに過ぎないという考え方とがあり得る（後者は，①②の場合につき，形式的に法違反，会則違反があればそれだけで懲戒事由たり得るとの考え方に結びつきやすいであろう)。

(2) 懲戒事由の該当性の判断は，形式的判断によるのか，それとも実質的判断を必要とするのかという問題がある。

この点につき，懲戒事由該当性は形式的判断によるとする見解もあり得る。しかし，弁護士会の秩序又は信用の侵害や品位を失うべき非行に当たるか否かの判断にあたっては，実質的評価ないし価値判断を完全に排斥することは不可能と解される。更に，弁護士法や会則中には訓示的規定や単なる手続的規定も多いことを考えると，懲戒に値しない形式的違反行為はそもそも懲戒事由に該当しないとするのが妥当と解される。しかも，懲戒事由に形式的にでも該当する場合は常に懲戒すべきであるとすれば，懲戒制度の運用が硬直化して実情にそぐわなくなるおそれもある。従って，懲戒事由の該当性の判断には，実質的な価値判断が加わらざるを得ないと解するのが相当である。

2 懲戒事由の類型

(1) 弁護士法違反 これは弁護士法の各条文の中で，弁護士又は弁護士法人として遵守すべき義務又は事項を示す規定に違反したことを指し，主として第4章の法20条から30条まで(23条の2を除く)に定める弁護士及び弁護士法人(30条の21)の義務に関する規定の違反並びに法73条違反が典型として考えられる。

なお，弁護士法違反であって，第10章の罰則の規定により刑罰を科せられる場合にも，それと別個に懲戒をすることができることはもちろんである。国家公務員法85条のような明文が置かれていないからといって，否定的な解釈をすべきではない。判例も同旨である(前掲最判昭和29・7・2刑集8巻7号1009頁)。

参考までに弁護士法違反として懲戒された事例のうちいくつかを，日弁連の懲戒委員会の議決を中心に掲げる。但し，処分の内容は，個々の具体的事案の内容によるものであり，また他の理由と複合して認定されている場合もあるので，処分の基準を示すようなものではないことを注意されたい。

① 法20条3項(二重事務所の禁止)の違反が懲戒事由とされた例 昭和25年11月18日決定(戒告)議決例集Ⅰ2頁，昭和30年10月26日決定(戒告)議決例集Ⅰ26頁，昭和32年11月5日決定(退会命令)議決例集Ⅰ127頁，東京高判昭和38年2月25日行裁例集14巻2号366頁，昭和35年3月23日決定(業務停止1年)議決例集Ⅰ44頁，昭和38年10月26日決定(戒告)議決例集Ⅰ22頁，昭和46年4月24日議決(業務停止6月)議決例集Ⅱ133頁等がある。

② 法25条(職務を行い得ない事件)の違反が懲戒事由とされた例 昭和30年10月26日決定(戒告)議決例集Ⅰ26頁，昭和32年11月5日決定(戒告)議決例集Ⅰ16頁，昭和35年12月26日決定(業務停止1年)議決例集Ⅰ79頁，昭和40年10

月30日決定（業務停止10月）議決例集Ⅰ75頁，昭和42年９月２日議決（戒告）議決例集Ⅱ42頁，昭和46年５月22日議決（戒告）議決例集Ⅱ136頁，平成21年10月26日議決（戒告・審査請求棄却）議決例集Ⅻ114頁，平成23年３月14日議決（業務停止１月・審査請求棄却）議決例集ⅩⅣ26頁，平成24年３月12日議決（戒告・審査請求棄却）議決例集25頁等がある。

法25条の精神に反するとされたものとして，昭和44年２月15日議決（業務停止１年６月）議決例集Ⅱ86頁がある。

裁判官在任中に関与した事件との関連で法25条に違反するとされたものとして，昭和38年10月26日決定（業務停止２月）議決例集Ⅰ84頁，昭和47年９月16日議決（戒告）議決例集Ⅲ78頁等がある。

また，東京高判昭和38年１月31日行裁例集14巻１号165頁（業務停止１年）は，85名共有地につき甲から75名代表名義で残余の者を相手方とする共有物分割事件の依頼を受けた後，甲が分割反対の態度となったため，乙から70名の代表名義で甲をも相手方とする事件を受任することは法25条に該当するとしている。

③　法26条（汚職行為の禁止）の違反が懲戒事由とされた例　　昭和40年10月30日決定（業務停止10月）議決例集Ⅰ75頁がある。

④　法27条（非弁護士との提携の禁止）の違反が懲戒事由とされた例　　昭和57年８月28日議決（戒告）議決例集Ⅴ178頁，平成12年１月17日議決（業務停止２年・審査請求棄却）議決例集Ⅷ３頁，平成14年10月７日議決（業務停止３月）議決例集Ⅷ92頁，同日議決（業務停止６月）議決例集Ⅷ96頁等がある。なお，法27条の適用が問題となった事例として，昭和53年11月６日議決（退会命令）議決例集Ⅳ131頁がある（但し，法27条は適用されなかった）。

⑤　法28条（係争権利の譲受の禁止）の違反が懲戒事由とされた例　　昭和47年８月12日議決（戒告）議決例集Ⅲ87頁，平成10年２月９日決定（戒告・審査請求棄却）議決例集Ⅶ596頁がある。

⑥　法29条（依頼不承諾の通知義務）の違反が懲戒事由とされた例　　昭和26年２月24日決定（戒告）議決例集Ⅰ３頁，平成23年12月12日議決（戒告・審査請求棄却）議決例集ⅩⅣ126頁等がある。

⑵　会則違反　　これは，所属弁護士会又は日弁連の会則に違反したことをいう。所属弁護士会の会則には，法33条２項各号に列挙された事項が必要的に記載されることになっているが，この中で懲戒事由に関連をもつのは，７号の弁護士道徳その他会員の綱紀保持に関する規定と15号の会費に関する規定が主なものと思われる。このほか会則上の任意的記載事項の違反も会則違反になり得ることはもちろんであ

る。

なお，日弁連会則29条は，所属弁護士会及び日弁連の会則・会規・規則の遵守義務を定めているので，会規や規則違反も会則違反となる。但し，すべての会則違反が直ちに懲戒事由となるものではなく，懲戒に値するほどの会則違反のみが懲戒事由となると解すべきである。

日弁連の会則をみると，会則97条は，「弁護士である会員が6か月以上本会の会費又は特別会費を滞納したとき」をもって懲戒事由と明記している。また，会則第2章には，「弁護士道徳」として7か条の規定が置かれている。10条から15条までの規定はいずれも抽象的規定であり，これらの規定の中で違反が問題となり得るのは11条と13条であると思われる。

また，会則16条を具体化したものが弁護士職務基本規程である。ところで，従前の弁護士倫理（平成2年3月2日日弁連臨時総会決議）違反が直ちに懲戒事由に該当するか否かについては，いわゆる旧弁護士倫理（昭和30年3月19日日弁連理事会決議）の制定に際しても議論があったところであるが，弁護士倫理に違反したことをもって直ちに懲戒事由にあたるものではないと解するのが一般的な見解であった。ところが，総会における宣明決議にとどまった従前の弁護士倫理が，会規としての弁護士職務基本規程（平成16年11月10日会規第70号，平成17年4月1日施行）に改められたことから，同規程違反が会則違反として直ちに懲戒事由になるのではないかとの疑問が生じる。しかし，前記のとおり，すべての会則違反が直ちに懲戒事由となるものではなく，懲戒に値する非行と言い得る会則違反のみが懲戒事由となるのであるから，弁護士職務基本規程についても，この違反が直ちに懲戒事由になるとは解されない。

会則違反として懲戒された事例は，会費滞納がもっとも多く，弁護士が再三の督促を無視して2年有余にわたって会費の納付を怠ることは，弁護士会の秩序と信用を害し，弁護士の品位を失うべき非行と認められるとした判例がある（東京高判昭和32・2・12行裁例集8巻2号297頁）。また35か月滞納した事案につき，昭和43年3月23日議決（業務停止4月）議決例集Ⅱ58頁，2年分滞納した事案につき，昭和43年6月22日議決（退会命令）議決例集Ⅱ65頁，26か月以上滞納した事案につき，昭和43年7月27日議決（業務停止6月）議決例集Ⅱ68頁，昭和30年10月26日決定（退会命令）議決例集Ⅰ108頁，30か月分の滞納の事案につき，昭和32年8月5日決定（退会命令）議決例集Ⅰ116頁，約4年の滞納の事案につき，昭和32年9月5日決定（退会命令）議決例集Ⅰ122頁，6年11か月分の滞納（原処分後納付）の事案につき，昭和51年9月11日議決（業務停止1年）議決例集Ⅳ89頁，たびたび催告を受けながら2年以上の間会費の納入を怠った事案につき，昭和56年2月2日議決（退会命令）議決例集Ⅴ90頁等がある。

会費滞納以外では，業務停止中の弁護士活動につき，昭和52年10月8日議決（業務停止2年）議決例集Ⅳ116頁がある。

上記例以外にも会費滞納，業務停止中の弁護士活動を理由とした懲戒例は多数ある。詳しくは議決例集を参照されたい。

(3) 所属弁護士会の秩序，信用の侵害　これは，弁護士会の対内関係及び対外関係において，その弁護士又は弁護士法人の行為によって秩序が乱されあるいは信用が毀損された場合をいう。

旧法は，12条において退会を命ずる場合の事由として挙げていた。旧法の退会命令は，弁護士名簿の登録を取り消されるのであって，懲戒の除名処分に準ずる効果があったので，現行法ではこれを懲戒処分の一に加え，同時に退会を命ずる事由とされていたものを懲戒事由にとり入れたのである（福原・241頁）。

弁護士会の秩序・信用の侵害は，次に掲げる品位を失うべき非行によって弁護士（弁護士法人）一般の名誉や信用を毀損した結果，弁護士会の信用を害するに至ることも含まれるのであり，実際の懲戒事例でも，懲戒事由として両者を併記した例が多い。

どのような行為があれば秩序や信用の侵害といえるかを定義づけることは困難であって，実質的な価値判断を個別の事例毎に行わなければならない。

なお，法12条1項は，秩序若しくは信用を害するおそれのある者については，登録又は登録換えの請求の進達を拒絶することができるとして，弁護士名簿の登録又は登録換えにあたり事前に審査する制度を設けている。

(4) 品位を失うべき非行　弁護士（弁護士法人）は，職務上の義務違反のみならず，弁護士の私生活上の行為でも品位を失うべきものであれば，懲戒事由とされる。これら両者の非違行為を含んでいることは法文上明らかであるが，何が品位を失うべき非行なのかを定義づけることは，やはり困難である。

品位を失うべき非行とされた事例として裁判例に現われた主なものは，登記簿上弟と共有土地の分筆登記手続につき，弟の承諾を得ずに双方名義の分筆登記の申請書を作成した事例（東京高判昭和38・1・31行裁例集14巻1号165頁），仮差押保証金の保管につき依頼者より不信の念を抱かれる相当の理由があるのに不信を解くことを努めず，保証金を返還しない事例（東京高判昭和38・2・25行裁例集14巻2号366頁），弁護士が実弟に無断でその名義の訴訟委任状を作成行使した事例（東京高判昭和42・8・7行裁例集18巻8・9号1145頁），作成名義人の承諾を得ずに文書を作成したり，作成名義人の死後に作成した文書の作成日付を生前に遡らせて，その文書を自己が当事者となっている綱紀事件や民事紛争で証拠として提出した事例（東京高判平成4・1・30東高民時報43巻1～12号6頁）等がある。

また，国選弁護人に選任された被告事件の弁護活動につき，国から支給される報酬等以外に，被告人その他何人からでも報酬等の支払を受けることは，非難に値する行為というべきであり，本条１項にいう弁護士の品位を失うべき非行に該当するとする裁判例がある（東京高判昭和47・10・23判時688号54頁）。

【３】 懲戒処分

１　懲戒権限を有し，懲戒処分をなす主体は弁護士会であるが，弁護士会は，懲戒委員会の議決どおりの処分をなすことを要し，これと異なる処分をなすことはできない。処分がいつ効力を発生するかは困難な問題であり，これについては【４】で詳述するが，最高裁判所の判例は，処分の告知によりその効力を生ずると解しており，実務もこれに従っている。

懲戒処分の告知については，法64条の６第１項が，対象弁護士等に懲戒の処分の内容及びその理由を書面により通知しなければならないと規定するのみであるが，告知が効力発生要件であるから，告知の方法は明確な形で行われる必要があり，懲戒書を作成し，対象弁護士等に対して言渡し，交付するか，言渡しができない場合は懲戒書を送達すべきであろう。

日弁連の懲戒について，懲戒委員会規程32条は，懲戒書の作成を義務づけ，対象弁護士等に正本を送達すること，懲戒書には対象弁護士等の氏名（職務上の氏名を使用している者については職務上の氏名を併記する）又は名称，登録番号（弁護士法人にあっては届出番号），事務所（弁護士法人にあっては主たる法律事務所の名称及び所在場所）及び所属弁護士会の名称並びに懲戒の処分の内容及びその理由の記載を義務づけている。

なお，近時は，通常の送達ができない場合にそなえて，綱紀，懲戒の各手続について，公示送達の制度を設けている弁護士会が多い（平成10年７月１日付日弁連会長通知「綱紀・懲戒手続における公示送達の規定の整備について」）。

２　懲戒処分の周知方法

懲戒処分の中には，弁護士（弁護士法人）たる地位を喪失させたり，その業務を禁止するものもあるので，対象弁護士等の依頼者，裁判所等の関係機関あるいは一般国民に不測の損害や迷惑をかけることのないように，周知徹底させる必要がある。

法64条の６は，懲戒処分の通知及び公告について，法64条の７は，懲戒手続に関する通知について詳細な規定を置いている。

３　懲戒処分の公表

上記の公告のほか，日弁連及び弁護士会は，懲戒に関する処分又は裁判の主文，理由その他会規で定める事項を公表することができる（会則68条の２第１項，懲戒処分の公告及び公表等に関する規程６条・７条）。詳細については，法64条の６の解説を参照されたい。

4　懲戒処分歴の開示

さらに，弁護士に事件を依頼しようとする市民への情報提供の一環として，過去の懲戒処分歴の開示制度も設けられている（会則第68条の2第3項，懲戒処分歴の開示に関する規程（会規第87号））。この制度では，弁護士又は弁護士法人に対して現に法律事務の依頼若しくは委嘱をし，又は依頼若しくは委嘱をしようとする者は，一定の条件の下，弁護士又は弁護士法人に関する過去の一定範囲の懲戒処分歴の開示を，日弁連に対して請求し得るものとされている。

【4】　懲戒処分の効力発生時期

1　懲戒処分がいつその効力を発生するかについては，従前議論があり，被処分者（弁護士又は弁護士法人）に告知されたときとする説（告知時説）と，被処分者が終局的に争う途がなくなり，その処分が確定したときとする説（確定時説）とに分かれていた。

現行法は，この点について明文の規定を置いていないが，旧法は，58条において，判事懲戒法（「裁判ハ確定ノ後ニ非サレハ之ヲ執行スルコトヲ得ス」同法46条）を準用していたので，懲戒の効力が確定により生ずることにつき疑問の余地はなかった。現行法制定当時も明文規定はなかったが，実務は，旧法と同様に確定時説によって運用されてきた。

ところが，昭和37年の行審法（昭和37年法律第160号）の制定に伴う弁護士法の改正により，弁護士の懲戒処分も一般行政庁の行う懲戒処分と同様に扱われることになった。平成26年改正前の行審法34条1項（現行行審法25条1項）は，「審査請求は，処分の効力，処分の執行又は手続の続行を妨げない」と規定し，明らかに告知時説を採っていることから，弁護士の懲戒処分についても告知のときに効力が生じるとの説があらわれた（福原忠男「弁護士法における自治権の諸問題」自由と正義16巻6号1頁）。

2　確定時説は，その論拠として次の点をあげる（昭和40年12月24日付日弁連会長通知）。

①　旧法の定めは，弁護士の職務が訴訟という法律上厳格な一連の手続の遂行上で重要な役目を担っており，懲戒処分が弁護士の権利身分に重大な影響を及ぼすこと，処分は慎重明瞭な手続を経て行われることを必要とする趣旨であり，これは現行法に引き継がれている。

②　法17条3号が，退会命令と除名について「確定したとき」と規定しているのは，処分の効力発生時を確定のときとする趣旨である。但し，戒告・業務停止を別に解するものではない。仮に後者を告知時とすると，軽い処分の方がさきに効力を生ずることになり不都合であるから，4種類の処分ともに確定時に効力を生ずると解すべきである。

③　弁護士法は，懲戒処分について，行審法1条2項にいう「特別の定め」をした法律である。

以上のような論拠をもとに，行審法（昭和37年法律第160号）制定後においても，実務は確定時説を前提に運用されていた。

そして，告知時説に対しては，①弁護士懲戒制度は他に類例を見ない自治的懲戒制度であり，弁護士会は体系的行政組織外の存在であって，行審法施行によっても他の一般行政処分と区別する理由がある，②取消しの可能性を残したまま処分の効力を生じさせると，訴訟という継続性を有する厳格な手続を遂行する責務を負う弁護士の職務遂行上の地位を著しく不安定にする，③法17条の登録取消しとは監督関係を離脱する場合を示していると解すべきであり，告知により効力を生ずるとすれば，除名等の場合，既に監督関係にないのであるから，その時点で登録を取り消すべきである，④告知により効力を生ずるとすれば，懲戒請求者の異議の申出により，更に重い処分の可能性を生じ，二重処罰の禁止に反するとの疑問を生ずる等の批判がなされていた（詳細は，高山征治郎「弁護士懲戒の諸問題」第二東京弁護士会編『弁護士自治の研究』77頁以下，特に81頁以下参照）。

また，告知時説に立つと，戒告あるいは業務停止期間満了後の審査請求を棄却した裁決（日弁連自身の法60条による戒告あるいは業務停止処分も同様）に対する取消訴訟は，取消しにより回復すべき法律上の利益が否定されることになり，事実上取消訴訟で争う余地を失わせることになるとの指摘もあった（但し，この点に関し，最判昭和58・4・5判時1077号50頁は，日弁連の会長選挙規程により登録10年以上の者は同会長選挙の被選挙権を有し，懲戒処分を受けた者は，受けた処分の不服申立てができなくなった日から3年を経過するまでは同被選挙権を有しないことを理由に，取消しによって回復すべき法律上の利益を有する余地があるとする。詳細は法61条の解説参照）。

3　これに対し，最大判昭和42年9月27日民集21巻7号1955頁は，弁護士会の懲戒権が「公の権能」であり，弁護士の懲戒処分の法的性格は「広い意味での行政処分に属する」としたうえで，「特定の相手方に対する処分である懲戒については，当該懲戒が当該弁護士に告知された時にその効力を生ずるものと解すべきであつて，この点については，他の一般の行政処分と区別すべき理由はない」として，次のとおり告知時説をとることを明らかにした。

「弁護士法（以下法という。）は，弁護士の使命および職務の特殊性にかんがみ，弁護士会および日本弁護士連合会（以下日弁連という。）に対し，公の権能を付与するとともに，その自主・自律性を尊重し，その一環として，その会員である弁護士に一定の事由がある場合には，弁護士会または日弁連が，自主的に，これに対する懲戒を行なうことができるものとしている。この意味において，弁護士会または日弁連が行なう懲戒は，弁護士法の定めるところにより，自己に与えられた公の権能の行使として行なうものであつて，広い意味での行政処分に属するものと解すべきである。所属弁護士会がした懲戒について，日弁連に行政不服審査法（以下審査法という。）による審査請求をすることができるものとし（法59条参照），さらに，日弁連のした裁決または懲戒に不服があるときは，行政事件訴訟法による『取消しの訴え』を提起することができることにしている（法62条〔現行法61条―編者注〕）のも，右懲戒が一種の行政処分であることを示しているものということができる。そして，このような特定の相手方に対する処分である懲戒については，当該懲戒が当該弁護士に告知された時にその効力を生ずるものと解すべきであつて，この点については，他の一般の行政処分と区別すべき理由はない。もつとも，当該処分に対しては，叙上のように審査法による審査請求，さらには，行政事件訴訟法の定める『取消しの訴え』の途が開かれているが，これらの手段がとられた場合においても，審査法34条〔現行法25条―編者注〕または行政事件訴訟法25条に基づく執行停止がなされないかぎり，その処分の効力が妨げられないことは，一般の行政処分の場合と同様であつて，このような執行停止に関する特別の規定が設けられているのも，処分は，その告知によつて直ちにその効力が生ずることを当然の前提としていることを示すものということができる。

叙上の理由により，弁護士に対する懲戒は，それが当該弁護士に告知された時にその効力を生じ，業務停止懲戒を受けた者は，その時から業務に従事することができなくなるものと解すべきである」。

懲戒処分は行政処分であって，他の行政処分と比べ特に区別する理由もないと解されるので，告知時説が妥当と考えられる。実務も告知によって懲戒の効力が生じることを前提に取扱いが改められている（法60条の日弁連懲戒の場合ではあるが，懲戒委員会規程32条３項は「懲戒の処分は，懲戒書の正本を対象弁護士等に送達することによって効力を生ずる」と明文の規定を置いている。また，同規程46条は告知時説を前提に効力停止を認めている）。

確定時説が根拠とする法17条について，告知時説は，同条は登録取消し事由を定めただけであり，登録取消しは，いわば公証行為であり，処分の効力発生時期に直接結びつかないとする。前掲最高裁大法廷判決は，「法17条は，弁護士名簿の登録に関する日弁連の事務処理について，登録を取り消さなければならない場合を明示するとともに，弁護士の使命および職務の重要性にかんがみ，退会命令，除名等の処分があつても，それが確定し，もはや争いの余地がなくなつたのちでなければ，登録の取消をさせないように配慮した趣旨の規定にすぎないと解すべきである。けだし，法17条１号，３号等の場合における弁護士名簿の登録の取消は，これによって弁護士としての身分または資格そのものを失わしめる行為ではなく，弁護士としての身分または資格を失つているという事実を公に証明する行為なのである。（中略）要するに，法17条は，審査法１条２項および行政事件訴訟法１条にいう特別の定めにはあたらないのであるから，これを根拠として，懲戒は確定しなければ効力を生じないとすることはできない」としている。

4　なお，最高裁は，弁護士に対する懲戒処分の効力に関する前記大法廷判決後，改正前の税理士法に基づく税理士の懲戒処分について，税理士法の欠格事由の規定の仕方や税理士証票の返還・提示等の問題で告知時説をとるとこれら規定が不合理となることから，税理士の懲戒処分の効力発生は，処分が確定した時と判示している（最判昭和50・６・27民集29巻６号867頁）。しかしその後，税理士法は告知時説を前提に改正されている（税理士法４条・28条・48条・60条）。

【5】 弁護士法人と懲戒

1　弁護士法人は，弁護士業務を行うことを目的とするものであり，弁護士と同様の職責を担う存在であるから（法30条の２・30条の５・30条の６），当該弁護士法人に所属する弁護士のみならず弁護士法人そのものにも，弁護士会及び日弁連の指導監督を及ぼす必要がある。従って，弁護士法人に所属する弁護士のみならず，弁護士法人に対する懲戒を設けたものである。

この点，法人の構成員である弁護士のみを懲戒すれば足りるのであり，法人までをも懲戒する必要はないのではないかとの見解もあり得る。しかしながら，そもそも，弁護士業務の受任主体は弁護士法人そのものであり，法人自体が１つの存在として社会的信用等を得ているものであるから，法人自体に対する懲戒を設ける必要がある。また，懲戒が自然人である弁護士にしか及ばないとなると，法人は構成員を入れ替えれば法人としての業務ができてしまうことになるし，例えば，法人としての懲戒事由があることは明らかではあるが，その構成員の役割等が明らかではない場合には，懲戒を及ぼすことができなくなり，不当な結果を招くことになる。このようなことから，自然人たる弁護士とは別に弁護士法人に対する懲戒制度を設けたものである。

弁護士法人の懲戒事由も，弁護士に対する懲戒事由と同様であるし，懲戒権者も，懲戒手続も同様である。

2　弁護士法人と所属弁護士の懲戒手続の関係

弁護士法人に対する懲戒は，法人自身に対する懲戒であるから，懲戒の効力は法人を構成する社員弁護士や使用人弁護士には及ぶものではない。従って，弁護士法人に対する懲戒手続が進行している場合であっても，これとは別に当該弁護士法人に所属する弁護士に対し，同一の懲戒事由をもって懲戒手続を進行させることができる。

弁護士法人に対して懲戒請求がなされたときに，その所属弁護士との関係では懲戒手続が進行しないことについては批判的な意見もある。しかし，懲戒請求者から弁護士法人に対してのみ懲戒手続がなされた場合に，弁護士法人に対する懲戒手続が進行する過程で弁護士会自身が所属弁護士について懲戒請求をすることもあり得ることから，この批判はあたらない。弁護士法人と所属弁護士の懲戒手続は別個のものであるから，弁護士法人に対する懲戒手続が確定した場合でも，除斥期間を経過していない限り，同一の懲戒事由で所属弁護士に対して懲戒請求ができることとなる。

同様の理由により除斥期間（法63条）についても弁護士法人，所属弁護士は個別に計算する。従って，例えば懲戒事由のあったときから1年経過した時点で弁護士法人について懲戒請求があり綱紀委員会に係属されたが，所属弁護士については懲戒請求がなく，懲戒事由のあったときから3年経過した時点で綱紀委員会に係属していないときには，所属弁護士に対しては懲戒手続を開始することができない。

同様に登録換えや登録取消しの請求の制限（法62条）についても，弁護士法人と所属弁護士の懲戒手続は，個別に考えるから，例えば，弁護士法人について懲戒手続が開始された場合であっても，所属弁護士は，自己に対する懲戒手続が開始していなければ，登録換え又は登録取消しの請求をすることができる。もっとも，弁護士法人は，その法律事務所に，その地域の弁護士会の会員である社員弁護士を常駐させなければならないから（法30条の17），その法律事務所の地域の弁護士会の会員がいなくなってしまうような，社員弁護士の登録換え又は登録取消しの請求は，常駐義務違反となるものと解される。

3　従たる法律事務所の懲戒

従たる法律事務所しか所在しない地域の所属弁護士会が弁護士法人に対して行う懲戒については，その地域内にある従たる法律事務所に係る事由についてのみ行うことができる（本条3項）。ここで「その地域内にある従たる法律事務所に係るもの」とは，従たる法律事務所に常駐する弁護士や従業者の活動，従たる法律事務所が受任した事件について生じた事由，場所的に従たる法律事務所で発生した事由等をいう（黒川＝坂田・NBL716号41頁）。従って，従たる法律事務所しか所在しない地域の所属弁護士会は，当該従たる法律事務所以外の事由について懲戒権を有しないことになり，主たる法律事務所に関する事由や，他の地域にある従たる法律事務所に関する事由について当該地域の弁護士会が懲戒権を行使できないことになる。

弁護士法人に対する懲戒は，主たる法律事務所所在地の所属弁護士会が法人全体に対する最終的な監督権限を有し，その地域内に従たる法律事務所しか存在しない所属弁護士会は，地理的な特性等を活かして，これを補充する役割を果たすというものである。従って，従たる法律事務所所在地の弁護士会が当該従たる法律事務所に対して行う懲戒処分は，当該従たる法律事務所に係るもののみについて行えば，その目的が達成でき，主たる法律事務所や他の地域にある従たる法律事務所に係る懲戒事由については，主たる法律事務所所在地の所属弁護士会や，他の地域の従たる法律事務所が所属する弁護士会がこれを行えば足りるし，また，適切な懲戒処分が期待できるからである。

その結果，一つの弁護士法人に関し同一の事由について複数の弁護士会が懲戒処分をすることができることとなる。例えば従たる法律事務所に係る事由について，その従たる法律事務所所在地の弁護士会と主たる法律事務所所在地の弁護士会が，それぞれ懲戒処分を行い，従たる法律事務所所在地の弁護士会が従たる法律事務所に対して業務停止２か月，主たる法律事務所所在地の弁護士会が法人全体に対して業務停止２か月の懲戒処分をした場合，懲戒処分の執行の時期によっては，従たる法律事務所は合計最長４か月の業務停止処分を受ける結果となる。このような結果となるのは，それぞれの弁護士会が当該弁護士法人に対する監督権を有していることによる帰結であって，やむを得ないものである。

また，複数の異なる地域に従たる法律事務所を有していた場合には，同じような懲戒事由であっても，その所属弁護士会の間で処分内容が異なる事態が生じ得ることとなる。これも，それぞれの弁護士会が固有の監督権を有することにより生ずる帰結である。ただ，複数の弁護士会が同一の事由により懲戒処分を行った結果，処分の内容が重すぎるような場合や処分の内容について差異が生じた場合には，処分を受けた弁護士法人による審査請求に基づきなされる日弁連での懲戒処分により調整が図られる道もある。

（懲戒の種類）

第57条　弁護士に対する懲戒は，次の４種とする。

一　戒告

二　２年以内の業務の停止

三　退会命令

四　除名

２　弁護士法人に対する懲戒は，次の４種とする。

一　戒告

二　２年以内の弁護士法人の業務の停止又はその法律事務所の業務の停止
三　退会命令（当該弁護士会の地域内に従たる法律事務所のみを有する弁護士法人に対するものに限る。）
四　除名（当該弁護士会の地域内に主たる法律事務所を有する弁護士法人に対するものに限る。）

3　弁護士会は，その地域内に従たる法律事務所のみを有する弁護士法人に対して，前項第２号の懲戒を行う場合にあつては，その地域内にある法律事務所の業務の停止のみを行うことができる。

4　第２項又は前項の規定の適用に当たつては，日本弁護士連合会は，その地域内に当該弁護士法人の主たる法律事務所がある弁護士会とみなす。

【1】 本条の趣旨

本条は，法56条に基づく懲戒処分の種類を定めたものである。本条１項では弁護士に対する懲戒処分を，本条２項以下では弁護士法人に対する懲戒処分を定めた。懲戒処分の種類は，弁護士に対するものも弁護士法人に対するものも，戒告，２年以内の業務の停止，退会命令及び除名の４種類である。但し，弁護士法人に対する懲戒処分のうち，退会命令は，当該弁護士会の地域内に従たる法律事務所のみを有する弁護士法人に対するものに限られ，除名は，当該弁護士会の地域内に主たる法律事務所を有する弁護士法人に対するものに限られる。

【2】 沿　革

1　弁護士の懲戒制度は，明治９年の代言人規則時代より規定があり，懲戒の種類として，譴責，１月以上１年以下の停業及び除名が規定されていた。以来，旧々法では，譴責，100円以下の過料，１年以下の停職及び除名を規定し（33条），旧法は，譴責，1000円以下の過料，１年以下の停職及び除名の４種類を定め（55条），その他に，弁護士会は会の秩序又は信用を害するおそれのある者について退会を命ずることができる旨定めていた（12条）。

2　現行法は，従来の懲戒処分のうち，譴責とあったものを当用漢字の制限に従い同意義の戒告に改め，過料については，その執行や収納の方法に面倒があるためこれを廃止し，更に，１年以内の停職とあったのを２年以内の業務の停止に引き上げた（福原・243頁・244頁）。また，旧法12条の退会は，懲戒処分の除名に準ずる効果があり，懲戒の一種とみるのが相当であるので，現行法ではこれを懲戒の種類の一に加えて退会命令とし，同時に退会を命ずる事由とされていたものを懲戒事由に取り入れたものである（福原・241頁）。

【3】 弁護士に対する懲戒処分

1　戒告とは，対象弁護士に対し，その非行の責任を確認させ反省を求め，再び過ちのないよう戒める懲戒処分であり，懲戒の中で最も軽い処分である。戒告は，対象弁護士の弁護士たる資格や身分に全く消長を及ぼさず，また，その活動に何らの制限も加えられることはない。但し，戒告の処分を受けた者は，3年間は日弁連会長選挙の被選挙権を失う（会長選挙規程14条1号）。

戒告はその処分告知とともにその効力を生じ，かつ処分は終了するので，執行停止（行審法25条2項）の余地はないものと解される。

戒告についても，官報及び日弁連の機関雑誌による公告がなされるが（会則68条），他の懲戒処分の場合と異なり，裁判所及び検察庁に対する通知は行われない（会則68条の3）。

2　業務停止

⑴　業務停止とは，対象弁護士に一定期間業務を行うことを禁止するものである。除名や退会命令の場合と異なり，弁護士資格や弁護士たる身分を失うものではないが，処分の告知を受けたときから，単に当該停止期間中一切の弁護士業務を行ってはならない不作為義務を負うだけでなく，停止期間中は，一時的に弁護士の業務行為を行い得る資格が停止されるものと解される（奈良次郎『最高裁判所判例解説民事篇昭和42年度』408頁参照）。

判例は，業務停止は「一定期間，弁護士の業務に従事してはならない旨を命ずるものであつて，この懲戒の告知を受けた弁護士は，その告知によつて直ちに当該期間中，弁護士としての一切の職務を行なうことができないことになる」とする（最大判昭和42・9・27民集21巻7号1955頁）。

⑵　業務停止処分を受けた弁護士が上記義務に違反し弁護士としての職務を行ったときは，それ自体が新たな懲戒事由となり，その訴訟行為も違法なものとなる。判例も，「この禁止に違背したときは，重ねて懲戒を受けることがあるばかりでなく，禁止に違背してなされた職務上の行為もまた，違法で（中略）訴訟行為をすることが許されないのはもちろんであつて，もし裁判所が右のような懲戒の事実を知つたときは，裁判所は，当該弁護士に対し，訴訟行為への関与を禁止し，これを訴訟行為から排除しなければならない」という（前掲最大判）。

⑶　業務停止に違反してなされた行為の効力

業務停止の処分を受けた弁護士は，弁護士としての一切の職務を禁じられるが，これに違反して訴訟行為が行われた場合にその効力は如何に解すべきであろうか。

前述のとおり，停止期間中は，一時的に弁護士の業務行為を行い得る資格が停止されるものと解し，その趣旨を徹底すれば，その間の行為は，あたかも非弁護士の行為と同視されることとなる（三ケ月章『判例民事訴訟法』58頁）。

前掲最大判は，裁判所がその違法な訴訟行為を看過した場合，「当該訴訟行為の効力が右の瑕疵によつてどのような影響を受けるかは自ら別個の問題であつて，当裁判所は，右の瑕疵は，当該訴訟行為を直ちに無効ならしめるものではない」とし，その理由として，①その処分を無視した弁護士は，更に弁護士会で処分すれば足りること，②業務停止の懲戒は，弁護士としての身分・資格そのものを剥奪するものではなく，非弁護士の訴訟行為となるものではないこと，③懲戒手続は公開されず，処分も周知させる方法が講ぜられていないこと，④一般の信頼を保護し，裁判の安定を図り，訴訟経済に資するという公共的見地から，業務停止の処分を受けた弁護士を訴訟行為から排除すべきであるが，そのような弁護士によりなされた訴訟行為はこれを有効なものであると解すべきである，と判示した。

しかし，除名・退会命令と異なり，業務停止故にその訴訟行為を有効と解することは疑問である。判例の指摘する①の点であるが，業務停止に違背したことに対して，重ねて懲戒処分がなされても懲戒処分の実効性は保ち難いと思われる。また，非弁護士に対する刑罰（法72条・77条）があっても，それのみでその訴訟行為を有効とする理由にはならないと考えられる。②の点は，除名，退会命令との差異を強調して，業務停止中の弁護士の訴訟行為を非弁護士の訴訟行為よりも甘く評価することは，懲戒制度という制裁の趣旨を没却することになる。③の点については，前記判決後日弁連の取扱いが変わり，種々の周知方法が取られ，また，懲戒処分の存在を知らないために不測の損害が生じないよう，弁護士会が諸方策を講じることにより，この理由は妥当しなくなったものである。④については，違反の反公共性が著しく，非弁護士の訴訟行為同様，強度の違法性があるものというべきであり，無効とした場合には裁判の安定を害することがあろうが，これはやむを得ないと考えられる（法72条違反の訴訟行為の効力につき，660頁）。

従って，業務停止期間中の弁護士の行為は，非弁護士の行為と同一のものとして考察すれば足りると解すべきであろう。

⑷　業務停止期間中にある弁護士は，弁護士としての一切の職務を行うことができないが（前掲最大判），弁護士の業務行為はおよそ一切禁止されるのか，また業務行為そのものではないが，これに随伴し又は密接に関連する行為についてはどうか等，実際上困難な問題がある。日弁連では一切の弁護士業務を停止するとの原則を堅持しながら，諸般の事情から最小限度許容せざるを得ない行為を明らかにするため，平成４年１月17日理事会の承認を得て，被懲戒弁護士の業務停止期間中における業務規制等について弁護士会及び日本弁護士連合会の採るべき措置に関する基準を定めている。その後何度かの改正を経ているが，最新のものにつきその全文を掲

げることとする。

被懲戒弁護士の業務停止期間中における業務規制等について弁護士会及び日本弁護士連合会の採るべき措置に関する基準（平成４年１月17日理事会議決）

（目的）

第１　この基準は，弁護士会又は日本弁護士連合会から弁護士法（昭和24年法律第205号。以下「法」という。）第57条第１項第２号に掲げる懲戒の処分（以下「処分」という。）を受けた弁護士（以下「被懲戒弁護士」という。）の業務停止の期間中における業務規制等について，弁護士会及び日本弁護士連合会（以下「弁護士会等」という。）の採るべき措置を定め，もって，国民の弁護士及び弁護士会等に対する信頼並びに懲戒制度の実効性を確保するとともに，処分の適正かつ公平な運用を図ることを目的とする。

（業務規制等の説示）

第２　弁護士会等は，処分の告知に当たり，被懲戒弁護士に対し，次に掲げる事項及び弁護士会が別に定める規制措置について説明し，その遵守を説示しなければならない。

（法律事件等の取扱い）

(1)　被懲戒弁護士は，受任している法律事件（裁判所，検察庁及び行政庁に係属前のものを含む。）について，直ちに依頼者との委任契約を解除しなければならない。この場合において，被懲戒弁護士は，委任契約を解除した法律事件について，解除後直ちにその係属する裁判所，検察庁及び行政庁（以下「裁判所等」という。）に対し，辞任の手続を執らなければならない。ただし，業務停止の期間が１か月以内であって依頼者が委任契約の継続を求める場合は，この限りでない。この場合において，被懲戒弁護士は，委任契約の継続確認後直ちに，その係属する裁判所等に対し処分を受けたこと及びその期間を通知しなければならない。

（顧問契約の取扱い）

(2)　被懲戒弁護士は，直ちに依頼者との顧問契約を解除しなければならない。

（期日変更申請等）

(3)　被懲戒弁護士は，期日の延期及び変更の申請をすることができない。

被懲戒弁護士は，受任している法律事件に関し裁判所等から書類の送達及び送付があった場合，これを受領してはならない。誤って受領した場合は，返還する等直ちに適切な措置を採らなければならない。

（保釈保証金の還付等）

(4)　被懲戒弁護士は，保釈保証金，保全保証金及び供託金の還付及び取戻し並びびに和解金等の弁済の受領をしてはならない。ただし，民法（明治29年法律第89号）第654条に該当する場合は，この限りでない。

（依頼者等への引継ぎ）

(5) 被懲戒弁護士は，第１号又は第２号の規定により委任契約又は顧問契約を解除した場合は，依頼者及び当該法律事件等を新たに取り扱う弁護士又は弁護士法人に対し，誠実に法律事務の引継ぎをしなければならない。

（復代理人の選任等）

(6) 被懲戒弁護士は，新たに復代理人を選任し，又は他の弁護士若しくは外国法事務弁護士を雇用する等してはならない。

（復代理人等の監督）

(7) 被懲戒弁護士は，処分を受ける前に選任した復代理人並びに雇用する等した弁護士及び外国法事務弁護士（以下「補助弁護士等」という。）に対し，指示及び監督をしてはならない。

（法律事務所の管理行為等）

(8) 被懲戒弁護士は，法律事務所の管理行為及び賃貸借契約並びに補助弁護士等及び従業者との雇用契約等を継続することができる。

（法律事務所の使用）

(9) 被懲戒弁護士は，その法律事務所を使用してはならない。ただし，受任している法律事件の引継ぎその他この基準によって業務停止の期間中も認められている事務等のため必要があるときは，弁護士会等の承認を得てその使用をすることができる。

補助弁護士等は，被懲戒弁護士の法律事務所を自己の事務所として使用することができる。

被懲戒弁護士の法律事務所が自宅を兼ねている場合は，私生活その他弁護士業務以外の目的でのみ使用することができる。

従業者は，被懲戒弁護士の法律事務所の管理，清掃，郵便物の整理その他の弁護士業務以外の目的のため被懲戒弁護士の法律事務所を使用することができる。

（法律事務所表示の除去）

(10) 被懲戒弁護士は，直ちに弁護士及び法律事務所であることを表示する表札，看板等一切の表示を除去（表示としての機能を失わせる措置一般をいう。）しなければならない。ただし，被懲戒弁護士が業務停止の期間中であること及びその期間を，弁護士会等の指示する方法で表示することにより，除去に代えることができる。

（名刺等の使用）

⑾　被懲戒弁護士は，弁護士の肩書又は法律事務所名を表示した名刺，事務用箋及び封筒を自ら使用し，又は他に使用させてはならない。

（弁護士記章及び身分証明書の返還）

⑿　被懲戒弁護士は，弁護士記章規則（規則第35号）第5条第2項及び弁護士等の身分証明書の発行に関する規則（規則第60号）第13条第1項第2号の規定により，直ちに弁護士記章及び身分証明書を日本弁護士連合会に返還しなければならない。

（会務活動）

⒀　被懲戒弁護士は，弁護士会等及び法第44条の弁護士会連合会の会務に関する活動をすることができない。

（公職等の辞任）

⒁　被懲戒弁護士は，弁護士会等の推薦により官公署等の委員等に就任している場合は，直ちに当該官公署等に対し，辞任の手続を執らなければならない。

弁護士であることに基づき委嘱された人権擁護委員，選挙管理委員，労働委員会委員，調停委員，鑑定委員，破産管財人，更正管財人等についても前段と同様とする。

（弁理士及び税理士の業務）

⒂　被懲戒弁護士は，弁護士の資格を有することに基づき弁理士又は税理士の登録をしている場合であっても，弁理士及び税理士の業務を行うことができない。

（指導及び監督）

第3　弁護士会等は，被懲戒弁護士がこの基準及び弁護士会等の定める規制措置を遵守するよう指導及び監督をしなければならない。

（弁護士会の定める規制）

第4　弁護士会は，必要がある場合は，被懲戒弁護士に対する業務停止の期間中における業務の規制及び弁護士会の採るべき措置について，この基準に準じ別に定めることができる。

（施行期日・経過規定）

第5　この基準は，平成4年4月1日から施行する。

本基準の施行前に処分が告知された被懲戒弁護士については，昭和53年4月19日日弁連総第60号通知によるものとする。

(5)　業務停止期間中の弁護士は，日弁連会長選挙の選挙権及び被選挙権を有しない（会長選挙規程12条2号・14条1号）。但し，これ以外の選挙権・被選挙権及び総会の議決権は会員固有の権利であるから，会則上に明文規定を置かなければこれらを奪うことはできない。

業務停止処分を受けた弁護士は，直ちに弁護士記章（バッチ）と身分証明書を所属弁護士会を通じて日弁連に返還しなければならず（弁護士記章規則5条2項，弁護士等の身分証明書の発行に関する規則13条1項2号），業務停止期間が満了したときに弁護士記章は再貸与され（弁護士記章規則6条1項3号），返還を受けた身分証明書が有効期間内にあるときに限り，返還をした身分証明書の再交付を求めることができる（弁護士等の身分証明書の発行に関する規則14条1項3号）。

業務停止期間中に請求による登録取消しができるかという問題があるが，日弁連は登録取消しをすることができ，この場合業務停止の懲戒処分は登録取消しをした時点で失効すると解している（昭和59年3月3日付日弁連会長通知）。

3　退会命令

⑴　退会命令は，対象弁護士をその所属弁護士会から一方的に退会させる処分である。この懲戒処分を告知された弁護士は，特に効力停止の決定を得ない限り（懲戒委員会規程46条参照），告知の日よりその所属弁護士会から当然退会し，弁護士の身分を失うことになる。

⑵　退会命令の処分を受けた者は，弁護士でない者となるのであるから，特に効力停止がなされない限り，弁護士又は法律事務所の標示又は記載をしてはならないし，利益を得る目的で法律相談その他法律事務を行う旨の標示又は記載をしてはならない（法74条）。報酬を得る目的で業として法律事務を取り扱い又はこれらの周旋をしてはならない（法72条）ものとされるのは当然である。上記の禁止に違反する者に対しては処罰が予定されている（法77条・77条の2）。

退会命令を受けた者は直ちにその事務所を閉鎖し，弁護士の肩書のある名刺を使用してはならず，看板等も除去する措置をとらなければならない。また，弁護士記章及び身分証明書を最後に所属した弁護士会を通じて，日弁連に返還しなければならない（弁護士記章規則5条1項2号，弁護士等の身分証明書の発行に関する規則13条1項2号）。

⑶　退会命令は弁護士たる身分を奪う処分であるから，退会命令に違反してなされた行為は，非弁護士の行為となることは明らかである。違反の行為の効力については法72条違反の行為の効力に準じて考えることができる。本条1項3号の退会命令を受けた弁護士が必要的弁護事件の弁護人として立ち会って公判の審理が行われたことは，判決に影響を及ぼすべき訴訟手続違反であるとして，原判決を破棄した裁判例がある（東京高判平成3・12・10判タ780号267頁）。

⑷　退会命令は，除名と異なり，弁護士たる身分を失わせるだけで，弁護士となる資格を失わせるわけではないから，法的には，あらためて入会を希望する弁護士

会を通じて登録請求することも可能である。しかし，この請求があった場合にも，以前懲戒処分を受けた事実があることから，請求者について弁護士の職務を行わせることが適正を欠くおそれがあるかどうかが特に審査され，上記のおそれがあると認められると，入会しようとしている弁護士会から日弁連への登録請求の進達を拒絶されることがある（法12条1項）。

(5) 退会命令が告知されると，当該退会命令をした弁護士会は，速やかに，日弁連に報告しなければならず（法18条・64条の6第2項），退会命令が審査請求期間（行審法18条）を経過して確定したときは，日弁連は，弁護士名簿の登録を取り消して（法17条3号），公告しなければならない（法19条）。また，会費の徴収については，処分告知（懲戒書送達）後の会費は徴収しない。処分告知後の分について既に徴収されたものについては，これを返還する。退会命令が取り消された場合には，告知後取消しまでの間の会費は徴収しないが，処分の効力停止期間中の会費は徴収することとなっている（懲戒委員会規程78条，昭和43年2月22日付日弁連会長通知「『弁護士懲戒処分に関する取扱い』について」4項）。

4 除 名

(1) 除名は，対象弁護士の弁護士たる身分を一方的に奪う処分で，懲戒処分中最も重いものである。この処分を受けた弁護士は，特に効力停止の決定を得ない限り（懲戒委員会規程46条参照），告知の日から3年間弁護士となる資格を失うことになる（法7条3号）。従って，上記期間中再登録の請求をすることは許されない。

除名処分が告知されると，退会命令と同様に，処分弁護士会は，速やかに日弁連に報告しなければならず（法18条・64条の6第2項），除名が審査請求期間（行審法18条）を経過して確定したときは，日弁連は弁護士名簿の登録を取り消して（法17条3号），速やかに公告しなければならないこととされている（法19条）。

会費の徴収については，処分告知（懲戒書送達）後の会費は徴収しない。処分告知後の分について既に徴収されたものは返還する。除名が取り消された場合には，告知後取消しまでの間の会費は徴収しないが，処分の効力停止期間中の会費は徴収することになっている（懲戒委員会規程78条，昭和43年2月22日付前掲日弁連会長通知4項）。

(2) 除名処分を受けた者は，前述のとおり3年間は登録請求をすることはできないが，この期間を経過すれば再び登録請求をすることが認められる。しかし，この請求があった場合にも，以前除名処分を受けた事実があることから，請求者について弁護士の職務を行わせることが適正を欠くおそれがあるかどうかが特に審査され，そのおそれがあると認められると入会しようとしている弁護士会から日弁連への登録請求の進達を拒絶されることがある（法12条1項）。

また，除名された者は弁護士となる資格そのものを失うのであるから，一切の弁護士業務を行ってはならないことは当然であり，この禁止に違反すると一定の要件の下に処罰されることになることも，退会命令につき前述したところと全く同様である（法72条・74条・77条・77条の２）。

その他，法律事務所の閉鎖，弁護士記章及び身分証明書の返還等についても，退会命令につき前述したところと同様の取扱いがなされることになる。

(3) 除名は弁護士たる身分を奪う処分であるから，除名に違反してなされた行為は，退会命令の場合と同様，非弁護士の行為となることは明らかである。違反の行為の効力については法72条の解説を参照。

【４】 弁護士法人に対する懲戒処分

１ 戒　　告

弁護士法人に対する戒告は，弁護士に対する戒告と異なる点はない。主たる法律事務所所在地の弁護士会が戒告処分ができることは当然，従たる法律事務所所在地の弁護士会も戒告処分をすることができる。

２ 業務停止

自然人である弁護士は，複数の法律事務所を設けて執務することが禁止されているが（法20条３項），弁護士法人は，複数の法律事務所を設けて執務することが許されていることから，懲戒処分である業務停止についても，弁護士法人そのものに対する業務の停止と，弁護士法人の法律事務所の業務の停止の２種類が設けられた。すなわち，自然人である弁護士に対する業務の停止は，当該弁護士のあらゆる弁護士業務を一律に停止するものであるが，法人の場合には，多数の社員等の弁護士が関係することから，懲戒の種類として，法人の業務全体を一律に停止するものだけでなく，一定の範囲における業務を停止する必要がある。そこで，法律事務所単位での業務の停止を行うことができることとしたものである。つまり，場所的な意味での業務の一部停止を認めたものである（黒川=坂田・前掲41頁）。

従たる法律事務所所在地の弁護士会は，当該弁護士会の地域内にある従たる法律事務所についてのみ業務の停止を命ずることができる（本条３項）。従たる法律事務所所在地の弁護士会は，懲戒事由がその地域内にある従たる法律事務所に係るものに限られるし（法56条３項），弁護士会の指導や監督の適正という観点から設けられた規定である。同一弁護士会の地域内に従たる法律事務所のみが複数ある場合は，その全部又は一部について業務停止を命じることができる。

以上に対して，主たる法律事務所所在地の弁護士会は，弁護士法人に対する全面的な指導監督権限を有するから，弁護士法人自体に対する業務停止と当該弁護士法人の全部又は一部の法律事務所の業務停止を命ずることができる。従って，主たる法律事務所所在地の弁護士会は，他の地域の法律事務所のみの業務停止をすることも可能である。

弁護士法人に対する業務停止処分は，弁護士法人に対する関係でのみその効果が生じるものであるから，業務停止処分を受けた弁護士法人の社員弁護士や使用人弁護士は，その後も個人で受任した事件の業務をすることができる。もっとも，業務停止処分を受けた弁護士法人の業務を当該弁護士法人の社員弁護士等が引き継げるかどうかについては，業務停止の実効性との関係で議論があり得るところである。この点については，弁護士法人の業務停止期間中における業務規制等について弁護士会及び日本弁護士連合会の採るべき措置に関する基準（平成13年12月20日理事会議決）で次のとおり基準が定められている。最新の内容は以下のとおりである。

弁護士法人の業務停止期間中における業務規制等について弁護士会及び日本弁護士連合会の採るべき措置に関する基準（平成13年12月20日理事会議決）

（目的）

第1　この基準は，弁護士会又は日本弁護士連合会から弁護士法（昭和24年法律第205号。以下「法」という。）第57条第2項第2号に掲げる懲戒の処分（以下「処分」という。）を受けた弁護士法人（以下「被懲戒弁護士法人」という。）の業務停止の期間中における業務規制等について，弁護士会及び日本弁護士連合会（以下「弁護士会等」という。）の採るべき措置を定め，もって，国民の弁護士，弁護士法人及び弁護士会等に対する信頼並びに懲戒制度の実効性を確保するとともに，処分の適正かつ公平な運用を図ることを目的とする。

（業務規制等の説示）

第2　弁護士会等は，処分の告知に当たり，被懲戒弁護士法人に対し，次に掲げる事項及び弁護士会が別に定める規制措置について説明し，その遵守を説示しなければならない。

1　弁護士法人の業務停止のとき

（法律事件等の取扱い等）

(1)　被懲戒弁護士の業務停止期間中における業務規制等について弁護士会及び日本弁護士連合会の採るべき措置に関する基準（平成4年1月17日理事会議決。以下「弁護士措置基準」という。）第2第1号から第6号までの規定は，「被懲戒弁護士」を「被懲戒弁護士法人」と読み替えて，被懲戒弁護士法人について準用する。

被懲戒弁護士法人の社員並びに使用人である弁護士及び外国法事務弁護士（以下「社員等」という。）は，法第30条の6第1項の規定により選任された事件は，辞任しなければならない。ただし，業務停止の期間が1か月以内の場合であって被懲戒弁護士法人が当該事件に係る委任契約を解除しないことができ，かつ，解除しない場合は，この限りでないが，被懲戒弁護士法人の業務停止の期間中は，当該事件の業務を行うことはできない。

（指定の取扱い）

(2) 被懲戒弁護士法人の業務停止の期間が1か月以内であって依頼者が指定の継続を求めるときは，被懲戒弁護士法人の社員は，指定を継続して業務停止の期間が満了した後に再び業務を行うことができる。

（復代理人等の監督）

(3) 被懲戒弁護士法人は，処分を受ける前に選任した復代理人並びに使用人である弁護士及び外国法事務弁護士（以下「使用人弁護士等」という。）に対し，指示及び監督をしてはならない。

（法律事務所の管理行為等）

(4) 被懲戒弁護士法人は，法律事務所の管理行為及び賃貸借契約並びに使用人弁護士等及び従業者との雇用契約等を継続することができる。

（法律事務所の使用）

(5) 被懲戒弁護士法人及びその社員等は，被懲戒弁護士法人の業務を行うためにその法律事務所を使用してはならない。

被懲戒弁護士法人の社員等が，自己の業務（社員については，法第30条の19第2項の規定に抵触しない業務に限る。第2項第6号において同じ。）について，被懲戒弁護士法人の法律事務所を使用することを妨げない。

（法律事務所表示の除去）

(6) 被懲戒弁護士法人は，直ちに法律事務所であることを表示する表札，看板等一切の表示を除去（表示としての機能を失わせる措置一般をいう。以下同じ。）しなければならない。ただし，被懲戒弁護士法人が業務停止の期間中であること及びその期間を，弁護士会等の指示する方法で表示することにより，除去に代えることができる。

（名刺等の使用）

(7) 被懲戒弁護士法人の社員等は，被懲戒弁護士法人の社員等として使用する名刺並びに被懲戒弁護士法人の法律事務所名を表示した事務用箋及び封筒を自ら使用し，又は他に使用させてはならない。

（弁理士及び税理士の業務等）

(8) 被懲戒弁護士法人は，弁理士及び税理士の業務並びに法第30条の5の規定に基づく法務省令（以下「法務省令」という。）に定める業務を目的としている場合であっても，業務停止の期間中は，これらの業務を行うことができない。

（社員等の個人としての法律事件等の取扱い）

⑼　被懲戒弁護士法人の社員等は，処分を受ける前から自ら受任（法第30条の6第1項の規定による選任に係る受任を含まない。）していた法律事件及び顧問契約（以下「法律事件等」という。）の業務を行うことができる。

被懲戒弁護士法人の社員等は，被懲戒弁護士法人が解除すべき，又は解除した法律事件等を，個人として引き継いで行うことはできない。ただし，法第30条の19第2項の規定に抵触しない場合であって，かつ，依頼者が受任を求めるときは，この限りでない。この場合において，当該社員等は，依頼者に対して委任を求める働きかけをしてはならず，受任する場合には，依頼者から，業務停止に係る説明を受けて委任した旨の書面を受領しなければならない。

（法律事務所の設置等の禁止）

⑽　被懲戒弁護士法人は，業務停止の期間中は，法律事務所を設け，又は移転してはならない。

2　弁護士法人の法律事務所の業務停止のとき

（法律事件等の取扱い等）

⑴　被懲戒弁護士法人は，業務停止に係る法律事務所が主として業務を行う法律事件等について依頼者との委任契約及び顧問契約を解除しなければならない。この場合において，弁護士措置基準第2第1号から第3号まで及び第5号の規定は，「被懲戒弁護士」を「被懲戒弁護士法人」と，弁護士措置基準第2第4号の規定は，「被懲戒弁護士」を「業務停止に係る法律事務所」と読み替えて，被懲戒弁護士法人について準用する。ただし，依頼者が被懲戒弁護士法人の他の法律事務所が業務を行うこととして契約の継続を求める場合は，解除しないことができる。この場合において，当該被懲戒弁護士法人は，依頼者に対して契約の継続を求める働きかけをしてはならず，契約を継続する場合には，依頼者から，業務停止に係る説明を受けて契約を継続する旨の書面を受領しなければならない。

業務停止に係る法律事務所を登録事務所とする社員等は，法第30条の6第1項の規定により選任された事件は，辞任しなければならない。ただし，業務停止の期間が1か月以内の場合であって被懲戒弁護士法人が当該事件に係る委任契約を解除しないことができ，かつ，解除しない場合は，この限りでないが，業務停止に係る法律事務所の業務停止の期間中は，当該事件の業務を行うことはできない。

（指定の取扱い）

⑵　業務停止に係る法律事務所を登録事務所とする社員と依頼者との間の指定関係は，終了させなければならない。ただし，業務停止の期間が1か月以内であ

って依頼者が指定の継続を求めるときは，指定を継続して業務停止の期間が満了した後に再び業務を行うことができる。

（復代理人の選任等）

(3) 被懲戒弁護士法人は，法律事務所の業務停止により解除すべき法律事件等について新たに復代理人を選任し，又は業務停止に係る法律事務所を登録事務所とする社員等を新たに加入させ，若しくは雇用してはならない。

（復代理人等の監督）

(4) 業務停止に係る法律事務所を登録事務所とする社員等は，処分を受ける前に選任した復代理人及び使用人弁護士等に対し，指示及び監督をしてはならない。

（法律事務所の管理行為等）

(5) 被懲戒弁護士法人は，業務停止に係る法律事務所の管理行為及び賃貸借契約並びに当該法律事務所を登録事務所又は就業場所とする使用人弁護士等及び従業者との雇用契約等を継続することができる。

（法律事務所の使用）

(6) 被懲戒弁護士法人及び社員等は，業務停止に係る法律事務所を，被懲戒弁護士法人の業務を行うために使用してはならない。

業務停止に係る法律事務所を登録事務所とする社員等が，自己の業務について当該法律事務所を使用することを妨げない。

（法律事務所表示の除去）

(7) 被懲戒弁護士法人は，業務停止に係る法律事務所につき，直ちに法律事務所であることを表示する表札，看板等一切の表示を除去しなければならない。ただし，当該法律事務所が業務停止の期間中であること及びその期間を，弁護士会等の指示する方法で表示することにより，除去に代えることができる。

（名刺等の使用）

(8) 業務停止に係る法律事務所を登録事務所とする社員等は，被懲戒弁護士法人の社員等として使用する名刺並びに当該法律事務所名を表示した事務用箋及び封筒を自ら使用し，又は他に使用させてはならない。

（弁理士及び税理士の業務等）

(9) 業務停止に係る法律事務所は，被懲戒弁護士法人が弁理士及び税理士の業務並びに法務省令に定める業務を目的としている場合であっても，業務停止の期間中は，これらの業務を行うことができない。

（社員等の個人としての法律事件等の取扱い）

(10) 業務停止に係る法律事務所を登録事務所とする社員等は，処分を受ける前から自ら受任（法第30条の6第1項の規定による選任に係る受任を含まない。）していた法律事件等の業務を行うことができる。

業務停止に係る法律事務所を登録事務所とする社員等は，被懲戒弁護士法人が解除すべき，又は解除した法律事件等を，個人として引き継いで行うことはできない。ただし，法第30条の19第2項の規定に抵触しない場合であって，かつ，依頼者が受任を求めるときは，この限りでない。この場合において，当該社員等は，依頼者に対して委任を求める働きかけをしてはならず，受任する場合には，依頼者から，業務停止に係る説明を受けて委任した旨の書面を受領しなければならない。

(法律事務所の設立等の禁止)

⑾ 被懲戒弁護士法人は，弁護士会の地域内の全ての法律事務所について処分を受けたときは，業務停止の期間中は，その地域内において法律事務所を設け，又は移転してはならない。

(指導及び監督)

第3 弁護士会等は，被懲戒弁護士法人及びその社員等がこの基準及び弁護士会等の定める規制措置を遵守するよう指導及び監督をしなければならない。

(弁護士会の定める規制)

第4 弁護士会は，必要がある場合は，被懲戒弁護士法人に対する業務停止（法律事務所の業務停止を含む。）の期間中における業務の規制及び弁護士会の採るべき措置について，この基準に準じ別に定めることができる。

(施行期日)

第5 この基準は，平成14年4月1日から施行する。

3 退会命令

退会命令の懲戒処分を行うことができるのは，当該弁護士会の地域内に従たる法律事務所のみを有する弁護士法人に対するものに限られる。従って，当該弁護士会の地域内に主たる法律事務所がある弁護士法人に対しては，その弁護士会は，退会命令の懲戒処分はできない。

弁護士法人が所属弁護士会の地域外に法律事務所を設け，又は移転したときは，定款を変更しその旨を登記するのみで当然に当該法律事務所の所在する地域の弁護士会に入会することとなる（法36条の2第2項）。このように弁護士法人が弁護士会に入会するにあたっては，自然人たる弁護士の場合と異なり，入会審査がない。従って，主たる法律事務所所在地の弁護士会に退会命令を認めても（当該弁護士会からの退会の効力しか有さず，当該弁護士法人が他の地域に法律事務所を設け業務を行うことができるから），実効性が薄いことになる。他方，従たる法律事務所所在地の弁護士会には，主たる法律事務所に指導監督が及ばないため除名までは認められないが，当該地域においてその弁護士法人が法律事務所を設置して業務活動を行うことを放逐する必要がある場合があることから，従たる法律事務所所在地の弁護士会には当該地域に従たる法律事務所が存する弁護士法人に対して退会命令を設けておく必要がある。

以上のことから，退会命令については当該弁護士会の地域内に従たる法律事務所のみを有する弁護士法人に対するものに限定したものである。このことは，主たる法律事務所所在地の所属弁護士会が法人全体に対する最終的な監督権限を有し，その地域内に従たる法律事務所しか存在しない所属弁護士会は，地理的な特性等を活かして，これを補充する役割を果たす，という弁護士法人に対する懲戒の基本的仕組み（黒川＝坂田・前掲41頁）にも合致することとなる。

自然人たる弁護士に対する退会命令は，前述のとおり，所属弁護士会から退会させ，弁護士の身分を失わしめるものである。これに対し，弁護士法人に対する退会命令は，所属弁護士会から退会させてその会員たる地位を喪失させるものではあるが，弁護士法人の地位，すなわち法律事務を取り扱う資格には影響を及ぼすものではない。日弁連の会費納入義務も存続する（懲戒委員会規程78条）。

弁護士法人に対する退会命令が告知された場合に，当該懲戒処分をした弁護士会からその弁護士法人が退会する時期については，二つの見解があり得る。一つは，自然人である弁護士同様に懲戒処分が告知されたときと解する見解（告知時説），一つは退会命令に基づき当該弁護士法人が当該地域の法律事務所を廃止しその旨登記したときと解する見解（登記時説）である。この問題は，弁護士法人に対する退会命令の効果の問題とも関係する。すなわち，告知時説は，弁護士法人に対する退会命令により当然に当該弁護士会からの退会の効果が生じるというものであり，登記時説は，弁護士法人に対する退会命令により弁護士法人に当該地域の法律事務所を廃止してその旨登記をする義務を負わせるという効果が生じるというものである。

思うに，後述の除名処分のように懲戒処分によっては自然人たる弁護士と弁護士法人とではその効果に差異が生じることもあり得ること，法36条の2第3項では弁護士法人の退会は登記をしたときに生じると規定しており，これと整合を図るのが合理的であること，告知時説によると告知後弁護士法人に対し弁護士会の監督権が及ばないことになること，退会命令により当該弁護士法人が法律事務所を廃止しその旨の登記をしない場合には，これをもって当該弁護士法人に対する新たな懲戒事由とすることができ退会命令の実効性を確保することができることから，登記時説を妥当とするべきである。

登記時説を前提にした場合，退会命令を受けた弁護士法人がそれに従い当該地域の法律事務所を廃止し，その旨を登記したが日弁連の懲戒委員会に審査請求をした場合には退会の効果が生じるであろうか。法62条2項が「懲戒の手続に付された弁護士法人は，その手続が結了するまで，法律事務所の移転又は廃止により，所属弁護士会の地域内に法律事務所を有しないこととなつても，これを退会しないものとする」と規定していることから，問題となる。確かに，退会命令を受けた弁護士法人がこれを不服として審査請求をした場合には，懲戒手続は係属していると見ると，同条項によれば退会の効果が生じていないようにも解される。しかしながら，同条項の趣旨は，懲戒を免れるために自主退会をしようする弁護士法人に対する方策のために規定された条項であり，退会命令を受けた弁護士法人に対してもこの規定が適用されると解すべきではない。仮にこの規定が適用されるとなると，退会命令を受けた弁護士法人は審査請求をすれば，直ちに退会しなくてもよくなることになってしまうが，この結論が不当であることは明らかであろう。

以上のとおり，退会命令を受けた弁護士法人は，審査請求をした場合であっても，当該地域の法律事務所を廃止してその旨の登記をしなければならないと解する。

4 除　　名

除名の懲戒処分を行うことができるのは，当該弁護士会の地域内に主たる法律事務所を有する弁護士法人に対するものに限られる。従たる法律事務所のみがある地域の弁護士会は，除名の懲戒処分はできず，退会命令ができるのみである。前述のとおり，弁護士法人に対する懲戒制度は，主たる法律事務所所在地の弁護士会が法人全体に対する全般的かつ最終的な監督権限を有するものであり，従たる法律事務所所在地の弁護士会は補充的な役割を負っているものである。従って，その地域内に従たる法律事務所しかない所属弁護士会に法人全体の資格剥奪まで認める必要はなく，法人全体を監督すべき適性もないことから，これに除名処分は認めないこととしたものである（黒川＝坂田・前掲41頁）。

弁護士に対する除名は，当該弁護士の身分を一方的に奪う処分であるが，弁護士法人に対する除名は，弁護士法人を一方的に解散させる処分である。除名により弁護士法人は解散して，清算手続に入ることになり（法30条の23第1項6号），主として持分会社の清算に関する規定が準用される。

清算中の弁護士法人は，清算の目的の範囲内においては存続するから（法30条の30第2項，会社法645条），例えば訴訟事件が係属している場合には，これを現務の結了までの間は清算法人として遂行することができることになる。しかしこれでは，当該弁護士法人を除名した趣旨が没却されることから，清算人は，裁判所によって選任されることとし（法30条の30第2項，会社法647条3項），従前の社員弁護士は当該弁護士法人の社員として係属中の訴訟事件の処理を行うことができない。社員は解散により業務執行権や代表権を失うことになる（第151回国会衆議院法務委員会議事録第11号23

頁)。

弁護士法人の清算人は，弁護士である(法30条の26第1項)。除名により弁護士法人は解散することになるが，所属弁護士会及び日弁連の会員たる身分が直ちに喪失するものではないと解される。この点，除名された弁護士法人は，所属弁護士会及び日弁連の会員たる身分も喪失するとの見解もある(髙中正彦『弁護士法概説〔第4版〕』340頁)。しかし，除名処分を受けた弁護士法人は，直ちに消滅するのではなく，除名の効力が生じた後清算が結了するまでの間存続することになるのであって，除名された弁護士法人が弁護士会及び日弁連の会員たる身分を喪失することになると，この間，当該弁護士法人に対する弁護士会や日弁連の監督が及ばなくなってしまう。清算結了までの間，当該弁護士法人に対する所属弁護士会や日弁連の監督の必要性はなお存するのであるから，除名された弁護士法人は，清算が結了するまでは会員であると解すべきである。

もっとも，除名処分の場合は退会命令の場合と異なり日弁連の会費納入義務を負わない。

これは，弁護士法人の場合，退会命令は従たる法律事務所所在地の弁護士会のみが行うことができるため，退会命令によっても当該弁護士法人は業務ができるのに対し，除名処分がなされた場合には，当該弁護士法人は弁護士活動ができなくなることを考慮したものであると解される。

5 日弁連の懲戒

日弁連の弁護士法人に対する懲戒処分は，法60条に規定されているが，本条4項により日弁連は，その地域内に当該弁護士法人の主たる法律事務所がある弁護士会とみなされるから，日弁連は，除名処分を行うことはできるが，退会命令の処分はできない。また，業務停止については，弁護士法人のすべての法律事務所についてこれを命じることができる。

なお，弁護士会での懲戒手続で弁護士法人が業務停止処分を受けた後，懲戒請求者がこの処分を不服として日弁連に対して異議の申出をしたときに，日弁連の懲戒委員会は，仮に退会命令が相当であると判断した場合であっても，本条2項3号及び4項によれば，退会命令の議決をすることができない。平成15年改正前法では，この場合，弁護士会に差し戻すことが可能であったが，平成15年改正法では，弁護士会への差戻しを認める規定がないので，困難な問題が生じる(法64条の5の解説参照)。

（弁護士法人に対する懲戒に伴う法律事務所の設置移転の禁止）
第57条の2　弁護士法人は，特定の弁護士会の地域内にあるすべての法律事務所について業務の停止の懲戒を受けた場合には，当該業務の停止の期間中，その地域内において，法律事務所を設け，又は移転してはならない。
2　弁護士法人は，前条第2項第3号の懲戒を受けた場合には，その処分を受けた日から3年間，当該懲戒を行つた弁護士会の地域内において，法律事務所を設け，又は移転してはならない。

【1】 本条の趣旨

本条は，弁護士法人が認められることになったことに伴い，新たに設けられた規定である。弁護士法人が業務停止の処分を受けた場合には業務停止処分の潜脱を防止するため，退会命令の処分を受けた場合については退会命令の効果として，新たな事務所の設置及び移転を制限するものである。

【2】 弁護士法人が業務停止処分を受けた場合

弁護士法人は，特定の弁護士会の地域内にあるすべての法律事務所について業務停止の懲戒処分を受けたときは，当該業務停止の期間中，その地域において，法律事務所を設け，又は移転をしてはならない（本条1項）。特定の弁護士会における全部の従たる法律事務所について業務が停止された場合に，新たに従たる法律事務所を設け，又は別の場所に法律事務所を移転することによって脱法的に業務を開始又は継続することを禁止しようとするものである。この禁止は，当該弁護士会の地域内の全部の従たる法律事務所を対象として業務停止処分がなされたことを要件とするので，複数ある従たる法律事務所の一部が業務停止の処分を受けた場合には，適用されない。

【3】 退会命令の場合

弁護士法人は，退会命令の懲戒処分を受けた場合は，処分を受けた日から3年間，当該懲戒処分をした弁護士会の地域内において，新たに法律事務所を設け，又は既存の法律事務所をその地域内に移転してはならない（本条2項）。弁護士法人に対して退会命令の懲戒処分を行うことができるのは，当該弁護士会の地域内に従たる法律事務所のみを有する弁護士法人に限定され（法57条2項3号），当該弁護士会の地域から従たる法律事務所を一方的に排除する効果をもつ。一方で，退会命令は当該弁護士法人自体の地位には影響を及ぼさず，また弁護士法人が弁護士会に入会するにあたっては入会審査がないことから（法36条の2第2項），当該弁護士法人が当該弁護士会の地域内に新たに従たる法律事務所を設置したり，既存の法律事務所を移転したりすることを無制限に認めると，当該弁護士会が退会命令を発令した意味が失われてしまう。そこで，本条２項は，退会命令の効果を維持するため退会命令の処分を受けた日から３年間に限り，当該弁護士会の地域における法律事務所の設置・移転を排除したものである。

なお，弁護士法人が退会命令によって会員の身分を失うのは，退会の登記をした時であり，本条２項にいう「処分を受けた日」，すなわち退会命令の処分の告知を受けたときではない（法57条の解説参照）。

（懲戒の請求，調査及び審査）

第58条　何人も，弁護士又は弁護士法人について懲戒の事由があると思料するときは，その事由の説明を添えて，その弁護士又は弁護士法人の所属弁護士会にこれを懲戒することを求めることができる。

2　弁護士会は，所属の弁護士又は弁護士法人について，懲戒の事由があると思料するとき又は前項の請求があつたときは，懲戒の手続に付し，綱紀委員会に事案の調査をさせなければならない。

3　綱紀委員会は，前項の調査により対象弁護士等（懲戒の手続に付された弁護士又は弁護士法人をいう。以下同じ。）につき懲戒委員会に事案の審査を求めることを相当と認めるときは，その旨の議決をする。この場合において，弁護士会は，当該議決に基づき，懲戒委員会に事案の審査を求めなければならない。

4　綱紀委員会は，第２項の調査により，第１項の請求が不適法であると認めるとき若しくは対象弁護士等につき懲戒の手続を開始することができないものであると認めるとき，対象弁護士等につき懲戒の事由がないと認めるとき又は事案の軽重その他情状を考慮して懲戒すべきでないことが明らかであると認めるときは，懲戒委員会に事案の審査を求めないことを相当とする議決をする。この場合において，弁護士会は，当該議決に基づき，対象弁護士等を懲戒しない旨の決定をしなければならない。

5　懲戒委員会は，第３項の審査により対象弁護士等につき懲戒することを相当と認めるときは，懲戒の処分の内容を明示して，その旨の議決をする。この場合において，弁護士会は，当該議決に基づき，対象弁護士等を懲戒しなければならない。

6　懲戒委員会は，第３項の審査により対象弁護士等につき懲戒しないことを相当と認めるときは，その旨の議決をする。この場合において，弁護士会は，当該議決に基づき，対象弁護士等を懲戒しない旨の決定をしなければならない。

【1】 本条の趣旨

本条は，弁護士会における懲戒手続をその流れに従って規定する。すなわち，本条1項は，広く一般の人が弁護士会に対し懲戒請求ができることを規定する。本条2項は，第1に，弁護士会自身が懲戒の手続の開始を求めることができること（いわゆる会請求），第2に，会請求や懲戒請求があった場合に弁護士会は，懲戒手続の第1段階として，懲戒の手続に付して，弁護士会の中に設置された綱紀委員会に事案の調査をさせることを定める。本条3項は，綱紀委員会が事案の調査の結果，対象弁護士等につき，懲戒委員会に事案の審査を求めることを相当と認めるときは，弁護士会に対し懲戒手続の第2段階として，懲戒委員会に事案の審査を求めることを義務づけている。本条4項は，綱紀委員会が事案の調査の結果，第1に，懲戒請求や会請求が不適法又は対象弁護士等につき懲戒の手続を開始することができないものであると認めるとき，第2に，対象弁護士等につき，懲戒の事由がないと認めるとき，第3に，情状を考慮して懲戒すべきでないことが明らかであると認めるとき，これらいずれかのときは，懲戒委員会に事案の審査を求めないことを相当とする議決をすることを規定し，この場合，弁護士会は対象弁護士等を懲戒しない旨の決定をしなければならないことを規定する。本条5項は，懲戒委員会が事案の審査の結果，対象弁護士等につき懲戒することを相当と認めるときは，懲戒の処分の内容を明示してその旨の議決をすることを規定し，この場合，弁護士会は対象弁護士等を懲戒しなければならない旨を規定する。本条6項は，懲戒委員会が事案の審査の結果，対象弁護士等につき懲戒しないことを相当と認めるときは，その旨の議決をすることを規定し，この場合，弁護士会は対象弁護士等を懲戒しない旨の決定をしなければならない旨を規定する。

旧法下にあっては，懲戒開始の申立ては検事長の職権とされ，弁護士に対する懲戒権は国によって行使されていたが（53条・54条），現行法が，弁護士の懲戒権を弁護士会の自治権能の一部として位置づけ，弁護士会に懲戒権の行使を委ねたことから，その適切な行使を可能ならしめるため，広く一般の人に懲戒の請求をすることを認めたものである。

なお，弁護士法人が認められたことに伴い，弁護士法人に対する懲戒手続の制度が定められた。弁護士法人に対する懲戒については，その社員たる個々の弁護士に対する懲戒を認めれば十分であるとの意見もあったが，弁護士法人も法律事務を行うことを目的とするものであり，弁護士と同様の職責を担う存在であるから（法30

条の2・30条の5・30条の6)，自然人たる弁護士に対する懲戒の手続と同様，弁護士会及び日弁連の指導監督権に服し，懲戒処分の対象になるのは当然のことであるとの考え方から，懲戒処分の対象とされたものである。

【2】 懲戒請求の性質

弁護士及び弁護士法人は，その職務の公共的性格に基づき，職務執行の誠実性(法1条2項・30条の2第2項)と品位の保持(法2条)が強く要求されており，その制度的保障として懲戒制度が設けられ，現行法上，その制度の運営は，弁護士会の自治に委ねられている。懲戒権の行使は公の権能と解されるから，懲戒権が適切に発動され，公正に運用されることが強く要請される。その運用の公正を担保するため，もっぱら公益的見地から，広く何人にも懲戒請求することが認められている。従って，懲戒請求は，請求者の個人的な利益や満足のために設けられたものではなく(東京高判昭和49・3・28高民集27巻1号53頁等参照)，弁護士会の懲戒権の発動を促す申立てにすぎない。また，懲戒請求はこれを取り下げることもできるが，取下げがあっても一旦開始した懲戒手続を終了させる効果をもたない。

【3】 懲戒請求者

1 懲戒請求者の資格

懲戒請求は「何人も」することができる。自然人であると法人であるとを問わない。利害関係人以外の者でも差し支えない。自然人には，弁護士以外の一般人はもとより弁護士も含まれ，法人には弁護士法人も含まれる。外国人でも請求できる。

(1) 未成年者その他の制限行為能力者も懲戒請求者たり得るが，実際の請求手続を自ら単独でなし得るかは問題である。訴訟行為をするには，未成年者と成年被後見人の場合，法定代理人によることを要し(民訴法31条)，被保佐人の場合には保佐人の同意が必要であり(民法13条1項4号)，他方，刑事上の告訴・告発をするためには，その意味を理解する能力があればよいとされる(最決昭和32・9・26刑集11巻9号2376頁参照)。思うに，懲戒請求は弁護士会の懲戒権の発動を促しその適切な行使を担保するための公共的制度であり，懲戒請求者自身の救済制度ではないことを考えると，告訴・告発に準じ，請求者に懲戒の意味を理解する能力があれば足りると解される。従って，そのような能力があれば，単独でなし得ると解すべきである。

(2) 法人はもちろん，法人格なき社団・財団も懲戒請求者となれる。法人が解散した場合でも，清算の目的の範囲内で存続する限り懲戒請求者となれる。

国又は地方公共団体が懲戒請求できることは明らかであるが，国又は地方公共団体の機関たる行政官庁は，法律上に根拠規定がない以上，懲戒請求者にはなれないものと解される。但し，行政官庁を構成する自然人が，自然人として懲戒請求することは差し支えない。なお，「○○地方裁判所長甲」との名義で懲戒請求がなされた事案において，甲及びその後任の所長が，弁護士会綱紀委員会からの照会に対して，司法行政事務としてしたものでなく甲が個人としてしたものであると回答したことから，甲が個人として懲戒請求したものと認めるのが相当であるとした裁判例がある（東京高判昭和63・2・25判時1272号74頁）。

(3) 所属弁護士会以外の弁護士会についても，懲戒請求者たり得ないとする理由はない。もっとも，日弁連は，本条に基づいて所属弁護士会に対し懲戒請求することはできないものと解される。日弁連は，法60条によって自ら懲戒請求する権限を有しているから，本条の請求を認める必要がないばかりか，仮に日弁連が懲戒請求者たり得るとすると，弁護士会が懲戒しなかった場合等に，異議の申出ができることとなり，この異議の判断を日弁連が行うことと矛盾するからである。但し，日弁連が懲戒事案を探知したときは，所属弁護士会の第1次懲戒権を尊重してこれを所属弁護士会に通知し，所属弁護士会が本条2項により処理する運用が妥当な場合もあろう。

所属弁護士会の綱紀委員会も本条1項の請求ができると解する説があるが（福原・272頁），綱紀委員会にはいわゆる職権立件の権限が認められていないと解されること（法70条の解説参照）及び綱紀委員会は弁護士会内部の委員会であることからみて，綱紀委員会が懲戒請求することは認められないものと解される。

2 懲戒請求者の地位

懲戒手続は，あくまで弁護士（又は弁護士法人）と弁護士会（又は日弁連）との間の関係であるから，懲戒請求者は当事者とはならず，懲戒手続に能動的に関与することは弁護士法上認められていない。ただ，関係者として陳述，説明又は資料の提出を求められることがある（法67条3項・70条の7）。また懲戒請求者は，法64条及び64条の3に定めるところにより，日弁連に対し，異議の申出や綱紀審査の申出をすることができる。

懲戒請求は，懲戒権の適正な行使を担保するために何人にも認められたものであり，上記のとおり懲戒請求者は当事者ではないので，懲戒請求者たる地位の承継は認められないと解される。ただ，このように解すると，異議の申出との関係において，例えば懲戒請求者が死亡した場合等は，異議の申出をなし得る者が不存在となるが，懲戒請求が懲戒権発動の端緒に過ぎず，被害救済のための制度ではないことからすれば，異議申出人たる者が存在しないことになってもやむを得ないものと考えられる。

【4】 弁護士会による懲戒手続開始の求め

本条2項により，弁護士会自身にも，所属弁護士（弁護士法人）について懲戒手続の開始を求めることが認められている。これは，弁護士会が所属弁護士について指導連絡監督に関する事務を行うことから（法31条１項），他からの懲戒請求がない場合でも，自ら懲戒手続の開始を求めることによって，指導連絡監督の実効性を図ったものと解される。弁護士会が所属弁護士（弁護士法人）について懲戒手続の開始を求めることを実務では，「会請求」とか「会立件」ということがあるが，これは本条１項の懲戒請求を弁護士会が行うものではなく，本条２項により，弁護士会に認められた固有の権能である。従って，弁護士会が懲戒手続の開始を求めた場合に，綱紀委員会が懲戒委員会に事案の審査を求めないことを相当とする判断をしたとしても，これに対して異議の申出ができる訳ではない。

弁護士会が所属弁護士（弁護士法人）について，懲戒事由があるか否かを判断する機関としては，会の執行機関としての会長，会の議決機関としての総会又は常議員会（これに準ずる機関を含む），法70条２項により「所属の弁護士及び弁護士法人の綱紀保持に関する事項をつかさどる」とされる綱紀委員会が考えられる。この点について，会則で常議員会の所管事項と規定している弁護士会においては，常議員会が判断することになる。会則に定めがない場合は，懲戒手続の開始を求めるか否かの意思決定であるから，意思決定機関である総会又は常議員会が上記の判断をすることが考えられる。しかし，弁護士会の所属会員全員が出席し得る総会において，当該弁護士に懲戒事由があると思料されるかどうかを論じることは，対象弁護士その他事案の関係者のプライバシー保護の観点からみて，望ましくないと解され，常議員会が判断することが相当であろう。会長は，重要な会務について総会又は常議員会の意思決定に基づいて執行するほか，日常の会務の範囲内では自ら意思決定する権限を有する。懲戒事由があるか否かの判断は，所属会員の権利及び身分に重大な影響を与える事項であり，また，懲戒権の行使が弁護士会の重要な権能である上，懲戒権の発動のため綱紀委員会に調査を命ずることを日常の会務とみなすことに疑問は残るが，他方で会請求自体は懲戒権の行使そのものではなく，その発動のための端緒にすぎないことを考えると，執行機関である会長が判断することも許されると解される。なお，会則で常議員会の所管事項と規定している弁護士会には，緊急を要する場合は，事後に常議員会に報告して承認を求めることを前提に，会長の判断で懲戒の手続に付すことができる旨の規定を設けている例もある。更に，綱紀委員会については，本条２項において，弁護士会を綱紀委員会と別個な存在とし対置させていることから見て，綱紀委員会に調査を命ずるか否かの実質的判断を綱紀委員会自らにさせるとするのは妥当ではない。

会請求の判断機関が，「懲戒の事由があると思料するとき」（本条２項）に当たると認定する場合に要求される資料，根拠については，慎重な手続により懲戒処分をするかどうかを最終的・実質的に決定する独立機関である懲戒委員会が，懲戒請求事実の存在を認定する場合に要求される程度のものであることを要しないのは当然である。また，綱紀委員会が懲戒請求事実の存在を認定する場合に要求される資料等の程度と比較した場合，綱紀委員会の方が，会請求をするかどうかを判断する時点よりも，ある程度の時間をかけることができる上，綱紀委員会は法に基づく調査権限も有している（法70条の７）ため，一般にはより多くの資料等が要求されると解される。従って，会請求の時点で判断機関の手元に，最終的に懲戒処分がなされることについて確実な資料等がなくとも，懲戒請求事実の存在を一応推認させる程度のものがあれば足りるものと解される。

会請求の判断機関は，手元にある資料のみでは会請求の要否を判断できない場合，事実関係について一定の調査を行い，新規の資料を積極的に収集することも許容されるものと解される。但し，懲戒手続は，弁護士会内の独立委員会である綱紀委員会又は懲戒委員会の判断に基づいて行うことが厳格に規定されており，これらの委員会の独立性が侵害された場合には，懲戒手続自体が瑕疵を帯びる場合もあり得る。このため，会請求に際しての調査は綱紀委員会等の権能を侵すようなものであってはならず，あくまで会請求の要否の判断に必要な限度にとどまるべきである。また，会規等により対象弁護士等に調査協力を義務付けることの可否について，法58条２項では，懲戒の事由があると思料するときは「綱紀委員会に事案の調査をさせなければならない」と規定されており，対象弁護士等に調査協力義務を課す調査は，綱紀委員会において行うことが予定されている（法70条の７）ことから，許されないと解される（日本弁護士連合会調査室編『弁護士懲戒手続の研究と実務（第３版）』99頁）。

【５】 対象弁護士等

１ 対象弁護士等の要件

対象弁護士等の要件は，弁護士又は弁護士法人であることと，その弁護士会に所属していることの二つである。

⑴ 第１の要件は，現に弁護士としての身分を有することである。弁護士の身分の始期は，法８条により日弁連に備えた弁護士名簿に登録された時であり，終期は，原則として法17条各号の登録取消しの事由が発生した時である。現に登録が取り消されていなくとも取消しの事由が発生していれば弁護士の身分はなくなるから，対象弁護士等としての適格性を失う。但し，法17条２号の登録取消しの事由（法11条の規定による登録取消しの請求）の場合の身分の終期については，説が分かれる。この点については，登録取消しの効果の発生時期と同一であるから105頁を参照されたい。弁護士法人としての地位の始期及び終期については弁護士法人の解説参照。

別の懲戒事件において，懲戒を受けた弁護士又は弁護士法人も対象弁護士等たり得る。弁護士については処分が除名や退会命令の場合には，その処分の告知により弁護士の地位を喪失するので対象弁護士等になり得なくなる。弁護士法人についでは退会命令は告知の時ではなく，登記の時に退会の効力が生じ（法57条の解説を参照），除名は解散結了の時に弁護士法人でなくなるから，これらの時点から対象弁護士等になり得なくなる。この場合，後述のとおり綱紀委員会や懲戒委員会では，別の懲戒事件について「資格喪失により終了した」との議決がなされる。

もっとも，先行事件の除名や退会命令が，審査請求や取消訴訟において取り消される可能性があり，仮に取り消された場合には，後行事件の関係では，資格を喪失していなかったことになってしまうが，このような場合には，後行事件は手続が当然に復活すると考えれば，除名や退会命令の場合には，その確定が対象弁護士等たる消極的要件であり，確定していない段階では，対象弁護士等たり得るとも考え得る。しかし，このように解することは，懲戒手続を著しく不安定なものとし，賛成できない。この不都合は懲戒の効力発生時を告知の時とする以上，避けられないものであり，やむを得ないものというべきである。

⑵　第2の要件は，弁護士会による懲戒制度がその所属弁護士（弁護士法人）に対するものである以上当然のことである。問題となるのは，登録換えの請求との関係で，懲戒請求後に登録換えが認められると，当該弁護士（弁護士法人）は，旧弁護士会との関係で，対象弁護士等たる適格を失うか否かである。従前は法62条の解釈として，弁護士会の懲戒委員会に付議される以前であれば，たとえ懲戒請求されていても登録換えができ，その結果，登録換えがなされると対象弁護士等の適格が失われることになり，当該手続はそれ以上進めることはできず，終了せざるを得ないと解されていた（限定説の立場）。

ところが，このような解釈では弁護士自治の根幹をなす弁護士懲戒手続の厳正な運用に十全を期しがたいとの理由から，法62条について解釈変更がなされ，弁護士会の綱紀委員会の調査手続に付された場合には，登録換えができないと解されるに至った（平成11年6月9日付日弁連会長通知「弁護士法第63条及び第64条の解釈について」）。平成15年改正では本条2項に「懲戒の手続に付し」との文言を加え，以上の趣旨を明らかにした（後述【7】2参照）。

2　対象弁護士等の地位

対象弁護士等は，自らの行為について懲戒手続においてその判断を受ける立場にあり，懲戒手続における当事者である。当事者として，綱紀委員会や懲戒委員会から陳述，説明又は資料の提出を求められることがある（法67条3項・70条の7）。しかし，懲戒委員会の審査と異なり，綱紀委員会の調査においては，期日に出頭し，陳述する権利は認められていない。これは，綱紀委員会がいわばあらごなしをする機関であり，処分を決定する機関ではないことによるものと考えられるが，懲戒委員会に付議された場合の対象弁護士等の不利益を考えると，綱紀委員会の段階においても懲戒委員会と同様の権利が認められるべきであるとも考えられる。従って，各弁護士会の会則等において，当事者としての諸権利を認める規定を置くことは法の禁ずるところではないものと解される（法70条の7の解説（618頁）参照）。

【6】 懲戒請求の方式

1 懲戒請求の方式に関しては，法は本条1項で「その事由の説明を添えて」と定めるだけで，他に格別方式を定めていない。従って，懲戒請求は書面に限らず口頭でもできることになるが，誰がどのような事実により誰を懲戒することを求めるのかを判別させることが必要である。すなわち，懲戒請求者の特定，対象弁護士等の特定，懲戒請求に係る事実の特定が必要となる。具体的な方式は，法33条に基づき各弁護士会が会則等に定めることとなるが，懲戒請求を実質的に制限するような規定は許されない。

懲戒請求を受け付けるのは，弁護士会である。平成15年改正前法における実務では，受付の段階において弁護士会が懲戒請求についての形式的な審査権限を有し，懲戒請求者，対象弁護士等，懲戒請求に係る事実がそれぞれ特定されているかについて形式的調査を行っていた。形式的調査により特定が不十分であれば，弁護士会は懲戒請求者に補正を命じ，補正に応じない場合は弁護士会が綱紀委員会の議決を経ることなく懲戒請求を却下していた。

ところが，平成15年改正後の本条4項は，懲戒請求が不適法であるか否かの判断を綱紀委員会の権限とした。従って，弁護士会の形式的調査を経ずに，全ての事案を綱紀委員会に調査させることが原則となった。ただし，本条2項は，「弁護士会は……前項の請求があったときは……綱紀委員会に事案の調査をさせなければならない」と規定していることから，弁護士会が綱紀委員会に事案の調査をさせるのは，懲戒請求があることが前提であり，懲戒請求であるか否か判断ができないような場合（例えば，懲戒請求なのか，紛議調停の申立てなのか，単なる弁護士に対する苦情なのか判断できないような場合）は，弁護士会は，懲戒請求であるか否かの確認をすることは許されよう。また，本条2項が「弁護士会は，所属の弁護士又は弁護士法人について……前項の請求があつたときは，懲戒の手続に付し」と規定していることから，対象者が明らかに所属の弁護士や弁護士法人でないときは，綱紀委員会に事案の調査をさせる必要はないと解される。さらに，対象弁護士等が特定できない場合も弁護士会の受付の段階で誰を対象とするのかについて確認すべきである。そうでないと，対象弁護士等に対して法64条の7第1項1号の通知ができないし，法62条の登録換え・登録取消し等の制限が誰について生じるのか明確にならないからである。また，既に当該懲戒請求事由について弁護士会の判断がなされていることが明白な事案の場合は，一事不再理又は二重の危険の禁止の趣旨から綱紀委員会の調査に付さない取扱いも許されると考える。もっとも，前述のとおり，法は，懲戒請求の適法性の判断も，原則として綱紀委員会に委ねているため，綱紀委員会の調査に付さない取扱いが例外的に認められるとしても，懲戒制度の目的から慎重な考慮の上、限定的な場合に限り行う必要があり，疑義のある事案は綱紀委員会の調査に付し，その判断を経るべきである。

2　懲戒請求に関連して，弁護士をして懲戒処分を受けさせる目的で，虚偽の事実を申告して懲戒の請求をした者に対しては，虚偽告訴の罪（刑法172条）が成立するものと解される（福原・245頁，団藤重光『刑法綱要各論（第3版）』111頁，大塚仁『刑法概説各論（第3版増補版）』617頁，大谷實『刑法講義各論（新版第4版）』625頁，山中敬一『刑法各論（第2版）』760頁）。虚偽告訴罪にいう「懲戒の処分」とは，公法上の特別権力関係に基づいて，規律維持のために科せられる制裁を意味することから，弁護士会の行う懲戒処分がこれに該当するか問題となるが，「懲戒処分は，従前いずれも国家機関によって行なわれていたため国家機関でない弁護士会の懲戒については多少の疑いをさしはさむ余地があるようであるが，刑法の文理解釈からも，また弁護士会の懲戒が法律上の効果として一定の権利を制限するものであり，行政不服審査法の適用その他から国家機関の行なう懲戒処分との間に差別をつけえない実質的理由からも，消極的に解釈することはできない」（福原・245頁）というべきである。

また，濫用的な懲戒請求をしたことに対する不法行為に基づく損害賠償請求について，最判平成19年4月24日民集61巻3号1102頁は，次のとおり判示している。

「弁護士法58条1項は，『何人も，弁護士又は弁護士法人について懲戒の事由があると思料するときは，その事由の説明を添えて，その弁護士又は弁護士法人の所属弁護士会にこれを懲戒することを求めることができる。』と規定する。これは，広く一般の人々に対し懲戒請求権を認めることにより，自治的団体である弁護士会に与えられた自律的懲戒権限が適正に行使され，その制度が公正に運用されることを期したものと解される。しかしながら，他方，懲戒請求を受けた弁護士は，根拠のない請求により名誉，信用等を不当に侵害されるおそれがあり，また，その弁明を余儀なくされる負担を負うことになる。そして，同項が，請求者に対し恣意的な請求を許容したり，広く免責を与えたりする趣旨の規定でないことは明らかであるから，同項に基づく請求をする者は，懲戒請求を受ける対象者の利益が不当に侵害されることがないように，対象者に懲戒事由があることを事実上及び法律上裏付ける相当な根拠について調査，検討をすべき義務を負うものというべきである。そうすると，同項に基づく懲戒請求が事実上又は法律上の根拠を欠く場合において，請求者が，そのことを知りながら又は通常人であれば普通の注意を払うことによりそのことを知り得たのに，あえて懲戒を請求するなど，懲戒請求が弁護士懲戒制度の趣旨目的に照らし相当性を欠くと認められるときには，違法な懲戒請求として不法行為を構成すると解するのが相当である」。

なお，同種の事案として，東京地判昭和62年9月28日判時1281号111頁，東京高判平成元年3月22日判タ718号132頁，東京地判平成4年3月31日判時1461号99頁，東京地判平成5年11月18日判タ840号143頁，東京高判平成9年9月17日判時1649号124頁，東京地判平成17年2月22日判タ1183号249頁，東京地判平成23年3月25日判タ1363号143頁参照。

【7】 綱紀委員会の調査

1 綱紀委員会の調査の意義

弁護士会が受け付けた懲戒請求事案及び弁護士会が自ら懲戒手続の開始を求めた事案は，直ちに懲戒委員会の審査に付されるのではなく，まず綱紀委員会の調査を経る必要がある。このように懲戒委員会の審査の前に綱紀委員会の調査を経るという制度を設けたのは，懲戒請求権の濫用による弊害を防止するためである。

法は，弁護士会による懲戒権の行使が遺漏なく行われるよう広く一般からの懲戒請求を認めたが，その反面，根拠のない不真面目な請求あるいは単に嫌がらせを目的とする請求がなされることもあり，もしこのような懲戒請求事案が直ちに懲戒委員会の審査に付されることとなると，当該弁護士（弁護士法人）は著しい不利益を被る。弁護士（弁護士法人）がその業務を行う上で，信用の維持は不可欠であるが，懲戒委員会の審査に付されると，仮に懲戒処分を受けなくても，懲戒委員会に付議された事実だけで弁護士（弁護士法人）の名誉・信用を害することもある。そこで，懲戒請求権の濫用によるこれらの不都合を防ぐために，懲戒請求があっても直ちに懲戒委員会の審査には付さず，予め綱紀委員会において事案を調査し，いわば「あらごなし」をすることとしたのである。懲戒請求を広く認めることによって懲戒制度の適正な行使を担保しつつ，懲戒の濫請求に対する対処として綱紀委員会の調査の制度を設けたものである。

2 懲戒の手続

法62条（平成15年改正前法63条）各項では，「懲戒の手続に付された」弁護士等は登録換え又は登録取消しの請求ができなくなるなどの制限を受ける旨が規定されており，ここでいう「懲戒の手続」が何を指すのかが解釈上争われてきた（法63条（平成15年改正前法64条）にいう「懲戒の手続」も同様）。

これについては，懲戒委員会の審査手続に付されたことを指すとする限定説と，広く綱紀委員会の調査手続に付されたことまでを含むとする非限定説とが対立しており，昭和30年6月21日付日弁連会長通知では限定説をとる旨が確認されたが，前述【5】のとおり，その後，平成11年6月9日付日弁連会長通知で限定説から非限定説へと解釈変更することが表明された。

平成15年の法改正の際にも，限定説と非限定説の優劣等をめぐって様々な論議がなされたところであるが，結局，非限定説を採用することで立法的解決が図られた。本条2項が，懲戒請求があったとき等において，弁護士会は「懲戒の手続に付し，綱紀委員会に事案の調査をさせなければならない」と規定するのは，その趣旨である。

この改正により法62条及び63条にいう「懲戒の手続」の意義は明確になったが，弁護士会による，懲戒の手続に付すという行為の実体は必ずしも分明ではない。しかし，懲戒の手続に付すという独立の行為が存在するわけではなく，弁護士会が綱紀委員会に事案の調査をさせること自体が懲戒の手続に付すことであると解される。

3　綱紀委員会の調査の対象

⑴　綱紀委員会は，弁護士会の求めを待って懲戒の事由とされている事実関係を調査し，当該弁護士（弁護士法人）を懲戒するに足るものであるかどうかを議決する。本条2項では，調査の対象は「事案」とされる。綱紀委員会は，刑事事件における訴追機関のような役割をもつものではなく，懲戒委員会の審査が綱紀委員会を原告側とし，当該弁護士（弁護士法人）を被告側とし，両者の主張の可否を判断するといういわば裁判の形式をとるものではない（福原・247頁）。綱紀委員会の調査の具体的手続については，法70条の解説参照。

綱紀委員会は懲戒事由の調査に関する限り（他に会員の綱紀保持に関する事項をつかさどる），受動的な機関であって，懲戒請求なしに自らが積極的に調査することはできない。綱紀委員会のいわゆる職権立件の可否として問題となるところであるが（後出604頁），懲戒請求にかかる事実の調査の中で，懲戒請求にない別の非行事実が判明することが実務上あるが，懲戒請求されていない以上は，これを調査することはできないと解される。

⑵　調査の対象となる事項は，適法な懲戒請求が所属弁護士（弁護士法人）に対して行われたこと，そして当該弁護士（弁護士法人）に懲戒請求にかかる事実があり，これが懲戒事由たる非行事実に該当するか否かである。詳述すれば，次のとおりである。

①　懲戒請求者に関しては，適法な懲戒請求が弁護士会の懲戒手続の端緒であるから，懲戒請求者の不存在や，懲戒請求が前述のような適法要件を満たしていない場合には，調査を進めることはできず，懲戒委員会に事案の審査を求めないことを相当とする議決をすることとなるので，この点での調査が必要である（補正の余地があるものは，補正を懲戒請求者に命じるべきである）。

② 対象弁護士等に関しては，前述のとおり，弁護士（弁護士法人）であることと当該弁護士会に所属していることが要求されるから，この2点の調査が必要である。もっとも，所属弁護士（弁護士法人）でないことが弁護士名簿上明らかな場合は，本条2項の要件を満たさないものとして，弁護士会は綱紀委員会に事案の調査を求める必要はないと解すべきである。懲戒請求の時点で既に登録換えがなされていたが，弁護士名簿の書換手続が未了であったような場合には，綱紀委員会において所属弁護士であるか否かの調査がなされるものである。欠格事由が生じたり，他の事件で除名，退会命令の処分を受け弁護士でなくなる場合も生ずることもあり，弁護士が調査途中で死亡することもあり得る。

③ 調査の主眼は，懲戒請求者の掲げる請求事由の存否とその事実が懲戒事由たる非行事実に該当するかである。調査は，懲戒請求者の掲げる事由に限られるが（職権立件は認められないと解する），請求事実が複数ある場合には，原則として，懲戒請求が併合されて調査されているだけであるから，請求事実を個別に調査し懲戒相当か否かを判断すべきである。もちろん，同一の手続で調査し，議決することは差し支えないが，観念的には，それぞれ別個と考えられる。このように考えた場合には，例えばA事実とB事実で請求された事案の場合に，A事実につき懲戒相当，B事実につき懲戒不相当という議決があり得る。この場合には，議決の主文で，その旨を明記すべきである（平成6年12月22日付け日弁連会長通知「懲戒請求事件の調査又は審査の結果一部事実につき懲戒相当その余の事実につき懲戒不相当との判断に至った場合の取扱いについて（通知）」）。他方，一見複数の事実に見える場合であっても，それらが事実の同一性の範囲内に含まれると解される場合には，仮にその一部について認定し，残りを認定しない場合であっても，懲戒委員会の審査相当との一つの議決を行うべきであり，一部相当，一部不相当との議決をすべきではない。この場合，懲戒委員会の審査相当との議決がされた場合には，同一性の認められる範囲内の事実が一体として懲戒委員会の審査に付されることとなる。もっとも，何をもって一つの事実とし，その同一性を判断するのは困難な場合もあるが，一律に論じることはできず，具体的な事案毎に懲戒事由となるべき社会的事実として同一の範囲に含まれるか否かにより判断されることになろう（懲戒委員会の審査事項〔後出495頁〕参照）。

なお，仮に懲戒事由が存在したとしても，懲戒の事由があったときから3年を経過している場合には，懲戒手続を開始することができないから（法63条），この除斥期間の経過の有無も調査の必要がある。

法63条の「懲戒の手続」とは，綱紀委員会の調査手続を意味することから，綱紀委員会の調査手続に付された時点で3年の除斥期間が経過していなければ，懲戒手続の進行に影響を与えないことになる。

④　③で述べたように請求事実が懲戒事由たる非行事実に該当する必要があるから，行為の態様や結果の軽重等の実質的価値判断も調査の対象となる。

綱紀委員会が懲戒請求の取下げや示談成立といった懲戒請求後に生じた情状を調査し，斟酌することができるかについては，後述492頁の解説参照。

【8】 綱紀委員会の議決

1　議決の種類

綱紀委員会は懲戒請求にかかる事案の調査が終了した場合においては，その判断を議決の形で弁護士会に報告しなければならない。議決の種類としては，次のようなものがある。

⑴「懲戒委員会に事案の審査を求めることを相当とする」　この議決は，調査の結果，当該懲戒請求がいわゆる濫請求ではなく，懲戒事由の存在が一応認められ，懲戒委員会で審査をする必要がある場合になされる。平成15年改正前法58条３項では，綱紀委員会が弁護士等を「懲戒することを相当と認めたとき」との表現が用いられていたが，綱紀委員会は最終結論を出すわけではないので，必ずしも適切な表現ではなかった。そこで，本条３項では，「懲戒委員会に事案の審査を求めることを相当と認めるとき」と改められ，懲戒相当と判断する権限が綱紀委員会ではなく，懲戒委員会にあることが規定上もより明確になった。

なお，平成15年改正前法58条３項においても，綱紀委員会が懲戒委員会の審査に付すことを相当とする議決をした場合には，弁護士会は当該議決に基づいて懲戒委員会に対して事案の審査を求めなければならないとされてきたものであるが，本条３項は，表現をより丁寧に改めて，しかも条文の体裁を本条４項から６項までと共通のものにした。

⑵「懲戒委員会に事案の審査を求めないことを相当とする」　従来は，懲戒請求にかかる事実がそもそも懲戒事由に該当しない場合又は懲戒請求事実の存在が認められない場合には，「懲戒しないことを相当と認める」との議決がなされ，懲戒請求が不適法である場合には，「本件懲戒請求を却下する」との議決がなされる扱いが一般的であった。

しかし，本条４項は，綱紀委員会が懲戒委員会に事案の審査を求めないことを相当とする議決をする場合が，①「第１項の請求が不適法であると認めるとき」，②「対象弁護士等につき懲戒の手続を開始することができないものであると認めるとき」，③「対象弁護士等につき懲戒の事由がないと認めるとき」，④「事案の軽重その他情状を考慮して懲戒すべきでないことが明らかであると認めるとき」の四つの場合であることを規定する。

まず，①の要件の「請求が不適法である」場合としては，懲戒請求の時点で既に対象弁護士等が死亡，資格喪失又は当該弁護士会に所属していない場合（なお，弁護士名簿上，所属弁護士でないことが明らかな場合について485頁）等が考えられる。懲戒請求にかかる事由の趣旨が不明確であり，補正を求めても懲戒請求者がこれに応じない場合も含まれる。また，懲戒請求にかかる事由がそもそも除斥期間を経過している場合も，懲戒請求は不適法である。更に，懲戒請求された事実と同一の事案について，既に懲戒委員会の議決がなされている場合も，不適法である。

次に，②の要件の「対象弁護士等につき懲戒の手続を開始することができない」場合としては，弁護士会が本条2項に基づいて懲戒の手続に付したものの（いわゆる会請求），事案の内容が不特定であったり，除斥期間を経過している場合等が例として挙げられる。会請求ではない場合，すなわち懲戒請求者による懲戒請求の対象事案が除斥期間を経過している場合も「懲戒の手続を開始することができない」（法63条）のであるから，その場合も②の要件に含まれるようにも読めるが，除斥期間の経過により懲戒請求は不適法なものとされるのであるから，その場合は②の要件というよりも，むしろ①の要件に該当することになる。そうすると，そもそも懲戒請求が不適法であれば懲戒の手続を開始できないのであるから，①の要件はすべて②の要件に包摂されるのではないかという疑問も生じ得る。しかし，日弁連の懲戒についての同趣旨の規定である法60条4項では，①の要件に対応する要件が除かれていることからしても，①の要件は本条1項の懲戒請求が対象になり，②の要件は弁護士会が本条2項に基づいて懲戒の手続に付した事案（いわゆる会請求）が対象になると解される。

次に，③の要件の「対象弁護士等につき懲戒の事由がない」場合とは，懲戒請求にかかる事実が懲戒事由に該当しない場合又は懲戒請求事実の存在が認められない場合である。

最後に，④の要件の「事案の軽重その他情状を考慮して懲戒すべきでないことが明らかである」場合も，懲戒委員会に事案の審査を求めないことができるものとされた。懲戒事由が存在しない場合は③の要件に該当するのであるから，④の要件は，懲戒事由が存在することを前提にしていると解される。すなわち，④の要件は，懲戒事由が存在するものの，情状を考慮した結果，懲戒すべきでないと判断される場合である。このように理論的には懲戒事由と情状とは峻別されるものであるが，もともと懲戒事由が「品位を失うべき非行」等の抽象的なものであるため（法56条1項），実際上は，そのような峻別は必ずしも容易ではない。

ところで，綱紀委員会の性格については，懲戒請求の濫用による弊害を防止するための，いわゆるあらごなしの機関であるとの説明が従来からなされてきた。この考え方を突き詰めれば，綱紀委員会の調査によって懲戒事由が認定された以上，いかに有利な情状が存在しても，当該請求は濫用的な請求ではないのであるから，あらごなしの機関にすぎない綱紀委員会としては，懲戒委員会に事案の審査を求めなければならないと解されることになろう（もっとも，こうした見解に対しては反対説も唱えられてきたことについては，後述のとおりである）。しかし，④の要件は，懲戒事由が存在するものの，情状を考慮した結果，懲戒すべきでないと判断される場合には，懲戒委員会に事案の審査を求めないことを認めるものであるから，綱紀委員会があらごなしの機関であるとする従来の解釈を変更させるものではないかとの疑問が生じる。この点については，従来においても，綱紀委員会は実質的価値判断をするに当たって情状を考慮してきたのであり，本条はこれを明確化したものであると解することもできる。他方，綱紀委員会の性格の中核部分は従来どおりのあらごなしの機関であることを認めた上で，それと同時に，情状に照らして明らかに懲戒不相当な事案に限って，懲戒委員会に事案の審査を求めないことのできる権限が綱紀委員会にあることが明確にされたものであるとも解される。また，④の要件は，「懲戒すべきでないことが明らかである」という明白性の要件を規定しているので，明らかに懲戒不相当な事案のみ綱紀委員会の段階で排除するという意味では，なお綱紀委員会のあらごなしとしての性格が全く否定されているわけではないとも言える。

斟酌できる情状の範囲については，綱紀委員会は，懲戒請求事案のいわば「あらごなし」をする機関であるから，懲戒請求後に生じた事情を調査して，これを情状として斟酌することは許されないとする見解が従来は一般的であった。この見解は，綱紀委員会の役割を濫用的な懲戒請求を排除することであるとすると，綱紀委員会において調査の対象となるのは，当該懲戒請求が濫用的なものであるか否かのみとなるので，綱紀委員会で判断の対象となるのは，懲戒請求のなされた時点において存する事実のみとなることを根拠にしている。

しかしながら，懲戒請求の時点で懲戒事由が特定された的確な申立てがなされることが必ずしも多くはないこと，懲戒事由の有無の判断において懲戒請求時に存した事実とその後に生じた事実を明確に区別できるのかについては疑問があることなどから，実務の担当者からは，懲戒請求後に生じた事情を一切考慮できないというのはあまりに一義的であり，画一的すぎるとの批判があった。

綱紀委員会においては実質的な判断（懲戒に値するほどの非行であるのか否かという判断）を予定しているものなので，そこでは硬直的な基準は必ずしもなじまない。綱紀委員会の役割が「あらごなし」であるとしても，懲戒請求後に生じた事情を一切考慮できないというのは，行き過ぎであり，事後的な情状を考慮できる場合もあると解される。

平成15年改正法は，斟酌できる情状の範囲について文言上何らの制限を設けておらず，この点については解釈に委ねていると言えよう。前記のとおり，この点は後者のように解釈すべきであろう。「事案の軽重その他情状」といった包括的な文言であることに鑑みても，懲戒請求後に生じた情状を除外する縮小解釈は不自然であると解される。

(3) 「本件懲戒手続は，対象弁護士の死亡（資格喪失）により終了した」　対象弁護士が懲戒手続の対象となる資格を喪失した場合には，その時点で懲戒手続は当然に終了する。従って，特に議決を要するわけではないが，終了したことを明確にするために，このような議決をすべきであろう。

2　綱紀委員会の議決の効力

綱紀委員会は，懲戒事件について議決をすると，その結果を弁護士会に報告する。綱紀委員会の議決は弁護士会を拘束し，常議員会あるいは総会の決議をもってしてもこれを変更することは許されない。前記議決のうち(1)の「懲戒委員会に事案の審査を求めることを相当とする」議決が弁護士会を拘束することは，本条3項により明白であり，弁護士会は，懲戒委員会に事案の審査を求めなければならない。前記議決のうち(2)の「懲戒委員会に事案の審査を求めないことを相当とする」議決が弁護士会を拘束することは，本条4項により明白であり，弁護士会は，対象弁護士等を懲戒しない旨の決定をしなければならない。前記議決のうち(3)の「本件懲戒手続は，対象弁護士の死亡（資格喪失）により終了した」とする議決は，前記のとおり懲戒手続が終了していることを前提にしているものであり，弁護士会としても，懲戒手続が終了した旨を明らかにしておくべきである。この点について，法64条の7第1項4号は，対象弁護士が死亡した場合等における弁護士会の通知義務を規定している。

なお，弁護士会の綱紀委員会の議決は司法審査の対象とならず，懲戒委員会に事案の審査を求めることを相当とする旨の綱紀委員会の議決の無効確認を求める訴えは，法律上の争訟に当たらないとした裁判例がある（東京地判平成20・3・17判時2041号85頁）。

【9】 綱紀委員会の議決後の手続

前記のとおり，綱紀委員会は議決を弁護士会に報告することを要し，報告を受けた弁護士会は，議決が「懲戒委員会に事案の審査を求めることを相当とする」ものである場合には，懲戒委員会に事案の審査を求めなければならず，議決が「懲戒委員会に事案の審査を求めないことを相当とする」ものである場合には，対象弁護士等を懲戒しない旨の決定をしなければならない。懲戒委員会に事案の審査を求めたとき及び対象弁護士等を懲戒しない旨の決定をしたときは，弁護士会は対象弁護士等，懲戒請求者，懲戒の手続に付された弁護士法人の他の所属弁護士会及び日弁連に通知しなければならない（法64条の7第1項1号・2号）。

懲戒請求者は当事者ではないものの，弁護士会が対象弁護士等を懲戒しない旨の決定をしたときは，日弁連に対し異議の申出ができるのであるから，その異議申出権の行使の機会を確保するために，懲戒請求者に対しても通知が義務付けられている（法64条の7第1項2号）。そして，その通知においては，3か月以内に異議の申出ができる旨を教示しなければならないとされている（会則68条の4第2項）。また，この通知に要求される教示につき，誤った教示をした場合の救済規定が定められている（綱紀委員会規程22条，懲戒委員会規程63条）。異議の申出に関する詳細は，法64条の解説を参照されたい。

【10】 懲戒委員会の審査と議決

本条5項は，弁護士会が弁護士又は弁護士法人を懲戒する場合には，懲戒委員会の議決に基づくことを要求している。すなわち懲戒する場合には，必ず懲戒委員会の議決を必要とし，かつ懲戒委員会と異なる結論を弁護士会が下すことができないことを規定したものと解される。

1 懲戒委員会の性格

弁護士又は弁護士法人に対する懲戒権限を有するのは弁護士会であるが，懲戒するか否かの実質的判断は懲戒委員会が行う。懲戒委員会は，法により，弁護士会に設置を義務づけられており（法65条1項），懲戒委員会に関する規定は弁護士会会則の必要的記載事項である（法33条2項8号）。

前述（本章の解説）のように，弁護士又は弁護士法人に対する懲戒権の行使が適正かつ公正になされることを担保するため，弁護士会自身に懲戒の判断権を付与せず，懲戒委員会の議決に基づくことを要求したものと解される。従って，①懲戒委員会は弁護士会の内部に設置された委員会ではあるが，弁護士会の他の機関から独立した委員会である，②弁護士会は，弁護士又は弁護士法人の懲戒に関し，懲戒委員会の議決と異なる処分をすることはできない。

弁護士会の他の機関からの独立性を要求されるから，独立性を阻害した場合は，その処分に瑕疵を帯びる（但し，その議決の効力は別問題である）。裁判例も，具体的事件の審査に弁護士会の会長その他理事者が故なく出席して意見を述べることは，審査の公正を疑わしめるものとして許されないとする（東京高判昭和42・8・7行裁例集18巻8・9号1145頁）。

また，この独立性の要求から，懲戒委員会の委員が，弁護士会の会長・副会長等の理事者，議決機関たる常議員会の常議員，懲戒手続における調査機関たる性格を持つ綱紀委員会の委員を兼ねることは不適当であり，避けるべきものと解される。

日弁連も，常議員（又は理事）と懲戒委員会委員，綱紀委員会委員又は資格審査会委員を兼任すること，懲戒委員会委員と綱紀委員会委員を兼任することを相当でないとしている（平成元年2月8日付日弁連会長通知）。

2　懲戒委員会の任務

懲戒委員会は，弁護士又は弁護士法人を懲戒するか否かを実質的に判断する機関であり，その判断に必要な審査を行う。審査は，本条3項，法65条2項により，弁護士会からの求めにより開始される。自発的に審査を開始することはできず，その意味では受動的な機関である。

審査は，綱紀委員会が本条2項による調査の結果，懲戒委員会に事案の審査を求めることを相当とした事案につき，懲戒事由の有無等を精査し，懲戒及びその種別又は不処分の議決をすることをいう。

懲戒委員会の構成・運営については，法65条以下の解説を参照。

3　審査事項

懲戒委員会の審査は，懲戒請求にかかる事実の存否とその事実が懲戒事由たる非行に該当するか否かが中心である。審査の対象たる事実は懲戒請求にかかる事実に限られ，請求事実以外の事実を認定し懲戒相当の議決をすることはもちろん，その事実を非行事実として審査することも許されない。懲戒委員会が弁護士会の求めをまって審理する受動的機関であることに反するからである。ちなみに，日弁連の懲戒委員会では，事案の審査を開始した後，審査を受ける会員について，当該事案以外に法56条1項の非行に該当する事由があると思料するときは，その旨を日弁連の会長に報告することができ（懲戒委員会規程42条1項・72条1項），日弁連は，その報告を受けたときは，速やかに原弁護士会に通知しなければならないとし（同規程42条2項・72条2項），弁護士会において懲戒手続が開始されることを期待している。

綱紀委員会において，複数の懲戒請求事実のうち一部についてのみ懲戒委員会に事案の審査を求めることを相当と認める旨の議決がなされている場合は，懲戒委員会の審査及び処分の対象となし得る事実は，当該議決がなされた事実（基本的事実の同一性が認められる範囲内の事実を含む）に限られる。この点について東京高判平成17年10月13日（公刊物未登載）は，「懲戒委員会の審査は，綱紀委員会が調査により弁護士を懲戒することが相当と認めた場合に限り，弁護士会の求めによりされるところ，……懲戒委員会による懲戒の事由とされるのは，懲戒請求人が懲戒申立書において懲戒請求事由としたところ及び綱紀委員会が懲戒請求人の主張する懲戒請求事由として把握したところと実質的に同一の範囲の事由に限られるものというべきである。……そして，懲戒委員会の認定する懲戒事由と懲戒請求人が懲戒申立書において懲戒請求事由としたこと及び綱紀委員会が懲戒請求人の主張する懲戒請求事由と把握したことが実質的に同一のものであるか別個のものであるかの判断は，当該事案において，懲戒事由となるべき社会的事実として同一の範囲に含まれるかどうかにより判断すべきである」と判示している。

懲戒委員会は，懲戒事由の存否ばかりでなく，懲戒の種別（業務停止の場合はその期間も含む）まで議決する必要があるから，懲戒請求の取下げ，示談の成立や対象弁護士等の処分歴等の情状に関する事実を審査することができ，また適正・公正な処分のためには，その審査が必要である。

その他の審査事項として，法63条により，懲戒事由があったときから3年を経過した場合には懲戒手続を開始することができないから，その期間経過の有無も審査する必要がある（除斥期間と懲戒手続の関係については，法63条の解説参照）。

審査に関連し，同一非行事実につき，刑事訴訟が係属する場合は，懲戒委員会はその審査手続を中止することができる（法68条）。これは懲戒委員会が必ず手続を中止しなければならないと規定したものではないので，事案毎に委員会が中止するか否か判断することになる（詳細は法68条の解説参照）。

4　懲戒委員会の議決

⑴　懲戒委員会は，審査のうえ，対象弁護士等について懲戒処分をすべきか否か，処分する場合はその内容を議決しなければならない（日弁連の場合は，懲戒委員会規程56条1項）。懲戒委員会は，議決をしたときは，速やかに議決書を作成しなければならない（法67条の2）。

⑵　議決の種類としては，まず対象弁護士等を懲戒する場合の主文として次のものがある。

① 「対象弁護士等を除名することを相当とする」

② 「対象弁護士等に対し，退会を命ずることを相当とする」

③ 「対象弁護士等に対し，業務を○年○月停止することを相当とする」

④ 「対象弁護士等を戒告することを相当とする」

懲戒しない場合は，次のとおりとなる。

⑤ 「対象弁護士等を懲戒しないことを相当とする」

これは，審査の結果，懲戒請求事実が認定できない場合又は懲戒請求事実が認定できても，それが懲戒事由たる非行に該当しない場合になされる。

対象弁護士等が死亡した場合や資格を喪失した場合には，次の主文となろう。

⑥ 「本件懲戒手続は，対象弁護士等の死亡（資格喪失）により終了した」

懲戒手続が既に終了しているわけであるから本来の議決ではないが，手続上これを明確にするために確認的になされるものである。

5　議決の効力（拘束力）

法は，弁護士及び弁護士法人の懲戒について特に適正・公正を期するため，懲戒委員会を設置したのであるから，懲戒委員会の議決は，弁護士会を拘束し，議決と異なる処分をすることはできない。すなわち，会長等役員に裁量の余地を与えず，たとえ総会の議決をもってしても，懲戒委員会の議決と異なる処分をなすことはできないものと解される。

（懲戒を受けた者の審査請求に対する裁決）

第59条 日本弁護士連合会は，第56条の規定により弁護士会がした懲戒の処分について審査請求があつたときは，日本弁護士連合会の懲戒委員会に事案の審査を求め，その議決に基づき，裁決をしなければならない。

2 前項の審査請求については，行政不服審査法第9条，第17条，第2章第3節及び第50条第2項の規定は，適用しない。

3 第1項の審査請求に関する行政不服審査法の規定の適用については，同法第11条第2項中「第9条第1項の規定により指名された者（以下「審理員」という。）」とあるのは「日本弁護士連合会の懲戒委員会」と，同法第13条第1項及び第2項中「審理員」とあるのは「第11条第2項の懲戒委員会」と，同法第44条中「行政不服審査会等から諮問に対する答申を受けたとき（前条第1項の規定による諮問を要しない場合（同項第2号又は第3号に該当する場合を除く。）にあっては審理員意見書が提出されたとき，同項第2号又は第3号に該当する場合にあっては同項第2号又は第3号に規定する議を経たとき）」とあるのは「弁護士法（昭和24年法律第205号）第59条第1項の議決があったとき」とする。

【1】 本条の趣旨

本条1項は，懲戒を受けた弁護士又は弁護士法人の不服申立方法を，審査請求であると規定し，更に，その裁決は，懲戒委員会の議決に基づくことを規定している。本条2項及び3項は，平成26年の行審法改正に伴い新設されたもので，2項は行審法の審理員及び審理手続に関する規定の適用除外を，3項は審理員及び行政不服審査会等に関する行審法の規定について，日弁連の手続に合わせた読み替えを定めたものである。

かつては，懲戒を受けた弁護士の第1段階の不服申立方法として異議の申立てを認めていたが（旧59条），昭和37年の行政不服審査法の施行に伴う関係法律の整理等に関する法律（昭和37年法律第161号）21条により，弁護士会の懲戒処分を他の行政庁の処分と同様に解し，これを統一的に取り扱う趣旨で，本条が改正された。すなわち，法は懲戒に関し，弁護士会を行政庁に準じて考え，その不服申立ての具体的手続等につき行審法が適用されることとしたものである。改正前の本条は次のとおりであった。

（懲戒を受けた者の異議の申立）

第59条　懲戒を受けた者は，その処分を受けた後30日以内に日本弁護士連合会に異議の申立をすることができる。

2　日本弁護士連合会は，前項の申立を受けた場合においては，懲戒委員会の議決に基き，その申立に理由があると認めるときはその処分を取り消し，その申立に理由がないと認めるときはこれを棄却しなければならない。

3　前項の処分については，第14条第４項の規定を準用する。

【２】 行審法との関係

行審法（昭和37年法律第160号）は，従前，不服申立ての方法として審査請求，異議申立て，再審査請求の３種類を規定していたが（旧３条），平成26年の改正により，審査請求に一元化されることとなった（２条）。

改正後の行審法（平成26年法律第68号）は，４条で審査請求をすべき行政庁について定めているところ，日弁連に対する審査請求は，「当該処分庁等の最上級行政庁」（４号）に対するものに当たると解される。すなわち，上級行政庁とは，当該行政事務に関し処分庁を直接指揮監督する権限を有する行政庁のことをいうが（田中・行政法上242頁），日弁連は，法60条により自ら弁護士又は弁護士法人を懲戒する権限を有すること（506頁参照），法33条，40条，45条２項等からみて，弁護士会の上級行政庁と考えられる。そして，かつては，弁護士又は弁護士会に対する監督権は司法大臣又は法務総裁が有していたが，現行法は，弁護士自治を採用し，弁護士及び弁護士法人に対する監督権は弁護士会に与えられ，更に，その上級機関として日弁連という自治機関が設けられたのであるから（403頁参照），日弁連は最上級行政庁に当たると解される。なお，本条１項が懲戒委員会の議決に基づき裁決しなければならないと規定しているのは，日弁連の最上級行政庁たる性格を是認した上で，その具体的な手続方法を要求したものと解される。

具体的手続等については，前述のとおり，行審法の規定が適用されることとなる。

【３】 審査請求の要件と手続

１　審査請求人

⑴　審査請求人たり得るのは，弁護士会により懲戒処分を受けた弁護士又は弁護士法人である。

当該弁護士が審査請求後に死亡した場合，行審法によれば，審査請求の目的たる処分にかかる権利の承継者に審査請求の承継が認められるが（15条），弁護士の懲戒処分は，弁護士としての地位・資格に関する一身専属的なものであるから，審査手続の承継はあり得ず，当該弁護士が死亡した時点で当然に審査手続は終了するものと解される。

⑵　懲戒請求者は，本条により，不服申立てができないことは明らかであるが，一般的に行審法により，不服申立てをなすことができるか否か問題となり得る。しかし，同法2条にいう「行政庁の処分に不服がある者」とは，違法又は不当な処分により直接に自己の権利又は利益を侵害された者をいい，処分の相手方たると第三者たるとを問わないが，間接的な影響や単なる精神的不利益，反射的な利益の侵害を受けるにとどまる者は，不服申立ての利益を有しないと解されるので（田中・行政法上241頁），同法による不服申立てはできないと考えるべきである（法64条により，日弁連に対して異議の申出をなすことができるだけである）。

2　審査請求の方式

行審法では審査請求の方式につき，審査請求書を提出しなければならず（19条），審査請求書には，19条所定の事項を記載しなければならないとしている。懲戒委員会規程34条1項は，審査請求書正本1通及び副本2通を原弁護士会又は日弁連に提出しなければならない（弁護士法人の場合は登記事項証明書を添える）とし，同条2項は，審査請求書の記載事項として，行審法19条2項各号及び5項3号に掲げる事項のほか，所属弁護士会の名称を記載しなければならないと規定する。

3　審査請求の期間

審査請求は，処分があったことを知った日の翌日から起算して3月を経過したときは，することができない（行審法18条1項）。処分があったことを「知った日」については，現実に知った日を指すのか，当事者が知り得べき状態におかれた日を指すのか，という問題がある。判例は，「当事者が書類の交付，口頭の告知その他の方法により処分の存在を現実に知つた日を指すものであつて，抽象的な知り得べかりし日を意味するものでない」とする（最判昭和27・11・20民集6巻10号1038頁）。しかし，この判例自身「処分を記載した書類が当事者の住所に送達される等のことがあつて，社会通念上処分のあつたことを当事者の知り得べき状態に置かれたときは，反証のない限り，その処分のあつたことを知つたものと推定することはできる」としているので，知ったかどうかは事実上の推定で認定することができ，当事者の認識の有無に関し明白な反証があれば，これを覆すことができるとの趣旨に解される

（南博方・高橋滋編『条解行政事件訴訟法（第３版補正版）』373頁参照）。

処分があったことを知った日の翌日から３か月以内であっても，処分があった日の翌日から起算して１年を経過すれば，原則として審査請求することはできない（行審法18条２項）。

なお，審査請求書を郵便で提出した場合，郵送に要した日数は上記期間に算入しない（同条３項）。

また，期間の末日が行政機関の休日（行政機関の休日に関する法律（昭和63年法律第91号）１条１項各号に掲げる行政機関の休日）に当たるときは，行政機関の休日の翌日が当該期間の末日とみなされる（懲戒委員会規程34条の２）。

【４】 審査請求の審理

１ 形式的審査

審査請求書が行審法19条の規定に違反する場合は，相当の期間を定めて，その補正を命じなければならない（行審法23条）。そして，期間内に補正されれば，当初から適法な審査請求と取り扱われるが，補正に応じない場合や指定の期間後に補正がなされたときは，懲戒委員会の議決を得て，不適法な請求として当該審査請求を却下することとなる（懲戒委員会規程44条１項）。補正ができるにもかかわらず，補正を命ずることなく却下すれば，違法な裁決となる。

２ 実質的審理

審査請求の実質的審理は，日弁連の懲戒委員会で行われる。本条により，日弁連が審査請求に対して裁決するには，懲戒委員会の議決に基づかなければならない。

懲戒委員会における審査手続については，法は67条以外に直接規定していないので，法46条２項１号，33条２項８号に基づく会則，会規の定めるところによる。これを受けて日弁連は，平成15年に懲戒委員会規程（正式名称は懲戒委員会及び懲戒手続に関する規程）を制定している。

懲戒委員会規程によれば，懲戒委員会は，審査に関し必要があるときは職権で関係人を審尋し（39条１項），書類その他の物件の所持人にその物件の提出を求め（26条），学識経験のある者に鑑定を嘱託し（27条），検証することができる（28条）。

審査は，弁護士会の処分の違法（すなわち，懲戒権の行使について弁護士会に与えられた裁量権の範囲の逸脱又は裁量権の濫用）に限らず，処分の当・不当についても及ぶ。審理の対象たる事実は，審査請求にかかる事実，すなわち弁護士会が懲戒処分をした根拠となった当該弁護士又は弁護士法人の非行事実の範囲に限られ，その範囲外の事実を審査することはできない。

ところで，審査を開始したところ，当該審査請求にかかる事実のほかに，法56条１項に該当する非行事実が発見された場合，当該非行事実を審査の対象となし得ないのは前述のとおりであるが，懲戒委員会がこれをそのまま放置することは，日弁連独自の懲戒権があることの関連からして問題があろう。そこで，懲戒委員会規程では，懲戒委員会が当該審査請求にかかる事案のほかに，法56条１項の非行に該当する事由があると思料するとき，懲戒委員会は，裁量によって，その旨を日弁連（日弁連会長）に報告することができるものとされている（42条１項）。懲戒委員会に報告義務まで要求していない。報告を受けた日弁連の対処の仕方としては，当該所属弁護士会に対し通告すること，日弁連の綱紀委員会に対し調査を求めること等が考え得るところであるが，懲戒委員会規程は，審査を受ける弁護士又は弁護士法人がいわゆる審級の利益を害されることのないように配慮し，かつ弁護士会の自主的判断に委ねるため，所属弁護士会に通知することにしている（同条２項）。

3　違法判断の基準時

審査請求の対象とされる処分の適否を判断する場合，その基準時を弁護士会の処分時とするか，懲戒委員会の議決時とするか問題であるが，処分時と解すべきである。取消訴訟について，判例は一般に処分時説を採用しているが，取消訴訟と審査請求では性質上の相違はあるものの，同じく処分に対する事後審査制度の一環であるから，違法判断の基準時も同様に考えて処分時と解すべきである。すなわち，審査請求においては，請求人が当該処分がなされた時点における違法性を主張してこれを判断し，認容される場合には処分時に遡って処分を失効させるものと解されるから，処分時が基準になるものと考えられる（南＝小高『全訂注釈行政不服審査法』272頁）。

【5】　審査請求の効果・効力停止

1　弁護士又は弁護士法人の懲戒処分についても，一般の行政処分と同様，処分の告知によりその効力が発生するので，処分を受けた弁護士又は弁護士法人が審査請求を申し立てただけでは，処分の効力は停止しない（執行不停止の原則。行審法25条１項）。そこで，行審法は，審査請求人に執行停止の申立権を与え（同条２項），審査庁たる日弁連は，この申立てがあった場合は速やかに停止するか否かを決定しなければならない（同条７項）。懲戒委員会規程においても，日弁連は，申立て又は職権で，懲戒処分の効力を停止することができる（46条１項）としている（なお，行審法は「執行停止」というが，弁護士又は弁護士法人の懲戒に関しては，処分の効力の停止以外の措置を考えることができないので，懲戒委員会規程では「効力停止」と表現している。しかし，性質は同様である）。

但し，執行停止は，本案たる審査請求を保全するものであり，これに付随し運命をともにすべき性質を有するから，審査請求がなされていることが執行停止申立ての前提となる（南＝小高・前掲書237頁）。従って，審査請求をしないで執行停止のみを申し立てることはできない。

懲戒処分の効力を停止するとは，遡及的効力はないが，形成的効力を持つ懲戒処分の効力を停止させて，その後は処分がなかったものと同様の効果を与えることである。

2　懲戒を受けた弁護士又は弁護士法人が，効力停止を申し立てるには，効力停止申立書正本１通を日弁連に提出しなければならない（懲戒委員会規程46条２項）。

効力停止は，処分，処分の執行又は手続の続行により生ずる重大な損害を避けるため緊急の必要があると認められるときになされるが，公共の福祉に重大な影響を及ぼすおそれがあるとき，又は本案について理由がないとみえるときはなされない（行審法25条４項）。

効力停止の決定は審査請求に関する決定であるから，本条に基づいて懲戒委員会の議決を要するかは問題であるが，弁護士会の懲戒処分は，告知によって効力を生じており，効力を停止すべきか否かは緊急を要することであるから，懲戒委員会の議決に基づくことを要しないと解される。懲戒委員会規程もこれを不要としている（46条１項）。ただ，懲戒処分の効力を停止するとき，効力停止の申立てを却下するとき，一旦なした効力停止決定を取り消すときには，あらかじめ懲戒委員会の意見を聴かなくてはならないとしている（懲戒委員会規程47条）。

効力停止に関する決定の主文は，効力停止を認めない場合には，「本件申立てを却下する」とし，認める場合には，「○○弁護士会が○○年○○月○○日付けで審査請求人に対してなした処分の効力は，審査請求に対する裁決に至るまで停止する」とすることになろう。

なお，日弁連の効力停止に対する決定に対しては，不服申立ては認められない（法49条の３）。

【6】 日弁連懲戒委員会の議決

1　議決の種類

懲戒委員会は，審査請求につき原則として６か月以内に審査を遂げて議決を行う（懲戒委員会規程38条）。法は，議決の種類について規定を置いていないが，行審法45条及び46条で定める裁決を行うための議決であるから，懲戒委員会がする議決は，次のようになる。

① 「本件審査請求を却下する」（行審法45条１項参照）　これは，審査請求が理由があるか否かを問うことなく，審査請求自体が不適法であるためになされる議決であり，本案の審理を拒否する議決である。なお，審査請求手続中に審査請求人が他の理由により弁護士資格を喪失した場合には，審査請求の利益が失われることにより，当該審査請求は却下されることになろう（取消訴訟につき，61条に係る517頁参照）。

② 「本件は，被審査人の死亡により終了した」　審査請求人が死亡した場合には，審査請求手続は当然に終了するので，これを確認するためになされる議決である。

③ 「本件審査請求を棄却する」（行審法45条２項参照）　これは，本案について審理の結果，審査請求が理由がないとして原弁護士会の処分を是認する議決である。

④ 「○○弁護士会が○○年○○月○○日付けでなした審査請求人に対する懲戒処分を取り消す。審査請求人を懲戒しない」「○○弁護士会が○○年○○月○○日付けでなした審査請求人に対する懲戒処分を次のとおり変更する。審査請求人を（懲戒――例えば，戒告）する」（行審法46条参照）　これは，いずれも，審査請求人の請求が理由あるものとして，請求を認容し，前者は，原処分（弁護士会の懲戒処分）を取り消して懲戒しないとするものであり，後者は，原処分を変更し，新たに異なる懲戒処分をするものである（但し，審査請求人に不利益に処分を変更することはできない。行審法48条参照）。

2　議決の効力

懲戒委員会の議決は日弁連を拘束し，日弁連は総会の議決をもってしてもこれを変更することができない。本条１項の「その議決に基づき，裁決をしなければならない」とは，この拘束力を意味する。

【7】 裁　決

裁決は，審査庁たる日弁連が審査請求に対して審理を遂げた後に下す判断行為であり，審査請求の手続は，裁決によって終了する。

1　裁決の種類

⑴　日弁連は，懲戒委員会の議決に基づき，審査請求に対し裁決を行う。裁決の内容は，前述した懲戒委員会の議決に相応し，内容的にみれば，却下・棄却・認容の３種類に分かれる。

①　却下の裁決は，懲戒委員会の前記①の議決に相応するものであり，本案の審理を拒絶する裁決である。審査請求が法定の期間後になされたものであるとき，その他不適法である場合になされる（行審法45条１項，懲戒委員会規程44条１項）。

②　棄却の裁決は，懲戒委員会の前記③の議決に相応するものであり，却下の裁決と異なり本案に関する裁決であって，審査請求に理由がないとして原処分（弁護士会の懲戒処分）を是認する裁決である（行審法45条２項，懲戒委員会規程44条２項）。

③　認容の裁決は，懲戒委員会の前記④の議決に相応するものであり，審査請求に理由がある場合になされる裁決であって，この場合，日弁連は，弁護士会の原処分を取り消し，又は変更する（行審法46条，懲戒委員会規程44条３項）。

(2) 上記裁決のうち，取消しの場合は，原処分の違法又は不当を認めてなされるものであり，処分が全部取り消されれば，処分時に遡って処分がなされなかったことになり，当初から処分がなされなかったと同様の結果となる。

弁護士会の懲戒処分が取り消されると処分がなかったこととなるから，処分庁たる弁護士会は，裁決の趣旨に従って，改めて処分をしなければならないが（行審法52条2項），裁決に拘束力があるので（同条1項），裁決が懲戒しないことを趣旨とする以上は，改めて処分するまでもないと考えられる。そこで，審査請求の結果，懲戒しないこととなった場合に，原処分を取り消すのみでは足らず，更に懲戒しない旨の宣言が必要か否かについて議論があるが，これを明確にするためにも，裁決の主文において懲戒しない旨を明らかにすべきものと解される。

一方，弁護士会の懲戒手続に手続的瑕疵があり，これを理由として弁護士会の懲戒処分を取り消す場合，裁決の主文は，弁護士会の懲戒処分を取り消す旨の記載にとどめるべきである。仮に取消しに加えて懲戒しない旨まで記載すると，弁護士会が手続をやり直して再度の処分を行うことができなくなる可能性が生じるためである。この場合，原処分の取消しによって処分がなされる前の状態に戻るから，処分庁たる弁護士会は，裁決の趣旨に従って手続をやり直した上で，改めて懲戒処分をするかしないかを決しなければいけないこととなる。

(3) 行審法は，審査庁が処分庁の上級行政庁である場合には，原処分の変更を認める（46条1項）。日弁連は弁護士会に対して指導監督をなすことができ，また日弁連独自に懲戒権を有するから，上級行政庁と認められる。従って，原処分の変更もできると解されている。しかし，審査請求人に不利益に変更することは許されない（48条）。

ここでいう変更とは，原処分を修正し加重又は軽減することである（但し，前記のとおり不利益変更ができないから，原処分を加重することはできない）。原処分との関係については説が分かれるが，原処分を全部取り消したうえ，新たな処分をなすものと解すべきであろう（南＝小高・前掲書264頁）。

この問題は，行訴法10条2項との関連で，処分の違法を争う手段が異なることから，学説，判例が多岐にわたっているが（詳細は，『最高裁判所判例解説民事篇昭和62年度』158頁以下参照），弁護士又は弁護士法人の懲戒に関する限り，法が裁決主義をとり原処分の取消しを許さないので（法61条2項），懲戒を受けた弁護士又は弁護士法人は，日弁連の処分を争い，その処分取消しの訴えを提起することとなる。従って，説による実際上の差異は見出し難いであろう。

なお，最高裁は，公務員の懲戒処分に関し，原処分の存在を前提としたうえで，原処分の法律効果の内容を一定限度のものに変更する効果を生ぜしめるに過ぎず，これにより原処分は当初より修正裁決による修正のとおりの法律効果を伴う懲戒処分として存在していたものとみなされるとしている（最判昭和62・4・21民集41巻3号309頁）。

行審法は事情裁決（45条3項）を認めるが，弁護士又は弁護士法人の懲戒については，その性質上事情裁決をなすような事態は考えられず，懲戒委員会規程にも，そのような定めはない。

2　裁決の効力

裁決に対しては，違法な裁決に対する訴えの提起が認められるが，一定期間に限られ，これを経過すればもはや争えなくなる（不可争力・形式的確定力）。また，裁決に瑕疵がある場合でも，審査庁自身が拘束され，上訴の手続により取消変更されることを別として，自ら取消変更することができない（不可変更力・実質的確定力）。裁決は，審査請求人だけでなく広く関係行政庁を拘束する（行審法52条1項）。

却下，棄却の場合には，告知主義によりすでに効力の生じている弁護士会の懲戒処分について，行政庁における不服申立制度の中で一応の確定をさせる効力を生じ，審査請求人は，法61条による裁判所に対する出訴によるほかは，その救済の途はない。

取消し又は変更の場合は，既に生じている弁護士会の処分との関係が問題となるが，弁護士会の処分は未確定であったので取消し又は変更により日弁連の処分が適用されることになる。

なお，弁護士会の業務停止処分の期間を短期とした場合は，当初の弁護士会の処分は取り消されるが，告知主義により懲戒処分の効力は発生しているので，当該弁護士が業務を行えなかった期間は，二重処罰の禁止の精神により，日弁連の業務停止処分における期間に算入されるものと解するべきである。

（日本弁護士連合会の懲戒）

第60条　日本弁護士連合会は，第56条第1項に規定する事案について自らその弁護士又は弁護士法人を懲戒することを適当と認めるときは，次項から第6項までに規定するところにより，これを懲戒することができる。

2　日本弁護士連合会は，弁護士又は弁護士法人について懲戒の事由があると思料するときは，懲戒の手続に付し，日本弁護士連合会の綱紀委員会に事案の調査をさせることができる。

3　日本弁護士連合会の綱紀委員会は，前項の調査により対象弁護士等につき日本弁護士連合会の懲戒委員会に事案の審査を求めることを相当と認めるときは，その旨の議決をする。この場合において，日本弁護士連合会は，当該議決に基づき，日本弁護士連合会の懲戒委員会に事案の審査を求めなければならない。

4　日本弁護士連合会の綱紀委員会は，第2項の調査により，対象弁護士等につき懲戒の手続を開始することができないものであると認めるとき，対象弁護士等につき懲戒の事由がないと認めるとき又は事案の軽重その他情状を考慮して懲戒すべきでないことが明らかであると認めるときは，日本弁護士連合会の懲戒委員会に事案の審査を求めないことを相当とする議決をする。この場合において，日本弁護士連合会は，当該議決に基づき，対象弁護士等を懲戒しない旨の決定をしなければならない。

5　日本弁護士連合会の懲戒委員会は，第3項の審査により対象弁護士等につき懲戒することを相当と認めるときは，懲戒の処分の内容を明示して，その旨の議決をする。この場合において，日本弁護士連合会は，当該議決に基づき，対象弁護士等を懲戒しなければならない。

6　日本弁護士連合会の懲戒委員会は，第3項の審査により対象弁護士等につき懲戒しないことを相当と認めるときは，その旨の議決をする。この場合において，日本弁護士連合会は，当該議決に基づき，対象弁護士等を懲戒しない旨の決定をしなければならない。

【1】　本条の趣旨

本条は，弁護士又は弁護士法人に懲戒事由が存するとき日弁連が自ら懲戒できることを認め，懲戒する場合には，日弁連の綱紀委員会に事案の調査をさせた上で，懲戒委員会の議決に基づかなければならないことを定める。

法は，すべての弁護士及び弁護士法人が当然に日弁連の会員になり（47条），日弁連は，弁護士及び弁護士法人の使命及び職務にかんがみ，その品位を保持し弁護士及び弁護士法人の事務の改善進歩を図るため，弁護士及び弁護士法人の指導，連絡及び監督に関する事務を行うものとしているが（45条2項），上記の権能を全うさせるため，58条に定める弁護士会による懲戒とは別に，日弁連が独自に懲戒できる制度を認めたものである。

懲戒は，弁護士会においてなされることを本則とするが，この弁護士会の懲戒が，何らかの理由により機能しない場合には（福原・251頁は，弁護士会の活動が不活発であるときとか，当該弁護士がその弁護士会の有力者であって弁護士会にその不正に立ち向かう力が欠けていると認められるときというような場合をあげている），懲戒制度の目的を達することができないから，弁護士会による懲戒権の適正な行使を確保する制度が要請される。そこで，法は弁護士会による懲戒とは別に，日弁連に独自の懲戒権を付与したものと解される。

また，所属弁護士会を異にする複数の弁護士の非行についてこれを一括して審査する場合や，登録換えをした弁護士に関する登録換え前の懲戒事案について登録換え後の所属弁護士会における適正公正な懲戒手続の運用が期待できない場合等にも，本条の懲戒制度は意義があると認められる。

なお，弁護士法人の設立が認められたことに伴い，日弁連は，自然人たる弁護士を自ら懲戒できるのと同様に，弁護士法人についても自ら懲戒することができることを明確にするため必要な改正が加えられた。日弁連は，法57条４項により，その地域内に主たる法律事務所がある弁護士会とみなされるから，除名処分は行うことができるが，退会命令の懲戒処分をすることはできない。

【２】 日弁連の懲戒の補充性

弁護士及び弁護士法人は，登録ないし登記と同時に当然入会しようとする弁護士会の会員となり，所属弁護士会の地域内に法律事務所を設けて業務に従事するから，その活動状況を把握し，より適切に弁護士及び弁護士法人を監督し得るのは弁護士会である。そして，何人に対しても懲戒請求権を認めた法58条では，その請求先を日弁連とせずに弁護士会としたのに対し，日弁連の懲戒に関する本条においては，「自らその弁護士又は弁護士法人を懲戒することを適当と認めるとき」と定め，一般人からする懲戒請求を認めていない。このことは，弁護士又は弁護士法人の懲戒は，第１次的に弁護士会によってなされることを原則とし，日弁連によりなされるのは補充的（ないし２次的）なものとする趣旨と解される。

【３】 手続開始の要件

１　開始事由

⑴ 「第56条第１項に規定する事案」とは，既に懲戒請求事件として係属している事案を意味するのではなく，法56条１項に規定する事由がある事案という意味であり，弁護士会で懲戒の対象とされる事案と同一である。

「適当」と認められる場合としては，当該弁護士（弁護士法人）に懲戒事由があるにもかかわらず，何人からも懲戒請求（法58条１項）がない場合や，弁護士会が懲戒手続の開始を求めない（同条２項）場合のほか，懲戒手続が開始しても弁護士会の懲戒権の適正な行使が期待できず，しかも客観的にみて懲戒に付すべき場合等が考えられる。

⑵ 「適当」か否かの判断については，会則59条の３第６号により常務理事会の審議事項となっている。

2 弁護士会の懲戒との競合

⑴ 本条による日弁連の懲戒が弁護士会の懲戒の補充的性格を持ち，弁護士（弁護士法人）の懲戒は，第1次的には弁護士会による懲戒を原則とすべきことは前述のとおりであるが，弁護士会の懲戒手続が存する場合に，同一の非行事実について更に日弁連が懲戒手続を開始することができるであろうか。弁護士会の懲戒手続係属中の場合と弁護士会の懲戒手続終了後の場合に分けて考察する。

⑵ 弁護士会の懲戒手続係属中の場合については，同一事実についての懲戒手続が2つ別個に進行することとなり，手続が複雑となって，防御する弁護士（弁護士法人）に過大の負担を強いる結果となるから，日弁連の懲戒手続を開始できないとの考え方もあり得る。

しかし，前述したように，本条の懲戒は弁護士会の懲戒が有効に機能しない場合の補充としての意味を持つから，例えば，懲戒請求に対して弁護士会の適正な懲戒権の行使が期待できない場合や，現に適正に行使されていない場合にまで，弁護士会による懲戒手続進行中の一事をもって日弁連の懲戒手続の開始を認めないことは，日弁連独自の懲戒権を認めた趣旨を没却することになろう。従って，弁護士会と日弁連の懲戒手続の競合を認めざるを得ないと解すべきである。

もっとも，競合を認めることは，手続が同時進行することがあり得ることを認めるものであって，決して懲戒についての判断が区々別々になされることを是認するものではない。弁護士（弁護士法人）に対し同一事由について2個の判断がなされることは，懲戒制度自体の目的に反するというべきである。

そこで，同時進行中に弁護士会の判断が先になされれば，日弁連独自の懲戒手続は終了すると解するのが相当である。この場合，日弁連は弁護士会の懲戒手続が一応は機能したとみるべきであり，異議の申出または審査請求があった場合にその手続中で判断すべきだからである。議決としては「本件は，○○弁護士会の○○の懲戒処分があったので（又は懲戒しない旨の決定があったので），終了した」となろう。

また，同時進行中に日弁連の判断が先になされれば，弁護士会の手続もまた終了するものと解すべきである。この場合は，仮に弁護士会が判断をしても，日弁連に対する異議の申出または審査請求により，同一の結果となってしまうからである。議決としては「本件は，日本弁護士連合会の○○の懲戒処分があったので（又は懲戒しない旨の決定があったので），終了した」となろう。

⑶ 次に，既に弁護士会の懲戒手続が終了している場合はどうであろうか。

弁護士会の懲戒手続が終了している場合には，弁護士会の審理が十分でなく，特に綱紀委員会で調査不十分のまま懲戒不相当の結論が出されるような事態もあり得るし，弁護士会の懲戒権の適正な行使を期待できない場合の補完として本条の懲戒権が認められていることからすれば，これを積極的に解し，弁護士会の懲戒手続が終了していても本条の懲戒手続は開始できるとの考え方もあり得よう。

しかし，弁護士会において既に手続が終了している場合に，同一事実につき別個に日弁連が懲戒手続を開始すれば，2個の判断が生ずることとなる。同時進行中の場合には，前述のとおり一方の議決により他方の手続は当然終了すると解することができるので，2個の判断の可能性はないが，この場合は，既に1個の判断が示されているのであるから，例えば弁護士会で処分を受けて，更に同一事実で日弁連より処分を受けることになり，被懲戒者を二重に懲戒した結果になろう。弁護士会で処分されなかった場合にのみ本条の懲戒権を発動できると考えることも可能であるが，その場合でも二重の危険にさらしたことに変わりなく，また何故，懲戒しなかった場合にのみ限定されるか合理的な説明は付かないであろう（例えば，弁護士会の懲戒が戒告であり，不当に軽いと思料される場合であっても，本条は発動できない）。

更に，弁護士会の懲戒につき異議の申出や審査請求等があった場合を考えると，手続が非常に複雑となって混乱を生じざるを得ない。

従って，弁護士会において既に判断が示されている場合には，日弁連は本条により懲戒手続を開始できないものと解すべきである。

3　請求外の懲戒事由の発見

日弁連の綱紀委員会規程は，弁護士会の懲戒処分に対する異議の申出につき，日弁連で審査中に請求外の懲戒事由を発見した場合，綱紀委員会は，その旨及び当該事由を日弁連会長に報告することができ，日弁連は原弁護士会に通知しなければならないとし（44条），日弁連の懲戒委員会規程も，弁護士会の懲戒処分に対する審査請求又は異議の申出につき，日弁連で審査中に請求外の懲戒事由を発見した場合，懲戒委員会は，その旨及び当該事由を日弁連会長に報告することができ，日弁連は原弁護士会に通知しなければならないとしているが（42条・72条），このような場合，この新たな事由につき，日弁連は本条の懲戒権を行使することができるであろうか。

それらの規定の趣旨につき，弁護士（弁護士法人）のいわば審級の利益を奪わず，かつ懲戒するか否かを弁護士会の自主的判断に委ねたものと解すれば，この場合日弁連が自ら懲戒することを適当とするときには該当しないこととなり，新たな事由については日弁連は独自に懲戒することはできないこととなる。

しかし，日弁連の弁護士会への通知義務は，自ら懲戒することを適当でないとする結論に直接結び付くものではなく，弁護士会に対しその懲戒権発動の端緒を与えるためのものに過ぎない。弁護士会の懲戒と日弁連の懲戒の競合を認める以上，それらの規定の存在は，本条の手続開始の障害にはならないものと解すべきである。

4　日弁連への直接請求

法58条１項は「所属弁護士会に」懲戒請求ができると規定しているのに対し，本条にはこのような文言がない。そこで，日弁連に対して直接懲戒請求ができるか否かが問題となるが，次の理由により，否定的に解するのが相当である。

第１に，本条では「自ら……懲戒することを適当と認めるとき」とのみ規定し，日弁連への懲戒請求の定めを置いていないこと，第２に，何人も日弁連に直接懲戒請求することができるとすると，弁護士会の懲戒と全く同一並列的となり，日弁連の懲戒の補充的性格と相容れないこと，第３に，直接請求を認めると弁護士会と日弁連に二重に請求できることとなり，実体上も手続上も複雑な問題を生ずることになるとともに，法においては，そのようなことを想定した規定は全く存しないことが挙げられる。

なお，日弁連は，昭和58年７月15日に，日弁連に懲戒請求がなされた場合の処理要領を決定している（常務理事会承認）。その要旨は，①請求人又はその代理人が日弁連に懲戒請求を直接行った場合は，日弁連に対する直接請求ができないこと，所属弁護士会に請求を行うべきことを指導し，②それにもかかわらず日弁連への請求の意思を撤回しない場合は，弁護士の懲戒につき，日弁連の職権発動を促す申出として受け付け，③日弁連自ら懲戒手続を行うことの適否につき常務理事会の審議を求めるというものであり，上に述べた直接請求を否定する立場を前提としている。

【４】 日弁連の綱紀委員会

１　平成15年改正前法は，日弁連による懲戒においては，懲戒委員会の議決に基づくことを要求するのみで，綱紀委員会の議決を要求しないばかりか，そもそも日弁連の機関として綱紀委員会の存在を要求していなかった。従って，日弁連が，平成15年改正前法60条の懲戒をなすには，綱紀委員会の議決は必要的ではないと解されていた。

しかし，平成15年改正法は，日弁連の綱紀委員会を法律上の機関とし，日弁連は弁護士又は弁護士法人について懲戒の事由があると思料するときは，懲戒の手続に付し，日弁連の綱紀委員会に事案の調査をさせるものとした（本条２項）。そして，綱紀委員会が対象弁護士等につき日弁連の懲戒委員会に事案の審査を求めることを相当と認めるときは，その旨の議決をし，この場合，日弁連は，当該議決に基づき，日弁連の懲戒委員会に事案の審査を求めなければならないとされた（本条３項）。なお，日弁連の綱紀委員会を法律上の機関とした趣旨については，法70条の解説参照。

２　懲戒の手続

本条２項は，日弁連が弁護士又は弁護士法人について懲戒の事由があると思料するときは，懲戒の手続に付し，日弁連の綱紀委員会に事案の調査をさせる旨を規定する。ここでいう「懲戒の手続」が，法62条及び法63条にいう「懲戒の手続」に対応するものであって，登録換え等の制限や除斥期間と関わりを持つことについては，法58条の解説参照。

法58条２項と同様に，本条２項においても，懲戒の手続に付すという独立の行為が存在するわけではなく，日弁連が綱紀委員会に事案の調査をさせること自体が懲戒の手続に付すことであると解される。

３　綱紀委員会の調査

日弁連の会長が，弁護士又は弁護士法人の非行について綱紀委員会の調査を求めた場合に，調査が開始される。綱紀委員会が懲戒について職権で立件することは認められていない。

綱紀委員会は調査を遂げ，その結果を日弁連の会長に報告しなければならない（綱紀委員会規程71条２項）。

綱紀委員会は，調査に関し必要があるときは，対象弁護士等及び関係人を審尋したり，関係人及び官公署その他に対して陳述，説明又は資料の提出を求めることができるほか（法70条の７，綱紀委員会規程60条１項・61条１項・62条１項），鑑定の嘱託（同規程66条）や検証（同規程67条）等を行うことができ，必要があるときは，委員の１人又は数人を主査委員に選び，この主査委員に調査を命じることもできる（同規程69条１項・２項）。調査に当たっては，対象弁護士等に対し，弁明その他陳述の機会を与えなければならない（同規程53条１項）。調査期日は非公開であるが（同規程57条１項），綱紀委員会の許可を得た者は傍聴することができる（同条３項）。調査を終結したときは，速やかに，懲戒委員会に事案の審査を求めることを相当と認めるか否かの議決をし，議決の結果及び理由を記載した議決書を添えて日弁連の会長に報告しなければならない（同規程71条）。

４　懲戒委員会に事案の審査を求めることを相当とする議決

本条３項は，日弁連の綱紀委員会が懲戒委員会に事案の審査を求めることを相当とする議決をした場合について規定する。日弁連が本条に基づき自ら懲戒をする場合にも，直ちに懲戒委員会に事案の審査をさせるのではなく，日弁連の綱紀委員会の調査を経て懲戒委員会で審査がなされるという点で弁護士会における懲戒手続と同様の構造になったものである。

５　懲戒委員会に事案の審査を求めないことを相当とする議決

本条４項は，日弁連の綱紀委員会が懲戒委員会に事案の審査を求めないことを相当とする議決をする場合が，①「対象弁護士等につき懲戒の手続を開始することができないものであると認めるとき」，②「対象弁護士等につき懲戒の事由がないと認めるとき」，③「事案の軽重その他情状を考慮して懲戒すべきでないことが明らかであると認めるとき」の３つの場合であることを規定する。

法58条４項とは異なり，「請求が不適法である」場合が除かれているが，これは日弁連に対する懲戒請求が認められていないからである。

まず，①の要件の「対象弁護士等につき懲戒の手続を開始することができない」場合とは，除斥期間を経過している場合等である。

次に，②の要件の「対象弁護士等につき懲戒の事由がない」場合とは，日弁連が綱紀委員会に対して調査を求めた事案が懲戒事由に該当しない場合又は当該非行事実の存在が認められない場合である。

最後に，③の要件の「事案の軽重その他情状を考慮して懲戒すべきでないことが明らかである」場合も，懲戒委員会に事案の審査を求めないことができるものとされた。懲戒事由が存在しない場合は②の要件に該当するのであるから，③の要件は，懲戒事由が存在することを前提にしていると解される。すなわち，③の要件は，懲戒事由が存在するものの，情状を考慮した結果，懲戒すべきでないと判断される場合である。

このように理論的には懲戒事由と情状とは峻別されるものであるが，もともと懲戒事由が「品位を失うべき非行」等の抽象的なものであるため（法56条１項），実際上は，そのような峻別は必ずしも容易ではない。

６　報告を受けた日弁連の処置

綱紀委員会の議決が「懲戒委員会に事案の審査を求めることを相当」とするものである場合には，日弁連は，懲戒委員会に対し，事案の審査を求めなければならない（本条３項）。その場合，日弁連は，その旨及び事案の内容を，対象弁護士等，懲戒請求者及び対象弁護士等の所属弁護士会に通知しなければならない（法64条の７第２項１号）。

綱紀委員会の議決が「懲戒委員会に事案の審査を求めないことを相当」とするものである場合には，日弁連は，対象弁護士等を懲戒しない旨の決定をし（本条４項），その旨及びその理由を，対象弁護士等，懲戒請求者及び対象弁護士等の所属弁護士会に通知しなければならない（法64条の７第２項２号）。

【５】 日弁連の懲戒委員会

１　日弁連の懲戒委員会は，審査を求められた場合には，審査を遂げ，議決をしなければならない。懲戒すべき旨の議決を行うときは，弁護士会の懲戒と同様に，懲戒の内容を定めなければならない（本条５項）。審査手続や議決の種類は弁護士会の場合と同様であり，詳しくは法58条の解説を参照されたい。

ところで，日弁連による弁護士の懲戒の場合に，退会命令という処分ができるか否か若干疑問がある。すなわち，退会するのは所属弁護士会からと解されるところ，処分をするのが所属弁護士会ではない日弁連であるから，このような処分はできないのではないか，という疑問である（日弁連は弁護士法人に対しては，法57条４項により退会命令の処分ができない）。

退会命令は，旧法では懲戒処分ではなかった沿革もあるが，現行法上は，４つの懲戒の種類の一つとして捉えられており，また，日弁連が懲戒に関しては弁護士会の上級行政庁と解され，審査請求や異議の申出の場合に弁護士会の処分を退会命令に変更することができることから考えても，日弁連が「所属弁護士会から退会することを命ずる」という処分をすることは可能であると解される。

2　日弁連は，懲戒委員会が懲戒すべき旨の議決をしたときは，その議決に拘束され，対象弁護士等を懲戒しなければならない（本条５項）。懲戒は，懲戒書正本がその対象弁護士等に送達されることにより，その効力を生ずる（懲戒委員会規程32条３項）。

懲戒しない旨の決定をしたときは，対象弁護士等，懲戒請求者及び対象弁護士等の所属弁護士会にその旨及びその理由を書面により通知しなければならない（法64条の７第２項２号）。

その他，懲戒処分の公告や公表，過去の懲戒処分歴の開示の制度があり，これは弁護士会の場合と異ならないので，法56条，64条の６，64条の７の解説を参照されたい。

（訴えの提起）

第61条　第56条の規定により弁護士会がした懲戒の処分についての審査請求を却下され若しくは棄却され，又は第60条の規定により日本弁護士連合会から懲戒を受けた者は，東京高等裁判所にその取消しの訴えを提起することができる。

2　第56条の規定により弁護士会がした懲戒の処分に関しては，これについての日本弁護士連合会の裁決に対してのみ，取消しの訴えを提起することができる。

【1】 本条の趣旨

1　本条１項は，弁護士会により懲戒の処分を受け，日弁連に対する審査請求を却下若しくは棄却された者，又は日弁連により懲戒の処分を受けた者に対し不服申立ての手段として，裁判所に対しその取消しの訴えの提起を認め，その管轄裁判所を東京高等裁判所と定めたものである。

本条2項は，弁護士（弁護士法人）が法56条により弁護士会から懲戒処分を受けた場合の不服申立てとして，裁判所に対する直接の出訴を認めず，日弁連への審査請求についての裁決に対してのみ取消しの訴えを認めたものである。

2　弁護士（弁護士法人）の懲戒は，弁護士会及び日弁連の権能とされるが，懲戒処分が弁護士（弁護士法人）の地位・身分に直接影響を及ぼすから，本条はその処分を最終的には裁判所において争い得るものとして，裁判所に提訴することを認めたものである。弁護士会の懲戒処分についての取消訴訟は，日弁連への審査請求に続く第2段階の救済方法となる。

本条2項は，審査請求についての裁決に対してのみ出訴を認めるから，取消しの訴えは，裁決取消しの訴えとなり，直接弁護士会の処分の取消しを求める処分取消しの訴えは認められていない。

一方，日弁連の懲戒処分についての取消訴訟については，法は，49条の3で「この法律に基づく日本弁護士連合会の処分又はその不作為については，審査請求をすることができない」と定めているから，日弁連の処分については，行政手続内では，不服申立ての手段はなく，本条により直接処分取消しの訴えが認められている。

【2】沿　革

1　旧法以前は，判事懲戒法（明治23年法律第68号）が準用され，弁護士の懲戒そのものを検事長の申立てにより各控訴院に置かれた懲戒裁判所が行っていたので，同法による控訴（38条）以外には不服申立てが認められていなかった。現行法は，弁護士（弁護士法人）の懲戒を弁護士会，日弁連が行うところとなったことにあわせ，裁判所による救済を認めたものである。

2　現行法制定時，弁護士の懲戒に関する不服申立てとして異議の申立てを認めていたが，昭和37年の行審法及び行訴法の施行に際し，弁護士の懲戒にも行審法の適用があり，不服申立ても審査請求とされたため（法59条の解説参照），これに伴い本条を全文改正し，裁判所に対する出訴の対象を明確にしたものである（昭和37年5月法律第140号，行政事件訴訟法の施行に伴う関係法律の整理等に関する法律15条）。改正前の本条は，次のような内容であった。

（訴の提起及びその手続）

第62条　第59条に規定する異議の申立を棄却され，又は第60条の規定により懲戒を受けた者は，その処分につき違法又は不当を理由としてその通知又は処分を受けた後30日以内に東京高等裁判所に訴を提起することができる。

2　前項の訴訟については，第16条第3項乃至第6項の規定を準用する。

【3】 行政訴訟としての取消しの訴え

1　本条が認める裁決取消しの訴え，処分取消しの訴えは，行政事件訴訟のうち抗告訴訟に属し，行訴法の適用を受ける。

抗告訴訟とは，行政庁の公権力の行使に関する不服の訴訟（行訴法3条1項）であって，行政庁の積極的又は消極的な公権力の行使によって生じた行政上の違法状態を排除し，利害関係人の権利利益の保護を図ることを目的とする訴訟である。処分の取消しの訴えは，行政庁の処分その他公権力の行使に当たる行為（裁決の取消しの訴えの対象たる裁決，決定等を除く）の取消しを求める訴訟であり（同条2項），裁決の取消しの訴えは，審査請求その他の不服申立てに対する行政庁の裁決，決定その他の行為の取消しを求める訴訟をいう（同条3項）。

2　行政庁の処分に対する救済手段としては，行政庁に対する行政不服申立てと，裁判所に対する行政事件訴訟があり，まず前者を経ることを要求する不服申立前置主義と，何れをとるかを自由とする自由選択主義の2つに分かれ，行訴法は，原則として自由選択主義をとっているが（8条1項），本条は，弁護士会の懲戒処分に関しては，行政庁たる日弁連への審査請求を経ることを要求し，この原則の例外をなしている（同項但書）。但し，後述のとおり裁決主義をとっているので，単なる審査請求前置主義とは異なる。

弁護士法が，審査請求を経ることを要求したのは，自治的懲戒制度を尊重し，日弁連における懲戒の手続が裁判に準ずる慎重な手続によりなされるからと解される。

日弁連への審査請求を経ることなしに，弁護士会の処分の取消しを求め出訴した場合には，不適法として却下されることになる。

また，日弁連自身の処分に関しては，行政手続内では不服申立てができないから，この点でも行訴法の原則に対する例外である。行政手続内での不服申立てを認めなかったのは，日弁連の懲戒手続が懲戒委員会という独立した機関でなされること及び日弁連自身の懲戒手続においては上級行政庁が存在しないことによるものと解される。

3　行訴法では，処分取消しの訴えと裁決取消しの訴えの両者を認め，原処分の違法は処分取消しの訴えによってのみ主張することができる原処分主義をとり，裁決取消訴訟においては，原処分の違法を理由にその取消しを求めることができない（10条2項）。しかし，本条では，弁護士会の処分（原処分）に関しては，日弁連に対する審査請求を経ることを要求するとともに，原処分の取消しの訴えを認めず，裁決に対してのみ出訴を認めている。これを裁決主義といい，原処分主義の例外をなしている。裁決主義の場合は，原処分の違法も裁決取消しの訴えによってのみ争うことができる（田中・行政法上318頁）。

弁護士法が裁決主義をとった理由は，日弁連は弁護士会の上級行政庁たる審査庁として，原処分を変更することができ（行審法46条１項），独自の懲戒権を有している（法60条）ことから，日弁連の裁決が弁護士（弁護士法人）の懲戒についての実質的な最終処分の性質を有する（田中・行政法上309頁参照）と認めたことによるものと解される。

【４】 出訴権者

１　本条により取消訴訟を提起できる者は，次のとおりである。

①　弁護士会の懲戒処分について，日弁連に対する審査請求を却下又は棄却された者

②　弁護士会の懲戒処分について，日弁連に対する審査請求において原処分を変更されたがなお懲戒処分を受けた者

③　日弁連が自ら懲戒処分をした場合の被処分者（法60条）

上記のうち，②は直接本条に規定されていないが，審査請求において，原処分の取消しのみでなく，日弁連が上級行政庁として原処分を変更することができると解され（行審法46条１項），裁決として処分がなされるので，その訴えは，裁決取消しの訴えとなる（東京高判平成元・４・27行裁例集40巻４号397頁）。従って，①②の場合には裁決取消しの訴えを，③の場合には処分取消しの訴えを提起することになる。

ところで，平成15年改正前法では，弁護士会の懲戒処分について懲戒請求者から異議の申出があり，異議に理由があるとして日弁連が懲戒処分をした場合（61条２項）には，懲戒処分が同法60条の規定に基づくものであることが明らかであったため，当該被処分者は取消訴訟を提起することができることに異論はなかった。ところが，平成15年改正法には，弁護士会の懲戒処分について異議の申出があり，異議に理由があるとして日弁連が懲戒処分をする根拠について直接の規定がない。そのため，平成15年改正法の下での当該被処分者は，形式的には本条１項にいう「第60条の規定により日本弁護士連合会から懲戒を受けた者」に該当しないので，取消訴訟を提起できないようにも読める。しかし，この結論が不合理であることは明らかである。結局，日弁連による懲戒処分の根拠規定は，あくまでも法60条１項であると考えざるを得ないであろう。

なお，異議申出人は，日弁連の処分に不服であっても，提訴してこれを争うことはできない（最判昭和38・10・18民集17巻９号1229頁，最判昭和49・11・８最高裁判所裁判集民事113号151頁）。

２　原告適格

取消訴訟は，「当該処分又は裁決の取消しを求めるにつき法律上の利益を有する者（処分又は裁決の効果が期間の経過その他の理由によりなくなつた後においてもなお処分又は裁

決の取消しによつて回復すべき法律上の利益を有する者を含む。）に限り，提起することができる」（行訴法９条１項）。

行政訴訟においても，自己の法律上の利益に関わらない資格で提起することができる客観的争訟を除いて，権利保護の利益として具体的四囲の状況から本案判決をなす具体的利益が存することという要件が必要である（南博方・高橋滋編『条解行政事件訴訟法（第３版補正版）』268頁）。

なお，平成17年４月１日施行の改正行訴法は，原告適格が広く認められるように，同法９条１項に続けて同条２項で「裁判所は，処分又は裁決の相手方以外の者について前項に規定する法律上の利益の有無を判断するに当たつては，当該処分又は裁決の根拠となる法令の規定の文言のみによることなく，当該法令の趣旨及び目的並びに当該処分において考慮されるべき利益の内容及び性質を考慮するものとする。この場合において，当該法令の趣旨及び目的を考慮するに当たつては，当該法令と目的を共通にする関係法令があるときはその趣旨及び目的をも参酌するものとし，当該利益の内容及び性質を考慮するに当たつては，当該処分又は裁決がその根拠となる法令に違反してされた場合に害されることとなる利益の内容及び性質並びにこれが害される態様及び程度をも勘案するものとする」との規定を新設した。

業務停止期間経過後であっても回復すべき法律上の利益があるので，本条に基づき提訴できる（最判昭和58・４・５判時1077号50頁）。もっとも，この判例は，訴えの利益につき，日弁連の会長選挙規程によれば，弁護士登録年数が通算10年以上の者は会長選挙の被選挙権を有するところ，懲戒処分を受けた者は，受けた処分に対し不服の申立てができなくなった日から３年を経過するまでは，被選挙権を有しない旨定められていることから，業務停止処分を受けた者は，弁護士登録年数の要件を満たしているならば，当該業務停止期間が経過した後においても，日弁連の会長選挙における被選挙権を有しないという不利益を受けていることになることをもって肯定の根拠としている。

しかし，「制裁的処分を受けた場合，期間の経過によって，その効果が失われても，右処分を受けたという事実が前歴として存在する限り，将来同種の処分において法定の加重原因として考慮されるとすれば，その限りにおいて，右処分の効果が残存するものと見て，右処分の取消しを求めるにつき行訴法９条括弧書所定の法律上の利益を認める」（園部逸夫「制裁的処分における『回復すべき法律上の利益』」『公法と経済法の諸問題上』454頁）べきものと解され，弁護士法の懲戒の場合，処分にあたっては，情状として過去の処分歴も考慮され得るから，これを根拠に訴えの利益を肯定すべきではなかろうか。

なお，本条に基づく訴えの係属中，原告たる弁護士（弁護士法人）が他の事由でその資格を喪失したときは，その訴えは当然に訴えの利益を失う（東京高判昭和37・6・28行裁例集13巻6号1216頁）。

【5】 被　　告

本条は，日弁連がなした裁決又は処分に対してのみ取消しの訴えを認めたので，被告たり得るのは日弁連のみである。

弁護士会の懲戒について，弁護士会を相手方とする処分の取消しの訴えを認める制度も考えられるが，法は前述のとおり裁決主義をとっているので，弁護士会を被告とする取消しの訴えは認められない。

【6】 出訴期間

1　取消訴訟は，日弁連の裁決又は懲戒処分のあったことを知った日から6か月以内に提起しなければならない（行訴法14条1項）。但し，正当な理由があるときは，この限りでない（同項但書）。

また，処分又は裁決の日から1年を経過したときは，正当な理由があるときを除き，取消訴訟を提起することができない（同条2項）。

この期間の起算日は行訴法に規定がないので，同法7条，民訴法95条，民法138条及び140条により，初日は算入しない。

2　起算日たる処分又は裁決があったことを「知った日」については，現実に知った日を指すのか，当事者が知り得べき状態に置かれた日を指すかの問題がある。判例は，廃止前の自作農創設特別措置法47条の2に規定する「処分のあつたことを知つた日」について，「当事者が書類の交付，口頭の告知その他の方法により処分の存在を現実に知つた日を指すものであつて，抽象的な知り得べかりし日を意味するものでない」とする（最判昭和27・11・20民集6巻10号1038頁）。しかし，この判例自身「処分を記載した書類が当事者の住所に送達される等のことがあつて，社会通念上処分のあつたことを当事者の知り得べき状態に置かれたときは，反証のない限り，その処分のあつたことを知つたものと推定することはできる」としているので，知ったかどうかは事実上の推定で認定することができ，当事者の認識の有無に関し明白な反証があればこれを覆すことができるとの趣旨に解される（南博方・高橋滋編・前掲書373頁）。

【7】 管　　轄

行政訴訟の原則は，訴訟物の価額を問わず，地方裁判所が第1審の管轄裁判所となり（裁判所法24条1号・33条1項1号），被告の行政庁の所在地の裁判所の管轄となるが（行訴法12条1項），本条は，裁判所法17条の特別の定めとして，第1審裁判所を高等裁判所とし，かつ東京高等裁判所に限定している（東京高等裁判所が第1審とされる例としては，特許法178条の審決等に対する訴え，海難審判法44条の海難審判所の裁決に対する取消しの訴え等がある)。本条が高等裁判所を第1審裁判所としたことにより，二審制となるが，懲戒に関する処分が裁判に準ずる慎重な手続によりなされること，また弁護士以外の委員も加わった懲戒委員会の議決に基づく処分であり，いわば準司法的機能を果たした処分であることを根拠としたものと考えられる。また，東京高等裁判所に限定されるのは，弁護士会の処分に関する不服でも日弁連の裁決を経る必要があるところ，その日弁連が東京に置かれるからと解される。

なお，上記の懲戒委員会が民訴法23条1項6号にいう裁判官の除斥原因たる前審にあたるとは解されない（最判昭和34・8・7民集13巻10号1273頁）としても，忌避又は回避の問題とはなり得る。

【8】 執行停止

1 懲戒処分は，その告知によって効力を生じ，取消訴訟を提起しても，日弁連の裁決・処分の効力は停止しないから，効力の停止を求める場合には，別に執行停止手続をとる必要がある（行訴法29条・25条)。

裁決取消訴訟においては，取消しの対象となるのは裁決であって，原処分ではないから，執行停止の対象も裁決となるはずであるが，裁決の効力が停止されても，原処分が効力を維持し続けるとすれば，この場合には執行停止の意味はない。しかし，裁決取消しの訴えは，実質上裁決庁（日弁連）を被告とする原処分（弁護士会の懲戒処分）の取消しの訴えも包含しているとみるべきであるから，原処分の執行停止もまた可能と解され，行訴法は，裁決取消しの訴えの執行停止にも，処分取消しの執行停止の条文を準用している（杉本良吉『行政事件訴訟法の解説』100頁参照)。

執行停止が認められるためには，当該裁決・処分によって生ずる重大な損害を避けるため緊急の必要があることが要件とされ（行訴法25条2項)，この重大な損害を生ずるか否かを判断するに当たっては，損害の回復の困難の程度を考慮するものとし，損害の性質及び程度並びに処分の内容及び性質をも勘案するものとするとされる（同条3項)。弁護士が業務停止3月の懲戒処分を受けたが，当該業務停止期間中に期日が指定されているものだけで31件の訴訟案件を受任していたなどの事実関係の下において，行訴法25条3項所定の事由を考慮し勘案して，上記懲戒処分によって生ずる社会的信用の低下，業務上の信頼関係の毀損等の損害は，同条2項にいう「重大な損害」に当たるとした判例がある（最決平成19・12・18裁判所時報1450号12頁)。また，ここにいう損害は，申立人自身の損害に限られ，特段の事情のない限り申立人以外の第三者の損害を含まないものと解するのが相当であるとした裁判例がある（東京高決昭和60・1・25行裁例集36巻1号26頁)。なお，公共の福祉に重大な影響を及ぼすおそれがあるとき，又は本案について理由がないとみえるときは，執行停止は認められない（同条4項)。

執行停止の申立ては，被告たる日弁連を相手方として本案たる取消訴訟の係属する裁判所に対してなし（同法28条），停止の要件たる事実の存在について疎明を要する（同法25条５項）。

戒告処分を受けた者が懲戒の公告を処分の効力又はその手続の続行としてなされるものとして，日弁連が公告をすることに対して執行の停止をすることができるか。この点，「弁護士に対する戒告処分は，それが当該弁護士に告知された時にその効力が生じ，告知によって完結する。その後会則97条の３第１項〔現68条－編者注〕に基づいて行われる公告は，処分があった事実を一般に周知させるための手続であって，処分の効力として行われるものでも，処分の続行手続として行われるものでもないというべきである。そうすると，本件処分の効力又はその手続の続行を停止することによって本件公告が行われることを法的に阻止することはできないし，本件処分が本件公告を介して第三者の知るところとなり，相手方の弁護士としての社会的信用等が低下するなどの事態を生ずるとしても，それは本件処分によるものではないから，これをもって本件処分により生ずる回復困難な損害に当たるものということはできない」とした判例がある（最決平成15・３・11判時1822号55頁）。

２　執行停止決定は，告知によって効力を生ずる。停止決定により，処分の効力それ自体が存続しない状態におかれ，裁決取消訴訟係属中に執行停止決定がなされた場合には，原処分たる弁護士会の懲戒処分の効力自体が存続しない状態に置かれることになる。但し，執行停止は将来に向かってのみ効力を有するから，それ以前の法律関係に影響を及ぼさない。

執行停止申立てに対する決定に対しては，許可抗告をすることができるが（行訴法７条，民訴法337条），その決定の執行を停止する効力はない（行訴法25条８項）。

執行停止決定確定後，その理由が消滅し，その他事情が変更し，執行停止の存続を不当とする新たな事情が生じたときは，裁判所は相手方の申立てにより決定をもって執行停止決定を取り消すことができる（同法26条）。

【９】 審　　理

１　審理の対象

取消訴訟における審理の範囲は，一般の民事訴訟と同様であり，当事者の申立てを超えて審理し裁判することはできない。裁判所は訴訟要件を具備しているか否かを審理し，その上で本案について審理することとなる。

「弁護士に対する懲戒の制度は，弁護士会（日本弁護士連合会を含む。以下同じ。）の自主性，自律性を重んじ，弁護士に対する指導，監督作用の一環として設けられたものであるから，ある事実関係が法56条１項所定の弁護士に対する懲戒の事由に該当するかどうか，該当するとした場合にどのような懲戒をするかについては，当該弁護士会（本件の場合，被告日本弁護士連合会）が，その裁量権に基づき，弁護士の使命の重要性，職務の社会性等の諸事情を総合的かつ合理的に勘案して判断すべきものであると解するのが相当である」（東京高判昭和63・2・25判時1272号74頁）。

従って，懲戒処分は，弁護士会又は日弁連の裁量権に基づくものであるから，取消訴訟における審理は，処分又は裁決の違法のみが対象となり，裁量の当不当の問題に及ばないと解される。もちろん，その裁量権の範囲を超え，又は裁量権の濫用があったときは違法になると考えられ，その処分又は裁決が取り消されることになる（行訴法30条参照）。

もっとも，昭和37年の改正前の本条は，「その処分につき違法又は不当を理由として……訴を提起することができる」と定めていたことから，現行法についても，処分が不当な場合にも取り消すことができるとの解釈もあり得ようが，行訴法の制定により，前記のように解するのが相当である。

判例も，公務員の懲戒処分について，懲戒権者が裁量権の行使としてした懲戒処分は，それが社会通念上著しく妥当を欠いて裁量権を付与した目的を逸脱し，これを濫用したと認められる場合でない限り，その裁量権の範囲内にあるものとして，違法とはならず，従って，裁判所がその適否を審査するにあたっては，懲戒権者と同一の立場にたって懲戒処分をすべきであったかどうか又はいかなる処分を選択すべきであったかについて判断し，その結果と懲戒処分とを比較してその軽重を論ずべきものではないとしている（最判昭和52・12・20民集31巻7号1101頁）。

更に，弁護士（弁護士法人）に対する懲戒に関し次のように判示したものがある。「弁護士に対する所属弁護士会及び上告人〔日弁連－編者注〕（以下，両者を含む意味で「弁護士会」という。）による懲戒の制度は，弁護士会の自主性や自律性を重んじ，弁護士会の弁護士に対する指導監督作用の一環として設けられたものである。また，懲戒の可否，程度等の判断においては，懲戒事由の内容，被害の有無や程度，これに対する社会的評価，被処分者に与える影響，弁護士の使命の重要性，職務の社会性等の諸般の事情を総合的に考慮することが必要である。したがって，ある事実関係が『品位を失うべき非行』といった弁護士に対する懲戒事由に該当するかどうか，また，該当するとした場合に懲戒するか否か，懲戒するとしてどのような処分を選択するかについては，弁護士会の合理的な裁量にゆだねられているものと解され，弁護士会の裁量権の行使としての懲戒処分は，全く事実の基礎を欠くか，又は社会通念上著しく妥当性を欠き，裁量権の範囲を超え又は裁量権を濫用してされたと認められる場合に限り，違法となるというべきである」（最判平成18・9・14裁判所時報1420号1頁）。

裁判所における審理は，行訴法の諸規定に従う。職権証拠調べも可能である（行訴法24条）。

2　立証責任

取消訴訟における立証責任に関しては，法律上明文の規定がなく，学説は区々にわかれる。多数説は，一般の民事訴訟における立証責任分配の原則が取消訴訟にも妥当するとする（行訴法７条「この法律に定めがない事項については，民事訴訟の例による」）。

立証責任の分配の問題は，どうすれば最もよく正義と公平の要求にかなうかという見地から考えられるべきものであり，取消訴訟の場合においては，公益と私益との調整を図り，正義と公平を実現しようとする行政法規及びそれが定める行政法関係の特殊性を考え，行政法規の具体的実現としての行政行為の特質に鑑み，訴訟における立証の難易をあわせ考慮し，正義公平の要請に合する立証責任の分配の考え方を見出す必要があるとの説（田中・行政法上345頁）も存する。

弁護士（弁護士法人）の懲戒は，刑事罰ではないが，弁護士（弁護士法人）にとって刑罰にも匹敵する制裁的行政処分であり，弁護士会又は日弁連が弁護士（弁護士法人）を懲戒するには，法56条所定の懲戒事由の認定が必要であることからすれば，取消訴訟においては，原則として，処分庁又は裁決庁である日弁連にその立証責任があるものと解すべきであろうか。

3　違法判断の基準時

一般的に取消訴訟においては，その違法判断の基準時について，当該処分の時とする説と判決の時（最終口頭弁論終結時）とする説の対立があるが，判例は，この訴訟において裁判所が判断するのは，日弁連がした懲戒処分の，その処分の時点における当否であるとし，懲戒処分があった後に，懲戒請求者と対象弁護士等との間に示談が成立したとしても，そのような事実は懲戒処分の当否に関係がなく，この裁判に際して斟酌されるべき事実でないとしている（最判昭和34・12・４民集13巻12号1599頁）。

なお，弁護士会がした業務停止１年の懲戒処分が，日弁連の裁決により戒告処分に変更された場合には，前の処分の審査手続に瑕疵があっても，この瑕疵は，特段の事由がない限り，後の処分を取り消すべき理由とならないとの裁判例がある（東京高判昭和42・８・７行裁例集18巻８・９号1145頁）。

【10】 判　決

1　裁判所は，日弁連が事実問題を含む法律問題の判断を誤り，又はその裁量権の範囲を超え，ないしは裁量権を濫用して，裁決又は処分した場合に，その裁決・処分を取り消すことができる（行訴法30条）。前掲東京高判昭和63年２月25日は，取消訴訟において原告の請求を棄却するについて，「本件処分には，裁量権の範囲を超え，又は裁量権を濫用した違法はないというべきである」と判示している。

2　終局判決の内容としては，次の３種類がある。

①　訴えの却下の判決は，訴訟要件を欠く不適法な訴えとして本案の審理を拒絶する判決である。

②　請求棄却の判決は，本案審理の結果，原告たる被処分者の請求に理由なしとしてその請求を排斥する判決である。ただ例外的に，いわゆる事情判決もあり得るが（行訴法31条），弁護士（弁護士法人）の懲戒に関しては，事情判決がなされることは，ほとんどないであろう。

③　請求認容の判決は，原告たる被処分者の請求に理由ありとして，その全部又は一部を認容するときになされる。取消訴訟においては，裁判所は違法な処分又は裁決を取り消し得るにとどまり，被告たる日弁連に一定の処分又は裁決をすべき旨の判決はできない。従って，「原告たる弁護士（弁護士法人）を懲戒せず」との請求をすることは，裁判所をして，行政庁たる日弁連に代わって不作為の行政処分をし，又は裁判所に対し，積極的に日弁連に不作為の行政処分を命ずることを求めているものと解するほかはなく，このような請求は裁判作用の範囲を超え不適法である（東京高判昭和44・７・28高民集22巻３号497頁）。しかし，平成16年の行訴法改正により，義務付けの訴えが法定された（行訴法37条の２及び37条の３）。義務付けの訴えにおいて「原告たる弁護士（弁護士法人）を懲戒せず」との請求が認められるためには，①取消しの訴えに理由があると認められ，かつ，②「行政庁がその処分若しくは裁決をすべきであることがその処分若しくは裁決の根拠となる法令の規定から明らかであると認められ」ることが必要である（行訴法37条の３第５項）。このうち②の要件については，「本項前段は羈束行為，すなわち，義務付けの訴えによって求められている処分が，その要件の認定，手続の選択，行為の選択等について，その処分の根拠となる法令により羈束されている場合について定めるもので，当該処分について，行政庁の裁量の余地がないため，法令の規定に事実をあてはめることによって明白かつ当然に処分をすべきであると認められる場合であると考えられる」とされている（南博方・高橋滋編『条解行政事件訴訟法（第３版補正版）』641頁，657頁）。この点，懲戒手続に関しては，日弁連及び弁護士会に広範な裁量権が認められており（前掲最判平成18・９・14），懲戒処分に関する行為は羈束行為ではないから，②の要件を満たさない。したがって，取消しの訴えに理由があるとして①の要件を満たす場合であっても，②の要件を満たさず，義務付けの訴えに係る請求は認められないこととなる。また，そもそも弁護士の懲戒制度は，かつて弁護士に対する監督権が検事あるいは司法大臣等国家機関の下に置かれ，弁護士に対する懲戒が弁護士の使命遂行にとって極めて大きな脅威となっていたことに対する反省が背景となって，弁護士会及び日弁連が弁護士に対する監督権，懲戒権を有するに至ったという歴史を持つ。この

ような歴史と弁護士自治の重要性からすると，裁判所は，日弁連及び弁護士会による懲戒権の行使が違法な場合に取り消し得るにとどまり，特定の処分又は裁決を義務付けることまではできないと解するのが相当である。ただ，後述のとおり，日弁連は判決に拘束され，改めて処分又は裁決をしなければならない。

3　判決の効力

本条に定める訴えについての東京高等裁判所の判決に対しては，民事訴訟法に定められた上告理由があるならば，最高裁判所に上告できることはいうまでもない。

取消判決が確定すると，処分又は裁決をした日弁連の取消しをまつまでもなく処分又は裁決は当然に効力を失い，当初より処分又は裁決がなされなかったと同様の状態をもたらす（判決の形成力）。また，上告期間経過により形式的確定力を生じることは勿論，内容に関し裁判所がもはやこれを変更し又は異なる判決をなし得ない実体的確定力を生ずる。

処分又は裁決を取り消す判決は，その事件についての当事者たる行政庁（日弁連）その他の関係行政庁（所属弁護士会等）を拘束する（行訴法33条1項。判決の拘束力）。

日弁連の裁決を取り消す判決がなされると，日弁連はそれに拘束され，判決の趣旨に従って，改めて審査請求に対する裁決をしなければならない義務を負う（同条2項）。裁判所が日弁連に代わって自ら懲戒処分を変更するものではないから，取消判決の確定により，日弁連の裁決前，すなわち審査請求の審査中の状態に戻ることとなり，日弁連は判決の趣旨に則り，取り消された裁決以外の裁決をしなければならない。

日弁連の処分を取り消す判決がなされると，日弁連はそれに拘束され，判決の趣旨に従って，改めて懲戒するか否か判断しなければならない義務を負う（同項）。裁判所が日弁連に代わって自ら懲戒処分を変更するものではないから，取消判決の確定により，日弁連の処分前，すなわち懲戒委員会の審査中の状態に戻ることとなり，日弁連は取り消された処分以外の処分をしなければならず，具体的には，日弁連の懲戒委員会が判決の趣旨に則り，取り消された処分以外の議決をして，これに基づき日弁連が処分又は懲戒しないとの決定を行うことになる。

【11】　判決後の手続

取消訴訟の判決が確定した場合には，日弁連は，官報及び機関雑誌（自由と正義）にこれを公告しなければならず（懲戒処分の公告及び公表等に関する規程3条の表七の部・八の部），処分が戒告である場合を除き，関係官公署（裁判所・検察庁）・日本司法支援センターにその旨を通知することを要する（同規程5条）。

また，取消訴訟の判決の確定により，処分又は裁決が取り消された場合には，日弁連は裁判の内容等を公表することができる（同規程7条）。なお，公表については，法56条，64条の7の解説を参照されたい。

（登録換等の請求の制限）

第62条 懲戒の手続に付された弁護士は，その手続が結了するまで登録換又は登録取消の請求をすることができない。

2 懲戒の手続に付された弁護士法人は，その手続が結了するまで，法律事務所の移転又は廃止により，所属弁護士会の地域内に法律事務所を有しないこととなつても，これを退会しないものとする。

3 懲戒の手続に付された弁護士法人は，その手続が結了するまで，第36条の2第4項の規定により所属弁護士会を変更することができない。

4 懲戒の手続に付された弁護士法人が，主たる法律事務所を所属弁護士会の地域外に移転したときは，この章の規定の適用については，その手続が結了するまで，旧所在地にも主たる法律事務所があるものとみなす。

5 懲戒の手続に付された弁護士法人は，清算が結了した後においても，この章の規定の適用については，懲戒の手続が結了するまで，なお存続するものとみなす。

【1】 本条の趣旨

本条は，懲戒の手続に付された弁護士につき，その手続が結了するまで登録換え又は登録取消しの請求を禁止することにより，弁護士の懲戒逃れを防止し，もって懲戒制度の実効性を確保する規定である。

懲戒手続は，第1次的には弁護士会が行うから，懲戒処分がなされるためには，弁護士がその弁護士会に所属していることが必要である。懲戒手続に付された弁護士が，他の弁護士会に登録換えしたり，又は登録を取り消してその弁護士会の所属でなくなれば，懲戒手続を続行して懲戒処分を行うことができなくなる。しかし，このようなことを認めれば，懲戒制度はその存在意義がなくなるので，本条は，弁護士が懲戒手続に付された場合には，登録換え又は登録取消しの請求ができないとしたものである。

なお，弁護士法人が認められたことに伴い，本条2項から5項までの規定が新設された。これらは，弁護士法人の懲戒逃れを防止することを目的としたものである。本条2項は，事実行為としての法律事務所の移転や廃止があっても，所属弁護士会を退会することができないものとし，本条3項は，その法律事務所の所在地に2個以上の弁護士会がある場合，すなわち東京都の場合には，所属弁護士会の変更をすること自体を禁止したものである。本条4項及び5項も，いったん開始された懲戒手続を主たる法律事務所の移転や清算結了によって終結させたのでは懲戒逃れを容認することになりかねないため，これを防ぐ趣旨から，そのまま懲戒手続を完結することができることとしたものである。

【2】 沿　革

旧々法には，本条類似の規定はなかったが，旧法は，次の規定を新設し，これが本法に引き継がれている。

第56条　懲戒ノ訴追ヲ受ケタル弁護士ハ其ノ裁判確定スルニ至ル迄弁護士会ヲ退会シ又ハ弁護士名簿ノ登録換ヲ請求スルコトヲ得ズ

弁護士会ハ懲戒ノ訴追ヲ受ケタル弁護士ヲ退会セシムルコトヲ得ズ

旧々法時代は，弁護士は自由に登録の取消しができたので，懲戒訴追を受けることを察知し又は懲戒訴追を受けた弁護士は，登録を取り消して，懲戒の処分を回避することができた。しかし，このようなことを放任すれば，懲戒を予期して登録を取り消し，その空気の去るのを待って再び登録するという不当な行為を敢えてする者が出現する可能性があり，法の威信は甚だしく失墜するとの理由から旧法56条が設けられた。

当時，不当過酷との見解から緩和論も出たが，「弁護士会の処置のみに一任することは，統一を欠き遂に衡平を失する虞あるを以て，須らく従来の如く懲戒処分の回避を成し得る欠陥を補正するだけの規定は是非設けるべきとの意見の一致を見，茲に本条が出来上がったものである」（金子・340頁）とされる。

【3】 懲戒の手続の意義

1 「懲戒の手続」に付された弁護士は，それ以降登録換え・登録取消しの請求ができなくなり，「懲戒の手続」に付された弁護士法人は，それ以降本条2項から5項までの制約に服することになるが，このことは弁護士（弁護士法人）の身分ないし地位に対する重大な制限である。

ところで，この制限は弁護士又は弁護士法人が「懲戒の手続」に付されたときから始まるから，ここでいう「懲戒の手続」とは何を指すのかが問題となる。

「懲戒の手続」の語は本条のほかに，法63条，64条1項，68条にもあるが，64条1項，68条は解釈上の争いはないものの，63条と本条については争いがある。すなわち，懲戒委員会の審査手続に付されたことを指すのか（以下「限定説」という），広く綱紀委員会の調査手続に付されたことまで含むか（以下「非限定説」という）の争いである（法63条に関して後出532頁以下参照）。

限定説によると，綱紀委員会の調査手続に付されている弁護士でも，登録換え又は登録取消しの請求をすることが認められることとなり，これによって懲戒処分を免れる可能性がある。そこで，懲戒処分の回避のための登録換え・登録取消しを防止し，もって懲戒制度の実効性を高めるとの本条の立法趣旨を徹底させることを根拠に，非限定説が主張されている。

非限定説によると，全くの濫請求に過ぎない懲戒請求の場合でも，当該弁護士は，登録換え又は登録取消し請求ができないことになって重大な拘束を受けることになること，法は何人にも懲戒請求することを認めたことから生ずる濫請求の不都合を回避するために，懲戒手続について綱紀委員会の調査と懲戒委員会の審査という二重構造をとったものと解されるから，弁護士の身分に関する重大な制限を規定する本条の解釈として限定説が妥当であるとし，かつて，日弁連においても，限定説を採用していた（昭和30年６月21日付日弁連会長通知「法第63条の解釈について」）。

しかし，限定説による解釈では弁護士自治の根幹をなす弁護士懲戒手続の厳正な運用に十全を期しがたく，懲戒制度の実効性を高めようとする本条の立法趣旨としては，非限定説が妥当であると解される。

日弁連も，弁護士に対する懲戒処分の件数が増加しており，また，国民の弁護士，弁護士会に対する関心が従来より飛躍的に高まり，このような事情の推移において，弁護士会は，国民の信頼を確保するためにも弁護士懲戒手続で「懲戒逃れ」を許容しているかのような疑念は払拭しなければならないことから，従来からの解釈を改め，非限定説を採用することとなった（平成11年３月19日付理事会決議，平成11年６月９日付日弁連会長通知「弁護士法第63条及び第64条の解釈について」）。

平成15年改正法は，法58条２項において，懲戒請求があった場合に弁護士会が「懲戒の手続」に付して，綱紀委員会に事案の調査をさせる旨を規定しているが，これは非限定説を前提にしているものと解される。

2　懲戒の手続に付された時点は，弁護士会が綱紀委員会に対して当該事案につき調査を求めたときである。

手続の結了とは具体的に何を指すか。この点，懲戒処分が行われる場合には，対象弁護士等，懲戒請求者その他法が定めた者に対する通知（法64条の６第１項・２項）がなされた時，懲戒処分が行われない場合には，対象弁護士等，懲戒請求者その他法が定めた者に対してその旨及びその理由の通知（法64条の７第１項２号）がなされた時であるとする見解がある。この見解は，本条１項が「その手続が結了するまで」と規定し，懲戒手続が結了するとは法が定める手続全てが終了するときと解するのが素直であること，通知について規定する法64条の７も「その懲戒の手続に関し……通知しなければならない」としていることをその根拠とする。しかしながら，この見解によれば，例えば，懲戒請求者が所在不明等により法が定める通知がこの者に到達しない場合には，手続は懲戒委員会の議決後も長期間結了しないことになり，対象弁護士等の権利を不当に侵害することになりかねない。本条の登録換え等の制限は弁護士の権利についての重大な制約であり法が明確に規定しない以上拡張解釈すべきでないこと，懲戒請求者は懲戒手続の当事者ではないこと，懲戒手続は弁護士（弁護士法人）を懲戒すべきか否かを決する手続であることからすると，手続の結了の時は懲戒処分の効力が発生した時と同じに解すべきであり，懲戒処分が行われる場合は，対象弁護士等に対して処分の告知があった時，懲戒処分が行われない場合には，対象弁護士等に対してその旨の通知がなされた時に手続が結了すると解すべきである。なお，懲戒処分が行われない場合には，懲戒請求者の日弁連に対する異議の申出を受け，日弁連が綱紀委員会又は懲戒委員会に付議することにより，対象弁護士等は再び本条の制限を受けて，登録換え，登録取消しができなくなる。弁護士法人に対する退会命令の場合については法57条の解説を参照。

【4】 登録換え・登録取消しの請求の禁止

本条１項の「登録換又は登録取消の請求をすることができない」とは，弁護士の登録換え・登録取消しの請求を認めないということである。従って，本条に違反する登録換えの請求は，不適法であるから，当該請求を受けた弁護士会は，この登録換えの進達を拒絶することができるし，弁護士会においてこれを看過して進達をした場合には，日弁連は，当該請求を拒絶することができるものと解する。法に，このような場合の規定は存在しないが，本条が，このような請求を禁止している以上，法12条，15条から考えて，当然，弁護士会ないし日弁連に拒絶権があるものと解されるからである。また，本条に違反する登録取消しの請求は不適法であるから，当該請求を受けた弁護士会及び日弁連は，当該請求を受け付けることはできない。

【5】 本条により登録換え・登録取消しが制限されるか否かを判断する「基準日」について

本条は，「懲戒の手続に付された弁護士」は，その手続が結了するまで登録換え・登録取消しの請求をすることができないと規定するが，これは裏を返すと，懲戒の手続に付されないうちは，登録換え・登録取消し請求が認められることを意味する。そこで，登録換え・登録取消し請求と，懲戒の手続とがともに行われた場合に，登録換え・登録取消し請求の日と懲戒の手続に付された日（非限定説に立つと，綱紀委員会の調査手続に付された日）との先後を決する必要が生ずる。

そこで，登録換え・登録取消し請求の請求日をいつの時点と解するのかが問題となる。登録換え請求は新たに入会しようとする弁護士会を経て，登録取消し請求は所属弁護士会を経て，日弁連になされ，日弁連において常務理事会の議決がなされることから，そのどの時点をもって請求日とするかが問題となる。

この点について，平成13年６月29日付日弁連会長通知は，登録換えの場合は，登録換え請求書が新たに入会しようとする弁護士会に提出された日，登録取消しの場合は，登録取消し請求書が所属弁護士会に提出された日を基準として，本条の「懲戒の手続に付された弁護士」からの請求か否かを判断すべきとしている。すなわち，調査手続に付される前に各請求書が新たに入会しようとする弁護士会又は所属弁護士会に提出されていれば，登録換え・登録取消しが認められることとなる。この点については，上記の日弁連会長通知の立場（第１説），登録取消し請求書が日弁連に到達した日と解する立場（第２説），日弁連常務理事会が当該登録換え・登録取消し請求について議決をした日とする立場（第３説）が考えられるが，本条の文理解釈上素直であることと，行政手続法37条が「当該届出が法令により当該届出の提出先とされている機関の事務所に到達したときに，当該届出をすべき手続上の義務が履行されたものとする」と規定していることとの均衡から，上記の日弁連会長通知の立場（第１説）が妥当である。

なお，登録換え・登録取消し請求書の弁護士会への提出日と綱紀委員会の調査手続に付された日が同日の場合は，提出と調査手続への付議の時間の先後で決し，時間の先後が不明の場合には，本来自由である登録換え・登録取消し請求を制限する例外の場合であるから，登録換え・登録取消しの請求者に有利に解すべきであろう（前記日弁連会長通知）。

（除斥期間）

第63条 懲戒の事由があつたときから３年を経過したときは，懲戒の手続を開始することができない。

【１】 本条の趣旨

本条は，弁護士（弁護士法人）について懲戒の事由に該当するような行為があった場合でも，その行為のときから３年を経過した場合には，これを不問に付し，懲戒の処分を行わないこととしたものである。

弁護士（弁護士法人）の懲戒については，公の権能である懲戒権を弁護士会又は日弁連が行使するものとして，国の機関の指導監督を排除する一方，何人も懲戒請求をなし得るものとして，広く国民の監視下に置くことによって，弁護士懲戒制度の適正な運用を期している。この意味において，弁護士（弁護士法人）に非行がある場合は，いつでも懲戒請求がなされることが望ましいものといえる。

しかし，弁護士（弁護士法人）にとって懲戒請求がなされるということは，信用に関わる重大な問題であるから，いつまでたっても懲戒手続に付されるとすることは相当ではない。

このような点から，法は弁護士（弁護士法人）の懲戒について，３年の除斥期間を定め，刑事における公訴時効の制度に準じ（福原・261頁），それ以前の行為については不問に付することとしたものと解される。

【2】 沿　　革

旧々法には，本条に相当する規定はなかったが，旧法は，その57条で「懲戒ノ事由アリタル時ヨリ三年ヲ経過シタルトキハ懲戒開始ノ申立ヲ為スコトヲ得ズ」と定め，公訴時効の制度に類似した一種の時効制度（金子・341頁）を採用し，本条はこの旧法の規定を承継したものである。

【3】 除斥期間

本条が，３年の期間を時効期間とせずに除斥期間としたのは，比較的短時日の間に事態の安定を期したのであって（福原・261頁），時効の停止や中断にあたる規定を置くことが懲戒の性質上相当でないと考えられるからである。

他の職種の懲戒制度における時効・除斥期間についてみると，まず，公務員に対する懲戒権については時効により消滅することがないことは通説であり，懲戒権は懲戒権者の広い裁量権の下にあり，職員に非違行為があっても，これに対し懲戒処分を行うか否かは，その自由によるものであると解されている（中村博『公務員懲戒法』173頁。美濃部達吉『行政法提要』372頁は「時の経過に因り処罰の必要なきに至りたるときは自由裁量に依り之を処罰せざることを得べく，敢えて時効を定むる必要なきに因る」という）。また，公認会計士・税理士・司法書士・行政書士・弁理士等の隣接職種には，懲戒につき時効ないし除斥期間の定めはない。

【4】 ３年の根拠

本条が除斥期間を３年としたのは，旧法の規定をそのまま踏襲したものであるが，旧法の規定については，長期５年未満の懲役禁錮又は罰金にあたる罪の公訴時効を３年と定めていることとの均衡をとったものとされ（金子・341頁），この趣旨が現行法に引き継がれている（参議院法務委員会における提案理由説明では「現行法〔旧法－編者注〕にも同様の規定があるわけでございます」とのみ述べている）。

【5】 懲戒の事由があったとき（除斥期間の始期）

1　除斥期間の始期は，「懲戒の事由があつたとき」，すなわち懲戒の事由にあたる行為が終了したときである。

継続する非行についてはその行為が終了したときである。例えば，依頼者に返還すべき金銭を着服したまま返還しないという非行の場合は，着服の時点が除斥期間の始期ではなく，依頼者に返還（あるいは示談成立）するまでの間は，違法状態が継続しており，これが非行事実と評価されるから，その間は除斥期間は開始しないと解される。刑法上，業務上横領罪では，着服（領得）した時に行為は終わっているとみられるし，民法上の不法行為においても同様であるが，懲戒の場合はこれらとは別個の観点から除斥期間の始期を決すべきである。ちなみに，東京高判平成13年11月28日判時1775号31頁は，次のように判示している。「弁護士法に基づく懲戒は，弁護士が高度の法律的素養及び能力を備えたものとしてその資格を取得し，基本的人権の擁護と社会正義の実現を使命とし，誠実にその職務を行うとともに，深い教養の保持と高い品性の陶やを求められることから，このような弁護士に対する国民からの信頼を護るために，弁護士に職務の内外を問わずその品位を失うべき非行があったときにされるものであり」，従って，何が非行となるかは，弁護士法の「懲戒制度の趣旨にのっとり，刑法の規定や民法の不法行為の規定とは異なる観点から判断することを要するものである」。「弁護士が依頼者から又は依頼者のために預かった金品を返還すべき時期に依頼者に返還しないという行為は，それ自体，依頼者の弁護士に対する信頼，ひいては国民一般の弁護士全体に対する信頼を破壊するものとしてその品位を失うべき非行に当たり」，従って，「返還するまでの間は，なお非行は継続している」（なお，この判決は，「依頼者と弁護士の委任関係が終了した場合には，その終了時に預かった金品等の清算がされるのが通常であることや委任事務に係る資料の保存にも限度があること，委任関係が終了した後もいつまでも懲戒し得るというのでは弁護士は極めて不安定な立場に置かれることになり，除斥期間を設けた法の趣旨に反することにもなることにかんがみると，弁護士が依頼者から又は依頼者のために預かった金品を横領するなどしてこれを返還しない場合であっても，委任関係が終了したときは，その終了の時点から除斥期間が開始する」と述べている）。

数個の非行事実が連続して存在する場合には，各行為毎に除斥期間が進行するとみるのか，あるいは連続した一連の行為として包括的な一つの行為とみなし，これら数個の行為全部の終了時をもって除斥期間の始期とみるべきかは，具体的事案によって判断することとなろう。

2　本条の除斥期間については，次のような日弁連の懲戒委員会の議決例がある。

①　仮に係争土地を譲り受け，また双方代理禁止の規定に反し，更に係争土地を転売して暴利を取得する等の非行があったとしても，係争土地に関する一連の紛争が調停成立によって円満解決した以上，調停成立の日より法64条（現63条）の除斥期間が進行し，除斥期間の経過により調停成立前の行為については懲戒の開始をすることができない（昭和47・7・8議決――議決例集Ⅲ150頁）。

②　法25条3号に該当する場合の前訴と同意を得ずに受任した後訴の両訴訟が併

存するうちは，除斥期間は進行しない（昭和48・10・20議決――議決例集Ⅲ162頁）。

③　依頼者のために委任の目的である債権を回収しながら，その回収を秘匿し，これを流用する非行は，依頼者より債権の回収を受任している間は一体として継続しているものであり，その間継続してその職責に違反した非行が懲戒にあたるのであるから，回収のときから除斥期間が進行するものではなく，債権回収の委任関係が終了したときから除斥期間は進行する（昭和52・9・10議決――議決例集Ⅳ96頁。なお，昭和56・10・30議決――議決例集Ⅴ161頁，昭和59・10・1議決――議決例集Ⅴ408頁，昭和51・9・11議決――議決例集Ⅴ416頁参照。その他事案は異なるが平成6年6月13日議決――議決例集Ⅶ180頁も同旨）。

④　訴え提起から強制執行手続終了前までは包括的な関係にあり，不当な権利行使の時期は執行完了の日まで継続し除斥期間は同日以降進行を開始する（昭和56・10・5議決――議決例集Ⅴ139頁）。

⑤「懲戒の事由があったとき」とは，懲戒の事由にあたる行為が終了したときであり，継続する行為の場合には，その行為が終了したとき（事件受任の場合は，その事件の終了時若しくは辞任時）と解すべきである。弁護士の訴訟行為を懲戒事由に該当すると主張している場合で，懲戒請求がなされたのが控訴審係属中のときには，弁護士が答弁書及び委任状を裁判所に提出したときから3年を経過している場合であっても除斥期間が経過したとはいえない（平成5・7・5議決――議決例集Ⅶ159頁）。

⑥　訴訟代理人としての訴訟行為に懲戒事由があるとされている場合，控訴審の口頭弁論終結をもって被請求人の訴訟行為が終了していることは明らかであるから，その時点から3年以上経っているときは，除斥期間が経過している（平成15・10・6議決――議決例集Ⅷ157頁）。

【6】　懲戒の手続の開始の意義

1　本条は，3年の経過により，以降は弁護士（弁護士法人）について「懲戒の手続を開始することができない」と定めるので，本条にいう「懲戒の手続」とは何を指すのかが問題となる。

この文言の解釈については，「懲戒委員会の審査手続」のみを指すと解する説（以下「限定説」という）と，「綱紀委員会の調査手続」も含むとする説（以下「非限定説」という）とが対立していた。

非限定説の論拠は次のとおりである（高橋修「弁護士懲戒制度の沿革と現状および運用上の問題点」ジュリ384号47頁以下参照）。

①　第8章は懲戒と題しており，この中には綱紀委員会の調査手続も規定していること。

②　本条の「懲戒の手続」は綱紀委員会の調査手続を含んでいることは明白であ

り，同一字句の解釈を異にするのは不合理であること。

③　懲戒請求者には異議の申出が認められるが，裁判所への出訴が認められていないのであるから，除斥期間の経過という形式的な理由で請求者の異議を排斥するのは，懲戒制度の公正な運用として妥当ではないこと。

これに対し，限定説は，次のように非限定説に対して反論する。

①については，立法の便宜であり，当然に広く解することはできない。綱紀委員会の調査手続は，あくまで予備的調査であり，本来の懲戒手続とは別個のものである。

②については，法68条の「懲戒の手続」は懲戒委員会の審査手続に限定されることは明白であり，同一字句の解釈を異にするのは不合理ではない。

③については，綱紀委員会の調査中に除斥期間が経過しないよう，調査を迅速化する必要があるが，これをもって本来懲戒手続と別個の綱紀委員会の調査手続に含めることは，立法の趣旨に反する。

2　かつて，日弁連は，昭和35年10月5日付日弁連会長通知で限定説の立場をとり，その後は日弁連，各弁護士会ともこの見解に従ってきており，裁判例でもこの見解が採用されていた（東京高判昭和44・7・28高民集22巻3号497頁）。しかし，日弁連は，法62条の「懲戒の手続に付された」ときの解釈を変更した理由と同様の理由から，平成11年3月19日，理事会の決定でこの解釈を変更して非限定説の立場をとることを明らかにした。この決定に基づき，同年6月9日付で，日弁連会長から各弁護士会会長宛の「弁護士法第63条及び第64条の解釈について（通知）」と題する文書において，各弁護士会においてもこの見解に従うよう通知した。こうして，現在は日弁連，各弁護士会とも，綱紀委員会の調査に付されたときと解している。裁判例もまた非限定説の立場を採用した（東京高判平成13・6・12高民集54巻2号89頁。なお，同裁判例を引用した判決として，前掲東京高判平成13・11・28判時1775号31頁）。

平成15年改正法は，法58条2項において，懲戒請求があった場合に弁護士会が「懲戒の手続」に付して，綱紀委員会に事案の調査をさせる旨を規定しているが，これは非限定説を前提にしているものと解される（なお526頁参照）。

【7】　3年経過の効果

懲戒事由があったときから3年を経過したときは，「懲戒の手続を開始することができない」こととなる。本条の「懲戒の手続」の意味は，前述したとおり，綱紀委員会での調査を意味するので，3年を経過した後に綱紀委員会の調査に付されたときは，綱紀委員会はその後の調査を進めることはできず，懲戒委員会に事案の審査を求めないことを相当とする議決をすることになる。

3年を経過する前に綱紀委員会の調査に付されていれば，除斥期間は問題とならなくなる。この3年という期間は，除斥期間であって時効ではないから，中断ということも考えられず，一定の事由が消滅した後に再び進行することはない。

なお，上記の結論は，弁護士会の懲戒手続でも日弁連の懲戒に関する手続でも同様である。

第2節　懲戒請求者による異議の申出等

（懲戒請求者による異議の申出）

第64条　第58条第1項の規定により弁護士又は弁護士法人に対する懲戒の請求があつたにもかかわらず，弁護士会が対象弁護士等を懲戒しない旨の決定をしたとき又は相当の期間内に懲戒の手続を終えないときは，その請求をした者（以下「懲戒請求者」という。）は，日本弁護士連合会に異議を申し出ることができる。弁護士会がした懲戒の処分が不当に軽いと思料するときも，同様とする。

2　前項の規定による異議の申出（相当の期間内に懲戒の手続を終えないことについてのものを除く。）は，弁護士会による当該懲戒しない旨の決定に係る第64条の7第1項第2号の規定による通知又は当該懲戒の処分に係る第64条の6第2項の規定による通知を受けた日の翌日から起算して3箇月以内にしなければならない。

3　異議の申出の書面を郵便又は民間事業者による信書の送達に関する法律（平成14年法律第99号）第2条第6項に規定する一般信書便事業者若しくは同条第9項に規定する特定信書便事業者による同条第2項に規定する信書便で提出した場合における前項の異議の申出期間の計算については，送付に要した日数は，算入しない。

【1】　本条の趣旨

1　本条は，弁護士会に対し懲戒の請求をしたのに，弁護士会が弁護士又は弁護士法人を懲戒しない場合等につき，懲戒請求者に日弁連に対する不服申立てを認めたものである。そして，この異議の申出を受けた日弁連は，綱紀委員会又は懲戒委員会において異議の申出に理由があるかについて審査をすることになる。日弁連に異議の申出がなされた後の手続については法64条の2以下で詳細な規定が設けられている。

法は何人にも懲戒請求権を認めることにより（58条1項），国民に弁護士及び弁護士法人の職務を直接監視する機会を与えて，弁護士会の懲戒権が適正に行使されるようにしたが，更に懲戒請求者に弁護士会の懲戒処分に対する不服申立ての途を認めることによって，弁護士会の懲戒権の適正な行使を徹底させようとしたのが，本条の異議の申出制度である。従って，懲戒請求の場合と同じく，異議の申出も弁護士又は弁護士法人の非行による被害者の救済等を目的とするものではない。

2　異議の申出は，昭和24年に法が制定された当初は，懲戒を受けた弁護士のなす不服申立てとともに，「異議の申立」と規定されていたが，昭和37年に行政不服申立制度の整理統合のために行審法が制定された際，行政不服審査法の施行に伴う関係法律の整理等に関する法律21条により，その名称だけが「異議の申出」と改められた。

平成15年改正法では，異議の申出制度自体については大きな改正はなかったが，異議の申出がなされた後の手続について大改正がなされた。平成15年改正前においては，異議の申出を受けた日弁連は，懲戒委員会で審査を行うこととされていたが，平成15年改正により，日弁連における異議の申出に対する審査手続が日弁連の綱紀委員会によるものと，日弁連の懲戒委員会によるものとに分けられた。それに伴い，日弁連に法律上の機関として綱紀委員会が設けられ，日弁連に市民の代表からなる綱紀審査会が設けられることとなった。

また，異議の申出をすることができる期間を法で定めたことも平成15年改正法の内容である。

なお，懲戒請求をした者を従来懲戒請求人と呼称することが多かったが，平成15年改正法では「懲戒請求者」という語が法文で使用されることとなった。

【2】　異議申出制度

一般に，行審法は，一般概括主義をとっているが（2条），これは決して処分について誰からでもいつでも不服申立てを認めるものではなく，行政処分に対して不服申立てをするには，不服申立てをする利益が必要であり，違法又は不当な行政処分によって，直接に自己の権利又は利益の侵害を受けた者でなければならない（田中・行政法上239頁）。従って，処分につき単なる反射的な利益の侵害を受けるに過ぎない者については，不服申立ての利益はないと解される（田中・前掲書241頁）。懲戒請求者のする懲戒請求は，懲戒手続の端緒となるものではあるが，懲戒請求者の被害回復を目的としたものではないから，懲戒請求者は，懲戒に関する処分についてその利益の侵害を受けた者には該当せず，行審法の適用はないこととなる。

そこで，行審法とは別に，法が，懲戒請求者独自の不服申立方法を創設したものである。

【3】　異議申出人

1　異議の申出をなし得る者

異議の申出をなし得るのは，懲戒の請求をした者に限られる（本条1項）。懲戒請求者が死亡した場合に，その地位が承継されるか否か問題となるが，懲戒請求者は懲戒手続においては当事者ではないこと，懲戒制度が被害回復を目的としたものではないことからみて，承継を否定すべきものと解される。従って，懲戒請求者の相続人は異議の申出をなすことはできないと解される（日弁連懲戒委員会昭和58・8・5議決――議決例集Ⅴ203頁）。

また，懲戒請求者が懲戒請求を取り下げていた場合でも，異議の申出をなし得るか否かについては，本条1項が単に「請求をした者」は「異議を申し出ることができる」としか規定していないところから問題となるが，取下げは懲戒請求者としての権利を放棄したものと解され，また，懲戒請求を取り下げた者になお異議の申出を認めることは，本条の趣旨からして行き過ぎであるから，いったん懲戒請求を取り下げた者は，異議の申出をすることができないと解すべきであろう（昭和60年9月26日付日弁連会長通知）。

よって，懲戒請求者の相続人や，一度懲戒請求を取り下げた者がなした異議の申出は，不適法なものとして却下すべきである。

2　異議申出人の地位

平成15年改正前法は，異議申出人に対して，日弁連の処分を通知しなければならない（61条3項・14条3項）とし，懲戒委員会は陳述，説明，資料の提出を求めることができる（67条3項・55条1項）と定めるのみであったため，異議申出人の地位をどのように解すべきであるかにつき議論があった。そして，この点については，平成15年改正前法61条の趣旨が，弁護士会の懲戒権の適正な行使を確保するためのものであり，被害救済を目的としたものではないこと，法が対象弁護士等のような出頭する権利（平成15年改正前法67条2項）や裁判所に対する出訴権（同法62条）を認めていないことから，異議申出人には当事者的地位を認めていないと解されていた。

この点については，司法制度改革審議会等においても，懲戒請求者に出訴権を認めて当事者的地位を認めるべきかという議論が改めてなされたが，平成13年6月12日の司法制度改革審議会意見書においては，懲戒請求者の出訴権については言及されず，懲戒請求者の手続参加の拡充やこれに対する情報提供の強化等の一層の配慮がなされるべきであるとの指摘がなされるにとどまった。

これを受けて，平成15年改正法により，懲戒請求者に対する通知等の情報提供の規定が拡充し詳細な規定が設けられたが，懲戒請求者には裁判所に対する出訴権は認められず（法61条参照），懲戒委員会へ出頭する権利も対象弁護士等に限定され，懲戒請求者には認められなかった（法67条2項参照）。

このように，平成15年改正においても，従前と同様に異議申出人は当事者的地位を有するものではないと解される。

3　異議の申出の取下げ

異議申出人の地位に関連して，異議の申出が取り下げられた場合も，本条が懲戒権の適正な行使を確保する趣旨であることを重視すれば，一度異議の申出があった以上は，日弁連は弁護士会の懲戒の適否について判断すべきであるとの見解もあり得る。しかし，対象弁護士等に対する懲戒権は第1次的には弁護士会にあり，日弁連の懲戒権はあくまでも第2次的・補充的なものであるから，弁護士会が懲戒請求事案について示した判断の見直しを求める申立てが撤回された場合には，日弁連としては弁護士会の第1次的判断を尊重すべきであって，審査を続行して判断することは許されないと解すべきである。

そこで，日弁連の会規は，異議申出人は，日弁連が異議の申出に対する決定等をするまでは，いつでも，その申出を取り下げることができ（綱紀委員会規程46条1項，懲戒委員会規程73条1項），異議の申出の取下げがあったときは審査を終了する旨の議決をする（綱紀委員会規程46条3項，懲戒委員会規程73条3項）とされている。

また，適式に異議の申出を取り下げた以上，再度の異議の申出は許されないものと解される。

4　異議申出人の死亡

異議申出人が死亡した場合にどうなるかは問題であり，日弁連の会規にも定めはないが，取下げの場合と異なり，異議申出人の異議の撤回とみることはできないから，適法に異議の申出がなされた以上，懲戒請求者の死亡の場合に懲戒手続が続行されるのと同じく，審査を続行して異議の申出に対して議決をすべきものと解される。

【4】　異議の申出手続における対象弁護士等

1　異議の申出手続における対象弁護士等の地位

対象弁護士等は，異議の申出事件においても当然に当事者として位置づけられており，単に「陳述，説明又は資料の提出」を求められる（法67条3項）だけではなく，審査期日通知を受け，審査期日に出頭し，かつ陳述する権利（同条1項・2項）が法律上保障されている。また，日弁連の裁決又は処分に不服がある場合には，その取消しを求めて東京高等裁判所に出訴する権利が認められていることも（法61条）対象弁護士等の当事者性を認める根拠となろう。

日弁連の会規も，対象弁護士等を当事者として位置づけ，証拠書類又は証拠物の提出権（綱紀委員会規程33条1項，懲戒委員会規程23条1項），審尋等の申立権・質問権（綱紀委員会規程36条1項・2項，懲戒委員会規程69条1項・2項）等の権利を認め，当事者たる地位の保障を強化している。

2　異議の申出手続における対象弁護士の死亡と資格の喪失

死亡した者に対する懲戒処分というものはあり得ないから，対象弁護士が死亡した場合，異議の申出による懲戒手続は当然に終了する。対象弁護士が資格を喪失した場合も，死亡の場合と同様，その者に対する懲戒処分はあり得ないから，懲戒手続は当然終了するものと解される。弁護士法人の地位喪失については弁護士法人の解説参照。

この点に関し，除名又は退会命令の懲戒処分は告知によって効力を生ずるとしても，別事件により除名又は退会命令の処分を受けた者は，審査請求や取消訴訟によってこれらの処分が取り消される可能性があり，このような場合には，異議の申出による懲戒手続を終了させず審査を続行し，日弁連はその判断をすべきであるとの見解もあり得る。

しかし，除名又は退会命令の処分は告知により効力を生じているのであって，異議の申出の関係のみで弁護士たる身分が存続するとみることには無理がある。また，仮に手続を続行させるとするならば，除名又は退会命令の処分の取消しまで手続を休止するか，一度終了のうえ取消しの時点で復活させるということとなり，手続の安定性を著しく害することになる。従って，審査請求の場合と同様，異議の申出による懲戒手続は終了するものと解さざるを得ない。

また，退会命令がなされたことについて，これを不服としてさらに重い処分である除名を求めて異議の申出ができるかについても問題となる。この点，退会命令の告知により対象弁護士は資格を喪失したものであるから，これについて異議の申出はできないとする見解がある。しかしながら，本条1項後段が「懲戒の処分が不当に軽いと思料するとき」を異議の申出理由としており退会命令は除名よりも軽い処分であるので，退会命令に対する異議の申出は，いわゆる告知時説をとったとしても，法が特に許容しているとみるべきである。退会命令がなされたことについて対象弁護士，懲戒請求者の双方が不服とした場合，否定説をとると，対象弁護士の審査請求は認められるのに，懲戒請求者の異議の申出を認めないことになるが，この結論はバランスを欠くことになる。この点からも，退会命令に対する異議の申出を認めるべきである。なお，除名処分については，それよりも重い処分はないので，異議の申出は認められない。

【5】 異議の申出の方式・期間

1 異議の申出の方式

異議の申出の方式について，法は特に定めていない。日弁連の会規では，異議の申出書正本1通及び副本2通の提出を求め（綱紀委員会規程19条，懲戒委員会規程60条），異議申出人の氏名，住所，請求に係る弁護士の氏名等のほか，異議の申出の趣旨及び理由等の記載も要求している（綱紀委員会規程20条，懲戒委員会規程61条）。

2 異議の申出の期間

本条2項は，異議の申出のできる期間を定めている。異議の申出について定めていた平成15年改正前法61条は，当時の行審法14条（平成26年改正後の行審法18条）のような申出期間を規定していなかったことから，異議の申出期間を制限できるかについては議論があった。すなわち，法が期間制限を設けていない以上，制限できないとする見解と，異議の申出制度が弁護士会の懲戒権の適正な行使を確保するためのものであることからすれば，処分を受けた直接の当事者たる対象弁護士等自身が処分を争えなくなった後までも，当事者ではない懲戒請求者の異議の申出を認めることは過大であり，平成15年改正前法33条２項14号，46条２項により，合理的な範囲内で日弁連が会則を定めて，この期間を制限できることは許されるとの見解の対立である。

その後，日弁連は，審査請求について期間制限があることとのバランスを欠くこと，期間を無制限にするのは不合理であるとの理由から，平成３年３月９日に会則を改正して，異議の申出期間を60日と定めた（平成15年改正前の日弁連会則97条の５第１項）。

平成15年改正法は，異議の申出期間を通知を受けた日の翌日から起算して60日以内に異議の申出をしなければならないとこれを法定して明確にした（平成26年改正前の本条２項）。さらに，平成26年の行審法改正に伴う改正では，申出期間が60日から３か月に伸長された（本条２項）。

前記のとおり，平成15年改正前法は異議の申出期間を法定していなかったことから，日弁連会則で異議の申出期間を定めるとともに，懲戒請求者に対する通知には異議の申出期間について教示しなければならず（平成15年改正前の会則97条の６第２項），誤った期間の教示をしたとき又は異議の申出期間を教示しなかったときは，異議申出人を救済する規定を設けて異議の申出期間を伸張する旨規定していた（平成16年３月31日廃止の旧懲戒手続規程50条の３第２項・３項）。また，天災その他やむを得ない事由があるときは期間経過後の異議の申出を許容していた（平成16年３月31日廃止の旧懲戒手続規程50条の２第１項）。

平成15年改正法以降は，異議の申出期間が法定されたことから，弁護士会が誤った期間を教示した場合，会則等により異議の申出期間を伸張することができるのか，また，天災その他やむを得ない事由があるときは期間経過後の異議の申出を許容することができるのかが問題となる。前者については，例えば，弁護士会が異議の申出ができる期間が３か月とすべきところを誤って４か月と教示したことにより，懲戒請求者が４か月後に異議の申出をした場合，この異議の申出が有効なのかどうかという事案で問題となるし，後者については，例えば，異議の申出期間中に大地震があったため，異議の申出期間を徒過した後に異議の申出がなされた場合，この異議の申出が有効なのかどうかという事案で問題となる。

この問題は，弁護士会の過誤による不利益あるいは不可抗力による不利益を懲戒請求者と対象弁護士等のどちらに負担させるべきかという問題である。懲戒請求者は，異議の申出の機会を失うという不利益を受け，他方，対象弁護士等は懲戒手続に不当に長く拘束されるとの不利益を受けることになる。

誤った期間の教示についての救済規定は平成26年改正前の行審法19条の規定に，天災その他やむを得ない場合の救済規定は平成26年改正前の行審法14条の規定にそれぞれ類似する（なお，平成26年の行審法改正により，誤った期間の教示又は天災その他やむを得ない事由により審査請求期間を経過したときは，「正当な理由があるとき」に該当する場合に，救済されることとなった（行審法18条１項但書））。法が，一方で異議の申出期間を法定したにもかかわらず，平成26年改正前の行審法14条や19条のような救済規定を設けなかったのは，異議の申出制度が懲戒請求者の救済制度ではないため，特段法によってこれらの場合について懲戒請求者を救済する必要がないと判断したためであると思料される。

もっとも，法で規定しなかった点について，日弁連の会則等でこれを規定してはならないのかは，別の問題である。

この点，懲戒手続の適正を確保するため，日弁連が行審法の趣旨を取り入れた救済規定を設けることは，一定の合理性があるのであって，自治の範囲内として許容されるものと解される。従って，日弁連がこのような規定を設けることは法に反しているとまではいえないであろう。

このようなことから，日弁連では，誤った教示をした場合の救済規定（綱紀委員会規程22条２項）と不可抗力の場合の救済規定（同規程21条）を設けた。すなわち，弁護士会が誤った期間を教示した場合は，その教示された期間内に異議の申出がなされたときは，当該異議の申出は本条２項に規定する期間内になされたものとみなす規定が設けられた。また，天災その他やむを得ない事由があるときは，３か月を経過した場合であっても，その事由がやんだ日の翌日から１週間以内であれば異議の申出ができるとされた。

なお，期間の末日が行政機関の休日（行政機関の休日に関する法律（昭和63年法律第91号）１条１項各号に掲げる行政機関の休日）に当たるときは，行政機関の休日の翌日が当該期間の末日とみなされる（綱紀委員会規程20条の３，懲戒委員会規程61条の３）。

3　登録換え，登録取消し後の異議の申出

対象弁護士等は，原弁護士会が懲戒をしない，あるいは懲戒をすると決定した後，他の弁護士会に登録換えをしたり，登録取消しをすることができるが（この点については法62条の解説を参照），懲戒請求者は，対象弁護士等が登録換え又は登録取消しをした後に原弁護士会の決定を不服として異議の申出ができるかが問題となる。

この点については，原弁護士会が懲戒不相当の決定を出した後に登録換えや登録取消しができるとなると，懲戒逃れを認めることになるからとの理由で異議の申出を認める見解もあろう。

しかしながら，異議の申出ができるとすると，異議について審査した日弁連の綱紀委員会で懲戒相当とした場合，原弁護士会の懲戒委員会の審査に付されることとなるが，登録換えや登録取消しをしてしまっていると対象弁護士等は，原弁護士会の会員ではなくなるため，原弁護士会は会員ではない者を処分するという不都合な結果が生じてしまう。同様のことは，異議の申出について審査した日弁連の懲戒委員会で懲戒相当とした場合で，異議の申出前に当該弁護士が登録取消しをしていたときにも生じる。このような不都合が生じる以上，解釈上は登録換えや登録取消しがなされれば，もはや異議の申出はできないものと解さざるを得ない。

弁護士会の決定後，当該弁護士から登録換えや登録取消しの申請がなされた場合，どの時点まで異議の申出ができるのだろうか。この問題は，裏を返せば，登録換え・登録取消しが制限されるか否かを判断する基準日の問題である。前述のとおり，懲戒手続と登録換え・登録取消しの制限との関係について，平成13年6月29日日弁連会長通知では，登録換えの場合には，登録換え請求書が新たに入会しようとする弁護士会に提出された日を基準として，登録取消しの場合は，登録取消し請求書が所属弁護士会に提出された日を基準として，登録換え・登録取消しが制限されるか否かを判断するものとしている。この考え方に従えば，登録換え請求書が新たに入会しようとする弁護士会に提出された日又は登録取消し請求書が所属弁護士会に提出された日よりも後に異議の申出がなされた場合には，仮に登録換えの日弁連への進達あるいは登録取消し請求の日弁連への到達が異議の申出の後になったとしても，既に弁護士会に提出されている登録換え・登録取消しの請求は有効なものとして扱われ，登録換え・登録取消しの効力が発生する。したがって，登録換え・登録取消しの効力が発生した時点で，当該弁護士は従前の所属弁護士会の会員の地位あるいは弁護士としての地位を喪失し，異議の申出に係る日弁連の手続も対象弁護士の地位の喪失により終了することになる。

4　異議の申出の書面を郵送等した場合

異議の申出期間が法定されていなかったことに起因して，従前は，異議の申出の書面を郵送等した場合に，発信主義をとるべきか，到達主義をとるべきか議論があり，この点については到達主義をとっていた。

平成15年改正法はこの点を明確に法定し，異議の申出の書面を郵便等により提出した場合における異議の申出期間の計算については，送付に要した日数は算入しないとして，行審法18条3項と同様の規定を設けた（本条3項）。

なお，民間事業者による信書の送達に関する法律（平成14年法律第99号）によれば，本条３項で引用される「信書便」「一般信書便事業者」「特定信書便事業者」は次のように定義されている。

「信書便」とは，他人の信書を送達すること（郵便に該当するものを除く）をいう。

「一般信書便事業者」とは，一般信書便事業を営むことについて民間事業者による信書の送達に関する法律６条の許可を受けた者をいう。なお，「一般信書便事業」とは，信書便の役務を他人の需要に応ずるために提供する事業であって，その提供する信書便の役務のうちに一般信書便役務を含むものをいい，「一般信書便役務」とは，信書便の役務であって，次の各号のいずれにも該当するものをいう。

一　長さ，幅及び厚さがそれぞれ40センチメートル，30センチメートル及び３センチメートル以下であり，かつ，重量が250グラム以下の信書便物を送達するもの

二　国内において信書便物が差し出された日から３日（国民の祝日に関する法律（昭和23年法律第178号）に規定する休日その他総務省令で定める日の日数は，算入しない）以内（信書便物が，地理的条件，交通事情その他の条件を勘案して総務省令で定める地域から差し出され，又は当該地域にあてて差し出される場合にあっては，３日を超え２週間を超えない範囲内で総務省令で定める日数以内）に当該信書便物を送達するもの

「特定信書便事業者」とは，特定信書便事業を営むことについて民間事業者による信書の送達に関する法律29条の許可を受けた者をいう。なお，「特定信書便事業」とは，信書便の役務を他人の需要に応ずるために提供する事業であって，その提供する信書便の役務が特定信書便役務のみであるものをいい，「特定信書便役務」とは，信書便の役務であって，次の各号のいずれかに該当するものをいう。

一　長さ，幅及び厚さの合計が73センチメートルを超え，又は重量が４キログラムを超える信書便物を送達するもの

二　信書便物が差し出された時から３時間以内に当該信書便物を送達するもの

三　その料金の額が800円を下回らない範囲内において総務省令で定める額を超えるもの

【６】 異議の申出の理由

本条１項は，懲戒の請求があったにもかかわらず，「弁護士会が対象弁護士等を懲戒しない旨の決定をしたとき」，「相当の期間内に懲戒の手続を終えないとき」，「弁護士会がした懲戒の処分が不当に軽いと思料するとき」には，懲戒請求者は，日弁連に異議の申出ができると定めている。

１ 「弁護士会が対象弁護士等を懲戒しない旨の決定をしたとき」

平成15年改正前法61条１項は，「弁護士会がその弁護士若しくは弁護士法人を懲

戒しないとき」と規定していたが，弁護士会がその綱紀委員会の議決に基づき懲戒しない旨の決定をした場合がこれに該当するかについては，議論があった。

すなわち，この場合は，該当しないとする否定説は，「懲戒」を懲戒委員会の議決を経たものをいうことを理由としていたが，否定説をとると，綱紀委員会の懲戒不相当の議決が何人も争えない最終的判断となってしまい，懲戒を国民の監視下に置くという異議の申出制度の意義の大半が失われてしまうことから，これを肯定するのが一般であり，実務もこれに従っていた。また，裁判例も肯定説をとっていた（東京高判昭和63・2・25判時1272号74頁）。

この点については，平成15年改正法64条の2第1項が「日本弁護士連合会は，前条第1項の規定による異議の申出があり，当該事案が原弁護士会（懲戒請求者が懲戒の請求をした弁護士会をいう。以下同じ。）の懲戒委員会の審査に付されていないものであるときは，日本弁護士連合会の綱紀委員会に異議の審査を求めなければならない」と規定したことから，弁護士会が綱紀委員会の議決に基づき懲戒不相当の決定をした場合であっても，これに対して異議の申出ができることが明文上明確になった。

2 「弁護士会がした懲戒の処分が不当に軽いと思料するとき」

重い懲戒処分への変更を求めるための異議である。ところで，弁護士会のなした懲戒処分が告知によって効力を生じているのに，後になって日弁連がより重い懲戒処分に変更することは，一事不再理の原則，二重処罰の禁止の趣旨に違反して許されないのではないかとの疑問を生ずる。

しかし，異議の申出があれば弁護士会のなした懲戒処分は確定せず，異議の申出が同一の懲戒手続の一環で懲戒手続は継続しているものとみるべきであって，何ら一事不再理や二重処罰の禁止の精神に反するものではない。また，国民による監視の実効をあげさせるために特に異議の申出制度を設けたのであり，このような制度趣旨は「弁護士会がした懲戒の処分が不当に軽いと思料するとき」にも保障されるべきであり，より重い懲戒処分への変更も可能であるとされたのである。

3 「相当の期間内に懲戒の手続を終えないとき」

懲戒請求をなしたにもかかわらず，弁護士会の懲戒手続が進行しない場合，懲戒請求を実効あらしめるために，「相当の期間内に懲戒の手続を終えないとき」も異議の理由としたものである。

「相当の期間」とはどの程度をいうのかについては，一律の基準を設けることは困難であり，個別の事案毎に判断せざるを得ない。弁護士会では，一応の目安として綱紀委員会の調査期間，懲戒委員会の審査期間をそれぞれ6か月と規定しているところが多いが，事案が複雑な場合などはこの期間に拘束されることはない。

弁護士会の綱紀委員会における調査に長時間を要している場合がこれに該当する

か否かについては従前争いがあった。とりわけ，法63条の除斥期間についていわゆる限定説を前提にしたときは，弁護士会の綱紀委員会での調査に長時間を要したために除斥期間が満了してしまうといった事態が生ずることを防止することから実務上もこれを肯定していた。除斥期間について日弁連が平成11年に限定説から非限定説へ解釈変更してからは，上記の不都合は解消された。

この点については，平成15年改正法により法64条の2第4項で「日本弁護士連合会の綱紀委員会は，原弁護士会が相当の期間内に懲戒の手続を終えないことについての異議の申出につき，第1項の異議の審査によりその異議の申出に理由があると認めるときは，その旨の議決をする」との規定が置かれたことから，弁護士会の綱紀委員会における調査に長時間を要している場合にも異議の申出ができることを前提とした規定が設けられ，この点が明確になった。

【7】 異議の申出事案の手続の流れ

懲戒請求者による異議の申出について，平成15年改正の前後で大きく異なるのは，異議の申出がなされた後の日弁連での手続の流れである。

すなわち，改正前は異議の申出がなされた場合，日弁連で審査がなされるのは懲戒委員会においてのみであり，そもそも日弁連の綱紀委員会は法律上の機関ではなかった。

平成15年改正法では，前記異議の申出ができる場合のうち，「弁護士会が対象弁護士等を懲戒しない旨の決定をしたとき」を，弁護士会の綱紀委員会の議決に基づく決定と，弁護士会の懲戒委員会の議決に基づく決定の二つの場合に分けた。すなわち，弁護士会が綱紀委員会の議決に基づき対象弁護士等を懲戒しない旨の決定をしたときは，平成15年改正法で法定の委員会とされた日弁連の綱紀委員会の審査に付されることとなり，弁護士会が懲戒委員会の議決に基づき対象弁護士等を懲戒しない旨の決定をしたときは，日弁連の懲戒委員会の審査に付されることとなった。そして，前者の場合に日弁連の綱紀委員会の議決に基づき，日弁連が異議の申出を棄却又は却下した場合には，懲戒請求者にさらに不服申立ての手段として綱紀審査の申出をする道を拓いた。

平成15年改正法の規定の並び方も，懲戒請求者の不服申立てについて規定する第8章第2節は，異議の申出についての総則的な規定（本条）を置いた後，日弁連の綱紀委員会での異議の審査（法64条の2），それに不服がある場合の綱紀審査の申出（法64条の3），綱紀審査（法64条の4）という綱紀委員会のルートに関する規定を設け，その次に，日弁連の懲戒委員会での異議の審査の規定（法64条の5）を置いて，異議の申出があったときの，綱紀委員会のルートと懲戒委員会のルートを明確に分けて規定を置いた。そして，この節の最後に，懲戒処分がなされた場合の通知，公告

（法64条の6），懲戒手続に関する通知（法64条の7）に関する詳細な規定を置いた。

異議の申出ができる場合のうち，「相当の期間内に懲戒の手続を終えないとき」（いわゆる相当期間異議）についても，前記と同様に弁護士会の綱紀委員会に係属中にこの異議の申出がなされた場合は，日弁連の綱紀委員会の審査に付され，弁護士会の懲戒委員会に係属中にこの異議の申出がなされた場合は，日弁連の懲戒委員会の審査に付されることとなる。なお，相当期間異議について日弁連の綱紀委員会で異議が棄却又は却下された場合は，綱紀審査の申出はできない。なぜなら，相当期間異議自体がいわば中間段階の異議であって，弁護士会の終局的な決定に対する不服申立てではなく，弁護士会はこの後に必ず終局的な判断をすることが予定されていること，綱紀審査の申出を認めても更に時間を要することになり相当期間異議の趣旨に適合しないからである。

弁護士会のした懲戒の処分が不当に軽いことを理由とする異議の申出は，弁護士会の懲戒委員会の議決に基づいて弁護士会がした懲戒の処分に対する不服申立てであるから，日弁連の懲戒委員会の審査に付されることとなる。

（日本弁護士連合会の綱紀委員会による異議の審査等）

第64条の2　日本弁護士連合会は，前条第1項の規定による異議の申出があり，当該事案が原弁護士会（懲戒請求者が懲戒の請求をした弁護士会をいう。以下同じ。）の懲戒委員会の審査に付されていないものであるときは，日本弁護士連合会の綱紀委員会に異議の審査を求めなければならない。

2　日本弁護士連合会の綱紀委員会は，原弁護士会が第58条第4項の規定により対象弁護士等を懲戒しない旨の決定をしたことについての異議の申出につき，前項の異議の審査により原弁護士会の懲戒委員会に事案の審査を求めることを相当と認めるときは，その旨の議決をする。この場合において，日本弁護士連合会は，当該議決に基づき，原弁護士会がした対象弁護士等を懲戒しない旨の決定を取り消して，事案を原弁護士会に送付する。

3　前項の規定により事案の送付を受けた原弁護士会は，その懲戒委員会に事案の審査を求めなければならない。この場合においては，第58条第5項及び第6項の規定を準用する。

4　日本弁護士連合会の綱紀委員会は，原弁護士会が相当の期間内に懲戒の手続を終えないことについての異議の申出につき，第1項の異議の審査によりその異議の申出に理由があると認めるときは，その旨の議決をする。この場合において，日本弁護士連合会は，当該議決に基づき，原弁護士会に対し，速やかに懲戒の手続を進め，対象弁護士等を懲戒し，又は懲戒しない旨の決定をするよう命じなければならない。

5　日本弁護士連合会の綱紀委員会は，異議の申出を不適法として却下し，又は理由がないとして棄却することを相当と認めるときは，その旨の議決をする。この場合において，日本弁護士連合会は，当該議決に基づき，異議の申出を却下し，又は棄却する決定をしなければならない。

【1】 本条の趣旨

本条は，懲戒請求者から異議の申出があり，当該事案が弁護士会の懲戒委員会の審査に付されていない場合の手続について定めたものである。この場合，日弁連の綱紀委員会が異議の審査をすることとなる。

従来は，異議の申出があった場合の審査機関は日弁連の懲戒委員会のみであったが，平成15年改正法により，異議の申出があった場合における日弁連での審査機関が綱紀委員会と懲戒委員会とに分けられた。本条は，そのうちの日弁連の綱紀委員会において異議の審査がなされる点について規定するものである。なお，本条1項は，懲戒請求者が懲戒の請求をした弁護士会を原弁護士会と定義付けている。

【2】 日弁連の綱紀委員会での異議の審査

1　異議の審査がなされる場合

日弁連の綱紀委員会で異議の審査をするのは，懲戒請求者からの異議の申出が，①原弁護士会がその綱紀委員会の議決に基づき対象弁護士等を懲戒しない旨の決定をしたことを理由とする場合又は②原弁護士会の綱紀委員会が相当の期間内に懲戒の手続を終えないことを理由とする場合である。

2　審査の対象と判断の基準時

審査の対象は，異議の理由が上記①の場合は，原弁護士会の決定に対する不服申立てであるから，原弁護士会の決定の当否である。この場合の決定の当否の基準時は，審査請求の場合と同様に，原弁護士会の決定がなされた時点と解すべきである。

異議の理由が上記②の場合は，相当の期間内であるか否かのみが審査の対象となり，懲戒事由の存否は審査されない。従って，弁護士会の懲戒手続は異議の申出により影響されず，続行される。また，この場合相当の期間内に懲戒の手続を終えていないかどうかの判断の基準時は，異議の申出がなされた時点である。

3　異議の申出による日弁連の綱紀委員会係属の効果

弁護士会が綱紀委員会の議決に基づき対象弁護士等を懲戒しない旨の決定をした場合，対象弁護士等は，それまで法62条により制限を受けていた登録取消しや登録換えをすることができるようになるが，懲戒請求者が異議の申出をして，日弁連が日弁連の綱紀委員会に付議をして事案が係属すると，対象弁護士等は，再び登録取消し，登録換えができなくなる。

【3】 異議の申出に対する議決

従来，法は日弁連の懲戒委員会の議決の内容について明確な規定を設けていなかったが，平成15年改正法では，議決の内容についても明確な規定を設けた。

1 議決の種類

⑴ 原弁護士会の懲戒委員会に事案の審査を求めることを相当と認める旨の議決 日弁連の綱紀委員会は，原弁護士会がその綱紀委員会の議決に基づき対象弁護士等を懲戒しない旨の決定をしたことを理由とする異議の申出について，原弁護士会の懲戒委員会に事案の審査を求めるのが相当であると認めたときは，その旨の議決をする（本条2項）。

⑵ 相当期間異議に理由があるとの議決　日弁連の綱紀委員会は，原弁護士会が相当の期間内に懲戒の手続を終えないことについての異議の申出につき，異議の審査によりその異議の申出に理由があると認めるときは，その旨の議決をする（本条4項）。

⑶ 却下又は棄却の議決　日弁連の綱紀委員会は，異議の申出を不適法として却下し，又は理由がないとして棄却することを相当と認めるときは，その旨の議決をする（本条5項）。

却下事由としては，異議申出人が懲戒請求者でない場合，対象弁護士等が異議の申出時に死亡又は資格喪失している場合，同一事実につき既に日弁連の裁決がある場合，異議の申出期間が満了している場合等がある。

平成15年改正法では異議の申出が不適法であるときは，日弁連の綱紀委員会の却下の議決に基づき日弁連が却下の決定をする旨の規定を設けた（法64条の4第4項・64条の5第5項も同趣旨）。

平成15年改正前法は，不適法却下に関する規定はなく，日弁連の懲戒手続規程においてこれを規定していた。すなわち，異議の申出が不適法の場合，日弁連は，異議申出人に補正を求めることができ，異議申出人が補正をしないときや補正ができないとき，あるいは異議の申出期間経過後にされたものは，日弁連が異議の申出を却下することができる旨規定していた（平成16年3月31日廃止の旧懲戒手続規程51条）。不服の申立てがあった場合，その申立てが異議の申出なのか，苦情なのか判断できない場合も少なくない（懲戒請求者以外の者による申出もある）ため，日弁連の常務理事会又はそれより授権されている主査理事が異議の申出の形式的要件を審査する扱いとなっていた。

しかしながら，平成15年改正法では，日弁連の却下決定は綱紀委員会の議決に基づかなければならない旨，法が規定した以上，原則としてはすべての申出を綱紀委員会の審査に付すこととなり，綱紀委員会の審査に付す前に日弁連がこれを却下することはできないものと解される。このようなことから，日弁連の懲戒委員会規程では，日弁連が異議の申出を却下する旨の規定は設けられなかった。ただ，改正法本条1項が「日本弁護士連合会は，……異議の申出があり，……であるときは，日本弁護士連合会の綱紀委員会に異議の審査を求めなければならない」と規定し，これは異議の申出であるか否かの判断は日弁連にあると解されるから，外見上一見して，およそ異議の申出と認められないものについては，綱紀委員会の審査に付さないことは可能であると解される。

(4)　死亡，資格喪失又は取下げによる終了との議決　　法律に直接の明文規定があるわけではないが（但し，法64条の7第2項9号参照），事件が異議の申出により日弁連の綱紀委員会に係属した後に対象弁護士等が死亡した場合，資格喪失した場合又は異議の申出が取り下げられた場合には，当然に手続は終了するが，終了したことを明確にするために実務上はこのような議決が行われる（綱紀委員会規程46条3項・47条5項6項）。

2　議決の効力

日弁連の綱紀委員会の議決は，日弁連を拘束するものであり，会長その他の役員に裁量の余地を与えず，これを拘束する効力を有する。総会の議決をもってしても，これを変更することはできない。

【4】　日弁連の綱紀委員会の議決後の手続

(1)　原弁護士会の懲戒委員会の審査を求めるのが相当であるとの議決後の手続

日弁連は，日弁連の綱紀委員会が，原弁護士会の懲戒委員会に事案の審査を求めるのが相当であるとの議決をしたときは，原弁護士会がした対象弁護士等を懲戒しない旨の決定を取り消して，事案を原弁護士会に送付する（本条2項）。そして，事案の送付を受けた原弁護士会は，懲戒委員会に事案の審査を求めなければならない（本条3項）。日弁連の綱紀委員会が自ら懲戒処分の内容を明示したり，日弁連の懲戒委員会に事案の審査を付するというものではない。

(2)　相当期間異議に理由があるとの議決後の手続　　日弁連の綱紀委員会が原弁護士会が相当の期間内に懲戒の手続を終えていないことについての異議の申出に理由があると認める旨の議決を行った場合，日弁連は，当該議決に基づき，原弁護士会に対して，速やかに懲戒の手続を進め，対象弁護士等を懲戒し，又は懲戒しない旨の決定をするよう命じなければならない（本条4項）。

(3)　却下又は棄却の議決後の手続　　日弁連の綱紀委員会が異議の申出を不適法

として却下，又は理由がないとして棄却の議決を行った場合，日弁連は，当該議決に基づき，異議の申出を却下し，又は棄却する決定をしなければならない（本条5項）。

⑷ 死亡，資格喪失又は取下げによる終了との議決後の手続　対象弁護士の死亡又は資格喪失を理由として手続を終了する旨の議決は，手続が終了したことを確認する意味しかないが，資格喪失の場合は，弁護士の身分についての手続が終了したことを明確にするためにも，日弁連は，その旨及び理由を対象弁護士等，懲戒請求者及び対象弁護士等の所属弁護士会に通知する（法64条の7第2項9号）。死亡による終了の場合も同様であるが，通知先は懲戒請求者と対象弁護士等の所属弁護士会であり，対象弁護士等は除かれる（綱紀委員会規程48条2項）。同様に，日弁連は，異議の申出が取り下げられた場合は，対象弁護士等及び原弁護士会に対してその旨の通知をする（同規程46条5項）。

（綱紀審査の申出）

第64条の3　懲戒請求者は，日本弁護士連合会が前条第2項に規定する異議の申出につき同条第5項の規定によりこれを却下し，又は棄却する決定をした場合において，不服があるときは，日本弁護士連合会に，綱紀審査会による綱紀審査を行うことを申し出ることができる。この場合において，日本弁護士連合会は，綱紀審査会に綱紀審査を求めなければならない。

2　前項の規定による綱紀審査の申出は，日本弁護士連合会がした当該異議の申出を却下し，又は棄却する決定に係る第64条の7第2項第6号の規定による通知を受けた日の翌日から起算して30日以内にしなければならない。

3　第64条第3項の規定は，前項の綱紀審査の申出に準用する。

【1】 本条の趣旨

1　綱紀審査会の新設

本条は，平成15年改正法により新たに設けられた綱紀審査会について定めるものである。

平成13年6月12日に発表された司法制度改革審議会意見書において，綱紀・懲戒手続の透明化・迅速化・実効化が謳われ，その具体的方策の一つとして「懲戒請求者が綱紀委員会の議決に対する異議申出を棄却・却下された場合に，国民が参加して構成される機関に更なる不服申立ができる制度の導入」とされたことから綱紀審査会の制度が設けられた。

司法制度改革審議会の議論の中では，懲戒処分内容を不服とする懲戒請求者に対して司法審査請求権を付与することについても検討された。しかしながら，これまで懲戒請求者に司法審査請求権が認められてこなかったのは，懲戒制度は懲戒請求者の個人的利益や満足のために設けられているものではなく，専ら公益的見地から認められたものだったからである（最判昭和38・10・18民集17巻9号1229頁）。そして，弁護士会が行った懲戒処分の決定に不服のある懲戒請求者が裁判所に提訴することができるということになれば，事実上懲戒処分を裁判所に委ねることになり，弁護士自治の趣旨に反することになってしまう。

このような見地から，日弁連は，平成13年5月25日に開催された第52回定期総会において，このような制度の導入に強く反対する旨の決議を行い，司法制度改革審議会においても，反対の立場を表明してきたところ，最終的には，このような制度の導入は見送られることとなった。

結局，上述したとおりの内容で司法制度改革審議会意見書がまとめられ，この内容に従って，弁護士自治を維持しながらも，弁護士の懲戒手続に国民を参加させ，透明化させるという要請に応えるよう綱紀審査会の制度設計が行われた。

綱紀審査の手続に関する条項は，本条のほか，法64条の4，71条から71条の7までに設けられている。

2　懲戒手続における位置付け

綱紀審査会は，原弁護士会が，綱紀委員会の懲戒不相当の議決に基づき懲戒しない旨の決定をなし，これに対して懲戒請求者から異議の申出があり，この異議の申出に対し，日弁連が日弁連の綱紀委員会の議決に基づき異議の申出を却下し，又は棄却する決定をなし，これに対してなお懲戒請求者からの不服申立てがあるときに綱紀審査を行うものである（本条1項・法71条）。

【2】 綱紀審査の申出

1　綱紀審査申出人

綱紀審査の申出ができるのは，懲戒請求者に限られ，それ以外の者が申出をすることはできない。

なお，弁護士会は自ら懲戒の手続に付することができ（法58条2項），また，日弁連は自ら懲戒することができるが（法60条），綱紀審査の申出は，異議の申出が却下又は棄却された者のみができるところ，弁護士会及び日弁連には異議の申出は認められていないことから（法64条1項），弁護士会及び日弁連は，綱紀審査の申出をすることはできない。

その他，綱紀審査申出人に関しては，法64条の異議申出人の解説を参照。

2　綱紀審査の申出ができる場合

懲戒請求者が綱紀審査の申出ができるのは，①原弁護士会が，綱紀委員会の議決に基づき，②懲戒しない旨の決定をしたことについての異議の申出について，③日弁連が，日弁連の綱紀委員会の議決に基づき，これを却下し，又は棄却する決定をした場合（において，不服があるとき）に限られる。

従って，①原弁護士会が，綱紀委員会の懲戒委員会に事案の審査を求めることを相当と認める旨の議決に基づき，懲戒委員会に事案の審査を求めた場合には，その後，どのような結論になろうとも（例えば懲戒しない結論になろうが，不当に軽いと思われる懲戒処分になろうが），綱紀審査の申出はできず，また，②相当の期間内に懲戒の手続を終えないことに対する異議の却下又は棄却に対しては綱紀審査の申出はできず，更に，③原弁護士会の決定に対しては直接綱紀審査の申出はできないことになる。

なお，上記のとおり，相当の期間内に懲戒の手続を終えないことに対する異議の却下又は棄却に対しては綱紀審査の申出はできないが，これは，次のような理由によるものである。すなわち，①相当期間経過の有無の判断は，事案の複雑さや困難さを踏まえた技術的判断になじむものであり，学識経験のある者のみからなる機関の判断にはなじみにくいと考えられること，②相当期間経過についての異議は，中間段階の異議であって，弁護士会はいずれにせよ後に対象弁護士等について懲戒処分の当否について決定しなければならず，懲戒しない旨の決定がされた場合には，当該事案について綱紀審査の機会が与えられるのであるから，敢えてこの段階で綱紀審査の申出を認める必要がないことによるものである。

3　綱紀審査の申出方法

綱紀審査の申出は，日弁連に対して行われ，綱紀審査の申出を受けた日弁連は，綱紀審査会に綱紀審査を求めなければならない（本条１項）。

具体的な綱紀審査の申出の方法について，法は特に定めていないが，日弁連の会規である綱紀審査会規程（正式名称は綱紀審査会及び綱紀審査手続に関する規程）では，綱紀審査の申出書正本１通及び副本２通の提出を求め（16条），綱紀審査申出人の氏名や請求にかかる弁護士の氏名等のほか，綱紀審査の申出の趣旨及び理由等の記載を要求している（17条）。

【３】 綱紀審査の申出の取下げ

法は，綱紀審査の申出の取下げについては何ら定めていないが，綱紀審査会規程29条は，日弁連が綱紀審査会の議決に従って決定等（同規程30条）をするまでは，いつでも，申出を取り下げることができると定めた。

【４】 綱紀審査の申出期間

綱紀審査の申出は，懲戒請求者が，異議の申出を却下し又は棄却する決定をしたこと及びその理由について，日弁連から通知を受けた日の翌日から起算して30日以内にしなければならない（本条2項）。期間の末日が行政機関の休日（行政機関の休日に関する法律1条1項各号に掲げる行政機関の休日）に当たるときは，行政機関の休日の翌日が当該期間の末日とみなされる（綱紀審査会規程17条の3）。

日弁連の綱紀委員会においても懲戒請求が認められなかったにもかかわらず，対象弁護士等を長い間不安定な地位に置くことを避けるために30日という短い期間が定められた。この30日の期間は停止・中断の対象とはならない。

但し，天災その他やむを得ない事由があるときは，その事由がやんだ日の翌日から起算して1週間以内であれば，上記期間経過後であっても綱紀審査の申出をすることができる（綱紀審査会規程18条）。

また，日弁連が誤って，上記期間より長い期間を綱紀審査の申出期間として教示した場合においては，その教示された期間内に綱紀審査の申出がなされたときは，当該綱紀審査の申出は，本条2項の30日以内になされたものとみなされる（同規程19条）。なお，当該規定に関しては，法64条2項の解説を参照。

【5】 発信主義

綱紀審査の申出については，異議の申出に関する法64条3項が準用され（本条3項），綱紀審査の申出を郵便又は一般信書便事業者若しくは特定信書便事業者による信書便で提出した場合は，送付に要した日数は，上記30日の日数には算入しないこととされた（詳細については，法64条3項の解説を参照）。

（綱紀審査等）

第64条の4　綱紀審査会は，前条第1項の綱紀審査により原弁護士会の懲戒委員会に事案の審査を求めることを相当と認めるときは，その旨の議決をする。この議決は，出席した委員の3分の2以上の多数をもつてしなければならない。

2　前項の場合において，日本弁護士連合会は，当該議決に基づき，自らがした異議の申出を却下し，又は棄却する決定及び原弁護士会がした対象弁護士等を懲戒しない旨の決定を取り消して，事案を原弁護士会に送付する。

3　前項の規定により事案の送付を受けた原弁護士会は，その懲戒委員会に事案の審査を求めなければならない。この場合においては，第58条第5項及び第6項の規定を準用する。

4　綱紀審査会は，綱紀審査の申出を不適法として却下することを相当と認めるときは，その旨の議決をする。この場合において，日本弁護士連合会は，当該議決に基づき，綱紀審査の申出を却下する決定をしなければならない。
5　綱紀審査会は，前項の場合を除き，第1項の議決が得られなかつたときは，その旨の議決をしなければならない。この場合において，日本弁護士連合会は，当該議決に基づき，綱紀審査の申出を棄却する決定をしなければならない。

【1】 本条の趣旨

本条は，綱紀審査会の議決の種類，要件並びに議決後の日弁連及び原弁護士会の手続を定めたものである。

【2】 綱紀審査会の議決

1　議決の種類

綱紀審査の申出に対する綱紀審査会の行う議決は，次の5種類であり，それ以外の議決をすることはできない。

① 原弁護士会の懲戒委員会に事案の審査を求めることを相当とする旨の議決（本条1項，綱紀審査会規程28条1項）
② 綱紀審査の申出が不適法であることを理由として却下することを相当とする議決（本条4項，綱紀審査会規程23条2項・28条2項）
③ 原弁護士会の懲戒委員会に事案の審査を求めることを相当とする旨の議決が得られなかった旨の議決（本条5項，綱紀審査会規程28条1項）
④ 対象弁護士が死亡したとき又は弁護士でなくなったことを理由とする審査を終了する旨の議決（綱紀審査会規程28条3項）
⑤ 綱紀審査の申出の取下げがあったことを理由とする審査を終了する旨の議決（綱紀審査会規程29条3項）

なお，法案作成の段階では，日弁連の綱紀委員会へ再審査させる（差し戻す）のを相当とする旨の議決も検討されたが，原弁護士会の懲戒委員会審査付議の議決と日弁連の綱紀委員会「差戻し」の議決との関係を整理することが困難であること，3分の2の多数に達しない場合に必ずしも「差戻し」の議決をすべきことにはならないこと，「差戻し」議決を設定すると，綱紀審査会に再申立てを認めざるを得ないところ，そうすると全事件が帰ってくることも予想され，かえって迂遠な制度となり，綱紀審査会にも二重の負担を負わせることになること，綱紀審査会において日弁連の綱紀委員会の説明を尽くさせ，また，綱紀審査会自身が事務局を通じて必要な調査を行えることとすれば，必ずしも「差戻し」の必要は生じないこと，日弁連の綱紀委員会に強制調査権があるわけではないこと，綱紀審査会が「腹をくくって」最終決定を下すという責任を明確にした制度のほうが望ましいこと，検察審査会の議決についても検察審査会法32条で再度の不服申立ては認められないこと等の理由により採用には至らなかった。

2 議決要件

前記①の議決は，出席した委員の3分の2以上の多数決をもってしなければならない（本条1項）。

それ以外の議決については，法は特別な定めをしていないが，日弁連会則は，出席した委員の過半数でこれを決し，可否同数のときは，委員長の決するところによるとした（会則71条の2第2項）。

なお，法文上，前記③の議決は，前記①の議決が否決された後に，更に議決を行う必要があるかのようであるが，前記③の議決は，前記①の議決が否決されたことと表裏一体の関係にあり，前記①の議決が3分の2以上の多数を得られず否決された場合には，前記③の議決があったものとされるので，再度前記③の議決をすることは予定されていない。

3 補正命令

前記②の議決に関して，綱紀審査会は，綱紀審査の申出が，法又は日弁連の会則若しくは会規に規定する手続に違反するときは，期間を定めて，綱紀審査申出人にその補正を求めることができ（綱紀審査会規程23条1項），綱紀審査申出人が補正をしないとき又はその手続の違反が補正できないものであるときは，綱紀審査の申出を却下する旨の議決をすることができる（同条2項）。

4 議決の拘束力

前記いずれの議決についても，日弁連を拘束するものであり，日弁連は当該議決に従った決定をし，又は手続を終了しなければならない。

もっとも，前記①の議決は，あくまでも，原弁護士会の懲戒委員会に事案の審査を求めるものに過ぎず，懲戒委員会に対し懲戒せよと命じるものではないから，原弁護士会の懲戒委員会は，懲戒の是非については，綱紀審査会の議決に拘束されるわけではない。

なお，法案作成の段階では，綱紀審査会が原弁護士会の懲戒委員会の審査に付することを相当とする議決をした場合の議決の拘束力について，次のような案が出され検討されたが，最終的には，上述したとおりの内容となった。

ア案 綱紀審査会が，原弁護士会の懲戒委員会の審査に付することを相当とする議決をした場合には，日弁連の綱紀委員会が再検討し，原弁護士会の懲戒委員会の審査に付するか否かを決定する。

イ案 綱紀審査会が，3分の2以上の多数で原弁護士会の懲戒委員会の審査に付することを相当とする議決をした場合には，原弁護士会の懲戒委員会の審査に付することとし，この場合を除き，綱紀審査会が，原弁護士会の懲戒委員会の審査に付することを相当とする議決をした場合には，日弁連の綱紀委員会が再検討し，原弁護士会の懲戒委員会の審査に付するか否かを決定することとする。

ウ案　綱紀審査会が，原弁護士会の懲戒委員会の審査に付することを相当とする議決をした場合には，原弁護士会の懲戒委員会の審査に付することとする。

5　定足数

法は，綱紀審査会の委員は11人とするのみで（法71条の2），定足数については何ら定めをしていないが，日弁連会則で，8人以上の委員の出席がなければ，会議を開き，議決をすることができないとされた（会則71条の2第1項）。

【3】 綱紀審査会の議決後の手続

1　前記①の議決の場合

前記①の議決がなされた場合，日弁連は，当該議決に基づき，自らがした異議の申出を却下し又は棄却する決定を取り消すとともに，原弁護士会が原弁護士会の綱紀委員会の議決に基づきした対象弁護士等を懲戒しない旨の決定を取り消して，当該事案を原弁護士会に送付しなければならず（本条2項，綱紀審査会規程30条1項），当該事案の送付を受けた原弁護士会は，その懲戒委員会に当該事案の審査を求めなければならない（本条3項前段）。

当該事案の審査を求められた原弁護士会の懲戒委員会は，審査し，懲戒相当と認めるときは，懲戒の処分の内容を明示して，その旨の議決をし，又は懲戒しないことを相当と認めるときは，その旨の議決をしなければならず，原弁護士会は，当該議決に基づいて，対象弁護士等を懲戒し，又は懲戒しない旨の決定をしなければならない（本条3項後段・法58条5項6項）。

2　前記②の議決の場合

前記②の議決がなされた場合，日弁連は，当該議決に基づき，綱紀審査の申出を却下する決定をしなければならない（本条4項，綱紀審査会規程30条3項）。

3　前記③の議決の場合

前記③の議決がなされた場合，日弁連は，当該議決に基づき，綱紀審査の申出を棄却する決定をしなければならない（本条5項，綱紀審査会規程30条2項）。

4　前記④の議決の場合

前記④の議決がなされた場合，日弁連は，懲戒の手続を終了する（綱紀審査会規程30条4項）。

5　前記⑤の議決の場合

前記⑤の議決がなされた場合，懲戒の手続は終了する（綱紀審査会規程29条）。

6　日弁連による通知

前記①の議決に基づき日弁連が原弁護士会に事案を送付したときは，その旨及びその理由を対象弁護士等，懲戒請求者及び対象弁護士等の所属弁護士会に通知しなければならない（法64条の7第2項4号）。また，前記②・③の議決に基づき日弁連が綱紀審査の申出を却下し，又は棄却する決定をしたときは，その旨及びその理由を上記の者に通知しなければならない（同項7号）。前記④・⑤の議決がなされ懲戒の手続が終了したときは，その旨及びその理由を，前記④の場合は上記の者に，前記⑤の場合は対象弁護士等及び原弁護士会に，通知しなければならない（同項9号，綱紀審査会規程29条5項）。

【4】審査期間

法による定めではないが，日弁連は会規により，綱紀審査会は，綱紀審査を求められたときは，事案が複雑なときその他特別な事情があるときを除いて，6か月以内に審査を遂げて議決を行わなければならないとした（綱紀審査会規程24条）。

【5】不服申立て

綱紀審査会の議決及びそれに基づく日弁連の決定に対する不服申立ての制度は設けられていない。従って，綱紀審査会により前記②から④までの議決がされ，日弁連がこれに従って決定をし，又は手続を終了した場合には，懲戒手続は終了する。

（日本弁護士連合会の懲戒委員会による異議の審査等）

第64条の5　日本弁護士連合会は，第64条第1項の規定による異議の申出があり，当該事案が原弁護士会の懲戒委員会の審査に付されたものであるときは，日本弁護士連合会の懲戒委員会に異議の審査を求めなければならない。

2　日本弁護士連合会の懲戒委員会は，原弁護士会が第58条第6項の規定により対象弁護士等を懲戒しない旨の決定をしたことについての異議の申出につき，前項の異議の審査により対象弁護士等を懲戒することを相当と認めるときは，懲戒の処分の内容を明示して，その旨の議決をする。この場合において，日本弁護士連合会は，当該議決に基づき，原弁護士会がした対象弁護士等を懲戒しない旨の決定を取り消し，自ら対象弁護士等を懲戒しなければならない。

3　日本弁護士連合会の懲戒委員会は，原弁護士会が相当の期間内に懲戒の手続を終えないことについての異議の申出につき，第1項の異議の審査によりその異議の申出に理由があると認めるときは，その旨の議決をする。この場合において，日本弁護士連合会は，当該議決に基づき，原弁護士会に対し，速やかに懲戒の手続を進め，対象弁護士等を懲戒し，又は懲戒しない旨の決定をするよう命じなければならない。

4　日本弁護士連合会の懲戒委員会は，原弁護士会がした懲戒の処分が不当に軽いとする異議の申出につき，第1項の異議の審査によりその異議の申出に理由があると認めるときは，懲戒の処分の内容を明示して，懲戒の処分を変更することを相当とする旨の議決をする。この場合において，日本弁護士連合会は，当該議決に基づき，原弁護士会がした懲戒の処分を取り消し，自ら対象弁護士等を懲戒しなければならない。

5　日本弁護士連合会の懲戒委員会は，異議の申出を不適法として却下し，又は理由がないとして棄却することを相当と認めるときは，その旨の議決をする。この場合において，日本弁護士連合会は，当該議決に基づき，異議の申出を却下し，又は棄却する決定をしなければならない。

【1】 本条の趣旨

本条は，懲戒請求者から異議の申出があり，当該事案が弁護士会の懲戒委員会の審査に付されたものである場合の手続について定めたものである。この場合，日弁連の懲戒委員会が異議の審査をすることとなる。

従来は，異議の申出があった場合の審査機関は日弁連の懲戒委員会のみであったが，平成15年改正法により，異議の申出があった場合における日弁連での審査機関が綱紀委員会と懲戒委員会とに分けられた。本条は，そのうちの日弁連の懲戒委員会において異議の審査がなされる点について規定するものである。

【2】 日弁連の懲戒委員会での異議の審査

1　異議の審査がなされる場合

日弁連の懲戒委員会で異議の審査をするのは，懲戒請求者からの異議の申出が，①原弁護士会がその懲戒委員会の議決に基づき対象弁護士等を懲戒しない旨の決定をしたことを理由とする場合，②原弁護士会の懲戒委員会が相当の期間内に懲戒の手続を終えないことを理由とする場合又は③原弁護士会がした懲戒の処分が不当に軽いことを理由とする場合である。

2　審査の対象と判断の基準時

審査の対象は，異議の理由が前記①及び③の場合は，原弁護士会の決定の当否であり，決定の当否の基準時は，原弁護士会の決定がなされた時点と解すべきである。なお，この点，日弁連の懲戒委員会が本条2項又は4項に基づき原弁護士会のした決定を変更して対象弁護士等を懲戒すること又は懲戒の処分を変更することを相当とする議決をする場合に原弁護士会の決定の後に生じた事由を考慮することが許されるかが問題となる。この点については，異議の申出がなされた場合も日弁連のする懲戒権の根拠が法60条であることを前提に，これは日弁連独自の懲戒権の発動であるのだから，原弁護士会のした決定の後に生じた情状などを考慮できるとする見解，反対に事案の軽重その他の情状を考慮できる旨規定した法58条４項は弁護士会の綱紀委員会に関する規定であり日弁連の懲戒委員会に関する規定でないことや，異議の申出がなされた場合の審査の対象があくまで原弁護士会のした決定の当否であることから，原弁護士会の決定後の事情は考慮できないとする見解があり得る。条文の構造や審査対象論からすると，この点は後者が妥当ではないだろうか。

異議の理由が前記②の場合は，相当の期間内であるか否かのみが審査の対象となり，懲戒事由の存否は審査されない。また，この場合相当の期間内に懲戒の手続を終えていないか否かの判断の基準時は，異議の申出がなされた時点である。

3　異議の申出による日弁連の懲戒委員会係属の効果

弁護士会が懲戒委員会の議決に基づき対象弁護士等を懲戒しないと決定した場合，対象弁護士等は，それまで法62条により制限を受けていた登録取消しや登録換えをすることができるようになるが，懲戒請求者が異議の申出をして，日弁連が懲戒委員会に付議をして事案が同委員会に係属すると，対象弁護士等は，再び登録取消し，登録換えができなくなる。

【3】 異議の申出に対する議決

従来，法は日弁連の懲戒委員会の議決の内容について明確な規定を設けていなかったが，平成15年改正法では，議決の内容についても明確な規定を設けた。

1　議決の種類

⑴　懲戒処分を相当とする場合　　日弁連の懲戒委員会は，原弁護士会がその懲戒委員会の議決に基づき対象弁護士等を懲戒しない旨の決定をしたことを理由とする異議の申出について，対象弁護士等を懲戒するのが相当であると認めたときは，懲戒の処分の内容を明示して，その旨の議決をする（本条２項）。

⑵　相当期間異議に理由があるとの議決　　日弁連の懲戒委員会は，原弁護士会が相当の期間内に懲戒の手続を終えないことについての異議の申出につき，異議の審査によりその異議の申出に理由があると認めるときは，その旨の議決をする（本条３項）。

⑶　原弁護士会のした懲戒の処分が不当に軽い場合　　日弁連の懲戒委員会は，原弁護士会がした懲戒の処分が不当に軽いとする異議の申出について，その異議の申出に理由があると認めるときは，懲戒の処分の内容を明示して，懲戒の処分を変更することを相当とする旨の議決をする（本条４項）。

⑷ 却下又は棄却の議決　日弁連の懲戒委員会は，異議の申出を不適法として却下し，又は理由がないとして棄却することを相当と認めるときは，その旨の議決をする（本条5項）。

却下事由としては，日弁連の綱紀委員会のところで述べたのと同様に，異議申出人が懲戒請求者でない場合，対象弁護士等が異議の申出時に死亡又は資格喪失している場合，同一事実につき既に日弁連の裁決がある場合，異議の申出期間が満了している場合等がある。

また，不適法な申出があった場合に，明らかに異議の申出とは認められない場合を除き，原則としてすべての申出を懲戒委員会の審査に付さなければならないことは，法64条の2のところで述べたのと同様である。

⑸ 死亡，資格喪失又は取下げによる終了との議決　事件が異議の申出により日弁連の懲戒委員会に係属した後に対象弁護士等が死亡した場合，資格喪失した場合又は異議の申出が取り下げられた場合には，当然に手続は終了するが，終了したことを明確にするために実務上はこのような議決が行われる（懲戒委員会規程73条3項・74条6項）。

2　議決の効力

日弁連の懲戒委員会の議決は，日弁連を拘束するものであり，会長その他の役員に裁量の余地を与えず，これを拘束する効力を有する。総会の議決をもってしても，これを変更することはできない。

3　原弁護士会の差戻しの可否

前記のとおり，原弁護士会が対象弁護士等を懲戒しない旨の決定をしたことを理由とする異議の申出及び原弁護士会がした懲戒の処分が不当に軽いとする異議の申出につき，日弁連の懲戒委員会の審査に付された事案で異議の申出に理由があるときは，事案を原弁護士会に送付して原弁護士会の懲戒委員会に事案の審査を求めることはせず，すべて日弁連自らが懲戒することになる点に平成15年改正法の特徴がある。

これは，弁護士会の懲戒委員会の議決に基づき審査された事案について日弁連の懲戒委員会が審査の上，これを再度弁護士会の懲戒委員会に差し戻すという例がこれまで多くなかったため，このような場合は原弁護士会に差し戻すことはせず，すべてを日弁連が自ら懲戒するとしたものである。

ところで，弁護士法人の従たる法律事務所の所在地の弁護士会が従たる法律事務所を業務停止処分の最長期間である2年の処分とした場合で，これについて不当に軽いと思料することを理由とする異議の申出がなされたとき，日弁連の懲戒委員会においてその異議の申出に理由があるとの結論に至った場合の取扱いについては問題がある。

日弁連は，法57条4項により，その地域内に当該弁護士法人の主たる法律事務所がある弁護士会とみなされるが，弁護士法人に対する退会命令は，当該弁護士会の地域内に従たる法律事務所のみを有する弁護士法人に対するものに限られる（法57条2項3号）から，日弁連はそもそも従たる法律事務所に対して退会命令の処分をすることはできない。従って，日弁連の懲戒委員会は，業務停止2年の処分が不当に軽いとの結論に至った場合であっても，従たる法律事務所に対する退会命令はできないことになる。このような場合，日弁連の懲戒委員会は，除名処分を選択することも考えられるが，問題となっているのが従たる法律事務所の非行である場合，主たる法律事務所を含めての除名処分をすることも相当でないことになる。結局，このような場合，日弁連の懲戒委員会としては，業務停止2年よりも重い処分を科す議決ができないのではないかということが問題となる。

この点については，このような場合は事案を原弁護士会に差し戻すしかないとする見解，除名処分とすべきとする見解，退会命令ができるとする見解がある。

差戻しを認める見解は，原弁護士会の懲戒委員会において審査させ，退会命令とすることを期待する見解であるが，本条4項が日弁連が自ら懲戒することのみを規定し，原弁護士会への差戻しを認めていないので，条文解釈としては疑問が残る。

除名とすべきとの見解は，懲戒の対象となっているのは当該従たる法律事務所ではなく法人そのものであるのだから，法人全体を除名とすることもできるとする。しかしながら，異議の申出事案について日弁連の懲戒委員会の審査の対象は原弁護士会のした決定の当否であること，原弁護士会における審査では主たる法律事務所やその他の地域の従たる法律事務所は懲戒の危険にさらされていない（当該従たる法律事務所が退会命令よりも重い懲戒処分は予定されていない）のに，異議の申出がなされた途端に主たる法律事務所やその他の地域の従たる法律事務所が退会命令よりも重い処分を含めた懲戒の危険にさらされるというのは不当であること，その地域に従たる法律事務所のみを有する弁護士法人に対する懲戒について退会命令がなされると異議の申出ができないこととのバランスを失することから，この除名説も相当でないと解される。

また，退会命令ができるとする見解は，結論の妥当性からすると穏当ではあるが，やはり法57条の規定には抵触することになり，条文解釈として採用することは困難である。

以上からすると，この点は立法の不備としかいいようがなく，少なくとも現在の条文のままでは，解決しようがない，つまり，前記のケースでは異議の申出が無意味になってしまうと解さざるを得ない。従って，この場合は，日弁連の懲戒委員会において異議の申出を却下するほかない。その上で，必要があれば，日弁連自らが法60条に基づき主たる法律事務所を含む法人全体について調査をして新たな処分をすることとなろう。

【4】 日弁連の懲戒委員会の議決後の手続

⑴ 懲戒処分を相当とした場合の議決後の手続　弁護士会がその懲戒委員会の議決に基づき対象弁護士等を懲戒しない旨の決定をしたことを理由とする異議の申出について，日弁連の懲戒委員会が対象弁護士等を懲戒するのが相当であると認め，懲戒の処分の内容を明示して，その旨の議決をしたときは，日弁連は，この懲戒委員会の議決に基づき，原弁護士会がした対象弁護士等を懲戒しない旨の決定を取り消して，自ら対象弁護士等を懲戒しなければならない（本条２項）。この場合，日弁連の懲戒権の根拠となる規定は法60条である。

⑵ 相当期間異議に理由があるとの議決後の手続　原弁護士会が相当期間内に懲戒の手続を終えないことを理由とする異議の申出について，日弁連の懲戒委員会が異議に理由があるとの議決を行った場合，日弁連は，当該議決に基づき，原弁護士会に対して，速やかに懲戒の手続を進め，対象弁護士等を懲戒し，又は懲戒しない旨の決定をするよう命じなければならない（本条３項）。

⑶ 原弁護士会のした懲戒の処分が不当に軽いとして，懲戒処分の変更を相当とした場合の議決後の手続　原弁護士会がした懲戒の処分が不当に軽いとする異議の申出について，日弁連の懲戒委員会がその異議の申出に理由があると認め，懲戒の処分の内容を明示して，懲戒の処分を変更することを相当とする議決をしたときは，日弁連は，当該議決に基づき，原弁護士会がした懲戒の処分を取り消して，自ら対象弁護士等を懲戒しなければならない（本条４項）。⑴と同様にこの場合，日弁連の懲戒権の根拠となるのは法60条である。

従来は，原弁護士会のした懲戒処分を取り消すのは日弁連の懲戒委員会であるとして，その議決の中で取消しの議決をしていたケースも実務上あったが，平成15年改正法で原弁護士会の懲戒処分を取り消すのは，日弁連の懲戒委員会ではなく，日弁連であることが明確となった。

⑷ 却下又は棄却の議決後の手続　日弁連の懲戒委員会が異議の申出を不適法として却下，又は理由がないとして棄却することを相当とする議決を行った場合，日弁連は，当該議決に基づき，異議の申出を却下し，又は棄却する決定をしなければならない（本条５項）。

⑸ 死亡，資格喪失又は取下げによる終了との議決後の手続　対象弁護士の死亡若しくは資格喪失を理由として手続を終了する旨の議決は，手続が終了したことを確認する意味しかないが，死亡又は資格喪失した場合は，弁護士の身分について

の手続が終了したことを明確にするためにも，日弁連は，その旨及び理由を対象弁護士等，懲戒請求者及び対象弁護士等の所属弁護士会に通知する（法64条の7第2項9号）。同様に，日弁連は，異議の申出が取り下げられた場合は，対象弁護士等及び原弁護士会に対してその旨及びその理由を通知する（懲戒委員会規程73条5項）。

【5】 懲戒処分の効力

1 弁護士会が懲戒しないことを理由とする異議の申出に対し，日弁連が懲戒をした場合，その懲戒処分の効力は弁護士会における懲戒処分の効力と同様である。

弁護士会の処分が不当に軽いことを理由とする異議の申出に対し，日弁連が重い処分をした場合，弁護士会の処分は取り消され，日弁連の処分が効力を持つこととなる。

日弁連が弁護士会の業務停止処分の期間をより長期とした場合，弁護士会の業務停止処分は取り消されるが，二重処罰の禁止の精神により，弁護士会の処分により既に業務を停止させられた期間は，日弁連の業務停止期間に算入されると解すべきである。

弁護士会の戒告又は業務停止の処分に対して，日弁連が退会命令又は除名の処分をしたとき，弁護士会の戒告又は業務停止の処分は取り消されるので，業務停止期間中であるといっても，その効果は消滅し，日弁連の処分があった日に除名等の効果が生ずる。

2 告知時説のもとでは，弁護士会の処分の効力は既に生じているため，日弁連が弁護士会より業務停止期間を長期とした場合には，前述のように弁護士会の業務停止処分期間を算入することができるが，日弁連がより重い処分にするその他の場合は，事実上二つの処分を受けたと同様の不利益が生じ得る。そこで，このような場合は，同一事実につき二重に処罰したことにならないか，また，二重の危険の精神にも反しないかという問題を生ずる。

しかし，法は，弁護士会の懲戒権を1次的なものとしながらも日弁連の懲戒権を別途に認めていること，行審法の適用はないものの，懲戒権の適正な行使を確保するものとして異議の申出制度を設け，日弁連に弁護士会の懲戒処分の見直しをする権限を付与していること，異議の申出手続も懲戒手続の一環であって継続する危険の各部分と考えられること（最大判昭和25・9・27刑集4巻9号1805頁参照）からすれば，異議の申出に基づきより重い処分にすることは，二重処罰や二重の危険に該当しないものと解される。

また，実質的にみても，弁護士会の処分が戒告である場合は著しい不利益とはいえないであろうし，業務停止が退会命令や除名に変更された場合も，当初から右の処分になっていたことを考えれば，重大な不利益とはいえないものと思われる。

【6】 日弁連の決定に対する不服申立て

異議の申出により，対象弁護士等が懲戒された場合（重い処分となった場合も含む）には，対象弁護士等は，法60条により日弁連により懲戒されたことになるので，法61条により，処分取消しの訴えを提起することができる。

一方，異議の申出に対し棄却又は却下の決定があった場合に，異議申出人は裁判所に不服申立てをすることはできない。異議申出権は，申出人の個人的利益や満足のために設けられたものではなく，懲戒権の適正な行使を確保するため，もっぱら公益的見地から認められたものであるから，異議申出人に不服があっても，法に規定がない以上，出訴は認められないのである（同旨，東京高判昭和49・3・28高民集27巻1号53頁。最判昭和38・10・18民集17巻9号1229頁参照）。

（懲戒の処分の通知及び公告）

第64条の6　弁護士会又は日本弁護士連合会は，対象弁護士等を懲戒するときは，対象弁護士等に懲戒の処分の内容及びその理由を書面により通知しなければならない。

2　弁護士会又は日本弁護士連合会は，対象弁護士等を懲戒したときは，速やかに，弁護士会にあつては懲戒請求者，懲戒の手続に付された弁護士法人の他の所属弁護士会及び日本弁護士連合会に，日本弁護士連合会にあつては懲戒請求者及び対象弁護士等の所属弁護士会に，懲戒の処分の内容及びその理由を書面により通知しなければならない。

3　日本弁護士連合会は，弁護士会又は日本弁護士連合会が対象弁護士等を懲戒したときは，遅滞なく，懲戒の処分の内容を官報をもつて公告しなければならない。

【1】 本条の趣旨

平成15年改正前法は，弁護士会又は日弁連の懲戒委員会が懲戒する旨の議決をした後の手続については，異議申出人に対して通知する旨を定めた61条3項の場合を除いて，特に規定を設けておらず，この点は会則等に規定されていた。

本条は，弁護士会又は日弁連が対象弁護士等を懲戒処分したときの通知及び公告について明文をもって規定したものである。

【2】 対象弁護士等に対する通知

1　対象弁護士等に対し通知をする趣旨

本条1項は，弁護士会又は日弁連が対象弁護士等を懲戒するときは，対象弁護士等に懲戒の処分の内容及びその理由を書面により通知しなければならないと規定した。すなわち，懲戒処分をするときは，処分の内容と理由を明らかにすること，それが書面によらなければならないとして，懲戒の処分を受ける者に処分について争う機会を保障した。

本条2項，3項が「懲戒したときは……しなければならない」と規定しているのに対し，本条1項は，「懲戒するときは……しなければならない」と規定していることからすると，本条1項は，単に懲戒処分を行ったときの手続の方法を規定しているだけではなく，書面による通知を懲戒処分の要件とする点についても規定したものと解すべきである。すなわち，懲戒処分は，対象弁護士等に対する行政処分であるので，告知により効力を生ずるものであり，告知は必須である。これまでも弁護士会や日弁連で懲戒処分をする場合は，書面によって処分内容と理由が通知されてきたが，法律上もこれを要件としたものである。従来，弁護士会によっては懲戒処分を言い渡すということが行われてきたが，懲戒処分を口頭で言い渡した後，対象弁護士等が書面の受領を拒否した場合は，これだけでは法律の要件を満たしていないので注意が必要である。

2　通知の内容

書面による通知には，「懲戒の処分の内容及びその理由」が記載されていなければならない。「懲戒の処分の内容」とは，法57条に規定する懲戒の処分の種類，業務停止処分の場合はその期間をいう。

行政手続法14条1項は，行政庁が不利益処分をする場合はその理由を示さなければならない旨規定するが，弁護士に対する懲戒処分は不利益処分であるから，本条もこれと同様に書面により懲戒の処分の理由を通知する旨規定したものである。懲戒委員会は議決をしたときには，理由を付した議決書を作成しなければならず（法67条の2），多くの弁護士会は懲戒書を作成し，この正本を対象弁護士等に通知しているが，懲戒書には議決書の謄本が添付されている。日弁連は，議決書の謄本を添付して通知している（懲戒委員会規程75条1項）。

【3】 懲戒請求者等への通知

本条2項は，弁護士会又は日弁連が懲戒処分をしたときは，処分の内容と理由を懲戒請求者等に通知することを規定した。

1　弁護士会のする通知

⑴　通知の名宛人　　弁護士会が懲戒の処分をしたときに通知をするのは，懲戒請求者，懲戒の手続に付された弁護士法人の他の所属弁護士会及び日弁連に対してである。

⑵ 懲戒請求者への通知　懲戒請求者は，懲戒手続の当事者ではないが，公益的見地から認められた懲戒請求を行っている地位にある者である。また，懲戒請求者には，異議の申出が認められており，異議の申出を行うための実質的機会を保障するためにも，手続の重要な場面で通知をしてその内容を知らせることは必要である。また，懲戒手続の透明性の確保という見地からも，重要な場面での通知は必須となるものである。

ここにいう懲戒請求者に懲戒請求を取り下げた者が含まれるか問題となる。懲戒請求を取り下げた者が異議の申出ができるかについての論点と同様，懲戒請求を取り下げた者は，懲戒請求者としての権利を放棄したものと解されるから，これに含まれないと解すべきである。従って，懲戒請求を取り下げた者には本条2項の通知をする必要はない。

⑶ 弁護士法人の他の所属弁護士会への通知　弁護士法人は，従たる法律事務所を設置することができるから，複数の弁護士会に所属することとなる場合がある。弁護士会は，所属する弁護士法人を指導，監督するものであるから，当該弁護士法人が他の弁護士会から懲戒の処分を受けたことを知ることは，指導，監督を行う上で重要なものである。従って，弁護士法人を懲戒したときには，当該弁護士法人の他の所属弁護士会へ通知する旨を規定した。

⑷ 日弁連への通知　日弁連は，会員であるすべての弁護士及び弁護士法人に対して懲戒権を有し，指導，監督を行う機関であり，また，弁護士会に対しても指導，連絡，監督を行う機関である。従って，弁護士会の懲戒手続の内容や進行状況について把握する必要がある。また，本条3項の公告を行うためにも，弁護士会の懲戒の処分の内容を知る必要があるので，日弁連への通知が規定されたものである。

⑸ 会則等で定める通知先　弁護士法で定めるほか，日弁連会則は，弁護士会が懲戒処分をしたときは，懲戒処分が戒告である場合を除き，遅滞なく最高裁判所，検事総長及び会規で定めるその他の官公署に対して，その旨及びその内容を通知するよう定めている（会則68条の3第1項）。

そして，日弁連の懲戒処分の公告及び公表等に関する規程では，関係官公署を①最高裁判所及び検事総長，②対象弁護士等の所属する弁護士会の地域を管轄する高等裁判所並びにその地域内（当該高等裁判所の管轄する地域内）の各地方裁判所及び各家庭裁判所，③対象弁護士等の所属する弁護士会の地域を管轄する高等検察庁の検事長及びその地域内（当該高等検察庁の管轄する地域内）の各地方検察庁の検事正，④対象弁護士等の所属する弁護士会の地域を管轄する地方裁判所の地域内の各簡易裁判所，⑤対象弁護士等の所属する弁護士会の地域を管轄する地方検察庁の地域内の各区検察庁の上席検察官と定めた上（2条6号），弁護士会が懲戒処分をしたときは，懲戒処分が戒告である場合を除いて，関係官公署に対して，一定の事項を通知しなければならないとしている（同規程4条）。更に，通知先として，上記の関係官公署以外に日本司法支援センターが挙げられている。

(6) 通知する事項　通知する内容は，本条1項と同様に，懲戒の処分の内容及びその理由である。上記の各通知先に対しても，理由を付するのは，懲戒の処分の内容のみでは，上記の懲戒請求者，日弁連等がその目的上必要な情報を得ることができないからである。

複数の懲戒請求者が同一の弁護士に対してそれぞれ異なる事由に基づいて懲戒請求をしている場合，懲戒請求者には議決書の謄本ではなく抄本を添える旨の規定が置かれている弁護士会が多い。これは懲戒請求者各人のプライバシーを配慮してのものである。

このほか，日弁連の会規上は次のような規定があり，通知の内容が詳細に定められている。

日弁連の弁護士会の懲戒の通知に関する規程4条は，弁護士会が対象弁護士等を懲戒したときは，日弁連に次の事項を書面により決定書及び懲戒委員会の議決書の謄本を添えて通知しなければならず，また，弁護士法人を懲戒した場合で，その弁護士法人に他の所属弁護士会があるときは，当該弁護士会にも次の事項を通知しなければならないとしている。

① 弁護士の場合はその氏名（職務上の氏名を使用している者については，職務上の氏名を併記する），登録番号，事務所及び住所

② 弁護士法人の場合はその名称，届出番号，主たる法律事務所及び懲戒に係る法律事務所（対象弁護士法人の法律事務所のうち，懲戒の処分が除名又は弁護士法人の業務停止の場合はすべての法律事務所，退会命令の場合は退会命令に係る弁護士会の地域内のすべての法律事務所，弁護士法人の法律事務所の業務停止の場合は業務停止に係る法律事務所をいう）の名称及び所在場所並びに主たる法律事務所の所在する地域の所属弁護士会の名称

③ 懲戒の処分の内容及びその理由

④ 懲戒委員会の議決の年月日

⑤ 懲戒の処分が効力を生じた年月日

⑥ 懲戒請求者に決定が通知された年月日

また，日弁連の懲戒処分の公告及び公表等に関する規程4条は，弁護士会が懲戒処分をしたときは，懲戒処分が戒告である場合を除いて，関係官公署及び日本司法支援センターに対して，次の事項を通知しなければならないとしている。

① 懲戒の処分をした弁護士会の名称

② 弁護士の場合はその氏名（職務上の氏名を使用している者については，職務上の氏名を併記する），登録番号及び事務所

③ 弁護士法人の場合はその名称，届出番号並びに主たる法律事務所，懲戒に係る法律事務所及びその他の法律事務所の名称及び所在場所並びにそれらの所属弁護士会の名称

④ 懲戒の処分の内容

⑤ 懲戒の処分が効力を生じた年月日

2 日弁連のする通知

日弁連が懲戒の処分をしたときは，懲戒請求者及び対象弁護士等の所属弁護士会に対して処分の内容及びその理由を書面で通知しなければならない（本条2項）。

懲戒請求者が複数人いる場合で，そのうち一部の者のみが異議の申出をした場合，異議の申出をしなかった懲戒請求者に対しても本条の通知をするのか。懲戒請求者のうち，異議の申出をしなかった者との関係においては，懲戒の手続は結了しているといえるから，異議の申出をしなかった者は，本条の「懲戒請求者」には含まれないと解すべきであろう。

日弁連会則は，日弁連が法60条5項に基づき懲戒処分をした場合は，懲戒処分が戒告であるときを除き，遅滞なく最高裁判所，検事総長及び会規で定めるその他の官公署に対して，その旨及びその内容を通知するよう定めている（会則68条の3第2項）。「その他の官公署」の意義は，弁護士会のする通知で述べたところと同様である。

また，日弁連の懲戒処分の公告及び公表等に関する規程では，日弁連が懲戒処分をしたときは，懲戒処分が戒告である場合を除いて，関係官公署及び日本司法支援センターに対して，次の事項を通知しなければならないとしている（5条）。

(1) 日弁連が法60条の規定により懲戒処分をしたとき

① 日弁連が懲戒の処分をした旨

② 弁護士の場合はその氏名（職務上の氏名を使用している者については，職務上の氏名を併記する），登録番号，事務所及び所属弁護士会の名称

③ 弁護士法人の場合はその名称，届出番号並びに主たる法律事務所及び懲戒に係る法律事務所の名称及び所在場所並びにそれらの所属弁護士会の名称

④ 懲戒の処分の内容

⑤ 懲戒の処分が効力を生じた年月日

(2) 日弁連が法64条の5第2項又は4項の規定により異議の申出があった事案について懲戒処分をしたとき

① 日弁連が懲戒の処分をした旨

② 原弁護士会の名称
③ 弁護士の場合はその氏名（職務上の氏名を使用している者については，職務上の氏名を併記する），登録番号及び事務所
④ 弁護士法人の場合はその名称，届出番号並びに主たる法律事務所及び懲戒に係る法律事務所の名称及び所在場所並びにそれらの所属弁護士会の名称
⑤ 原弁護士会がした懲戒の処分の内容又は懲戒しない決定をした旨
⑥ 原弁護士会がした懲戒の処分又は懲戒しない旨の決定が効力を生じた年月日
⑦ 日弁連がした懲戒の処分の内容
⑧ 日弁連がした懲戒の処分が効力を生じた年月日

【4】 公　告

1 本条3項は，弁護士会又は日弁連が懲戒処分をしたときは日弁連は処分の内容を官報に公告しなければならないことを規定した。同様の規定は，例えば，司法書士については司法書士法51条に，弁理士については弁理士法36条に，税理士については税理士法48条に設けられている。

従来，日弁連は懲戒処分の周知方法として，機関雑誌である「自由と正義」に処分の理由の要旨を付して掲載するのみであり，官報公告はなされていなかった。平成15年改正法は新たに官報に公告する旨規定して弁護士及び弁護士法人の懲戒処分について広く国民に周知させることとしたものである。

これを受けて，日弁連会則68条は，弁護士会及び日弁連による弁護士及び弁護士法人の懲戒に関する事項を，会規で定めるところにより，官報及び機関雑誌に掲載して公告すると規定した。

更に，日弁連の懲戒処分の公告及び公表等に関する規程では，公告する場合，公告する媒体，公告する事項を詳細に規定した（3条）。後述のとおり，官報公告には，処分の理由の要旨は公告されないが，これは処分の理由を正確に要約するには時間を要し，これでは公告の迅速性を害すること，処分の理由の要旨は長文になることも多く官報に掲載するには適さないからである。

公告をするのは，日弁連のみであり，弁護士会が懲戒処分をした場合は，弁護士会は日弁連に通知し日弁連が公告をすることとなる。

2 弁護士会が懲戒処分をした場合の公告事項

同規程によると，弁護士会が懲戒処分をした場合，公告は次のとおりなされる。

(1) 官報公告

① 懲戒の処分をした弁護士会の名称
② 弁護士の場合はその氏名（職務上の氏名を使用している者については，職務上の氏

名を併記する），登録番号及び事務所

③　弁護士法人の場合はその名称，届出番号並びに主たる法律事務所及び懲戒に係る法律事務所の名称及び所在場所並びにそれらの所属弁護士会の名称

④　懲戒の処分の内容

⑤　懲戒の処分が効力を生じた年月日

⑵　機関雑誌

①　懲戒の処分をした弁護士会の名称

②　弁護士の場合はその氏名（職務上の氏名を使用している者については，職務上の氏名を併記する），登録番号及び事務所

③　弁護士法人の場合はその名称，届出番号並びに主たる法律事務所，懲戒に係る法律事務所及びその他の法律事務所の名称及び所在場所並びにそれらの所属弁護士会の名称

④　懲戒の処分の内容及び理由の要旨

⑤　懲戒の処分が効力を生じた年月日

3　日弁連が懲戒処分をした場合の公告事項

日弁連が懲戒処分をした場合，公告は次のとおりなされる。

⑴　日弁連が法60条の規定により懲戒処分をしたとき

(イ)　官報公告

①　日弁連が懲戒の処分をした旨

②　弁護士の場合はその氏名（職務上の氏名を使用している者については，職務上の氏名を併記する），登録番号，事務所及び所属弁護士会の名称

③　弁護士法人の場合はその名称，届出番号並びに主たる法律事務所及び懲戒に係る法律事務所の名称及び所在場所並びにそれらの所属弁護士会の名称

④　懲戒の処分の内容

⑤　懲戒の処分が効力を生じた年月日

(ロ)　機関雑誌

①　日弁連が懲戒の処分をした旨

②　弁護士の場合はその氏名（職務上の氏名を使用している者については，職務上の氏名を併記する），登録番号，事務所及び所属弁護士会の名称

③　弁護士法人の場合はその名称，届出番号並びに主たる法律事務所，懲戒に係る法律事務所及びその他の法律事務所の名称及び所在場所並びにそれらの所属弁護士会の名称

④　懲戒の処分の内容及び理由の要旨

⑤　懲戒の処分が効力を生じた年月日

(2)　日弁連が法64条の5第2項又は4項の規定により異議の申出があった事案について懲戒処分をしたとき

(イ)　官報公告

①　日弁連が懲戒の処分をした旨

②　原弁護士会の名称

③　弁護士の場合はその氏名（職務上の氏名を使用している者については，職務上の氏名を併記する），登録番号及び事務所

④　弁護士法人の場合はその名称，届出番号並びに主たる法律事務所及び懲戒に係る法律事務所の名称及び所在場所並びにそれらの所属弁護士会の名称

⑤　原弁護士会がした懲戒の処分の内容又は懲戒しない決定をした旨

⑥　原弁護士会がした懲戒の処分又は懲戒しない旨の決定が効力を生じた年月日

⑦　日弁連がした懲戒の処分の内容

⑧　日弁連がした懲戒の処分が効力を生じた年月日

(ロ)　機関雑誌

①　日弁連が懲戒の処分をした旨

②　原弁護士会の名称

③　弁護士の場合はその氏名（職務上の氏名を使用している者については，職務上の氏名を併記する），登録番号及び事務所

④　弁護士法人の場合はその名称，届出番号並びに主たる法律事務所，懲戒に係る法律事務所及びその他の法律事務所の名称及び所在場所並びにそれらの所属弁護士会の名称

⑤　原弁護士会がした懲戒の処分の内容又は懲戒しない決定をした旨

⑥　原弁護士会がした懲戒の処分又は懲戒しない旨の決定が効力を生じた年月日

⑦　日弁連がした懲戒の処分の内容及び理由の要旨

⑧　日弁連がした懲戒の処分が効力を生じた年月日

4　弁護士法が規定する場合以外に公告をする場合

本条3項は，弁護士会又は日弁連が懲戒処分をしたときに公告することを義務づけているが，日弁連の懲戒処分の公告及び公表等に関する規程は，これ以外の場合であっても公告する旨を規定している。本条3項が規定する以外に日弁連が公告するのは次の場合である（同規程3条）。この場合の公告媒体も官報及び機関雑誌であ

る。

① 日弁連が法59条の審査請求について却下し，又は棄却する旨の裁決をしたとき。

② 日弁連が法59条の審査請求について懲戒処分を取り消し，又は変更する旨の裁決をしたとき。

③ 日弁連が原弁護士会がした懲戒処分の効力停止の決定をし，又はその効力停止の決定を取り消したとき。

④ 日弁連がした法59条の裁決についての取消しの訴えに関して裁判が確定したとき。

⑤ 日弁連がした懲戒の処分についての取消しの訴えに関して裁判が確定したとき。

⑥ 日弁連がした懲戒の処分について効力を停止し，又は効力停止の決定を取り消す旨の裁判があったとき。

【5】 公　表

法は，懲戒処分に関する公表その他懲戒手続に関する公表に関しては，何らの規定も設けていないが，日弁連の懲戒処分の公告及び公表等に関する規程は，公表に関しても規定を設けている。ここで公表とは，弁護士会館内の掲示場に掲示したり，記者発表をすること等をいい，通知や公告とは別の概念である。

1 懲戒処分の公表

弁護士会は，所属の弁護士又は弁護士法人を懲戒したときは，次の事項を公表することができる（同規程6条）。

① 懲戒の処分をした弁護士会の名称

② 弁護士の場合はその氏名（職務上の氏名を使用している者については，職務上の氏名を併記する），登録番号及び事務所

③ 弁護士法人の場合はその名称，届出番号並びに主たる法律事務所，懲戒に係る法律事務所及びその他の法律事務所の名称及び所在場所並びにそれらの所属弁護士会の名称

④ 懲戒の処分の内容及び理由の要旨

⑤ 懲戒の処分が効力を生じた年月日

⑥ 以上のほか特に必要と認める事項

また，日弁連が懲戒処分をする等公告をすべき場合も，日弁連は懲戒処分に関し機関雑誌に掲載する事項と同じ内容を公表することができる（同規程7条）。但し，懲戒処分が戒告である場合は，国民の信頼を確保するために必要と認めるときに限り公表することができる。

2 懲戒の手続に付された事案の事前公表

弁護士会は，いまだ懲戒処分がなされていない段階であっても，当該弁護士会の会則又は会規の定めるところに従い，所属の弁護士又は弁護士法人につき綱紀委員会に事案の調査を求めた段階で，又は懲戒委員会に事案の審査を求めた段階で一定事項を公表することができる（同規程8条）。これは，例えば当該弁護士による非行が広範囲にわたっており当該弁護士が懲戒手続に付されている事実ないし事案の概要を公表しないと，被害が広がるおそれがあるような場合に行うものである。

公表される内容は，弁護士の場合は，氏名（職務上の氏名を使用している者については，職務上の氏名を併記する），登録番号，事務所，事案の概要等である。弁護士法人の場合は，名称，届出番号並びに主たる法律事務所，懲戒に係る法律事務所及びその他の法律事務所の名称及び所在場所並びにそれらの所属弁護士会の名称，事案の概要等である。

日弁連についても同様に，日弁連が綱紀委員会に事案の調査を求めた場合又は懲戒委員会に事案の審査を求めた場合であって，日弁連又は弁護士及び弁護士法人に対する国民の信頼を確保するために緊急かつ特に必要と認めるときは，弁護士会の場合と同様の事項を公表することができる（同規程9条）。

【6】 懲戒処分歴の開示

これも法に規定があるものではないが，日弁連の会則・会規による独自の制度として，過去の懲戒処分歴の開示制度が設けられている（会則68条の2第3項，懲戒処分歴の開示に関する規程（会規87号））。弁護士に事件を依頼しようとする市民への情報提供を目的とするものである。

この制度では，弁護士又は弁護士法人に対して現に法律事務の依頼若しくは委嘱をし，又は依頼若しくは委嘱をしようとする者が，弁護士等の懲戒処分歴の開示を請求し得るものとされている（同規程2条）。また，開示請求の宛先は，弁護士会が行った懲戒処分を含めて，日弁連である（同規程2条）。開示する懲戒処分歴の種類及び内容については，会規においてその詳細が規定されている（同規程3条・4条）。開示請求がなされた場合，日弁連は，開示請求が所定の要件を満たし，また，開示を必要とする理由が不当と認められる場合でない限り，請求者に対し，過去の懲戒処分歴に関する所定の事項を配達証明取扱いの書留郵便をもって通知する（同規程6条）。なお，弁護士等は，日弁連に対し，過去3年間における自己についての懲戒処分歴の開示請求の有無を照会することができるものとされている（同規程8条）。

（懲戒の手続に関する通知）

第64条の7　弁護士会は，その懲戒の手続に関し，次の各号に掲げる場合には，速やかに，対象弁護士等，懲戒請求者，懲戒の手続に付された弁護士法人の他の所属弁護士会及び日本弁護士連合会に，当該各号に定める事項を書面により通知しなければならない。

一　綱紀委員会に事案の調査をさせたとき又は懲戒委員会に事案の審査を求めたとき　その旨及び事案の内容

二　対象弁護士等を懲戒しない旨の決定をしたとき　その旨及びその理由

三　懲戒委員会又はその部会が，同一の事由について刑事訴訟が係属していることにより懲戒の手続を中止したとき又はその手続を再開したとき　その旨

四　懲戒の手続に付された弁護士が死亡したこと又は弁護士でなくなつたことにより懲戒の手続が終了したとき　その旨及びその理由

2　日本弁護士連合会は，その懲戒の手続に関し，次の各号に掲げる場合には，速やかに，対象弁護士等，懲戒請求者及び対象弁護士等の所属弁護士会に，当該各号に定める事項を書面により通知しなければならない。

一　綱紀委員会に事案の調査をさせたとき又は懲戒委員会に事案の審査を求めたとき　その旨及び事案の内容

二　対象弁護士等を懲戒しない旨の決定をしたとき　その旨及びその理由

三　綱紀委員会に異議の審査を求めたとき，綱紀審査会に綱紀審査を求めたとき又は懲戒委員会に異議の審査を求めたとき　その旨

四　第64条の2第2項又は第64条の4第2項の規定により原弁護士会に事案を送付したとき　その旨及びその理由

五　原弁護士会に対し，速やかに懲戒の手続を進め，対象弁護士等を懲戒し，又は懲戒しない旨の決定をするよう命じたとき　その旨及びその理由

六　異議の申出を却下し，又は棄却する決定をしたとき　その旨及びその理由

七　綱紀審査の申出を却下し，又は棄却する決定をしたとき　その旨及びその理由

八　懲戒委員会又はその部会が，同一の事由について刑事訴訟が係属していることにより懲戒の手続を中止したとき又はその手続を再開したとき　その旨

九　懲戒の手続に付された弁護士が死亡したこと又は弁護士でなくなつたこ

とにより懲戒の手続が終了したとき　その旨及びその理由

【1】 本条の趣旨

従来，懲戒手続における通知に関しては，詳細な規定は設けられていなかったが，平成15年改正法は，本条で弁護士会又は日弁連が対象弁護士等を懲戒したとき以外の懲戒の手続に関する通知について詳細な規定を設けた。

【2】 弁護士会がする通知

弁護士会は，その懲戒の手続について，次のとおり，対象弁護士等，懲戒請求者，懲戒の手続に付された弁護士法人の他の所属弁護士会及び日弁連に対して，速やかに書面により通知しなければならない（本条1項）。ここにいう懲戒請求者に懲戒請求を取り下げた者が含まれないことは，法64条の6の解説で述べたのと同様である。

① 綱紀委員会に事案の調査をさせたとき又は懲戒委員会に事案の審査を求めたときは，その旨及び事案の内容（1号）。

これは，対象弁護士等の防御権の確保のため，及び懲戒請求者に手続の進行状況を把握させるためである。

② 対象弁護士等を懲戒しない旨の決定をしたときは，その旨及びその理由（2号）。

懲戒しない旨の決定は，弁護士会としての最終判断であるので，当事者である対象弁護士等はもちろん，懲戒請求者，懲戒の手続に付された弁護士法人の他の所属弁護士会及び日弁連は当然これを知っておく必要があるため，通知が必要とされたものである。対象弁護士等にとっては，この決定がなされたときは登録取消しや登録換えが可能となるため重要である。懲戒請求者にとっては，異議の申出との関係で重要である。

③ 懲戒委員会又はその部会が同一の事由について刑事訴訟が係属していることにより懲戒の手続を中止したとき又はその手続を再開したときは，その旨（3号）。

懲戒請求者は，相当期間内に懲戒の手続が終了しないときはそれを理由に異議の申出ができるのであるから，同人に対しては，法律の手続により懲戒手続が中止していることを通知する必要がある。また，再開された場合にも，相当期間内に手続を終了しないときの異議の申出を実質的に保障する意味から再開を通知する必要がある。対象弁護士等，懲戒の手続に付された弁護士法人の他の所属弁護士会及び日弁連についても，手続の進行状況を把握しておく必要があるから通知の必要がある。

④ 懲戒の手続に付された弁護士が死亡したこと又は弁護士でなくなったこと

により懲戒の手続が終了したときは，その旨及びその理由（4号）。

ここで「弁護士でなくなった」とは，欠格事由により弁護士資格を当然に失った場合と，法13条1項の登録取消しの請求が確定した場合がある。懲戒の手続が終了したことは，対象弁護士等にとっても，懲戒請求者にとっても，日弁連にとっても，重要な事実であるから，これを通知することとした。なお，死亡の場合は対象弁護士は存在しないからこれに対する通知は必要ない。

【3】 日弁連の会規が定める弁護士会がする通知

日弁連の弁護士会の懲戒の通知に関する規程では次のとおり，更に詳しく通知事項を定めている。

(1) 弁護士会が綱紀委員会に調査をさせたことの通知

① 通知先

日弁連及び対象となっている弁護士法人に他の所属弁護士会があるときはその弁護士会

② 通知内容

ア 弁護士の場合はその氏名（職務上の氏名を使用している者については，職務上の氏名を併記する），登録番号，事務所及び住所

イ 弁護士法人の場合はその名称，届出番号，主たる法律事務所及び懲戒の事由に係る法律事務所の名称及び所在場所並びに主たる法律事務所の所在する地域において所属する弁護士会の名称

ウ 綱紀委員会に事案の調査をさせた旨

エ 懲戒請求者の氏名又は名称及び住所

オ 懲戒の請求をした年月日

カ 綱紀委員会に事案の調査をさせた年月日

キ 事案の概要

(2) 弁護士会が懲戒委員会に審査を求めたことの通知

① 通知先

日弁連及び対象となっている弁護士法人に他の所属弁護士会があるときはその弁護士会

② 通知内容

ア 弁護士の場合はその氏名（職務上の氏名を使用している者については，職務上の氏名を併記する），登録番号，事務所及び住所

イ 弁護士法人の場合はその名称，届出番号，主たる法律事務所及び懲戒の事由に係る法律事務所の名称及び所在場所並びに主たる法律事務所の所在

する地域において所属する弁護士会の名称

ウ　懲戒委員会に事案の審査を求めた旨

エ　綱紀委員会の議決及び事案の内容（綱紀委員会の議決書の謄本を添えてする）

オ　綱紀委員会の議決の年月日

カ　懲戒委員会に事案の審査を求めた年月日

(3)　弁護士会が懲戒しない旨の決定をした旨の通知

①　通知先

日弁連及び対象となっている弁護士法人に他の所属弁護士会があるときはその弁護士会

②　通知内容（決定書及び議決書の謄本を添えて通知する）

ア　弁護士の場合はその氏名（職務上の氏名を使用している者については，職務上の氏名を併記する），登録番号，事務所及び住所

イ　弁護士法人の場合はその名称，届出番号，主たる法律事務所及び懲戒の事由に係る法律事務所の名称及び所在場所並びに主たる法律事務所の所在する地域において所属する弁護士会の名称

ウ　懲戒しない旨及びその理由

エ　綱紀委員会又は懲戒委員会の議決の年月日

オ　決定の年月日

カ　懲戒請求者に決定が通知された年月日

(4)　弁護士会が対象弁護士の死亡又は資格喪失により手続を終了した旨の通知

①　通知先

日弁連

②　通知内容（決定書の謄本を添えて通知する）

ア　弁護士の氏名（職務上の氏名を使用している者については，職務上の氏名を併記する），登録番号，事務所及び住所

イ　懲戒の手続が終了した旨及びその理由

ウ　決定の年月日

(5)　弁護士会がする刑事訴訟の係属による手続の中止等の通知

①　通知先

日弁連

②　通知内容（決定書の謄本を添えて通知する）

ア　弁護士の場合はその氏名（職務上の氏名を使用している者については，職務上の氏名を併記する），登録番号，事務所及び住所

イ　弁護士法人の場合はその名称，届出番号，主たる法律事務所及び懲戒の

事由に係る法律事務所の名称及び所在場所並びに主たる法律事務所の所在する地域において所属する弁護士会の名称

ウ　懲戒の手続を中止し，又は再開した旨及びその理由

エ　決定の年月日

オ　懲戒請求者に決定が通知された年月日

【4】 日弁連がする通知

日弁連は，その懲戒の手続について，次のとおり，対象弁護士等，懲戒請求者及び対象弁護士等の所属弁護士会に対して，速やかに書面により通知しなければならない（本条2項）。懲戒請求者に異議の申出や綱紀審査の申出を取り下げた者を含まないことは弁護士会がする通知で述べたのと同様である。

① 綱紀委員会に事案の調査をさせたとき又は懲戒委員会に事案の審査を求めたときは，その旨及び事案の内容（1号）。

綱紀委員会に事案の調査をさせたときとは，日弁連が法60条に基づき自ら対象弁護士等を懲戒の手続に付したことをいう。懲戒委員会に事案の審査を求めたときとは，日弁連が法60条に基づき綱紀委員会の調査を経て懲戒委員会に事案の審査をさせるときのほか，対象弁護士等からの審査請求に基づき懲戒委員会に事案の審査をさせる場合が含まれる。

② 対象弁護士等を懲戒しない旨の決定をしたときは，その旨及びその理由（2号）。

これは日弁連が自ら懲戒の手続に付した場合で，懲戒しない旨の決定をした場合と，対象弁護士等の審査請求に基づき懲戒委員会で審査した結果，懲戒しない旨の議決に基づきその旨の決定をした場合の規定である。本条1項2号の場合と同様，懲戒しない旨の決定は，対象弁護士等にとっては，登録取消しや登録換えが可能となるため重要である。

③ 綱紀委員会に異議の審査を求めたとき，綱紀審査会に綱紀審査を求めたとき又は懲戒委員会に異議の審査を求めたときは，その旨（3号）。

懲戒請求者からの異議の申出又は綱紀審査の申出に基づき，綱紀委員会，綱紀審査会又は懲戒委員会に対して審査を求めた場合の規定である。対象弁護士等の防御権の確保又は懲戒請求者に手続の進行状況を把握させるために通知が必要となる。

④ 対象弁護士等を懲戒しない旨の決定をしたことに関する異議の申出について綱紀委員会の議決に基づいて事案を原弁護士会に送付したとき又は綱紀審査の申出について綱紀審査会の議決に基づいて事案を原弁護士会に送付したときは，その旨及びその理由（4号）。

その趣旨は③と同様である。

⑤ 原弁護士会に対し，速やかに懲戒の手続を進め，対象弁護士等を懲戒し，又は懲戒しない旨の決定をするよう命じたときは，その旨及びその理由（5号）。

これは，日弁連がいわゆる相当期間異議を認容した場合の通知である。

⑥ 異議の申出を却下し，又は棄却する決定をしたときは，その旨及びその理由（6号）。

②の場合と同様，この場合は，対象弁護士等にとっては，この決定の後に登録取消しや登録換えが可能となるため重要であり，異議申出人にとって更なる不服申立て（綱紀審査の申出）の機会がある場合にはその申出との関係で重要である。

⑦ 綱紀審査の申出を却下し，又は棄却する決定をしたときは，その旨及びその理由（7号）。

綱紀審査の申出が却下又は棄却となった場合は，懲戒手続がこれで終了することとなり，対象弁護士等，懲戒請求者（綱紀審査の申出をした者），所属弁護士会のいずれにとっても重要な事実であるから通知の必要がある。

⑧ 懲戒委員会又はその部会が同一の事由について刑事訴訟が係属していることにより懲戒の手続を中止したとき又はその手続を再開したときは，その旨（8号）。

本条1項3号と同様，対象弁護士等，懲戒請求者，所属弁護士会にとって，懲戒手続の進行状況は重要であるし，特に懲戒請求者の相当期間異議を実質的に保障する上で通知は必要となる。

⑨ 懲戒の手続に付された弁護士が死亡したこと又は弁護士でなくなったことにより懲戒の手続が終了したときは，その旨及びその理由（9号）。

本条1項4号と同様の規定である。

【5】 日弁連の会規による官公署への通知

日弁連の懲戒処分の公告及び公表等に関する規程5条によると，上記のほかに日弁連は，懲戒の手続について次の場合に次の事項を関係官公署及び日本司法支援センターに通知しなければならない。ここで，関係官公署とは，法64条の6の解説で述べたものと同様である。

(1) 日弁連が，法59条の審査請求について却下し，又は棄却する旨の裁決をしたとき。戒告についての審査請求の場合を除く。

① 日弁連が審査請求について却下し，又は棄却する旨の裁決をした旨

② 原弁護士会の名称

③　対象弁護士等の氏名（職務上の氏名を使用している者については，職務上の氏名を併記する）又は名称及び登録番号又は届出番号

④　原弁護士会がした懲戒の処分の内容

⑤　原弁護士会がした懲戒の処分が効力を生じた年月日

⑥　裁決が効力を生じた年月日

(2)　日弁連が，法59条の審査請求について懲戒処分を取り消し，又は変更する旨の裁決をしたとき。戒告についての審査請求の場合を除く。

①　日弁連が審査請求についての裁決をした旨及びその内容

②　原弁護士会の名称

③　対象弁護士等の氏名（職務上の氏名を使用している者については，職務上の氏名を併記する）又は名称及び登録番号又は届出番号

④　原弁護士会がした懲戒の処分の内容

⑤　原弁護士会がした懲戒の処分が効力を生じた年月日

⑥　裁決が効力を生じた年月日

(3)　日弁連が，原弁護士会がした懲戒の処分の効力停止の決定をし，又はその効力停止の決定を取り消したとき。

①　原弁護士会がした懲戒の処分の効力を停止し，又は効力の停止を取り消した旨

②　原弁護士会の名称

③　対象弁護士等の氏名（職務上の氏名を使用している者については，職務上の氏名を併記する）又は名称及び登録番号又は届出番号

④　原弁護士会がした懲戒の処分の内容

⑤　原弁護士会がした懲戒の処分が効力を生じた年月日

⑥　懲戒の処分の効力を停止し，又は効力の停止を取り消した年月日

(4)　日弁連がした法59条の裁決についての取消しの訴えに関して裁判が確定したとき。戒告についての審査請求に対する裁決に対する取消しの訴えの判決の確定の場合を除く。

①　裁判所の名称

②　裁判の内容

③　日弁連がした法59条の審査請求についての裁決及びその内容

④　原弁護士会の名称

⑤　対象弁護士等の氏名（職務上の氏名を使用している者については，職務上の氏名を併記する）又は名称及び登録番号又は届出番号

⑥　原弁護士会がした懲戒の処分の内容

⑦　原弁護士会がした懲戒の処分が効力を生じた年月日

⑧　裁決が効力を生じた年月日

⑨　裁判がされた年月日及び裁判が確定した旨

(5)　日弁連がした懲戒の処分についての取消しの訴えに関して裁判が確定したとき。戒告の懲戒処分に対する取消しの訴えの判決の確定の場合を除く。

①　裁判所の名称

②　裁判の内容

③　日弁連がした懲戒の処分の内容

④　対象弁護士等の氏名（職務上の氏名を使用している者については，職務上の氏名を併記する）又は名称及び登録番号又は届出番号

⑤　対象弁護士等の所属弁護士会の名称

⑥　日弁連がした懲戒の処分が効力を生じた年月日

⑦　裁判がされた年月日及び裁判が確定した旨

(6)　日弁連がした懲戒の処分について効力を停止し，又は効力停止の決定を取り消す旨の裁判があったとき。

①　裁判所の名称

②　日弁連がした懲戒の処分の効力を停止し，又は効力停止の決定を取り消した旨

③　日弁連がした懲戒の処分の内容

④　対象弁護士等の氏名（職務上の氏名を使用している者については，職務上の氏名を併記する）又は名称及び登録番号又は届出番号

⑤　対象弁護士等の所属弁護士会の名称

⑥　日弁連がした懲戒の処分が効力を生じた年月日

⑦　懲戒の処分の効力を停止し，又は効力の停止を取り消した年月日

(7)　原弁護士会がした懲戒の処分であって，日弁連が法59条の審査請求を却下し，若しくは棄却する旨の裁決をしたものについて効力を停止し，又は効力停止の決定を取り消す旨の裁判があったとき。

①　裁判所の名称

②　原弁護士会がした懲戒の処分の効力を停止し，又は効力停止の決定を取り消した旨

③　原弁護士会がした懲戒の処分の内容

④　対象弁護士等の氏名（職務上の氏名を使用している者については，職務上の氏名を併記する）又は名称及び登録番号又は届出番号

⑤　対象弁護士等の所属弁護士会の名称

⑥　原弁護士会がした懲戒の処分が効力を生じた年月日

⑦　懲戒の処分の効力を停止し，又は効力停止の決定を取り消した年月日

第3節　懲戒委員会

（懲戒委員会の設置）

第65条　各弁護士会及び日本弁護士連合会にそれぞれ懲戒委員会を置く。

2　懲戒委員会は，その置かれた弁護士会又は日本弁護士連合会の求めにより，その所属の弁護士又は弁護士法人の懲戒に関して必要な審査をする。

【1】 本条の趣旨

本条は，弁護士会及び日弁連に懲戒委員会を必要的に置くこと，並びに懲戒委員会の権限が，弁護士会又は日弁連の求めによって，所属弁護士（弁護士法人）の懲戒に関する審査を行うものであることを規定する。なお，本条は，平成15年改正において，他の条と表記が統一されたほか，内容面での改正はない。

【2】 懲戒委員会の設置

懲戒委員会は，各弁護士会と日弁連に置かれることとなっている。法文上は「置く」となっているが，弁護士（弁護士法人）の懲戒は，懲戒委員会の議決に基づかなければならないのであるから（法58条5項），設置は必要的である。また，懲戒委員会に関する規定は，弁護士会会則の必要的記載事項となっている（法33条2項8号）。従って，懲戒委員会を置かずに，例えば，常議員会の議決に基づくものとすることは，本条に違反するものである。

日弁連にも懲戒委員会が置かれるのは，現行法上，①弁護士会が，所属弁護士（弁護士法人）に対してなした懲戒について，処分を受けた弁護士（弁護士法人）からの行審法に基づく審査請求に対する法59条1項による審査手続，②日弁連が，自ら弁護士（弁護士法人）を懲戒することを適当と認めたときに審理を行う手続である法60条による懲戒手続，③弁護士会が懲戒委員会の議決に基づきその所属弁護士（弁護士法人）を懲戒しなかったとき，又は弁護士会の懲戒委員会が相当の期間内に懲戒の手続を終えないとき，あるいは弁護士会の懲戒処分が不当に軽いと思料するときに，懲戒請求者が日弁連に対して異議の申出をなし，これを審理する手続について，審査をなすことが予定されているからである。

【3】 懲戒委員会の任務

懲戒委員会の任務は，その置かれた弁護士会又は日弁連の求めにより，その所属の弁護士（弁護士法人）の懲戒に関して必要な審査をすることである。「求めにより」というのは，懲戒委員会の審査は，弁護士会又は日弁連の求めがあって初めて開始されることを意味するから，懲戒委員会が自発的に審査を開始することはない。その意味において，懲戒委員会は受動的な機関であるといえる。

【4】 審査手続

本条２項にいう「必要な審査」とは，綱紀委員会が調査した結果，懲戒委員会に事案の審査を求めることを相当と認めた事案についての弁護士会又は日弁連の求めにより，懲戒事由の有無を精査し，懲戒事由が認められれば法57条に定められた４種の懲戒のいずれが相当であるかを勘案して，議決することをいう。

このほか，弁護士会の懲戒委員会については，日弁連の綱紀委員会又は綱紀審査会が原弁護士会の懲戒委員会に事案の審査を求めることを相当とする旨の議決をし，これに基づき日弁連が原弁護士会に送付した事案について，弁護士会の求めにより，懲戒事由の有無を精査し，懲戒事由が認められれば法57条に定められた４種の懲戒のいずれが相当であるかを勘案して議決することをも指す。

また，日弁連の懲戒委員会については，弁護士会の懲戒を受けた弁護士（弁護士法人）から行審法による審査請求があったとき，及び弁護士（弁護士法人）に対して懲戒の請求をした者から法64条による異議の申出があったときにおける法64条の５に基づく審査があるので，前者の場合においては，その審査請求に理由があるか否か，理由があるとすると弁護士会の懲戒処分を取り消し又は変更することが相当かどうかを勘案し議決することを，後者の場合においては，異議の申出に理由があるか否か，日弁連が自ら懲戒をするとしてどのような懲戒処分が相当であるかを勘案し議決することをいう。

（懲戒委員会の組織）

第66条 懲戒委員会は，４人以上であつてその置かれた弁護士会又は日本弁護士連合会の会則で定める数の委員をもつて組織する。

【1】 本条の趣旨

本条は，懲戒委員会の委員数について規定する。平成15年改正前法66条１項は，懲戒委員会の委員数について明定せず「若干人」としていたが，弁護士，裁判官，検察官及び学識経験のある者の四者のすべてから委員を選任する必要があると解されており，必然的に委員は４名以上となるはずであった。本条はその理を明文で確認しつつ，平成15年改正前法と同じく，各弁護士会が会員数の実情に応じた委員数を定めることを予定し，具体的な委員数は会則で定めることとしたものである。

【2】 懲戒委員会の委員数

平成15年改正前法が委員数を明定せず「若干人」としていたのは，各弁護士会が，会員数の実情に応じた委員数を定めることを予定していたからである。立法の過程では，構成や員数の問題は公正が強く要請される懲戒委員会の基本的問題であるとして，その明記の必要性が主張されたが（福原・265頁），立法当時における各弁護士会の会員数が，大は1000名から小は10数名と差が大きくて一律の定めに適しないこと，また会員数の多少によって区々の定めをすることも煩雑であること等から，前記のとおりになったものである。今日においてもこのような事情に大きな変わりはない。そこで平成15年改正法は，前述の理由から，懲戒委員会の委員数を「4人以上」と定めたものの，具体的な委員数までは定めず，各弁護士会の実情に委ねることとしたものである。

実際，各弁護士会における懲戒委員会の委員の人数は，弁護士8人，裁判官及び検察官各2人，学識経験者3人とする会，弁護士5人，裁判官及び検察官各1人，学識経験者2人とする会，弁護士4人，裁判官及び検察官各1人，学識経験者1人とする会など，様々である。また，日弁連の懲戒委員会は，弁護士8人，裁判官及び検察官各2人，学識経験のある者3人の計15人となっている（会則69条の2）。

【3】 調査員・書記

日弁連の懲戒委員会では，委員長（部会の場合は部会長）の命を受けて懲戒委員会が審査する事案について必要な調査を行うものとして，調査員を置いている（会則69条の5）。調査員は，事案の調査のほか，懲戒の手続に関する調査研究及び懲戒委員会が必要と認めた事項に関する事務を行い，事案の調査に当たっては，委員長（部会長）の求めにより，懲戒委員会（部会）又は審査期日に出席しなければならず，調査の結果を懲戒委員会（部会）に報告しなければならないが（懲戒委員会規程6条3項4項6項・10条7項），委員のような懲戒委員会の構成員ではなく，あくまでも補助的機関であるので，審査期日において，自ら審査をし，又は意見を述べることはできない（同規程6条5項・10条7項）。なお，事案の調査の公正を期するため，調査員についても，除斥，忌避，回避の規定が準用される（同規程6条7項・10条7項）。弁護士会の懲戒委員会でも，同様の調査員に関する規定を置いているところがある（平成29年5月現在，8弁護士会）。

また，日弁連の懲戒委員会では，委員長（部会長）の命を受けて審査に関する文書の作成，送達その他の事務をつかさどるものとして，事務総長が事務局職員の中から懲戒委員会の書記を指名して置いている（懲戒委員会規程7条1項2項・10条7項）。書記についても，除斥，忌避，回避の規定が準用される（同規程7条3項・10条7項）。弁護士会の懲戒委員会でも，同様の書記に関する規定を置くところが多い。

（懲戒委員会の委員）

第66条の2 弁護士会の懲戒委員会の委員は，弁護士，裁判官，検察官及び学識経験のある者の中から，それぞれ弁護士会の会長が委嘱する。この場合において，裁判官又は検察官である委員はその地の高等裁判所若しくは地方裁判所又は高等検察庁検事長若しくは地方検察庁検事正の推薦に基づき，その他の委員はその弁護士会の総会の決議に基づき，委嘱しなければならない。

2 日本弁護士連合会の懲戒委員会の委員は，弁護士，裁判官，検察官及び学識経験のある者の中から，それぞれ日本弁護士連合会の会長が委嘱する。この場合において，裁判官又は検察官である委員は最高裁判所又は検事総長の推薦に基づき，その他の委員は日本弁護士連合会の総会の決議に基づき，委嘱しなければならない。

3 懲戒委員会の委員の任期は，２年とする。ただし，補欠の委員の任期は，前任者の残任期間とする。

4 懲戒委員会の委員は，刑法その他の罰則の適用については，法令により公務に従事する職員とみなす。

【1】 本条の趣旨

本条は，懲戒委員会の委員に弁護士以外の委員を加えることを定め，その選任方法を定める（１項・２項）とともに，委員の任期（３項）及び身分（４項）を定める。

【2】 委員の選任，構成

懲戒委員会の委員は，弁護士，裁判官，検察官及び学識経験のある者の中から，弁護士である委員及び学識経験のある者である委員は，弁護士会又は日弁連の総会の決議に基づき，裁判官又は検察官である委員は，その地の裁判所又は検察庁の長（日弁連の場合は最高裁判所又は検事総長）の推薦に基づいて，会長がそれぞれ委嘱することとされる（本条１項・２項）。

委員の中に，弁護士以外の者を加えたのは，懲戒委員会の判断が弁護士だけの利害得失という観点から行われていわゆる同僚裁判となることを防ぎ，公正な審査，判断がなされることを期したためである。従って，委員の構成については，四者のすべてから委員を選任する必要がある。

平成15年改正前法においても，懲戒委員会の委員の選任については，69条により同法52条３項の資格審査会の委員の選任に関する規定が準用され，弁護士，裁判官，検察官及び学識経験のある者の中から，弁護士会の会長又は日弁連の会長が委嘱するとされていたところ，その趣旨から弁護士，裁判官，検察官及び学識経験のある者の四者のすべてから委員を選任する必要があると解されていた。本条は「それぞれ」という文言により，委員の構成については，四者のすべてから委員を選任する必要があることを明確にしたものである（なお，学識経験のある者の意義等について資格審査会に関する法52条の解説参照）。

弁護士である委員と弁護士以外の委員との比率については，法律上の制約はなく，各弁護士会の実情に応じて会則で定めればよい。但し，弁護士の懲戒を弁護士自治に委ねるとする法の趣旨からすると，弁護士以外の委員を過半数として決定権を委ねることは，法の趣旨に反するものというべきであり，また，綱紀委員会及び懲戒委員会は弁護士である委員が過半数を占めるべきであるとする平成14年２月28日日弁連臨時総会決議にも反することとなる。従前，各弁護士会では，弁護士である委員を４名から11名まで，その他の委員を３名に固定する構成を内容とする会則を定めていた。ところが，昭和54年３月30日，弁護人抜き裁判特例法案（刑事事件の公判の開廷についての暫定的特例を定める法律案）の対応策として成立した法曹三者協議会協議結果付属了解事項により，日弁連は，弁護士以外の委員の数を弁護士である委員の数より１名少ない数まで増員する旨の会則改正を，各弁護士会に行わせることとした。現在では，弁護士である委員と弁護士以外の委員の比率については，８対７の会，５対４の会，４対３の会等がある。日弁連の懲戒委員会の委員の構成は，弁護士である委員８名，弁護士以外の委員７名である。

【3】 委員の任期，補欠

懲戒委員会の委員の任期は２年であり，補欠の委員の任期は，前任者の残任期間である（本条３項）。任期は法定されており，会則等で短縮することはできない。委員が「欠けたとき」は，後述（予備委員に関する法66条の４の解説参照）のとおり，当面は予備委員中から代理をする者を選任することも許されるが，原則として速やかに補欠の委員を選任しなければならない。予備委員の制度が欠員の補充が間に合わない緊急の場合に対応するためのものであり，また，法が補欠の委員の任期を前任者の残任期間と定めている趣旨からして，いつまでも補欠を選任せずに予備委員をもって委員会を運営することは許されないからである。

【4】 委員の身分

懲戒委員会の委員は「法令により公務に従事する職員」とみなされる（本条４項）。平成15年改正前法においても，69条，54条２項により同様の趣旨が定められていた。なお，本条４項は，「刑法その他の罰則の適用については」との文言を付加しているが，これも従前の解釈を確認したにとどまる（なお法35条３項の解説を参照）。

【5】 兼　　任

懲戒委員会の委員と，常議員又は理事との兼任については，常議員又は理事は，常議員会又は理事会の議決を通じて会務運営に関与する地位にあるのであり，そのような者が懲戒委員会の委員となることは，懲戒請求に関する判断を弁護士会の他の機関から独立した機関である懲戒委員会に任せた法の趣旨からして相当でないと解される。また，懲戒委員会の委員と綱紀委員会の委員との兼任についても，法の趣旨からは両委員会相互の間でもそれぞれ他の委員会から独立していることが要求されていると解すべきであるとの理由から相当でないと解される（同旨，平成元年2月8日付日弁連会長通知及び同月27日付日弁連会長通知）。

【6】 除斥・忌避・回避

法は，委員の除斥，忌避，回避について，何らの規定も置いていないが，委員について審査の適正・公正を害するおそれのある場合，例えば，自己又は自己の親族に関する事案，綱紀委員会において関与した事案，自己が懲戒請求者又はその代理人となっている事案等については，除斥，忌避，回避の対象とするのが相当である。弁護士会によっては，会則・会規中に除斥等に関する定めを置いているものがあり，また，日弁連の懲戒委員会にも規定がある（懲戒委員会規程3条から5条まで）。

（懲戒委員会の委員長）

第66条の3 懲戒委員会に委員長を置き，委員の互選によりこれを定める。

2 委員長は，会務を総理する。

3 委員長に事故のあるときは，あらかじめ懲戒委員会の定める順序により，他の委員が委員長の職務を行う。

4 前条第4項の規定は，委員長に準用する。

【1】 本条の趣旨

本条は，懲戒委員会の委員長に関する規定である。

【2】 委員長の選任等

懲戒委員会の委員長は，委員の互選による（本条1項）。資格審査会の会長に弁護士会又は日弁連の会長があたる（法52条2項）のと異なるが，これは，懲戒委員会をその置かれた弁護士会の他の機関から独立のものとし，審査の公正を期するためである。選出方法は委員の互選でなければならないから，例えば，弁護士たる委員の中から選出するような規定を設けることはできない。

委員長に事故があったときは，あらかじめ懲戒委員会の定める順序により，他の委員が委員長の職務を行う（本条3項）。「事故のあるとき」とは，病気，海外出張等により委員会に出席できない場合や，除斥，忌避，回避の場合である。

委員長は懲戒委員会を招集する。委員長選出前は，弁護士会又は日弁連の会長が招集することとなる。日弁連の懲戒委員会については，懲戒委員会規程２条１項がその旨を定めている。

【３】 委員長の職務

本条２項にいう「会務を総理」とは，懲戒委員会の最高責任者として，懲戒委員会の会務を統括し，懲戒委員会の運営を円滑ならしめることを意味するものと解される（法54条の解説参照）。

【４】 委員長の身分

委員長は刑法その他の罰則の適用については「法令により公務に従事する職員」とみなされる（本条４項・法66条の２第４項）。法令により公務に従事する職員の意義については，法35条３項の解説を参照。

弁護士会の懲戒委員会の委員長は，国家賠償法１条１項にいう公共団体の公権力の行使に当たる公務員に該当し，懲戒委員会の権限行使において同委員会委員長に違法行為があれば，弁護士会が損害賠償責任を負うべきものであって，委員長が個人として損害賠償責任を負うものではないとした裁判例がある（東京高判平成19・11・29判時1991号78頁）。

（懲戒委員会の予備委員）

第66条の４　懲戒委員会に，４人以上であつてその置かれた弁護士会又は日本弁護士連合会の会則で定める数の予備委員を置く。

２　委員に事故のあるとき又は委員が欠けたときは，弁護士会の会長又は日本弁護士連合会の会長は，その委員と同じ資格を有する予備委員の中からその代理をする者を指名する。

３　第66条の２の規定は，予備委員に準用する。

【１】 本条の趣旨

本条は，懲戒委員会の予備委員に関する規定である。平成15年改正により，予備委員の数も，委員の数と同じく４人以上と明示された。

【２】 予備委員

懲戒委員会には予備委員が置かれる（本条１項）。法文には「置く」とあるが予備委員を置くことは必要的である。これは，懲戒委員会の委員の選任について法が厳格な要件を定めたことから，補欠を選任していては間に合わない緊急の場合に対応するためであり，資格審査会の予備委員制度と同様の趣旨である。

予備委員の選任については本条3項で法66条の2が準用されているので，弁護士会の会長又は日弁連の会長が，弁護士，裁判官，検察官及び学識経験のある者の中から，それぞれ委嘱することとなる。

委員に事故のあるとき又は委員が欠けたとき，弁護士会の会長又は日弁連の会長は，同じ資格を有する予備委員の中から委員の代理をする者を指名して，その職務を行わせる（本条2項）。法文上「代理」とあるが，委員の授権に基づいて委員の職務を行うのではなく，弁護士会の会長又は日弁連の会長の指名に基づいて，予備委員の資格で，委員の職務を代行するものと解され，委員の意向に従って権限を行使する必要があるわけではない。なお，資格審査会の予備委員については「命ずる」とあり，本条2項では「指名する」となっているが，同義である。「事故のあるとき」とは，病気，海外出張等のため委員会に出席できない場合あるいは除斥・忌避・回避の場合をいい，「欠けたとき」とは，死亡，資格の喪失，辞任等の場合をいう。

なお，裁判官・検察官の委員が転勤した場合が「欠けたとき」に当たるかの問題があるが，否定的に解するべきである。裁判官・検察官の委員は，当該弁護士会所在地の管轄裁判所・検察庁に属することが資格要件であるとすれば，転勤はこの要件を欠くに至らしめるから「欠けたとき」に当たることとなるが，本条2項は，裁判官・検察官の委員の所属については直接触れてはいないので，上記のような資格要件を定めているとは解し得ないからである。もっとも，遠隔地への転勤で，以後懲戒委員会への出席が困難であるにもかかわらず，直ちに補欠の委員を選任することも難しいという場合もあり得るから，実際の運用において，このような場合を「事故のあるとき」に当たるとして，ひとまず予備委員を指名し，裁判官又は検察官である委員に辞任してもらい，直ちに補欠を選任することも考えられる。

【3】 任期，身分及び除斥・忌避・回避

委員に関する規定が準用されている（本条3項。法66条の2に関する解説参照）。

（懲戒委員会の部会）

第66条の5 懲戒委員会は，事案の審査をするため，必要に応じ，部会を置くことができる。

2 部会は，委員長が指名する弁護士，裁判官，検察官及び学識経験のある者である委員各1人以上をもつて組織する。
3　部会に部会長を置き，部会を組織する委員の互選によりこれを定める。
4　部会長に事故のあるときは，あらかじめ部会の定める順序により，他の委員が部会長の職務を行う。
5　懲戒委員会は，その定めるところにより，部会が審査をした事案については，部会の議決をもつて委員会の議決とすることができる。

【1】 本条の趣旨

本条は，懲戒委員会に部会を置くことを認め，その組織及び権限について規定する。

平成15年改正により新設された規定である。懲戒委員会に部会を設け，その議決を懲戒委員会の議決とすることができれば，会員数の多い弁護士会等において懲戒事案を並行して処理することが可能となり，懲戒審査がより充実し，また迅速となることが期待できる。平成15年改正前においても，処理すべき案件の多い弁護士会では，懲戒委員会の一部の委員によって事案の審査を担当し，議決は全体委員会で行うこととし，この一部の委員の集まりを部会と呼ぶことも可能であった。しかし，全体委員会での議決を要する点で本条の部会とは異なり，必ずしも効率のよいものとはいえない。そこで本条は部会を置くことができることを明らかにするとともに，懲戒委員会の定めるところにより部会の議決をもって懲戒委員会の議決とすることができることをも定めて，立法的解決を図ったものである。平成29年5月現在において部会を置くことができる旨の規定を置いているのは3弁護士会である。

【2】 部会の設置

部会を設置するのは，懲戒委員会である（本条1項）。日弁連又は弁護士会が設置するものではない。部会の設置は任意的であり，置かなくてもよいし，複数置いてもよい（日弁連会則69条の4では日弁連の懲戒委員会に複数の部会を置くことができる旨を明記している）。「必要に応じ」て置くことができるので，複雑困難なものなど案件毎に部会を置くこともできるし，恒常的に部会を置くこともできる。

【3】 部会の構成員

法が懲戒委員会に弁護士以外の委員を加えることを求めた趣旨から，部会を構成する場合も懲戒委員会の構成と同様の構成とする必要がある。そこで本条2項は，部会は，委員長が指名する弁護士，裁判官，検察官及び学識経験のある者である委員各1人以上をもって組織すると定めた。各委員の比率をどのようにするかは法の定めるところではなく，部会を置く懲戒委員会の裁量に委ねられている点，弁護士自治の観点から弁護士である委員を過半数とするべきであることなどの点も懲戒委員会と同様である。なお，日弁連の懲戒委員会の部会については，弁護士である委員の中から4人，裁判官，検察官及び学識経験者である委員の中から各1人の部会員が指名されることとされている（会則69条の4第2項，懲戒委員会規程10条1項）。

【4】 部会長の選任及び職務

部会には部会長が置かれる。部会長は部会を組織する委員の互選によって選任される（本条3項）のであって，懲戒委員会や委員長が選任するのではない。

部会長は部会を総理する（日弁連について懲戒委員会規程10条2項）。

部会長に事故のあるときは，あらかじめ部会の定める順序により，他の委員が部会長の職務を行う（本条4項）。

【5】 部会の議決

部会の議決については，懲戒委員会の定めるところにより，懲戒委員会の議決とすることができる（本条5項）。これは，その旨を定めておけば，特に改めて部会の議決を懲戒委員会の議決とする旨の何らの行為も要しないとの意味である。懲戒委員会は部会の議決を委員会の議決とする旨を個別に定めることもできるし，あらかじめ包括的議決により定めることもできる。

（懲戒委員会の審査手続）

第67条 懲戒委員会は，事案の審査を求められたときは，速やかに，審査の期日を定め，対象弁護士等にその旨を通知しなければならない。

2 審査を受ける弁護士又は審査を受ける弁護士法人の社員は，審査期日に出頭し，かつ，陳述することができる。この場合において，その弁護士又は弁護士法人の社員は，委員長の指揮に従わなければならない。

3 懲戒委員会は，審査に関し必要があるときは，対象弁護士等，懲戒請求者，関係人及び官公署その他に対して陳述，説明又は資料の提出を求めることができる。

【1】 本条の趣旨

本条は，懲戒委員会の行う審査手続について定める。

【2】 審査の開始

懲戒委員会は，事案の審査を求められたときは，速やかに，審査の期日を定め，これを対象弁護士（弁護士法人）に対して通知しなければならない（本条1項）。この通知義務が定められたのは，対象弁護士又は対象弁護士法人の社員に審査期日における出頭権・陳述権が付与されており（本条2項），これを行使する機会を与える必要があるからである。

これに対し，懲戒請求者に対して審査の開始及び期日を通知することは，法上は要求されていない。これは，懲戒請求者が懲戒手続の当事者ではないことからみて首肯し得ることというべきであるが，審査期日の通知はともかく，審査が開始された旨の通知をするのが相当である。ちなみに，懲戒委員会規程37条1項，66条1項は，懲戒請求者（異議申出人）に対して審査開始通知書を送付する旨を定めている。

【3】 審査の公開・非公開

懲戒委員会の審査の公開・非公開については，法に規定がない。しかし，自由闊達な議論がなされるべきであることから，裁判の合議に相当する部分を非公開とすべきはほぼ異論がない。その他の手続については，これを公開するか否かは弁護士会及び日弁連の自治に委ねられているが，対象弁護士（弁護士法人）の名誉を保護する必要があるから，原則的に非公開とし，対象弁護士（弁護士法人）の請求あるいは同意があったときは公開する又は公開することができる，という運用をするのが妥当である。ちなみに，懲戒委員会規程21条は，審査期日を非公開としつつ（1項），対象弁護士（弁護士法人）の請求があったときは，対象弁護士又は対象弁護士法人の社員を審尋する審査期日を公開する（2項）と定めている。

非公開とされた場合には，会長その他理事者といえども，懲戒委員会に出席することは許されないし，綱紀委員会の委員も，会則・会規上の根拠がない限り，当然には出席することができない。懲戒請求者についても，同様である。但し，懲戒委員会が相当と認める者の傍聴を許す取扱いをすることは，差し支えないものと解される。懲戒委員会規程21条3項は，「懲戒委員会は，審査期日を公開しないときでも，相当と認める者の傍聴を許すことができる」と規定している。

【4】 審査の方法

1 職権調査

懲戒委員会は，審査に関し必要があるときは，対象弁護士（弁護士法人），懲戒請求者，関係人及び官公署その他に対して陳述，説明又は資料の提出を求めることができる（本条3項）。従って，懲戒委員会は，この権限を行使して，職権調査によって審査を進めることができる。裁判例も，懲戒委員会における証拠調べの手続，すなわち証拠の採否，証拠調べの範囲・方法等については法に何らの規定がなく，これらの手続を含む懲戒委員会における審査の手続については，法に規定するほか，すべて懲戒委員会の裁量による判断に委ねられているものと解すべきであると指摘する（東京高判平成元・4・27行裁例集40巻4号397頁）。日弁連の懲戒委員会には調査員が置かれ，調査員は，委員長（部会長）の命を受けて，事案について必要な調査を行うものとされている（会則69条の5，懲戒委員会規程6条）。

対象弁護士（弁護士法人）が陳述を求められてもこれに応じないことをもって，民訴法208条のように懲戒請求事実を真実と認めることは許されない。もっとも，それによって懲戒委員会の委員に不利な心証を形成されることがあるのは，別論である。一方，懲戒請求者が求めに応じない場合，このことから直ちに懲戒請求事実なしとすることもできない。他の方法で更に調査する必要がある。

以上に関し，日弁連の懲戒委員会については，弁護士及び弁護士法人は懲戒の手続への協力を求められたときは，正当な理由がない限り，これに応じなければならず（会則72条，懲戒委員会規程24条2項），対象弁護士等は，証拠書類等の提出を求められたときは，正当な理由がない限り，これに応じなければならず（同規程23条3項），対象弁護士及び対象弁護士法人の社員は陳述，説明を求められたときは，正当な理由がない限り，これに応じなければならないものとされている（同規程25条2項）。もっともこれを強制する方法，義務違反に対する罰則は定められていない。応じないときは，日弁連の会則・会規違反として懲戒事由となることはある。

2　対象弁護士（対象弁護士法人の社員）の出頭・陳述権

上述のとおり，懲戒委員会の審査は職権調査が原則となっているが，法は，対象弁護士（対象弁護士法人の社員）が審査期日に出頭し，かつ，陳述することができる権利を認めた（本条2項）。なお，綱紀委員会については本条2項に相当する規定がない。

この陳述する権利には，弁明をすること，証拠の申出をなすこと，参考人等に対する質問をなすこと等が含まれるものと解される（懲戒委員会規程23条1項参照）。この権利を行使する機会を与えるため，前述のとおり，審査期日の通知義務が定められている（本条1項）。そして，この権利行使の機会を与えることなく審査を終えることは違法であり，その議決は瑕疵ある議決となり，これに基づく懲戒処分は，審査請求に基づき取り消され，場合によっては無効となることがあると解すべきである。他方，この権利行使の機会を与えたが，対象弁護士（対象弁護士法人の社員）及びその代理人が出頭せず，又は陳述しなかった場合でも，審査期日を開き，又は審査を終結することは適法であると解される（懲戒委員会規程20条3項）。

以上に対し，懲戒請求者には，法上，証拠申出権は認められていない。懲戒請求者は事案に関する証拠資料をよく知っていることが多いであろうから，懲戒委員会が懲戒請求者の陳述を求める際に，証拠資料を提出させれば足りるものと解されるからである。

3　数個の事案の分離・併合

事案の分離・併合については法の定めがなく，弁護士会の自治に委ねられている。

弁護士会の会則・会規中に規定しておくことが望ましいが，規定がない場合でも，分離・併合は懲戒委員会が自由に決定して差し支えないものと解される。但し，分離・併合することについて，対象弁護士等に意見をあらかじめ聴いてから決定するのが相当であろう。日弁連に関し懲戒委員会規程18条は，日弁連の懲戒委員会は必要があるときは対象弁護士等の意見を聴き，数個の事案の審査を併合し，又は分離することができると定めている。

なお，対象弁護士等に関わる事案が懲戒委員会に係属中に，同一人に関する他の事案が綱紀委員会又は紛議調停委員会等に係属していることが判明した場合に，それらの事案を併合審理するため，それらが懲戒委員会に付議されるまで審査を事実上中止するようなことは慎むべきである。懲戒委員会の審査は速やかに行うべきであり（法64条１項参照），また，前述のとおり受動的機関という性格上，審査を求められていない事案についてまでは考慮すべきでないからである。

【５】 記録の閲覧・謄写

懲戒記録の閲覧・謄写については，法は何の定めも置いていない。しかし，適正手続の観点から，対象弁護士等の防御権の行使を保障しなければならず，対象弁護士等には，少なくとも審査手続中は記録の閲覧・謄写を認めるのが相当である。閲覧・謄写の対象となる記録の範囲は，審査又は調査期日の調書，証拠物までであり，合議の内容を記載した議事録は，その性質上，何人にも閲覧・謄写を認めるべきではない。

懲戒請求者に対しても記録の閲覧・謄写を認めるべきかどうかについては，懲戒請求者は懲戒の手続の当事者ではないから閲覧・謄写を求める権利はないと考えられる（懲戒委員会規程41条・54条）。もっともこれを認めるのが相当である場合に，閲覧・謄写を認めることは許されるであろう（同規程71条２項）。

これらの者以外の第三者に対しては，懲戒手続が本来公開されるべきものではないこと，また対象弁護士等の名誉あるいはプライバシーを保護する必要があることから，閲覧・謄写は許すべきではない。

なお，以上の趣旨は，裁判所による文書送付嘱託（民訴法226条）や弁護士会による照会（法23条の２）があった場合でも，同様である（文書送付嘱託につき，昭和28年２月21日理事会決議）。

（懲戒委員会の議決書）

第67条の２ 懲戒委員会は，議決をしたときは，速やかに，理由を付した議決書を作成しなければならない。

【1】 本条の趣旨

本条は，懲戒委員会が議決をしたときには，速やかに理由を付した議決書を作成しなければならない旨を定めるもので，平成15年改正により新設された規定である。議決書の作成が義務づけられるのは議決の内容を明らかにするためである。

懲戒委員会規程30条1項では，本条を受けて，日弁連の懲戒委員会は，審査を終結したときは，速やかに，議決を行い，議決書を作成しなければならないと定められている。なお，前提として，委員の半数以上の出席がなければ会議を開き，議決をすることができず（会則69条の3第1項），議事は出席委員の過半数で決し，可否同数のときは委員長の決するところによるとされている（同条2項）。

【2】 議決書の内容

1 弁護士会又は日弁連の懲戒委員会は，それぞれ以下の各場合に各記載のとおりの議決をする（詳細については，それぞれの条文の解説を参照）。

（弁護士会の懲戒委員会）

① 法58条3項の審査により対象弁護士等につき懲戒することを相当と認めるときは，懲戒の処分の内容を明示して，その旨の議決をする（法58条5項）。

② 法58条3項の審査により対象弁護士等につき懲戒しないことを相当と認めるときは，その旨の議決をする（法58条6項）。

③ 法64条の2第2項又は64条の4第2項の規定により事案の送付を受けた原弁護士会の求めにより事案を審査したときは，対象弁護士等につき懲戒することを相当と認めるときは，懲戒の処分の内容を明示して，その旨の議決をし，懲戒しないことを相当と認めるときは，その旨の議決をする（法64条の2第3項・64条の4第3項，58条5項6項）。

（日弁連の懲戒委員会）

① 法60条3項の審査により対象弁護士等につき懲戒することを相当と認めるときは，懲戒の処分の内容を明示して，その旨の議決をする（法60条5項）。

② 法60条3項の審査により対象弁護士等につき懲戒しないことを相当と認めるときは，その旨の議決をする（法60条6項）。

③ 原弁護士会がした懲戒の処分についての対象弁護士等からの行審法による審査請求について日弁連が事案の審査を求めた場合において，審査請求に理由があると認めるときは，懲戒の処分を取り消し，若しくは懲戒の処分の内容を明示して，懲戒の処分を変更することを相当とする旨の議決をし，又は審査請求を不適法として却下し，又は理由がないとして棄却することを相当

と認めるときは，その旨の議決をする（法59条）。

④　原弁護士会が法58条６項の規定により対象弁護士等を懲戒しない旨の決定をしたことについての異議の申出につき，法64条の５第１項の異議の審査により対象弁護士等を懲戒することを相当と認めるときは，懲戒の処分の内容を明示して，その旨の議決をする（法64条の５第２項）。

⑤　原弁護士会が相当の期間内に懲戒の手続を終えないことについての異議の申出につき，法64条の５第１項の異議の審査によりその異議の申出に理由があると認めるときは，その旨の議決をする（法64条の５第３項）。

⑥　原弁護士会がした懲戒の処分が不当に軽いとする異議の申出につき，法64条の５第１項の異議の審査によりその異議の申出に理由があると認めるときは，懲戒の処分の内容を明示して，懲戒の処分を変更することを相当とする旨の議決をする（法64条の５第４項）。

⑦　異議の申出を不適法として却下し，又は理由がないとして棄却することを相当と認めるときは，その旨の議決をする（法64条の５第５項）。

以上の各議決が行われた場合には，本条により，それぞれの内容に対応する理由を付した議決書が作成されることとなる。

2　なお，日弁連の懲戒委員会においては，手続が当然終了する場合について，次の六つの議決が予定されている。

①　審査請求手続において審査請求の取下げがあったときは，その審査を終了する旨の議決をする（懲戒委員会規程43条３項）。

②　審査請求手続において対象弁護士が死亡したときは，その審査を終了する旨の議決をする（同規程44条４項）。

③　審査請求手続において対象弁護士が弁護士でなくなったときは，その審査を終了する旨の議決をする（同条５項）。

④　日弁連の求めによる事案の審査において対象弁護士が死亡したとき又は弁護士でなくなったときは，その審査を終了する旨の議決をする（同規程56条３項）。

⑤　異議の申出に係る手続において異議の申出の取下げがあったときは，その審査を終了する旨の議決をする（同規程73条３項）。

⑥　異議の申出に係る手続において対象弁護士が死亡したとき又は弁護士でなくなったときは，その審査を終了する旨の議決をする（同規程74条６項）。

これらの議決については，手続が当然に終了したことの確認の意味での議決であって，本条の適用が予定されるものではない。しかし，これらの議決についても，議決の内容を明確にすることは必要であり，各弁護士会においても対象弁護士が死亡したとき，あるいは弁護士でなくなったときに審査を終了する旨の議決をした場合に議決書を作成する旨の規定を置くところが多い。

【3】 議決書と通知

ところで，弁護士会及び日弁連は，懲戒委員会がした上記の各議決に基づいて対象弁護士（弁護士法人）を懲戒するなどの法及び会規（日弁連については懲戒委員会規程）が定める決定をしたときは，その旨及びその理由を，対象弁護士等及びその他所定の者に対して通知しなければならないのであるが（法64条の6・64条の7第1項2号4号・同条2項2号5号6号9号，懲戒委員会規程43条5項・45条・59条・73条5項・75条），本条によって議決書には議決の内容とその理由とが必要的に記載されていることになるから，上記の各通知は議決書の写しを送付して行えば足りることになる。なお，弁護士会の日弁連への通知については，日弁連の弁護士会の懲戒の通知に関する規程が，更に詳しく通知事項を定めている。

【4】 議事録の作成

本条は，議決書について定めるものであるが，これとは別に日弁連においては，懲戒委員会を開催したときは，議事録を作成し，出席した委員長及び委員1人以上がこれに署名押印しなければならないと定め（懲戒委員会規程11条1項。なお部会への準用規定として同規程10条7項），当該議事録の記載事項については，懲戒委員会等の議事録等に関する規則で規定している。

なお，議事録は，専ら弁護士会の内部の利用に供する目的で作成され，外部に開示することが予定されていない文書であると解するのが相当であり，かつ，議事録のうち審議の内容である「重要な発言の要旨」に当たる部分は，委員会内部における意思形成過程に関する情報が記載されているものであり，その記載内容に照らして，これが開示されると，委員会における自由な意見の表明に支障を来し，その自由な意思形成が阻害されるおそれがあることは明らかであるから，特段の事情がない限り，民訴法220条4号ニ所定の「専ら文書の所持者の利用に供するための文書」に当たり，文書提出義務の対象外とされる（委員会の審議の内容と密接な関連性を有する議案書についても同様。綱紀委員会の議事録等につき，最決平成23・10・11最高裁判所裁判集民事238号35頁）。

（懲戒手続の中止）

第68条 懲戒委員会は，同一の事由について刑事訴訟が係属する間は，懲戒の手続を中止することができる。

【1】 本条の趣旨

懲戒委員会の審査の進行中，同一案件について刑事訴訟が係属することがあるが，本条は，事案によっては，そのまま懲戒手続を進めるよりも，刑事裁判手続によってその真相が解明される場合もあることを予想して置かれたものである。従って，刑事訴訟が係属していても，懲戒委員会は審査手続を必ず中止しなければならないものではなく，事案毎に中止するか否かを決定することができるわけである。

なお，刑事裁判において禁錮以上の刑が確定した場合は，当該弁護士は，法7条1号によって，登録の取消しをまたずに直ちに弁護士資格を失うから（最大判昭和42・9・27民集21巻7号1955頁），当該弁護士に対する審査手続は，その段階で終了する。

綱紀委員会については本条に相当する規定がない。

【2】 旧法との比較

旧法では，判事懲戒法を準用していたので（旧法58条），懲戒案件について先に刑事裁判手続が開始されたならば，その手続が終結するまではその弁護士に対して懲戒手続を開始することはできず，懲戒裁判所の審理が先に進められていたとしても，懲戒の判決の言渡しがあるまでに同じ案件について刑事訴追があったときは，その刑事裁判の判決が言い渡されて確定をみるまでの間は，懲戒手続を停止すべきものとされた（判事懲戒法54条）。

しかし，国家機関による刑罰権の行使と弁護士会に付与された懲戒権とはその目的に相違があるので，別個の観点から処理されるべきであること，懲戒について除斥期間の制度をとるとすると，刑事事件として取り扱っている間に，懲戒手続をとることができなくなることがあり，懲戒権の行使を不当に制限することとなること等から，本条のような規定となったものである。

従って，一方で刑事裁判が進行していても，懲戒権を行使することは自由であり，刑事裁判の進行をみながら懲戒手続を一時中止してもよい。また，刑事事件が無罪，公訴棄却又は免訴となったとしても，その事案について直ちに懲戒の事由なしとすることができないことはもちろんである。判事懲戒法にはその旨の規定があったが，本法では当然のこととして規定は置かれていない。

なお，旧法（58条）では，判事懲戒法49条から51条までの準用により，重い事案については，懲戒手続中弁護士の職務を停止させることができることとされたが，本法では，業務停止は2年を限度とし，除名でも3年以上経過後は再登録ができるし，退会命令ならば他の弁護士会に入会が認められる余地があるから，重い処分が必至の弁護士が自暴自棄になって更に問題となる行為を重ねるとの懸念も稀有の事例とみられるため，そのような規定は置かれなかった。従って，懲戒事案についてその手続が終了し，業務停止以上の処分が言い渡されるまでは，弁護士としての業務は停止されない。但し，弁護士会は，いまだ懲戒処分がなされていない段階であっても，当該弁護士会の会則又は会規の定めるところに従い，所属の弁護士又は弁護士法人につき綱紀委員会に事案の調査を求めた段階で，又は懲戒委員会に事案の審査を求めた段階で，懲戒手続に付されている弁護士の氏名，事案の概要等一定の事項を公表することができるものとされており，日弁連についても同様に，日弁連がその綱紀委員会に事案の調査を求めた場合又は懲戒委員会に事案の審査を求めた場合であって，日弁連又は弁護士及び弁護士法人に対する国民の信頼を確保するために緊急かつ特に必要と認めるときは，懲戒手続に付されている弁護士の氏名，事案の概要等一定の事項を事前に公表することができるものとされている（懲戒処分の公告及び公表等に関する規程８条・９条)。

（懲戒委員会の部会に関する準用規定）
第69条　前３条の規定は，懲戒委員会の部会に準用する。

【１】 本条の趣旨

前述したように平成15年改正法は，会員数の多い弁護士会等において懲戒事案を並行して処理することを可能とし，懲戒審査をより充実させ，また迅速とすることを期待して，懲戒委員会に部会を設けること及びその議決を懲戒委員会の議決とすることができることを新たに規定した（法66条の５)。このように新設された部会制度においては，懲戒委員会の定めるところにより部会の議決が懲戒委員会の議決とされる（同条５項）ため，懲戒委員会に関する法67条（審査手続に関する規定)，67条の２（議決書に関する規定)，68条（懲戒手続の中止に関する規定）の各規定を部会に準用したものである。

【２】 準用の内容

１　部会の審査手続等

懲戒委員会の部会は懲戒委員会の定めるところにより事案の審査を行い，審査に関し必要があるときは，対象弁護士等，懲戒請求者，関係人及び官公署その他に対して陳述，説明又は資料の提出を求めることができる（本条・法67条)。懲戒委員会の部会は独立した審査権限を有するので，懲戒委員会と同様の調査権限が与えられたものである。

その結果として，懲戒委員会の部会から陳述等を求められた者は，これに応ずる義務を負うが，これを強制する方法，義務違反に対する罰則は定められていないことは懲戒委員会と同様である。また，会則72条の弁護士及び弁護士法人の懲戒の手続への協力義務については，懲戒委員会についての，対象弁護士等に対する書類等の提出を求める権限とこれに対する対象弁護士等の提出義務（懲戒委員会規程23条2項・3項），関係人等に対する陳述等を求める権限とこれに対する弁護士及び弁護士法人の陳述等の義務（同規程24条），対象弁護士等に対する審尋等の権限とこれに対する対象弁護士等の応諾義務（同規程25条），関係人に対する審尋の権限とこれに対する弁護士及び弁護士法人である関係人の応諾義務（同規程39条1項3項・53条1項3項），異議申出人・関係人の審尋の権限とこれに対する弁護士又は弁護士法人である異議申出人又は関係人の応諾義務（同規程69条1項3項）等の各規定が，部会に準用されているので（同規程10条7項），弁護士又は弁護士法人が正当な理由なく部会の陳述等の求め等に応じなかった場合に，日弁連の会則・会規違反として懲戒事由となることがあることも，懲戒委員会の場合と同様である。

2　部会の議決書

懲戒委員会の部会は，議決をしたときは，速やかに，理由を付した議決書を作成しなければならない（本条・法67条の2）。部会の議決は，懲戒委員会の定めるところにより，委員会の議決とすることができるが（法66条の5第5項），これは部会において独立して議決をする権限を与えたものであるから，懲戒委員会と同様の議決書の作成が義務づけられたものである。従って，部会が議決して議決書を作成した場合には，それが懲戒委員会の議決書となるのであり，さらに重ねて懲戒委員会で議決書を作成することを要しない。なお，その趣旨，内容は法67条の2と同様であるので，同条の解説を参照されたい。

3　懲戒手続の中止

懲戒委員会の部会は，同一の事由について刑事訴訟が係属する間は，懲戒の手続を中止することができる（本条・法68条）。

4　その他

以上のほか，日弁連の懲戒委員会の部会においては，委員の除斥，忌避，回避，議事録の作成，対象弁護士等の期日への出席権等の規定も準用されており（懲戒委員会規程10条7項），同様の準用規定を置く弁護士会も多い。

第4節　綱紀委員会

(綱紀委員会の設置)

第70条　各弁護士会及び日本弁護士連合会にそれぞれ綱紀委員会を置く。

2　弁護士会の綱紀委員会は，第58条第2項及び第71条の6第2項の調査その他その置かれた弁護士会所属の弁護士及び弁護士法人の綱紀保持に関する事項をつかさどる。

3　日本弁護士連合会の綱紀委員会は，第60条第2項及び第71条の6第2項の調査並びに第64条の2第1項の異議の審査その他弁護士及び弁護士法人の綱紀保持に関する事項をつかさどる。

【1】 本条の趣旨

本条は，各弁護士会及び日弁連に綱紀委員会を置くこと及び権限事項を規定する。各弁護士会の綱紀委員会については，懲戒請求事案の調査，綱紀審査会の嘱託による調査並びに所属の弁護士及び弁護士法人の綱紀保持に関する事項を行うことを，日弁連の綱紀委員会については，日弁連が自ら行う懲戒手続において日弁連の請求によって行う調査，綱紀審査会の嘱託による調査，異議の審査並びに弁護士及び弁護士法人の綱紀保持に関する事項を行うことを定める。

【2】 綱紀委員会の設置

綱紀委員会は，各弁護士会及び日弁連に置かれる（本条1項）。各弁護士会においては，懲戒委員会の審査の前に綱紀委員会の調査を経なければならず（法58条2項），また，日弁連においては，異議の申出があり，それが原弁護士会の懲戒委員会の審査に付されていないものであるときは綱紀委員会に異議の審査を求めなければならないことから（法64条の2第1項），各弁護士会及び日弁連ともに綱紀委員会の設置は必要的である。

平成15年改正前法においては，懲戒委員会とは異なり，日弁連に綱紀委員会を置くことは義務づけられていなかったが，会則上の機関としては綱紀委員会が置かれていた（平成15年改正前の会則65条4号）。この会則上の機関としての綱紀委員会は，日弁連が自ら行う懲戒手続において事案の調査をなし（同会則77条，平成16年3月31日廃止の旧懲戒手続規程42条），弁護士及び弁護士法人の綱紀保持に関する事項をつかさどるものとされていた（平成15年改正前の会則76条1項）。

平成15年改正法においては，弁護士会の懲戒委員会の審査を経ている段階での異議の申出については，従前どおり日弁連の懲戒委員会で審査を行うが，弁護士会の懲戒委員会の審査を経ていない綱紀段階（弁護士会が綱紀委員会の議決に基づき懲戒しない旨決定した場合及び弁護士会の綱紀委員会が相当期間内に調査を終えない場合）における異議の申出については，新たに，法律上の機関として設置された日弁連の綱紀委員会が審査を行うこととし，綱紀手続と懲戒手続との二つのルートに異議の申出手続が整理されることとなった。また，法60条により日弁連が自ら行う懲戒の手続については，従前の会則上の機関であった日弁連の綱紀委員会の調査は必ずしも必要的とは解されていなかったが，平成15年改正法においては，弁護士会の行ういわゆる会請求の場合と同様，綱紀委員会に調査をさせることとされ，その上で懲戒委員会が審査を行うことにより，懲戒の手続のより一層の充実・適正を図ることとされた。日弁連の綱紀委員会は，以上のような，綱紀段階における異議の申出に対する審査及び日弁連が自ら行う懲戒の手続における必要的な調査という二つの新たな役割を担うものとして，会則上の機関から法律上の機関とされるに至ったのである。

【3】 各弁護士会の綱紀委員会

1 任 務

各弁護士会の綱紀委員会は，法58条２項の懲戒事案の調査，法71条の６第２項の綱紀審査会の嘱託による調査並びに弁護士会所属の弁護士及び弁護士法人の綱紀保持に関する事項をつかさどる（本条２項）。

(1) 懲戒事案の調査　弁護士会が受け付けた懲戒請求事案及び弁護士会自ら懲戒事由があると思料した事案は，直ちに懲戒委員会の審査に付されるのではなく，まず綱紀委員会の調査を経なければならない（法58条２項）。このような事前調査の制度を設けたのは，懲戒請求権の濫用による弊害を防止し，また，一定の懲戒不相当事案を早期に排除して懲戒委員会の審査を充実させるためである。

そして，綱紀委員会が調査を終えて懲戒委員会に事案の審査を求めることが相当か否かを議決し，報告すると，その任務は終了し，あとは弁護士会において，綱紀委員会が懲戒委員会に事案の審査を求めることを相当と認めた事案を懲戒委員会の審査に付することとなる（同条３項）のであり，それ以上に刑事事件における訴追機関のような役割を担うものではない（昭和27年７月15日付日弁連会長回答，昭和46年１月18日付日弁連事務総長回答参照）。従って，綱紀委員会（委員）が懲戒委員会の審査期日に出席し，積極的に懲戒事由の存在を立証することは，法の予定しないところである。このことは，綱紀委員会の設置された趣旨，法文上懲戒委員会の審査手続に綱紀委員会が関与することを窺わせる規定が全くないことからも明らかである。

(2) 綱紀審査会の嘱託による調査　平成15年改正法は，日弁連が綱紀委員会の議決に基づき異議の申出を却下又は棄却したことに対する不服申出を審査する機関として，新たに綱紀審査会を設け，綱紀審査会は，綱紀審査に関して必要があるときには綱紀委員会に必要な調査の嘱託をすることができることとされた（法71条の6第2項）。そこで，綱紀審査会の嘱託による調査が各弁護士会の綱紀委員会の任務として新たに加えられた。この調査嘱託を受けた場合には，綱紀委員会はその調査をし，結果を回答しなければならない。

(3) 所属の弁護士及び弁護士法人の綱紀保持　「所属の弁護士及び弁護士法人の綱紀保持に関する事項」とは，弁護士会からの諮問に対する一般的な職務規範の研究・立案，綱紀保持に関する一般的資料の収集・整理あるいは綱紀懲戒事例に関する記録の調査・研究等をいう。

なお，上記規定を根拠として，綱紀委員会が，法58条2項の調査の結果，同条4項の懲戒委員会に事案の審査を求めないことを相当とする議決をする場合でも，綱紀保持の任務から，対象弁護士等に対して注意処分にすべきである旨の議決をなし得るとの考えもあり得るが，妥当でない。綱紀委員会の法58条2項の調査は，同条3項・4項の懲戒委員会に事案の審査を求めることを相当とするか否かの議決をすることに限定され，また本条2項の綱紀保持に関する事項という任務も一般的なものにすぎないこと，懲戒は法57条1項（弁護士法人については2項）の定める4種類の処分のみであり，それ以外に戒告に類似した注意処分等は許されないことが理由である（昭和56年2月26日付日弁連事務総長回答）。

2　職権立件の可否

綱紀委員会は，弁護士会から求められて懲戒事案の調査をすることとなるが，弁護士会から求められていないのに自ら調査を開始することができるか，更に，その調査の結果，懲戒委員会に審査を求めることを相当とするか否かの議決をして弁護士会に報告することができるか，の問題がある。いわゆる職権立件（職権調査，独立立件ともいう）の可否である。

この問題は，綱紀委員会が弁護士会から求められてある懲戒事案を調査中に，当該対象弁護士等についての他の懲戒事由あるいは他の会員に関する懲戒事由（いわゆる請求外事案）を探知したとき，いかに処理するかという，極めて実務的な問題と関連するものである。

これについての見解をあげると，次のとおりである。

① 綱紀委員会は，本条2項により会員の綱紀保持に関する事項もつかさどるから，懲戒事由を探知したときは，弁護士会から求められずとも，独自の立場で立件して調査をし，法58条3項・4項の内容の議決をすることができるとする説

② 綱紀委員会が懲戒事由を探知したときは，本条2項により弁護士会からの

求めがなくとも独自に調査をし，その結果を弁護士会に報告するが，この報告は法58条３項・４項の議決によるものではなく，この報告を受けた弁護士会は，これをもとに会としていわゆる会請求をするかどうかを判断し，その上で改めて綱紀委員会に対し同条２項の調査を求めなければならないとする説

③　綱紀委員会が，会員の綱紀保持の立場から懲戒事案を認めたときは，一般人と同様，懲戒の請求ができるし，むしろ義務であるとする説（福原・272頁）

④　法は，綱紀委員会に対し具体的懲戒事案については法58条２項の調査権限のみを認めており，他に自ら立件して調査する権限を与えていない。本条２項にいう「綱紀保持に関する事項」には，具体的事案についての調査は含まれていないとする説（昭和37年２月12日付日弁連綱紀懲戒に関する法規調査小委員会報告）

思うに，これらの諸説のうち，最後の④説が妥当である。

法は，綱紀委員会を，弁護士会が調査を求めたときに機能する受動的機関として位置づけており，法58条２項からは，綱紀委員会が職権立件できるとの結論は導き得ない。更に，本条２項についても，「綱紀保持に関する事項」とは，一般的な職務規範の研究・立案等を指し，具体的事案についての調査は含まれないと解されることからして，根拠となし得ない。従って，法文からは，職権立件を正当とすべき根拠は見いだし得ない。

また，もし職権立件を認めるならば，綱紀委員会に捜査機関的役割を与えることとなり，ひいては綱紀委員会がその裁量で会員の懲戒事由探しをすることも許容せざるを得なくなるが，綱紀委員会は，基本的には濫請求の弊害除去のために設置されているのであるから，職権立件のごとき積極的な役割は予定されていないものと考えるべきである。

そして，法は，弁護士又は弁護士法人について懲戒事由があると思料する者すべてに対して懲戒請求権を認め，更に弁護士会にもいわゆる会請求をすることを認めているのであるから，懲戒事件立件の途は十分確保されているというべきであり，これ以外に更に綱紀委員会による職権立件を認める必要性はないと考える。

なお，職権立件を否定すると，綱紀委員会が懲戒事案を調査中にいわゆる請求外事案を探知しても何もなし得ないこととなって不都合である，との批判があるが，そのような場合には，弁護士会に請求外事案を探知したことを報告して，弁護士会より法58条２項のいわゆる会請求をするよう促すことが可能であるから，別段不都合はないものと思われる。

【4】　日弁連の綱紀委員会

1　任　　務

日弁連の綱紀委員会は，日弁連による懲戒手続における法60条２項の日弁連の求めによって行う調査，法71条の６第２項の綱紀審査会の嘱託による調査，法64条の２第１項の異議の審査並びに弁護士及び弁護士法人の綱紀保持に関する事項をつかさどる（本条３項)。

⑴　日弁連の求めによる調査　　平成15年改正法以前は，法上は，日弁連の綱紀委員会に関する規定はなかったが，日弁連は，会則上綱紀委員会を設け，同委員会に会員の綱紀を保持粛正することのほか，法60条による懲戒の場合に，予備調査として，日弁連の求めに応じて調査報告をする権限を持たせていた。但し，この会則上の機関である日弁連の綱紀委員会の調査は，法60条による懲戒の手続においては必ずしも必要的なものとはされていなかった。しかし，平成15年改正法においては，日弁連が自ら行う懲戒の手続も，弁護士会が行う場合と同様に，綱紀委員会の調査と懲戒委員会の審査という２段階の構造にすることとされたことから，日弁連の綱紀委員会の調査は必要的なものとされることとなった。すなわち，日弁連は，自ら弁護士及び弁護士法人を懲戒することを適当と認めるときは，これを懲戒することができるが（法60条１項)，まず，懲戒の事由があると思料するときは，懲戒の手続に付し，日弁連の綱紀委員会に事案の調査をさせることができる（同条２項)。この場合，日弁連の綱紀委員会が懲戒委員会に事案の審査を求めることを相当と認める議決をしたときは，日弁連は懲戒委員会に審査を求めなければならず（同条３項)，綱紀委員会が懲戒委員会に事案の審査を求めないことを相当とする議決をしたときは，日弁連は懲戒しない旨の決定をしなければならない（同条４項)。以上のほか，日弁連の綱紀委員会の調査を経ないで日弁連の懲戒委員会が事案の審査をするというようなルートは予定されておらず，これらの規定により，日弁連が自ら行う懲戒の手続は，各弁護士会の行ういわゆる会請求による懲戒の手続と同様のものとなった。なお，詳細については法60条の解説を参照。

⑵　綱紀審査会の嘱託による調査　　弁護士会の綱紀委員会と同様，綱紀審査会が綱紀審査に関して必要のあるときには，日弁連の綱紀委員会に対しても必要な調査の嘱託をすることができるとされていることから（法71条の６第２項)，この嘱託に応じて調査を行うことも日弁連の綱紀委員会の任務の一つとされた。この調査嘱託を受けた場合には，綱紀委員会はその調査をし，結果を回答しなければならない。なお，綱紀委員会規程においては，綱紀委員会は，綱紀審査会から綱紀審査に関し必要な調査を嘱託されたときは，嘱託された事項につき調査をする旨（74条)，委員長は，その調査を１人又は数人の委員を指名してさせることができる旨（75条１項)，

指名を受けた委員は調査をしてその結果を綱紀委員会に顕出しなければならない旨（同条2項），綱紀委員会は，速やかに，嘱託された事項に関する調査の結果を綱紀審査会に報告しなければならない旨（76条1項），その報告には，資料を添付することができる旨（同条2項）の各規定が置かれている。

(3) 法64条の2第1項の異議の審査　平成15年改正前法は，懲戒請求者による異議の申出については，日弁連は懲戒委員会の議決に基づきその当否を決定するものとされていた（61条2項）。平成15年改正法では，異議の申出について，綱紀段階での手続と懲戒段階での手続を峻別することとされたことから，この異議の申出に対する審査のうち，弁護士会の懲戒委員会の審査に付されていない事案は，新たに日弁連の綱紀委員会の任務とされることとなった（法64条の2）。なお，弁護士会の懲戒委員会の審査を経たものについては，従前どおり日弁連の懲戒委員会が異議の審査に当たる（法64条の5）。

(4) 弁護士及び弁護士法人の綱紀保持　この点については，弁護士会の綱紀委員会と同様，一般的な事項に限られると解すべきであり，平成15年改正前の会則による日弁連の綱紀委員会の任務と変更はない。従って，具体的には，①綱紀保持に関する一般的な資料の収集・整理，②一般的な職務規範の研究・立案，③一般的な職務規範を示して，その遵守を呼びかけ，注意を喚起すること等，④弁護士会の綱紀委員会の活動の実態を総合的に把握するために必要な調査・会合等を行うこと，⑤懲戒事例に関する記録の調査・研究，⑥懲戒に至らなかった事例に関する記録の調査・研究等がこれに該当するものと解される。

2　職権立件の可否

日弁連の綱紀委員会においても，日弁連からの求めがないのに自ら調査を開始することができるか，更に，その調査の結果，懲戒委員会に審査を求めることを相当とするか否かの議決をして日弁連に報告することができるか，といういわゆる職権立件の可否の問題があり得るが，弁護士会の綱紀委員会と同様，否定されるべきであり，日弁連の綱紀委員会が日弁連会則上の機関であったときから，このことは否定的に解されていた。なお，綱紀委員会規程70条は，日弁連の綱紀委員会は，法60条の懲戒の手続における事案の調査を開始した後，対象弁護士等について，当該事案以外に法56条1項の非行に該当する事由があると思料するときは，その旨及び当該事由を日弁連会長に報告することができる旨定めており，また，異議の申出の事案における異議の審査を開始した後，同様の事態が生じた場合には，日弁連の綱紀委員会は，その旨及び当該事由を日弁連会長に報告することができ（同規程44条1項），日弁連は，その報告を受けたときは，速やかに，その旨及び当該事由を原弁護士会に通知しなければならないとされている（同条2項）。いずれの規定も，綱紀委員会が自ら立件するのではないことを前提に，弁護士会がいわゆる会請求を行うか否か，その判断材料を提供することなどを目的としているものである。

（綱紀委員会の組織）
第70条の2　綱紀委員会は，4人以上であつてその置かれた弁護士会又は日本弁護士連合会の会則で定める数の委員をもつて組織する。

【1】 本条の趣旨

本条は，綱紀委員会について，設置している弁護士会又は日弁連の会則で定める4人以上の委員で組織する旨を定める。

【2】 綱紀委員会の委員の数

弁護士会の綱紀委員会の委員の数は，平成15年改正前は，委員長及び委員若干人とされていて，具体的な数については各弁護士会の裁量に委ねられていた。これは，従前は綱紀委員会の委員は全て弁護士であり，会員数等が様々である各弁護士会の実情に応じて委員の数を定めることが合理的であったからであると解される。平成15年改正法では，綱紀委員会の委員は，弁護士，裁判官，検察官及び学識経験のある者により構成されることが法定された（法70条の3第1項・2項）。このため，弁護士，裁判官，検察官及び学識経験のある者からそれぞれ最低1人ずつ以上を委員とすると，最低でも4人の委員が必要となることから，本条において最低人数のみ定められることとなったものである。従って，4人以上の数であれば，具体的には各弁護士会及び日弁連の裁量によって人数を定めることができる。法が弁護士会及び日弁連に懲戒権を委ねている趣旨から，綱紀委員会の人数についても，弁護士会及び日弁連にある程度の裁量が認められたものである。また，弁護士会の綱紀委員会については，平成15年改正前と同様，各弁護士会の規模や処理件数の多寡等，各弁護士会の実情にあわせて柔軟に対応することができるようにとの配慮もある。具体的な人数については，その綱紀委員会の置かれた弁護士会又は日弁連の会則において人数を定めることを要するので，それぞれの会則にはその旨の規定を置くことが必要となる。ちなみに，平成30年12月現在の日弁連の綱紀委員会の委員は，弁護士である委員を24人，裁判官，検察官及び学識経験者である委員を各2人とする旨定められており（会則70条3項），委員の数は合計30人となっている。

また，各弁護士会における綱紀委員会の委員の人数は，弁護士4人以上，裁判官，検察官，学識経験者各1人以上とする会，弁護士5～26人以上，裁判官，検察官，学識経験者各１人とする会，弁護士10～60人以上，裁判官，検察官，学識経験者各２人以上とする会，弁護士105人以内，裁判官，検察官，学識経験者各３人とする会など，様々である。

【3】 調査員・書記

日弁連の綱紀委員会では，委員長（部会の場合は部会長）の命を受けて綱紀委員会が調査又は審査する事案について必要な調査を行うものとして，調査員を置いている（会則70条の４）。調査員は，事案の調査のほか，懲戒の手続に関する調査研究及び綱紀委員会が必要と認めた事項に関する事務を行い，事案の調査に当たっては，委員長（部会長）の求めにより，綱紀委員会（部会），審査期日又は調査期日に出席しなければならず，調査の結果を綱紀委員会（部会）に報告しなければならないが（綱紀委員会規程７条３項４項６項・11条７項），委員のような綱紀委員会の構成員ではなく，あくまでも補助的機関であるので，審査期日又は調査期日において，自ら審査若しくは調査をし，又は意見を述べることはできない（同規程７条５項・11条７項）。なお，事案の調査の公正を期するため，調査員についても，除斥，忌避，回避の規定が準用される（同規程７条７項・11条７項）。弁護士会の綱紀委員会でも，同様の調査員に関する規定を置いているところがある（平成29年５月現在，７弁護士会）。

また，日弁連の綱紀委員会では，委員長（部会長）の命を受けて審査又は調査に関する文書の作成，送達その他の事務をつかさどるものとして，事務総長が事務局職員の中から綱紀委員会の書記を指名して置いている（綱紀委員会規程８条１項２項・11条７項）。書記についても，除斥，忌避，回避の規定が準用される（同規程８条３項・11条７項）。弁護士会の綱紀委員会でも，同様の書記に関する規定を置くところが多い。

（綱紀委員会の委員）

第70条の３　弁護士会の綱紀委員会の委員は，弁護士，裁判官，検察官及び学識経験のある者の中から，それぞれ弁護士会の会長が委嘱する。この場合においては，第66条の２第１項後段の規定を準用する。

２　日本弁護士連合会の綱紀委員会の委員は，弁護士，裁判官，検察官及び学識経験のある者の中から，それぞれ日本弁護士連合会の会長が委嘱する。この場合においては，第66条の２第２項後段の規定を準用する。

３　綱紀委員会の委員の任期は，２年とする。ただし，補欠の委員の任期は，前任者の残任期間とする。

4　綱紀委員会の委員は，刑法その他の罰則の適用については，法令により公務に従事する職員とみなす。

【1】 本条の趣旨

本条は，綱紀委員会の委員の構成，任期及び身分を定めるものであり，懲戒委員会における法66条の2に同様の規定がある。

【2】 委員の選任，構成

1　綱紀委員会の委員の選任については，弁護士，裁判官，検察官及び学識経験のある者の中から，それぞれ，弁護士会の綱紀委員会においてはその弁護士会の会長が（本条1項），日弁連の綱紀委員会においては日弁連会長が（本条2項）委嘱する。そして，弁護士会の綱紀委員会においては，裁判官又は検察官である委員は，その地の高等裁判所若しくは地方裁判所又は高等検察庁検事長若しくは地方検察庁検事正の推薦に基づき，その他の委員（弁護士及び学識経験のある者）は，その弁護士会の総会の決議に基づいてそれぞれ委嘱され（本条1項後段・法66条の2第1項後段），日弁連の綱紀委員会においては，裁判官又は検察官である委員は，最高裁判所又は検事総長の推薦に基づき，その他の委員（弁護士及び学識経験のある者）は日弁連の総会の決議に基づいて，それぞれ委嘱される（本条2項後段・法66条の2第2項後段）。

弁護士以外の委員を加えることとし，四者のすべてから委員を選任することとされた趣旨については懲戒委員会と同様であるが（法66条の2の解説参照），綱紀委員会においては，平成15年改正法によって新たに導入された制度である。

2　なお，平成15年改正前は，弁護士会の綱紀委員会には弁護士以外の委員は置かれていなかったが，弁護士以外の者が参加する制度として参与員が置かれていた。この制度は平成15年改正により廃止されているが，若干説明しておく。

従前，弁護士会の綱紀委員会において弁護士以外の委員が置かれていなかったことについては，古くは臨時司法制度調査会意見書においても批判がなされており，これに対して様々な反論もなされていたのであるが，昭和54年3月30日，弁護人抜き裁判特例法案の処理をめぐっての法曹三者協議における付属了解事項として，綱紀委員会に会員外の者が出席し，意見を述べ得ることとするとの了解が成立し，これに基づいて，各弁護士会は綱紀委員会に裁判官，検察官及び学識経験者各若干名を参与員として関与させ，綱紀委員会に出席して意見を述べることができるものとする会則・会規の改正を行った。但し，参与員は，綱紀委員会に出席して意見を述べる権限を有するにとどまり，綱紀委員会の調査・議決に加わることはできないものとされていた。

しかしながら，この参与員の制度は，弁護士法上にその根拠を有さず，会員のみをもって組織するものとした法の趣旨に反すると解され，その意味で不透明な制度であった。結局，司法制度改革審議会意見書において，懲戒の手続の透明化の見地から，綱紀委員会の弁護士以外の委員への評決権の付与が提言されたことを受け，日弁連においても，弁護士である委員を過半数とする条件で，議決権ある弁護士以外の委員を綱紀委員会に置くことが基本方針として承認され（平成14年2月28日日弁連臨時総会決議），平成15年改正法により，現在の制度が整備されるに至った。

3　弁護士である委員と弁護士以外の委員との比率については，四者各1人以上を選任する必要があるというほかには法律上の制約はなく，自治に委ねられている事項であるから，各弁護士会及び日弁連の実情に応じて会則で定めればよい。懲戒委員会においては，前記法曹三者協議における付属了解事項により，弁護士以外の委員の数を弁護士である委員の数より1名少ない数まで増員することとされているが，綱紀委員会においては，そのような申し合わせは存在していないので，各弁護士会及び日弁連の裁量によって判断すれば足りる。但し，弁護士の懲戒を弁護士自治に委ねるとする法の趣旨からすると，弁護士以外の委員を過半数として決定権を委ねることは，法の趣旨に反するものというべきであり，また，上記平成14年2月28日日弁連臨時総会決議にも反することとなる。なお，綱紀委員会の各委員の数については，法70条の2の解説を参照。

【3】 委員の任期，補欠

綱紀委員会の委員の任期は2年であり，委員が欠けた場合の補欠の委員の任期は，前任者の残任期間とされる（本条3項）。なお，本条3項は，平成15年改正前法71条で資格審査会についての法52条4項が準用されていたものを独立の条文として修正したものである。任期は法定されており，会則等で短縮することはできない。後述のとおり，委員が欠けたときは，当面は予備委員の中から代理する者を選任することも許されるが，原則として速やかに補欠の委員を選任しなければならないこと，予備委員の制度が緊急の場合に対応するためのものであり，補欠の委員の任期を前任者の残任期間と定めている趣旨からして，いつまでも補欠を選任せずに予備委員での運営をすることが許されないことなど，懲戒委員会に関する法66条の2と同様である。

【4】 委員の身分

綱紀委員会の委員は，刑法その他の罰則の適用については，法令により公務に従事する職員とみなされる（本条4項）。本条4項についても，平成15年改正前法71条によって資格審査会の法54条2項が準用されていたものが，平成15年改正法により独立の条文とされたものである。なお，法令により公務に従事する職員については，法35条3項の解説を参照。

【5】 兼　任

綱紀委員会の委員と，常議員又は理事との兼任については，常議員又は理事は，常議員会又は理事会の議決を通じて会務運営に関与する地位にあるのであり，そのような者が綱紀委員会の委員となることは，懲戒請求に関する判断を弁護士会の他の機関から独立した機関である綱紀委員会に任せた法の趣旨からして相当でないと解される。また，懲戒委員会の委員と綱紀委員会の委員との兼任についても，法の趣旨からは両委員会相互の間でもそれぞれ他の委員会から独立していることが要求されていると解すべきであるとの理由から相当でないと解される（同旨，平成元年2月8日付日弁連会長通知及び同月27日付日弁連会長通知）。

【6】 除斥・忌避・回避

法は，綱紀委員会の委員の除斥，忌避，回避について，何らの規定も置いていないが，委員について調査，審査の適正，公正を害するおそれのある場合，例えば自己又は自己の親族に関する事案，自己又は自己の親族が社員等になっている弁護士法人に関する事案，日弁連の綱紀委員会の委員である場合に弁護士会の綱紀委員会において関与した事案，自己が懲戒請求者又はその代理人となっている事案等については，除斥，忌避，回避の対象とするのが相当であり，このことは委員長及び予備委員についても同様である。弁護士会では，通常，会則・会規中に委員等の除斥等に関する定めを置いており，日弁連の綱紀委員会についても会規中に規定がある（綱紀委員会規程4条から6条まで）。

（綱紀委員会の委員長）

第70条の4　綱紀委員会に委員長を置き，委員の互選によりこれを定める。

2　委員長は，会務を総理する。

3　委員長に事故のあるときは，あらかじめ綱紀委員会の定める順序により，他の委員が委員長の職務を行う。

4　前条第4項の規定は，委員長に準用する。

【1】 本条の趣旨

本条は，綱紀委員会の委員長につき，その選任，任務，事故あるときの職務の代行及びその身分について定めるものである。懲戒委員会についても同様の規定がある（法66条の3）。なお，本条1項及び3項は懲戒委員会についての平成15年改正前法66条2項及び3項が，本条2項及び4項は資格審査会についての同法54条が，いずれも平成15年改正前法71条で準用されていたものを，独立の条文としたものである。

【2】 選　　任

綱紀委員会には委員長が置かれ，委員の互選により選任される（本条1項）。懲戒委員会と同様，綱紀委員会を弁護士会又は日弁連の他の機関から独立のものとし，調査，審査の公正を期するためである。

【3】 任　　務

委員長は，会務を総理する（本条2項）。「会務を総理」とは，綱紀委員会の最高責任者として，綱紀委員会の会務を統括し，綱紀委員会の運営を円滑ならしめることを意味すると解される。

なお，日弁連の綱紀委員会は，委員長（選任前は日弁連会長）が招集するとされている（綱紀委員会規程3条1項）。

【4】 委員長に事故のあるとき

委員長に事故のあるときは，あらかじめ綱紀委員会の定める順序により，他の委員が委員長の職務を行う（本条3項）。「事故のあるとき」とは，病気，海外出張等により委員会に出席できない場合や，除斥，忌避，回避の場合である。

日弁連の綱紀委員会においては，副委員長3人が委員の互選により置かれ，委員長を補佐するとともに，委員長に事故があるとき又は委員長が欠けたときは，あらかじめ綱紀委員会の定める順序により，副委員長が委員長の職務を行うものとされており（綱紀委員会規程2条3項），各弁護士会においても，ほぼ同様の規定が置かれている。

【5】 法令により公務に従事する職員

委員長は，刑法その他の罰則の適用については，法令により公務に従事する職員とみなされる（本条4項・法70条の3第4項）。なお，法令により公務に従事する職員については，法35条3項の解説を参照。

（綱紀委員会の予備委員）

第70条の5　綱紀委員会に，4人以上であつてその置かれた弁護士会又は日本弁護士連合会の会則で定める数の予備委員を置く。

2　委員に事故のあるとき又は委員が欠けたときは，弁護士会の会長又は日本弁護士連合会の会長は，その委員と同じ資格を有する予備委員の中からその代理をする者を指名する。

3 第70条の3の規定は，予備委員に準用する。

【1】 本条の趣旨

本条は，綱紀委員会について予備委員を置くことを定める。なお，平成15年改正前は，綱紀委員会には予備委員を置く旨の規定は存在していなかった。これは，同改正前の綱紀委員会は弁護士である委員のみで組織され，弁護士以外の委員がいなかったので，各委員間の人数のバランスをとる必要がなく，また，緊急の場合にも直ちに補欠を選任できたからである。しかしながら，平成15年改正法においては，綱紀委員会にも弁護士以外の委員が必ず置かれることになったので（法70条の3第1項・2項），新たに懲戒委員会（法66条の4）と同様，綱紀委員会における予備委員の規定が整備されることとなった。

【2】 予備委員の設置及び人数

本条1項は，予備委員を置くこと及びその人数について定める。予備委員を置くことが必要的であること，その趣旨が綱紀委員会の委員の選任について法が厳格な要件を定めたことから補欠を選任していては間に合わない緊急の場合に対応するためであること等は，資格審査会における法53条，懲戒委員会における法66条の4と同様である。

人数については，その置かれた弁護士会又は日弁連において4人以上の会則で定める人数とされる（本条1項）。綱紀委員会の予備委員については，綱紀委員会の委員の選任方法，任期及び身分に関する法70条の3が準用されており（本条3項），従って，この予備委員の人数も，綱紀委員会の委員となる資格のある弁護士，裁判官，検察官及び学識経験のある者の四者それぞれから各最低1人以上とすることに対応するものとなっている。

ちなみに，日弁連の綱紀委員会においては，弁護士である予備委員を12人，裁判官，検察官及び学識経験者である予備委員を各2人置くものとされている（会則70条4項）。

【3】 予備委員の指名

1 委員に事故のあるとき又は委員が欠けたとき，弁護士会の綱紀委員会の場合はその弁護士会の会長が，日弁連の綱紀委員会の場合は日弁連会長が，同じ資格を有する予備委員の中から委員の代理をする者を指名して，その職務を行わせる（本条2項）。予備委員は委員になるものではなく，予備委員の資格のままでその職務を行う。また，法文上「代理」とあるが，委員の授権のもとに委員の職務を行うのではなく，委員の職務を予備委員の資格で代行するものと解され，委員の意向に従って権限を行使する必要があるわけではない。なお，資格審査会の法53条3項と異なり，弁護士会の会長又は日弁連の会長が委員の代理をする予備委員を「指名する」とされているが，法53条３項の「命ずる」との文言と趣旨が異なるわけではない。従って，予備委員は，会長の指名行為をまって綱紀委員会の議事，議決に加わるものであり，会長の指名行為の方式については規定がなく，適宜の方法で行われることになる。

２「委員に事故のあるとき」とは，委員が病気，海外出張等のため委員会に出席できない場合あるいは除斥，忌避，回避の場合をいう。「委員が欠けたとき」とは，委員の死亡，資格の喪失，辞任等の場合をいう。なお，法53条，66条の４の解説を参照。

【４】 予備委員の選任方法，任期，補欠及び身分

予備委員には，委員についての法70条の３の規定が準用される（本条３項）。

従って，予備委員も，弁護士，裁判官，検察官，学識経験のある者の四者全てから，それぞれの委員と同様の手続に従って委嘱されなければならない（本条３項・法70条の３第１項２項）。

予備委員の任期も，委員と同様２年とされ，補欠の予備委員の任期も前任者の残任期間とされる（本条３項・法70条の３第３項）。

また，予備委員も，刑法その他の罰則の適用については，法令により公務に従事する職員とみなされる（本条３項・法70条の３第４項）。

なお，除斥，忌避，回避については，法70条の３の解説を参照。

（綱紀委員会の部会）

第70条の６ 綱紀委員会は，事案の調査又は審査をするため，必要に応じ，部会を置くことができる。

２ 部会は，委員長が指名する弁護士，裁判官，検察官及び学識経験のある者である委員各１人以上をもつて組織する。

３ 部会に部会長を置き，部会を組織する委員の互選によりこれを定める。

４ 部会長に事故のあるときは，あらかじめ部会の定める順序により，他の委員が部会長の職務を行う。

５ 綱紀委員会は，その定めるところにより，部会が調査又は審査をした事案については，部会の議決をもつて委員会の議決とすることができる。

【1】 本条の趣旨

本条は，懲戒委員会の法66条の5と同様，事案の調査又は審査のため必要に応じて綱紀委員会が部会を置くことができる旨（1項），部会の組織及び部会長に関する定め（2項から4項まで）並びに綱紀委員会が定めるところによって，部会の議決をもって綱紀委員会の議決とできる旨（5項）を規定する。平成15年改正法により新たに採用された制度である。後述のとおり，綱紀委員会の定めるところにより部会の議決を綱紀委員会の議決とすることもできるので，その場合，部会が議決することをもって直ちに綱紀委員会の議決が得られることとなり，綱紀委員会の調査，審査手続を相当程度迅速化することが可能となる。

平成15年改正前においても，処理すべき案件の多い弁護士会では，綱紀委員会の一部の委員によって調査等を担当し，議決は全体委員会で行うという方法がとられ，この調査等を担当する一部の委員の集まりを部会と呼んでいたことがある。しかし，この部会は，全体委員会での議決を要するとしていた点で本条の部会とは異なり，必ずしも効率のよいものではなかった。本条は，この点において，部会の議決をもって委員会の議決とすることが可能であることを明らかにするものである。

また，複雑で重大な事案などについて当該事件のみを担当する部会を設けることも可能であり，その場合，当該事件については短期間に充実した調査，審査が行われ，他方，綱紀委員会においては他の通常の事件を滞りなく調査，審査するということが実現できる。

以上のような意味において，部会の制度は，調査，審査手続の迅速化と充実化を共に達成することを可能にする重要な制度ということができる。

【2】 部会の設置

綱紀委員会は，事案の調査又は審査をするため，必要に応じ，部会を置くことができる（本条1項）。設置の主体は綱紀委員会であって，弁護士会や日弁連が置くものではない。部会の設置は任意的であり，必ずしも置くことを要しないし，複数の部会を置くこともできる（会則70条の3第1項では，日弁連の綱紀委員会は複数の部会を置くことができる旨明記している）。必要に応じて置くことができるので，案件毎に設置することも可能であり，複雑重大な事案のみを担当する部会を置くことも可能である。なお，平成29年5月現在，綱紀委員会に部会を置くことができる旨の規定を置いている弁護士会は11ある。

【3】 部会の組織

綱紀委員会において部会を置く場合は，綱紀委員会と同様の構成になるよう，弁護士，裁判官，検察官及び学識経験のある者である委員各1人以上を委員長が指名して組織するものとされる（本条2項）。それ以上に各委員の比率をどのようにするかは法の定めるところではなく，各弁護士会及び日弁連の裁量に委ねられている点，弁護士自治の観点から弁護士である委員を過半数とするべきであることなどの点も綱紀委員会と同様である。ちなみに，日弁連の綱紀委員会において，部会を置くときは，委員長の指名により弁護士である委員の中から4人以上，裁判官，検察官及び学識経験者である委員のうちから各1人をもって部会を組織するとされている（会則70条の3第2項，綱紀委員会規程11条1項）。

なお，部会を組織する委員を指名するのは委員長であって，綱紀委員会ではない。

【4】 部会長

部会には部会長が置かれる。部会長は，部会を組織する委員の互選により選任され（本条3項），綱紀委員会や委員長の選任にかかるものではない。部会長は，部会を総理する（綱紀委員会規程11条2項）。

部会長に事故のあるときは，あらかじめ部会の定める順序により，他の委員が部会長の職務を行う（本条4項）。

【5】 部会の議決

綱紀委員会は，その定めるところにより，部会が調査又は審査をした事案については，部会の議決を委員会の議決とすることができる（本条5項）。

「その定めるところにより」とは，例えば，綱紀委員会において，部会の議決をもって綱紀委員会の議決とする旨の内規を置くことが考えられるが，あらかじめ明文規定を置く必要はなく，個別の決議の形であってもよい。

「部会の議決をもつて委員会の議決とする」とは，部会の議決がなされれば，新たに綱紀委員会で何らかの行為を行わなくても，綱紀委員会の議決となるということである。

（綱紀委員会による陳述の要求等）

第70条の7 綱紀委員会は，調査又は審査に関し必要があるときは，対象弁護士等，懲戒請求者，関係人及び官公署その他に対して陳述，説明又は資料の提出を求めることができる。

【1】 本条の趣旨

本条は，綱紀委員会の調査権限について定めるものである。

【2】 綱紀委員会の調査権限

綱紀委員会は，調査又は審査に関し必要があるときは，対象弁護士等，懲戒請求者，関係人及び官公署その他に対して陳述，説明又は資料の提出を求めることができる。

平成15年改正前法は資格審査会に関する55条1項が準用されていたが，懲戒請求者を「当事者」とするのは適当でない面もあり，懲戒委員会の調査権限同様，独立の条文に改められた。

本条を受けて，綱紀委員会規程は，日弁連の綱紀委員会について，対象弁護士等に対し書類等の提出を求めること（33条2項・59条2項），関係人等に対し陳述，説明又は資料の提出を求めること（34条1項・60条1項），対象弁護士又は対象弁護士法人の社員を審尋し，又は陳述若しくは説明を求めること（35条1項・61条1項），関係人（異議申出人を含む）を審尋すること（36条1項・62条1項）等の各権限を定めている。このほか，綱紀委員会規程には，所持人に物件の提出を求めたり（38条・65条），鑑定嘱託（39条1項・66条1項），検証（40条1項・67条1項）等を行う権限が定められている。

綱紀委員会は，この権限を行使して，職権によって調査・審査を進めることができる。陳述等を求められた者は，これに応じる義務を負うが，これを強制する方法，義務違反に対する罰則は定められていない。なお，会則72条は，弁護士及び弁護士法人について，会規の定めるところにより懲戒の手続への協力を求められたときは，正当な理由がない限り，これに応じなければならないと規定している。これを受けて，綱紀委員会規程は，対象弁護士等の書類等の提出義務（33条3項・59条3項），関係人である弁護士及び弁護士法人（又はその社員）等の陳述，説明又は資料の提出の義務（34条2項・60条2項），対象弁護士等の審尋等への応諾義務（35条2項・61条2項），関係人（異議申出人を含む）である弁護士又は弁護士法人等の審尋への応諾義務（36条3項・62条3項）等の義務規定を置いている。弁護士又は弁護士法人等が正当な理由なく本条に定める綱紀委員会の求めに応じなかった場合には，日弁連の会則・会規違反として懲戒事由となることがある。

なお，法55条1項の解説を参照。

【3】 対象弁護士等の権利

本条には，懲戒委員会における同様の条文である法67条と異なり，対象弁護士等が期日について通知を受け，期日に出頭し，陳述する権利を認める旨の規定がない。法58条の解説で述べたとおり，これは，綱紀委員会が一定の懲戒不相当事案を早期に排除するための機関であり，処分を決定する機関ではないことによるものと考えられるが，各弁護士会の会則等において，上記のような当事者としての諸権利を認める規定を置くことは法の禁ずるところではないと解される。現に，日弁連の綱紀委員会においては，対象弁護士等が期日について通知を受け（綱紀委員会規程29条3

項・54条2項），期日に出席し（同規程30条2項・56条2項），証拠書類等を提出する（同規程33条1項・59条1項）等の当事者としての諸権利を認める規定が設けられており，各弁護士会においても同様の規定を置いているところが多い。

（綱紀委員会の議決書）
第70条の8 綱紀委員会は，議決をしたときは，速やかに，理由を付した議決書を作成しなければならない。

【1】 本条の趣旨

本条は，綱紀委員会が議決をしたときには，速やかに理由を付した議決書を作成しなければならない旨を定める。議決の内容を明らかにするためであり，平成15年改正前からの運用を立法上明らかにしたものである。

日弁連の綱紀委員会においては，本条を受けて，綱紀委員会が異議の審査又は日弁連の求めによる調査について議決をしたときは，速やかに，議決の結果及び理由を記載した議決書を添えて，日弁連会長に報告しなければならないとされ（綱紀委員会規程45条2項・71条2項），当該議決書には，委員長が署名押印するものとされている（同規程45条3項・71条3項）。また，異議の申出の取下げがあったことを理由とする審査を終了する旨の議決をしたときは，速やかに，書面をもってその旨を日弁連会長に報告しなければならないとされている（同規程46条4項）。

なお，日弁連の綱紀委員会（部会）では，委員（部会員）の半数以上の出席がなければ会議を開き，議決をすることができず，綱紀委員会（部会）の議事は，出席した委員（部会員）の過半数で決し，可否同数のときは，委員長（部会長）の決するところによるとされる（会則70条の2・70条の3第3項）。

【2】 議決書の内容

綱紀委員会が議決をするのは，以下の場合である（詳細については，それぞれの条文の解説を参照）。

（弁護士会の綱紀委員会）

① 法58条2項の調査の結果，懲戒委員会に事案の審査を求めることを相当と認めるときのその旨の議決（法58条3項）

② 法58条2項の調査の結果，同条1項の請求が不適法であると認めるとき若しくは対象弁護士等につき懲戒の手続を開始することができないものであると認めるとき，対象弁護士等につき懲戒の事由がないと認めるとき又は事案

の軽重その他情状を考慮して懲戒すべきでないことが明らかであると認めるときの懲戒委員会に事案の審査を求めないことを相当とする議決(法58条4項)

(日弁連の綱紀委員会)

① 法60条2項の調査の結果，日弁連の懲戒委員会に事案の審査を求めることを相当と認めるときのその旨の議決（法60条3項）

② 法60条2項の調査の結果，対象弁護士等につき懲戒の手続を開始することができないものであると認めるとき，対象弁護士等につき懲戒の事由がないと認めるとき又は事案の軽重その他情状を考慮して懲戒すべきでないことが明らかであると認めるときの日弁連の懲戒委員会に事案の審査を求めないことを相当とする議決（法60条4項）

③ 原弁護士会が法58条4項の規定により対象弁護士等を懲戒しない旨の決定をしたことについての異議の申出につき，法64条の2第1項の審査の結果，原弁護士会の懲戒委員会に事案の審査を求めることを相当と認めるときのその旨の議決（法64条の2第2項）

④ 原弁護士会が相当の期間内に懲戒の手続を終えないことについての異議の申出につき，法64条の2第1項の審査の結果，異議の申出に理由があると認めるときのその旨の議決（法64条の2第4項）

⑤ 異議の申出を不適法として却下し，又は理由がないとして棄却することを相当と認めるときのその旨の議決（法64条の2第5項）

本条により，以上の各議決が行われた場合には，それぞれの内容に対応する理由を付した議決書が作成されることとなる。

なお，日弁連の綱紀委員会においては，手続が当然終了する場合について，次の五つの議決が予定されている。

⑥ 異議の申出の取下げがあったことにより，異議の審査を終了する旨の議決（綱紀委員会規程46条3項）

⑦ 対象弁護士が死亡したことにより異議の審査を終了する旨の議決（同規程47条5項）

⑧ 対象弁護士が弁護士でなくなったことにより異議の審査を終了する旨の議決（同条6項）

⑨ 対象弁護士が死亡したことにより日弁連の求めによる調査を終了する旨の議決（同規程72条3項）

⑩ 対象弁護士が弁護士でなくなったことにより日弁連の求めによる調査を終了する旨の議決（同条4項）

これら⑥から⑩までの議決については，手続が当然に終了したことの確認の意味での議決であって，本条の適用が予定されるものではない。しかし，これらの議決についても，議決の内容を明確にすることは必要であり，各弁護士会においても，⑨，⑩に相当する議決をした場合に議決書を作成する旨の規定を置いている。

【3】 議決書と通知

弁護士会及び日弁連は，上記の綱紀委員会の議決に基づき，それに応じた決定等をし，その旨及びその理由等を対象弁護士等その他必要な者に通知することとなる(法64条の7第1項1号2号4号・同条2項1号2号4号から6号まで及び9号，綱紀委員会規程46条5項・48条1項から3項まで・73条1項から4項まで)。

なお，弁護士会から日弁連への通知については，日弁連の弁護士会の懲戒の通知に関する規程が，更に詳しく通知事項を定めている。通知一般についての詳細は法64条の7の解説を参照。

【4】 議事録の作成

本条は，議決書について定めるものであるが，それとは別に，日弁連においては，綱紀委員会を開催したときは，議事録を作成し，出席した委員長及び委員1人以上がこれに署名押印しなければならないと定め(綱紀委員会規程12条1項)，当該議事録の記載事項については，懲戒委員会等の議事録等に関する規則に規定されている(同条2項)。

なお，懲戒委員会の議事録の箇所で述べたとおり，議事録は，専ら弁護士会の内部の利用に供する目的で作成され，外部に開示することが予定されていない文書であると解するのが相当であり，かつ，議事録のうち審議の内容である「重要な発言の要旨」に当たる部分は，委員会内部における意思形成過程に関する情報が記載されているものであり，その記載内容に照らして，これが開示されると，委員会における自由な意見の表明に支障を来し，その自由な意思形成が阻害されるおそれがあることは明らかであるから，特段の事情がない限り，民訴法220条4号ニ所定の「専ら文書の所持者の利用に供するための文書」に当たり，文書提出義務の対象外とされる(委員会の審議の内容と密接な関連性を有する議案書についても同様。最決平成23・10・11最高裁判所裁判集民事238号35頁)。

(綱紀委員会の部会に関する準用規定)

第70条の9 前2条の規定は，綱紀委員会の部会に準用する。

【1】 本条の趣旨

本条は，綱紀委員会の部会について，綱紀委員会の調査権限（法70条の7）及び議決書の作成（法70条の8）の規定を準用する旨定める。綱紀委員会の部会は，綱紀委員会と同様，独立して調査，審査を行って議決をする権限があるので，綱紀委員会の調査権限及び議決書の作成についての規定が準用されたものである。

【2】 準用の内容

準用の結果は，次のとおりである。

1 部会の調査権限

綱紀委員会の部会は，調査又は審査に関し必要があるときは，対象弁護士等，懲戒請求者，関係人及び官公署その他に対して陳述，説明又は資料の提出を求めることができる（本条・法70条の7）。綱紀委員会の部会は，独立した調査，審査権限を有するので，綱紀委員会と同様の調査権限が与えられたものである。

その結果として，部会から陳述等を求められた者は，これに応ずる義務を負うが，これを強制する方法，義務違反に対する罰則は定められていないことは綱紀委員会と同様である。また，会則72条の弁護士及び弁護士法人の懲戒の手続への協力義務については，綱紀委員会についての，対象弁護士等に対する書類等の提出を求める権限とこれに対する対象弁護士等の提出義務（綱紀委員会規程33条2項3項・59条2項3項），関係人等に対する陳述等を求める権限とこれに対する弁護士及び弁護士法人等の陳述等の義務（同規程34条・60条），対象弁護士又は対象弁護士法人の社員の審尋等の権限とこれに対する対象弁護士等の応諾義務（同規程35条・61条），異議申出人・関係人の審尋の権限とこれに対する弁護士又は弁護士法人等である異議申出人又は関係人の応諾義務（同規程36条1項3項・62条1項3項）などの各規定が，部会について準用されているので（同規程11条7項），弁護士又は弁護士法人等が正当な理由なく部会の陳述等の求め等に応じなかった場合に，日弁連の会則・会規違反として懲戒事由となることがあることも，綱紀委員会の場合と同様である。

2 部会の議決書

綱紀委員会の部会は，議決をしたときは，速やかに，理由を付した議決書を作成しなければならない（本条・法70条の8）。部会の議決は，綱紀委員会の定めるところにより，委員会の議決とすることができるが（法70条の6第5項），これは部会において独立して議決をする権限を与えたものであるから，綱紀委員会と同様の議決書の作成が義務づけられたものである。従って，部会が議決して議決書を作成した場合には，それが綱紀委員会の議決書となるのであり，更に重ねて綱紀委員会で議決書を作成することを要しない。なお，その趣旨，内容は法70条の8と同様であるので，同条の解説を参照。

このほか，日弁連の綱紀委員会の部会においては，除斥，忌避，回避，議事録の作成，対象弁護士等への期日の通知，対象弁護士等の期日への出席権などの規定も準用されており（綱紀委員会規程11条7項），綱紀委員会に部会を置くことができる旨の規定を置いている弁護士会においては，同様の準用規定を置いているところが多い。

第5節　綱紀審査会

（綱紀審査会の設置）

第71条　日本弁護士連合会に綱紀審査会を置く。

2　綱紀審査会は，弁護士会が第58条第4項の規定により対象弁護士等を懲戒しない旨の決定をし，かつ，日本弁護士連合会がこれに対する懲戒請求者による異議の申出を却下し，又は棄却する決定をした場合において，なお懲戒請求者からの申出があるときに，国民の意見を反映させて懲戒の手続の適正を確保するため必要な綱紀審査を行う。

【1】 本条の趣旨

本条は，国民の意見を反映させて懲戒手続の適正を確保するという綱紀審査会の目的を明らかにするとともに，弁護士自治の観点から，綱紀審査会を日弁連の外部機関としてではなく，日弁連の内部機関として置くことを明らかにしたものである。

なお，綱紀審査会の詳細な解説は，法71条の2から71条の7までの解説のほか，法64条の3及び64条の4の解説を参照。

【2】 綱紀審査会の事務局

本条1項を受け，日弁連内に綱紀審査会の事務局が設けられる。事務局は，委員長の命を受けて，綱紀審査会に関する庶務をつかさどる（会則71条の4）。

日弁連の事務総長は，日弁連の職員（弁護士である職員を含む）の中から，若干名の事務局員を指名し，さらに日弁連の会長は弁護士である事務局員の中から事務局長を指名する（綱紀審査会規程6条3項・4項）。

（綱紀審査会の組織）

第71条の2　綱紀審査会は，委員11人をもつて組織する。

【1】 本条の趣旨

本条は，綱紀審査会の委員は11人をもって組織されることを明らかにしたものである。

【2】 会議の招集

綱紀審査会は，常設の組織ではなく，必要に応じて，綱紀審査会の委員長の招集により（但し，委員長の選任前は日弁連の会長が招集する）適宜開催される（綱紀審査会規程2条）。

【3】 除斥・忌避・回避

法による定めではないが，綱紀審査会規程は，次のとおり除斥・忌避・回避の制度を設けた。

1 除　斥

委員及び予備委員は，原弁護士会又は日弁連の綱紀委員会において関与した事案，本人，配偶者又は4親等内の親族等に関する事案等の審査から除斥される。また，配偶者又は4親等内の親族等が弁護士法人の社員又は使用人である弁護士であるときは，当該弁護士法人に関する事案の審査から除斥される（綱紀審査会規程3条）。

2 忌　避

委員又は委員を代理する予備委員について審査の公正を害するおそれのある事情があるときは，対象弁護士等は，忌避の申立てをすることができる（綱紀審査会規程4条1項）。

3 回　避

委員及び予備委員は，審査の公正を害するおそれのある事情があるときは，回避することができる（綱紀審査会規程5条）。

4 事務局員への準用

除斥，忌避及び回避の規定は，綱紀審査会の事務局員について準用される（綱紀審査会規程6条7項）。

（綱紀審査会の委員）

第71条の3 綱紀審査会の委員は，学識経験のある者（弁護士，裁判官若しくは検察官である者又はこれらであつた者を除く。）の中から，日本弁護士連合会の会長が日本弁護士連合会の総会の決議に基づき，委嘱する。

2 委員の任期は，2年とする。ただし，補欠の委員の任期は，前任者の残任期間とする。

3 委員は，刑法その他の罰則の適用については，法令により公務に従事する職員とみなす。

【1】 本条の趣旨

本条は，綱紀審査会の委員に関する事項について定めるものである。

【2】 綱紀審査会の委員の選任

綱紀審査会の委員は，学識経験のある者の中から，日弁連の会長が，日弁連の総会の決議に基づき委嘱する。

ここで，学識経験のある者とは，法52条3項（資格審査会委員），66条の2第1項及び2項（懲戒委員会委員）並びに70条の3第1項及び2項（綱紀委員会委員）と同様，学問上の見識と豊かな生活経験のある者を指すと解され，特に専門の特定はないから，必ずしも法律を専門とする必要はない。

但し，懲戒手続に，国民の意見を反映させるという綱紀審査会の趣旨から，資格審査会，懲戒委員会及び綱紀委員会の各委員と異なり，法曹三者，すなわち，弁護士，裁判官若しくは検察官である者又はこれらであった者は，綱紀審査会の委員にはなれない。

【3】 綱紀審査会の委員の任期

綱紀審査会の委員の任期は2年である。

但し，補欠の委員の任期は，前任の委員の残任期間である。

この任期は，法定事項であるから，日弁連の会則・会規等によっては伸縮できないと解すべきである。

その他法52条4項の解説を参照。

【4】 綱紀審査会の委員の身分

綱紀審査会の委員は，刑法その他の罰則の適用については，法令により公務に従事する職員とみなされる。

法令によって公務に従事する職員の意義については，法35条3項の解説を参照。

【5】 秘密保持義務

法による定めではないが，綱紀審査会の委員，予備委員及び事務局員は，綱紀審査会の審査に関し，職務上知り得た秘密を漏らしてはならないとされ，その職務を退いた後も同様とされる（綱紀審査会規程7条）。

（綱紀審査会の委員長）

第71条の4　綱紀審査会に委員長を置き，委員の互選によりこれを定める。

2　委員長は，会務を総理する。

3　委員長に事故のあるときは，あらかじめ綱紀審査会の定める順序により，他の委員が委員長の職務を行う。

4　前条第3項の規定は，委員長に準用する。

【1】 本条の趣旨

本条は，綱紀審査会の委員長に関する事項について定めるものである。

【2】 委員長の選任，職務及び身分等

1　委員長は，委員の互選により定められる（本条1項）。

2　委員長は，会務を総理する（本条2項）。

この「会務を総理」という文言は，資格審査会に関する法54条1項，懲戒委員会に関する法66条の3第2項，綱紀委員会に関する法70条の4第2項でも同様の文言が使われているが，綱紀審査会の最高責任者として，綱紀審査会の会務を統括し，綱紀審査会の運営を円滑ならしめることを意味するものと解される。

なお，日弁連会則及び綱紀審査会規程は，委員長の職務として次のものを掲げている。

①　可否同数の場合の裁決権（会則71条の2第2項）

②　事務局への指示（会則71条の4第2項）

③　綱紀審査会の招集（綱紀審査会規程2条）

④　議事録への署名押印（同規程9条1項）

⑤　記録の閲覧，謄写請求に対する日時場所の指示（同規程27条1項但書）

⑥　議決書への署名押印（同規程28条5項）

3　委員長に事故があったときは，あらかじめ綱紀審査会の定める順序により，他の委員が委員長の職務を行う（本条3項）。

「事故のあるとき」とは，病気，海外出張等により委員会に出席できない場合や，除斥，忌避，回避の場合である。

4　委員長は，刑法その他の罰則の適用については，法令により公務に従事する職員とみなす（本条4項）。

法令によって公務に従事する職員の意義については，法35条3項の解説を参照。

（綱紀審査会の予備委員）

第71条の5　綱紀審査会に，日本弁護士連合会の会則で定める数の予備委員を置く。

2　委員に事故のあるとき又は委員が欠けたときは，日本弁護士連合会の会長は，予備委員の中からその代理をする者を指名する。
3　第71条の3の規定は，予備委員に準用する。

【1】 本条の趣旨

本条は，綱紀審査会に予備委員を置くことを定める。綱紀審査会は速やかに審査を遂げることが要請されるが，その委員の委嘱は，日弁連の総会の決議等，法71条の3第1項に規定する手続を踏まなければならないため，委員の欠員の補充も即時になされ難い事情を慮ったものである。

【2】 予備委員の設置

本条1項は，「置く」と規定しており，綱紀審査会に予備委員を置くことは必要的であり，これを置かないことは許されない。

予備委員の人数は，日弁連の会則で定める数とされているが，日弁連会則は，6人の予備委員を置くと定めている（会則71条の3）。

【3】 予備委員の代理

委員に事故のあるとき，又はその委員が欠けたときは，日弁連の会長は，予備委員の中からその代理をする者を指名する。

資格審査会委員，懲戒委員会委員及び綱紀委員会委員と異なり，綱紀審査会の委員には，弁護士，裁判官，検察官及び学識経験のある者の別はないから，会長は，予備委員の中から，適宜代理する者を指名すれば足りると解される。

「委員に事故のあるとき」及び「委員が欠けたとき」の意義，その他の予備委員に関する事項については，法53条の解説参照。

【4】 予備委員の選任，任期等

予備委員については，法71条の3が準用される（本条3項）。従って，予備委員も，学識経験のある者（弁護士，裁判官若しくは検察官である者又はこれらであった者を除く）の中から，日弁連の会長が日弁連の総会の決議に基づき，委嘱することになる。

予備委員の任期も，委員の任期と同様，2年とされる。但し，補欠の予備委員の任期は，前任者の残任期間とされる。

予備委員と補欠の委員の関係については，法52条の解説参照。

予備委員も，刑法その他の罰則の適用については，法令により公務に従事する職員とみなされる。

法令によって公務に従事する職員の意義については，法35条3項の解説を参照。

(綱紀審査会による陳述の要求等)

第71条の6 綱紀審査会は，綱紀審査に関し必要があるときは，対象弁護士等，懲戒請求者，関係人及び官公署その他に対して陳述，説明又は資料の提出を求めることができる。

2 綱紀審査会は，綱紀審査に関し必要があるときは，対象弁護士等の所属弁護士会の綱紀委員会又は日本弁護士連合会の綱紀委員会に必要な調査を嘱託することができる。

【1】 本条の趣旨

本条は，綱紀審査会の審査方法につき定めたものである。すなわち，綱紀審査会は，綱紀審査に関し必要があるときは，対象弁護士等その他関係者に対し陳述，説明若しくは資料の提出を求め，又は対象弁護士等の所属弁護士会の綱紀委員会若しくは日弁連の綱紀委員会に必要な調査を嘱託することができることを定めるものである。

しかしながら，綱紀審査会は，審査不十分として，原弁護士会の綱紀委員会又は日弁連の綱紀委員会に対し，差し戻して再度審査をやり直させることは認められていない。

また，綱紀審査会については，綱紀委員会又は懲戒委員会と異なり，部会の制度はないし(法70条の6・66条の5)，会則上，主査委員による調査ということも予定しておらず(綱紀委員会規程43条，懲戒委員会規程29条)，事案の下調べ等を行う調査員の制度もない(綱紀委員会規程7条，懲戒委員会規程6条)。

このような制度設計となったのは，綱紀審査会の制度が懲戒請求の対象事実を一から調べ直して判断するというものではなく，原弁護士会の綱紀委員会及び日弁連の綱紀委員会と2度にわたる弁護士，裁判官，検察官らによる判断を市民の目から見直すというものであり，そのために必要な補充的な調査をするのがその役割であるからと解される。

【2】 陳述，説明又は資料の提出要求

綱紀審査会は，綱紀審査に関して必要があるときは，対象弁護士等，懲戒請求者，関係人及び官公署その他に対して陳述，説明又は資料の提出を求めることができる(本条1項)。

弁護士及び弁護士法人等は，陳述，説明又は資料の提出を求められたときは，正当な理由がない限り，これに応じなければならない(会則72条，綱紀審査会規程25条2項)。

どのような場合に「審査に関し必要があるとき」とするかは，綱紀審査会の裁量に委ねられている。

【3】 調査嘱託

綱紀審査会は，綱紀審査に関し必要があるときは，対象弁護士等の所属弁護士会の綱紀委員会又は日弁連の綱紀委員会に必要な調査を嘱託することができる（本条2項）。

本条1項同様，どのような場合に「審査に関し必要があるとき」とするかは，綱紀審査会の裁量に委ねられている。

また，所属弁護士会の綱紀委員会と日弁連の綱紀委員会のどちらに調査を嘱託するかについても，綱紀審査会の裁量に委ねられている。

【4】 対象弁護士等の意見の提出

対象弁護士等は，書面により，綱紀審査に係る事案につき意見を提出することができるが，綱紀審査会が提出期間を定めたときは，その期間内に提出しなければならない（綱紀審査会規程26条）。

【5】 議事の非公開

綱紀審査会の議事は公開しない（綱紀審査会規程8条）。

なお，綱紀審査会についても，前述のとおり，対象弁護士等に対して陳述を求める等のことができるが（同規程25条1項），綱紀委員会の審査期日（綱紀委員会規程31条2項），懲戒委員会の審査期日（懲戒委員会規程21条2項）と異なり，対象弁護士等からその公開を請求することはできない。

これは，公開することにより，自由な討論が妨げられ，他から不当な影響を受けるおそれのあることに配慮したものと解される。

【6】 記録の閲覧・謄写

対象弁護士等及びその代理人は，綱紀審査会の審査に関し提出された書類を閲覧し，かつ，謄写することができる。但し，その日時及び場所は，委員長の指示に従わなければならない（綱紀審査会規程27条1項）。

綱紀審査申出人についても，綱紀審査会が相当と認めるときは，当該書類の閲覧又は謄写を許すことができる（同条2項）。

（綱紀審査会の議決書）

第71条の7 綱紀審査会は，議決をしたときは，速やかに，理由を付した議決書を作成しなければならない。

【1】 本条の趣旨

本条は，綱紀審査会が議決をしたときは，速やかに，理由を付した議決書を作成しなければならないことを明確にしたものである。

本条を受けて，綱紀審査会規程では，原弁護士会の懲戒委員会に事案の審査を求めることを相当と認める旨の議決，原弁護士会の懲戒委員会に事案の審査を求めることを相当と認める旨の議決が得られなかった旨の議決，綱紀審査の申出が不適法であることを理由として却下することを相当と認める旨の議決及び対象弁護士が死亡したとき，又は弁護士でなくなったことを理由とする審査を終了する旨の議決をしたときは，議決の結果及び理由を記載した議決書を添えて，日弁連の会長に報告しなければならず（28条4項），当該議決書には，綱紀審査会の委員長が署名押印をするものとした（同条5項）。

また，綱紀審査の申出の取下げがあったことを理由とする審査を終了する旨の議決をしたときは，書面をもってその旨を日弁連の会長に報告しなければならないとした（同規程29条4項）。

【2】 議事録

本条は，議決書について定めるものであるが，議事録については，綱紀審査会を開催したときは，議事録を作成し，出席した委員長及び委員1人以上がこれに署名押印しなければならないとされ（綱紀審査会規程9条1項），当該議事録の記載事項については，懲戒委員会等の議事録等に関する規則で規定している（同条2項）。

（なお，議事録と文書提出命令との関係については，懲戒委員会及び綱紀委員会の議事録に関する598頁及び621頁の記載参照）

第9章　法律事務の取扱いに関する取締り

【1】 本章の趣旨

本章は，法律事務の取扱いに関する取締りについて3か条を設け，弁護士又は弁護士法人でない者が法律事務を取り扱うことを業としたり，法律事務取扱いに関する虚偽の標示をなすこと等を禁止している。

弁護士及び弁護士法人は，基本的人権の擁護と社会正義の実現とを使命とし（法1条・30条の2第2項），広く法律事務全般を行うことを職務とするものとして規定され（法3条・30条の5），これによりわが国の法律秩序が形成されている。ところが，弁護士又は弁護士法人でない者が他人の法律事件に介入して跋扈すれば，法律秩序が紊乱され，国民の公正な法律生活を侵害するに至ることは必定である。そこで，このような非弁護士（非弁護士法人）の行為を禁圧するために本章の規定が設けられたのである。

本章は，条文の数こそ3か条と少ないが，弁護士制度ひいては司法制度に関わる重要な規定であって，判例の数も弁護士法中最も多い分野の一つである。

【2】 非弁護士取締りの歴史

ここで，非弁護士活動の取締りの歴史を概観しておくこととする（詳細は，金子・36頁以下，福原・276頁以下，桜田勝義・判例評論155号108頁以下，『東京弁護士会百年史』，『われらの弁護士会史』（第一東京弁護士会），『第二東京弁護士会史』等を参照）。

1 非弁護士取締規定成立までの経過

(1) わが国において，弁護士でない者の活動に対し取締りの規定を設けるべきであるとの主張が最初になされたのは，明治45年3月の第28回帝国議会衆議院においてであった。当時東京弁護士会会員で衆議院議員の岡田泰蔵ほか11名が，弁護士法改正法律案を提出し，その中で「弁護士ニ非スシテ法律ニ関スル事務ヲ取扱フコトヲ業トスル者ハ一年以下ノ懲役又ハ千円以下ノ罰金ニ処ス」という規定を新設することを主張したのである。これに対しては，政府委員より，「法律ニ関スル事務」というような漠然とした範囲で処罰規定を設けることに反対の意見が表明された。そして，弁護士法改正案自体が審議未了になったのに伴い，この非弁護士取締規定も成立することにならなかった。

(2) 続いて，岡田泰蔵ほか8名は，大正2年の第30回帝国議会に，再度弁護士法改正法律案を提出した。その内容は，前回とほぼ同一であったが，衆議院で原案どおり可決し，貴族院に送付されるまでに至った。しかし，今回も，会期不足により審議未了に終わったのである。

(3) 更に，大正10年2月，かねて日本弁護士協会内で討議を重ねていた弁護士法改正法律案が成案をみたことにより，衆議院議員鵜沢総明ほか9名は，衆議院にこの改正案を提出した。この改正案は，衆議院の委員会に付託され，司法省も修正案を提出する等討議が重ねられ，委員会の議決を見たが，本会議上程には至らなかった。

(4) 鵜沢総明ほか6名は，再度第45回帝国議会に前記と同様の改正案を提出した。そして，大正11年3月，衆議院を通過したが，貴族院で審議中会期満了となり，またしても審議未了に終わってしまった。

(5) このように，非弁護士の取締りを盛り込んだ弁護士法の改正はなかなか成立しなかったため，そのような形式では非弁護士取締規定はできないと考えた衆議院議員関直彦ほか4名は，大正14年4月，第50回帝国議会に法律事務取扱ニ関スル法律案5か条を弁護士法とは別個の単行法として提案した。その内容は，次のとおりであったが，東京弁護士会内の三百取締に関する委員会において起草された三百取締に関する法案が相当程度参考とされていた。

第1条 弁護士ニ非サル者ハ弁護士事務所，法律事務所，法律相談所其他之ニ類似スル名称ヲ使用シ又ハ以上ノ名称ヲ使用スル事務所ヲ設クルコトヲ得ス

第2条 弁護士ニ非サル者ハ親族関係ナキ他人ノ訴訟事件，非訟事件，執行事件ニ付之カ代理，鑑定，和解，仲裁，紹介ヲ為シテ利ヲ得ルコトヲ得ス但シ法令又ハ裁判所ノ命令ニ拠リタルトキハ此ノ限ニ在ラス

前項ノ行為ヲ数回為シタル者ハ利ヲ得タル者ト看做ス

第3条 法令ニ拠リ認許セラレタル者ニ非スシテ債権ノ取立ヲ業トシ又ハ之カ譲渡ヲ受ケテ取立ヲ業トスルコトヲ得ス

第4条 前三条ニ該当スル行為ヲ為シタル者ハ六月以下ノ懲役又ハ千円以下ノ罰金ニ処ス

第5条 本法第一条乃至第三条ニ該当スル行為ヲ為シタル者法人ナルトキハ其ノ代表者及現ニ其ノ行為ニ関与シタル者ヲ処罰ス

これをみると，処罰対象行為がより具体的であり，行為を数回行えば利を得たものと看做すことにする等，処罰のための工夫の跡が顕著であった。

そして，この法律案は，衆議院に上程され，直ちに特別委員会において審議されたが，最も問題になったのは，2条2項であった。ところが，審議途中において，政府当局から，司法省内に大正11年10月に設置した弁護士法改正調査委員会において，非弁護士取締りの規定を織り込んだ弁護士法改正案の成案をみる予定なので，

単独に非弁護士取締法が議会を通過することを欲しない旨の反対意見が表明されたため，前記法案を審議していた衆議院内の特別委員会は，早急に本法律案と同趣旨の規定を弁護士法改正案に設けられんことを希望するとの条件を付して，審議中止を決定した。

2　法律事務取扱ノ取締ニ関スル法律成立史

⑴　前記の弁護士法改正調査委員会は，大正11年10月に，在朝在野の法曹，大学教授等の学識経験者をもって組織され，5年余の審議を重ねて，昭和2年10月，56条からなる弁護士法改正綱領を決議するに至った。そして，この答申を受けた司法省は，弁護士法改正案の起草に着手した。昭和4年1月，前記改正案が完成し，直ちに第56回帝国議会に上程される運びにまでなった。その司法省案における非弁護士取締りの規定は次のようになっていた。

第2条　弁護士ニ非ズシテ業トシテ他人間ノ訴訟事件又ハ非訟事件ニ関スル紛議ニ付顧問ト為リ又ハ鑑定，代理，仲裁若ハ和解ヲ為ス者アルトキハ司法大臣ハ其ノ業務ヲ禁止スルコトヲ得業トシテ他人ノ権利ヲ譲受ケ訴訟其ノ他ノ法律事務ヲ行フ者アルトキ亦同ジ

前項ノ規定ハ公益ノ為報酬ヲ得ズシテ又ハ正当ノ業務ニ付随シテ其ノ業務ヲ為ス場合ニ之ヲ適用セズ

第一項ノ禁止処分アリタル際ニ現ニ取扱中ニ係ル事件ハ其ノ処分ニ拘ラズ仍之ヲ完結スルコトヲ得

すなわち，そこでは非弁護士を一定限度で許容する態度を取るものであった。立案理由中では，「法律事務を弁護士以外の者が取扱えないとすることは，社会一般民衆の利益を無視する不当な独占であり，簡易な法律事務を低廉な費用で取扱う善良な非弁護士の存在は，かえって社会の利益になるものであるし，非弁護士を一切禁止することとしては多数の失業者を出して社会問題となるであろう」との指摘がなされている。

この司法省案は，当然のことながら，弁護士側の猛烈な反対を受けただけでなく，非弁護士の側からも不当に業務を犯すものとの反対がなされたのである。そして，この案は，予算の関係上，議会提出が次期帝国議会に延期されることになった。

⑵　司法省は，昭和5年11月，各界から寄せられた意見を参照して第2次司法省案を完成した。その特徴は，非弁護士取締りの規定を分離して，法律事務取扱ニ関スル法律案とした点である。その理由として，弁護士法は，本来弁護士の権利義務を規定する法律であるから，非弁護士に対する取締規定を混入することは妥当でなく，改正の便からも独立の法律とするべきである，といっている。その内容は，次のようなものであった。

第１条　弁護士ニ非ザル者ハ報酬ヲ得ル目的ヲ以テ他人間ノ訴訟事件ニ関シ又ハ他人間ノ非訟事件ノ紛議ニ関シ代理，仲裁，若ハ和解ヲ為シ又ハ此等ノ周旋ヲ為スヲ業トスルコトヲ得ズ但シ正当ノ業務ニ附随シテ為ス場合ハ此ノ限ニ在ラズ

第２条　何人ヲ問ハズ他人ノ権利ヲ譲受ケ訴訟其ノ他ノ手段ニ依リ其ノ権利ノ実行ヲ為スコトヲ業トスルコトヲ得ズ

第３条　弁護士ニ非ザル者ハ利益ヲ得ル目的ヲ以テ弁護士事務所法律事務所其ノ他之ニ類似スル名称ヲ使用スル事務所ヲ設クルコトヲ得ズ〔以下略〕

ところが，この法律案には，非弁護士に対する社会的要求と非弁護士の救済という見地から，次のような附則が設けられていた。

弁護士ニ非ズシテ本法施行ノ際迄引続キ三年以上本法第一条ニ掲グル業務ニ従事シ将来仍之ヲ継続セントスル者本法施行ノ日ヨリ六月内ニ司法大臣ニ届出デ其ノ認可ヲ受ケタルトキハ其ノ者ニ対シテ本法施行ノ日ヨリ五年間本法第一条第二条及第四条第一項ノ規定ヲ適用セズ

本法施行ノ際現ニ取扱中ニ係ル事件ハ本法ノ規定ニ拘ラズ仍之ヲ完結スルコトヲ得

そして，この附則に対して猛烈な反対意見が寄せられたほか，法形式についても，弁護士法中に規定すべしとする意見が強く主張されたため，政府は，その提案を見送らざるを得なかった。

(3)　その後戦時色が強くなって，戦争に関係の薄い法案は後回しという感があったところ，昭和７年12月の第64回帝国議会において，前記弁護士法改正調査委員会委員長であった小山松吉が司法大臣に就任したこともあって，遂に弁護士法改正案と非弁護士取締法案とが議会に提出されることとなった。非弁護士取締法案は，名称を法律事務取扱ノ取締ニ関スル法律案と改め，問題となった附則を削除して，その代わりに施行までの猶予期間を３年間置くこととした。提案理由は，次のとおり述べている。

「弁護士の数が少なかりし時代に於ては，一般国民は弁護士に非ずして法律上の知識を有する者の助言を求めたのでありまして……現在此種の業務に従事する者が，全国を通じて可なり多数に上って居るのであります。此等の者が国民の法律上の助言者として存在し，甚しき弊害の無き限り之を排斥すべきではないとも思はれるのですが，時代の推移に伴ひ次第に種々の弊風を生じまして，不法の行動を敢てし法律を無視して顧みざる者あるに至り，現今に在りては其の弊に堪へざる状況に立至ったのであります。……

（施行期日について）従来裁判所外に於て法律事務に従事致したる者は，其

の全部が不法の行為を為したる者ではないのでありまして，社会の一部の人々の要求に依りて其の業務に従事し来ったのでありますから，今一朝にして其の業務を禁止するは其の当を得ざるやに考へられます。……直に之を禁圧することなく，転職等の為適当の期間を与ふるを相当と致しまする……」

この法律案は，若干の修正を施されたうえ，昭和8年3月，衆議院からの送付を受けた貴族院で可決され，ようやく法律（昭和8年5月1日法律第54号）となった。そして，旧法と同時に施行されたのである。

その法律事務取扱ノ取締ニ関スル法律の内容は，次のとおりであった。

第1条 弁護士ニ非ザル者ハ報酬ヲ得ル目的ヲ以テ他人間ノ訴訟事件ニ関シ又ハ他人間ノ非訟事件ノ紛議ニ関シ鑑定，代理，仲裁若ハ和解ヲ為シ又ハ此等ノ周旋ヲ為スヲ業トスルコトヲ得ズ但シ正当ノ業務ニ附随シテ為ス場合ハ此ノ限ニ在ラズ

第2条 何人ヲ問ハズ他人ノ権利ヲ譲受ケ訴訟其ノ他ノ手段ニ依リ其ノ権利ノ実行ヲ為スコトヲ業トスルコトヲ得ズ

第3条 弁護士ニ非ザル者ハ利益ヲ得ル目的ヲ以テ弁護士，法律事務所其ノ他之ニ類似スル名称ヲ使用スルコトヲ得ズ

第4条 第一条又ハ第二条ノ規定ニ違反シタル者ハ一年以下ノ禁錮又ハ千円以下ノ罰金ニ処ス弁護士此等ノ者ヨリ事件ノ周旋ヲ受ケタルトキ亦同ジ

第三条ノ規定ニ違反シタル者ハ千円以下ノ罰金ニ処ス

附則

本法ハ昭和十一年四月一日ヨリ之ヲ施行ス

（この法律の解説をしたものとして，松尾菊太郎＝奈良正路『改正弁護士法疑義提要』がある。）

3 現行弁護士法の成立

太平洋戦争の終了により，わが国の法律体系は全面的見直しを迫られるに至ったが，弁護士法についてもその全面改正が検討され，法律事務取扱ノ取締ニ関スル法律を弁護士法中に吸収することが提案された。そして，法律事務取扱ノ取締ニ関スル法律の条文に若干の字句訂正を施して第10章とした（現在は第9章である）。ここに至って初めて，弁護士に関する総合的な法律が完成したわけである。

【3】 諸外国の立法例

弁護士でない者が法律事務を取り扱うことを規制することは，諸外国でも行われているが，詳細は，法務省司法法制調査部『諸外国における弁護士法』，第二東京弁護士会編『諸外国の弁護士制度』，三ケ月章他『各国弁護士制度の研究』，田中英夫『英米の司法』等を参照されたい。

（非弁護士の法律事務の取扱い等の禁止）

第72条　弁護士又は弁護士法人でない者は，報酬を得る目的で訴訟事件，非訟事件及び審査請求，再調査の請求，再審査請求等行政庁に対する不服申立事件その他一般の法律事件に関して鑑定，代理，仲裁若しくは和解その他の法律事務を取り扱い，又はこれらの周旋をすることを業とすることができない。ただし，この法律又は他の法律に別段の定めがある場合は，この限りでない。

【1】　本条の趣旨

本条は，非弁護士（非弁護士法人）の法律事務取扱いの禁止に関する中心的規定である。その立法趣旨については，最大判昭和46年7月14日刑集25巻5号690頁が，次のとおり判示している。

「弁護士は，基本的人権の擁護と社会正義の実現を使命とし，ひろく法律事務を行なうことをその職務とするものであつて，そのために弁護士法には厳格な資格要件が設けられ，かつ，その職務の誠実適正な遂行のため必要な規律に服すべきものとされるなど，諸般の措置が講ぜられているのであるが，世上には，このような資格もなく，なんらの規律にも服しない者が，みずからの利益のため，みだりに他人の法律事件に介入することを業とするような例もないではなく，これを放置するときは，当事者その他の関係人らの利益をそこね，法律生活の公正かつ円滑ないとなみを妨げ，ひいては法律秩序を害することになるので，同条は，かかる行為を禁圧するために設けられたものと考えられるのである」

このように，本条の目的は弁護士制度の維持・確立に限定するのではなく，国民の法律生活の面をも考慮して，弁護士制度を包含した法律秩序全般の維持，確立と解するのが妥当であろう。この意味で，本条は，いわゆる公益的規定であると考えられる（本条違反行為の効力に関する福岡高判昭和35・11・22下民集11巻11号2552頁，福岡高判昭和37・10・17民集17巻5号749頁等参照）。

なお，平成15年改正法は，隣接業種の業務の範囲を定める法律の規定と本条との関係を明確にするため，本条但書に「又は他の法律」との文言を加える改正をした（後述「【3】本条の成立要件」の「7 但書」を参照）。

【2】　本条の構造

1　本条は，取締りの対象とする行為として，

①　法律事件に関する法律事務を取り扱う行為（本文前段）

②　法律事件に関する法律事務の取扱いを周旋する行為（本文後段）の2種類の

行為形態を規定している。

ところが，本条の規定の仕方が若干不明確であるため，①の行為については「報酬を得る目的」があれば足り，「業として」なされることは必要でなく，反対に，②の周旋行為については「報酬を得る目的」があることは必要ではなく，単に「業として」なされれば足りる，とも解する余地がある。

そこで，「報酬を得る目的があること」，「業としてなすこと」という要件は，前記①及び②の行為にどのようにかかるのか，が問題となり，次の2説が対立した。

(ア) 本条は，非弁護士（非弁護士法人）が報酬を得る目的をもって，法律事務を取り扱い，又はこれらの周旋をすることを，それぞれ業とすることを禁止したものであるとする説（1個の犯罪類型を規定したものとする立場なので，「一罪説」と呼ばれるのが通例であるが，報酬目的と業とすることの2要件を犯罪成立要件とするのであるから，「二要件説」と呼んだほうが適当であろう。ただ，ここでは慣用されている「一罪説」の名称を使用することとする）

(イ) 本条は，報酬を得る目的をもってする法律事務取扱いの行為と，法律事務取扱いを周旋することを業とする行為の二つの行為を禁止しているものとする説（2個の犯罪類型を規定したものとする立場なので，「二罪説」と呼ばれる。ただ，報酬目的と業とすることのうちの一つがあればよいとするものであるから，「一要件説」としたほうが適当である）

上記のうち，二罪説の方が処罰の範囲が広がることは明らかであろう。

2 そして，判例は，当初上記の両説を揺れ動いた。

まず，本条とほぼ同一内容であった法律事務取扱ノ取締ニ関スル法律1条について，大判昭和14年6月30日刑集18巻359頁等は一罪説であった。現行法になってからも，一罪説を前提にする判決が続いた（福岡高判昭和28・3・30高刑特報26号9頁，仙台高秋田支判昭和29・2・16高刑特報36号88頁，名古屋高金沢支判昭和34・2・19下刑集1巻2号308頁）。このような中で，最高裁は二罪説に立つ判断をしたため，解釈が混乱した（最判昭和38・6・13民集17巻5号744頁，最決昭和39・2・28刑集18巻2号73頁，石丸俊彦『最高裁判所判例解説刑事篇昭和39年度』29頁，定塚脩『刑事判例評釈集26巻』34頁。なお，この以前でも，東京高判昭和34・12・8高刑集12巻10号1017頁は二罪説に立っていた）。

この混乱に終止符を打ったのが，前記昭和46年7月14日の最高裁大法廷判決であった。同判決は，前述した立法趣旨に続けて，「しかし，右のような弊害の防止のためには，私利をはかつてみだりに他人の法律事件に介入することを反復するような行為を取り締まれば足りるのであつて，同条は，たまたま，縁故者が紛争解決に関与するとか，知人のため好意で弁護士を紹介するとか，社会生活上当然の相互扶助的協力をもつて目すべき行為までも取締りの対象とするものではない」と説示し，二罪説では処罰の対象となってしまう，報酬を得る目的をもって行ったただ1回の法律事務取扱いの行為や，報酬を得る目的なしに行った法律事務取扱いの周旋を業とする行為は，不可罰とすべきであるとの立場から，一罪説をとることを明らかにしたものである（この判決の評釈としては，田尾勇『最高裁判所判例解説刑事篇昭和46年度』156頁，白井正明「弁護士法違反被告事件・最高裁判決をめぐって」法律のひろば24巻10号41頁，大野正男「弁護士の職業的苦悩――非弁護士活動に関する二つの判例にふれて」判タ269号２頁，桜田勝義・ジュリ昭和46年度重要判例解説106頁，出射義夫「弁護士法72条本文の法意」警察研究45巻５号113頁，渥美東洋「グループ・リーガル・サービスと弁護士法違反――非弁活動」白門24巻11号４頁等がある）。

3　学説も，従前は一罪説と二罪説とが対立していた。法律事務取扱ノ取締ニ関スル法律の時代には，判例同様，一罪説が有力であったようである（佐藤藤佐・法律新聞3974号４頁等）。現行法になって，二罪説を説いた代表的なものは福原忠男氏の「弁護士法解説」（自由と正義２巻２号18頁）である。同氏は，「本条は，その一として報酬を得る目的で訴訟事件，非訟事件，行政庁に対する不服申立事件その他一般の法律事件に関して，鑑定，代理，仲裁，和解その他の法律事務を取り扱うことを禁止しているのであり，その二は訴訟事件，非訟事件，行政庁に対する不服申立事件その他一般の法律事件に関する鑑定，代理，仲裁，和解その他の法律事務の周旋をすることを業とすることを禁止しているのである」としている。二罪説の根拠としては，本条の立法目的の違いがあげられる。すなわち，報酬を保証するに足りる法律上の知識が欠けている者や，相手方の無知に付け込んで不当な報酬を得る弊害を除去するという目的と，業として弁護士に対する事件の周旋を行い，弁護士の品位を害する結果となることを除去するという目的とは，それぞれ別個のものであるとするのである。そして，その後，この解釈に依拠した行政解釈（高松高検検事長からの照会に対する昭和31年８月１日法務省刑事局長回答――法曹時報８巻９号1340頁）も現われている。

これに対し，一罪説も有力に主張されていた。例えば，石川明氏は，第１に，一般人は業として法律事務の取扱いをなす者には一応の信頼を置くのが通常であるから，業としない者に法律事務の取扱いを認めても特に法律生活における国民の正当な利益を害するものではない，第２に，法律学者の鑑定や縁故者等の法律事務の取扱いなど，法律事務取扱いを業としない非弁護士に法律事務の取扱いを認める必要がある，とする（法学研究38巻２号350頁）。また，桜田勝義氏は，本条成立の歴史的経過や立法理由を根拠に一罪説を主張する。すなわち，本条は，その沿革として，非弁護士を絶対的に禁止しようとする弁護士側の職業的・ギルド的意識と，非弁護士の存在を一応認容したうえ，社会に有害な限度でこれを取り締まろうとする政府の妥協案として成立した法律事務取扱ノ取締ニ関スル法律１条の字句を若干修正して規定されたものであること，現行弁護士法の立法理由の説明（本法提案者である鍛冶良作議員は，参議院法務委員会で，報酬を得る目的と業とすることの2要件がなければ本条の適用はない旨発言している。官報号外・第5回参議院法務委員会会議録14号7頁以下）からすれば，一罪説をとらざるを得ず，二罪説は，この歴史的経過や立法理由を無視し，文理に拘泥した解釈である，と批判する（桜田『判例弁護士法の研究』287頁以下。他に一罪説をとるものとしては，兼子一＝竹下守夫『裁判法』（第4版）388頁）。

しかし，前記の大法廷判決以後は，次第に一罪説が有力となり，二罪説の有力な論者であった前記福原氏も改説するに至った（福原・283頁。二罪説をとるものとしては，白井正明・前掲法律のひろば24巻10号41頁等。一部の弁護士の間では，前記大法廷判決に対する批判的立場をとるものがある。例えば，小屋敏一「非弁護士活動の取締」『弁護士会の組織と活動』215頁）。

4　思うに，一罪説と二罪説が対立するのは，非弁護士（非弁護士法人）の活動は営業的・職業的なものでなくとも厳しく取り締まり，法律事務の独占という法制度を貫徹すべしと考える立場をとるか，それとも，上記を前提としつつも，縁故者が紛争解決に尽力して謝礼を送られた場合や知人に好意で弁護士（弁護士法人）を数度にわたって紹介した場合等は社会的に容認すべき行為であり，いわゆる三百代言等の害悪を及ぼす限度において処罰すれば足りると考える立場をとるか，に起因している。そして，法律事務独占といっても国民の利益の観点に立って考えるべきものであって，弁護士（弁護士法人）の利益のための制度ではないことからすれば，国民の利益をまず第1に考えるべきものであること，刑罰法規である本条は，処罰の範囲を厳格にすべきであること等の理由から，一罪説が妥当であろう。

【3】 本条の成立要件

本条は，その違反について法77条に処罰規定を置いているので，同条の構成要件を定めるものとなっている。

その構成要件を要約すれば，次のとおりである。

①　弁護士又は弁護士法人でない者

②　法律事件に関する法律事務を取り扱うこと
　　法律事件に関する法律事務の取扱いを周旋すること

③　報酬を得る目的があること

④　業としてなされること

そこで，以下①から④までの各要件について解説する。

1　弁護士又は弁護士法人でない者

⑴　弁護士となるためには，法4条，5条又は6条の資格を有し，更に法8条により日弁連に備え置かれた弁護士名簿に登録をすることが必要である。また，弁護

士法人となるためには，弁護士法人の設立登記が必要である（法30条の９）。本条の取締りの対象となるのは，上記以外の者全般であって，たとえ弁護士となる資格を持っていたとしても弁護士名簿に登録されていなければ（例えば，司法修習を終了しただけの者），ここにいう弁護士でない者に該当する。なお，法７条の欠格事由のある場合や除名又は退会命令の懲戒処分の告知を受けた場合は，その発生と同時に弁護士資格を失うから，これらの事由の発生以後になされた行為は，本条違反となるものである。

また，法78条２項に両罰規定があるから，自然人のほか法人も本条の罪の主体たり得るものと解される。法人は，営利法人たると公益法人たると特殊法人たるとを問わない。しかし，法人格なき団体については明文がなく，解釈で決定するほかないが（独占禁止法95条２項，補助金等に係る予算の執行の適正化に関する法律32条１項等では，法人でない団体の処罰を明文をもって認めている），罪刑法定主義における「類推解釈の禁止」の原則から，「法人又は人」と明定されているのを，法人格なき団体に拡張・類推することはできないと考えるのが妥当である。民法上の組合自体を処罰できるかについても，消極に解される（なお，大判昭和18・３・29刑集22巻61頁は，国家総動員法48条の両罰規定について，積極に解しているが，妥当でない）。法人の処罰については，法人の犯罪能力等の問題も絡んで議論が多いが，詳細は，福田平『行政刑法（新版）』93頁以下を参照。また，後出法78条の解説参照。

⑵　次に，弁護士又は弁護士法人でない者に対し，自己の法律事件の解決を依頼し，これに報酬を与えたような場合，依頼した者を本条違反の罪の教唆犯として処罰し得るか，という問題がある。

この点については，肯定説もあるが（東京高判昭和42・６・14判時503号78頁は，何人といえども他人を教唆して犯罪を実行させることは，法の認める不罰の限度を逸脱する，として教唆犯の成立を認めている），否定的に解するのが相当である。けだし，本条本文前段違反の罪には，類型的に，報酬を約して法律事件の処理を依頼する者の存在が当然に予定され，いわゆる対向犯的性格を有すると考えられるから，その一方の行為である報酬を得る目的で法律事件を取り扱う場合のみを処罰し，他方の依頼する者の行為を処罰する旨の明文がない以上，この場合は，本条違反の罪の教唆犯は成立しないものと解すべきだからである（同旨，最判昭和43・12・24刑集22巻13号1625頁。これは，前掲の東京高判の上告審判決である。海老原震一『最高裁判所判例解説刑事篇昭和43年度』458頁，内田文昭『刑事判例評釈集30巻』241頁，西原春夫・判タ234号89頁等参照。なお，対向犯的性格を有する行為の可罰性について，団藤重光『刑法綱要総論（第３版）』432頁参照）。ちなみに，弁護士（弁護士法人）という身分を有する者が本条違反の罪の共犯となり得るか，という問題もあるが，省略する。

なお，非弁護士が民法上の契約や商法による支配人選任その他の私法上の行為によって依頼者のため裁判上又は裁判外の行為をする権限を有していたとしても，そのことは本条違反の罪の成立を阻却するものでないのはもちろんである（東京高判昭和50・8・5刑裁月報7巻7・8号786頁）。ただし，従業員等の立場にある者の行為について，法律事務の他人性を欠く等の理由により，本条違反の成立が否定されることはある。

(3)　弁護士は，法律事務に関わる行為の全てを自ら行わなければならないものではなく，法律事務所の事務員その他弁護士ではない者を補助者としてそれに当たらせることは当然に許されると考えられるが，非弁護士の行為が弁護士の補助者としての適法行為であるというためには，法律事務に関する判断の核心部分が法律専門家である弁護士自身によってなされており，かつ非弁護士の行為が弁護士の判断によって実質的に支配されていることが必要であるとした裁判例がある（大阪地判平成19・2・7判タ1266号331頁，大阪地判平成19・9・13判タ1266号340頁）。

2　報酬を得る目的

(1)　本条の取締りの対象となるには，報酬を得る目的のあることが必要である。従って，本条違反の罪は，目的犯の性格を有するものである。

報酬を得る目的があるときに限って取り締まることとしたのは，法律事務を取り扱う者の法律知識がどの程度であるかについて何らの保証もないのにかかわらず，その不正確な知識に基づく活動に対して対価を取るということ自体が不当であること，事件を依頼する側の法律知識の欠如に付け入って不当に高額の報酬を取る弊害を防止する趣旨が含まれているからである，と説明される（福原・286頁）。

本章前注で述べたとおり，本条の前身である法律事務取扱ノ取締ニ関スル法律制定の際，一部に，非弁護士の存在にもある程度の意味があるとしてこれを容認する意見がみられ，弁護士側の一律全面禁止論との調整が図られたのであるが，この「報酬を得る目的があること」という要件もその調整の産物と見るべきものである（福原・286頁）。

従って，報酬を得る目的がなければ本条違反の罪は成立しないから，無料で奉仕する場合，大学の法学部等で教授，学生が無料法律相談を実施する場合，全く報酬に関係なく法律上の助言や指導を行う場合等は，本条違反にならない。

(2)　ここにいう「報酬」とは，具体的な法律事件に関して，法律事務取扱いのための主として精神的労力に対する対価をいい，現金に限らず，物品や供応を受けることも含まれる。また，額の多少や名称のいかんも問わない，とされる（大判昭和15・4・22新聞4570号9頁）。委任事務処理上の必要費で，民法650条による償還請求が可能な費用（実費といわれるもの）については報酬の認定は慎重でなければならない。

しかし，実費名目であってもその実質が法律事務取扱い又は周旋の対価である場合には報酬に該当するので，その実質についての慎重な検討が必要である。

報酬を受けるについては，必ずしも事前に報酬支払の特約をした場合に限られず，法律事務を処理するにあたり，事件の途中あるいは解決後に依頼者が謝礼を持参するのが通例であることを知り，これを予期していた場合でも，報酬を得る目的があるというを妨げない（東京高判昭和50・1・21東高刑時報26巻1号4頁，名古屋地判昭和47・2・10福原・加除式『弁護士法』535の53頁）。

報酬を得る主観的な目的があれば足りるから，現実に報酬を得たことによって本条違反の罪が成立するものではないことはもちろんである（前掲東京高判昭和50・8・5）。

また，報酬は，事件を依頼する者から受け取る場合に限らず，第三者から受け取る場合であってもよいと解するべきである。例えば，法律相談を業とする者が，無料法律相談と称して相談者から報酬を直接受け取らなくとも，その場所を提供している者等から報酬を受け取っていれば，本条に違反するとすべきである。更に，周旋については，周旋を依頼する者と周旋を受けた者の双方から報酬を受けた場合だけでなく，一方のみから受けた場合であってもよい。

しかし，報酬は，法律事務を取り扱うことやこれらの周旋をすることと対価的関係に立っていることが必要であり（ここにいう「対価的関係」とは，「等価」関係の意味ではない。報酬の額の多寡は関係ないことは前述のとおりである），直接的，間接的を問わず，この対価的関係がないときは，本条違反の罪は成立しないものと解される。けだし，「報酬」という概念は，一般に，一定の役務の対価として与えられる反対給付をいうものであって，対価的関係が当然の前提となっているものと解されるし，この要件を不要とすると，処罰の範囲が無限定になってしまうからである。従って，社交的儀礼の範囲内にあるとみられる季節の贈答等は，一般に報酬とはいえないであろう。但し，贈答等が，対価的関係をもつ場合には，報酬となることはもちろんである。

(3) この関係で問題となるのは，一定の入会金や会費を支払って会員となった者には，その他のサービスと併せて，無料で法律相談に応ずるとしたり，弁護士（弁護士法人）を無料で紹介するといった組織を作った場合，当該組織を作った者に「報酬を得る目的」があるといい得るか，である。この場合には，入会金，会費と法律相談，弁護士（弁護士法人）紹介との間に対価的関係があるかを，運営形態等をもとにして判断しなければならないが，入会金，会費が法律相談等に対する直接的な対価的関係に立たないとしても，間接的な対価的関係（会費等を支払った者のみに対して法律相談等を行うものであるから，そこには関連性がある）は認められる場合が多いであろうから，入会者勧誘や営業活動の一環とは全く認められない純粋のサービスといったものでない限り，「報酬を得る目的」があるものと認定されるであろう。同様に，一定の入会金や登録料を支払って登録された弁護士に対し相談者を紹介するといった組織を作った場合にも，当該組織を作った者に「報酬を得る目的」が認められることが多いであろう。なお，法74条違反の問題があるのは，別論である（木宮高彦「交通事故の被害者救済と示談屋に関する省察」警察研究33巻10号10頁参照）。

3　訴訟事件……その他一般の法律事件

⑴　訴訟事件　「訴訟事件」とは，訴訟として裁判所に係属する民事，刑事及び行政の各事件をいう。なお，判例は，法律事務取扱ノ取締ニ関スル法律1条中の「訴訟事件」の意義について，調停申立て，支払命令（民事訴訟法382条の支払督促）申立てのみならず，現に裁判所に係属している事件のほか，将来係属するおそれのある事件も含むとしていた（支払命令申立てにつき，大判昭和14・3・6刑集18巻87頁，将来係属するおそれのある事件を含むとしたのは，大判昭和14・6・30刑集18巻359頁，大判昭和15・2・14新聞4538号9頁，大判昭和15・4・6刑集19巻191頁，大判昭和15・4・22新聞4570号9頁）。

しかし，これは，同法が「他人間ノ訴訟事件ニ関シ」と制限的に規定していたことに起因するのであって，本条のように「その他一般の法律事件」という包括的類型を定めて一切の法律事件の取扱いを取締りの対象としている場合は，上記のように「訴訟事件」を広義に解釈することも，また訴訟係属中の事件に限るか否かを議論することも実益がないというべきである（東京高判昭和39・9・29高刑集17巻6号597頁，福原・287頁参照）。上記の調停申立てや支払督促の申立て等は，「一般の法律事件」に該当するものと解するべきである。

なお，民事訴訟法54条1項は，「法令により裁判上の行為をすることができる代理人のほか，弁護士でなければ訴訟代理人となることができない。ただし，簡易裁判所においては，その許可を得て，弁護士でない者を訴訟代理人とすることができる」と定めている。「法令により裁判上の行為をすることができる代理人」の例としては，支配人（会社法11条1項），指定代理人（国の利害に関係のある訴訟についての法務大臣の権限等に関する法律5条），臨時代理人（地方自治法153条1項）等がある。但し，支配人については，非弁護士が本条を脱法する意図で会社の支配人に就任して訴訟行為等を行う場合には，同条違反となり（前掲東京高判昭和50・8・5），訴訟行為は無効となる（東京高判昭和46・5・21高民集24巻2号195号）。

⑵　非訟事件　非訟事件の本質を巡っては，学説は極めて多岐にわたっているが（兼子一『民事訴訟法体系』40頁，三ケ月章『民事訴訟法（第3版）』（法律学講座双書）14頁，新堂幸司『新民事訴訟法（第5版）』23頁等参照），判例は，概ね，既存の権利を確認する裁判がなされるときは純然たる訴訟事件であり，裁判所が裁量によって一定の法律関

係を形成する裁判をする場合は非訟事件である，としている（最大判昭和35・7・6民集14巻9号1657頁，最大決昭和40・6・30民集19巻4号1089頁，最大決昭和40・6・30民集19巻4号1114頁等）。

ここでは，とりあえず判例に従って非訟事件の理解をしておくが，本条にいう「非訟事件」は，上記のような本質を有する非訟事件全般を広く指すものと解される。すなわち，非訟事件手続法に規定されている民事非訟事件及び公示催告事件や会社法868条以下に規定されている非訟事件のほか，非訟事件手続法を準用している独占禁止法70条の4第2項，70条の5第3項の場合，借地借家法における借地非訟手続（17条以下）等すべての非訟事件を含むものである。けだし，法律事務取扱ノ取締ニ関スル法律1条では「他人間ノ非訟事件ノ紛議ニ関シ」と規定され，非訟事件中の特に紛糾している案件を取り扱った場合に限って取り締まる趣旨と解されていたが，本条ではそのような限定は付されていないし，本条の非訟事件は訴訟事件に対するものとして規定されているからである（東京高判昭和43・12・13判タ232号174頁。なお，福原・287頁は，非訟事件手続法に規定している事件を中核とし，本来行政作用に属する事項であるが，裁判所が取り扱う一応争いを前提としない権利関係の形成，保全を目的とする事案及びこれと同性質の行政機関の取り扱う事案で，社会通念として「事件」と呼び得るものを包含する，としている。しかし，後者に関しては後述の「事件性」に関する問題があるので，この定義には賛成できない）。

民事執行手続では，民事訴訟法54条1項の規定により訴訟代理人となることができる者以外の者は，訴え又は執行抗告に係る手続を除き，執行裁判所の許可を受けて代理人となることができる（民事執行法13条）。これに関し，東京高決平成21年10月15日判タ1309号288頁は，不動産引渡命令申立てにあたり，申立人の従業員ではない別会社所属の者が，裁判所の許可を受けないまま，自ら代理の者と称して申立てを行った事案において，「弁護士法72条及び民事執行法13条を潜脱する違法があるというべきであって，違法な申立てに基づきなされた本件不動産引渡命令は取消しを免れない」と判示している。

(3) 行政庁に対する不服申立事件　本条は，行審法に規定する審査請求，再調査の請求，再審査請求（2条・3条・5条・6条）を不服申立事件の例としてあげているが，これのみに限らないことはもちろんである。例えば，地方自治法（74条の2），公職選挙法（24条・202条・206条），弁護士法（14条・64条）等の異議の申出，審査の申立て，地方自治法（255条の4）における審決の申請，船舶安全法（11条）の再検査等の申請，土地収用法（39条）の収用委員会に対する裁決の申請，漁業法（45条）の海区漁業調整委員会に対する裁定の申請も含まれる。更に，行政審判としての，鉱業法（133条）の裁定の申請，特許法や海難審判法等における審判の請求等も行政庁に対する不服申立事件である（詳細は，田中・行政法上220頁以下参照）。

⑷ その他一般の法律事件 前述したとおり，本条は，「その他一般の法律事件」という包括的文言を用いて，一切の法律事件についての取扱いを禁止することとしており，この点で法律事務取扱ノ取締ニ関スル法律１条とは異なっている。

㋐ 法律事件の意義 「法律事件」とは，法律上の権利義務に関し争いや疑義があり，又は，新たな権利義務関係の発生する案件をいうものとされる（前掲東京高判昭和39・９・29，札幌高判昭和46・11・30刑裁月報３巻11号1456頁，広島高決平成４・３・６判時1420号80頁。なお，但木敬一「外国法事務弁護士像とその役割」商事法務1107号13頁は，「依頼者が解決を求めている法的案件という意味」としている。同「外国法事務弁護士制度」NBL377号27頁）。

判例上，「一般の法律事件」に該当するとされたものとしては，自賠責保険金の請求・受領に関するもの（前掲東京高判昭和39・９・29），自由刑の執行延期申請をなすこと（大阪高判昭和43・２・19高刑集21巻１号80頁），債権者の委任により請求・弁済受領・債務免除等を行うこと（最決昭和37・10・４刑集16巻10号1418頁），賃貸人の代理人として，その賃借人らとの間で建物の賃貸借契約を合意解除し，当該賃借人らに建物から退去して明け渡してもらうという事務をすること（前掲広島高決平成４・３・６，最決平成22・７・20刑集64巻５号793頁），他人の所有する非公開株式の売買条件交渉をすること（広島地判平成18・６・１判時1938号165頁），電気需要家から委任を受けて電力会社に対し料金の安い契約種別に変更することを協議・交渉すること（東京地判平成18・２・20判時1939号57頁）等がある。

このほかには，例えば登記・登録の各種申請，税務に関する各種申請，特許等に関する各種申請，裁判所以外の紛争処理機関（例えば地方公共団体に設置されている建設工事紛争審査会や裁判外紛争解決手続の利用の促進に関する法律により認められた機関等）に対する各種の申立て等が，「一般の法律事件」に該当するものであろう。

㋑ 事件性の要否 次に，「一般の法律事件」に関して次のように説く者がある。すなわち，本条は法律事件の例示として訴訟事件，非訟事件等をあげているから，一般の法律事件というのも，実定法上事件と呼ばれている案件及びこれと同視し得る程度に法律関係に争いがあって事件と表現され得る案件でなければならない，とするのである（福原・288頁）。そして，これを事件性と呼んでいる。また，裁判例においても，法律事件に該当するためには，本条に列挙されている訴訟事件その他の具体的例示に準ずる程度に法律上の権利義務に関して争いがあり，あるいは疑義を有するものであること，いいかえれば事件というにふさわしい程度に争いが成熟したものであることを要する，としているものがある（札幌地判昭和45・４・24判タ251号305頁）。従って，この立場からは，上記の意味での事件性の認められない案件を取り扱っても，「法律事件」を取り扱ったことにはならないこととなる（黒川＝坂田「債権管理回収業に関する特別措置法（いわゆるサービサー法）の概要」金法1532号８頁，杉浦正健監修・法務省債権回収監督室編『Ｑ＆Ａサービサー法』78頁も同趣旨。その他，司法制度改革推進本部法曹制度検討会（第24回会合）における法務省配布資料「グループ企業間の法律事務の取扱いと弁護士法第72条の関係について」も同様の前提に立つものと思われる。)。

この立場の根拠としては，現代における法律分野の拡大に伴い，およそあらゆる事項は何らかの法律に関わっているといっても過言でないのであるから，権利義務関係の対立のある案件はすべて「法律事件」に該当するとすれば，処罰の範囲が著しく拡大してしまい，不当ではないか，との考慮があるものと思われる。また，本条が，弁護士の職務範囲に関する法３条の表現（「その他一般の法律事務」）とわざわざ異なった狭い表現（「法律事件」）をとっていることを捉えて，それが，処罰の範囲を限定的にする趣旨であると考えるのであろう。

しかし，この事件性必要説と称すべき考え方には，次のとおりの疑問がある。

まず，事件性ということの内容が余りに不明確であることである。事件と表現し得る案件といっても，また事件といい得る程度に争いが成熟している案件といっても，その内容が一義的に明確になるものでないことは，明らかであろう。このような不明確な要件を導入することは，かえって処罰の範囲を曖昧にし，罪刑法定主義の精神に反するというべきである。事件という意義に関し，事件性必要説は，紛争となっているかその可能性のあるものと考えているようであるが，広義では紛争になっているとか，その可能性があるものといった意味はないと解されるのであって（林修三他編『法令用語辞典』310頁参照），例えば，非訟事件中にも紛争性のないものはあるし，家事事件手続法中の別表第一審判事項のように紛争という概念の不要なものも存する（福原・前掲288頁も，「一般の法律事件」の定義として前掲東京高判昭和39・９・29を引用しているが，そもそもこの裁判例の広い定義は事件性という考え方と相容れないというべきである)。

また，沿革から見て，本条は非弁護士（非弁護士法人）の活動一切を禁止しようとする立法目的にたって「一般の法律事件」という包括的表現を採用しているのであるから，その趣旨に従うべきであって，処罰の範囲を画することは他の構成要件を厳格に解釈することによって行うべきであろう。

法３条の文言との相違についても，３条が72条と同一の表現を体裁上とれないためであって（３条を72条と同一に表現すると「弁護士は，……行政庁に対する不服申立事件その他一般の法律事件に関する鑑定，代理，仲裁若しくは和解その他一般の法律事務を行うことを職務とする」というような回りくどい文言となってしまう），72条は，刑罰法規としての性格上，取締対象となる法律事件と法律事件取扱いの具体的行為態様とを明確に分けて規定したものと解されるのである。従って，72条と３条とは，その表現に若干の相違があるが，３条が弁護士の職務の面から，72条が非弁護士が取り扱ってはいけないものという面から，それぞれ同一のことを規定しているものと解するのが相当である（大阪高判昭和43・２・19高刑集21巻１号80頁は，法３条と72条につき，「両者の内容は全く同一であり，同法72条本文で弁護士でない者が取り扱うことを禁止されている事項は，弁護士の職務に属するもの総てに亘る」としている。なお，事件性必要説からは，「両条の規定に微妙な，しかも重要な相違点のあることを看過しているもの」である，と批判される。福原・290頁。なお，福原氏は，事件性の要件は「法律事務」についても必要であるとしているようである）。従って，事件性という概念は不要である，と解するのが相当である。

なお，埼玉司法書士会職域訴訟の原審判決（浦和地判平成６・５・13判時1501号52頁）は，法律事務の事件性を不要とし，次のように判示しており，控訴審判決（東京高判平成７・11・29判時1557号52頁）も原審の結論を維持している（判決確定）。

「弁護士法３条及び72条の『その他の法律事務』に右のような『事件性』という不明確な要件を導入することはかえって処罰の範囲を曖昧にし，罪刑法定主義の精神に反するというべきであり，また，先に詳述した立法及び法制の沿革からみても同法72条は非弁護士の活動一切を禁止しようとする立法目的に立脚して『一般の法律事件』という包括的表現を採用しているのであり，これらのことは法解釈上当然に考慮されるべきことである。そうすると，弁護士法３条と同法72条とはその表現に若干の相違があるが，３条は弁護士の職務の面から，また，72条は非弁護士が取り扱ってはならない事項の面から，それぞれ同一のことを規定しているものと解するのが相当であり，これに『事件性』という要件を加えることは相当でない」

近時最高裁は，非弁護士がビルの所有者から委託を受けて，そのビルの賃借人らと交渉して賃貸借契約を解除した上で各室を明け渡させるなどの業務を行った事案において，「このような業務は，賃貸借契約期間中で，現にそれぞれの業務を行っており，立ち退く意向を有していなかった賃借人らに対し，専ら賃貸人側の都合で，同契約の合意解除と明渡しの実現を図るべく交渉するというものであって，立ち退き合意の成否，立ち退きの時期，立ち退き料の額をめぐって交渉において解決しなければならない法的紛議が生ずることがほぼ不可避である案件に係るものであったことは明らかであり，弁護士法72条にいう『その他一般の法律事件』に関するものであったというべきである」と判示した（前掲最決平成22・７・20）。

この決定については，最高裁判所判例解説において「『その他一般の法律事件』の意義について正面から判示していないのであり，むしろ，その判文からは，本件に係る具体的事実関係を比較的詳細に判示した上で弁護士法72条違反の罪の成否に係る事例判断をしている」（三浦透『最高裁判所判例解説刑事篇平成22年度』116頁以下）とされており，事例判断と理解されるが，同解説ではまた「事件性のような要件を全く必要としないとする立場には立っておらず，争いや疑義が具体化又は顕在化していることまでは要しないとしても，事件性必要説に親和的な立場であると理解できるように思われる」とも述べられている。弁護士制度を包含した法律秩序全般の維持，確立の観点から，引き続き本条の意義を検討する必要がある。

㈦　簡易・少額な民事事件　　更に，この議論に関連して，簡易・少額な民事事件を取り扱うことが，「一般の法律事件」を取り扱うことになるか，という問題がある。

この問題を提起したのは，札幌地判昭和46年２月23日刑裁月報３巻２号264頁である。

同判決は，一般的に「法律事件」とは「権利義務に関し争があり，若しくは権利義務に関し疑義があり，又は新たな権利義務関係を発生する案件」を意味するが，この意義における法律事件の一切を網羅するものではなく，「民事々件に関していうならば，『紛争の実体，態様などに照らして，一般人がこれに当面しても，通常，弁護士に依頼して処理することを考えないような簡易で少額な法律事件』は同規定にいう『訴訟事件……その他一般の法律事件』に含まれない」，「『簡易』というのは，通常人の法律知識と普通の職業に必要な事務能力によつて適切に処理しうる程度を意味する」と判示している。その理由としては，次のことをあげている。

①　本条の立法趣旨となっている，専門的法律知識と特別の事務能力の保証のない者が法律事件の処理の対価を受けることは不当であるということ，及び非弁護士の処理によってかえって事案に混乱を招き，一般人の法律的無知に乗じた不当な利益を得るおそれがあるということは，民事事件中の簡易少額な事件に関しては妥当しない。

②　弁護士には，高度の倫理性が要求されているといっても，通常人が持ち合わせている倫理性をもって処理し得る法律事件の存在を否定することはできない。また，非弁護士に対しては弁護士会の指導・監督・懲戒等の統制手段がないということについても，現実には弁護士会のそのような権能が有名無実化しているから，非弁護士取締りの理由とすることはできない。

③　社会生活の各分野で法律事件が激増しているのに，わが国の弁護士制度は，弁護士人員の絶対的不足，地域的偏在等の事情があって貧困といわざるを得ず，国民一般の不便や不自由は看過することができなくなっているのが実状である。そして，この事態は一時的過渡的現象ではなく，容易に解消するものとは思えない。従って，この実状を考慮して解釈すべきである。

④　本条は刑罰法規であるから，厳格に解釈する必要がある。また，簡易・少額

な事件についてまで，弁護士以外の者の取扱いを一切禁止することは，必要かつ合理的な範囲の規制とはいえず，憲法22条１項の保障する営業活動の自由を不当に制限するものである。

⑤　本条の文言をみると，訴訟事件等の例示に続けて，「その他一般の法律事件」と規定しているから，例示事項と類似し又はこれと同等の性質，価値をもつ事項を意味すると解釈するのが文理解釈の原則である（ちなみに，事件の概要は，「札幌保交商事」という名称で，自動車保有者である会員を募集し，その会員の依頼により，自動車事故を原因とする損害賠償についての示談交渉等を業として行っていたというものである。上記判決は，昭和41年１月から同43年７月頃までの間に前後39回に亘って和解等の取り纏めをしたという公訴事実の一部について，「簡易少額な事件」の取扱いであったとしている）。

しかし，この地裁判決については，これに対する控訴審判決（札幌高判昭和46・11・30刑裁月報３巻11号1456頁）において破棄されたとおり，次のような疑問がある。

①　本条の立法の沿革をみると，いわゆる業として行う非弁護士活動を全面的に禁止する目的をもって立法されたものであることは否定し難く，地裁判決の説く立法趣旨も，その限定的解釈を積極的に裏付けるものではない。

②　わが国の法律社会の実状から見て限定的解釈をとらなければ不合理であるということも，立法論としてならばともかく，解釈論としての正当性をもつものではない。

③　なによりも「簡易・少額な事件」とそうでない事件とを区別する基準が不明確である。地裁判決のいう基準にしても，かなり曖昧であって，具体的案件がこれに該当するか否かを判断することは困難である。これは，明確性ないし法的安定性を重視する刑罰法規の解釈として，黙過することができない。

④　法律事件を業として取り扱うことのできる者の範囲を一定の資格のある者に限定し，これに種々の規制を加えることは，営業活動の自由に対する公共の福祉による合理的な制約である。

⑤　地裁判決の立場では，「簡易・少額な事件」に関しては，非弁護士の活動が全く放任され，何らの規制の対象にならないこととなるが，かくては社会の混乱が著しいこととなる（同旨，前田宏・法律のひろば25巻４号17頁。なお，小島武司「問い直される法律事務の独占」時の法令781号15頁，西田公一・判タ269号２頁を参照）。

(5)　法律事件の他人性　　法律事務取扱ノ取締ニ関スル法律１条では「他人間ノ」訴訟事件，非訟事件に関し，という限定文言があったが，本条にはそのような文言がない。しかし，これは，自己の法律事件について法律事務を取り扱っても本条違反にならないことは当然のこととして規定しなかったものと考えられるのであって，自己の法律事件について法律事務を行えば本条違反となるというように解釈することはできないと解するべきである（但し，法73条の規制があることは，別論である）。

従って，企業の法務部が，自社の法律事件を処理しても，本条違反とはならない。しかし，法務部門がその会社とは別法人となり，法律事件処理のための独立の組織をとるようになったときは，本条違反の問題が起きよう。例えば，親会社が子会社の抱える法律問題をも処理するため，親会社の法務部門を分離独立させ，独立法人とするような場合には，本条違反の問題が生じ得るものと考えられる。この点，法務省大臣官房司法法制部は，近時「親子会社間の法律事務の取扱いと弁護士法第72条」と題する書面を公表している。この書面では，本条の解釈適用は最終的には裁判所の判断に委ねられるものであること，本条違反かどうかは個別の事案ごとの具体的事情を踏まえ同条の趣旨に照らして判断されるべきもの等としつつ，一般論として，親会社が子会社の通常業務に伴う契約について法的問題点を調査検討の上子会社が作成したものをチェックし一般的な法的意見を述べること等について，反復的かつ対価を伴うものであったとしても本条に違反しないとされる場合が多い旨等述べられている。この書面が事件性必要説（647頁以下参照）を前提として事件性がない範囲で親子会社間の法律事務の取扱いを許容する趣旨であれば，前述のとおり疑問がある。

平成10年，被害者である被保険者の代理として自賠責保険の被害者請求をする内容の保険商品（TAP）が新たに発売された。この商品は，従来の対人賠償保険に加え，契約者自身の人身傷害にも補償を拡大しようとするもので，その概要は，過失割合，示談交渉の状況にかかわらず保険会社が契約者（被害者）へ損害全額を支払い，その後に保険会社が契約者に支払った保険金額を相手方（加害者）に請求するというものである。これが本条に抵触しないであろうか。保険会社が，被害者である被保険者に対して，その損害の填補としての保険金支払を行った場合には，いわゆる保険代位の法理により，その支払額の限度で，保険会社は，被保険者が加害者に対して有する権利を取得する（保険法25条，その他保険約款の代位に係る条項参照）。従って，支払限度額で保険会社が被害者請求手続を行うことは，他人の法律事務ではなく自ら取得した権利を行使するものであって，契約者を代理若しくは代行するものではなく，本条抵触の問題は発生しないとの考えがある。

但し，被害者である契約者に保険金を支払って被害者に代位し，その後，保険金相当額を加害者に対して請求することは，法73条に抵触するおそれがある。また，過失相殺され得る事案でも示談の対象となるのは事故による損害全体であるから，事案によっては，保険代位できない部分についてまで示談に関与し，他人の法律事務に関与することになる。すなわち，保険会社が保険代位される損害部分を超える部分について被害者を代理した場合には，もはや自己の法律事件とはいえず，本条に抵触すると解される。

4　鑑定，代理，仲裁，和解その他の法律事務

(1)　ここに，「鑑定」とは，法律上の専門的知識に基づいて法律事件について法律的見解を述べること，「代理」とは，当事者に代わり当事者の名において法律事件に関与すること，「仲裁」とは，当事者間の紛争を仲裁判断をなすことによって解決すること，「和解」とは，争っている当事者に互いに譲歩することを求め争いを止めさせること，をそれぞれいうものと解される。なお，これらは，「法律事務」の例示と解されるから，上記の定義に入らないものはすべて「その他の法律事務」に含まれるものと考えられる。

(2)　上記のうち，「代理」に関しては，民法99条以下に定める代理の法理（我妻栄『新訂民法総則（民法講義Ⅰ）』339頁以下参照）に従った行為のみに限定されるものではなく，当該行為を実質的に判断し，何人の名義をもってするかを問わず，実質的に代理が行われたと同一の効果が発生した場合を指すものとする見解がある。この立場からは，弁護士でない者が，当事者の依頼を受けてその者の作成名義による仮処分申請書，競売許可決定に対する即時抗告状その他の訴訟書類を作成し，その者の使者として裁判所に赴いてこれを裁判所に提出する行為は，民事法上の「代理」ではないが，本条にいう「代理」に該当するものとされる（最決昭和39・12・2刑集18巻10号679頁，桑田連平『最高裁判所判例解説刑事篇昭和39年度』186頁，高橋勝好・警察学論集18巻5号1頁，山崎清『刑事判例評釈集26巻』177頁，石井春水・警察時報20巻7号75頁。なお，法律事務取扱ノ取締ニ関スル法律1条の「代理」について，大判昭和14・3・17刑集18巻145頁は，同条の「代理」には，手続法規に規定される代理行為のほか，事実上紛議の当事者に代わって紛議の処理に関する各般の行為を為すことも包含されると解するのを正当とするから，当事者に代わり当事者本人の名で調停申立て，支払命令申立て等をする行為は，「代理」にあたる，としている。大判昭和14・3・6刑集18巻87頁も，当事者に代わって当事者の名で支払命令を申請し，訴え提起に関する書面を司法書士に作成させる行為につき，同旨。美濃部達吉・国家学会雑誌53巻8号1133頁，司波美『刑事判例評釈集2巻』45頁）。

しかし，同じ「代理」という行為の意義を，取締りの目的が達せられないという理由だけで，民事上と刑事上とで異なったものにすることは法律概念を混乱させるものであって，妥当ではない。法律事務取扱ノ取締ニ関スル法律1条では「その他の法律事務」という包括的行為類型を規定していなかったため，「代理」の中に使者や機関，間接代理等の行為も含める必要があったといい得るが，本条には「その他の法律事務」という定めがあるのであるから，使者，機関等の行為は「その他の法律事務」に該当すると解すれば足りることである。

なお，外国法事務弁護士（外国法事務弁護士法人）は，官公署等における手続でなければ，原資格国法・指定国法を準拠法とする仲裁手続の代理はできるが（外国弁護士による法律事務の取扱いに関する特別措置法6条2項・3条・50条の5第1項），更に，国際仲裁事件については，準拠法の如何にかかわらず，わが国を仲裁地とする国際仲裁手続（それに伴う和解の手続を含む）において，当事者の代理を行うことができるものとされ（同法5条の3・55条の5第2項），外国法事務弁護士でない外国弁護士であっても，外国において当該外国弁護士となる資格を基礎として法律事務を行う業務に従事している者（国内において雇用されて外国法に関する知識に基づいて労務の提供を行っている者を除く）は，その外国において依頼され又は受任した国際仲裁事件の手続についての代理を行うことができるとされている（同法58条の2）。

(3) また，「仲裁」に関しては，本来，ここに例示されているとおり，法律事務であって，弁護士又は弁護士法人でない者は，業として報酬目的で取り扱うことはできない。しかしながら，平成16年に仲裁法（平成15年8月1日法律第138号）が施行され，同法は仲裁人の資格を自然人とするほか一切制限しなかったことから，政府答弁（衆議院法務委員会平成15年5月27日・参議院法務委員会同年7月24日）においては，仲裁人の資格には自然人であること以外の制限はないとの発言がなされている。ここで，仲裁法をもって，後述の本条但書にいう「他の法律に別段の定めがある場合」と解することも不可能ではないが，その体裁からして，本条の適用を明確に除外する法律ととることには難があること，従前より，法令に基づく正当な業務行為であれば違法性を阻却するとの考えはあったこと（例えば，商工会議所法9条12号・65条7号）等から考えると，仲裁法その他の法令により正当な業務行為としてなされる場合は，違法性を阻却する場合があると解するのが相当であろう。

(4) 「その他の法律事務」とは，（一般的に法律上の権利義務に関し争いや疑義があり，又は新たな権利義務関係の発生する案件について）法律上の効果を発生，変更する事項の処理をいう，とする裁判例があるが（東京高判昭和39・9・29高刑集17巻6号597頁，東京地判昭和38・12・16判タ159号133頁），それのみではなく，確定した事項を契約書にする行為のように，法律上の効果を発生・変更するものでないが，法律上の効果を保全・明確化する事項の処理も法律事務と解される。

判例上，この「法律事務」に該当するとされたものとしては，債権取立ての委任を受けてなす請求，弁済の受領，債務の免除行為をなすこと（福岡高判昭和28・3・30高刑特報26号9頁，最決昭和37・10・4刑集16巻10号1418頁。なお，石丸俊彦『最高裁判所判例解説刑事篇昭和37年度』205頁），自動車損害賠償責任保険金の請求，受領の行為をなすこと（前掲東京高判昭和39・9・29，石井春水・警察時報21巻1号69頁，大阪地判平成19・2・7判タ1266号331頁，大阪地判平成19・9・13判タ1266号340頁），交通事故の相手方との示談交渉をなすこと（札幌高判昭和46・11・30刑裁月報3巻11号1456頁，和歌山地判平成元・10・18交通事故民事裁判例集22巻5号1144頁），建物立退交渉・実現，地目の転用・変更手続等をなすこと（横浜地判昭和59・10・24判タ553号198頁），建物賃貸借契約の解除及び賃借人の立退交渉をなすこと（広島高決平成4・3・6判時1420号80頁），不動産の占有者と明渡しに関する和解交渉を行うこと（東京高判平成19・4・26東高民時報58巻1～12号7頁），真正な登記名義を回復する登記手続をなすこと（東京地判平成6・4・20判時1526号106頁），証拠品を預かって被害届を起案し，被害届の提出やその後の取調べに同行するなどして被害者に助力すること（東京地判平成25・8・26判時2222号63頁）等がある。

5　周　　旋

ここに，「周旋」とは，依頼を受けて，訴訟事件等の当事者と鑑定，代理，仲裁，和解等をなす者との間に介在し，両者間における委任関係その他の関係成立のための便宜を図り，その成立を容易ならしめる行為をいう（名古屋高金沢支判昭和34・2・19下刑集1巻2号308頁）。必ずしも委任等の関係成立の現場にあって直接関与介入することを要せず，例えば，電話連絡であってもよい（大判昭和13・2・15大審院判決全集5集5号43頁）。

なお，他人の依頼を受けて，弁護士に毎月一定額の報酬を給する約定のもとに，自己の賃借する事務所で自己の指示により，訴え提起等の事務処理をなさしめ，依頼者から着手金等を受け取る行為は，「周旋」ではなく，法律事務の取扱行為そのものである（東京高判昭和44・4・21高刑集22巻2号215頁）。

本条本文後段は，弁護士又は弁護士法人でない者が法律事務を取り扱うことを知って，その者に事件を周旋することを業とすることはもちろん，正規の弁護士又は弁護士法人に対して事件を周旋することを業とすることをも取り締まる趣旨である。後者のような周旋を業とする者についても，弁護士を利用してその間に介在して不当な利益をあげ，国民の法律生活の円滑な営みを妨げ，また弁護士の品位を害することともなるからである（富山地高岡支判昭和33・2・18第1審刑事裁判例集1巻2号246頁）。近時インターネット上で弁護士紹介を目的としたサイトが見受けられるが，中には，サイト運営者による紹介手数料の受領や事件内容への関与が疑われるものもある。この点に関しては，日弁連において，弁護士情報提供ウェブサイトへの掲載に関する指針（平成30年1月18日理事会議決）が定められており，本条との関係でも参考になろう。

また，【2】で詳述したとおり，周旋は，「報酬を得る目的」をもって「業として」なされなければ本条違反とはならない。たまたま親戚や知人から相談を受けて知り合いの弁護士又は弁護士法人を紹介しても，本条違反とはされない。

6　業とする

「業とする」ということの意義について，判例は，反覆的に又は反覆継続の意思をもって法律事務の取扱い等をし，それが業務性を帯びるに至った場合を指すと解すべきであるとし（最判昭和50・4・4民集29巻4号317頁），他の職業に従事することがあっても差し支えないし（大判昭和13・2・15大審院判決全集5集5号43頁），反覆継続の意思が認められれば，具体的になされた行為の多少も問うところではないとしている（仙台高秋田支判昭和29・2・16高刑特報36号88頁，最決昭和34・12・5刑集13巻12号3174頁等，川添万夫『最高裁判所判例解説刑事篇昭和34年度』440頁，山崎清・警察研究32巻11号108頁）。

学説では，次の2説が対立している。その一は，反覆継続の主観的意思が認められる限り，ただ1回の行為であっても業としてなしたものといえるとする説である。主観的意思から考えるものなので「主観説」といえよう（佐藤藤佐・法曹会雑誌11巻9号144頁）。その二は，業というのは同種類の行為を反復継続することが前提であるから，1回の行為では業とするとはいえないとする説である。客観的な行為を基本とする考えなので「客観説」といえよう（桜田勝義・判例評論163号119頁）。両説の違いは，これから反復継続して法律事務を行おうとして1回目の行為をした段階で終わった場合に，業としてなしたといえるかという点に現われる。主観説といえども主観的意思を認定するためには，過去における同種行為をもとにしなければならず，客観説といえども必ず2個以上の行為が公訴事実中になければ処罰されないというわけでないから実際の運用の点ではさほどの差異はないものと思われる。

なお，「業として」の認定については，「およそ，ある種行為に対する反覆継続の意思の有無を認定するにあたつては，当該本人が同種行為をどの程度行つているかを認定するに若くはないのであつて，それが適式な証拠調に基づいて認定されるものである限り，起訴事実以外の同種行為の存在を間接事実として右意思を認定することを妨げる理由は全くない」とする判例がある（最判昭和51・3・23最高裁判所裁判集刑事199号861頁）。

また，本条違反の罪は，いわゆる営業犯の一種と認められるから，数回にわたって繰り返しても，包括して1個の犯罪として処断すべきである（名古屋高金沢支判昭和34・2・19下刑集1巻2号308頁）。

「業として」が問題となった若干の判例を挙げると，次のとおりである（なお，福原・291頁は，判例の傾向について「反覆継続する意思の存在の証明に厳しい態度を示す傾向にある」とし，また「業務性の認定を厳格にする態度を示している」と評しているが，以下の判例を検討する限りそのように言い得るか疑問である）。

① 仙台高秋田支判昭和29年2月16日高刑特報36号88頁

約3年間に6回の法律事務取扱いの行為をしたことは，業としてしたものである。

② 名古屋高金沢支判昭和34年2月19日下刑集1巻2号308頁，最決昭和34年12月5日刑集13巻12号3174頁

当事者2名と弁護士の間に介在し，訴訟代理の委任関係成立のために便宜を2回にわたって図ったことは，業としてしたものである。

③ 佐賀地判昭和36年6月19日下刑集3巻5・6号557頁

「業とする」とは，必ずしも反覆累行されたことは必要でなく，ただ1回でも，いわんや1個の訴訟事件のみに関するものであっても，また仮に依頼者との間に特別の関係があってそれが行為の動機をなしている場合であっても，その行為自体が反覆継続する意思のもとで行われていれば足りるから，司法書士が，2個の訴訟事件に関し，裁判所に提出する書類を51通作成したことは，業としてしたものである。

④ 名古屋高判昭和48年1月30日刑裁月報5巻1号36頁

約3年間に，貸金取立て，手形金回収の和解調書調印，示談交渉，道路公団との買収交渉の4回にわたり法律事務を取り扱っているが，不特定多数の者を相手方としているのと異なり，特別な人間関係，個々的な特殊事情からたまたま引き受けていると認められるから，継続性，反覆性の意図とは断定できず，社会生活上当然の相互扶助的協力の範囲内にあると評価できるから，業としてなしたものとは認定できない（但し，後掲⑧の判決で破棄されている）。

⑤ 東京高判昭和49年11月21日東高刑時報25巻11号101頁

債権取立行為を1回行ったものであるが，本件以前に法律事務を取り扱ったという証拠もなく，当該法律事務によって何らの報酬も得ていないこと等をも勘案すると，業として行ったものと認定するには証拠上無理がある。

⑥ 東京高判昭和50年1月21日東高刑時報26巻1号4頁

交通事故の損害賠償につき，前後10回にわたり，示談交渉，自賠責保険金の支払請求等をしたことは，業として行ったものである。

⑦ 最判昭和50年4月4日民集29巻4号317頁

宅地建物取引業者が，契約解除等の法律事務を1回取り扱い，それが商法503条により附属的商行為となるとしても，そこから当然には反覆の意思は認められず，業としてなしたものとは認められない（但し，反対意見がある。評釈として，田尾桃二『最高裁判所判例解説民事篇昭和50年度』120頁，江藤价泰・ジュリ昭和50年度重要判例解説117頁，飯畑正男・判タ327号93頁，井上治典・判例評論209号23頁参照）。

⑧ 最判昭和51年3月23日最高裁判所裁判集刑事199号861頁

前記④の判決に対する上告審判決であり，破棄して，業としてなしたものとした。

⑨　広島高決平成４年３月６日判時1420号80頁

賃貸人の代理人として，その賃借人らとの間で建物の賃貸借契約を合意解除し，当該賃借人らに建物から退去して明け渡してもらうという事務をすることは，立退交渉の相手方が多数であったこと等から，たとえ当該事務を扱ったのが初めてであったとしても，業としてなしたものと判断した。

⑩　東京地判平成６年４月20日判時1526号106頁

約20年前からＡ弁護士の法律事務所内において経営コンサルタント業を営み，「○○弁護士会所属弁護士Ａ法律事務所経営戦略コンサルタント」なる肩書を付した名刺を用いていた者が，叔父から登記名義の変更の交渉及び手続の委任を受けたことについて，法律事務を反復的に行っているか，仮にそうでないとしても，反復の意思をもって法律事務を行ったと推認でき，業としてしたものとした。

⑪　東京高判平成12年６月８日判時1717号90頁

「金融・総合調査事務所Ａ商事」なる名称のゴム印や名刺を作成使用し，貸金業のほか金融に関連した調査を業としている者が，相続財産の調査及びこれをめぐる紛争等の法律事務の委任を受けた場合に，法律事務の内容や数量等からみると，法律事務を業として行っていたものと認められるとした。

７　但　書

本条は，非弁護士（非弁護士法人）による法律事務取扱いの取締りの例外として，「この法律又は他の法律に別段の定めがある場合は，この限りでない」と定めている。平成15年改正前法は「この法律に別段の定めがある場合」としていたが，平成15年改正により「又は他の法律」との文言が付加された。

⑴　この法律に別段の定めがある場合　「この法律……に別段の定めがある場合」とは，昭和30年８月法律第155号により削除された旧７条に規定されていたところの，外国の弁護士となる資格を有する者であって，最高裁判所の承認を受けて法律事務を行うことが認められていた者を指している（なお，旧７条の解説を参照）。従って，旧７条が削除された現在では，弁護士法中に「別段の定め」は存在していない。

⑵　他の法律に別段の定めがある場合　平成15年改正によって「他の法律に別段の定めがある場合」もまた法律事務取扱いの取締りの例外とされることとなった。改正前は，隣接職種が行う業務行為と本条との関係について困難な問題があり，例えば司法書士が行う簡裁訴訟代理業務（司法書士法３条１項６号）は明らかに本条本文の要件を充足する法律事務取扱行為であるから，司法書士法３条１項６号によって司法書士の業務とされているにもかかわらず，同条８項が定める「その業務を行う

ことが他の法律において制限されているもの」として，行い得ないという奇妙な結論に至るおそれがあった（この点に関する解釈論の状況は後述する）。そこで平成15年改正法は，本条但書に「又は他の法律」との文言を付加して，弁護士法以外の法律が業務として行うことを認めている行為には本条の規制が及ばないことを明らかにした。

もっとも，上記の改正は，隣接職種の業務行為の範囲を定める法律と本条との関係を調整したものにすぎず，隣接職種が行い得る業務行為の範囲を拡大したものではないから，隣接職種が行い得る業務行為の範囲は従来と同じように解釈されるべきであろう。

(3) なお，昭和26年法律第221号で削除される前の本条但書には，「正当の業務に附随してする場合」という定めがあった。これは，法律事務取扱ノ取締ニ関スル法律１条但書をそのまま受け継いだものであったが，同法制定当時の立法理由の説明では，信託業者が信託業法に基づき，貯蓄銀行が貯蓄銀行法に基づき，それぞれ不動産売買の媒介，金銭・不動産の貸借の媒介，貸金取立ての代理等を兼業することが認められていたため，これらの業務を遂行する上で必要やむを得ない行為を処罰の対象から除外するためのものであった，とされる（福原・292頁。なお，松尾菊太郎＝奈良正路『改正弁護士法疑義提要』104頁参照）。

ちなみに，広島高松江支判昭和26年８月27日高刑特報20号170頁は，正当の業務とは，直接法令により認許せられた業務はもちろん，行政官庁の許可若しくは認可による業務又は一般社会通念上正当と認められた業務を総称し，これに附随してする場合とは，本条所定の行為が，上記の正当の業務の遂行に必要な限度においてなされる場合をいい，当該行為が付随たるの域を脱して独立の業務としてなされるときは，本条違反となるとしている（法律事務取扱ノ取締ニ関スル法律１条但書につき，同旨，大判昭和13・３・14刑集17巻215頁。小野清一郎『刑事判例評釈集』１巻106頁）。

この「正当の業務に附随してする場合」が削除された理由については，「その適用範囲は明確になしえないものがあり，今日に至っては，弁護士制度の発達により，弁護士以外の者の業務遂行のために弁護士事務を行わせることが真にやむをえないと認められるような分野を見出だすことは困難であって，信託業者や貯蓄銀行にあたる機関等がその業務に付随して法律事務を処理する場合，これに弁護士を関与させないことはまれであり，これらの業者に不便をかけるというものでない」ため（福原・293頁）とか，「『正当の業務に付随してする場合』の意義が明確でないこと並びに最近の立法たる土地家屋調査士法，税理士法，公認会計士法，海事代理士法，司法書士法等には右の字句がない」ため（鮫島真男「第10回国会通過の司法関係法律の解説」法曹時報３巻７号103頁）等と説明されている。

【4】 本条違反行為の効力

本条違反の行為については，訴訟行為と私法行為とがあるので，それぞれにその効力を考える必要がある。なお，除名された弁護士又は弁護士法人（但し，法30条の30第2項，会社法649条・655条6項・599条4項参照），退会命令を受けた弁護士の行為については，非弁護士（非弁護士法人）の行為としてここに述べたことがそのまま妥当する。

1 民事訴訟における訴訟行為の効力

民事訴訟法上，地方裁判所以上では，法令により裁判上の行為ができる代理人を除いて非弁護士は訴訟代理人たり得ないが，簡易裁判所では裁判所の許可を条件として非弁護士が訴訟代理をすることができることとなっている（54条1項）。そこで，弁護士でない者が地方裁判所以上で訴訟代理人として行った行為，又は簡易裁判所において裁判所の許可を得ずに訴訟代理人として行った行為の効力についての学説・判例を見ると，次のようになっている。

⑴ まず，学説は次のように分かれている。

㋐ 有効説　　訴訟代理人における弁護士としての資格は弁論能力の問題であり，訴訟行為の成立要件でもなければ，代理権授与の有効要件でもないから，裁判所は，資格を欠く代理人の訴訟行為を無視し，その訴訟関与を排斥することができるが，訴訟関与を黙過して訴訟手続を進めた場合，その訴訟行為は有効であるとする。従って，この立場からすると，弁護士でない者による訴えや控訴の提起は，その適法要件を欠くものであるから，補正や追認の余地なく却下を免れないが，これを看過してなされた判決に対しては，この欠缺を理由として上告の提起・再審の訴えはできないこととなる（兼子一『民事訴訟法体系』131頁，小山昇『民事訴訟法』113頁，斎藤秀夫他編『注解民事訴訟法（第2版）(2)』346頁）。

㋑ 無効説　　訴訟代理人の資格制限は，弁論能力の制限にとどまらず，代理権の発生・存続の要件であるから，資格を有しない者の訴訟行為は無権代理人の行為として無効であるとする。この立場からすると，資格の欠缺を看過してなされた判決に対しては，上告・再審の訴えを提起することができることとなる。但し，その無効が，絶対的無効なのか，追認を認めるのかについては，分かれている（菊井＝村松『全訂民事訴訟法1（補訂版）』505頁，三ケ月章『民事訴訟法』（法律学講座双書）255頁）。

㋒ 折衷説　　弁護士でないことを当事者が知らなかった場合と知っていた場合とを分け，前者の場合は，正式の弁護士に依頼して代理されるべき本人の利益を考慮して，無効ではあるが，本人又は正式の代理人による追認を認め，後者の場合は，非弁護士を支配人にすることによって弁護士代理の原則を潜脱するような場合であるから，本人の保護ということは考えなくてよいし，相手方勝訴のときに相手方を保護するほうが公平であるから，有効と解するべきであるとする（新堂幸司『新民事訴訟法（第5版）』187頁）。

ただ，これらの学説は民事訴訟法54条違反の訴訟行為の効力という点からのみの検討にとどまっており，民事訴訟法違反の点を離れた本条違反そのものに関する検討がなされていない面がある（もっとも，非弁護士の訴訟活動のうち，本条違反だけが問題となるのは，簡易裁判所で本条違反の者に対して訴訟代理の許可を与えてしまったような稀有の場合であるうえ，そもそも，非弁護士のなした訴訟行為のすべてが本条の構成要件を満たすとは限らない）。

従って，これらの学説を，本条違反の訴訟行為の効力に関する学説としてそのまま引用することは適切とはいえない（後記の参考文献では，一般にこれらの学説があげられている）。

⑵　次に，判例をみると，次のようになっている。

㋐　まず，支配人選任の脱法形式による本条違反行為については，次の三つの裁判例があり，いずれも絶対的無効の立場をとっている。その根拠は，本条が高度の公益的規定であり，強行法規であること（民法91条）に求められている。

①　札幌高判昭和40年3月4日高民集18巻2号174頁

非弁護士を支配人に選任したことは，強行法規たる本条違反行為を隠蔽するための脱法行為であるというほかないから，たとえ支配人選任の登記がなされていても，訴訟遂行の資格を有しない。従って，本件訴訟は訴訟代理人たり得る資格のない者によって提起され遂行されたこととなり，その訴訟行為はすべて不適法である。元来訴訟行為の代理に弁護士の資格を要する実質的理由は，法律実務家として訴訟の経済的能率的運営に資することのほかに，弁護士の公益的任務が司法の公正の維持と社会正義の実現に役立つという配慮によるのであるから，たとえ本人の追認，相手方の同意等があったとしても，訴訟行為の瑕疵は治癒されず，無効である。

②　東京高判昭和46年5月21日高民集24巻2号195頁

本条は高度の公益的規定と解されるから，これに違反する訴訟行為は無効であって，追完を許さないものと解するのが相当である。

③　東京地判昭和46年12月20日判時662号62頁

営業活動に包括的な代理権を与えていないにもかかわらず，専ら裁判上の行為を代理させるために支配人に選任したとすれば，それは本条の潜脱を目的とするものというべく，その者によって代理された訴訟行為はすべて無効であって，追認を許され得ないものと解するのが相当である。

㋑　執行行為の効力については，次の裁判例があるのみであり，同じく無効説をとっている。無効の理由は，民法90条の公の秩序違反に求めている。

④ 東京高決昭和25年3月2日高民集3巻1号24頁

家庭裁判所の改名許可申立事件に対して，司法修習生が代理して即時抗告をした事件につき，不適法却下した（それが，絶対的無効の趣旨か追認を認める趣旨かは明らかでない）。

⑤ 松江地判昭和40年5月27日判時422号52頁

貸金取立ての委任及びこれに基づく公正証書の作成嘱託に関する代理権の授与行為は，本条に抵触するというべきであるから，委任及び授権行為は公の秩序に反する事項を目的とし民法90条に照らし無効であるから，無効な嘱託に基づき作成された公正証書は成立要件を欠き，公正証書としての効力，特に債務名義としての執行力を認めることはできないと解するのが相当である。

⑥ 富山地判平成25年9月10日判時2206号111頁

本人訴訟の体裁・形式を整えて司法書士が行った訴え提起並びに送達場所及び送達受取人の届出の各訴訟行為は無効である。

(ウ) 次に，以下の三つの判例は，無効を前提としつつも，瑕疵ある訴訟行為の追認を認める趣旨のものと解され，前記の裁判例とは異なる態度を示している。しかし，事案を検討すると，本条違反の点は争点となってはおらず，単に民事訴訟法上の問題としての，非弁護士のなした訴訟行為の効力の問題に限定されている。従って，本条違反の訴訟行為に関する判例として引用すること自体に疑問があることを付言する。

⑦ 大阪高判昭和27年5月30日高民集5巻7号292頁

弁護士が法6条1号（現在の法7条1号）の欠格事由に該当したときは，登録取消しをまたず，その発生と同時に当然に弁護士の職を失うと解するのを相当とするから，同人が訴訟代理人としてなした控訴の提起も民事訴訟法54条により不適法として却下すべきであるが，本件では後に資格のある弁護士が選任されて従前の口頭弁論の結果を陳述しているので，瑕疵ある訴訟行為を追認したものということができるから，結局本件控訴は適法にして有効である。

⑧ 大阪高判昭和39年4月8日下民集15巻4号756頁

簡易裁判所は許可のない者が当事者の代理人として訴訟に関与するときはこれを排斥できるのはもちろんであるが，これを看過して訴訟行為をなさしめたとき，当事者の訴訟委任がある限りは当該代理人のなした訴訟行為は有効で，許可のないという理由では無効となるものではない。

⑨ 最判昭和43年6月21日民集22巻6号1297頁

訴訟代理人たる弁護士が業務停止の懲戒処分を受け，第2審が同人不出頭の口頭弁論期日に弁論を終結して判決言渡期日を指定告知し，その後同人が登録を取り消された後に判決が言い渡され，同人方に判決が送達されたが，本人が上告期間中に上告を提起したという事件につき，同人に対する登録取消し後の裁判所及び本人の訴訟行為は，本人又は権限ある者が追認しない限り違法であり，本人に対して効力を生じないが，本件では原判決が上告人本人に現実に入手されているので送達は有効であり，結局上告も有効である。

(エ) 以上の判例を検討すると，判例は，本条違反がまさに問題となった訴訟行為の効力に関しては，無効とする態度で一貫しているのであり，本条違反の点が各別問題とされない，以前弁護士資格を有していた者等の非弁護士がなした訴訟行為に関して，追認を認める態度をとっているにすぎない。

(3) 思うに，本条違反の民事訴訟行為の効力に関しては，無効説が妥当である。本条の高度の公益的性格を一貫させるためには，違反行為の効力を奪うことが必要であり，このことが非弁護士（非弁護士法人）による違反行為の発生を未然に防止することにもなるからである。そして，この無効は，訴訟委任行為及び授権後の訴訟行為の双方について，妥当するものと解すべきであり，追認によって有効にすることもできないと考えるのが相当である。

当事者の知・不知によって有効・無効を区別する説は，当事者間の利害得失関係を比較衡量する考え方であるが，当事者の知・不知という主観的な基準を採用しなければならない点で若干の曖昧さが残ることは否めない。むしろ，非弁護士（非弁護士法人）であることを知っていたような場合には，無効主張を信義則違反（民法1条）として封ずれば足りると考えられる。

なお，無効説に対しては，訴訟手続の円滑確実な進行を図るという点が考慮されなくて不当であるとの批判があるが，公正であるべき訴訟手続中の非弁護士（非弁護士法人）によって行われた訴訟行為の効力を，私人である当事者の追認等によって救済することのほうがかえって問題とされるべきである。

参考文献として，佐々木吉男「非弁行為と訴訟上の効力」『新・実務民事訴訟講座1』265頁以下，田中恒朗「非弁護士のなした訴訟代理行為の効力」判タ183号55頁，倉田卓次「反対説の要点」判タ183号58頁，萩澤清彦「弁護士でない者の訴訟行為の効果」『続判例展望』190頁以下，山木戸克巳「弁護士法違反と訴訟法上の効果」法学教室（第2期）4号56頁以下等。

2　刑事訴訟における訴訟行為の効力

刑事訴訟法は，被告人に弁護人依頼権を保障し，31条1項により，弁護人には弁護士資格を要求している。この弁護人依頼権は，憲法37条3項によって保障されているものであるから，上記の規定は当然の事理である。

このような弁護人となるための弁護士資格は，憲法上の要請として極めて公益性の高いものであるから，非弁護士の行った刑事訴訟上の行為は無効と解すべきである（東京地判昭和54・7・12判時948号79頁，東京高判平成3・12・10判タ780号267頁）。そして，弁護人としての訴訟行為は弁護士という資格を有するものによって適正に行われるべきであるという前提があるのであるから，安易に被告人による追認を認めることもできない。

3　私法行為の効力

私法行為については，弁護士又は弁護士法人でない者に対して法律事件の処理を委任する行為ないし弁護士でない者が法律事件の処理を周旋する行為と，そのような非弁護士（非弁護士法人）が行った法律事務処理行為とがある。そして，それぞれについての効力を考えなければならないが，本条の公益的性格をどのように考えるかによって，有効説と無効説に分れよう。すなわち，公益性を低くとらえれば，当該行為者を処罰すれば取締目的は達せられるから，違反の行為を無効とするまでもないこととなり，反対に高度の公益性を有するものととらえれば，違反行為を無効としなければ非弁行為を根絶することができないこととなり，首尾一貫しないものとなる。

この点，依頼者と弁護士又は弁護士法人でない者との間の委任契約については，判例は，本条は，国民の公正・円滑な法律生活を守り法律秩序を維持することを目的とし，その意味で高度の公益的規定と解されるから，これに違反する行為は，公の秩序（民法90条）に違反するものとして無効である，とする（最判昭和38・6・13民集17巻5号744頁。この判例の評釈として安部正三『最高裁判所判例解説民事篇昭和38年度』183頁，水戸地判昭和33・10・12下民集9巻10号2080頁，福岡高判昭和35・11・22下民集11巻11号2552頁，福岡高判昭和37・10・17民集17巻5号749頁，東京地判昭和61・2・24判時1218号90頁，東京高判平成12・6・8判時1717号90頁等。なお，東京控院判昭和13・12・22評論28巻諸法9頁は，法律事務取扱ノ取締ニ関スル法律1条は，非弁護士が報酬を得て法律事務を取り扱うことを禁じた規定で，このような者が代理人となってなした和解その他の行為は無効ではない，としている）。

これに対して，弁護士又は弁護士法人でない者が行った法律事務処理行為の私法上の効力については，判例は，本条違反により直ちに無効となるものではなく，当該行為が公序良俗違反と言える場合に初めて無効になると解しているようである。すなわち，認定司法書士が司法書士法3条1項7号所定の業務範囲を超え，本条に違反して過払金に関する和解契約を締結した事案に関して，最判平成29年7月24日判タ1441号28頁は，依頼者と弁護士でない者との間の委任契約については「民法90条に照らして無効となると解される」としたものの，認定司法書士がした裁判外の和解契約の効力については，「認定司法書士が委任者を代理して裁判外の和解契約を締結することが同条〔弁護士法72条―編者注〕に違反する場合であっても，当該和解契約は，その内容及び締結に至る経緯等に照らし，公序良俗違反の性質を帯びるに至るような特段の事情がない限り，無効とはならないと解するのが相当である」とし，結論として当該和解契約の効力を有効とした。

思うに，前述した本条の趣旨に照らせば，訴訟行為と同様，ここでも無効説が妥当である。但し，非弁護士（非弁護士法人）が行った行為のうち相手方があるものについては，当該非弁護士（非弁護士法人）を弁護士（弁護士法人）でないものと知らずにこれを信頼して行為した場合，はたして絶対的な無効としてよいかが若干問題となろう。あるいは，訴訟行為のところで述べた相手方の知・不知を基準とする折衷説のように考えることもできよう。前掲の最高裁判例は公序良俗違反性の判断の中で調整を図りうる点で利点もある。しかし，この点に関しては，当該行為の効力については原則として無効と解しつつ，無効の主張をなすことが信義則（民法1条）に反する場合に，非弁護士（非弁護士法人）及びそれに依頼した者からの無効主張を禁止することにより，信頼した相手方の利益との調整を図れば足りるものと考えられる。

なお，債権を信託的に譲渡した形をとって訴訟等によって取り立てる約定をした場合には，信託法10条の禁止する訴訟信託に該当し，その点からも無効とされる（水戸地判昭和44・6・30判タ239号247頁）。

また，本条に違反するとまでは認められない場合でも，弁護士の正当な訴訟活動を大きく阻害するという要素が他の要素ともあいまって，きわめて反社会性の強いものと認められ，公序良俗により無効とした判決がある（東京地判平成4・7・31判タ832号121頁）。

参考文献としては，山口友吉・民商法雑誌50巻2号97頁，石川明・法学研究38巻2号79頁等がある。

【5】 隣接職種の法改正の動向

1 司法書士法の改正

平成14年4月24日，司法書士法及び土地家屋調査士法の一部を改正する法律（平成14年5月7日法律第33号）により司法書士法が改正され，その後の裁判所法の改正（平成15年7月25日法律第128号）によって簡易裁判所の事物管轄が訴額140万円を超えない請求に拡大された結果，現在，一定の司法書士には簡易裁判所における訴額140万円を超えない民事訴訟，訴え提起前の和解（即決和解），保全手続及び調停の訴訟代理権（上訴や再審，強制執行を除く）が付与され（司法書士法3条1項6号），訴訟代理権を行使し得る内容の案件については，法律相談や仲裁，裁判外の和解の代理もできることとされている（同項7号）。更に，不動産登記法等の一部を改正する法律（平成17年4月13日法律第29号）によって，筆界特定手続（一筆の土地及びこれに隣接する他の土地について，筆界の現地における位置を特定すること（その位置を特定することができないときは，その位置の範囲を特定すること））が導入されたことに伴い，司法書士には筆界特定手続に関与する次の権限が認められることになる。すなわち，①筆界特定手続において法務局又は地方法務局に提出し若しくは提供する書類若しくは電磁的記録を作成すること（司法書士法3条1項4号），②筆界特定の手続であって対象土地の価額として法務省令で定める方法により算定される額の合計額の2分の1に相当する額に筆界特定によって通常得られることとなる利益の割合として法務省令で定める割合を乗じて得た額が140万円を超えないものについて，相談に応じ，又は代理すること（同項8号），である。

ところで，司法書士が訴訟代理権を得るには，法務省令で定める法人が法務大臣の指定を受けて実施する研修の課程を修了し，かつ，その業務を行うのに必要な能力を有することを認定するための法務省の認定試験に合格した司法書士会の会員であることが必要とされている（同法3条2項。認定司法書士と呼ばれることが多い）。よって，この認定試験に合格していない司法書士の業務の範囲については改正前と変わらない。

なお，司法書士法人においても，当該法人が司法書士会の会員で，かつ，同法3条2項に規定する司法書士（以下「特定社員」という）がある場合に限り簡裁訴訟代理等関係業務を行うことを目的とすることは可能であるが（同法29条2項），業務を執行する権利を有し義務を負うのは特定社員に限られる（同法36条2項・38条4項）。

2　土地家屋調査士法の改正

不動産登記法の改正による筆界特定手続の導入に伴い，土地家屋調査士には新たに次のような職務が認められることになる。まず筆界特定手続への関与であるが，同手続又は筆界特定の申請の却下に関する審査請求の手続についての代理（土地家屋調査士法3条1項4号），同手続について法務局又は地方法務局に提出し，又は提供する書類又は電磁的記録の作成（同項5号），これらについての相談に応じること（同項6号）が認められる（土地家屋調査士法人については同法29条で認められている）。また，筆界の特定を巡る民間紛争解決手続（土地の筆界が現地において明らかでないことを原因とする民事に関する紛争に係る民間紛争解決手続であって当該紛争の解決の業務を公正かつ適確に行うことができると認められる団体として法務大臣が指定するものが行うもの）への関与として，代理及び相談が認められる（同法3条1項7号・8号）。但し，民間紛争解決手続代理関係業務は，法務省令で定める法人が実施する研修であって法務大臣が指定するものの課程を修了し，かつ，法務大臣が民間紛争解決手続代理関係業務を行うのに必要な能力を有すると認定したところの，土地家屋調査士会の会員でなければ行うことができず（同条2項1号から3号まで），しかも代理業務については弁護士が同一の依頼者から受任している事件に限り行うことができるとされる（同項後段）。土地家屋調査士法人も民間紛争解決手続代理関係業務を行うことができるが（同法29条1項2号），社員のうちに同法3条2項に定める土地家屋調査士がある土地家屋調査士法人であって，かつ土地家屋調査士会の会員である場合に限られている。

3　弁理士法の改正

平成12年4月18日の弁理士法改正（平成12年4月26日法律第49号）及びその後の同法の改正（平成17年3月31日法律第22号）により，弁理士は，特許，実用新案，意匠，商標，回路配置若しくは特定不正競争に関する事件又は著作物に関する権利に関する事件の裁判外紛争解決手続であって，これらの事件の裁判外紛争解決手続の業務を公正かつ適確に行うことができると認められる団体として経済産業大臣が指定するものが行うものについての代理業務を行うことができるものとされた（弁理士法4条2項2号）。そして，弁理士法施行規則1条1項の規定により，平成13年2月5日，国際商事仲裁協会（現在の一般社団法人日本商事仲裁協会）が上記団体の指定を受けた。他に指定を受けた団体としては，日弁連と日本弁理士会が共同で設立した日本知的財産仲裁センターがある。

また，上記改正で，弁理士は，他人の求めに応じ，特許，実用新案，意匠，商標，回路配置若しくは著作物（著作権法（昭和45年法律第48号）2条1項1号に規定する著作物をいう）に関する権利若しくは技術上の秘密の売買契約，通常実施権の許諾に関する契約その他の契約の締結の代理若しくは媒介を行い，又はこれらに関する相談に応ずることを業とすることができる（但し，他の法律においてその業務を行うことが制限されている事項については，この限りでない）ようになった（弁理士法4条3項・平成14年2月1日施行）。更に，平成14年4月11日の改正（平成14年4月17日法律第25号・平成15年1月1日施行）で，弁理士は，特定侵害訴訟代理業務試験に合格し，弁理士登録にその旨の付記を受けたときは，特定侵害訴訟に関して，弁護士が同一の依頼者から受任している事件に限り，その訴訟代理人となることができるようになった（同法6条の2）。この場合，弁理士は原則として弁護士とともにでなければ期日に出頭できないが（同条2項），裁判所が相当と定める場合には，単独で出頭することができる（同条3項）。特定侵害訴訟代理業務試験は，特定侵害訴訟に関する訴訟代理人となるのに必要な学識及び実務能力に関する研修であって経済産業省令で定めるものを修了した弁理士に対し，当該学識及び実務能力を有するかどうかを判定するため，論文式による筆記の方法により行う（同法15条の2第1項）。

なお，弁理士を社員として設立される特許業務法人も，特定侵害訴訟を社員等に行わせる事務の委託を受けることができる（同法41条）。

さらに，平成19年弁理士法改正で，弁理士が取り扱う特定不正競争行為の範囲が拡大され，水際での知的財産権侵害物品の輸出入差止手続等における輸出入者側の代理業務が業務範囲に加えられるなどし，その後も平成26年改正，平成30年改正で漸次業務範囲の拡大が図られている。

4　行政書士法の改正

行政書士については，従来，官公署に提出する書類の作成，提出の代理ができるのみであったが，平成20年の行政書士法改正により，弁護士法72条に反しない範囲で，官公署提出書類に係る許認可等に関して行われる聴聞又は弁明の代理が認められた。

さらに，平成26年６月20日，行政書士法の一部を改正する法律（平成26年６月27日法律第89号）により行政書士法が改正され，一定の行政書士は，行政書士が作成した官公署に提出する書類に係る許認可等に関する審査請求，異議申立て（その後の改正で再調査の請求），再審査請求等行政庁に対する不服申立ての手続についての代理業務及びその手続について官公署に提出する書類の作成業務を行うことができるようになった（行政書士法１条の３第１項２号）。

ところで，行政書士が，同法１条の３第１項２号に規定する業務を行うには，当該業務について，日本行政書士会連合会がその会則で定めるところにより実施する研修の課程を修了した行政書士であることが必要とされている（同条２項，特定行政書士）。よって，この研修の課程を修了していない行政書士の業務の範囲については改正前と変わらない。

なお，行政書士法人においても，当該法人の社員のうちに特定行政書士がある場合で，かつ，定款で定めるところにより，同条１項２号に規定する業務を行うことができる（同法13条の６）。

5　社会保険労務士法の改正

社会保険労務士については，平成17年の社会保険労務士法改正により，一定の能力担保研修と試験を前提として，限定的ではあるものの，個別労働関係紛争についてのあっせんの手続での代理等が認められた。さらに平成26年の同法改正により，労働に関する事項等について，裁判所における弁護士の補佐人としての出廷陳述権が認められ，また，ADRでの紛争目的物の価額の上限が120万円に引き上げられている。

【６】　隣接職種とその他の諸問題

現在，弁護士（弁護士法人）の周辺に，弁護士（弁護士法人）が取り扱う法律事務と重複する職務を行う職種が法令等に基づいて相当数誕生しているが，本条との関係について直接規定するものは外国弁護士による法律事務の取扱いに関する特別措置法（昭和61年5月23日法律第66号）6条2項があるが（債権管理回収業に関する特別措置法1条も「弁護士法の特例として」と規定するが，同法は本条のほか法73条の例外とされている），平成15年改正法が本条但書を改正するまで，隣接職種の業務範囲を定める法律と本条との矛盾抵触するように見える関係をどのように説明するのかについて，困難な問題を生じていた（注）。

平成15年改正法は，本条但書に「又は他の法律」との文言を付加して，弁護士法以外の法律が業務として行うことを認めている行為には本条の規制が及ばないことを明らかにした。すなわち，例えば，前記のいわゆる認定司法書士による簡易裁判所における訴額140万円を超えない民事訴訟等の訴訟代理権の行使は，平成15年改正前においては明らかに本条に違反するものであったが，本条但書が改正されたことにより，認定司法書士の上記訴訟代理権の行使については本条の規制が及ばないことが明らかになったのである。

しかしこの改正は，隣接職種の業務範囲を定める法律と本条との関係を調整したものにすぎず，隣接職種の業務範囲を拡大したものではないから，隣接職種がいかなる範囲で業務をなし得るかは，従来と同じように解釈されるべきであろう。

（注） 例えば司法書士については次のような議論がなされていた。

司法書士の業務範囲は司法書士法3条が定めている。司法書士の業務が，単なる書類の作成にとどまる場合であっても，機械的な筆記にとどまらず，一定の法律的判断が加えられることは当然であるから（徳永秀雄『改正司法書士法概論』57頁以下），本条にいう「法律事務」の取扱いに該当せざるを得ないとする見解があるものと考えられる（福原・295頁は，両者間に「質的に境界を設けることは不可能に近い」としている）。しかし，この見解を前提にすると，司法書士は，弁護士法の禁止によって司法書士の業務を行うことができなくなってしまう。更に，弁護士法は，司法書士法3条8項にいう「他の法律」に該当すると考えても，同様の結論にならざるを得ない。

この矛盾を解決するため，次のような議論がなされていた。

A説　司法書士法3条の業務は，本条にいう「法律事務」ではない（住吉博『司法書士訴訟の展望』44頁以下）。

B説　司法書士法3条は，特に司法書士に対して本条の禁止を一部解除したものであり，弁護士法は司法書士法3条8項にいう「他の法律」には該当しない。

C説　司法書士法は，本条と矛盾することを認めたうえ，司法書士は刑法35条の正当業務行為として司法書士法所定の業務を行うことができる。

しかし，A説については，そもそもそのように考えること自体に無理があるうえ，司法書士法3条1項3号の審査請求手続の代理が障害となる。これを「法律事務」ではないとすることは全く困難である（なお，清水湛・ジュリ669号18頁参照）。また，

B説に関しては，条文上の障害がある。すなわち，弁護士法中には「他の法律に別段の規定があるときは，この限りでない」とする趣旨の定めは存しなかったし，司法書士法中にも弁護士法の適用を除外する趣旨は規定されていない。また，弁護士法と司法書士法とが一般法と特別法の関係にあるとする根拠もない。更に，C説についても，司法書士の業務が元来弁護士法に違反しているとする不自然さが残る。

1　司法書士

司法書士は司法書士法3条が定める業務を行うことができる。従って，同条が認める範囲で業務を行えば，本条但書にいう「他の法律に別段の定めがある場合」として違法とならないが，司法書士法3条が認める範囲を超えて法律事務を取り扱えば本条に違反することになる（司法書士法3条8項）。問題は司法書士が行い得る業務の範囲をどのように考えるべきかである。

(1)　書類作成

書類作成に関しては次の裁判例が参考になる。

①　松山地西条支判昭和52年1月18日判時865号110頁（いわゆる「宗判決」）

「司法書士が作成する書類は，訴状，答弁書，告訴状，登記申請書類等，いずれをとってみてもこれに記載される内容が法律事件に関係するものであるから，右書類作成については相当の法律的素養を有し法律知識がなければできないこと（である。）……従って，司法書士は……他人の嘱託があった場合に，唯単にその口述に従って機械的に書類作成に当るのではなく，その嘱託人の目的が奈辺にあるか，書類作成を依頼することが如何なる目的を達するためであるかを，嘱託人から聴取したところに従い，その真意を把握し窮極の趣旨に合致するように法律的判断を加えて，当該の法律事件を法律的に整理し完備した書類を作成するところにその業務の意義がある……かように見て来れば，弁護士と司法書士はともに国民の法律生活における利益を保護し，併せて司法秩序を適正に保護し，以て法律生活における分業関係に立つものといえる。沿革的にも，明治5年8月3日太政官無号達の司法職務定制に代言人，代書人の区別がみられ，明治6年7月17日太政官布告第247号の訴答文例をみれば，代書人をして裁判所に持ち込まれる多様な形態の紛争を文例に従ってこれを整理し裁判所に導入する役目を果させ，且つこれに法的評価を加えさせている……。

而して，本人の嘱託ないし委嘱，依頼は，かたや書類の作成であり，他は法律事務を行うことの依頼であり，その内容は異なるにせよ，司法書士，弁護士の両者ともにその法律上の性質は委任された事務の処理（民法第643条の委任）であることに変りがなく，弁護士に対しては包括的な法律事務を取扱うことの事務処理であり，司法書士に対しては個々の書類の作成という個別的な委任事務の処理が普通であろうが，依頼の趣旨によっては司法書士に対し或る程度包括的な書類作成事務の処理という包括的なものも考えられないではなく，従って，右両者の区別を委任事務の個数によって区別することは出来ない……。

もとより，……書類作成の嘱託を受けるに当って，依頼人から法律事件について法律相談を受ける場合もあるが，これが報酬を得るのではなく，又右書類作成嘱託の目的に反しない限り司法書士がその有する法律知識を活用して法律相談に応ずることは何ら差支えなく，弁護士法第72条の規定は何も国民を法律的に無知蒙昧，即ちこれを法律的につんぼさじきに置こうとするものではない。

然しながら，右書類作成の域を超えて他人間の法律的紛争に立ち入って書類作成に関係のないことまで法律事務を取扱うことは司法書士の業務に反し弁護士法第72条に背反する場合も出てくる……。

（弁護士法72条の）法律事務を取扱うとは……法律事件についてその紛議の解決を図ることを謂い，……法律事件紛議の解決は自らの意志決定によつて法律事件に参与し，右のような（鑑定，代理，仲裁，和解等の）手段方法を以て自らの判断で事件の解決を図ろうとすることを謂うと解され（る）……。

従って，被告人の所為が弁護士法第72条に違反するかどうかは，……右書類作成嘱託の窮極の趣旨を外れ，職制上与えられた権限の範囲を踰越し，自らの意志決定により自己の判断を以て法律事件の紛議の解決を図ろうとしたものであるかどうかによって判断すべきもの，即ち，右の権限踰越か否かが区別の本質的基準と考えられるのである。……」

② 高松高判昭和54年6月11日判時946号129頁（①の控訴審判決）

「（本条の制定趣旨からすれば）弁護士法所定の登録を経た弁護士でない者が，報酬を得る目的で業としてする限り，それが紛争解決に直接結び付く事項であるかどうかや，態様のいかんにかかわらず，鑑定，代理，仲裁，和解はもとより，その外にも法律上の効果を発生変更する事項を処理することを禁止するものと解するのが相当である。……

司法書士の業務である右の訴訟関係書類の作成は，……弁護士の主要業務の一部と全く同一であることからして，右書類作成については相当な法律知識を必要とすることは……明らかであり，また国が司法書士法を制定して一定の資格を有する者のみを司法書士としてその書類作成業務を独占的に行わせ，他の者にその業務の取扱を禁止している趣旨からして，司法書士が他人から嘱託を受けた場合に，唯単にその口述に従って機械的に書類作成に当るのではなく，嘱託人から真意を聴取しこれに法律的判断を加えて嘱託人の所期の目的が十分叶えられるように法律的に整理すべきことは当然であり，職責でもある。

けれども，弁護士の業務は訴訟事件に関する行為その他一般の法律事務の取り扱いにわたる広範なものであるのに対し，司法書士の業務は書類作成に限定されていること，弁護士は通常包括的に事件の処理を委任されるのに対し，司法書士は書類作成の委任であること，……訴訟関係書類の作成が弁護士業務の主要部分を占めているのに対し，司法書士の業務は沿革的に見れば定型的書類の作成にあったこと，以上の相違点は弁護士法と司法書士法の規定のちがい特に両者の資格要件の差に基くこと，並びに弁護士法72条の制定趣旨……等から考察すれば，制度として司法書士に対し弁護士のような専門的法律知識を期待しているのではなく，国民一般として持つべき法律知識が要求されていると解され，従って……司法書士が行う法律的判断作用は，嘱託人の嘱託の趣旨内容を正確に法律的に表現し司法（訴訟）の運営に支障を来たさないという限度で，換言すれば法律常識的な知識に基く整序的な事項に限って行われるべきもので，それ以上専門的な鑑定に属すべき事務に及んだり，代理その他の方法で他人間の法律関係に立ち入る如きは司法書士の業務範囲を越えたもの（である）。……

司法書士の業務は，……弁護士業務の一部であり弁護士法72条にいう訴訟事件その他一般の法律事件に関し法律事務を取り扱ったことに該当し，しかも報酬目的で業としてなされることも明白であるが，もちろん法律が特に弁護士以外の者にその業務の一部を行うことを認めたものであって，いわゆる正当な業務行為として適法であることはいうまでもない。しかし，法令の定めに従わない業務執行が違法性を阻却し得ないこともいうまでもなく，司法書士は司法書士法で定められた限度で業務として他人間の事件，権利義務関係に関与するのであるから……，業務範囲を逸脱した行為が弁護士法72条の構成要件を充足するときは……，もはや正当な業務として違法性が阻却される理由はなくなり，司法書士本来の業務である書類作成行為も，業務範囲を逸脱した行為の一環としてなされたときは，全体として違法評価を受けることを免れないと解すべきである。なおこの場合，右の業務範囲を逸脱した行為自体について，同条所定の反覆業務性及び報酬目的が具わっていることを要すると解すべきである」

③ 富山地判平成25年９月10日判時2206号111頁

「司法書士法３条１項４号は，裁判所に提出する書類を作成する事務を司法書士の行う事務と定める一方，弁護士法72条は，弁護士または弁護士法人でないものによる報酬を得る目的での訴訟事件に係る法律事務の取扱いを禁止する旨定めているところ，司法書士法３条１項４号所定の書類作成事務の限界と弁護士法72条により禁止される法律事務の範囲については，訴状，答弁書または準備書面等の作成は，他人から嘱託された趣旨内容の書類を作成する場合であれば，司法書士の業務範囲に含まれ，弁護士法72条違反の問題を生ずることはないが，いかなる趣旨内容の書類を作成すべきかを判断することは，司法書士の固有の業務範囲には含まれないと解すべきであるから，これを専門的法律知識に基づいて判断し，その判断に基づいて書類を作成する場合には同条違反となるものと解されており，民事訴訟法54条1項本文の適用範囲につき上記のとおり解釈することは，紛争の当事者からの委任を受けていかなる趣旨内容の訴訟行為を行うべきかを判断し，訴訟行為を策定する事務は弁護士の固有の業務範囲とされ，非弁護士がそのような事務を業として行うことが弁護士法72条により禁止されていることと整合的である。」

④ 大阪高判平成26年5月29日金融・商事判例1498号16頁

「司法書士法3条1項4，5号で許された裁判書類作成関係業務及びこの事務について相談に応じる業務の範囲については，同項6，7号の代理権とは異なり，何ら限定が付されていない。それは司法書士が裁判書類の作成そのもの及びこの事務に付随する必要不可欠な業務のみを行うことが予定されているからであると解される。したがって，司法書士が裁判書類作成関係業務を行うに当たって取り扱うことができるのは，依頼者の意向を聴取した上，それを法律的に整序することに限られる。それを超えて，法律専門職としての裁量的判断に基づく事務処理を行ったり，委任者に代わって実質的に意思決定をしたり，相手方と直接交渉を行ったりすることは予定されていないものと解され，司法書士の裁判書類作成関係業務としての行為がこれらの範囲に及ぶときは，同項4，5号の権限を逸脱することになるものと解すべきである。」

結論として，裁判書類作成関係業務については，依頼者からの事情の聴取とその法律的整序の範囲に限られるとする考え方が妥当と思われる。

(2) 裁判外の和解

債務整理を依頼された認定司法書士が，裁判外の和解について代理することができる範囲に関しては，司法書士法3条1項7号に規定する「紛争の目的の価額」(140万円を超えないもの) の算定方法をめぐって，債権者が主張する残元金額であるとする「債権額説」と，債務者が弁済計画の変更によって受ける利益の額であるとする「受益額説」との対立があった。また，「紛争の目的の価額」を個別の債権ごとに算定した額であるとする「個別額説」と，特定の債務者に対する全ての債権について合算した額であるとする「総額説」の対立もあった。これらの論点について，最判平成28年6月27日民集70巻5号1306頁は，以下のとおり判示して，「債権額説」「個別額説」を採ることを明らかにした。

「法は，認定司法書士の業務として，簡易裁判所における民訴法の規定による訴訟手続（以下「簡裁民事訴訟手続」という。）であって，訴訟の目的の価額が裁判所法33条1項1号に定める額を超えないものについて代理すること（法3条1項6号イ），民事に関する紛争であって簡裁民事訴訟手続の対象となるもののうち，紛争の目的の価額が上記の額を超えないものについて，裁判外の和解について代理すること（同項7号）を規定する。法3条1項6号イが上記のとおり規定するのは，訴訟の目的の価額が上記の額を超えない比較的少額のものについては，当事者において簡裁民事訴訟手続の代理を弁護士に依頼することが困難な場合が少なくないことから，認定司法書士の専門性を活用して手続の適正かつ円滑な実施を図り，紛争の解決に資するためであると解される。そして，一般に，民事に関する紛争においては，訴訟の提起前などに裁判外の和解が行われる場合が少なくないことから，法3条1項7号は，同項6号イの上記趣旨に鑑み，簡裁民事訴訟手続の代理を認定司法書士に認めたことに付随するものとして，裁判外の和解についても認定司法書士が代理することを認めたものといえ，その趣旨からすると，代理することができる民事に関する紛争も，簡裁民事訴訟手続におけるのと同一の範囲内のものと解すべきである。また，複数の債権を対象とする債務整理の場合であっても，通常，債権ごとに争いの内容や解決の方法が異なるし，最終的には個別の債権の給付を求める訴訟手続が想定されるといえることなどに照らせば，裁判外の和解について認定司法書士が代理することができる範囲は，個別の債権ごとの価額を基準として定められるべきものといえる。

このように，認定司法書士が裁判外の和解について代理することができる範囲は，認定司法書士が業務を行う時点において，委任者や，受任者である認定司法書士との関係だけでなく，和解の交渉の相手方など第三者との関係でも，客観的かつ明確な基準によって決められるべきであり，認定司法書士が債務整理を依頼された場合においても，裁判外の和解が成立した時点で初めて判明するような，債務者が弁済計画の変更によって受ける経済的利益の額や，債権者が必ずしも容易には認識できない，債務整理の対象となる債権総額等の基準によって決められるべきではない。

以上によれば，債務整理を依頼された認定司法書士は，当該債務整理の対象となる個別の債権の価額が法3条1項7号に規定する額を超える場合には，その債権に係る裁判外の和解について代理することができないと解するのが相当である。」

2　行政書士

行政書士に関しても，行政書士法1条の2，1条の3に司法書士法3条とほぼ同一体裁の規定がある。そして，司法書士の場合と同様な問題があるが，前記と同様に考えるべきであろう。なお，行政書士が，依頼者である相続人のため，相続財産，相続人の調査，相続分なきことの証明書や遺産分割協議書等の書類の作成をなし，あるいは上記書類作成にあたって他の相続人らに遺産分割についての依頼者の意向を伝え，上記各書類の内容を説明することは行政書士法１条（現在の１条の２）に規定する「権利義務又は事実証明に関する書類」の作成にあたるので行政書士の業務の範囲内であるが，遺産分割について紛争が生じ争訟性を帯びてきたにもかかわらず，他の相続人らと折衝することは行政書士の業務の範囲外であり，本条の「法律事務」に該当し，いわゆる非弁活動になり，他の相続人との折衝についての報酬を請求できないとした裁判例がある（東京地判平成５・４・22判タ829号227頁）。

その後の裁判例においても，相続人間に争いのある遺産分割に関し業務を行った行政書士に対して，既払報酬分や依頼者の要請に沿った遺産分割協議がなされていれば本来依頼者が取得できたであろう金額等の損害賠償請求を行った事件に関し，「被告は，亡Ａの相続手続に関し，将来法的紛議が発生することが予測される状況において書類を作成し，相談に応じて助言指導し，交渉を行ったものといわざるを得ず，かかる被告の業務は，行政書士の業務（行政書士法１条の２第１項）に当たらず，また，弁護士法72条により禁止される一般の法律事件に関する法律事務に当たることが明らかであるから，行政書士が取り扱うことが制限されるものというべきである」と判示されている（東京地判平成27・７・30判時2281号124頁）。

ところで，平成13年の行政書士法改正（平成13年法律第77号）により，契約その他に関する書類を代理人として作成することが行政書士の業務とされたが（同法１条の３第２号），これは従来の行政書士の業務範囲を明確化したものにすぎず，本人の代理人として相手方と交渉することまでを認めたものではない。近時，交通事故案件について有料で損害額の算定を行い，任意保険会社に対して保険金の支払いを請求したり，加害者に対して損害賠償を請求する行政書士の事例が散見されるが，損害額を算定するためには当然のことながら事例の分析，過失割合の認定，休業損害や後遺障害等級の認定等の法的判断が必要となるのであり，専門的法的判断を提供することとなるから，相手方との交渉はもちろん，損害額の算定自体が本条の「鑑定」に該当し，行政書士の業務としては行い得ないものと解される。なお，この点について，「事故責任を自認する加害者と過失割合や賠償金額等の話合い協議を被害者から受任した範囲で代理し，合意の示談書をまとめて自賠責保険支払い請求につなげることは，行政書士の合法的な契約締結代理業務に当ろう」とする見解（兼子仁「新版行政書士法コンメンタール」40頁）があるが，加害者が事故の責任を自認していたとしても，過失割合，事故と損害との相当因果関係の有無，後遺障害の有無，寄与度，素因減額の有無等の専門的法律判断が必要となる点を看過しており，問題がある。

この点，裁判例でも，行政書士が交通事故の被害者との間で締結した自賠責保険の申請手続，書類作成及びこれに付随する業務に関し報酬の支払を受ける旨の契約の効力が問題となった事件において，「控訴人は，弁護士法72条は，そのただし書で『他の法律に別段の定めがある場合』を例外として定めるところ，行政書士法1条の2第1項はその例外に当たるから，弁護士法72条により非弁護士が取り扱うことのできない事件性のある法律事務の鑑定に関するものであっても，権利義務又は事実証明に関する書類を作成することは許されると主張する。しかし，行政書士法1条の2第1項の『権利義務又は事実証明に関する書類』に該当するか否かは，他の法律との整合性を考慮して判断されるべき事柄であり，抽象的概念としては『権利義務又は事実証明に関する書類』と一応いえるものであっても，その作成が一般の法律事務に当たるもの（弁護士法3条1項参照）はそもそもこれに含まれないと解するのが相当である」と判示している（結論として報酬の支払を受ける旨の契約を無効とした。大阪高判平成26・6・12判時2252号61頁）。

（譲り受けた権利の実行を業とすることの禁止）
第73条　何人も，他人の権利を譲り受けて，訴訟，調停，和解その他の手段によつて，その権利の実行をすることを業とすることができない。

【1】 本条の趣旨・沿革

1　本条は，前述したように，旧法と同時に制定された「法律事務取扱ノ取締ニ関スル法律」の2条の規定を，現行法制定に際し，ほとんどそのまま踏襲して「第10章　法律事務の取扱に関する取締」中に規定したものである（現在では第9章である）。

法律事務取扱ノ取締ニ関スル法律は，弁護士でない者が法律事務に関与することから生じる弊害を防止するため，1条に非弁護士の法律事務取扱行為の禁止規定を設け，2条で，他人の権利を譲り受け，業としてこれを実行する行為を禁止することにより，非弁護士の活動に対する取締りの徹底を図ったものであるが，同法が制定された当時，三百代言，事件師，利権屋等と称する者が当事者から権利を譲り受けてことさら不当な訴訟を引き起こし，又は交渉に藉口して不当な権利の要求を行うことが多かった事情に鑑み，2条は濫訴の弊を防止する趣旨であるとされた（福原・299頁）。

2　同法2条を引き継いだ本条も，「弁護士でない者が，権利の譲渡を受けることによって，みだりに訴訟を誘発したり，紛議を助長したりするほか，同法〔弁護士法—編者注〕72条本文の禁止を潜脱する行為をして，国民の法律生活上の利益に対する弊害が生ずることを防止する」（最判平成14・1・22判時1775号46頁）ことを目的として規定された（同旨・東京高判平成3・6・27判時1396号60頁）。

【2】 禁止の対象

1　本条の禁止の対象は，「何人も」とあるように，法文上何ら限定されていない。ただ，前述の立法趣旨に照らせば，弁護士以外の者の活動を禁止することが本条の主眼であることは明らかである。

なお，法文上は，「三百代言」「事件師」「利権屋」といった行為者の類型が存在するわけではないが，法律事務取扱ノ取締ニ関スル法律の施行下においては，「事件師」なる呼称が三百代言，三百屋，事件屋なる呼称と意味を同じくし，弁護士ではなく他人間の訴訟事件の紛議に介入して弁護士類似の行為をなし，又は他人の権利を譲り受け，訴訟その他の手段によりその権利の実行をなすことを業とする者を指称するのが社会通念であるとして，同法2条違反の行為の認定資料とすることを妨げない，とした判例がある（大判昭和15・5・13新聞4572号11頁）。

2　本条は，弁護士又は弁護士法人も適用対象となる。この点に関連し，法28条，30条の21は，弁護士又は弁護士法人が係争権利を譲り受けることを，譲受権利の実行を業とすることを要件とせずに禁止しているが，これは，係争権利を譲り受けること自体が職務の公正や品位の保持の観点から好ましくないとされたものである。そして，法28条（30条の21）違反，本条違反の行為は，ともに法77条により2年以下の懲役又は300万円以下の罰金に処せられることになるが，弁護士又は弁護士法人が係争権利を譲り受け，業として実行した場合にも法定刑に相違がないことから，結論には差異が生じない。ただ，弁護士又は弁護士法人に関しては，譲り受けた権利に係争性がないことを理由として法28条が適用されない場合に，本条適用の意義が認められる。

なお，貸金業者から貸金返還請求訴訟の提起を受けた債務整理の依頼者である被告の訴訟代理人弁護士が，所属事務所の他の債務整理の依頼者の同貸金業者に対する不当利得返還請求権の債権譲渡を被告が受けたとして，反訴を提起した事案において，東京地判平成17年3月15日判時1913号91頁は，債権譲渡を受けたのは被告であり，業として受けたものでもないなどの理由から，本条，法28条等の直接の適用はないとしながら，次のとおり判示している。すなわち，本条の趣旨は，「非弁護士が権利の譲渡を受けて事実上他人に代わって訴訟活動を行うことによって生ずる弊害を防止し，国民の法律生活に関する利益を保護しようとする点に」，法28条の趣旨は，「弁護士が事件に介入して利益を上げることにより，その職務の公正，品位が害せられることを未然に防止しようとする点に」あるとし，「本件債権譲渡は，

(所属の) 法律事務所に所属する弁護士主導のもとに斡旋されたものであることが明らかであ」り,「これら一連の行為を実質的に見れば,(所属の) 法律事務所の弁護士らが主体となり,報酬を得る目的で,業として,自らが債務整理を受任した依頼者のうち原告に対して不当利得返還請求権を有している不特定多数の者から原告に対して貸金債務を負担している不特定多数のものに同不当利得返還請求権を譲渡させ,これらの権利の実現を訴訟等の手段を用いて実行しているものということができる」とした上で,「かかる行為は,前記の弁護士法73条及び28条の趣旨に抵触するもの」であり,廃止前の弁護士倫理26条2号の趣旨からも看過し難く,債権譲渡行為の私法上の効力を認めてこれを放任することは,法律秩序を害するおそれがあるとして,「かかる態様による債権譲渡は,公序良俗に反し無効であると解するのが相当である」とする。本条及び法28条の適用範囲の問題とはやや異なるが,参考にされたい。

3 本条は,法人にも適用される。法人は,営利法人たると公益法人たると特殊法人たるとを問わない。

この点に関連し,譲受債権の取立を目的の一部として設立された会社が,法律事務取扱ノ取締ニ関スル法律施行後に行った債権譲受は,会社の適法な目的の範囲外に属し,効力を生じないとした判例がある (大判昭和15・7・6民集19巻1157頁)。なお,「各種債権の譲受業務」という会社の目的は本条に違反するとして,商業登記上受理されず,また既存登記についても,非訟事件手続法旧151条の2により職権抹消される扱いとなっていた (昭和36年11月20日付法務省民事局長回答)。

【3】 禁止行為

本条は,他人の権利を譲り受け,訴訟,調停,和解その他の手段によって権利を実行することを業とすることを禁止する。以下これを分説する。

1 他 人

「他人」とは,不特定の者を対象に権利を譲り受ける場合のみならず,特定の者の債権の取立,整理のために権利を譲り受ける場合も含む。この点に関し,法律事務取扱ノ取締ニ関スル法律のもとで,特定の株主より譲り受けた債権の取立,整理を定款の目的として会社を設立し,業務行為として取立を行った事例につき,株主という特定人のために権利実行を目的とする場合も,同法2条の適用を免れることはできないとした判例がある (前掲大判昭和15・7・6)。この解釈は,本条にも当てはまる。従って,例えば,同業者が共同して債権取立会社を設立するようなことは,本条に違反し許容されないというべきである。また,貸金業者等が組合を設立し,報酬を得て組合員の債権回収をすることは,組合員間に人的結合がなく,回収債権が組合財産を構成せず,債権回収が組合員としての共同の事業としての性質をもたない場合には，本条及び法72条に違反し許容されない。

2　権　　利

「権利」とは，債権のみならず物権その他いかなる権利をも含む。過去の判例に現れた事例の多くは，債権の譲受に伴う取立目的の権利実行の類型であるが，それ以外にも次のような事例が存在する。

⑴　賃借権　　銀行が根抵当権を設定した土地に新たに賃借権が設定され，後日当該土地の競売申立後競落前に賃借権を譲り受けた者が，賃借権をめぐり銀行に示談的な解決をもちかけた事例。賃借権の譲渡を本条違反により無効とし，賃借権の移転登記の抹消を認容した（鹿児島地判昭和38・10・10下民集14巻10号1994頁）。

⑵　所有権　　無断転借者に対する明渡断行の仮処分申請のために所有権を譲り受けた事例。所有権の譲渡を本条違反により無効とし，仮処分異議を認容した（最判昭和25・2・28民集4巻2号93頁）。

3　譲り受け

ここに「譲り受け」とは，売買，贈与その他法形式のいかんを問わず，他人の権利の移転を受け，自らに帰属させる行為をいう。そして，「譲り受け」は，有償であると無償であるとを問わず，権利実行により利益を得る目的のあるなしも問わないと解される。

法律事務取扱ノ取締ニ関スル法律のもとで，同法2条は報酬を得る目的を要せず，報酬の目的の認定を要しないとした判例があり（大判昭和15・5・23評論30巻諸法25頁），この解釈は，本条にも妥当する。このように，本条は報酬を得る目的を要件としない点で，法72条とは要件を異にしているのである。

更に，個別的な権利の譲受か，包括的な権利の譲受かも問わない。

法律事務取扱ノ取締ニ関スル法律の施行下で，多数債権を包括的に譲り受けた事案として，特定銀行の債権整理のため，回収困難な数多くの債権を包括的に信託的譲渡したことが同法2条違反に問われた判例がある（大判昭和16・1・25民集20巻10頁）。本条のもとでも，予め特定の者が取得する権利を包括的に譲り受ける内容の取決めを行うような場合は，権利実行を業とすることを容易に認定し得るであろう。

4　訴訟，調停，和解その他の手段

⑴　権利実行の手段として，本条は，「訴訟」，「調停」，「和解」をあげているが，単なる例示であり，「その他の手段」とあるように，権利実行のための手段のいかんを問わない。従って，その手段は特に紛争を誘発するおそれがあることを要せず，債権取立行為を法的手続外の任意交渉のみに限ることとして訴訟，調停，和解等の法的手段を取る意図がなくとも本条違反になり得る。

⑵　なお，法律事務取扱ノ取締ニ関スル法律2条は，「訴訟其ノ他ノ手段ニ依リ」

と規定していたため，この点について，実行手段を制限的に解釈した判例がある。

① 朝鮮高判昭和14年11月６日司法協会雑誌19巻２号155頁

同法２条の訴訟その他の手段とは，訴訟又は裁判所による支払命令，強制執行，破産等の申立てをなし，又は公証人に執行文の付与を求める等紛議を誘発すべき手段とする旨判示し，債権者が債権譲渡通知を出し催促したが弁済を受け得なかった事例につき，弊害の伴わざる穏当な方法の場合は該当しない旨限定的に解釈し，同条違反による処罰を否定した（刑事）。

② 大判昭和19年７月29日民集23巻406頁

銀行が合併して新銀行を設立するに先立ち両銀行に保有する債権を一定の標準により余剰財産とし，管理処分，債権取立委任の目的をもって一括して第三者の会社に信託的に譲渡した事例につき，この譲渡が合併による解散，新会社への引継であり，敢えて特に回収困難な債権を選別したものでなく，権利行使も普通銀行と同様の方法で，かつ訴訟提起，抵当権実行も多数の債権のうち一部（約１割）にすぎないとして，同法違反でないとした。

5 業とする

本条は，権利の実行を「業とする」場合に限り禁止の対象とする。けだし，業とする場合には弊害が大きいとみなしたのである。

⑴ 「業とする」の解釈については，法72条の場合と同様，どのような場合に反復継続性を認めるのかが問題となる。この点に関しては，現実に譲り受けた権利の実行を反復継続した場合のみならず，譲り受けた権利を反復継続して実行する意思をもって譲り受ける場合も含み，反復継続する意思が認められる限り，具体的に行った権利実行の回数を問わないとする裁判例がある（福岡高判昭和28・３・30高刑特報26号９頁）。これに対し，単なる反復継続の意思が存すれば足りるというのではなく，権利の実行を目的とした譲受を客観的に反復継続することが必要であるとする考え方がある。思うに，本条違反が刑罰に処せられることから，可能な限り要件の解釈は客観的に明確に行うべきこと，本条の場合権利実行の手段の点で何ら限定がないことからすれば，「業として」行うかどうかは，適用の限界を画す重要な要件であり，後説が妥当と解される（法72条の解説参照）。

なお，本条の適用にあたっては，権利の譲受の時点で実行を予定していなかった権利を事後に実行するに至った行為は，禁止の対象とはならないであろう。

⑵ 「業として」の認定に際しては，当該権利の性質，当該権利をめぐる係争の有無，権利を譲り受けた経過，とりわけ譲受の対価の有無・多寡，事後の権利実行の方法，実行日時の近接性等諸般の事情を考慮すべきであろう。

「業として」に関する主な判例は，次のとおりである。

(ア) 適用を肯定した判例

① 福岡高宮崎支判昭和32年10月8日高刑集10巻9号720頁

約2年間に合計6人の者から合計8個の債権を譲り受け，いずれも支払命令を申し立てたという事例（傍論ながら，仮に譲受人が譲渡人に対し以前から自己の債権を有し，その弁済のために債権の譲渡で代物弁済をしたとしても，本条違反を免れない旨判示する）。

② 最決昭和40年10月19日最高裁刑事裁判例拾遺638頁

弁護士法72条に関する最決昭和34年12月5日刑集13巻12号3174頁を引用し，「具体的になされた行為の多少を問わず，反復継続の意思の元に所定の行為をすることをいう」という原審の判断を正当とした事例（但し，傍論である）。

(イ) 適用を否定した判例

① 最判昭和25年2月28日民集4巻2号93頁

法律事務取扱ノ取締ニ関スル法律2条につき，紛争中の土地をその事情を知り，事件屋を関与させて買い受け，同時に明渡訴訟の準備，仮処分の申請をしたとしても，業として他人の権利を譲り受けてその権利を実行したものとは認められないとした事例。

② 東京高判昭和28年11月4日東高民時報4巻6号178頁

債権十数口，金額40数万円に上る売掛債権を各々6割ないし7割掛けの対価にて譲り受け，その後数日を出ずして支払命令を申し立てた事例につき，業としたものでないとした事例。

【4】 本条に関連する問題

1 事件性の要否

事件性の要否について，本条は，債権が通常の状態ではその満足ができないような債権について，これを他人から譲り受けて，その権利の実行をすることを業とすることを禁止するものであるとし，事件性ないし紛争性を要するとする見解（事件性必要説）もあるが（杉浦正健監修・法務省債権回収監督室編『Q＆Aサービサー法』76頁），実行方法のいかんを問わず，また，紛議を誘発するおそれがあると否とを問わず，権利実行を目的とした権利の譲受はすべて禁止するものであるとして，事件性の有無にかかわらず，本条違反に該当するという見解（事件性不要説）が妥当である（法72条の解説（647頁以下）参照）。法72条について事件性必要説を採る見解は，同条に「法律事件」との文言があることをその一つの論拠とするが，本条にはその文言がない。この点からも，本条に関してはより一層事件性不要説が適当と解されよう。なお，この点，直接には債権管理回収業に関する特別措置法（以下「サービサー法」という）に関する判例であるが，本条の解釈とも関係する最決平成24年2月6日刑集

66巻4号85頁は,「被告会社が譲り受けた本件債権は,長期間支払が遅滞し,譲渡元の消費者金融業者において全て貸倒れ処理がされていた上,その多くが,利息制限法にのっとって元利金の再計算を行えば減額され又は債務者が過払いとなっており,債務者が援用すれば時効消滅となるものもあったなど,通常の状態では満足を得るのが困難なものであるところ,被告人らは,本件債権に関し,取立てのための請求をし,弁済を受けるなどしていたのであるから,本件債権の管理回収に関する営業は,サービサー法2条2項後段の『他人から譲り受けて訴訟,調停,和解その他の手段によって特定金銭債権の管理及び回収を行う営業』に該当するといえる」とし,具体的事実を指摘するのみで,直接サービサー法違反の構成要件該当性を肯定している。

2 許容される場合

⑴ 形式的に本条に違反するように見える場合であっても,なお許容される場合があるかという問題がある。例えば,従前より,ファクタリング業務が本条に抵触するか,という問題が議論されてきた。ファクタリング業務には様々な態様があり,一義的な定義は困難であるが,基本的には顧客の有する売掛債権又は手形債権をファクターに譲渡する形式をとり,これをファクターが管理回収する制度であり,ファクターが債権を譲り受けることにより金融機能,回収代行的機能をもつとされている。ファクターは,債権の個別譲渡を受けるのではなく,将来発生する債権も含めた包括的な譲渡を受ける例が多い。

ファクタリング業務が本条の立法当時は想定されていなかった業態であったため,本条を文言解釈し,ファクターが自ら回収することを予定したうえで,業務として第三者から売掛債権等を買い取ることを,本条に該当しないとすることは,困難であると解されてきた。しかし,ファクタリング業務は,企業に対する金融の供与や債権管理事務代行という社会経済的な意義を有しており,また,債権の譲渡は,債権者の財産を換価処分するための最も重要な手段の一つでもある。そこで,形式的な文言解釈によれば本条違反に該当すると思われる行為であっても,本条において防止しようとした弊害の生ずるおそれがない場合には,そのような行為は本条に違反する行為ではないと解するのが相当であるという見解が有力となっている。

⑵ また,今日では,金融機関の破綻などにより,不良債権の早期処理が要請されることとなってきた。そこで,不良債権処理のための債権管理回収を迅速・適正に行うため,平成10年には,サービサー法が制定され,一定の場合には,弁護士又は弁護士法人以外の者が委託を受けて法律事件に関する法律事務である特定金銭債権の管理及び回収を行う営業又は他人から譲り受けて訴訟,調停,和解その他の手段によって特定金銭債権の管理及び回収を行う営業ができるものとされた(同法2

条2項)。但し，サービサー法は，本条及び法72条の特例を定めるものであるから，極めて厳格な規定がなされている。

3　(1)　この点に関する学説としては，①本条は，社会的・経済的に必要かつ妥当と認められる業務の一環としての権利の譲り受け及びその実行まで禁じたものではないとする見解（賀集唱＝伊藤和夫「ファクタリングとその紛争処理機能」金法827号4頁），②本条は，濫訴健訟の弊害を防止し，いわゆる三百代言的業務を禁止しようとするにとどまり，社会経済的に必要かつ妥当と認められる業務の一環としての権利の譲渡及びその実行までも許されないとする趣旨ではなく，ファクターの真の狙いが，売掛債権の管理を中心にした事務合理化を推進し，独自の金融サービスを提供する点にあり，既存の大手金融機関と大企業が出資し合う場合には本条違反の問題とならないとする見解（馬場正夫「非弁活動の実態と問題点」ジュリ611号54頁，馬場正夫「ファクタリング取引の現状と問題点」NBL150号24頁），③既存の金融機関や大企業が出資して設立されたファクターである限り，業務内容や権利実行方法には懸念がなく，本条違反にはあたらないとする見解（田邊光政『ファクタリングの基礎知識』改訂第2版142頁，田邊光政「ファクタリングと弁護士法73条」『民事特別法の諸問題（関西法律特許事務所開設15周年記念論文集)』198頁），④共同債権買取機構による不良債権の買取業務は，本条違反の弊害がなく，経済社会において必要かつ有益であるから本条に違反しないものとする見解（田邊光政「債権買取業と弁護士法73条」『商法・経済法の諸問題（川又良也先生還暦)』446頁），⑤通常の取引の慣行として行われるバルクセールその他の不良債権の取得については，本条が禁止する行為とは区別されるべき正当な行為であって，原則本条違反の問題とならないとする見解（小野傑「債権管理回収業に関する特別措置法（いわゆるサービサー法）の概要と関連する法的問題」ジュリ1151号63頁）などがある。

(2)　下級審判決としては，東京地判平成12年11月30日判時1740号54頁が，不良債権の購入業務を行う外資系企業が，外国債権の譲渡を受けて，その償還を求めた訴訟において，「取引の対象となった債権の種類，事件性や紛争性の有無・程度，債務者の性質，債権の譲り受けの対価の決定方法その他の譲渡の目的・態様，債務者に対する請求方法等の譲受後の権利行使の態様など，他人の債権の譲り受けを業とする行為を総合的に考察し，その行為が他人の紛争に介入することによって利益を得ることを目的とし，弁護士法73条の趣旨に反して国民の法律生活の安定を害する弊害を生ずるおそれがある行為であると評価することができる場合に限って，弁護士法73条に違反する違法な行為に当たると解することが相当である」という判断を示した。

また，東京地判平成21年12月25日金融・商事判例1333号60頁は，金融機関から債権の大量一括売却（いわゆるバルクセール）により買い受けた貸付債権の履行を求めた事案において，後述の最判平成14年1月22日判時1775号46頁を引用した上で，当該貸付債権に係る権利の実行については，金融機関が行う不良債権処理のためのバルクセールは正常な経済取引として社会的に認知されていること，貸付債権の譲渡人である金融機関が政策金融機関として公的な存在であったこと，当該バルクセールの契約内容には特段社会的に不相当な定めはないこと，債権の譲受人の連絡先として弁護士を表示していること，及び当該債権譲渡がみだりに訴訟を誘発したり，紛議を助長したりすることにつながるような事情も認められないことから，本条に違反するものではないという判断を示した。

⑶　最判平成14年1月22日判時1775号46頁は，ゴルフ会員権の売買等を業とする会社（上告人）が，利益を得る目的で預託金の額を下回る価格でゴルフ会員権を譲り受け，ゴルフ場経営会社を被告（被上告人）として預託金の返還を求めた訴訟において，本条の趣旨が「主として弁護士でない者が，権利の譲渡を受けることによって，みだりに訴訟を誘発したり，紛議を助長したりするほか，同法〔弁護士法―編者注〕72条本文の禁止を潜脱する行為をして，国民の法律生活上の利益に対する弊害が生ずることを防止しようとするところにあるものと解される」とした上で，「形式的には，他人の権利を譲り受けて訴訟等の手段によってその権利の実行をすることを業とする行為であっても，上記の弊害が生ずるおそれがなく，社会的経済的に正当な業務の範囲内にあると認められる場合には，同法73条に違反するものではないと解するのが相当である」と判示した。この判決は，本条は刑罰法規であり，形式的には本条の要件に該当して本条違反になる行為であっても，本条が防止しようとした弊害が生ずるおそれがなく，社会的経済的に正当な業務の範囲内にあると認められる場合には，正当な業務行為（刑法35条）として違法性が阻却され，本条違反とはならないとしたものと解されている。

そして，上記最高裁判決は，違法性阻却事由の判断について，「上告人による本件会員権を含むゴルフ会員権の譲受けの方法・態様，権利実行の方法・態様，上告人の業務内容やその実態等を審理して，上告人の行為が濫訴を招いたり紛議を助長したりするおそれがないかどうかや同法72条本文が禁止する預託金の取立て代行業務等の潜脱行為に当たらないかどうかなどを含め，社会的経済的に正当な業務の範囲内の行為であるかどうかを判断する」ものとしている。しかし，これらの要件は，本条が刑罰法規であることからしても，違法性の判断を示す要件としては非常に曖昧であり，違法性阻却事由を広く認めるときには，取立屋や事件屋の出現を許す結果になるおそれもあるし，サービサー法が極めて厳格な要件のもとで債権回収を業とすることを許したこととの均衡を失することにもなってしまう。また，現状においては，ファクタリング業務や不良債権処理業務の適正を図るための法規制が十分整備されているとはいいがたい。

そこで，前述したファクタリング業務や不良債権処理業務の社会経済的な意義に鑑み，本条の規定を合理的に解釈するとしても，それらの業務は営利を目的とし，多数の包括的な債権を譲り受けるものであるから，様々な手段で債権を取り立てる場面において本条の懸念する弊害が生ずるおそれがないかどうかということについて，極めて慎重な検討が必要とされよう。

4　なお，貸金業法24条では貸金の債権譲渡が厳しく規制されているが，同法の立法趣旨は，貸金業者に対する業務規制が債権譲渡によって潜脱されることを防止するためであると解され，本条の立法趣旨とは必ずしも重ならない。従って，この規定によって債権譲渡が行われても本条の予定した弊害が防止できるとは限らないのであり，別途本条違反の有無を検討すべきこととなろう。

【5】 本条違反の効果

1　本条に違反し，業として権利を実行するために権利を譲り受ける行為自体の私法的効力については，本条の前身である法律事務取扱ノ取締ニ関スル法律のもとでの裁判例も含め，有効例と無効例が存在し，一律の結論は下されていない。

㋐　効力を否定した判例

①　鹿児島地判昭和38年10月10日下民集14巻10号1994頁

競売物件に付着する賃借権を譲り受けた者に対する賃借権登記抹消登記手続請求を，賃借権の譲受が本条に違反して無効であるとの理由で認容した事例。

②　福岡高宮崎支判昭和60年9月4日判タ592号88頁

債務整理の目的で土地を譲り受けた者からの所有権移転登記手続請求等を，土地の譲受が民法90条違反により無効であるとの理由で棄却した事例。本条違反の業務の一環として，権利の実行を行うことを目的ないし動機として他人の権利を譲り受ける行為は，動機が違法であるので，不法動機が権利譲受行為の条件ないし内容となっているかこれが表示されるなどして，当事者双方が不法動機を覚知している場合に，民法90条違反により無効となると判示する。

③　東京高判平成3年6月27日判時1396号60頁

金銭債権の譲受人からの請求に対し，譲受人が債権回収のためにその債権を譲り受けては訴訟行為を反復し，これを業としていることが明らかであることを理由に，債権譲渡を本条違反により無効とした事例（貸金業を営み，約4年間に30数件の訴訟を取り扱いその大部分が譲受債権であること，かつ債務者の有する当該債権を確定的に譲り受けるのではなく，最終的に訴訟により債権回収した段階で債務者に対する債権の弁済に充当し，債権を回収できない場合は債務者に対する債権はそのまま存続する合意があった事案）。

(イ)　効力を肯定した判例

①　広島区判昭和11年5月14日新聞3987号5頁

②　東京区判昭和11年7月30日新聞4031号5頁

但し，いずれも法律事務取扱ノ取締ニ関スル法律に関する裁判例である。現行法下で有効という結論をとった裁判例は見当たらない（なお，法28条については最決平成21・8・12民集63巻6号1406頁がある）。

2　思うに，本条に違反する譲受行為自体の私法的効力については，前述したような本条の公益的性格に鑑み，無効と解するのが相当である（法72条の解説参照）。

有効説は，当該違反者を処罰すれば取締りの目的は達成されるものと解するのであるが，事後的な罰則の適用だけでは本条の立法趣旨は達せられないというべきである。

なお，本条違反の譲受を受けた者が，譲渡人に対し自己に有利な結果を導くために当該譲渡行為の無効を主張するような事態については，自己の行為と矛盾する主張を行うものとして，信義則（民法1条2項）に違反して許容されないと解して解決を図るのが相当である。

【6】 罰　　則

本条は，条文の体裁上は法律事務取扱ノ取締ニ関スル法律と同様であるが，罰則については，それまで1年以下の禁錮又は1000円以下の罰金とあったのを，現行法の制定時に，2年以下の懲役又は5万円以下の罰金と規定し，その後2回の改正を経て2年以下の懲役又は300万円以下の罰金として取締りを強化している（法77条4号）。なお，弁護士又は弁護士法人については，係争権利を譲り受けることが法28条（30条の21）で禁止されているので，このような譲受が業としてなされなかった場合でも，本条と同じ刑罰が科せられる（法77条2号）。

【7】 債権管理回収業に関する特別措置法

平成11年2月1日，サービサー法が施行された。この法律は，金融機関が有する不良債権の実質的処理を促進することを目的とし，法72条及び本条の特例として，法務大臣による債権管理回収業の許可を受けた資本金5億円以上の債権管理回収専門の株式会社（サービサー）が，業として，特定金銭債権の管理及び回収をできるようにしたものである（サービサー法2条2項3項・3条・5条）。

サービサーが回収できる債権の種類は，当初，金融機関等の有する貸付債権，一定のリース・クレジット債権及び証票等（クレジットカード等）を利用したクレジット類似の契約に基づく債権，金融機関系列の貸金業者の有する不動産担保付事業者向けの貸付債権等不良債権問題の原因となっている債権が中心であった。しかし，その後の改正（平成13年法律第56号・同年9月1日施行）により，不良債権処理，資産の流動化・証券化，及び倒産手続を促進するため，特定金銭債権の範囲が拡大された。現行法における特定金銭債権（サービサー法2条1項）は，①金融機関等（金融機関の連合会，政府系機関，保険会社，貸金業者，政令で定めるものを含む）の有する貸付債権，②金融機関等の有していた貸付債権，③金融機関等の貸付債権の担保権の目的となっている金銭債権，④リース契約に基づいて生じる金銭債権，⑤証票等を利用する割賦購入あっせん契約に基づいて生じる金銭債権，⑥証票等を利用しない割賦購入あっせん契約（いわゆる個品方式）に基づいて生じる金銭債権，⑦資産の流動化に関する法律（SPC法）に規定する特定資産（流動化対象資産）である金銭債権，⑧いわゆるファクタリング業者が有する金銭債権（その業務として買い取ったものに限る），⑨法的倒産手続中の者が有する金銭債権などである（詳細はサービサー法2条1項参照）。

サービサーとなり得るのは株式会社に限られるが，従前は，債権回収の分野に暴力団等の様々な反社会的勢力が関与したり，債務者にとって過酷な取り立てがなされる懸念があった。そこで，常務に従事する取締役のうちにその職務を公正かつ的確に遂行することができる知識及び経験を有する弁護士のない株式会社又は暴力団員による不当な行為の防止等に関する法律（平成3年法律第77号）2条6号に規定する暴力団員若しくは暴力団員でなくなった日から5年を経過しない者がその事業活動を支配する株式会社は，いずれも法務大臣の許可を受けられないこととした（サービサー法5条）。暴力団員等にかかる事実の有無については，法務大臣が警察庁長官に対して意見聴取をし（同法6条1項），弁護士の適格性については，法務大臣が日弁連の意見を聴取することとされている（同条2項）。

なお，法務大臣の許可を受けないで消費者金融から不良債権を譲り受けて，その管理回収業を営んだ行為が，サービサー法33条1号，3条の無許可営業罪（3年以下の懲役若しくは300万円以下の罰金又はその併科。弁護士法73条違反よりも法定刑が重い）に該当するとした判例（最決平成24・2・6刑集66巻4号85頁）がある。

（非弁護士の虚偽標示等の禁止）

第74条　弁護士又は弁護士法人でない者は，弁護士又は法律事務所の標示又は記載をしてはならない。

2　弁護士又は弁護士法人でない者は，利益を得る目的で，法律相談その他法律事務を取り扱う旨の標示又は記載をしてはならない。

3　弁護士法人でない者は，その名称中に弁護士法人又はこれに類似する名称を用いてはならない。

【1】 本条の趣旨

本条は，弁護士又は弁護士法人でない者が弁護士，弁護士法人，法律事務所等を僭称し，あるいは法律相談等を取り扱う旨の標示をなすことによって，一般人がこの者を弁護士又は弁護士法人と誤信する等して損害を被ることを防止しようとするものである。

【2】 沿　　革

旧々法では，弁護士の事務所の数については何らの制限がなく，現に複数の事務所を有する弁護士も相当数存在した。しかし，辺鄙な地に弁護士の事務所や出張所が設けられても，弁護士自身がそこに出張して職務をとることははなはだ稀であり，現実には弁護士以外の事務員等が弁護士を代理して執務する状況にあった。更に，弁護士の中には，非弁護士に対して弁護士の看板を貸し与え毎月一定の金額を看板料として徴し，多額の収入を得ていた者もあったといわれる。

旧法によって，現行法と同じく法律事務所単一主義がとられたが，上記のような実情に鑑み，法律事務取扱ノ取締ニ関スル法律において，弁護士，法律事務所等の名称の冒用を禁止することとした。すなわち，同法の政府原案3条では「弁護士ニ非ザル者ハ利益ヲ得ル目的ヲ以テ弁護士事務所，法律事務所其他之ニ類似スル名称ヲ使用スル事務所ヲ設クルコトヲ得ズ」とされ，非弁護士が弁護士のごとく装って世人を欺罔することを防止するために，事務所設置罪なるものを設けようとしていた。しかし，議会において，このような事務所設置罪だけでは不十分であるとして，上記3条を「弁護士ニ非ザル者ハ利益ヲ得ル目的ヲ以テ弁護士，法律事務所其ノ他之ニ類似スル名称ヲ使用スルコトヲ得ズ」と修正し，事務所設置のみならず名刺，看板等いかなる手段・方法をもってしても，弁護士・法律事務所等の名称の使用を禁止したのである（なお，佐藤藤佐「法律事務取扱の取締に関する法律に就いて」法律新聞3974号3頁は，同法が対象としていたのが，弁護士にあらずして法律事務を取り扱うことを業とするいわゆる三百代言ないし事件屋であったことを明らかにしている）。

本条を含む現行法第9章は，上記法律事務取扱ノ取締ニ関スル法律の規定を，ほぼそのまま弁護士法に取り入れたものである（注1）が，その後，弁護士法人が認められることになったことに伴い必要な改正が行われた。

（注1）　参議院法務委員会昭和24年5月12日，花村衆議院議員は，「第10章〔現行法第9章－編者注〕といたしましては，法律事務の取締の章でありまするが，この章はいわゆる三百代言禁止の単行法をそのまま本法案に挿入いたしましたものでございます」と説明している。また，同日の福原衆議院法制局参事の説明によれば，「第10章〔現行法第9章－編者注〕は，これは現在の法律事務の取締に関することを，この法律の第92条，末条で以て廃止いたしますが，これと同じ内容のものを第10

章（同前）に盛り込んだのでございます」とされる（同参事の参議院法務委員会昭和24年5月16日の説明も同旨)。

【3】 他法との比較

本条と同様の規定は，弁理士，司法書士等，○○士として特定の名称を使用することを認める法律にほぼ共通して置かれている。その基本的な形式は「○○士でない者は，○○士又はこれに紛らわしい名称を用いてはならない」「△△法人でない者は，△△法人又はこれに類似する名称を用いてはならない」というものである。他法においてこのような規定が置かれているのは，特定の資格を有する者に特定の称号を使用することを認め，各種の権能を認めるという当該制度の当然の帰結として，その資格を有しない者がその称号を使用することを禁止し，かつ，この称号に類似する名称についても，その使用を放置するならば，一般人がこれを正規の資格・称号と誤認混同するおそれが大きいために，その使用を禁止しているのである。

本条の趣旨は前述のとおりであり，これは他の法律の前記趣旨と同様のものであるが，規定の仕方については，弁護士法と他の法律との間には若干の相違がある。本条1項は，前記のような形式のうち，無資格者による当該名称の使用禁止の部分にほぼ等しいが，本条では特に「法律事務所」の標示・記載をも禁止している（事務所についての規定を有するものとして，弁理士法76条1項，税理士法53条1項参照)。

次に，本条2項は，前記の形式のうち，無資格者による類似名称の使用禁止の部分にほぼ等しいとも考えられるが，他法にはない「利益を得る目的で」の文言が含まれている（注2)。弁護士法人について定める本条3項については，特許業務法人について定める弁理士法76条2項，税理士法人について定める税理士法53条2項にほぼ同様の規定がある。また，監査法人について定める公認会計士法48条の2第1項は，「監査法人又は監査法人と誤認させるような文字を使用してはならない」との表現で同趣旨の規定を置いているなど，弁護士法と他法との大きな相違はない。

（注2） 福原・303頁は，「従前は，『法律事務取扱ノ取締ニ関スル法律』3条では，弁護士，法律事務所その他これに類似する名称の使用を禁ずることとされていたが，本条では類似する名称は削られている。それは，本条が刑罰法規であるが，類似の名称というのでは，取締りの範囲があいまいとなるのでこれを避けたのである。また，実際問題としても，取締りの必要があるものについては，本条2項の規定により十分まかないうると判断されるからである」とする。本条の趣旨及び取締り範囲が旧法と基本的に同一であるとする点は首肯し得るが，類似する名称を削除した理由が本条が刑罰法規であるためとする点は，他の法律における前記のような取締規定の存在を考えれば疑問である。ちなみに，弁護士法人について定める本条3項は，本条1項と同様に刑罰規定でありながら，類似する名称を用いることを禁止している。

【4】 各項の解釈

1　前述のとおり，本条は，弁護士又は弁護士法人でない者が弁護士又は弁護士法人であるかのような虚偽の標示をなすことによって，一般人がこの者を弁護士又は弁護士法人と誤信する等して損害を被ることを防止しようとするものである。

この目的を達成するために，本条は，法72条の規定する法律事務の取扱い又はその周旋に至らなくとも，一定の名称の標示又は記載それ自体を禁止するものである。ここに「標示」又は「記載」とは，一般的には，名刺，看板，新聞雑誌等に記載すること等を指すものであり，有形物上に文字を表示することにより，この名称等を覚知し得る状態に置くことをいう。ホームページなど電子媒体による場合も，結局パソコンの画面等有形物上に文字が表示される以上,「標示」又は「記載」に該当することは当然である。非弁護士が口頭で弁護士を自称しても，本条にいう標示又は記載をしたことにはならない。本条３項の「名称を用い」るについても同趣旨と解される。

本条１項及び２項が対象とするのは,「弁護士又は弁護士法人でない者」であるが，この解釈については法72条と同一であるので，その解説を参照。なお，本条３項の対象は「弁護士法人でない者」であるが，法人に限られないので，自然人である弁護士も当然対象となる。

2　本条１項

本条１項が禁止するのは,「弁護士」又は「法律事務所」という名称そのものであり，これに類似する名称は，本条２項に該当するかどうかは別として，本条１項の禁止の対象外である。例えば,「ローヤー」あるいは「Lawyer」という語が弁護士を意味するということが現代の日本において周知であるとしても，この標示は，本条１項にいう「弁護士」の標示には該当しない。

問題となり得るのは,「弁護士」又は「法律事務所」の名称が他の語とともに用いられている場合である（例えば，弁護士補，事務弁護士等)。本条１項が刑罰の構成要件として厳格に解釈されるべきことを考えれば，弁護士，法律事務所という名称と他の語が独立して観念される場合と，そうでない場合を区別し，前者の場合には本条１項に該当するが，後者の場合には他の語と「弁護士」又は「法律事務所」の名称が一体として標示・記載されているものとして，本条１項には該当しないと解するべきであろう。なお,「国際事務弁護士」の名刺を使用することが，弁護士の標示をしたものとして本条１項に違反するとした裁判例がある（大分簡判平成２・３・26・公刊物未登載)。

3　本条２項

⑴　本条２項により禁止される行為は，自らが法律相談その他法律事務を取り扱

う旨の標示又は記載であり，法72条で禁止される周旋は，本条2項に含まれない。沿革，他の法律との比較から明らかなとおり，本条の基本的構造は，弁護士（弁護士法人）たることを誤信させるような標示・記載の禁止であるから，非弁護士（非弁護士法人）が非弁護士（非弁護士法人）であることを明らかにしたまま，単に弁護士（弁護士法人）への周旋をなす旨の標示・記載をなすことは，上記の基本的構造から外れるとして，これを禁止の対象から除外したものと考えられる（非弁護士（非弁護士法人）による周旋が法72条に該当するに至った場合には，同条違反として処罰されるべきことは当然である）。

⑵　禁止される標示又は記載としてあげられているのは，「法律相談その他法律事務を取り扱う旨」であるが，一般的な用語例としては，前段の「法律相談」は後段の「法律事務」に含まれるものであり，本条において別異に解すべき理由も存在しないから，結局禁止される標示又は記載は「法律事務を取り扱う旨」であることに帰着する。

⑶　本条2項違反となるためには，「利益を得る目的」が必要であるが，これは主観的違法要素であるから，標示又は記載中にこの目的が明示されている必要はない（広島高松江支判昭和26・8・27高刑特報20号170頁の事例は，「民事刑事事件調査相談その他一切」という日刊紙上の広告であり，利益目的は広告中には明示されていないようである）。

本条2項に該当する例としては，法律相談に応じる旨の記載・標示が典型的な場合であるが，もちろんこれに限られるものではなく，「弁護士」，「法律事務所」に類似する名称も，たとえ本条1項に該当しない場合であっても，本条2項に該当するとされる場合が多いであろう（福原・303頁）。

問題となるのは，「利益を得る目的」の「利益」をいかに解するかである。本条2項における「利益」については，次のような説が考えられる。

①　広義説　　本条2項の「利益」は，財産的なものに限られず，法律事務を行うものにとって何らかの利益であれば足りるとするものである。

②　財産的利益説　　本条2項の「利益」は経済的利益に限られるが，法72条の「報酬」よりは広い概念であり，法律事務を取り扱う旨の標示・記載に起因して得られると一般的に解される経済的利益を総称するとするものである。

③　報酬説　　本条2項の「利益」は，法72条の「報酬」と同義であり，法律事務を取り扱うことの対価として得られる経済的利益を指すとするものである。

以上のうちでは，③説が正当と考える。①説については，犯罪の構成要件たる本条の解釈として，何らかの利益であれば足りるとするのは余りにも広きに失するものであり，「利益を得る目的」の部分に何らの意味をも認めない結果になると思われる。特に，弁護士法と同じく「利益を得る目的」を必要としていた旧弁理士法22条ノ3の改正を審議した国会では，政府委員は，同法の改正は法律事務取扱ノ取締ニ関スル法律に倣ったものであるとしたうえで，「利益ヲ得ル目的ヲ以テ」とは，財産上の利益を得る目的のことを意味すると明言している（昭和12年３月10日第70回帝国議会貴族院弁理士法中改正法律案特別委員会議事速記録６頁）。

このように，「利益を得る目的」については，法律事務取扱ノ取締ニ関スル法律の時代から財産的利益と解されていたのであって，本条が旧法の規定をそのまま引き継いだものであることを考えれば，本条２項における利益を財産的利益以外のものに拡大する①説は不当である。

次に，本条の利益を，法律事務取扱いの標示・記載に起因して得られると一般的に解される経済的利益と解する②説によれば，例えば，法律相談等によって知り得た情報を利用して獲得する経済的利益も，本条の利益に含まれることになる。しかし，本条の原規定たる法律事務取扱ノ取締ニ関スル法律３条は，当時多数存在していた非弁護士による法律事務所，法律事務取扱いの標示によって一般人が被害を被ることを未然に防止しようとしたものであり（注３），本条は同法３条をそのまま取り入れたとされている。従って，相談の内容あるいは相談の事実自体を非弁護士が利用して経済的利益を得ること等は，本条の構成要件的定型性を欠くものとして，本条の範囲外と考えるべきである。更に，本条は，犯罪の構成要件としてその解釈には明確性が要求されるところ，「法律事務取扱いの標示・記載に起因して得られると一般的に解される経済的利益」とはどの範囲のものを指すかが不明確であり，この点でも②説には難があるといえよう。

③説は，前述の沿革等により，本条２項を，非弁護士による法律事務取扱いの標示・記載により一般人がこの者を弁護士として誤信する等して法律事務を委託し，これにより損害を被ることを未然に防止するための規定であると解し，従って，そこにいう「利益」も法律事務取扱いの対価として得る経済的利益であるとするものである。本条２項において，法72条の「報酬」とは異なり「利益」という語が用いられているのは，法律事務取扱いの標示・記載自体からは「報酬」を受けるということが想定できないため，別個の用語を用いたものと解される。

③説の難点は，弁護士法の提案者が，国会審議において，本条の利益は法72条の報酬より広い概念であると答弁していることをいかに解するかである。しかし，弁護士法の提案者は，立法当時の第10章（現行法第９章）の趣旨が法律事務取扱ノ取締ニ関スル法律と同一である旨を繰り返し述べているのであり，報酬と利益についてのただ一度の答弁を捉えて，本条が法律事務取扱ノ取締ニ関スル法律３条の範囲を超えて，かつ，他法にない全く新しい類型の行為を処罰する規定であると解することは妥当ではないであろう。従って，本条２項の利益を，法律事務取扱いの対価として得られる経済的利益と解する③説が妥当である。

(注3) 旧弁理士法の改正にあたっては，政府委員は，「現在社会に弊害を流して居りまする者は，弁理士と同様な利益を得或は報酬を得る目的で，看板を掲げて所謂商売と申しましては，一寸言葉が不穏当かも知れませんが，業務をやって居る者が，多数の発明家に対して迷惑を及し，弊害を生じて居るものでございますから，其の程度に於て取締まれば，それで十分ではないか，弁護士法の先例も繰返して申上げますが，斯う云う譚になって居りますので，特に弁理士だけに付て取締まる必要はないぢゃないか斯様に考へて居ります」と述べているのであって，この考えは，本条の解釈にも参照し得るものである。

4 **本条3項**

本条3項は，弁護士法人制度が採用されたことに伴い，新設された規定である。

本条3項が禁止するのは，「弁護士法人」又は「これに類似する名称」である。弁護士法人に類似する名称としては，例えば，「弁護法人」「弁護士業務法人」などが考えられる。

【5】 外国弁護士との関係

1 日本には，外国の弁護士資格を有する者に法律事務の取扱いを認める制度として，準会員（承認を受けた資格者・沖縄外国人弁護士）の制度が存在したが，国際化の進展に伴い，これらの資格を持たないまま日本を来訪する外国弁護士が増加したため，昭和61年に，外国弁護士による法律事務の取扱いに関する特別措置法（以下「特別措置法」という）が制定されるに至り，さらにその後，平成26年特別措置法の改正により外国法事務弁護士法人制度が創設され，外国弁護士のわが国との関わり合いはますます増大するものと思われるが，これにより本条の適用につき困難な問題が生じる。

2 上記の各資格のうち，外国法事務弁護士については，名称及び事務所について立法的な解決が図られている。すなわち，外国法事務弁護士は，「業務を行うに際しては，外国法事務弁護士の名称を用い……なければならない」（特別措置法44条）とされ，また，その事務所は「外国法事務弁護士事務所と称さなければならない」（同法45条1項）とされている。また，外国法事務弁護士法人についても，「外国法事務弁護士法人は，その名称中に外国法事務弁護士法人という文字を使用しなければならない」（同法50条の3），「外国法事務弁護士法人は，その事務所の名称中に当該外国法事務弁護士法人の名称を用いなければならない」（同法50条の10第1項）とされており，名称及び事務所名中には「外国法事務弁護士法人」との表記を入れなければならないこととされている。そして，外国法事務弁護士については，本条2項の規定は適用されないとされている（同法50条2項）。

3 一つの問題は，外国の弁護士資格を有するが，外国法事務弁護士の登録を受けず，かつ，準会員でもない者が，日本において本国の資格を称し，あるいは「(当該外国の名称) 弁護士」と称することができるか，ということである。

まず，外国において法律事務を行うことを職務とし，弁護士に相当する者であっても，当該資格は日本の弁護士資格ではないから，この者は，日本国内で「弁護士」と称することはできない。このことは，特別措置法において，外国法事務弁護士に対して本条1項の適用が排除されていないことからも明らかである。

それでは，例えば，米国カリフォルニア州の弁護士資格を有する者が，日本において「Lawyer」あるいは「カリフォルニア州弁護士」と称することは可能であろうか。前述のとおり，本条1項で禁止しているのは「弁護士」という標示そのものであり，「Lawyer」という標示はこれに該当しないから，本条1項には違反しない。また「カリフォルニア州弁護士」という標示も，一体として理解され，日本の弁護士ではなく米国カリフォルニア州の弁護士である旨の標示であることは明白であるから，これについても本条1項には違反しないと考えられる。「弁護士」を含む語であっても，一体として理解される場合には本条1項には違反しないとする前記のような考え方は，特別措置法において，「外国法事務弁護士」という名称を使用しても本条1項で禁止された「弁護士」という標示の禁止にはあたらないことを当然の前提としている点からも支持されよう。

しかし，前記の標示と本条2項との関係は微妙である。上記の者が，例えば，日本の法律事務所においていわゆるクラークとして勤務している場合に，この者の名刺に「○○法律事務所カリフォルニア州弁護士　某」と記載されていれば，カリフォルニア州弁護士の資格において日本において弁護士業務を行っているとの外観を呈するから，本条2項に違反する可能性があろう。他方，全く法律に関連する業務を行っていない場合に，単なる肩書として「カリフォルニア州弁護士」であることを標示しても，これをもって法律事務を取り扱う旨の標示であるとはいい得ないであろう。結局，前記のような標示が本条2項に違反するか否かは，個々の事例に即して，法律事務を取り扱う旨の標示と言えるか否かを判断するほかはないであろう。

これに関連して，外国の弁護士資格を有しない者が，日本において外国の弁護士資格を僭称した場合 (例えば，全くの無資格者が「ニューヨーク州弁護士」と称した場合) を考えると，まず，本条1項の問題としては，「ニューヨーク州弁護士」は一体として認識されるものであるから，同項に違反しないと考えられる。本条2項の適用については，やはり先の場合と同じく，法律事務を取り扱う旨の標示であるか否かによって決定されることになるが，全くの無資格者が外国の法曹資格を僭称する場合には，特段の事情がなければこのような標示は法律事務を取り扱う旨の標示であると認定される場合が多いであろう。

4　最後に，準会員（日弁連会則98条１項に定める外国弁護士資格者及び沖縄外国人弁護士）と本条との関係について考察する。

まず，準会員が法にいう弁護士（８条）でないことは当然であり，これらの者は，法文上は，特定の範囲において法３条に規定する事務を行うことができるとされているだけである。従って，これらの者が，特定の範囲の事務を行うことができるとされていることから，直ちに，自ら弁護士と称し，あるいはその事務所を法律事務所とすることができることにはならない。

ところで，これらの者と本条との関係については，法あるいは最高裁規則等に明文の規定は存しないから，その適用の可否については実質的な観点から判断する必要がある。これらの者に認められた職務の範囲は，いずれも特定の範囲に限定されたものであり，日本の弁護士がなし得る業務の範囲に比較して狭いことは明らかである。そして，これらの者について，弁護士と称し，あるいはその事務所を法律事務所と称することを認めるとすれば，一般人においてこれらの者を弁護士と誤認し，あるいは当該事務所に弁護士が所在して法律事務が取り扱われていると誤認する蓋然性が極めて高いところ，本条の立法目的は正にこのような誤解によって損害が生じることを未然に防止するところにあるのであるから，これらの者についても本条１項の適用はあるとするのが正当である。

このことは，その職務範囲において日本の弁護士と相当に差異が存する外国法事務弁護士について，法律事務を取り扱う旨の標示を禁止した本条２項の適用は排除しながらも，弁護士・法律事務所の標示を禁止した本条１項は適用するとされていることからも肯定されよう。また，事務所の名称について，外国弁護士資格者の事務所は「外国弁護士資格者法律事務所と称する」とされ（外国弁護士資格者承認等規則７条の２），沖縄外国人弁護士の事務所は「沖縄外国人弁護士法律事務所と称する」とされており（沖縄の復帰に伴う特別措置に関する規則38条），これらの名称の使用を強制されているかどうかについては議論があり得るが（法20条１項の解説参照），いずれにせよ，これらの者の事務所の名称が弁護士の事務所の本来的名称である「法律事務所」とは異なるものとして予定されていることも，本条１項に関する前記の結論を支持するものである。

他方，本条２項については，限定的にではあれ，上記の者に法律相談を含む法律事務の取扱いを認めている以上，本条２項を適用して法律事務取扱いの標示を禁止することは，制度そのものの存在を否定することになり，認め難い。従って，これらの者には本条２項は適用されないと解すべきである（但し，この場合でも，日本の弁護士と職務範囲が異なっていることを明確にするため，認められた事務の範囲を明らかにすることが要請されるであろうし，最高裁規則もそのことを要求している（外国弁護士資格者につき外国弁護士資格者承認等規則７条の２第２項，沖縄外国人弁護士につき沖縄の復帰に伴う特別措置に関する規則38条２項））。

結局，準会員と本条の関係については，明文の規定は存在しないが，外国法事務弁護士と同様に扱うべきこととなる。

第10章　罰　　　則

本章は，本法を施行するうえで刑罰による強制をする必要があると認められるものについて，罰則規定を定める。

旧法には，このような罰則規定は存しなかったのであるが，本法は，弁護士及び弁護士法人の職務の公共的性格に鑑み，弁護士及び弁護士法人の権利義務に関する規定を整備し，これらの規定のうちのあるものについては，訓示規定ないし懲戒事由にとどめず，その違反に対して刑罰をもって臨むこととしているのである。

なお，本章のうち法72条から74条までの違反に関する部分は，法律事務取扱ノ取締ニ関スル法律の処罰規定を強化したものである。

（虚偽登録等の罪）

第75条　弁護士となる資格を有しない者が，日本弁護士連合会にその資格につき虚偽の申告をして，弁護士名簿に登録をさせたときは，２年以下の懲役又は100万円以下の罰金に処する。

2　第５条の２第１項の規定による申請において，第５条第１号又は第３号に規定する職に在つた期間，同条第２号に規定する職務に従事した期間及び同号の職務の内容その他の重要な事項につき虚偽の申請をして，法務大臣に同条の認定をさせた者も，前項と同様とする。

3　前２項の罪の未遂は，罰する。

【1】　本条の趣旨

1　本条１項

本条１項は，弁護士となる資格を有しない者が，虚偽の申告をして弁護士名簿に登録をさせる行為についての罰則を定める。

本条１項は，刑法157条１項の公正証書原本不実記載の罪に類する処罰規定であるが，法は何故にこの刑法の規定のほかに特に本条１項の規定を置いたのかが問題となる。

まず，刑法157条１項にいう「権利若しくは義務に関する公正証書」について，最判昭和36年6月20日刑集15巻6号984頁は,「公務員が職務上作成する文書であつて,権利義務に関するある事実を証明する効力を有する文書は刑法157条1項にいう『権利,義務ニ関スル公正証書』であり,住民登録法による住民票は同条項にいう『権利,義務ニ関スル公正証書』に当ると解するのを相当とする」と判示している。そして,昭和42年に,住民登録法に代わって制定された住民基本台帳法に基づく住民票の原本についても,「権利,義務ニ関スル公正証書ノ原本」に該当するとしている(最決昭和48・3・15刑集27巻2号115頁)。判例は,その他にも不動産登記簿の原本(最決昭和35・1・11刑集14巻1号1頁),商業登記簿の原本(最判昭和47・1・18刑集26巻1号1頁)等が「権利,義務ニ関スル公正証書ノ原本」に該当するとしている。この判例の定義からすると,弁護士名簿は「権利若しくは義務に関する公正証書の原本」に該当すると認めることは可能と考えられる。

この点につき,福原(305頁)は,「本法では,日本弁護士連合会の会長は公務員とされている(50条・35条3項)ので,弁護士名簿が右の公正証書と目されるならば,本条(項)に規定する所為は,前記刑法の罪に該当するものとして処罰できることとなる。しかし,弁護士名簿は弁護士としての権利義務の得喪変更等の証明の用に供することを目的とするものとみることが困難であるので,これを公正証書と解することなく,特に本条(項)をおいたのである」と説明している。

しかし,弁護士名簿への登録は,弁護士としての身分についての公証行為という機能があり(登録取消しに関し,最大判昭和42・9・27民集21巻7号1955頁参照),その身分に種々の権利義務が付着している以上,そのように断定するには若干疑問がある。

その反面,仮に弁護士名簿が刑法157条1項の「権利若しくは義務に関する公正証書の原本」に該当すると考えると,昭和61年5月の改正前の本条1項(2年以下の懲役又は5万円以下の罰金)との関係においては,刑法54条1項前段(観念的競合)の適用があり,常に重い刑法の刑(5年以下の懲役又は20万円以下の罰金。平成3年5月7日施行の刑法改正で「20万円」を「50万円」に改めた)が科されなければならず,本条1項改正後においても(「5万円」を「100万円」に改める),懲役刑については常に重い刑法157条1項が適用になることになり,その面で本条1項の存する意味がなくなり不合理である。また,本条1項が刑法157条1項の特別法であって,刑法の罪が排除されるとすると,本条1項の懲役刑が刑法のそれに比して特に軽く処断した理由が明らかでなくなる。

しかし,弁護士名簿が「権利若しくは義務に関する公正証書の原本」にあたらないとして本条1項のみの適用があるとするよりも,本条1項が刑法157条1項の特別法であるとして,虚偽登録の罪は本条1項のみが適用されるとする結論の方が,従前の「権利若しくは義務に関する公正証書の原本」の解釈とも合致し,論理的に整合性があり妥当であろうと考えられる（団藤重光編『注釈刑法(4)』140頁参照）。

2　本条2項

本条2項は，虚偽の記載のある認定申請書を提出して法5条に定める法務大臣の認定を受ける行為についての罰則を定める。本条2項は，法5条の改正により，法務大臣の認定を受けた者についての弁護士資格の特例が認められたことに伴い設けられた規定である。

虚偽の記載のある認定申請書を提出して法務大臣の認定を受けると，本来は認定を受けることができず，弁護士となる資格を取得することのできないはずの者が，弁護士となる資格を得ることとなる。しかし，本条1項では，「弁護士となる資格を有しない者」であることが構成要件とされているため，法務大臣の認定がなされた場合には，形式的には弁護士となる資格を有することとなり（法5条本文），本条1項では処罰できない。そこで，本条2項は，虚偽の記載のある認定申請書を提出して法5条に定める法務大臣の認定を受ける行為自体を処罰することとしたものである。

【2】　構成要件

1　本条1項

本条1項の罪の主体は，「弁護士となる資格を有しない者」である。全く弁護士となる資格を有しない者（法4条・5条・6条）のほか，法7条の規定による欠格事由がある者を含む。

これらの者が，その資格に関する事項について虚偽の申告をなし，日弁連に備えた弁護士名簿に弁護士として登録させたときは，本条1項の罪の既遂となる。

なお，福原（305頁）は，本条1項の罪についての行使の罪が存しないことにつき，「公正証書原本不実記載の罪のように，その行使の罪については，本条（項）は触れるところがない。これは登録をさせると同時に，そのような虚偽記載のある弁護士名簿を備えさせたこととなるので，当然行使の点を包含させて考えられるのであり，その間に区別をつけて別罪とする理由がないからである」とする。

しかし，弁護士名簿については，不動産登記簿等のように一般に閲覧を許すわけではないから，いわゆる「備付行使」の観念がそもそも認められないのではないかとも思われる（なお法19条，会則25条は弁護士名簿の登録をしたとき，日弁連が官報をもって公告すると定めている）。

2　本条2項

本条2項の構成要件は，①法5条の2第1項の規定による申請において，②法5条1号又は3号に規定する職にあった期間，2号に規定する職務に従事した期間及び同号の職務の内容その他の重要な事項につき虚偽の申請をして，③法務大臣に法

5条の認定をさせることである。虚偽の申請により，法務大臣に法5条の認定をさせると，本条2項の罪の既遂となる。

②の「重要な事項」とは，法務大臣の認定に影響を及ぼす事項をいうものと解される。具体的には，司法修習生となる資格を得た事実，法5条2号の事務を処理した地位（例えば，法的判断が必要とされる地位にあったのか，単に事務作業を補助する地位にあったに過ぎないのか等），勤務形態（例えば，常勤か非常勤か），同号の事務以外に兼務していた事務（例えば，法務部とその他の部署を兼務していた場合）の有無及びその内容，程度等が考えられる。

【3】 未　　遂

本条3項では未遂罪を処罰している。弁護士となる資格のない者が，その資格を偽って（法4条・5条各号・6条の事由の存在又は7条各号の事由の不存在を偽って）日弁連に登録の請求をしようとして弁護士会に対し必要書類を提出すれば，その後の調査で真相が判明して登録がされなかったとしても，本条1項の未遂罪としての処罰を免れない。同様に，法5条の2第1項の申請にあたり虚偽の記載のある認定申請書を提出すれば，法務大臣が法5条の認定をしなかったとしても，本条2項の未遂罪としての処罰を免れない。

【4】 本条1項と2項の関係

法務大臣の認定は行政行為であり公定力がある。そのため，虚偽の記載のある認定申請書を提出して受けた認定であっても，取り消されるまでの間は原則として有効である。そして，法務大臣の有効な認定を受けている以上，「弁護士となる資格を有する」（法5条本文）のであり，「弁護士となる資格を有しない」とはいえない。従って，本条2項の罪を犯した者が，それにより得た認定をもとに弁護士名簿に登録をさせた場合には，本条1項の罪は成立しないと解される。

他方，虚偽の記載のある認定申請書を提出して受けた認定が既に取り消された後においては，もはや有効な認定は存在せず，「弁護士となる資格を有する」ことにはならない。従って，認定が取り消された後に弁護士名簿に登録をさせた場合には，本条1項と2項の双方の構成要件に該当する。この場合の両罪の関係については，両罪の行為は，弁護士となるための要件を満たさない者が弁護士となろうとすることを最終的な目的とする違法な行為という点で類似するとはいえ，1項は公正証書原本不実記載等罪（刑法157条1項）の特別法としての性質を有するのに対し，2項はそのような性質を有さず，保護法益は重ならないとした上で，両者は本来的には数罪を構成し，目的と手段という関係が認められることから牽連犯として科刑上一罪となると解する見解がある。また，法務大臣の認定に重大明白な違法があり無効である場合は，無効な行政行為には公定力がないため，認定が取り消された場合と同様に解される。

（汚職の罪）

第76条 第26条又は第30条の20の規定に違反した者は，３年以下の懲役に処する。

【１】 本条の趣旨

本条は，弁護士又は弁護士法人の汚職行為の禁止（法26条・30条の20）の規定に違反した者の罪を定めている。法26条は旧法にはなかった規定であるから，本条の刑罰も本法によって新たに設けられたものである。なお，弁護士法人制度の導入に伴い，弁護士法人が受任している事件に関して当該弁護士法人の社員及び使用人弁護士の汚職行為を禁止する規定が新設された（法30条の20）。

【２】 収賄罪との比較

法26条は，公務員の収賄罪（刑法197条）にも比すべきものとして，弁護士が受任している事件に関して相手方から利益を受けることや，これを要求したり，約束することを汚職行為として禁止しているが，本条は，これに違反した者につき，汚職の罪として，３年以下の懲役に処することとしている。

公務員の収賄の罪と異なるのは，刑法上の受託収賄（刑法197条１項後段）に相当する類型の場合に刑の加重がなく，また，弁護士又は弁護士法人として事件を受任する以前に，その事件に関して相手方から請託を受けて利益を受け取ったという刑法上の事前収賄（同条２項）の類型に属する行為についての処罰規定がないことである。

また，刑法の賄賂の罪には，贈賄者に対して罰則の規定（刑法198条）があるが，本法には，利益を受けた弁護士又は弁護士法人の側のみについて本条の処罰規定が置かれていて，利益を与えた相手方に対する処罰規定がない。従って，相手方は，事件を有利に解決するため，先方の弁護士又は弁護士法人に利益を供与する等の行為に出たとしても，処罰されない。

更に，当該相手方は，教唆犯又は幇助犯としても処罰されることはない。刑法上の対向犯の理論からもこの結論は導かれる（法72条違反の罪の教唆犯が成立しないとした事例につき，最判昭和43・12・24刑集22巻13号1625頁。団藤重光『刑法綱要総論（第３版）』432頁）。

【３】 本条の要件

本条の罪の成立につき，現実に職務の公正を害されたことを要するか，また，法

26条にいう「利益」とは何かにつき，最判昭和36年12月20日刑集15巻11号1902頁は，「弁護士法26条が，いわゆる弁護士の汚職行為を禁止し，同法76条が右規定に違反する行為を処罰する所以のものは，基本的人権の擁護と社会正義の実現を使命とする弁護士の職責に鑑み，その職務執行の公正と誠実性を担保しようとするにあるものと解せられるから，同法26条違反の罪が成立するためには，いやしくも弁護士が受任している事件に関し，相手方から利益を受け又はこれを要求し若しくは約束をすれば足り，現実にその職務の公正を害すると否とはその要件ではないと解すべく，また同条にいう『受任している事件』とは，委任を受けて現に処理している事件を指し，『利益』とは，人の需要若しくは欲望を充たすに足りる一切の利益をいい，報酬，謝礼たる性質を有するものは勿論，弁護士が裁判外の和解のため出張した日当旅費等の実費弁償たる性質を有するものであっても，これに含まれるものと解するを相当とする」としている。

（非弁護士との提携等の罪）

第77条　次の各号のいずれかに該当する者は，２年以下の懲役又は300万円以下の罰金に処する。

一　第27条（第30条の21において準用する場合を含む。）の規定に違反した者

二　第28条（第30条の21において準用する場合を含む。）の規定に違反した者

三　第72条の規定に違反した者

四　第73条の規定に違反した者

【１】　本条の趣旨

本条は，弁護士を犯罪主体とする罪と弁護士でない者を犯罪主体とする罪を規定している。なお，弁護士法人制度の導入に伴い，平成13年法律第41号により弁護士法人を主体とする犯罪（法30条の21において準用する法27条及び28条に違反した場合）についても本条の適用があることを明確にするとともに，罰金刑の最高額を100万円から300万円に引き上げる改正がなされた。

1　弁護士又は弁護士法人を主体とする罪

(1)　弁護士又は弁護士法人が，次に掲げる者から事件の周旋を受け（法27条前段），又は次に掲げる者に自己の名義を利用させる罪（同条後段）

①　非弁護士（非弁護士法人）であって，報酬を得る目的で，訴訟事件その他一般の法律事件に関して，鑑定，代理等の法律事務を取り扱うことを業とする

者（法72条前段）

② 非弁護士（非弁護士法人）であって，報酬を得る目的で，上記の法律事件に関する法律事務の取扱いを周旋することを業とする者（法72条後段）

③ 他人の権利を譲り受けて，訴訟等の手段によって，その権利を実行することを業とする者（法73条）

④ 非弁護士（非弁護士法人）であって，弁護士であると標示又は記載する者（法74条1項）

⑤ 非弁護士（非弁護士法人）であって，その事務所を法律事務所と標示又は記載する者（法74条1項）

⑥ 非弁護士（非弁護士法人）であって，利益を得る目的で，法律相談その他法律事務を取り扱う旨を標示又は記載する者（法74条2項）

⑦ 非弁護士法人であって，その名称中に弁護士法人又はこれに類似する名称を用いている者（法74条3項）

(2) 弁護士（弁護士法人）が，係争権利を譲り受ける罪（法28条）

(3) 弁護士（弁護士法人）が，他人の権利を譲り受けて，訴訟等の手段によって，その権利を実行することを業とする罪（法73条）

2 非弁護士（非弁護士法人）を主体とする罪

(1) 報酬を得る目的で，訴訟事件その他一般の法律事件に関して，鑑定，代理等の法律事務を取り扱うことを業とする罪（法72条前段）

(2) 報酬を得る目的で，上記の法律事務の取扱いを周旋することを業とする罪（法72条後段）

(3) 他人の権利を譲り受けて，訴訟等の手段によって，その権利を実行することを業とする罪（法73条）

これらの罪は，法律事務取扱ノ取締ニ関スル法律に規定されていたものであるが，その刑種（禁錮を懲役に）と刑期（1年以下を2年以下に）及び金額（1000円以下を300万円以下の罰金に）をそれぞれ加重してある（罰金額については数次の改正を経て，現在に至っている）。

【2】 教唆犯の成否

前記【1】2(1)の罪の主体（法72条前段違反の者）に対し法律事務を依頼した者に，本条の教唆犯が成立するかにつき，最判昭和43年12月24日刑集22巻13号1625頁は，「弁護士法72条は，弁護士でない者が，報酬を得る目的で，一般の法律事件に関して法律事務を取り扱うことを禁止し，これに違反した者を，同法77条によつて処罰することにしているのであるが，同法は，自己の法律事件をみずから取り扱うことまで禁じているものとは解されないから，これは，当然，他人の法律事件を取り扱う場合のことを規定しているものと見るべきであり，同法72条の規定は，法律事件の解決を依頼する者が存在し，この者が，弁護士でない者に報酬を与える行為もしくはこれを与えることを約束する行為を当然予想しているものということができ，この他人の関与行為なくしては，同罪は成立し得ないものと解すべきである。ところが，同法は，右のように報酬を与える等の行為をした者について，これを処罰する趣旨の規定をおいていないのである。このように，ある犯罪が成立するについて当然予想され，むしろそのために欠くことができない関与行為について，これを処罰する規定がない以上，これを，関与を受けた側の可罰的な行為の教唆もしくは幇助として処罰することは，原則として，法の意図しないところと解すべきである。そうすると，弁護士でない者に，自己の法律事件の示談解決を依頼し，これに，報酬を与えもしくは与えることを約束した者を，弁護士法72条，77条違反の罪の教唆犯として処罰することはできないものといわなければならない」としている。

【3】 営業犯

前記【1】2(1)から(3)までの罪は，いずれも業とすることが要件となっていて，講学上営業犯とよばれ，その各個の犯行を数回繰り返した場合，包括して単一の罪として処断される。

大判昭和14年6月30日刑集18巻359頁は，法律事務取扱ノ取締ニ関スル法律1条違反の事案に関し，刑法上の連続犯（削除前の刑法55条）と判示した原判決について，次のとおり判示している。

「右犯罪ハ所謂営業犯ニ属スルヲ以テ業トシテ所定ノ行為ヲ数回ニ亙リ繰返スモ其レ等行為ハ之ヲ包括シテ一個ノ犯罪トシテ処断スベキモノニシテ個々ノ行為ニ対シ連続犯トシテ処断スベキモノニ非ズ従テ原判決ガ連続犯トシテ刑法第五五条ヲ適用処断シタルハ違法タルヲ免レズト雖結局一罪ヲ以テ処断シタルモノナレバ単一罪トシテ処断シタルト刑ノ量定其ノ他ニ於テ異ナル所ナク前示違法ハ判決ニ影響ヲ及ボサザルヲ以テ上告ノ理由トスルコトヲ得ザルモノトス論旨ハ結局理由ナシ」（なお，名古屋高金沢支判昭和34・2・19下刑集1巻2号308頁，団藤重光『刑法綱要総論（第3版）』440頁参照）。

（虚偽標示等の罪）

第77条の2　第74条の規定に違反した者は，100万円以下の罰金に処する。

【1】 本条の趣旨

本条は，①非弁護士（非弁護士法人）が，「弁護士」又は「法律事務所」と標示又は記載をし（法74条1項），②非弁護士（非弁護士法人）が，利益を得る目的で法律相談その他の法律事務を取り扱う旨の標示又は記載をし（同条2項），又は，③非弁護士法人が，その名称中に「弁護士法人」又はこれに類似する名称を用いた（同条3項）場合の罰則である。

【2】 沿　革

法律事務取扱ノ取締ニ関スル法律3条では，「弁護士ニ非ザル者ハ利益ヲ得ル目的ヲ以テ弁護士，法律事務所其ノ他之ニ類似スル名称ヲ使用スルコトヲ得ズ」とし，4条2項では，「第三条ノ規定ニ違反シタル者ハ千円以下ノ罰金ニ処ス」としていた。本法では，平成13年法律第41号による改正前の法74条1項で法律事務取扱ノ取締ニ関スル法律3条の「利益ヲ得ル目的」や「其ノ他之ニ類似スル名称」を削除して処罰範囲を明確にし，同改正前の法74条2項の構成要件を新たに付け加え，かつ罰金額を高くしたうえ，同改正前の法79条で罰則を規定した。更に，弁護士法人制度の導入に伴う同改正により，法74条3項の構成要件を新たに付け加え，同改正前の法79条が法77条の2とされ，この改正に伴い，罰金刑の最高額が20万円から100万円に引き上げられた。

第77条の3　第30条の28第6項（第43条第3項において準用する場合を含む。）において準用する会社法第955条第1項の規定に違反して，同項に規定する調査記録簿等に同項に規定する電子公告調査に関し法務省令で定めるものを記載せず，若しくは記録せず，若しくは虚偽の記載若しくは記録をし，又は当該調査記録簿等を保存しなかつた者は，30万円以下の罰金に処する。

【1】 本条の趣旨

本条は，弁護士法人又は弁護士会が電子公告を行う場合に関し，電子公告調査機関が，調査記録簿等に，法務省令で定める事項を記載（記録）せず，若しくは虚偽の記載（記録）をし，又は当該調査記録簿等を保存しなかったときは，30万円以下の罰金に処すると定める。平成16年法律第87号で追加された。

会社法974条2号は，会社が電子公告を行う場合に関し，電子公告調査機関に対する罰則を定めているところ，弁護士法人又は弁護士会も，合併をするときに電子公告を行う場合がある（法30条の28第6項・43条3項）ので，会社法と同様の定めを置いたものである。

【2】 電子公告調査機関，調査記録簿等

電子公告調査機関とは，電子公告に関し，公告期間中，当該公告の内容である情報が不特定多数の者において提供を受けることができる状態に置かれているかどうかを調査する機関であり，法務大臣の登録を受けることとなっている（会社法941条参照）。電子公告調査機関の登録基準については会社法944条が定めている。

調査記録簿等とは会社法955条1項にいう「調査記録又はこれに準ずるものとして法務省令で定めるもの」であり，法務省令（電子公告規則（平成18年2月7日法務省令第14号））によれば，「準ずるもの」とは「磁気ディスク（これに準ずる方法により一定の事項を確実に記録することができる物を含む。）」とされている（同規則13条1項）。

調査記録簿等に記載する事項として電子公告規則が定めるのは，①調査申請者の氏名又は商号若しくは名称，住所又は本店若しくは主たる事務所の所在場所及び代表者の氏名等，②電子公告調査を求められた年月日，③電子公告調査を行った事業所の所在地，④電子公告調査を行った職員の氏名，⑤同規則5条1項各号の規定により電磁的記録として記録した事項，⑥同規則5条4項の規定により電磁的記録として記録した事項である（同規則13条2項各号）。これらの事項を記録しなかったり，あるいは虚偽の記録をすると，本条により30万円以下の罰金に処せられる。

電子公告調査機関は，調査記録簿等を，電子公告調査の求めに係る電子公告による公告の公告期間の満了後10年間保存しなければならず（電子公告規則13条4項），保存しなかったときは，本条により30万円以下の罰金に処せられる。

（両罰規定）

第78条 弁護士法人の社員等が，その弁護士法人の業務に関し，次の各号に掲げる規定の違反行為をしたときは，その行為者を罰するほか，その弁護士法人に対して当該各号に定める罰金刑を科する。

一 第76条（第30条の20に係る部分に限る。） 300万円以下の罰金刑

二 第77条第1号（第30条の21において準用する第27条に係る部分に限る。）又は第77条第2号（第30条の21において準用する第28条に係る部分に限る。） 第77条の罰金刑

2 法人の代表者又は法人若しくは人の代理人，使用人その他の従業者が，その法人又は人の業務に関して第77条第3号若しくは第4号，第77条の2又は前条の違反行為をしたときは，その行為者を罰するほか，その法人又は人に

対して各本条の罰金刑を科する。

【1】 本条の趣旨

本条1項は，弁護士法人制度の導入に伴い，弁護士法人の社員又は使用人たる弁護士に罰則規定違反があれば，その社員等を罰するほかに，当該弁護士法人にもまた刑罰を科するものとする両罰規定である。また，本条2項は，ある事業に関してその法人の代表者，法人又は個人の代理人，従業者に罰則規定違反の行為があれば，その従業者らを処罰するほかに，事業主たる法人又は個人にもまた刑罰を科するものとする両罰規定である。

本条1項の構成要件は，弁護士法人の業務に関し，弁護士法人の社員等が，①その弁護士法人が受任している事件に関し，相手方から利益の供与を受け，又はその供与の要求若しくは約束をし（法30条の20第1項），②その弁護士法人が受任している事件に関し，相手方から当該弁護士法人に利益を供与させ，又はその供与の要求若しくは約束をし（同条2項），③その弁護士法人の業務として，法72条から74条までの規定に違反する者から事件の周旋を受け，又はこれらの者に弁護士法人の名義を利用させ（法30条の21・27条），④その弁護士法人の業務として，係争権利を譲り受けた（法30条の21・28条）ときは，①及び②のときは，行為者に対して法76条を適用して，3年以下の懲役に処し，その弁護士法人は300万円以下の罰金に処し，③及び④のときは，行為者に対して法77条を適用して，2年以下の懲役又は300万円以下の罰金に処し，その弁護士法人は300万円以下の罰金に処するというものである。

また，本条2項の構成要件は，事業主である法人又は個人の業務に関して，法人の代表者又は法人若しくは個人の代理人，使用人その他の従業者が，①非弁護士であって，報酬を得る目的で，訴訟事件その他一般の法律事件に関して，鑑定，代理等の法律事務を取り扱うことを業とし（法72条前段），②非弁護士であって，報酬を得る目的で，上記の法律事務の取扱いを周旋することを業とし（同条後段），③他人の権利を譲り受けて，訴訟等の手段によって，その権利を実行することを業とした（法73条）ときは，行為者に対し，法77条を適用して，2年以下の懲役又は300万円以下の罰金に処し，事業主である法人又は個人は300万円以下の罰金に処するというものである。

【2】 過失責任性

両罰規定の適用に関し，事業主の責任が無過失責任か否かにつき，最大判昭和32年11月27日刑集11巻12号3113頁は，次のとおり判示している。

「入場税法（昭和22年法律第142号による改正前のもの）第一七条ノ三のいわゆる両罰規定は，事業主たる『人ノ代理人，使用人其ノ他ノ従業者』が入場税を逋脱し又は逋脱せんとした行為に対し，事業主として右行為者らの選任監督その他の違反行為を防止するために必要な注意を尽くさなかった過失の存在を推定した規定と解すべく，したがって事業主において右に関する注意を尽くしたことの証明がなされない限り，事業主もまた刑責を免れないとする法意である。」

この最大判は，事業主の刑事責任につき従前の判例がとっていた代理責任説又は無過失責任説を変更し，固有責任説又は過失責任説（とりわけ過失推定説）をとったとされている（学説の詳細については，岩田誠『最高裁判所判例解説刑事篇昭和32年度』146事件解説を参照）。

【3】 報酬目的

なお，本条の両罰規定に特異な点は，法72条違反の構成要件に「報酬を得る目的」という主観的要件が付されている点である（例えば，他の両罰規定である所得税法243条や独禁法95条には，このような主観的要件はない）。そして，法72条違反の行為者が法人の従業員であるとすれば，この「目的」は「法人の報酬を得る目的」と解しなければならないが，同条は条文の体裁上，行為者自身の「報酬を得る目的」としか読めない。

法72条の構成要件を満たさない限り，法77条，本条の犯罪は成立し得ないのであるから，前記の点からみると，「報酬を得る目的」に関し法人を予定していないようにみえる法72条の条文の形式は，若干問題があるといわざるを得ない。この点は，後日の研究に待ちたい。

（過料）

第79条 次の各号のいずれかに該当する者は，100万円以下の過料に処する。

一 第30条の28第６項（第43条第３項において準用する場合を含む。次号において同じ。）において準用する会社法第946条第３項の規定に違反して，報告をせず，又は虚偽の報告をした者

二 正当な理由がないのに，第30条の28第６項において準用する会社法第951条第２項各号又は第955条第２項各号に掲げる請求を拒んだ者

【1】 本条の趣旨

本条は，合併をする弁護士法人又は弁護士会が電子公告を行う場合に関し，電子公告調査機関が法務大臣への報告を怠り，又は虚偽の報告をしたとき（１号），正当な理由がないのに調査委託者その他利害関係人の請求を拒んだとき（２号）に，電

子公告調査機関を100万円以下の過料に処する旨を定める。

会社法977条は，会社が電子公告を行う場合に関し，電子公告調査機関に対する過料の制裁を規定しているところ，弁護士法人又は弁護士会も，合併をするときに電子公告を行う場合がある（法30条の28第6項・43条3項）ので，同様の定めを置いたものである。

過料の制裁は，行政上の秩序罰及び民事上の秩序罰たる性質を有し，刑罰ではない。過料を科する手続は，非訟事件手続法が定めている（119条から122条まで）。

【2】 本条1号

電子公告調査機関は，電子公告調査を求められたときは，正当な理由がある場合を除き，電子公告調査を行わなければならず（会社法946条1項），電子公告調査を行う場合には，電子公告調査を行うことを求めた者（調査委託者）の商号その他の法務省令で定める事項を法務大臣に報告しなければならないとされている（同条3項）。

法務省令である電子公告規則6条1項によれば，法務大臣への報告事項は同規則3条1項1号並びに3号イ，ロ及びニに掲げる事項であり，具体的には，①調査申請者の氏名又は商号若しくは名称及び住所又は本店若しくは主たる事務所の所在場所，②公告アドレス（公告サーバのうち電子公告による公告を行うための用に供する部分をインターネットにおいて識別するための文字，記号その他の符号又はこれらの結合であって，公告すべき内容である情報の提供を受ける者がその使用に係る電子計算機に入力することのみによって当該情報の内容を閲覧し，当該電子計算機に備えられたファイルに公告情報を記録することができるものをいう（同規則2条11号）），③公告期間，④公告すべき内容を規定した法令の条項である。

これらの事項について，法務大臣への報告をしなかったり，虚偽の報告をしたときは，電子公告調査機関は100万円以下の過料に処せられることとなる。

【3】 本条2号

電子公告調査機関は，毎事業年度経過後3か月以内に，その事業年度の財産目録，貸借対照表及び損益計算書又は収支計算書並びに事業報告書（電磁的記録を含む）を作成し，5年間事業所に備え置かなければならない（会社法951条1項）。

そして，調査委託者その他の利害関係人は，電子公告調査機関に対し，その業務時間内は，いつでも，次の請求をすることができる。すなわち，①財務諸表等が書面をもって作成されているときは，当該書面の閲覧又は謄写の請求，②①の書面の謄本又は抄本の交付の請求，③財務諸表等が電磁的記録をもって作成されているときは，当該電磁的記録に記録された事項を法務省令で定める方法により表示したものの閲覧又は謄写の請求，④③の電磁的記録に記録された事項を電磁的方法であって電子公告調査機関の定めたものにより提供することの請求又は当該事項を記載した書面の交付の請求である（同条２項各号）。

電子公告調査機関は，法務省令（電子公告規則）で定めるところにより，調査記録簿等を備え，法務省令が定める一定の事項を記載，記録し，保存しなければならない（会社法955条１項）。ある電子公告調査機関が電子公告調査の業務の全部の廃止をしようとするとき，又は登録を取り消されたときは，他の電子公告調査機関に調査記録簿等を引き継がなければならない（同法956条１項）が，調査記録簿等を引き継いだ他の電子公告調査機関もまた，調査記録簿等の保存義務を負う（同条２項）。

そして，調査委託者その他の利害関係人は，電子公告調査機関に対し，その業務時間内は，いつでも，電子公告調査機関が保存している調査記録簿等（他の電子公告調査機関から引き継いだものを含む）について，次の請求をすることができる。すなわち，①調査記録簿等が書面をもって作成されているときは，当該書面の写しの交付の請求，②調査記録簿等が電磁的記録をもって作成されているときは，当該電磁的記録に記録された事項を電磁的方法であって電子公告調査機関の定めたものにより提供することの請求又は当該事項を記載した書面の交付の請求である（会社法955条２項）。

電子公告調査機関が，調査委託者その他の利害関係人から上記の請求を受けたのに，正当な理由がないのに拒絶すると，100万円以下の過料に処せられることとなる。

第79条の２　次の各号のいずれかに該当する場合には，弁護士法人の社員又は清算人は，30万円以下の過料に処する。

一　この法律に基づく政令の規定に違反して登記をすることを怠つたとき。

二　第30条の28第２項又は第５項の規定に違反して合併をしたとき。

三　第30条の28第６項において準用する会社法第941条の規定に違反して同条の調査を求めなかつたとき。

四　定款又は第30条の30第１項において準用する会社法第615条第１項の会計帳簿若しくは第30条の30第１項において準用する同法第617条第１項若しくは第２項の貸借対照表に記載し，若しくは記録すべき事項を記載せず，若しくは記録せず，又は虚偽の記載若しくは記録をしたとき。

五　第30条の30第２項において準用する会社法第656条第１項の規定に違反して破産手続開始の申立てを怠つたとき。

六　第30条の30第２項において準用する会社法第664条の規定に違反して財

産を分配したとき。
七　第30条の30第２項において準用する会社法第670条第２項又は第５項の規定に違反して財産を処分したとき。

【1】 本条の趣旨

本条は，弁護士法人の社員又は清算人が，登記を懈怠したなどの場合に，30万円以下の過料の制裁を受けることを規定したものである。

【2】 各号の説明

1　本条1号

弁護士法人は，政令で定めるところにより，登記をしなければならない（法30条の７第１項）。弁護士法人の登記について定める政令は組合等登記令（昭和39年３月23日政令第29号。弁護士法人制度の導入に伴い「弁護士法の一部を改正する法律の施行に伴う関係法令の整備に関する政令」（平成13年７月26日政令第253号）によって改正された）であり，これによれば，弁護士法人は，①設立（組合等登記令２条），②登記事項の変更（同令３条），③主たる事務所の移転（同令４条），④代表者の職務執行停止等（同令５条），⑤解散（同令７条），⑥継続（同令７条の２），⑦合併（同令８条），⑧清算結了（同令10条），⑨従たる事務所の新設（同令11条），⑩従たる事務所の移転（同令12条）等の場合に登記をしなければならない。

弁護士法人の社員又は清算人が，これらの登記を怠ったときは，本条により30万円以下の過料に処せられる。

2　本条2号

合併をする弁護士法人は，①合併をする旨，②合併により消滅する弁護士法人及び合併後存続する弁護士法人又は合併により設立する弁護士法人の名称及び主たる事務所の所在地，③債権者が１か月以上の一定の期間内に異議を述べることができる旨を官報に公告し，かつ，知れている債権者には，各別に催告しなければならない（法30条の28第２項）。

債権者が上記③の期間内に異議を述べたときは，当該債権者を害するおそれがないときを除き，合併をする弁護士法人は，当該債権者に対し，弁済し，若しくは相当の担保を提供し，又は当該債権者に弁済を受けさせることを目的として信託会社等に相当の財産を信託しなければならない（同条５項）。債権者保護手続と呼ばれるものである。

債権者保護手続に違反して合併をしたとき，合併の当事者である弁護士法人の社員は，本条により，30万円以下の過料に処せられる。

3　本条3号

公告を電子公告によりしようとする弁護士法人は，公告期間中，当該公告の内容である情報が不特定多数の者が提供を受けることができる状態に置かれているかどうかについて，法務省令（電子公告規則）で定めるところにより，法務大臣の登録を受けた電子公告調査機関に対し，調査を行うことを求めなければならない（法30条の28第6項，会社法941条）。

弁護士法人の社員が，この調査請求を怠ると，本条により30万円以下の過料に処せられる。

4　本条4号

定款又は会計帳簿若しくは貸借対照表に記載（記録）すべき事項を記載（記録）せず，又は虚偽の記載（記録）をしたときは，弁護士法人の社員又は清算人は，本条により30万円以下の過料に処せられる。

5　本条5号

清算中の弁護士法人の財産がその債務を完済するのに足りないことが明らかになったときは，清算人は，直ちに破産手続開始の申立てをしなければならない（法30条の30第2項，会社法656条1項）。これを怠ったとき，弁護士法人の清算人は，本条により30万円以下の過料に処せられる。

6　本条6号

清算中の弁護士法人は，弁護士法人の債務を弁済した後でなければ，その財産を社員に分配することができないのが原則である（法30条の30第2項，会社法664条）。これに違反して財産を分配したときは，弁護士法人の清算人は，本条により30万円以下の過料に処せられる。

7　本条7号

弁護士法人は，定款又は総社員の同意によって，当該弁護士法人が①定款で定めた存続期間の満了，②定款で定めた解散事由の発生，③総社員の同意によって解散した場合における当該弁護士法人の財産の処分の方法を定めることができる（法30条の30第2項，会社法668条1項）。しかし，弁護士法人が財産の処分の方法を定めたときは，その解散後の清算弁護士法人の債権者は，当該清算弁護士法人に対し，当該財産の処分の方法について異議を述べることができる（法30条の30第2項，会社法670条1項）。

債権者に対して異議を述べる機会を保障するため，清算弁護士法人は，解散の日（解散後に財産の処分の方法を定めたときはその日）から2週間以内に，①財産の処分の方法に従い清算をする旨，②債権者が1か月以上の一定の期間内に異議を述べることができる旨を官報に公告し，かつ，知れている債権者には，各別にこれを催告しなければならない（法30条の30第2項，会社法670条2項）。また，債権者が上記②の期間内に異議を述べたときは，清算弁護士法人は，当該債権者に対し，弁済し，若しくは相当の担保を提供し，又は当該債権者に弁済を受けさせることを目的として信託会社等に相当の財産を信託しなければならない（法30条の30第2項，会社法670条5項）。

以上の手続に違反して財産を処分したとき，弁護士法人の清算人は，本条により30万円以下の過料に処せられる。

附　　則

（施行の日）

第80条　この法律は，昭和24年９月１日から施行する。

本条は，昭和24年６月10日に公布された本法の施行の日を，昭和24年９月１日とする規定である。

旧法は，昭和８年５月１日に公布されながら，施行上の問題を抱えていたため，約３年後の昭和11年４月１日に施行されたのであるが，本法では，関係官庁，弁護士会等の連絡，協調のもとに短時日のうちに施行することとされたのであった。

なお，本法により初めて誕生する日弁連の設立のための準備手続は，本法の施行期日前に行うことができることとなっている（法90条）。

（従前の弁護士資格者）

第81条　従前の規定により弁護士となる資格を有する者は，この法律の適用については，その資格を得たときに司法修習生の修習を終えたものとみなす。

【１】 本条は，従前の規定により弁護士となる資格を有する者は，本法の適用については，その資格を得たときに司法修習生の修習を終えたものとして，法４条の規定により弁護士となる資格を有することを規定したものである。

【２】 旧々法施行の日以降，従前の規定により弁護士となる資格を有する者の具体的な内容は，次のとおりである。

①　旧々法の施行の日である明治26年５月１日現在代言人であった者で，その日から60日以内に弁護士名簿登録規則（明治26年司法省令第５号）に基づき弁護士名簿に登録請求をし，登録を受けた者（旧々法35条）

②　弁護士試験規則（明治26年司法省令第９号）により試験に及第した者（旧々法２条）

③　昭和11年４月１日以前に，裁判所構成法（明治23年２月10日法律第６号）58条の

試験（高等試験司法科試験）に合格した者（旧々法４条）

④　裁判所構成法57条の規定に基づき判事又は検事の資格を有する者（旧々法４条，大正３年法律第40号，旧法４条１号）

⑤　昭和11年４月１日以前に，法律学を修めた法学博士（旧々法４条，大正３年法律第40号，旧法附則）

⑥　大正12年４月30日以前に，帝国大学法学部法律学科を卒業した者（旧々法４条，司法官試補及弁護士の資格に関する法律（大正12年４月法律第52号））

⑦　旧東京大学法学部卒業生（旧々法４条）

⑧　司法省旧法学正則部卒業生（旧々法４条）

⑨　昭和12年12月31日までに，司法官試補及弁護士の資格に関する法律（大正12年４月法律第52号）の試験に合格した者（旧法２条）

⑩　弁護士試補として１年６か月以上の実務修習を終了し考試を経た者（旧法２条１項２号）

⑪　３年以上専任行政裁判所長官又は専任行政裁判所評定官であった者（旧法４条２号）

⑫　３年以上陸軍法務官又は海軍法務官であった者（旧法４条３号）

⑬　朝鮮弁護士令により弁護士の資格を有する者で，審査委員会又は資格審査会の銓衡を経た者（弁護士及び弁護士試補の資格の特例に関する法律（昭和21年法律第11号）１条，法91条）

⑭　旧法３条の試験（高等試験司法科試験）に合格し，満州国の審判官又は検察官の職にあった者で審査委員会又は資格審査会の銓衡を経た者（弁護士及び弁護士試補の資格の特例に関する法律（昭和21年法律第11号）１条，法91条）

（弁護士試補の特例）

第82条　この法律施行の際現に弁護士試補である者が，従前の弁護士法の規定により１年６箇月以上の実務修習を終え考試を経たときは，その考試を経たときに司法修習生の修習を終えたものとみなす。

本条は，本法施行日現在弁護士試補である者について，旧法２条の規定により弁護士試補として１年６か月以上の実務修習を終了し考試を経たときに，法４条の司法修習生の修習を終えたものとみなす規定である。これによって，旧法の規定に基づき弁護士試補として実務修習中の者も，弁護士の資格を有することとなった。

（弁護士の欠格事由の適用）

第83条　第７条の規定の適用については，従前の計理士法（昭和２年法律第31号）の規定により業務の禁止の処分を受けた者は，懲戒の処分により公認会計士の登録を抹消された者とみなし，従前の税務代理士法（昭和17年法律第46号）の規定により税務代理士の許可を取り消された者は，懲戒の処分により税理士の登録を取り消されたものとみなし，官吏懲戒令（明治32年勅令第63号）により免官の処分を受けた者は，公務員であつて懲戒の処分により免職された者とみなす。

本条は，従前の計理士法（公認会計士法61条の規定により昭和23年８月１日廃止）の規定により業務の禁止の処分を受けた者，従前の税務代理士法（税理士法施行附則２項の規定により昭和26年７月15日廃止）の規定により税務代理士の許可を取り消された者及び官吏懲戒令（国家公務員法の一部を改正する法律（昭和23年法律第222号）附則12条の規定により昭和23年12月３日廃止）により免官の処分を受けた者について，弁護士の欠格事由を規定する法７条３号あるいは登録・登録換えの請求の進達の拒絶を規定する法12条１項２号の適用を問題とするための規定である。

なお，本条では税理士の登録の取消しを問題にしているが，法７条３号では税理士の業務の禁止を問題にして，要件が一致しない。それは，懲戒の種類を規定する税理士法（昭和26年法律第237号）44条３号中「登録の取消」が，昭和36年法律第137号により「税理士業務の禁止」に改正されたことに伴い，法７条３号（当時の６条３号）中「登録を取り消され」が「業務を禁止され」に改正されたためである（税理士法の一部を改正する法律（昭和36年法律第137号）附則13項）。

（従前の弁護士名簿の登録）

第84条　従前の規定による弁護士名簿の登録は，この法律による弁護士名簿の登録とみなす。

本条は，従前，法務府に備えられていた弁護士名簿（旧法８条，法務庁設置に伴う法令の整理に関する法律（昭和22年法律第195号）13条）への登録（旧法７条）をもって，日弁連に備えた弁護士名簿への登録（法８条）とみなす規定である。

これは，本法施行当時，従前の規定により弁護士となる資格を有する者は，司法修習生の修習を終えたものとみなされるため（法81条），弁護士資格を有し（法４条），かつ，弁護士名簿に登録されている者であるから，弁護士の活動の断絶を防止し，また，弁護士の指導監督事務の承継の簡易迅速化のため，本法の登録手続を省略したのである。

現実に行われた登録番号の整理は，日弁連発足前より開始されていたが，発足と同時に職員の全力を挙げて整理を急いだ。しかし，法務府より引き継いだ人員と弁護士会側報告との間に著しい相違があり，慎重を期してこれら不明会員につき，更に弁護士会に照会する等，予想以上の日時を要した。そして，昭和24年９月27日，漸く弁護士名簿及び記章番号の整理を完了し，全国5918名の会員登録番号を日弁連の登録番号に切り換え，翌28日から直接交付又は郵送の方法により記章の配布を開始し，同年10月８日完了した（日本弁護士連合会会誌創刊号18頁）。

（従前の登録又は登録換の請求）

第85条　従前の規定により法務総裁に対してなされた登録又は登録換の請求は，この法律により日本弁護士連合会に対してなされた登録又は登録換の請求の進達とみなす。

本条は，本法施行の日前に，法務総裁に対してなされた登録又は登録換えの請求（旧法９条・10条１項，法務庁設置に伴う法令の整理に関する法律（昭和22年法律第195号）13条）は，本法により弁護士会から日弁連に対してなされた登録又は登録換えの請求の進達とみなす規定である。これにより，日弁連は，登録又は登録換えの手続をとったり，法15条の規定に基づき登録又は登録換えを拒絶することができることとなる。

（従前の弁護士の事務所）

第86条　従前の規定により法務総裁に届け出てある弁護士の事務所は，その弁護士がこの法律の規定により届出をした法律事務所とみなす。

本条は，本法施行の日前に，法務総裁に対して届け出てある弁護士の事務所（旧法19条，法務庁設置に伴う法令の整理に関する法律（昭和22年法律第195号）13条）をもって，その弁護士が法21条の規定により届出をした法律事務所とみなす規定である。

（従前の弁護士名簿等の引継）

第87条　法務府は，従前の規定により同府に備えられた弁護士名簿その他弁護士及び弁護士会に関する関係書類を，日本弁護士連合会の求めにより，これに引き継がなければならない。

本条は，日弁連が弁護士及び弁護士会の指導，連絡及び監督に関する事務を行うことを目的とするところから（法45条2項），本法が施行される場合の法務府から日弁連への弁護士名簿その他弁護士及び弁護士会に関する関係書類の引継に関する規定である。

従前より法務府に備えられていた弁護士名簿をはじめ弁護士の身分，事務所関係，弁護士会関係等に関する一切の関係書類は，公物であるから，法令の根拠なくしてはその所有権を譲渡することには問題があるため，その点を明らかにした規定である（福原・319頁）。本条の規定により，法務府は，日弁連からの求めに応じ，上記関係書類の引渡請求に応じなければならない。

実際には，日弁連は，昭和24年9月10日に，法務総裁に対し，弁護士名簿等登録関係書類の引渡請求書を提出し，同月12日にその大部分の引渡しを受け，同月28日残り全部の引継を完了している（日本弁護士連合会会誌創刊号18頁）。

（現存の弁護士会及び弁護士会連合会）

第88条　この法律施行の際現に存する弁護士会又は同じ高等裁判所の管轄区域内の弁護士会連合会は，この法律による弁護士会又は弁護士会連合会とみなす。

2　前項の弁護士会又は弁護士会連合会は，すみやかに，その会則又は規約について日本弁護士連合会の承認を受け，なお弁護士会にあつては設立の登記をしなければならない。

3　前項の登記については，第34条第2項及び第4項乃至第6項の規定を準用する。

本条は，従前から存在するすべての弁護士会及び弁護士会連合会中の法44条の要件を満たすものについて，そのまま本法による弁護士会及び弁護士会連合会とみなして，その存続を認めること，それらの弁護士会の会則及び弁護士会連合会の規約について速やかに日弁連の承認を受け，弁護士会は設立の登記をしなければならないことを規定したものである。

(同じ区域内の弁護士会の特例)

第89条 この法律施行の際現に同じ地方裁判所の管轄区域内に在る2箇以上の弁護士会は，第32条の規定にかかわらず，この法律施行後もなお存続させることができる。

2 前項の弁護士会は，何時でも合併又は解散することができる。

3 前項の合併又は解散については，第43条第2項から第5項まで及び第43条の2から第43条の14までの規定を準用する。

本条は，一つの地方裁判所の管轄区域毎に1個の弁護士会を設立するという法32条の例外として，本法施行後も，同じ地方裁判所の管轄区域内に存在する2個以上の弁護士会について，そのまま存続させることを認める規定である。

旧法当時も，一つの地方裁判所の管轄区域毎に1個の弁護士会を設立するという原則であったが，例外として，300名以上の会員がある弁護士会については，そのうち100名以上の会員の賛成により，同一地方裁判所の管轄区域内に別個の弁護士会を設立することが認められていた（旧法30条）。実際，本法施行の際，東京地方裁判所の管轄区域内には東京弁護士会・第一東京弁護士会・第二東京弁護士会の三弁護士会が鼎立しており，本条により三弁護士会の存続が認められたのである。

以上のように，東京弁護士会・第一東京弁護士会及び第二東京弁護士会の鼎立が認められたとしても，将来において法32条の原則に戻ることがあるのを慮り，本条2項及び3項は，何時でも合併・解散をすることができるものとし，その場合には法43条2項から5項まで及び43条の2から43条の14までの規定を準用することを定めている。

(日本弁護士連合会設立の準備手続)

第90条 日本弁護士連合会の設立について必要な準備手続は，第80条に規定する期日よりも前に行うことができる。

本条は，弁護士及び弁護士会の指導，連絡及び監督を目的とする日弁連が本法施行と同時にその活動を開始できるようにするため，施行日である昭和24年9月1日よりも前に，日弁連の設立について必要な準備手続を行うことができるとしたものである。

実際には，本法の公布後，旧法52条の規定に基づき司法大臣の認可を得て昭和14年10月31日に設立された日本弁護士会連合会が中心となって日弁連設立の準備行為が行われ，本法施行の日である昭和24年９月１日には日弁連が設立されたのであった。

（弁護士及び弁護士試補の資格の特例に関する法律の適用）

第91条　弁護士及び弁護士試補の資格の特例に関する法律（昭和21年法律第11号）の適用については，なお従前の例による。但し，同法に規定する弁護士試補は，司法修習生と読み替え，審査委員会の職務は，この法律に規定する日本弁護士連合会の資格審査会が行うものとする。

本条は，終戦により引き揚げてきた従前の朝鮮弁護士令により弁護士となる資格を有する者及び旧法３条の試験に合格して満州国の審判官又は検察官の職にあった者の救済を図る目的で制定された「弁護士及び弁護士試補の資格の特例に関する法律」の適用を引き続き認めたものである。但し，選考を行うのは，本法施行により消滅する審査委員会（旧法13条２項・14条参照）ではなく，本法上の日弁連の資格審査会とされた。

弁護士及び弁護士試補の資格の特例に関する法律は，昭和20年８月15日以後に本州，北海道，四国，九州へ外地から引き揚げた者に限って適用されたが，終戦直後に外地から内地に出張して滞在中に終戦となったために外地に帰ることができなくなり，そのまま内地に定住するに至った者も，「引き揚げた者」に該当するとする行政先例がある（福原・323頁）。

（法律事務取扱の取締に関する法律の廃止）

第92条　法律事務取扱の取締に関する法律（昭和８年法律第54号）は，廃止する。但し，同法廃止前になした行為に対する罰則の適用については，なお従前の例による。

本条は，旧法と同時に，昭和８年５月１日に公布され昭和11年４月１日に施行された「法律事務取扱ノ取締ニ関スル法律」の廃止を規定したものである。但し，廃止前になした行為に対する罰則の適用については，従前の例によるとされ，この場合には，その法律は，その限度でなお有効であるとみなされる。なお，「法律事務取扱ノ取締ニ関スル法律」の趣旨は，法72条から74条まで並びにこれに対する罰則である法77条，77条の2及び78条に引き継がれている。

その後の改正法附則

附　　則（昭和25年4月14日法律第96号）抄

1　この法律のうち，裁判所法第61条の2，第61条の3及び第65条の改正規定，検察審査会法第6条第6号の改正規定中少年調査官及び少年調査官補に関するもの並びに少年法の改正規定は公布の日から起算して30日を経過した日から，その他の部分は公布の日から施行する。

附　　則（昭和26年6月9日法律第221号）

この法律は，公布の日から施行する。

附　　則（昭和26年6月15日法律第237号）抄

1　この法律は，公布の日から起算して1月を経過した日から施行する。

附　　則（昭和27年7月31日法律第268号）抄

1　この法律は，昭和27年8月1日から施行する。

3　従前の機関及び職員は，この法律に基く相当の機関及び職員となり，同一性をもつて存続するものとする。

4　この法律の施行前における法務府の各長官，法務総裁官房長，法務府事務官及び法務府教官の在職は，裁判所法第41条，第42条（判事補の職権の特例等に関する法律第1条第2項において準用する場合を含む。）及び第44条，検察庁法第19条，弁護士法第5条並びに司法書士法第3条の規定の適用については，それぞれ法務省の事務次官，法務事務官及び法務教官の在職とみなす。

（昭和53年法律第82号・一部改正）

附　　則（昭和30年8月10日法律第155号）抄

1　この法律は，公布の日から施行する。

3　この法律の施行の際，現に改正前の弁護士法第7条第1項又は第2項に規定する最高裁判所の承認を受けている者については，なお従前の例による。

4　前項に規定する者を除いて，この法律の施行前に改正前の弁護士法第7条第1

項又は第２項に規定する最高裁判所の承認を受けた者がこの法律の施行前にした行為に対する罰則の適用については，なお従前の例による。

附　　則（昭和32年６月１日法律第158号）抄

（施行期日）

1　この法律は，昭和32年８月１日から施行する。

附　　則（昭和36年６月15日法律第137号）抄

1　この法律は，公布の日から起算して６月をこえない範囲内において政令で定める日から施行する。　（昭和36年政令第393号で昭和36年12月10日から施行）

15　弁護士法第７条第３号及び第12条第１項第２号の規定の適用については，旧法の規定による懲戒処分たる税理士の登録の取消しは，新法の規定による懲戒処分たる税理士業務の禁止とみなす。　（平成15年法律第128号・一部改正）

附　　則（昭和37年４月16日法律第77号）抄

（施行期日）

1　この法律は，公布の日から施行する。ただし，第６条及び附則第５項から第11項までの規定は，昭和37年７月１日から施行する。

10　改正後の弁護士法第５条の規定の適用については，第６条の規定の施行前における法務研修所の教官の在職は法務総合研究所の教官の在職と，法制局参事官の在職は内閣法制局参事官の在職とみなす。

附　　則（昭和37年５月16日法律第140号）抄

1　この法律は，昭和37年10月１日から施行する。

2　この法律による改正後の規定は，この附則に特別の定めがある場合を除き，この法律の施行前に生じた事項にも適用する。ただし，この法律による改正前の規定によつて生じた効力を妨げない。

3　この法律の施行の際現に係属している訴訟については，当該訴訟を提起することができない旨を定めるこの法律による改正後の規定にかかわらず，なお従前の例による。

4　この法律の施行の際現に係属している訴訟の管轄については，当該管轄を専属管轄とする旨のこの法律による改正後の規定にかかわらず，なお従前の例による。

5　この法律の施行の際現にこの法律による改正前の規定による出訴期間が進行している処分又は裁決に関する訴訟の出訴期間については，なお従前の例による。

ただし，この法律による改正後の規定による出訴期間がこの法律による改正前の規定による出訴期間より短い場合に限る。

6　この法律の施行前にされた処分又は裁決に関する当事者訴訟で，この法律による改正により出訴期間が定められることとなつたものについての出訴期間は，この法律の施行の日から起算する。

7　この法律の施行の際現に係属している処分又は裁決の取消しの訴えについては，当該法律関係の当事者の一方を被告とする旨のこの法律による改正後の規定にかかわらず，なお従前の例による。ただし，裁判所は，原告の申立てにより，決定をもつて，当該訴訟を当事者訴訟に変更することを許すことができる。

8　前項ただし書の場合には，行政事件訴訟法第18条後段及び第21条第2項から第5項までの規定を準用する。

附　　則（昭和37年9月15日法律第161号）抄

1　この法律は，昭和37年10月1日から施行する。

2　この法律による改正後の規定は，この附則に特別の定めがある場合を除き，この法律の施行前にされた行政庁の処分，この法律の施行前にされた申請に係る行政庁の不作為その他この法律の施行前に生じた事項についても適用する。ただし，この法律による改正前の規定によつて生じた効力を妨げない。

3　この法律の施行前に提起された訴願，審査の請求，異議の申立てその他の不服申立て（以下「訴願等」という。）については，この法律の施行後も，なお従前の例による。この法律の施行前にされた訴願等の裁決，決定その他の処分（以下「裁決等」という。）又はこの法律の施行前に提起された訴願等につきこの法律の施行後にされる裁決等にさらに不服がある場合の訴願等についても，同様とする。

4　前項に規定する訴願等で，この法律の施行後は行政不服審査法による不服申立てをすることができることとなる処分に係るものは，同法以外の法律の適用については，行政不服審査法による不服申立てとみなす。

5　第3項の規定によりこの法律の施行後にされる審査の請求，異議の申立てその他の不服申立ての裁決等については，行政不服審査法による不服申立てをすることができない。

6　この法律の施行前にされた行政庁の処分で，この法律による改正前の規定により訴願等をすることができるものとされ，かつ，その提起期間が定められていなかつたものについて，行政不服審査法による不服申立てをすることができる期間は，この法律の施行の日から起算する。

8　この法律の施行前にした行為に対する罰則の適用については，なお従前の例による。

9　前８項に定めるもののほか，この法律の施行に関して必要な経過措置は，政令で定める。

10　この法律及び行政事件訴訟法の施行に伴う関係法律の整理等に関する法律（昭和37年法律第140号）に同一の法律についての改正規定がある場合においては，当該法律は，この法律によつてまず改正され，次いで行政事件訴訟法の施行に伴う関係法律の整理等に関する法律によつて改正されるものとする。

附　　則（昭和40年５月18日法律第69号）抄

（施行期日）

第１条　この法律は，公布の日から起算して90日をこえない範囲内で政令で定める日から施行する。　（昭和40年政令第163号で昭和40年５月19日から施行）

附　　則（昭和41年６月28日法律第89号）抄

（施行期日）

1　この法律は，公布の日から施行する。

附　　則（昭和53年６月23日法律第82号）抄

（施行期日）

1　この法律は，昭和54年１月１日から施行する。

○国家行政組織法の一部を改正する法律の施行に伴う関係法律の整理等に関する法律（昭和58年法律第78号）抄

（弁護士法の一部改正に伴う経過措置）

第40条　前条の規定による改正後の弁護士法第５条の規定の適用については，前条の規定の施行前における法務総合研究所の教官の在職は，法務省設置法第３条第35号及び第36号の事務をつかさどる機関で政令で定めるものの教官の在職とみなす。

附　　則（昭和58年12月２日法律第78号）

1　この法律（第１条を除く。）は，昭和59年７月１日から施行する。

2　この法律の施行の日の前日において法律の規定により置かれている機関等で，この法律の施行の日以後は国家行政組織法又はこの法律による改正後の関係法律の規定に基づく政令（以下「関係政令」という。）の規定により置かれることとなるものに関し必要となる経過措置その他この法律の施行に伴う関係政令の制定又は改廃に関し必要となる経過措置は，政令で定めることができる。

附　　則（昭和58年12月２日法律第80号）抄

（施行期日）

1　この法律は，総務庁設置法（昭和58年法律第79号）の施行の日から施行する。

（施行の日＝昭和59年７月１日）

（経過措置）

6　この法律に定めるもののほか，この法律の施行に関し必要な経過措置は，政令で定めることができる。

附　　則（昭和61年５月23日法律第66号）抄

（施行期日）

1　この法律は，公布の日から起算して２年を超えない範囲内において政令で定める日から施行する。（昭和62年政令第29号で昭和62年４月１日から施行）

附　　則（平成５年11月12日法律第89号）抄

（施行期日）

第１条　この法律は，行政手続法（平成５年法律第88号）の施行の日から施行する。

（施行の日＝平成６年10月１日）

（諮問等がされた不利益処分に関する経過措置）

第２条　この法律の施行前に法令に基づき審議会その他の合議制の機関に対し行政手続法第13条に規定する聴聞又は弁明の機会の付与の手続その他の意見陳述のための手続に相当する手続を執るべきことの諮問その他の求めがされた場合においては，当該諮問その他の求めに係る不利益処分の手続に関しては，この法律による改正後の関係法律の規定にかかわらず，なお従前の例による。

（聴聞に関する規定の整理に伴う経過措置）

第14条　この法律の施行前に法律の規定により行われた聴聞，聴問若しくは聴聞会（不利益処分に係るものを除く。）又はこれらのための手続は，この法律による改正後の関係法律の相当規定により行われたものとみなす。

附　　則（平成８年６月26日法律第103号）抄

（施行期日）

1　この法律は，公布の日から施行する。

附　　則（平成10年３月31日法律第13号）抄

（施行期日）

1　この法律は，平成10年４月１日から施行する。

附　　則（平成11年７月16日法律第102号）抄

（施行期日）

第１条　この法律は，内閣法の一部を改正する法律（平成11年法律第88号）の施行の日から施行する。ただし，次の各号に掲げる規定は，当該各号に定める日から施行する。（施行の日＝平成13年１月６日）

二　附則〔中略〕第30条の規定　　公布の日

（別に定める経過措置）

第30条　第２条から前条までに規定するもののほか，この法律の施行に伴い必要となる経過措置は，別に法律で定める。

附　　則（平成11年７月30日法律第116号）抄

（施行期日）

第１条　この法律は，公布の日から施行する。

附　　則（平成11年12月８日法律第151号）抄

（施行期日）

第１条　この法律は，平成12年４月１日から施行する。

（経過措置）

第３条　民法の一部を改正する法律（平成11年法律第149号）附則第３条第３項の規定により従前の例によることとされる準禁治産者及びその保佐人に関するこの法律による改正規定の適用については，次に掲げる改正規定を除き，なお従前の例による。

一から二十五まで〔略〕

第４条　この法律の施行前にした行為に対する罰則の適用については，なお従前の例による。

○中央省庁等改革関係法施行法（平成11年法律第160号）抄

（処分，申請等に関する経過措置）

第1301条　中央省庁等改革関係法及びこの法律（以下「改革関係法等」と総称する。）の施行前に法令の規定により従前の国の機関がした免許，許可，認可，承認，指定その他の処分又は通知その他の行為は，法令に別段の定めがあるもののほか，改革関係法等の施行後は，改革関係法等の施行後の法令の相当規定に基づいて，相当の国の機関がした免許，許可，認可，承認，指定その他の処分又は通知その他の行為とみなす。

2　改革関係法等の施行の際現に法令の規定により従前の国の機関に対してされている申請，届出その他の行為は，法令に別段の定めがあるもののほか，改革関係法等の施行後は，改革関係法等の施行後の法令の相当規定に基づいて，相当の国の機関に対してされた申請，届出その他の行為とみなす。

3　改革関係法等の施行前に法令の規定により従前の国の機関に対し報告，届出，提出その他の手続をしなければならないとされている事項で，改革関係法等の施行の日前にその手続がされていないものについては，法令に別段の定めがあるもののほか，改革関係法等の施行後は，これを，改革関係法等の施行後の法令の相当規定により相当の国の機関に対して報告，届出，提出その他の手続をしなければならないとされた事項についてその手続がされていないものとみなして，改革関係法等の施行後の法令の規定を適用する。

（従前の例による処分等に関する経過措置）

第1302条　なお従前の例によることとする法令の規定により，従前の国の機関がすべき免許，許可，認可，承認，指定その他の処分若しくは通知その他の行為又は従前の国の機関に対してすべき申請，届出その他の行為については，法令に別段の定めがあるもののほか，改革関係法等の施行後は，改革関係法等の施行後の法令の規定に基づくその任務及び所掌事務の区分に応じ，それぞれ，相当の国の機関がすべきものとし，又は相当の国の機関に対してすべきものとする。

（罰則に関する経過措置）

第1303条　改革関係法等の施行前にした行為に対する罰則の適用については，なお従前の例による。

（裁判所法等に係る資格要件に関する経過措置）

第1319条　改革関係法等の施行前における従前の法務事務官及び旧法務省設置法（昭和22年法律第193号）第３条第35号及び第36号の事務をつかさどる機関で政令

で定めるものの教官の在職は，弁護士法第５条の規定の適用については，それぞれ，改革関係法等の施行後における法務事務官及び法務省設置法第４条第36号又は第38号の事務をつかさどる機関で政令で定めるものの教官の在職とみなす。

（政令への委任）

第1344条　第71条から第76条まで及び第1301条から前条まで並びに中央省庁等改革関係法に定めるもののほか，改革関係法等の施行に関し必要な経過措置（罰則に関する経過措置を含む。）は，政令で定める。

附　　則（平成11年12月22日法律第160号）抄

（施行期日）

第１条　この法律（第２条及び第３条を除く。）は，平成13年１月６日から施行する。ただし，次の各号に掲げる規定は，当該各号に定める日から施行する。

一　〔前略〕第1344条の規定　公布の日

附　　則（平成12年11月27日法律第125号）抄

（施行期日）

第１条　この法律は，公布の日から施行する。

附　　則（平成13年６月８日法律第40号）抄

（施行期日）

１　〔前略〕附則第３項から第５項までの規定は，公布の日から施行する。

附　　則（平成13年６月８日法律第41号）抄

（施行期日）

第１条　この法律は，平成14年４月１日から施行する。

附　　則（平成13年11月28日法律第129号）抄

（施行期日）

１　この法律は，平成14年４月１日から施行する。〔後略〕

（罰則の適用に関する経過措置）

２　この法律の施行前にした行為及びこの法律の規定により従前の例によることとされる場合におけるこの法律の施行後にした行為に対する罰則の適用については，なお従前の例による。

附　　則（平成14年５月29日法律第45号）抄

（施行期日）

１　この法律は，公布の日から起算して１年を超えない範囲内において政令で定める日から施行する。（平成14年政令第217号で平成15年４月１日から施行）

附　　則（平成14年５月29日法律第48号）抄

（施行期日）

第１条　この法律は，公布の日から起算して３月を超えない範囲内において政令で定める日から施行する。（平成14年政令第235号で平成14年７月１日から施行）

附　　則（平成15年７月25日法律第128号）抄

（施行期日）

第１条　この法律は，平成16年４月１日から施行する。ただし，次の各号に掲げる規定は，当該各号に定める日から施行する。

一　附則第６条，第11条及び第12条の規定　公布の日

（弁護士の営利業務の届出に関する経過措置）

第６条　施行日前に第７条の規定による改正前の弁護士法（以下「旧弁護士法」という。）第30条第３項の許可を受けて営利を目的とする業務を営み，若しくはこれを営む者の使用人となり，又は営利を目的とする法人の業務執行社員，取締役，執行役若しくは使用人となっている弁護士は，施行日において引き続きその業務を営み，又はその地位にあろうとするときは，施行日前に，第７条の規定による改正後の弁護士法（以下「新弁護士法」という。）第30条第１項各号に掲げる区分に応じ，同項各号に規定する事項を，所属弁護士会に届け出ることができる。

２　前項の規定による届出をした者は，その届出に係る事項に変更を生じたときは，遅滞なく，その旨を所属弁護士会に届け出なければならない。施行日前に届出に係る業務を廃止し，又は届出に係る地位を失ったときも，同様とする。

３　前２項の規定による届出のあった事項については，施行日に新弁護士法第30条第１項の規定による届出があったものとみなす。ただし，前項後段の規定による届出があったものについては，この限りでない。

（弁護士等の懲戒の事由に関する経過措置）

第７条　施行日前に弁護士が旧弁護士法第30条の規定に違反したときは，その弁護士の所属弁護士会又は日本弁護士連合会は，施行日以後も，当該事実に基づきその弁護士を懲戒することができる。

（弁護士等の懲戒の手続に関する経過措置の原則）

第８条　弁護士及び弁護士法人に対する懲戒の手続については，次条に定めるものを除き，施行日前に懲戒の請求があり，又は懲戒の手続が開始された事案についても新弁護士法の規定を適用する。ただし，旧弁護士法の規定により生じた効力を妨げない。

（弁護士等の懲戒の手続に関する経過措置の特則）

第９条　施行日前に旧弁護士法第61条第１項の規定による異議の申出がなされた事案に係る懲戒の手続については，新弁護士法第64条の６及び第64条の７の規定を除き，なお従前の例による。

２　新弁護士法第64条の６第２項及び第３項の規定は，施行日前に弁護士会又は日本弁護士連合会がした懲戒の処分については，適用しない。

３　新弁護士法第64条の７の規定は，同条第１項各号又は第２項各号に規定する通知の事由が施行日前に生じた場合については，適用しない。

４　施行日前に弁護士会が弁護士若しくは弁護士法人を懲戒しない旨の決定をし，又はこれを懲戒した場合において，その弁護士又は弁護士法人に対する懲戒の請求をした者が施行日以後にこれについての異議の申出をするときは，その異議の申出は，その懲戒の請求をした者が当該弁護士会からその弁護士若しくは弁護士法人を懲戒しない旨の決定をし，又はこれを懲戒したことの通知を受けた日（通知を受けた日が施行日前である場合は，施行日）の翌日から起算して60日以内にしなければならない。

５　新弁護士法第64条第３項の規定は，前項の異議の申出に準用する。

（日本弁護士連合会の綱紀委員会等の委員の任期に関する特例）

第10条　施行日以後最初に委嘱される日本弁護士連合会の綱紀委員会の委員の任期は，新弁護士法第70条の３第３項の規定にかかわらず，日本弁護士連合会の総会の決議の定めるところにより，当該委員の総数の半数（当該委員の総数が奇数である場合には，その２分の１の数に生じた端数を切り捨てた数）については，１年とする。

２　施行日以後最初に委嘱される綱紀審査会の委員の任期は，新弁護士法第71条の３第２項の規定にかかわらず，日本弁護士連合会の総会の決議の定めるところにより，そのうち５人については，１年とする。

（綱紀委員会の委員等の委嘱手続に関する特例）

第11条　新弁護士法第70条の３第１項及び第２項（これらの規定を新弁護士法第70条の５第３項において準用する場合を含む。）の規定による綱紀委員会の委員及び予備委員の委嘱並びに新弁護士法第71条の３第１項（新弁護士法第71条の５第

3項において準用する場合を含む。）の規定による綱紀審査会の委員及び予備委員の委嘱のために必要な行為は，施行日前においても行うことができる。

附　　則（平成16年3月31日法律第8号）抄

（施行期日）

第1条　この法律は，平成16年4月1日から施行する。

（裁判所法等に係る資格要件に関する経過措置）

第2条　この法律の施行前における裁判所書記官研修所教官の在職は，〔中略〕弁護士法（昭和24年法律第205号）第5条の規定の適用については，裁判所職員総合研修所教官の在職とみなす。

附　　則（平成16年3月31日法律第9号）

（施行期日）

第1条　この法律は，平成16年4月1日から施行する。

（弁護士法第6条第1項第2号に規定する大学を定める法律の廃止）

第2条　弁護士法第6条第1項第2号に規定する大学を定める法律（昭和25年法律第188号）は，廃止する。

（弁護士の資格の特例に関する経過措置）

第3条　この法律の施行の際現にこの法律による改正前の弁護士法（以下「旧法」という。）第5条又は第6条第1項第2号の規定により弁護士となる資格を有する者の弁護士となる資格については，なお従前の例による。

2　前項に規定するもののほか，この法律の施行の日前に旧法第6条第1項第2号に規定する職に在った者（この法律による改正後の弁護士法（以下「新法」という。）第5条各号のいずれかに該当する者及び新法第6条に規定する者を除く。）の弁護士となる資格については，なお従前の例による。この場合において，旧法第6条第1項中「次に掲げる者」とあるのは「法務大臣が，弁護士法の一部を改正する法律（平成16年法律第9号）による改正後の弁護士法第5条から第5条の6までの規定の例により，第2号に該当し，その後に弁護士業務について研修の課程を修了したと認定した者」と，同項第2号中「通算して5年以上となる者」とあるのは「平成20年3月31日までに通算して5年以上になること。」とする。

3　前2項に規定するもののほか，この法律の施行の日前に旧法第6条第1項第2号に規定する職に在った者についての新法第5条の規定の適用については，当該職に在った期間及びこの法律の施行の日から平成20年3月31日までの間におけるこれに相当する職に在った期間（以下この項において「経過在職期間」という。）

は，司法修習生となる資格を得た後に同条第１号に規定する職に在った期間，司法修習生となる資格を得た後に同条第２号に規定する職務に従事した期間又は検察庁法第18条第３項に規定する考試を経た後に新法第５条第３号に規定する職に在った期間（同条第４号において通算する場合におけるこれらの期間を含む。以下この項において「在職等期間」という。）に通算することができる。この場合において，当該経過在職期間は，その通算に係る在職等期間とみなして新法の規定を適用する。

（罰則）

第４条　前条第２項の規定によりなお従前の例によることとされる読み替えられた旧法第６条第１項の規定によりその規定の例によることとされた新法第５条の２第１項の規定による申請において，前条第２項の規定によりなお従前の例によることとされる読み替えられた旧法第６条第１項第２号に規定する職に在った期間その他の重要な事項につき虚偽の申請をして，法務大臣に同項の認定をさせた者は，２年以下の懲役又は100万円以下の罰金に処する。

２　前項の罪の未遂は，罰する。

附　　則（平成16年６月２日法律第76号）抄

（施行期日）

第１条　この法律は，破産法（平成16年法律第75号。次条第８項並びに附則第３条第８項，第５条第８項，第16項及び第21項，第８条第３項並びに第13条において「新破産法」という。）の施行の日から施行する。　（施行の日＝平成17年１月１日）

（罰則の適用等に関する経過措置）

第12条　施行日前にした行為並びに附則第２条第１項，第３条第１項，第４条，第５条第１項，第９項，第17項，第19項及び第21項並びに第６条第１項及び第３項の規定によりなお従前の例によることとされる場合における施行日以後にした行為に対する罰則の適用については，なお従前の例による。

（政令への委任）

第14条　附則第２条から前条までに規定するもののほか，この法律の施行に関し必要な経過措置は，政令で定める。

附　　則（平成16年６月９日法律第87号）抄

（施行期日）

第１条　この法律は，公布の日から起算して１年を超えない範囲内において政令で定める日から施行する。　（平成16年政令第384号で平成17年２月１日から施行）

（罰則の適用に関する経過措置）

第３条　この法律の施行前にした行為及び前条においてなお従前の例によることとされる場合におけるこの法律の施行後にした行為に対する罰則の適用については，なお従前の例による。

附　　則（平成16年６月18日法律第124号）抄

（施行期日）

第１条　この法律は，新不動産登記法の施行の日から施行する。

（施行の日＝平成17年３月７日）

附　　則（平成17年７月15日法律第83号）抄

（施行期日）

第１条　この法律は，平成19年４月１日から施行する。

（助教授の在職に関する経過措置）

第２条　次に掲げる法律の規定の適用については，この法律の施行前における助教授としての在職は，准教授としての在職とみなす。（中略）

六　弁護士法（昭和24年法律第205号）第５条

（平成30年法律第33号・一部改正）

附　　則（平成17年７月26日法律第87号）抄

この法律は，会社法の施行の日から施行する。　（施行の日＝平成18年５月１日）

附　　則（平成18年６月２日法律第50号）抄

この法律は，一般社団・財団法人法の施行の日から施行する。

（施行の日＝平成20年12月１日）

（平成23年法律第74号・一部改正）

附　　則（平成21年７月15日法律第79号）抄

（施行期日）

第１条　この法律は，公布の日から起算して３年を超えない範囲内において政令で定める日から施行する。　（施行の日＝平成24年７月９日）

附　　則（平成23年５月25日法律第53号）

この法律は，新非訟事件手続法の施行の日から施行する。

（施行の日＝平成25年１月１日）

附　　則（平成23年６月24日法律第74号）抄

（施行期日）

第１条　この法律は，公布の日から起算して20日を経過した日から施行する。

（施行の日＝平成23年７月14日）

附　　則（平成26年６月13日法律第69号）抄

（施行期日）

第１条　この法律は，行政不服審査法（平成26年法律第68号）の施行の日から施行する。

（施行の日＝平成28年４月１日）

（経過措置の原則）

第５条　行政庁の処分その他の行為又は不作為についての不服申立てであってこの法律の施行前にされた行政庁の処分その他の行為又はこの法律の施行前にされた申請に係る行政庁の不作為に係るものについては，この附則に特別の定めがある場合を除き，なお従前の例による。

（訴訟に関する経過措置）

第６条　この法律による改正前の法律の規定により不服申立てに対する行政庁の裁決，決定その他の行為を経た後でなければ訴えを提起できないこととされる事項であって，当該不服申立てを提起しないでこの法律の施行前にこれを提起すべき期間を経過したもの（当該不服申立てが他の不服申立てに対する行政庁の裁決，決定その他の行為を経た後でなければ提起できないとされる場合にあっては，当該他の不服申立てを提起しないでこの法律の施行前にこれを提起すべき期間を経過したものを含む。）の訴えの提起については，なお従前の例による。

２　この法律の規定による改正前の法律の規定（前条の規定によりなお従前の例によることとされる場合を含む。）により異議申立てが提起された処分その他の行為であって，この法律の規定による改正後の法律の規定により審査請求に対する裁決を経た後でなければ取消しの訴えを提起することができないこととされるものの取消しの訴えの提起については，なお従前の例による。

３　不服申立てに対する行政庁の裁決，決定その他の行為の取消しの訴えであって，この法律の施行前に提起されたものについては，なお従前の例による。

（罰則に関する経過措置）

第９条　この法律の施行前にした行為並びに附則第５条及び前２条の規定によりなお従前の例によることとされる場合におけるこの法律の施行後にした行為に対す

る罰則の適用については，なお従前の例による。

（その他の経過措置の政令への委任）

第10条　附則第５条から前条までに定めるもののほか，この法律の施行に関し必要な経過措置（罰則に関する経過措置を含む。）は，政令で定める。

附　　則（平成26年６月13日法律第70号）抄

（施行期日）

第１条　この法律は，平成27年４月１日から施行する。

附　　則（平成26年６月27日法律第91号）抄

この法律は，会社法の一部を改正する法律の施行の日から施行する。

（施行の日＝平成27年５月１日）

附　　則（平成27年９月11日法律第66号）抄

（施行期日）

第１条　この法律は，平成28年４月１日から施行する。

附　　則（平成30年５月30日法律第33号）抄

（施行期日）

第１条　この法律は，公布の日から起算して１年６月を超えない範囲内において政令で定める日から施行する。ただし，次の各号に掲げる規定は，当該各号に定める日から施行する。

四　〔略〕附則第11条，第15条，第23条及び第25条から第32条までの規定　公布の日から起算して１年を超えない範囲内において政令で定める日

（施行の日＝平成31年４月１日）

附　　則（令和元年６月14日法律第37号）抄

（施行期日）

第１条　この法律は，公布の日から起算して３月を経過した日から施行する。ただし，次の各号に掲げる規定は，当該各号に定める日から施行する。

（施行の日＝令和元年12月14日）

二　〔略〕第50条〔中略〕の規定　公布の日から起算して６月を経過した日

外国弁護士による法律事務の取扱いに関する特別措置法の概要

【1】 外国法事務弁護士制度新設及び改正の経緯

1 外国法事務弁護士制度の創設

外国弁護士は，旧7条の解説で述べた準会員となった者を除き，日本の弁護士資格を有しない以上，弁護士法72条によって日本で法律事務を行うことはできなかった。そして，昭和30年に弁護士法7条が削除され，それ以後，沖縄の復帰に伴う一時的な特別措置を除いては，外国弁護士を日本に受け入れる制度は存在しなかった。しかるに，その後の日本の経済発展や国際情勢の変化に伴い，外国弁護士が日本において，一定の範囲の法律事務を取り扱うことができるようにすることを求めるアメリカ合衆国及び欧州諸国からの要望は次第に強くなってきた。

しかし，外国弁護士受け入れの問題は，日本の司法制度，とりわけ司法制度の重要な一翼をなす弁護士制度に深くかかわる問題であり，弁護士自治との関係からみても，弁護士の自主的関与なくしては解決し得ないものであった。そこで，日弁連は，アメリカ法曹協会（ABA）との協議を行ったり，欧州に代表団を派遣して調査を実施したりしたほか，昭和56年2月から外国弁護士対策委員会を設置して検討を重ねる一方，日本政府との間でも協議を尽くした。

その結果，日弁連は，昭和60年12月9日，臨時総会を開催し，「国際的法律事務の円滑・適正な処理のための『外国弁護士』制度の基本方針」を承認し，昭和61年2月6日には「外国弁護士制度要綱」を策定し，法務大臣に対し，外国弁護士受け入れ制度の立法化にあたっては，この制度要綱に基づいて行うよう要望した。

これを受けて，日本政府は，法律案を策定し，同年3月28日，「外国弁護士による法律事務の取扱いに関する特別措置法案」を閣議決定し，同法案は，同日，第104回国会に提出され，衆参両議院で可決されたうえ，同年5月23日法律第66号として公布された。

なお，外国弁護士による法律事務の取扱いに関する特別措置法（以下「特別措置法」という）は，同法附則1項，同法の施行期日を定める政令（昭和62年政令第29号）により，昭和62年4月1日から施行されたが，それに先立ち，日弁連は，同年1月24日の臨時総会において，同法の施行に伴う必要な会則改正及び関連諸会規の制定等を行った。

この特別措置法の規定に従って，日本において外国法に関する法律事務を行うことを認められ，外国法事務弁護士名簿に登録された者が「外国法事務弁護士」である。

2　平成6年改正

海外から外国法事務弁護士に関する規制の緩和が求められ，この問題を検討するため平成4年9月に設置された日弁連と法務省共催の「外国弁護士問題研究会」の提言（平成5年9月）を踏まえ，日弁連は，同年12月の臨時総会において「外国法事務弁護士制度の改革に関する基本方針」を承認し，平成6年2月の理事会において「外弁法改正に関する制度要綱」を策定した。

これに沿った特別措置法の改正法が，平成6年6月，衆参両議院で可決され，同月29日に公布，平成7年1月1日から施行された。この改正の主な点は次のとおりである。

①　相互主義の緩和

②　外国法事務弁護士と弁護士の特定共同事業の許容

③　事務所の名称規制の緩和

3　平成8年改正

上記平成5年9月の「外国弁護士問題研究会」での国際商事仲裁における代理の問題について一層の自由化に向けて検討する旨の提言を受け，平成8年2月22日の日弁連臨時総会において，「外国弁護士による国際仲裁手続代理についての法整備等に関する基本方針案」を承認した。

その骨子は，外国弁護士及び外国法事務弁護士が，準拠法の如何にかかわらず，わが国を仲裁地とする国際仲裁手続において，当事者を代理することを容認する，というものであった。これに沿った特別措置法の改正法が，平成8年6月，国会で成立し，同月12日公布，同年9月1日から施行された。

改正項目としては，国際仲裁事件の手続の代理の規定（2条11号・5条の2〔現5条の3〕・58条の2）である。

4　平成10年改正

経済団体連合会，米国政府，欧州連合等内外から，①職務経験要件を廃止又は更に緩和すべきこと，②第三国法（原資格国法以外の外国の法）に関する取扱いの禁止を廃止すること，③外国法事務弁護士による日本弁護士の雇用の禁止を廃止すること等の規制緩和要求があった。更に，行政改革委員会は，平成8年12月の意見書においても，この問題に力点を置き早急に検討を行うべきこととした。

このような内外の諸情勢を踏まえ，日弁連及び法務省は，同年12月，有識者等から構成される外国弁護士問題研究会（第2次外弁研）を発足させ，制度改革の方策を検討することとした。

第2次外弁研は，平成9年10月30日に報告書をまとめ，これを受けて日弁連は，同年12月18日，臨時総会において，「外国法事務弁護士制度の改革に関する基本方針」を次のとおり承認した。

① 職務経験要件について

外国法事務弁護士となる資格の承認の基準の一つである職務経験要件について，原資格国における職務経験の年数を3年以上とするものとする。原資格国以外の外国における職務経験もその外国において外国弁護士となる資格を基礎として当該原資格国法に関する法律事務を行う業務に従事した場合の年数を算入することができるものとする（10条1項関係）。

なお，職務経験に算入できる我が国における労務提供は，通算して1年を限度とするものとする（10条2項関係）。

② 第三国法に関する法律事務の取扱いについて

外国法事務弁護士は，第三国法（原資格国以外の外国の法）に関する法律事務（但し，指定法に関する法律事務を除く）について，当該第三国の資格を有する外国弁護士であって外国弁護士となる資格を基礎として当該第三国法に関する法律事務を行う業務に従事している者（外国法事務弁護士を含む）の書面による助言を受けて行うことができるものとする。

③ 外国法事務弁護士と弁護士の協働関係について

外国法事務弁護士と弁護士との共同の事業〔特定共同事業―編者注〕について，事業の目的の制限を緩和し，訴訟事務，行政手続等に至るまで一貫して「外国法の知識を必要とする法律事件についての法律事務並びに当事者の全部又は一部が外国に住所又は主たる事務所若しくは本店を有する者である法律事件についての法律事務及び外資系会社が依頼者である法律事件についての法律事務」を目的とすることができるものとする。

この基本方針に沿って，特別措置法の改正法案が平成10年3月9日，国会に提出され，この改正法案は，同年5月7日，可決，成立し，同月13日，法律第60号として公布された。なお，改正法は，同年8月13日施行された。

5 平成15年改正

更に外国法事務弁護士に関する規制の緩和が求められるようになった。司法制度改革審議会意見書においても，「日本弁護士と外国法事務弁護士等との提携・協働を積極的に推進する見地から，例えば特定共同事業の要件緩和等」を検討課題とすべきものとされた。そこで，同意見書を受けて，司法制度改革推進本部において，国際化検討会が開催され，その議論の結果をふまえて改正法の立案作業が行われることとなった。同検討会では，利用者の視点からの改革という理念を尊重すべきであるとの観点から，国際化に対応する法律サービスの提供体制の確立がわが国にとって不可欠であって，外国法事務弁護士制度の規制緩和を積極的かつ大幅に行うことが必要との意見が議論の方向性として示され，具体的には，弁護士と外国法事務弁護士との提携・協働を積極的に推進するために一つの事務所を共同経営できるように共同事業に対する規制を自由化する方向で緩和すること，共同経営の事務所における雇用のあり方との関連で雇用禁止規定についても見直すとともに合理性ある弊害防止措置を検討すべきであるとの意見が多数を占め，この結果，共同事業の自由化及び雇用の解禁が議論の方向性として示された。

以上のような議論の結果，特別措置法の改正が，平成15年7月18日，第156回通常国会において可決され，同月25日に公布された。この改正の主な点は，次のとおりであり，これらの改正については，平成17年4月1日から施行された。

① 外国法共同事業の許容

② 外国法事務弁護士による弁護士の雇用の許容

また，同改正においては，上記の要請とは別に，弁護士法が改正されたことに伴い，これにあわせて，ⓘ綱紀・懲戒制度に関する改正，ⓘⓘ公職兼任・営業届出に関する改正も行われ，これらの改正等については平成16年4月1日から施行された。

日弁連は，平成15年11月12日と平成16年11月10日の臨時総会において，それらの改正法の施行に伴う必要な会則改正及び関連諸会規の制定等を行った。

6 平成26年改正

その後も特別措置法改正の動きは続いた。従前より，アメリカ合衆国，欧州連合などから，外国法事務弁護士事務所の法人化に関する強い要望があったこと，法的需要の国際化等に適切に対処するためには，制度的基盤の整備として，外国法事務弁護士事務所にも法人化を認めるべきであるとの指摘があったこと等を踏まえ，「規制改革・民間開放推進3か年計画」（平成16年3月19日閣議決定）では，外国法事務弁護士事務所の法人化について検討することが決められた。

この流れを受けて，法務省と日弁連は，平成20年5月29日，外国法事務弁護士事務所の法人化その他これに関連する事項について検討を行うことを目的として，外国弁護士制度研究会（第3次外弁研）を設置した。

同研究会は調査，審議を重ね，平成21年8月の中間取りまとめやこれに対するパブリックコメントの手続を経て，同年12月24日，「外国弁護士制度研究会報告書」を取りまとめた。

同報告書は，法律事務の複雑多様化，専門化，国際化の傾向が著しいことから，法律事務の担い手である弁護士及び外国法事務弁護士に多様な組織形態を認める必要があるとして，「外国法事務弁護士が法人組織により法律事務を提供することができるようにする制度（A法人制度）を導入するとともに，弁護士及び外国法事務弁護士が共同して法人組織により法律事務を提供することができるようにする制度（B法人制度）を導入する必要がある」との提言を行った。なお，同報告書においては，外国法事務弁護士事務所の法人化を認める必要性を前提としつつも，弁護士法72条の趣旨にもとるような事態の発生を未然に防止するため，所要の弊害防止措置が必要であるとされていた。

日弁連も，平成22年３月18日理事会決議において，同報告書の内容を支持する方針を表明した。

その後，法務省と日弁連との間で法制化に向けて協議が継続されたが，弁護士と外国法事務弁護士が共に社員となる，いわゆるB法人制度については，当面，制度創設が見送られることとなった。

以上のような経緯を経て，特別措置法の改正が，平成26年４月18日，第186回通常国会において可決成立し，同月25日，公布され，これにより，外国法事務弁護士を社員として外国法に関する法律事務を行うことを目的とする外国法事務弁護士法人制度が創設された。改正法の施行は，公布の日から起算して２年を超えない範囲内において政令で定める日とされ，平成27年政令第414号に従い，平成28年３月１日から施行された。この改正を受けて，日弁連は，平成26年12月５日及び平成27年12月４日の臨時総会で，外国法事務弁護士法人制度創設に対応するため，会則，会規の改正等を行った。

【２】 外国法事務弁護士制度の概要

外国法事務弁護士制度の骨子は，次のとおりである。

第１に，この制度の究極の目的は，渉外的法律関係の安定と外国における日本法に関する法律事務の充実を図ることである。まず，外国弁護士を日本に受け入れ，日本における外国法に関する法律サービスの質及び量を向上させることによって，渉外的法律関係の安定を図ろうとするものである。同時に，日本が外国弁護士を受け入れるには，相手国において日本の弁護士に対し特別措置法と実質的に同等の取扱いが行われていることを要するものとすることによって（実質的相互主義），事実上外国に対して日本の弁護士を受け入れる制度を設けることを要求し，それによって外国における日本法に関する法律事務の取扱いを充実させようとするものである。

なお，平成６年改正によって，相互主義を主張することが世界貿易機関（WTO）設立協定のサービス分野における枠組みである「サービスの貿易に関する一般協定（GATS）」等の国際間の約束に反すると考えられる場合は，相互主義を求めないこととした（特別措置法10条３項２号）。

第２に，外国法事務弁護士となる資格については，外国において法律事務を行うことを職務とする者で日本の弁護士に相当するものを，外国弁護士と定義し（特別措置法２条２号参照），かかる外国弁護士となる資格を有する者であって，法務大臣の承認を受けた者に，外国法事務弁護士となる資格が与えられる。但し，後述のとおり，法務大臣は実質的相互主義の下において，特別措置法の定める基準に適合するものでなければ承認をすることができない。

第３に，外国法事務弁護士の取り扱うことのできる法律事務は，外国法に関する法律事務に限られる。なお，外国法事務弁護士の取り扱い得る外国法は，当初，原資格国法及び指定法であったが，原資格国法及び指定法以外の外国法についても，当該外国法の資格を有する一定の外国弁護士等による書面による助言があれば，当該外国法に関する法律事務の取扱いができるようになった（同法５条の２）。

第４に，外国法事務弁護士となるための手続やその法律事務の取扱いに関しては，基本的に弁護士の例に準ずるものとされ，外国法事務弁護士の特性に基づき特別の取扱いを必要とする事項を除いては，原則として弁護士と同様に規律される。

【3】　外国法事務弁護士となる資格等

1　外国法事務弁護士となるには，特別措置法７条に定める法務大臣の承認（以下「承認」という）を受けることが必要である。但し，承認を受けるには，①外国弁護士となる資格を有し，かつ，その資格を取得した外国（以下「資格取得国」という）において外国弁護士として３年以上の実務経験を有すること（資格取得国における外国弁護士が資格取得国以外の外国において外国弁護士となる資格を基礎として資格取得国の法に関する法律事務を行う業務に従事した経験を含む），②外国において，弁護士法７条に規定する弁護士の欠格事由に相当する事由が生じている者でないこと，③誠実に職務を遂行する意思並びに適正かつ確実に職務を遂行するための計画，住居及び財産的基礎を有するとともに，依頼者に与えた損害を賠償する能力を有すること（特別措置法10条１項１号から３号まで）という基準に適合しなければならない。更に，法務大臣は，承認申請者が，①から③までの各基準に適合するものである場合でも，わが国の弁護士となる資格を有する者に対して，承認申請者が資格取得国において，特別措置法による取扱いと実質的に同等な取扱いが行われているとき，すなわち実質的相互主義がとられていなければ，承認することができないが（同条３項１号），これが国際約束の誠実な履行を妨げることとなる場合は承認することができる（同項２号）。

上記①の資格取得国における職務経験につき，外国弁護士となる資格を有する者がその資格を取得した後に，国内において弁護士，弁護士法人，外国法事務弁護士又は外国法事務弁護士法人に雇用され，かつ，当該弁護士，当該弁護士法人，当該外国法事務弁護士又は当該外国法事務弁護士法人に対し資格取得国の法に関する知識に基づいて行った労務の提供は，通算して１年を限度として資格取得国における職務経験とみなすことができる（同条2項）。また，弁護士法7条の規定は，外国法事務弁護士となる資格について準用されるから，同条各号のいずれかに該当する者は外国法事務弁護士となる資格を有しない（特別措置法8条）。

なお，令和元年6月に成立した成年被後見人等の権利の制限に係る措置の適正化等を図るための関係法律の整備に関する法律（令和元年法律第37号）により，弁護士と同様，成年被後見人又は被保佐人であることを欠格事由から除外する等の改正がされた（特別措置法8条が準用する法7条の旧4号は削除され，特別措置法10条1項2号ニは一部改められた）（施行日は令和元年12月14日）。

2　承認を受けようとする者は，氏名，生年月日，国籍，住所，外国弁護士となる資格を取得した年月日等必要事項を記載した承認申請書を法務大臣に提出し，この承認申請書には，外国弁護士となる資格を取得したことを証する書類その他の必要書類を添付しなければならない（特別措置法9条1項・2項）。

なお，外国法事務弁護士が，後述する指定法に関する法律事務をも行おうとするときは，特別措置法16条1項により，法務大臣から特定外国法の指定（以下「指定」という）を受けなければならない。但し，指定を受けるには，①特定外国の外国弁護士となる資格を有する者であること，又は，②特定外国の外国弁護士となる資格を有する者と同程度に当該特定外国の法に関する学識を有し，かつ，その法に関する法律事務の取扱いについて5年以上の実務経験を有する者であること（同項1号・2号）のいずれかの条件に該当することが必要である。

指定を受けようとするときは，指定申請書を法務大臣に提出し，指定申請書には，①，②の条件の一に該当することを証する書類その他の必要書類を添付しなければならない（同法17条1項・2項）。

【4】 外国法事務弁護士名簿の登録等

1　外国法事務弁護士となる資格を有する者が，外国法事務弁護士となるには，特別措置法24条1項の規定により，日弁連に備える外国法事務弁護士名簿に登録（以下「登録」という）を受けなければならず，登録は，日弁連が行う（同条2項）。登録を受けようとする者は，入会しようとする弁護士会を経由して，日弁連に登録請求書を提出しなければならない（同法25条1項）。

外国法事務弁護士名簿に登録を受けなければならない事項は，氏名，生年月日，国籍，原資格国の国名，国内の住所，事務所（名称及び所在場所），所属弁護士会，承認番号，承認年月日，外国弁護士の資格の名称，外国弁護士となる資格を取得した年月日，法律事務の処理を目的とし，又は目的の一部とする外国の法人，組合その他の事業体に所属する場合は，その名称，所在する外国の国名及び所在場所である（同法24条1項，外国特別会員基本規程（以下「基本規程」という）10条3項）。

登録請求書には，上記の登録を受けなければならない各事項に加え，外国における連絡場所，外国弁護士として受けた賞罰及びその職務上の監督機関によるその職務歴に関する評価のほか，職務上の氏名を使用する場合は当該職務上の氏名を記載しなければならない（特別措置法25条２項，基本規程11条１項）。そして，①履歴書，②外国法事務弁護士となる資格を有することを証明する書面（法務大臣の承認通知書），③外国弁護士として受けた賞罰及びその職務上の監督機関によるその職務歴に関する評価を記載した書面，④特別措置法８条において準用する弁護士法７条各号のいずれにも該当しない旨を証明する書面，⑤弁護士又は外国法事務弁護士２人の推薦状，⑥誓約書，⑦特別措置法45条２項ただし書の規定により事務所の名称中に法律事務の処理を目的とする原資格国の法人，組合その他の事業体で自己が所属するもの（以下「所属事業体」という）の名称を用いる場合には，本邦において当該所属事業体の名称を用いている他の外国法事務弁護士若しくは外国法事務弁護士法人がいないこと又は既に当該所属事業体の名称を用いている他の外国法事務弁護士若しくは外国法事務弁護士法人と事務所を共にすることを誓約する書面，⑧基本規程10条３項12号に規定する場合には，当該事業体が，外国法事務弁護士職務基本規程11条の２各号のいずれにも該当しないことを誓約する書面及び誓約する事項を証する書類を添付しなければならない（特別措置法25条２項，基本規程11条２項・３項・４項）。

2　登録請求書の提出を受けた弁護士会は，速やかに，これを日弁連に進達しなければならず，進達を拒絶する権限は与えられていないが，日弁連に対し，登録の請求について意見を述べることができる（特別措置法25条３項・４項）。そして，日弁連には外国法事務弁護士登録審査会（以下「登録審査会」という）が設置され，登録審査会において，外国法事務弁護士の登録請求，登録換え請求，登録取消し請求（同法29条），登録取消し（同法30条２項）に関して必要な審査を行うこととされた（同法37条。登録審査会の組織，審査手続につき同法38条・39条，外国法事務弁護士登録審査手続規程参照）。登録の請求を受けた弁護士会に進達拒絶の権限がなく，登録の審査が日弁連の専権とされたのは，審査にあたって，全国的に公平な扱いが望まれること，言語の問題など外国法事務弁護士の特性からくる手続上の負担があること，登録審査会においては公平性を担保するために外部委員として政府職員を置く制度となっているが，各弁護士会にそのようなシステムを作ることは過重な負担となること等が考えられる。

日弁連は，登録請求した者が，次の場合に該当するときは，登録審査会の議決に基づきその登録を拒絶することができる（特別措置法26条）。

①　弁護士会又は日弁連の秩序又は信用を害するおそれがあるとき。

②　心身に故障があり外国法事務弁護士の職務を行わせることがその適正を欠く

おそれがあるとき。

③　弁護士法7条3号に規定する処分を受けた者が当該処分を受けた日から3年を経過して登録請求した場合であって，外国法事務弁護士の職務を行わせることが，なお，その適正を欠くおそれがあるとき。

登録に要する費用は，登録免許税6万円（登録免許税法別表第1の32の(4)），日弁連の登録料3万円（基本規程16条1項1号）及び入会しようとする弁護士会が定めるその弁護士会への入会金である。

3　また，外国法事務弁護士が指定法に関する法律事務をも行おうとするときは，法務大臣から指定を受けたうえ，外国法事務弁護士名簿の登録に当該指定法の付記を受けなければならない（特別措置法5条1項）。付記を受けようとするときは，所属弁護士会を経由して日弁連に指定法付記請求書を提出しなければならない（同法33条1項）。指定法付記請求書には，①指定法の名称，②特別措置法16条1項1号又は2号の別，③指定年月日を記載しなければならない（特別措置法33条2項，基本規程15条2項1号）。指定法付記請求書には特定外国法の指定を受けたことを証する書類（法務大臣の特定外国法指定通知書）を添付することを要する（特別措置法33条2項，基本規程15条2項2号）。

日弁連は，指定法付記請求を受けたときは，外国法事務弁護士名簿に，①から③までの事項及び④付記年月日を付記する。日弁連は付記請求を受けたときは，速やかに当該外国法事務弁護士の登録に当該指定法を付記しなければならない（特別措置法34条1項）。

4　近年，一部の国では，Alternative Business Structure（弁護士以外の者に持分又は議決権を与える法律事務所の形態。以下「ABS」という）が採用されている。ABSには様々な形態があるが，大別して，法律事務所の業務に参加しない非弁護士からの出資を認めるもの（投資型ABS）と法律事務所の業務に参加する非弁護士に出資を認めるもの（業務参加型ABS）がある。日本では，弁護士法及び特別措置法上，法人形態のABSは法律事務を提供する事業体としてその存在が認められておらず，また，典型的な組合形態のABSも，弁護士法27条（非弁護士との提携の禁止）並びに弁護士職務基本規程11条（非弁護士との提携），12条（報酬分配の制限）及び13条（依頼者紹介の対価）に違反するおそれが大きく，その存在が認められていない。これらの規定は外国法事務弁護士に準用等されており（特別措置法50条1項・法27条，外国法事務弁護士職務基本規程11条・12条・13条），外国法事務弁護士が日本国内でABSの形態で業務を行うことが許されないことは言うまでもないが，ABSに所属する外国弁護士が外国法事務弁護士として日本国内で外国法に関する法律事務を行う場合は，日本国内でABSの形態の業務を行わないとしても，所属する本国の事務所がABSであるがゆえに，同様の違反が発生する可能性がある。

日弁連では，ABSに所属する外国弁護士から外国法事務弁護士の登録請求があった場合の対応について検討を行い，その基本的な対応方針として，「海外のABS所属の外国弁護士の外国法事務弁護士としての登録申請に関する基本的な方針」（平成26（2014）年3月19日理事会承認）及び「外国法事務弁護士登録審査会に付議する場合の基準」（平成17年5月13日制定・平成26年3月26日最終改正）（以下「2014年基本方針・基準」と総称する）を策定した。2014年基本方針・基準では，投資型ABSに所属する外国弁護士については，投資家のためにリターンを最大化するように弁護士業務が行われるおそれがあるため，特別措置法26条に定める登録拒絶要件である「日本弁護士連合会の秩序若しくは信用を害するおそれ」を根拠に外国法事務弁護士としての登録を拒絶できることを確認し，他方，投資型ABS以外のABS，すなわち業務参加型ABSについては，多くの国や法域で長年認められてきており，その弊害も特に議論されていないと指摘されており，そのため，弁護士の支配が制度的かつ実質的に担保されている海外の合法的な業務参加型ABSに所属する外国弁護士については，厳格な要件の下に外国法事務弁護士としての登録を認めることの弊害は見当たらないとされた。

その後，日弁連は，2014年基本方針・基準の上記内容に関して必要となる会規の整備について検討を行い，平成29年5月26日の定期総会において，外国法事務弁護士職務基本規程の一部を改正し，外国法事務弁護士が所属する事業体に関する規制を規定した（外国法事務弁護士職務基本規程11条の2）。併せて，外国法事務弁護士の登録審査において，外国弁護士の所属する事業体がABSに該当するかどうかの事実を認定するべく，必要な資料の提供を求めるため，外国特別会員基本規程の一部を改正し，外国弁護士が法律事務の処理を目的とし，又は目的の一部とする外国の法人，組合その他の事業体に所属する場合は，その名称及び所在する外国の国名等を，外国法事務弁護士名簿に登録する事項として規定し（基本規程10条3項12号），また，当該事業体が外国法事務弁護士職務基本規程で規制する事業体に該当しないことを誓約する書面及び誓約する事項を証する書類を添付しなければならないと規定した（基本規程11条4項）。

【5】 外国法事務弁護士による法律事務の取扱い

1 外国法事務弁護士の職務

外国法事務弁護士は，当事者その他関係人の依頼又は官公署の委嘱によって，原資格国法に関する法律事務を行うことを職務とする（特別措置法3条1項本文）。

「原資格国」とは，外国法事務弁護士となる資格の承認を受けた者がその承認の基礎となった外国弁護士となる資格を取得した外国をいい（同法2条4号），「原資格国法」とは，原資格国において効力を有し，又は有した法をいう（同条5号）。そして，「原資格国法に関する法律事務」とは，原資格国法がその全部又は主要な部分に適用され，又は適用されるべき法律事件についての法律事務をいい（同条6号），かかる法律事務を行うことが外国法事務弁護士の本来的な職務の範囲とされたのである。

これは，特別措置法の目的が，日本において外国法に関する優良な法律サービスを外国の弁護士によって直接提供される途を開くことにあり，そのために日本に受け入れる外国法事務弁護士の資格承認の基準を，一つの外国の弁護士となる資格を有し，かつ，その資格取得国において3年以上の実務経験があることを基本的な要件として定めたことの結果である。外国法事務弁護士は，原資格国以外の外国の法律に関する法律事務を行うことまでは，制度的にその能力が保証されているわけではないのである。なお，原資格国たる外国とは，法務省令で定めた連邦国家については，その連邦国家の州，属地その他の構成単位で法務省令で定めるものをいうところ，現在までに法務省令で定められている連邦国家は，アメリカ合衆国，オーストラリア及びカナダの三国であり，その構成単位は，アメリカ合衆国の場合は，州・コロンビア特別区・属地，オーストラリアの場合は，州・首都特別地域・北部特別地域，カナダの場合は，州・準州と定められている（特別措置法施行規則1条別表）。

なお，指定法に関する法律事務，指定法以外の特定外国法に関する法律事務及び国際仲裁事件の手続の代理については後述する。

2　外国法事務弁護士の職務から除外される法律事務

特別措置法3条1項各号には，外国法事務弁護士の職務から除外される法律事務が規定されている。これらは，民事訴訟法その他の日本法によって規律されるべき法律事務等であって，わが国の国益ないし公益上の見地から，たとえ原資格国法の適用され得る法律事務であっても，これを外国法事務弁護士に取り扱わせることが適当でないと認められるものである。職務から除外される法律事務は，次のとおりである（**注1**）。

① 国内の裁判所，検察庁その他の官公署における手続についての代理及びその手続についてこれらの機関に提出する文書の作成（特別措置法3条1項1号）

② 刑事に関する事件における弁護人としての活動，少年の保護事件における付添人としての活動及び逃亡犯罪人引渡審査請求事件における補佐（同項2号）

③ 原資格国法以外の法の解釈又は適用についての鑑定その他の法的意見の表明（同項3号）

④ 外国の裁判所又は行政庁のために行う手続上の文書の送達（同項4号）

⑤ 民事執行法（昭和54年法律第4号）22条5号の公正証書の作成嘱託の代理（同項

5号）

⑥ 国内に所在する不動産に関する権利又は工業所有権，鉱業権その他の国内の行政庁への登録により成立する権利若しくはこれらの権利に関する権利（以下「工業所有権等」という）の得喪又は変更を主な目的とする法律事件についての代理又は文書（鑑定書を除く）の作成（同項6号）

（**注1**） 外国法事務弁護士の業務範囲については，但木敬一「外国法事務弁護士制度」NBL377号26頁以下を参照されたい。

3 弁護士と共同し，又は弁護士の書面による助言を受けて行わなければならない法律事務

外国法事務弁護士は，わが国の法令又は風俗習慣に通じているわけではないので，その職務の範囲内の法律事務であっても，外国法事務弁護士だけでその処理をすることが適当でないと認められるものがある。そこで，このような法律事務については，外国法事務弁護士は，弁護士と共同し，又は弁護士の書面による助言を受けて行わなければならないものとされた（特別措置法3条2項）。

弁護士との共同等が必要とされる法律事務は，次のとおりである。

① 国内に所在する不動産に関する権利又は工業所有権等の得喪又は変更を目的とする法律事件のうち特別措置法3条1項6号の法律事件（前述2⑥の事件）以外のものについての代理及び文書の作成（同条2項1号）（**注2**）

② 親族関係に関する法律事件で，その当事者として日本国民が含まれるものについての代理及び文書の作成（同項2号）

③ 国内に所在する財産で国内に居住する者が所有するものに係る遺言若しくは死因贈与に関する法律事件又は国内に所在する財産で死亡の時に国内に居住していた者が所有していたものについての遺産の分割，遺産の管理その他の相続に関する法律事件で，その当事者として日本国民が含まれるものについての代理及び文書の作成（同項3号）

（**注2**） 特別措置法3条1項6号と3条2項1号との関係について。3条1項6号は「主な」という限定があるが，この限定からはずれるものについても，3条2項1号で，弁護士との共同等が必要となるという趣旨である。

4 指定法に関する法律事務

外国法事務弁護士は，特別措置法3条1項の規定による職務の範囲を超えて法律事務を行うことは禁止されているが（同法4条），その禁止に対する例外として，指定法に関する法律事務を行うことができる（同法5条1項）。

原資格国以外の特定の外国を「特定外国」（同法2条7号），特定外国において効力を有し，又は有した法を「特定外国法」（同条8号），そして指定を受けた特定外国

法を「指定法」(同条9号）といい，かかる指定法がその全部又は主要な部分に適用され，又は適用されるべき法律事件についての法律事務が「指定法に関する法律事務」(同条10号）である。

原資格国法について職務から除外された法律事務と同様の法律事務が指定法に関する法律事務からも当然除かれ（同法5条1項但書)，職務のうち弁護士との共同等を義務づけられている法律事務と同様の法律事務が，同じように指定法に関する法律事務においても弁護士との共同等を義務づけられている（同条2項)。

外国法事務弁護士が特定外国における外国弁護士となる資格をも保有している場合又は特定外国の外国弁護士となる資格を有する者と同程度に当該特定外国の法に関する学識を有すると同時に，その法に関する法律事務について一定の実務経験を有する場合には，その外国法事務弁護士に当該特定外国の法に関する法律事務をも行わせることが，日本における外国法に関する法律サービスを充実させるうえで合理的であろうとの判断に基づいて許容されたものである。

但し，特別措置法は，指定法に関する法律事務を行うことは，外国法事務弁護士本来の職務ではなく，外国法事務弁護士の資格の承認を受けた者が追加的に指定を受けて行える業務であるという位置づけをしている。指定法に関する法律事務の取扱いは，特別措置法が外国法事務弁護士に対して本来的に期待している活動ではなく，しかも，その法律サービスの優良性に関する制度的保障の程度も，原資格国法に関する法律事務取扱いと比較して緩和されているからである。

5　指定法以外の特定外国法に関する法律事務

外国法事務弁護士は，原資格国法と指定法を取り扱える資格を与えられた者であり，従来はそれ以外の外国法の取扱いは認められていなかった。

しかしながら，社会経済の国際化が進展し，これに応じて，法律事件についての適用法令は複雑・錯綜化しており，外国法事務弁護士の職務範囲を原資格国法と指定法に限定していては，これに適切に対処することが必ずしも容易ではなくなっており，依頼者等のニーズにもこたえきれない。また，外国法事務弁護士の多くは，国際的ロー・ファームの一員であり，指定法以外の特定外国法についても，同じロー・ファームに属する当該特定外国の資格を有する外国弁護士の助言を組織的に得ることが可能となっている。

そこで，このような諸事情に鑑み，外国法事務弁護士の職務範囲を拡大して，正式な資格と権限を有する者からの書面による助言に基づくことという条件を付した上で，指定法以外の特定外国法に関する法律事務を行うことができることになった。

書面による助言をなし得る者は，以下のとおりである（特別措置法5条の2第1項)。

①　指定法に関する法律事務以外の特定外国法に係る特定外国における外国弁護

士（外国法事務弁護士である者を除く）であって外国弁護士となる資格を基礎として当該特定外国法に関する法律事務を行う業務に従事している者（国内において雇用されて外国法に関する知識に基づいて労務の提供を行っている者を除く）

② 外国法事務弁護士であってその原資格国法又は指定法が当該特定外国法である者

③ 外国法事務弁護士法人（原資格国法又は指定法が当該特定外国法である社員が業務を執行する場合に限る）

但し，特別措置法3条1項1号，2号及び4号から6号までに掲げる法律事務並びに当該特定外国法以外の法の解釈又は適用についての鑑定その他の法的意見の表明については，この限りでない（同法5条の2第1項但書）。

6　国際仲裁手続代理について

外国法事務弁護士は，特別措置法3条から5条の2までの規定にかかわらず，国際仲裁事件の手続（当該手続に伴う和解の手続を含む）についての代理を行うことができる（同法5条の3）。

なお，国際仲裁事件については外国弁護士（外国法事務弁護士である者を除く）であって外国において当該外国弁護士となる資格を基礎として法律事務を行う業務に従事している者（国内において雇用されて外国法に関する知識に基づいて労務の提供を行っている者を除く）も，弁護士法72条の規定にかかわらず，その外国において依頼され又は受任した事件の手続についての代理を行うことができる。但し，特別措置法52条1項2号又は弁護士法57条1項2号に規定する処分に相当する外国の法令による処分により業務を停止されているときは，この限りでない（特別措置法58条の2）。

7　職務外の法律事務の取扱いの禁止と罰則

外国法事務弁護士は，職務の範囲を超えて法律事務を行ってはならないとされ（特別措置法4条），職務外の法律事務を行うことは禁止されている（**注3**）。外国法事務弁護士の職務は，専門的学識及び実務経験が制度的に保障されている原資格国法に関する法律事務という限度で，本来，その範囲が限定されており，この職務の範囲を超える法律事務は，日本の国益ないし公益上の見地から職務の範囲外とされたのであって，かかる法律事務を行うことを禁止するのは当然である。職務外の法律事務を行えば，特別措置法の規定に違反したとして，日弁連による懲戒の対象となり，実際に懲戒例も出ている（同法51条1項）。職務の範囲から除外され，これを行うことが禁じられている法律事務のうち，その禁止違反の違法性の強いものについては，違反行為を処罰することにしている（同法63条）。

なお，職務外の法律事務の取扱禁止の例外として，外国法事務弁護士は，指定法に関する法律事務を行うことができる（同法5条1項本文）。また，一定の条件の下で，指定法以外の特定外国法に関する法律事務を行うことができる（同法5条の2）。但し，指定法等に関する法律事務の範囲を超えて法律事務を行えば，当該法律事務が職務に含まれない以上は，当然，職務外の法律事務取扱いの禁止規定（同法4条）に違反することとなる。

ところで，外国法事務弁護士には弁護士法72条の規定は適用されない（特別措置法6条2項）。外国法事務弁護士はその業務の範囲内においては，報酬を得る目的で，かつ業として法律事務を取り扱うことができるので，その限度では，弁護士法72条の適用の余地はない。そこで，外国法事務弁護士には，同条の適用はないものとし，外国法事務弁護士の職務外の法律事務取扱いの禁止については，前述のとおり別に禁止規定及び罰則を設けた。

（注3） 平成6年改正法により，外国法事務弁護士と弁護士が特定共同事業を行うことが認められ，平成10年改正法により特定共同事業の範囲が拡大し，更に，平成15年改正法により，平成17年4月1日以降，特定共同事業に代わって外国法共同事業が導入され，外国法事務弁護士による弁護士の雇用も許容されたが，外国法事務弁護士の職務範囲そのものは変更されていないことに注意しなければならない。

【6】 外国法事務弁護士の権利・義務

1 外国法事務弁護士と弁護士の関係

⑴ 外国法事務弁護士による弁護士の雇用

㈠ 経緯　平成15年改正前の特別措置法では，外国法事務弁護士が弁護士を雇用することはできないものとされていた（旧49条1項）。

その趣旨は，外国法事務弁護士が弁護士を雇用し，被雇用者たる弁護士に労務提供させることは，その弁護士を手足として使用し，自己の業務を遂行させるものであり，その弁護士に日本法に関する法律事務を取り扱わせることは，外国法事務弁護士が，日本法に関する法律事務を自己の業務として遂行するものにほかならないと考えられていたからである。

㈡ 平成15年改正法　その後，前述のとおり，平成15年，同法が改正された結果，平成17年4月1日以降，外国法事務弁護士が弁護士を雇用すること自体は可能となった（同法49条参照）。

しかし，前述した外国法事務弁護士による職務範囲の制限については，なんらの改正もされておらず（同法3条），外国法事務弁護士が日本法に関する法律事務を取り扱うことができないことに変更はない。そこで，外国法事務弁護士が弁護士を雇用することにより，実質的に当該外国法事務弁護士による権限外法律事務の取扱いがなされてしまうことを禁止するため，まず，弁護士を雇用する外国法事務弁護士は，権限外法律事務の取扱いについて，その雇用する弁護士に対し，雇用関係に基づく業務上の命令をしてはならないものとされた（同法49条１項）。そしてこのような業務上の命令を受けた弁護士は，雇用関係に基づく業務上の命令に従ったものであることを理由として懲戒その他の責任を免れることができないものとされた（同条２項）。また，弁護士を雇用する外国法事務弁護士は，当該弁護士が自ら行う法律事務であってその使用者である外国法事務弁護士の権限外法律事務に当たるものの取扱いについて，不当な関与をしてはならないものとされた（同条３項）。これらの規定は，外国法事務弁護士の権限外法律事務の取扱いの禁止の潜脱を防ぐことを目的としているものである（**注４**）。

また，外国法事務弁護士が弁護士を雇用するとき又は弁護士を雇用することをやめたときには，日弁連等による指導・監督の実効性を担保するため，日弁連に対して所要の届出を行わなければならず，日弁連は，届出に応じて，当該外国法事務弁護士の登録に付記し，付記事項を訂正し，又は付記事項の抹消をしなければならない（同法49条の３，外国法事務弁護士等による弁護士又は外国法事務弁護士の雇用に関する規程７条・８条）。

なお，逆に弁護士又は弁護士法人が外国法事務弁護士を雇用することは平成15年改正前からも禁止されていなかった。同法45条３項も，弁護士又は弁護士法人による外国法事務弁護士の雇用は可能であることを前提としている。弁護士又は弁護士法人が外国法事務弁護士を雇用しても，弁護士の職務範囲の逸脱という問題は生じる余地がないし，外国法事務弁護士が無資格者として，日本法に関する法律事務に介入するという問題も生じないと考えられるからである。

⑵　外国法共同事業

㈠　経緯　　特別措置法においては，当初，組合契約その他の契約により，特定の弁護士若しくは弁護士法人と法律事務を行うことを目的とする共同の事業を営み，又は特定の弁護士若しくは弁護士法人が法律事務を行って得る報酬その他の収益の分配を受けてはならないものとされ（旧49条２項），外国法事務弁護士と弁護士との共同経営等が禁止されていた。これは，基本的には，収益の分配を行うと外国法事務弁護士が弁護士の行う法律事務処理に介入するおそれがあり，また，外国法事務弁護士による弁護士の雇用を禁止する規定を潜脱するおそれがあることから規定されていたものである（**注５・注６**）。

平成６年改正によって外国法事務弁護士は，５年以上国内において弁護士として職務を行った経験を有する特定の弁護士とする場合に限り，組合契約その他の契約により，次の法律事務以外の法律事務を行うことを目的とする特定共同事業を営むことが認められることとなった（**注７**）（旧々49条の２）。

①　特別措置法３条１項１号，２号，４号及び５号に掲げる法律事務

② 国内において効力を有し，又は有した法（条約その他の国際法を除く）がその全部に適用され，又は適用されるべき法律事件（当事者の全部又は一部が外国に住所又は主たる事務所若しくは本店を有する者である法律事件及び外国に住所又は主たる事務所若しくは本店を有する者が発行済株式の総数の2分の1以上に相当する株式又は出資の総額の2分の1以上に相当する持分を保有する会社の依頼による法律事件を除く）についての法律事務であって，その取扱いについて当該法以外の法に関する知識を必要としないもの

特定共同事業が認められたのは，5年以上の弁護士経験を有する弁護士は，その業務においても事務所経営においても十分な独立性を獲得しているものと考えられることから，このような弁護士が外国法事務弁護士と一定の範囲で共同の事業を行っても，権限外法律事務への不当介入や，外国法事務弁護士による弁護士の雇用禁止の潜脱のおそれはないものと判断されたからであった。

更に，平成10年改正により特定共同事業の範囲が拡大され，次の法律事務が対象となることに改められた。

① 外国において効力を有し，又は有した法に関する知識を必要とする法律事務

② 当事者の全部又は一部が外国に住所又は主たる事務所若しくは本店を有する者である法律事件についての法律事務

③ 外国に住所又は主たる事務所若しくは本店を有する者が総株主又は総社員の議決権の2分の1以上の議決権を保有する会社の依頼による法律事件についての法律事務

(イ) 平成15年改正法　その後，先述のとおり，国際化に対応する法律サービスの提供体制の確立が一層求められ，平成15年改正により，外国法事務弁護士は，弁護士又は弁護士法人と，組合契約その他の継続的な契約により，法律事務を行うことを目的として共同して行う事業，すなわち，外国法共同事業を営むこともできることとなり，特定共同事業は廃止されるに至った（**注8**）（特別措置法2条15号・49条の2から49条の5まで）。

外国法事務弁護士が弁護士を雇用する場合と同様に，弁護士又は弁護士法人と外国法共同事業を営むことにより，外国法事務弁護士が，実質的に権限外法律事務を取り扱うことを禁止するため，外国法共同事業を営む外国法事務弁護士は，当該外国法共同事業に係る弁護士又は弁護士法人が自ら行う法律事務であって当該外国法事務弁護士の権限外法律事務に当たるものの取扱いについて，不当な関与をしてはならないものとされている（同法49条の2）。

外国法共同事業の目的とされる法律事務に法律上の制限はなく，外国法事務弁護士は，外国法共同事業に係る弁護士又は弁護士法人と共同すれば，当該外国法共同

事業に係る法律事務を受任することができるが，権限外法律事務を行うことが許容されるものではなく（外国法共同事業に関する規程3条2項），当該法律事務を処理する権限のある者が法律事務を処理しなければならない（**注9・注10**）。

また，外国法事務弁護士が外国法共同事業を営もうとするとき，届出に係る事項を変更しようとするとき又は外国法共同事業を営むことをやめたときには，日弁連等による指導・監督の実効性を担保するため，日弁連に対して所要の届出を行わなければならず，日弁連は，届出に応じて，当該外国法事務弁護士の登録に付記し，付記事項の訂正をし，又は付記事項の抹消をしなければならない（同法49条の3，外国法共同事業に関する規程10条・11条）。

外国法共同事業に係る届出をした外国法事務弁護士は，原則として，自己の事務所の名称に，外国法共同事業を営む旨及び当該外国法共同事業に係る弁護士又は弁護士法人の事務所の名称を付加しなければならない（同法49条の4）。このような付加義務がないとすると，外国法事務弁護士の依頼者が，事件処理を依頼しようとしている外国法事務弁護士事務所が弁護士事務所と協働して外国法と日本法とを含む法律事務を提供している事務所であるのか否かを事務所の表示から判断することができず，弁護士との協働を僭称する外国法事務弁護士から誤って日本法に関する法律事務の提供を受けるなどの不測の損害を被るおそれがある。また，外国法事務弁護士と弁護士とが協働関係を形成し，外国法と日本法とを含む総合的・包括的な法律サービスを提供しているという事実を，依頼者である国民に広く知らしめることは，国民の利便性の向上にも資する。これらの理由から上記義務が課されたものである（大場亮太郎，横井朗「改正外国弁護士法の概要㈦」NBL775号58〜59頁）。

但し，当該外国法事務弁護士が当該外国法共同事業に係る弁護士又は弁護士法人と事務所（弁護士法人にあっては，その主たる事務所）を共にし，かつ，当該外国法共同事業において行う法律事務の範囲に制限を設けていない場合であって，その弁護士又は弁護士法人の事務所の名称中に「外国法共同事業」の文字があるときは，これと同一の名称を使用することができる（同法49条の5）。

㈦　平成26年改正法　　その後，先述のとおり，平成26年の改正により，外国法事務弁護士法人制度が創設された。外国法事務弁護士の外国法共同事業に係る届出について規定した特別措置法49条の3第1項，3項，5項及び7項が外国法事務弁護士法人に準用されており（同法50条の13第1項），外国法事務弁護士法人は外国法共同事業を営むことができる。

従前，外国法事務弁護士と弁護士又は弁護士法人との外国法共同事業に関し必要な事項は，外国法共同事業に関する規程に規定されていたところ，上記改正に伴い，同規程が改正された。外国法事務弁護士及び外国法事務弁護士法人は，外国法共同事業を営む場合であっても権限外法律事務を行うことはできないが，外国法共同事業の目的とされる法律事務に，法律上の制限はなく，当該外国法共同事業に係る弁護士又は弁護士法人と共同すれば，当該外国法共同事業に係る法律事務を受任することはできる（外国法共同事業に関する規程３条）。また，外国法事務弁護士法人が外国法共同事業を営もうとするとき，届出に係る事項を変更しようとするとき又は外国法共同事業を営むことをやめたときには，日弁連等による指導・監督の実効性を担保するため，日弁連に対して所要の届出を行わなければならず，日弁連は，届出に応じて，当該外国法事務弁護士法人の登録に付記し，付記事項の訂正をし，又は付記事項の抹消をしなければならない（同規程10条・11条）。

（注４） 外国法事務弁護士の権限外法律事務の取扱いの禁止が潜脱されるおそれは，外国法事務弁護士が，原資格国法が異なるなど，権限の異なる外国法事務弁護士を雇用する場合にも同様に生じうる。従って，弁護士の雇用と併せて同様の規制がなされている。

（注５） 但木敬一「外国法事務弁護士制度」NBL378号35頁は，「法律事務を行なう共同の事業の典型は，組合契約に基づく法律事務所の共同経営である。特定の弁護士が法律事務を行なって得る報酬その他の収益の分配を受ける事例としては，外国法事務弁護士が出資した資金で弁護士が開業し，弁護士が得た報酬の一定割合を外国法事務弁護士に分配するという匿名組合契約を締結し，この契約に基づいてその収益の分配にあずかるような事例が典型例として考えられよう」という。

（注６） 共同経営等が禁止されていても，単発的に個別事件の処理を弁護士と外国法事務弁護士が共同して行うこと，事務所及び付帯設備等を弁護士と外国法事務弁護士が共同して使用することは禁止されていなかった。

（注７） 戸田信久，堺徹「改正外国弁護士法の概要」NBL550号・551号，日弁連調査室「弁護士と外国法事務弁護士が行う特定共同事業の概要と届出手続について」自由と正義46巻５号参照。

（注８） 大場亮太郎，横井朗「改正外国弁護士法の概要㈤」NBL773号13頁は，共同事業の原則禁止は，「職務範囲の制限された外国法事務弁護士が権限外の行為に及ぶことを防止するとの規制目的の合理性は認められる」が，「わが国の経済社会が急速に国際化，グローバル化するのに伴い，日本法および外国法を含む包括的・総合的な法律サービスに対する法的需要の増大に対応する弁護士と外国法事務弁護士とのより緊密な提携・協働関係を構築することの必要性が高まっている」ことのほか，「外国法事務弁護士が権限逸脱行為によって懲戒処分を課された事例が一件もないこと，……日本法に関する法律事務に介入するおそれは，事前規制を課さなければならないほど高くはない」ことなどの理由をあげて共同事業の原則禁止の合理性には今日では疑問があることをあげている。一方，上柳敏郎，片山達，外山太士「外弁法改正」自由と正義55巻３号100頁は，懲戒事例がないことをもって違反行為

が存在しないとは判断できず，日弁連等においては，監督を充実させるための体制を早急に整備する必要があるとしている（なお，現在は実際の懲戒例も出ている）。

（注９）　大場亮太郎，横井朗「改正外国弁護士法の概要㈥」NBL774号50頁は，外国法共同事業の目的とされる法律事務に法律上の制限がないことから，「外国法共同事業においては，外国法事務弁護士の権限外の日本法のみを目的とする外国法共同事業も禁止されるものではない」とし，また，「改正法は，共同の事業および収益分配契約の禁止規定を削除するなど収益分配の完全な自由化を図り，外国法共同事業における収益分配など提携関係の内容は，外国法事務弁護士と弁護士との間における自由意思に委ねることとした」とし，更に，「今回の改正においても，外国法事務弁護士が権限外の法律事務を取り扱うことは引き続き禁止されているが，収益の分配にあずかることと権限外の法律事務を取り扱っていると評価されることとは別の問題であり，収益分配にあずかったことが当然に外国法事務弁護士の権限外の法律事務を取り扱ったことに結び付くものではないことはいうまでもない」とする。これに対し，前掲上柳敏郎他「外弁法改正」102頁は，「外弁法は『外国弁護士となる資格を有する者が国内において外国法に関する法律事務を取り扱うことができるみちを開』くことを目的とし（外弁法１条），日本法のみを取り扱うために登録する外国法事務弁護士を想定していない。日本法のみを目的とする共同事業を外国法事務弁護士が営む外国法共同事業といえるか疑問がある」とする。また，同103～104頁は，収益の分配は合理性がある限りは許されるが弁護士倫理等違反になる場合は排除の対象となる（司法制度改革推進本部・国際化検討会第８回議事録参照）のであって，収益分配禁止条項の撤廃をもって，弁護士と外国法事務弁護士との間での収益分配に何らの制約も課されなくなったというわけではないとし，弁護士倫理13条〔弁護士職務基本規程13条１項と同旨―編者注〕は，弁護士が依頼者紹介の対価を支払うことを禁じており，収益分配契約の内容次第では倫理上の問題が生じる余地がある，外国法事務弁護士が行う補助業務などの貢献に対する対価とみなされる限りは倫理上の問題を生じないが，巨大ローファームが自己のブランドを利用して事件を共同事業の相手方である弁護士に紹介し，これに対して対価を支払うことは弁護士倫理の禁止するところであり（反対，国際化検討会第８回議事録における司法制度改革推進本部事務局発言），収益の分配に見合う補助業務等の提供がなく，単にブランドの対価としか評価できない場合は弁護士倫理上問題があるとし，また，外国法事務弁護士に雇用された弁護士が経費の負担や業務の対価以上の分配を行うと，特別措置法４条違反のおそれが生じるとする。

（注10）　外国法共同事業については，外国法共同事業に関する規程が次のような定めを置いている。

①　外国法共同事業に従事する弁護士，外国法事務弁護士等（事業従事弁護士等）のそれぞれの権限等の説明（同規程４条）

②　他の事業従事弁護士等，所属事業体等の依頼者に関する秘密の保持（同規程

5条）

③ 他の事業従事弁護士等との関係で職務を行い得ない事件（同規程6条・7条）

④ 職務を行い得ない事件の受任防止のための措置（同規程8条）

⑤ 二重事務所の禁止（同規程9条）

2 外国法事務弁護士の事務所

外国法事務弁護士の事務所は，外国法事務弁護士事務所と称さなければならない（特別措置法45条1項）。事務所の名称中には，他の個人又は団体の名称を用いてはならないが，法律事務の処理を目的とする原資格国の法人，組合その他の事業体で自己が所属するもの（所属事業体）の名称については，次に掲げる場合に限り，用いることができる（同条2項）。

① 当該所属事業体の名称を用いている外国法事務弁護士又は外国法事務弁護士法人がない場合

② 既に当該所属事業体の名称を用いている外国法事務弁護士又は外国法事務弁護士法人がある場合において，その外国法事務弁護士又は外国法事務弁護士法人と事務所を共にするとき

「所属事業体」とは，いわゆるロー・ファーム等がこれに該当し，従来，後述の付加使用という形で，その名称使用を制限的に許容してきたが，平成6年改正によって，事務所の名称中に所属事業体の名称を使用することを認めたものである。①，②の制限は，所属事業体が国内に複数事務所を設置することを事務所の名称面から制約したものである。なお，外国法事務弁護士は，外国法事務弁護士，外国法事務弁護士法人，弁護士又は弁護士法人に雇用されているときは，その外国法事務弁護士，外国法事務弁護士法人，弁護士又は弁護士法人の事務所の名称を使用することができる（同条3項）。

外国法事務弁護士事務所の名称に関しては，後記の外国特別会員表示規程があるほか，外国法事務弁護士事務所等の名称等に関する規程がある。同規程でも法と同内容の規定のほか，使用文字の制限，同一名称・複数名称・誤認のおそれのある名称・品位を損なう名称の禁止，事務所名称の届出義務等に関する規定が置かれている。

事務所を設けるべき地域，事務所の個数については，弁護士の場合と同様の規制がある（同条4項・5項）。

3 外国法事務弁護士の資格の表示等

外国法事務弁護士は，業務を行うに際しては，外国法事務弁護士の名称を用い，かつ，その名称に原資格国の国名を付加しなければならない（特別措置法44条）。また，外国法事務弁護士は，日弁連の会則で定めるところにより，その事務所内の公衆の見やすい場所に，原資格国法及び指定法を表示する標識を掲示しなければなら

ない（同法46条１項）。原資格国法及び指定法を表示する標識の様式は，原資格国法及び指定法を表示する標識の様式を定める規則において規定されている。更に，外国法事務弁護士は，業務を行うに際しては，外国法事務弁護士の名称及び原資格国の国名に付加する場合に限り，原資格国における外国弁護士の名称を用いることができる（同法47条１項）。

なお，原資格国の国名，原資格国法，指定法又は原資格国における外国弁護士の名称の表示等に関しては，外国特別会員表示規程（以下「表示規程」という）が制定され，具体的規定が設けられている。それによれば，原資格国法及び指定法の表示は，原資格国名及び指定法にかかる特定外国名（日本語による国名表示による）に「法」の文字を付して表示し（表示規程２条４項），原資格国における外国弁護士の名称は，当該名称をそのまま原資格国の国語により表示し，又はその発音を日本語表記により表示し，その直前又は直後に原資格国の国名を表示するものとし，日本語で「弁護士」と表示してはならない（同規程３条）。

4　所属事業体の名称使用

外国法事務弁護士は，事務所の名称中に用いることができる場合のほか，業務を行うに際しては，次の場合において自己の氏名又は事務所の名称に付加するときに限り，所属事業体の名称を用いることができる（特別措置法47条２項）。

①　当該所属事業体の名称を用いている外国法事務弁護士又は外国法事務弁護士法人がない場合

②　既に当該所属事業体の名称を用いている外国法事務弁護士又は外国法事務弁護士法人がある場合において，その外国法事務弁護士又は外国法事務弁護士法人と事務所を共にするとき

日弁連では，所属事業体の名称を使用するには所属弁護士会及び日弁連に届け出なければならないものとした（基本規程32条１項）。また，所属事業体の名称の表示は，外国法事務弁護士の氏名及び事務所の名称の表示に比較し，より顕著なものであってはならず，所属事業体の名称として，日本語で「法律事務所」，「弁護士事務所」ないし「弁護士法人」なる表示をしてはならないものとした（表示規程４条１項・２項）。

5　在留義務

「外国法事務弁護士は，１年のうち180日以上本邦に在留しなければならない」（特別措置法48条１項）と規定された。この規定における「１年」とはどのような意味かについては，いくつか考え方があり得るが，日弁連では，基本規程において，「……１年の期間の起算日は，当該外国法事務弁護士が外国法事務弁護士名簿に登録された日とする」（34条）と定めた。従って，登録した日から１年の間に合計180日以上日本に在留しなければならず，その後も，登録日を基準として１年毎に，各

180日以上在留することが必要である。

6 報酬・業務広告・記章

従来，弁護士会も日弁連も，外国法事務弁護士の報酬の標準を示す規定を会則中に設けることは，特別措置法上明文をもって義務づけられてはいなかった。しかし，弁護士と同様，日弁連においては，外国法事務弁護士の報酬について外国法事務弁護士報酬等規程を設け，報酬の標準を規定していた。その後，平成16年4月1日をもって，弁護士の報酬の基準となる規程が廃止されたことに伴い，外国法事務弁護士報酬等規程も廃止された。現在は外国法事務弁護士及び外国法事務弁護士法人の報酬の適正化の観点から，外国法事務弁護士及び外国法事務弁護士法人の報酬は，適正かつ妥当でなければならないとされ（基本規程30条，外国法事務弁護士法人規程20条），また，外国法事務弁護士の報酬に関する規程が制定されている。

外国法事務弁護士及び外国法事務弁護士法人の業務広告は，弁護士の業務広告に準ずる（基本規程29条，外国法事務弁護士法人規程20条，外国法事務弁護士等の業務広告に関する規程参照）。

更に，外国法事務弁護士についても，記章を携帯すべきものとされた（基本規程35条1項，外国法事務弁護士記章規則参照）。外国法事務弁護士の記章の形状については，外国法事務弁護士記章規則の別表のとおりである。

7 弁護士法の準用等

弁護士法23条から30条までの規定は，外国法事務弁護士について準用される（**注11**）（特別措置法50条1項）。但し，弁護士法74条2項の規定は，外国法事務弁護士には適用されない（特別措置法50条2項）。外国法事務弁護士が，その業務の範囲内において，法律相談その他法律事務を取り扱う旨の標示又は記載をすることは，当然許容されることである。なお，外国法事務弁護士に弁護士法72条の適用がないこと（特別措置法6条2項）は前述した。

（**注11**） 外国法事務弁護士に準用される規定は，弁護士法23条（秘密保持の権利及び義務），23条の2（報告の請求（弁護士会照会）），24条（委嘱事項等を行う義務），25条（職務を行い得ない事件），26条（汚職行為の禁止），27条（非弁護士との提携の禁止），28条（係争権利の譲受の禁止），29条（依頼不承諾の通知義務），30条（営利業務の届出等）である。このうち，営利業務の届出については，基本規程28条の2において重ねて規定されている。更に，基本規程は，公職兼任の届出（28条），業務の広告等（29条），報酬（30条）に関する規定を置いている。このほか，かつては，基本規程において弁護士職務基本規程の定めを広範に準用する条文が置かれていた。しかし，平成26年12月の臨時総会で新たに外国法事務弁護士職務基本規程が成立したことから，準用条文は削除された。

【7】 外国法事務弁護士法人

外国法事務弁護士法人は，外国法に関する法律事務を行うことを目的として外国法事務弁護士により設立される法人であり（特別措置法2条3号の2），前述のとおり，平成26年の特別措置法の改正により導入された。外国法事務弁護士法人に関する規律は，概ね外国法事務弁護士又は弁護士法人の対応する規律と平仄を合わせているが，その概要は以下のとおりである。

1 名 称

外国法事務弁護士法人は，その名称中に外国法事務弁護士法人という文字を使用しなければならない（同法50条の3）。

2 社員の資格

外国法事務弁護士法人の社員は，外国法事務弁護士でなければならない（同法50条の4第1項）。したがって，弁護士は社員となれない。また，業務停止の懲戒処分を受け，当該業務停止の期間を経過しない者など一定の事由に該当する者は，社員となることができない（同条2項）。

3 業務の範囲

外国法事務弁護士法人は，外国法に関する法律事務を行うほか，定款で定めるところにより，法令等に基づき外国法事務弁護士が行うことができるものとして法務省令で定める業務の全部又は一部を行うことができる。なお，法務省令で定める業務としては，弁護士法人及び外国法事務弁護士法人の業務及び会計帳簿等に関する規則（平成13年法務省令第62号）1条の2において以下の業務が規定されている。

① 当事者その他関係人の依頼又は官公署の委嘱により，他人の業務及び財務の状況，資産の価格その他の外国法に関する法律事務に関連する事項について，調査してその結果を報告し，又は証明する業務

② 外国法事務弁護士又は外国法事務弁護士法人の業務に関連する講演会の開催，出版物の刊行その他の教育及び普及の業務

③ 外国法に関する法律事務に附帯し，又は密接に関連する業務

ただし，特別措置法3条1項1号・2号・4号から6号までに掲げる法律事務等一定の法律事務は行うことができない（同法50条の5第1項）。また，外国法事務弁護士法人は，上記の業務のほかに，国際仲裁事件の手続についての代理を行うことができる（同条2項）。

4 設立並びに弁護士会及び日弁連への入会及び退会

外国法事務弁護士法人を設立するには，社員となろうとする外国法事務弁護士が，定款を定めなければならない。そのほか，外国法事務弁護士法人の設立並びに弁護士会及び日弁連への入会及び退会については，弁護士法人の場合に準じる（同法50

条の6・50条の7)。

5　業務の執行

外国法事務弁護士法人の社員は，定款で業務を執行しないとされた場合を除き，当該社員の原資格国法に関する法律事務及び国際仲裁事件の手続についての代理について業務を執行するほか（同法50条の8第1項)，自らが業務を行うことができる範囲内で当該外国法事務弁護士法人の業務を執行する（同条2項から4項参照)。

なお，職務の範囲から除外され，これを行うことが禁じられている法律事務のうち，その禁止違反の違法性の強いものなど一定の違反行為については，その行為者を罰するほか，その外国法事務弁護士法人を処罰することにしている（同法70条)。

6　社員資格の表示

外国法事務弁護士法人は，社員が業務を執行するに際しては，当該社員に，外国法事務弁護士の名称を用いさせ，かつ，その名称に原資格国の国名を付加させなければならない（同法50条の9)。

7　外国法事務弁護士法人の事務所

外国法事務弁護士法人は，その事務所の名称中に当該外国法事務弁護士法人の名称を用いなければならない（同法50条の10第1項)。また，同法45条2項（他の個人又は団体の名称使用の禁止と例外)，4項（事務所の設置場所)，49条の4（外国法共同事業の表示)，49条の5（外国法共同事業に係る事務所の名称の特例）の各規定が準用される（同法50条の10第2項)。

8　業務の範囲を超える法律事務の取扱いについての雇用関係に基づく業務上の命令の禁止等

外国法事務弁護士法人が，雇用する弁護士又は外国法事務弁護士を通じて，業務範囲外の行為を行うことがないよう所要の規制が施されている。

まず，外国法事務弁護士法人は，自己の業務範囲を超える法律事務の取扱いについて，その雇用する弁護士又は外国法事務弁護士に対して，雇用関係に基づく業務上の命令をしてはならない（同法50条の11第1項)。

また，これに違反する命令を受けて，使用者である外国法事務弁護士法人が自己の業務の範囲を超える法律事務を行うことに関与した弁護士又は外国法事務弁護士は，これが雇用関係に基づく業務上の命令に従ったものであることを理由として，懲戒その他の責任を免れることができない（同条2項)。

さらに，外国法事務弁護士法人は，その雇用する弁護士又は外国法事務弁護士が自ら行う法律事務であって当該使用者である外国法事務弁護士法人の業務の範囲を超える法律事務に当たるものの取扱いについて，不当な関与をしてはならない（同条3項)。

外国法事務弁護士法人の社員についても，当該外国法事務弁護士法人が雇用する弁護士又は外国法事務弁護士が自ら行う法律事務であって当該社員の権限外法律事務に当たるものの取扱いについて，不当な関与が禁じられる（同条4項）。

9　外国法共同事業における不当関与の禁止

外国法共同事業を営む外国法事務弁護士法人は，当該外国法共同事業に係る弁護士又は弁護士法人が自ら行う法律事務であって当該外国法事務弁護士法人の業務の範囲を超える法律事務に当たるものの取扱いについて，不当な関与をしてはならない（同法50条の12第1項）。

外国法事務弁護士法人の社員についても，当該外国法共同事業に係る弁護士又は弁護士法人が自ら行う法律事務であって当該社員の権限外法律事務に当たるものの取扱いについて，不当な関与が禁じられる（同条2項）。

10　その他

後述するとおり，外国法事務弁護士法人の懲戒の種類は，戒告，2年以内の外国法事務弁護士法人の業務の停止又はその事務所の業務の停止，除名の3種類であり，懲戒事由や手続は外国法事務弁護士と同様の内容が規定されている（同法51条から54条まで・55条2項・57条）。

その他，特別措置法又は弁護士法の多くの規定が準用されている（同法50条の13）。

【8】　外国法事務弁護士及び外国法事務弁護士法人の懲戒

1　外国法事務弁護士及び外国法事務弁護士法人は，特別措置法又は所属弁護士会若しくは日弁連の会則中外国法事務弁護士若しくは外国法事務弁護士法人に関する規定に違反し，所属弁護士会又は日弁連の秩序又は信用を害し，その他職務の内外を問わずその品位を失うべき非行があったときは，懲戒を受ける（特別措置法51条1項）。

懲戒の種類は，外国法事務弁護士については①戒告，②2年以内の業務の停止，③退会命令，④除名の4種である（同法52条1項）。外国法事務弁護士法人については①戒告，②2年以内の外国法事務弁護士法人の業務の停止又はその事務所の業務の停止，③除名の3種である（同条2項）。

2　何人も，外国法事務弁護士又は外国法事務弁護士法人について懲戒の事由があると思料するときは，その事由の説明を添えて，当該外国法事務弁護士又は外国法事務弁護士法人の所属弁護士会を経由して，日弁連に懲戒の請求をすることができる（同法53条1項）。

ところで，外国法事務弁護士又は外国法事務弁護士法人の懲戒は，日弁連が日弁連に設置する外国法事務弁護士懲戒委員会の議決に基づいて行うことと定められ（同法51条2項），懲戒権限は日弁連にのみ与えられ，所属弁護士会には懲戒権限は認められていない。この点が弁護士又は弁護士法人の懲戒とは基本的に異なるところである。これは，外国法事務弁護士登録審査会と同様，外国法事務弁護士又は外国法事務弁護士法人の懲戒の審査にあたっては，全国的に公平な扱いが望まれること，言語の問題など外国法事務弁護士又は外国法事務弁護士法人の特性からくる手続上の負担があること，外国法事務弁護士綱紀委員会及び外国法事務弁護士懲戒委員会においては，後述のとおり公平性を担保するために外部委員として政府職員を置く制度となっているが，各弁護士会にそのようなシステムを作ることは過重な負担となること等が理由と考えられる。

まず，懲戒請求は，何人もなし得るが，その請求は当該外国法事務弁護士又は外国法事務弁護士法人の所属弁護士会を経由して，日弁連に対してなされる（同法53条1項）。また，弁護士会は，所属の外国法事務弁護士又は外国法事務弁護士法人について，懲戒の事由があると思料するとき，又は特別措置法53条1項の懲戒請求があったときは，懲戒の手続に付し，弁護士法70条1項の規定により当該弁護士会に置かれた綱紀委員会に調査をさせることができ，この場合において，綱紀委員会が当該外国法事務弁護士又は外国法事務弁護士法人を懲戒することを相当と認めたときは，その綱紀委員会の調査結果及び意見を添えて日弁連に懲戒請求しなければならないこととされた（特別措置法53条2項）。このように，弁護士又は弁護士法人の懲戒手続の構造と異なり，弁護士会は懲戒権限を有していないが，所属の外国法事務弁護士又は外国法事務弁護士法人については，当該弁護士会に設置された綱紀委員会において，懲戒事由の調査をなし得るという限度で懲戒手続に関与することが認められている。そして，調査に関し必要があるときは，懲戒の手続に付された外国法事務弁護士又は外国法事務弁護士法人，懲戒請求者，関係人及び官公署その他に対して陳述，説明又は資料の提出を求めることができる（同条5項）。

3　日弁連においては，外国法事務弁護士又は外国法事務弁護士法人について懲戒の事由があると思料するとき，又は特別措置法53条1項の懲戒請求がなされたときは，懲戒の手続に付し，外国法事務弁護士綱紀委員会にその調査をさせなければならない（同条3項本文）。但し，同一の事由について弁護士会の綱紀委員会の調査が行われているときは，この限りでない（同項但書）。外国法事務弁護士綱紀委員会は，調査に関し必要があるときは，懲戒の手続に付された外国法事務弁護士又は外国法事務弁護士法人，懲戒請求者，関係人及び官公署その他に対して陳述，説明又は資料の提出を求めることができる（同条5項）。

そして，外国法事務弁護士綱紀委員会が調査により外国法事務弁護士若しくは外国法事務弁護士法人を懲戒することを相当と認めたとき，又は弁護士会が所属の外国法事務弁護士若しくは外国法事務弁護士法人について綱紀委員会の懲戒相当との調査結果及び意見を添えて日弁連に懲戒請求してきたときは，外国法事務弁護士懲戒委員会に，その審査を求めなければならない（同条4項）。

外国法事務弁護士又は外国法事務弁護士法人を懲戒するには，外国法事務弁護士懲戒委員会の議決に基づいて行うことが必要である（同法51条2項）。そして，日弁連は，外国法事務弁護士又は外国法事務弁護士法人を懲戒するときは，当該外国法事務弁護士又は外国法事務弁護士法人に懲戒の処分の内容及びその理由を書面により通知しなければならず（同法53条6項），外国法事務弁護士又は外国法事務弁護士法人を懲戒したときは，遅滞なく，懲戒の処分の内容を官報をもって公告しなければならない（注12）（同条7項）。

外国法事務弁護士綱紀委員会，外国法事務弁護士懲戒委員会の設置，組織，審査手続については，特別措置法55条から58条まで，外国法事務弁護士綱紀委員会及び綱紀手続に関する規程，外国法事務弁護士懲戒委員会及び懲戒手続に関する規程に詳細が定められており，基本的には，弁護士又は弁護士法人の懲戒手続に準ずる内容となっている。但し，両委員会の構成については，弁護士，裁判官，検察官，学識経験者のほかに，国際的感覚を反映させるため政府職員が含まれている（同法56条2項・58条4項）。

4　日弁連が特別措置法に基づいてした処分又はその不作為については，行政不服審査法による審査請求をすることができない（特別措置法59条）。従って，外国法事務弁護士又は外国法事務弁護士法人に対する日弁連の懲戒に関する処分について，行政不服審査法による審査請求をすることはできない。そして，懲戒処分を受けた外国法事務弁護士又は外国法事務弁護士法人は，東京高等裁判所に当該処分の取消しの訴えを提起することができるものとされた（同法60条1項）。

（注12）　外国法事務弁護士に対する懲戒については，平成3年3月の日弁連の臨時総会で公告・公表の制度が設けられた。その後，平成15年11月の臨時総会において，外国法事務弁護士の懲戒処分の公告及び公表等に関する規程が制定されたが，平成26年の外国法事務弁護士法人制度の創設に伴い，題名が外国法事務弁護士等の懲戒処分の公告及び公表等に関する規程に改められ，外国法事務弁護士法人も対象とする形に改正が行われている。

【9】　外国法事務弁護士及び外国法事務弁護士法人の日弁連及び所属弁護士会における地位

我が国における外国法事務弁護士制度の特色は，外国法事務弁護士及び外国法事務弁護士法人を日弁連及び弁護士会に受け入れ，強制加入とされたことである。すなわち，外国法事務弁護士となるには日弁連に備える外国法事務弁護士名簿に登録を受けなければならず（特別措置法24条1項），登録を受けた者は，当該登録の時に，入会しようとする弁護士会及び日弁連に入会するものとされた（同法40条１項）。また，外国法事務弁護士法人は，その成立の時に，主たる事務所の所在する地域の弁護士会（２個以上の弁護士会があるときは，当該外国法事務弁護士法人が定款に記載した弁護士会）及び日弁連に入会するものとされた（同法50条の７第１項）。そして，日弁連及び弁護士会に入会した外国法事務弁護士及び外国法事務弁護士法人は，「外国特別会員」（会則97条の３第１項）として，日弁連及び所属弁護士会の指導，監督を受けることとされたのである。

1　日弁連における地位

特別措置法の規定により，外国法事務弁護士となる資格を有する者で事務所の所在する地域の弁護士会及び日弁連に入会するものは，外国特別会員とされる（会則97条の３第１項）。また，外国法事務弁護士法人は，成立の時に主たる事務所の所在する地域の弁護士会及び日弁連に入会することとされ，その時点で外国特別会員となる（同項）。

そして，外国特別会員に関する事項は，会規をもって定めることとした（同条２項）。特別措置法23条によれば，日弁連の会則には，同条各号に掲げる事項を記載しなければならないとされているが，同条にいう日弁連の会則とは，形式的な意味における会則のみを意味するのではなく，日弁連の会員全員の参加する民主的議決に基づいて制定される会規（会則６条２項）をも含むものと解されており，よって外国特別会員に関する事項は，会規で定めることとしたものである。そして，外国特別会員に関する事項を定めるため制定されたのが外国特別会員基本規程及び外国法事務弁護士法人規程である。

外国特別会員の日弁連における地位について，主要な点は以下のとおりである。なお，日弁連の懲戒権については，前述したとおりである。

日弁連は，外国法事務弁護士及び外国法事務弁護士法人の指導，連絡及び監督に関する事務を行い，そのために必要な報告又は資料の提出を求めることができることとされた（基本規程４条２項）。

外国法事務弁護士及び外国法事務弁護士法人については，日弁連における用語に関して明文が設けられている（基本規程６条）。それによれば，外国法事務弁護士も，日弁連では日本語を用いるとされている（同条１項）。日本語に通じない外国法事務弁護士は，外国語で発言するときは，通訳人に通訳をさせなければならず，日弁連は必要があると認めたときは，通訳人を指定することができる（同条２項）。更に，外国法事務弁護士及び外国法事務弁護士法人は，日弁連が外国語によって作成された書類の提出を認めたときは，その書類に翻訳者を明らかにした訳文を添付しなければならない（同条３項）。なお，通訳や翻訳に要する費用は，当該外国法事務弁護士又は外国法事務弁護士法人の負担とするが，日弁連はその負担を免除することができる（同条４項）。

外国法事務弁護士は，日弁連が特別措置法23条各号に掲げる事項についての会則又は会規の制定又は改廃並びに基本規程66条に規定する特別会費に関する議案を審議する総会を招集したときは，当該総会に出席し，当該議案について意見を述べ，及び議決権を行使することができる（基本規程36条１項）。

外国法事務弁護士は，日弁連の総会が決算又は予算の議案の審議に関する場合には，その総会に出席して，議案のうち直接外国法事務弁護士に関する事項について意見を述べることができる（同条２項）。

これら以外の議案の審議に関する日弁連の総会については，外国法事務弁護士は，その議事を傍聴することができる（同条３項）。

このように，外国法事務弁護士は，基本的には特別措置法23条各号に掲げる外国法事務弁護士に関する事項に関してではあるが，日弁連の自治に参加することが認められたのである。しかし，外国法事務弁護士は，日弁連の役員の選挙権及び被選挙権は有しないものとされた（基本規程39条）。

一方，外国法事務弁護士法人は，弁護士法人の場合と同様，日弁連の総会に出席し，意見を述べ，議案を発議し，又は議決権を行使することができないものとされた（外国法事務弁護士法人規程17条）。

外国法事務弁護士及び外国法事務弁護士法人は，基本規程及び外国法事務弁護士法人規程の定める会費，総会において議決した特別会費を納めなければならない（基本規程65条・66条，外国法事務弁護士法人規程22条・23条）。

2　所属弁護士会における地位

外国法事務弁護士となる資格を有する者は，入会しようとする弁護士会を経由して日弁連に登録請求をし，登録の時に，当該弁護士会及び日弁連の外国特別会員となる。また，外国法事務弁護士法人は，その成立の時に，主たる事務所の所在する地域の弁護士会（２個以上の弁護士会があるときは，当該外国法事務弁護士法人が定款に記載した弁護士会）及び日弁連に入会し，その外国特別会員となる（特別措置法50条の７第１項）。以上の点は，基本的に弁護士及び弁護士法人の場合と同様である。そして，外国法事務弁護士及び外国法事務弁護士法人の所属弁護士会における地位は，所属弁護士会には懲戒権限がないこと，自治の参加に制限があること等のほかは，基本的に当該弁護士会における会則の定めるところによる（特別措置法22条，基本規程９条）。ここにいう「会則」とは，日弁連の場合と同様，形式的な意味における会則のみを意味するのではなく，弁護士会の会員全員の参加する民主的議決に基づいて制定される規定をも含むと解されている。

本法施行ノ際現ニ存スル弁護士会ハ本法施行ノ日ヨリ六月内ニ本法ニ依ル弁護士会ヲ設立スル為会則ヲ定メ司法大臣ノ認可ヲ受クベシ司法大臣ハ認可ヲ為シタルトキハ弁護士会ノ名称、事務所ノ所在地及設立ノ年月日ヲ告示スベシ

前項ノ規定ニ依リテ弁護士会成立シタルトキハ旧弁護士会ノ会員ハ当然新弁護士会ノ会員ト為リ旧弁護士会ニ属シタル権利義務ハ新弁護士会之ヲ承継ス

本法施行ノ際現ニ二個以上ノ事務所ヲ有スル弁護士ハ本法施行ノ日ヨリ六月内ニ限リ之ヲ存続スルコトヲ得

（注1）　昭和二二年法律第一九五号「法務庁設置に伴う法令の整理に関する法律」第一三条により、この法律中「司法大臣」を「法務総裁」に、「司法省」を「法務庁」に改正

（注2）　昭和二三年法律第一〇三号「公認会計士法」附則第七一条により、第五条第二号中「又ハ弁理士法若ハ計理士法ニ依リ業務ヲ禁止セラレタル者」を「、弁理士法ニ依リ業務ヲ禁止セラレタル者又ハ公認会計士法（昭和二十三年法律第百三号）第三十条又ハ第三十一条ノ規定ニ依リ登録ノ抹消ノ処分ヲ受ケタル者」に、「又ハ業務禁止」を「、業務禁止又ハ登録ノ抹消」に改正

後存続シ又ハ合併ニ因リテ設立シタル弁護士会之ヲ承継ス

第五十条　弁護士会ハ左ノ事由ニ因リテ解散ス

一　総会ノ決議

二　合併

前項第一号ノ総会ノ決議ハ司法大臣ノ認可ヲ受クベシ

民法第七十三条乃至第七十六条、第七十八条乃至第八十条、第八十二条及第八十三条並ニ民法施行法第二十六条及第二十七条ノ規定ハ弁護士会ノ清算ニ関シ之ヲ準用ス

第五十一条　司法大臣ハ弁護士会ノ解散ノ決議ヲ認可シタルトキハ解散ノ告示ヲ為スベシ

第五十二条　弁護士会ハ共同シテ特定ノ事項ヲ行フ為規約ヲ定メ司法大臣ノ認可ヲ受ケ聯合会ヲ設立スルコトヲ得

第五章　懲　戒

第五十三条　弁護士本法又ハ弁護士会会則ニ違反シタルトキハ検事長ハ司法大臣ノ命ニ依リ又ハ其ノ認可ヲ受ケテ懲戒開始ノ申立ヲ為スベシ

弁護士会ハ会則ノ定ムル所ニ依リ懲戒ヲ求ムル為司法大臣又ハ検事長ニ申告ヲ為スコトヲ得

第五十四条　弁護士ノ懲戒ハ其ノ所属弁護士会ノ地域ヲ管轄スル控訴院ニ於ケル懲戒裁判所之ヲ行フ

第五十五条　懲戒ハ左ノ四種トス

一　譴責

二　千円以下ノ過料

三　一年以下ノ停職

四　除名

前項ノ過料ノ裁判ノ執行ニ付テハ非訟事件手続法第二百八条ノ規定ヲ準用ス

第五十六条　懲戒ノ訴追ヲ受ケタル弁護士ハ其ノ裁判確定スルニ至ル迄弁護士会ヲ退会シ又ハ弁護士名簿ノ登録換ヲ請求スルコトヲ得ズ

弁護士会ハ懲戒ノ訴追ヲ受ケタル弁護士ヲ退会セシムルコトヲ得ズ

第五十七条　懲戒ノ事由アリタル時ヨリ三年ヲ経過シタルトキハ懲戒開始ノ申立ヲ為スコトヲ得ズ

第五十八条　本法ニ規定スルモノノ外懲戒ニ付テハ判事懲戒法ヲ準用ス

附　則

本法ハ昭和十一年四月一日ヨリ之ヲ施行ス

本法施行ノ際現ニ従前ノ規定ニ依リテ弁護士タル資格ヲ有スル者ハ本法施行後ト雖モ仍其ノ資格ヲ有ス

旧刑法ノ重罪ノ刑又ハ禁錮ニ処セラレタル者ハ第五条ノ規定ノ適用ニ付テハ之ヲ禁錮以上ノ刑ニ処セラレタル者ト看做ス

従前ノ規定ニ依ル弁護士名簿ノ登録ハ之ヲ本法ニ依ル弁護士名簿ノ登録ト看做ス

本法施行ノ際現ニ弁護士会ニ加入シ居ラザル弁護士ニ付テハ本法施行ノ日ヨリ三月内ニ従前ノ例ニ依リテ弁護士会ニ加入スルニ非ザレバ其ノ登録ハ効力ヲ失フ

弁護士会ニ関シテハ本法ニ依ル弁護士会成立スルニ至ル迄ハ仍従前ノ例ニ依ル但シ弁護士名簿登録及登録換ノ請求ノ進達ニ関シテハ本法ニ依ル

士ノ利害ニ関スル事項ニ付亦同ジ

第三十九条　弁護士会会則ニハ左ノ事項ヲ記載スベシ

一　名称及事務所ノ所在地
二　会ノ代表者其ノ他ノ機関ノ組織及職務権限ニ関スル規定
三　会議ニ関スル規定
四　弁護士試補ノ実務修習ニ関スル規定
五　弁護士ノ報酬ニ関シ標準ヲ示ス規定
六　会員ノ風紀保持ニ関スル規定
七　無資力者ノ為ニスル法律相談及訴訟扶助ニ関スル規定
八　答申及建議ノ決議ニ関スル規定
九　会員ト委嘱者トノ間ニ於ケル紛議ノ調停ニ関スル規定
十　弁護士名簿ノ登録及登録換ノ請求ノ進達ニ関スル規定
十一　入会及退会ニ関スル規定
十二　懲戒ノ申告ニ関スル規定
十三　会費ノ徴収ニ関スル規定
十四　資産ニ関スル規定

第四十条　弁護士会ハ毎年定期総会ヲ開ク
弁護士会ハ必要アル場合ニ於テ臨時総会ヲ開クコトヲ得

第四十一条　弁護士会ハ総会ノ日時、場所及議題並ニ役員選挙ノ日時及場所ヲ予メ司法大臣ニ申告スベシ

第四十二条　司法大臣ハ弁護士会ノ総会又ハ役員選挙ノ場所ニ臨席シ又ハ所部ノ官吏ヲシテ臨席セシムルコトヲ得

第四十三条　弁護士会ハ遅滞ナク総会ノ決議並ニ役員ノ就任及退任ヲ司法大臣ニ申告スベシ

第四十四条　左ノ事項ハ総会ノ決議ヲ経ベシ

一　会則ノ変更
二　予算及決算

第四十五条　弁護士会ノ会議法令若ハ会則ニ違反シ又ハ公益ヲ害スルトキハ司法大臣ハ其ノ決議ヲ取消シ、其ノ議事ヲ停止スルコトヲ得

第四十六条　弁護士会ハ弁護士ト委嘱者トノ間ニ紛議ヲ生ジタルトキハ当事者ノ請求ニ因リ其ノ調停ヲ為スコトヲ得

第四十七条　弁護士会ハ司法大臣ノ認可ヲ受ケ同一地方裁判所ノ管轄区域内ニ於ケル他ノ弁護士会ト合併スルコトヲ得
弁護士会合併シタルトキハ合併ニ因リテ解散シタル弁護士会所属ノ弁護士ハ当然旧所属弁護士会ヲ退会シ合併後存続シ又ハ合併ニ因リテ設立シタル弁護士会ノ会員ト為ルモノトス
第十条第一項ノ規定ハ前項ノ場合ニ之ヲ準用ス

第四十八条　司法大臣弁護士会ノ合併ヲ認可シタルトキハ合併後存続スル弁護士会ニ付テハ変更ノ告示ヲ為シ、合併ニ因リテ解散シタル弁護士会ニ付テハ解散ノ告示ヲ為シ、合併ニ因リテ設立シタル弁護士会ニ付テハ第三十二条第一項ニ規定スル告示ヲ為スベシ

第四十九条　弁護士会合併ヲ為サントスルトキハ其ノ債権者ニ対シ異議アラバ一月ヲ下ラザル期間内ニ之ヲ述ブベキ旨ヲ催告スベシ
債権者ガ前項ノ期間内ニ異議ヲ述ベタルトキハ弁護士会ハ之ニ弁済ヲ為シ又ハ相当ノ担保ヲ供スルニ非ザレバ合併ヲ為スコトヲ得ズ
合併ニ因リテ解散シタル弁護士会ニ属スル権利義務ハ合併

四　仲裁手続ニ依リ仲裁人トシテ取扱ヒタル事件

第二十五条　弁護士ハ係争権利ヲ譲受クルコトヲ得ズ

第二十六条　弁護士ハ事件ノ委嘱ヲ承諾セザルトキハ速ニ其ノ旨ヲ委嘱者ニ通告スベシ若通告ヲ怠リタルトキハ之ガ為生ジタル損害ヲ賠償スル責ニ任ズ

第二十七条　弁護士ハ報酬アル公務ヲ兼ヌルコトヲ得ズ但シ帝国議会若ハ地方議会ノ議員ト為リ又ハ官署若ハ公署ヨリ特ニ命ゼラレ若ハ嘱託セラレタル職務ヲ行フハ此ノ限ニ在ラズ

弁護士ハ所属弁護士会ノ許可ヲ受クルニ非ザレバ商業其ノ他営利ヲ目的トスル業務ヲ営ミ若ハ之ヲ営ム者ノ使用人ト為リ又ハ営利ヲ目的トスル法人ノ業務執行社員、取締役若ハ使用人ト為ルコトヲ得ズ

第二十八条　前条ノ規定ハ実務修習中ノ弁護士試補ニ之ヲ準用ス

第四章　弁護士会

第二十九条　弁護士会ハ法人トス

弁護士会ハ弁護士ノ品位ノ保持及弁護士事務ノ改善進歩ヲ図ルヲ以テ目的トス

第三十条　弁護士会ハ地方裁判所ノ管轄区域毎ニ之ヲ設立スベシ但シ弁護士会ニ属スル弁護士三百名以上アル場合ニ於テ其ノ中百名以上ノ者ハ同一地方裁判所ノ管轄区域内ニ別ニ弁護士会ヲ設立スルコトヲ得

第三十一条　弁護士会ヲ設立セントスルトキハ会員ト為ルベキ弁護士ハ会則ヲ定メ司法大臣ノ認可ヲ受クベシ

弁護士会ノ設立アリタルトキハ前項ノ弁護士ハ当然旧所属弁護士会ヲ退会シ其ノ会員ト為ルモノトス

第十条ノ規定ハ前項ノ場合ニ之ヲ準用ス

弁護士会会則ヲ変更セントスルトキハ司法大臣ノ認可ヲ受クベシ

第三十二条　司法大臣弁護士会ノ設立ヲ認可シタルトキハ弁護士会ノ名称、事務所ノ所在地及設立ノ年月日ヲ告示スベシ

司法大臣弁護士会ノ名称又ハ事務所ノ所在地ノ変更ヲ認可シタルトキハ変更ノ告知ヲ為スベシ

第三十三条　弁護士会ノ代表者ハ一人トス但シ代表者差支アル場合ニ於テ之ニ代リテ弁護士会ヲ代表スベキ者ヲ置クコトヲ妨ゲズ

第三十四条　弁護士会ハ司法大臣ノ監督ヲ受ク

第三十五条　第三十一条ニ規定スル場合ヲ除クノ外弁護士名簿ニ登録又ハ登録換ヲ受ケタル者ハ当然其ノ入会セントスル弁護士会ノ会員ト為リ登録換ヲ為ス場合ニハ旧所属弁護士会ヲ退会スルモノトス

第三十六条　弁護士第十一条ノ規定ニ依ル請求ニ因リテ登録ヲ取消サレタルトキハ当然所属弁護士会ヲ退会シタルモノトス

第三十七条　弁護士会ハ弁護士試補ノ実務修習ヲ担当ス但シ司法大臣別段ノ規定ヲ設ケタルトキハ此ノ限ニ在ラズ

第三十八条　弁護士会ハ官庁ヨリ諮問ヲ受ケタル事項ニ付答申ヲ為スベシ

弁護士会ハ司法事務ニ関シ官庁ニ建議ヲ為スコトヲ得弁護

ニ之ヲ届出ヅベシ

第十一条　弁護士所属弁護士会ヲ退会セントスルトキハ其ノ弁護士会ヲ経由シテ司法大臣ニ登録取消ノ請求ヲ為スベシ

第十二条　弁護士会ハ会ノ秩序又ハ信用ヲ害スル虞アル者ノ登録若ハ登録換ノ請求ノ進達ヲ拒絶シ又ハ退会ヲ命ズルコトヲ得

第十三条　前条ノ規定ニ依リ登録若ハ登録換ノ進達ヲ拒絶セラレ又ハ退会セシメタル者ハ司法大臣ニ不服ノ申立ヲ為スコトヲ得

前項ノ場合ニ於テ司法大臣ハ審査委員会ニ諮問シテ登録若ハ登録換ノ請求ノ進達ヲ命ジ又ハ退会ノ命ヲ取消スコトヲ得

第十四条　審査委員会ニ関スル事項ハ勅令ヲ以テ之ヲ定ム

第十五条　左ノ場合ニ於テハ司法大臣ハ弁護士名簿ノ登録ヲ取消スベシ

一　弁護士国籍ヲ喪失シタルトキ

二　弁護士第五条各号ノ一ニ該当スルニ至リタルトキ

三　第十一条ノ規定ニ依リ登録取消ノ請求アリタルトキ

四　弁護士退会セシメラレ又ハ除名セラレタルトキ

五　弁護士死亡シタルトキ

六　総会ノ決議ニ因リ弁護士会解散シタルトキ

第十六条　弁護士名簿ノ登録、登録換及登録取消ハ司法大臣之ヲ其ノ弁護士所属ノ弁護士会ニ通知スベシ

第十七条　登録ニ関スル事項ハ命令ヲ以テ之ヲ定ム

第三章　弁護士ノ権利及義務

第十八条　弁護士ノ事務所ハ所属弁護士会ノ地域内ニ之ヲ設クベシ

弁護士ハ如何ナル名義ヲ以テスルモ二個以上ノ事務所ヲ設クルコトヲ得ズ但シ他ノ弁護士事務所ニ於テ執務スルコトヲ妨ゲズ

第十九条　弁護士事務所ヲ設ケタルトキハ直ニ之ヲ司法大臣及所属弁護士会ニ届出ヅベシ事務所ヲ移転シタルトキ亦同ジ

第二十条　弁護士ハ誠実ニ其ノ職務ヲ行ヒ職務ノ内外ヲ問ハズ其ノ品位ヲ保持スベシ

第二十一条　弁護士又ハ弁護士タリシ者ハ其ノ職務上知得シタル秘密ヲ保持スル権利ヲ有シ義務ヲ負フ但シ他ノ法令ニ別段ノ規定アル場合ハ此ノ限ニ在ラズ

第二十二条　弁護士ハ所属弁護士会ノ会則ヲ遵守スベシ

第二十三条　弁護士ハ正当ノ理由アルニ非ザレバ法令ニ依リ官庁ノ命ジタル事項及会則ノ定ムル所ニ依リ所属弁護士会ノ指定シタル事項ヲ行フコトヲ辞スルコトヲ得ズ

第二十四条　弁護士ハ左ニ掲グル事件ニ付其ノ職務ヲ行フコトヲ得ズ

一　相手方ノ協議ヲ受ケテ賛助ヲ為シ又ハ其ノ委嘱ヲ承諾シタル事件

二　相手方ノ協議ヲ受ケタル事件ニシテ其ノ協議ノ程度及方法ガ信頼関係ニ基クモノト認メラルルモノ

三　公務員トシテ職務上取扱ヒタル事件

4　旧弁護士法

弁護士法（昭和八年五月一日法律第五三号）

第一章　弁護士ノ職務及資格

第一条　弁護士ハ当事者其ノ他ノ関係人ノ委嘱又ハ官庁ノ選任ニ因リ訴訟ニ関スル行為其ノ他一般ノ法律事務ヲ行フコトヲ職務トス

第二条　左ノ条件ヲ具フル者ハ弁護士タル資格ヲ有ス

一　帝国臣民ニシテ成年者タルコト

二　弁護士試補トシテ一年六月以上ノ実務修習ヲ了ヘ考試ヲ経タルコト

前項第二号ノ実務修習及考試ニ関スル事項ハ司法大臣之ヲ定ム

第三条　弁護士試補タルニハ成規ノ試験ニ合格スルコトヲ要ス

前項ノ試験ニ関スル事項ハ勅令ヲ以テ之ヲ定ム

第四条　左ニ掲グル者ハ前二条ノ規定ニ拘ラズ弁護士タル資格ヲ有ス

一　判事又ハ検事タル資格ヲ有スル者

二　三年以上専任行政裁判所長官又ハ専任行政裁判所評定官タリシ者

三　三年以上陸軍法務官又ハ海軍法務官タリシ者

第五条　左ニ掲グル者ハ弁護士タル資格ヲ有セズ

一　禁錮以上ノ刑ニ処セラレタル者

二　懲戒ノ処分ニ因リ免官若ハ免職セラレタル者、本法ニ依リ除名セラレタル者又ハ弁理士法若ハ計理士法ニ依リ業務ヲ禁止セラレタル者ニシテ免官、免職、除名又ハ業務禁止後二年ヲ経過セザル者

三　禁治産者又ハ準禁治産者

四　破産者ニシテ復権ヲ得ザル者

第六条　外国ノ弁護士タル資格ヲ有スル外国人ハ相互ノ保証アルトキニ限リ司法大臣ノ認可ヲ受ケ外国人又ハ外国法ニ関シ第一条ニ規定スル事項ヲ行フコトヲ得但シ前条ニ掲グル者ハ此ノ限ニ在ラズ

第十八条第二項、第二十条及第二十三条乃至第二十六条ノ規定ハ前項ノ認可ヲ受ケタル者ニ之ヲ準用ス

司法大臣必要ト認ムルトキハ第一項ノ認可ヲ取消スコトヲ得

第二章　弁護士名簿

第七条　弁護士タルニハ弁護士名簿ニ登録セラルルコトヲ要ス

第八条　弁護士名簿ハ之ヲ司法省ニ備フ

第九条　弁護士タラントスル者ハ其ノ入会セントスル弁護士会ヲ経由シテ司法大臣ニ登録ノ請求ヲ為スベシ

第十条　弁護士弁護士会ノ所属ヲ変更セントスルトキハ新ニ入会セントスル弁護士会ヲ経由シテ司法大臣ニ登録換ノ請求ヲ為スベシ

前項ノ登録換アリタルトキハ弁護士ハ直ニ旧所属弁護士会

第五章　懲　戒

第三十一条　弁護士ニシテ此ノ法律又ハ弁護士会会則ニ違背シタル所為アルトキハ会長ハ常議員会又ハ総会ノ決議ニ依リ懲戒ヲ求ムル為検事正ニ申告スヘシ
検事正ハ会長ノ申告ニ依リ又ハ職権ヲ以テ懲戒訴追ヲ検事長ニ請求スヘシ
第三十二条　弁護士ニ対スル懲戒事件ニ付テハ管轄控訴院ニ於テ懲戒裁判所ヲ開クヘシ
第三十三条　懲戒罰ハ左ノ四種トス
第一　譴責
第二　百円以下ノ過料
第三　一年以下ノ停職
第四　除名
第三十四条　懲戒処分ニ付テハ判事懲戒法ノ規定ヲ準用ス

附　則

第三十五条　現在ノ代言人ハ本法施行ノ日ヨリ六十日以内ニ弁護士名簿ニ登録ヲ請フトキハ試験ヲ要セスシテ弁護士タルコトヲ得
第三十六条　現在ノ代言人本法施行前ニ委任ヲ受ケタル事件ニ付テハ其ノ判決ニ至ルマテ職務ヲ行フコトヲ得
第三十七条　第十二条ノ規定ハ現在ノ代言人ニ之ヲ適用セス
第三十八条　本法ハ明治二十六年五月一日ヨリ施行ス
明治十三年司法省甲第一号布達代言人規則ハ本法施行ノ日ヨリ廃止ス

附　則（大正三年法律第四〇号）

本法施行ノ期日ハ勅令ヲ以テ之ヲ定ム（大正七年勅令第七号ヲ以テ大正一二年三月一日ヨリ之ヲ施行ス）
本法施行ノ際従前ノ規定ニ依リ弁護士タル資格ヲ有スル者ハ本法施行後ト雖仍其ノ資格ヲ有ス

第十五条　弁護士ハ係争権利ヲ買受クルコトヲ得ス

第十六条　弁護士ハ訴訟事件ノ委任ヲ承諾セサルトキハ速ニ其ノ旨ヲ委任者ニ通告スヘシ若通告ヲ怠リタルトキハ之カ為メ生シタル損害ノ責ニ任ス

第十七条　弁護士ハ所属地方裁判所又ハ其ノ管内区裁判所所在ノ地ニ事務所ヲ定メ之ヲ所属地方裁判所検事局ニ届出ヘシ

第四章　弁護士会

第十八条　弁護士ハ其ノ所属地方裁判所毎ニ弁護士会ヲ設立スヘシ

（注）大正一二年法律第五一号により、次に掲げる第一項但書及び第二項を追加

第一項但書　但シ所属弁護士ノ数寡少ニシテ弁護士会ヲ組織スルニ適セサルトキハ司法大臣ノ認可ヲ受ケ他ノ地方裁判所所属弁護士ト合同シテ弁護士会ヲ設立スルコトヲ得

第二項　一ノ弁護士会ニ属スル弁護士三百名以上ニシテ内百名以上ノ同意アルトキハ司法大臣ノ認可ヲ受ケ別ニ弁護士会ヲ設立スルコトヲ得

第十九条　弁護士会ハ所属地方裁判所検事正ノ監督ヲ受ク

第二十条　弁護士会ニ会長ヲ置ク又副会長ヲ置クコトヲ得

第二十一条　弁護士会ハ毎年定期総会ヲ開ク又臨時総会ヲ開クコトヲ得

第二十二条　弁護士会ハ便宜ニ依リ常議員ヲ置クコトヲ得

第二十三条　弁護士会ハ其ノ会則ヲ定メ検事正ヲ経由シテ司法大臣ノ認可ヲ受クヘシ

弁護士ハ所属弁護士会ノ会則ヲ遵守スヘシ

第二十四条　弁護士ハ弁護士会ニ加入シタル後ニ非サレハ職務ヲ行フコトヲ得ス

第二十五条　弁護士ハ其ノ所属地方裁判所管轄外ニ事務所ヲ設ケ職務ヲ行ハムトスルトキハ其ノ職務ヲ行フヘキ地方裁判所所在ノ弁護士会会則ヲ遵守スヘシ

第二十六条　弁護士会会則ニハ会長副会長常議員ノ選挙及其ノ職務、総会、常議員会及其ノ議事ニ関スル規程、弁護士ノ風紀ヲ保持スル規程並ニ謝金及手数料ニ関スル規程其ノ他会務ノ処理ニ必要ナル規程ヲ設クヘシ

第二十七条　会長副会長及常議員選挙ノ結果、総会及常議員会開会ノ日時場所及議題ハ弁護士会ヨリ之ヲ検事正ニ届出ヘシ

第二十八条　弁護士会ニ於テハ左ノ事項ノ外議スルコトヲ得ス

第一　法律命令又ハ弁護士会会則ニ規定シタル事項

第二　司法大臣又ハ裁判所ヨリ諮問シタル事項

第三　司法上若ハ弁護士ノ利害ニ関シ司法大臣又ハ裁判所ニ建議スル事項

第二十九条　検事正ハ弁護士会ノ会場ニ臨席スルコトヲ得又会議ノ結果ヲ報告セシムルコトヲ得

第三十条　弁護士会ノ会議ニシテ法律命令及弁護士会会則ニ違フモノアルトキハ司法大臣ハ其ノ議決ヲ無効トシ又ハ其ノ議事ヲ停止スルコトヲ得

及司法官試補タリシ者

（注）大正三年法律第四〇号により、次のように改正

第四条　左ニ掲クル者ハ試験ヲ要セスシテ弁護士タルコトヲ得

第一　判事検事タル資格ヲ有スル者

第二　法律学ヲ修メタル法学博士

第五条　左ニ掲クル者ハ弁護士タルコトヲ得ス

第一　重罪ヲ犯シタル者但シ国事犯ニシテ復権シタルトキハ此ノ限ニ在ラス

第二　不敬罪、偽造罪、偽証罪、賄賂罪、誣告罪、竊盗罪、詐欺取財罪、費消罪、贓物ニ関スル罪、遺失物埋蔵物ニ関スル罪、家資分散ニ関スル罪及刑法第百七十五条同第二百六十条同第二百八十二条同第二百八十六条同第二百八十七条同第三百六十条ニ記載シタル定役ニ服スヘキ軽罪ヲ犯シタル者

第三　公権停止中ノ者

第四　破産若ハ家資分散ノ宣告ヲ受ケ復権セサル者又ハ身代限ノ処分ヲ受ケ債務ノ弁償ヲ終ヘサル者

第六条　弁護士ハ報酬アル公務ヲ兼ヌルコトヲ得ス但シ帝国議会議員、府県会常置委員ト為リ又ハ官庁ヨリ特ニ命セラレタル職務ヲ行フハ此ノ限ニ在ラス

弁護士ハ商業ヲ営ムコトヲ得ス但シ弁護士会ノ許可ヲ得タルモノハ此ノ限ニ在ラス

第二章　弁護士名簿

第七条　弁護士ハ弁護士名簿ニ登録セラルヽコトヲ要ス

第八条　各地方裁判所ニ弁護士名簿ヲ備フ

弁護士ハ其ノ氏名ヲ登録シタル地方裁判所ノ所属トス

刑事訴訟法第二百六十四条及第二百七十九条ノ所属弁護士ハ受訴裁判所所在地ノ弁護士ヲ以テ之ニ充ツ

第九条　弁護士名簿ニ登録ヲ請フ者ハ其ノ所属地方裁判所ノ検事局ヲ経由シテ司法大臣ニ請求書ヲ差出スヘシ

登録請求書ニハ第二条乃至第六条ノ事項ニ関スル証明書ヲ添フヘシ

第十条　登録ヲ請フ者ハ登録手数料トシテ金二十円ヲ納ムヘシ

他ノ地方裁判所ニ登録換ヲ為ストキハ手数料トシテ金十円ヲ納ムヘシ

第十一条　登録ニ関スル規則ハ司法大臣之ヲ定ム

第三章　弁護士ノ権利及義務

第十二条　弁護士ハ登録後三年ヲ経過スルニ非サレハ大審院ニ於テ其ノ職務ヲ行フコトヲ得ス但シ三年以上判事検事タリシ者ハ此ノ限ニ在ラス

（注）明治三三年法律第一六号により、削除

第十三条　弁護士ハ正当ノ理由ヲ証明スルニ非サレハ裁判所ノ命シタル職務ヲ行フヲ辞スルコトヲ得ス

第十四条　弁護士ハ左ニ掲クル訴訟事件ニ付キ其ノ職務ヲ行フコトヲ得ス

第一　相手方ノ協議ヲ受ケテ之ヲ賛助シ又ハ委任ヲ受ケタル事件

第二　判事検事奉職中取扱ヒタル事件

第三　仲裁手続ニ依リ仲裁人ト為リテ取扱ヒタル事件

年　齢

一地名身分何某ニ随ヒ何年ヨリ何年迄何学修行何某ニ随ヒ何技術ヲ修行

一何年月日何官職ニ任シ何年月日免官辞職

一何年月日何々ノ廉ヲ以テ何庁ヨリ賞典ヲ受ク

一何年月日身代限リノ処分ヲ受ケ何年月日弁償ノ義務ヲ終フ

右之通ニ御座候也

年　号　月　日　　氏　名　印

代言引続願免許状紛失氏名改換ノ時ノ願書モ此式ニ倣フ可シ

引続代言営業仕度候ニ付免許状御下付被下度此段奉願候也

本貫住所寄留ナル時ハ其寄留所ヲ記ス可シ

免許代言人

年　号　月　日　　氏　名　印

司　法　卿　某　殿

3　旧々弁護士法

弁護士法（明治二六年三月四日法律第七号）

第一章　弁護士ノ資格及職務

第一条　弁護士ハ当事者ノ委任ヲ受ケ又ハ裁判所ノ命令ニ従ヒ通常裁判所ニ於テ法律ニ定メタル職務ヲ行フモノトス但シ特別法ニ因リ特別裁判所ニ於テ其ノ職務ヲ行フコトヲ妨ケス

第二条　弁護士タラムト欲スル者ハ左ノ条件ヲ具フルコトヲ要ス

第一　日本臣民ニシテ民法上ノ能力ヲ有スル成年以上ノ男子タルコト

第二　弁護士試験規則ニ依リ試験ニ及第シタルコト

（注）第二は、大正三年法律第四〇号により、次のように改正

第二　裁判所構成法第五十八条ノ試験ニ合格シタルコト

第三条　弁護士試験ニ関スル規則ハ司法大臣之ヲ定ム

（注）大正三年法律第四〇号により削除

第四条　左ニ掲クル者ハ試験ヲ要セスシテ弁護士タルコトヲ得

第一　判事検事タル資格ヲ有スル者又ハ弁護士ニシテ其ノ請求ニ因リ登録ヲ取消シタル者

第二　法律学ヲ修メタル法学博士、帝国大学法律科卒業生、旧東京大学法学部卒業生、司法省旧法学校正則部卒業生

ヲ為シタル者

九　議会組合ノ外私ニ社ヲ結ヒ号ヲ設ケ営業ヲ為シタル者

十　議会ニ於テ定メタル取締規則ヲ犯シタル者

第二十三条　懲戒ノ目次左ノ如シ

一　譴責

二　停業

三　除名

第二十四条　所犯法律ニ該ル者ハ法律ニ依テ処断シ仍ホ第二十三条ノ罰目ヲ併科スルコトアル可シ

第二十五条　譴責ハ止タ呵責シテ業ヲ停メス停業ハ一月以上一年以下其業ヲ停メ除名ハ代言人名簿ノ名ヲ除キ三年ヲ経ルノ後ニ非サレハ復タ代言人タルヲ得ス若シ其所犯ノ情状重キ者ハ終身之ヲ許サス

第二十二条ノ懲罰ヲ受ケタル者アルトキハ其旨ヲ裁判所ノ控所ニ掲示ス可シ

第四款　出　願

第二十六条　代言免許ヲ願フ者ハ第二十九条ノ書式ニ倣ヒ願書ヲ作リ現在戸長又ハ区長ノ奥印ヲ受ケ履歴書ヲ添ヘ其所轄ノ検事ニ差出シ定式ノ試験ヲ受ク可シ

第二十七条　出願定月

二月　八月　各上半箇月ヲ以テ限リト為ス

（注）　司法省告示第一号（明治一〇年一月一四日）
代言出願人試験ノ儀ハ自分出願ノ都度之ヲ為サス毎年四月ヲ以テ執行ス
司法省告示第一二五号（明治一一年一二月一二日）
代言出願人試験ノ儀自今毎年九月ヲ以テ執行ス

第二十八条　試験ノ課目左ノ如シ

一　民事ニ関スル法律

二　刑事ニ関スル法律

三　訴訟ノ手続

四　裁判ニ関スル諸規則

第二十九条　願書及ヒ履歴書書式

代　言　願

本貫住所（寄留ナル時ハ其寄留所ヲ記入ス可シ）

身分　氏名

年齢

代言営業仕度ニ付御試験之上免許被成下度此段奉願候也

年号月日

右　氏名印

司法卿某殿

前書ノ通出願候ニ付キ奥印致候也

右戸長又ハ区長　氏名印

履　歴　書

本貫住所（寄留ナル時ハ其寄留所ヲ記ス可シ）

身分

職業

氏名

第二款　議　会

第十四条　代言人ハ各地方裁判所本支庁所轄毎ニ一ノ組合ヲ立テ議会ヲ設ケ左ノ目的ヲ以テ規則ヲ定メ契約ヲ固クス可シ但組合ハ各裁判区ノ広狭遠近ニ依リ検事ノ見計ヲ以テ之ヲ分合スルコトアル可シ
一　互ニ風儀ヲ矯正スル事
二　名誉ヲ保存スル事
三　法律ヲ研究スル事
四　誠実ヲ以テ本人ノ依頼ニ応スル事
五　強テ本人ノ権利ヲ捏造セサル事
六　妄リニ言詞ヲ変改セサル事
七　故ナク時日ヲ遷延セサル事
八　相当謝金ノ額ヲ定ムル事
　但該規則ハ必ス検事ノ照閲ヲ経可シ其改正増補モ亦之ニ同シ

第十五条　組合毎ニ会長一名副会長一名又ハ二名ヲ毎年第一次会ニ於テ投票ノ多数ヲ以テ定ム可シ若シ投票ノ数相均シキ時ハ先キニ免許ヲ得タル者ヲ以テシ其時日相同シキ時ハ年長ノ者ヲ以テ之ニ充ツ可シ

第十六条　会長ハ議会ノ管理ヲ為シ副会長ハ会長ヲ補助シ会長差支アル時ハ之カ代理ヲ為ス可シ其任期ハ各満一年トス但毎期投票多数ヲ得ル者ト雖トモ其職務ヲ継続スルハ三期ヲ以テ限リトス

第十七条　第二十二条ニ記載シタル条件ヲ犯ス者アル時ハ各代言人ハ之ヲ会長ニ報告シ会長ハ之ヲ検事ニ告発ス可シ若シ会長告発ヲ遷延シ又ハ其所犯会長ニ係ル時ハ各代言人ヨリ直チニ検事ニ告発ス可シ

第十八条　議会ヲ開クハ毎年二次ヲ以テ定例ト為シ其日数一次十五日ヲ過クルヲ得ス若シ已ムヲ得サル場合ニ於テ期日ヲ延サントスルカ又ハ臨時会ヲ開カントスル時ハ必ス検事ノ認可ヲ受ク可シ但其会費ハ各代言人ニ於テ之ヲ担当スル者ト為ス

第十九条　会長ハ組合総員ノ名簿ヲ作リ其本貫族籍住所年齢及ヒ代言免許ノ年月日ヲ記シ転住廃業懲罰ノ事アル毎ニ其旨ヲ記ス可シ

第二十条　議会中詞訟事件ニ付参会スルヲ得サル場合ニ於テハ其旨ヲ会長ニ届出ツ可シ

第二十一条　会長及ヒ副会長ト雖トモ代言ノ職業ニ付テハ一般ノ代言人ト異ナルナシ

第三款　懲　罰

第二十二条　代言人左ノ条件ヲ犯ス時ハ軽重ヲ量リ第二十三条及ヒ第二十四条ニ依テ懲罰ス可シ
一　訟廷ニ於テ現行ノ法律ヲ誹議スル者
二　訟廷ニ於テ官吏ニ対シ不敬ノ所業ヲ為ス者
三　訟廷ニ於テ相手方ヲ凌辱罵詈シタル者
四　詞訟ヲ教唆シタル者
五　証拠ト為ル可キ者ヲ捏造シタル者
六　他人ノ詞訟ヲ買取リ自己ノ利ヲ図ル者
七　強テ謝金ヲ前収シ又ハ過当ノ謝金ヲ貪リタル者
八　故ラニ時日ヲ遷延シ詞訟本人並ニ相手方関係人ノ妨害

2 明治一三年代言人規則

代言人規則（明治一三年五月一三日 司法省布達甲第一号）

第一款 総 則

第一条 代言人ハ法令ニ於テ代言ヲ許サレタル詞訟ニ付テ原告又ハ被告ノ委任ヲ受ケ其代言ヲ為ス者トス

第二条 代言ノ業ヲ為サント欲スル者ハ第四款ニ掲クル所ノ手続ニ依リ定式ノ試験ヲ経テ司法卿ノ免許ヲ受ク可シ

第三条 免許ヲ受ケシ代言人ハ大審院及ヒ諸裁判所ニ於テ代言ヲ為スヲ得

第四条 代言人ノ免許ヲ得ル能ハサル者左ノ如シ

一 未丁年者

二 身代限リノ処分ヲ受ケ未タ弁償ノ義務ヲ終ヘサル者

三 盗罪詐偽罪ニ付刑ヲ受ケタル者

四 国事犯ヲ除クノ外懲役並ニ禁獄一年以上ノ刑ヲ受ケタル者

（注） 明治一四年司法省布達甲第二号により『四 懲役禁獄一年以上ノ刑ニ処セラレタル者』と改正

五 官吏准官吏及ヒ公私ノ雇人

第五条 免許ヲ受ケシ者ハ必ス第二款ニ掲クル所ノ代言人ノ組合ニ入リテ其規則ヲ守ル可シ若シ一時他管ニ出テ代言ヲ為ストキハ其地組合ノ規則ヲ遵守ス可シ

第六条 代言人新ニ免許ヲ受ケシ時及ヒ他ノ地ニ転住セント欲スル時ハ其業ヲ為ス所ノ裁判所及ヒ検事検事ナキ地ハ検事ノ職ヲ摂行スル者以下之ニ倣フ並ニ議会長ニ其旨ヲ届ケ廃業ノ時ハ免許状ヲ検事ニ返納ス可シ

第七条 代言免許ハ満一年月ヲ以テ算フヲ以テ限トシ免許料ハ金拾円トス其業ヲ継続セント欲スル者ハ毎年免許料ヲ納ム可シ既ニ納メタル免許料ハ廃業停業除名ノ時ト雖トモ之ヲ還付セス

第八条 新規出願ノ者ハ免許状ヲ受ル時免許料ヲ直チニ検事ニ納ム可シ

引続出願ノ者ハ必ス免許期限ノ尽ル前願書ニ免許料ヲ添ヘ検事ニ差出ス可シ但右手続ヲ為シタルトキハ期限後ニ係リ未タ免状ノ下付有ラサルモ其儘代言ヲ為スヲ得可シ

第九条 免許料ヲ納メサルヲ以テ免許ヲ得ス又ハ期限前ニ於テ引続願ヲ為サスシテ免許ノ効ヲ失ヒシ者再ヒ代言ヲ為サント欲スル時ハ新規出願ノ手続ニ循フ可シ

第十条 免許状ヲ紛失シ又ハ氏名ヲ改メシ者ハ更ニ免許状下付ノ願ヲ検事ニ出ス可シ但願書ノ副本ニ検事ノ検印ヲ受ケ置キ引替免許状下付迄ハ之ヲ以テ免許代言人タルノ証ト為ス可シ

第十一条 代言ヲ為スニハ必ス詞訟本人ノ委任状ヲ受ク可シ

第十二条 代言人ノ懲罰ハ第三款ニ依テ処分ス可シ

第十三条 代言人ノ所業ニ因リ生シタル詞訟本人並ニ相手方関係人ノ損害ハ其代言人ニ於テ之ヲ償フ可シ

シメタル上ニ非サレハ代言人其事ヲ弁明スルコトヲ得ス

（注） 明治九年六月三日司法省布達甲第九号により第九条削除

第十条 裁判官ノ許可ヲ得ルニ非サレハ訴庭上原被双方互ニ弁論スルヲ得ス

第十一条 告達諸規則ノコトニ付裁判官ニ向テ旨趣ヲ陳述スルヲ得ヘシト雖トモ其是非及ヒ立法ノ原旨ヲ論議スルヲ得ス

第十二条 代言人疾病事故アリテ本日出席スル能ハサレハ必ス裁判所ヘ其旨ヲ届出ヘシ若シ代言人故ナク出頭セスシテ聴訟延期スル時ハ訴訟本人ノ為メ並ニ相手方ノ為ニ延期ヨリ生シタル費用ヲ償ハシムヘシ

第十三条 代言人ノ謝金ハ代言人其訴訟本人トノ協議ヲ以テ其高ヲ預定スル者トス

第十四条

一 訟庭ニ於テ国法ヲ誹議シ及ヒ官吏ヲ侵凌スル者

二 訟庭ニ於テ臆察詐偽ノ弁ヲ為ス者

三 相手方ヲ悪言凌罵シ其面目名誉ヲ汚ス者

四 謝金ヲ前収シ又ハ過当ノ謝金ヲ貪ル者

五 他人ノ貸借取引等ノ詞訟ヲ買取リ自己ノ利ヲ図ル者

六 詞訟ヲ教唆スル者

七 故ラニ時日ヲ遷延シテ訴訟本人ノ妨害ヲ為ス者

右ノ如キ者ハ其軽重ヲ量リ裁判官直チニ之ヲ罰スルヲ得其罰目左ノ如シ

一 譴責

二 停業 一月以上
一年以下

三 除名 三年ヲ経シ後ニ非レハ
復代言人タルヲ許サス

但其罪重キ者ハ律ニ依テ処断シ本条罰目ト併セ科スルコトヲ妨ケス尤第三条第一項ニ触ル丶者ハ更ニ代言人タルヲ許サス

第十五条 此規則ニ掲クル所ノ者ハ他ノ法律成規ニ相触ル丶コトナシ

第十六条 外国人原告ノ時ニ限リ被告ニ於テ外国人ヲ代言人トシテ答弁ヲ為サシムルハ苦シカラス

（注） 明治九年七月六日司法省布達甲第一〇号により第一六条追加

第十七条 代言人検査ノ儀ハ第一条ノ外時宜ニ依リ当省ニ於テ直ニ之ヲ検査スル事アルヘシ

（注） 明治一一年二月七日司法省布達甲第一号により第一七条増補

二　旧法令

1　明治九年代言人規則

代言人規則（明治九年二月二二日司法省布達甲第一号）

第一条　凡ソ代言人タラントスル者ハ先ツ専ラ代言ヲ行ハント欲スル裁判所ヲ示シタル願書ヲ記シ所管地方官ノ検査ヲ乞フヘシ

地方官之ヲ検査スルノ後状ヲ具シテ司法省ニ出ス然ル後其許スヘキ者ハ司法卿之レニ免許状ヲ下付ス

第二条　代言人ヲ検査スルハ左ノ件々ニ照スヘシ

一　布告布達沿革ノ概略ニ通スル者

二　刑律ノ概略ニ通スル者

三　現今裁判上手続ノ概略ニ通スル者

四　本人品行並ニ履歴如何

第三条　免許ヲ与フヘカラサル者左ノ如シ

一　懲役一年以上実決ノ刑ニ処セラレシ者

二　身代限ノ処分ヲ受ケシ者

三　其地方内ニ定マリタル住居アラサル者

四　官職アル者

但准官吏タル者モ亦同

五　諸官員華士族及ヒ商家其他一般ノ雇人タル者

但雇主承諾ノ証書アル者ハ此限ニアラス

第四条　既ニ免許状ヲ与フレハ之ヲ司法省並各裁判所ノ代言人名表ニ登載ス

但免許状ヲ得タル者ハ必ス該裁判所所在ノ地大区内ニ住居スヘシ

（注）　明治九年三月三一日司法省布達甲第三号により第四条中但書改正

第五条　免許状ヲ得タル者ハ免許料トシテ金拾円ヲ司法省ニ納メシム

但免許ハ一年ヲ以テ限リトス若シ引続其職務ヲ行ハントト欲スル者ハ満期ノ節更ニ免許ヲ受クヘシ

第六条　代言人代言ヲ為スハ必スシモ同管轄ノ者ニ限ラス都テ双方ノ協議ニ任スヘシ

但免許セラレタル該裁判所ノ外ハ代言ヲ為スヲ得スト雖モ其或ハ控訴等ニテ従前手続ヲ以テ他ノ裁判所ヨリ上等裁判所ニ出ルカ如キハ此限ニアラス

第七条　代言人ヨリ訴訟本人ニ対シ不正不実ノ証アル時ハ本人ヨリ何時ニテモ裁判所ヘ其由ヲ届ケタル上ニテ代言ヲ辞シ更ニ他ノ代言人ヲシテ代言セシムルヲ得ヘシ

第八条　代言人ハ訴庭ニ於テ其訴答往復書中ノ趣意ヲ弁明シ裁判官ノ問ニ答フル者トス若シ其弁論端緒ヲ失シ詞訟ノ本旨ヲ紊乱シ裁判ノ妨碍トナル時ハ裁判官之ヲ制止スルヲ得ヘシ

第九条　若シ訴答書中遺漏ノ件アル時ハ更ニ書取リヲ差出サ

第五号を第六号とし、第五号を追加
（平成一七年七月法律第八七号「会社法の施行に伴う関係法律の整備等に関する法律」第一二五条による。）全文改正

第七十九条の二
（平成一六年六月法律第八七号「電子公告制度の導入のための商法等の一部を改正する法律」第九条による。）
本条追加
（平成一七年七月法律第八七号「会社法の施行に伴う関係法律の整備等に関する法律」第一二五条による。）全文改正

第八十三条
（昭和二六年六月法律第二三七号「税理士法」附則第三一項による。）
「公認会計士の登録をまつ消された者とみなし、」の下に「従前の税務代理士法（昭和十七年法律第四十六号）の規定により税務代理士の許可を取り消された者は、懲戒の処分により税理士の登録を取り消されたものとみなし、」を加える。
（平成一五年七月法律第一二八号「司法制度改革のための裁判所法等の一部を改正する法律」第七条による。）
「第六条」を「第七条」に、「まつ消」を「抹消」に改める。

第八十九条
（平成一七年七月法律第八七号「会社法の施行に伴う関係法律の整備等に関する法律」第一二五条による。）
第三項中「乃至第四項」を「から第六項まで」に改める。
（平成一八年六月法律第五〇号「一般社団法人及び一般財団法人に関する法律及び公益社団法人及び公益財団法人の認定等に関する法律の施行に伴う関係法律の整備等に関する法律」第二二九条による。）
第三項中「第六項まで」を「第五項まで及び第四十三条の二から第四十三条の十四まで」に改める。

第九十一条
（昭和二六年六月法律第二二一号「弁護士法の一部を改正する法律」による。）
「但し、同法に規定する」の下に「弁護士試補は、司法修習生と読み替え、」を加える。

「第三十条の十九」を「第三十条の二十」に改める。

第七十七条
（昭和三〇年八月法律第一五五号「弁護士法の一部を改正する法律」による。）
「（第七条第四項により準用する場合を含む。）」を削る。
（昭和六一年五月法律第六六号「外国弁護士による法律事務の取扱いに関する特別措置法」附則第七項による。）
「五万円」を「百万円」に改める。
（平成一三年六月法律第四一号「弁護士法の一部を改正する法律」による。）　全文改正
（平成一七年七月法律第八七号「会社法の施行に伴う関係法律の整備等に関する法律」第一二五条による。）
第一号及び第二号中「第三十条の二十」を「第三十条の二十一」に改める。

第七十七条の二
（平成一三年六月法律第四一号「弁護士法の一部を改正する法律」による。）　本条追加

第七十七条の三
（平成一六年六月法律第八七号「電子公告制度の導入のための商法等の一部を改正する法律」第九条による。）
本条追加
（平成一七年七月法律第八七号「会社法の施行に伴う関係法律の整備等に関する法律」第一二五条による。）
「第三十条の二十七第六項又は第四十三条第二項」を「第三十条の二十八第六項（第四十三条第三項において準用する場合を含む。）」に、「商法第四百七十一条第一項」を「会社法第九百五十五条第一項」に、「帳簿等」を「調査記録簿等」に改める。

第七十八条
（平成一三年六月法律第四一号「弁護士法の一部を改正する法律」による。）　全文改正
（平成一六年六月法律第八七号「電子公告制度の導入のための商法等の一部を改正する法律」第九条による。）
第二項中「第四号」の下に「、第七十七条の二」を加える。
（平成一七年七月法律第八七号「会社法の施行に伴う関係法律の整備等に関する法律」第一二五条による。）
第一項第一号中「第三十条の十九」を「第三十条の二十」に改め、第二号中「第三十条の二十」を「第三十条の二十一」に改める。

第七十九条
（昭和六一年五月法律第六六号「外国弁護士による法律事務の取扱いに関する特別措置法」附則第七項による。）
「五万円」を「二十万円」に改める。
（平成一三年六月法律第四一号「弁護士法の一部を改正する法律」による。）　全文改正
（平成一六年六月法律第七六号「破産法の施行に伴う関係法律の整備等に関する法律」第三六条による。）
第二号中「破産の宣告の請求」を「破産手続開始の申立て」に改める。
（平成一六年六月法律第八七号「電子公告制度の導入のための商法等の一部を改正する法律」第九条による。）

（昭和二六年六月法律第二二一号「弁護士法の一部を改正する法律」による。）

「及び正当の業務に附随してする場合」を削る。

（昭和三七年九月法律第一六一号「行政不服審査法の施行に伴う関係法律の整理等に関する法律」第二一条による。）

「訴願、審査の請求、異議の申立」を「審査請求、異議申立て、再審査請求」に改める。

（平成一三年六月法律第四一号「弁護士法の一部を改正する法律」による。）

見出し中「取扱」を「取扱い」に改める。

「弁護士」の下に「又は弁護士法人」を加え、「但し」を「ただし」に改める。

（平成一五年七月法律第一二八号「司法制度改革のための裁判所法等の一部を改正する法律」第七条による。）

ただし書中「法律」の下に「又は他の法律」を加える。

（平成二六年六月法律第六九号「行政不服審査法の施行に伴う関係法律の整備等に関する法律」第七二条による。）

「異議申立て」を「再調査の請求」に改める。

第七十四条

（平成一三年六月法律第四一号「弁護士法の一部を改正する法律」による。）

「弁護士でない」を「弁護士又は弁護士法人でない」に改める。

第三項を追加

第十章（第七五条から第七九条の二まで）

（平成一五年七月法律第一二八号「司法制度改革のための裁判所法等の一部を改正する法律」第七条による。）

第十一章を第十章とする。

第七十五条

（昭和六一年五月法律第六六号「外国弁護士による法律事務の取扱いに関する特別措置法」附則第七項による。）

「五万円」を「百万円」に改める。

（平成一五年七月法律第一二八号「司法制度改革のための裁判所法等の一部を改正する法律」第七条による。）

見出し中「虚偽登録」を「虚偽登録等」に改める。

第二項中「前項の未遂罪を」を「前二項の罪の未遂は、」に改め、同項を第三項とし、第二項を追加

（平成一六年三月法律第九号「弁護士法の一部を改正する法律」による。）

第二項中「第五条の三第一項」を「第五条の二第一項」に、「第五条の二第一項第一号」を「第五条第一号」に、「同項第二号」を「同条第二号」に、「同項の」を「同条の」に改める。

第七十六条

（昭和三〇年八月法律第一五五号「弁護士法の一部を改正する法律」による。）

「（第七条第四項により準用する場合を含む。）」を削る。

（平成一三年六月法律第四一号「弁護士法の一部を改正する法律」による。）

「第二十六条」の下に「又は第三十条の十九」を加える。

（平成一七年七月法律第八七号「会社法の施行に伴う関係法律の整備等に関する法律」第一二五条による。）

判所法等の一部を改正する法律」第七条による。）
本条追加

第七十条の七
（平成一五年七月法律第一二八号「司法制度改革のための裁判所法等の一部を改正する法律」第七条による。）
本条追加

第七十条の八
（平成一五年七月法律第一二八号「司法制度改革のための裁判所法等の一部を改正する法律」第七条による。）
本条追加

第七十条の九
（平成一五年七月法律第一二八号「司法制度改革のための裁判所法等の一部を改正する法律」第七条による。）
本条追加

第八章第五節（第七一条から第七一条の七まで）
（平成一五年七月法律第一二八号「司法制度改革のための裁判所法等の一部を改正する法律」第七条による。）
本節追加

第七十一条
（平成一五年七月法律第一二八号「司法制度改革のための裁判所法等の一部を改正する法律」第七条による。）
全文改正

第七十一条の二
（平成一五年七月法律第一二八号「司法制度改革のための裁判所法等の一部を改正する法律」第七条による。）
本条追加

第七十一条の三
（平成一五年七月法律第一二八号「司法制度改革のための裁判所法等の一部を改正する法律」第七条による。）
本条追加

第七十一条の四
（平成一五年七月法律第一二八号「司法制度改革のための裁判所法等の一部を改正する法律」第七条による。）
本条追加

第七十一条の五
（平成一五年七月法律第一二八号「司法制度改革のための裁判所法等の一部を改正する法律」第七条による。）
本条追加

第七十一条の六
（平成一五年七月法律第一二八号「司法制度改革のための裁判所法等の一部を改正する法律」第七条による。）
本条追加

第七十一条の七
（平成一五年七月法律第一二八号「司法制度改革のための裁判所法等の一部を改正する法律」第七条による。）
本条追加

第九章（第七二条から第七四条まで）
（平成一五年七月法律第一二八号「司法制度改革のための裁判所法等の一部を改正する法律」第七条による。）
第十章の章名中「取扱に関する取締」を「取扱いに関する取締り」に改め、同章を第九章とする。

第七十二条

第二項中「弁護士」の下に「又は審査を受ける弁護士法人の社員」を加え、「且つ」を「かつ」に、「但し」を「ただし」に改める。
（平成一五年七月法律第一二八号「司法制度改革のための裁判所法等の一部を改正する法律」第七条による。）
第一項中「懲戒委員会は、」の下に「事案の」を加え、「審査を受ける弁護士又は弁護士法人」を「対象弁護士等」に改める。
第二項ただし書中「ただし」を「この場合において、その弁護士又は弁護士法人の社員は」に改める。
第三項を全文改正

第六十七条の二
（平成一五年七月法律第一二八号「司法制度改革のための裁判所法等の一部を改正する法律」第七条による。）
本条追加

第六十九条
（平成一五年七月法律第一二八号「司法制度改革のための裁判所法等の一部を改正する法律」第七条による。）
全文改正

第八章第四節（第七〇条から第七〇条の九まで）
（平成一五年七月法律第一二八号「司法制度改革のための裁判所法等の一部を改正する法律」第七条による。）
本節追加

第七十条
（平成一五年七月法律第一二八号「司法制度改革のための裁判所法等の一部を改正する法律」第七条による。）
見出し中「及び機能等」を削る。
第一項中「各弁護士会に」を「各弁護士会及び日本弁護士連合会にそれぞれ」に改める。
第二項中「綱紀委員会」を「弁護士会の綱紀委員会」に改め、「第五十八条第二項」の下に「及び第七十一条の六第二項」を加え、「の会員」を「所属の弁護士及び弁護士法人」に改める。
第三項を全文改正

第七十条の二
（平成一五年七月法律第一二八号「司法制度改革のための裁判所法等の一部を改正する法律」第七条による。）
本条追加

第七十条の三
（平成一五年七月法律第一二八号「司法制度改革のための裁判所法等の一部を改正する法律」第七条による。）
本条追加

第七十条の四
（平成一五年七月法律第一二八号「司法制度改革のための裁判所法等の一部を改正する法律」第七条による。）
本条追加

第七十条の五
（平成一五年七月法律第一二八号「司法制度改革のための裁判所法等の一部を改正する法律」第七条による。）
本条追加

第七十条の六
（平成一五年七月法律第一二八号「司法制度改革のための裁

（平成一五年七月法律第一二八号「司法制度改革のための裁判所法等の一部を改正する法律」第七条による。）

本条追加

第六十四条の六

（平成一五年七月法律第一二八号「司法制度改革のための裁判所法等の一部を改正する法律」第七条による。）

本条追加

第六十四条の七

（平成一五年七月法律第一二八号「司法制度改革のための裁判所法等の一部を改正する法律」第七条による。）

本条追加

第八章第三節（第六五条から第六九条まで）

（平成一五年七月法律第一二八号「司法制度改革のための裁判所法等の一部を改正する法律」第七条による。）

本節追加

第六十五条

（平成一三年六月法律第四一号「弁護士法の一部を改正する法律」による。）

第二項中「弁護士の」を「弁護士又は弁護士法人の」に改める。

（平成一五年七月法律第一二八号「司法制度改革のための裁判所法等の一部を改正する法律」第七条による。）

見出し中「及び機能」を削る。

第二項中「請求」を「求め」に改める。

第六十六条

（平成一五年七月法律第一二八号「司法制度改革のための裁判所法等の一部を改正する法律」第七条による。）

第一項中「委員長及び委員若干人」を「四人以上であってその置かれた弁護士会又は日本弁護士連合会の会則で定める数の委員」に改める。

第二項から第四項までを削る。

第六十六条の二

（平成一五年七月法律第一二八号「司法制度改革のための裁判所法等の一部を改正する法律」第七条による。）

本条追加

第六十六条の三

（平成一五年七月法律第一二八号「司法制度改革のための裁判所法等の一部を改正する法律」第七条による。）

本条追加

第六十六条の四

（平成一五年七月法律第一二八号「司法制度改革のための裁判所法等の一部を改正する法律」第七条による。）

本条追加

第六十六条の五

（平成一五年七月法律第一二八号「司法制度改革のための裁判所法等の一部を改正する法律」第七条による。）

本条追加

第六十七条

（平成一三年六月法律第四一号「弁護士法の一部を改正する法律」による。）

第一項中「すみやかに」を「速やかに」に、「弁護士に」を「弁護士又は弁護士法人に」に改める。

第二項中「申立」を「申出」に改める。
第三項中「第四項」を「第三項」に改める。
(平成一三年六月法律第四一号「弁護士法の一部を改正する法律」による。)
第一項中「弁護士に」を「弁護士又は弁護士法人に」に、「弁護士を」を「弁護士若しくは弁護士法人を」に、「また同様」を「、同様」に改める。
(平成一五年七月法律第一二八号「司法制度改革のための裁判所法等の一部を改正する法律」第七条による。)
第六十二条第一項中「による懲戒」を「により弁護士会がした懲戒の処分」に改め、「規定により」の下に「日本弁護士連合会から」を加え、同条第二項中「による」を「により弁護士会がした」に改め、同条を第六十一条とする。

第六十二条

(昭和三七年五月法律第一四〇号「行政事件訴訟法の施行に伴う関係法律の整理等に関する法律」第一五条による。)
全文改正
(平成一五年七月法律第一二八号「司法制度改革のための裁判所法等の一部を改正する法律」第七条による。)
第六十三条を第六十二条とする。

第六十三条

(平成一三年六月法律第四一号「弁護士法の一部を改正する法律」による。)
第二項から第五項までを追加
(平成一五年七月法律第一二八号「司法制度改革のための裁判所法等の一部を改正する法律」第七条による。)
第六十四条を第六十三条とする。

第八章第二節（第六四条から第六四条の七まで）

(平成一五年七月法律第一二八号「司法制度改革のための裁判所法等の一部を改正する法律」第七条による。)
本節追加

第六十四条

(平成一五年七月法律第一二八号「司法制度改革のための裁判所法等の一部を改正する法律」第七条による。)
本条追加
(平成二六年六月法律第六九号「行政不服審査法の施行に伴う関係法律の整備等に関する法律」第七二条による。)
第二項中「六十日」を「三箇月」に改める。

第六十四条の二

(平成一五年七月法律第一二八号「司法制度改革のための裁判所法等の一部を改正する法律」第七条による。)
本条追加

第六十四条の三

(平成一五年七月法律第一二八号「司法制度改革のための裁判所法等の一部を改正する法律」第七条による。)
本条追加

第六十四条の四

(平成一五年七月法律第一二八号「司法制度改革のための裁判所法等の一部を改正する法律」第七条による。)
本条追加

第六十四条の五

第五十七条

（平成一三年六月法律第四一号「弁護士法の一部を改正する法律」による。）　全文改正

第五十七条の二

（平成一三年六月法律第四一号「弁護士法の一部を改正する法律」による。）　本条追加

第五十八条

（平成一三年六月法律第四一号「弁護士法の一部を改正する法律」による。）

第一項中「弁護士に」を「弁護士又は弁護士法人に」に、「弁護士の」を「弁護士又は弁護士法人の」に改める。

第二項中「弁護士に」を「弁護士又は弁護士法人に」に改める。

第三項中「弁護士を」を「弁護士又は弁護士法人を」に改める。

（平成一五年七月法律第一二八号「司法制度改革のための裁判所法等の一部を改正する法律」第七条による。）

第二項中「あつたときは」の下に「、懲戒の手続に付し」を加え、「その」を「事案の」に改める。

第三項を全文改正

第四項から第六項までを追加

第五十九条

（昭和三七年九月法律第一六一号「行政不服審査法の施行に伴う関係法律の整理等に関する法律」第二一条による。）

全文改正

（平成一五年七月法律第一二八号「司法制度改革のための裁判所法等の一部を改正する法律」第七条による。）

「懲戒についての」を「懲戒の処分について」に、「に対して裁決をする場合には、懲戒委員会の議決に基づかなければ」を「があつたときは、日本弁護士連合会の懲戒委員会に事案の審査を求め、その議決に基づき、裁決をしなければ」に改める。

（平成二六年六月法律第六九号「行政不服審査法の施行に伴う関係法律の整備等に関する法律」第七二条による。）

「行政不服審査法による」を削る。

第二項及び第三項を追加

第六十条

（平成一三年六月法律第四一号「弁護士法の一部を改正する法律」による。）

「みずから」を「自ら」に、「弁護士を」を「弁護士又は弁護士法人を」に、「基き」を「基づき」に改める。

（平成一五年七月法律第一二八号「司法制度改革のための裁判所法等の一部を改正する法律」第七条による。）

「懲戒委員会の議決に基づき」を「次項から第六項までに規定するところにより」に改める。

第二項から第六項までを追加

第六十一条

（昭和三七年九月法律第一六一号「行政不服審査法の施行に伴う関係法律の整理等に関する法律」第二一条による。）

見出し中「申立」を「申出」に改める。

第一項中「異議の申立をする」を「異議を申し出る」に改める。

（平成一三年六月法律第四一号「弁護士法の一部を改正する法律」による。）

「弁護士及び」を「弁護士、弁護士法人及び」に改める。

第四十八条

（平成一三年六月法律第四一号「弁護士法の一部を改正する法律」による。）

「弁護士及び」を「弁護士、弁護士法人及び」に改める。

第四十九条

（平成一三年六月法律第四一号「弁護士法の一部を改正する法律」による。）

「弁護士及び」を「弁護士、弁護士法人及び」に改める。

第四十九条の二

（平成五年一一月法律第八九号「行政手続法の施行に伴う関係法律の整備に関する法律」第三三条による。）

本条追加

（平成二六年六月法律第七〇号「行政手続法の一部を改正する法律」附則第四条による。）

「及び第三章」を「、第三章及び第四章の二」に改める。

第四十九条の三

（昭和三七年九月法律第一六一号「行政不服審査法の施行に伴う関係法律の整理等に関する法律」第二一条による。）

本条追加

（平成五年一一月法律第八九号「行政手続法の施行に伴う関係法律の整備に関する法律」第三三条による。）

第四十九条の二を第四十九条の三とする。

（平成二六年六月法律第六九号「行政不服審査法の施行に伴う関係法律の整備等に関する法律」第七二条による。）

見出し中「不服申立て」を「審査請求」に改める。

「日本弁護士連合会がこの法律に基づいてした処分」を「この法律に基づく日本弁護士連合会の処分又はその不作為」に、「行政不服審査法による不服申立て」を「審査請求」に改める。

第五十四条

（平成一五年七月法律第一二八号「司法制度改革のための裁判所法等の一部を改正する法律」第七条による。）

第二項を全文改正

第八章第一節（第五六条から第六三条まで）

（平成一五年七月法律第一二八号「司法制度改革のための裁判所法等の一部を改正する法律」第七条による。）

本節追加

第五十六条

（平成一三年六月法律第四一号「弁護士法の一部を改正する法律」による。）

第一項中「弁護士は」を「弁護士及び弁護士法人は」に改める。

第二項中「弁護士の」を「弁護士又は弁護士法人の」に、「基いて」を「基づいて」に改める。

第三項を追加

（平成一五年七月法律第一二八号「司法制度改革のための裁判所法等の一部を改正する法律」第七条による。）

第二項中「懲戒委員会の議決に基づいて」を「これを」に改める。

（平成一八年六月法律第五〇号「一般社団法人及び一般財団法人に関する法律及び公益社団法人及び公益財団法人の認定等に関する法律の施行に伴う関係法律の整備等に関する法律」第二二九条による。）　本条追加

第四十三条の十二

（平成一八年六月法律第五〇号「一般社団法人及び一般財団法人に関する法律及び公益社団法人及び公益財団法人の認定等に関する法律の施行に伴う関係法律の整備等に関する法律」第二二九条による。）　本条追加

第四十三条の十三

（平成一八年六月法律第五〇号「一般社団法人及び一般財団法人に関する法律及び公益社団法人及び公益財団法人の認定等に関する法律の施行に伴う関係法律の整備等に関する法律」第二二九条による。）　本条追加

（平成二三年五月法律第五三号「非訟事件手続法及び家事事件手続法の施行に伴う関係法律の整備等に関する法律」第四六条による。）

本条削除

第四十三条の十四

（平成一八年六月法律第五〇号「一般社団法人及び一般財団法人に関する法律及び公益社団法人及び公益財団法人の認定等に関する法律の施行に伴う関係法律の整備等に関する法律」第二二九条による。）　本条追加

（平成二三年五月法律第五三号「非訟事件手続法及び家事事件手続法の施行に伴う関係法律の整備等に関する法律」第四六条による。）

第二項中「前三条」を「第四十三条の十一及び第四十三条の十二」に、「第四十三条の十二」を「同条」に改める。

第四十三条の十五

（平成一八年六月法律第五〇号「一般社団法人及び一般財団法人に関する法律及び公益社団法人及び公益財団法人の認定等に関する法律の施行に伴う関係法律の整備等に関する法律」第二二九条による。）

第四十三条の二を第四十三条の十五とする。

（平成二六年六月法律第七〇号「行政手続法の一部を改正する法律」附則第四条による。）

「及び第三章」を「、第三章及び第四章の二」に改める。

第四十五条

（平成一三年六月法律第四一号「弁護士法の一部を改正する法律」による。）

第二項中「弁護士の」を「弁護士及び弁護士法人の」に、「弁護士事務」を「弁護士及び弁護士法人の事務」に、「弁護士及び」を「弁護士、弁護士法人及び」に改める。

第四十六条

（平成一五年七月法律第一二八号「司法制度改革のための裁判所法等の一部を改正する法律」第七条による。）

第二項中「左の」を「次に掲げる」に改め、同項第一号を全文改正し、第二号中「登録換」を「登録換え」に、「登録取消」を「登録取消し」に、「規定。」を「規定」に改め、第三号を追加

第四十七条

する法律」第二二九条による。）
第四項を削る。
第五項を第四項とし，第六項を第五項とする。

第四十三条の二
（平成五年一一月法律第八九号「行政手続法の施行に伴う関係法律の整備に関する法律」第三三条による。）
本条追加
（平成一八年六月法律第五〇号「一般社団法人及び一般財団法人に関する法律及び公益社団法人及び公益財団法人の認定等に関する法律の施行に伴う関係法律の整備等に関する法律」第二二九条による。） 本条追加

第四十三条の三
（平成一八年六月法律第五〇号「一般社団法人及び一般財団法人に関する法律及び公益社団法人及び公益財団法人の認定等に関する法律の施行に伴う関係法律の整備等に関する法律」第二二九条による。） 本条追加

第四十三条の四
（平成一八年六月法律第五〇号「一般社団法人及び一般財団法人に関する法律及び公益社団法人及び公益財団法人の認定等に関する法律の施行に伴う関係法律の整備等に関する法律」第二二九条による。） 本条追加

第四十三条の五
（平成一八年六月法律第五〇号「一般社団法人及び一般財団法人に関する法律及び公益社団法人及び公益財団法人の認定等に関する法律の施行に伴う関係法律の整備等に関する法律」第二二九条による。） 本条追加

第四十三条の六
（平成一八年六月法律第五〇号「一般社団法人及び一般財団法人に関する法律及び公益社団法人及び公益財団法人の認定等に関する法律の施行に伴う関係法律の整備等に関する法律」第二二九条による。） 本条追加

第四十三条の七
（平成一八年六月法律第五〇号「一般社団法人及び一般財団法人に関する法律及び公益社団法人及び公益財団法人の認定等に関する法律の施行に伴う関係法律の整備等に関する法律」第二二九条による。） 本条追加

第四十三条の八
（平成一八年六月法律第五〇号「一般社団法人及び一般財団法人に関する法律及び公益社団法人及び公益財団法人の認定等に関する法律の施行に伴う関係法律の整備等に関する法律」第二二九条による。） 本条追加

第四十三条の九
（平成一八年六月法律第五〇号「一般社団法人及び一般財団法人に関する法律及び公益社団法人及び公益財団法人の認定等に関する法律の施行に伴う関係法律の整備等に関する法律」第二二九条による。） 本条追加

第四十三条の十
（平成一八年六月法律第五〇号「一般社団法人及び一般財団法人に関する法律及び公益社団法人及び公益財団法人の認定等に関する法律の施行に伴う関係法律の整備等に関する法律」第二二九条による。） 本条追加

第四十三条の十一

第二項第六号中「よる登録取消しの請求」の下に「及びその実施のために必要な手続」を加える。

第三十四条

（平成一七年七月法律第八七号「会社法の施行に伴う関係法律の整備等に関する法律」第一二五条による。）

第二項中「左の」を「次に掲げる」に改め、同項第一号を全文改正し、第二号中「管轄区域。」を「管轄区域」に改め、第三号を全文改正し、第四号中「住所。」を「住所」に改め、第五号及び第六号を加える。

第三十五条

（平成一五年七月法律第一二八号「司法制度改革のための裁判所法等の一部を改正する法律」第七条による。）

第三項を全文改正

第三十六条の二

（平成一三年六月法律第四一号「弁護士法の一部を改正する法律」による。）　本条追加

（平成一六年六月法律第一二四号「不動産登記法の施行に伴う関係法律の整備等に関する法律」第二〇条による。）

第六項中「登記簿の謄本」を「登記事項証明書」に改める。

第四十一条

（平成一三年六月法律第四一号「弁護士法の一部を改正する法律」による。）

「職務」の下に「又は弁護士法人の業務」を加え、「弁護士又は」を「弁護士、弁護士法人又は」に改める。

第四十二条

（平成一三年六月法律第四一号「弁護士法の一部を改正する法律」による。）

第二項中「弁護士事務」を「弁護士及び弁護士法人の事務」に改める。

第四十三条

（平成一三年六月法律第四一号「弁護士法の一部を改正する法律」による。）

第二項中「（明治三十二年法律第四十八号）」及び「（明治二十九年法律第八十九号）」を削り、「乃至第七十六条」を「から第七十六条まで」に、「乃至第八十条」を「から第八十条まで」に改める。

第三項中「弁護士は」を「弁護士又は弁護士法人は」に改める。

第四項中「場合に」の下に「弁護士について」を加える。

（平成一六年六月法律第八七号「電子公告制度の導入のための商法等の一部を改正する法律」第九条による。）

第二項を全文改正

（平成一七年七月法律第八七号「会社法の施行に伴う関係法律の整備等に関する法律」第一二五条による。）

第一項中「合併」を「合併し」に改め、第二項を全文改正し、第四項を第六項とし、第三項中「解散した」を「解散する」に、「設立された」を「設立する」に改め、同項を第五項とし、第三項及び第四項を追加

（平成一八年六月法律第五〇号「一般社団法人及び一般財団法人に関する法律及び公益社団法人及び公益財団法人の認定等に関する法律の施行に伴う関係法律の整備等に関

条による。）

「第八百六十八条第五項、第八百七十条第二項（第五号」を「第八百六十八条第六項、第八百七十条第二項（第六号」に改める。

第三十条の三十

（平成一七年七月法律第八七号「会社法の施行に伴う関係法律の整備等に関する法律」第一二五条による。）

第三十条の二十七の見出しを「（民法及び会社法の準用等）」に改め、第一項から第五項までを全文改正し、第六項及び第七項を削り、第八項を第六項とし、第四章の二中同条を第三十条の三十とする。

（平成一八年六月法律第五〇号「一般社団法人及び一般財団法人に関する法律及び公益社団法人及び公益財団法人の認定等に関する法律の施行に伴う関係法律の整備等に関する法律」第二二九条による。）

見出し中「民法」を「一般社団法人及び一般財団法人に関する法律」に改める。

第一項中「民法（明治二十九年法律第八十九号）第五十条」を「一般社団法人及び一般財団法人に関する法律（平成十八年法律第四十八号）第四条」に、「民法第五十五条並びに会社法」を「同法」に改める。

第二項中「民法第八十二条、非訟事件手続法（明治三十一年法律第十四号）第三十五条第二項及び第四十条並びに」を削る。

第四項及び第五項を削る。

第六項を第四項とする。

（平成二三年五月法律第五三号「非訟事件手続法及び家事事件手続法の施行に伴う関係法律の整備等に関する法律」第四六条による。）

第二項中「第八百七十条（第二号及び第三号」を「第八百七十条第一項（第一号及び第二号」に改める。

第三十一条

（平成二三年六月法律第四一号「弁護士法の一部を改正する法律」による。）

第一項中「弁護士の」を「弁護士及び弁護士法人の」に、「弁護士事務」を「弁護士及び弁護士法人の事務」に改める。

第三十三条

（平成一五年七月法律第一二八号「司法制度改革のための裁判所法等の一部を改正する法律」第七条による。）

第二項中「左の」を「次に掲げる」に改め、同項第一号中「所在地。」を「所在地」に改め、第二号から第五号までの規定中「規定。」を「規定」に改め、第六号中「登録換」を「登録換え」に、「登録取消」を「登録取消し」に改め、第七号中「規定。」を「規定」に改め、第八号を全文改正し、第九号から第十三号までの規定中「規定。」を「規定」に改め、第十四号を全文改正し、第十五号及び第十六号中「規定。」を「規定」に改める。

（令和元年六月法律第三七号「成年被後見人等の権利の制限に係る措置の適正化等を図るための関係法律の整備に関する法律」第五〇条による。）

法人に関する法律及び公益社団法人及び公益財団法人の認定等に関する法律の施行に伴う関係法律の整備等に関する法律」第二二九条による。）　本条追加

第三十条の二十六の四

（平成一八年六月法律第五〇号「一般社団法人及び一般財団法人に関する法律及び公益社団法人及び公益財団法人の認定等に関する法律の施行に伴う関係法律の整備等に関する法律」第二二九条による。）　本条追加

（平成二三年五月法律第五三号「非訟事件手続法及び家事事件手続法の施行に伴う関係法律の整備等に関する法律」第四六条による。）

第四項を削る。

第三十条の二十七

（平成一三年六月法律第四一号「弁護士法の一部を改正する法律」による。）　本条追加

（平成一三年一一月法律第一二九号「商法等の一部を改正する法律の施行に伴う関係法律の整備に関する法律」第二九条による。）

第二項中「第三十二条から第三十六条まで」を「第三十二条、第三十三条及び第三十四条から第三十六条まで」に改め、後段を追加

第七項中「第百三十三条まで」の下に「（第百三十条第二項及び第三項を除く。）」を加える。

（平成一六年六月法律第七六号「破産法の施行に伴う関係法律の整備等に関する法律」第三六条による。）

第八項中「破産法（大正十一年法律第七十一号）第百二十七条」を「破産法（平成十六年法律第七十五号）第十六条」に改める。

（平成一六年六月法律第八七号「電子公告制度の導入のための商法等の一部を改正する法律」第九条による。）

第六項を全文改正

（平成一七年七月法律第八七号「会社法の施行に伴う関係法律の整備等に関する法律」第一二五条による。）

第三十条の二十六第二項及び第三項中「よつて設立した」を「より設立する」に改め、同条に第四項を加え、同条を第三十条の二十七とする。

第三十条の二十八

（平成一七年七月法律第八七号「会社法の施行に伴う関係法律の整備等に関する法律」第一二五条による。）　本条追加

第三十条の二十九

（平成一七年七月法律第八七号「会社法の施行に伴う関係法律の整備等に関する法律」第一二五条による。）　本条追加

（平成二三年五月法律第五三号「非訟事件手続法及び家事事件手続法の施行に伴う関係法律の整備等に関する法律」第四六条による。）

「第八百七十条（第十五号に係る部分に限る。）」を「第八百七十条第二項（第五号に係る部分に限る。）、第八百七十条の二」に、「第四号に係る部分に限る。）」を「第五号に係る部分に限る。）、第八百七十二条の二」に改める。

（平成二六年六月法律第九一号「会社法の一部を改正する法律の施行に伴う関係法律の整備等に関する法律」第四

に改め、同条を第三十条の二十三とする。

第三十条の二十四

(平成一三年六月法律第四一号「弁護士法の一部を改正する法律」による。)　本条追加

(平成一七年七月法律第八七号「会社法の施行に伴う関係法律の整備等に関する法律」第一二五条による。)

第三十条の二十三中「第三十条の二十七第七項」を「第三十条の三十第二項」に、「商法第百四十四条」を「会社法第六百七十五条において準用する同法第六百八条第五項」に改め、同条を第三十条の二十四とする。

第三十条の二十五

(平成一三年六月法律第四一号「弁護士法の一部を改正する法律」による。)　本条追加

(平成一六年六月法律第一二四号「不動産登記法の施行に伴う関係法律の整備等に関する法律」第二〇条による。)

第二項中「登記簿の謄本」を「登記事項証明書」に改める。

(平成一七年七月法律第八七号「会社法の施行に伴う関係法律の整備等に関する法律」第一二五条による。)

第三十条の二十四の見出しを「(解散を命ずる裁判)」に改め、第一項を全文改正し、第二項中「前項」を「第一項」に、「商法第五十八条第一項」を「会社法第八百二十四条第一項」に改め、同項を第三項とし、第二項を加え、同条を第三十条の二十五とする。

(平成一八年六月法律第五〇号「一般社団法人及び一般財団法人に関する法律及び公益社団法人及び公益財団法人の認定等に関する法律の施行に伴う関係法律の整備等に関する法律」第二二九条による。)

第一項後段及び第二項後段を削る。

(平成二三年五月法律第五三号「非訟事件手続法及び家事事件手続法の施行に伴う関係法律の整備等に関する法律」第四六条による。)

第一項中「第八百七十条(第十三号)」を「第八百七十条第一項(第十号)」に、「第八百七十条(第二号)」を「第八百七十条第一項(第一号)」に改める。

第三十条の二十六

(平成一三年六月法律第四一号「弁護士法の一部を改正する法律」による。)　本条追加

(平成一六年六月法律第一二四号「不動産登記法の施行に伴う関係法律の整備等に関する法律」第二〇条による。)

第三項中「登記簿の謄本」を「登記事項証明書」に改める。

(平成一七年七月法律第八七号「会社法の施行に伴う関係法律の整備等に関する法律」第一二五条による。)

第三十条の二十五を第三十条の二十六とする。

第三十条の二十六の二

(平成一八年六月法律第五〇号「一般社団法人及び一般財団法人に関する法律及び公益社団法人及び公益財団法人の認定等に関する法律の施行に伴う関係法律の整備等に関する法律」第二二九条による。)　本条追加

第三十条の二十六の三

(平成一八年六月法律第五〇号「一般社団法人及び一般財団

（平成一三年六月法律第四一号「弁護士法の一部を改正する法律」による。）　本条追加
（平成一七年七月法律第八七号「会社法の施行に伴う関係法律の整備等に関する法律」第一二五条による。）
第三十条の十七を第三十条の十八とする。

第三十条の十九
（平成一三年六月法律第四一号「弁護士法の一部を改正する法律」による。）　本条追加
（平成一七年七月法律第八七号「会社法の施行に伴う関係法律の整備等に関する法律」第一二五条による。）
第三十条の十八に第三項を加え、同条を第三十条の十九とする。

第三十条の二十
（平成一三年六月法律第四一号「弁護士法の一部を改正する法律」による。）　本条追加
（平成一七年七月法律第八七号「会社法の施行に伴う関係法律の整備等に関する法律」第一二五条による。）
第三十条の十九を第三十条の二十とする。

第三十条の二十一
（平成一三年六月法律第四一号「弁護士法の一部を改正する法律」による。）　本条追加
（平成一五年七月法律第一二八号「司法制度改革のための裁判所法等の一部を改正する法律」第七条による。）
第四号中「第六条第一号」を「第七条第一号」に改める。
第五号及び第六号中「登録取消」を「登録取消し」に改める。
（平成一七年七月法律第八七号「会社法の施行に伴う関係法律の整備等に関する法律」第一二五条による。）
第三十条の二十を第三十条の二十一とする。

第三十条の二十二
（平成一三年六月法律第四一号「弁護士法の一部を改正する法律」による。）　本条追加
（平成一六年六月法律第七六号「破産法の施行に伴う関係法律の整備等に関する法律」第三六条による。）
第一項第四号を全文改正
（平成一七年七月法律第八七号「会社法の施行に伴う関係法律の整備等に関する法律」第一二五条による。）
第三十条の二十一第七号中「第三十条の二十七第五項」を「第三十条の三十第一項」に、「商法第八十六条第一項」を「会社法第八百五十九条」に改め、同条を第三十条の二十二とする。
（令和元年六月法律第三七号「成年被後見人等の権利の制限に係る措置の適正化等を図るための関係法律の整備に関する法律」第五〇条による。）
第四号中「第七条第一号又は第三号から第五号まで」を「第七条各号（第二号を除く。）」に改める。

第三十条の二十三
（平成一三年六月法律第四一号「弁護士法の一部を改正する法律」による。）　本条追加
（平成一七年七月法律第八七号「会社法の施行に伴う関係法律の整備等に関する法律」第一二五条による。）
第三十条の二十二第一項第五号中「命じる」を「命ずる」

第三十条の九
（平成一三年六月法律第四一号「弁護士法の一部を改正する法律」による。）　本条追加

第三十条の十
（平成一三年六月法律第四一号「弁護士法の一部を改正する法律」による。）　本条追加
（平成一六年六月法律第一二四号「不動産登記法の施行に伴う関係法律の整備等に関する法律」第二〇条による。）
「登記簿の謄本」を「登記事項証明書」に改める。

第三十条の十一
（平成一三年六月法律第四一号「弁護士法の一部を改正する法律」による。）　本条追加
（平成一七年七月法律第八七号「会社法の施行に伴う関係法律の整備等に関する法律」第一二五条による。）
第三十条の十一を同条第二項とし、第一項を追加

第三十条の十二
（平成一三年六月法律第四一号「弁護士法の一部を改正する法律」による。）　本条追加

第三十条の十三
（平成一三年六月法律第四一号「弁護士法の一部を改正する法律」による。）　本条追加
（平成一七年七月法律第八七号「会社法の施行に伴う関係法律の整備等に関する法律」第一二五条による。）
第三項及び第四項を追加
（平成一八年六月法律第五〇号「一般社団法人及び一般財団法人に関する法律及び公益社団法人及び公益財団法人の認定等に関する法律の施行に伴う関係法律の整備等に関する法律」第二三九条による。）　第五項を追加

第三十条の十四
（平成一三年六月法律第四一号「弁護士法の一部を改正する法律」による。）　本条追加

第三十条の十五
（平成一三年六月法律第四一号「弁護士法の一部を改正する法律」による。）　本条追加
（平成一七年七月法律第八七号「会社法の施行に伴う関係法律の整備等に関する法律」第一二五条による。）
第七項中「商法第九十三条」を「会社法第六百十二条」に改め、同項ただし書中「、同条第一項及び第二項の規定は」を削り、「準用しない」を「この限りでない」に改める。

第三十条の十六
（平成一三年六月法律第四一号「弁護士法の一部を改正する法律」による。）　本条追加
（平成一七年七月法律第八七号「会社法の施行に伴う関係法律の整備等に関する法律」第一二五条による。）　本条追加

第三十条の十七
（平成一三年六月法律第四一号「弁護士法の一部を改正する法律」による。）　本条追加
（平成一七年七月法律第八七号「会社法の施行に伴う関係法律の整備等に関する法律」第一二五条による。）
第三十条の十六を第三十条の十七とする。

第三十条の十八

成十二年法律第百二十五号）第五条第一項（裁判所職員臨時措置法（昭和二十六年法律第二百九十九号）において準用する場合を含む。）に規定する任期付職員となり」に改める。
（平成一三年六月法律第四〇号「防衛庁設置法等の一部を改正する法律」附則第三項による。）
第一項中「規定する任期付職員」の下に「若しくは自衛隊法（昭和二十九年法律第百六十五号）第三十六条の四第一項に規定する任期付隊員」を加える。
（平成一四年五月法律第四五号「商法等の一部を改正する法律の施行に伴う関係法律の整備に関する法律」第四条第九号による。）
第三項中「取締役」の下に「、執行役」を加える。
（平成一四年五月法律第四八号「地方公共団体の一般職の任期付職員の採用に関する法律」附則第四条による。）
第一項ただし書中「若しくは自衛隊法」を「、自衛隊法」に改め、「任期付隊員」の下に「若しくは地方公共団体の一般職の任期付職員の採用に関する法律（平成十四年法律第四十八号）第五条第一項に規定する特定任期付職員若しくは一般任期付職員」を加える。
（平成一五年七月法律第一二八号「司法制度改革のための裁判所法等の一部を改正する法律」第七条による。）
全文改正

第四章の二（第三〇条の二から第三〇条の三〇まで）
（平成一三年六月法律第四一号「弁護士法の一部を改正する法律」による。）本章追加

第三十条の二
（平成一三年六月法律第四一号「弁護士法の一部を改正する法律」による。）本条追加

第三十条の三
（平成一三年六月法律第四一号「弁護士法の一部を改正する法律」による。）本条追加

第三十条の四
（平成一三年六月法律第四一号「弁護士法の一部を改正する法律」による。）本条追加

第三十条の五
（平成一三年六月法律第四一号「弁護士法の一部を改正する法律」による。）本条追加

第三十条の六
（平成一三年六月法律第四一号「弁護士法の一部を改正する法律」による。）本条追加

第三十条の七
（平成一三年六月法律第四一号「弁護士法の一部を改正する法律」による。）本条追加

第三十条の八
（平成一三年六月法律第四一号「弁護士法の一部を改正する法律」による。）本条追加
（平成一七年七月法律第八七号「会社法の施行に伴う関係法律の整備等に関する法律」第一二五条による。）
第二項中「商法（明治三十二年法律第四十八号）第百六十七条」を「会社法（平成十七年法律第八十六号）第三十条第一項」に改める。

第一号中「事件。」を「事件」に改める。
第二号中「基く」を「基づく」に、「もの。」を「もの」に改める。
第三号から第五号までの規定中「事件。」を「事件」に改める。
第六号から第九号までを追加

第三十条

（昭和二六年六月法律第二二一号「弁護士法の一部を改正する法律」による。）
第一項を全文改正
第二項を第三項とし、第二項を追加
（昭和三二年六月法律第一五八号「内閣法等の一部を改正する法律」附則第五項による。）
第一項中「内閣官房長官、」の下に「総理府総務長官、」を加える。
（昭和四〇年五月法律第六九号「国家公務員法の一部を改正する法律」第一四条による。）
第一項中「、総理府総務長官」を削り、「内閣官房副長官」の下に「、総理府総務副長官」を加える。
（昭和四一年六月法律第八九号「内閣法の一部を改正する法律」附則第五項による。）
第一項中「、内閣官房長官」を削る。
（昭和五八年一二月法律第八〇号「総理府設置法の一部を改正する等の法律」第一四条による。）
第一項中「但し」を「ただし」に改め、「、総理府総務副長官」を削る。
（平成八年六月法律第一〇三号「内閣法等の一部を改正する法律」附則第二項第三号による。）
第一項中「内閣官房副長官」の下に「、内閣総理大臣補佐官」を加える。
（平成一〇年三月法律第一三号「内閣法等の一部を改正する法律」附則第二項による。）
第一項ただし書中「内閣官房副長官」の下に「、内閣危機管理監」を加え、「又は」を「若しくは」に、「又常時勤務」を「若しくは常時勤務」に、「あるいは」を「又は」に改める。
（平成一一年七月法律第一〇二号「中央省庁等改革のための国の行政組織関係法律の整備等に関する法律」第四八条による。）
第一項中「、内閣危機管理監」の下に「、内閣官房副長官補、内閣広報官、内閣情報官」を加え、「、政務次官」を「、副大臣（法律で国務大臣をもつてその長に充てることと定められている各庁の副長官を含む。）、政務官」に改める。
なお、施行前に、右の改正規定中「政務官」が「大臣政務官（長官政務官を含む。）」に改められた。（平成一一年七月法律第一一六号「国会審議の活性化及び政治主導の政策決定システムの確立に関する法律」第九条による。）
（平成一二年一一月法律第一二五号「一般職の任期付職員の採用及び給与の特例に関する法律」附則第二条による。）
第一項ただし書中「公職につき」を「公職に就き、一般職の任期付職員の採用及び給与の特例に関する法律（平第一項中「前二条」を「前条」に改め、「登録若しくは登録換の請求の進達を拒絶され、又は」を削り、「その通知を受けた後三十日以内に」を「その通知を受けた日の翌日から起算して六十日以内に」に、「異議の申立をする」を「異議を申し出る」に改める。

第二項を削る。

第三項中「前二項の申立」を「前項の申出」に、「その申立」を「その申出」に改め、「登録若しくは登録換の請求の進達を命じ、又は」を削り、同項を第二項とする。

第四項中「申立」を「申出」に改め、同項を第三項とする。

（平成五年一一月法律第八九号「行政手続法の施行に伴う関係法律の整備に関する法律」第三三条による。）

第三項中「すみやかに、その旨を」を「速やかに、その旨及びその理由を書面により」に改める。

（平成二六年六月法律第六九号「行政不服審査法の施行に伴う関係法律の整備等に関する法律」第七二条による。）

第一項中「登録取消」を「登録取消し」に、「六十日」を「三箇月」に改める。

第十五条

（平成五年一一月法律第八九号「行政手続法の施行に伴う関係法律の整備に関する法律」第三三条による。）

第二項中「登録換」を「登録換え」に、「すみやかに、その旨を」を「速やかに、その旨及びその理由を書面により」に改める。

第十六条

（昭和三七年五月法律第一四〇号「行政事件訴訟法の施行に伴う関係法律の整理等に関する法律」第一五条による。）

全文改正

第十七条

（平成一五年七月法律第一二八号「司法制度改革のための裁判所法等の一部を改正する法律」第七条による。）

見出し中「登録取消」を「登録取消し」に改める。

「左の」を「次に掲げる」に改める。

第一号中「第六条第一号及び第三号乃至第五号の一」を「第七条第一号又は第三号から第五号までのいずれか」に改める。

第二号及び第三号中「登録取消」を「登録取消し」に改める。

（令和元年六月法律第三七号「成年被後見人等の権利の制限に係る措置の適正化等を図るための関係法律の整備に関する法律」第五〇条による。）

第一号中「第七条第一号又は第三号から第五号まで」を「第七条各号（第二号を除く。）」に改める。

第二十三条の二

（昭和二六年六月法律第二二一号「弁護士法の一部を改正する法律」による。）　本条追加

第二十五条

（平成一三年六月法律第四一号「弁護士法の一部を改正する法律」による。）

「左に」を「次に」に、「但し、第三号」を「ただし、第三号及び第九号」に改める。

る法律」附則第一三項による。）

第一項第二号中「許可取消」を削る。

（昭和三七年九月法律第一六一号「行政不服審査法の施行に伴う関係法律の整理等に関する法律」第二一条による。）

第四項を追加

（平成五年一一月法律第八九号「行政手続法の施行に伴う関係法律の整備に関する法律」第三三条による。）

第三項中「登録換」を「登録換え」に、「すみやかに、その旨を」を「速やかに、その旨及びその理由を書面により」に改める。

（平成一五年七月法律第一二八号「司法制度改革のための裁判所法等の一部を改正する法律」第七条による。）

見出し中「登録換」を「登録換え」に改める。

第一項中「虞」を「おそれ」に、「左の」を「次に掲げる」に、「基き」を「基づき」に、「登録換」を「登録換え」に改め、同項第二号中「第六条第三号」を「第七条第三号」に、「あたる」を「当たる」に、「登録まつ消」を「登録の抹消」に改める。

第二項中「登録換」を「登録換え」に、「虞」を「おそれ」に改める。

（平成二六年六月法律第六九号「行政不服審査法の施行に伴う関係法律の整備等に関する法律」第七二条による。）

第四項中「行政不服審査法（昭和三十七年法律第百六十号）による」を削る。

第十二条の二

（昭和三七年九月法律第一六一号「行政不服審査法の施行に伴う関係法律の整理等に関する法律」第二一条による。）

本条追加

（平成二六年六月法律第六九号「行政不服審査法の施行に伴う関係法律の整備等に関する法律」第七二条による。）

第一項中「行政不服審査法による」を削る。

第三項及び第四項を追加

第十三条

（昭和六一年五月法律第六六号「外国弁護士による法律事務の取扱いに関する特別措置法」附則第七項による。）

第一項中「前条第一項第一号」を「第十二条第一項第一号」に改める。

（平成五年一一月法律第八九号「行政手続法の施行に伴う関係法律の整備に関する法律」第三三条による。）

第二項中「すみやかに、その旨を」を「速やかに、その旨及びその理由を書面により」に改める。

（平成一一年一二月法律第一五一号「民法の一部を改正する法律の施行に伴う関係法律の整備等に関する法律」第三九条による。）

第十三条の前の見出し中「取消」を「取消し」に改める。

第一項中「していたとき」の下に「、又は心身の故障により弁護士の職務を行わせることがその適正を欠くおそれがあるとき」を加え、「取消」を「取消し」に改める。

第十四条

（昭和三七年九月法律第一六一号「行政不服審査法の施行に伴う関係法律の整理等に関する法律」第二一条による。）

見出しを削る。

（平成一六年三月法律第九号「弁護士法の一部を改正する法律」による。）

第五条の七を第五条の六とする。

第五条の七

（平成一五年七月法律第一二八号「司法制度改革のための裁判所法等の一部を改正する法律」第七条による。）

本条追加

第六条

（昭和二六年六月法律第二三七号「税理士法」附則第三一項による。）

第三号中「税務代理士であって許可を取り消され、」を「税理士であって登録を取り消され、」に改める。

（昭和三六年六月法律第一三七号「税理士法の一部を改正する法律」附則第一三項による。）

第三号中「登録を取り消され」を「業務を禁止され」に改める。

（昭和六一年五月法律第六六号「外国弁護士による法律事務の取扱いに関する特別措置法」附則第七項による。）

第三号中「弁護士」の下に「若しくは外国法事務弁護士」を加える。

（平成一一年一二月法律第一五一号「民法の一部を改正する法律の施行に伴う関係法律の整備等に関する法律」第三九条による。）

「左に」を「次に」に改める。

第一号中「禁こ、」を「禁錮」に改める。

第四号を全文改正

（平成一五年七月法律第一二八号「司法制度改革のための裁判所法等の一部を改正する法律」第七条による。）

本条追加

（平成一六年三月法律第九号「弁護士法の一部を改正する法律」による。）　全文改正

第七条

（昭和三〇年八月法律第一五五号「弁護士法の一部を改正する法律」による。）　本条削除

（平成一五年七月法律第一二八号「司法制度改革のための裁判所法等の一部を改正する法律」第七条による。）

第六条中「前二条」を「第四条から第五条の二まで及び前条」に改め、同条第一号及び第二号中「者。」を「者」に改め、第三号中「まつ消」を「抹消」に、「者。」を「者」に改め、第四号中「被保佐人。」を「被保佐人」に改め、第五号中「者。」を「者」に改め、同条を第七条とする。

（平成一六年三月法律第九号「弁護士法の一部を改正する法律」による。）

「から第五条の二まで」を「、第五条」に改める。

（令和元年六月法律第三七号「成年被後見人等の権利の制限に係る措置の適正化等を図るための関係法律の整備に関する法律」第五〇条による。）

第一号中「禁錮」を「禁錮」に改め、同条第四号を削り、同条第五号中「破産者であつて」を「破産手続開始の決定を受けて」に改め、同号を同条第四号とする。

第十二条

（昭和三六年六月法律第一三七号「税理士法の一部を改正す

た者等の出入国管理に関する特例法の一部を改正する等の法律」附則第四七条による。）
第一号中「第四条第三十六号」を「第四条第三十五号」に、「第三十八号」を「第三十七号」に改める。
（平成二七年九月法律第六六号「内閣の重要政策に関する総合調整等に関する機能の強化のための国家行政組織法等の一部を改正する法律」附則第一一条による。）
第一号中「第四条第三十五号」を「第四条第一項第三十五号」に改める。

第五条の二
（平成一五年七月法律第一二八号「司法制度改革のための裁判所法等の一部を改正する法律」第七条による。）
本条追加
（平成一六年三月法律第九号「弁護士法の一部を改正する法律」による。）
第五条の三第一項中「前条第一項の」を「前条の」に、「前条第一項第一号」を「前条第一号」に、「同項第二号」を「同条第二号」に改め、同条第二項中「前条第一項第一号」を「前条第一号」に、「同項第二号」を「同条第二号」に改め、同条を第五条の二とする。

第五条の三
（平成一五年七月法律第一二八号「司法制度改革のための裁判所法等の一部を改正する法律」第七条による。）
本条追加
（平成一六年三月法律第九号「弁護士法の一部を改正する法律」による。）
第五条の四第一項中「第五条の二第一項各号」を「第五条各号」に、「同項」を「同条」に改め、同条第三項中「第五条の二第一項」を「第五条」に改め、同条を第五条の三とする。
（平成二六年六月法律第六九号「行政不服審査法の施行に伴う関係法律の整備等に関する法律」第七二条による。）
第五項を追加

第五条の四
（平成一五年七月法律第一二八号「司法制度改革のための裁判所法等の一部を改正する法律」第七条による。）
本条追加
（平成一六年三月法律第九号「弁護士法の一部を改正する法律」による。）
第五条の五第一項及び第三項中「第五条の二第一項」を「第五条」に改め、同条を第五条の四とする。

第五条の五
（平成一五年七月法律第一二八号「司法制度改革のための裁判所法等の一部を改正する法律」第七条による。）
本条追加
（平成一六年三月法律第九号「弁護士法の一部を改正する法律」による。）
第五条の六を第五条の五とする。

第五条の六
（平成一五年七月法律第一二八号「司法制度改革のための裁判所法等の一部を改正する法律」第七条による。）
本条追加

め、「法務府研修所の教官」の下に「衆議院若しくは参議院の法制局参事」を加える。

（昭和二七年七月法律第二六八号「法務府設置法等の一部を改正する法律」第一七条による。）

第二号中「法務府事務官」を「法務事務官」に、「法務府研修所」を「法務研修所」に、「又は衆議院若しくは参議院の法制局参事」を「、衆議院若しくは参議院の法制局参事又は法制局参事官」に改める。

（昭和三七年四月法律第七七号「総理府設置法等の一部を改正する法律」附則第九項による。）

第二号中「法務研修所」を「法務総合研究所」に、「法制局参事官」を「内閣法制局参事官」に改める。

（昭和五八年一二月法律第七八号「国家行政組織法の一部を改正する法律の施行に伴う関係法律の整理等に関する法律」第三九条による。）

第二号中「法務総合研究所」を「法務省設置法（昭和二十二年法律第百九十三号）第三条第三十五号及び第三十六号の事務をつかさどる機関で政令を定めるもの」に改める。

（平成一一年一二月法律第一六〇号「中央省庁等改革関係法施行法」第三一六条による。）

第二号中「法務省設置法（昭和二十二年法律第百九十三号）第三条第三十五号及び第三十六号」を「法務省設置法（平成十一年法律第九十三号）第四条第三十六号又は第三十八号」に改める。

（平成一五年七月法律第一二八号「司法制度改革のための裁判所法等の一部を改正する法律」第七条による。）

全文改正

（平成一六年三月法律第八号「裁判所法の一部を改正する法律」附則第五条による。）

「裁判所書記官研修所」を「裁判所職員総合研修所」に改める。

（平成一六年三月法律第九号「弁護士法の一部を改正する法律」による。）

第五条の二第一項中「第四条」を「前条」に改め、同項第一号中「衆議院議員又は参議院議員」を「簡易裁判所判事、検察官、裁判所調査官、裁判所事務官、法務事務官、司法研修所、裁判所職員総合研修所若しくは法務省設置法（平成十一年法律第九十三号）第四条第三十六号若しくは第三十八号の事務をつかさどる機関で政令で定めるものの教官、衆議院若しくは参議院の議員若しくは法制局参事、内閣法制局参事官又は学校教育法（昭和二十二年法律第二十六号）による大学で法律学を研究する大学院の置かれているものの法律学を研究する学部、専攻科若しくは大学院における法律学の教授若しくは助教授」に改め、同項に第四号を加え、第二項を削り、同条を第五条とする。

（平成一七年七月法律第八三号「学校教育法の一部を改正する法律」附則第四条による。）

第一号中「助教授」を「准教授」に改める。

（平成二一年七月法律第七九号「出入国管理及び難民認定法及び日本国との平和条約に基づき日本の国籍を離脱し

一　弁護士法の改正経過

目　次

（平成一三年六月法律第四一号「弁護士法の一部を改正する法律」による。）

「第四章　弁護士の権利及び義務（第二十条―第三十条）」を「第四章　弁護士の権利及び義務（第二十条―第三十条）第四章の二　弁護士法人（第三十条の二―第三十条の二十七）」に改める。

（平成一五年七月法律第一二八号「司法制度改革のための裁判所法等の一部を改正する法律」第七条による。）

「第八章　懲戒（第五十六条―第六十四条）　第九章　懲戒委員会及び綱紀委員会（第六十五条―第七十一条）　第十章　法律事務の取扱に関する取締（第七十二条―第七十四条）　第十一章　罰則（第七十五条―第七十九条）」を「第八章　懲戒　第一節　懲戒事由及び懲戒権者等（第五十六条―第六十三条）　第二節　懲戒請求者による異議の申出等（第六十四条―第六十四条の七）　第三節　懲戒委員会（第六十五条―第六十九条）　第四節　綱紀委員会（第七十条―第七十条の九）　第五節　綱紀審査会（第七十一条―第七十一条の七）　第九章　法律事務の取扱いに関する取締り（第七十二条―第七十四条）　第十章　罰則（第七十五条―第七十九条）」に改める。

（平成一六年六月法律第八七号「電子公告制度の導入のための商法等の一部を改正する法律」第九条による。）

「第七十九条」を「第七十九条の二」に改める。

（平成一七年七月法律第八七号「会社法の施行に伴う関係法律の整備等に関する法律」第一二五条による。）

「第三十条の二十七」を「第三十条の三十」に改める。

第三条

（昭和二六年六月法律第二三七号「税理士法」附則第三一項による。）

第二項中「税務代理士」を「税理士」に改める。

（昭和三七年九月法律第一六一号「行政不服審査法の施行に伴う関係法律の整理等に関する法律」第二一条による。）

「訴願、審査の請求、異議の申立」を「審査請求、異議申立て、再審査請求」に改める。

（平成二六年六月法律第六九号「行政不服審査法の施行に伴う関係法律の整備等に関する法律」第七二条による。）

第一項中「異議申立て」を「再調査の請求」に改める。

第五条

（昭和二五年四月法律第九六号「裁判所法等の一部を改正する法律」第三条による。）

第二号中「司法研修所」の下に「、裁判所書記官研修所」を加える。

（昭和二六年六月法律第二二一号「弁護士法の一部を改正する法律」による。）

第二号中「法務府事務官又は」を「法務府事務官、」に改

附録

一　弁護士法の改正経過……八〇八
二　旧法令……七八三
1　明治九年代言人規則……七八三
2　明治一三年代言人規則……七八一
3　旧々弁護士法（明治二六年）……七七八
4　旧弁護士法（昭和八年）……七七四

あとがき

ようやく『条解弁護士法』の出版にこぎつけることができたが，本書が誕生するに至ったいきさつについて若干記しておきたい。

そもそも弁護士法のコンメンタールが企画されたのは，昭和59年の下河辺和彦調査室室長の時代であった。その当時（現在も），弁護士法に関する解説書としては福原忠男氏の『弁護士法』しかなく，日弁連が弁護士法の解釈に関して常に依拠していたのも同書であった。しかし，弁護士法の運用をする日弁連において，自前の弁護士法の解説書がないのは，なんとも歯がゆい思いがあったのも事実である。

このようななかで，第二東京弁護士会における弁護士法のコンメンタール作りが事情により中断したこともあって，1989年の日弁連創立40周年記念事業の目玉とするべく，日弁連調査室において，本格的にコンメンタールの作成作業が開始されたのであった。

しかし，当初は，全くの手探り状態であり，収集した文献，判例の膨大さに圧倒されそうになりながらも，嘱託弁護士は，それぞれの割り当て条文の原稿起案をし，これを月2回，午後6時から9時までの3時間に亘る検討会議（室長及び8名の嘱託弁護士で構成）にかけて，幾度も討議を重ねたのであった。しかし，議論を進めるに従って，嘱託弁護士の間で解釈の統一を図ることができないような困難な問題に次から次と直面した。また，原稿の書き直しも，再三に亘り，ある条文の原稿などは原形をとどめないこともあったのである。

その後，調査室の室長も，春原誠，飯田秀郷，喜田村洋一の各氏へ引き継がれ，三氏の精力的な指導により，原稿もだいぶ出揃ってきたが，完成となるとなかなか見えなかったのであった。

しかし，このまま議論を重ねていたのでは，永遠に完成することはないと観念し，不出来ではあってもとにかく出版することに意義があると独り合点をして，平成3年4月，調査室の殆どの力をこのコンメンタール作成に充てる体制を取り，許された時間の全てを原稿討議に振り充てることとし，また，夏季には熱海や箱根において，集中合宿も試みたのであった。

その甲斐あってか，平成４年７月には，一応全部の条文の原稿が出揃い，全体の読み合わせ作業に入ったのである。これは，理論的な誤りの発見を第１としつつ，表現の不統一，字句の誤りを修正することをも目的としたものであり，討議が終わると嘱託弁護士も相当な疲労を感じざるを得ない集中的なものであった。

そして，平成４年12月，目標の日弁連創立40周年には大きく遅れてしまったものの，ようやく，原稿の完成に辿りついたのであった。ここに完成原稿の校正刷りを前にしていると，これまでの約10年に亘る作業が懐かしく思い出されてくる。

このように，本書は，文字どおり調査室の編著にかかるものであるが（原稿の執筆者名を表示しないのもそのためである)，「刊行にあたって」にも書いたように，理論的な誤り，重要な文献，判例の見落としがいたるところにあるのではないか，との危惧を拭うことができない。調査室としては，本書の改訂を定期的に行ってアップ・ツー・デートな内容にしておくつもりなので，お気づきの点があれば，是非調査室宛にご連絡下さるようお願いしたい。

本書がなるにあたっては，「執筆者紹介」に記した多くの嘱託弁護士のご労苦があったことはもちろんであるが，日弁連事務局の酒井香，石田幸子，尾崎ゆかり，塚本典子の各氏のご協力も忘れることはできない。ここに，右の方々に対して厚く謝意を表する次第である。

平成５（1993）年３月

髙中　正彦　記

事 項 索 引

あ

相手方の協議……204,220,230,296
アジャスター……246
アメリカ法曹協会……200,739
あらごなし……487,491

い

委員の身分……436,587,611,626
異議の申立て……135
異議の申出
　――に対する議決……548,559
　――の期間……539
　――の書面を郵送等した場合……542
　――の取下げ……537
　――の方式……539
　――の理由……543
　――をなし得る者……536
　懲戒請求者による――……535
　登録換え，登録取消し後の――……541
異議申出人……536
　――の死亡……538
　――の地位……537
遺言執行者……208
委嘱事項等を行う義務……193
一罪説……639
違法判断の基準時……131,501,522
依頼者の催告権……289
依頼の承諾……215
依頼不承諾の通知義務……254

え

営業行為……275
ABS……747
営利業務従事弁護士の名簿……262
営利業務の届出……256,365
SAP……246
FATF……170
FAP……247

お

沖縄外国人弁護士……95,695
沖縄弁護士……43
汚職行為の禁止……242,302
汚職の罪……701
同じ区域内の弁護士会の特例……720

か

海軍法務官……716
戒告……468
外国特別会員……767
外国弁護士……93,654,693,739
外国弁護士による法律事務の取扱いに関する特別措置法……739
外国法共同事業……742,754
外国法事務弁護士……654,693,739,743
外国法事務弁護士事務所……153,739,759
外国法事務弁護士登録審査会……409,746
外国法事務弁護士及び外国法事務弁護士法人の懲戒……764
外国法事務弁護士綱紀委員会……765
外国法事務弁護士懲戒委員会……764
外国法事務弁護士法人……743,762
外国法事務弁護士名簿……745,766
解散……308,328,387,720
　――の届出……309
　――を命ずる裁判……310
解散判決……314
解散命令……311
海事補佐人……33
会請求……482,491,605
会則……351
　――の必要的記載事項……356,411
　――を守る義務……165
会則違反……450
会長……372,407,424
　――，委員等の身分……436
　――の職務及びその身分等……434

会費……366,415,450
回避……588,590,612,625
外部委員……430
学識経験のある者……430,584,608,626
確定時説……90,454
家族傷害総合担保特約……247
合併……317
——の届出……318
過料……708
簡易・少額な民事事件……650
官公署の委嘱……24,300
——した事項……194
監事……407
鑑定……653

き

企業法務……65
議決
——の効力……496,503,549
——の種類……490,502
却下又は棄却の——……548,560
基準日……528
忌避……588,590,612,625
基本的人権の擁護……10
記録の閲覧・謄写……595,630
却下又は棄却の議決……548,560
協議
——の程度……221
——を受けて……211
競業避止義務……299
教唆犯……642,703
強制加入制度……8,338,341,417
行政指導……396,421
行政書士……31,674
行政書士法……668
行政庁に対する不服申立事件……646
行政手続法……394,420
行政手続法の施行に伴う関係法律の整備に関する法律……135,394,420
行政不服審査法との関係……498
業として……639,655,680
業務執行権……266,286
業務停止……461,468,477,662
業務範囲外の行為の効力……275
虚偽登録等の罪……697
虚偽の申告……132
虚偽標示等の罪……704

く

公事師……1
組合等登記令……278
組合による債権回収……678

け

係争権利……249
欠格事由……84
建議……365,386,424
原告適格……516
原資格国……744,748,759
原資格国法……654,741
現存の弁護士会及び弁護士会連合会……719
限定説……487,526,532
原弁護士会の懲戒委員会に事案の審査を求めることを相当と認める旨の議決……548

こ

綱紀委員会
——の議決……490
——の議決後の手続……493
——の議決の効力……493
——の調査……487,511
——の調査の対象……488
日弁連の——……510,602
日弁連の——での異議の審査……547
日弁連の——の議決後の手続……549
綱紀審査
——の申出……550,551
綱紀審査会……624
——の委員……626
——の議決……554
綱紀保持……604
公告……569
広告
——事項……19
——媒体……20
——方法……20
抗告訴訟……515
公私の団体……177

公設事務所……406
高等試験司法科試験……716
公認会計士……32
公認会計士事務所……161
公法人……347,411
公務所……177
効力停止……501
国際仲裁事件……740,752
国選付添人……24
国選弁護人……24
　――の辞任……196
告知時説……90,454,474,539,563
個人情報保護法……191
個人賠償責任総合担保特約……247

さ

裁決……503
　――の効力……505
　――の種類……503
　懲戒を受けた者の審査請求に対する――……497
裁決主義……141,515
裁決取消しの訴え……139,515
債権管理回収業……686
最高裁判所の権限……419
再審査請求……26,646
埼玉司法書士会職域訴訟……649
再調査の請求……26,646
裁判外紛争解決手続……647,667
裁判所規則……6,419
裁判所構成法……716
サービサー……686
サービサー法……682,686
先日付……104
賛助……212
三百代言……676,688
参与員……610

し

事案の分離・併合……594
CAP……247
資格審査会
　――の委員……430
　――の議決……122,127
　――の議決の拘束力……429
　――の権限……427
　――の設置……427
　――の組織……430
　――の調査権限……437
　日弁連の――……438
資格審査手続規程……127
事件……215
　――の周旋……245
　――の同一性……215
　受任している――……222,242
　職務を行い得ない――……198
　他の――……224
事件師……676
事件性……27,681
事件性必要説……648
事前公表……600
執行停止……519
執務場所……162
指定事件……266
指定社員……266,287
指定代理人……25
指定弁護士制度……24
指定法……744,750,759
司法官試補及弁護士の資格に関する法律……716
司法試験……40
司法修習生……40,364,715,716
司法職務定制……1
司法書士……30,670
司法書士法……665
司法制度改革審議会……264
司法制度改革審議会意見書……39,52,65,258,352,537,550,611
司法法制審議会……5
事務機構……409
事務所設置義務……152
事務所の設置場所……155
事務所複数主義……155
事務所名称……268,270,760
社員……266
　――に行わせる事務の委託……277
　――の欠亡……309,310
　――の個人受任……299
　――の資格……271

——の常駐……292
——の除名……307
——の責任……290
——の対外的責任……266
——の脱退……305
他の——の承諾……298
一人法人の——の責任……289
社会正義……10
社会保険労務士……668
社会保険労務士法……668
社会秩序の維持……17
借家人賠償責任総合担保特約……247
周旋……655
従たる法律事務所……266
——の懲戒……458
主たる法律事務所……281,284,475
出訴期間……518
出訴権者……516
受任している事件……222,242
準会員……95,695
準則主義……265,267,284
照会先……176
照会事項……178
照会制度……171
照会に対する報告義務……179
証言拒絶権……170
常時勤務を要する公務員……122
使用者責任……23
常置委員会……409
常駐……293
——しないことの許可……294
使用人たる弁護士……301
常務理事会……137,408,424
職務経験要件……740
職務行為の禁止……231
職務上知り得た秘密……168
職務の受動性……23
職務範囲……25
職務を行い得ない事件……198
除斥……588,590,612,625
除斥期間……489,529
所属事業体……759
所属弁護士会の秩序，信用の侵害……452
職権立件……604
処分……136,394,420,422
処分時説……141
処分性……134
処分取消しの訴え……139,515
除名……143,467,475,660
審査事項……495
審査請求……126
——の期間……499
——の効果……501
——の審理……500
——の制限……422
——の方式……499
——の要件と手続……498
懲戒を受けた者の——に対する裁決……497
審査請求前置主義……141,515
審査請求人……498
審査の対象と判断の基準時……547
心身に故障があるとき……120
進達……108
進達拒絶権……108

せ

生活賠償責任担保特約……247
請求外の懲戒事由の発見……509
清算……315,328,388
誠実義務……11
成年被後見人……91
税理士……28
税理士事務所……161
成立の届出……284
絶対的記載事項……280
設立
——の基準となる区域……348
——の登記……278
日弁連の——……404
全日本弁護士会……404
専任行政裁判所長官……716
専任行政裁判所評定官……716

そ

総会……379,408
——の決議等の報告……380
——の決議の取消……381
——の決議を必要とする事項……380

相対的記載事項……283
相対的無効説……234
相当期間異議……546
相当の期間内に懲戒の手続を終えないとき……544
双方代理……219
組織内弁護士……23,162,176
訴訟関係事務……276
訴訟行為の効力……234
訴訟事件……26,645
その他一般の法律事件……647
その他の法律事務……653

た

退会命令……466,473
代議員会……408
代言人……1,715
代言人規則（明治9年司法省布達甲第1号）…2
代言人規則（明治13年司法省布達甲第1号）…3
代言人組合……1,3,333
対象弁護士等……483
——に対する通知……564
——の死亡……493,496,538
——の地位……484,538
——の要件……483
大日本弁護士報国会……334,404
代表権限……266
代表社員……287
代理……653
他人の権利……677
他の事件……224
他の社員の承諾……298
他の弁護士法人への加入の禁止等……298
担当社員弁護士等……277

ち

中間法人……267
仲裁……653
仲裁手続……229
仲裁人……229
懲戒
——の処分の通知及び公告……564
——を受けた者の審査請求に対する裁決……497
従たる法律事務所の——……458
日弁連の——……476
弁護士法人と——……457
日弁連の——の補充性……507
弁護士法人に対する——に伴う法律事務所の設置移転の禁止……477
懲戒委員会……583
——の委員長……588
——の議決……496
——の審査と議決……494
——の性格……494
——の任務……495
日弁連の——……512
日弁連の——での異議の審査……557,558
懲戒事由……448
——の種類……448
——の類型……449
請求外の——の発見……509
懲戒処分……453
——の公表……453,572
——の効力……563
——の効力発生時期……454
——の告知……453
——の周知方法……453
——の法的性格……446
弁護士に対する——……461
弁護士法人に対する——……468
懲戒処分歴の開示……454,573
懲戒請求
——の性質……480
——の方式……485
懲戒請求者……480
——に対する通知……565
——による異議の申出……535
——の資格……480
——の地位……481
懲戒制度の目的……441
懲戒の手続……487,510,526,532
——に関する通知……574
——の意義……526
——の開始の意義……532
——の概要……443
——の中止……598
——の特色……444

相当の期間内に――を終えないとき……544
調査員・書記……585,609
調査室……410
調査の依頼……418
朝鮮弁護士令……716,721

つ

通知税理士……29

て

TAP……652
定款……280
――の認証……283
――の変更……285
定期総会……379
帝国弁護士会……334,404
電子公告……705

と

同一事件……225
登記
設立の――……278
変更の――……370
弁護士法人の――……278
登記時説……474
登記令……371
答申及び建議……385
当然の入会・退会……374
登録……99
――等の通知及び公告……148
――の請求……100
登録及び登録換の拒絶……137
登録換え，登録取消し後の異議の申出……541
登録換え・登録取消しの請求の禁止……528
登録換の請求……102
――の制限……525
登録取消し
――の効果発生時期……105
――の事由……143,147
弁護士名簿の――……147
登録取消しの請求……104,133,428
――の撤回可能時期……106
弁護士会による――……131
弁護士会による――の効果発生時期……133
特定の事件についての業務の制限……294
特任検事……75,76
特別委員会……409
土地家屋調査士……32,666
特許業務法人……267
特許事務所……161
届出……396,421
届出事務所……157

に

二罪説……639
二重事務所の禁止……155
日弁連
――に対する答申……386
――に認められる事務……406
――の会員……417
――の機構……407
――の決定に対する不服申立て……564
――の綱紀委員会……510,602
――の綱紀委員会での異議の審査……547
――の綱紀委員会の議決後の手続……549
――の資格審査会……438
――の承認……354
――の設立……404
――の懲戒……476
――の懲戒委員会……512
――の懲戒委員会での異議の審査……557,558
――の懲戒の補充性……507
――の目的……405
――への直接請求……509
日弁連設立の準備手続……720
日弁連総会決議の無効……342
日弁連ひまわり基金……406
日本弁護士会……403
日本弁護士会連合会……335,404
日本弁護士協会……334,403
任意的記載事項……283
認定司法書士……30,666
認定申請書……78

は

破産管財人……25,196,273
破産手続開始の決定……91,146,308
判決時説……142

ひ

非限定説……487,526,532
非訟事件……26,645
筆界特定手続……666
一人法人……267
　——の社員の責任……289
非弁護士
　——との提携等の罪……702
　——との提携の禁止……245
　——の虚偽標示等の禁止……687
　——の法律事務の取扱い等の禁止……638
非弁護士取締規定……633
非弁護士取締りの歴史……633
非弁護士法人……633
被保佐人……91
秘密保持の権利・義務……166,169
秘密漏示罪……170
品位を失うべき非行……452
品性……19

ふ

ファクタリング業務……682
部会……591,616
　——の議決……592,617
副会長……372,407,424
副検事……76
複数事務所
　——の禁止……155,156
　——の判断基準……157
物損事故調査員……246
不当労働行為救済申立事件……33
ブロック……402
紛議の調停……383

へ

変更の登記……370
弁護官……2
弁護士
　——に対する懲戒処分……461
　——の欠格事由の適用……717
　——の権利及び義務……151
　——の広告……19
　——の指導、監督……406
　——の使命……9
　——の職責の根本基準……18
　——の職務に関する紛議……383
　——の入会及び退会……374
　——の不法行為責任……24
　——の報酬に関する標準を示す規定……352
　使用人たる——……301
弁護士以外の委員……587,611
弁護士及び弁護士試補の資格の特例に関する法律……716
　——の適用……721
弁護士及び弁護士法人の指導，監督……345
弁護士会
　——と政治活動……340
　——による懲戒手続開始の求め……481
　——による登録取消し請求の効果発生時期……133
　——による登録取消しの請求……131
　——の自治権……336
　——の支部……349
　——の照会権……173
　——の設立義務者……350
　——の設立登記……369
　——の法人格……347
　——の目的……339
　同じ区域内の——の特例……720
　現存の——及び弁護士会連合会……719
弁護士会連合会……401
弁護士試験規則……4,715
弁護士自治……336,345,441
　——の根拠……337
弁護士試補……716
　——の特例……716
弁護士情報提供ウェブサイト……20
弁護士職務基本規程……204,451
弁護士職務経験法……99,101,137
弁護士審査委員会官制……426
弁護士道徳……451
弁護士法（明治26年法律第７号）……3
弁護士法（昭和８年法律第53号）……4
弁護士法違反……449
弁護士報酬……27,352
弁護士法人……263
　——と所属弁護士の懲戒手続の関係……457

——と懲戒……457
——に対する懲戒処分……468
——に対する懲戒に伴う法律事務所の設置移転の禁止……477
——の継続……309
——の所属弁護士会……376
——の登記……278
——の入会及び退会……375
——の入退会の届出……378
——の名称……268
他の——への加入の禁止等……298
弁護士法人制度の目的……263
弁護士又は弁護士であった者……168
弁護士又は弁護士法人でない者……641
弁護士名簿……99,164,360,406,415,717
——の登録取消し……147
弁護士名簿登録規則……715
弁護士倫理……19,204,451
弁護人抜き裁判特例法案……587,610
弁理士……28,161
弁理士事務所……161
弁理士法……667

ほ

報告拒絶の正当理由……185
報酬請求権……27
報酬等基準規程……28
報酬に関する標準を示す規定……352
報酬を得る目的……639,643,707
法人格……347,411
法人の代表……286
法人名称……270
法曹一元制度……39
法定脱退……305
法務省令……49,69,73,78,79,83,325,329
——で定める業務……273
法務大臣……48,79,110,311
法律事件……647
——の他人性……651
その他一般の——……647
法律事務……21,26,654
——の取扱いに関する取締り……633
——を取り扱う旨……691
その他の——……653
法律事務所……151,157,689
——の単一性……159
——の届出義務……164
——の名称……153
従たる——……266
主たる——……281,284,475
従たる——の懲戒……458
弁護士法人に対する懲戒に伴う——の設置移転の禁止……477
法律事務所単一主義……156,688
法律事務取扱ノ取締ニ関スル法律……635,676,688,703,705
——の廃止……721
法律制度の改善……17
法律相談……691
法律扶助……363
法令によって公務に従事する職員……373,424,587
法令により官公署の委嘱した事項……195

み

みなし指定……289
みなし進達拒絶……123

め

名義の利用……246
名簿登録制度……97,98

ゆ

譲り受けた権利の実行を業とすることの禁止……676

よ

予備委員……432,589,614,627

り

利益を得る目的……691
陸軍法務官……716
利権屋……676
理事……407,424
理事会……408,424
立証責任……522
両罰規定……706
臨時行政改革推進審議会……395

臨時司法制度調査会……263
臨時総会……379
臨時法制調査会……5
隣接職種……30,665,668

わ

和解……653

判　例　索　引

明治

45・7・1　大判　民録18-679……………………28

大正

2・6・4　大判　民録19-401……………………249
4・6・12　大判　刑録21-807……………………212
4・6・17　大判　刑録21-828……………………22
7・5・8　東京地判　新聞1241-17……………28
7・6・15　大判　民録24-1126……………………28
9・4・6　東京控院判　評論9-民291…………28
12・2・27　長崎控院判　評論13-諸法213
……………………………………………213,216
12・5・26　大判　刑集2-452……………………99
12・6・7　大判　民集2-386……………………23
14・5・30　大判　刑集4-331……………………143
15・6・23　大判　刑集5-8-281…………………86

昭和元～20年

5・3・4　大判　新聞3126-10……………………23
5・8・7　福岡地判　新聞3166-5………………28
6・4・9　大判　刑集10-121……………………147
6・11・18　大判　刑集10-609……………………22
7・6・18　大判　民集11-1176……………206,234
8・4・12　大判　新聞3553-10………206,219,235
8・7・24　大判　民集12-2264……………………92
8・11・18　台湾高判　新聞3653-18……………220
9・5・7　東京控院判　新聞3718-14…………220
9・7・5　大判　法学4-226……………………231
9・12・22　大判　民集13-2231
……………………………201,232,233,235
10・7・18　東京地判　評論24-諸法683…………28
10・12・28　東京区判　新聞3958-9………232,233
11・2・6　東京地判　評論25-諸法311…………232
11・5・14　広島区判　新聞3987-5……………686
11・7・30　東京区判　新聞4031-5……………686
12・2・16　東京地判　評論26-諸法508…………232
12・7・不明　大判　大審院判決全集4-14-24
……………………………………………207,208
12・12・24　大判　新聞4237-7……………………23
12・12・28　東京地判　評論27-民373……………28
13・2・15　大判　大審院判決全集5集5-43
……………………………………………655,656
13・3・14　大判　刑集17-215……………………659
13・3・29　大判　法学7-1414……………218,235
13・7・15　大判　新聞4348-7……………………252
13・12・16　大判　民集17-2457……………220,235
13・12・19　大判　民集17-2482………232,233,235
13・12・22　東京控院判　評論28-諸法9………664
14・3・6　大判　刑集18-87………………645,653
14・3・17　大判　刑集18-145……………………653
14・6・30　大判　刑集18-359………639,645,704
14・8・12　大判　民集18-903……………232,235
14・8・30　大判　評論29-民6……………………217
14・9・2　大判　評論28-民訴384………………206
14・10・10　東京控院判　新聞4515-7…………250
14・11・6　朝鮮高判　司法協会雑誌19-2-155
……………………………………………………680
14・11・25　東京控院判　法律新報573-20……232
15・2・14　大判　新聞4538-9……………………645
15・4・6　大判　刑集19-191……………………645
15・4・22　大判　新聞4570-9………………643,645
15・5・13　大判　新聞4572-11……………………677
15・5・23　大判　評論30-諸法25…………………679
15・7・6　大判　民集19-1157……………………678
15・9・27　東京地判　評論29-諸法797…………24
15・12・24　大判　民集19-2402……………206,235
16・1・25　大判　民集20-10……………………679
16・3・25　大判　民集20-347……………………275
16・5・20　大判　法学11-98……………………235
16・月日不詳　大判　評論30-諸法758…………217
17・5・8　大判　新聞4775-3………202,206,235
17・11・19　大判　評論32-諸法152………………250
18・3・29　大判　刑集22-61……………………642
19・7・29　大判　民集23-406……………………680

昭和21～30年

22・11・28　函館地判　判例総覧民事編2-485
……………………………………………………229

23・6・15 最判 民集2－7－148……………………155
24・3・31 最判 刑集3－3－406……………………86
25・2・28 最判 民集4－2－93……………679,681
25・3・2 東京高決 高民集3－1－24…………662
25・4・1 大阪高判 下民集1－4－463………225
25・5・16 東京高判 行裁例集1－7－1096……142
25・9・27 最大判 刑集4－9－1805……………563
25・12・26 奈良地葛城支判 下民集1－12－2066 ……………………………………………………28
26・3・31 東京高判 下民集2－3－455………213
26・8・24 東京地判 下民集2－8－1027………222
26・8・27 広島高松江支判 高刑特報20－170 ……………………………………………659,691
26・11・24 名古屋高決 高民集4－13－401……220
27・2・20 最大判 民集6－2－122………………88
27・2・21 東京高判 高刑特報29－51……………86
27・5・30 大阪高判 高民集5－7－292 ……………………………………………85,144,662
27・7・29 最判 民集6－7－684…………………231
27・11・20 最判 民集6－10－1038…………499,518
28・3・30 福岡高判 高刑特報26－9 ……………………………………………639,654,680
28・8・22 東京地判 下民集4－8－1188………250
28・11・4 東京高判 東高民時報4－6－178 ……………………………………………………681
28・12・26 京都簡判 下民集4－12－2004 ……………………………………………232,233
29・1・21 東京高判 下民集5－1－49……206,207
29・2・16 仙台高秋田支判 高刑特報36－88 ……………………………………………639,656
29・6・15 最判 民集8－6－1105…………………228
29・7・2 最判 刑集8－7－1009…………447,449
29・12・24 名古屋高判 高民集7－12－1127……232
30・2・24 最判 民集9－2－217 ……………………………………134,173,396,421
30・3・28 神戸地洲本支判 判時47－16…………28
30・4・22 最判 刑集9－5－911……………………7
30・7・19 名古屋高判 下民集6－7－1526 ……………………………………………………206
30・8・9 最判 最高裁判所裁判集民事19－313 ……………………………………………………212
30・9・29 大阪地判 判時70－22…………207,218
30・11・19 名古屋高判 下民集6－11－2405……231
30・12・8 仙台高判 高刑特報2－追録1302 ……………………………………………243,244
30・12・16 最判 民集9－14－2013………………235

昭和31～40年

31・1・30 鳥取地米子支判 下民集7－1－171 ……………………………………………………250
31・5・10 東京高判 行裁例集7－5－1185……214
31・7・18 最大判 民集10－7－890………………50
31・8・8 名古屋高判 判時86－13………………28
31・8・10 東京地判 新聞20－10………………206
31・10・23 東京地判 行裁例集7－10－2505 ……………………………………………112,141
31・10・24 京都地判 下民集7－10－2992………206
31・11・15 最判 民集10－11－1438……………244
31・11・20 大阪地判 下民集7－11－3316………250
31・12・5 名古屋高金沢支判 下民集7－12－3562 ……………………………………………………225
32・2・12 東京高判 行裁例集8－2－297 ……………………………………………155,451
32・5・15 東京地判 下民集8－5－965………216
32・7・18 福岡高判 高民集10－5－299………206
32・8・24 東京高判 東高民時報8－9－197‥250
32・9・26 最決 刑集11－9－2376………………480
32・10・8 福岡高宮崎支判 高刑集10－9－720 ……………………………………………………681
32・11・27 最大判 刑集11－12－3113……………707
32・12・24 最判 民集11－14－2363……231,236,237
33・2・18 富山地高岡支判 第1審刑事裁判例集1－2－246……………………………………655
33・5・19 大阪高判 下民集9－5－852………250
33・6・14 最判 新聞100－15……………………213
33・7・10 最大決 民集12－11－1747……………7
33・10・12 水戸地判 下民集9－10－2080………664
33・12・24 東京高判 東高民時報9－13－255 ……………………………………………………221
34・1・21 東京地判 判時175－27………………223
34・2・19 名古屋高金沢支判 下刑集1－2－308 ……………………………246,639,655,656,657,704
34・3・18 東京高決 判時186－15………………222
34・3・27 福岡高判 高刑集12－5－459………251
34・5・27 水戸地中間判 訟務月報5－10－1365 ……………………………………………………204
34・8・7 最判 民集13－10－1273………………519
34・12・4 最判 民集13－12－1599………………522

34・12・5 最決刑集13-12-3174……656,657,681
34・12・8 東京高判 高刑集12-10-1017……639
35・1・11 最決 刑集14-1-1……698
35・1・16 足立簡判 下民集11-1-40……250
35・2・19 東京地判 下民集11-2-375……383,416
35・3・7 大阪地判 判タ107-67……250
35・3・22 最判 民集14-4-525……248,250,252,253
35・7・6 最大判 民集14-9-1657……26,646
35・11・22 福岡高判 下民集11-11-2552……638,664
36・1・28 大阪高判 下民集12-1-128……232
36・3・7 最判 民集15-3-381……50
36・6・19 佐賀地判 下刑集3-5・6-557……657
36・6・20 最判 刑集15-6-984……698
36・8・29 東京地判 下民集12-8-2055……232,233
36・9・4 大阪高決 下民集12-9-2192……207
36・11・29 東京高判 東高民時報12-11-223……13
36・12・20 最判 刑集15-11-1902……242,243,244,702
36・12・26 最決 刑集15-12-2058……340
37・2・21 最決 刑集16-2-162……250
37・4・20 最判 民集16-4-913……206
37・6・28 東京高判 行裁例集13-6-1216……518
37・9・3 静岡簡判 判時316-21……28
37・10・4 最決 刑集16-10-1418……647,654
37・10・17 福岡高判 民集17-5-749……638,664
37・10・23 福島地平支判 判タ139-132……214
38・1・19 東京地判 下民集14-1-37……23
38・1・31 東京高判 行裁例集14-1-165……205,219,245,450,452
38・2・25 東京高判 行裁例集14-2-366……13,155,158,449,452
38・6・4 大阪地判 判時347-54……232
38・6・13 最判 民集17-5-744……639,664
38・7・31 福岡高判 判時352-65……28
38・10・10 鹿児島地判 下民集14-10-1994……679,685
38・10・18 最判 民集17-9-1229……516,551,564
38・10・30 最大判 民集17-9-1266……201,236,240,241,297
38・11・28 東京地判 下民集14-11-2336……14,24
38・11・28 東京地判 行裁例集14-11-1936……100
38・12・16 東京地判 判タ159-133……654
38・12・25 大阪高決 判時363-28……226
39・2・28 最決 刑集18-2-73……639
39・3・13 東京高決 東高民時報15-3-51……204
39・4・8 大阪高判 下民集15-4-756……662
39・6・3 仙台地決 下民集15-6-1297……225,226
39・9・29 東京高判 高刑集17-6-597……645,647,648,654
39・12・2 最決 刑集18-10-679……653
40・1・29 東京高判 行裁例集16-1-103……50,61,62,110
40・2・17 札幌高決 高民集18-1-88……226
40・3・4 札幌高判 高民集18-2-174……661
40・4・2 最判 民集19-3-539……207,223
40・4・17 東京地判 判タ178-150……14
40・5・27 松江地判 判時422-52……662
40・6・15 新潟地判 訟務月報11-10-1450……219
40・6・30 最大決 民集19-4-1089……26
40・6・30 最大決 民集19-4-1114……26,646
40・10・9 青森地判 判タ187-185……208,215
40・10・19 最決 最高裁刑事裁判例拾遺638……681
40・11・11 最判 民集19-8-1953……306

昭和41～50年

41・4・22 最判 民集20-4-803……17
41・4・26 東京地判 行裁例集17-4-432……134
41・6・29 東京地判 判時462-3……218
41・7・12 東京高判 東高民時報17-5-147……202,222
41・9・8 最判 民集20-7-1341……202,222,223,237
41・10・19 東京地判 訟務月報12-12-1630……221
41・11・29 大阪地判 判タ200-157……23
42・3・23 最判 民集21-2-419……202,203,229,237
42・4・17 東京高決 下民集18-3・4-386……223
42・6・14 東京高判 判時503-78……642
42・8・7 東京高判 行裁例集18-8・9-1145……372,452,494,522
42・9・27 最大判 民集21-7-1955……90,106,133,145,147,363,

375,446,455,461,462,599,698
43・1・25 東京高判 行裁例集19-1・2-84 ……130
43・2・19 大阪高判 高刑集21-1-80 ……27,647,649
43・3・8 最判 民集22-3-540 ……219,231
43・4・2 札幌高函館支決 下民集19-3・4-173 ……312
43・6・21 最判 民集22-6-1297 ……662
43・9・20 京都地判 税務訴訟資料53-442 ……130
43・11・15 最判 民集22-12-2578 ……58
43・12・6 最判 民集22-13-2908 ……45,59
43・12・13 東京高判 判タ232-174 ……646
43・12・24 最判 刑集22-13-1625 ……642,701,703
44・2・13 最判 民集23-2-328 ……238
44・4・21 東京高判 高刑集22-2-215 ……655
44・6・3 京都地判 判時576-72 ……206
44・6・30 水戸地判 判タ239-247 ……665
44・7・28 東京高判 高民集22-3-497 ……523,533
44・10・20 長崎地判 行裁例集20-10-1260 ……130
44・10・30 東京地判 判時599-20 ……130
44・11・13 青森地判 判タ241-143 ……217
44・12・24 東京地判 行裁例集20-12-1743 ……130
45・3・27 東京地判 下民集21-3・4-484 ……14
45・4・24 札幌地判 判タ251-305 ……647
46・2・4 仙台高判 下民集22-1・2-81 ……169,170,216
46・2・23 札幌地判 刑裁月報3-2-264 ……650
46・3・9 東京高判 判タ264-351 ……226
46・5・21 東京高判 高民集24-2-195 ……645,661
46・6・29 東京地判 判時645-89 ……14
46・7・14 最大判 刑集25-5-690 ……638,639
46・7・15 東京地判 行裁例集22-7-963 ……261
46・11・30 札幌高判 刑裁月報3-11-1456 ……647,651,655
46・12・20 東京地判 判時662-62 ……661
46・12・20 岐阜地判 判時664-75 ……179,186,187,188,189,192
47・1・18 最判 刑集26-1-1 ……698
47・2・10 名古屋地判 福原・加除式『弁護士法』535の53 ……644
47・10・23 東京高判 判時688-54 ……453
48・1・30 名古屋高判 刑裁月報5-1-36 ……657
48・3・15 最決 刑集27-2-115 ……698
48・12・25 高松地判 訟務月報20-5-52 ……202,203,225
49・3・28 東京高判 高民集27-1-53 ……480,564
49・7・18 東京高判 下民集25-5～8-586 ……251
49・10・17 東京高判 行裁例集25-10-1254 ……261
49・11・7 最判 最高裁判所裁判集民事113-137 ……252
49・11・8 最判 最高裁判所裁判集民事113-151 ……516
49・11・21 東京高判 東高刑時報25-11-101 ……657
49・12・19 東京地判 下民集25-9～12-1065 ……15
50・1・21 東京高判 東高刑時報26-1-4 ……644,657
50・1・30 東京高判 行裁例集26-1-87 ……112,155,157,158
50・3・27 東京高判 高刑集28-2-132 ……197
50・4・4 最判 民集29-4-317 ……656,657
50・6・27 最判 民集29-6-867 ……90,457
50・8・5 東京高判 刑裁月報7-7・8-786 ……643,644,645
50・9・25 京都地判 判時819-69 ……179,190

昭和51～60年

51・3・23 最判 最高裁判所裁判集刑事199-861 ……656,657
51・4・28 東京地判 判時837-55 ……250
51・9・9 京都地決 判タ351-340 ……25,227
51・11・15 東京高判 東高民時報27-11-257 ……218
51・12・21 大阪高判 下民集27-9～12-809 ……172,180,186,190
52・1・18 松山地西条支判 判時865-110 ……670
52・9・2 東京地判 判時886-74 ……232
52・12・20 最判 民集31-7-1101 ……521
53・2・21 東京高判 行裁例集29-2-165 ……112,120,122
53・11・20 札幌高判 判タ373-79 ……174
54・6・11 高松高判 判時946-129 ……671
54・7・12 東京地判 判時948-79 ……664

54・7・16 東京高判 判時945-51……24
54・7・24 最判 刑集33-5-416……197
55・4・18 神戸地決 判時975-131……25,228
55・6・18 東京地判 下民集31-5～8-428……348,447
56・3・31 東京高判 判時1002-93……240
56・4・14 最判 民集35-3-620……180,186,190
56・6・18 福岡高判 判タ455-115……189
57・1・19 最判 判時1031-115……189
58・4・5 最判 判時1077-50……455,517
58・10・7 東京高決 判時1101-45……227
59・4・27 東京地判 判時1145-75……217
59・6・28 東京高判 判時1121-26……188
59・10・16 大阪高判 判時1138-161……227
59・10・24 横浜地判 判タ553-198……655
60・1・25 東京高決 行裁例集36-1-26……519
60・9・4 福岡高宮崎支判 判タ592-88……685
60・9・4 福岡高宮崎支判 判タ593-119……215

昭和61～63年

61・2・24 東京地判 判時1218-90……664
62・4・21 最判 民集41-3-309……505
62・6・18 東京地判 判時1285-78……15
62・7・20 大阪地判 判時1289-94……173
62・9・28 東京地判 判時1281-111……487
62・10・15 東京地判 判タ658-149……16
63・2・8 横浜地決 労働判例525-72……228
63・2・25 東京高判 判時1272-74……481,521,522,544

平成元～10年

元・2・28 大阪高判 判タ703-235……415
元・3・22 東京高判 判タ718-132……487
元・4・27 東京高判 行裁例集40-4-397……8,447,516,593
元・8・29 東京地決 判時1330-123……318
元・10・18 和歌山地判 交通事故民事裁判例集22-5-1144……655
2・3・26 大分簡判 公刊物未登載……690
2・7・12 東京地判 判時1360-155……34
3・6・27 東京高判 判時1396-60……677,685
3・9・4 東京高判 行裁例集42-8・9-1431……113,121
3・12・10 東京高判 判タ780-267……466,664
3・12・17 山形地酒田支判 判時1425-127……307
4・1・30 東京高判 東高民時報43-1～12-6……452
4・1・30 東京地判 判時1430-108……342
4・1・31 東京地判 判時1435-75……242
4・3・6 広島高決 判時1420-80……647,655,658
4・3・31 東京地判 判時1461-99……487
4・7・9 最判 判タ804-82……8,338,418
4・7・31 東京地判 判タ832-121……665
5・4・22 東京地判 判タ829-227……675
5・9・27 大阪地判 判時1484-96……16
5・11・18 東京地判 判タ840-143……487
5・11・25 東京地判 判時1499-77……222
6・3・1 大阪地判 判タ893-269……211
6・4・20 東京地判 判時1526-106……655,658
6・5・13 浦和地判 判時1501-52……31,649
6・8・24 東京高判 行裁例集45-8・9-1739……202
7・11・29 東京高判 判時1557-52……26,649
8・3・19 最判 民集50-3-615……343
8・5・29 東京地判 判タ926-184……219,220
9・2・27 東京高判 判時1649-99……129,130,438
9・7・29 東京高判 公刊物未登載……113,124
9・9・17 東京高判 判時1649-124……487
10・7・9 東京高判 判タ1024-269……45

平成11～20年

11・9・30 東京高判 公刊物未登載……45
12・1・27 東京高判 公刊物未登載……46,62
12・5・25 広島高岡山支判 判時1726-116……181,191
12・6・8 東京高判 判時1717-90……658,664
12・11・30 東京地判 判時1740-54……683
13・1・30 最決 民集55-1-30……211
13・6・12 東京高判 高民集54-2-89……533
13・11・28 東京高判 判時1775-31……531,533
14・1・22 最判 判時1775-46……677,684
14・1・22 東京地判 判時1809-16……398
14・4・25 最判 判時1785-31……344
15・3・11 最決 判時1822-55……520
15・4・24 東京高判 判時1932-80……208
16・1・29 東京高判 公刊物未登載……60

16・2・26 東京地判 判タ1160-112……………398
16・6・29 東京高判 公刊物未登載…………62,64
17・2・22 東京高判 公刊物未登載………………62
17・2・22 東京地判 判タ1183-249……………487
17・3・15 東京地判 判時1913-91………249,677
17・10・13 東京高判 公刊物未登載……………495
17・10・14 大阪地判 判時1930-122……………16
18・2・20 東京地判 判時1939-57……………647
18・6・1 広島地判 判時1938-165……………647
18・9・14 最判 裁判所時報1420-1 ……521,523
19・1・30 大阪高判 判時1962-78………182,193
19・2・7 大阪地判 判タ1266-331……643,654
19・2・28 大阪高判 判タ1272-273……………168
19・4・24 最判 民集61-3-1102………………486
19・4・26 東京高判 東高民時報58-1～12-7
……………………………………………………655
19・8・24 東京地判 判タ1288-100……………28
19・9・13 大阪地判 判タ1266-340……643,654
19・11・29 東京高判 判時1991-78………348,589
19・12・18 最決 裁判所時報1450-12…………519
20・3・17 東京地判 判時2041-85……………493

平成21～30年

21・7・30 大阪高判 公刊物未登載……………345
21・8・12 最決 民集63-6-1406…………252,686
21・10・15 東京高決 判タ1309-288……………646
21・11・19 京都地判 判時2077-120……………348
21・12・25 東京地判 金融・商事判例1333-60
……………………………………………………683
22・5・12 大阪高判 判タ1339-90………348,436
22・5・28 大阪高判 判時2131-66………168,169
22・7・20 最決 刑集64-5-793……27,647,649
22・9・29 東京高判 判時2105-11……………193
23・2・10 岐阜地判 金法1988-145……………182
23・3・25 東京地判 判タ1363-143……………487
23・4・22 大阪地判 判時2119-79………………29
23・7・8 名古屋高判 金法1988-135…………183
23・7・27 名古屋高判 高等裁判所刑事裁判速報集(平23)-225…………………………243,244
23・10・11 最決 最高裁判所裁判集民事238-35
…………………………………………………598,621
24・2・6 最決 刑集66-4-85……………681,687
24・2・13 最決 刑集66-4-405…………168,169
24・3・8 大阪高判 訟務月報59-6-1733……29
25・1・31 東京高判 公刊物未登載……………114
25・2・8 名古屋地判 金融法務事情1975-117
……………………………………………………192
25・4・16 最判 民集67-4-1049………………16
25・7・19 名古屋高判 金融・商事判例1430-25
……………………………………………………193
25・8・26 東京地判 判時2222号63頁…………655
25・9・10 富山地判 判時2206-111……662,672
26・5・29 大阪高判 金融・商事判例1498-16
……………………………………………………673
26・6・12 大阪高判 判時2252-61……………676
27・2・26 名古屋高判 判時2256-11……183,193
27・7・30 東京地判 判時2281-124……………675
28・2・19 大阪高判 判時2296-124……………32
28・6・27 最判 民集70-5-1306…………31,673
28・10・18 最判 民集70-7-1725
…………………………………184,185,189,193
28・10・20 長崎地決 民集71-8-1465…………241
29・2・27 東京地判 公刊物未登載……………343
29・6・1 広島高判 判時2350-97………………17
29・6・30 名古屋高判 判時2349-56
…………………………………………184,189,193
29・7・24 最判 判タ1441-28…………………664
29・9・27 東京高判 公刊物未登載……………343
29・10・5 最決 民集71-8-1441…………205,241
30・12・21 最判 民集72-6-1368…………185,193

執筆者紹介

（執　筆　者）	（所属弁護士会）	（調査室嘱託在任期間）
青木耕一	東京	平成21. 4. 1～平成23. 2.23
浅見雄輔	東京	平成13. 7. 1～平成21. 3.31
吾妻望	第二東京	平成 4. 2. 1～平成 8. 1.31
有吉眞	第一東京	平成 4. 2. 1～平成10. 1.31
飯田秀郷	東京	昭和57. 6.10～昭和63. 6. 9
五百蔵洋一	第二東京	昭和55. 6. 1～昭和59. 5.31
市川充	東京	平成11.12. 1～平成19. 3.31
市来寛志	東京	平成27. 4. 1～現在
稲田耕一郎	東京	平成 7. 7. 1～平成13. 6.30
大山皓史	東京	昭和58. 7. 1～昭和62. 6.30
奥国範	東京	平成23. 4. 1～平成26. 3.31
小野寺富男	第一東京	昭和57. 2. 1～昭和61. 1.31
笠原健司	東京	平成20. 4. 1～平成26. 3.31
加戸茂樹	第二東京	平成11. 4. 1～平成16. 5.31
		平成18. 4. 1～平成20. 3.31
金澤賢一	第一東京	平成18. 2. 1～平成27. 1.31
木内雅也	第一東京	平成26.12. 1～現在
菊池秀	東京	平成19. 4. 1～平成23. 3.31
		平成26. 4. 1～平成30. 8.31
喜田村洋一	第二東京	昭和59. 6. 1～平成 3. 3.31
木之瀬幹夫	第二東京	平成14. 2. 1～平成16. 5.14
木原大輔	東京	平成27. 4. 1～現在
草間孝男	東京	昭和63.10. 1～平成 4. 9.30
桑田英隆	東京	平成26. 4. 1～現在
桑原宣義	東京	昭和56. 6. 4～昭和62. 6. 3
上妻英一郎	東京	平成13. 7. 1～平成23. 6.30
後藤明史	第一東京	昭和55. 3. 5～昭和61. 3. 4
後藤富士子	東京	昭和63. 2. 1～平成 6. 1.31
齊藤友嘉	第一東京	昭和61. 2. 1～平成 4. 1.31

齋　藤　美　幸	神　奈　川　県	平成18.11. 1～平成24.10.31
下河邉　和　彦	東　　　　京	昭和53. 6. 1～昭和59. 5.31
杉　田　時　男	東　　　　京	平成 4.10. 1～平成8. 9.30
杉　村　亜紀子	東　　　　京	平成20. 4. 1～平成26. 3.31
杉　山　真　一	第　二　東　京	平成12. 7. 1～平成17. 4.30
鈴　木　敦　悠	東　　　　京	平成29. 7. 1～現在
春　原　　　誠	第　二　東　京	昭和55. 1. 1～昭和60.12.31
関　内　壮一郎	東　　　　京	昭和62. 7. 1～平成 7. 6.30
副　島　史　子	第　二　東　京	平成 7. 4. 1～平成11. 3.31
田井野　美　穂	東　　　　京	平成23. 4. 1～平成27. 3.31
		平成30. 9. 1～現在
髙　中　正　彦	東　　　　京	昭和59. 6. 1～平成 4.12.31
田　中　みちよ	東　　　　京	平成14. 4. 1～平成18. 3.31
田　村　彰　浩	第　一　東　京	平成28. 4. 1～現在
角　田　由紀子	第　二　東　京	昭和57. 2. 1～昭和63. 1.31
冨　永　忠　祐	東　　　　京	平成11. 7. 1～平成17. 6.30
永　塚　良　知	第　一　東　京	平成16. 4. 1～平成22. 3.31
中　村　美智子	第　二　東　京	平成24.11. 1～平成30.10.31
野　村　吉太郎	東　　　　京	平成 8.10. 1～平成15. 6.30
浜　辺　陽一郎	第　二　東　京	平成 8. 2. 1～平成14. 1.31
濵　谷　美　穂	東　　　　京	平成23. 7. 1～平成29. 6.30
藤　井　直　孝	第　二　東　京	平成30.11. 1～現在
牧　田　潤一朗	第　二　東　京	平成24. 7. 1～現在
松　井　茂　樹	第　二　東　京	昭和61. 1. 1～平成 3.12.31
松　田　豊　治	第　一　東　京	平成10. 2. 1～平成18. 1.31
松　村　龍　彦	第　一　東　京	平成10. 4. 1～平成16. 3.31
村　下　憲　司	第　一　東　京	平成 4. 4. 1～平成10. 3.31
森　田　太　三	東　　　　京	昭和62. 7. 1～平成 5. 6.30
森　野　嘉　郎	東　　　　京	平成 5. 7. 1～平成11. 6.30
矢　澤　昌　司	東　　　　京	平成 6. 2. 1～平成14. 3.31
柳　澤　崇　仁	第　一　東　京	平成22. 4. 1～平成28. 3.31
山　川　隆　久	東　　　　京	平成 5. 1. 1～平成11.11.30
山　岸　　　洋	第　二　東　京	平成 3. 4. 1～平成 7. 3.31

山口　那津男	東　　　京	昭和63. 6.10～昭和63. 9.30
葭原　　　敬	第二東京	平成16. 7. 1～平成24. 6.30
渡部　　　晃	第一東京	昭和61. 4. 1～平成 4. 3.31

（50音順）

※現在弁護士登録をしていない者については最後の所属弁護士会を記載し下線を付した。

〔平成31年4月1日現在〕

条解弁護士法〔第5版〕

1993（平成5）年5月28日　初版1刷発行
1996（平成8）年6月30日　第2版1刷発行
1998（平成10）年12月15日　第2版補正版1刷発行
2003（平成15）年4月30日　第3版1刷発行
2007（平成19）年5月30日　第4版1刷発行
2019（令和元）年10月30日　第5版1刷発行
2025（令和7）年2月15日　同　3刷発行

編著者　日本弁護士連合会調査室
出版受託者　全国弁護士協同組合連合会
発行者　鯉渕友南
発行所　株式会社　弘文堂　101-0062 東京都千代田区神田駿河台1の7
TEL 03(3294)4801　振替 00120-6-53909
https://www.koubundou.co.jp

印刷　港北メディアサービス
製本　牧製本印刷

ISBN978-4-335-35734-3